中国司法部“法治建设与法学理论研究部级科研项目成果”
家事法研究学术文库

中国遗产处理制度系统化构建研究

主　编　**陈　苇**（课题负责人）

中国人民公安大学出版社
2019・北京

中国遗产处理制度系统化构建研究

撰稿人（以撰写章节先后为序）

陈　苇　张庆林　陈　法　宋　豫　裴宝莉

贺海燕　石　婷　王　巍　陈　钊　李　艳

张　鑫　胡苜用　刘宇娇　杜志红　白　玉

曹贤信　曾瑞玉

谨以此书献给我的家人

——我衷心地感谢你们30多年来对我工作的默默支持!

This work is dedicated to my family

—I sincerely thank you for your silent support of my work over the past 30 years.

《家事法研究学术文库》顾问

（以姓氏笔画为序）

目 录

Contents

前　言

自1978年西南政法学院复办以来，我国著名的婚姻法专家、中国法学会婚姻法学研究会副总干事杨怀英教授担任我校婚姻法研究方向的学科带头人。1985年3月至7月，我校承担了司法部委托的全国法律专业婚姻法师资进修班的教学任务。当时全国著名的婚姻法专家巫昌祯、杨大文、王德意、李忠芳、任国钧等教授应邀前来我校，与我校杨怀英教授及胡平等教师共同为来自全国的婚姻法师资进修班学员上课，传授婚姻法学的理论知识和教学经验。如今，该婚姻法师资进修班学员大部分都成为了各高校婚姻法领域的知名专家学者和骨干教师，他们为国家培养了大批优秀的人才。因此，可以说，我校是我国婚姻法学人才培养的摇篮。在科研方面，杨怀英教授先后主编出版：《滇西南边疆少数民族婚姻家庭与法的研究》（法律出版社1988年出版）、《中国婚姻法论》（重庆出版社1989年出版，1991年荣获重庆市社科优秀科研成果三等奖）、《凉山彝族奴隶社会法律制度研究》（四川民族出版社1994年出版，1996年荣获四川省社科优秀科研成果二等奖）等专著和教材。1995年杨怀英教授去世后，由中国法学会婚姻法学研究会常务理事邓宏碧教授担任我校婚姻法研究方向的学科带头人。邓宏碧教授、胡平副教授等老教师带领讲授婚姻法课程的教师，继续努力进行教学和科研工作。尤其值得指出的是，邓宏碧教授主编的《中国少数民族人口政策研究》（国家社会科学“八五”规划重点科研项目，重庆出版社1998年出版），2001年荣获重庆市社会科学优秀科研成果一等奖。

薪火相传。本人于1979年9月考入西南政法学院法律系本科学习，1983年6月毕业任教一年后，于1984年9月考入西南政法学院攻读民法专业硕士研究生，师从杨怀英教授，主要研究方向为婚姻家庭继承法。1987年7月本人硕士研究生毕业后留校任教至今。我自1979年9月在母校学习法律知识、毕业后主要从事婚姻家庭继承法及妇女儿童老年人权益保护的教学和科研工作，至今已近40年了。这近40年里，在母校各级领导和老师们的辛勤培养下，在本人的勤奋工作和刻苦钻研下，我由一名学生逐步成长为助教、讲师、副教授、教授、博士生导师、博士后合作导师；于1996年5月起担任民法教研室副主任，于1999年5月起担任民法教研室主任，于2003年5月起至今担任婚姻家庭继承法教研室主任。在婚姻法学界老一辈专家的辛勤培养下，本人于1996年7月起担任中国法学会婚姻法学研究会理事；于1999年7月起担任中国法学会婚姻法学研究会常务理事；于2004年7月起至今，担任中国法学会婚姻家庭法学研究会副会长；于2011年11月起担任家庭法国际学会执行委员会委员；于2014年8月起至2017年6月，担任家庭法国际学会执行委员会委员兼学术委员会委员；于2017年7月至今，担任家庭法国际学会副主席兼学术委员会委员。必须说明，自2011年11月我由第十四届家庭法国际学会主席、澳大利亚悉尼大学法学院Patrick Parkinson教授①提名，经家庭法国际学会执行委员会研究同意后受聘担任家庭法国际学会执行委员会委员以来，我每年积极撰写论文，"以文参会"，先后到意大利、韩国、法国、英国、巴西、荷兰等国出席家庭法国际学会召开的执委会、地区性会议和世界大会，在会上积极发言，发出中国声音、阐述中国见解，增进了其他国家学者对中国婚姻家庭领域的新问题和最新修改立法的了解，扩大了中国婚姻家庭法学者在家庭法学术研究领域的国际影响力。2014年8月，家庭法国际学会在巴西召开"第十五届家庭法世界大会"，会上我当选为家庭法国际学会执行委员会委员兼学术委员会委员。2017年7月，家庭法国际学会在荷兰召开"第十六届家庭法世界大会"，会上我当选为家庭法国际学会副主席并继续兼任学术委员会委员。作为中国婚姻家庭法专家，在家庭法国际学会中我是第一位来自中国的副主席，为祖国争了光。从此，我在家庭法国际学会领导层这一最高平台上，可以发出中国声音、提供中国方案、贡献中国智慧，这有利于进一步促进中外婚姻家庭继承法研究领域的国际学术交流，为各国婚姻家庭继承法律制度的改革提供参考，以造福于全人类的婚姻家庭。

在校内学术研究和人才培养平台方面。2003年12月至2004年12月，本人受国家留学基金资助由教育部公派出国留学，作为访问学者到澳大利亚悉尼大学法学院进修外国家庭法一年。我留学回国后，于2005年1月向学校提出建立"西南政法大学外国家庭法及妇女理论研究中心"的书面申请。2005年4月1日，西南政法大学校长办公会议批准同意该研究中心成立，任命我担任主任。自2005年4月该研究中心成立以来，本人夙夜忧虑，恐负厚望，带领研究中心的教师和研究生组成科研创新团队，勤奋科研，不敢懈怠。近年来，我担任项目负责人主持、带领团队成员师生共同完成并公开出版的中文著作和译著有10余部，主要有：《外国婚姻家庭法比较研究》（重庆市哲学社会科学"十五"规划项目，2006年1月出版）、《加拿大家庭法汇编》（2006年1月出版）、《中国大陆与港、澳、台继承法比较研究》（重庆市教委人文社科项目，2007年1月出版）、《当代中国民众继承习惯调查实证研究》（国家社科基金项目子课题，2008年1月出版）、《澳大利亚家庭法（2008年修正）》（重庆市教委人文社科重点项目，2009年1月出版）、《美国家庭法精要（第五版）》（2010年3月出版）、《改革开放三十年（1978~2008）中国婚姻家庭继承法研究之回顾与展望》（西南政法大学重点项目，2010年1月出版）、《中国婚姻家庭法立法研究》（第二版，2010年1月出版）、《外国继承法比较与中国民法典继承编制定研究》（国家社科基金项目结项成果著作，经专家匿名评审后被鉴定为"优秀"等级，入选2010年度《国家哲学社会科学成果文库》，全国哲学社会科学办公室在"出版说明"中指出：入选成果代表当前相关领域学术研究的前沿水平，体现我国哲学社会科学界的学术创造力，按照"统一标识、统一封面、统一版式、统一标准"的总体要求组织出版。该著作于2011年3月出版）、《澳大利亚法律的传统与发展（第三版）》（2011年5月出版）、《当代中国内地与港、澳、台婚姻家庭法比较研究》（中国司法部"法治建设与法学理论研究"课题成果著作，2012年5月出版）、《中国继承法修改热点难点问题

① Patrick Parkinson教授是我受中国国家留学基金资助以访问学者身份于2003年12月~2004年12月在澳大利亚悉尼大学法学院进修外国家庭法的导师。

研究》(2013 年 10 月出版)、《我国防治家庭暴力情况实证调查研究——以我国六省市被抽样调查地区防治家庭暴力情况为对象》(中国法学会部级法学研究课题，2014 年 5 月出版)、《21 世纪家庭法与家事司法：实践与变革》(2016 年 10 月出版)、《中国妇女儿童权益法律保障情况实证调查研究——以中国五省市被抽样调查地区妇女儿童权益法律保障情况为对象》(中国法学会部级法学研究课题，2017 年 3 月出版)、《中国家事审判改革暨家事法修改理论与实务研究》(2018 年 4 月出版) 等。此外，本人应邀与美国、意大利学者合作撰写美国法学院比较家庭法英文教材 1 部：*Practical Global Family Law——United States, China and Italy* (2009 年 4 月在美国出版)。

在国内学术研究和人才培养平台方面。为促进婚姻家庭继承法领域的学术研究和学术交流，本人于 2005 年起创办《家事法研究》学术论文集刊。自《家事法研究》2006 年首卷面世以来，至 2011 年的六年间，先后出版了 2005 年卷至 2010 年卷共计六卷，推出了一批具有前沿性的学术论文，培养了一批学术新人，受到国内学术界同仁和实务界人士的肯定和好评，产生了良好的社会影响。为进一步扩大《家事法研究》的学术影响，经本人提出申请，中国法学会婚姻家庭法学研究会常务理事会研究同意，《家事法研究》从 2011 年卷起转为“中国法学会婚姻家庭法学研究会”的会刊。可以相信，在该研究会的精心主办下，《家事法研究》将在法学理论研究与司法实务探索相结合的沃土中更加茁壮成长，枝繁叶茂!

长江后浪推前浪。为推出婚姻家庭继承法学研究领域具有前沿性、创新性的学术著作，培养更多的学术新人，自 2012 年起本人主编出版《家事法研究学术文库》丛书。此文库丛书作为学术研究和学术交流的平台，遴选出版婚姻家庭继承法研究领域具有前沿水平的博士学位论文和学术著作，每年拟出版 2~3 本。本文库丛书的出版目的，旨在通过婚姻家庭继承法学研究领域最新学术著作的出版，推出一批前沿理论和实务问题研究的新作，促进我国婚姻家庭继承法学研究朝着更深、更广的方向发展，以更多的优秀研究成果为我国民众处理婚姻家庭继承问题提供参考，为国家完善立法、改进司法服务。至 2018 年年底，本文库已出版著作 19 部，在 2019 年拟将出版《中国民法典编纂视野下家事审判改革暨家事法修改研究》、《中国遗产处理制度系统化构建研究》、《当代中国民众财产继承观念与遗产处理习惯实证调查研究》(上、下卷)、《中国婚姻家庭法理论与实践研究》、《中国继承法理论与实践研究》、《我国成年人监护制度立法完善研究》、《未成年人监护制度研究》，以飨读者。

最后，我对群众出版社和中国人民公安大学出版社的编辑老师们对本文库丛书的出版所付出的辛勤劳动，表示衷心的感谢!

《家事法研究学术文库》主编：陈苇

2019 年 1 月 28 日

序

《中国遗产处理制度系统化构建研究》，是中国司法部2016年度“法治建设与法学理论研究部级科研项目”：我国遗产处理制度系统化构建（编号：16SFB2036）的结项成果著作，由西南政法大学外国家庭法及妇女理论研究中心主任、民商法学院博士生导师陈苇教授担任项目负责人主持完成。

2014年10月，党的十八届四中全会报告提出要全面推进依法治国，明确要求制定民法典。2017年10月，党的十九大报告提出“全面依法治国是中国特色社会主义的本质要求和重要保障”，要完善以宪法为核心的中国特色社会主义法律体系。中国民法典是中国特色社会主义法律体系的重要组成部分。我国《民法总则》已于2017年3月15日公布，于2017年10月1日起施行。我国“民法分则各编草案”已于2018年9月公开向社会各界征求意见后正在被修订完善之中。我国继承法将根据新时代财产继承领域的新情况、新问题从中国实际出发被修改完善后纳入“中国民法典·继承编”中。遗产处理制度是我国继承法的重要组成部分，它也将根据我国新时代的新情况、新问题被适当修改补充后纳入“中国民法典·继承编”中。

本书对遗产处理制度进行了较为全面、系统的深入研究，包括涉及遗产处理的以下七项具体制度：继承开始的通知与公告制度、遗产管理制度、继承的接受与放弃制度、遗赠扶养协议与继承合同制度、遗产债务清偿制度、遗产分割制度和无人承受遗产制度。作者主要针对遗产处理制度的上述各项具体制度进行基础理论、域外立法、我国立法、我国民众的财产继承观念与遗产处理习惯及司法实践案例的深入研究，在考察各项具体制度的历史演变中总结立法目的、价值取向与功能；从比较研究外国法的各项具体制度中总结可资借鉴的立法经验；从“当代中国民众财产继承观念与遗产处理习惯实证调查”的统计数据和司法实践案例的研究中分析我国现行各项具体制度的合理之处与不足之处；从研究评析我国六部“继承法学者建议稿”中汲取前人的有益研究成果；在探讨遗产处理的前述各项具体制度立法趋势的基础上，结合我国实际，提出完善各项具体制度的立法建议。因此，本项目研究的目的在于，既可以丰富和发展遗产处理制度的基本理论，又可以为“中国民法典·继承编”之遗产处理制度的制定提供立法参考，并可以为司法实践提供理论指导参考，所以本书具有重要的理论意义和实际应用价值。

本书以遗产处理制度的系统化构建为研究对象。根据我国《继承法》第四章的规定，我国涉及遗产处理的具体制度包括：继承开始的通知制度、遗产管理制度、继承和遗赠的接受与放弃制度、遗赠扶养协议制度、遗产债务清偿制度、遗产分割制度、无人承受遗产的归属制度等。必须说明两点：其一，我国《继承法》第四章的遗产处理制度中有遗赠的接受和放弃制度，但此制度在继承法理论上和域外继承立法中均属于遗嘱制度的内容，所以其没有被纳入本项目的研究对象。其二，虽然我国《继承法》在遗产处理制度中并没有规定继承开始的公告制度和继承合同制度，但我们认为这两种制度各自具有的功能（详见第二章、第五章的相关论述）能够满足我国新时代民众遗产处理问题的现实需要，应当将这两种制度纳入本项目的研究对象。

本书的结构，共计八章：第一章遗产处理制度概述；第二章继承开始的通知与公告制度研究；第三章遗产管理制度研究；第四章继承的接受与放弃制度研究；第五章遗赠扶养协议与继承合同制度研究；第六章遗产债务清偿制度研究；第七章遗产分割制度研究；第八章无人承受遗产制度研究。

本书的学术价值和理论创新，主要有以下五个方面：

第一，本书丰富和发展了现代继承法之遗产处理制度的基本理论，具有重要的理论价值。本书首次从遗产处理制度系统化构建的角度，针对中外立法涉及遗产处理的各项具体制度，包括继承开始的通知与公告制度、遗产管理制度、继承的接受与放弃制度、遗赠扶养协议与继承合同制度、遗产债务清偿制度、遗产分割制度和无人承受遗产归属制度，开展较为全面、系统的深入研究，对于丰富和发展现代继承法之遗产处理制度的基本理论，具有重要的理论价值。

第二，本书对我国遗产处理制度的立法完善和司法改进在法律价值取向层面的研究，具有重要的立法和司法参考价值。本书首次从法律价值论的角度，研究和阐释遗产处理制度之各项具体制度的立法价值取向，包括自由、平等、公平和效率等法律价值。这些立法价值取向层面的研究，既可以为我国立法机关建立或修改完善涉及遗产处理各项具体制度提供参考，又可以为司法实践处理相关案例提供指导参考，具有重要的立法和司法参考价值。

第三，本书对外国法的比较研究，具有一定理论创新。本书针对当代大陆法系国家和英美法系国家的最新遗产处理制度进行了较为系统、全面的考察和比较评析。这既为我国遗产处理的各项具体制度的修改、补充和完善，提供了域外两大法系国家最新遗产处理制度的研究文本，又总结了对我国立法可资借鉴的最新域外立法经验，故在外国法的比较研究上具有一定理论创新。

第四，本书采取文本研究与实证调查相结合，在研究方法上具有一定创新。首次在中国较大范围进行十省市“当代中国民众财产继承观念和遗产处理习惯实证调查”，并根据调查数据分析总结得出我国民众对涉及遗产处理相关事务的观念和处理习惯及司法实践情况，为我国立法机关提供了第一手国情资料。通过对涉及遗产处理的各项具体制度的我国十省市调查统计汇总数据的研究分析，可以认识和了解我国被调查民众对涉及遗产处理各项具体制度的认识观念与行为习惯。并且，通过十省市学生调查员的“入户访谈”和采取到各地人民法院调研、在中国裁判文书网等网站下载的方式，广泛收集涉及遗产处理制度的相关案例，针对司法实践案例裁判文书的研究分析，可以总结和剖析我国遗产处理制度之各项具体制度的合理之处与不足之处。根据调查数据分析总结得出涉及遗产处理各项具体制度的民众认识观点和处理习惯以及司法实践情况，可供立法机关参考，为“中国民法典·继承编”的编纂这一重大立法任务提供了第一手国情资料。

第五，本书首次较为全面、系统地比较评析了我国六部“继承法学者建议稿”涉及遗产处理各项具体制度的立法观点，结合中国实际提出的立法建议，具有一定创新性。本书针对涉及遗产处理各项具体制度，较为全面系统地比较评析我国六部“继承法学者建议稿”的立法观点，结合我国十省市被调查民众的观念与习惯以及司法实践案例进行研究，汲取诸学者建议稿中有益的立法观点，并借鉴域外立法经验，结合实际提出我国遗产处理制度系统化构建的立法建议，具有一定创新性。

可以相信，本书出版后，它既可以作为立法机关制定和完善我国遗产处理法律制度的参考资料，也可以作为法律实务工作者、高等院校和科研院所的教学、科研人员以及学生的学习参考资料，还可以作为广大群众学习遗产处理法律知识的参考资料。这有利于促进我国法治国家的建设，将产生良好的社会影响，发挥良好的社会效益。

习近平总书记在党的十九大报告中明确提出，要“推进科学立法、民主立法……以良法促进发展、保障善治”。继承法是调整一国民众的财产继承关系之法律规范的总和。财产继承关系，既涉及千家万户、男女老少家庭成员的切身利益，也涉及第三人的利益和交易安全。为编制一部具有中国特色、体现时代精神的“中国民法典·继承编”，需要对已不适应现实社会的某些规定进行修改补充和完善，并且对社会生活中的新情况、新问题有针对性地增补新规定。回顾本项目自 2016 年 11 月被批准立项至 2018 年 12 月结项的两年间，我们为了高质量地完成项目研究工作，一方面多方收集最新中外参考文献资料，另一方面选取“当代中国民众财产继承观念与遗产处理习惯”这一重要现实问题作为实证调查的研究对象。我们于 2016 年 11 月初起至 2017 年 11 月底，组织开展完成了 1949 年中华人民共和国成立以来我国第二次全国较大范围的民众继承习惯调查。[①] 我们通过开展本次实证调查，掌握涉及遗产处理民事活动的调查统计数据，研究分析对于遗产处理制度这一“代际财产流转规范”的我国被调查民众的观念与实践，以期为本项目的研究提供第一手国情资料。本次实证调查获得的统计数据，为我们进行本项目的深入研究打下了坚实的国情基础。在第二章至第八章，我们结合遗产处理制度的各项具体制度进行研究，从考察涉及遗产处理各项具体制度的目的、价值取向及功能，到比较评析域外立法例吸取立法经验；从研究我国立法现状，到根据我国十省市被调查民众财产继承观念与遗产处理习惯的调查统计数据和司法实践案例进行分析研究，总结我国十省市被调查民众的财产继承观念与处理习惯的特点；从剖析我国涉及遗产处理各项具体制度立法之不足，到研究吸取我国六部“继承法学者建议稿”的有益观点；从研究预测域外遗产处理制度的立法趋势，到结合中国实际提出完善我国遗产处理各项具体制度的立法建议，我们反复修改各章稿件，其中大部分章的稿件是七易其稿，而第七章是九易其稿，可谓竭尽了全力。但限于自身的学识水平，我们的论证和分析可能还存在不足之处，恳请各位前辈和同仁不吝指正。

本书由项目负责人陈苇教授担任主编，撰写分为两个阶段：第一阶段进行当代中国民众继承习惯调查，收集和汇总我国民众继承习惯的调查统计数据。根据本项目的研究需要，为了解我国民众的财产继承观念和遗产处理习惯，2016 年 11 月初至 2017 年 11 月底止，历时一年零一个月，陈苇教授在我国十省市（重庆市、吉林省、上海市、河北省、湖北省、江西省、广东省、海南省、福建省和四川省）调查组长的配合下，组织开展完成了“当代中国民众财产继承观念与遗产处理习惯实证调查”的实地调查，然后我国十省市调查组长分别组织完成了本省市的调查数据的统计汇总工作。[②] 第二阶段撰写完成本项目研究的著作。陈苇教授在拟定写作提纲和写作计划后，组织以教授、副教授和博士生为主体的写作团队。作者们根据写作分工，在各章对涉及遗产处理的各项具体制度之写作

① 必须说明，在 2005 年 10 月至 2007 年 7 月，陈苇教授作为 2005 年度国家社科基金项目负责人，为完成《外国继承法比较与中国民法典继承编制定研究》项目，曾经主持进行过 1949 年中华人民共和国成立以来我国首次“中国民众继承习惯调查”。当时在北京市、重庆市、武汉市和山东省四地区开展了社会调查，参加实地调查和调查数据统计汇总的师生有 411 人次。（参见陈苇主编：《当代中国民众继承习惯实证调查研究》的“中国民众继承习惯调查”之调查人员简介，群众出版社 2008 年版，第 6 页。）时隔 11 年之后，陈苇教授针对“遗产处理制度系统化构建研究”项目的需要，为收集我国更多地区民众的继承习惯资料，扩大了被调查地区的范围，于 2016 年 11 月至 2017 年 11 月，在我国十省市包括重庆市、吉林省、上海市、河北省、湖北省、江西省、广东省、海南省、福建省和四川省，开展“当代中国民众财产继承观念与遗产处理习惯实证调查”。参加此次实地调查和调查数据统计汇总工作的十省市高校的师生有 1295 人次（他们的名单详见鸣谢），学生调查员们除入户发放调查问卷外，还进行了个人访谈。本次调查的统计数据，可以为我国立法机关了解 21 世纪中国新时代更多地区的民众继承观念和行为习惯提供参考。

② 在此我国十省市调查数据统计汇总工作完成后，依据陈苇教授拟定的写作提纲和写作计划，我国十省市调查组长分别组织本省市作者，结合本省市“当代中国民众财产继承观念与遗产处理习惯实证调查”的调查汇总数据，撰写本省市的调查报告。我国十省市作者合作完成的著作《当代中国民众财产继承观念与遗产处理习惯实证调查研究（上卷、下卷）》，陈苇教授正在进行审稿，经其统一修改补充后，将在 2019 年 9 月前由中国人民公安大学出版社出版。

中，既进行中外遗产处理制度立法和我国继承法学者建议稿等文献的文本研究，又结合我国民众的财产继承观念与遗产处理习惯之调查统计汇总数据及司法实践的相关案例进行研究。在主编的指导下，各章作者们反复修改、补充各自的稿件，最后全部稿件由主编审阅进行统一修改补充后完成定稿。

本书各章的撰稿人如下：

第一章：陈苇、张庆林、陈法

第二章：宋豫、裴宝莉、贺海燕

第三章：陈苇、石婷

第四章：陈苇、王巍、陈钊

第五章：陈苇、李艳、张鑫

第六章：陈苇、李艳、王巍、胡苷用

第七章：陈苇、刘宇娇、杜志红、白玉

第八章：曹贤信、曾瑞玉

最后，必须说明，我的四位博士研究生贺海燕、白玉、刘宇娇、郭庆敏同学对本书的全部稿件进行了耐心细致的文字校对修改工作。在此，我代表全体作者对她们表示诚挚的感谢！同时，我要代表全体作者衷心地感谢中国人民公安大学出版社的编辑老师们为本书所做的辛勤编辑出版工作！

陈　苇

2019 年 1 月 19 日

鸣 谢

我们向参加《当代中国民众财产继承观念与遗产处理习惯实证调查》的入户问卷调查和个人访谈、调查问卷的统计和复核工作的师生们表示衷心的感谢！参加本次我国十省市（包括重庆市、上海市、吉林省、河北省、湖北省、江西省、广东省、海南省、福建省和四川省）实地调查和调查数据统计汇总的师生有1295人次。

一、我国十省市被调查地区的调查组组长、副组长名单（排名不分先后）

重庆市调查组组长：西南政法大学陈苇教授；副组长：西南政法大学胡苷用副教授

上海市调查组组长：华东政法大学许莉教授

吉林省调查组组长：吉林大学法学院李洪祥教授

河北省调查组组长：燕山大学罗杰副教授

湖北省调查组组长：中南财经政法大学孟令志副教授

江西省调查组组长：赣南师范大学曹贤信副教授

广东省调查组组长：中山大学法学院卓冬青副教授；副组长：广东工业大学政法学院郭丽红教授

海南省调查组组长：海南大学法学院叶英萍教授

福建省调查组组长：厦门大学法学院何丽新教授

四川省调查组组长：西南政法大学陈苇教授；副组长：西南政法大学胡苷用副教授

二、参加本次我国十省市民众财产继承观念与遗产处理习惯实证调查的调查员和统计员师生名单（排名不分先后，总计有1295人次）

（一）重庆地区的调查员和统计员师生合计148人次

1. 重庆地区的社会调查人员名单（合计119人）

（1）组织开展社会调查的教师名单（合计6人）

西南政法大学陈苇教授（教师组长）、胡苷用副教授（教师副组长）、民商法学院党总支书记张伟莉副教授、李兆玉副院长、年级辅导员蒋莉老师、李扬副教授

（2）参加社会调查的学生名单（合计113人）

参加实地调研和提交调查问卷的调查员（合计113人）

西南政法大学法学院2014级法学本科学生（50人）：

第一组：熊玲（大组长）、周锐、陶明月、张旭、谭华蓉、冉雪莲、詹智涵、谭妍妮、秦梦琪、田其娇

第二组：向文丽（小组长）、黄栏馨、何宜璘、杨秀瑛、喻灵香、邓馨、牟红平、钱

艳月、郑润洁、陈鹏

第三组：卞先银（小组长）、夏梓棋、周琳皓、蒋佳琪、姚玲、梁九平、文江斌、曾陆林、温碧莹、石庆柱

第四组：黄月婷（小组长）、张嘉艺、饶菁、王颖鸿、任清林、杨欣谊、任虹霓、赵煦阳、祁渝松、邱雅欣

第五组：刘海洋（小组长）、王枝枝、雷华容、鲜路、黄文舒、屈柯辛、李杰、王双双、张军、蒋桢

西南政法大学民商法学院 2014 级法学本科学生（50 人）：

第一组：曾子洋（小组长）、刘磊、冯琴秋、帅雅绮、潘小洪、谢婷、肖红、唐雪佼、王江杨、周林

第二组：陈琪琦（小组长）、米钦、徐攀、黄茜、周宇婷、王雨琪、谭双、赵丹丹、费文志、李琪

第三组：陈源媛（小组长）、周游、李春芳、马惠敏、邓茜文、刘天颖（大组长）、王益为、易侠伶、匡润发、李晓冬

第四组：陆巧（小组长）、姜雨宏、黄镜璇、胡玉洁、张瀚文、张雪、刘睿杰、秦思、张兴建、廖铭琪

第五组：黄啸（小组长）、蒋艳林、陈若诗、傅先明、钟玉婕、邓天翊、丁姝月、冉建渝、黄佳雯、陈倩

西南政法大学民商法学院 2015 级法学本科学生（13 人）：张粲敏（小组长）、文智慧、吕丹、姚卓杭、田柔、余志勇、邓若杨、李秋吉、杨松蕾、吴瑶瑶、冉丽、田振华、申诗语

2. 重庆地区的调查数据统计人员名单（合计 29 人）

（1）组织进行调查数据统计的教师名单（合计 2 人）

西南政法大学民商法学院陈苇教授、胡苷用副教授

（2）参加调查数据统计的学生名单（合计 27 人）

西南政法大学民商法学院博士研究生（1 人）：陈钊（大组长）

西南政法大学民商法学院硕士研究生（15 人）：

2015 级硕士研究生：吕德天、刘宇娇、张文彩

2016 级硕士研究生：李睿、郑静文、张林玉、石雨杭、孙铃铃、肖雅兰、姜丽媛、余玲峰、林宁、王雪、王瑞寒、田玉华

西南政法大学法学院 2014 级本科生（10 人）：熊玲、向文丽、卞先银、黄月婷、刘海洋、王海铃、王文玥、裴丽娟、朱萌越、黄诗樾

西南政法大学法学院 2016 级本科生（1 人）：梁梓韵

（二）民营企业组专项调查的重庆地区调查员和统计员师生合计 93 人次

1. 民营企业组重庆地区的实地调查人员名单（合计 57 人）

（1）组织开展社会调查的教师名单（合计 2 人）

西南政法大学民商法学院陈苇教授（教师组长）、胡苷用副教授（教师副组长）

（2）参加社会调查学生名单（合计 55 人）

参加实地调研并提交调查问卷的调查员（合计 55 人）

西南政法大学民商法学院2014级硕士研究生（4人）：林英、泽绒拥珍、赵孟亚、强米米

西南政法大学民商法学院2015级硕士研究生（12人）：李文娟、鲁瀚阳、刘宇娇、吕德天、张文彩、杨超、郭庆敏、欧忆虹、胡杨、周立里、吴丹、黄耀

西南政法大学民商法学院2016级硕士研究生（36人）：石雨杭、肖雅兰、孙铃、郑静文、张林玉、梅婷、石会娟、茹晴晴、潘亚、邢美玲、梁明凤、华溪、樊利涛、杨洋、程婕、冯嘉敏、王瑞寒、邓孟姣、丁婷婷、李睿、李荣花、张霞、蒋忻如、田梅、李说、郭辉、占泸霞、蒲芸芸、张冬雪、姜丽媛、余玲峰、郝玉凯、林宁、杨晓宇、许欣、王雪

西南政法大学民商法学院2015级博士研究生（2人）：陈钊、董思远

西南政法大学民商法学院2016级博士研究生（1人）：李艳

2. 民营企业组重庆地区参加调查数据统计人员名单（合计36人）

（1）组织进行调查数据统计的教师名单（合计3人）

西南政法大学民商法学院陈苇教授、胡苷用副教授、石雷讲师

（2）参加调查数据统计的学生名单（合计33人）

西南政法大学民商法学院2015级博士生（1人）：董思远（大组长）

西南政法大学民商法学院2016级博士生（1人）：李艳

西南政法大学民商法学院2015级硕士研究生（8人）：田梅、杨超、郭庆敏、张文彩、刘宇娇、周迁凤、汪鹏、王可

西南政法大学民商法学院2016级硕士研究生（16人）：茹晴晴、郑静文、张林玉、潘娅、邢美玲、李说、丁婷婷、邓孟娇、王瑞寒、占泸霞、肖雅兰、张霞、普思佳、蒋忻如、姜丽媛、许欣

西南政法大学民商法学院2015级本科生（7人）：周利、王艳婷、文智慧、漏玲蓉、周佳城、刘雨浓、刘媛

（三）上海地区的调查员和统计员师生合计83人次

1. 上海地区社会调查人员名单（合计77人）

（1）组织开展社会调查的教师名单（合计1人）

华东政法大学法律学院许莉教授（教师组长）

（2）参加社会调查学生名单（合计76人）

参加实地调研和提交调查问卷的调查员（合计76人）

华东政法大学2014级本科学生（48人）：

第一组：桂航、金麟、袁琦、徐含哲、高逸炜

第二组：孙川、许博闻、李悦、金鹏玮、潘盈

第三组：姜泽州、段禹成、陈谦益、汤沛佑、鞠天童、陈云仪、王佳颖、孙尧尧、郭欣然

第四组：殷敦辉、施觊文、王婕琼

第五组：戴培尧（小组长）、孙瑜（小组长）、陆晨豪、万蘅、王尚逸、王欣、薛钰、蔡丁佳、张立权、苏展、龚萌悦、董嘉琦

第六组：查汝玲（小组长）、刘中亮、何玉妍、江思嘉、张世泽、叶尧、张亦扬、王清源、许多曦、范裴玲、施添、陆晨、张露、陈天纯

华东政法大学2015级本科学生（18人）：吴逸轩（小组长）、王怡之（小组长）、钱彧妮、陈浩、金奕欣、楼丝琪、张艺馨、邱雨桐、陈政、陆天盈、仇韵舒、屠珍妮、王若禹、万欣吉、杨星亮、伊肖伟、陆澄澄、郑雨婷

华东政法大学2014级研究生（3人）：邬演嘉、朱培、陈希

华东政法大学2015级研究生（4人）：朱舒倩（小组长）、陈婉青、姚佳、陈嘉仪

华东政法大学2016级研究生（3人）：蒋雨达、陆楠、李天奇

2. 上海地区调查数据统计人员名单（合计6人）

（1）组织进行调查数据统计的教师名单（合计1人）

华东政法大学法律学院许莉教授

（2）参加调查数据统计的学生名单（合计5人）

华东政法大学2015级研究生（2人）：朱舒倩、王茜

华东政法大学2016级研究生（3人）：柯婵娟、郑佳颖、张叶

（四）吉林地区的调查员和统计员师生合计110人次

1. 吉林省地区社会调查人员名单（合计88人）

（1）组织开展社会调查的教师名单（合计4人）

吉林大学法学院李洪祥教授（教师组长），吉林大学法学院学生工作办公室主任、团委书记高岩老师，吉林大学妇委会副主任、副研究员苗艺璇老师，吉林大学法学院辅导员、讲师马旭老师

（2）参加社会调查学生名单（合计84人）

参加实地调研和提交调查问卷的调查员（合计84人）

吉林大学法学院2014级法学本科学生（42人）：

第一组：卢琪瑶（小组长）、刘泓池、李官锦、田恒宇、王超、林星彤、徐航、王涵、李君怡、刘睿盈

第二组：罗媛（小组长）、刘苏仪、高春英、宫雯、姜懿莹、包文蕾、周泳、侯彦竹、李姿莹、白天宇

第三组：高昕（小组长）、朴昭瑛、孙雪婷、冯天禹、卓然、张云珊、朴河颖、马金池、姜肇祺、张乃方、周萌、杨姗

第四组：温砚琪（小组长）、马一鸣、司耕旭、齐乃萱、龚越、芦珊、邬童、胡馨方、朴夏景、尚小贺

吉林大学法学院2015级硕士研究生（35人）：

第一组：朱芳凝（小组长）、周金明、王岩、冯艾琳、牧琪、谭婷婷、吕梦蝶、张羽超、聂朝阳

第二组：安晓玉（小组长）、佘圣男、夏文闻、卞小月、杜楠、谷美蕙、赵任伟、张伟佳

第三组：张远（小组长）、柳佩莹、杨拓、孟婉婷、李乐、吴婉晨、张舒、孟祥森、石晶

第四组：邱胜华（小组长）、王祉涵、尹美丹、谢文静、范思宇、胡雪莹、吴博、刘娜、冯月晓

吉林大学法学院2016级硕士研究生（7人）：刘冬卉（小组长）、孙煜、吴天宜、刘

欣阳、唐伟元、郭凯莉、冯胜男

2. 吉林省地区调查数据统计人员名单（合计22人）

（1）组织进行调查数据统计的教师名单（合计1人）

吉林大学法学院李洪祥教授

（2）参加调查数据统计的学生名单（合计21人）

吉林大学法学院2016级博士（2人）：徐聪、都青

吉林大学法学院2014级硕士研究生（3人）：刘倩、张燕、徐英

吉林大学法学院2015级硕士研究生（6人）：朱芳凝、王岩、安晓玉、谢文静、石晶、白晓航、

吉林大学法学院2016级硕士研究生（9人）：刘冬卉、吴天宜、孙煜、关秋蕾、关悦、王惠、韩爽、段昕彤、蔡文蕾

吉林大学法学院2014级法学本科学生（1人）：徐曦文

（五）河北地区的调查员和统计员师生合计137人次

1. 河北地区社会调查人员名单（合计126人）

（1）组织开展社会调查的教师名单（合计1人）

燕山大学文法学院罗杰副教授（教师组长）

（2）参加社会调查学生名单（合计125人）

参加实地调研和提交调查问卷的调查员（合计125人）

燕山大学2014级法学本科生（47人）：李艳萍、李帅、马泽群、黄云龙、齐双、孙爽、谢姗姗、康诗涵、赵星晖、丁玉、白兰鑫、张彬彬、许悦、崔燕的、宋红岩、张博文、邓钰琛、江进帅、房中乐、曹嘉文、黄一希、丁铃、吕玉瑶、孙璇、王超亚、戴文星、辛玉涛、许红、胡双双、张倩、廉春雨、简柯杏、刘畅、宇文亚茹、王蒙、赵冉、李碧瑶、夏双双、田然、赵乾宇、李宇航、董亚峰、孙启汉、魏子豪、李绿铭、李慧、贤明秀

燕山大学辅修法学双学位本科生（6人）：高圣雅、丁磊、孙嘉傲、胡靖怡、张琴、田雨彤

燕山大学里仁学院2014级法学本科生（41人）：杨畅、郝安娜、万里、尚凯、马丹、赵楠、宋清蔚、范思文、赵菊、冯晓丽、韩云飞、王茜茜、杨石惠、肖馨敏、王晨光、王国栋、夏天、吴美欢、张朝梦、侍小琳、王鹏、武新星、苏松渤、戈晓祯、王若琪、杨一楠、智雨池、周金山、刘东南、曹凤至、闫璐璐、闫浩宇、魏娟、李慧峰、王若男、刘伟、贾平川、郎立杰、刘浩、马斌、史晓宇

燕山大学2016级法学研究生（诉讼法学法律硕士）（31人）：刘悦、党悦、刘丰、冯爱迪、薛菲、郭东栋、刘爽、柳琪、孔菲菲、周静、朱文珊、王邓超、都保旺、张莉敏、平泽丽、赵令艳、吴保川、潘沫涵、杨伯乔、周放、许臣臣、艾玉娇、吴海婷、李光霞、张境原、李金越、王伟伟、赵丽新、房文秀、周放、崔甜梦

2. 河北地区调查数据统计人员名单（合计11人）

（1）组织进行调查数据统计的教师名单（合计1人）

燕山大学文法学院罗杰副教授

（2）参加调查数据统计的学生名单（合计10人）

燕山大学文法学院硕士研究生（2人）：2016级硕士研究生：尹鸽、冯爱迪

燕山大学文法学院2014级法学本科学生（7人）：康诗涵、谢珊珊、李慧、许悦、李帅、齐双、董亚峰

燕山大学里仁学院2014级法学本科生（1人）：肖馨敏

（六）湖北地区的调查员和统计员师生合计145人次

1. 湖北地区社会调查人员名单（合计131人）

（1）组织开展社会调查的教师名单（5人）

中南财经政法大学法学院孟令志副教授（教师组长）、夏昊晗老师，年级辅导员王瑄老师、徐金花老师、危晓燕老师

（2）参加社会调查学生名单（合计126人）

学生组织：中南财经政法大学法学院志愿者协会、“巾帼维权”大学生法律服务团

2013级志愿者的学生调查员：李静菱、贺超、郑晓、文玉洁、曹志、张兆书、陈嘉帝、张梦灵、汪鑫林、翁佳立、饶迪、杨双发、袁菁敏、陈俊鹏、李钰、张明耀、李垚林

2014级志愿者的学生调查员：何春阳、黄书迪、李兰、孙悦、章维薇、易雅琪、任炳光、张思雨、周云曦、刘业、向靖铭、胡娴婧、赵钰漫、韩聪、丁燚荧、黄佳佳、吴金阳、韦逸平、王俊辉、马雅莉、戴岭、肖奔、尹丽娟、徐玲、杨馨莹、蔡子盎、陈进、刘琦薇、段小妁、王瑶、黄丽芳、王紫君、龙佳女、付世文、李奥琦、张琪、祁子沐、方俊鑫、管苏扬、汪思敏、邓思垚、张一帆、杨柯清、顾代君、廖锡龙、张梦捷、赵敏、曹庭枝、汪明昕、陈石、曾祥由、刘会容、柯雅、胡春花、李宗亿、霍峰、明康琪、秦丹萍、陈琴韵、周云曦、方莹、章秀学、刘雨兮、梁胜阳

2015级志愿者的学生调查员：杨新虎、谭金哲、黄宇杰、袁宝琦、陈阳、方孝天、周君良、李洁、齐天宇、任捧利、刘雨兮、杨尧、郑绪佳、杨书越、杨房宜、魏慕颖、阁成鑫、王鹏、向建成、王聪聪、肖文静、叶娟、吕佳俊、黄冠男、赵锦楸、张雨馨、鲍遥思、杨粤、张帅群、江芷悦、刘倩、蔡齐、马静文、王琪瑶、向婷、朱美华、刘兰欣、刘璇、胡玥、张婉秋、李晨昊、李成微、靳翠茹

2015级法律硕士研究生：邓敏

2016级法律硕士研究生：彭锦

2. 湖北地区调查数据统计人员名单（合计14人）

（1）组织进行调查数据统计的教师名单（1人）

中南财经政法大学法学院孟令志副教授

（2）参加调查数据统计的学生名单（合计13人）

中南财经政法大学法学院2015级民商法研究生：潘芳芳、龚琳、王小雪、褚晶晶、周长泳

2015级法律硕士研究生：邓敏、许梅

中南财经政法大学法学院2016级民商法研究生：李想、贾艳艳、元雨、张敏

2016级法律硕士研究生：彭锦、王传印

（七）江西地区的调查员和统计员师生合计142人次

1. 组织开展社会调查的教师名单（计2人）

赣南师范大学政治与法律学院曹贤信副教授（教师组长）、辅导员郭冠斌老师

2. 参加社会调查学生名单（计107人）

（1）法学本科生调查员（94人）

第一组（宜春，9人）：袁金萍、胡娴、袁媛、金薇、罗邱兰、梅心荃、胡恒胜、伍雯青、徐丰

第二组（上饶，7人）：胡紫荆、俞静、王财仙、李莉、叶骏、陈蒙、吴娟

第三组（新余、萍乡、抚州，9人）：胡雪、柳慧玲、梁盼、章文、谢欣怡、罗东、涂也清、李增超、贺新莹

第四组（九江，8人）：雷芳芳、江文洁、许偲、张鑫鑫、陈晴晴、王寅莹、何亚霖、涂金林

第五组（南昌、景德镇，9人）：段洋娜、洪小敏、查焰玲、周琴、付姗姗、甘海妹、邓文清、熊成龙、朱阳阳

第六组（吉安，9人）：钟鑫、彭佳丽、赵林、李乐、肖阳阳、欧阳艳、段屹甲、江霖、姚龙

第七组（安远、信丰、会昌、寻乌、全南、定南、大余，13人）：缪莹、梅慧婷、汪越、赖琳琪、袁慧、邝慧蓉、甘雅玉、陈晓凤、赖如燕、卢娜、曹健、郭福雨、肖云

第八组（章贡区、南康、于都，11人）：邱娜、黄桥英、谢康玲、温云超（大组长）、刘志明、肖鹏英、谢金明、黄晨阳、刘青云、林宇、刘龙飞

第九组（赣州、瑞金、上犹、石城、兴国，8人）：李泽鸿、陈思琪、黄雅妮、温唤春、吴洁、邹林、王丽、刘林香

第十组（赣州，11人）：刘昕、朱赞栋、施燕、薛文怡、刘心怡、杜香清、吴小芳、刘珊珊、赖嘉明、黄天雯、陈文芳

（2）硕士研究生调查员（13人）

曾瑞玉、何远健、吴娟梅、邓云园、雷桑、凌材峰、邓奕明、陈飞、邹亮、钟宝平、罗爱梅、陈伟华、李婷

3. 调查数据统计人员名单（计33人）

（1）法学本科生统计人员（25人）

罗世丽、单婷婷、张天然、张婷妮、吴冯云、曹健、黄天雯、邹林、郭福雨、谢康玲、肖云、伍雯肖、林宇、姚龙、刘龙飞、王财仙、叶骏、李泽鸿、段洋娜、袁金萍、许偲、梅心荃、陈文芳、贺新莹、陈蒙

（2）硕士研究生统计人员（8人）

曾瑞玉（大组长）、邓奕明、刘凯、陈飞、吴倩倩、钟宝平、邹亮、罗爱梅

（八）广东地区的调查员和统计员师生合计143人次

1. 广东地区社会调查人员名单（合计139人）

（1）组织开展社会调查的教师名单（合计1人）

广东工业大学政法学院郭丽红教授（教师组长）

（2）参加社会调查学生名单（合计138人）

参加实地调研和提交调查问卷的调查员（合计138人）

广东工业大学政法学院2013级法学本科学生（8人）：黄元俊、李考玲、林燕旋、罗慧嫦、罗小燕、王钰莹、陈嘉豫、文美谊

广东工业大学政法学院2015级法学本科学生（130人）：

第一组：邓潇龙、黄德铨、赖泽荣、刘波、刘健文、龙海东、苏武博、肖宇轩、许杰闻、杨铮、曾志添、陈煜珊、单丹、黄淑闲、蓝柔静、李衍颀、李子灵、梁雅莉、梁颖华、凌嘉敏、卢雅琳、彭彩菊、丘楚瑶、丘欣霖、肖婉君、叶云姗、张金敏、张丽婷、张琴、郑健燕、朱纯梓、朱月琼

第二组：蔡金宇、戴正言、冯康平、甘志权、高志鹏、何佳杰、黄恒宪、李剑波、刘如浩、罗杰、欧阳锦涛、彭振楠、陈橙、邓嘉仪、冯嘉棋、黄晓惠、黄钰茵、江梦凡、廖嘉曼、刘晓莉、卢美恩、彭利美、石桂花、吴悠铮、许倩、叶丽琴、余颖蕾、曾雯姗、张佳婷、郑婉莹、邹馨瑜

第三组：杜旭锋、胡潇鹏、赖威、黎烽、李浩明、欧超杰、潘俊明、唐仲伟、薛浩、姚沛通、余经纬、张焯霖、朱启立、陈晓欣、陈云婷、邓立媚、黄锦红、黄晓丹、赖碧莹、梁月明、廖舒婷、刘蕙珊、刘婉莹、卢诗娟、邱观梅、曲飞宇、王金雨、温紫晴、徐紫瑶、叶绮君、曾靖寓、张妙慧、朱翠玉

第四组：何伟宏、黄赐龙、黄润贤、李裕文、李泽锴、林根源、林溧欣、林跃、卢成捷、邱均兴、覃厚儒、王丕再、王铮宇、吴桐、陈静燕、陈至欣、冯诗琪、辜佳慧、黄美芬、黄瑞琪、黄曦、黎倩莹、林万华、刘正绩、罗洁钊、莫蕙维、邵婉仪、余锦燕、汤诗敏、肖嘉丽、谢绮桦、曾嘉祺、郑依纯、钟雪莹

2. 广东地区调查数据统计人员名单（合计4人）

（1）组织进行调查数据统计的教师名单（合计1人）

广东工业大学政法学院郭丽红教授

（2）参加调查数据统计的学生名单（合计3人）

广东工业大学政法学院2015级法学本科学生（3人）：邹馨瑜、叶云姗、王金雨

（九）海南省地区的调查员和统计员师生合计116人次

1. 海南省地区社会调查人员名单（合计104人）

（1）组织开展社会调查的教师名单（合计4人）

海南大学法学院叶英萍教授（教师组长）、胡明玉讲师、罗旭南教授、海南师范大学法学院唐欣瑜讲师

（2）参加社会调查学生名单（合计100人）

参加实地调研和提交调查问卷的调查员（合计100人）

海南大学法学院2014级法学本科学生（20人）：

第一组：陈群（小组长）、王紫、黄倩、符丽婷、符京菁、庄伟伟、张靖、郭海丹、傅愉惠、王小乔

第二组：梁菁（小组长）、李俊锐、陈备名、陈惠媚、苏凡、卢星霞、王可敏、邓丽香、高菲、王小钰

海南大学法学院2015级法学本科学生（8人）：

第一组：羊香慧（小组长）、王艺铮、姚丹丹、陈编

第二组：黄润凡（小组长）、何翘然、许晨颜、林匀婷

海南大学法学院2016级法学本科学生（14人）：

第一组：王敏（小组长）、林佳嘉、王发乐、黄华兴、劳鹏、陈境梵

第二组：林琤（小组长）、陈德声、杨楠、车钰莹、许开新、庄惠雯、杨海英、符馨尹

海南大学法学院 2016 级硕士研究生（7 人）：

陈积雪（小组长）、陈晴燕、陈伟彬、陈文婷、黄骁、罗贻丽、朱馨

海南师范大学法学院法学本科学生（51 人）：

学生大组长（1 人）：黄冠宇

2014 级法学本科学生（21 人）：羊丽金、蒋文欣、符贵园、符天娱、郭仁平、黄彩虹、黎梦仪、李奶丽、李雪颖、林海韵、林婷婷、沈子佳、王惠芬、王莹莹、吴琼风、吴淑俊、许铭桃、杨兴莹、余永多、郑铭瑶、周源

2015 级法学本科学生（29 人）：陈亚芬、陈宗蕃、蒋雅洁、黎慧玲、李秀慧、梁薇、梁晓彤、麦世娴、潘翔、孙倩倩、吴丽珠、冼远康、虞惠滢、张继威、常敏敏、陈善烁、陈小靓、陈泽奇、邓玉梅、冯才颜、符晓达、高宜、韩佳琪、康丹丹、谭志群、吴来馨、吴小婷、朱兰芝、庄惠婷

2. 海南省地区调查数据统计人员名单（合计 12 人）

(1) 组织进行调查数据统计的教师名单（合计 1 人）

海南大学法学院胡明玉讲师

(2) 参加调查数据统计的学生名单（合计 11 人）

海南大学法学院 2016 级硕士研究生（11 人）：王彦翔、文灿、张烜东、王佩、伊雅茜、包蓁、彭英捷、王谋明、于思维、李冰、李惊雷

（十）参加福建地区社会调查和统计的师生合计 33 人次

1. 福建地区社会调查人员名单（合计 29 人）

(1) 组织开展社会调查的教师名单（合计 1 人）

厦门大学法学院何丽新教授（教师组长）

(2) 参加社会调查学生名单（合计 28 人）

参加实地调研并提交调查问卷的调查员（合计 28 人）

厦门大学法学院本科生：方林颖彦、许佳颖、颜佳艺、束嘉希、黄泽南、颜海晏、蔡银铃、蔡文君、黄真真、张珑、孙睿琪、吴建茜、林怡佳、陈华忍

厦门大学法学院研究生：陈静颖、曹超、孙菁、余虹宇、王思颖、叶妮妮、陈京、徐彦婷、林俐辰、詹秀清、林鑫、陈义、冯周敏

厦门大学公共事务学院研究生：叶艳艳

2. 福建省调查数据统计人员名单（合计 4 人）

(1) 组织进行调查数据统计的教师名单（合计 1 人）

厦门大学法学院何丽新教授

(2) 参加调查数据统计的学生名单（合计 3 人）

厦门大学法学院研究生：孙菁、余虹宇、王思颖

（十一）四川地区的调查员和统计员师生合计 145 人次

1. 四川地区社会调查人员名单（合计 118 人）

(1) 组织开展社会调查的教师名单（合计 4 人）

西南政法大学民商法学院陈苇教授（教师组长）、胡苷用副教授（教师副组长）、西

南政法大学法学院党总支书记梅传强教授、年级辅导员黄娥老师

(2) 参加社会调查学生名单（合计114人）

参加实地调研和提交调查问卷的调查员（合计114人）

西南政法大学法学院2014级法学本科学生（51人）：

第一组：王海铃（大组长）、邹倪珈、张云仪、刘俊秀、胡馨梅、陶倩茹、江静、王思敏、陈俊宏、何俊龙

第二组：王文玥（小组长）、鲜冬梅、韩瑞、宋佩耘、费志平、王迪、游霞、邓子林、米俊岑、陈栎文

第三组：裴丽娟（小组长）、刘芸、李小炜、刘夏、袁煜棠、谢瑞、赵承尧、刘馨宇、冯娟、王诗琪、余溢婷

第四组：朱萌越（小组长）、王美玲、明蕊、王雅卉、王心怡、王虹又、文艺程、马美瑶、胡艺、廖珊珊

第五组：黄诗樾（小组长）、何婷婷、闵浩南、李莼、吴小玲、刘七萍、赵紫荆、刘钰力、王柔柔、马至诚

西南政法大学民商法学院2014级法学本科学生（59人）：

第一组：阙婷婷（小组长）、何龙江、肖贝、周桃、王韵洁、徐小雨、王师沁、梁霜、陈光庭、何倪鲜

第二组：陈洁玲（小组长）、丁云斐、谢方陈、黄可、毛彦钧、胡鑫、柯辰羽、周清清、李小飞、刘琳

第三组：李志然（小组长）、唐静、李明露、曾婷婷、弋鹏飞、陈敏、罗子薇、徐诗尧、黎倩、冉茂璋

第四组：刘静雨（小组长）、黄巍、贾滨菡、叶艾果、廖珍、张銮、鲜素华、陈琳静、吴霞（大组长）

第五组：郑璟（小组长）、曾佐玥、杨培松、侯怡伶、王云倩、兰玥、王洋、贺丹、周霞、陈聪

西南政法大学民商法学院2015级本科生（4人）：王艳婷（小组长）、曹瑞玥、车讯、肖莎莎

2. 四川地区调查数据统计人员名单（合计27人）

(1) 组织进行调查数据统计的教师名单（合计2人）

西南政法大学民商法学院陈苇教授、胡苷用副教授

(2) 参加调查数据统计的学生名单（合计25人）

西南政法大民商法学院博士研究生（1人）：李艳（大组长）

西南政法大民商法学院硕士研究生（14人）：

2014级硕士研究生：梁明凤

2015级硕士研究生：杨超、李文娟、郭庆敏

2016级硕士研究生：占泸霞、邓孟姣、郝玉凯、潘娅、邢美玲、丁婷婷、李说、郭辉、李荣花、石会娟

西南政法大学民商法学院2014级法学本科学生（10人）：张銮、杨桠楠、包雨婷、王子君、蔡腾飞、曹佳姗、吴姵雯、徐小雨、张兴建、萧婷婷

本著作引用的主要法律、法规和司法解释的简称

一、中国法

1.《中华人民共和国宪法》（2018年3月11日通过第五次修正，并公布施行）简称：我国现行《宪法》。

2.《中华人民共和国民法通则》（1987年1月1日起施行，2009年修正）简称：我国《民法通则》。

3.《最高人民法院关于贯彻执行〈中华人民共和国民法通则〉若干问题的意见》（1988年4月2日起施行）简称：我国《执行〈民法通则〉的意见》。

4.《中华人民共和国继承法》（1985年10月1日起施行）简称：我国《继承法》。

5.《最高人民法院关于贯彻执行〈中华人民共和国继承法〉若干问题的意见》（1985年9月11日起施行）简称：我国《执行继承法的意见》。

6.《中华人民共和国婚姻法》（2001年4月28日修正和公布，自公布之日起施行）简称：我国现行《婚姻法》。

7.《中华人民共和国老年人权益保障法》（2018年12月29日第三次修正，于2018年12月29日施行）简称：我国现行《老年人权益保障法》。

8. 我国司法部《遗赠扶养协议公证细则》（1991年5月1日起施行）简称：我国司法部《遗赠扶养协议公证细则》。

9.《中华人民共和国民事诉讼法》（2017年6月27第三次修正，自2017年7月1日起施行）简称：我国现行《民事诉讼法》。

10.《中华人民共和国企业破产法》（2007年6月1日起施行）简称：我国《企业破产法》。

11.《中华人民共和国民法总则》（2017年3月15日第十二届全国人民代表大会第五次会议通过，2017年10月1日起施行）简称：我国《民法总则》。

12.《中华人民共和国合同法》（1999年10月1日起施行）简称：我国《合同法》。

13.《中华人民共和国物权法》（2007年10月1日起施行）简称：我国《物权法》。

14.《最高人民法院关于适用〈中华人民共和国物权法〉若干问题的解释（一）》（2016年3月1日起施行）简称：我国2016年《物权法解释（一）》。

15.《最高人民法院关于适用〈中华人民共和国民事诉讼法〉的解释》（2015年2月4日起施行）简称：我国2015年《关于适用民事诉讼法的解释》。

16.《中华人民共和国预算法》（2018 年 12 月 29 日第二次修正，2018 年 12 月 29 日起施行）简称：我国现行《预算法》。

17.《中华人民共和国预算法实施条例》（1995 年 11 月 22 日起施行）简称：我国《预算法实施条例》。

二、外国法

（一）大陆法系国家

18. 罗结珍译：《法国民法典》（北京大学出版社 2010 年版）简称：《法国民法典》（特别引用另有说明的除外）。

19. 陈卫佐译：《德国民法典》（第 4 版）（法律出版社 2015 年版）简称：《德国民法典》（特别引用另有说明的除外）。

20. 戴永盛译：《瑞士民法典》（法律出版社 2016 年版）简称：《瑞士民法典》。

21. 刘士国、牟宪魁、杨瑞贺译：《日本民法典》（法律出版社 2018 年版）简称：《日本民法典》。

22. 费安玲、丁玫、张亦译：《意大利民法典》（中国政法大学出版社 2004 年版）简称：《意大利民法典》（特别引用另有说明的除外）。

23. 黄道秀译：《俄罗斯联邦民法典》（北京大学出版社 2007 年版）简称：《俄罗斯联邦民法典》（特别引用另有说明的除外）。

24. 谢怀栻译：《德意志联邦共和国民事诉讼法》（中国法制出版社 2001 年版）简称：《德国民事诉讼法》。

（二）英美法系国家

25. Administration of Estates Act 1925（amended in 1996），UK. 简称：英国《遗产管理法》或 Administration of Estates Act。

26. Law of Property Act 1925（amended in 1996），UK. 简称：英国《财产法》或 Law of Property Act。

27. Trustee Act 1925（amended in 1978），UK. 简称：英国《信托法》或 Trustee Act。

28. Wills Act 1837（amended in 2000），UK. 简称：英国《遗嘱法》或 Wills Act。

29. Intestates' Estate Act 1952（amended in 1995），UK. 简称：英国《无遗嘱者遗产法》或 Intestates' Estate Act。

30. Inheritance（Provision for Family and Dependents）Act 1975（last amended in 2014，修订依据为《Inheritance and Trustees´ Powers Act 2014》），UK. 简称：英国《继承法（家庭和被扶养人条款）》或 Inheritance（Provision for Family and Dependents）Act。

31. The Family Provision（Intestate Succession）Order 1993，UK. 简称：英国《（无遗嘱继承）家庭供养令》或 The Family Provision（Intestate Succession）Order。

32. Law Reform（Succession）Act 1995，UK. 简称：英国《〈继承法〉改革法》或 Law Reform（Succession）Act。

33. Administration of Justice Act 1985，UK. 简称：英国《司法行政法》或 Administration of Justice Act。

34. Uniform Probate Code（amended in 2010），USA. 简称：美国《统一遗嘱检验法

典》或 Uniform Probate Code。

35. Administration and Probate Act 1958（Victoria）（amended in 2017），Australia. 简称：澳大利亚维多利亚州《遗产管理和遗嘱检验法》或 Administration and Probate Act（Vic）。

36. Succession Act 1981（Queensland）（amended in 2006），Australia. 简称：澳大利亚昆士兰州《继承法》或 Succession Act（Qld）。

37. Administration and Probate Act 1935（Tasmania）（amended by No. 18 of 2008），Australia. 简称：澳大利亚塔什玛尼亚州《遗产管理和遗嘱检验法》或 Administration and Probate Act（Tas）。

38. Bankruptcy Act 1966（amended in 2018），Australia. 简称：澳大利亚《破产法》或 Australian Bankruptcy Act。

第一章　遗产处理制度概述[①]

自人类社会出现私有财产后，就随之产生了财产继承法律制度。财产继承法律制度与其他法律制度一样，是一定社会经济基础的上层建筑，由经济基础所决定，又为一定的经济基础服务。财产继承法律制度的性质和特点，随着社会经济基础的发展而变化。在不同性质的社会，有着不同性质的财产继承法律制度。[②] 遗产处理，是指针对自然人死亡时留下的遗产和债务进行的继承开始的通知与公告、遗产管理、继承的接受与放弃、遗产债务的清偿、遗产的分割和无人承受遗产的处理等一系列活动。遗产的处理是继承事务进行的关键环节，直接决定着遗产的最终分配，是继承法律制度中最为重要的内容之一。调整前述一系列遗产处理活动的继承开始的通知与公告、遗产管理、继承的接受与放弃、遗产债务的清偿、遗产的分割和无人承受遗产的处理等法律规范的总和，构成遗产处理制度。不同时代、不同国家的遗产处理制度既有共性，也有差异性。我们以继承开始的通知与公告、遗产管理、继承的接受与放弃、遗产债务的清偿、遗产的分割和无人承受遗产的处理等具体的遗产处理制度作为研究对象。我们既要考察涉及这些制度的中外国家的现行立法，也要研究这些制度的历史演变和涉及这些制度的我国民众习惯与司法实践情况，还要研究这些制度的发展趋势，汲取我国继承法学者建议稿的有益观点，进而结合本国实际，提出完善我国继承开始的通知与公告、遗产管理、继承的接受与放弃、遗产债务的清偿、遗产的分割和无人承受遗产的处理之各项具体的遗产处理制度的立法建议，以供我国立法机关编纂“中国民法典·继承编”参考。

本章研究和阐述的主要内容包括：遗产处理制度的研究对象、背景、意义和方法；中外遗产处理制度的立法体例；遗产处理制度的基本内容；遗产处理制度的原则；当代中国民众财产继承观念与遗产处理习惯实证调查概况。

第一节　遗产处理制度的研究对象、背景、意义和方法

本节主要研究和阐述遗产处理制度的研究对象、遗产处理制度的研究背景、遗产处理制度的研究意义和遗产处理制度的研究方法。

---

① 本章作者简介：陈苇，女，西南政法大学民商法学院教授、博士生导师；张庆林，男，西南政法大学民商法博士研究生，中央司法警官学院讲师；陈法，男，重庆大学法学院民商法博士研究生，重庆市潼南区人民法院法官助理。

② 陈苇主编：《婚姻家庭继承法学（第三版）》，群众出版社 2017 年版，第 254 页。

一、遗产处理制度的研究对象

关于遗产处理的内涵，对“遗产处理”一词，可以作广义和狭义两种学术观点理解。广义观点“遗产处理”的内涵，可以包括整个继承事务的全过程。因继承法的主要目的就是解决自然人死亡后，被继承人遗留债务的清偿，遗产的分配和归属，保护公民私有财产的继承权，即如何处理死者遗产的问题。为此，继承法的所有内容都是围绕着如何处理遗产而展开的。遗嘱继承或法定继承是遗产处理的两种方式，前者是确定遗嘱继承人的范围、顺序和继承份额的依据；后者是确定法定继承人的范围、顺序和继承份额的依据。就此意义而言，遗产处理应该包括法定继承和遗嘱继承中涉及遗产处理行为的各项具体内容，如继承开始的通知与公告、遗产清单的制定、遗产管理、继承的接受与放弃、遗产债务清偿以及遗产分割等行为。因此，调整遗产处理各种行为的具体制度共同构成遗产处理制度。例如，《瑞士民法典》第三编继承法分为两部分，第二部分“继承”包括继承的开始、继承的效果和遗产的分割等内容。该法典的继承编集中、系统地规定了遗产处理制度，并不是把遗产处理视为继承事务的终点。因此，有学者指出，遗产的处理贯穿继承法始终，就其内容的共同性角度言之，本应该属于继承编通则的内容。[①] 狭义观点的“遗产处理”的内涵，是指继承法律制度由法定继承、遗嘱继承和遗产处理这三大部分制度构成，前两部分是遗产处理的前提和依据，而遗产处理只是继承事务处理过程中的一个独立环节，同时又是继承事务的终点。我国《继承法》在第四章规定“遗产的处理”，将其放在第二章法定继承、第三章遗嘱继承和遗赠之后，可见采用的是狭义观点的“遗产处理”。所以，本项目对于《中国遗产处理制度系统化构建研究》中的“遗产处理”，主要是从狭义观点的角度进行研究的。

自然人死亡后，其生前拥有的个人所有财产和生前所欠债务均将成为继承法律关系的客体，包括积极财产即遗产与消极财产即被继承人的债务（其又被称为“遗产债务”）。为了解决遗产的归属和移转，被继承人债务的清偿，发挥遗产的扶养职能和生产经营的经济效用，保障继承人、遗产债权人以及其他遗产利害关系人的利益和交易安全，许多国家在继承法中确立了遗产处理制度。在我国，根据我国《继承法》第四章及相关司法解释的规定，我国现行遗产处理制度包括继承开始的通知、遗产的保管[②]、继承与遗赠的接受和放弃、遗赠扶养协议、遗产债务的清偿、无人承受遗产的处理等各项具体制度。

关于本项目的研究对象，必须说明，在我国《继承法》第四章规定的现行遗产处理制度中，包括遗赠的接受和放弃制度。但此制度在继承法理论上和域外继承立法中均属于遗嘱制度的内容，所以遗赠的接受和放弃制度没有被纳入本项目的研究对象。同时，虽然我国《继承法》目前没有规定继承开始的公告制度和继承合同制度，但我们认为这两种制度各自具有的功能（详见第二章、第五章的相关论述），能够满足我国新时代民众遗产处理问题的现实需要，应当将这两种制度纳入本项目的研究对象。所以，本项目的研究对象包括涉及遗产处理的以下七项具体制度：继承开始的通知与公告制度、遗产管理制度、

① 参见张平华、刘耀东：《继承法原理》，中国法制出版社2009年版，第8页。

② 必须说明，遗产的保管只是遗产管理的部分内容，目前我国《继承法》尚未规定较为全面、系统的遗产管理制度。

继承的接受与放弃制度、遗赠扶养协议与继承合同制度、遗产债务清偿制度、遗产分割制度和无人承受遗产制度。

二、遗产处理制度的研究背景

在我国，党的十八届四中全会提出了“编纂民法典”的重大立法任务。习近平总书记在党的十九大报告中明确提出要“推进科学立法、民主立法……以良法促进发展、保障善治”。目前，我国《民法总则》已于2017年10月1日起施行，民法分则各编包括继承编正在被编纂之中。[①] 我国1985年《继承法》将被修改完善后纳入“中国民法典·继承编”之中。为此，必须对我国《继承法》中“已不适应现实情况的规定进行修改完善，对经济社会生活中出现的新情况、新问题作出有针对性的新规定”。[②] 继承法是调整一国民众的财产继承关系之法律规范的总和。财产继承关系，既涉及千家万户、男女老少家庭成员的切身利益，也涉及第三人的利益和交易安全。目前，对我国遗产处理制度的修改完善具有现实影响的社会因素主要有三个方面，包括经济因素、人口因素和家庭结构因素。

第一，经济因素对我国遗产处理制度修改完善的影响。目前，在经济总量上，我国已是世界第二经济大国。从我国社会经济主体结构看，民营企业在我国经济结构体系中现已是“三分天下有其一”，其在我国社会经济体系中占据重要地位。民营企业主死亡时留下的企业遗产适当处理的问题，既涉及民营企业的继续经营发展，也涉及我国社会经济的可持续发展。因此，我国遗产处理制度的修改完善，必须考虑社会经济因素的影响，必须考虑民营企业主对其遗产处理的观念与处理习惯，必须反映被继承人遗留的企业、农村经营土地之继续生产经营的特殊要求。[③]

第二，人口因素对我国遗产处理制度修改完善的影响。从我国人口年龄结构看，我国已进入老龄社会。根据我国民政部的统计数据，截至2017年年底，全国60周岁及以上老年人口已达2.4亿（24090万）人，占总人口的17.3%，其中65周岁及以上老年人口15831万人，占总人口的11.4%。截至2017年年底，全年火化遗体482.0万具，火化率48.9%，即当年死亡人数总计985.68万人以上。[④] 在我国每年将近一千万人的被继承人去世后，其遗留的遗产及其相关的债权与债务的处理，既涉及继承人的财产权益保障与遗产对家庭扶养职能的实现，也涉及与其被继承人交易的债权人利益的保护与交易安全的维护。因此，我国遗产处理制度的修改完善，必须考虑我国人口老龄化因素的影响，必须考虑我国人口老龄化时期法定继承人中的老年人尤其是高龄老人对于遗产处理问题的特殊

---

① 必须说明，本项目于2016年11月立项，我们自2016年11月起开展本课题研究时，当时我国“中国民法典·继承编”正在被编纂中。2018年9月我国立法机关已公布“中国民法典·继承编（草案）”征求社会各界的意见。

② 参见李永军主编：《中华人民共和国民法总则精释与适用》，中国出版集团中国民主法制出版社2017年版，第1页。

③ 参见陈苇、石雷：《当代中国私营企业主的法定继承观念与遗产处理习惯实证调查及其启示》，载西南政法大学民商法学院、外国家庭法及妇女理论研究中心、重庆市劳模创新示范工作室编：《家事审判改革暨家事法修改研讨会论文集》，西南政法大学2018年5月内部印刷，第332-351页。

④ 《2017年社会服务发展统计公报》，载中华人民共和国民政部官网，http://www.mca.gov.cn/article//sj/tjgb/201808/20180800010446.shtml，最后访问时间：2018年11月2日。

要求。[①]

第三，家庭结构因素对我国遗产处理制度修改完善的影响。从我国家庭结构看，根据学者对我国历年的人口调查统计数据的分析，我国家庭结构的变化呈现以下三个特点[②]：其一，单人户比重大幅提高。随着我国社会经济的发展，城乡人口流动和城市人口分离加快，1990年、2000年和2010年我国单人户比重分别为6.4%、8.56%和14.53%，2010年的单人户比重比2000年提高了5.97个百分点。如果这些单人户人口死亡，法律确定由何人及时发出“继承开始的公告”，使死者的继承人及其他遗产利害关系人能够及时申报权利和参与遗产处理，这是非常必要的。再从单人户的人口性别构成看，到老年阶段，“老年寡居的主要是女性人口”。这就要求对丧偶的生存配偶一方（多数是女方），在遗产处理时给予特别照顾。其二，家庭从核心化转向空巢化。核心家庭是指一对夫妻与其未成年子女组成的家庭，在1990年、2000年分别占全部家庭的67.31%、56.02%，即在1990年我国家庭核心化过程已经结束，此后我国核心家庭的占比开始下降，家庭结构由核心化转向空巢化。空巢家庭，是指一对夫妻生育有子女但子女都离开家庭独立居住的家庭。2010年我国由一对夫妻组成的空巢家庭占全部家庭的比重为17.35%，比2000年增加了4.39个百分点，比1990年增加了10.87个百分点，是家庭类型中比重增加最多的类型。如果空巢家庭中的夫妻一方去世，在遗产处理时应当对生存配偶一方给予特别照顾。其三，三代家庭的占比较低但稳定，而隔代家庭的占比则不断提高。2010年我国三代直系家庭占三代家庭的99.4%。由于青壮年人口外出，留在家里的老年人和未成年人形成隔代家庭，1990年、2000年和2010年我国隔代家庭占全部家庭的比重分别为0.7%、1.9%和1.81%，呈增长态势。这就要求在遗产处理时，应当注意照顾继承人中的晚辈未成年人和长辈老年人对遗产的特殊需要。[③] 另外，从我国家庭结构的变迁对家庭功能的影响看，其一，家庭的养老功能正在弱化。我国现有大量的老年人的单人户、老年人的空巢家庭和老年人的隔代家庭。据统计，我国老年人的单人户，在2000年只占单人户家庭的8.5%，至2010年已经达到了20.95%，即单人户的五分之一为处于独居状态的老年人。以上生活在单人户、空巢家庭和隔代家庭中的老年人均缺乏子女照料，其自身的养老功能薄弱。这就要求在遗产处理时，应当对老年人予以特殊照顾，注意发挥遗产的扶养职能。其二，隔代家庭不断增加，留守儿童接受隔代监护和教育的情况普遍，部分留守儿童存在营养不足引起的健康问题、亲情缺失引起的心理问题、照顾不周引起的安全问题等。这就要求在遗产处理时，注意照顾未成年人及直接抚养子女的继承人对遗产的特殊权益。总之，自20世纪80年代以来我国家庭结构的变化特点及家庭扶养功能弱化，要求我国遗产处理制度的

---

① 参见陈苇、冉启玉：《完善我国法定继承人范围和顺序立法的思考》，载《法学论坛》2013年第2期。

② 以下对历年人口调查统计数据的分析和观点，参见周福林：《我国家庭结构变迁研究》，经济管理出版社2016年版，第177-183页。

③ 我国有学者认为，影响我国家庭结构变迁的原因主要有两个方面：第一，我国经济、人口政策的原因。自20世纪70年代末起，我国实行改革开放，促进人口流动性增加；自20世纪80年代起，我国实施计划生育政策，使得人口出生率下降。这两项因素使得我国单人户、空巢家庭和隔代家庭不断增加。第二，我国人口寿命周期的变化原因。随着我国社会经济的发展，广大民众物质、文化生活水平的提高，人口的预期寿命延长和死亡率的降低以及男女平均预期寿命差距的扩大，这些因素共同影响着我国各种家庭结构的周期。人口的预期寿命延长使得空巢家庭的空巢期延长，也使得老年丧偶的单人户的存续期延长。男女平均预期寿命差距的扩大，使老年丧偶女性增加，也使女性单人户的数量增加。参见周福林：《我国家庭结构变迁研究》，经济管理出版社2016年版，第177-183页。

修改完善，必须考虑我国家庭结构因素的影响，即由于我国家庭结构的变迁，在法定继承时生存配偶（单人户中多数为丧偶妇女）、父母（尤其是空巢家庭的父母）、未成年人及其直接抚养人（隔代家庭多数为三代直系血亲家庭，其中的老年人包括祖父母和外祖父母），这些处于弱势的特殊继承人对于遗产处理的照顾要求，需要为他们设立对某些遗产的特殊权利，以保障这些家庭中的弱势群体之维持生活的需要，充分发挥遗产的扶养职能。①

综上所述，对我国遗产处理制度的修改完善具有现实影响的社会因素，主要有三个方面，包括经济因素、人口因素和家庭结构因素。因此，必须研究在以上社会因素影响下我国遗产处理领域的新情况、新问题，才能对21世纪我国《继承法》的修改完善和“中国民法典·继承编”的编纂提出符合中国实际的建议。

三、遗产处理制度的研究意义

遗产处理制度不仅关系继承人的权益，而且对遗产债权人以及其他遗产利害关系人的利益和交易秩序的维护都具有重要意义。

（一）保护继承人的合法权益

被继承人死亡后，继承人根据遗嘱或法律规定对其遗产享有继承权，是遗产的主要受益者。中外继承立法涉及遗产处理的具体制度，主要包括继承开始的通知与公告、遗产的管理（包括制作遗产清单、妥善保管遗产等）、继承的接受与放弃、继承合同或遗赠扶养协议、遗产债务清偿、遗产分割、无人承受遗产的处理等具体制度。可见，遗产处理制度与对继承人、遗产债权人以及其他遗产利害关系人利益的保护均密切相关。从继承法对继承人利益的保护来看，其具体制度包括：一是通过继承开始的通知与公告制度，让继承人及其利害关系人能够及时参与继承事务的处理。二是通过遗产管理制度，包括制作遗产清单、实施财产分离和妥善保管遗产等，确保遗产的安全。三是通过继承的接受与放弃制度，赋予继承人接受继承和放弃继承的权利，使继承人可以在充分了解遗产情况的基础上作出是否接受继承的选择、接受何种类型继承（有限责任继承与无限责任继承）的选择。② 四是通过继承合同或遗赠扶养协议制度，实现被继承人以遗产养老的功能。五是通过遗产债务清偿的有限责任制度，保障继承人的固有财产不承担遗产债务的清偿责任（当然同时也应当保证遗产债权人在遗产实际价值范围内获得清偿）。六是通过遗产分割制度，公平地在各共同继承人之间分配遗产等。因此，对于保护继承人的合法权益，遗产处理制度具有十分重要的作用。

（二）保护遗产债权人及其他遗产利害关系人的合法权益

继承法律关系可分为内部关系和外部关系。在自然人死后，其遗产的处理不仅关系到继承人内部如何分配遗产，同时还涉及外部第三人的遗产债务如何清偿以及其他遗产利害关系人（如遗产酌分请求权人、特留份权利人、遗赠权利人等）如何参与遗产分配的问题。遗产债务是应当由遗产承担清偿责任的债务，其主要包括继承开始前产生的债务，即被继承人生前所欠债务；继承开始时产生的债务，包括遗产酌分之债、特留份之债和遗赠

---

① 参见陈苇、董思远：《民法典编纂视野下法定继承制度的反思与重构》，载《河北法学》2017年第7期。

② 张玉敏：《继承法律制度研究》，法律出版社1999年版，第160页。

之债；继承开始后产生的债务，主要指继承费用，包括丧葬费、遗产管理费用、遗产清算费用、诉讼费用等。[①] 随着市场经济的发展，我国民众更加广泛参与社会经济活动。基于生产和生活的需要，被继承人死亡后遗留生前所欠债务的情况日益常见。根据现代民法的自己责任原则，遗产债务的清偿应当以被继承人的遗产作为责任财产。因此，遗产处理制度也与保护遗产债权人的利益密切相关。在遗产处理中，注意保护被继承人的债权人利益及其他遗产利害关系人利益并维护交易安全，也是一个十分重要的方面。正如我国台湾学者所言，继承制度的存在根据之一便是保护交易的安全。[②] 所以，许多国家的继承立法都规定了包括制作遗产清单、发布继承开始的通知或公告催告申报遗产债权、有条件的限定继承和强制概括继承等制度，以保护遗产债权人的利益，并同时制定了特别贡献的补偿份制度、特留份制度和遗赠制度等以保护相关遗产利害关系人的权益。在我国，《继承法》规定了继承遗产、执行遗赠应当清偿被继承人依法应当缴纳的税款和债务。[③] 并且还规定有涉及遗产酌分、必遗份和遗赠的制度。[④]

美国著名法学家 E. 博登海默教授指出，法律的主要作用之一就是调整和调和相互冲突的利益关系，界定什么样的利益应当被视为值得保护的利益，对利益予以保障的范围和限度，以及对于各种主张和要求应当赋予何种相应的等级和位序。[⑤] 我们认为，我国遗产处理制度的系统化构建，应当以法律的平等价值、自由价值和公平价值为指导。"平等价值是全面体现在各项民事法律制度和规则当中的一项基本价值。"[⑥] 坚持遗产处理关系当事人平等，这是构建公平、正义的遗产处理制度的基础。根据法律的自由价值，必须坚持私法自治的理念，"私法最重要的特点莫过于个人自治……"[⑦] 在涉及遗产处理的各项具体制度的构建中，应当体现尊重被继承人、继承人、遗产债权人、酌情分配遗产请求权人及其他遗产利害关系当事人的意愿。并且，必须依据法律的公平价值设计相关具体制度，"形式平等尊重的是私法自治，实质平等强调一定程度的国家干预"。[⑧] 在遗产处理各项具体制度的构建中，一方面从形式平等上应当赋予继承人、遗产债权人及其他遗产利害关系人等平等的权利和义务；另一方面在实质平等上遗产分割时应当对处于弱势的继承人等予以特殊照顾，应当对生产经营者赋予对遗产中生产经营资料的先取权，既保障充分实现遗产对家庭的扶养职能，又保障充分发挥遗产的其他经济效用。这样才能增进人民生活的幸福感，促进社会经济的发展，推进社会的文明与进步。因此，对我国遗产处理制度的系统化构建研究，具有重要的理论意义和实际应用价值。

---

① 参见陈苇、宋豫主编：《中国大陆与港、澳、台继承法比较研究》，群众出版社 2007 年版，第 408 页。

② 参见林秀雄：《继承法讲义》，台湾元照出版公司 2005 年版，第 4-5 页。

③ 我国《继承法》第 33 条第 1 款规定："继承遗产应当清偿被继承人依法应当缴纳的税款和债务，缴纳税款和清偿债务以他的遗产实际价值为限。超过遗产实际价值部分，继承人自愿偿还的不在此限。"第 34 条规定："执行遗赠不得妨碍清偿遗赠人依法应当缴纳的税款和债务。"

④ 参见我国《继承法》第 14、16、19 条。

⑤ 参见［美］E. 博登海默：《法理学：法律哲学与法律方法》，邓正来译，中国政法大学出版社 1999 年版，第 398-399 页。

⑥ 参见王利明：《民法典体系研究（第二版）》，中国人民大学出版社 2012 年版，第 324 页。

⑦ ［德］罗伯特·霍恩等：《德国民商法导论》，楚建译，中国大百科全书出版社 1996 年版，第 90 页。

⑧ 参见王轶：《民法价值判断问题的实体性论证规则——以中国民法学的学术实践为背景》，载《中国社会科学》2004 年第 6 期。

四、遗产处理制度的研究方法

对于我国遗产处理制度的系统化构建，我们主要采取以下五种研究方法：

第一，历史研究法。追根溯源，针对涉及遗产处理的各项具体制度包括继承开始的通知与公告、遗产的管理、继承的接受与放弃、遗赠扶养协议与继承合同、遗产债务清偿、遗产分割、无人承受遗产的处理等具体制度的历史演变进行分析研究，总结各自发展演变的特点，为进一步分析各项具体制度的目的、价值与功能打下基础。

第二，价值研究法。通过运用法律价值分析的方法，对涉及遗产处理的各项具体制度应遵循的价值取向进行分析，为继承开始的通知与公告、遗产的管理、继承的接受与放弃、遗赠扶养协议与继承合同、遗产债务清偿、遗产分割、无人承受遗产的处理等具体制度的立法修改和司法适用提供指引。

第三，比较研究法。针对涉及遗产处理的各项具体制度，包括继承开始的通知与公告、遗产的管理、继承的接受与放弃、遗赠扶养协议与继承合同、遗产债务清偿、遗产分割、无人承受遗产的处理制度的比较研究。必须说明，我们主要在两个领域进行比较研究：一是对外国继承法的比较研究，主要考察大陆法系国家和英美法系国家的相关立法，比较分析其异同，总结其中有益的立法经验；二是对我国诸部继承法学者建议稿的立法观点与理由的比较研究，包括考察研究我国学者公开发表的以下六部继承法学者建议稿[①]：梁慧星等学者建议稿（本书以下各章简称“梁稿”）[②]、徐国栋等学者建议稿（本书以下各章简称“徐稿”）[③]、王利明等学者建议稿（本书以下各章简称“王稿”）[④]、张玉敏等学者建议稿（本书以下各章简称“张稿”）[⑤]、陈苇等学者建议稿（本书以下各章简称“陈稿”）[⑥] 和杨立新等学者建议稿（本书以下各章简称“杨稿”）[⑦] 的主要观点，在此基础上进行比较评析其异同，吸取其中有益的立法经验和理论观点。

第四，实证研究法。通过开展“当代中国民众财产继承观念和遗产处理习惯实证调查”，了解认识我国十省市（包括我国东北部的吉林省、东部的上海市、北部的河北省、中部的湖北省和江西省、南部的广东省和海南省、东南部的福建省、西南部的重庆市和四川省）被调查民众对涉及遗产处理各项具体制度的认识观念与行为习惯，掌握涉及遗产

---

① 本书各章所列的我国继承法学者建议稿，按照各学者建议稿的出版或发表时间的先后排序。

② 梁慧星（课题负责人）：《中国民法典草案建议稿》，法律出版社 2003 年版；梁慧星（课题负责人）：《中国民法典草案建议稿附理由·继承编》，法律出版社 2013 年版，本书所引用的“梁稿”的条文均出自此书，但特别注明为其他版本的除外。

③ 徐国栋主编：《绿色民法典草案》，社会科学文献出版社 2004 年版，本书所引用的“徐稿”的条文均出自此书。

④ 王利明（项目主持人）：《中国民法典学者建议稿及立法理由·人格权编、婚姻家庭编、继承编》，法律出版社 2005 年版，本书所引用的“王稿”的条文均出自此书。

⑤ 张玉敏（课题负责人）：《中国继承立法建议稿及立法理由》，人民出版社 2006 年版，本书所引用的“张稿”的条文均出自此书。

⑥ 陈苇（项目负责人）：《〈中华人民共和国继承法〉修正案（学者建议稿）》，本建议稿全文摘自陈苇主编：《外国继承法比较与中国民法典继承编制定研究》，北京大学出版社 2011 年版。陈苇主编：《中国继承法修改热点难点问题研究》，群众出版社 2013 年版，本书所引用的“陈稿”的条文均出自此书。

⑦ 杨立新、杨震等：《〈中华人民共和国继承法〉修正草案建议稿》，载《河南财经政法大学学报》2012 年第 5 期，本书所引用的“杨稿”的条文均出自此文。

处理的现实民情与习惯资料。并且，收集和选取我国人民法院审理遗产处理纠纷案件的判决书进行研究和分析，归纳总结司法实践中反映的我国涉及遗产处理各项具体制度立法的合理之处，剖析其不足之处。

第五，文献研究法。对涉及遗产处理制度的相关著作和论文等参考文献进行研究，尤其注意对近年我国学者出版或发表的涉及“中国民法典·继承编”立法与实践研究的学术著作和论文进行研究，以吸取前人的研究成果，为提出我国遗产处理制度系统化构建的立法建议提供参考。

第二节　中外遗产处理制度的立法体例

遗产处理制度的立法体例是指继承法对遗产处理制度的立法结构安排。基于各国的法律传统、立法技术及对遗产处理制度的理解不同，遗产处理制度的立法体例呈现出差异性。考察和研究遗产处理制度的中外立法体例，有助于我们认识和理解有关遗产处理制度的中外立法主要内容与异同。以下，我们分别对中外遗产处理制度的立法体例进行考察和研究。

一、我国内地遗产处理制度的立法体例

我国《继承法》于1985年10月1日起施行，共五章，分为总则、法定继承、遗嘱继承和遗赠、遗产的处理和附则。其中，第四章“遗产的处理”集中规定了处理遗产所涉及的内容，包括遗产的保管、遗产与共同财产的分离、遗产的分割、遗产债务的清偿和无人承受的遗产等内容。此外，在其他章节中也有关于遗产处理的相关规定。例如，第二章“法定继承”第15条规定了遗产分割的原则和方法；[①] 第三章“遗嘱继承和遗赠”第16条规定了遗嘱执行人；[②] 第19条规定了必留份；[③] 同时，第四章“遗产的处理”第31条还规定了与遗产处理内容相关的遗赠扶养协议。[④] 我们认为，我国《继承法》关于遗产处理制度的立法结构设计，是采取的集中与分散立法相结合的方式。既发挥了集中型立法的优势，又针对不同情况将遗产处理的部分内容规定在相应章节之中。这样的立法结构针对性强，体现了合理性和科学性。

二、外国遗产处理制度的立法体例

对外国遗产处理制度的立法体例，我们分别考察大陆法系与英美法系两大法系具有代表性国家的遗产处理制度的立法体例。

---

① 我国《继承法》第15条规定：“继承人应当本着互谅互让、和睦团结的精神，协商处理继承问题。遗产分割的时间、办法和份额，由继承人协商确定。协商不成的，可以由人民调解委员会调解或者向人民法院提起诉讼。”

② 我国《继承法》第16条第1款规定：“公民可以依照本法规定立遗嘱处分个人财产，并可以指定遗嘱执行人。”

③ 我国《继承法》第19条规定：“遗嘱应当对缺乏劳动能力又没有生活来源的继承人保留必要的遗产份额。”

④ 我国《继承法》第31条规定：“公民可以与扶养人签订遗赠扶养协议。按照协议，扶养人承担该公民生养死葬的义务，享有受遗赠的权利。公民可以与集体所有制组织签订遗赠扶养协议。按照协议，集体所有制组织承担该公民生养死葬的义务，享有受遗赠的权利。”

（一）大陆法系国家的立法体例

大陆法系不同国家或地区的遗产处理制度的立法体例，主要有分散型和集中型两种类型。[①]

1. 分散型立法例

分散型是指将法定继承、遗嘱继承、无人承受遗产等涉及遗产处理的内容分别规定在不同章节，如法国、德国、意大利、日本等民法典。

第一，法国立法例。《法国民法典》第三卷“取得财产的各种方法”第一编为“继承”。其中，第五章“无人继承的遗产和无人承认的遗产”规定了遗产无人继承的开始、遗产管理人的权利和管理账目的提交与遗产管理的终止；第六章“由委托代理人管理遗产”规定了遗产的管理委托、协议指定受托人和法院指定的遗产委托管理人；第八章“遗产的分割”规定了分割活动、无偿处分的财产的返还、债务的清偿、分割的效果与分配份的担保、分割无效之诉或者请求不足分配份额之诉，以上这些内容是遗产处理的主要内容。第二编为“无偿处分财产”。其中，第三章“特留份、可处分的财产部分及超出数额的扣减”规定了特留份和无偿处分数额的减少；第五章“遗嘱处分”第七节为“遗嘱执行人”，规定了遗嘱执行人的选定、变更、权利和义务；第七章为“无偿处分—分割”，分别规定了“赠与—分割”和“遗嘱—分割”。[②]

第二，德国立法例。《德国民法典》共五编，第五编为“继承法”。第五编第一章“继承”规定了胎儿的继承权利、国家的法定继承权等涉及遗产处理的内容。在第五编第二章“继承人的法律地位”中，第一节为“遗产的接受和拒绝、遗产法院的照料”；[③] 第二节为“继承人对遗产债务的责任”，集中规定遗产债务的清偿问题，包括遗产债务的认定、对遗产债权人的公示催告、继承人责任的限制、遗产清单的编制、继承人的无限责任和延期抗辩权；第四节“多数继承人”中第一目“继承人相互间的法律关系”规定了遗产的分割，第二目为“继承人和遗产债权人之间的法律关系”。第三章“遗嘱”中的第六节为“遗嘱执行人”，规定了遗嘱执行人的任命及其职责（包括执行遗嘱、管理遗产、分割遗产、为遗产设立债务负担等）。第八章“继承证书”规定了遗产法院的管辖权、继承证书的申请、种类、内容及其效力。

第三，意大利立法例。《意大利民法典》共六编，其中，第二编为“继承”。第二编第四章为“遗产分割”，比较集中地规定了财产的合算、债务的清偿和遗产的分割。而无人承受遗产制度被分散地规定在“继承编”第一章“继承的一般原则”和第二章“法定继承”等相关条文中。[④]

第四，日本立法例。《日本民法典》第五编“继承”，共八章。第三章“继承的效

---

① 参见谭启平、冯乐坤：《遗产处理制度的反思与重构》，载《法学家》2013 年第 4 期。

② 参见《法国民法典》，罗结珍译，北京大学出版社 2010 年版，第 204-290 页。

③ 遗产法院的照料主要包括遗产的保全和遗产保佐人的选任。例如，《德国民法典》第 1960 条规定：“（1）以有需要为限，遗产法院必须致力于保全遗产，直至遗产被接受之时。继承人不明或不能肯定其是否已接受遗产的，亦同。（2）遗产法院尤其可以命令存放印章，提存金钱、有价证券和贵重物品，以及编制遗产目录，并为成为继承人的人选任一个保佐人（遗产保佐人）。”第 1961 条规定：“遗产保佐人的选任系由权利人以在裁判尚主张对遗产的请求权为目的而申请的，在第 1960 条第 1 款的情形下，遗产法院必须选任遗产保佐人。”

④ 参见《意大利民法典》，费安玲、丁玫、张宓译，中国人民大学出版社 2010 年版，第 95-149 页。

力”主要是指法定继承的效力，其中，第三节为“遗产的分割”。第四章“继承的承认与放弃”规定了限定承认和放弃情况下继承财产的管理、保存和债务清偿。第五章“财产的分离”规定了财产分离的效果，继承财产的管理和债务清偿等内容。第六章“继承人的不存在”，主要规定了无人承受遗产的管理、债务清偿及其归属。第七章“遗嘱”第四节“遗嘱的执行”规定了遗嘱的检认、启封，遗嘱执行人的指定、选任、权利义务、解任、辞任等内容。第八章规定了特留份制度。①

上述国家对于涉及遗产处理的制度，采取分散型立法方式，即将遗产处理分别规定在法定继承、遗嘱继承、遗产的接受与放弃、遗产债务的清偿、遗产的分割等制度中。这种立法例可以突出不同继承方式及其遗产处理的特殊性，便于操作。但这种分散型立法例并不是绝对的。在分散型立法的同时，也有相对集中立法的情况。例如，在《德国民法典》第五编“继承法”中，第二章第二、三、四节集中规定了继承人对遗产债务的责任问题。②

2. 集中型立法例

集中型是指将法定继承、遗嘱继承、无人承受遗产等相关遗产处理的内容专门规定在同一章节，如瑞士、葡萄牙、埃及等国的民法典。

《瑞士民法典》是集中规定遗产处理制度的典型代表。《瑞士民法典》第三编为“继承法”，该编共分为两部分：第一部分“继承人”包括“法定继承人”和“遗嘱处分”；第二部分“继承”包括“继承的开始”“继承的效果”（保全处分、遗产的取得、公示财产清单、官方清算和遗产回复之诉）、“遗产的分割”（分割前的共有、分割方法、结算、分割终止及效果）。③ 可见，《瑞士民法典》第二部分“继承”实为集中规定遗产处理制度。

瑞士法在规定遗产处理问题时，采取集中型立法方式，即将遗产处理制度进行集中规定，在法典中通常作为单独的一部分，与法定继承和遗嘱继承并列。这种立法方式可以避免重复立法，符合法律条文的简明与统一的要求。同时，在特殊情况下，也有分别立法的情况。例如，遗嘱执行人的选任及其权利和义务被规定在第一部分“继承人”之中。④ 此种立法体例采取集中与分散的统一，兼顾一般情况与特殊情况，能够满足不同继承情况的需要，具有立法的合理性和科学性。

（二）英美法系国家的立法体例

在英美法系国家，判例法和成文法都是主要的法律渊源。对于继承法而言，同样如此。为了更加系统地调整继承法律关系，目前，很多英美法系国家都有关于继承的成文法，如英国、美国、澳大利亚等国。在英国，遗产处理问题的法律依据主要有 1975 年制定的《继承法（家庭和被扶养人条款）》、1995 年制定的《〈继承法〉改革法》、1995 年

① 参见《日本民法典》，刘士国、牟宪魁、杨瑞贺译，中国法制出版社 2018 年版，第 224-259 页。

② 参见《德国民法典（第 4 版）》，陈卫佐译注，法律出版社 2015 年版，第 576-596 页。

③ 参见《瑞士民法典》，戴永盛译，法律出版社 2016 年版，第 192-220 页。

④ 《瑞士民法典》第三编“继承法”第一部分“继承人”第十四章“遗嘱处分”第五节“遗嘱执行人”规定了遗嘱执行人的委任及其权利和义务，这也是涉及遗产处理制度的内容。《瑞士民法典》第 518 条规定：“（1）遗嘱执行人与官方遗产管理人有相同的权利和义务。但被继承人另有指示的不在此限。（2）遗嘱执行人代表被继承人的意思，并作为受任人负责管理遗产，清偿被继承人的债务，交付遗赠以及根据被继承人的指示或依法律的有关规定分割遗产。（3）如指定的遗嘱执行人为数人，只要被继承人无另行指示，则其共同行使前款的权利。”

修订的《无遗嘱者遗产法》、1996 年修订的《遗产管理法》、2000 年修订的《遗嘱法》等法律规定和相关判例。在美国，遗产处理问题的法律依据主要是 2010 年修订的《统一遗嘱检验法典》和相关判例。在澳大利亚，涉及遗产处理问题的成文法主要有昆士兰州 2006 年修订的《继承法》、新南威尔士州 2009 年修订的《遗嘱、遗嘱检验和遗产管理法》、北部地区 2009 年修订的《遗产管理和遗嘱检验法》等。

在英美法系国家，一般实行间接继承制度，继承开始后，遗产不是直接转归继承人，而是作为独立的遗产法人，由遗嘱执行人或遗产管理人负责管理。[①] 英美法系国家的遗产处理立法是采取遗产管理制度。若遗嘱指定遗嘱执行人，则由遗嘱执行人承担遗产管理职责；若没有遗嘱，遗嘱中没有指定执行人，遗嘱执行人在未完成处理遗产事务之前自行辞职、被解职或者死亡的，则由相关利益人申请法院指定遗产管理人担当遗产管理职责，负责遗产处理的相关事宜，包括管理遗产、清偿债务、将剩余遗产分配给遗产受领人。此种间接继承下的遗产处理制度，其调整的结果与大陆法系遗产处理制度中要求先依法制定遗产清单（实行遗产分离）、公示催告申报债权、先以遗产清偿死者债务后剩余遗产才进行分配之有条件的限定继承制度具有殊途同归的效果。而前述有条件限定继承制度之诸种遗产处理事务制度构成统一的遗产管理制度。

通过前述国内外遗产处理制度的立法体例之比较，我们认为，前述国家的立法体例实际上都有相对集中立法与相对分散立法的法条。因为凡共性的可以集中立法，凡个性的应当分散立法，两者相辅相成。集中立法体例与分散立法体例，各有优点。集中立法更简洁，分散立法针对性更强，以达到指导遗产处理之目的。而我国采取的是集中与分散立法相结合。因此，我国现行遗产处理制度的立法体例是合理的、科学的。

第三节 遗产处理制度的基本内容

综观现代中外继承立法，遗产处理制度的基本内容，主要包括七项具体制度：继承开始的通知与公告制度、遗产管理制度、继承的接受与放弃制度、遗赠扶养协议与继承合同制度、遗产债务清偿制度、遗产分割制度和无人承受遗产制度。

一、继承开始的通知与公告制度

继承开始的通知，是指在被继承人死亡后，由知悉的相关人员或单位等组织将继承开始的情况通知继承人和受遗赠人。这是启动继承程序和处理遗产的首要环节。如果被继承人死亡时，有的继承人可能在外地或国外，那么已经知道被继承人死亡的继承人就有义务及时通知其他继承人和受遗赠人。这才能保障其他继承人或受遗赠人的合法权益。

从域外立法看，不少大陆法系国家和英美法系国家都设立有继承开始的通知与公告制度。例如，《法国民法典》关于继承开始的通知与公告主体的规定，主要体现在催告继承人接受或者放弃继承、无人继承遗产的管理方面。第一，继承开始后 4 个月期限届满时，继承人未表示接受或放弃继承的，可以由遗产债权人、共同继承人、后一顺序的其他继承人或者国家采取行动，以司法外文书催告继承人作出决定。第二，遗产无人继承时，遗产

① 参见［美］彼得·哈伊：《美国法律概论》，沈宗灵译，北京大学出版社 1998 年版，第 99-100 页。

债权人、为死者的利益负责管理其全部或一部概括财产的任何人、有利益关系的任何其他人或者检察院向法院提出申请，请求法官委托负责公产管理的行政机关管理无人继承遗产，法院作出的对无人继承遗产管理的裁定应当公示。[①] 又如，英国继承开始的通知与公告的主体主要被规定在《遗产管理法》和《信托法》等法律之中。在英国，被继承人死亡后其遗产不是直接转归继承人，而是经过遗产的清点、纳税、法院验证、清偿债务、执行遗嘱和承办管理、申请、汇集、分割等一系列法定程序后，有剩余遗产的才分配归属于继承人。遗产在有继承人的情况下，在确认被继承人死亡后，确定遗产代理人前，法院有权传召遗嘱所指明的任何遗嘱执行人提出申请或放弃遗嘱认证，此即向可能的遗产代理人作出继承开始的通知。在确定遗产代理人后，负责继承开始通知的主体是遗产代理人。遗产代理人负责领取被继承人死亡证明书，向继承人发出继承通知。[②]

在我国，《继承法》第23条规定："继承开始后，知道被继承人死亡的继承人应当及时通知其他继承人和遗嘱执行人。继承人中无人知道被继承人死亡或者知道被继承人死亡而不能通知的，由被继承人生前所在单位或者住所地的居民委员会、村民委员会负责通知。"关于通知的形式，可以采用书信、电报、电话、口传等方式，也可以采用公告形式，以便继承人、遗嘱执行人及时前来参加继承，执行遗嘱。如果通知义务人故意隐瞒继承开始的事实，没有履行通知义务，给其他继承人或受遗赠人造成损失的，应当承担赔偿责任。

二、遗产管理制度

继承自被继承人死亡时开始。然而，从继承开始到遗产分割之前，遗产可能会处于无人保管、管理的不稳定状态。尤其是在继承人或受遗赠人为多人时，或者是继承人和受遗赠人都放弃继承权或受遗赠权时，或者是无继承人或受遗赠人时，对于遗产的管理都是十分必要的。因此，为防止遗产毁损、灭失或被隐匿、侵吞，应该对遗产进行妥善的管理。

为了妥善管理遗产，不少大陆法系国家和英美法系国家都建立了遗产管理制度。例如，根据《德国民法典》第1981条规定，遗产法院根据继承人或遗产债权人的申请，可以发布遗产管理的命令。在遗产管理命令发布后，继承人即丧失管理、处分遗产的权能。只有在已知的遗产债务被清偿后，遗产管理人始得将遗产移交给继承人。在英美法系的一些国家，继承开始后，必须经过遗产管理阶段，遗产管理人由被继承人指定并经法院认许之遗嘱执行人担任或在无遗嘱继承场合由遗嘱验证法院指派的人为之。[③] 外国遗产管理制度的主要内容包括：遗产管理人的资格与产生方式、遗产管理人的职责与报酬、遗产管理人的法律责任等。

在我国，《继承法》第24条规定："存有遗产的人，应当妥善保管遗产，任何人不得侵吞或者争抢。"我国《执行继承法的意见》第44条规定："人民法院在审理继承案件时，如果知道有继承人而无法通知的，分割遗产时，要保留其应继承的遗产，并确定该遗产的保管人或保管单位。"该意见第59条规定："人民法院对故意隐匿、侵吞或争抢遗产

---

① 《法国民法典》第771条第2款、第809-1条。

② 陈苇主编：《外国继承法比较与中国民法典继承编制定研究》，北京大学出版社2011年版，第113页。

③ 在大陆法系国家中，法国、德国、瑞士、日本等国家都建立了遗产管理制度。参见周小明：《信托制度比较法研究》，法律出版社1996年版，第24页。

的继承人，可以酌情减少其应继承的遗产。”如果有继承人以外的人或组织侵占、损坏遗产的，应该追究其法律责任。可见，我国《继承法》和司法解释对遗产的保管有所规定，但遗产保管只是遗产管理人职责的极小部分内容。我国《继承法》对于遗产管理人的资格与产生方式、遗产管理人的职责与报酬、遗产管理人的法律责任等内容尚无规定，即我国目前尚未确立较为系统、全面的遗产管理制度。

三、继承的接受与放弃制度

依据我国《继承法》第2条的规定，继承自被继承人死亡时开始。此即采取当然继承主义。在继承开始时，被继承人的财产即转由继承人承受。同时，基于现代民法的意思自治原则，任何人不得被强制继承，因此赋予继承人之继承选择权，允许其对遗产有接受继承和放弃继承的自由权利。我们认为，无论是采取直接继承或间接继承，在被继承人死亡后，继承人均包括遗嘱继承人和法定继承人，其继承地位依遗嘱或法律是已经确定的，但遗嘱继承人或法定继承人可根据本人的意愿依法定方式作出放弃继承的意思表示，从而丧失此次遗嘱继承人或法定继承人之地位。

关于继承的接受与放弃的主体，在现代社会中外立法均赋予继承人享有接受继承和放弃继承的权利。例如，《法国民法典》规定继承人为继承的接受与放弃的主体[①]，该继承人包括：在前一顺序的继承人放弃继承或者丧失继承权的情况下，法典中关于继承的接受与放弃的期限同样适用于后一顺序的继承人，自后一顺序的继承人知道前一顺序的继承人放弃继承或者丧失继承权时开始计算。[②] 再如，《日本民法典》亦规定继承人为继承的接受与放弃的主体。[③] 我国《继承法》第25条第1款规定：“继承开始后，继承人放弃继承的，应当在遗产处理前，作出放弃继承的表示。没有表示的，视为接受继承。”

（一）继承的接受

继承接受，是指继承人作出接受遗产的意思表示。继承开始后，继承人享有是否接受遗产的权利。是否接受遗产，应以继承人所作出的意思表示为依据。

关于接受继承的方式与期限，从域外立法看，在德国，《德国民法典》规定的继承的接受分为两种类型：无限责任继承（又称为单纯接受继承）与有限责任继承。从接受继承的方式看，单纯接受继承可分为自愿单纯接受继承与法律强制单纯接受继承。以德国法为例，关于自愿单纯接受继承的方式，继承人可采取不在法定期限届满前编制遗产清单的方式，即继承人如未依法在法定期限内制作并递交遗产清单的，此即默示地表明实行自愿的单纯接受继承。[④] 关于强制的单纯接受继承的方式，继承人如有法律规定的不正确制作遗产清单的情形，将会被法律强制其单纯接受继承。[⑤] 关于有限责任继承的方式，继承人可以通过或依法制作遗产清单，或申请遗产支付不能程序，或申请遗产管理命令来实行

---

① 《法国民法典》第768条。
② 《法国民法典》第774条。
③ 《日本民法典》第915条。
④ 《德国民法典》第1994条（制作遗产清单的效力）。
⑤ 《德国民法典》第2005条（制作的遗产清单不正确的无限责任）。

“继承人责任的限制”，即实行以遗产为限承担清偿被继承人债务的责任。[①] 从接受继承意思表示的期限看，在日本，继承人自知悉为自己的继承开始时起3个月内，应作出单纯承认、限定承认或放弃的表示。[②] 此外，单纯承认也适用该法典第915条规定的期间，一旦继承人没有在法定期限内表示限定承认或放弃的，就被推定为单纯承认。[③] 继承人放弃继承的期限，自知悉为自己的继承开始时起3个月内，可由家庭法院依请求延长。放弃继承，由欲放弃继承者向家庭法院申述其意旨。[④] 在我国，《继承法》规定的接受继承的方式包括明示和默示两种。在继承开始后，继承人既可以明确表示接受继承，也可以采取默示的方式，即不作意思表示放弃继承而被推定为接受继承。关于接受继承的意思表示期限，根据我国《继承法》第25条之规定，作出接受继承的表示时间，应该在继承开始之后遗产分割之前这一期限内。如果没有作出放弃继承意思表示的，则视为接受继承。[⑤]

（二）继承的放弃

继承的放弃，是指继承人作出不接受遗产的意思表示，其效力追溯到继承开始的时间。继承权是继承人依照遗嘱或法律而享有的一项民事权利，其可以根据自己的意愿选择放弃继承。必须说明，在国外，有些国家对放弃继承权设立有一定限制。例如，《法国民法典》规定在继承人放弃继承损害到自己债权人的权利时，该债权人得受法院准许，以他们的债权数额为限，替代他们的债务人并以其名义接受继承。此种接受继承对继承人不产生其他效果。[⑥]《意大利民法典》规定，即使债务人没有诈害的意思，但其放弃继承对于其债权人发生损害，此等债权人可以在其债权额的限度内，以从继承财产中受到清偿为目的，以放弃者的名义和地位进行继承。[⑦] 可见，法国和意大利均规定了债权人的有限代位继承权，即有条件地让继承人的债权人代位继承其债权额限度内的遗产，且不影响继承人的继承地位。在我国，法律对放弃继承权也有一定的限制。如果继承人因为放弃继承权，导致其不能履行法定义务的，则放弃继承权的行为无效。[⑧]

关于放弃继承的方式，从域外立法看，《德国民法典》规定，继承人拒绝遗产的表示，必须作出明示的，且为要式的意思表示。遗产的拒绝，须以对遗产法院的表示为之；该表示必须以遗产法院的记录或以公证认证的形式作出。[⑨]《日本民法典》规定，放弃继承为要式行为。放弃（抛弃）继承不得推定。由欲放弃继承者向家庭法院申述其意旨。[⑩] 在我国，根据我国《继承法》第25条之规定，放弃继承的意思表示，只能是明示的方

① 《德国民法典》第2009、1975、1986条（承担有限责任的方式：制作遗产清单、申请遗产支付不能程序和遗产管理命令的效力）。

② 《日本民法典》第915条。

③ 《日本民法典》第921条。

④ 《日本民法典》第915条。

⑤ 我国《继承法》第25条规定：“继承开始后，继承人放弃继承的，应当在遗产处理前，作出放弃继承的表示。没有表示的，视为接受继承。受遗赠人应当在知道受遗赠后两个月内，作出接受或者放弃受遗赠的表示。到期没有表示的，视为放弃受遗赠。”

⑥ 《法国民法典》第779条。

⑦ 《意大利民法典》第524条。

⑧ 我国《执行继承法的意见》第46条规定：“继承人因放弃继承权，致其不能履行法定义务的，放弃继承权的行为无效。”

⑨ 《德国民法典》第1945条。

⑩ 《日本民法典》第938条。

式，即应当以书面形式向其他继承人表示。如果用口头方式表示放弃继承，且本人承认的，或者有其他充分证据证明的，也应当认定放弃遗产。在诉讼中，继承人向人民法院以口头方式表示放弃继承的，要制作笔录，由放弃继承的人签名。[①] 而受遗赠人放弃遗产，可以采用明示和默示两种方式。

关于放弃继承的意思表示期限，从域外立法看，在德国，遗产的拒绝，只能在6周以内进行。期间自继承人知悉遗产归属和有资格做继承人的原因时起算。被继承人只在外国有最后住所，或者在期间起算时，继承人在外国居留的，期间为6个月。自期间届满之时，视为接受继承。[②] 在意大利，对于接受继承，有权取得遗产的人，在接受继承的时效期限届满前，都可表示接受继承。任何利害关系人均可以请求司法机构为有权取得遗产的人确定一个表示接受或拒绝接受继承的期限。期限届满仍未作出任何表示的人，丧失接受继承的权利。[③] 在我国，根据我国《继承法》第25条之规定，放弃继承的意思表示，应该在继承开始后遗产分割之前这一期限内作出。因为在继承开始之前，继承人享有的是客观意义上的继承权，仅仅是继承遗产的一种资格。因此，就不存在放弃遗产的前提条件。在遗产分割之后，继承人基于继承权对遗产所享有的则是所有权。遗产分割后，继承人表示放弃的已不是继承权，而是对个人财产所有权的抛弃。同时，根据我国《执行继承法的意见》第50条规定，遗产处理前或在诉讼进行中，继承人对放弃继承翻悔的，由人民法院根据其提出的具体理由，决定是否承认；遗产处理后，继承人对放弃继承翻悔的，不予承认。

四、遗赠扶养协议与继承合同制度

遗赠扶养协议，是指遗赠人与扶养人签订的，由遗赠人将个人财产遗赠给扶养人所有，扶养人承担遗赠人生养死葬义务的协议。[④] 遗赠扶养协议制度是我国特有的一项制度，它有利于保障老年人安度晚年，减轻社会负担，弥补社会保障之不足，体现了我国继承立法的中国特色。继承合同，是指被继承人与继承人、其他自然人、法人和其他组织等就继承权或者受遗赠权的取得或消灭及相应义务承担等而达成的合意。[⑤] 根据继承合同的内容不同，可分为两种类型：一种是被继承人与其他民事主体就继承、遗赠的取得或消灭达成的合意，继承人、受遗赠人取得继承或受遗赠无须履行相应的义务，即属于单务、无偿合同；另一种是被继承人与其他民事主体就继承、遗赠的取得或消灭达成合意，同时约定继承人、受遗赠人应履行相应的义务，即属于双务、有偿合同。本项目研究的对象是继承合同中的双务、有偿的继承合同，以下简称为继承合同。

在国外，德国、瑞士、英国、美国都承认继承合同具有法律效力，但是对继承合同的立法模式并不相同。德国、瑞士执行“单轨制”，继承合同与遗嘱一样都是继承权、受遗

① 我国《执行继承法的意见》第47条规定：“继承人放弃继承应当以书面形式向其他继承人表示。用口头方式表示放弃继承，本人承认，或有其它充分证据证明的，也应当认定其有效。”第48条规定：“在诉讼中，继承人向人民法院以口头方式表示放弃继承的，要制作笔录，由放弃继承的人签名。”

② 《德国民法典》第1944条。

③ 《意大利民法典》第480、481条。

④ 陈苇主编：《婚姻家庭继承法学（第三版）》，群众出版社2017年版，第307页。

⑤ 陈苇主编：《外国继承法比较与中国民法典继承编制定研究》，北京大学出版社2011年版，第433页。

赠权取得的依据，无须被继承人另立遗嘱，合同相对方即可依据继承合同在被继承人死后取得遗产。英国、美国执行“双轨制”，继承合同只是双方约定一方对另一方尽生前扶养义务，另一方通过设立遗嘱给予尽扶养义务的一方遗赠或者约定不撤销、变更已经设立的遗嘱合同，被继承人设立的有效遗嘱才是取得遗产的依据。关于继承合同的主体，《德国民法典》规定，只有完全民事行为能力人才能作为被继承人订立继承合同，合同的另一方当事人原则上也要求是完全民事行为能力人。但也有例外情形，如经其法定代理人同意，限制民事行为能力的夫妻一方可以作为被继承人与夫妻的另一方订立继承合同。①《瑞士民法典》规定，继承合同的一方当事人为被继承人，而未对继承合同的另一方当事人作出限制，被继承人可与任何民事主体订立继承契约。②

在我国，《继承法》第31条规定：“公民可以与扶养人签订遗赠扶养协议。按照协议，扶养人承担该公民生养死葬的义务，享有受遗赠的权利。公民可以与集体所有制组织签订遗赠扶养协议。按照协议，集体所有制组织承担该公民生养死葬的义务，享有受遗赠的权利。”据此规定，遗赠扶养协议是遗赠人与扶养人之间签订的，遗赠人在其死亡后将其个人财产给遗赠扶养人所有，扶养人承担对遗赠人生养死葬义务的协议。这一制度在目前我国社会保障体系尚未完善的背景下，对于解决老年人和其他需要扶养人的扶养问题，具有积极作用。③

五、遗产债务清偿制度

遗产债务的清偿，是指依照法律、合同或遗赠，继承人以被继承人的遗产为基础，清偿与遗产相关的债务。无论是公法上的债务，还是私法上的债务，在被继承人死亡后，均应由接受遗产的继承人承担清偿责任。④ 这不仅可以保护遗产债权人的利益，而且可以维护正常的市场交易秩序。遗产债务清偿制度主要包括遗产债务的范围、遗产债务清偿责任的类型、遗产债务的清偿顺序等具体制度。

关于遗产债务的范围，学者们意见不一。主要有广义说、狭义说和折中说。我们认为，依据遗产债务的发生时间和性质来说，遗产债务大体有三种：一是被继承人生前所欠的个人债务（包括被继承人生前所欠的税款及其他个人债务）；二是继承费用（包括丧葬费用、遗产管理费用、死亡宣告费用、公示催告费用、遗产清算费用、遗嘱执行费用、诉讼费用等）；三是继承开始时产生的债务（包括酌给遗产之债、特留份之债和遗赠之债等遗产的负担）。⑤

关于遗产债务的范围，从域外立法看，《德国民法典》采用列举的方式对遗产债务的范围进行规定，包括以下三种类型：一是被继承人生前所欠的债务。二是继承费用，包括

① 《德国民法典》第2275条。

② 《瑞士民法典》第494条。

③ 目前，我国有些学者研究认为，我国遗赠扶养协议制度存在一定不足，主要表现在遗赠扶养协议的主体范围较窄，订立要件、效力及解除存在缺陷等，建议参考外国继承合同立法，结合我国民众的继承习惯，将遗赠扶养协议改为继承合同，扩大遗赠扶养协议的主体范围，增补继承合同生效的实质要件和形式要件，明定继承合同的内容和效力，增补继承合同的解除方式及法律后果，完善违约责任，从而达到完善我国遗赠扶养协议制度的目的。参见陈苇主编：《外国继承法比较与中国民法典继承编制定研究》，北京大学出版社2011年版，第489-492页。

④ 陈苇主编：《婚姻家庭继承法学（第三版）》，群众出版社2017年版，第316页。

⑤ 陈苇、宋豫主编：《中国大陆与港、澳、台继承法比较研究》，群众出版社2007年版，第408页。

遗产管理的费用、遗产占有人的费用等。三是继承开始时产生的债务，包括因特留份权利、遗赠和负担而发生的债务、最初30日的扶养费（继承人有义务在继承开始后最初30日内，向被继承人死亡时受被继承人扶养的家庭成员在与被继承人相同的范围内给付扶养费，并许可使用住宅和家具）。[①] 在我国，《继承法》第33条仅规定了被继承人债务的范围，包括被继承人依法应当缴纳的税款和债务。但是，应当注意，遗产债务比被继承人遗留债务的范围要大，还应当包括继承费用、继承开始时产生的债务。

关于遗产债务清偿责任的类型，从域外立法看，一些大陆法系国家立法规定的遗产债务清偿责任类型，可以分为有限清偿责任和无限清偿责任两种。例如，关于遗产债务的有限清偿责任，《法国民法典》规定，继承开始后，继承人可以声明其仅以遗产的净资产为限取得继承人资格，继承人作出此项声明的，对遗产债务承担有限清偿责任。[②] 关于遗产债务的无限清偿责任，该法典规定分为两种情况：一是继承人自愿选择接受的对被继承人债务的无限清偿责任，继承开始后，继承人可以选择无条件接受继承，无条件接受继承的继承人不得再放弃继承，也不得再以净资产为限接受继承。[③] 二是法律规定的强制继承人接受的无限清偿责任。关于继承人被强制接受无限清偿责任的法定情形：（1）法定期限内未作出选择决定的；[④]（2）继承人有隐匿遗产或隐瞒存在其他共同继承人的；[⑤]（3）在法定期限内没有提交遗产清单的；[⑥]（4）继承人所为以下行为：继承人所为之任何无偿或有偿转让其对被继承人遗产的全部或一部权利；某一继承人为其他共同继承人中一人或数人之利益，或者为后一顺序的继承人利益为之放弃继承，即使是无代价的放弃；该继承人不加区别地为其他全体共同继承人或后一顺序的继承人的利益所为之有偿放弃继承。[⑦] 在我国，《继承法》第33条规定："继承遗产应当清偿被继承人依法应当缴纳的税款和债务，缴纳税款和清偿债务以他的遗产实际价值为限。超过遗产实际价值部分，继承人自愿偿还的不在此限。继承人放弃继承的，对被继承人依法应当缴纳的税款和债务可以不负偿还责任。"这说明我国仅采取遗产债务的有限清偿责任这一种类型，即实行限定继承原则。继承人依法仅以继承遗产的实际价值为限承担清偿遗产债务的有限清偿责任，而不以其个人的固有财产对遗产债务承担无限清偿责任。

关于遗产债务的清偿顺序，从域外立法看，德国的遗产债务清偿顺序依次为：（1）遗产管理费；（2）临时扶养费；（3）普通债务；（4）特留份、遗赠及相关负担。此外，有优先权的债务就担保财产优先受偿，不受前述债务清偿顺序影响。[⑧] 瑞士的遗产债务清偿顺序依次为：继承费用（包括丧葬费、封印及财产目录的制作费等）和受被继承人扶养的家庭成员的1个月的生活费；特定家庭成员的相当补偿金；普通债务；特留份；遗赠。此外，遗产中具有担保的债权就担保财产优先受偿，不受以上遗产债务清偿顺序的限

---

① 《德国民法典》第1967、1969条。
② 《法国民法典》第787条。
③ 《法国民法典》第782、786条。
④ 《法国民法典》第772条。
⑤ 《法国民法典》第778条。
⑥ 《法国民法典》第790条第3款。
⑦ 《法国民法典》第783条。
⑧ 参见《德国民法典》第1969、1978、1971、1973条。

制。[①] 在我国，《继承法》第34条规定，执行遗赠不得妨碍清偿遗赠人依法应当缴纳的税款和债务。可见，清偿税款和债务的顺序优先于遗赠。同时，我国《执行继承法的意见》第61条规定："继承人中有缺乏劳动能力又没有生活来源的人，即使遗产不足清偿债务，也应为其保留适当遗产……" 此规定确立了"缺乏劳动能力又没有生活来源的继承人"的受扶养债务优先于其他遗产债务受偿的原则。[②]

六、遗产分割制度

遗产分割是指继承开始后，依法在各共同继承人之间进行遗产分割，从而使遗产转归各个继承人实际占有的法律行为。遗产分割仅发生在复数继承人共同继承的场合，并以各共同继承人的地位及应继份额的确定为前提。[③] 继承开始后，遗产分割之前，各继承人对被继承人的遗产是一种暂时的共同共有关系。只有经过遗产的分割，各继承人才能实际取得遗产份额，并能够独立自主地处置该遗产份额并享受其利益，发挥遗产的实际效用，因此，遗产的分割是遗产处理中的一个重要步骤。遗产分割制度的主要内容包括：遗产分割标的范围之确定、遗产分割的依据、遗产分割的原则和方法、遗产分割的时间、遗产分割的效力等制度。

遗产分割的首要前提，就是必须确定遗产分割标的之范围。必须说明，遗产分割的标的，即遗产分割的对象，在实行直接继承的大陆法系国家，继承开始后，被继承人遗留的财产上的权利和义务直接转移给表示接受继承的应召继承人，即遗产分割的标的，包括被继承人对遗产的权利和义务（包括被继承人债务和所欠的税款等），但法律另有规定的除外。而在实行间接继承的英美法系国家，继承开始后，被继承人的遗产由遗产管理人或遗嘱执行人进行管理，在制作遗产清单、催告遗产权利人申报权利、追偿债权、清偿债务后，将剩余遗产分配给继承人，即遗产分割的标的只是被继承人的积极财产，不包括其债务。在我国，根据我国《继承法》第3条规定，被继承人死亡时遗留的个人所有合法财产为遗产，即遗产只是被继承人的个人所有财产，其需要与夫妻共同财产、家庭共有财产相区分。当被继承人是共有财产权利人之一时，其对共有财产享有的财产份额，在其死亡后成为其遗产的组成部分，也属于遗产分割的标的。也就是说，我国遗产分割的标的只是被继承人的积极财产，不包括其债务。在此需要说明，由于本项目分别有第六章"遗产债务清偿制度研究"和第七章"遗产分割制度研究"，所以第七章对于遗产分割标的之范围的研究，只限于被继承人的积极财产。

关于遗产标的范围之确定，从域外立法看，主要涉及遗产归扣制度和遗产分离制度，后者包括遗产清单制度和财产分离制度。遗产归扣制度，是指在法定继承的遗产分割中，将被继承人子女等在被继承人生前获得的特种赠与财产合并计入遗产总额之中，然后对其在总遗产的应继份额中予以扣除的法律制度。[④] 遗产清单制度主要是通过继承人或遗产管理人依据法定条件和程序制作遗产清单，实现被继承人的遗产与继承人的财产各自保持独

---

① 参见《瑞士民法典》第474、564、584、603条第2款、522条第1款。

② 陈苇：《我国遗产债务清偿顺序的立法构建》，载《法学》2012年第8期。

③ 马俊驹、余延满：《民法原论（下册）》，法律出版社1998年版，第974页。

④ 参见龙翼飞、窦冬辰：《遗产归扣制度在我国的适用》，载《法学论坛》2016年第5期，第62页。

立，即实现财产分离。然后继承人据此清单实行有限责任继承，对被继承人的债务仅以遗产为限承担清偿责任的制度。例如，大陆法系国家的法、德、瑞、意、日、俄六国及英美法系国家的美国、澳大利亚都设立了此遗产清单制度（各国立法的具体内容，详见第七章遗产分割制度研究）。关于财产分离制度，大陆法系国家的日本、意大利各自专门规定了财产分离制度，主要内容包括请求财产分离的主体、时间、法定条件及效力四个方面。① 在我国，根据我国《继承法》第3条规定，遗产标的之范围仅限于被继承人死亡时遗留的个人所有合法财产。该法第26条规定："夫妻在婚姻关系存续期间所得的共同所有的财产，除有约定的以外，如果分割遗产，应当先将共同所有的财产的一半分出为配偶所有，其余的为被继承人的遗产。遗产在家庭共有财产之中的，遗产分割时，应当先分出他人的财产。"因此，在分割遗产时，应当首先将被继承人的配偶或家庭其他成员的财产与被继承人的遗产各自分立出来，此即遗产分离。

关于遗产分割的依据，主要有两类：被继承人的遗嘱与法律的规定。后者又包括法定应继份、继承人的协议和法院的判决。首先，应当以被继承人的遗嘱作为分割依据，对于被继承人的遗嘱指定的分割份额和方法，各继承人必须遵从，其也是法官裁判的依据。② 其次，如无遗嘱或遗嘱无效，则应当以法律有关规定作为遗产分割的依据，主要分为三种情况：第一，以法定应继份作为分割依据。第二，以共同继承人的协议作为分割依据。第三，以法院的判决作为分割依据。如共同继承人协商对遗产分割不能达成协议时，任何继承人都有权向法院提起诉讼，请求法院予以裁判分割。从域外立法看，日本法规定，如被继承人未立遗嘱处分其财产，遗产按法律的规定处理。③ 瑞士法规定，如被继承人未立遗嘱处分其财产，遗产按法定应继份、共同继承人的协议和法院的判决予以确定。④ 我国《继承法》第5条规定："继承开始后，按照法定继承办理；有遗嘱的，按照遗嘱继承或者遗赠办理；有遗赠扶养协议的，按照协议办理。"可见，我国遗产分割的依据主要有两类：一是遗嘱的指定，包括遗嘱继承、遗赠及遗赠扶养协议，其适用的顺序为，遗赠扶养协议的效力优先于遗嘱或遗赠，遗嘱或遗赠的效力优先于法定继承。二是法律的规定。关于法律的规定有法定应继份、继承人的协议和法院的判决。⑤

关于遗产分割的原则，从中外继承立法看，可以从相关具体制度归纳如下五项原则：尊重被继承人意愿和继承人意愿的原则、公平分割原则、照顾弱者分割原则、发挥遗产效用原则、平等保护继承人利益和遗产债权人利益原则。必须明确，遗产处理制度的原则与遗产分割的原则，两者适用的范围不同，前者贯穿于整个遗产处理过程中（详见本章第

① 参见《日本民法典》第941、942、947条第2款、948、949条，《意大利民法典》第512、516、517、518条。

② 史尚宽：《继承法论》，中国政法大学出版社2000年版，第220-221页。

③ 《日本民法典》第900、907条。

④ 《瑞士民法典》第457-459、462、604、607、651条第2款。

⑤ 对于法定应继份，我国《继承法》第13条规定："同一顺序继承人继承遗产的份额，一般应当均等。对生活有特殊困难的缺乏劳动能力的继承人，分配遗产时，应当予以照顾。对被继承人尽了主要扶养义务或者与被继承人共同生活的继承人，分配遗产时，可以多分。有扶养能力和有扶养条件的继承人，不尽扶养义务的，分配遗产时，应当不分或者少分。继承人协商同意的，也可以不均等。"对于继承人的协议和法院的判决，该法第15条规定："继承人应当本着互谅互让、和睦团结的精神，协商处理继承问题。遗产分割的时间、办法和份额，由继承人协商确定。协商不成的，可以由人民调解委员会调解或者向人民法院提起诉讼。"

四节的论述），后者仅体现在遗产分割之中。（关于遗产分割的五项原则之内容，详见第七章遗产分割的原则之论述。此处从略。）

关于遗产分割的时间，从域外立法看，许多国家普遍承认遗产分割自由原则，各共同继承人在继承开始后可随时请求分割遗产。例如，日本法规定，除下条规定被继承人以遗嘱禁止分割的情形外，共同继承人可以随时以协议分割遗产。[①] 意大利法规定，共同继承人，不论何时，均得请求分割。[②] 但遗产分割的自由也受到遗嘱和法律规定的某些限制。一些国家对于遗产分割时间的限制归纳起来，主要有以下情况：遗嘱禁止在一定期间内分割的；继承人协商在一定期间内不得分割的；遗产债务尚未被清偿的；有尚未出生的胎儿继承人的等情况下，均暂时禁止分割遗产。例如，日本法规定，被继承人可以依遗嘱，确定自继承开始时起不超过5年的期间内禁止分割遗产。[③] 意大利法规定，在继承人中有胎儿的情形下，胎儿出生前不得实行遗产分割。[④] 在我国，如前所述，根据我国《继承法》规定，遗产分割的时间、办法和份额，由继承人协商确定。遗产分割时，应当保留胎儿的继承份额。遗产分割应当有利于生产和生活需要，不损害遗产的效用。人民法院在分割遗产中的房屋、生产资料和特定职业所需要的财产时，应依据有利于发挥其使用效益和继承人的实际需要，兼顾各继承人的利益进行处理。这些规定都体现了继承人享有遗产分割的自由，同时也要受到法律的一定限制。但关于遗嘱对于遗产分割的限制与期间，目前我国法律尚无明文规定。

关于遗产分割的方法，可分为一般方法和特殊方法两种。关于遗产分割的一般方法，主要有以下几种：实物分割、变价分割、补偿分割和维持共有。关于遗产分割的特殊方法，是指法律规定的遗产分割的特殊方法。例如，法律规定遗产分割时，对生存配偶、胎儿的特别保护，或特定继承人对特殊遗产的先取权，对农业用途的财产和权利的特殊分割方法等。例如，瑞士法规定，若有即将出生之胎儿，考虑到胎儿的利益，应将分割推迟至其出生之时。[⑤] 俄罗斯法规定，经常使用在遗产中的不可分物的继承人，对不使用该物也不是该物共有人的继承人享有作为其继承份额取得该物的优先权。[⑥] 意大利法规定，在转移用于耕作或者适宜进行耕作的土地所有权分割，或者以任一名义分配用于耕作或者适宜进行耕作的土地时，抑或在上述土地之上设定或者转移物权时，必须以最小耕地作为单位基础进行操作。[⑦] 在我国，《继承法》及《执行继承法的意见》规定了遗产分割的原则和方法。根据我国《继承法》规定，遗产分割的时间、办法和份额，由继承人协商确定。协商不成的，可以由人民调解委员会调解或者向人民法院提起诉讼。这就确定了遗产分割问题的解决路径。遗产分割时，应当保留胎儿的继承份额。遗产分割应当有利于生产和生活需要，不损害遗产的效用。不宜分割的遗产，可以采取折价、适当补偿或者共有等方法处理。人民法院在分割遗产中的房屋、生产资料和特定职业所需要的财产时，应依据有利

① 《日本民法典》第907条第1款。
② 《意大利民法典》第713条第1款。
③ 《日本民法典》第908条。
④ 《意大利民法典》第715条。
⑤ 《瑞士民法典》第604-605条。
⑥ 《俄罗斯联邦民法典》第1168条第2款。
⑦ 《意大利民法典》第846条。

于发挥其使用效益和继承人的实际需要，兼顾各继承人的利益进行处理。这些规定确立了遗产分割需要遵循的基本原则和方法。[①] 正如有学者所言："当涉及胎儿利益时，母体中的胎儿像活人一样被对待，尽管在他出生以前这对他毫无裨益。"[②] 我国《执行继承法的意见》第 45 条规定，在遗产分割过程中，没有为胎儿保留必要的遗产份额，则应该从继承人所继承的遗产中扣回。

关于遗产分割的效力，遗产分割后，各共同继承人对遗产的责任可分为对内责任和对外责任。所谓遗产分割后共同继承人的对外责任，是指各共同继承人对遗产债务清偿的连带责任，即继承开始后遗产债务清偿以前，若遗产已被分割，各共同继承人则对遗产债权人承担连带清偿责任。遗产分割后共同继承人的对内责任，是指各共同继承人之间对遗产分割的担保责任。其包括以下三个方面的责任：一是对遗产的物之瑕疵的担保责任，是指遗产分割后，各共同继承人对其他继承人因分割所得的遗产瑕疵，在一定条件下负有担保责任。二是对遗产被追夺的担保责任，其是指遗产分割后，各共同继承人对其他继承人所得的遗产，承担因遗产被追回而致使该继承人失去遗产份额的担保责任。三是对分割的遗产债权的担保责任，其是指各共同继承人对其他继承人因遗产分割所得的债权，在一定条件下对债务人的支付能力承担担保责任。[③] 从域外立法看，对于遗产分割后，各共同继承人相互间对遗产的担保责任。例如，德国法规定，共同继承人之间的担保责任。在共同关系终止时，共同标的被分给共有人中的一人的，其他共有人中的任何一人均按其应有部分对权利瑕疵或对物的瑕疵负与出卖人同一的担保责任。[④] 对于以上对内责任，我国《继承法》均没有规定。但我国《合同法》第 153 条和第 154 条规定，出卖人负有物的瑕疵担保责任。

七、无人承受遗产制度

无人承受遗产，又称为无人继承又无人受遗赠的遗产，是指被继承人死亡后，在法定期限内没有人接受继承又没有人受领遗赠的遗产。[⑤] 所谓没有人接受继承的情况主要包括：没有法定继承人和遗嘱继承人；虽有法定继承人和遗嘱继承人，但他们全部放弃继承权或丧失继承权。所谓没有人受领遗赠的情况主要包括：被继承人生前未以遗嘱形式设立遗赠；设立的遗嘱无效；受遗赠人全部放弃或者被人民法院取消了受遗赠权；被继承人生前未订立遗赠扶养协议。可见，无人承受遗产，是一种事实清晰、结果确定的状态，不同于无人承认继承。[⑥]

财产所有人死亡后，基于种种原因，该遗产可能没有人继承或受遗赠，这时遗产处于归属主体不明的状态。为了保障正常的财产继承秩序、促进财产的合理流转，避免出现无主财产的情形，明确无人承受遗产的处理非常重要。

---

① 我国《继承法》第 15、28、29、58 条。

② 胡长清：《中国民法总论》，中国政法大学出版社 1997 年版，第 60 页。

③ 陈苇主编：《婚姻家庭继承法学（第三版）》，群众出版社 2017 年版，第 315 页。

④《德国民法典》第 757 条。

⑤ 参见陈苇主编：《中国大陆与港、澳、台继承法比较研究》，群众出版社 2007 年版，第 439-441 页。

⑥ 无人承认继承，亦称为继承人旷缺，是指被继承人死亡时，没有人接受继承，继承人之有无或生死都不确定。无人承认继承只有经过公告程序后，没有找到继承人或受遗赠人的，这时才能视为无人承受遗产。

在无人承受遗产的处理中，对于无人承受遗产的归属，有两种立法例：一是将该财产收归国家（国库）所有；[①] 二是将酌情分配给与被继承人有密切关系的人后，剩余遗产才收归国家（国库）或集体组织所有，如我国和日本立法例。[②] 从无人承受遗产归属的主体来看，大致有两种立法例：一种是将国家（国库）或被继承人所属的邦（如德国）或被继承人住所所在地的州（如瑞士）作为法定继承人。持此种观点的国家有法国、德国、瑞士、俄罗斯、匈牙利、西班牙、泰国等。[③] 另一种是将国家（国库）作为无人承认的遗产的承受人，而非继承人，遗产最终无继承人时死者遗产应归属于国库，如日本。[④] 在我国，《继承法》第 32 条规定："无人继承又无人受遗赠的遗产，归国家所有；死者生前是集体所有制组织成员的，归所在集体所有制组织所有。"必须注意，在无人承受的遗产归国家或集体组织所有之前，死者生前所欠下的税款和其他债务，应当首先从遗产中清偿。例如，我国对被继承人债务的清偿，目前适用限定继承原则，即清偿债务以死者的遗产实际价值为限，超过部分，国家或集体所有制组织不负偿还责任。同时，根据我国《执行继承法的意见》第 57 条规定，在遗产因无人继承收归国家或集体组织所有时，对按我国《继承法》第 14 条[⑤]规定可以分给遗产的人提出遗产要求的，人民法院应视情况适当分给遗产。

第四节　遗产处理制度的原则

在现代汉语中，"原则"一般是指说话或行事所依据的法则或标准。[⑥] 法律原则是指可以作为规则的基础或本源的综合性、稳定性原理和准则，它直接决定了法律制度的基本性质、基本内容和基本价值取向。[⑦] 一般情况下，原则是与规则相对而言的。规则一般通过规定具体的权利、义务和责任来构建具体的制度；而原则通常是对规则的高度抽象概括，是制定、实施规则的价值导向和行为准则。

遗产处理制度的原则，是指在自然人死后处理其遗产所应遵循的准则和标准。这一原则贯穿于遗产处理全过程的始终，对遗产处理制度的制定、实施和遵守具有全面的指引作用，体现出遗产处理的基本精神和价值导向。德国学者拉伦茨教授认为，法律原则不一定由法条直接宣示，部分法律原则被明白地规定在宪法或其他法律中，有些则可以从法律规定中借助"整体类推"或回归法律理由的办法推求出来。德国有学者指出，法律原则应

---

① 但也有的国家还有特别的规定。西班牙将无人继承的剩余财产归死者生前所在的市政府、生前参加的组织、慈善团体、社会活动团体等机构（《西班牙民法典》第 956 条）。泰国将无人继承的财产由国家继承，但僧人在僧人身份期间获得的财产，在其圆寂后，归其所在的寺庙（《泰国民法典》第 1753 条）。在伊斯兰教国家，按照古兰经的经定继承，将无人继承的遗产归属于有严密组织的公共财库。

② 《日本民法典》第 958 条之三、959 条规定，法院可以将遗产的全部或部分分配给曾与被继承人共同生活的人、对被继承人的疗养看护尽力的人及其他与被继承人有特别亲属关系的人；尚有剩余的财产，归属于国库。

③ 刘文：《继承法律制度研究》，中国政法大学出版社 2016 年版，第 395-396 页。

④ 刘文：《继承法律制度研究》，中国政法大学出版社 2016 年版，第 395-396 页。

⑤ 我国《继承法》第 14 条规定："对继承人以外的依靠被继承人扶养的缺乏劳动能力又没有生活来源的人，或者继承人以外的对被继承人扶养较多的人，可以分给他们适当的遗产。"

⑥ 《现代汉语词典（第三版）》，商务印书馆 1996 年版，第 1549 页。

⑦ 张文显：《规则·原则·概念》，载《现代法学》1989 年第 3 期。

视为一种“客观的目的论”标准，因为立法者未必自始就意识到这些法律规定内含的原则，它有时是学者嗣后整理出来的。[①]

以下，我们根据有关法律原则的基本理论，以民法的基本原则为统帅，以中外继承法有关遗产处理的具体制度之内容为依据，“整体类推”归纳出现代继承法之遗产处理制度的四项原则，包括：（1）遗产处理关系当事人平等原则；（2）遗产处理关系当事人自愿原则；（3）遗产处理的公平原则；（4）遗产处理的照顾原则。必须说明，关于发挥遗产效力原则，它只是贯穿于遗产分割过程中的指导原则，而不是贯穿遗产处理全过程的指导原则，所以在此对其不予论述（在第七章中对其予以论述）。

一、遗产处理关系当事人平等原则

在现代社会，平等原则是民法的重要原则，是“民法与公法相区别的基本界限”。[②]平等原则是指在民事活动中，民事主体的法律地位平等、适用法律的平等、权利义务的平等、法律保护的平等和当事人的民事责任平等。[③]就遗产处理关系而言，在继承开始后，遗产处理关系的当事人，包括继承人、遗产债权人、受遗赠人、酌情分配遗产请求权人等都是平等的。基于民法的平等原则，遗产处理中应当坚持“遗产处理关系当事人平等原则”。此原则主要体现在以下几个方面：

第一，遗产处理关系当事人的法律地位平等。例如，许多国家都设立有继承开始的通知与公告、遗产管理以及继承的接受与放弃等制度，以便能够在继承开始后，及时通知继承人与遗产债权人、受遗赠人、酌情分配遗产请求权人等遗产处理关系当事人（或称遗产利害关系人）参与到继承或其他遗产处理的事务中来；同时及时选择确定遗产管理人或通知遗嘱执行人，由其承担及时清点和妥善管理遗产、依顺序清偿遗产债务、依遗嘱或法律分配遗产等职责。继承人则享有自愿接受或放弃继承的选择权。例如，对于继承的接受与放弃，意大利法规定，凡有权取得遗产的人，在接受继承的时效期限届满前，都可表示接受继承。任何利害关系人均可以请求司法机构为有权取得遗产的人确定一个表示接受或拒绝接受继承的期限。该期限届满仍未作出任何表示的人，丧失接受继承的权利。[④]又如，对于继承开始公告的效力，日本法规定，限定继承人在作出限定继承的表示后5日内，应当对遗产债权人及受遗赠人进行公示催告，该期间不得少于2个月。当继承人有无不明时，遗产管理人须及时对所有的遗产债权人及受遗赠人发出应在2个月内申报其请求为内容的公告。[⑤]法国法规定，当继承人向继承开始所在辖区的大审法院作出以净资产为限接受继承的声明经公示起15个月后，此期限内债权人未申报债权的，该债权人对遗产享有的不附担保的债权即告消灭。[⑥]以上立法表明继承人、遗产债权人、受遗赠人、酌情分配遗产请求权人等遗产处理关系当事人的法律地位平等，这有利于平等保护各种遗产利

---

① ［德］卡尔·拉伦茨：《法学方法论》，陈爱娥译，商务印书馆2013年版，第348页。

② 参见江必新、何东宁编著：《民法总则与民法通则条文对照及适用提要》，法律出版社2017年版，第3页。

③ 参见郭明瑞：《民法总则通义》，商务印书馆2018年版，第20页。

④ 《意大利民法典》第480、481条。

⑤ 参见《日本民法典》第927、957条。

⑥ 《法国民法典》第772条第1款、780条第2款、791条第2款、791条第3款、792-1条第1款、792条第2款、809条。

害关系人包括继承人、遗产债权人等的合法权益，符合遗产处理关系当事人平等原则的要求。

第二，遗产处理关系当事人的适用法律平等。在遗产处理时，应当对继承人、遗产债权人等遗产利害关系人平等地适用法律。例如，中外继承法设立的继承的接受与放弃制度，体现了对继承人适用法律的平等。凡选择实行限定继承的人，必须在遗产范围内承担清偿被继承人债务的责任；凡选择放弃继承的人则无须承担清偿被继承人债务的责任。但不允许某些继承人享有只继承遗产而不清偿被继承人债务的特权，这体现了对继承人适用法律的平等。例如，法国法规定，如果继承人选择限定继承，其必须采取限定继承的法定方式，即以净资产为限接受继承的继承人取得限定承认之继承人资格的声明，应向在其辖区内开始继承的大审法院书记室提出；此项声明应登录于专门为受理抛弃继承之文书而备置的登记簿。该项声明应进行登记并在国内公示。在提交声明的同时或者其后，应提交遗产盘点清册，并对资产与负债的每一构成内容与数额逐项作出估计。① 此后，其仅有义务按照其受领遗产的价值为限清偿遗产的债务。② 如果继承人放弃继承，必须以明示的方式，放弃（抛弃）继承不得推定。放弃继承应当向继承开始地的大审法院书记室提出，才能对抗第三人。③ 放弃继承者对遗产的债务与负担不负清偿义务。④ 又如，关于对遗产债权人适用法律的平等，有些国家的遗产债务清偿制度规定，同一顺序的遗产债务，按比例进行清偿。这体现了对同一顺序的遗产债权人平等地适用法律。例如，《日本民法典》规定，在继承开始的公告期限届满后，应从继承财产中对公告期间内申报的债权人及其他已知债权人，按其各自债权额的比例进行清偿，但是不得损害享有优先权的债权人的权利。⑤

第三，遗产处理关系当事人的权利义务平等。首先，继承法律关系的当事人应当平等地享有权利，平等地承担义务。从中外继承立法看，如前所述在继承人选择实行限定继承时，各位限定继承人平等地享有继承遗产的权利，同时平等地承担清偿遗产债务的义务。其次，共同继承人对遗产分割的瑕疵担保责任平等。一些国家的遗产分割瑕疵担保责任制度规定，遗产分割后，共同继承人应当平等地互负对遗产分割瑕疵的担保责任。最后，继承合同或遗赠扶养协议双方当事人的权利义务平等。在国外，有些国家设立的继承合同制度规定，被继承人可以与继承人双方签订继承合同，约定被继承人遗赠给继承人全部或部分遗产，继承人在被继承人生前对其承担扶养义务。例如，根据《德国民法典》规定，在有偿的继承合同中，合同相对人接受继承或遗赠需要支付相应的对价，继承人或受遗赠人须向被继承人或第三人承担生前义务，如照顾被继承人或第三人的生活或向其给付扶养费。⑥ 在我国，我国《继承法》的遗赠扶养协议制度规定，被继承人可以与自然人（须为法定继承人以外的人）或集体所有制组织签订遗赠扶养协议，按照协议，扶养人对被继

---

① 《法国民法典》第788-789条。

② 《法国民法典》第791-804条。

③ 《法国民法典》第804条。

④ 《法国民法典》第806条。

⑤ 《日本民法典》第927、929条。

⑥ ［德］雷纳·弗兰克、托比亚斯·海尔姆斯：《德国继承法（第六版）》，王葆莳、林佳业译，中国政法大学出版社2015年版，第125页。

承人承担生养死葬的义务，享有接受遗赠的权利。① 以上继承合同制度和遗赠扶养协议制度的立法，体现了继承合同或遗赠扶养协议双方当事人的权利义务平等。

第四，遗产处理关系当事人之法律保护的平等。从中外继承立法看，一方面，在遗产处理的对外关系上，遗产债务清偿制度体现了对继承人和遗产债权人之法律保护的平等。在大陆法系国家实施有条件的限定继承制度，为保证遗产债务的清偿，主要采取以下两种制度确定遗产标的之范围：一是遗产清单制度。继承人通过依法制作忠实的遗产清单，并声明实行限定责任继承，就可以遗产对被继承人的债务承担有限清偿责任，遗产债权人则依据遗产清单受偿而实现对遗产的债权。但如果继承人制作虚假不实的遗产清单，则将被依法强制承担无限清偿责任，以保护遗产债权人的权益。例如，法国法规定，继承人可以通过向继承开始地所在辖区的大审法院提出以净资产为限接受继承的声明并制作遗产清单；被继承人的债权人以及受遗赠人通过在通知或在公告期间申报对遗产的权利，在期间届满后对遗产清单记载的遗产优先于继承人本人的债权人受偿。② 如果继承人明知而恶意将属于遗产的某些财产与负债项目不计入遗产清单，或者不将所保留或者转让的财产的价值或价金用于清偿遗产债权人的债权，即丧失按净资产接受继承的权利。继承人被视为自继承开始即无条件接受继承，即对遗产债务承担强制无限清偿责任。③ 二是财产分离制度。通过遗产债权人或继承人的债权人申请法院实行财产分离，使遗产与继承人的财产或其他第三人的共有财产相互分离，以保证遗产能够被优先用于偿付被继承人的债权人；申请实行财产分离的继承人的债权人则有权就继承人的固有财产优先受偿。例如，意大利法规定，被继承人的债权人有权申请法院实行财产分离。继承人丧失遗产清单利益或放弃继承的，如果被继承人的债权人希望享有优先权，可以在遗产继承开始后的3个月内申请财产分离。④ 以上两种制度均有利于实现对继承人利益和遗产债权人利益的平等保护。在我国，《继承法》第33条规定："继承遗产应当清偿被继承人依法应当缴纳的税款和债务，缴纳税款和清偿债务以他的遗产实际价值为限。超过遗产实际价值部分，继承人自愿偿还的不在此限。继承人放弃继承的，对被继承人依法应当缴纳的税款和债务可以不负偿还责任。"这些规定亦体现了对继承人和遗产债权人的平等保护。另一方面，在遗产处理的对内关系上，域外立法的遗产分割瑕疵担保责任制度则体现了对各共同继承人法律保护的平等。例如，关于遗产分割后共同继承人之间的担保责任，德国法规定，在共同关系终止时，共同标的被分给共有人中的一人的，其他共有人中的任何一人均按其应有部分对权利瑕疵或对物的瑕疵负与出卖人同一的担保责任。⑤

第五，当事人的民事责任（或法律后果）平等。有些国家的遗产管理制度规定，继承人（法定继承人或遗嘱继承人）或者遗嘱执行人，如果其有重过失或过失，不妥善管理遗产，由此造成遗产损害的，应当承担赔偿责任。例如，根据《意大利民法典》的规定，享有遗产清单利益的继承人在遗产管理中只对重过失承担责任。遗嘱执行人有过失

---

① 参见我国《继承法》第31条。

② 《法国民法典》第787、788条。

③ 《法国民法典》第800条第4款。

④ 《意大利民法典》第512条。

⑤ 《德国民法典》第757条。

的，应当向继承人和受遗赠人承担赔偿损失的责任，有数名遗嘱执行人的应承担连带责任。[①] 澳大利亚法律规定，遗产管理人在管理遗产的过程中，必须谨慎地行使管理权，否则将由其对违反管理义务以及对未能尽合理注意义务造成的财产损失，承担赔偿责任。[②] 再如，有些国家的继承开始公告制度规定，如果遗产债权人、受遗赠人或其他遗产权利人没有在公示催告期间申报权利的，其将承担该遗产权利消灭，或只能就分配剩余的遗产求偿的不利后果。例如，《法国民法典》规定，当继承人向继承开始所在辖区的大审法院作出以净资产为限接受继承的声明经公示起 15 个月后，此期限内债权人未申报债权的，该债权人对遗产享有的不附担保的债权即告消灭。[③] 而《意大利民法典》则规定，未进行申报的债权人和受遗赠人享有在剩余款项范围内对继承人提起诉讼的权利。[④]

二、遗产处理关系当事人自愿原则

美国学者伯尔曼指出，法律的目的不仅仅在于管理，“它是一种促成自愿协议的事业”。[⑤] 私法自治是民法的基本理念，意思自治原则是民法的基本原则。继承法是民法的重要组成部分，遗产处理制度也应当体现意思自治原则，因此应当坚持遗产处理关系当事人自愿原则。此原则要求在遗产处理中，既应当尊重被继承人的意愿和继承人的意愿，也应当尊重遗产债权人、受遗赠人、遗赠扶养协议或继承合同的双方当事人及酌分遗产请求权人等当事人的意愿。

第一，遗产处理，应当尊重被继承人的意愿和继承人的意愿。根据遗产转移的依据不同，遗产处理可以分为遗嘱继承与法定继承。由于遗产转移的依据不同，遗产处理关系当事人自愿原则在遗产处理中的具体体现有所不同。首先，遗产处理应当尊重被继承人的意愿。即在遗产处理时，如果被继承人立有遗嘱的，应当首先尊重被继承人的意愿。从中外立法看，关于尊重被继承人意愿，主要表现为对遗产的处理，首先，应当遵照被继承人的遗嘱指示，按照遗嘱指示的继承人及其份额和遗产分割的方法进行。其次，遗产处理应当尊重继承人的意愿。如果被继承人生前对遗产处理无遗嘱指示的，则实行法定继承。中外继承立法涉及尊重继承人意愿的具体制度主要有：一是接受继承与放弃制度，赋予继承人享有接受继承与放弃继承的权利；二是部分国家规定的遗赠扶养协议与继承合同制度，尊重被继承人（受扶养人）与扶养人双方的意愿；三是遗产分割制度，允许共同继承人协商分割遗产，以尊重各继承人的意愿。法定继承时对遗产的处理，既可依据法定应继份进行分配，也可以由共同继承人协商确定各自的份额以及分割的时间、份额及方法等，以尊重继承人协商处理遗产的意愿。例如，日本法规定，被继承人可以通过遗嘱或委托第三人确定遗产分割的方法。无遗嘱的，继承人可以协议分割遗产。[⑥] 此即体现了尊重被继承人

---

① 《意大利民法典》第 491、709 条第 2、3 款。

② ［澳］肯·马蒂、马克·波顿：《澳大利亚继承概要》，陈苇等译，西南政法大学外国家庭法及妇女理论研究中心 2007 年内部印刷，第 352-355 页。

③ 《法国民法典》第 772 条第 1 款、780 条第 2 款、791 条第 1 款、791 条 3 款、792-1 条第 1 款、792 条第 2 款、809 条。

④ 《意大利民法典》第 502 条第 3 款。

⑤ ［美］哈罗德·J. 伯尔曼：《法律与革命》，贺卫方等译，中国大百科全书出版社 1993 年版，第 5 页。

⑥ 《日本民法典》第 908 条。

意愿和继承人意愿原则。又如，我国《继承法》第5条规定：“继承开始后，按照法定继承办理；有遗嘱的，按照遗嘱继承或遗赠办理；有遗赠扶养协议的，按照协议办理。”可见，我国以上遗产处理方式适用位阶的先后顺序是，遗赠扶养协议优先；遗嘱继承或遗赠次之；最后才是法定继承。这体现了在依遗嘱处理遗产时，坚持尊重被继承人意愿。虽然遗嘱继承、遗赠和遗赠扶养协议，三者均为被继承人死亡后遗产转移的方式，但由于遗赠扶养协议是有对价的，因此其在遗产处理时处于最为优先的地位。而在实行法定继承时，一般应当依据法律的规定处理遗产（按照法定应继份继承），同时基于继承人自愿原则，共同继承人也可以协商确定遗产分割的份额、时间及具体方法。如共同继承人之间不能达成协议的，任一共同继承人都有权提起诉讼，请求法院予以裁判分割。[①] 例如，根据《瑞士民法典》的规定，如被继承人未立遗嘱处分其财产，遗产按法定应继份、共同继承人的协议和法院的判决予以确定。[②] 必须注意，就遗产处理的内部关系而言，主要发生在家庭内部成员之间，这些继承人间具有亲密的血缘和亲情关系，不同于陌生人间的交易关系。继承人在处理清偿遗产债务、继承遗产的相关事务时，既要考虑维护自身利益的权利，更应该注重维护和睦、团结的家庭关系，注重维护家庭成员间的血浓于水的亲情。也就是说，法定继承时处理遗产，应当反映亲密家庭关系和优良道德风尚的要求，应当遵循互谅互让、协商处理的原则，以避免斤斤计较，不能因遗产的处理而破坏家庭的和睦、团结和稳定。例如，我国《继承法》第15条规定：“继承人应当本着互谅互让、和睦团结的精神，协商处理继承问题。遗产分割的时间、办法和份额，由继承人协商确定。协商不成的，可以由人民调解委员会调解或者向人民法院提起诉讼。”此即继承人互谅互让、协商处理遗产原则。它是遗产处理关系当事人自愿原则在我国立法中的具体化。在我国实行法定继承时，同一顺序继承人继承遗产的份额，一般应当均等。但继承人协商同意的，也可以不均等。通过协商处理遗产问题，既能够照顾有特殊情况需要适当多分遗产的人，又有利于营造和睦的家庭氛围。

第二，遗产处理，应当尊重遗产债权人、受遗赠人、遗赠扶养协议的接受遗赠权利人及酌分遗产请求权人等当事人的意愿。这主要体现在如下具体制度中，一是根据继承开始的通知与公告制度，遗产债权人、受遗赠人及酌情分配遗产请求权人等当事人均为被通知或公告的对象，他们应当在通知或公告的期限内申报其对遗产的权利，也可以自愿放弃其对遗产的权利。二是在遗赠扶养协议制度中，接受遗赠的权利人可以放弃其对遗产的权利。三是在遗产债务清偿制度中，遗产债权人可以放弃其对遗产的权利。四是在遗产分割制度和无人承受遗产制度中，酌分遗产请求权人可以自愿放弃其对遗产的权利（以上各项具体制度的中外立法内容，详见第二章至第八章的相关内容）。

三、遗产处理的公平原则

“公平正义是一切法律追求的价值，是法律的精髓和灵魂。”[③] 公平原则不仅是市场交易的原则，而且对整个民事活动都起作用，遗产处理活动也不能例外。民事主体应当按照

---

① 参见陈苇主编：《外国继承法比较中国民法典继承编制定研究》，北京大学出版社2011年版，第579页。

② 《瑞士民法典》第457-459、462、604、607、651条第2款。

③ 王利明：《民法典体系研究（第二版）》，中国人民大学出版社2012年版，第317页。

公平观念行使权利和履行义务；民事主体应当按照公平原则合理承担民事责任。[①] 基于公平原则，在民事活动中民事主体须以社会正义公平观念指导自己的行为，民事法律须以公平正义的观念来均衡当事人的利益。[②]

遗产处理的公平原则，实行形式平等，贯穿于遗产处理的全过程，体现在涉及遗产处理的各项具体制度中。例如，通过继承开始的通知和公告制度，告知全体遗产利害关系人及时申报权利义务，参与到遗产处理事务中来；通过遗产管理制度，及时确定遗产管理人，由其负责清点遗产、制作遗产清单和妥善管理遗产，在进行遗产债务清偿后，依遗嘱或法律分配遗产；通过继承的接受与放弃制度，使继承人可根据其自由意愿决定是否继承与采取何种类型的继承（有限责任继承或无限责任继承），既能保护继承人的利益，也能保护遗产债权人的利益；通过遗赠扶养协议与继承合同制度，使被扶养人与扶养人可通过遗赠扶养协议或继承合同，在协议的基础上公平地确定双方的权利与义务，以实现被扶养人生前接受扶养及对其遗产的赠与或继承，保障扶养人履行扶养义务并在被扶养人死亡时取得遗产；通过遗产债务清偿制度，保障遗产在遗产债权人等遗产利害关系人之间公平进行偿付；通过遗产分割制度，保障遗产在共同继承人之间公平分配；通过无人承受遗产制度，使所有的遗产利害关系人能够实现其对遗产的权利，并保障无人承受遗产最后归属于国家或集体或国库。总之，通过以上涉及遗产处理的各项具体制度，达到遗产处理全过程的公平，以平等地保护继承人、遗产债权人、酌分遗产请求权人等利害关系人对遗产的合法权益，贯彻落实遗产处理的公平原则，以彰显遗产处理关系当事人平等原则。

以下，我们以涉及遗产处理的内部关系与外部关系两个方面为例，分析遗产处理的公平原则在相关具体制度中的贯彻，即在遗产处理的内部关系上，要求在同顺序（同亲等、同亲系）的应召继承人之间公平分配遗产，并且在责任上进行公平分担；在遗产处理的外部关系上，要求确立各种遗产债务的清偿顺序，在同一顺序的遗产债权人等遗产利害关系人之间公平进行偿付。从中外继承立法看，涉及遗产处理的内部关系与遗产处理的外部关系的主要立法如下：

第一，在遗产处理的内部关系上，为实现遗产处理的公平原则，对于共同继承人，在遗产分配上利益均衡，遗产分割责任上进行公平分担。一方面，关于遗产分配上的利益均衡，其主要体现在以下具体制度中：一是建立遗产归扣制度，为在共同继承人之间公平分配遗产提供前提。遗产归扣，是指在法定继承时，应当将子女等特殊继承人（归扣义务人）在被继承人生前获得的特种赠与财产合并计入遗产总额，然后再确定各共同继承人的应继份。目前，世界上有些国家设立了遗产归扣制度，以实现遗产在共同继承人之间的公平分配。例如，根据《日本民法典》的规定，在共同继承人中，有从被继承人处接受遗赠，或者因婚姻、收养或者作为生计的资本而接受赠与者的，该赠与财产的份额应当计入遗产总额，并从该继承人根据法定应继份、代位应继份或指定应继份的规则算定的应继

---

① 参见江必新、何东宁编著：《民法总则与民法通则条文对照及适用提要》，法律出版社 2017 年版，第 4 页。

② 参见郭明瑞：《民法总则通义》，商务印书馆 2018 年版，第 23 页。

份中予以扣除。[①] 二是明确规定法定应继份，同顺序、同亲系、同亲等[②]的血亲继承人的继承份额一般均等，以彰显公平分配遗产。在大陆法系不少国家都规定法定继承时同顺序、同亲等血亲继承人的继承份额一般均等。例如，德国法规定，法定继承时，子女按等份继承；父母在继承开始时生存的，按等份继承；祖父母、外祖父母在继承开始时生存的，按等份继承。[③] 在我国，根据我国《继承法》第 13 条规定，法定继承分配遗产时，同一顺序继承人包括配偶、父母和子女的份额，一般应当均等。但对生活有特殊困难的继承人，应当予以照顾。三是设立继承人之特殊贡献的补偿份或依据继承人尽扶养义务情况多分或少分遗产，以保障公平分配遗产。前者如德国法规定，因长期在被继承人的家计、职业或营业中的协助，因巨额金钱给付或以其他方式对被继承人财产的保护或增加作出特别大的贡献的晚辈直系血亲，可以在分割遗产时请求与其他共同法定继承人之间实行利益均衡（对其特殊贡献进行补偿）。[④] 后者如我国《继承法》规定，对被继承人尽了主要扶养义务的继承人，分配遗产时，可以多分。有扶养能力和扶养条件的继承人，不尽扶养义务的，分配遗产时，可以不分或少分。[⑤] 另一方面，在遗产分割责任上进行公平分担。这主要体现为设立共同继承人间的瑕疵担保责任，实现公平分担责任。共同继承人之间的瑕疵担保责任主要有三个方面：一是对遗产瑕疵的担保责任；二是遗产被追夺的担保责任；三是对债权的担保责任。为保证在共同继承人之间公平分配遗产，不少大陆法系国家的立法规定了共同继承人之间对于遗产分割互负瑕疵担保责任。例如，意大利法规定，共同继承人之间仅应当就基于遗产分割前的事由发生的纠纷和追夺相互担保。[⑥]

第二，在遗产处理的对外关系上，为实现遗产处理的公平原则，确立各种遗产债务的清偿顺序，在同一顺序的遗产债权人等遗产利害关系人之间公平进行偿付。基于遗产债务的发生时间不同、性质不同、立法目的不同，应当明确规定各种遗产债务的清偿顺序。[⑦] 并且对于遗产不足清偿的，应当对同一顺序的遗产债务按照一定比例偿付。例如，德国法规定的遗产债务清偿顺序，可以归纳如下：（1）遗产管理费；（2）临时扶养费；（3）普通债务；（4）特留份、遗赠及相关负担。此外，有优先权的债务就担保财产优先受偿，不受前述债务清偿顺序影响。[⑧] 在我国，我国《继承法》和《执行继承法的意见》对于遗产债务的清偿顺序尚无明确的具体规定。但是，根据我国《继承法》第 19、33、34 条和《执行继承法的意见》第 61 条的规定，可以总结归纳出我国已确立了遗产债务清偿的以下四个规则：（1）遗产债务只能在遗产的实际价值范围内进行有限清偿；（2）清偿税款

---

① 《日本民法典》第 903 条。

② 例如，我国台湾学者指出，在外国法上关于法定继承之顺序，有亲等继承制与亲系继承制之分。前者以亲等为继承之范围，如法国民法（第 755 条）兼采亲等继承制，规定旁系血亲原则上以六亲等以内者为限有继承权，例外的至十二亲等；后者，则以亲系为标准之继承制度，如德国民法（第 1924-1926、1928-1929 条）规定，除配偶外，于血亲继承人，依亲系以直系血亲卑亲属、父母及其直系血亲卑亲属、祖父母及其直系血亲卑亲属……为法定继承人。参见陈棋炎、黄宗乐、郭振恭：《民法继承新论（修订十版）》，台湾三民书局股份有限公司 2016 年版，第 32 页。

③ 《德国民法典》第 1924-1928 条。

④ 参见《德国民法典》第 2057a 条。

⑤ 我国《继承法》第 13 条第 3 款。

⑥ 《意大利民法典》第 758 条。

⑦ 参见陈苇：《我国遗产债务清偿顺序的立法构建》，载《法学》2012 年第 8 期，第 40-42 页。

⑧ 参见《德国民法典》第 1969、1978、1971、1973 条。

和被继承人债务的顺序优先于遗赠；（3）遗嘱处分遗产必须为既无劳动能力又无生活来源的继承人保留必要的遗产份额（必遗份）；（4）“缺乏劳动能力又没有生活来源的继承人”的受扶养债务应当优先于其他遗产债务受偿。[①]

四、遗产处理的照顾原则

遗产处理的照顾原则，要求在遗产处理中注意照顾弱者的利益，尤其是家庭中的弱者利益（包括与被继承人者共同生活的老年人、未成年人、缺乏劳动能力又没有生活来源的继承人在遗产处理时予以特殊照顾，以实现遗产的扶养职能）。必须说明，遗产处理的公平原则体现的是形式意义上的平等。所谓形式平等，是指仅仅在法律上规定民事主体的法律地位平等，而不考虑社会实际生活中当事人在经济能力、专业知识等方面的差异。而实质意义上的平等，更注重的是社会生活中当事人客观存在的各方面的差异，从而力图做到消除实际上存在的不平等因素而实现当事人之间的平等。[②] 我们必须看到，在现实社会经济生活中，民事活动主体的经济实力有强弱之分；在婚姻家庭生活中，夫妻及其他家庭成员的经济能力亦有强弱之别，其结果往往在社会经济生活和婚姻家庭生活中，处于经济劣势的弱者事实上处于十分不利的地位。[③] 现代民法已经进入了一个“根据社会的经济地位及职业的差异把握更加具体的人，对弱者加以保护的时代”。[④] 所以，遗产处理的公平原则是一般原则，其体现的是形式公平。遗产处理的照顾原则是特殊原则，其体现的是实质公平。

遗产处理的照顾原则，贯穿遗产处理的全过程。从中外继承立法的内容看，遗产处理的照顾原则在涉及遗产处理的各项具体制度中，主要体现为以下立法内容：第一，在继承开始后，对处于相对劣势的不知情的遗产利害关系人，为告知其及时申报权利和参与处理遗产事务，设立有继承开始的通知与公告制度。第二，在遗产管理阶段，设立有遗产清单（有的国家还设有财产分离）制度，对处于相对劣势的未参与遗产管理的继承人和遗产债权人及继承人的债权人给予平等保护。第三，在继承的接受与放弃制度中，赋予继承的接受与放弃的选择权，以限定责任继承制度保护处于相对劣势的经济能力有限的继承人的利益，而强制无限责任继承制度则保护处于相对劣势的遗产债权人的利益。第四，在遗嘱扶养协议或继承合同制度中，对于受扶养的被继承人生前处分其已约定在死后遗赠或继承的财产给予限制，以保护处于相对劣势的扶养人的财产利益。第五，在遗产债务清偿制度中，即使遗产不足以清偿债务，也应当为生存配偶、受被继承人扶养的继承人等保留必要的遗产份额，以保护家庭中的弱势继承人维持其基本生活。第六，在遗产分割制度中，尤其注意照顾家庭中的弱势继承人，大陆法系国家的立法设立有生存配偶对特殊遗产的先取权、居住权和终生使用权，胎儿的保留份，未成年继承人、与被继承人共同生活的继承人的先取权，与被继承人共同经营的继承人的先取权，受被继承人扶养的继承人以外的人之酌分遗产请求权等；英美法系国家的立法则设立有遗属供养费。第七，在无人承受遗产制

① 陈苇：《我国遗产债务清偿顺序的立法构建》，载《法学》2012 年第 8 期，第 39 页。

② 参见王轶：《民法价值判断问题的实证性论证规则》，载《中国社会科学》2004 年第 6 期。

③ 陈苇：《中国婚姻家庭法立法研究（第二版）》，群众出版社 2010 年版，第 218 页。

④ 参见［日］星野英一：《私法中的人——以民法财产法为中心》，王闯译，载梁慧星主编：《民商法论丛（第八卷）》，法律出版社 1997 年版，第 182-190 页。

度中，受被继承人扶养的继承人以外的人，甚至与被继承人共同生活的继承人或与被继承人有密切关系的人等享有酌分遗产的请求权。

以下，根据遗产处理的照顾原则，我们就遗产处理时对家庭中弱者利益的照顾进行重点分析。家庭是社会最基本的生产和生活单位，负担着人口再生产、物质生产等职能。尽管在现代社会，家庭的物质生产职能逐渐在弱化，但家庭仍然担负着生育及维持家庭生活等职能。因为“一个完整的抚育团体必须包括两性的结合”。① 无论在中外国家，家庭成员生活供养的经济需要仍主要通过家庭得到满足和实现，只有在家庭不能履行扶养职能的情况下，才由国家和社会承担此义务。可见，家庭的扶养职能是其经济职能的重要内容。② 在现代社会，个人的权利意识不断提高，“私有财产权神圣不可侵犯”“意思自治”日益成为人们的共识。个人可以依法对自己的财产进行自由处分，包括生前处分和遗嘱处分。遗嘱处分是通过设立遗嘱的方式对其遗产进行处置。但是，我们还应看到，在具有较强血缘关系、亲情观念、伦理属性的家庭中，每个家庭成员又都不是孤立的，而是与其他家庭成员相互之间承担着一定的义务和责任，故在对家庭成员进行遗产处理中必须贯彻遗产处理的照顾原则。根据遗产处理的照顾原则，在自然人死后，对其遗产的处理，既要尊重被继承人的生前意愿，又要保障家庭成员的基本生活。在我国，如前所述，我国社会的人口因素和家庭结构因素呈现的新特点会直接影响到遗产的处理方法。家庭中的弱势群体，包括单人户的老年人生存配偶（多数是女性老年人）、空巢家庭的父母、隔代家庭的留守儿童及其直接照料人祖父母、外祖父母等具有依靠遗产扶养的现实需求。因此，在遗产处理时，无论是依遗嘱或依法律处理，均应当注意照顾弱者利益，尤其对与被继承人共同生活的老年人、未成年人、缺乏劳动能力又没有生活来源的继承人，必须为他们保留必要份额的遗产，并对遗产中原供其居住的房屋及室内家具等日常生活用品赋予他们享有先取权或终生使用权，以维持他们的基本生活，实现遗产的扶养职能。这在中外有关法定继承的立法③中主要体现为以下几个方面：一是对生存配偶的婚姻住房居住权的保护。例如，意大利法规定，在共同继承时，如果用作婚姻居所的房屋和家具的所有权属于被继承人或者属于配偶双方，则该房屋的居住权以及使用家具的权利属于生存配偶。④ 二是对胎儿利益的保护。例如，德国法规定，因共同继承人之一胎儿的出生而尚不确定的，到不确定性被除去时为止，应继份不得分割。⑤ 三是对未成年人利益的保护。例如，意大利法规定，在进行遗产分割时，如果全体或者部分继承人是未成年人的，遗嘱人可以指示在最后出生的继承人达到成年年龄后的 1 年内不得进行遗产分割。⑥ 四是对受被继承人扶养人的保护。例如，瑞士法规定，被继承人死亡时，受其扶养的继承人得请求自被继承人死亡后从遗产中给予一个月的生活费；遗产分割时，对未受教育及身体有缺陷的子女，应给予相

---

① 费孝通：《乡土中国　生育制度》，北京大学出版社 1998 年版，第 122 页。

② 陈苇主编：《外国继承法比较与中国民法典继承编制定研究》，北京大学出版社 2011 年版，第 55 页。

③ 必须说明，中外继承立法对遗嘱处分或有特留份或有必留份的限制，这在一定程度上能够保障实现遗产的扶养职能。但由于本课题研究对象范围不包括遗嘱继承制度，所以我们在此主要阐述法定继承中遗产处理的照顾规定，对遗嘱处分的限制不予阐述。

④ 《意大利民法典》第 540 条。

⑤ 《德国民法典》第 2043 条第 1 款。

⑥ 《意大利民法典》第 713 条第 2 款。

当的特别增额。[①] 我国《继承法》对遗产处理的规定，亦要求在法定继承中要照顾家庭中的弱者，以发挥遗产的扶养职能。其具体表现为以下几个方面：第一，法定继承中遗产分配的照顾与酌分遗产。在法定继承时对生活有特殊困难的缺乏劳动能力的继承人，分配遗产时，应当予以照顾、适当多分。[②] 同时，继承人以外的受被继承人扶养的人有权请求酌情分给遗产。[③] 第二，胎儿继承份额的保留。在遗产分割时，应当依法保留胎儿的继承份额。[④] 第三，遗赠扶养协议。为了保障晚年生活，自然人可以依法与扶养人（须为法定继承人以外的自然人或集体组织）签订遗赠扶养协议。根据该协议，扶养人承担该公民生养死葬的义务，享有受赠遗产的权利。[⑤] 第四，为"双无"人员保留适当遗产。继承人中有缺乏劳动能力又没有生活来源的人，即使遗产不足清偿债务，也应为其保留适当的遗产。[⑥] 以上中外继承立法的具体规定均体现了遗产处理的照顾原则，对于继承人中的上述弱者，照顾他们适当多分遗产，有利于实现遗产的扶养职能。

以上遗产处理制度的四项原则中，"遗产处理关系当事人平等原则"是遗嘱处理制度的最高原则。因为"平等原则是民法针对民事主体地位确定的最高规则"。[⑦] 所有的民事主体在地位上一律平等，没有任何人的地位可以高于其他人的地位。"遗产处理关系当事人自愿原则"则是平等原则的必然要求。只有具有平等法律地位的继承法律当事人，才能各方友好协商"自主决定"[⑧] 相关遗产处理事务。而在处理具体的遗产事务中，"遗产处理的公平原则"是一般原则，"遗产处理的照顾原则"是特殊原则，前者注重形式平等，后者注重实质平等，即后者在遗产处理中采用法定特别规则照顾弱者，以实现遗产扶养职能，弥补前者注重形式公平而可能产生实质不公平的不足。正如我国学者所指出的那样："民法以追求形式公平为原则，以追求实质公平为例外，关键在于例外必须是法定的。"[⑨] 以上四项原则相辅相成，共同指导遗产处理活动的合理、有序进行，从而保障依法进行和完成遗产处理活动，维护遗产处理关系各方当事人的合法权益。

第五节　当代中国民众财产继承观念与遗产处理习惯实证调查概况

本节主要阐述当代中国民众财产继承观念与遗产处理习惯实证调查的目的意义、主要内容以及实施情况简介。

---

① 《瑞士民法典》第 606、631 条第 2 款。

② 参见我国《继承法》第 13 条第 2 款。

③ 参见我国《继承法》第 14 条。

④ 参见我国《继承法》第 28 条。

⑤ 参见我国《继承法》第 31 条。

⑥ 参见我国《执行继承法的意见》第 61 条。

⑦ 杨立新：《民法总则》，法律出版社 2013 年版，第 107 页。

⑧ 参见王利明：《民法典体系研究（第二版）》，中国人民大学出版社 2012 年版，第 335 页。

⑨ 参见李永军主编：《中华人民共和国民法总则精释与适用》，中国出版集团中国民主法制出版社 2017 年版，第 12 页。

一、当代中国民众财产继承观念与遗产处理习惯实证调查的目的意义

在中国特色社会主义进入新时代，推进全面依法治国，我国《民法总则》已于2017年10月1日起实施，民法分则各编包括继承编正在加紧编纂的背景下，为编制一部具有中国特色、体现时代精神的“中国民法典·继承编”，需要对已不适应现实社会新情况的某些规定进行修改补充和完善，并且有针对性地对社会生活中出现的新情况、新问题增补新规定。为此，需要进行当代中国民众财产继承观念与遗产处理习惯的实证调查研究，以发现我国继承领域的新情况、新问题，为立法机关提供第一手国情资料。只有在此基础上进行具有科学性、民主性的立法，才能符合中国国情，才能满足当代中国民众处理财产继承问题的实际需要，达到既维护继承人的合法权益，又维护遗产、酌情分配遗产请求权人等第三人的利益和交易安全，促进我国经济发展，增进广大群众家庭生活幸福之目的。

基于以上时代背景，我们开展司法部2016年度法治建设与法学理论研究部级科研项目“我国遗产处理制度系统化构建”的研究，我们既要从中外继承立法的法律文本和法学理论的角度进行研究，也要结合中国实际对民众的财产继承观念和遗产处理习惯进行研究。为此，我们选取“当代中国民众财产继承观念与遗产处理习惯”这一重要现实问题作为实证调查的研究对象，开展1949年中华人民共和国成立以来我国第二次全国较大范围的民众继承习惯调查。[①] 我们希望通过本次调查，掌握影响遗产处理民事活动的当代中国民众财产继承观念和遗产处理习惯的统计数据，研究分析对于遗产处理制度这一“代际财产流转规范”[②] 的我国民众的观念与实践，为“中国民法典·继承编”的编纂这一重大立法提供第一手基本国情资料。我们认为，只有理论与实际紧密结合的研究，才能提出具有现实性、针对性和较强的决策参考价值的立法建议，从而使本项目的研究成果具有重要的理论意义和实际应用价值。

二、本次实证调查研究的主要内容

本次实证调查研究，我们设计调查问卷的主要内容，包括涉及遗产继承的以下十二个方面的问题或情况（包括遗产处理的行为习惯和理由，以了解思想观念的情况，为分析原因打下基础）：（1）遗产范围的界定；（2）继承开始的通知和公告；（3）遗产管理（遗产管理人的确定、管理职责及报酬）；（4）法定继承（法定继承人的范围与顺序，法定应继份，特殊法定继承人对遗产的居住权、先取权以及终生使用权，酌分遗产请求权人

① 必须说明，在2005年10月至2007年7月，陈苇教授作为2005年度国家社科基金项目负责人，为完成《外国继承法比较与中国民法典继承编制定研究》课题，曾经主持进行过1949年中华人民共和国成立以来我国首次“中国民众继承习惯调查”。当时在北京市、重庆市、武汉市和山东省四地区开展的社会调查，参加实地调查和调查数据统计汇总的师生合计有411人次。（参见陈苇主编：《当代中国民众继承习惯实证调查研究》的“中国民众继承习惯调查”之调查人员简介，群众出版社2008年出版，第6页。）时隔11年之后，陈苇教授针对司法部课题“我国遗产处理制度系统化构建研究”的需要，为收集我国更多地区民众的继承习惯资料，扩大了被调查地区的范围，于2016年11月至2017年11月在我国十省市包括重庆市、吉林省、上海市、河北省、湖北省、江西省、广东省、海南省、福建省和四川省，开展“当代中国民众财产继承观念与遗产处理习惯实证调查”。此次参加实地调查和调查数据统计汇总的师生合计有1295人次，除发放调查问卷外还进行了更多的个人访谈。本次调查的统计数据，可以为我国立法机关了解新时代更多地区的民众继承观念和行为习惯提供参考。

② 参见高其才主编：《当代中国分家析产习惯法》前言，中国政法大学出版社2014年版，第5页。

的范围及份额)；(5) 遗嘱继承（遗嘱自由的限制——特留份、各种订立遗嘱方式的效力、夫妻共同遗嘱的效力)；(6) 继承和遗赠的接受与放弃的方式及效力；(7) 继承权的丧失与恢复的法定情形；(8) 遗赠扶养协议与继承协议的签订主体、方式、效力与解除及后果；(9) 遗产债务清偿（遗产债务的范围、清偿顺序与债权人利益的保护)；(10) 遗产分割（分割原则，分割限制，分割的对内、对外效力)；(11) 无人承受遗产（确认方式、归属与遗产处理的效力)；(12) 遗产纠纷的典型案例。

在此必须说明以下两点：第一，由于本次实证调查的内容，涉及被继承人生前的特种赠与即应继份的预付问题，故采用“遗产处理”一词，而不用“遗产继承”一词。第二，在本次实证调查研究的上述问题中，遗产范围的界定之立法，遗产管理制度的构建，法定继承制度中法定继承人的范围与顺序、特殊继承人对遗产中家庭住房的居住权、先取权及终生使用权等，遗嘱继承制度中的特留份、继承扶养协议（继承合同)，遗产债务的清偿顺序以及遗产分割的瑕疵担保责任等，均是本次“中国民法典·继承编”的编纂中迫切需要研究解决的现实问题。

三、本次实证调查的实施情况简介

为了解我国民众的财产继承观念和遗产处理习惯，2016 年 11 月初至 2017 年 11 月底止，历时一年零一个月，我们组织开展完成了“当代中国民众财产继承观念与遗产处理习惯实证调查”的实地调查和统计数据汇总工作。现将本次实证调查的实施情况简介如下。

（一）被调查地区的选取与调查组组长的确定

根据本项目的研究需要，本项目负责人陈苇教授于 2016 年 11 月初开始组织进行“当代中国民众财产观念及遗产处理习惯实证调查”。陈苇教授考虑到我国不同地区的社会经济发展程度有一定差异，不同地区民众的继承观念和遗产处理习惯也有所不同，兼顾考虑在某地区进行社会调查需要的人力资源，首先选择确定我国以下十省市作为被调查地区，包括东北部的吉林省、东部的上海市、北部的河北省、中部的湖北省和江西省，南部的广东省和海南省，东南部的福建省、西南部的重庆市和四川省。接着，她分别联系我国十省市部分高校具有合作进行本项目研究意向的教师，确定了十省市被调查地区的调查组组长如下：吉林省调查组组长为吉林大学法学院李洪祥教授、上海市调查组组长为华东政法大学许莉教授、河北省调查组组长为燕山大学罗杰副教授、湖北省调查组组长为中南财经政法大学孟令志副教授、江西省调查组组长为赣南师范大学曹贤信副教授、广东省调查组组长为中山大学法学院卓冬青副教授和广东工业大学政法学院郭丽红教授、海南省调查组组长为海南大学法学院叶英萍教授、福建省调查组组长为厦门大学法学院何丽新教授、重庆市和四川省两地区的调查组组长为西南政法大学陈苇教授和胡苷用副教授。

（二）调查问卷的设计和学生调查员的召集与培训

2016 年 11 月中旬，陈苇教授组织重庆市项目组成员分工合作，设计制作当代中国民众财产观念及遗产处理习惯实证调查的“调查问卷”，至同年 12 月中旬完成了调查问卷的设计工作。然后，陈苇教授把“调查问卷”通过电子邮件发送给十省市调查组组长，以供各省市开展实地调查时统一使用。同年 12 月下旬，根据陈苇教授撰写的“当代中国民众继承观念和遗产处理习惯社会调查动员和培训会”的说明书，十省市调查组组长各自在本地高校召集、遴选本省籍的学生调查员100名左右，然后各自组织召开“社会调查动员和培训会”对学生调查员进行社会调查的动员和知识培训。在会上，各省市调查组组长对学生调查员讲解本次社会调查的目的意义、主要内容、调查要点和具体的调查方法，说明被调查者必须是男女各3名，分为老、中、青（20—40岁、41—60岁、61岁以上）三个年龄段，并且最好具有不同的职业背景。每名学生调查员利用2017年寒假期间各自在自己家乡开展“入户访谈”的实地社会调查，负责发放和回收六份调查问卷。

（三）实地社会调查的方式

2017年1月至2月，十省市高校的学生调查员们同时在寒假期间各自在自己家乡开展实地社会调查。本次调查主要采取学生调查员“入户问卷调查”和“个人访谈”的方式。

1. 入户问卷调查

要求调查员在寒假期间返回自己的家乡，选择家乡所在地的民众进行入户问卷调查。根据本次调查的对象选取要求，每位调查员选取的被调查对象有6名，要求选取的被调查者必须涉及不同性别、不同年龄段、不同文化程度、不同社会职业，而每位被调查者只能填写一份调查问卷。学生调查员入户首先向被调查者讲解说明本次调查的目的意义和调查问卷填写的相关问题，采取让被调查者自己填写问卷或者学生调查员向被调查者提问后代为填写两种方式完成调查问卷的填写。

2. 个人访谈

要求采取“一对一”的个人访谈方式，以收集与遗产继承有关的纠纷或案例。本次实地调查要求学生调查员采取“一对一”的个人访谈方式，除要求调查问卷由学生调查员在讲解说明本次调查的问题后由被调查者亲自填写或学生调查员代为填写问卷外，还要求辅以“一对一”的个人访谈，以便学生调查员能够收集和详细记录典型的继承纠纷或相关案例的内容。因为本次调查问卷涉及客观选择与主观理由两部分内容，采取“一对一”的个人访谈方式，可以避免被调查者受到他人的影响，便于更客观深入地了解被调查民众的真实想法。

（四）调查问卷数据的录入、统计汇总、复核与写作提纲的撰写

2017年3月开学后，十省市调查组组长各自组织统一回收本省市的调查问卷与典型案例的访谈记录，然后组织学生统计员对调查问卷进行数据统计工作，剔除其中的无效问卷，根据有效问卷进行调查数据的录入、制作统计汇总表，并且进行统计汇总数据的复核工作。本次我国丨省市调查共发放调查问卷5739份，收回有效问卷5085份，有效率为88.60%。至2017年7月底，十省市调查组组长先后组织本省市作者完成了本省市的调查问卷统计数据汇总表，把它们的电子版发送给项目负责人陈苇教授。2017年9月至11月，陈苇教授组织重庆市调查组的博士生成员，对十省市的调查问卷统计数据汇总表进行复核，经过反复统计、修改、复核后，至2017年11月底，历时一年零一个月完成了十省市的调查问卷统计数据汇总表的定稿。

接着，陈苇教授撰写本项目的写作提纲包括实证调查报告部分，发给本项目第二章至第八章的作者。各作者以我国十省市的调查统计数据汇总表为基础，撰写第二章至第八章第三节有关当代中国民众财产继承观念与遗产处理习惯实证调查部分的内容，包括：（1）遗产范围的界定；（2）继承开始的通知和公告；（3）遗产管理（遗产管理人的确定、管

理职责及报酬)；(4) 法定继承（法定继承人的范围与顺序，法定应继份，特殊法定继承人对遗产的居住权、先取权及终生使用权，酌分遗产请求权人的范围及份额)；(5) 遗嘱继承（遗嘱自由的限制——特留份、各种订立遗嘱方式及其效力、夫妻共同遗嘱的效力)；(6) 继承和遗赠的接受与放弃的方式及效力；(7) 继承权的丧失与恢复的法定情形；(8) 遗赠扶养协议与继承协议的签订主体、方式、效力与解除及后果；(9) 遗产债务清偿（遗产债务的范围、清偿顺序与债权人利益的保护)；(10) 遗产分割（分割原则，分割限制，分割的对内、对外效力)；(11) 无人承受遗产（确认方式、归属与遗产处理的效力)；(12) 遗产纠纷的典型案例。(以上具体问题的调查统计汇总数据和相关案例，详见第二章至第八章第三节的我国民众观念和处理习惯及司法实践的考察与评析之内容。)

最后，我们诚挚地向参加“当代中国民众财产观念及遗产处理习惯实证调查”的我国十省市社会调查和统计工作的全体师生表示最衷心的感谢（全体师生的名单，详见鸣谢)！

第二章　继承开始的通知与公告制度研究[①]

继承开始的通知与公告制度是遗产处理制度的重要组成部分，对于依法启动继承程序，维护遗产继承人、受遗赠人和遗产债权人的利益意义甚大。继承从被继承人死亡时开始，这是近现代许多国家和地区的立法通例。继承开始后，由于种种原因，有的继承人和其他利害关系人可能不知道被继承人已经死亡，不知道继承开始的事实。因此，当被继承人已经死亡即继承开始后，将被继承人死亡的事实通知或公告继承人等其他利害关系人，催促遗产利害关系人及时申报权利和义务，以便及时处理有关继承问题的规定之总和，构成继承开始的通知与公告制度。继承开始的通知与公告是启动遗产继承程序的第一步。本章研究和阐述的主要内容包括：继承开始的通知与公告制度概述；继承开始的通知与公告制度的国外立法现状与评析；继承开始的通知与公告制度的我国立法现状与我国民众观念和处理习惯及司法实践的考察与评析；继承开始的通知与公告制度之我国立法的学者观点与评析；现代继承开始的通知与公告制度的发展趋势与我国立法的完善建议。

第一节　继承开始的通知与公告制度概述

本节主要对继承开始的通知与公告制度的基本内容（包括继承开始的通知与公告的主体、对象、期间、方式和效力）、继承开始的通知与公告制度的演变和继承开始的通知与公告制度的目的、价值取向与功能进行阐述，为进一步考察和研究域外立法及我国立法等提供理论基础。

继承开始的通知与公告制度，是指在继承开始后，由特定的主体，通常包含知道被继承人死亡的继承人、利害关系人或其他权力机关，采取发出通知或张贴公告的方式，告知其他继承人、遗嘱执行人以及相关遗产利害关系人因被继承人的死亡而开始继承的事实，以便遗产债权人及时申报权利和继承人及时参加继承的制度。继承的开始，首先，它是确定遗嘱生效或法定继承开始的时间标准；其次，它是确定继承人范围、继承能力和应继份额的时间标准，是继承人行使继承选择权的起点、放弃继承权应当溯及的时间点，也是继承诉权保护期的起算时间；最后，它是确定遗产范围和价值的时间界限，也是确定遗产所有权转移的时间标准等。因此，在继承法中设立继承开始的通知与公告制度对于依法启动继承程序，通知遗产权利人参加继承或申报权利，依顺序清偿遗产债务，保证遗产公平分配，以保护继承人和遗产债权人等遗产权利人的利益，维护交易安全等具有重要的意义。

---

① 本章作者简介：宋豫，女，重庆工商大学法学院教授；裴宝莉，女，山西长治学院法律与经济学系讲师；贺海燕，女，西南政法大学民商法博士研究生。

必须说明，目前我国《继承法》没有规定继承开始的公告制度。然而，继承开始的公告制度是继承开始的通知制度不可缺少的重要补充。继承开始的通知，只是针对已知的遗产利害关系人发出，而继承开始的公告则是针对未知的遗产利害关系人发出，两者相辅相成，告知遗产利害关系人及时申报对遗产的权利，并参与遗产处理的相关事务，才能维护各自的合法权益。

一、继承开始的通知与公告制度的基本理论

（一）继承开始的通知与公告的主体

继承开始的通知与公告制度，首先应确定的是通知与公告的主体。通知与公告的主体是继承开始的通知与公告之义务主体，其应当按照法定的通知与公告方式，在法定期限内完成通知义务，以便依法启动继承程序、公平地保护遗产利害关系人的合法权益。在被继承人死亡后一定的期间内，通知与公告主体应当及时地通知与公告不知晓继承开始事实的继承人、遗产债权人、受遗赠人以及其他遗产利害关系人。继承开始的通知与公告的主体之重要性，体现在其及时履行通知职责，这是启动继承程序的第一步，可以为遗产债务的有序清偿和遗产的公平分配打下良好基础，同时也是继承权、遗产债权和受遗赠权等实现的前提。在国外，通常情况下，继承开始的通知与公告的主体，包括遗嘱执行人、遗产管理人、继承人、法院。在我国，知道被继承人死亡的继承人应当及时通知其他继承人和遗嘱执行人。如果在继承人中无人知道被继承人死亡或者知道被继承人死亡而不能通知的情况下，就可由被继承人生前所在单位或者住所地的居民委员会、村民委员会通知。如果其他利害关系人知道继承开始的，也可以通知继承人或遗嘱执行人继承的开始。

必须明确继承开始的公告主体不等同于通知主体。继承开始的通知与公告主体制度主要目的是，明确由何主体负责将继承的开始通知到继承相关利害关系人。从广义上讲，公告是通知的一种方式。从落实通知责任角度考虑，通知主体在采取继承开始的通知方式无法正常到达其明知或应当知道的被通知对象时，才采用公告通知的方式。我国不少学者认为公告主体应当是具体实施公告程序的人民法院，但人民法院只是在特定情况下才负有发布公告通知的义务，即一般应当是在其他通知主体向法院提请继承开始公告的申请时，才作为公告发布机关进行公告程序。因此，本章研究的继承开始的公告主体有两种，如是继承人自行登报公告的则为继承人，如是法院发出公告的则为法院。

（二）继承开始的通知与公告的对象

继承开始的通知与公告制度设立的主要目的就是使继承人、遗嘱执行人、遗产管理人、遗产权利人以及利害关系人知道继承开始的事实，从而及时地参与到继承关系中来，因此继承开始的通知与公告对象是该制度规范构成的要件之一。继承程序的顺利启动，与被通知和公告的对象的知晓情况密切相关，因此有必要明确其范围。通常情况下被通知与公告的对象应包含继承人、遗产债权人、遗产债务人、受遗赠人、遗嘱执行人、遗产管理人以及其他利害关系人。

（三）继承开始的通知与公告的期间

在继承开始的通知与公告制度中，由继承开始的通知与公告的义务主体告知遗产权利人及相关利害关系人，使其能在一定期间内决定是否参与继承关系，享有继承利益或者履行继承中的相关职责。其中，向被通知对象告知继承开始应按期申报权利义务的期间，就

是继承开始的通知与公告的期间。该期间是遗产权利人、继承人申报权益的重要保障。因为在继承开始后，很有可能出现有无继承人情况不明，或者一部分继承人知晓被继承人死亡的事实，另一部分继承人却不知道继承已开始的情况，或者是受遗赠人、遗产债权人及其他遗产利害关系人都不知晓继承开始的情况等。继承开始的通知与公告主体对这些主体进行告知后，利害关系人申报权利和义务，需要一定的期限，从而保障遗产权利人和利害关系人有充足的时间自愿选择是否申报权利而参与继承，因此继承开始的通知与公告期间是该制度的必要组成部分。必须注意，继承开始的通知期间与公告期间两者有所不同。因为，通知是针对已知的遗产利害关系人发出的，即往往是即时或者较短期间内就可以作出回复的，而对于有无或下落不明的继承人或其他利害关系人的公告，期限较短显然无法实现公告的目的，所以相对通知的期间而言，公告的期间较长。

（四）继承开始的通知与公告的方式

继承开始的通知与公告的方式，是指继承开始的通知与公告之主体采用一定的方式，将因被继承人死亡而开始继承的事宜告知继承人、遗产债权人等继承相关的利害关系人。该方式的选取，决定了继承开始的通知与公告是否能够及时、有效地通知到与继承相关的利害关系人。考虑到社会生活的复杂性以及交流沟通方式的多样性，对于继承开始通知与公告的方式，可根据实际情况而选定。如果继承人、遗产债权人数量较少且明确，可以直接采用口头的通知方式或者在居住地公告栏里进行公告；如果遗产权利人以及相关利害关系人较多，不知晓其各自具体情况的，可以向法院申请采用司法公告的方式或者登报的方式进行催告，以催促继承人、遗产债权人或其他利害关系人及时参与继承或申报债权等。在继承开始的通知与公告制度中，应当规定通知与公告的方式，以适当且便捷的方式对继承人和利害关系人进行有效的告知，使其能尽快地参与到继承关系或遗产处理中来。

（五）继承开始的通知与公告的效力

关于继承开始的通知与公告的效力，包括三个方面的内容：一是通知与公告对通知主体的效力。一方面，如果通知义务主体在规定的期间内履行了通知与公告义务，应享有何种权利或履行何种义务。另一方面，如果作为通知义务主体的继承人明知或应当知道有遗产利害关系人却故意隐瞒继承开始的事实，对未履行或不当履行通知义务所造成的损失，应承担赔偿责任；未造成损失的，可酌情不分或少分遗产。二是通知与公告对被通知对象即遗产利害关系人的效力。对于继承开始的通知与公告的对象，即遗产利害关系人，其在接到通知主体的通知后应及时参与到继承活动中来，不论是作出继承、遗赠的接受或放弃之意思表示，还是对于遗产债权的申报，都应在法定期限内作出相关表示，以便顺利推进继承活动。因此，如果继承人、遗产债权人等利害关系人，在法定的期限内未申报继承权或债权的，应当承担不利的法律后果。三是对无人承受遗产之归属的效力。由于此部分内容在第八章论述，本章不予论述。

二、继承开始的通知与公告制度的演变

（一）古代社会继承开始与公告制度之演变

1. 古罗马时期之继承开始与公告制度的演变

在古罗马时期，古罗马法对于继承开始的通知与公告没有具体的规定，但是在被继承人死亡后，为便于继承能在一定的期限内被接受，尽快开始继承事项，古罗马法的一些规

定和司法实践中的操作，已经具有继承开始通知与公告的作用，具体表现在以下四个方面：

第一，任意继承人接受继承的期间和方式。古罗马法规定，帝政以后，作为外来继承人的任意继承人想要继承遗产，除遗嘱人没有其他要求外，继承人应于继承开始后 100 天内宣布接受继承，否则即视为条件不完成，也就丧失继承权，遗产即归其他共同继承人、补充继承人或法定继承人所得。如果任意继承人想对遗产实行占有，必须向长官递交"遗产占有的申请"。申请书须用规定的语句，在罗马应向大法官、在外省应向省长为之。大法官收到申请后，应传呼利害关系人作简略的调查。经查明后，颁发遗产占有令状，继承人根据占有令状，占有被继承人的遗产。其后，除利害关系人提出异议外，大法官对于符合谕令规定条件的申请人，即直接授予占有遗产的令状，不再进行事实上的调查。到优帝时，只要继承人有接受继承的意思表示时，就视为接受继承，不再拘泥于具体形式。

第二，继承人接受继承的期间。① 关于继承人接受继承，当确定某继承人已经享有继承权之后，他就可以表示是否接受继承。但古代法并不要求须在一定的期限以内接受继承，而由继承人自行确定。这样的无期限的规定使继承容易处于不确定状态，因此遗嘱人、法学家和大法官等都设法纠正和补救，以期获得妥善的解决。起初，遗嘱人为防止他死后，继承人迟迟不接受继承，致使家祀中断，并影响其声誉，便在遗嘱中规定以继承人必须在一定期间内，习俗为 100 天表示接受继承为条件，逾期即废除其继承资格。帝政以后，法学家致力于创造一种临时管理"待接受的遗产"的理论。大法官法中的遗产占有制规定，被继承人的直系亲属，不分尊亲或卑亲，接受继承的期限为一年，其他继承人接受继承的期限为 100 天。在上述期限内，未为遗产占有的申请的，即丧失占有遗产的权利，遗产即可由次位继承人占有。此外，大法官法还规定，当享有继承权的继承人不及时接受继承，影响到被继承人之债权人的利益时，被继承人的债权人可于继承开始后，用提出质询的方法，在大法官前向继承人提出是否接受继承的质询，并给予继承人 100 天的考虑期。如果继承人避不出庭或 100 天期满而不表态的，即视为抛弃继承，债权人就可以向下一顺序的继承人提出质询，以此类推。如果被继承人的所有继承人都未表示接受继承，大法官即令债权人占有并拍卖被继承人的遗产，从所得价金中清偿自己的债权。至优帝一世时，把上述考虑期由 100 天改为 9 个月，适用于所有的继承人，不分直系亲属与非直系亲属。如有正当原因，继承人还可向皇帝申请，要求延长到一年期限届满后，继承人仍未表态的，就视为接受继承，故继承人于期限内未表态即死亡的，亦以接受继承论，其直系卑亲属有代位继承权。②

第三，拒绝继承的方式和时间。关于拒绝继承的方式和时间，罗马法最初也没有限制，但这种做法，往往会损害其他继承人、受遗赠人、被继承人的债权人等的利益，使他们不能及时行使权利。所以，后来大法官法规定，在规定的接受继承期间内未表态的，或者继承人经被继承人的债权人质询之后，仍未在法定的考虑期间 100 天内表示承认继承的，即视为拒绝继承。优帝一世时改为继承人在满 9 个月考虑期内未表态的，视为承认继

① 参见周枏：《罗马法原论（下册）》，商务印书馆 2001 年版，第 560、563-568 页。
② 参见周枏：《罗马法原论（下册）》，商务印书馆 2001 年版，第 565-568 页。

承，此后不得再拒绝继承。①

第四，无人继承遗产的处理。依据古罗马大法官法的规定，在无人继承的情况下，允许被继承人的债权人出卖被继承人的遗产，使自己的债权受到清偿。但债权人应当首先向官厅提出申请，获得批准后，才能占有和变卖被继承人的遗产。②

2. 古日耳曼时期之继承开始的通知与公告制度的演变

在古日耳曼法时期，继承比较简单，死者的继承人首先是自己的子女，其奴隶、房屋及其他遗产都由子女继承，没有子女的，遗产则依次归兄弟和叔伯诸舅所有。王国时期颁布的日耳曼人的法典中大多包含关于财产继承的条款，其中，有的内容是对早期习俗的吸收，但更多的条款则是体现出日耳曼人在民族迁徙、建立王国之后已发生变化的家庭、社会的新情况，而且各王国的具体规定和所包含的立法理念彼此有很大差异。对于继承开始的通知与告示，各王国的法律并没有具体规定，但从当时继承行为的实践看，通常都是由具有一定权威的长者或者特权机构进行通知与告知，如盎格鲁—撒克逊人的法律承认临终之人向牧师作出的处理自己遗产的表示为有效的口头遗嘱，神职人员在监督遗嘱的执行事务中享有权威，其可以通知其他继承主体参与继承。③

3. 中国古代社会之继承开始的通知与公告制度的演变

在中国古代社会，往往是被继承人尚健在，继承就已开始，可以说是一种特殊的“生前继承”，即继承人于被继承人生前依继承方式取得被继承人的全部遗产。④ 中国古代法律对于继承开始时间并不加以僵硬的规定，继承通常是以父命为主导因素，而以财产的处分能够有利于家族的整体利益、有利于家族的稳定为基本原则。⑤ 在当时，中国古代实行的是宗法家族制度，强调家族利益高于个人利益，所谓“文者家之隆也，隆一而治，二而乱”。家长不但可以掌握和支配家中财产，而且在观念上，妻子、儿女也是家族财产的一部分，甚至可以买卖。所以家庭财产采取共同共有的形式。古代继承制度主要是继承被继承人的身份地位，政治身份如官职、爵位、封号、食封等，私人身份如宗子、房宗等，对于家族财产的继承只是家长身份继承的附属物。因此，对于继承开始的通知常常是由宗族家庭主导，由其担任通知的角色，如在未成年男子亡故或夫妻双亡的条件下的命继，就是由族长召集同族会议，确定宗祧继承人的制度。《明清律·户婚门》云：“命继者，谓夫妻俱亡，则其命也，当惟近亲尊长。”⑥

（二）近现代社会继承开始的通知与公告制度之演变

近现代社会以来，随着经济的不断发展，各种自由主义、公平主义思潮的勃兴与发展，世界许多国家的继承法也在沿袭古代继承法的基础上和相互借鉴的过程中不断地进行改革和发展。对于继承开始的通知与公告制度，许多国家近现代的法律都有所规定，以此确保继承程序的依法启动。例如，在《德国民法典》中规定了公示催告申报继承权制度，当继承人在与情事适当期间内无法查明的，遗产法院必须公示催告以确定不存在除国库外

① 参见周枏：《罗马法原论（下册）》，商务印书馆2001年版，第571页。
② 参见周枏：《罗马法原论（下册）》，商务印书馆2001年版，第595页。
③ 参见李秀清：《日耳曼法研究》，商务印书馆2005年版，第260、282页。
④ 参见佟柔主编：《中华法学大辞典：民法学卷》，中国检察出版社1995年版，第592页。
⑤ 参见郭建：《中国法制史》，浙江大学出版社2006年版，第188-189页。
⑥ 陈晓枫：《中国法制史新编》，武汉大学出版社2011年版，第318、320页。

的继承人；公示催告申报继承权，公告的方式和申报时间的长短，依照公示催告程序的规定进行。[①] 日本的立法也确定了继承人有无不明时的公示催告制度。依据《日本民法典》规定，家庭法院选任继承财产管理人并公告后 2 个月内，继承人有无仍然不明确时，管理人须毫不迟缓地对所有的遗产债权人及受遗赠人发出以应在一定期间内提出自己的请求为内容的公告。[②] 在我国民国时期，1930 年的“民法继承编”对继承开始的通知与公告的规定体现在继承的抛弃、催告遗产债权人、无人承受继承等方面。一是继承人抛弃继承权的，应于知悉其得继承之时起 2 个月内，以书面向法院、亲属会议或继承人为之。二是限定继承人将遗产清单呈报法院时，法院应依公示催告程序公告，命被继承人之债权人于一定期限内报明其债权，该期限不得在 3 个月以下。三是继承开始时继承人之有无不明者，亲属会议选定遗产管理人后，应将继承开始及选定管理人之事由呈报法院，法院应依公示催告程序，公告继承人，令其于一定期限内承认继承，该期限应在 1 年以上。[③] 1949 年中华人民共和国成立后，在 1950 年《婚姻法》中规定，“夫妻有互相继承遗产的权利”；“父母子女有互相继承遗产的权利”。1954 年《宪法》规定，“国家依照法律保护公民的私有财产的继承权”。为指导继承法律的适用，有关部门就继承的各种具体问题作了许多指示和批复。最高人民法院在 1963 年的有关司法意见中规定，“处理继承纠纷，应根据宪法和婚姻法的规定，本着保护法定继承人的继承权，同时又要提倡互相扶助和抚养的共产主义道德风尚”。同时规定了法定继承人的范围、遗产的分配、遗嘱的有效条件、无人继承财产的处理、死者遗留债务的清偿、寡妇有带产再婚的权利等问题。1979 年 2 月，最高人民法院在有关司法意见中，就继承问题作了进一步具体的规定，除明确法定继承人范围外，对于遗产分割，即同一顺序的继承人分配遗产时，首先应照顾未成年人和无劳动能力的人，其次应考虑对被继承人所尽的义务和继承人重疾、生活上的实际需要。继承遗嘱应当承认。但遗嘱不能违背党和国家的政策法律，不能取消未成年人、无劳动能力或生活有困难的法定继承人的继承权，等等。1984 年 8 月，最高人民法院在有关司法意见中，对继承开始的时间；遗产的范围；继承权被放弃或依法被剥夺的遗产处理；同一顺序法定继承人之间的遗产分配的原则等问题作了明确的规定。[④] 1985 年颁行的《继承法》第 23 条规定：“继承开始后，知道被继承人死亡的继承人应当及时通知其他继承人和遗嘱执行人。继承人中无人知道被继承人死亡或者知道被继承人死亡而不能通知的，由被继承人生前所在单位或者住所地的居民委员会、村民委员会负责通知。”此即我国《继承法》对通知主体和被通知主体的规定，但未规定公示催告问题。

三、继承开始的通知与公告制度的目的、价值取向与功能

（一）继承开始的通知与公告制度的目的与价值取向

1. 继承开始的通知与公告制度的目的

（1）依法启动继承程序。继承开始的通知与公告制度作为遗产处理制度的重要组成

---

① 参见《德国民法典》第 1964-1965 条。

② 参见《日本民法典》第 957-958 条。

③ 1930 年“民法继承编”第 1157、1174、1177、1178 条，载杨立新主编：《中国百年民法典汇编》，中国法制出版社 2011 年版，第 514-517 页。

④ 参见陈苇主编：《婚姻家庭继承法学》，法律出版社 2002 年版，第 413-414 页。

部分，能够指导当事人依法启动遗产继承程序。继承开始后，由于种种原因，有的继承人和其他利害关系人可能不知道被继承人已经死亡，即不知道继承开始的事实。因此，当被继承人已经死亡即继承开始后，应将被继承人死亡的事实通知或公告继承人和遗产债权人等其他利害关系人。这是启动遗产继承程序的第一步，以便继承人及遗产的其他利害关系人及时参与处理有关继承问题。

（2）保护遗产权利人的利益。继承开始的通知与公告制度，对于维护遗产继承人、受遗赠人和遗产债权人的利益具有重要作用。继承开始后，如果存在继承人和其他利害关系人不知道被继承人已经死亡的情况，也就无法知晓继承开始的事实，从而不能参与继承关系，其相关的遗产权利就可能会受损害。如果确立继承开始通知与公告程序，及时通知遗产债权人等申报权利，保障其依法获得清偿，从而避免侵害遗产权利人利益情况的发生，达到保护遗产权利人利益的目的。

（3）保障遗产分配公平。继承开始的通知与公告制度，有利于保障遗产分配的公平。由于该制度的存在，可以使具有遗产利益的全部权利人被通知参与到遗产继承关系中，实现各自的遗产权利，这样既能保护继承人的利益，又能实现其他遗产权利人的利益，有利于保障遗产分配的公平。

（4）保障交易安全。通过设定继承开始的通知与公告制度，由特定主体对遗产权利人进行通知与公告，使有关权利人及时知晓继承开始的事实，自行决定是否行使遗产权利，这既保障了被继承人与遗产债务人之间的交易安全，同时也保障了继承人与其债权人之间的交易安全，还为继承人和其他遗产权利人利益的实现打下基础，达到保障交易安全，维护市场经济秩序的目的。

综上所述，继承开始的通知与公告制度，主要是针对继承开始后可能存在继承人或相关利害关系人不知晓继承开始的情况，由特定的主体对被继承人死亡的事实进行通知与公告，使继承人和其他遗产利害关系人能及时地知晓继承的开始，并参与到继承关系中来，以达到依法启动遗产继承程序，保障按顺序清偿遗产债务，然后对遗产依遗嘱或法律进行分配，保护各遗产权利人的利益，维护交易安全等目的。继承开始的通知与公告制度体现了对继承开始后所有继承人、遗产债权人以及其他遗产利害关系人利益的平等保护，是继承法中遗产处理制度不可或缺的重要组成部分。

2. 继承开始的通知与公告制度的价值取向

（1）公平价值。公平是指平等对待不同的人或者相同的事物，是法律所追求的目标之一。亚里士多德说，公正“是交往行为上的总体的德行”。为实现社会成员之间的广泛平等，他将公平划分为分配的公平与矫正的公平。前者强调社会公共财富的分配因人而异；后者强调由法律评判、保证私人交易关系的平等。① 继承法中的继承开始的通知与公告制度的确立，反映了以公平为价值取向，平等保护继承人和其他遗产权利人的利益。在现实生活中，被继承人死亡后，有的继承人和其他利害关系人可能不知道被继承人已经死亡，不知道继承开始的事实。而本制度明确规定在继承开始后由特定主体通知遗产相关人，包括继承人、遗产债权人、受遗赠人以及其他遗产利害关系人，尽快参与到继承关系中来，就可以避免此种现象的发生，以公平地保障各遗产权利人的利益。大陆法系国家和

① 参见［古希腊］亚里士多德：《尼各马可伦理学》，廖申白译注，商务印书馆2008年版，第130、134-138页。

英美法系国家关于继承开始的通知与公告对象的规定均体现了这一点。例如，《日本民法典》第927、957条规定了限定继承时和无人承受遗产时对债权人和受遗赠人的通知与公告事宜，即对继承的“限定承认人应对所有遗产债权人及受遗嘱人发布公告，表示其限定承认事宜及应在一定期限内申报其请求”，“且继承人有无不明时，遗产管理人须及时对所有的遗产债权人及受遗赠人发出以应在一定期间内申报其请求为内容的公告”。又如，美国《统一遗嘱检验法典》第3-801、3-104条规定：“遗产代理人在被委任之时应该向债权人发布公告，通知债权人提出债权请求。”“遗产代理人制作遗产清单并提交法院后，由法院或遗产代理人进行公告，要求债权人在规定的期限内申报债权、主张遗赠。”[①] 这些立法内容均体现了在保障继承人的权利实现的同时，又保护遗产债权人和其他利害关系人的利益，彰显了法律的公平价值。

（2）效益价值。法应以效益为分配权利和义务的标准，效益是法律的重要价值之一。我国学者指出，法的效益价值是指法具有的使社会主体以较少或较小的投入获取较多或较大的产出，以满足人们对效益的需要。[②] 在继承法中确立继承开始的通知与公告制度，有利于保护继承人和其他遗产权利人的财产权益，为遗产的有效处理奠定基础，顺利实现遗产的效益价值。因为继承开始后，如果继承人和其他遗产权利人不能及时知道被继承人死亡的事实，就无法及时地参加遗产的处理，有可能会阻碍继承程序的启动，同时损害遗产权利人的利益。因此，通过通知义务主体以书面通知、口头通知或公告的方式，告知遗产权利人尽快主张权利，可以使遗产的处理更加及时，实现法律的效益价值。例如，《意大利民法典》规定，按遗产清单接受继承的继承人，如果知晓债权人和受遗赠人的住所或居所，则申报债权的通知应当用挂号信直接送达，同时，还应当将申报债权的通知刊登在省级法律公报上。[③] 美国则规定，在限定继承时，当需要被通知的继承人及受遗赠人的地址可供限定继承人合理地使用时，限定继承人必须将通知以普通邮递方式送交每个继承人及受遗赠人。[④]

（3）秩序价值。秩序是社会、国家正常运行的基本保障，是人类生存的基本要求。美国学者博登海默认为法律有两大价值：一个是追求秩序的价值，另一个是追求正义的价值。[⑤] 在一定意义上说，法律就是为建立和维护某种秩序才建立起来的，法律的价值都是以秩序价值为基础的，没有秩序价值的存在，就没有法律的其他价值。[⑥] 继承开始的通知与公告制度对于秩序的维护提供预想模式、调解机制和强制保证。如前所述，由于继承的开始是继承人行使继承选择权的起点，是继承诉权保护期的起算时间，是确定继承人范围、继承能力和应继份额、遗产范围和价值的时间标准，是继承人放弃继承权应当溯及的时间点，是确定遗嘱生效及遗产所有权转移的时间等。例如，《日本民法典》对遗产债权人及受遗赠人的公告与催告期间的规定如下：一是限定承认人在作出限定继承的表示后5日内，对遗产债权人及受遗赠人进行公告与催告时，公告催告的期间不得少于2个月。二

① 参见Uniform Probate Code，ss. 3-801，3-104。
② 参见付子堂、时显群：《法理学（第三版）》，重庆大学出版社2011版，第204页。
③ 参见《意大利民法典》第498条。
④ 参见Uniform Probate Code，ss. 3-309，3-801。
⑤ [美] E. 博登海默：《法理学：法律哲学与法律方法》，邓正来译，中国政法大学出版社1999年版，第205页。
⑥ 参见卓泽渊：《法的价值论（第三版）》，法律出版社2006年版，第390-394页。

是当继承人有无不明时，管理人须及时对所有的遗产债权人及受遗赠人发出应在2个月内申报其请求为内容的公告。[①] 美国则规定，遗产代理人在被委任时应该向债权人发布公告，通知债权人在第一次公告的6个月内提出债权请求；遗产代理人可以通过邮件或者其他送交方式发出书面通知，告知债权人在通知公告后的4个月内提出请求。[②] 可见，设立继承开始的通知与公告制度，以保障依法启动继承程序，有利于保证遗产权利人的利益及时实现，稳定继承秩序，以彰显法律的秩序价值。

（4）安全价值。安全价值是指维护交易的安全和财产的秩序[③]，它是法律的重要价值之一。正如法哲学家雷加森斯·西克斯所言，安全是法律的首要目标和法律存在的主要原因。如果法律秩序不代表一种安全的秩序，那么它就不是一种法律。[④] 继承开始的通知与公告制度，对于维护交易安全具有重要的意义，有利于保障市场经济的发展。在继承关系中，通常会存在继承人、遗产债权人、受遗赠人以及其他遗产利害关系人等多种主体，其遗产权利的实现与否与市场交易是否安全息息相关。因此，必须采取通知或公告的方式，催告遗产权利人及时申报权利。例如，《意大利民法典》规定："任何利害关系人均可以请求司法机构为有权取得遗产的人确定一个表示接受或拒绝接受继承的期限，期限届满仍未作出任何表示的人，丧失接受继承的权利。""任何利害关系人也可以请求司法机构，为受遗赠人确定一个行使放弃遗赠权利的期限，受遗赠人在期限届满后，仍未作出任何表示的，丧失放弃遗赠的权利。"[⑤]《德国民法典》第1974条规定："迟于继承开始后5年向继承人主张债权的遗产债权人，与被排除的债权人相同，但债权在经过5年以前已为继承人所知，或已在公示催告程序中被申报的除外。"并且，第2061条规定："当多数继承人即共同继承人催告情形下，该项催告已进行的，各共同继承人在遗产分割后，仅对某项债权之与其应继份相当的那部分负责任，但申报未在期间届满前提出，或该项债权在遗产分割时未为其所知的为限。"由此可以看出，继承开始的通知与公告制度不仅是保护个体利益的需要，同时也是确保交易安全的需要，体现了法律的安全价值。

（二）继承开始的通知与公告制度的功能

1. 催促遗产权利人及时参与继承事项的处理

继承开始的通知与公告制度作为启动继承程序的法律依据，在被继承人死后，通过特定的义务主体，通常包含知道被继承人死亡的继承人和利害关系人，或者其他权力机关，第一时间告知其他继承人、遗产债权人、受遗赠人以及相关利害关系人被继承人死亡的事实，使其尽快地参与到继承关系中来，以实现自己的权利、履行相关的义务，从而保障遗产权利人的利益之实现。因此，继承开始的通知与公告制度具有催促遗产权利人及时参与继承事项处理，保障遗产继承程序的依法启动，实现所有遗产权利人对遗产的公平受偿或分配的功能。

---

① 参见《日本民法典》第927、957条。

② 参见 Uniform Probate Code，s. 3-801。

③ 王利明：《民法典体系研究》，中国人民大学出版社2008年版，第348页。

④ ［美］E. 博登海默：《法理学：法律哲学与法律方法》，邓正来译，中国政法大学出版社1999年版，第196页。

⑤ 参见《意大利民法典》第481、650条。

2. 预防和减少遗产纠纷的发生

继承开始的通知与公告制度能预防和减少遗产纠纷的发生。继承开始后，如果应召继承人、遗产债权人以及遗产利害关系人不知继承开始的事实，其就很难发现遗产实际占有人可能已经对遗产进行的私吞、转移、隐藏等情况，导致遗产权利人的利益受到损害，从而引起后续遗产纠纷的发生。确立继承开始的通知与公告制度，可以使继承人、遗产债权人以及其他利害关系人及时地参与到继承关系或遗产处理之中，以遗产权利人的身份保护遗产利益，或制作遗产清单，或请求财产分离，或请求遗产管理，或请求官方清算，以防范部分继承人或遗产占有人私吞、转移、隐匿遗产的行为，这有利于预防和减少遗产纠纷的发生。

第二节 继承开始的通知与公告制度的国外立法现状与评析

现代财产继承制度均认为继承因被继承人死亡而开始，但有关继承开始后的通知与公告的具体法律规定，因各国或地区在历史、文化、风俗习惯等方面的差异而有所不同。本节拟分别对大陆法系之法国、德国、日本、意大利四国的民法典，以及英美法系之英国、美国两国继承法律中有关继承开始的通知与公告制度进行考察，并予以比较评析。

一、继承开始的通知与公告主体的国外立法现状与评析

（一）继承开始的通知与公告主体的国外立法现状

1. 大陆法系国家立法例

（1）法国立法例。《法国民法典》关于继承开始的通知与公告主体的规定，主要体现在催告继承人接受或者放弃继承、无人继承遗产的管理方面的规定。第一，继承人做通知和公示主体。根据第788、789、792条规定，继承人得声明以资净产为限取得继承权，此声明得向大审法院作出且须在国内公示，并在2个月内提交遗产清单给法院，并采取与声明相同的方式公示。继承开始后4个月期限届满时，继承人未表示接受或放弃继承的，可以由遗产债权人、共同继承人、后一顺序的其他继承人或者国家采取行动，以司法外文书催告继承人作出决定。第二，遗产无人继承时，遗产债权人、为死者的利益负责管理其全部或一部概括财产的任何人、有利益关系的任何其他人或者检察院向法院提出申请，请求法官委托负责公产管理的行政机关管理无人继承遗产，法院作出的对无人继承遗产管理的裁定应当公示。[①] 由此可知，法国继承开始的通知与公告主体为继承人、遗产债权人、负责公产管理的行政机关、法院（须由遗产债权人、遗产管理人、其他利害关系人或者检察院请求法院进行公告）。

（2）德国立法例。《德国民法典》关于继承开始的通知与公告主体的规定，主要体现在公开催告申报继承权、对遗产债权人的公示催告方面：一是当继承人在适当期间内无法查明的，遗产法院必须确定不存在除国库外的继承人，应公开催告继承权的申报。二是继

① 参见《法国民法典》第771条第2款、788、809-1条。

承人接受继承后，可提出对遗产债权人的公示催告程序的申请。当继承人为多人时，各共同继承人可以公开催告遗产债权人向共同继承人或向遗产法院申报他们的债权。[①] 由此可知，德国的继承开始的通知与公告主体为继承人和遗产法院（由继承人提出请求）。

（3）日本立法例。《日本民法典》对继承开始通知与公告主体的规定，主要体现在对遗产债权人及受遗赠人的公告与催告、继承人有无不明时的公示催告的内容中。第一，限定继承人在作出限定继承的表示后5日内，应对所有遗产债权人及受遗赠人，公告已表示限定承认事宜及应在一定期限内申报其请求的内容。第二，当继承人有无不明时，利害关系人或检察官可以向家庭法院提出请求，为继承人情况不明的遗产选任管理人并及时予以公告；公告后，继承人有无仍然不明时，管理人或检察官可向家庭法院提出请求，由家庭法院发出以如果有继承人则应在一定期间内主张权利为内容的公告；同时，管理人须及时对所有的遗产债权人及受遗赠人发出应在一定期间内申报其请求的公告。第三，交付遗赠义务人及其利害关系人，可以催告受遗赠人在期间内作出接受或放弃遗赠的表示。[②] 由此可知，日本的继承开始的通知与公告主体为限定继承人、家庭法院（由利害关系人或检察官请求）、交付遗赠义务人及利害关系人。

（4）意大利立法例。《意大利民法典》对继承开始的通知和公告的主体的规定，主要体现在催告继承人接受或放弃继承和遗赠、催告债权人和受遗赠人的规定中。第一，任何利害关系人均可以请求司法机构为有权取得遗产的人确定一个表示接受或拒绝接受继承的期限；同时，任何利害关系人也可以请求司法机构，为受遗赠人确定一个行使放弃遗赠权利的期限。第二，按遗产清单接受继承的继承人可以通过继承开始地的公证人召集债权人和受遗赠人以执行清算。[③] 由此可知，意大利的继承开始的通知与公告主体为司法机构（由利害关系人提出申请）、继承开始地的公证人（由继承人提出请求）。

2. 英美法系国家立法例

（1）英国立法例。在英国，继承开始的通知与公告的主体主要被规定在英国《遗产管理法》和英国《信托法》等法律之中。在英国，被继承人死亡后其遗产不是直接转归继承人，而是经过遗产的清点、纳税、法院验证、执行遗嘱和承办管理、申请、汇集、分割等一系列法定程序后，有剩余遗产的才分配归属于继承人。英国《遗产管理法》、英国《信托法》等法律详细地规定了遗产代理人[④]和继承人各自的权利和义务。第一，遗产在有继承人的情况下，在确认被继承人死亡之后，确定遗产代理人之前，法院有权传召遗嘱所指明的任何遗嘱执行人申请或放弃遗嘱认证，即向可能的遗产代理人作出继承开始的通知。在确定遗产代理人之后，负责继承开始通知的主体是遗产代理人。遗产代理人负责领取被继承人死亡证明书，向继承人发出继承通知。第二，如果一个人无遗嘱死亡，又没有最近的亲属而且无人对遗产有优先的权利，则遗产作为无人承认继承的遗产归属于王室或者公爵领地继承。财产律师或者公爵领地的律师将代表王室或公爵领地，申请获得无人继承的遗产管理的授权。一旦财产律师或者公爵领地的律师对无人继承的遗产提出请求，有

① 参见《德国民法典》第1964、2061条。

② 参见《日本民法典》第927、957、958、987条。

③ 参见《意大利民法典》第481、650、501条。

④ 遗产代理人（personal representative）是“遗嘱执行人”（executor/executrix）和“遗产管理人”（administrator/administratrix）的统称。

关机关将对遗产进行安全管理并进行公告。第三，遗产代理人可以通知其分配死者遗产的意向，并要求相关利害关系人在一定期限内（自通知或公告发出之日起不少于2个月）提出申报债权。① 可见，英国规定继承开始的通知的主体是法院、遗产代理人和有关机关。

（2）美国立法例。在美国，继承开始的通知与公告制度主要被规定在美国的《统一遗嘱检验法典》之中。美国的遗产继承采取剩余财产交付主义，遗产管理和保护制度相当完备。除当被继承人仅留下转移给生存配偶的豁免财产或只留下唯一有权分割遗产的人作为继承人时，一般无须进行遗产管理程序外，在通常情况下继承开始后继承人接受继承前，需要指定遗产代理人来管理遗产。② 如果是遗嘱继承，首先应进行遗嘱检验程序，即由被继承人生前居住的“遗嘱认证法院”对遗嘱的合法性进行认证。在确认遗嘱检验后，遗嘱执行人获取遗嘱执行人授权书，享有处理遗产的权利，遗嘱中指定的执行人被正式任命。如果他比死者先死而遗嘱不生效或无法胜任执行人的职能，法院将在无遗嘱继承情况下按照优先规则指定遗产管理人。管理人必须提出一份保证书，保证正确履行其义务，除非遗嘱明确免除对他的这一要求。美国《统一遗嘱检验法典》第三章规定了遗产代理人的确定和权责等遗产管理事宜。③ 美国对继承开始的通知与公告主体的规定反映在指定遗产管理人、一般继承④、债权人催告的相关规定中。第一，在通常情况下，请求指定代理人的人须提出遗产管理请求书，然后预先通知全部能参与遗产继承的人。第二，在被继承人无遗嘱死亡的情况下，通常由主管遗嘱检验的法官指定遗产管理人。遗产代理人做好遗产清单后，将其提交法院，并由法院或遗产代理人进行公告，要求债权人在规定的期限内申报债权、主张遗赠。公告期限届满后，遗产代理人按照法律规定的顺序清偿遗产的债务。第三，在一般继承中，在一般继承声明后30天内，每位一般继承人应通知未经管理且未参加继承申请的继承人和受遗赠人。第四，在债权人催告中，遗产代理人在被委任之时应该向债权人发布公告，通知债权人提出债权请求。⑤ 由此可知，美国的继承开始的通知与公告的主体为请求指定遗产代理人的人、法院、遗产代理人和一般继承人。

（二）继承开始的通知与公告主体的国外立法比较评析

1. 两大法系国家立法的共同点

上述六国对继承开始的通知与公告之主体的规定，在催告继承和遗赠的接受或放弃、催告债权人、无人继承遗产的处理等相关规定中有所体现。两大法系国家立法的共同点有：第一，继承人和法院（遗产法院、家庭法院、司法机构）是继承开始的通知与公告主体之一，这是上述六国包括法国、德国、意大利、日本、英国和美国的共同规定。第二，在继承开始的通知与公告主体的选择上，都体现了国家公力机构不同程度的介入。除

---

① 参见 Administration of Estates Act，ss. 23（4），23（5），30，46。

② 参见陈苇主编：《外国继承法比较与中国民法典继承编制定研究》，北京大学出版社2011年版，第117页。

③ 参见［美］彼得·哈伊：《美国法律概论》，许庆坤译，北京大学出版社1983年版，第99-100页。

④ 一般继承是指无遗嘱继承下的继承人或者遗嘱指定的剩余遗产受遗赠人，除未成年人、无民事行为能力人、受保护的人外，未经确定的人，都可以通过承担以下个人责任而一般继承死者的遗产：（1）税收；（2）死者的债务；（3）针对死者或者遗产的请求；（4）其他继承人、受遗赠人和第3-313条至第3-322条规定的被授权享有死者财产的人的财产分配。参见陈苇主编：《外国继承法比较与中国民法典继承编制定研究》，北京大学出版社2011年版，第539页。

⑤ Uniform Probate Code，ss. 3-309，3-801.

继承人、遗产管理人或利害关系人等自然人主体外，如法院（家庭法院、遗产法院）、司法机构、公证人、负责公产管理的行政机关、有关机关等作为通知或公告主体，均是国家公力机构介入的表现形式。

2. 两大法系国家立法的不同点

第一，催告继承人接受或放弃继承的义务主体不同。在大陆法系国家，继承人、受特定主体申请的法院（家庭法院、遗产法院）等，均可以作为催告继承人的主体。如法国规定，继承开始后，在规定的期限届满时，由遗产债权人、共同继承人、后一顺序的其他继承人或者国家采取行动，催告继承人作出决定；日本规定，继承人有无仍然不明时，管理人或检察官可向家庭法院提出请求，由家庭法院发出催告继承权的公告；意大利则规定，司法机构（在任何利害关系人的请求下）可催告继承人作出接受或放弃继承的表示。在英美法系国家，通常由遗产代理人作为催告继承的通知人。第二，对债权人和受遗赠人的催告主体不同。在大陆法系国家，通常是由继承人作为催告债权人的主体。例如，在德国，继承人或共同继承人可通知遗产债权人申报债权；在日本，限定承认人有义务对遗产债权人及受遗赠人进行公告并要求其在一定期限内申报请求之内容；并且交付遗赠义务人（负有履行遗赠义务的人）及其利害关系人，可以催告受遗赠人在期间内作出接受或放弃遗赠的表示；在意大利，按遗产清单接受继承的继承人可以请求继承开始地的公证人召集债权人和受遗赠人以执行清算，并且任何利害关系人都可以请求法院，为受遗赠人确定一个行使放弃遗赠权利的期限。在英美法系的英国和美国，通常是由遗产代理人或法院对遗产债权人进行催告。例如，在英国，遗产代理人可要求相关利害关系人在一定期限内申报债权；在美国，由遗产代理人向债权人发布公告，通知债权人提出债权请求。在被继承人无遗嘱死亡的情况下，由法院或遗产代理人进行公告，要求债权人在规定的期限内申报债权、主张遗赠。第三，法院以及其他国家公力机构介入程度不同。例如，法国规定，法院可作为催告主体，即法院经遗产债权人等利害关系人申请，可裁定委托负责公产管理的行政机关管理无人承受继承的遗产，并对此裁定进行公示，以催告可能存在的未知的继承人作出接受或放弃继承的意思表示；意大利则规定，任何利害关系人均可以请求司法机构作为继承人的催告主体，而遗产清单接受继承的继承人可以通过继承开始地的公证人通知债权人和受遗赠人以执行清算；在英国，被继承人死亡之后，确定遗产代管人之前，法院有权传召遗嘱所指明的任何遗嘱执行人申请或放弃遗嘱认证；在美国，遗嘱认证法院对遗嘱的合法性进行认证并正式任命遗嘱中指定的执行人。

综上所述，关于继承开始的通知与公告主体，我们认为值得我国借鉴的规定有以下几点：其一，在两大法系国家中，凡知道继承开始的继承人均可以作为继承开始的通知与公告主体，这有利于及时通知继承人、遗产债权人及其他利害关系人及时参与遗产的处理。其二，在英美法系国家中，遗产代理人（遗产管理人、遗嘱执行人）作为遗产管理和遗产分割的主要参与人员，由其承担继承开始的通知与公告义务。以上两种通知主体（继承人和遗产代理人）均符合效率价值，值得我国借鉴。其三，法院、司法机构、公证人、国家及有关机关作为继承开始与公告的主体，体现了在特殊情况下之继承时（继承人有无不明、无继承人时等情况）国家公力机构的介入。但基于我国人口众多，法院受理案件审判压力较大的现实情况，故我国《继承法》第 23 条规定的由被继承人所在地居委会或村委会担任继承开始的通知主体更为适合我国的国情。

二、继承开始的通知与公告对象的国外立法现状与评析

（一）继承开始的通知与公告对象的国外立法现状

1. 大陆法系国家立法例

（1）法国立法例。《法国民法典》对继承开始的通知与公告之对象的规定，主要体现在催告继承人接受或者放弃继承、无人继承遗产的管理方面的规定中。公告或声明的对象有以下两类：第一，继承人。根据第788、789、792条规定，继承人得声明以资净产为限取得继承权，此声明得向大审法院作出且须在国内公示，并在2个月内提交遗产清单给法院，并采取与声明相同的方式公示。继承开始后4个月期限届满后继承人没有表示接受或放弃继承的，可以由遗产债权人、共同继承人、后一顺序的其他继承人或者国家采取行动，申请以司法外文书催告继承人作出决定。第二，遗产债权人。遗产债权人应在公示期起15个月内申报债权，逾期未申报的不附担保的债权即告消灭。第三，法院。国家主张接收死亡时无继承人的被继承人的遗产或者接收继承人抛弃继承的遗产时，应当向法院请求对遗产实行占有。①

（2）德国立法例。《德国民法典》对继承开始的通知与公告之对象的规定，体现在继承人无法查明时公开催告申报继承权、催告遗产债权人等规定中。其继承开始的通知与公告的对象有以下两类：一是继承人。在继承人无法查明时，遗产法院必须公开催告申报继承权，其对象是所有可能享有继承权的人。二是遗产债权人。在继承人接受遗产后对遗产债权人进行公示催告时，其催告的对象是所有遗产债权人。当继承人为多数继承人时亦同。②

（3）日本立法例。《日本民法典》对继承开始通知与公告之对象的规定，散见于继承人承认或放弃继承，对遗产债权人及受遗赠人的公告与催告等规定之中。继承开始的通知与公告的对象有以下两类：第一，继承人。继承人有无不明时，家庭法院根据管理人或检察官的请求，须发出催告继承人在一定期间内主张权利为内容的公告。第二，遗产债权人及受遗赠人。①限定承认人应对所有遗产债权人及受遗赠人发布公告，表示限定承认事宜及后者应在一定期限内申报其请求。②交付遗赠义务人（负有履行遗赠义务的人）及其利害关系人，可以催告受遗赠人在期间内作出接受或放弃遗赠的表示。③继承人有无不明时，管理人须及时对所有的遗产债权人及受遗赠人发出以应在一定期间内申报其请求为内容的公告。③

（4）意大利立法例。《意大利民法典》对继承开始的通知和公告之对象之规定，主要体现在催告继承人接受或放弃继承、公示催告债权人、受遗赠人相关的规定中。继承开始的通知与公告的对象可分为以下两类：第一，继承人或受遗赠人。在接受或放弃继承、遗赠不明时，任何利害关系人可以申请司法机构，为继承人或受遗赠人提出接受或放弃继承、遗赠的期限。第二，债权人或受遗赠人。按遗产清单接受继承的继承人，可以通过继承开始地的公证人催告债权人和受遗赠人。④

---

① 《法国民法典》第771条第2款、788、811条。

② 《德国民法典》第1965、1970、2061条。

③ 《日本民法典》第927、957、958、987条。

④ 《意大利民法典》第481、498、650条。

2. 英美法系国家立法例

（1）英国立法例。英国对继承开始的通知与公告之对象的规定，体现在法院传召遗产执行人申请或放弃遗嘱认证、遗产管理人的职责之中。第一，在有继承人的情况下，确认被继承人死亡之后，确定遗产代管人之前，法院有权传召遗嘱所指明的任何遗嘱执行人申请或放弃遗嘱认证，即向可能的遗产代理人作出继承开始的通知。在确定遗产代理人之后，由遗产代理人负责向继承人发出继承通知。① 第二，遗产代理人可要求相关利害关系人在一定期限内（自通知或公告发出之日起不少于 2 个月）提出要求申报债权。② 可见，在英国，继承开始的通知的对象包括遗产代理人、继承人和遗产债权人等利害关系人。

（2）美国立法例。美国对继承开始的通知与公告之对象的规定，体现在指定遗产管理人、限定继承、债权人催告的相关规定中。第一，在通常情况下，请求指定代理人的人在提出遗产管理请求书后，要预先通知全部能参与遗产继承的人。第二，在限定继承中，每个限定继承人应通知未经管理且未参加继承申请的继承人和受遗赠人。第三，遗产代理人在被委任之时应该向债权人发布公告，通知债权人提出债权请求。在被继承人无遗嘱死亡时，遗产代理人做好遗产清单并提交法院后，由法院或遗产代理人进行公告，要求债权人在规定的期限内申报债权、主张遗赠。③ 可见，美国继承开始的通知与公告对象为遗产继承人、受遗赠人、遗产债权人、遗产代理人。

（二）继承开始的通知与公告对象的国外立法比较评析

1. 两大法系国家立法的共同点

关于继承开始的通知与公告之对象，上述六国对继承开始的通知与公告之对象，在催告继承人或受遗赠人、催告债权人、无人继承遗产的处理等相关规定中有所体现。两大法系国家立法的共同点如下：第一，上述六国均将继承人作为继承开始的通知与公告的对象。例如，法国、意大利对催告继承人接受或放弃继承有所规定；德国、日本则对继承人有无不明时的继承人催告有所规定；英国和美国则对继承开始后通知继承人有所规定。第二，上述六国均将遗产债权人作为继承开始的通知与公告的对象。例如，法国、日本和意大利对限定继承人催告遗产债权人有所规定；德国、英国和美国对继承开始后通知债权人有所规定。

2. 两大法系国家立法的不同点

关于继承开始的通知与公告之对象，两大法系国家立法的不同点如下：第一，关于继承开始的通知与公告之对象，在大陆法系国家中，主要是以继承人和遗产债权人为主；在英美法系国家中，首先是遗产代理人，其次是继承人和遗产债权人。第二，除法国和德国外，上述日本、意大利、英国和美国四国均将受遗赠人作为继承开始的通知与公告对象。此外，法国规定在国家主张接收无继承人的遗产时或者接收继承人抛弃继承的遗产时，应向法院申请裁决实行遗产占有。

综上所述，两大法系中关于继承开始的通知与公告对象之规定，我们认为值得我国借鉴的有如下两点：第一，除继承人外，将债权人、受遗赠人、遗产管理人和其他利害关系

① Administration of Estates Act, s. 2.

② Trustee Act, s. 27.

③ Uniform Probate Code, ss. 3-309, 3-801.

人均列入继承开始的通知与公告之对象，能够更好地尊重被继承人意思表示和保护遗产利害关系人的利益。第二，当继承人有无不明或无继承人遗产时，由国家公力机构向法院申请判决确定遗产的占有人或管理人，能及时地保全遗产和处理遗产事务，鉴于我国的具体国情，由被继承人所在地的村（居）委会作为主体申请法院裁决确定遗产管理人较为妥当。

三、继承开始的通知与公告期间的国外立法现状与评析

（一）继承开始的通知与公告期间的国外立法现状

1. 大陆法系国家立法例

（1）法国立法例。《法国民法典》关于继承开始的通知与公告期间的规定，散见于催告继承人接受或者放弃继承、催告债权人申报债权的期间规定之中。第一，催告继承人接受或放弃继承的期间。继承人应在继承开始起4个月期限届满之前作出接受继承或者放弃继承的选择，否则将受到司法外文书催告，且催告后2个月内应当作出选择决定，如其不可能终结已经开始的遗产盘点或证明有其他严肃的正当理由，可向法院请求给予补充期限。第二，催告债权人申报债权的期限。当继承人向继承开始所在辖区的大审法院作出以净资产为限接受继承的声明后，该声明应在国内进行公示催告债权人申报债权，其期间为15个月。①

（2）德国立法例。《德国民法典》对继承开始的通知与公告期间的规定，主要体现在催告继承权和催告遗产债权人的规定之中：第一，遗产法院应在规定的期间内公开催告申报继承权，公告期间最多为6个月。在申报期间届满后3个月内，不向遗产法院证明存在继承权或已以诉讼方式对国库主张继承权的，继承权仍不考虑。未进行公开催告的，3个月的期间自证明继承权或诉讼的提起的裁判上催告发出时起算。第二，公示催告遗产债权人时，如果继承人为多数继承人时，各共同继承人通过公示催告遗产债权人的期间是6个月。②

（3）日本立法例。《日本民法典》对继承开始通知与公告期间之规定，主要体现在对遗产债权人及受遗赠人的公告与催告、继承人有无不明时的公示催告、对遗赠的接受和放弃的催告等规定之中。第一，对遗产债权人及受遗赠人进行公告与催告的期间。①限定承认人在作出限定继承的表示后5日内，对遗产债权人及受遗赠人进行公示催告的期间不得少于2个月。②当继承人有无不明时，管理人须及时对所有的遗产债权人及受遗赠人发出应在2个月内申报其请求为内容的公告。第二，催告继承权的公告期间。当继承人有无不明时，家庭法院选任遗产管理人并公告后2个月内，继承人有无仍然不明时，家庭法院根据管理人或检察官的请求，须发出以如果有继承人则应在一定期间内主张权利为内容的公告，此公告期间不能少于6个月。第三，催告受遗赠人作出接受或放弃遗赠的催告期间。交付遗赠义务人（负有履行遗赠义务的人）及其利害关系人，可以催告受遗赠人在指定期间内作出接受或放弃遗赠的表示。③

---

① 《法国民法典》第771、772、792条。

② 《德国民法典》第1965、2061条，《德国民事诉讼法》第994条。

③ 《日本民法典》第927、957、958、987条。

（4）意大利立法例。《意大利民法典》对继承开始的通知和公告的期间之规定，主要体现在对继承开始后继承人接受或放弃继承、催告债权人和受遗赠人的规定之中。第一，按遗产清单接受继承时的债权人和受遗赠人催告期间。继承人应当自接到异议通知之日起1个月内，由继承开始地的公证人确定的不少于30日的期限内，召集债权人和受遗赠人进行债权申报。第二，催告继承人接受或放弃继承的期间。任何利害关系人均可请求司法机构为有权取得遗产的人确定一个表示接受或拒绝接受继承的期限。第三，对遗赠的催告期间。任何利害关系人均可请求司法机构为有权取得遗赠的人确定一个表示接受或拒绝接受遗赠的期限。① 第二和第三两种由利害关系人请求司法机关确定的催告期间，由司法机关确定，不同于第一种情况之法定期间。

2. 英美法系国家立法例

（1）英国立法例。英国关于继承开始的通知与公告期间的规定在遗产管理人的职责中有所体现。遗产代理人可要求相关利害关系人在一定期限内申报债权，且该期限自通知或公告发出之日起，不得少于2个月。②

（2）美国立法例。美国对继承开始的通知与公告期间的规定在限定继承、债权人催告的相关规定中有所体现。第一，在限定继承中，在限定继承声明作出后30天内，每个限定继承人应通知未经管理且未参加继承申请的继承人和受遗赠人。第二，遗产代理人在被委任时应该向债权人发布公告，通知债权人在第一次公告的6个月内提出债权请求；遗产代理人可以通过邮件或者其他送交方式发出书面通知，告知债权人在通知公告后的4个月内提出请求。③

（二）继承开始的通知与公告期间的国外立法比较评析

1. 两大法系国家立法的共同点

关于继承开始的通知与公告之期间，两大法系国家立法的共同点如下：第一，上述六国对继承开始的通知与公告之期间的规定，均在催告债权人的期间中有所体现。例如，德国规定通过公示催告遗产债权人的期间是6个月，意大利催告遗产债权人的期间为30天。第二，除英国外，上述五国均对催告继承人接受或放弃继承的期间有所规定。例如，法国催告继承人的期间为2个月，意大利催告继承人的期间由司法机构确定。第三，除法国和德国外，上述四国均对催告受遗赠人的期间有所规定。例如，日本规定交付遗赠义务人可以催告受遗赠人在指定期间内作出接受或放弃遗赠的表示，意大利规定利害关系人可以申请司法机构为受遗赠人确定表示接受或拒绝遗赠的期间。

2. 两大法系国家立法的不同点

关于继承开始的通知与公告期间，两大法系国家立法的不同点如下：第一，上述六国对限定继承人作为通知主体发出通知或公告的期间不同。其中，除德国、意大利、英国三国无规定外，法国规定，限定继承表示的继承人应立即公示催告债权人申报债权。美国规定，在限定继承人发表限定继承声明后30天内，限定继承人应通知未参加继承申请的继承人和受遗赠人；日本规定，限定承认人须在作出限定继承的表示后5日内，对遗产债权

---

① 《意大利民法典》第481、650、498条。

② Trustee Act, s. 27.

③ Uniform Probate Code, ss. 3-309, 3-801.

人及受遗赠人进行公告与催告；此外，当继承人有无不明时，家庭法院选任遗产管理人并公告后2个月内，继承人有无仍然不明时，家庭法院根据管理人或检察官的请求，须发出催告继承人的公告。第二，上述六国中，关于继承开始的通知与公告的催告申报权利期间之长短不同。其一，在催告继承人意思表示的期间中，法国催告继承人作接受或拒绝继承表示的期间为2个月（如有正当理由，可向法院请求延长该期间）；德国为公示催告的期间加上催告期满后的3个月内，或不经公示催告的自证明继承权或裁判发出催告时起3个月内；日本规定继承人有无不明时，对继承人的催告期间为6个月；意大利催告继承人的期间由利害关系人指定。其二，在催告债权人申报债权的期间中，法国规定，继承人有限接受继承的声明后，债权人应在该声明公示起15个月内申报债权；德国催告债权人申报债权的期间为6个月；美国规定遗产代理人催告债权人，如采用发布公告的方式，催告期间为6个月，如果采用邮件或者其他送交方式发出书面通知，期间为4个月；日本规定限定继承人催告债权的期间为2个月；英国规定遗产代理人催告遗产利害关系人的期间为2个月；意大利规定按遗产清单接受继承时，当债权人和受遗赠人对遗产清单提出异议时，由继承开始地的公证人召集债权人和受遗赠人进行债权申报，期限不低于30日。

综上所述，两大法系国家中关于继承开始的通知与公告期间之规定，我们认为值得我国借鉴的有如下三点：其一，通知主体发出通知或公告的期间，参考日本（5日内发出通知）与美国（30日内发出通知）的规定，鉴于我国国情，参照我国现行《民事诉讼法》第123条[①]中人民法院立案通知和拒绝受理的期间的规定，我国立法设置为7日内发出通知较为可行。其二，催告债权人及相关利害关系人在一定期间内申报权利。在上述六国的催告申报权利的期间中，从30日到6个月不等，考虑到我国的现实情况，可借鉴日本或英国的规定，同时衔接我国现行《民事诉讼法》第219条中对公示催告期间的规定[②]，为不得少于60日，即2个月较为适宜。其三，当继承人有无不明时，在上述六国的催告债权的期间中，从指定期间、2个月到6个月不等，根据我国的国情，依照我国现行《民事诉讼法》第219条中规定的公示催告期间为不得少于60日，即2个月较为妥当。

四、继承开始的通知与公告方式的国外立法现状与评析

（一）继承开始的通知与公告方式的国外立法现状

1. 大陆法系国家立法例

（1）法国立法例。《法国民法典》关于继承开始的通知与公告之方式的规定，主要体现在催告继承人接受或者放弃继承、无人继承遗产的管理方面的规定之中。第一，催告继承人作出接受或放弃继承的选择时，采用的方式是书面催告（司法外文书催告）。第二，继承人以净资产为限接受继承时应向大审法院作出声明，该声明应进行登记并在国内进行公示，且声明可以经电子途径公示。第三，在申请无人继承遗产的管理时，法院作出的对无人继承的遗产实行管理的裁定应当公示。[③] 由此可知，法国对继承开始的通知与公告的

---

① 我国现行《民事诉讼法》第123条规定："人民法院应当保障当事人依照法律规定享有的起诉权利。对符合本法第一百一十九条的起诉，必须受理。符合起诉条件的，应当在七日内立案，并通知当事人；不符合起诉条件的，应当在七日内作出裁定书，不予受理；原告对裁定不服的，可以提起上诉。"

② 我国现行《民事诉讼法》第219条规定：公示催告的期间，由人民法院根据情况决定，但不得少于60日。

③ 《法国民法典》第771、788、809-1条。

通知方式有书面声明或登记并公示或电子公示。

(2) 德国立法例。《德国民法典》对继承开始的通知与公告方式的规定，主要体现在催告继承和催告遗产债权人的规定之中。一是遗产法院在公开催告申报继承权时，公告的方式和申报时间的长短，依照公示催告程序的规定进行。二是当继承人为多数继承人时向遗产债权人的公示催告必须以《联邦公报》和为遗产法院发布公告而指定的报纸予以公布。① 由此可知，德国对继承开始的通知与公告的通知方式有公示催告、在指定的报纸上公示。

(3) 日本立法例。《日本民法典》对继承开始通知与公告方式的规定，体现在限定继承人催告申报债权的方式中。限定承认人须对所有遗产债权人及受遗赠人，公告其已表示限定承认事宜及催告债权人和受遗赠人应在一定期限内申报其请求的内容，且该公告应当在官方报纸上登载。② 由此可知，日本对继承开始的通知与公告的方式为在官方报纸上登载公告。

(4) 意大利立法例。《意大利民法典》对继承开始的通知和公告的方式之规定，体现在公示催告债权人、受遗赠人的规定之中，即按遗产清单接受继承的继承人，如果知晓债权人和受遗赠人的住所或居所，则申报债权的通知应当用挂号信直接送达，同时，还应当将申报债权的通知刊登在省级法律公报上。③ 由此可知，意大利对继承开始的通知与公告的方式为挂号信及在省级法律公报上公告。

2. 英美法系国家立法例

(1) 英国立法例。英国对继承开始的通知与公告方式的规定，主要是遗产管理人催告申报债权的方式。遗产代理人可要求相关利害关系人在一定期限内提出要求申报债权，且发出的通知或公告之方式必须符合下列要求：①在伦敦报纸上公告；②如果遗产包括土地，应在该土地所在地流通的报纸上公告；③遗产代理人还可以使用其他被法院指示的方式，如果遗产代理人对发出合适的通知有疑问，其可以向法院寻求指导。④ 由此可知，英国对继承开始的通知与公告的方式为在报纸上公告或使用其他被法院指示的方式公告。

(2) 美国立法例。美国对继承开始的通知与公告方式的规定，在限定继承、债权人催告的相关规定中有所体现。第一，在限定继承中，每个限定继承人应通知未参加继承申请的继承人和受遗赠人，当需要被通知的继承人及受遗赠人的地址可供限定继承人合理地使用时，必须以普通邮递方式送交给每个继承人及受遗赠人。第二，在债权人催告中，遗产代理人通知债权人的方式有两种：一是在本地通常发行的报纸上发布公告；二是通过邮件或者其他送交方式发出书面通知。⑤ 由此可知，美国对继承开始的通知与公告的方式为普通邮递、在报纸上发布、发送邮件或其他方式递交书面通知。

---

① 《德国民法典》第1965、2061条。

② 《日本民法典》第927条。

③ 《意大利民法典》第498条。

④ Trustee Act, s. 27.

⑤ Uniform Probate Code, ss. 3-309, 3-801.

（二）继承开始的通知与公告方式的国外立法比较评析

1. 两大法系国家立法的共同点

关于继承开始的通知与公告方式，两大法系国家立法的共同点有：第一，上述六国均在催告继承人或遗产债权人、受遗赠人或其他遗产利害关系人的相关规定中有通知或公告的方式。例如，意大利规定，按照清单接受继承的继承人，如果知晓债权人和受遗赠人的住所和居所，通知应当用挂号信直接送达。第二，在通知与公告的方式中，各国均将在指定的报纸进行公告作为方式之一。例如，日本规定，催告债权人和受遗赠人应在官方报纸上登载。英国规定，遗产代理人催告遗产债权人需要在伦敦报纸、土地所在地流通的报纸上公告。

2. 两大法系国家立法的不同点

关于继承开始的通知与公告方式，两大法系国家立法的不同点有：第一，继承开始的通知与公告方式不同。其一，书面催告或向法院声明并公示。例如，法国在催告继承人作出接受或放弃继承时采用司法外文书催告，如以净资产为限接受继承时向法院作出的声明要进行登记且在国内进行公示，该声明可经电子途径公示。其二，邮寄、邮件或其他方式送达书面通知。例如，意大利规定，按遗产清单接受继承的继承人发出申报债权的通知应当用挂号信直接送达，同时还应当将申报债权的通知刊登在省级法律公报上；美国规定，当需要被通知的继承人及受遗赠人的地址可供限定继承人合理地使用时，限定继承人必须以普通邮递方式送交每个继承人及受遗赠人；此外，遗产代理人通知债权人，可以通过邮件或者其他送交方式发出书面通知。其三，在指定报纸上公告。例如，德国遗产法院公开催告申报继承权时，当继承人为多数继承人时应向遗产债权人公开催告，该项催告必须以《联邦公报》和为遗产法院发布公告而指定的报纸予以公布；日本限定继承人应当将所有遗产债权人及受遗赠人发布的公告在官方报纸上登载；英国催告债权人申报债权需要在伦敦报纸上公告，如果遗产包括土地则须在该土地所在地流通的报纸上公告等；美国规定，遗产代理人通知债权人，可以在本地通常发行的报纸上向债权人发布公告。

综上所述，关于继承开始的通知与公告方式，我们认为值得我国借鉴的有如下两点：关于继承开始的通知与公告方式，应该根据已知的通知对象和未知的通知对象区分不同的通知方式。其一，对已知的通知对象之通知方式，采用书面的方式为妥，且在书面方式中，可以使用邮寄或电子邮件等较为便捷、成本低廉的方式。其二，对未知的通知对象之通知方式，在指定的报纸上公告或采用法院的公示催告程序较为适宜。

五、继承开始的通知与公告效力的国外立法现状与评析

（一）继承开始的通知与公告效力的国外立法现状

1. 大陆法系国家立法例

（1）法国立法例。《法国民法典》关于继承开始的通知与公告的效力规定主要如下：

第一，继承开始的通知与公告对通知主体中继承人的效力。①以净资产为限接受继承的继承人，须避免其个人财产与属于遗产的财产相混同，仅有义务按照其受领的财产的价值限度清偿遗产的负债。②在进行公示以及在第 792 条规定的期间债权，即停止或禁止任何执行措施以及遗产的债权人就动产与不动产进行任何新的担保登录。③催告继承人作出接受或放弃继承的选择期间届满时，如继承人在催告的 2 个月期限终止或者同意延长的期

限经过之后仍未表示的，该继承人被视为无条件接受继承。继承人对继承的接受选择权时效期间为 10 年，自继承开始时起算。在此期间内没有作出选择决定的继承人，视为放弃继承。

第二，继承开始的通知与公告对被通知对象即遗产利害关系人的效力。当继承人向继承开始所在辖区的大审法院作出以净资产为限接受继承的声明经公示起 15 个月后，此期限内债权人未申报债权的，该债权人对遗产享有的不附担保的债权即告消灭。①

（2）德国立法例。《德国民法典》对继承开始的通知与公告效力的规定，体现在以下两个方面：

第一，继承开始的通知与公告对通知主体中继承人的效力。①继承人已在接受遗产后 1 年内提出开始对遗产债权人的公示催告程序的申请，且该申请已获得准许的，继承人有权拒绝清偿遗产债务，直至公示催告程序终结之时。②当多数继承人即共同继承人催告的情形下，该项催告已进行的，各共同继承人在遗产分割后，仅对某项债权之与其应继份相当的那部分负责任，但申报未在期间届满前发生，或该项债权在遗产分割时未为其所知的为限。③如果催告费用对于遗产状态为过巨的，不得催告。②

第二，继承开始的通知与公告对被通知对象包括继承人、遗产债权人等遗产利害关系人的效力。①公开催告申报继承权的公告期间届满后 3 个月内，不向遗产法院证明存在继承权或证明已经通过诉讼对国库主张继承权的，就确定不再承认继承人的继承权。②特留份权利、遗赠和负担不因公示催告而受影响。③在遗产因使不被排除的债权人受清偿而被用竭的限度内，继承人可以拒绝使在公示催告程序中被排除的遗产债权人受清偿；但继承人必须在清偿因特留份权利、遗赠和负担而发生的债务之前，使被排除的债权人受清偿，但债权人在这些债务被清偿之后才主张其权利的除外。④迟于继承开始后 5 年向继承人主张债权的遗产债权人，与被排除的债权人相同，但债权在经过 5 年以前已为继承人所知，或已在公示催告程序中被申报的除外。③

（3）日本立法例。《日本民法典》对继承开始通知与公告的效力的规定，体现在以下两个方面：

第一，继承开始的通知与公告对通知主体的效力。①在催告期间届满前：其一，限定承认人在催告遗产债权人期间届满前，可以拒绝对遗产债权人及受遗赠人的清偿。其二，继承人可以在第 941 条之请求财产分离自继承开始起之日的 3 个月内期间届满前，对遗产债权人及受遗赠人拒绝清偿。②在催告期间届满后，其一，该期间届满后，限定承认人应从继承财产中，对公告期间内申报的债权人及其他已知债权人，按其各自债权额的比例进行清偿，但不得损害享有优先权的债权人的权利。其二，有财产分离请求的，继承人应当在第 941 条第 2 款规定的期间届满后，用所继承财产对请求财产分离或申报加入分配的债权人及受遗赠人，按各债权额比例进行清偿。但不得损害有优先权的债权人的权利。请求分离财产的人及按照第 941 条第 2 款规定申报加入分配的人，就继承财产，优先于继承人的债权人接受清偿。③通知主体未在规定的期间内履行通知义务，即如果限定承认人怠于

---

① 《法国民法典》第 772 条第 1 款、780 条第 2 款、791 条第 1 款、791 条第 3 款、792-1 条第 1 款、792 条第 2 款、809 条。

② 《德国民法典》第 1964-1965、2015 条。

③ 《德国民法典》第 1971-1974 条。

进行第927条第1款的公告或催告，或由于其在该条第1款规定的期间内清偿遗产债权人或受遗赠人而导致其他遗产债权人或受遗赠人得不到清偿的，对此而产生的损害，承担赔偿责任。[①]

第二，继承开始的通知与公告对被通知对象即遗产利害关系人的效力。①未在限定继承人催告的期间内[②]提出申报权利的遗产债权人及受遗赠人，为限定继承人所不知时，仅可以就剩余财产行使其权利。但是，就遗产有特别担保人时，不在此限。②如果受遗赠人在该期间内没有对交付遗赠义务人的催告作出意思表示的，视为接受遗赠。遗赠的接受及放弃，不得撤销。③在催告继承人的公告期间内，无主张作为继承人的权利的人出现时，不为继承人及遗产管理人所知的继承债权人及受遗赠人，不得行使其权利。[③]

（4）意大利立法例。《意大利民法典》对继承开始的通知和公告的效力的规定，体现在以下两个方面：

第一，继承开始的通知与公告对通知主体的效力。①按遗产清单继承的限定继承人将催告申报债权的通知在省级法律公报上公示以后，不得依据债权人的请求再提起执行程序。②如果继承人尚未准备任何清算文件，则可以在申报债权的期限届满之日后一个月的时间内，将全部遗产交给债权人和受遗赠人。继承人应当将交出遗产的声明在继承登记簿上进行登记，自登记之日起继承人处分遗产的文件丧失效力。继承人应将遗产交给法院指定的保佐人，其后继承人对遗产的一切责任均告解除。

第二，继承开始的通知与公告对被通知对象即遗产利害关系人的效力。①任何利害关系人可以请求司法机构为有权取得遗产的人确定一个表示接受或拒绝接受继承的期限，期限届满仍未作出任何表示的人，丧失接受继承的权利。同时，任何利害关系人也可以请求司法机构，为受遗赠人确定其行使放弃遗赠权利的期限，受遗赠人在期限届满后，仍未作出任何表示的，丧失放弃遗赠的权利。②未进行申报的债权人和受遗赠人享有在剩余款项范围内对继承人提起诉讼的权利。③按遗产清单接受继承的继承人将申报债权的通知在省级法律公报上公示之日起，停止计算无担保债权的利息；但是清算结束之后，无担保债权人有权对剩余遗产请求利息。[④]

2. 英美法系国家立法例

（1）英国立法例。英国对继承开始的通知与公告效力的规定，体现在以下两个方面：

第一，继承开始的通知与公告对通知主体的效力。①遗产代理人可以通知其分配遗产的意向，并要求相关利害关系人在一定期限内提出要求申报债权，在法定的通知或公告期限已届满，遗产代理人在清偿完所有提出请求的债务后，开始分配遗产，其对期限届满之后提出请求的债权人不再承担责任。②如果债权人在分配遗产时还没有收到要求其申报遗产权利的通知，遗产代理人将对该未偿债务负个人责任。

第二，继承开始的通知与公告对被通知对象即遗产利害关系人的效力。在遗产代理人发出催告期间届满前未申报权利的遗产债权人，如在遗产代理人分配遗产后才提出债权请

---

① 《日本民法典》第928、929、934、947条。

② 《日本民法典》第927条第1款。

③ 《日本民法典》第935、958条之二、987、989条。

④ 《意大利民法典》第481、502、650、506-508条。

求的，该债权人可以通过向遗产受益人追偿而弥补损失。[①]

（2）美国立法例。美国对继承开始的通知与公告效力的规定，体现在以下两个方面：

第一，继承开始的通知与公告对通知主体的效力。①在限定继承中，限定继承人如不进行通知就是违反对有关人员的义务，但不影响无管理的继承认证的效力或一般继承者的权利或责任。②遗产代理人可以发出或不发出对债权人的通知公告。当遗产代理人发出对债权人的公告期满前，遗产代理人不得向任何债权人清偿，否则应对债权人因此所遭受的损失负赔偿责任；当遗产代理人没有发出对债权人的通知公告时，遗产代理人对此不负法律上的责任。

第二，继承开始的通知与公告对被通知对象即遗产利害关系人的效力。①遗产债权人应在规定的期限内提出申报权利，否则其债权将不能获得清偿。②如遗产代理人在发出对债权人的公告期间届满前，向遗产债权人清偿债权以后，利益受损的遗产债权人可以向遗产受益人追偿，或者向负有个人责任的遗产代理人追偿。[②]

（二）继承开始的通知与公告效力的国外立法比较评析

1. 两大法系国家立法的共同点

关于继承开始的通知与公告之效力，两大法系国家立法的共同点有：

第一，对继承开始的通知与公告之主体的效力。上述六国均对已履行通知义务的通知主体之效力有所规定。例如，法国规定，以净资产为限接受继承的继承人，须避免其个人财产与属于遗产的财产相混同，仅有义务按照其受领的财产的价值限度清偿遗产的负债。在进行公示以及在第792条规定的期间债权，即停止或禁止任何执行措施以及遗产的债权人就动产与不动产进行任何新的担保登录。日本规定，限定承认人在催告债权人期间届满前，可以拒绝对遗产债权人及受遗赠人的清偿；该期间届满后，限定承认人应从继承财产中，对公告期间内申报的债权人及其他已知债权人，按其各自债权额的比例进行清偿，但不得损害享有优先权的债权人的权利。

第二，关于继承开始的通知与公告之效力，上述六国均在对被通知对象即遗产利害关系人的效力中有所体现。（1）除英美两国外，上述四国均对催告继承人之效力有所规定。虽然各国规定的效力有所不同，但意大利、德国均为丧失继承权。例如，意大利规定，催告继承人表示接受或拒绝接受继承的期限届满仍未作出任何表示的人，则丧失接受继承的权利。德国规定，在公开催告继承权期间届满后3个月内不向遗产法院证明存在继承权或证明已通过诉讼对国库主张继承权的，就确定不再承认继承人的继承权。（2）对未在规定的通知或公告期间届满前申报的债权的效力，上述六国均有所规定。例如，德国规定，迟于继承开始后5年向继承人主张债权的遗产债权人，与被排除的债权人相同，但债权在经过5年以前已为继承人所知，或已在公示催告程序中被申报的除外。意大利规定，未进行申报的债权人和受遗赠人享有在剩余款项范围内对继承人提起诉讼的权利。

2. 两大法系国家立法的不同点

关于继承开始的通知与公告之效力，两大法系国家立法的不同点如下：

第一，继承开始的通知与公告对通知主体的效力不同。（1）对已履行通知义务的通

① Trustee Act, s. 27. Administration of Estates Act, s. 46.

② Uniform Probate Code, ss. 2-105, 2-211, 2-401, 3-104, 3-309, 3-801.

知主体之效力不同。例如，德国规定，当共同继承人催告债权人的期间届满后，各共同继承人在遗产分割后，仅对某项债权之与其应继份相当的那部分负责任，但申报未在期间届满前发生，或该项债权在遗产分割时未为其所知的为限。日本规定，对催告遗产债权人的期间届满后，限定承认人应从继承财产中，对公告期间内申报的债权人及其他已知债权人，按其各自债权额的比例进行清偿，但不得损害享有优先权的债权人的权利。意大利规定，按遗产清单接受继承的继承人将催告申报债权的通知在省级法律公报上公示以后，不得依据债权人的请求再提起执行程序。（2）对未履行通知义务的通知主体之效力不同。对未履行通知义务的通知主体之效力，除法国、德国和意大利外，上述其他三国均有所规定。其一，未履行通知义务不承担法律上的责任。例如，美国规定，限定继承人不进行通知是违反对有关人员的义务，但不影响无管理的继承认证的效力或一般继承者的权利或责任。其二，未履行通知义务需承担相应的损害赔偿责任。例如，日本规定，如果限定承认人怠于进行第 927 条第 1 款的公告或催告，或由于其在该条第 1 款规定的期限内清偿遗产债权人或受遗赠人而导致其他遗产债权人或受遗嘱人得不到清偿的，对此产生的损害，承担赔偿责任。英国规定，如果债权人在分配遗产时还没有收到要求其申报遗产权利的通知，遗产代理人将该未偿债务负个人责任。美国规定，在催告遗产债权人的公告期满前，遗产代理人不得向任何债权人清偿，否则应对债权人因此所遭受的损失负赔偿责任。

第二，继承开始的通知与公告对被通知对象即遗产利害关系人的效力不同。（1）继承开始的通知与公告对象在通知或公告期间届满前已作出意思表示或权利申报的效力。例如，日本规定，限定承认人在规定的催告期间届满前，可以拒绝对遗产债权人及受遗赠人的清偿；该期间届满后，限定承认人应从继承财产中，对公告期间内申报的债权人及其他已知债权人，按各自债权额的比例进行清偿，但不得损害享有优先权的债权人的权利。又如，美国规定，公告期满前，遗产代理人不得向任何债权人清偿，否则应对债权人因此所遭受的损失负赔偿责任；在遗产分配以后，利益受损的遗产债权人可以向遗产受益人追偿，或者向负有个人责任的遗产代理人追偿。（2）继承开始的通知与公告对象在通知或公告期间届满后未作出意思表示或权利申报的效力。一方面，对遗产债权人而言，未在继承开始的通知与公告规定的期间内申报权利的法律后果不同。例如，其一，催告期间届满未申报的权利丧失。法国规定，当继承人以净资产为限接受继承时对债权人进行催告，后者未在规定期限内申报债权的，其对遗产享有的不附担保的债权即告消灭。德国规定，迟于继承开始后 5 年向继承人主张债权的遗产债权人，与被排除的债权人相同，但债权在经过 5 年以前已为继承人所知，或已在公示催告程序中被申报的除外。其二，催告期间届满未申报的权利仅可就剩余遗产受偿或向受益人追偿。例如，日本和意大利规定，未在规定的期间内提出申报权利的遗产债权人中，为限定继承人所不知时，仅可以就剩余财产行使其权利。英国规定，遗产代理人可以通知其分配遗产的意向，并要求相关利害关系人在一定期限内申报债权，在法定的通知或公告期限届满后，遗产代理人在清偿完所有提出请求的债务后，开始分配遗产，其对期限届满之后提出请求的债权人不再承担责任。但这些债权人还可以通过向遗产受益人追偿而弥补损失。另一方面，对受遗赠人而言，未在继承开始的通知与公告规定的期间内作出意思表示的法律后果不同。意大利规定，催告受遗赠人接受或放弃遗赠权利的期限届满后，仍未作出任何表示的，丧失放弃遗赠的权利。日本则规定，受遗赠人在指定的期间内没有对交付遗赠义务人作出意思表示的，视为接受遗赠。

第三，对继承开始的通知与公告之义务的免除或无责的效力不同。例如，德国规定，如果催告费用对于遗产状态为过巨的，不得催告。美国规定，遗产代理人作为义务主体通知也负法律上的责任。但遗产债权人享有向遗产受益人的追偿权。

综上所述，关于继承开始的通知与公告的效力，我们认为值得我国借鉴的有如下三点：其一，继承开始的通知与公告对通知主体的效力方面，可以借鉴日本之立法，对继承开始的通知与公告主体未履行义务的效力进行规定，对于未履行或未按规定履行通知义务而对遗产利害关系人造成的损害，该通知义务主体应承担赔偿责任。对继承开始的通知主体已履行通知义务的效力进行规定，在通知或公告期间内，通知主体有权拒绝对已申报或已知债权进行清偿。该期间届满后，继承人应从继承的遗产中对公告期间内申报的债权人及其他已知债权人，按其顺序及各自债权额的比例进行清偿，但不得损害享有优先权的债权人的权利。其二，继承开始的通知与公告对被通知对象即遗产利害关系人的效力方面，对被通知对象在规定期间内是否作出意思表示或申报权利的效力进行规定。（1）催告遗产债权人的效力。可借鉴意大利、日本和英国的立法，遗产债权人在催告申报权利的期间内未作出意思表示的，其仅可以就清偿遗产债务剩余的遗产行使其权利。如果遗产已分配完毕的，债权人可以向获得遗产的继承人追偿。从而体现遗产必须首先被用于清偿被继承人的债务，以实现保护遗产债权人利益并维护交易安全之立法目的。（2）催告受遗赠人的效力。可借鉴日本立法，受遗赠人在催告接受或放弃遗赠的期间内未作出意思表示的，视为接受遗赠。其三，在继承开始的通知与公告的责任免除方面，可借鉴德国之规定，如果公示催告费用对于遗产价值而言较为巨大的，不得催告。

第三节　继承开始的通知与公告制度的我国立法现状与我国民众的观念和处理习惯及司法实践的考察与评析

本节拟对继承开始的通知与公告制度的我国立法现状进行考察，及我国十省市被调查民众对继承开始的通知与公告之观念和处理习惯的调查数据进行分析，并对司法实践中的继承开始的通知与公告的案件进行考察与评析。继承开始的通知与公告制度是遗产处理制度的重要组成部分，除我国《继承法》第23条的规定外，该制度在我国《执行继承法的意见》及其他法律的相关条文中也有所体现。必须说明，2018年9月3日我国立法机关已公布“民法典分编（草案）”，征求社会各界意见。由于该“草案”不是正式立法，所以本节仍主要以我国《继承法》及其司法解释的相关规定为对象，考察我国继承开始的通知与公告制度的立法现状。

一、继承开始的通知与公告的我国立法现状

我国《继承法》对继承开始的公告制度无规定，仅对继承开始的通知制度有如下规定：

（一）继承开始的通知与公告主体的我国立法现状

关于继承开始的通知主体，我国《继承法》第23条规定：“继承开始后，知道被继承人死亡的继承人应当及时通知其他继承人和遗嘱执行人。继承人中无人知道被继承人死亡或者知道被继承人死亡而不能通知的，由被继承人生前所在单位或者住所地的居民委员会、村民委员会负责通知。”根据我国2015年《关于适用民事诉讼法的解释》规定，在诉讼中，一方当事人死亡，需要等待继承人表明是否参加诉讼的，裁定中止诉讼。人民法院应当及时通知继承人作为当事人承担诉讼，被继承人已经进行的诉讼行为对承担诉讼的继承人有效。在继承遗产的诉讼中，部分继承人起诉的，人民法院应通知其他继承人作为共同原告参加诉讼；被通知的继承人不愿意参加诉讼又未明确表示放弃实体权利的，人民法院仍应将其列为共同原告。① 可见，第一，继承开始后，知道被继承人死亡的继承人是通知主体。第二，继承人中无人知道被继承人死亡或者知道被继承人死亡而不能通知的，由被继承人生前所在单位或者居住地的居民委员会、村民委员会担任通知主体。第三，在诉讼进行中，法院是通知义务主体。由此可知，我国继承开始的通知与公告主体，包括知道被继承人死亡的继承人、被继承人生前所在单位、居住地的居民委员会、居住地的村民委员会和法院共计五类主体。

（二）继承开始的通知与公告对象的我国立法现状

根据上述我国《继承法》第23条规定可知，我国关于继承开始的通知的对象包括所有的继承人和遗嘱执行人。但对于通知遗产债权人和受遗赠人，我国立法无规定。

（三）继承开始的通知与公告期间的我国立法现状

对继承开始的通知与公告期间，我国《继承法》未作单独规定，但在继承的开始、继承和遗赠的接受与放弃的期间规定中有所体现。第一，继承开始的时间。（1）继承从被继承人生理死亡时开始。（2）继承从被继承人被宣告死亡时开始。失踪人被宣告死亡的，以人民法院宣告死亡的判决作出之日，为继承开始的时间。② 第二，接受或放弃继承的时间和接受或放弃遗赠的时间。（1）接受或放弃继承的时间。继承开始后，继承人放弃继承的，应当在遗产处理前，作出放弃继承的表示。没有表示的，视为接受继承。（2）接受或放弃遗赠的时间。受遗赠人应当在知道受遗赠后2个月内，作出接受或者放弃受遗赠的表示。到期没有表示的，视为放弃受遗赠。③ 第三，公示催告的期间。我国现行《民事诉讼法》第219条对于遗失票据之公示催告期间规定为由人民法院根据情况决定，但不得少于60日。我国现行《民事诉讼法》第191、192条对于认定财产无主公告的期间规定为1年。④

（四）继承开始的通知与公告方式的我国立法现状

对继承开始的通知与公告的方式，我国《继承法》无规定。但在继承人放弃继承的

① 我国2015年《关于适用民事诉讼法的解释》第55、70条。

② 我国《继承法》第2条、我国《执行继承法的意见》第1条、我国《民法总则》第48条。

③ 我国《继承法》第25条。

④ 我国现行《民事诉讼法》第92条第1款规定：“受送达人下落不明，或者用本节规定的其他方式无法送达的，公告送达。自发出公告之日起，经过六十日，即视为送达。”我国现行《民事诉讼法》第191条规定：“申请认定财产无主，由公民、法人或者其他组织向财产所在地基层人民法院提出。申请书应当写明财产的种类、数量以及要求认定财产无主的根据。”我国现行《民事诉讼法》第192条规定：“人民法院受理申请后，经审查核实，应当发出财产认领公告。公告满一年无人认领的，判决认定财产无主，收归国家或者集体所有。”

规定中有部分体现。其一，继承人放弃继承应当以书面形式向其他继承人表示。用口头方式表示放弃继承，本人承认，或有其他充分证据证明的，也应当认定其有效。其二，在诉讼中，继承人向人民法院以口头方式表示放弃继承的，应制作笔录，由放弃继承的人签名。[1] 我国现行《民事诉讼法》第 88 条规定："直接送达诉讼文书有困难的，可以委托其他人民法院代为送达，或者邮寄送达。邮寄送达的，以回执上注明的收件日期为送达日期。"我国 2015 年《关于适用民事诉讼法的解释》第 138 条第 1 款规定："公告送达可以在法院的公告栏和受送达人住所地张贴公告，也可以在报纸、信息网络等媒体上刊登公告，发出公告日期以最后张贴或者刊登的日期为准。对公告送达方式有特殊要求的，应当按要求的方式进行。公告期满，即视为送达。"第 135 条规定："电子送达可以采用传真、电子邮件、移动通信等即时收悉的特定系统作为送达媒介。民事诉讼法第八十七条第二款规定的到达受送达人特定系统的日期，为人民法院对应系统显示发送成功的日期，但受送达人证明到达其特定系统的日期与人民法院对应系统显示发送成功的日期不一致的，以受送达人证明到达其特定系统的日期为准。"以上解释对于我国《继承法》之继承开始的通知与公告的方式立法完善具有指导意义，对司法实践具有执法依据意义。

（五）继承开始的通知与公告效力的我国立法现状

对于继承开始的通知与公告期满的效力，我国《继承法》仅在继承开始的通知与公告对被通知对象的效力规定中有所体现，即对有继承人而无法通知的效力进行了规定。人民法院在审理继承案件时，如果知道有继承人而无法通知的，分割遗产时，要保留其应继承的遗产，并确定该遗产的保管人或保管单位。但对继承开始的通知与公告期满，对于遗产债权人的效力却无规定。

综上所述，我国《继承法》及相关司法解释对于继承开始通知的义务主体、对象、期间、方式和效力等内容有一定规定，但欠缺继承开始的公告制度。而我国现行继承开始的通知制度尚不完善，对于遗产债权人、受遗赠人作为被通知对象法无明文规定；且对于发出通知的期限以及期间届满未申报的对继承人、遗产债权人的效力亦均无规定。前述制度的缺失，不能充分发挥继承开始与通知公告制度的作用，也不利于预防现实生活中可能发生的继承纠纷。

二、继承开始的通知与公告的我国民众观念和处理习惯的实证调查与分析

为了解我国民众的财产继承观念和遗产处理习惯，2016 年 11 月初至 2017 年 11 月底，历时一年零一个月，我们组织开展完成了"当代中国民众财产继承观念与遗产处理习惯实证调查"的实地调查和统计数据汇总工作。本次调查采取问卷调查和个人访谈的方式，被抽样调查的地区确定为我国的十省市，包括东北部的吉林省；东部的上海市；北部的河北省；中部的湖北省、江西省；南部的广东省、海南省；东南部的福建省；西南部的重庆市、四川省。本次我国十省市调查共发放调查问卷 5739 份，收回有效问卷 5085 份，有效率为 88.60%。本次调查针对继承开始的通知与公告，主要调查了继承开始的通知与公告主体、方式和期间等几个方面的问题。以下，针对我国十省市被调查民众涉及继承开始的通知与公告的观念及处理习惯的调查统计汇总数据进行研究分析。

---

① 我国《执行继承法的意见》第 47、48 条。

（一）涉及继承开始的通知与公告的我国民众观念和处理习惯实证调查的统计情况

1. 涉及继承开始的通知与公告的主体的调查统计情况

问题【二、（一）】“被继承人死亡后，在您所在地区一般由下列哪些人通知涉及遗产分配的相关人员？A. 知道被继承人死亡的继承人；B. 保管遗产的继承人；C. 知道被继承人死亡的单位、村（居）委会；D. 处理被继承人死亡事件的机构，如公安交警部门；E. 其他（多选）。”

表 2-3-1　继承开始的通知义务主体的调查情况统计（多选）

选项	A. 知道被继承人死亡的继承人	B. 保管遗产的继承人	C. 知道被继承人死亡的单位、村（居）委会	D. 处理被继承人死亡事件的机构，如公安交警部门	E. 其他
人数	3299	3164	2246	1884	245
比例	64.88%	62.22%	44.17%	37.05%	4.82%

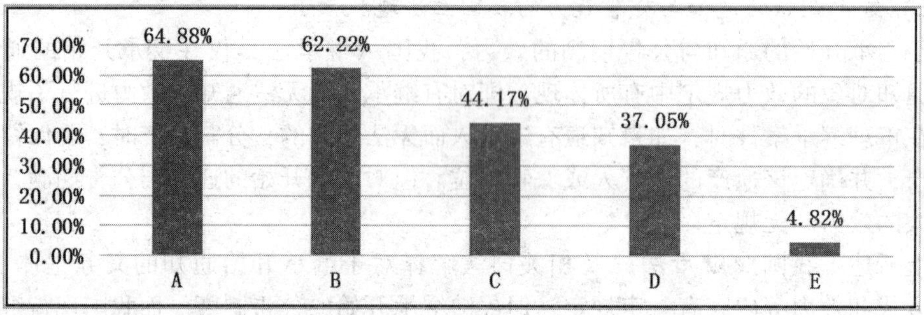

图 2-3-1　继承开始的通知义务主体的调查情况统计（多选）

关于继承开始的通知与公告主体，根据以上统计数据可知，在我国十省市被调查者中，选择人数由高到低依次排序为：选择“A. 知道被继承人死亡的继承人”的有 3299 人（占 64.88%）；选择“B. 保管遗产的继承人”的有 3164 人（占 62.22%）；选择“C. 知道被继承人死亡的单位、村（居）委会”的有 2246 人（占 44.17%）；选择“D. 处理被继承人死亡事件的机构，如公安交警部门”的有 1884 人（占 37.05%）；选择“E. 其他”的有 245 人（占 4.82%）。可见，在我国十省市被调查者中，有六成以上的人所在地区由继承人包括“知道被继承人死亡的继承人”（占 64.88%）和“保管遗产的继承人”（占 62.22%）承担通知义务；还有四成半的人所在地区由“知道被继承人死亡的单位、村（居）委会”（占 44.17%）承担通知义务；有近四成的人所在地区由“处理被继承人死亡事件的机构”（占 37.05%）承担通知义务，如公安交警部门等机构承担通知义务。此外，约占 0.5 成（占 4.82%）的人所在地区由其他亲友、法院、民政部门或公证员、律师等人作为通知主体。综上所述，我国十省市被调查民众所在地区，继承开始的通知与公告的主体主要有四种：（1）知道被继承人死亡的继承人和保管遗产的继承人；（2）知道被继承人死亡的单位、村（居）委会；（3）处理被继承人死亡事件的机构；（4）法院、民政部门等机构。

2. 涉及继承开始的通知与公告方式的调查统计情况

问题【二、(二)】"被继承人死亡后，您所在地区的人们一般采取以下哪些方式通知涉及遗产处理的相关人员？A. 口头、电话、微信等；B. 信件、告知函等书面通知；C. 在报纸、电视、网络等平台上发布被继承人死亡的公告；D. 在被继承人所在地的村（居）委会公告栏公告；E. 申请人民法院以公告程序进行公告；F. 其他（多选）。"

表 2-3-2 继承开始的通知方式的调查统计情况（多选）

选项	A. 口头、电话、微信等	B. 信件、告知函等书面通知	C. 在报纸、电视、网络等平台上发布被继承人死亡的公告	D. 在被继承人所在地的村（居）委会公告栏公告	E. 申请人民法院以公告程序进行公告	F. 其他
人数	3808	2589	1065	1702	1552	115
比例	74.89%	50.91%	20.94%	33.47%	30.52%	2.26%

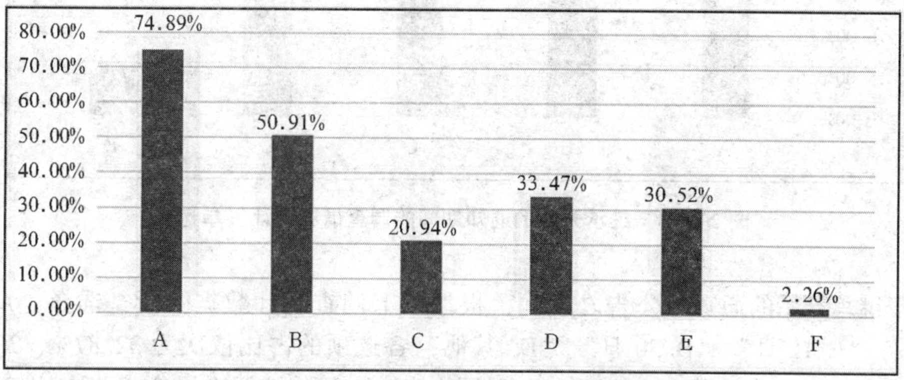

图 2-3-2 继承开始的通知方式的调查统计情况（多选）

关于继承开始的通知与公告之方式，根据以上调查统计数据分析，在我国十省市被调查者中，选择"A. 口头、电话、微信等"方式通知的最多，占 74.89%；选择"B. 信件告知函等书面通知"方式的，占 50.91%；其余的分别选择"D. 在被继承人所在地的村（居）委会公告栏公告"（占 33.47%）、"E. 申请人民法院以公告程序进行公告"（占 30.52%）、"C. 在报纸、电视、网络等平台上发布被继承人死亡的公告"（占 20.94%）、"F. 其他"（占 2.26%）。因为本题是多选题，不少被调查者都选择了两个以上的选项。

由此可见，在我国十省市被调查者中，关于继承开始的通知与公告方式：首先是口头或微信通知方式，其次是书面通知方式，最后是公告方式。有五成至近七成半的人选择了口头、电话、微信等口头方式（占 74.89%）和信件、告知函等书面通知的方式（占 50.91%），这两种方式通常都是可以直接到达通知对象；选择在被继承人所在地的村（居）委会公告栏公告的（占 33.47%）和申请人民法院以公告程序进行公告的（占 30.52%），两者的人数比例各占被调查人数的三分之一以上，说明这两种方式在特定情况（如无法获知继承人下落等）下还是有使用的；而在报纸、电视、网络等平台上发布被继承人死亡的公告的选择人数占被调查人数的两成（占20.94%）。

3. 涉及继承开始的通知与公告期间的调查统计情况

问题【二、（三）】“您认为，通知人应在被继承人死亡后几日内发出通知。A. 3日；B. 7日；C. 15日；D. 30日；E. 其他（单选）。”

表2-3-3 继承开始的通知期间的调查情况统计（单选）①

选项	A. 3日	B. 7日	C. 15日	D. 30日	E. 其他	合计
人数	1670	1369	911	849	282	5081
比例	32.87%	26.94%	17.93%	16.71%	5.55%	100%

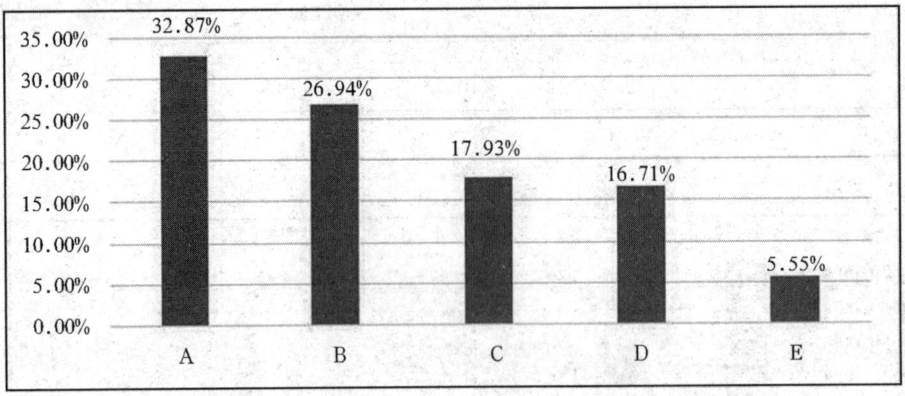

图2-3-3 继承开始的通知期间的调查情况统计（单选）

关于继承开始的通知与公告之期间，根据以上调查统计数据分析，选择“A. 3日”“B. 7日”“C. 15日”“D. 30日”“E. 其他”各选项的占比依次为32.87%、26.94%、17.93%、16.71%、5.55%。可以看出，我国十省市大部分被调查民众主张在比较短的期间内发出通知。例如，选择在被继承人死亡后3日内通知的被调查者人数最多，占32.87%，并且选择“3日”和“7日”的人数占比相加，两者合计共计59.81%，即约占六成的被调查者主张在7日内完成继承开始的通知。此外，在“其他”选项中，填写“立即”“尽快”“当天”“次日”“2日”和“丧事办完后3天”等共计有112人。可见，有占六成的多数被调查者主张在继承开始后的7日内发出继承开始的通知。

（二）涉及继承开始的通知与公告的我国民众的观念和处理习惯的分析

1. 我国继承开始的通知与公告主体制度与被调查民众的观念和处理习惯的分析

对于继承开始的通知与公告的主体，如前所述，根据我国《继承法》第23条规定，知道被继承人死亡的继承人是通知继承开始的义务主体；被继承人生前所在单位或者住所地的居民委员会、村民委员会则是在继承人中无人知道被继承人死亡或者知道被继承人死亡而不能通知的情况下的继承开始的通知义务主体。在本次调查中，被调查者中选择由知道被继承人死亡的继承人作为通知主体的比例占近六成半（占64.88%），其占比最高；

① 因为福建省有4份问卷未对此题作答，故此处的总人数为5081人。

选择由知道被继承人死亡的单位、村（居）委会通知的比例占近四成半（占44.17%）（见表2-3-1、图2-3-1）。可见，在现实生活中，我国《继承法》目前规定的“知道被继承人死亡的继承人，被继承人生前所在单位或者住所地的居民委员会、村民委员会”这四类主体确实是继承开始通知的主要主体。

但是从本次调查统计数据的分析来看，我国现实生活中继承开始的通知主体却不限于我国《继承法》第23条所规定的四类主体。被调查者所选择和填写的继承开始通知的主体是多种多样的，如有六成以上（占62.22%）的被调查者选择了保管遗产的继承人，有近四成（占37.05%）的被调查者选择了处理被继承人死亡事件的机构，如公安交警部门，除此之外还有其他亲人、法院、民政部门或司法公证部门、律师也曾作为通知的主体（见表2-3-1、图2-3-1）。从本次调查统计数据反映出的通知与公告主体的多样性，可见，现实生活中还有不少主体参与了继承开始的通知事务，这也有利于利害关系人得知继承开始的消息，以便于及时参与遗产分配。

2. 我国继承开始的通知与公告方式制度与被调查民众的观念及处理习惯的分析

对于继承开始的通知与公告的方式，我国《继承法》并没有明确规定。在本次调查中，统计得出选择使用口头、电话、微信等这类迅速便捷且成本低的通知方式的最多，约占被调查者所在地区总数的七成半（占74.89%），其次是使用信件、告知函等书面通知方式的，也占被调查者所在地区的五成（占50.91%）（见表2-3-2、图2-3-2）。根据调查统计数据分析，超七成的被调查者更倾向于选择口头、电话或微信等即时交流通知的方式，为了避免日后产生纠纷，有五成的被调查者也选择采用书面通知方式。可见，在现实生活中，通知方式是丰富多彩的，且被调查者会尽量选择成本低、送达快的方式。此外，有三成以上的被调查者选择在被继承人所在地的村（居）委会公告栏进行公告（占33.47%）、申请人民法院以公告程序进行公告（占30.52%），约有两成（占20.94%）的被调查者选择在报纸、电视、网络等平台上发布被继承人死亡的公告等通知方式（见表2-3-2、图2-3-2）。综上所述，对继承开始的通知，在被调查者所在地区民众的实际生活中，首先是口头、电话或微信等通知方式；其次是书面通知的方式；最后是公告的方式。

我国《继承法》关于继承开始的通知方式无明确规定。当继承人、遗产利害关系人不明或无法联络的情况下，通知主体应当以什么样的方式履行通知义务。本次调查中反映出被调查民众认可的继承开始的通知与公告方式较为多样，主要有口头与书面两种方式，对于无法联系到的遗产利害关系人，可采用公告的方式，至于公告的平台及方式，有社区公告栏、法院公告程序及报纸、电视公告等多种选择。

3. 我国继承开始的通知与公告期间与被调查民众的观念及处理习惯的分析

对于继承开始的通知与公告期间，我国《继承法》中未明确规定，但我国现行《民事诉讼法》第219条[①]对于遗失票据除权的规定涉及了公示催告期间，即法院受理申请公示催告后，应当在3日内发出公告催促利害关系人申报权利，公示催告的期间一般不得少于60日。

---

① 我国现行《民事诉讼法》第219条规定，人民法院决定受理申请，应当同时通知支付人停止支付，并在3日内发出公告，催促利害关系人申报权利。公示催告的期间，由人民法院根据情况决定，但不得少于60日。

关于继承开始的通知与公告期间，在本次十省市的被调查者中，约六成（占59.81%）的人选择了7日以内完成继承开始的通知，而选择15日以内、30日以内的合计仅占近三成半（占34.64%）（见表2-3-3、图2-3-3）。可见，有占六成的多数被调查者倾向于7日以内完成继承开始的通知。

我国《继承法》关于继承开始的通知与公告的期间立法存在缺失，这不利于依法引导通知主体积极履行义务，也不利于督促权利人尽快行使权利，故应当予以弥补。结合我国现行《民事诉讼法》第219条的规定，可以看出公告的发出期限与公示催告的期间是有区别的，公告的发出期限是通知义务主体在针对已知的对象或针对无法正常通知到的对象应在何期限内作出通知或公告的行为，而公示催告的期间是针对无法正常通知到的对象给予其多长时间来申报其权利，因此在立法上两者的限期应当有所不同。本次调查中主要针对的是发出通知的期限，被调查民众约占六成的多数人选择7日以内。此外，对于义务主体发出公告或申请公告义务主体发出公告，如果期间过短可能无法完成申请发出公告的手续，如果期间过长则增加时间成本并使遗产长时间处于不确定的状态，因此在7日内发出公告或向法院提出公示催告申请比较符合我国的实际。

三、继承开始的通知与公告的我国司法实践案例的考察与评析

我们在“无讼网”上搜索，自2014年1月10日开始，截至2018年2月28日，涉及继承开始的通知与公告制度的案例数量并不多，但对收集到的相关案例进行分析研究，对于完善我国现有相关制度的立法仍具有一定参考意义。

（一）涉及继承开始的通知与公告的我国司法实践案例考察

1. 涉及继承开始的通知与公告主体的案例（案例一）

（1）主要案情简介①。上诉人（原审原告）：陈×，女。被上诉人（原审被告）：刘×1，男。被上诉人（原审被告）：刘×2，女。法定代理人：刘××（刘×2之父），男。

蒋××与刘××原系夫妻关系，育有一子刘×1、一女刘×2。刘×2患有××症，系一级××残疾人。蒋××与陈×于2008年结识。自2013年7月起，陈×在蒋××要求下留住海淀区房屋，并照顾蒋××生活起居。2013年7月26日，蒋××出具一份遗嘱，内容为：“①我的住房留给陈×，包括室内一切家具电器。他人包括子女不得干预。②我的身后事如坟墓由陈×长期管理，他人及子女不得干预。”出具遗嘱当日，蒋××因上腹痛及下肢水肿已达3个月，被陈×送往××医院，并被留院观察。当日，经临床诊断，蒋××除××、××肿痛外，还出现×功能异常和××异常，××医院建议对蒋××进行输血以改善××功能，陈×在《输血治疗知情同意书》中“同意输血治疗签字”一栏“与患者关系”上签字“陈×不同意”。2013年7月30日，蒋××因×癌×转移导致猝死，陈×在尸体解剖检查、治疗同意单上签字并注明不同意。8月3日，蒋××的遗体被火化，丧事由刘×1办理。

原审法院判决：蒋××于2013年7月26日所做遗嘱无效；驳回陈×要求确认北京市房

---

① 参见无讼网：（2015）一中民终字第6458号二审民事判决书，载https：//www.itslaw.com/detail？judgementId=4c378fb8-3d2e-4414-924e-1f7f50511eb9&area=1&index=4&sortType=1&count=5&conditions=searchWord%2B%EF%BC%882015%EF%BC%89%E4%B8%80%E4%B8%AD%E6%B0%91%E7%BB%88%E5%AD%97%E7%AC%AC6458%E5%8F%B7%2B1%2B%EF%BC%882015%EF%BC%89%E4%B8%80%E4%B8%AD%E6%B0%91%E7%BB%88%E5%AD%97%E7%AC%AC6458%E5%8F%B7，最后访问时间：2018年6月20日。

屋归其所有的诉讼请求。

二审法院查明，蒋××于2013年7月30日死亡后，陈×在未通知蒋××继承人及蒋××单位的情况下，即刻带人前往蒋××住所，擅自进入蒋××家翻拿物品，搬走黄金、首饰及存款等。上述物品在蒋××的遗嘱中，并无交代。依据我国《继承法》规定：继承开始后，知道被继承人死亡的继承人，应及时通知其他继承人和遗嘱执行人。存有遗产的人，应妥善保管遗产，任何人不得侵吞或争抢。对于接受“遗赠”的人，亦应适用该规定。而陈×的上述行为，显然已经违反了上述法律规定。依据我国《继承法》的规定，遗弃被继承人的，丧失继承权；接受“遗赠”的非法定继承人，则丧失接受“遗赠”的权利。故陈×应被依法取消其取得被继承人遗产的资格，其无权要求按照遗嘱接受“遗赠”。二审法院判决驳回上诉，维持原判。

（2）适用法律评析。本案的争议焦点是作为受遗赠人的陈×，第一时间得知被继承人死亡，但并没有及时通知继承人或其他遗产利害关系人。我国《继承法》第23条规定：“继承开始后，知道被继承人死亡的继承人应当及时通知其他继承人和遗嘱执行人。继承人中无人知道被继承人死亡或者知道被继承人死亡而不能通知的，由被继承人生前所在单位或者住所地的居民委员会、村民委员会负责通知。”即知道被继承人死亡的继承人、被继承人生前所在单位或者居住地的居民委员会、村民委员会等四类人员或组织有责任通知被继承人死亡与开始继承的消息。但本案中陈×作为受遗赠人，有无义务通知被继承人的继承人，我国现行法律并无规定。由此可以看出，我国《继承法》涉及继承开始的通知与公告主体立法中存在不足，即继承开始的通知与公告主体范围太窄，以至于在受遗赠人、债权人、遗产管理人、遗嘱执行人是第一时间得知被继承人死亡的人，因其没有法定的义务通知被继承人的继承人或其他遗产利害关系人，使得继承相关的利害关系人不能及时参与继承，容易引发继承纠纷。

2. 涉及继承开始的通知与公告对象的案例（案例二）

（1）主要案情简介[①]。上诉人（原审被告）：周某，女；吉某1，男；吉某2，女；吉某3，男。被上诉人（原审原告）：王某，女。

遗赠人吉某与王某系义父女关系，与周某系夫妻关系。吉某与周某婚后生育有吉某1、吉某2、吉某3子女三人。本案中涉及的位于某小区1号楼50603号，建筑面积82.69平方米的住房系吉某与周某夫妻关系存续期间取得的财产，属夫妻共同财产，吉某与周某各享有一半份额。2013年7月12日，吉某因病死亡。2014年7月，周某在整理吉某遗物时发现吉某于2011年10月6日的自书遗嘱一份，其主要内容为：“我是吉某，现年71岁，我没什么钱财，只有住房一套80多平方米……多年来我体弱多病，一直是我的干女儿及她儿子把我当作她的亲生父亲来对待照顾，关心我的生活、治病……我的后半生及后事由我的干女儿和她的儿子来供养负责，后事安葬等一切事务由其处理负责。其他任何人都无权来过问干涉。关于房屋产权，我购置的全权产权，是我的名字。户口户主也是我名字立户的。产权证在我手中保管。周某有居住权，也有少部分继承权。吉某1、吉某2、

① 参见无讼网：（2017）陕01民终8872号二审民事判决书，载https：//www. itslaw. com/detail？judgementId=92e16127-2556-42d1-af86-07384e5ca13c&area=1&index=1&sortType=1&count=1&conditions=searchWord%2B%EF%BC%882017%EF%BC%89%E9%99%9501%E6%B0%91%E7%BB%888872%E5%8F%B7%2B1%2B%EF%BC%882017%EF%BC%89%E9%99%9501%E6%B0%91%E7%BB%888872%E5%8F%B7，最后访问时间：2018年6月20日。

吉某3都无权在我的房产里居住和继承，应立即搬走，回到他们自己房里居住。他们都有自己的房产。我的房产权多半交由我的干女儿王某来继承居住或处理权……”其后，王某以周某未通知其继承开始而及时接受遗赠为由，与周某、吉某1、吉某2、吉某3因该遗赠发生纠纷，王某遂诉至法院。

王某向一审法院起诉请求：判令遗赠人吉某名下位于某小区1号楼1栋50603号建筑面积82.69平方米房屋的二分之一份额归王某所有，并由周某、吉某1、吉某2、吉某3协助王某办理房产过户手续；本案诉讼费由周某、吉某1、吉某2、吉某3承担。周某、吉某1、吉某2、吉某3向一审法院提出反诉请求：要求王某返还256040元的不当得利。

一审法院判决，位于某小区1号楼50603号，建筑面积82.69平方米的住房（××市房权证新城区字第×号）的二分之一份额归原告王某所有。宣判后，周某、吉某1、吉某2、吉某3提出上诉，××市中级人民法院于2016年5月27日作出（2016）××民终××号民事裁定书，撤销了上述判决，发回本院重审。法院的二审判决认为，一审判决认定事实清楚，适用法律正确，应予维持。

（2）适用法律评析。本案涉及的问题是遗嘱继承开始的通知对象。我国《继承法》第23条规定，“继承开始后，知道被继承人死亡的继承人应当及时通知其他继承人和遗嘱执行人”。可知继承开始的通知对象包括不知道被继承人死亡的其他继承人和遗嘱执行人。但如果被继承人立有遗嘱，却未指定遗嘱执行人，则受遗赠人由于未被法律规定为被通知的对象，故发现遗嘱者虽然未通知受遗赠人亦不属于违法行为。例如，本案吉某立有遗嘱，但其并未指定遗嘱执行人。因此，在本案中，受遗赠人王某虽未被发现遗嘱的周某予以通知，但周某并未违法。我们认为，本案中无论是吉某的法定继承人（周某、吉某1、吉某2、吉某3）还是吉某的受遗赠人（王某）哪一方先发现遗嘱，都应及时将遗嘱的内容告知受遗赠人和遗嘱继承人（本案中受遗赠人为王某，遗嘱继承人为周某），以便受遗赠人在法定期限内作出接受或放弃遗赠的表示。从上述案例可知，我国继承开始的通知与公告的主体之范围与对象之范围均较窄，不利于保障除继承人外的受遗赠人及遗产债权人等利害关系人的权益。

3. 涉及继承开始的通知与公告期间的案例（案例三）

（1）主要案情简介①。上诉人（原审原告）：魏某甲，男；蔡某甲，女；蔡某乙，女；夏某甲，男。被上诉人（原审被告）：夏某乙，女。

被继承人吴某与魏某系夫妻，双方育有一女魏某乙、一子魏某甲。魏某于1948年去世后，吴某于1958年2月5日与蔡某再婚，双方婚后育有一女蔡某乙，蔡某婚前亦育有一女蔡某甲。后蔡某于1995年去世。魏某乙于1998年去世，魏某乙生前育有四名子女，即夏某甲、夏某乙、夏某丙、夏某丁。蔡某生前与吴某及蔡某乙居住在房管所承租的某小区某幢某号某单元103室（以下简称103室），蔡某去世后，吴某于2001年按国家房改房政策购买了该房屋，并仍旧居住在该房屋内，其间主要由蔡某乙照顾。

---

① 参见无讼网：（2015）宁民终字第1375号二审民事判决书，载 https：//www. itslaw. com/detail？judgementId = fdf2ba0e-c120-4ea1-ba74-39d155c02628&area = 1&index = 2&sortType = 1&count = 2&conditions = searchWord%2B%EF%BC%882015%EF%BC%89%E5%AE%81%E6%B0%91%E7%BB%88%E5%AD%97%E7%AC%AC1375%E5%8F%B7%2B1%2B%EF%BC%882015%EF%BC%89%E5%AE%81%E6%B0%91%E7%BB%88%E5%AD%97%E7%AC%AC1375%E5%8F%B7，最后访问时间：2018年6月20日。

2006年2月6日，吴某立下一份遗嘱，并进行公证，主要内容为：吴某去世后，103室房产遗留给蔡某乙一人继承，其他人不得干涉，且该财产为蔡某乙个人所有，不作为夫妻共同财产。2009年5月28日吴某与蔡某乙发生矛盾，她撵走了蔡某乙，并请隔壁邻居通知夏某乙将其接回家中居住。同月31日，吴某与夏某乙签订某某市存量房买卖合同一份，合同约定：①吴某自愿将其103室房屋出售给夏某乙。②房屋转让价款为30万元，于2009年6月5日一次性现金支付。③2009年6月10日正式交付房屋。

2010年10月11日，吴某去世，夏某乙未通知魏某甲、蔡某甲、蔡某乙、夏某甲等亲属到场，独自处理了吴某的丧葬事宜。吴某生前每月有1000多元的退休工资，故留有存款4万元。2011年2月（春节前），蔡某乙去吴某住处，得知吴某去世的消息。2012年2月春节期间，魏某甲及自己的子女魏1、魏2到夏某乙住处了解吴某去世前后情况及遗产情况，双方发生矛盾。后魏某甲、蔡某甲、蔡某乙、夏某甲具状诉至原审法院，要求分割遗产。

在法院审查查明本案中，被继承人吴某自2009年5月28日与蔡某乙发生矛盾而撵走她后至去世前一直随夏某乙生活，夏某乙在吴某死亡后，未及时通知魏某甲、蔡某甲、蔡某乙、夏某甲等继承人显属不当；就吴某原本拥有的个人财产有无赠予或遗留，夏某乙未及时明确告知魏某甲、蔡某甲、蔡某乙、夏某甲等人，亦存在过错，现魏某甲、蔡某甲、蔡某乙、夏某甲等人就其通过房产部门查询了解的吴某房屋出售价款30万元及原有存款4万元要求继承，经协调未果后提起诉讼，责任在夏某乙。原审法院判决：①被告夏某乙于本判决生效后十日内给付原告魏某甲、蔡某甲、蔡某乙继承款各10000元，给付原告夏某甲继承款5000元；②驳回原告魏某甲、蔡某甲、蔡某乙、夏某甲的其他诉讼请求。二审法院维持原判。

（2）适用法律评析。本案当事人发生纠纷的原因是关于发出继承开始的通知与公告的期间。我国《继承法》和我国《执行继承法的意见》均未对通知义务主体发出继承开始的通知与公告期间有所规定。本案中被继承人吴某自2009年5月28日因矛盾撵走蔡某乙后至去世前一直随夏某乙生活，夏某乙在吴某死亡后，未及时通知魏某甲、蔡某甲、蔡某乙、夏某甲等法定继承人显属不当；就吴某原本拥有的个人财产有无赠予或遗留，夏某乙未及时告知魏某甲、蔡某甲、蔡某乙、夏某甲等人。目前，我国立法未规定继承开始的通知与公告期间，即法律没有明确规定继承开始的通知义务主体应在什么时间内履行完成通知义务，因此在实践中，继承开始的通知义务主体也不知道应该在什么期间内完成继承开始的通知。这往往可能造成继承开始的通知义务主体怠于履行通知义务，这是我国立法中关于继承开始的通知与公告期间之不足。此外，本案原审法院、二审法院均未履行法定通知义务，即对于魏某乙的4名代位继承人，即除夏某甲、夏某乙外，夏某丙、夏某丁未予通知到场，今后还有可能发生继承纠纷。①

① 我国2015年《关于适用民事诉讼法的解释》第70条规定：在继承遗产的诉讼中，部分继承人起诉的，人民法院应通知其他继承人作为共同原告参加诉讼；被通知的继承人不愿意参加诉讼又未明确表示放弃实体权利的，人民法院仍应将其列为共同原告。

4. 涉及继承开始的通知与公告方式的案例（案例四）

（1）主要案情简介①。上诉人（原审原告）：冯某甲，女；冯某乙，男；冯某丙，女；冯某丁，女；冯某戊，男；冯某己，男；冯某庚，女。被上诉人（原审被告）：庞某甲，男。

庞某与第一任妻子林某于××年结婚，婚后于××年××月生育女儿庞某乙。林某于1934年去世后，庞某于1937年与梁某结婚，双方婚后未生育子女。庞某乙与其父亲庞某和继母梁某共同生活，且形成了扶养关系。梁某生前系某市某区某街道某村村民，2000年2月11日死亡。庞某乙与冯某系夫妻关系，生前共生育子女七人，分别是冯某甲等七人。庞某乙于2008年3月12日死亡。庞某甲的父亲是庞某的弟弟，即庞某甲系梁某的侄子。

梁某拥有某市某区某街道海口股份经济联合社（以下简称海口经联社）股份四股，以及某市某区某街道海口海三股份经济合作社（以下简称海三经济社）股份四股。2013年1月15日，梁某持有的海口经联社股份四股变更登记至庞某甲（梁某的侄子）名下；2013年1月8日，梁某持有的海三经济社股份四股变更登记至庞某甲名下。庞某甲领取了股权证书，证书备注处注明：自梁某处继承。根据海口经联社和海三经济社2000年至2014年股份分红表，从2000年开始，除2006年外，其余年份分红均由庞某甲签名。冯某甲等七人称对于2013年庞某甲办理了股份的继承变更登记手续这一事实不知情，直到2015年才知道。2015年12月11日，冯某甲等七人诉至原审法院，请求：①判令梁某在海口经联社、海三经济社的股份归冯某甲等七人所有；②判令庞某甲向冯某甲等七人返还其收取梁某名下的海口经联社、海三经济社股份分红合计163112元及利息（从起诉之日按中国银行同期贷款利率计算至庞某甲实际清偿之日止）。

二审法院经审理认为，在梁某死亡后，继承即开始，庞某乙即享有继承权（庞某乙是梁某的继子女，且形成扶养关系，是其法定继承人），但现无证据证明在庞某乙死亡前，庞某甲（庞某甲作为梁某的侄子，并不是梁某的法定继承人）与梁某的法定继承人庞某乙之间就梁某的遗产问题有过明确的处理。在本案中，并无证据证明庞某乙在继承开始后，明确表示放弃继承，也无证据证明梁某的遗产在庞某乙死亡前分割过。在庞某乙死亡后，根据我国《执行继承法的意见》第52条的规定，庞某乙对梁某的继承权应由其子女冯某甲等七人转继承。本案中，转继承人（庞某乙的子女）冯某甲等七人承认知道多年来股份分红由庞某甲领取，也知道用于收取分红的存折由庞某甲持有保管，但认为是代为保管。2013年1月梁某股权变更至庞某甲名下，海口村委会以及为庞某甲办理股权变更登记的工作人员均陈述庞某甲并未通知冯某甲等七人，且庞某甲称梁某没有其他的继承人。即使如庞某甲所说，曾经发布了股权变更公告，但公告的具体内容包括股权变更的原因、公告期间、法律后果等不详，且该公告并非股权继承变更的法定方式，故为保障利害关系人的权利，在无充分证据证明冯某甲等七人知情的情况下，在本案中，该股权变更公告不宜产生推定冯某甲等七人应当知道股权变更的事实及法律后果。

（2）适用法律评析。关于继承开始通知与公告的方式，我国《继承法》并无规定，

---

① 参见无讼网：（2016）粤06民终2417号二审民事判决书，载 https：//www. itslaw. com/detail？judgementId = 713c7e40-dd31-4057-9282-e15b477d55ad&area = 1&index = 1&sortType = 1&count = 1&conditions = searchWord%2B%EF%BC%882016%EF%BC%89%E7%B2%A406%E6%B0%91%E7%BB%882417%E5%8F%B7%2B1%2B%EF%BC%882016%EF%BC%89%E7%B2%A406%E6%B0%91%E7%BB%882417%E5%8F%B7，最后访问时间：2018年6月20日。

既没有规定继承开始的通知的方式，也没有规定对债权人等其他遗产利害关系人进行催告或公告的方式。在本案中，某村委会向一审法院称在办理股权继承时未通知冯某甲等七人，股权转让经办人员也陈述其在为庞某甲办理股权继承变更时未通知冯某甲等七人，且庞某甲亦称其没有通知其他的继承人，这足以说明庞某甲在遗产分割即股权转让时，并未通知冯某甲等其他继承人。并且，庞某甲所称的股权转让公告，其具体内容包括股权变更的原因、公告期间、法律后果等不详，且该公告并非股权继承变更的法定方式，因此二审法院认为，从保障利害关系人的权利出发，在无充分证据证明冯某甲等七人知情的情况下，该股权变更公告不宜产生推定冯某甲等七人应当知道股权变更的事实及法律后果，即该股权变更公告不被法院认定为对继承开始的公告。由此可知，我国对继承开始的通知与公告之方式规定有所欠缺，导致在司法实践中法院对认定已知被继承人死亡者是否已履行通知或公告义务于法无据。

5. 涉及继承开始的通知与公告效力的案例（案例五）

（1）主要案情简介①。原告贾某为被继承人陈某的债权人。被继承人陈某与其配偶杨某共育有四个子女，即陈甲、被告陈乙、陈丙、陈丁。被告张某系陈某侄儿。杨某于1974年6月16日死亡，陈甲于2011年9月14日死亡。2014年3月27日，被继承人陈某向原告贾某借款10万元，并签写借条一份，内容为："今于贾某处借人民币10万元，特此立据。2014年3月27日。"借条有陈某签名、盖章。陈某于2015年12月26日死亡，留有遗产10万元。陈某此前还欠张某2万元，陈乙、陈丙、陈丁均知晓此欠款。被继承人陈某死亡后，陈乙、陈丙、陈丁在陈某居住地村委会发布公告，如有相关遗产利害关系人请在2个月内申报。2个月后无任何遗产利害关系人申报。故陈乙、陈丙、陈丁在偿还张某2万元欠款后，遂将剩余遗产进行了分配。后贾某从外地回来，从朋友处得知陈某去世的消息后，找到陈乙等人进行协商，协商未果后诉至法院。原告认为，陈乙等发布公告时因其本人在外地，所以并不知晓申报债权的信息。因此，其与张某属于同一顺序的债权人，理应按比例获得清偿。被告陈乙、陈丙、陈丁认为，贾某未在规定的期间内申报债权，视为对债权的放弃，不应再清偿该债权。被告张某认为，其债权的清偿符合法律规定，且贾某债权能否清偿与其无任何关系。

法院经审理认为：原告借款给被继承人陈某，陈某收到借款后给原告出具了欠条，双方间的借贷关系成立并生效。现陈某已死亡，该借款为陈某生前的个人债务，该债务应以其遗产的实际价值为限由其继承人承担偿还责任。我国《继承法》并未规定未在继承开始的通知与公告规定的期间内申报债权就视为放弃该债权或只能就剩余遗产享有权利。且根据我国《执行继承法的意见》第62条规定："遗产已被分割而未清偿债务时，如有法定继承又有遗嘱继承和遗赠的，首先由法定继承人用其所得遗产清偿债务……"因此，张某作为债权人之一，其与贾某处于遗产债务清偿的同一顺位，在遗产不足以清偿全部债务时，应在二者间按比例清偿。陈乙、陈丙、陈丁为陈某的第一顺序继承人，上述债务应由陈乙、陈丙、陈丁以陈某遗产的实际价值为限承担偿还责任。

---

① 参见无讼网：（2011）徐民一（民）初字第×号一审民事判决书，本文在引用此案例时有适当删改，载https://www.itslaw.com/detail?judgementId=6c245448-64f6-4b6a-af04-4d9b9ed80a90&area=1&index=4&sortType=1&count=4&conditions=searchWord%2B%E6%98%8E%E7%9F%A5%E5%8F%97%E9%81%97%E8%B5%A0%2B1%2B%E6%98%8E%E7%9F%A5%E5%8F%97%E9%81%97%E8%B5%A0，最后访问时间：2018年6月22日。

（2）适用法律评析。本案的争议焦点是继承开始的通知与公告的债权人未在规定的期间内申报权利，应视为放弃该债权或只能就剩余遗产享有权利，即继承开始的通知与公告的效力问题。我国《继承法》没有专门针对继承开始的通知与公告效力的规定，特别是对继承开始的通知与公告对象（如遗产债权人）在收到继承开始的通知与公告后，未在规定的期限内作出相关的意思表示（申报权利）时，应承担何种法律后果也未作规定。例如，在本案中，遗产债权人贾某未在规定的期间内申报权利，虽然我国《执行继承法的意见》第62条规定遗产分割后仍有未清偿债务时，应由法定继承人清偿或由遗嘱继承人与受遗赠人按比例清偿，但其未区分存在未清偿债务的原因，而将未收到通知与公告的债权人之未清偿债务与已收到通知与公告但未在规定的时间内申报权利的债权人之未清偿债务作同样规定，这不能公平地保障遗产在遗产债权人中的分配，既不利于保障遗产的权利归属的稳定性，也容易引发继承纠纷。如前所述，域外立法对于在通知或公告期间届满前已申报的遗产权利人与该期间届满前未申报的遗产权利人之法律效力作出不同的规定，后者将承担不利的法律后果，即我国《继承法》对于继承开始的通知与公告效力的立法还存在此方面的不足。

（二）继承开始的通知与公告的我国司法实践评析

根据前述涉及继承开始的通知与公告的五个相关案例，从以下两个方面进行评析：

1. 我国继承开始的通知制度在司法实践中反映的合理之处

通过对上述案例的考察，我国关于继承开始的通知制度立法的合理之处包括以下几点：一是明确规定了继承开始的通知主体，即继承开始后有五类负有通知义务的主体，分别为知道被继承人死亡的继承人、被继承人生前所在单位、被继承人住所地的居民委员会、被继承人住所地的村民委员会和法院，且以继承人通知为主，只有在继承人中无人知道被继承人死亡或者知道被继承人死亡而不能通知的情况下，才由被继承人生前所在单位或住所地的居民委员会、村民委员会进行继承开始的通知。此外，在继承诉讼的特殊情况下，法院担任通知主体。法律赋予上述五类主体承担通知继承开始之义务，在一定程度上可以避免通知主体相互推诿，有利于推动继承相关事宜的进程。二是明确规定了继承开始的通知对象，即被通知的对象包括不知道被继承人死亡的其他继承人和遗嘱执行人。这一规定考虑到了法定继承和遗嘱继承的两种不同情境，即在被继承人立有遗嘱时，应当通知遗嘱执行人，使其依遗嘱开展遗嘱继承相关事宜，当被继承人未立有遗嘱时，按照法定继承，通知其法定继承人进行继承。三是明确规定了当人民法院在审理继承案件时，如果知道有继承人而无法通知的，分割遗产时，要保留其应继承的遗产，并确定该遗产的保管人或保管单位。当有继承人而无法通知时，如果可以确定其继承的遗产份额，那么法院可以根据该情况为其保留该遗产份额，并确定遗产的保管人或保管单位。这不仅可以在一定程度上减少无法通知的继承人导致对继承事宜的阻碍，也有助于节约遗产处理的成本，避免日后该无法通知到的继承人重新出现后又要对其应继遗产进行追偿等烦琐环节。

2. 我国继承开始的通知制度在司法实践中反映的问题

通过上述案例的考察，我国关于继承开始的通知制度立法存在的不足之处：

第一，欠缺继承开始的公告制度。

第二，继承开始的通知制度主要存在以下不足：

一是继承开始的通知的义务主体范围较窄。如前所述，根据我国《继承法》第23条和我国 2015 年《关于适用民事诉讼法的解释》的规定，知道被继承人死亡的继承人，被继承人生前所在单位，被继承人住所地的居民委员会、村民委员会，此为一般情况下继承开始的通知主体，人民法院则是诉讼进行的特殊情况下的通知主体，但都欠缺公告的主体规定。如有以下几种情形出现时，相关主体是否应承担通知或公告义务我国立法并未作出规定，导致在实践中有可能引发继承纠纷。第一种情形，当法定继承和遗嘱继承同时存在时，只有受遗赠人首先得知遗赠人之死亡或遗嘱继承人首先知道遗嘱人死亡，那么其是否有义务通知已知的其他继承人等遗产权利人或公告通知未知的继承人及遗产利害关系人关于继承开始的事宜？此种情况在前述“涉及继承开始的通知与公告主体的案例一”“涉及继承开始的通知与公告对象的案例二”中已有体现。第二种情形，当被继承人生前指定了遗产管理人或遗嘱执行人的，遗产管理人或者遗嘱执行人是否应承担通知或公告义务？第三种情形，当被继承人独自遭遇不幸时，处理被继承人死亡事件的机构，如公安交警部门是否有义务通知或公告寻找其继承人？如前所述，通过对我国十省市民众继承习惯的调查，近四成的被调查者认为可以由“处理被继承人死亡事件的机构，如公安交警部门”承担通知义务（见表 2-3-1、图 2-3-1）。第四种情形，当只有被继承人的债权人等其他利害关系人在第一时间得知被继承人死亡之事实，其是否有义务通知其他继承人关于继承开始的相关事宜？这些都是我国《继承法》在继承开始的通知与公告主体方面的立法不足之处。

二是继承开始的通知的对象范围较窄。我国《继承法》第 23 条仅规定了不知道被继承人死亡的其他继承人和遗嘱执行人两类人员为继承开始的被通知对象。但是当有如下几种情况出现时，相关主体是否应成为继承开始的通知或公告对象，我国立法并未作出规定。第一种情形，当法定继承和遗嘱继承同时存在且法定继承人知晓遗嘱的存在，如果法定继承人第一时间得知遗赠人已经死亡，那么其是否有义务通知或公告受遗赠人关于继承的开始，此种情况在前述“涉及继承开始的通知与公告对象的案例二”中已有所体现。第二种情形，当被继承人生前指定了遗产管理人，那么知道被继承人死亡的继承人是否有义务通知遗产管理人开始履职？第三种情形，遗产债权人或其他利害关系人，是否有义务通知或公告继承人及相关利害关系人？以上都是我国《继承法》在继承开始的通知与公告对象方面的立法不足之处。

三是缺乏继承开始的通知与公告期间之规定。目前，我国《继承法》对于继承开始的通知与公告期间无规定，我国现行《民事诉讼法》的公示催告期间之规定，只是针对遗失票据的公示催告程序，而不是继承开始的通知。我国《继承法》并未规定继承开始的通知与公告期间，既无通知主体应当在什么期间内发出通知之规定，也缺乏关于公告期间的规定。这不利于引导继承开始的通知义务主体及时地履行通知与公告义务，容易引起继承纠纷，这在前述“涉及继承开始的通知与公告期间的案例三”中已有所体现。并且，根据我国十省市民众继承习惯的调查统计数据，近六成的被调查者认为应在 7 日内发出继承开始的通知（见表 2-3-3、图 2-3-3）。

四是缺乏继承开始的通知与公告的方式之规定。关于继承开始的通知与公告之方式，我国《继承法》既未规定在知晓通知对象时通知的方式，也未规定通知对象有无不明或无法通知时的通知或公告方式。这使得在现实生活中判断是否履行通知义务以及何时完成通知义务较为困难，这在前述“涉及继承开始的通知与公告方式的案例四”中已有所体现。如前所述，通过对我国十省市民众继承习惯的调查发现，近七成半的被调查者选择使用口头、电话、微信等这类迅速便捷且成本低的通知方式；有占五成的被调查者选择使用书信、告知函的通知方式；各有三成以上的被调查者分别选择在被继承人所在地的村（居）委会公告栏公告、申请人民法院以公告程序进行公告等方式；还有两成的被调查者选择在报纸、电视、网络等平台上发布被继承人死亡的公告等通知方式（见表 2-3-2、图 2-3-2）。

五是欠缺继承开始的通知与公告的效力之规定。我国《继承法》未规定继承开始的通知与公告之效力，一是没有规定继承开始的通知与公告对义务主体的效力，欠缺通知或公告期间禁止清偿遗产债务，以及义务主体不履行或不适当履行通知与公告义务应承担何种法律责任等规定。二是没有规定被通知与公告的对象（继承人和受遗赠人除外）在公告期间届满前未作出相应表示的法律后果。例如，债权人在接到继承开始的通知或催告时，应在规定期间内申报债权，否则期间届满后该未申报的债权即告消灭，或只能以债务清偿完毕后剩余财产为限进行清偿等均未作出规定，这在前述“涉及继承开始的通知与公告效力的案例五”中已有所体现。

综上所述，通过以上对继承开始的通知与公告制度的我国立法现状考察，通过对我国十省市被调查民众对于继承开始的通知与公告的认识观念和处理习惯的实证调查统计数据的分析，通过对我国司法实践案例适用法律情况的评析，我们认为，我国立法应坚持对继承开始的通知予以专门的规定；适当扩大继承开始的通知与公告之主体与对象的范围，明确规定什么情形下适用继承开始的通知，什么情形下适用继承开始的公告，并进一步具体规定通知与公告的各自的期间与方式，并且补充继承开始的通知与公告期间届满的效力以及不履行通知与公告义务之法律责任等。

我们认为，在我国十省市被调查民众对于继承开始的通知与公告的观念和处理习惯中，有如下几点需要在立法时考虑吸收：一是关于继承开始的通知与公告主体，除知道被继承人死亡的继承人和知道被继承人死亡的单位、村（居）委会外，还可考虑处理被继承人死亡事件的机构（如公安交警部门）等担任通知或公告的主体。二是关于继承开始的通知的方式，要坚持快捷性与低成本的原则，即可规定通过口头、电话、微信及信件、告知函的方式以及适当的场所公告等多种方式，可以借鉴我国现行《民事诉讼法》第 92 条规定的公告送达方式①，以供当事人从实际出发选择。三是关于继承开始的通知的期间，可考虑 7 日内完成继承开始的通知。此外，为了与我国现行《民事诉讼法》中公示催告程序中的公告期间的规定保持一致，继承公告的期间采取 2 个月为宜。如此，才能更好地实现我国继承开始的通知与公告制度的功能，保护继承法律关系当事人的合法权益，维护交易安全和促进社会经济发展，从而实现此制度的立法目的。

---

① 我国现行《民事诉讼法》第 92 条第 1 款规定：“受送达人下落不明，或者用本节规定的其他方式无法送达的，公告送达。自发出公告之日起，经过六十日，即视为送达。”

第四节　继承开始的通知与公告制度之我国立法的学者观点与评析

目前，"中国民法典·继承编"正在编纂之际，我国学界针对我国《继承法》的立法现状，结合我国司法实践，深入探讨继承法若干制度的完善，发表了不少论文和著作。其中，我国学者先后发表的六部"继承法学者建议稿"是较具代表性的成果，主要包括梁慧星等学者建议稿（"梁稿"）、徐国栋等学者建议稿（"徐稿"）、王利明等学者建议稿（"王稿"）、张玉敏等学者建议稿（"张稿"）、陈苇等学者建议稿（"陈稿"）、杨立新等学者建议稿（"杨稿"）。[①] 前述诸部继承法学者建议稿对继承开始的通知与公告制度中主体、对象、期间、方式和效力等内容均有规定。本节拟对这些学者建议稿中有关继承开始的通知与公告制度之立法建议的学术观点进行考察和评析。

一、继承开始的通知与公告主体之我国立法的学者观点与评析

（一）继承开始的通知与公告主体的我国立法的学者观点

1. 梁慧星等学者建议稿的主要观点

"梁稿"关于继承开始的通知与公告主体的规定，除"继承开始的通知"的专门规定外，在遗产债权的公告的规定中也有所体现。一方面，继承开始的通知与公告的主体包括继承人、被继承人生前所在单位或住所地的居委会或村委会。继承开始通知的主体分为三类：一是知道被继承人死亡的继承人；二是被继承人生前所在单位或者住所地的居民委员会、村民委员会；三是其他知道继承开始的事实的利害关系人。另一方面，发布申报遗产债权的公告主体，继承人和遗产管理人应当于知道继承开始后 3 个月内向人民法院递交遗产清单，由人民法院依公示催告程序催促债权人申报债权。[②] 法院进行继承开始的公示催告应由继承人和遗产管理人提出申请。由此可见，"梁稿"建议继承开始的通知与公告主体包括继承人、被继承人生前所在单位或者住所地的居民委员会或村民委员会、利害关系人及法院（由继承人和遗产管理人提出申请）。

2. 徐国栋等学者建议稿的主要观点

"徐稿"关于继承开始的通知与公告的主体的规定，在待继承的遗产设立，通知相续人[③]，遗嘱执行人、催告继承人接受或抛弃继承等规定中有所体现。第一，生存配偶、死者的任何亲戚或其他利害关系人。如在继承开始后 15 天内无人接受遗产或其中的份额，也无遗嘱人授权持有财产并已接受该职务的遗嘱执行人，法院应依生存配偶或死者的任何亲戚，其他利害关系人的请求，或者依职权宣告遗产为待继承的遗产。第二，受理制作或接受存放公开遗嘱的公证人作为通知主体。如果知晓相续人的住所或居所，受理制作或接受存放公开遗嘱的公证人在获悉遗嘱人死亡的消息后，受理制作秘密遗嘱或者存放自书遗

① 在第一章第一节对于遗产管理制度的比较研究法的阐述中，我们已经分别注释说明这六部继承法学者建议稿的出处以及各学者建议稿在本书的简称，此处不重复注释。

② 参见"梁稿"第 2001、2017 条。

③ 相续人是指继承人和受遗赠人。

嘱的公证人在遗嘱公布之后，应当立即将遗嘱存在的消息通知继承人。第三，遗嘱执行人作为通知主体。一切遗嘱执行人对继承的开始负通知义务。第四，任何利害关系人。在接受或抛弃继承时，任何利害关系人均可请求一切相续人表示接受或抛弃继承。① 由此可知，“徐稿”建议继承开始的通知与公告主体（此处的通知主体做的是扩大解释，包括请求法院发出公告的人）包括继承人、利害关系人、遗嘱执行人、法院以及公证人。

3. 王利明等学者建议稿的主要观点

“王稿”关于继承开始的通知与公告主体的规定，除“继承开始的通知”的专门规定外，在遗产债权的公告、无人承受的遗产处理之规定中也有所体现。首先，在通常情况下，关于继承开始通知的主体包括两类：一是知道被继承人死亡的继承人，二是被继承人生前所在单位或者住所地的居民委员会、村民委员会。其次，在催告债权人时，继承人和遗产管理人应当作为义务主体，于知道继承开始后3个月内向人民法院递交遗产清单，再经由人民法院以公示催告程序催告债权人申报债权。最后，当有无继承人不明时，遗产管理人应申请人民法院启动公示催告程序。② 由此可知，“王稿”建议继承开始的通知与公告主体包括继承人、被继承人生前所在单位或住所地的居民委员会、村民委员会、遗产管理人以及法院（由继承人和遗产管理人提出申请）。

4. 张玉敏等学者建议稿的主要观点

“张稿”关于继承开始的通知与公告的主体的规定，主要体现在催告继承人、催告债权人和指定遗嘱执行人的规定中。第一，被继承人生前所在单位或者住所地的村民委员会、居民委员会作为通知主体。当无应召继承人或继承人下落不明、应召继承人有无不明、应召继承人欠缺民事行为能力又无法定代理人时，被继承人生前所在单位或者住所地的村民委员会、居民委员会应当毫不迟疑地通知人民法院指定临时遗产管理人。第二，受委托指定遗嘱执行的人。受委托指定遗嘱执行的人，应于遗嘱开启后5日内进行指定遗嘱执行人，并通知已知的继承人、受遗赠人和其他利害关系人。第三，公证机关作为通知主体。公证机关至迟应于收到遗嘱或知道遗嘱人死亡后30日内开启遗嘱。开启遗嘱时应通知所有已知的继承人到场。③ 由此可知，“张稿”建议继承开始的通知与公告主体包括被继承人生前所在单位或住所地的村民委员会或居民委员会、受委托指定遗嘱执行的人和开启遗嘱的公证机关。

5. 陈苇等学者建议稿的主要观点

“陈稿”关于继承开始的通知与公告主体的规定，除“继承开始的通知”的专门规定外，在遗产管理人、遗嘱执行人、遗赠的接受与放弃、无人承受遗产处理之规定中也有所体现。第一，知道被继承人死亡的继承人、被继承人生前所在单位或者住所地的居民委员会、村民委员会作为通知主体。此外，被继承人异地死亡的，该死亡地的居民委员会、村民委员会可作为通知主体。第二，遗产管理人和遗嘱执行人可作为发出继承公告、催促相关债权人和债务人申报继承债权和债务的主体。第三，无人承受遗产时，遗产管理人可以视遗产价值的多少，选择不予公告、在村或社区公告栏公告、在省一级报纸登报公告或申

① 参见“徐稿”第四分编第48、153、383、315条。

② 参见“王稿”第547、661、662条。

③ 参见“张稿”第3、45、44条第2款。

请人民法院公告。第四，交付遗赠义务人及其他利害关系人作为通知主体。在继承开始后，交付遗赠义务人及其他利害关系人可以催告受遗赠人在2个月内作出接受或放弃的表示。[①] 由此可知，“陈稿”建议继承开始的通知与公告主体包括继承人、被继承人生前所在单位或住所地（或死亡地）的村民委员会或居民委员会、遗产管理人、遗嘱执行人、交付遗赠义务人及其他利害关系人。

6. 杨立新等学者建议稿的主要观点

“杨稿”关于继承开始的通知与公告主体的规定，除“继承开始的通知”的专门规定外，在遗产管理人、遗嘱执行人、放弃继承或受遗赠的意思表示、债权人的催告、有无继承人不明之规定中也有所体现。第一，知道被继承人死亡的继承人应当及时通知其他继承人和遗嘱执行人。继承人和遗嘱执行人均不知道被继承人死亡或无能力通知的，由负责处理被继承人死亡事件的部门或基层组织通知。第二，遗产管理人和遗嘱执行人负有查明并通知遗产承受权利人、被继承人的债权人、债务人的义务。第三，遗嘱人委托他人指定遗嘱执行人时，应当在遗嘱开启后10日内指定遗嘱执行人，并通知已知的遗产承受权利人和其他利害关系人。第四，进入遗产清算程序后，继承人或遗产管理人应当通知已知的债权人，并公告通知可能存在的未知债权人。第五，继承开始后，有无继承人不明的，或者已知的继承人、受遗赠人丧失、放弃继承权或受遗赠权的，有关人员、部门或基层组织应将情况及时通知民政部门。[②] 由此可知，“杨稿”建议继承开始的通知与公告主体包括继承人、负责处理被继承人死亡事件的部门或基层组织、遗产管理人、遗嘱执行人、遗嘱的受托人、其他有关人员、部门或基层组织。

（二）继承开始的通知与公告主体之我国立法的学者观点的评析

1. 诸学者建议稿的共同点

通过对前述学者建议稿的考察可以得知，学者建议稿对继承开始的通知与公告义务主体的规定，有如下相同之处：第一，除“张稿”外，均将知道被继承人死亡的继承人作为通知的主体之一。第二，除“徐稿”外，均将村（居）委会或基层组织作为继承开始的通知主体之一。第三，除“杨稿”外，均将利害关系人作为继承开始的通知主体之一。

2. 诸学者建议稿的不同点

通过对前述学者建议稿的考察可以得知，诸学者建议稿对继承开始的通知与公告义务主体的规定，有如下不同之处：

第一，除“徐稿”和“张稿”外，其他四稿均有单独的条文对继承开始的通知进行专门规定。

第二，提出的继承开始的通知主体有所不同。其中，除保留了我国《继承法》第23条规定的四类通知主体外，还包括以下几种主体：一是将遗产管理人作为继承开始的通知主体，除“徐稿”和“张稿”外，其余四份学者建议稿均对此有规定。二是将遗嘱执行人作为继承开始的通知主体，除“梁稿”和“王稿”外，其余四份学者建议稿均对此有规定。三是将受理制作或接受存放公开遗嘱的公证人作为通知主体，“徐稿”对此有规定。四是将被继承人死亡地的居民委员会、村民委员也作为通知主体，并且交付遗赠义务

① 参见“陈稿”第5、8、59、85条。

② 参见“杨稿”第54、55、70、74、81、91条。

人及其他利害关系人亦可作为通知主体催告受遗赠人及时作出意思表示，“陈稿”对此有规定。五是将负责处理被继承人死亡事件的部门和基层组织作为通知主体，并且有无继承人不明或者继承权被放弃、丧失时，有关人员、部门或基层组织可作为通知主体，“杨稿”对此有规定。

第三，关于继承开始的公告主体有所不同。一是法院，即“梁稿”“王稿”“陈稿”认为法院应根据相关人员（该三稿中规定的相关人员有所不同，如继承人、遗产管理人、利害关系人、继承人有无不明的被继承人居所地的居民委员会、村民委员会或其所在单位等）提出的公告申请，按照公示催告程序进行公告。二是遗产管理人，即“陈稿”和“杨稿”建议遗产管理人可作为公告的主体，但两者有所不同的是，“陈稿”建议遗产管理人可自己公告或申请人民法院公告；“杨稿”建议只由遗产管理人自行公告。

从立法价值取向与功能之角度分析，继承开始的通知与公告主体的设置，可以实现该制度催促遗产利害关系人及时申报权利义务，参与继承事项的处理，公平地保障各主体的权利，预防和减少遗产纠纷的发生之功能，符合法律的公平和效率的价值取向。

从我国十省市被调查民众关于继承开始的通知与公告观念与处理习惯之角度分析，我国《继承法》第23条之规定已有不同情形下的四类通知主体，即知道被继承人死亡的继承人和被继承人生前所在单位或者居住地的居民委员会、村民委员会。前述我国十省市的调查数据（见表2-3-1）显示被调查者意愿中选择我国《继承法》第23条规定的四类主体作为通知主体的占比分别排在第一位和第三位。其中，选择继承人的占64.88%；选择被继承人所在单位、村（居）委员会的占44.17%。除此之外，被调查民众认可的其他通知主体范围十分广泛，如保管遗产的继承人、处理被继承人死亡事件的机构，甚至还有各类亲友、法院、民政部门、律师等。

从司法实践的考察之角度分析，由“涉及继承开始的通知与公告的主体之案例一”中可知，继承开始的通知与公告主体范围太窄，以致在受遗赠人、债权人、遗产管理人、遗嘱执行人中，如果即使是第一时间得知被继承人死亡的人，因其没有法定的通知义务，其往往也未通知继承人或其他遗产利害关系人，这使继承相关的利害关系人不能及时参与继承，容易引发继承纠纷。

从域外立法的考察角度分析，有以下几点值得借鉴：第一，关于继承人的催告主体。一方面，前述大陆法系国家针对继承人有无不明或在规定期限内继承人未作接受或放弃继承表示的规定中有催告选择是否接受继承的制度，其中涉及通知主体，如法国规定可以由遗产债权人、共同继承人、后一顺序的其他继承人或者国家采取行动催告继承人作出决定；[①] 德国规定由遗产法院确定不存在除国库以外的继承人，公开催告继承权的申报；[②] 日本规定家庭法院根据利害关系人、遗产管理人或者检察官的请求，须发出继承人应在一定期间内主张权利为内容的公告。[③] 另一方面，前述英美法系国家因为实行间接继承制度，主要由遗产代理人负责通知，如英国在确认被继承人死亡之后，确定遗产代理人之前，法院有权传召遗嘱所指明的任何遗嘱执行人申请或放弃遗嘱认证，即向可能的遗产代

① 参见《法国民法典》第772、780条。

② 参见《德国民法典》第1965、1966条。

③ 参见《日本民法典》第950、957、958、959、987条。

理人作出继承开始的通知。在确定遗产代理人之后，负责继承开始通知的人是遗产代理人。[①] 在美国，通常情况下请求指定遗产代理人的人须提出遗产管理请求书，然后预先通知全部能参与遗产继承的人。[②] 在被继承人无遗嘱死亡的情况下，通常由主管遗嘱检验的法官指定遗产代理人。遗产代理人制作遗产清单后，将其提交法院，并由法院或遗产代理人进行公告。[③] 第二，关于债权人或受遗赠人的催告主体。在德国，继承人或共同继承人可对遗产债权人催告申报债权。在日本，限定承认人有义务对遗产债权人及受遗赠人进行公告并要求其在一定期限内申报请求之内容，此外，交付遗赠义务人（负有履行遗赠义务的人）及其利害关系人，可以催告受遗赠人在一定期间内作出接受或放弃遗赠的表示；在意大利，按遗产清单接受继承的继承人可以通过继承开始地的公证人召集债权人和受遗赠人以执行清算，此外，任何利害关系人都可以请求司法机构为受遗赠人确定一个行使放弃遗赠权利的期限。在英国，遗产代理人可要求相关利害关系人在一定期限内申报债权；在美国，在被继承人无遗嘱死亡的情况下，由法院或遗产代理人进行公告，要求债权人在规定的期限内申报债权、主张遗赠。此外，由遗产代理人向债权人发布公告，通知债权人提出债权请求。可见，在前述域外立法中，除继承人是主要的通知主体外，法院和遗产代理人（遗产管理人、遗嘱执行人）及公证人也是通知主体之一。

从前述学者建议稿的考察中可知，基于我国的立法现状和民众的继承习惯，多数学者建议稿均坚持以知道被继承人死亡的继承人和被继承人生前所在单位、居民委员会、村民委员会为主要的通知主体，并还建议以法院作为继承人、债权人有无不明或无法联系时的公告主体，但是否应当确立其他通知主体的观点尚不统一。我们认为，对于继承开始的通知与公告的义务主体的确定，我国立法应当适度扩大可以通知继承开始的主体的范围。因为继承开始的通知是启动遗产继承程序的第一步，对继承关系当事人的意义甚大。但为避免重复工作，应当根据不同的情况，即根据被通知对象的已知或未知为标准，分别规定不同的主体在不同情况下承担通知或公告义务。

二、继承开始的通知与公告对象之我国立法的学者观点与评析

（一）继承开始的通知与公告对象之我国立法的学者观点

1. 梁慧星等学者建议稿的主要观点

“梁稿”关于继承开始的通知与公告对象的规定，除“继承开始的通知”的专门规定外，在遗产债权公告的规定中也有所体现。首先，继承开始通知的对象分为两类：一是不知道被继承人死亡的其他继承人；二是遗嘱执行人。其次，在申请人民法院发布遗产债权的公告时，法院和遗产债权人是被通知的对象。[④] 由此可知，“梁稿”中继承开始的通知与公告对象包括继承人、遗嘱执行人、法院和遗产债权人。

2. 徐国栋等学者建议稿的主要观点

“徐稿”对继承开始的通知与公告的对象的规定，主要体现在通知相续人，遗嘱执行

① 参见 Trustee Act，s. 27。
② 参见 Administration of Estates Act ，s. 2。
③ 参见 Uniform Probate Code，s. 3-104。
④ 参见“梁稿”第2001、2017条。

人的通知义务等规定之中。第一，相续人（继承人）。如果知晓相续人的住所或居所，受理制作或接受存放公开遗嘱的公证人在获悉遗嘱人死亡的消息后，受理制作秘密遗嘱或者存放自书遗嘱的公证人在遗嘱公布之后，应当立即将遗嘱存在的消息通知相续人。第二，遗产债权人等，一切遗嘱执行人对继承的开始负通知义务。① 由此可知，"徐稿"中继承开始的通知与公告的对象包括相续人、遗产债权人。

3. 王利明等学者建议稿的主要观点

"王稿"关于继承开始的通知与公告对象的规定，除"继承开始的通知"的专门规定外，在无人承受遗产的处理、遗产债权的公告之规定中也有所体现。首先，在通常情况下，关于继承开始通知的对象为不知道被继承人死亡的其他继承人。当有无继承人不明时，公示催告的对象是可能存在的继承人、受遗赠人、债权人等其他利害关系人。其次，在申请人民法院催告债权人时，法院和遗产债权人是被通知的对象。② 由此可知，"王稿"中继承开始的通知与公告对象包括继承人、受遗赠人、法院和遗产债权人等利害关系人。

4. 张玉敏等学者建议稿的主要观点

"张稿"对继承开始的通知与公告的对象之规定，主要在指定遗产管理人、指定遗嘱执行人、继承人有无不明、催告债权人等规定中有所体现。第一，人民法院。当无应召继承人或继承人下落不明、应召继承人有无不明、应召继承人欠缺民事行为能力又无法定代理人时，被继承人生前所在单位或者住所地的村民委员会、居民委员会应当毫不迟疑地通知人民法院指定临时遗产管理人。第二，继承人、受遗赠人和其他利害关系人。受委托指定遗嘱执行的人，应于遗嘱开启后 5 日内进行指定遗嘱执行人，并通知已知的继承人、受遗赠人和其他利害关系人。第三，遗产债权人。继承人向法院提交遗产清单后，法院应按照公示催告程序，催告遗产债权人申报债权。③ 由此可知，"张稿"中继承开始的通知与公告对象包括人民法院、继承人、遗产债权人、受遗赠人和其他利害关系人。

5. 陈苇等学者建议稿的主要观点

"陈稿"关于继承开始的通知与公告对象的规定，除"继承开始的通知"的专门规定外，在催告遗赠人、无人承受遗产的催告之规定中也有所体现。第一，被继承人死亡后，继承开始通知的主体应当通知继承人、遗嘱执行人、受遗赠人、遗嘱保管人、遗产债权人等利害关系人。第二，无人承受遗产时，遗产管理人可以视遗产价值的多少，选择不予公告、在村或社区公告栏公告、在省一级报纸登报公告或申请人民法院公告，公示催告继承人和遗产利害关系人于规定期限内主张权利。第三，继承开始后，交付遗赠义务人及其他利害关系人可以催告受遗赠人在 2 个月内作出接受或放弃的表示。④ 由此可知，"陈稿"中继承开始的通知与公告对象包括继承人、遗嘱执行人、受遗赠人、遗嘱保管人、法院、遗产债权人等利害关系人。

6. 杨立新等学者建议稿的主要观点

"杨稿"关于继承开始的通知与公告对象的规定，除"继承开始的通知"的专门规定外，在委托他人指定遗嘱执行人、遗产债权人的催告、有无继承人不明之规定中也有所体

① 参见"徐稿"第四分编第 153、383 条。

② 参见"王稿"第 547、661、662 条。

③ 参见"张稿"第 3、18、45、67 条。

④ 参见"陈稿"第 5、59、70、85 条。

现。第一，继承开始后，知道被继承人死亡的继承人应当及时通知其他继承人和遗嘱执行人。第二，遗嘱人委托他人指定遗嘱执行人时，应当在遗嘱开启后10日内指定遗嘱执行人，并通知已知的遗产承受权利人和其他利害关系人。第三，遗产管理人和遗嘱执行人负有查明并通知遗产承受权利人、被继承人的债权人、债务人的义务。第四，进入遗产清算程序后，继承人或遗产管理人应当通知已知的债权人，并公告通知可能存在的未知债权人。第五，继承开始后，有无继承人不明的，或者已知的继承人、受遗赠人丧失、放弃继承权或受遗赠权的，有关人员、部门或基层组织应将情况及时通知民政部门。[①] 由此可知，"杨稿"中继承开始的通知与公告对象包括继承人、遗嘱执行人、遗产承受权利人、遗产债权人和其他利害关系人、民政局。

（二）继承开始的通知与公告对象之我国立法的学者观点的评析

1. 诸学者建议稿的共同点

通过对前述学者建议稿的考察可以得知，诸学者建议稿对继承开始的通知与公告对象的规定，有如下相同之处：第一，所有学者建议稿都对继承开始通知与公告的对象有相应的规定。第二，被通知的对象均包括继承人、遗产债权人。

2. 诸学者建议稿的不同点

通过对前述学者建议稿的考察可以得知，诸学者建议稿对继承开始的通知与公告对象的规定，有如下不同之处：第一，将遗嘱执行人作为继承开始的通知对象的，有"梁稿""陈稿""杨稿"。第二，将受遗赠人作为继承开始的通知对象的，有"王稿""张稿""陈稿"。第三，将其他利害关系人作为继承开始的通知对象的，有"王稿""张稿""陈稿""杨稿"。第四，将申请人民法院发布公示催告其亦被作为继承开始的通知对象的，有"梁稿""王稿""张稿"和"陈稿"。第五，将遗嘱保管人作为继承开始的通知对象的，有"陈稿"。

从立法价值取向与功能之角度分析，继承开始的通知与公告对象的制度，可以保障实现维护继承人、受遗赠人和遗产债权人等利害关系人的利益之功能。因为只有继承开始的通知与公告对象设置科学合理，才能保证全部具有遗产利益的权利人都能及时参与到遗产清算关系中，确保实现遗产的公平分配，彰显法律的公平价值取向。

通过对司法实践的考察分析，从前述"涉及继承开始的通知与公告对象的案例二"中可知，当被继承人立有遗嘱，但未指定遗嘱执行人时，我国立法对受遗赠人未规定为继承开始的通知对象，因此在实践中保障被继承人生前的遗愿有可能不能被遵循，受遗赠人的权利可能会受到侵害，遗产的公正分配无法得到有效保障。所以，合理地确定继承开始的通知与公告对象之范围，是妥善处理继承相关事宜的重要环节。

在域外立法中，除了继承人以外，前述大陆法系国家的公示催告制度中公告的对象还包括遗产债权人、受遗赠人等。例如，日本法规定限定继承人应对所有遗产债权人及受遗赠人公告已表示限定承认之事，遗产债权人和受遗赠人应在一定期限期间内申报其请求。[②] 意大利法规定，在有遗产债权人或受遗赠人对继承人所做的遗产清单有异议的，由

---

① 参见"杨稿"第54、55、70、74、81、91、92条。

② 参见《日本民法典》第927条。

继承人通过继承开始地的公证人召集债权人和受遗赠人。① 英美法系国家中被通知的对象也包括债权人、受遗赠人等利害关系人。例如，英国法规定，对无人承认继承的遗产，由遗产代理人发出公告，要求利害关系人在一定期限内提出要求，申报债权。② 例如，美国法规定，由遗产代理人或法院进行公告，要求债权人在规定的期限内申报债权、主张遗赠。③ 可见，前述两大法系国家立法中对被通知的对象，除继承人外，还包括遗产债权人、受遗赠人等利害关系人。

综上所述，我国多数学者建议稿都认为应扩大我国《继承法》通知和公告的对象范围。我们认为，继承开始通知与公告的对象，其中最主要的就是继承人、遗产债权人和受遗赠人。此外，其他有关的利害关系人如遗嘱保管人、遗嘱指定的遗产管理人等都应该在被通知的范围内。

三、继承开始的通知与公告期间之我国立法的学者观点与评析

（一）继承开始的通知与公告期间之我国立法的学者观点

1. 梁慧星等学者建议稿的主要观点

“梁稿”对继承开始的通知与公告期间的规定在遗产债权的公告中有所体现。即继承人和遗产管理人应当于知道继承开始后 3 个月内向人民法院递交遗产清单，由人民法院依公示催告程序催促债权人申报债权。前款公示催告的期间不得少于 3 个月。④ 由此可知，“梁稿”中法院发出公示催告债权人的期间为不少于 3 个月。⑤

2. 徐国栋等学者建议稿的主要观点

“徐稿”对继承开始的通知与公告期间的规定，在催告继承人接受或抛弃继承期间、呈交的遗嘱期限等规定中有所体现。第一，任何利害关系人均可请求一切相续人表示接受或抛弃继承，此等表示在受请求之日后的 40 天内作出。在相续人失踪或财产处于远地的情形，或者在有其他重大事由时，法院可延展这一期限，但不得超过 1 年。第二，任何保存自书遗嘱的人，在获悉遗嘱人死亡的消息后，都应立即将遗嘱交给公证人由其公布。任何认为享有遗嘱利益的人都可以请求继承开始地的法院确定一个呈交遗嘱的期限。第三，待继承遗产的通知与公告期间。如在继承开始后 15 天内既无人接受遗产或其中的份额，也无遗嘱执行人，法院应依利害关系人的请求或依职权宣告为待继承的遗产。该宣告应被刊登于死者所在地的报刊上，住所地无报刊的，应刊登在省会的报刊上。⑥ 由此可知，“徐稿”中关于催告继承人作出接受或抛弃继承意思表示的期间为 40 天，最长不超过 1 年；而呈交遗嘱期限的长短由法院确定。关于无人承受的遗产，需登报公告，但是无具体的公告期间。

3. 王利明等学者建议稿的主要观点

“王稿”对继承开始的通知与公告期间主要在遗产债权的公告、无人承受的遗产之催

① 参见《意大利民法典》第 480、484、498 条。

② 参见 Trustee Act，s. 27。

③ ［美］彼得·哈伊：《美国法律概论》，许庆坤译，北京大学出版社 1983 年版，第 99-100 页。

④ 参见“梁稿”第 2001、2017 条。

⑤ 我们认为，此公示催告也适用于无人承受的遗产。

⑥ 参见“徐稿”第四分编第 48、323、150 条。

告的规定中有所体现。第一，继承人和遗产管理人应当于知道继承开始后3个月内向人民法院递交遗产清单，由人民法院以公示催告程序催告债权人申报债权。前款公示催告程序的期间不得少于3个月。第二，当有无继承人不明时，由村委会或居委会作为遗产管理人，遗产管理人应该从速请求人民法院以公示催告程序通知可能存在的继承人、受遗赠人、债权人等其他利害关系人前来法院申报登记。人民法院决定受理申请，应在3日内发出公告。公示催告的期间，由人民法院根据情况决定，但不得少于60日。[①] 由此可知，"王稿"继承开始的通知与公告期间，法院发出对债权人的催告期间不少于3个月；在有无继承人不明时，遗产管理人需从速向人民法院申请公示催告，法院决定受理申请后3日内发出公告，催告期间为不少于60日。

4. 张玉敏等学者建议稿的主要观点

"张稿"对继承开始的通知与公告的期间的规定，在指定继承的接受与放弃、遗产管理人、指定遗嘱执行人、继承人有无不明时的催告、催告债权人等规定中有所体现。第一，催告债权人时，继承人向法院提交遗产清单后，法院应按照公示催告程序，催告遗产债权人申报债权的期限应不少于2个月。第二，受委托指定遗嘱执行的人，应于遗嘱开启后5日内进行指定遗嘱执行人，并通知已知的继承人、受遗赠人和其他利害关系人。受委托指定遗嘱执行的人，可以辞去委托，但应于遗嘱开启后5日内通知已知的利害关系人。第三，继承人有无不明的，被继承人居所地的居民委员会、村民委员会或其所在单位，应于继承开始后尽快向法院申请指定遗产管理人，并公示催告继承人和利害关系人于指定期限内主张权利，公告期限不得少于6个月。[②] 由此可知，"张稿"中继承开始的通知与公告期间长短不一，其中受委托指定遗嘱执行人发出通知的时间为遗嘱开启后5日；法院对债权人的催告期间不少于2个月；当继承人有无不明时对继承人和利害关系人的公示催告期间不少于6个月。

5. 陈苇等学者建议稿的主要观点

"陈稿"对继承开始的通知与公告期间的规定，在催告遗赠人、指定遗产管理人、指定遗嘱执行人、继承人有无不明时的催告、催告债权人等规定中有所体现。第一，继承开始通知的主体[③]，应当书面通知或发布通知与公告，告知继承人、遗嘱执行人、受遗赠人、遗嘱保管人、遗产债权人等利害关系人，在2个月的期限内申报权利或履行义务。第二，交付遗赠义务人及其他利害关系人可以催告受遗赠人在2个月内作出接受或放弃的表示。第三，无人承受遗产时，遗产管理人可以视遗产价值的多少，选择不予公告、在村或社区公告栏公告、在省一级报纸登报公告或申请人民法院公告；前款公告期为6个月，自发布公告之日起算。[④] 由此可知，"陈稿"中继承开始的通知与公告期间因通知或公告的对象不同而时间长短不同，其中，对继承人、受遗赠人、债权人、遗嘱保管人、遗嘱执行人的催告期间为2个月；无人承受遗产时，公告期间为6个月。

---

① 参见"王稿"第547、661、662条。

② 参见"张稿"第3、24、45、67条。

③ 继承人、被继承人生前所在单位、被继承人住所地或死亡地的村（居）委员会、遗产管理人、遗嘱执行人，交付遗赠义务人及其他利害关系人。详见"陈稿"第5条。

④ 参见"陈稿"第59、70、85条。

6. 杨立新等学者建议稿的主要观点

"杨稿"关于继承开始的通知与公告期间的规定，除"继承开始的通知"有专门规定外，遗产债权人的通知与公告、有无继承人不明之催告等规定中也有所体现。第一，继承开始后，知道被继承人死亡的继承人应当及时通知其他继承人和遗嘱执行人，但并未具体规定该期间的长短。第二，进入遗产清算程序后，继承人或遗产管理人应当通知已知的债权人，并公告通知可能存在的未知债权人；公告的债权申报期限不得少于3个月。第三，继承开始后，有无继承人不明的，或者已知的继承人、受遗赠人丧失、放弃继承权或受遗赠权的，遗产管理人应当在接受指定后10日内发出寻找遗产承受权利人、遗产债权人的公告，催促权利人于规定期限内主张权利；前款公告期限不得少于6个月。[①] 由此可知，"杨稿"中继承开始的通知与公告期间因通知或公告的对象不同而期间长短不同，通常情况下继承人通知其他继承人和遗嘱执行人的时间为及时（未指定具体期间），对未知债权人的公告期间不少于3个月，有无继承人不明的公告期间为不少于6个月。

（二）继承开始的通知与公告期间之我国立法的学者观点的评析

1. 诸学者建议稿的共同点

通过对前述学者建议稿的考察可以得知，学者建议稿对继承开始的通知与公告义务期间的规定，有如下相同之处：第一，所有学者建议稿都对继承开始通知与公告的期间有相应的规定。第二，对催告债权人的期间，除"徐稿"外，其余学者建议稿均有所规定。第三，对无人承受遗产或继承人有无不明时的催告期间，除"徐稿"外，其余学者建议稿均有所规定。

2. 诸学者建议稿的不同点

通过对前述学者建议稿的考察可以得知，学者建议稿对继承开始的通知与公告期间的规定，有如下不同之处：第一，对通知主体什么期间内发出通知或公告的规定不同。其中，"张稿"之受委托指定遗嘱执行人的发出继承开始的通知的时间为遗嘱开启后5日；"杨稿"之知道被继承人死亡的继承人应及时通知其他继承人和遗嘱执行人，并未明确具体时间。第二，对催告继承人的期间不同。"徐稿"之催告继承人接受或抛弃继承的期间为40天，特别情况下经法院批准可延长，但最长不超过1年。"陈稿"之继承人应在2个月的期限内申报权利或履行义务。第三，催告债权人的期间不同。"梁稿"和"王稿"均为人民法院发出催告债权人的期间不得少于3个月；"陈稿"之通知或公告债权人的期间为2个月。第四，没有承受遗产人或继承人有无不明时的催告期间不同。"梁稿""张稿""陈稿"和"杨稿"均为当遗产无人承受或继承人有无不明时的催告期间不得少于6个月；"王稿"则为该期间不少于60日。

从立法价值取向与功能之角度分析，继承开始的通知与公告期间的制度的主要功能有两个方面：一方面，该期间是继承人行使继承选择权或放弃权的起点，也是继承权保护期的起算时间，还是确定继承人范围、继承能力和应继份额的时间标准，是继承开启的重要前提；另一方面，对于引导继承开始的通知与公告主体积极履行通知义务，催促被通知或公告的继承人、受遗赠人、债权人和其他利害关系人按期作出接受或拒绝继承（遗赠）、申报债权等意思表示，这有利于实现催促遗产权利人及时参与继承事项的处理之功能，彰

① 参见"杨稿"第54、55、70、74、81、91、92条。

显法律的公平和效益价值。

从本次十省市被调查民众涉及继承开始的通知与公告期间的观念与处理习惯角度分析，虽然我国《继承法》没有对继承开始的通知与公告的期间作出规定；但我国现行《民事诉讼法》第219条对遗失票据的公示催告期间有规定，一是法院在受理申请后应当在3日内发出公告，二是公示催告的期间一般不得少于60日。通过前述十省市的调查数据（见表2-3-3、图2-3-3）显示，约六成的被调查者都选择应当在7日内完成继承开始的通知，以便于遗产利害关系人及时参与处理继承事务。

通过对我国司法实践的考察，从“涉及继承开始的通知与公告期间之案例三”中可知，因我国立法对继承开始通知与公告的期间呈空白，这导致在现实生活中，继承开始的通知义务主体不知道应当在什么期间内完成继承开始的通知，这往往可能造成继承开始的通知义务主体怠于履行通知义务，引起继承纠纷。

在域外立法中，前述大陆法系国家对继承开始的通知期间体现于对继承人、债权人和受遗赠人等利害关系人的催告期间之中。例如，法国规定遗产债权人等可采取司法外文书的方式催告继承人作出决定，继承人在收到催告后2个月之内应当作出选择决定，有特殊情况的可以向法院申请延期。[①] 德国规定继承人的催告期间由公示催告程序确定，在公告期间届满后3个月内，不向遗产法院证明存在继承权或以通过诉讼方式对国库主张继承权的，其继承权不予考虑。[②] 日本对继承人有无不明的公示催告中，选任遗产管理人后公告期为2个月。之后继承人有无仍不明的，遗产管理人再对所有遗产债权人、受遗赠人发出公告，公告期不少于2个月。此后继承人有无仍不明的，家庭法院根据管理人或检察官的请求发出告知继承人主张权利的公告，公告期不少于6个月。[③] 意大利规定在有遗产债权人和受遗赠人对遗产清单提出异议时，为便于执行清算，应召集全部债权人、受遗赠人，为此发出的公告期限不低于30日。[④] 英美法系国家在遗产继承中也有公告程序及公告期限的规定。例如，英国规定遗产代理人通知相关利害关系人提出要求申报债权，通知的期间是自通知或公告发出之日起不少于2个月。[⑤] 可见，前述国外立法中，公告期限从30日至6个月不等，其中法、日、英三国一般的公告期间为不少于2个月。

从前述我国学者建议稿的考察可知，对继承开始的通知与公告期间，可分成三种期间，一是发出通知期限，即被继承人死亡后通知义务主体应在什么时间内发出通知，告知其他继承人、遗嘱执行人或债权人等利害关系人关于被继承人死亡、继承开始之事实。二是对已知或未知的债权人、受遗赠人等相关利害关系人的公示催告期间，即债权人、受遗赠人或利害关系人应在何种期限内作出申报债权、接受或拒绝遗赠的表示。三是无人承受遗产或继承人有无不明的催告期间，即有可能存在的继承人、债权人、受遗赠人等其他利害关系人，应对其发出公示催告，要求他们在一定的期间内作出继承权、债权、遗赠等申报。诸学者建议稿对发出通知的期间以及对被通知对象的申报期间的期限之观点虽有所不同，但对于一般催告期间通常都认为不应当少于2个月。我们认为，对于继承开始的通知

---

① 参见《法国民法典》第772、780条。

② 参见《德国民法典》第1965条。

③ 参见《日本民法典》第927、941、957、958条。

④ 参见《意大利民法典》第480、484、498条。

⑤ 参见Trustee Act，s. 27。

与公告期间，应该结合我国现行《民事诉讼法》的相关规定，根据实际情况区分不同的情形规定不同的期间：第一种发出通知的期限，即通常情况下继承开始的通知主体发出通知的期限，因通知的对象是已知的人员，该期限不宜过长；第二种是通知主体或法院（依相关主体的申请）公示催告遗产利害关系人作出权利申报的期间，因被通知的对象是未知的人员，该期限不宜过短；第三种是特殊情况下无人承受遗产或继承人有无不明时的催告期间，由于通知的对象存在与否尚且不知，因此该期限应设置更长一些才能发挥其作用。

四、我国继承开始的通知与公告方式之我国立法的学者观点与评析

（一）继承开始的通知与公告方式之我国立法的学者观点

1. 梁慧星等学者建议稿的主要观点

"梁稿"对继承开始的通知与公告方式的规定，主要体现在对遗产债权的公告的规定中，即继承人和遗产管理人应当于知道继承开始后 3 个月内向人民法院递交遗产清单，由人民法院依公示催告程序催促债权人申报债权。① 即由继承人或遗产管理人等以递交遗产清单给法院，请求法院发出公示催告的方式。

2. 徐国栋等学者建议稿的主要观点

"徐稿"在继承开始的通知与公告方式上，除在"遗嘱执行人"的职责中对通知继承的方式有专门的规定外，还在待继承遗产的设立宣告中有所体现。第一，遗嘱执行人对继承的开始负通知义务，此通知应刊登在遗产所在地的报刊上，无此等报刊时在省会的报刊上刊登 3 次。第二，如在继承开始后 15 天内无人接受遗产或其中的份额，也无遗嘱人授权持有财产，并已接受该职务的遗嘱执行人，法院应依生存配偶、死者的任何亲属、其他对有利害关系的人的请求，或者依职权宣告遗产为待继承的遗产，该宣告应刊登于死者住所地的报刊上；住所地无报刊的，应刊登在省会的报刊上。② 由此可知，"徐稿"中关于继承的通知方式为遗嘱执行人或法院在报刊上（遗产所在地、死者住所地或省会报刊上）刊登通知或公告。

3. 王利明等学者建议稿的主要观点

"王稿"对继承开始的通知与公告方式的规定，在遗产债权的公告、无人承受的遗产之催告之规定中有所体现。第一，继承人和遗产管理人向人民法院递交遗产清单，由人民法院以公示催告程序催告债权人申报债权。第二，当有无继承人不明时，由村委会或居委会作为遗产管理人，遗产管理人应该从速申请人民法院按公示催告程序公告通知可能存在的继承人、受遗赠人、债权人等其他利害关系人前来法院申报登记。③ 由此可知，"王稿"中继承开始的通知与公告方式为继承人或村（居）民委员会作为遗产管理人申请法院作出公示催告。

4. 张玉敏等学者建议稿的主要观点

"张稿"对继承开始的通知与公告的方式的规定，在催告债权人、继承人有无不明时

---

① 参见"梁稿"第 2017 条。
② 参见"徐稿"第四分编第 48、383 条。
③ 参见"王稿"第 547、661、662 条。

的公告中有所体现。第一，催告债权人时，继承人向法院提交遗产清单后，法院应按照公示催告程序催告遗产债权人申报债权。第二，当继承人有无不明的，被继承人居所地的居民委员会、村民委员会或其所在单位，应于继承开始后尽快报告法院。法院在接到报告后，应当按照由指定遗产管理人，并公示催告继承人和利害关系人于指定期限内主张权利。① 由此可知，"张稿"中继承开始的通知与公告方式为法院的公示催告程序。

5. 陈苇等学者建议稿的主要观点

"陈稿"对继承开始的通知与公告的方式之规定，在催告债权人、无人承受遗产时的公告等规定中有所体现。第一，在遗产债务清偿的通知与公告中，继承开始的通知义务主体应当书面通知或发布公告，告知继承人、遗嘱执行人、受遗赠人、遗嘱保管人、遗产债权人等利害关系人。第二，无人承受遗产时，遗产管理人可以视遗产价值的多少，选择不予公告、在村或社区公告栏公告、在省一级报纸登报公告或申请人民法院公告。② 由此可知，"陈稿"中继承开始的通知与公告方式有三种：一是继承人自行发出书面通知或公开发布通知与公告；二是遗产管理人在村或社区公告栏公告、在省一级报纸登报公告；三是申请人民法院发出公示催告。

6. 杨立新等学者建议稿的主要观点

"杨稿"对继承开始的通知与公告的方式之规定，在放弃继承、受遗赠的意思表示、遗产债权人的公告、有无继承人不明时的遗产承受权利人的规定中有所体现。第一，遗嘱保管人、遗嘱执行人均有通知遗嘱继承人及其他利害关系人的义务。第二，知道被继承人死亡的继承人应当及时通知其他继承人和遗嘱执行人。继承人和遗嘱执行人均不知道被继承人死亡或无能力通知的，由负责处理被继承人死亡事件的部门或基层组织通知。第三，进入遗产清算程序后，继承人或遗产管理人应当通知已知的债权人，并公告通知可能存在的未知债权人。第四，继承开始后，有无继承人不明的，或者已知的继承人、受遗赠人丧失、放弃继承权或受遗赠权的，遗产管理人应当在接受指定后10日内发出寻找遗产承受权利人、遗产债权人的公告，催促权利人于不少于6个月的期限内主张权利。③ 由此可知，"杨稿"建议继承开始的通知与公告方式有两种：继承人或遗产管理人各自发出的通知与公告。

（二）继承开始的通知与公告方式之我国立法的学者观点的评析

1. 诸学者建议稿的共同点

通过对前述学者建议稿的考察可以得知，学者建议稿对继承开始的通知与公告方式的规定，有如下相同之处：第一，对催告遗产债权人（包括继承人有无不明或无人承受遗产的债权人催告）的方式，所有学者建议稿都有所规定，且通知方式均规定了公告方式（包括继承人、遗产管理人自行公告或向法院申请公示催告）。第二，对继承人有无不明或无人承受遗产时对继承人、债权人或遗产利害关系人的催告方式，除"梁稿"外，其余学者建议稿均有专门的规定。

---

① 参见"张稿"第3、24、45、67条。

② 参见"陈稿"第70、85条。

③ 参见"杨稿"第53、54、70、81、91、92条。

2. 诸学者建议稿的不同点

通过对前述学者建议稿的考察可以得知，学者建议稿对继承开始的通知与公告方式的规定，有如下不同之处：第一，催告债权人的方式不同。对遗产债权人进行催告，“梁稿”“王稿”“张稿”都建议采用法院的公示催告程序的方式。而“陈稿”建议继承人使用书面通知或发布通知与公告的方式。“徐稿”建议对债权人的通知方式为在遗产所在地的报刊上发布通知，无此等报刊时在省会的报刊上刊登3次。第二，当继承人有无不明或无人承受遗产时对继承人、债权人或遗产利害关系人的催告方式不同。“王稿”“张稿”采用申请人民法院以公示催告程序进行通知。“徐稿”主张法院可依利害关系人的申请或者依职权宣告遗产为待继承的遗产，该宣告应被刊登于死者住所地的报刊上；住所地无报刊的，应刊登在省会的报刊上。“陈稿”建议由遗产管理人决定在社区公告栏公告、在省一级报纸登报公告或申请人民法院公告。由此可知，以上学者建议稿对继承开始的通知与公告的具体形式意见有同有异，有的主张采用继承人首先发出书面通知或公告的方式，有的主张由遗产管理人首先在遗产所在地报刊上发布通知，但诸学者建议稿均规定了申请人民法院公示催告的方式。

从立法价值取向与功能之角度分析，继承开始的通知与公告方式的制度，一方面，设立通知与公告的多种方式，可以积极引导继承开始的通知与公告的主体选择采用适当的方式及时有效地履行通知义务，从而避免通知与公告因方式的不同而影响通知的效果；另一方面，可以督促遗产利害关系人保持应有的注意义务，在得知或可能得知相关通知与公告时，采取必要措施申报权利，从而实现平等保障遗产权利人的权益之功能，彰显法律的公平价值与效率价值。

从前述我国十省市被调查民众关于继承开始的通知与公告的观念与处理习惯角度分析，由于我国《继承法》第23条没有明确继承开始的通知与公告的方式，可能导致在实践中通知主体不能及时履行通知或公告义务，不利于定分止争。通过我国十省市的调查数据显示，在被调查民众中，占比七成以上的人选择使用口头、电话、微信等方式；占比五成以上的人选择书面通知方式；选择在被继承人所在地的村（居）委会公告栏公告和申请人民法院以公告程序进行公告的人各占三成以上（见表2-3-2、图2-3-2）。

从我国司法实践的考察之角度分析，由前述“涉及继承开始的通知与公告方式的案例四”中可知，我国对继承开始的通知与公告之方式规定有所欠缺，导致在司法实践中对认定是否已履行通知或公告义务于法无据。

从域外立法考察角度分析，关于继承开始的通知与公告之方式，如前所述，在域外立法中呈现以下特点：首先，前述的六个国家均在催告债权人（受遗赠人或其他遗产利害关系人）的相关规定中对通知或公告的方式有所体现。在通知与公告的方式中，除法国可采取电子途径公示外，其余各国均有在指定的报纸上进行公告的方式，其他的通知方式包括司法外文书通知或向法院申请公告等。其次，意大利和美国对通知的方式根据已知的通知对象和未知的通知对象加以区分。例如，两国均规定对未知的通知对象采用在报纸上公告的方式，而对已知的通知对象可采用挂号信、普通邮递或发送邮件等方式。最后，大陆法系国家对于继承开始的通知与公告方式主要体现为继承人不明时的公示催告程序，如德国、日本均有相关规定。[①] 关于英美法系国家的继承开始的通知与公告方式，区分为有遗产承受人的遗产与无人承受的遗产，其通知或公告的主体不同：前者主要由遗产代理人承担通知或公告的义务；后者由于继承或承受遗产的权利人有无不明，由遗产代理人本人发布公告或请求法院进行公示催告。可见，对于无人承受的遗产，英国和美国对于催告债权人，一般都由遗产代理人等提请法院进行公告。

综上所述，我们认为，对于继承开始的通知与公告方式，应针对通知的对象是已知或未知的不同情形进行区分，即在通知的对象已知的情况下，应尽量采取继承人或遗嘱执行人进行口头或书面通知的便捷方式，立法可不作强制规定；在通知的对象未知或无法直接联系的情形下，可采用公示催告的方式，具体在省一级报纸登报公告或申请人民法院发出公告均可；如是申请法院发出的公告，应按照公示催告程序进行。

五、继承开始的通知与公告效力之我国立法的学者观点与评析

（一）继承开始的通知与公告效力之我国立法的学者观点

1. 梁慧星等学者建议稿的主要观点

“梁稿”关于继承开始的通知与公告效力的规定，体现在以下两个方面：第一，继承开始的通知与公告对通知主体的效力。（1）继承人和遗产管理人在对债权人和受遗赠人的公示催告程序期间内，有权拒绝任何债权人和受遗赠人的给付请求。（2）继承人或者遗产管理人未履行对遗产利害关系人的公告义务时，对遗产债权人或者受遗赠人造成损害的，应当承担赔偿责任。第二，继承开始的通知与公告对被通知对象即遗产利害关系人的效力。（1）遗产债权人不在规定的期限申报债权，而又为继承人和遗产管理人所不知的，仅得就剩余遗产行使其权利。但就遗产享有担保特权的债权人，不在此限。（2）继承人或者遗产管理人未履行对遗产债权的公告义务时，受有损害的遗产债权人或者受遗赠人，有权向明知有不当受偿情形的遗产债权人或者受遗赠人请求偿还其不当受偿的数额。[②]

2. 徐国栋等学者建议稿的主要观点

“徐稿”对继承开始的通知与公告的效力规定，仅对被通知对象即遗产利害关系人的效力有所规定，而对通知主体的效力未作规定。（1）在利害关系人催告相续人表示接受或抛弃继承的期间内，一切继承人都有权检查所分配的物品；可请求对其采取保全措施；并且不应被强制清偿任何遗产债务或遗嘱债务，但遗嘱执行人或待继承遗产的保佐人分别可被强制清偿此等债务。并且，在此期限内，继承人可检查关于继承的账日和文件。（2）如失踪的相续人未亲自或委托合法代理人及时到场，则应为其指定财产保佐人，由其代表该相续人附清单利益地接受继承。[③]

---

① 参见《德国民法典》第 1965、1966 条，《日本民法典》第 957、958 条。

② 参见“梁稿”第 2017、2019 条。

③ 参见“徐稿”第四分编第 323 条。

3. 王利明等学者建议稿的主要观点

“王稿”对继承开始的通知与公告效力的规定，体现在以下两个方面：第一，继承开始的通知与公告对通知主体的效力。(1) 负有通知义务的继承人或单位，如果其故意隐瞒事实未履行通知义务的，应对其他继承人或受遗赠人造成的损失承担赔偿责任。(2) 对遗产债权人的催告期间届满后，继承人或遗产管理人应当依据已申报债权和其他已知债权的数额或比例，以遗产分别偿还；对于尚未到期的遗产债务或有争议的遗产债务，继承人和遗产管理人应当在遗产分割前保留为清偿此债务所必要的遗产。(3) 如果在债权的公示催告期间，继承人和遗产管理人得拒绝任何债权人和受遗赠人的给付请求。(4) 如果继承人和遗产管理人违反对遗产债权的催告和清偿义务，对遗产债权人和受遗赠人造成损害的，应当承担赔偿责任。受有损害的遗产债权人和受遗赠人，可向明知有不当受偿情形的遗产债权人和受遗赠人请求偿还其不当受偿的数额。第二，继承开始的通知与公告对被通知对象即遗产利害关系人的效力。遗产债权人如果未在规定的期间内申报债权且又为继承人和遗产管理人所不知，其只能就剩余遗产行使权利。①

4. 张玉敏等学者建议稿的主要观点

“张稿”对继承开始的通知与公告的效力规定，体现在以下两个方面：第一，继承开始的通知与公告对通知主体的效力。在催告债权人的公告期限内，继承人不得向任何遗产债权人清偿债务。(2) 催告期间届满后，继承人对于在该期限内申报的债权和继承人已知的债权，继承人应按照债权的数额，以遗产清偿。第二，继承开始的通知与公告对被通知对象即遗产利害关系人的效力。在催告债权人的规定期限内，未申报而又为继承人所不知的债权，只能就清偿已申报债权后剩余的财产获得清偿。②

5. 陈苇等学者建议稿的主要观点

“陈稿”对继承开始的通知与公告的效力的规定，体现在以下两个方面：第一，继承开始的通知与公告对通知主体的效力。继承人的债权人或被继承人的债权人提出财产分离，遗产管理人或继承人未在规定期限内履行告知义务，或故意告知虚假情况的，遗产管理人和继承人应对因其行为受到损害的遗产债权人承担个人赔偿责任。第二，继承开始的通知与公告对被通知对象即遗产利害关系人的效力。(1) 经交付遗赠义务人及其他利害关系人催告的受遗赠人，在公告期间内没有表示的，视为接受遗赠。受遗赠人对遗赠接受或放弃作出的意思表示，不得撤销。(2) 被继承人的债权人申请财产分离，在人民法院发布的公告期满后，就遗产债务的清偿，先于继承人的债权人享有优先受偿权。(3) 继承人的债权人申请财产分离，在人民法院发布的公告期满后，当遗产不足以清偿遗产债务时，继承人的债权人就继承人的固有财产享有优先受偿权。(4) 无论何种主体提出财产分离，均不能损害有优先权的债权人的利益。并且，涉及不动产的，财产的分离非经登记不能对抗第三人。③

---

① 参见“王稿”第547、652-655条。

② 参见“张稿”第19条。

③ 参见“陈稿”第59、70、72条。

6. 杨立新等学者建议稿的主要观点

“杨稿”关于继承开始的通知与公告效力的规定，体现在以下两个方面：第一，继承开始的通知与公告对通知主体的效力。(1) 恶意隐瞒被继承人死亡事实的继承人，给他人造成损害的，应当承担损害赔偿责任。(2) 继承人故意不通知债权人的，对该债权人丧失限定继承利益。(3) 继承人、遗产管理人在债权申报期限内不得分割遗产或向债权人清偿债务。第二，继承开始的通知与公告对被通知对象即遗产利害关系人的效力。遗产债权人未在债权申报期限内申报债权的，仅就剩余遗产行使权利。但对遗产享有担保物权的除外。①

(二) 继承开始的通知与公告效力之我国立法的学者观点的评析

1. 诸学者建议稿的共同点

通过对前述学者建议稿的考察可以得知，所有学者建议稿对继承开始的通知与公告效力，有如下相同之处：第一，对通知主体未履行通知义务的赔偿责任，除“徐稿”和“张稿”外，其他学者建议稿均有所规定。第二，对通知主体已履行通知义务的效力，除“陈稿”外，其他学者建议稿均规定为在公告期间内继承人不应被强制清偿被继承人的债务，“陈稿”则规定为公告期间后才能清偿遗产债务②。第三，对被通知对象即遗产利害关系人的效力，前述所有的学者建议稿均有专门的规定，即遗产债权人未在规定的期限申报债权，而又为继承人和遗产管理人所不知者，仅得就剩余遗产行使其权利，并且，在公告未届满之期间内，遗产债权人不能请求受偿。

2. 诸学者建议稿的不同点

通过对前述学者建议稿的考察可以得知，学者建议稿对继承开始的通知与公告效力的规定，有如下不同之处：

第一，通知义务主体已履行了通知义务的效力不同。“梁稿”“王稿”“张稿”和“杨稿”的规定，继承人和遗产管理人在公示催告期间内，有权拒绝任何债权人和受遗赠人的给付请求（不得分割遗产或向债权人清偿债务）；或为公告期满才能清偿遗产债务，如“陈稿”。但不同的是，“王稿”还规定，如果继承人和遗产管理人违反对遗产债权的催告和清偿义务，对遗产债权人和受遗赠人造成损害的，应当承担赔偿责任。受有损害的遗产债权人和受遗赠人，可向明知有不当受偿情形的遗产债权人和受遗赠人请求偿还其不当受偿的数额。“张稿”则规定，催告期间届满后，继承人对于在该期限内申报的债权和继承人已知的债权，继承人应按照债权的数额，以遗产清偿。第二，通知义务主体未履行通知义务的法律责任不同。“梁稿”“王稿”“陈稿”“杨稿”均规定通知主体未履行通知义务时，对遗产利害关系人造成损害的，应当承担赔偿责任。但“杨稿”还规定，继承人故意不通知债权人的，对该债权人丧失限定继承利益。第三，继承开始的通知与公告对被通知对象即遗产利害关系人的效力不同。其一，所有学者建议稿均对被通知对象即遗产利害关系人的效力有规定，但效力的具体内容有所不同。例如，“徐稿”规定，在利害关系人催告相续人表示接受或抛弃继承的期间内，一切继承人都有权检查所分配的物品；可请求对其采取保全措施；并且不应被强制清

① 参见“杨稿”第54、55、70、74、81条。

② 参见“陈稿”第70条（二）特别程序——财产分离程序之（3）财产分离的效力。

偿任何遗产债务或遗嘱债务。“陈稿”则规定，被继承人的债权人申请财产分离，在公告期满后，就遗产债务的清偿，先于继承人的债权人享有优先受偿权。且无论何种主体提出财产分离，均不能损害有优先权的债权人的利益。并且，涉及不动产的，财产的分离非经登记不能对抗第三人。

从立法价值取向与功能之角度分析，继承开始的通知与公告效力的制度，一方面，可以引导继承开始的通知与公告主体开展相关工作，并要求不依法按期履行或不正当履行通知与公告义务的主体应承担相应的损害赔偿责任等；另一方面，可以督促遗产利害关系人在通知或公告规定的期间内及时申报权利、参与遗产处理事宜，否则要面临债权仅得就剩余财产范围内清偿或债权消灭等不利后果，从而有效推动遗产的处理事宜顺利进行，实现预防和减少继承纠纷发生之功能，彰显法律的公平、效率价值。

从司法实践的考察之角度分析，一方面，由于我国《继承法》仅规定有继承开始通知与公告主体的通知义务，却没有规定对通知主体违反通知义务应承担的赔偿责任，这不利于督促通知义务主体依法履行通知义务，可能影响遗产公平有效地处理，从而削弱继承开始与通知制度的预设效果。另一方面，我国《继承法》对已经接受到继承开始的通知与公告的对象，其不按期申报权利应承担的不利后果缺失。其一，虽然我国《继承法》第25条对接受或放弃继承和遗赠的效力有一定的规定，但将没有明确表示接受或放弃遗赠的推定为放弃遗赠，这在前述“涉及继承开始的通知与公告效力案例五”中有所体现，如该案债权人虽未在规定的期间申报债权，但并未承担不利的法律后果。其二，我国《继承法》对其他遗产债权人等接到继承开始的通知与公告后，未在规定的期间内作出申报债权等意思表示，应当承担的不利法律后果没有作出规定，以上都是立法之不足。

在域外立法中，对继承开始的通知与公告之效力的规定，分别从通知主体和通知对象的不同角度专门作出规定。第一，在通知主体未履行通知义务的责任方面，日本规定限定继承人怠于履行通知义务的，将需要对遗产债权人或受遗赠人的损害承担赔偿责任。又如，英国规定，如果债权人在分配遗产时还没有收到要求其申报遗产权利的通知，遗产代理人将对该未偿债务负个人责任。但遗产代理人可以通知其分配遗产的意向，并要求相关利害关系人在一定期限内提出要求申报债权，在法定的通知或公告期限已届满，遗产代理人在清偿完所有提出请求的债务后，开始分配遗产，其对期限届满之后提出请求的债权人不再承担责任。我们认为，如果通知义务人未履行通知义务，造成遗产权利人的损害，应当承担赔偿责任，才符合公平原则。故日本、英国的立法值得我国借鉴。第二，在被通知对象未在规定期间内作出相关表示的效力方面，分别从催告继承人、催告受遗赠人、通知或催告债权人等方面进行了规定。例如，德国规定如在申报期间届满前，不向遗产法院证明存在继承权或证明已经通过诉讼对国库主张继承权的，就确定不再该承认继承人的继承权。① 法国规定，当继承人以净资产为限接受继承时对债权人进行催告，未在规定期限内申报债权的，其对遗产的财产享有的不附担保的债权即告消灭。② 日本规定家庭法院在6个月公告期内仍无人主张继承人权利的，继承人以及遗产管理人所不知的债权人及受遗赠

① 参见《德国民法典》第811条。

② 参见《法国民法典》第770、772条。

人，不得行使其权利。[①] 英美法系国家中因通知主体主要是遗产执行人或遗产代理人，其发出通知或公告期满后应履行清偿遗产债务职责，如果债权人未能及时申报权利时，也应承担相应的法律后果。例如，美国规定，遗产代理人可要求相关利害关系人在一定期限内申报债权，在法定的通知或公告期限届满后，遗产代理人在清偿完所有提出请求的债务后分配遗产，其对期限届满之后提出请求的债权人不再承担责任。但遗产债权人有权向不当受领的遗产受益人追偿，并且向负有个人责任的遗产代理人追偿。[②] 可见，对未尽通知或公告义务者予以责任追究、公告期内未作权利申报的不再保护其权利等均有国外立法例。

我们认为，有必要规定继承开始的通知与公告的效力。其效力的内容包含两个方面：一方面，应针对通知与公告主体不履行继承开始的通知或公告义务的责任（对遗产权利人造成损害的赔偿责任）作出规定，此为对违反通知义务所造成的损失的救济措施。另一方面，应针对被通知与公告对象未在规定期限内作出意思表示（申报债权、主张遗赠或继承）的效力作出规定，即其只能就剩余遗产受偿或向不当受领的遗产受益人追偿。这有利于督促遗产利害关系人依法按期申报对遗产的权利，以保障后续的遗产债务清偿、遗产分割等活动的顺利进行，公平保障遗产利害关系人的利益，从而减少继承纠纷。

第五节　现代继承开始的通知与公告制度的发展趋势与我国立法的完善建议

本节首先阐述现代继承开始的通知与公告制度的发展趋势，进而分析我国《继承法》存在的不足，根据我国十省市被调查民众涉及继承开始的通知与公告观念及处理习惯，汲取域外立法经验和学者建议稿的有益观点，从中国实际出发，提出完善我国继承开始的通知与公告制度的立法建议。

一、现代继承开始的通知与公告制度的发展趋势

从前述的研究分析可知，继承开始的通知与公告制度的立法宗旨为保障继承程序的顺利启动和正常进行，引导通知或公告义务主体及时发出继承开始的通知或公告，催促继承人、遗产债权人等遗产利害关系人及时申报权利，以实现对继承人和其他遗产权利人利益的平等保护，以达到保证遗产的公平处理之目的。由前述域外国家的立法考察可知，在继承开始的通知与公告制度的完善中，需要综合考虑平等地保护通知义务主体与被通知对象的利益，由此，继承开始的通知与公告制度的立法发展趋势主要有以下几个方面：

---

① 参见《日本民法典》第958条。

② 参见 Uniform Probate Code，s. 3。

（一）继承开始的通知与公告之主体的发展趋势

根据前述继承开始的通知与公告制度演变的考察可知，继承开始的通知与公告之主体的规定，在法律上经历了从无到有，通知义务主体的范围从小到大的一个历史发展的过程。在古代社会，法律上对继承开始的通知与公告的义务主体未有明确规定，仅在催告继承人接受或放弃继承、遗嘱执行、处理继承事宜等方面有所体现，且通知主体范围非常狭窄。例如，继承开始的通知义务主体有遗产债权人（古罗马时期）、神职人员（古日耳曼时期）、家族族长（中国古代时期）。到近现代社会，随着社会经济的不断发展，随着社会继承关系的复杂，遗产债权人、受遗赠人、遗产酌分请求权人等遗产权利人种类的增多，世界许多国家的继承开始的通知与公告制度在相互借鉴的过程中不断地进行改革和发展。从继承开始的通知与公告之义务主体来看，前述两大法系国家的立法在催告继承人、受遗赠人和遗产债权人，以及无人承受遗产等规定中均有所体现，且负有通知义务的主体范围不断扩大。例如，关于继承开始的通知与公告之主体范围，前述考察的大陆法系国家的继承开始的通知主体除通常包括继承人、遗产管理人或利害关系人等自然人主体外，还有受特定主体申请的法院、公证人及有关机关，前述考察的英美法系国家的继承开始的通知主体通常为遗产代理人，包括遗嘱执行人和遗产管理人。我国《继承法》及我国现行《民事诉讼法》专门规定了继承开始的通知与公告的五类主体（继承人、被继承人生前所在单位、被继承人住所地的居民委员会、被继承人住所地的村民委员会以及法院）。从前述我国继承法的学者建议稿关于继承开始的通知与公告之主体的考察来看，诸学者建议稿均建议扩大继承开始的通知与公告主体的范围，除现行《继承法》中的四类主体外，建议新增遗产管理人、遗嘱执行人、交付遗赠义务人及其他遗产利害关系人、特定情形下的法院等作为通知义务主体。这符合继承开始的通知与公告之主体范围扩大的现代立法发展趋势。

（二）继承开始的通知与公告之对象的发展趋势

根据前述继承开始的通知与公告制度演变的考察可知，继承开始的通知与公告之对象的规定，经历了范围从小到大的发展历程。在古代社会，法律并没有明文规定继承开始的通知与公告的对象，仅在古罗马时期催告继承人接受或放弃继承的法律规定和司法实践操作有所体现，即继承人作为继承开始的通知与公告之被通知对象。在近现代社会，从继承开始的通知与公告之对象范围来看，被通知的对象范围呈逐渐扩大趋势。在前述考察的实行直接继承制度的大陆法系国家，被通知的对象包括继承人、遗产债权人和受遗赠人及利害关系人等，而考察实行间接继承制度的英美法系国家，遗产代理人（包括遗嘱执行人和遗产管理人）是重要的首先被通知对象，再由遗产代理人负责通知的对象有继承人、遗产债权人和受遗赠人等。我国《继承法》第23条规定的继承开始的通知与公告的对象为不知道继承开始的其他继承人和遗嘱执行人。此范围较为狭窄，不能完全保证通知到遗产债权人、受遗赠人及酌分遗产请求权人等遗产利害关系人，有可能会导致不能公平地保障各类遗产利害关系人的利益。从前述我国继承法的学者建议稿关于继承开始的通知与公告之对象的考察来看，诸学者建议稿均建议扩大继承开始的通知与公告对象，除我国现行法中的上述两种对象外，建议新增遗产债权人、受遗赠人、遗嘱执行人、遗嘱保管人、申请发布公示催告的人民法院等作为继承开始的通知与公告的对象。这符合扩大继承开始的通知与公告之对象范围的现代立法发展趋势。

（三）继承开始的通知与公告之期间的发展趋势

根据前述继承开始的通知与公告制度演变的考察可知，继承开始的通知与公告之期间的规定，经历了通知期间由延长到缩短的发展历程。在古代社会，虽法律未明文规定继承开始的通知与公告之期间。但古罗马在催告继承人接受或放弃继承时，对催告的期间有所体现，即债权人对继承人以在大法官前质询方式进行质询后，需要给予继承人 100 天的考虑期限。到优帝一世时，上述继承人的考虑期间延长到 9 个月。如有正当原因，该期间可延长到 1 年。至近现代社会，随着通信方式多样化和便捷化，继承开始的通知与公告之期间呈现出缩短的趋势。例如，通知义务主体发出通知的时间，日本为 5 日，美国为 30 日；发布催告遗产债权人、受遗赠人或继承人的期间，意大利为 30 日，法国、日本、英国为 2 个月，德国为 3 个月，美国为 6 个月。我国《继承法》未对继承开始的通知与公告之期间进行专门规定。我国现行《民事诉讼法》第 219 条仅对遗失票据之公示催告期间有规定，该期间由人民法院根据情况决定，但不得少于 60 日。但从前述我国继承法的学者建议稿关于继承开始的通知与公告之期间的观点看，诸学者建议稿均建议明确规定继承开始的通知与公告之期间。例如，指定遗嘱执行人发出继承开始的通知之时间为遗嘱开启后 5 日，催告继承人作出意思表示的期间为 40 天或 2 个月，催告遗产债权人申报权利的期间为 2—3 个月。这符合缩短继承开始的通知与公告之期间的现代立法发展趋势。

（四）继承开始的通知与公告之方式的发展趋势

根据前述继承开始的通知与公告制度演变的考察可知，继承开始的通知与公告之方式的规定，经历了从无到有，从单一的（口头通知方式）到多样化的（口头+书面通知+公告或登报方式）发展历程。在古代社会，由于古代通信手段的匮乏，法律未明文规定继承开始的通知与公告之方式。但古罗马在催告继承人接受或放弃继承时，对催告的方式有所体现，即债权人要采用“在大法官前质询”的口头方式进行催告。在进入近现代社会以后，随着通信方式的不断丰富，继承开始的通知与公告之方式呈现多样化的趋势，即口头和书面方式并用，且更注重书面方式。例如，法国规定了司法外文书通知和向法院声明并在国内公示（含电子途径公示）的通知方式，意大利、英国和美国规定了邮寄的方式，并且前述考察的六个域外国家均规定了在指定报纸上的公告方式。我国《继承法》未对继承开始的通知与公告之方式进行规定。但从前述我国学者建议稿关于继承开始的通知与公告之方式的观点来看，诸学者建议稿均建议明确规定继承开始的通知与公告之方式。例如，对继承人、遗产债权人或其他利害关系人的催告方式建议采用书面通知、在社区公告栏公告、在遗产所在地的报刊上发布通知公告或申请法院的公示催告程序进行等。这符合继承开始的通知与公告之方式呈多样化的现代立法发展趋势。

（五）继承开始的通知与公告之效力的发展趋势

根据前述继承开始的通知与公告制度演变的考察可知，继承开始的通知与公告之效力的规定，经历了简单粗略到具体细致的发展历程。在古代社会，法律未专门规定继承开始的通知与公告之效力。但古罗马在催告继承人接受或放弃继承时，对催告的效力有所体现，即继承人在催告期间届满后未做任何表示的，对继承人而言，视为抛弃继承（大法官法时期），后转变为视为接受继承，如继承人于期限内未表态即死亡的，其直系卑亲属有代位继承权（优帝一世时期）；对债权人而言，在大法官法时期，大法官可令债权人占有并拍卖被继承人的遗产，从所得价金中清偿自己的债权。在进入近现代社会以后，为了更公平地保障各种主体的权益，继承开始的通知与公告的效力规定得更为具体细致。其一，对被通知的对象而言，如继承人未在规定的期间内作出接受或放弃继承的意思表示，视为丧失继承权（如德国、日本、意大利）；如遗产债权人未在规定的期间内申报权利，则只能就清偿遗产债务剩余的遗产主张权利（如日本），或该债权视为消灭（如法国）；禁止在继承开始的通知与公告期间届满前清偿债务（如日本和美国）。其二，已负有通知义务主体不履行义务的责任有所规定，当义务主体不履行通知义务时，其应当承担赔偿责任，如日本和英国。我国《继承法》未对继承开始的通知与公告期间届满之效力进行规定。但从前述我国学者建议稿关于继承开始的通知与公告之效力的考察来看，诸学者建议稿均建议具体细致地规定继承开始的通知与公告之效力。例如，继承人故意不通知债权人的，对该债权人丧失限定继承利益；继承人和遗产管理人在催告遗产债权人规定的公示催告期间内，有权拒绝任何债权人和受遗赠人的给付请求（不得分割遗产或向债权人清偿债务）；遗产债权人未在规定的期限申报债权，而又为继承人和遗产管理人所不知者，仅得就剩余遗产行使其权利。以上对我国立法较为具体细致的立法内容，符合继承开始的通知与公告之效力更加具体细化的现代立法发展趋势。

由此可见，扩大继承开始的通知与公告的主体和对象范围，多样化通知的方式，适当缩短通知的期间，具体细化继承开始的通知与公告的效力，逐步完善继承开始的通知与公告的制度，保障继承程序的顺利启动和正常进行，实现对继承人和其他遗产权利人利益的平等保护，以达到保证遗产的公平分配的目的，这是现代继承法之继承开始的通知与公告制度的立法趋势。我们认为，继承开始的通知与公告是启动遗产继承程序的一个必要环节，有必要根据现代继承开始的通知与公告制度的发展趋势，结合我国继承制度之不足，从实际出发，汲取域外立法经验和我国学者建议稿的有益观点，补充完善我国继承开始的通知与公告制度。

二、我国继承开始的通知与公告制度之不足与完善立法的建议

关于我国继承开始的通知与公告制度之不足，根据考察评析的域外立法经验，可以看出我国立法存在的漏洞；结合我国十省市被调查民众涉及继承开始的通知与公告的观念和处理习惯的调查统计数据和司法实践相关案例的分析，可以看出我国十省市被调查民众对继承开始的通知与公告的观念和处理习惯及司法实践，与我国现行立法有一定差异；通过我国立法的学者建议稿的分析，汲取其中有益的观点，可以为补充完善“中国民法典·继承编”的相关立法提供参考。必须说明，2018 年 9 月 5 日我国立法机关公布了“民法典各分编（草案）”征求社会各界意见，该草案第 929 条仍然保留我国《继承法》第 23 条的原文内容。[①] 鉴于该“草案”还不是正式法律，故以下仍以我国《继承法》第 23 条的现行立法分析我国立法之不足。

① 2018 年 9 月 5 日公布的公开征求社会各界意见的“民法典各分编（草案）”第 929 条规定：“继承开始后，知道被继承人死亡的继承人应当及时通知其他继承人和遗嘱执行人。继承人中无人知道被继承人死亡或者知道被继承人死亡而不能通知的，由被继承人生前所在单位或者住所地的居民委员会、村民委员会负责通知。”

（一）我国继承开始的通知与公告制度立法之不足

1. 在立法结构上，欠缺继承开始的公告制度

目前，我国《继承法》第 23 条只规定有继承开始的通知制度，没有设立继承开始的公告制度。由于继承开始的通知制度与继承开始的公告制度两者的对象不同，前者是针对已知的对象发出，后者是针对未知的对象发出。两者的发出方式也有不同，前者主要是口头或书面方式，或传真、电子邮件、电话等方式；后者主要在公告栏、报刊发布公告。两者传达的范围也不同，后者的传达范围大于前者。因此，两者不能相互替代。从域外立法来看，前述六国均设立有继承开始的公告制度，以催告继承人、遗产债权人等利害关系人前来申报对遗产的权利。我国欠缺继承开始的公告制度，不利于保护继承人、遗产债权人及其他遗产利害关系人的权利，这是其立法之不足。

2. 从立法内容来看，我国继承开始的通知与公告制度立法之不足

（1）我国继承开始的通知与公告主体立法之不足。我国继承开始的通知与公告主体立法之不足，主要是通知主体的范围较窄，并且欠缺公告主体。我国现有的继承开始的通知与公告主体包括知道被继承人死亡的继承人、被继承人生前所在单位或者居住地的居民委员会、村民委员会和人民法院，但没有规定遗产管理人、遗嘱执行人作为通知主体，这不便于及时告知其他遗产利害关系人前来参与遗产处理事务。从我国现实生活中看，根据前述继承开始的通知与公告主体的我国十省市民众的调查数据分析表明：我国十省市被调查民众所在地区日常生活中继承开始的通知主体有多种，除现行法已规定的知道被继承人死亡的继承人、被继承人生前所在单位或者住所地的居民委员会、村民委员会外，还有选择各类亲友、法院、律师、公证员或民政部门等各种知晓被继承人死亡的人或机关进行通知的（见表 2-3-1、图 2-3-1）。从前述我国学者建议稿来看，均主张增加遗产管理人、遗产利害关系人为通知主体。可见，我国现行立法继承开始的通知主体的范围较窄，并且欠缺公告主体的规定，难以满足民众在实际生活中对多种通知与公告主体的需要。

（2）我国继承开始的通知与公告对象立法之不足。我国继承开始的通知与公告对象立法之不足，主要是通知对象的范围较窄，并且欠缺对公告对象的规定。关于继承开始的通知对象，我国《继承法》第 23 条仅列举规定为不知道被继承人死亡的其他继承人和遗嘱执行人。其立法之不足主要有以下两个方面：第一，与遗产利益或处理密切相关的人员，包括受遗赠人、遗产债权人、遗产管理人及其他遗产利害关系人，未被列入被通知对象中，可能会导致这些人无法及时地参与到遗产处理的相关事宜中。然而，从域外立法来看，前述大陆法系国家的主体，对于继承开始的通知与公告的对象，包括继承人、遗产债权人、受遗赠人以及遗产管理人和其他利害关系人，其被通知或公告的对象范围较广。第二，我国目前并无公告催促继承人、受遗赠人、遗产债权人申报权利以及继承人有无不明或针对无人承受遗产的公告之相关立法，因此受遗赠人、遗产债权人、遗产管理人等其他遗产利害人有可能不能被及时告知继承开始的事宜，可能会导致在遗产的处理实践中遗赠人、遗产债权人等的相关权益被侵害。这在前述涉及继承开始的通知与公告对象的案例二中有所体现。由此可见，我国现行立法继承开始的通知对象范围较窄，并欠缺对公告对象的立法，难以满足民众在现实生活中对多种遗产利益相关人给予通知的需要。

(3) 我国继承开始的通知与公告期间立法之不足。第一，我国继承开始的通知与公告期间立法之不足，主要是欠缺继承开始的通知和公告期间之规定。从域外立法比较来看，与大陆法系国家相比，我国没有对继承和遗赠的接受与放弃的催告、遗产债权人的催告、继承人有无不明或无人承受遗产的催告之具体催告期间的规定。从我国十省市被调查民众涉及继承开始的通知与公告之观念及处理习惯的调查数据看，关于继承开始的通知期间，我国十省市被调查者对于通知人在被继承人死亡后通知遗产处理相关人员的期间，约有六成（占 59.81%）的被调查者认为应当在 7 日内完成通知，只有少数的被调查者约占一成半（占 16.71%）认为通知时间应在 30 日内（见表 2-3-3、图 2-3-3）。这反映出，我国多数被调查者认为在被继承人死亡后应当早日通知相关人员，以便于及时处理遗产问题，从而减少继承纠纷的发生。第二，对于继承开始的通知对象不明或有无不明的特殊情况下，采用公告方式进行通知的期间也无规定。虽然我国现行《民事诉讼法》第 191、192 条有认定财产无主公告的期间之规定，我国现行《民事诉讼法》第 219 条有遗失票据的公示催告的期限之规定，均非继承开始的通知与公告之期间。可见，我国现行法之继承开始的通知与公告的期间欠缺，这不利于引导继承人及其他通知义务主体在实践中及时履行通知义务。前述我国诸学者建议稿均认为，一般催告期间不应少于 2 个月。我国此方面立法之不足，有待补充。

(4) 我国继承开始的通知与公告方式立法之不足。我国继承开始的通知与公告方式立法之不足，主要是欠缺继承开始的通知与公告方式的规定，存在立法漏洞。我国现行立法之不足主要如下：从域外立法的比较来看，与前述大陆法系国家相比，我国没有对继承和遗赠的接受与放弃的催告、遗产债权人的催告、继承人有无不明或无人承受遗产之催告方式的规定。从前述我国十省市被调查民众对于继承开始的通知相关观念与处理习惯来看，对继承开始的通知与公告方式的调查数据分析表明，在我国十省市被调查民众所在地区，继承开始后，近七成半（占 74.89%）的被调查民众所在地区最常使用的通知方式是口头、电话、微信等方式。此外，有五成的（占 50.91%）被调查者所在地区也采用书面通知方式。在实践中除以上两种方式外，采用在报纸、电视、网络等平台发布公告的有两成（占 20.94%），采用在被继承人所在地的村（居）委会公告栏公告的有三成多（占 33.47%），采用申请人民法院发出公告的有三成（占 30.52%）。从前述诸学者建议稿来看，均主张设立继承开始通知与公告方式的规定。可见，我国对继承人、受遗赠人或遗产债权人通知与公告的方式之立法缺失，可能会影响继承人和其他遗产利害关系人被及时告知参与继承事务，不利于保护继承人及其他遗产利害关系人的权益。

(5) 我国继承开始的通知与公告效力立法之不足。我国继承开始的通知与公告效力立法之不足，主要是欠缺继承开始的通知与公告效力规定。对此我国立法的不足有以下三点：第一，从域外立法比较来看，与前述两大法系国家相比，我国没有对继承和遗赠的接受与放弃的催告效力、遗产债权人的催告效力的规定。第二，对负有继承开始的通知与公告之义务的主体，如果未在规定期间内履行通知义务，其应承担的法律责任无规定；如果继承开始的通知与公告之义务的主体已履行通知与公告后，在通知或公告的期间届满前，其是否有权拒绝对遗产债权人的清偿也未作规定。因此，在司法实践中，对于继承开始的通知与公告主体未履行通知与公告义务的，如追究其法律责任却于法无据。第三，遗产利害关系人未在规定期间内作出意思表示或申报相关权利的不利后果也无规定。从前述诸部继承法学者建议稿看，一是主张规定通知主体未履行通知义务的赔偿责任；二是主张规定公告期间内不应清偿被继承人的债务；三是主张规定遗产债权人未在规定的期限内申报债权，仅得就剩余遗产行使其权利。可见，我国现行立法关于继承开始的通知与公告的效力规范缺失，不能引导继承开始的通知主体及时履行通知义务，不能督促遗产权利人及时申报权利，不利于预防遗产处理纠纷的发生，不能满足民众在现实生活中多种遗产利益相关人对各自权益保护的需要。

综上所述，我国立法欠缺继承开始的公告制度，继承开始的通知制度也不完善，这表现为有关继承开始的通知与公告的主体、对象、期间、方式和效力的规定均存在某些不足，有待进行适当的修改或补充。

（二）我国继承开始的通知与公告制度的立法完善建议

继承开始的通知与公告制度主要是针对继承开始后有的继承人或相关利害关系人不知道被继承人死亡的情况，法律规定由特定的主体对继承开始的事实进行通知与公告，以使继承人和其他遗产利害关系人能及时地知晓继承开始的情况并参与到遗产处理中来的制度。针对我国立法的前述不足，我们结合对继承开始的通知与公告制度我国十省市被调查民众之相关观念与处理习惯的调查数据和相关案例的分析，借鉴域外有益的立法经验，吸取我国学者建议稿的有益观点，提出增补继承开始的公告制度，完善继承开始的通知制度的立法完善建议。

1. 继承开始的通知与公告的主体与对象之立法完善建议

为保障继承程序的顺利开启，维护各类遗产利害关系人的合法权益，对继承开始的通知与公告之主体与对象的设置，既要遵循我国亲情伦理的传统文化，又要考虑通知主体的适当性和便利性，确保参与遗产债务清偿、遗产分割等事项的通知对象不被遗漏。因此，在我国现行立法的基础上，借鉴前述域外立法，并参酌我国十省市被调查民众的观念与处理习惯，综合我国学者建议稿的观点，我们建议增补继承开始的公告制度①，扩大继承开始的通知的主体与对象范围，明确规定继承开始的公告的主体与对象范围，在“中国民法典·继承编”中对继承开始的通知与公告的主体与对象范围作如下规定：

继承开始后，知道被继承人死亡的继承人、遗嘱执行人或遗产管理人应当通知或公告其他继承人；在继承人中无人知道被继承人死亡或者知道被继承人死亡而不能通知时，被继承人生前所在单位或住所地的村民委员会、居民委员会或处理被继承人死亡事件的机构（如公安交警部门）应当通知或公告其他遗产利害关系人；在诉讼程序中一方当事人死亡或继承遗产诉讼中仅有部分继承人起诉时，受理该案的人民法院应当通知或公告继承人和其他遗产利害关系人。被继承人死亡后，继承开始通知与公告的对象包括继承人、遗嘱保管人、遗嘱执行人、遗产管理人、受遗赠人、遗产债权人等遗产利害关系人。

① 对于无人承受的遗产，设立继承开始的公告制度，寻找继承人及其他遗产利害关系人的规定，详见第八章针对无人承受遗产的“继承开始的公告程序”制度之立法建议，在此不予赘述。

2. 继承开始的通知与公告的期间与方式之立法完善建议

关于继承开始的通知与公告的期间与方式，从降低通知成本、提高通知效率角度考量，通知义务主体发出通知或公告所需的时间与公告期间不同，采用的通知方式也因通知对象的已知、未知或下落不明而应有所区别。借鉴前述域外立法，并参酌我国十省市被调查民众的观念与处理习惯，综合我国学者建议稿的观点，参考我国现行《民事诉讼法》和我国 2015 年《关于适用民事诉讼法的解释》对送达方式的相关立法①，建议增补继承开始的通知与公告的期间与方式，在“中国民法典·继承编”中对继承开始的通知与公告的期间与方式作如下规定：

凡负有通知与公告义务的主体，应当在得知继承开始的事实之日起 7 日内将此事实通知其明知或应当知道应被通知或公告的对象，可选用口头、电话、微信等方式进行通知，也可以选择书信、邮寄、传真、电子邮件等方式进行通知。在被通知对象不明、不知下落或用其他方式无法通知时，应在 7 日内在被继承人生前住所地村民（居民）委员会公告栏中公告，或在省一级报纸、电视、网络上公告，或申请被继承人生前居住地或遗产的不动产所在地的人民法院进行公示催告，公告期间不少于 60 日。如继承人等遗产利害关系人向法院申请延长公告期间的，最长不超过 6 个月。如果被继承人遗留的遗产不足以支付公示催告费用的，可以不进行公告。

3. 继承开始的通知与公告的效力之立法完善建议

一方面，为了督促继承开始的通知与公告的通知主体及时履行继承开始的通知义务，可对通知主体未履行通知义务的法律后果和已履行通知义务后的权利义务两个角度进行规定。另一方面，为了确保遗产利害关系人能够按期主张权利，以保障后续的遗产债务清偿、遗产分割等活动的顺利进行，可对通知对象没有在通知或公告期间内主张权利或提出异议应承担的责任角度进行规定。借鉴前述域外立法，结合我国学者建议稿的观点，建议增补继承开始的效力，在“中国民法典·继承编”中对继承开始的通知与公告的效力作如下规定：

如继承人明知或应当知道有遗产利害关系人却故意隐瞒继承开始的事实不予通知或公告的，可酌情不分或少分遗产。

遗嘱执行人、遗产管理人以及被继承人生前所在单位或者住所地的村民委员会、居民委员会，因过错未尽通知或公告义务造成遗产利害关系人的利益损失的，应承担损害赔偿责任。

在公告寻找遗产利害关系人的法定期限内，继承人、遗嘱执行人和遗产管理人不得向任何遗产债权人清偿债务。如果其违反上述义务，对遗产利害关系人造成损害的，应当承

---

① 我国现行《民事诉讼法》第 88 条规定：“直接送达诉讼文书有困难的，可以委托其他人民法院代为送达，或者邮寄送达。邮寄送达的，以回执上注明的收件日期为送达日期。”我国 2015 年《关于适用民事诉讼法的解释》第 138 条第 1 款规定：“公告送达可以在法院的公告栏和受送达人住所地张贴公告，也可以在报纸、信息网络等媒体上刊登公告，发出公告日期以最后张贴或者刊登的日期为准。对公告送达方式有特殊要求的，应当按要求的方式进行。公告期满，即视为送达。”我国 2015 年《关于适用民事诉讼法的解释》第 135 条规定：“电子送达可以采用传真、电子邮件、移动通信等即时收悉的特定系统作为送达媒介。《民事诉讼法》第八十七条第二款规定的到达受送达人特定系统的日期，为人民法院对应系统显示发送成功的日期，但受送达人证明到达其特定系统的日期与人民法院对应系统显示发送成功的日期不一致的，以受送达人证明到达其特定系统的日期为准。”

担赔偿责任。受有损害的遗产利害关系人，可向不当受偿的遗产受益人请求偿还其不当受偿的数额。

被通知或公告的遗产的相关权利人，在公告期内未申报权利或提出异议的，只能就清偿遗产债务后剩余的遗产行使权利或向不当受偿的遗产受益人追偿，但对遗产享有担保物权的债权人除外。

第三章　遗产管理制度研究[①]

遗产管理制度是指在继承开始后，根据遗嘱或法律的规定，选任遗嘱执行人或遗产管理人担任管理待继承遗产的职责，由其编制遗产清单、妥善保管遗产、通知或公告催告相关利害关系人申报债权债务、清偿遗产债务、制订分配方案完成遗产分配等事项的法律规范的总和。本章研究和阐述的主要内容包括：遗产管理制度概述；遗产管理制度的国外立法现状与评析；遗产管理的我国立法现状与我国民众的观念和民众处理习惯及司法实践的考察与评析；遗产管理制度之我国立法的学者观点与评析；现代遗产管理制度的发展趋势与我国立法的完善建议。

第一节　遗产管理制度概述

本节拟对遗产管理制度的基本理论，遗产管理制度从古代社会到近现代社会的演变历程，遗产管理制度的目的、价值取向与功能进行考察与研究。

一、遗产管理制度的基本理论

遗产管理是指在继承开始后，根据遗嘱或法律的规定，选任遗嘱执行人或遗产管理人担任保护和管理待继承遗产的职责，通过其对遗产实施财产保管、编制清册、公示催告、遗产清算、制订分配方案完成分配遗产等事项的一系列行为。遗产管理制度，则是调整前述一系列管理遗产行为的法律规范的总和。目前，我国《继承法》只是在相关条文中原则性地规定了遗产保管和遗嘱执行的内容，并没有设立体系完善的遗产管理制度。我国有的学者指出，保管是指对物品进行保存及对其数量、质量进行管理控制的活动，保管并不涉及对保管物的处分管理。[②] 有的学者认为，遗产保管仅仅是保管人对所存有的死者遗产进行保管，并无权像遗产管理人那样为保管好遗产而作出处理遗产的必要行为。[③] 我们认为，遗产保管原则上是对遗产进行临时的管理，实质上只是保存遗产，但在特殊情况下为被保管人的利益亦可以处分遗产。遗产保管只是遗产管理制度的组成部分，对保护遗产，维护继承人、受遗赠人和遗产债权人的利益发挥着重要作用。遗产管理制度是一项系统性、综合性的制度，遗产管理人的职责除保管遗产外，还包含编制遗产清单、公示催告遗产权利人、遗产清算及遗产分配等内容。因此，有必要在我国立法现有规定的基础上，设

① 本章作者简介：陈苇，女，西南政法大学民商法学院教授、博士生导师；石婷，女，法学博士，西南政法大学民商法学院讲师。

② 房绍坤、范李瑛、张洪波：《婚姻家庭与继承法》，中国人民大学出版社 2007 年版，第 360-361 页。

③ 刘春茂：《中国民法学·财产继承（第二版）》，人民法院出版社 2008 年版，第 410 页。

立系统、完善的遗产管理制度。

（一）遗产管理人的资格与产生方式

关于遗产管理人的资格，是指作为遗产管理人应该具备的在遗产管理过程中管理遗产、清算遗产债务（含有条件的处分遗产）以及分配遗产的能力。遗产能否得到妥善、有效的管理，关系着继承人、遗产债权人等利害关系人的利益以及社会交易秩序的稳定。因此遗产管理主体本身必须具备处理遗产的能力，能够妥善地管理遗产、清算遗产的债权债务、依遗嘱或法律分配剩余遗产。目前域外一些国家的法律对于遗产管理人的任职资格都有一定的条件和要求，下列情况的主体不得担任遗产管理人：其一，无民事行为能力者或限制民事行为能力者。例如，《德国民法典》规定，遗嘱执行人在就职时为无民事行为能力或限制民事行为能力者或成年人因心理或身体上的残疾而不能完全或部分处理其事务需有照管人的也不能担任遗嘱执行人。[①] 其二，破产者和无力偿债者。一些国家法律还规定破产者和无力偿债者不得担任遗产管理人或遗嘱执行人。例如，日本法律规定破产人不得为遗嘱执行人。[②] 因为这些人通常债务缠身，自身的经营和生活会受到法律的约束和限制，让其担任遗产管理人处理遗产的债权债务，其信用度会受到质疑，影响遗产管理的进行。

关于遗产管理人的产生方式，综合目前一些国家遗产管理制度中遗产管理人的产生依据，其主要有以下三种产生方式：其一，遗嘱指定遗产管理人。其二，继承人协商推选遗产管理人。如果被继承人没有设立遗嘱或所立遗嘱无效，继承人有两人以上的，继承人应当及时协商从继承人中推选遗产管理人。其三，法院指定遗产管理人。例如，共同继承人协商不成或者在某些特定的情况下，经继承人、遗产债权人与遗产的利害关系人等的申请，法院可以依照职权指定遗产管理人。遗产管理人产生的以上三种方式中，从适用的先后看：遗嘱指定优先；然后共同继承人协商确定；协商不成的，才由法院指定。

（二）遗产管理人的职责与报酬

关于遗产管理人的职责，是指对遗产管理人履行遗产管理工作的具体内容及履行要求。目前大陆法系国家和英美法系国家在设定遗产管理制度时，对遗产管理人的职责都有详细的规定，主要有如下内容：其一，清理和保全遗产。它是指在继承开始后，遗产管理人应尽善良管理人的义务对遗产进行收集、清理、估价，并通过保存、利用、改良或适当的处分和变卖等行为实现对遗产的保全。[③] 其二，编制遗产清单。它是遗产管理人对遗产进行清点、估价后，在分离出被继承人财产在夫妻共同财产、家庭共同财产及其他人财产份额的基础上，按照遗产的不同性质、形式或状态进行分类列编，查清存在的遗产债权或遗产债务，然后制作出完整的遗产清单。其三，公示催告。它是指在遗产清单制定之后遗产管理人由本人、继承人或申请法院就与遗产管理相关的事项进行公告，通知遗产继承人、遗产的债权人和债务人、受遗赠人等利害关系人在规定的期限内申报权利或义务的行为。其四，追讨遗产债权和清偿遗产债务。遗产管理人对遗产进行管理，其中最重要的职责就是追讨被继承人生前的债权和清偿遗产债务。其五，遗产分配。它是指遗产管理人在

① 《德国民法典》第 1896、2201 条。

② 《日本民法典》第 1009 条。

③ 石婷：《遗产管理制度研究》，群众出版社 2017 年版，第 35 页。

清偿遗产管理费用、税款以及遗产债务后有剩余财产的情况下，应当依遗嘱或依法将剩余遗产分配给继承人或遗产受益人。例如，《日本民法典》第 918 条规定，继承人应与其固有财产同一的注意管理继承财产。《意大利民法典》第 529 条规定，保佐人负责编制并且执行遗产清单、作为原告提起相关的诉讼、作为被告参加与遗产有关的诉讼、管理遗产、将遗产中的现金，或者出售动产或不动产所得的现金存放在邮局或由初审法院指定的信贷银行并且报告管理账目。

以上是遗产管理人的主要职责，但并不是所有的遗产继承都须履行上述全部职责，如在遗产无法清偿债务的情况下，就没有剩余的遗产进行分配。此外，除上述职责外，遗产管理人还可能需要履行其他职责，如报告遗产管理情况并制作管理文件以备法院或利害关系人核查、受委托对遗产纠纷以代理人的身份起诉和应诉等。

关于遗产管理人的报酬，不同国家的法律规定有不同：一是有些国家立法规定遗产管理人享有报酬请求权，如《德国民法典》第 1987 条。二是有些国家立法则规定遗产管理人原则上不享有报酬权，但是被继承人遗嘱中确定给予其报酬或者遗产权利当事人约定给予其报酬的情况除外，如《意大利民法典》第 511、711—712 条规定遗嘱执行人之职是无偿的，但遗嘱人可以为遗嘱执行人确定报酬，该项报酬金由遗产支付。可见，通常遗产管理人报酬的金额的确定，应该依据遗产管理人的工作量、管理内容的难易程度以及遗产的数额等及诸多方面的因素，综合予以考量。

（三）遗产管理人的法律责任

遗产管理人在管理遗产的过程中，必须谨慎地行使管理权，否则其对违反管理义务以及对未能尽合理注意义务所造成的财产损失应承担法律责任。例如，遗产管理人擅自挪用遗产，故意隐匿、侵占、变卖遗产，不恰当地处理遗产，造成遗产浪费的，遗产受益人或债权人有权追究其法律责任。法律规定遗产管理人不当履行管理职责应承担法律责任，其目的在于促使遗产管理人正确、合理地履行职责，有效地完成遗产管理的任务。关于遗产管理人的法律责任主要有两种：一是其在造成遗产受益人利益减损的情况下，应当就造成的损失承担民事赔偿责任；二是管理人为限定继承人，如其恶意制作不实的遗产清单，应依法被强制承担对遗产债务的无限清偿责任。例如，《意大利民法典》第 709 条规定，在有过失的情况下，遗嘱执行人应当向继承人和受遗赠人承担赔偿损失的责任。遗嘱执行人有数名的，应就共同管理行为承担连带责任。另外，在限定继承人担任遗产管理人时，其在遗产管理过程中有严重过错的，如明知而恶意将属于遗产的某些资产不计入遗产清单或记入虚假债务的，则被视为自开始为无条件接受继承，即强制其承担无限清偿遗产债务的责任。《日本民法典》第 921 条规定，继承人处分继承财产的全部或部分，或在限期内作出限定继承或放弃继承后，隐匿继承财产全部或部分，私自消费或恶意不将其记载于继承财产目录的，视为继承人已作出单纯承认。

（四）遗产管理的终止

在遗产管理过程中，导致遗产管理终止的情况主要有如下四种：其一，遗产管理任务完成的。遗产管理人在完成清理和保全遗产、公示催告申报债权债务、追讨遗产债权、清偿遗产债务、分配剩余遗产等职责后，其管理职责到此终止。其二，遗产管理人辞职或放弃遗产管理权的。当遗嘱指定的遗产管理人，或继承人推选的遗产管理人，或法院指定的遗产管理人不愿意承担管理职责而主动放弃管理权的，或者向继承人和法院申请辞职的，在其申请得到允许之后，其遗产管理职责终止。其三，遗产管理人被解除管理权的。在遗产管理过程中，遗产管理人出现不符合任职资格的情况时，如丧失履行职责的能力，或在完成遗产管理任务前死亡，或因犯罪而被判处有期徒刑服刑而不能履行遗产管理职责，或恶意损害遗产权利人利益造成重大损失的，将会被解除管理职权。其四，其他导致遗产管理终止的事由。除上述情况外，遗产管理过程中出现的其他情形也会导致遗产管理的终止，如规定的遗产管理期限届满，或者因为地震、火灾等不可抗力的客观事由造成遗产灭失的，或者遗产已全部用于清偿债务的，或者显然不存在与管理费用相当的遗产的。

对于以上遗产管理终止的情形，有些将导致遗产管理的永久性终止，如遗产管理人的管理任务完成、遗产灭失、遗产全数用于清偿遗产债务和遗赠、存在的遗产不足以支付遗产管理费用等；有些情形则会导致遗产管理的中止，如遗产管理人辞职、遗产管理人丧失管理资格、遗产管理人被解除管理权等，在依法定程序重新指定遗产管理人后，遗产管理将重新启动。

二、遗产管理制度的演变

无论是古罗马法时代、古日耳曼法时代，还是我国古代时期，虽然没有现代意义上的遗产管理制度，但是在这些时期存在相关主体对遗产进行管理的事实，遗产管理制度已有萌芽。到近现代社会，遗产管理在一些国家逐步以立法的形式予以制度化。

（一）古代社会遗产管理制度之演变

1. 外国古代社会遗产管理制度的演变

在古罗马法时代，虽然没有遗产管理具体制度，但是在继承开始后，存在以下主体对遗产进行管理的现象：

其一，奴隶对遗产的管理。在古罗马时代，奴隶所取得的财产都归主人所有，幼儿的监护人、保佐人让幼儿的奴隶来代替幼儿接受继承，对遗产进行管理。① 其二，继承人对遗产的管理。依据早期罗马继承法的规定，继承人要继承被继承人的人格，承受被继承人遗留的一切法律关系，管理被继承人的遗产。因此，在古罗马，就死者遗留的财产而言，继承人接替死者的法律地位，除专属于被继承人的权利义务外，都要由继承人概括地继承下来，并对遗产的债权债务进行管理。② 其三，遗嘱执行人对遗产的管理。例如，在拜占庭帝国时期，允许遗嘱人以不特定的贫民或被敌俘虏的人为继承人或受遗赠人，而遗嘱执行人则是由遗嘱人选任为该贫民或被敌俘虏之人赎身的人，该选任的遗嘱执行人承担为继承人或受遗赠人保存遗产和执行遗嘱内容的职责。不过此时期的遗嘱执行人只是在受到遗嘱人指定的条件下对遗产起临时保管的作用。③ 其四，遗产信托的受托人对遗产的管理。周枏先生认为，罗马法上的遗产信托是指遗嘱人以遗产的全部、一部分或特定物委托其继承人（受托人），在他死后移转于指定的第三人（受益人）。④ 由此可见，在古罗马法时代，遗产信托中的受托人即继承人，在法律上继承立遗嘱者的人格和财产，同时又具有中

---

① 周枏：《罗马法原论（下册）》，商务印书馆 1994 年版，第 524–526 页。

② ［意］桑德罗·斯奇巴尼：《民法大全选译之遗产继承》，费安玲译，中国政法大学出版社 1995 年版，第 75–76、135 页。

③ 史尚宽：《继承法论》，中国政法大学出版社 2000 年版，第 564 页。

④ 周枏：《罗马法原论（下册）》，商务印书馆 1994 年版，第 618 页。

介人的地位，他必须要按照遗嘱人的意愿，将财产交给遗嘱指定的受益人，并对继承的债权和债务进行管理。其五，国家对无人继承遗产的管理。在罗马法时期，遗产无人继承时被认为是绝产（bona vacantia），依 Iex Julia et Papia Poppae 的解释，应归属于国民的国库，然后归到皇帝的财库。[①]

在古日耳曼法时代，在继承开始后，存在以下主体对遗产进行管理的现象：

其一，继承人对遗产的管理。根据日耳曼法的规定，继承开始后，无论何种类型的继承人都当然地取得占有遗产的权利。继承人为确保其继承遗产权利的实现，可以对遗产进行以下的管理行为：对遗产的情况进行调查；对遗产进行实际的占有；提起裁判程序，向占有遗产的第三人请求返还遗产；行使对遗产的债权和债务行为。[②] 其二，遗嘱执行人对遗产的管理。在封建时代的日耳曼法中，存在"中介受托人"，也即后世的遗嘱执行人对遗产进行管理的现象。此时期的中介受托人（Salmann）制度，可能是现代遗嘱执行人制度的起源，其指的是拥有财产支配权的所有权人，可以指定他人（受托人）以本人的名义，行使对财产的管理权与处分权，此他人为继承人以外之人，也即为中介受托人。[③] 其三，父亲对子女应继承其母遗产的管理。依据日耳曼法的规定，在子女的母亲一方已死亡，而父亲没有死亡的情况下，则该子女从其死亡的母亲处应继承的财产，应该由生存的父亲对该遗产进行管理。[④] 其四，有权主体对无人继承遗产的管理。早在欧洲封建时期，日耳曼法就规定在继承人旷缺的情况下，由相关的有权主体对该遗留的遗产进行管理。但日耳曼各个时代有其不同的处理方法：在部族法时代，国王可以享有取得遗产的权利；在封建法时代，遗产则归属于领主；在都市法时代，遗产则归属于诸都市。[⑤]

2. 中国古代社会遗产管理制度的演变

我国古代社会虽然没有现代意义上的遗产管理制度，但是已经有遗产管理制度的萌芽。我国古代社会有关主体对遗产进行管理的现象，主要有以下情况：

其一，男性家长对遗产的管理。中国古代实行家父制度，家是家族成员生产消费的共同体，通常情况下，宗族家庭中的家长由该家族里辈份最尊的男性担任，如该男性不愿意担任或者不能管理家政事务时，则由次于该男性的长者担任。如果家族中辈份最尊者还未成年则由成年的卑亲者代理。[⑥] 家长去世，则意味着家族管理人的更换，通常由下任家长对包括遗产在内的家产进行管理。[⑦] 可见，此时期是家长对遗产的管理。

其二，守志寡妇对遗产的管理。古代妇女对于家产原则上不是继承人，不同于男性那

---

① 戴炎辉、戴东雄：《继承法》，顺清文化事业有限公司 2004 年版，第 224 页。

② 由于日耳曼法并不承认继承就是对死者人格的承继，所以继承人只继承特定范围内的债务，而且继承人所负担的物上责任仅以遗产中的动产（除武具、嫁妆等）为限度。到都市法时期，由于经济交易发达，继承人债务继承的范围也随之扩张，债务的代偿责任，亦从动产及于不动产，由遗产推及于继承人的固有财产。参见李宜琛：《日耳曼法概说》，中国政法大学出版社 2003 年版，第 212-213 页。

③ 李宜琛：《日耳曼法概说》，中国政法大学出版社 2003 年版，第 213-214、219 页。

④ 李秀清：《日耳曼法研究》，商务印书馆 2005 年版，第 295 页。

⑤ 李宜琛：《日耳曼法概说》，中国政法大学出版社 2003 年版，第 207 页。

⑥ 至于女性能否担任家族的家长，古代法中没有明确的规定条例。但依据《大清国亲属法草案理由书》第 12 条的规定，如果家族中没有男性，或者家族中男性相继去世，且没有男性成年者的时候，为了延续家族的发展，可以由女性担任家长，掌管一切家政事务。参见卢静仪：《清末民初家产制度的演变——从分家析产到遗产继承》，台湾元照出版公司 2012 年版，第 153-155 页。

⑦ ［日］滋贺秀三：《中国家族法原理》，张建国、李力译，法律出版社 2003 年版，第 239-241 页。

样直接继承或是参与析分，而是以间接的方式对遗产进行继管。守志寡妇对亡夫遗产在儿子没有成年或者没有确立子嗣之前享有代管遗产的权利，也就是该女子继续管理夫家家产的一种方式，称之为“继管”。① 例如，在清末民初时期，依据《大清现行刑律》民事有效部分的“立嫡子违法”条例二，“妇人夫亡无子守志者，合承夫分”推论，“父亲死亡之后有儿子的，遗产应该归其儿子继承。但是如果其儿子没有成年，则应该由其母亲代为管理。如果其儿子已经成年，则除该子自愿让其母亲管理继承财产的一部分或者全部，或者有其他法律理由外，管理继承财产的权利应该属于该儿子而非其母亲，此即该母享有儿子应继承遗产的代管权”。②

其三，继承人未确定时遗产的管理。在清末时期，对于被继承人死亡后，继承人未选定的，法律明文规定由遗产管理人对遗产进行管理，并明定其有管理遗产的职责。综合依据清末时期大理院对于有关遗产管理的判例可知，被继承人死亡后没有儿子或者儿子未成年的，又没有指定遗产管理人的，则遗产管理人的顺序为：守志之妇—被继承夫妇后死亡者的指定人—同居尊长—同父兄弟—亲属会共同选定者—其他同居亲属—审判衙门指定者。以上大理院规定有关遗产管理人管理遗产的情况，《大清民律第二次草案》都将其见解整理后编撰入法律条文内。③

其四，无人继承遗产（户绝财产）的管理。在我国古代“户绝”通常是指无男子继承宗族的家庭。唐代对户绝财产的具体规定在唐令中。唐开元二十五年令：“诸身丧户绝者，所有部曲、客女、奴婢、店宅、资财，并令近亲（亲依本服，不以出降）转易货卖，将营葬事及量营功德之外，余财并与女；无女均入以次近亲；无亲戚者，官为检校。若亡人存日，自有遗嘱处分，证验分明者，不用此令。”④ 由此可见，唐代对户绝财产的处理原则是：在变卖财产后扣除丧葬费用所余的财产，由其女承受；无女则由其近亲承受；无近亲则收归官府，即国家成为承受遗产的主体，但有遗嘱处分的除外。在明代，明律（户令）规定：“户绝财产，果无同宗应继者，所有亲女承分，无女者，入官；清律沿袭明律规定，《户律、户役门、卑幼私擅用财条例》规定：户绝财产，果无同宗应继人，所有亲女承受；如无女者，听地方官详明上司，酌拨充公。”在清代，实际上这种财产都归于亲戚，没收充公是最后处置。⑤ 晚清的《大清民律草案》第 96 条规定，将无人承认继承的遗产作为法人。⑥《大清民律草案》第 1555 条至第 1561 条规定了“无人承认之继承”制度，如第 1555 条规定：“继承开始时无继承人，或第一千四百六十八条之承受人出而承

---

① 邢铁：《家产继承史论》，云南大学出版社 2012 年版，第 76-77 页。

② 大理院四年上字第 1710 号判例，参见黄源盛：《大理院民事判例全文编》（未刊稿），第 253-266 页。

③ 《大清国继承法草案理由书》第六章及《大清民律草案》第五章为“无人承认之继承”，关于继承开始后，遗产没有人承认，且继承人又不能确定其有无的情况时，将继承的财产作为法人，由亲属会选定管理人管理遗产。《民律第二次草案》第四章则为“继承人未定及无人承诺之继承”，除有类似前两部草案的规定外，在同一章加列“继承人未定”一节，以决定此时的遗产管理人。参见卢静仪：《清末民初家产制度的演变——从分家析产到遗产继承》，台湾元照出版公司 2012 年版，第 161 页。

④ ［日］仁井田升：《唐令拾遗·丧葬令》，贾劲等译，长春出版社 1989 年版，第 720 页。

⑤ 戴炎辉、戴东雄：《继承法》，顺清文化事业有限公司 2004 年版，第 311 页。

⑥ 此种立法模式被后来民国政府所承袭，直到 1930 年的民法才放弃法人主义，于民法第 1184 条规定，在法定期间内继承人承认继承时，遗产管理人在继承人承认继承前，所为的职务上的行为，视为继承人的代理。参见林秀雄：《继承法讲义》，台湾元照出版社 2006 年版，第 179 页。

认不能明其有无者，其继承财产作为法人，由亲属会选定管理人管理遗产。”[①]

（二）近现代遗产管理制度之演变

近现代以来，随着社会的发展，世界上一些国家的继承法也随着民事立法的确立而逐步发展。近现代社会的遗产管理制度在一些国家的法律中被逐步以立法的形式予以确定。1804 年的《法国民法典》最早对遗产管理制度有所规定。此后，德国、日本、瑞士等国在其民法典中对遗产管理的内容也有规定。例如，根据《法国民法典》规定，继承人怠于管理遗产、缺乏管理或者管理中有过错，或者由于继承人之间不和、利益相抵触或者遗产的状况比较复杂，经利害关系人申请，由法院指定遗产管理人。[②] 根据《德国民法典》规定，遗产法院可根据继承人或遗产债权人的申请，发布遗产管理命令，指定遗产管理人管理遗产，在继承人不明或不能肯定其是否已接受遗产的情况下，依法为待继承遗产选任遗产管理人。[③] 根据《日本民法典》规定，遗产管理人应当以对自己固有财产同样的注意义务妥善管理遗产，为遗产制作清单目录。[④]

英美法系国家的遗产清算制度中也规定有遗产管理的内容，其是英美法系国家继承法的重要组成部分。英国法关于遗产管理制度的制定法有《1925 年遗产管理法》（Administration of Estates Act 1925）、《1925 年司法法》（Judicature Act 1925）、《1981 年高等法院法》（Supreme Court Act 1981）等，另外加上一些判例确定的原则。根据英国的遗产管理制度，被继承人死后其遗产并不直接归于继承人，而是由遗产管理人在清偿遗产债务、交付遗赠财产后，再将剩余的财产交给继承人，故不产生限定继承和遗产共有的问题。[⑤] 美国法主要来源于英国普通法，美国继承法与财产法联系密切，在某些方面与夫妻财产法相关。根据美国的遗产管理制度，死者动产先要转归遗产管理局管理，直到分配给继承人为止。在理论上，不动产直接转归继承人，但实际上也经过一段管理程序。所谓管理，包括追讨遗产债权，并为此可以遗产名义起诉；可在限定期间继续经营商业、投资等。法律对管理人的指定、权限和报酬等都有详细规定。不动产继承依财产所在地法，动产继承依被继承人最后住所地法。[⑥] 美国继承法的立法权在于各州州议会，各州立法中关于继承制度各不相同。1969 年由美国统一州法委员会公布的美国《统一继承法典》（Uniform Probate Code 1969）是美国关于继承制度立法方面的示范法典，该法典后来经过了多次修改，已被美国不少州所采用。[⑦] 其在第三部分遗产管理中详细规定有遗产管理的内容，并要求遗嘱执行人以“善良管理人”的注意义务管理遗产，其应该符合如同“一个理性人管理自己的事务”的注意义务标准。

在我国近现代社会，关于继承立法，在民国时期的 1930 年“民法继承编”来看，该继承编摒弃了我国古代以身份继承为主的继承制度，确定了以财产继承为标的的近代继承

---

① 杨立新点校：《大清民律草案》，吉林人民出版社 2002 年版，第 198-199 页。

② 《法国民法典》第 813-1 条。

③ 《德国民法典》第 1981 条。

④ 《日本民法典》第 918 条。

⑤ 魏振瀛、徐学鹿、郭明瑞：《北京大学法学百科全书·民法学·商法学》，北京大学出版社 2004 年版，第 1012 页。

⑥ 李启欣：《外国法制史》，湖南师范大学出版社 1992 年版，第 255 页。

⑦ Uniform Probate Code（amended in 2010），USA. 简称：美国《统一遗嘱检验法典》或 Uniform Probate Code。

制度。该继承编规定了遗产管理制度的内容，如第 1150 条规定了关于遗产管理等费用，由遗产支付。但因继承人之过失而支付者除外。第 1152 条规定，共有的遗产由继承人推选一人进行管理。再如，第 1177—1179 条规定，继承人有无不明时，应由亲属会议推选出遗产管理人，遗产管理人有制作遗产清单、公示催告遗产债权人和接受遗赠人限期内申报权利的职责等。① 1949 年中华人民共和国成立后，废除了民国时期旧的法律制度，实行社会主义的财产继承制度。在中华人民共和国成立初期，调整继承关系的一些法律性文件和司法解释已经规定有遗产管理制度的内容，如 1951 年 6 月 5 日《关于无人继承的遗产处理问题的批复（司三批字第 218 号）》、1951 年 10 月 9 日《最高人民法院关于对外侨遗产继承的代管处理原则等问题的复函》等。直到 1985 年 10 月 1 日起实施《继承法》，该法在第 16、24、32 条原则性地规定了遗嘱执行和遗产保管以及无人承受遗产的管理等内容，但还没有设立较为系统、全面的遗产管理制度。

三、遗产管理制度的目的、价值取向与功能

（一）遗产管理制度的目的与价值取向

1. 遗产管理制度的目的

遗产管理制度作为一项综合性的制度，其立法目的，主要在于使遗产在未交付继承人或继承人抛弃继承前有人负责进行适当的清理、保全，以免遗产受毁损，通过遗产管理人对遗产债权进行追讨、债务进行清算，对剩余遗产进行分配，以保障遗产权利人的利益免受侵害，确保遗产分配的公平和效率，维护社会的交易安全等。②

2. 遗产管理制度的价值取向

任何法律活动都应该以一定的法律价值作为行动依据。遗产管理制度作为继承法中遗产处理制度的组成部分，彰显着以保护民事主体权利为己任的私法所追求的自由、平等、公平、效益等法律价值。

（1）自由价值。自由是法律的核心价值。英国学者洛克认为，法律就其真正的含义而言，与其说是限制还不如说是指导一个自由而有智慧的人去追求他的正当利益……法律的目的不是废除或限制自由，而是保护和扩大自由。③ 继承法作为调整继承关系的民事法律，理应以自由为基本价值目标，保护继承关系中当事人的自由权利。④ 在遗产管理制度中，首先，赋予被继承人以遗嘱指定遗产管理人的权利，体现了法律尊重被继承人对其个人财产的处分权，保障其根据自己的意愿处理遗产的意思自治权的实现，彰显了法律的自由价值。其次，在没有遗嘱指定遗嘱执行人的情况下，法律规定以尊重继承人的自由选择权为前提，由其自愿担任遗产管理人，且赋予其在有多个继承人的情况下协商推选遗产管理人的权利，体现了法律对继承人自由权利的保障，表现了私法自治原则的精神。如有被继承人的指定，由遗嘱执行人担任遗产管理人。没有遗嘱执行人的，继承人如无因管理人般对遗产享有权利和负担义务，多个继承人则共同享有管理遗产的权利。⑤ 最后，遗产管

---

① 杨立新主编：《中国百年民法典汇编》，中国法制出版社 2011 年版，第 514-517 页。

② 石婷：《遗产管理制度的体系化研究》，载《学术探索》2016 年第 5 期。

③ ［英］洛克：《政府论（下册）》，叶启芳、瞿菊农译，商务印书馆 1996 年版，第 35-36 页。

④ 陈苇、石婷：《我国设立遗产管理制度的社会基础及其制度构建》，载《河北法学》2013 年第 7 期。

⑤ 《德国民法典》第 1959-1961、2038、2197、2205 条。

理人应该公示催告遗产债权人于一定期限内申报遗产权利，这意味着遗产债权人享有是否申报遗产权利的自由，体现了法律对遗产债权人自由权的确认。并且，法律规定遗产管理人有正当理由的可以自行辞任，这是法律对遗产管理人自由权利的保障，如意大利、法国两国的立法均有以上规定。① 以上这些都是法律自由价值理念的体现。

（2）平等价值。平等作为价值目标，是法律必不可少的价值追求。美国学者博登海默指出："所谓平等就是指凡是被法律视为相同的人，都应当以法律所确定的方式对待。"② 我国学者认为，任何法律都只有以必要的平等为条件才能够主持正义、维护正义，成为正义的法律。③ 继承法为平等保护继承人和遗产债权人的利益，对遗产管理人的职责进行规定时，应当以平等为指导原则，保障所有遗产权利人的利益。为此在遗产管理制度中，设立了遗产管理人有制作遗产清单、报告管理账目等职责。例如，《日本民法典》规定，遗产管理人应制作遗产清单，在继承人、遗产债权人或受遗赠人提出请求时，其须向提出请求的人报告继承财产的状况。④ 由此可见，遗产管理人编制遗产清单，并向相关遗产权利人公示清册和遗产管理文件，不仅可以明确遗产的范围和价值，还能有效地防止继承人或其他利害关系人侵吞、转移或者隐匿遗产，以平等地保护继承人和遗产权利人的利益。在遗产管理人不当管理遗产的情况下，赋予其他继承人和遗产债权人向法院申请变更遗产管理人的权利，并且管理遗产者如有严重过错造成遗产损失的，应当承担赔偿责任。⑤ 以上这些规定都体现了法律平等地保护继承人和遗产债权人的利益，彰显了法律的平等价值理念。

（3）公平价值。公平是法律的重要价值，法律的制定和实施都要以是否符合公平为标准。继承法在保障被继承人私有财产权和继承人权利实现的同时，又保护遗产债权人和其他利害关系人的利益，体现了法律的公平价值理念。⑥ 遗产管理制度是由特定主体对继承开始后遗产交付前的遗产进行管理的制度，其对遗产管理人的资格和产生方式、管理职责和报酬、法律责任、管理终止原因等都进行了具体规定。在遗产管理制度中，涉及公平地保护继承人和遗产债权人的制度，主要有两个方面：一是遗产管理人的损害赔偿责任；二是继承人的强制无限继承责任。一方面，从遗产管理人的赔偿责任来看，通常都要求遗产管理人必须谨慎地行使管理权利，必须依法制定遗产清单，妥善、合理地管理遗产，其在管理遗产过程中有违反管理义务或未尽合理注意义务的行为，如擅自挪用遗产用以私自挥霍，或不恰当地处理遗产造成遗产浪费或遗产价值减少的，或无正当理由延迟收集死者的财产导致遗产损失等，因此侵害相关遗产权利人利益的，遗产受益人或债权人有权要求遗产管理人对损害结果承担赔偿责任以及其他相关的法律责任。另一方面，关于继承人的强制无限继承责任。当继承人为遗产管理人时，为了保障其合理地行使管理权，对其行为有更为严格的法律责任。其在管理过程中出现有害于遗产和其他遗产权利人权益的行为

---

① 《意大利民法典》第709条第2款；《法国民法典》第800条第2款。

② ［美］E. 博登海默：《法理学：法律哲学与法律方法》，邓正来译，中国政法大学出版社2004年版，第308页。

③ 卓泽渊：《法的价值论》，法律出版社1999年版，第289页。

④ 《日本民法典》第954条。

⑤ 《意大利民法典》第709条第2款；《法国民法典》第800条第2款。

⑥ 陈苇、石婷：《我国设立遗产管理制度的社会基础及其制度构建》，载《河北法学》2013年第7期。

的，如故意造成遗产清单中记载的遗产标的明显不完备，或出于使遗产债权人蒙受损害的意图而记入并不存在的遗产债务，或者在由官方编制遗产清单时拒绝或故意拖延为编制遗产清单所必要的答复询问等情况时，将被强制承担遗产债务清偿的无限责任，即被视为无条件继承遗产。[①] 这不仅能促使遗产管理人妥善地处理遗产管理事务，减少遗产的损害，顺利地完成遗产分配任务，还体现了法律在确认遗产管理人享有管理权限的同时，对其他继承人和遗产权利人利益的平等保护，彰显了法律的公平价值理念。

（4）效益价值。效益是法律的重要价值，美国学者波斯纳说："法本身的规范、程序和制度极大地注重于促进经济效益。"[②] 我国学者认为，法律必须以有利于提高效率的方式分配资源，并以权利和义务的规定保障资源的优化配置和使用。[③] 财产继承涉及继承人和其他遗产债权人的利益，如何在保护合法权利人的利益都不受侵害的基础上，有效地分配财产，实现遗产的价值效益，具有重要的意义。[④] 通过遗产管理制度可以实现对遗产的全面、有效的保管和利用；通过编制遗产清单和明确遗产债务清偿顺序，可以使遗产债权人请求清偿债务更有效和便捷。[⑤] 并且，可以使遗产处理的过程更加顺畅，彰显了法律的效益价值。此外，有关遗产管理人在接受遗产管理任务后，应该以公告的方式尽快地催告遗产债权人申报遗产债权，超过期限才申报债权的债权人只能对剩余财产主张权利，剩余财产不足的，可以向权利已得到满足的受遗赠人提出求偿。可见，其彰显了法律的效益价值。

（二）遗产管理制度的功能

1. 管理和保全遗产

根据遗产管理制度，遗产管理人接管遗产后，对遗产进行清点、盘存，编制清册，确认遗产的范围和价值。并且遗产管理人还可对遗产进行使用或改良，以善良管理人的义务对不宜保存的遗产进行变卖。这样可以避免部分遗产继承人对遗产进行藏匿或转移，使遗产免受侵害和损毁，达到保全遗产的目的。例如，我国《继承法》第 24 条规定，存有遗产的人，应当妥善保管遗产，任何人不得侵吞或争抢。《日本民法典》第 918 条规定，继承人应以与其固有财产同样的注意管理继承财产。但已承认或放弃时，不在此限。家庭法院因利害关系人或检察官的请求，无论何时，均得对继承财产的保存命令为必要的处分。

2. 维护遗产权利人的利益

根据遗产管理制度，遗产管理人在接管遗产后，应该公示催告债权债务，通知遗产的债务人和债权人在规定的期间内偿还债务和申报遗产利益，期限届满的，可以拒绝向遗产债权人及受遗赠人清偿，以维护遗产权利人的利益。例如，《德国民法典》第 1970、1985 条分别规定，遗产管理人得依公示催告程序催告遗产债权人报明其债权；遗产管理人必须管理遗产，并从遗产中清偿遗产债务。遗产管理人向遗产债权人对遗产管理负责任。如继承人作为遗产管理人知悉遗产支付不能的，必须不延迟地申请遗产支付不能程序。违反此

---

① 《瑞士民法典》第 588-590 条，《意大利民法典》第 491、494、505、709 条。

② ［美］理查德·A. 波斯纳：《法律的经济分析》，蒋兆康译，中国大百科全书出版社 1997 年版，第 28 页。

③ 张文显：《当代西方法哲学》，吉林大学出版社 1987 年版，第 242 页。

④ 石婷：《遗产管理制度研究》，群众出版社 2017 年版，第 89 页。

⑤ 薛宁兰、邓丽：《中国大陆遗产管理制度构建之探讨——兼论无条件限定继承原则的修正》，载《月旦民商法》2012 年第 9 期。

项义务，应就此发生的损害向债权人负责任。《日本民法典》第927、928条规定，限定承认人作为遗产管理人，应对遗产债权人及受遗赠人进行公告及催告，公告期间届满的，可以拒绝清偿。

3. 实现遗产公平分配

根据遗产管理制度，遗产管理人负责接管遗产、编制清册、追偿遗产债务、催告遗产权利人申报权利等行为，可以在管理和保全遗产的基础上，对遗产债权人和遗赠人的遗产债务以遗产优先进行清偿，然后就剩余的遗产在继承人间分配。这样既能保护遗产继承人的利益，又能实现其他遗产权利人的利益，确保遗产分配的公平。例如，《德国民法典》第2047条就剩余遗产的分配进行了规定，要求在清偿遗产债务后的剩余遗产按各应继份的比例归属于继承人。

4. 保障交易安全

根据遗产管理制度，遗产管理人承担接管遗产、编制清册、追偿遗产债权、清偿遗产债务、分配剩余遗产等行为，使被继承人的生前债权、遗产债权人的利益以及继承人的继承利益得以顺利实现。这不仅保障了被继承人与其他民事主体间的交易安全，也维护了继承人的利益以及与继承人交易的第三人之利益和交易安全。① 例如，《瑞士民法典》第586条规定，在制作遗产清单期间，不得要求继承人履行清偿被继承人的债务。《德国民法典》第2046条规定，遗产债务应首先就遗产中清偿；遗产债务为尚未到清偿期或有争议者，应就遗产中保留为清偿所必需的财物。

第二节　遗产管理制度的国外立法现状与评析

本节拟考察大陆法系之法国、德国、瑞士、日本、意大利、俄罗斯六国民法典中的遗产管理制度，以及英美法系之英国、美国、澳大利亚三国有关遗产管理制度的规定，主要从遗产管理人的资格与产生方式、职责与报酬、法律责任以及遗产管理的终止四个方面进行阐述和评析。

一、遗产管理人资格与产生方式的国外立法现状与评析

（一）遗产管理人资格与产生方式的国外立法现状

1. 大陆法系国家立法例

（1）法国立法例。关于遗产管理人的资格，《法国民法典》规定，遗嘱执行人和被继承人委托的代理人作为遗产管理人须为完全民事能力人。②

关于遗产管理人的产生方式，《法国民法典》规定，有遗嘱指定、继承人担任或推选、法院指定这三种方式。被继承人可以经过委托代理人管理遗产或指定遗嘱执行人管理遗产。没有遗嘱执行人的，由概括继承人或限定继承人承担遗产管理的责任，概括继承人一致可以指定他们中的一人或者第三人管理被继承人的遗产，如至少有一人是限定继承人的，应由法院指定遗产管理人。继承人怠于管理遗产、缺乏管理或者管理中有过错，或者

① 陈苇、石婷：《我国设立遗产管理制度的社会基础及其制度构建》，载《河北法学》2013年第7期。

② 《法国民法典》第812、1025条。

由于继承人之间不和、利益相抵触或者遗产的状况比较复杂，经相关利害关系人申请，由法院指定遗产管理人。①

（2）德国立法例。关于遗产管理人的资格，《德国民法典》规定，遗嘱执行人在就职时不能为无行为能力者或限制行为能力者，或处理自己财产事务需有保佐人者。②

关于遗产管理人的产生方式，《德国民法典》规定，有遗嘱指定、继承人担任、法院选任这三种方式。如有被继承人的指定，由遗嘱执行人担任遗产管理人。没有遗嘱执行人的，继承人如无因管理人般对遗产享有权利和承担义务。多个继承人则共同享有管理遗产的权利。德国遗产法院可根据继承人或遗产债权人的申请，发布遗产管理命令，指定遗产管理人管理遗产，在继承人不明或不能肯定其是否已接受遗产的情况下，依法为待继承遗产选任遗产管理人。③

（3）瑞士立法例。关于遗产管理人的资格，《瑞士民法典》规定，被继承人得在遗嘱中指定一名或数名有行为能力的人担任遗嘱执行人。④

关于遗产管理人的产生方式，《瑞士民法典》规定，有遗嘱指定、继承人担任、监护人担任、主管官厅选任、国家担任这五种方式。被继承人在其遗嘱中委任一名或若干名有行为能力的人为其遗嘱执行人管理遗产的，则该遗嘱执行人为遗产管理人。没有遗嘱执行人的，则由有资格的法定继承人对遗产进行管理。被监护人（被继承人）死亡时，遗产管理权归属监护人（保佐人）。主管官厅选任遗产管理人，是在继承人不在且无代理人，或继承人无法证明其继承权，或继承人生死不明，或未知悉被继承人的全部继承人，或法律规定的特别情况时，由主管机关指定遗产管理人。官方清算由主管机关或其委任的遗产管理人一人或数人为之，编制财产目录、公示催告债权申报，遗产管理人在主管机关监督下进行遗产管理和清算。当遗产归属州或市镇时，则由接受遗产的公共政治团体担任遗产管理人，对遗产进行清算和分配。⑤

（4）日本立法例。关于遗产管理人的资格，《日本民法典》规定，无能力人及破产人，不得为遗嘱执行人。⑥

关于遗产管理人的产生方式，《日本民法典》规定，有遗嘱指定、继承人担任、法院选任这三种方式。被继承人可以遗嘱指定遗嘱执行人管理遗产，没有遗嘱执行人的，继承人或限定遗产继承人应当以对其固有财产相同的注意管理继承财产。继承人为数人时，家庭法院须从继承人中选任继承财产的管理人。在继承人有无不明时，家庭法院根据利害关系人或检察官的请求，选任遗产管理人或改任遗产管理人。⑦

（5）意大利立法例。关于遗产管理人的资格，《意大利民法典》规定，遗嘱执行人应是完全民事行为能力人。⑧

关于遗产管理人的产生方式，《意大利民法典》规定，有遗嘱指定、继承人担任、法

① 《法国民法典》第785、800、809-1、812-813、813-1、815-3、1025条。

② 《德国民法典》第2201条。

③ 《德国民法典》第1959-1961、1981、2032、2038、2197、2205条。

④ 《瑞士民法典》第517条。

⑤ 《瑞士民法典》第517、551-554、585、592、595条。

⑥ 《日本民法典》第1009条。

⑦ 《日本民法典》第25、26、918、926、936、952、1006、1012条。

⑧ 《意大利民法典》第701条。

院指定这三种方式。遗嘱指定遗嘱执行人的，由其管理遗产。没有遗嘱执行人的，在继承人接受继承前，由继承开始地的初审法院经利害关系人申请，指定遗产保佐人负责管理遗产。没有指定遗产保佐人的，有权取得遗产的人在接受继承前可以保管、监管及临时管理遗产。继承人接受继承后，由继承人担任遗产管理人，如果继承人向债权人或受遗赠人交出全部遗产、丧失遗产管理权，或者没有接受继承并且未对遗产实行占有的情况下，则由继承开始地的初审法院指定遗产保佐人担任遗产管理人的职责。①

(6) 俄罗斯立法例。关于遗产管理人的资格，《俄罗斯联邦民法典》对于遗产管理人的资格没有规定。但该法第 21 条规定，"公民自成年起，即满 18 岁之日起，完全具有以自己的行为取得并行使民事权利，为自己建立义务并履行民事义务的能力（民事行为能力)。"第 22 条规定："除非在法律规定的情况下依照法律规定的程序，任何人的行为能力和权利能力均不得受到限制。"即遗产管理人也须具有民事行为能力，且非依法和法定程序不得受到限制。②

关于遗产管理人的产生方式，《俄罗斯联邦民法典》规定，有遗嘱指定、继承人担任、公证机构指定这三种方式。被继承人在遗嘱中指定了执行人时，遗嘱执行人即为遗产管理人。当被继承人没有设立遗嘱时，由继承人担任遗产管理人，在共同继承的情况下，如果共同继承人对遗产管理人的选任没有异议，则可以自行协商决定遗产管理人。当被继承人没有指定管理人，而继承人又协商不成或者没有继承人时，通常由公证机构根据继承人或遗嘱执行人、地方自治组织、监护和保护机构及其他利害关系人的申请指定公证员为遗产管理人，对遗产进行保护和管理。如果法律规定地方自治机关公职人员或俄罗斯联邦领事机构公职人员有权实施公证行为，则可以由相应公职人员采取保护和管理遗产的必要措施。当遗嘱指定了遗嘱执行人时，公证员保护和管理遗产的根据是与遗嘱执行人达成的协议。③

2. 英美法系国家立法例

(1) 英国立法例。关于遗产管理人的资格，英国法律规定，遗产管理人原则上须具备完全民事行为能力，担任遗产管理职责时，人数不得超过 4 人。如指定未成年人为遗产管理人的，由其父母或监护人代为行使管理权。④

关于遗产管理人的产生方式，英国法律规定，有两种方式：其一，遗嘱指定。被继承人在遗嘱中已经指定遗嘱执行人的，由遗嘱执行人担任遗产管理的职责。其二，法院指定。在没有遗嘱执行人或者遗嘱执行人无法完成遗产管理的情况下，法院有权指定遗产管理人。⑤

(2) 美国立法例。关于遗产管理人的资格，美国《统一遗嘱检验法典》规定有两种人不能担任遗产管理人：其一是未满 21 岁的人，其二是正式诉讼中不合格的当事人。⑥

关于遗产管理人的产生方式，美国《统一遗嘱检验法典》规定，有遗嘱指定和法院

---

① 《意大利民法典》第 460、508-509、528、703 条。

② 《俄罗斯联邦民法典》第 21-22 条。

③ 《俄罗斯联邦民法典》第 1134、1153、1164、1171 条。

④ Supreme Court Act 1981, ss. 114-118; In b Haynes (1842), 3 Curt 75 ; Re Rankine (1918), p. 134.

⑤ In b Adamson (1875), LR3 P&D304.

⑥ Uniform Probate Code, s. 3-203.

指定这两种方式。在遗嘱继承时，先检验确认遗嘱的有效，然后正式任命遗嘱中指定遗嘱执行人为遗产管理人，如果此人先于被继承人死亡，或无法胜任，法院则根据请求指定遗产代理人的申请，通知能参与遗产继承的人到场，指定遗产代理人对遗产进行管理。遗产代理人的担任者可以是被继承人的近亲属、遗产的债权人和公共管理人。①

（3）澳大利亚立法例。关于遗产管理人的资格，澳大利亚的法律规定，通常在某主体具有以下情况时不能被指定为遗产管理人：某个人生理或精神上有缺陷而不能履行指定的义务；或是为未成年人；或某个公司不是信托公司；或者是破产者。另外，法院在决定是否批准就死者财产进行遗产管理之前，将考察申请者对遗嘱人财产的先前行为，以确定其是否适合担任遗产管理人。②

关于遗产管理人的产生方式，澳大利亚法律规定，有遗嘱指定和法院指定这两种方式。遗嘱明确指定遗嘱执行人管理遗产的，则由遗产管理人在接受法院的遗嘱检验批准后，管理遗产。在死者留有遗嘱但未指定遗嘱执行人，或者如果遗嘱执行人不能或不愿承担职责时，法院将指定遗产管理人，以附属遗嘱授予遗产管理权。在未留遗嘱的情况下，法院将批准一般遗产管理。法院将会向对于死者财产享有最大权益的人授予遗产管理职责，死者的配偶一般被认为优先于近亲属和第三人对死者财产享有更大的权益。③

（二）遗产管理人资格与产生方式的国外立法比较评析

1. 遗产管理人资格的国外立法比较评析

对于遗产管理人的资格，除俄罗斯没有直接作出规定，但对公民的民事行为能力有规定外，两大法系国家的规定既有相同之处，也有不同之处。

第一，相同之处。关于遗嘱执行人的资格，前述大陆法系五国立法都规定应当具有民事行为能力，其中法国和意大利要求具备完全民事行为能力。前述英美法系三国对于遗产管理人的资格，均要求具有完全民事行为能力。关于遗产管理人的资格，除法国外，其他四国对遗产管理人的资格都没有直接规定。

第二，不同之处。德国和日本的法律分别规定了排除条件，即处理自己财产事务需有保佐人者和破产人不得为遗嘱执行人。美国法律规定，未满 21 岁的人和正式诉讼中不合格的当事人不能担任遗产管理人。澳大利亚法律规定，生理或精神上有缺陷而不能履行指定义务的人、未成年人、非信托公司、破产者或对遗嘱人财产的先前行为有不适当者，不能被指定为遗产管理人。

我们认为，管理遗产的行为需要管理者具备妥善管理遗产的能力，无民事行为能力或限制民事行为能力者由于年龄或智力状况的限制，缺乏独立的意思能力，对行为的后果难以预测，难以完成管理任务。因此，国外有关遗产管理人应为完全民事行为能力者的规定，值得我国借鉴。并且虽有完全民事行为能力但属于破产者或经济管理能力有不足者，不宜担任遗产管理人。

---

① Uniform Probate Code，ss. 3-108，3-202 至 3-322。

② ［澳］肯·马蒂、马克·波顿：《澳大利亚继承概要》，陈苇等译，西南政法大学外国家庭法及妇女理论研究中心 2007 年内部印刷，第 286-288、305-308 页。

③ ［澳］肯·马蒂、马克·波顿：《澳大利亚继承概要》，陈苇等译，西南政法大学外国家庭法及妇女理论研究中心 2007 年内部印刷，第 273-295、299-308 页。

2. 遗产管理人产生方式的国外立法比较评析

前述两大法系国家对于遗产管理人的产生方式的具体规定，存有相同和不同之处。

第一，相同之处。两大法系国家都规定有两种产生方式。其一，遗嘱指定遗产管理人。该九国都规定，遗嘱已经指定遗嘱执行人的，由该指定的主体行使遗产管理的职责。这体现了法律尊重被继承人对其个人财产享有的处分权，保障其根据个人意愿处理遗产的意思自治权的实现。其二，法院指定遗产管理人。前述两大法系国家均规定，如果无遗嘱指定管理人的，由法院指定，这体现了国家公权力对继承事务处理的介入和监督。

第二，不同之处。其一，前述大陆法系六国规定由继承人担任或推选遗产管理人，而英美法系三国则无此规定。该大陆法系六国都规定，遗嘱未指定遗嘱执行人或其不接受遗嘱指定的，可以由继承人当然担任遗产管理人。如有多个继承人的，前述国家的规定则不一致，法国规定概括继承人可以协议指定他们中的一人或第三人管理遗产，如有至少一名限定继承人的，则只能由法院指定遗产管理人；德国规定由多个继承人共同享有管理遗产的权利；日本规定由法院从继承人中选任遗产的管理人。我们认为，在没有遗嘱执行人的情况下，由继承人当然担任遗产管理人是合理的。在继承人有多人的情况下，应先尊重继承人的意愿，可以由继承人共同管理或者协商推选遗产管理人，有异议而推选不出管理人的，再由法院指定。其二，大陆法系的俄罗斯由公证机关选任遗产管理人，瑞士由主管官厅选任遗产管理人，而前述其他大陆法系国家和英美法系国家则无此规定。

综合上述两大法系国家对遗产管理人的产生之共同点与不同点规定，我们认为，其具有以下借鉴意义：(1) 凡遗嘱已经指定遗嘱执行人的，由该遗嘱执行人行使遗产管理的职责。这体现了法律尊重被继承人对其个人财产管理的意愿，保障其处理遗产的意思自治权的实现。只是英美法系国家还规定即使遗嘱执行人被指定，其为获得合法的管理地位，必须通过遗嘱检验程序。而大陆法系国家则对此没有规定，我们国家可借鉴大陆法系国家，不需要通过遗嘱检验程序。(2) 继承人可以自愿担任或协商推选遗产管理人。这便于及时确定遗产管理人，尊重了继承人的自由意愿，体现了私法自治原则。(3) 依法律规定指定遗产管理人。在无遗嘱指定，继承人协商不成时，才由法院指定遗产管理人。让法院等国家公权力机关有条件地指定遗产管理人，有利于节约司法资源，值得我国借鉴。

二、遗产管理人职责与报酬的国外立法现状与评析

(一) 遗产管理人职责与报酬的国外立法现状

1. 大陆法系国家立法例

(1) 法国立法例。关于遗产管理人的职责，《法国民法典》规定其职责主要有：制作遗产清单、公示催告遗产债权人、保全和管理遗产、追讨遗产债权、制订清偿方案和清偿遗产债务、提交与公示管理账目等。具体而言：其一，除无条件接受继承的继承人外，遗产管理人在承担遗产管理任务后，应对净资产估价盘点制作遗产清单，遗产清单须提交法院并且进行公示，其他继承人、遗产债权人与受遗赠人可以查阅遗产清单并取得复印件。其二，遗产管理人占有遗产，接受遗产债权人的债权申报，并清偿遗产债务，在必要的情况下对遗产实施适当的保全和管理行为。其三，遗产管理人制订遗产清偿方案并进行公示，然后按照清偿顺序对遗产债权人进行清偿，在债权人获得清偿之后再行给付受遗赠人。其四，对于无人继承和承认的遗产，遗产管理人还须向法院提交与公示遗产管理账

目，任何债权人或继承人都可要求其提交管理账目。①

关于遗产管理人的报酬，在没有相反约定时，遗嘱执行人和遗产的委托管理人不能取得报酬，法官在指定遗产委托管理人时，确定管理人的报酬。②

（2）德国立法例。关于遗产管理人的职责，《德国民法典》规定其职责主要有：编制遗产清单、公示催告遗产债权人并答复其询问、申请支付不能程序（破产程序）、清偿遗产债务、交付遗产等。具体而言：其一，遗产管理人对遗产的管理如无因管理人般享有权利和负有义务，其有编制遗产清单的义务。其二，任何可信的具有法律上利益的人都有权查阅遗产清单，遗产管理人对遗产债权人进行公示催告并对其就遗产状态的询问进行答复。其三，遗产管理人在清偿遗产债务后，将遗产移交给继承人。③ 其四，在遗产支付不能或负债过度的情况下，遗产管理人应申请遗产支付不能程序。

关于遗产管理人的报酬，遗产管理人可以为其职务的执行而请求适当的报酬，遗嘱人另作规定的除外。④

（3）瑞士立法例。关于遗产管理人的职责，《瑞士民法典》规定其职责主要有：其一，制作财产清单，将继承财产及债务分项列记，对财物应逐个标明估价；其二，结算被继承人的日常业务；其三，公示催告被继承人的债务人、债权人以及担保权利人在规定的期限内申报债权及债务；其四，清偿被继承人的债务，交付遗赠；其五，根据被继承人的指示或依法分割遗产。此外，当遗产归属国家时，可依职权催告债权人提出债权。接受遗产的州或市镇公共政治团体仅在其从遗产的限度内对遗产的债务负责。⑤

关于遗产管理人的报酬，遗嘱执行人为管理执行遗产任务付出的劳务，有获得相当报酬的权利。⑥

（4）日本立法例。关于遗产管理人的职责，《日本民法典》规定其职责主要有：制作清单目录、适当管理和处分遗产、公示催告遗产债权人、公告搜索继承人、报告遗产处理状况、清偿遗产债务等。具体而言：其一，在选任为遗产管理人后，须向遗产债权人和受遗赠人就已选任为遗产管理人和在一定期间内要求其请求申报权利等内容进行公告，限定继承人还需对其已作出限定承认的事项进行公告。其二，遗产管理人以对其固有财产同样的注意义务妥善管理遗产，制作遗产清单。其三，因遗产之保管或清偿债务需要，可以对遗产进行适当的处分或变卖，在管理遗产过程中收取的金钱和孳息等物，应归入遗产。其四，遗产管理人在继承人和遗产权利人请求时，有报告遗产处理状况的义务。其五，遗产管理人首先对在催告期间内提出申报的债权人以及其他已知的被继承人的债权人进行债务清偿，然后，再对受遗赠人进行交付，未在公告期内申报的遗产债权人和受遗赠人，仅可以就剩余的遗产行使其权利。⑦

关于遗产管理人的报酬，家庭法院可以从死者的财产中付给遗产管理人相当的报酬，

---

① 《法国民法典》第789、790、792、796、809-2、809-3、810、810-2、810-4、810-5、810-7、811-1条。

② 《法国民法典》第812-2、813-9、1033-1条。

③ 《德国民法典》第1959、1970、1978、1980、1985-1986、1993、1994-1996、2010、2012条。

④ 《德国民法典》第1987、2221条。

⑤ 《瑞士民法典》第581-582、585、595-596条。

⑥ 《瑞士民法典》第517、584条。

⑦ 《日本民法典》第918、926-932、934-936、1012条。

遗嘱已经确定报酬的除外。①

(5) 意大利立法例。关于遗产管理人的职责,《意大利民法典》规定其职责主要有:编制遗产清单、适当地处分和管理遗产、公示催告遗产债权人、报告管理账目、提起或参加遗产诉讼、编制债务清偿表并清偿债务等。具体而言:其一,遗产管理人应编制遗产清单。其二,催告遗产债权人和受遗赠人,如知道债权人和受遗赠人的住所或居所的,申报债权的通知应当用挂号信直接送达,同时还应当将申报债权的通知刊登在省级法律公报上。其三,遗产管理人对债权人和受遗赠人承担报告管理遗产账目的义务,债权人和受遗赠人还可以为其指定报告账目的期限。其四,遗产管理人作为原告提起与遗产相关的诉讼,或者作为被告参加与遗产相关的诉讼,将遗产中的现金或出售所得现金存放在指定的金融机构。其五,遗产管理人在公证人的协助下编制清偿顺序表并进行公示,然后按照债权人各自享有的先取特权顺序进行清偿,债权人先于受遗赠人清偿。②

关于遗产管理人的报酬,遗嘱执行人之职是无偿的,但遗嘱人可以为遗嘱执行人确定报酬,该项酬金由遗产支付。③

(6) 俄罗斯立法例。关于遗产管理人的职责,《俄罗斯联邦民法典》规定公证员、遗嘱执行人作为保护和管理人应对遗产采取保护措施。其一,公证员在两名见证人在场的情况下进行遗产清点登记清册,此期间遗嘱执行人、继承人可以到场,如果涉及被监护或保护人的利益,监护和保护机关也可以到场。其二,其根据遗嘱执行人、继承人或者监护和保护机关的申请,或者继承人之间达成的协议,对遗产价值进行评估。其三,其提存保管遗产中的现金,而对外汇、贵金属、宝石和宝石制品以及不需要管理的有价证券则交银行进行保护。其四,如遗产中有武器,其应将此情况通知内务机构。其五,在确定遗产的性质和价值期间,其采取有关遗产的保护和管理措施。其六,如遗产中有公司的股份、有价证券、专属权等需要管理的财产时,其应根据民法典的规定以委托管理发起人的身份签订这些财产的委托管理合同。遗嘱执行人依被继承人的遗嘱或法律向继承人移交其应得的遗产。④

关于遗产管理人的报酬,遗嘱执行人有权要求用遗产补偿与执行遗嘱有关的必要费用,在遗嘱有规定的情况下有权要求用遗产向其支付报酬。⑤

2. 英美法系国家立法例

(1) 英国立法例。关于遗产管理人的职责,英国法规定其职责主要如下:其一,占有和清理遗产,制作遗产清单,确定遗产的范围。其二,对被继承人的遗产进行恰当的管理和处分。其三,应该就被继承人的债权进行回收,要求遗产债务人偿还债务。但遗产管理人有权决定遗产债务人还款的方式与期间。其四,有义务通知遗产债权人申报债权,然后对其进行清偿。如果遗产管理人没有尽责地通知债权人,在遗产被分配以后,其要为未通知的债权人的未清偿债权负责。其五,在清偿遗产债务之后遗产管理人应制作遗产账目,报告剩余遗产的受益人。在缴纳遗产税后,依据遗嘱条款或者无遗嘱时依照法律规

---

① 《日本民法典》第 1021、918、1018 条。

② 《意大利民法典》第 485、486、496、502、528-531 条。

③ 《意大利民法典》第 511、711-712 条。

④ 《俄罗斯联邦民法典》第 1135、1171-1173 条。

⑤ 《俄罗斯联邦民法典》第 1136、1174 条。

定，对有资格继承遗产的继承人分配剩余的遗产。①

关于遗产管理人的报酬，遗产管理人可根据其工作量和工作难易程度收取适当的报酬。②

(2) 美国立法例。关于遗产管理人的职责，美国法律规定其主要如下：其一，在一定期间内占有被继承人的遗产，排除他人对遗产的侵害。其二，收集遗产，编制遗产目录。其三，追讨被继承人的债权，并在必要时向债权人提起诉讼。其四，查明和清偿被继承人的债务，缴纳遗产税（包括联邦遗产税、州遗产税、死亡税、继承税）。其五，向继承人分配剩余遗产。遗产管理人的权利和义务始于任命之时，并且在有些情况下，遗产管理人的权利还可溯及任命之前其从事的有益于维护遗产的行为。③

关于遗产管理人的报酬，遗产管理人有权请求支付遗产管理费用和报酬。④

(3) 澳大利亚立法例。关于遗产管理人的职责，澳大利亚法律规定遗产管理人的职责如下：其一，确认被继承人已死亡。如果留有遗嘱，遗嘱执行人通常自遗嘱人死亡时起的一段时期内应进行遗嘱检验。其二，考虑遗产的性质和范围安排葬礼。其三，应尽所有合理的注意义务收集并维护死者的遗产。其四，应遵循法律规定的程序，通知并催告遗产债权人在一定的期限内申报债权。其五，应确认并清偿死者的债务以及因遗产管理产生的费用。其六，有义务在被继承人去世1年内，根据遗嘱或在无遗嘱继承的情况下依法分配死者的剩余遗产，应将有关遗产管理情况的详细记录提交法院。⑤

关于遗产管理人的报酬，遗产管理人无权获得报酬，但是遗嘱特别规定给予遗产管理人的报酬或获得报酬的权利得到法院许可的情况除外。⑥

(二) 遗产管理人职责与报酬的国外立法比较评析

关于遗产管理人的职责，前述两大法系国家的规定，有相同之处，也有不同之处。

第一，相同之处。都规定遗产管理人有如下职责，一是清点遗产、编制遗产清单；二是适当地保全和管理遗产；三是公示催告遗产债权人，逾期申报债权者得承担相应的法律后果；四是报告遗产管理账目；五是按法律规定的顺序清偿遗产债务；六是向受遗赠人和继承人交付遗产。

第二，不同之处。前述英美法系三国都要求遗产管理人应进行遗嘱检验，而大陆法系六国则没有规定。另外在具体职责要求上，两大法系的一些国家有不同的要求：①法国规定，继承人编制完成的遗产清单应交与法院并进行公示，与遗产有利害关系的人有权查阅遗产清单，并且应制订遗产清偿方案。②德国规定，遗产管理人应申请遗产支付不能程序，违反该项义务的，对因此发生的损害向债权人负责。③意大利规定，遗产管理人作为原告或被告参加与遗产相关的诉讼。④澳大利亚规定，遗产管理人应该确认被继承人已死

---

① ［英］F. H. 劳森、B. 拉登：《财产法（第二版）》，施天涛等译，中国大百科全书出版社1998年版，第210-211页。

② ［英］威廉·格尔达特：《英国法导论》，张笑牧译，中国政法大学出版社2013年版，第123-125页。

③ Uniform Probate Code, ss. 3-316至3-319，3-701至3-711，3-801至3-915。

④ ［美］彼得·海：《美国法概论（第三版）》，北京大学出版社2010年版，第225页。

⑤ ［澳］肯·马蒂、马克·波顿：《澳大利亚继承概要》，陈苇等译，西南政法大学外国家庭法及妇女理论研究中心2007年内部印刷，第315-341、347-351页。

⑥ ［澳］肯·马蒂、马克·波顿：《澳大利亚继承概要》，陈苇等译，西南政法大学外国家庭法及妇女理论研究中心2007年内部印刷，第317页。

亡，并安排葬礼。

我们认为，前述英美法系国家和大陆法系国家之立法对遗产管理职责的明确规定，有利于指导遗产管理人承担管理职责，对于保护继承人和其他遗产权利人的利益具有重要作用，值得我国借鉴。

关于遗产管理人的报酬，上述两大法系国家对于遗产管理报酬的规定有相同之处，也有不同之处。

第一，相同之处。前述两大法系国家对于遗产管理人的报酬主要有两类规定：一是遗产管理人有请求支付报酬的权利（法国、德国、日本、英国、美国）；二是遗产管理人无权获得报酬，但是遗嘱规定给予或获得报酬的权利得到法院许可的除外（澳大利亚）。

第二，不同之处。大陆法系国家对于遗产管理人，分为遗嘱执行人和遗嘱执行人外的遗产管理人两种管理主体享有不同的报酬权。而英美法系国家统一规定为遗产管理人的报酬权。前述大陆法系对遗嘱执行人的报酬，主要有两种规定：其一，原则上遗嘱执行人不获得报酬，但有例外规定的除外（法国、意大利）；其二，遗嘱执行人可以获得适当的报酬（瑞士），但遗嘱人或遗嘱有例外规定的除外（德国、日本、俄罗斯）。对于遗产管理人的报酬（遗嘱执行人除外），除瑞士、意大利、俄罗斯没有规定外，其他三国都规定其可以从遗产中获得管理报酬。

我们认为，遗产管理人在管理遗产过程中付出了相应的劳动和时间，有权利获得报酬，这不仅是对遗产管理劳动价值的承认，也符合权利与义务相一致的原则，因此，前述遗产管理人享有报酬请求权的国家之立法例经验值得我国借鉴。

三、遗产管理人法律责任的国外立法现状与评析

（一）遗产管理人法律责任的国外立法现状

遗产管理人的法律责任，包括损害赔偿责任和对被继承人债务的无限清偿责任，后者即继承人在管理中如有不当的过错行为时，将承担强制概括继承的责任。

1. 大陆法系国家立法例

（1）法国立法例。《法国民法典》规定，限定继承人担任遗产管理人的，其对遗产管理过程中的严重过错承担责任，明知而恶意将属于遗产的某些资产与负债项目不计入遗产清单，或者不将所保留或者转让的财产的价值，或价金用于清偿遗产债务，得承担被视为自开始即无条件接受继承的无限清偿责任。①

（2）德国立法例。《德国民法典》规定，在遗产支付不能或负债过度的情况下，遗产管理人没有申请遗产支付不能程序的，对因此而发生的损害向债权人承担责任。继承人在编制遗产清单时有法定不当行为的，对遗产债务的清偿承担无限责任。②

（3）瑞士立法例。《瑞士民法典》规定，被继承人的债权人因错过期限而未将其债权登载于财产清单的，则继承人不负任何责任。如错过期限，而非债权人过失造成的，或已提出而未登载于财产清单的，继承人仅以其继承财产所得的利益负责。继承人在拒绝期限届满前，干预遗产事务，或者实施非单纯的管理遗产的行为，或者实施不属于被继承人营

① 《法国民法典》第800条。

② 《德国民法典》第1985、2005条。

业之继续所必要的行为，或者将遗产物占为已有，或者藏匿遗产物者，不得再为拒绝继承。此即强制的概括继承，该继承人须承担无限清偿债务的责任。[①] 对于此外其他主体担任遗产管理人的法律责任则没有规定。

（4）日本立法例。《日本民法典》规定，遗产管理人怠于实施公告或催告，或者违反法律的规定不当清偿的，对因此所产生的损害负赔偿责任。继承人处分继承财产的全部或部分，或在限期内作出限定继承或放弃继承后，隐匿继承财产全部或部分，私自消费或恶意不将其记载于继承财产目录的，视为继承人已作出单纯承认，[②] 即强制其对遗产债务承担无限清偿责任。

（5）意大利立法例。《意大利民法典》规定，享有遗产清单利益的继承人在遗产管理中只对重大过失承担责任。继承人在遗产清单中故意隐瞒属于被继承的财产或者谎报实际不存在债务的、未遵循提出遗产清单异议情况下的法律规定、未在法定期限内完成清算或编制清偿顺序表的，其丧失遗产清单利益，即对被继承人的债务强制承担无限清偿责任。遗嘱执行人有过失的应当向继承人和受遗赠人承担赔偿损失的责任，有数名遗嘱执行人的应承担连带责任。[③]

（6）俄罗斯立法例。《俄罗斯联邦民法典》对遗产管理人的法律责任没有明确的规定。但该法第179条规定，代理人恶意串通另一方实施的法律行为无效，另一方应向受害人赔偿实际损失。[④]

2. 英美法系国家立法例

（1）英国立法例。英国法律规定，遗产管理人在管理遗产的过程中，没有合理地履行管理行为，以至于危害遗产或者遗产权利人利益的，应承担相应的法律责任：一是擅自挪用或私自挥霍遗产的。二是不恰当地处理遗产如浪费遗产、不合理偿还遗产债务等。三是不妥善保护遗产的，人为地造成遗产价值减少的。[⑤]

（2）美国立法例。美国法律规定，遗产管理人对因违反应遵守的严格谨慎义务所导致的遗产损失承担责任。

（3）澳大利亚立法例。澳大利亚法律规定，遗产管理人在管理遗产的过程中，必须谨慎地行使管理权，否则将由其对违反管理义务以及对未能尽合理注意义务造成的财产损失，承担赔偿责任。[⑥]

（二）遗产管理人法律责任的国外立法比较评析

前述两大法系国家对遗产管理人法律责任的规定，有相同之处，也有不同之处。

第一，相同之处。两大法系国都要求遗产管理人在管理遗产的过程中，必须谨慎地行使管理权利，不得有危害遗产的行为或者遗产权利人利益的情形，否则将对造成的遗产损失承担责任。

---

① 《瑞士民法典》第571、590条。

② 《日本民法典》第921、934条。

③ 《意大利民法典》第491、494、505、709条。

④ 《俄罗斯联邦民法典》第179条。

⑤ ［英］F.H. 劳森、B. 拉登：《财产法（第二版）》，施天涛等译，中国大百科全书出版社1998年版，第209-212页。

⑥ ［澳］肯·马蒂、马克·波顿：《澳大利亚继承概要》，陈苇等译，西南政法大学外国家庭法及妇女理论研究中心2007年内部印刷，第352-355页。

第二，不同之处。在具体法律责任的承担上，前述大陆法系国家有不同的规定：（1）继承人作为遗产管理人承担的法律责任。首先，法、德、瑞、意、日五国的立法均规定了继承人作为遗产管理人承担的赔偿责任。其次，对于继承人对遗产有法定不当行为的，强制其承担清偿遗产债务的无限责任，法、德、瑞、日、意五个国家都规定限定继承人在违反法律有关规定的情况下，对遗产债务承担无限责任。（2）其他遗产管理人的赔偿责任。只有德国、日本、意大利对此有规定，德国规定遗产管理人没有申请遗产支付不能程序的，日本规定遗产管理人怠于实施公告或催告和不当清偿的，意大利规定遗嘱执行人有过失的，应承担赔偿责任。此外，俄罗斯规定了代理人串通的另一方应对被代理人的损害承担实际损害的赔偿责任。

我们认为，上述两大法系国家对遗产管理人的赔偿责任和在制作遗产清单时违反法律规定的继承人应被强制承担无限清偿责任之法定事由的规定，能促使其妥善地处理遗产管理事务，预防侵害遗产的行为，减少遗产的损害，顺利地完成遗产分配任务，值得我国借鉴。

四、遗产管理终止的国外立法现状与评析

（一）遗产管理终止的国外立法现状

1. 大陆法系国家立法例

（1）法国立法例。《法国民法典》规定，遗产管理因以下事由而终止：资产已全数用于清偿债务和交付遗赠；资产已全数变现并且净收入已经寄存；遗产已归还给权利得到承认的继承人；国家已经对遗产实行占有；受托人放弃管理；被法院解除委托；受托人死亡或不存在。①

（2）德国立法例。《德国民法典》规定，在遗产支付不能程序开始时，或者明显不存在与费用相当的财产的，遗产管理终止。遗嘱执行人自行辞任、因重大原因被免职、死亡或其任命不生效的，其管理职务终止。②

（3）瑞士立法例。《瑞士民法典》对遗产管理的终止没有规定。

（4）日本立法例。《日本民法典》规定，在无人继承遗产的管理下，遗产管理人的代理权因继承人承认继承消灭。遗嘱执行人怠于执行任务或有其他正当事由时，利害关系人可以请求家庭法院将其解任，遗嘱执行人经家庭法院的许可，也可以辞去管理职位。③

（5）意大利立法例。《意大利民法典》规定，对待继承遗产的管理，遗产保佐人的职务因继承人接受继承而终止。遗嘱执行人违反法律规定，司法机构经任何利害关系人请求可以解除其管理职务。④

（6）俄罗斯立法例。《俄罗斯联邦民法典》对于遗产管理的终止没有规定。

2. 英美法系国家立法例

（1）英国立法例。英国法律规定，遗产管理终止的情况主要有，遗产管理人自动放弃或被解除管理权，以及遗产管理任务的完成。遗产管理人权利的放弃和解除具体包含以

---

① 《法国民法典》第 810-12、812-4、813-7 条。

② 《德国民法典》第 1988、2225-2227 条。

③ 《日本民法典》第 956、1019 条。

④ 《意大利民法典》第 532、710 条。

下两种情况：一是遗产管理人在被指定后，可以放弃遗嘱检验权，以解除遗产管理权。二是在遗嘱执行人破产、丧失履行职责的能力、因杀害遗嘱人而被判处终身监禁、不能完成执行遗产管理的职责、品德败坏不适宜担任遗嘱执行人、失踪、因犯侵占公款罪而畏罪潜逃等情况出现时，法院依法解除遗产管理人的管理权。①

（2）美国立法例。美国法律规定，遗产管理终止的主要事由有遗产管理人的解除和遗产管理任务的完成。其中，遗产管理人解除的原因有：遗产管理人辞职、丧失行为能力或死亡。在解除对遗产管理人的任命之后，如有必要，还可以任命继任的遗产管理人。②

（3）澳大利亚立法例。澳大利亚法律规定，遗产管理人自动放弃或被解除权利以及遗产管理任务的完成，遗产管理终止。其中遗产管理人被法院撤销授权的情况是：不适当授权的遗产管理人，或者授权给不适当的人，或者缺乏管理资格而不能或不愿意执行遗产管理任务。③

（二）遗产管理终止的国外立法比较评析

对于遗产管理的终止，前述两大法系国家的规定有相同之处，也有不同之处。

第一，相同之处。前述两大法系国家对于遗产管理的终止都规定，在遗产管理任务的完成、遗产管理人自动放弃或被有权机关解除遗产管理权时，遗产管理终止。

第二，不同之处。在前述大陆法系国家中，除瑞士和俄罗斯没有规定外，其他四国的规定主要有以下六种情形：（1）无遗产管理人。例如，受托人死亡或不存在（法国、德国）、任命遗产管理人不生效的（德国）。（2）自行辞任。遗产管理人有正当理由的可以自行辞任（法国、德国、日本）。（3）被撤销。遗产管理人有违法行为的经利害关系人申请由法院解除其职务（法国、德国、日本、意大利）。（4）资不抵债。遗产不足清偿遗产债务（德国和法国）、支付不能程序开始遗产管理终止（德国）。（5）国家占有遗产（法国）。（6）继承人承认继承。遗产管理人对无人继承遗产的管理因继承人接受继承而终止（法国、日本、意大利）。

我们认为，前述两大法系国家有关遗产管理终止事由的立法，对我国设立遗产管理终止的规范具有一定的参考价值。

第三节 遗产管理的我国立法现状与我国民众的观念和处理习惯及司法实践的考察与评析

本节内容拟考察涉及遗产管理的我国立法现状；考察和评析涉及遗产管理的我国民众观念和民间习惯的实证调查的统计数据；研究和评析涉及遗产管理的我国司法实践案例。必须说明，2018年9月3日我国立法机关已公布“民法典分编（草案）”，征求社会各界意见。由于该“草案”不是正式立法，所以本节仍主要以我国《继承法》及其司法解释的相关规定为对象，考察我国遗产管理制度的立法现状。

---

① Law of Property Act 1925（UK），Article 13.

② Uniform Probate Code，ss. 3-608至3-612。

③［澳］肯·马蒂、马克·波顿：《澳大利亚继承概要》，陈苇等译，西南政法大学外国家庭法及妇女理论研究中心2007年内部印刷，第296、342-345页。

一、遗产管理制度的我国立法现状

我国《继承法》涉及遗产管理制度的规定被分散在《继承法》第三章“遗嘱继承和遗赠”之第16条、第四章“遗产的处理”之第24条和第32条、我国《执行继承法的意见》“关于遗产的处理部分”之第44条和第57条之中，其主要包括遗嘱执行和遗产的保管以及无人承受遗产的管理①等内容，但缺乏遗产管理人的资格与产生方式、遗产管理人的职责与报酬、遗产管理的终止等内容的系统性规定。

（一）遗产保管的我国立法现状

对于遗产的保管，主要被规定在我国《继承法》第四章“遗产的处理”之第24条与我国《执行继承法的意见》“关于遗产的处理部分”之第44条中。② 依据《继承法》第24条规定，继承开始后占有遗产的主体对遗产负有妥善保管的义务，其他主体不能对遗产进行抢夺或侵犯；依据我国《执行继承法的意见》第44条规定，对于在法院审理的继承案件，法院在得知遗产存有合法继承人却不能通知的情况下，应该在分配遗产时为继承人保留其应得的份额，同时应确定相关的保管主体对此遗产进行合理保管。然而，遗产保管只是遗产管理人的职责之一，我国《继承法》却没有规定在继承开始后遗产分割前遗产管理人的其他职责，如制作遗产清单、公示催告遗产权利人申报权利等，而只是原则性地规定了其中的遗产保管。并且对于遗产的保管，任何主体只要具备持有遗产的事实状态就可以是遗产的保管人，对于该保管人的保管要求不详尽，只要求其具备“妥善保管遗产”的职责。至于法院指定保管人或单位对遗产进行保管的情况，仅仅是针对审理中无法通知继承人继承遗产的案件这一种情形，而且没有明定遗产保管人的具体权利和义务。

（二）遗嘱执行的我国立法现状

对于遗嘱的执行，仅被规定在我国《继承法》第三章“遗嘱继承和遗赠”之第16条中。我国《继承法》第16条规定：“公民可以依照本法规定立遗嘱处分个人财产，并可以指定遗嘱执行人。公民可以立遗嘱将个人财产指定由法定继承人的一人或者数人继承。公民可以立遗嘱将个人财产赠给国家、集体或者法定继承人以外的人。”据此规定，公民在其生前具有依法订立遗嘱的权利，按照其意志处分其个人所有财产，同时可以指定遗嘱执行人执行遗嘱。由此可知，该法确认了立遗嘱人享有指定遗嘱执行人的权利，也确认了遗嘱执行人的法律地位，但是该法没有对遗嘱执行人的资格、职责与报酬、法律责任等内容作出系统、全面的规定。

二、遗产管理的我国民众观念和处理习惯的实证调查与分析

为了解我国民众的财产继承观念和遗产处理习惯，2016年11月初至2017年11月底止，历时一年零一个月，我们组织开展完成了“当代中国民众财产继承观念与遗产处理习惯实证调查”的实地调查和统计数据汇总工作。本次调查采取问卷调查和个人访谈的方式，被抽样调查的地区确定为我国的十省市，包括东北部的吉林省；东部的上海市；北

---

① 关于无人承受遗产管理的我国立法现状，由于第八章有专题论述，因此该部分不予探讨。

② 我国《继承法》第24条规定：“存有遗产的人，应当妥善保管遗产，任何人不得侵吞或者争抢。”我国《执行继承法的意见》第44条规定：“人民法院在审理继承案件时，如果知道有继承人而无法通知的，分割遗产时，要保留其应继承的遗产，并确定该遗产的保管人和保管单位。”

部的河北省；中部的湖北省、江西省；南部的广东省、海南省；东南部的福建省；西南部的重庆市、四川省。本次在我国十省市被调查地区共发放调查问卷5739份，收回有效问卷5085份，有效率为88.60%。以下，针对我国十省市被调查民众涉及遗产管理的观念及处理习惯的调查统计汇总数据进行研究分析。

（一）涉及遗产管理的我国民众观念和民众处理习惯的实证调查的统计情况

1. 遗产管理人确定的调查统计情况

问题【三、（一）】“您所在地区人们处理遗产继承时，一般是由谁清点和管理遗产？A. 死者的法定继承人：配偶、子女、父母、兄弟姐妹、孙子女或外孙子女、祖父母或外祖父母；B. 死者的儿媳或女婿；C. 死者家族中的德高望重者；D. 死者的其他亲戚朋友；E. 死者所在的单位或村/居委会；F. 其他（多选）。”理由是什么？

（1）遗产管理人确定的民众处理习惯情况统计。

表3-3-1a　遗产管理人确定的民众处理习惯统计情况（多选）

人数及占被调查者总数的比例 选项	人数	比例
A. 死者的法定继承人： 配偶、子女、父母、兄弟姐妹、孙子女或外孙子女、祖父母或外祖父母	4930	96.95%
B. 死者的儿媳或女婿	1112	21.87%
C. 死者家族中的德高望重者	2072	40.75%
D. 死者的其他亲戚朋友	824	16.20%
E. 死者所在的单位或村/居委会	1369	26.92%
F. 其他	137	2.69%

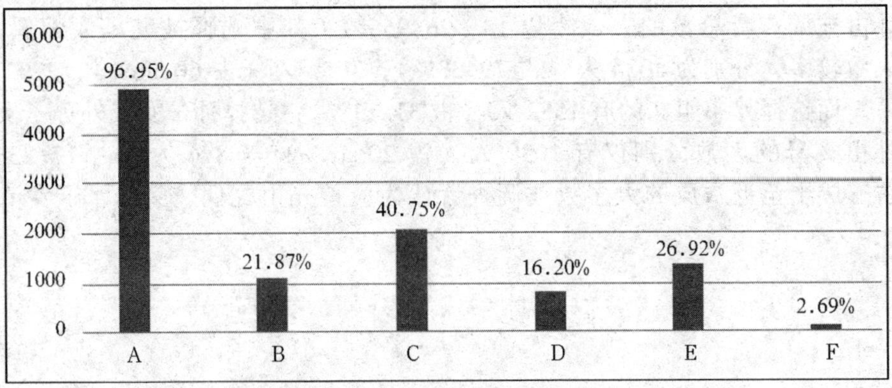

图3-3-1a　遗产管理人确定的民众处理习惯统计情况（多选）

表 3-3-1b 遗产管理人确定的民众处理习惯统计情况（多选）

选项 \ 人数及占被调查者总数的比例		人数	比例
A. 死者的法定继承人：配偶、子女、父母、兄弟姐妹、孙子女或外孙子女、祖父母或外祖父母	配偶	4034	79.33%
	子女	3054	60.06%
	父母	2797	55.00%
	兄弟姐妹	1582	31.11%
	孙子女或外孙子女	1039	20.43%
	祖父母或外祖父母	876	17.23%

从遗产管理人确定的民众处理习惯统计数据来看，在我国十省市 5085 名被调查者中，选择 A 项“死者的法定继承人”的人数居于第一位，共有 4930 人（占 96.95%）；选择 C 项“死者家族中的德高望重者”的人数居于第二位，共有 2072 人（占 40.75%）；选择 E 项“死者所在的单位或村/居委会”的人数居于第三位，有 1369 人（占 26.92%）；而选择 B 项“死者的儿媳或女婿”以及 D 项“死者的亲戚朋友”的人数分别为 1112 人（占 21.87%）和 824 人（占 16.20%）；选择 F 项“其他”的仅有 137 人（占 2.69%）。可见，对死者的遗产进行清点和管理，多数被调查者的选项中以法定继承人作为遗产管理人，居于前三位的分别是配偶（占 79.33%）、子女（占 60.06%）、父母（占 55.00%），各自占近八成、六成和五成半，而选择“死者家族中的德高望重者”，占比为四成（占 40.75%）。

值得注意的是，在选择 A 项“死者的法定继承人”担任遗产管理人的 4930 名被调查者合计占被调查者总数的九成半以上（96.95%），其中选择被继承人配偶、子女、父母的人数较多，分别为 4034 人（占 79.33%）、3054 人（占 60.06%）、2797 人（占 55.00%）。而选择兄弟姐妹的有 1582 人（占 31.11%）；选择孙子女或外孙子女以及祖父母或外祖父母的人数分别仅有 1039 人（占 20.43%）与 876 人（占 17.23%）。可见，有占五成半至近八成的大多数被调查者认为应首先由配偶、父母、子女清点和管理遗产。

（2）遗产管理人确定的民众处理习惯的理由情况统计。[①]

表 3-3-2 遗产管理人确定的民众处理习惯的理由情况统计（单选）

人数及占被调查者总数的比例 选项	人数	比例
A. 遗产管理人一般由遗产继承人来担任，便利清点和妥善管理遗产	1148	43.14%
B. 遗产管理人一般由遗产继承人之外的人或组织来担任，可以防止遗产毁损或被隐藏、转移，有利于保护遗产相关人的合法权益	340	12.78%
C. 其他理由	1173	44.08%
合计	2661	100%

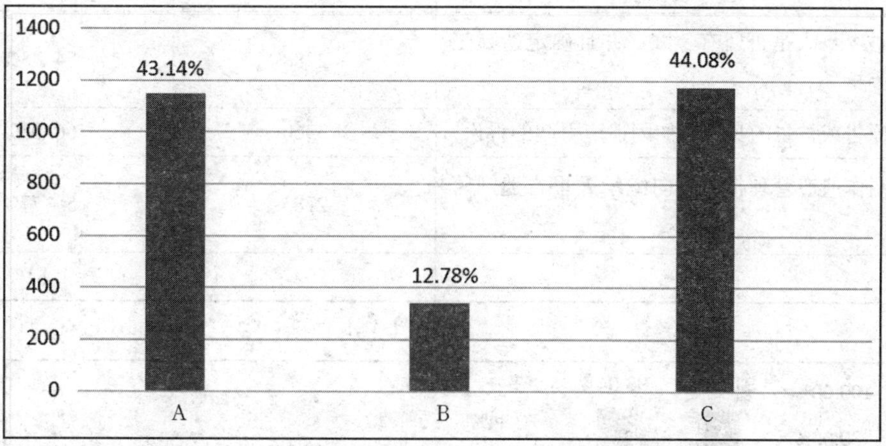

图 3-3-2 遗产管理人确定的民众处理习惯的理由情况统计

从遗产管理人确定的民众处理习惯的理由调查数据统计来看，在我国十省市 5085 名被调查者中，只有 2661 位被调查者填写了其选择的理由。其中有四成多（占 43.14%）的被调查者选择“A. 遗产管埋人一般由遗产继承人来担任，便利清点和妥善管埋遗产”，占比最高；有一成多（占 12.78%）的被调查者选择“B. 遗产管理人一般由遗产继承人之外的人或组织来担任，可以防止遗产毁损或被隐藏、转移，有利于保护遗产相关人的合法权益”；此外还有四成多（占 44.08%）的被调查者提出其他理由，如遗产管理人应依风俗习惯确定，或由更加了解情况的亲属管理，以有利于妥善地清点和管理财产。可见，在确定遗产管理人范围的具体理由中，除其他理由外，选择“A. 遗产管理人一般由遗产继承人来担任，便利清点和妥善管理遗产”获得的认同度最高，超过四成以上的比例。

① 在 5085 名被调查者中，只有 2661 位被调查者明确其选择的理由。其中重庆 185 名、福建 6 名、广东 421 名、海南 151 名、河北 488 名、湖北 244 名、吉林 403 名、江西 343 名、上海 132 名、四川 288 名。

2. 遗产管理人职责的调查统计情况

问题【三、(二)】"您认为，负责管理遗产人的管理职责有哪些？A. 清查遗产，制作遗产清单；B. 妥善保管遗产；C. 查明被继承人生前的债权和债务，积极地追讨债权或清偿债务；D. 查明被继承人是否留有遗嘱，并且确定遗嘱是否真实合法；E. 可以原告或被告的身份参加因遗产引起的诉讼；F. 定期制作遗产管理报告，向继承人报告遗产管理的情况；G. 其他（多选）。"

表 3-3-3　遗产管理人职责的民众观念情况统计（多选）

选项 \ 人数及占被调查者总数的比例	人数	比例
A. 清查遗产，制作遗产清单	4672	91.88%
B. 妥善保管遗产	4731	93.04%
C. 查明被继承人生前的债权和债务，积极地追讨债权或清偿债务	3602	70.84%
D. 查明被继承人是否留有遗嘱，并且确定遗嘱是否真实合法	2788	54.83%
E. 可以原告或被告的身份参加因遗产引起的诉讼	3360	66.08%
F. 定期制作遗产管理报告，向继承人报告遗产管理的情况	2785	54.77%
G. 其他	92	1.81%

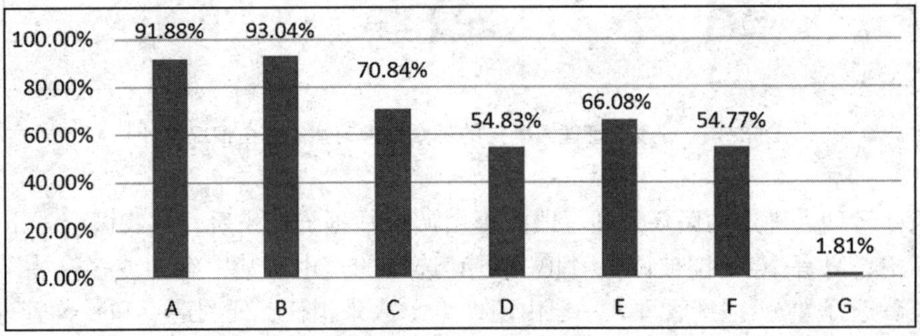

图 3-3-3　遗产管理人职责的民众观念情况统计（多选）

从遗产管理人职责的民众观念调查统计数据来看，在我国十省市 5085 名被调查者中，选择 A 项"清查遗产，制作遗产清单"的有 4672 人（占 91.88%）；选择 B 项"妥善保管遗产"的有 4731 人（占 93.04%）；选择 C 项"查明被继承人生前的债权和债务，积极地追讨债权或清偿债务"的有 3602 人（占 70.84%）；选择 D 项"查明被继承人是否留有遗嘱，并且确定遗嘱是否真实合法"的有 2788 人（占 54.83%）；选择 E 项"可以原告或被告的身份参加因遗产引起的诉讼"的为 3360 人（占 66.08%）；选择 F 项"定期制作遗产管理报告，向继承人报告遗产管理的情况”的为2785人（占54.77%）；选择G项“其他”的仅有92人（占1.81%）。可见，在遗产管理人的职责选项中，“A. 清查遗产，制作遗产清单”“B. 妥善保管遗产”和“C. 查明被继承人生前的债权和债务，积极地追讨债权或清偿债务”这三个选项得到被调查者的认同最高，A项和B项的比例都超过九成，C项比例也超过七成。

3. 遗产管理人报酬的调查统计情况

问题【三、（三）】“您所在地区，负责管理遗产的人是否可以获得报酬？A. 继承人担任遗产管理人的，不能请求给付报酬；B. 法院指定的遗产管理人，有权请求给付报酬；C. 继承人选任的第三人作为遗产管理人，是否给付报酬，应当由继承人决定；D. 继承人选任的第三人作为遗产管理人，一律有权请求给付报酬；E. 其他（多选）。”理由是什么？

（1）遗产管理人是否取得报酬的民众处理习惯统计情况。

表3-3-4　遗产管理人是否取得报酬的民众处理习惯统计情况（多选）

选项＼人数及占被调查者总数的比例	人数	比例
A. 继承人担任遗产管理人的，不能请求给付报酬	2362	46.45%
B. 法院指定的遗产管理人，有权请求给付报酬	2959	58.19%
C. 继承人选任的第三人作为遗产管理人，是否给付报酬，应当由继承人决定	2191	43.09%
D. 继承人选任的第三人作为遗产管理人，一律有权请求给付报酬	1866	36.70%
E. 其他	124	2.44%

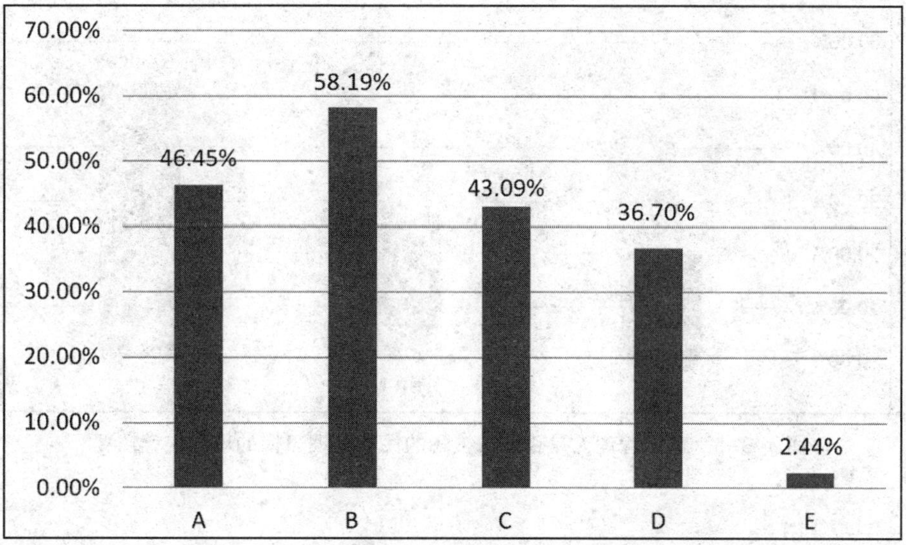

图3-3-4　遗产管理人是否取得报酬的民众处理习惯统计情况（多选）

从遗产管理人是否取得报酬的民众处理习惯统计情况来看，在我国十省市5085名被调查者中，近六成的人（占58.19%）选择“B. 法院指定的遗产管理人，有权请求给付报酬”；四成半以上的人（占46.45%）选择“A. 继承人担任遗产管理人的，不能请求给付报酬”；四成以上的人（占43.09%）选择“C. 继承人选任的第三人作为遗产管理人，是否给付报酬，应当由继承人决定”；三成半以上的人（占36.70%）选择“D. 继承人选任的第三人作为遗产管理人，一律有权请求给付报酬”；此外，还有不到一成的人（占2.44%）选择对遗产管理人的报酬请求权采取的是其他方式，如自愿给付、是否给付由继承人决定、按照风俗习惯给付等。由此可见，近六成（占58.19%）的被调查者所在地区有“B. 法院指定的遗产管理人，有权请求给付报酬”的习惯，四成半以上（占46.45%）的被调查者所在地区有“A. 继承人担任遗产管理人的，不能请求给付报酬”的习惯。

（2）遗产管理人是否取得报酬的民众处理习惯的理由统计情况①。

表3-3-5 遗产管理人是否取得报酬的民众处理习惯的理由统计情况

选项 \ 人数及占被调查者总数的比例	人数	比例
A. 遗产管理人多数情况下与被继承人关系密切，具有亲情关系，同时，遗产管理人又继承遗产，因此，管理遗产不需要报酬	540	19.80%
B. 遗产管理人为管理遗产付出了自己的劳动，占用了自己的时间，应该给予一定的费用	756	27.72%
C. 其他	1431	52.48%
合计	2727	100%

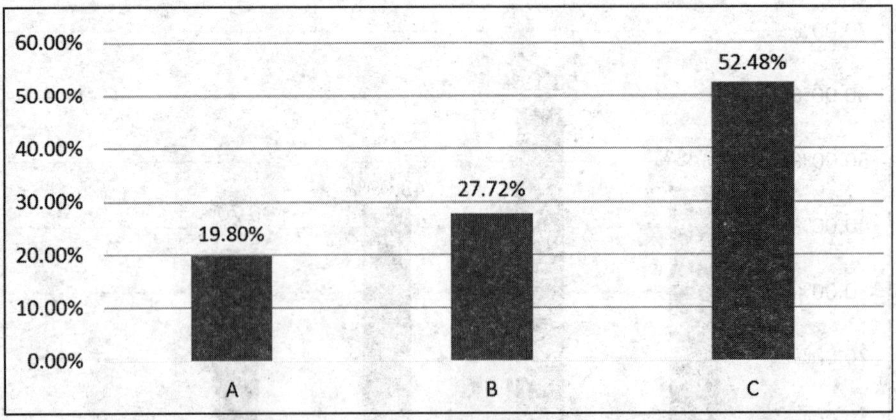

图3-3-5 遗产管理人是否取得报酬的民众处理习惯的理由统计情况

① 在我国十省市5085名被调查者中，有2727人填写了理由，其中重庆634名、福建133名、广东411名、海南166名、河北248名、湖北243名、吉林286名、江西286名、上海93名、四川227名。

从遗产管理人是否享有报酬请求权理由的统计情况来看，在我国十省市5085名被调查者中，有2727人填写了理由。其中近三成（占27.72%）的被调查者认同“B. 遗产管理人为管理遗产付出了自己的劳动，占用了自己的时间，应该给予一定的费用”；近两成（占19.80%）的被调查者认同“A. 遗产管理人多数情况下与被继承人关系密切，具有亲情关系，同时，遗产管理人又继承遗产，因此，管理遗产不需要报酬”。[①] 可见，在已具体罗列的理由中，选择B项理由，即支持遗产管理人享有报酬，获得的认同率较高，占近三成。

4. 遗产管理人损害赔偿责任的调查统计情况

问题【三、(四)】“在您所在地区，负责管理遗产的人对因其过错造成的较大财产损失，是否承担赔偿责任？A. 凡有故意或重大过失的，才承担赔偿责任；B. 无论是故意或重大过失或一般轻过失的，都要承担赔偿责任；C. 其他（单选）。”

表3-3-6　遗产管理人损害赔偿责任的民众处理习惯情况统计（单选）

选项＼人数及占被调查者总数的%	人数	比例
A. 凡有故意或重大过失的，才承担赔偿责任	2823	55.52%
B. 无论是故意或重大过失或一般轻过失的，都要承担赔偿责任	2135	41.98%
C. 其他	127	2.50%
合计	5085	100%

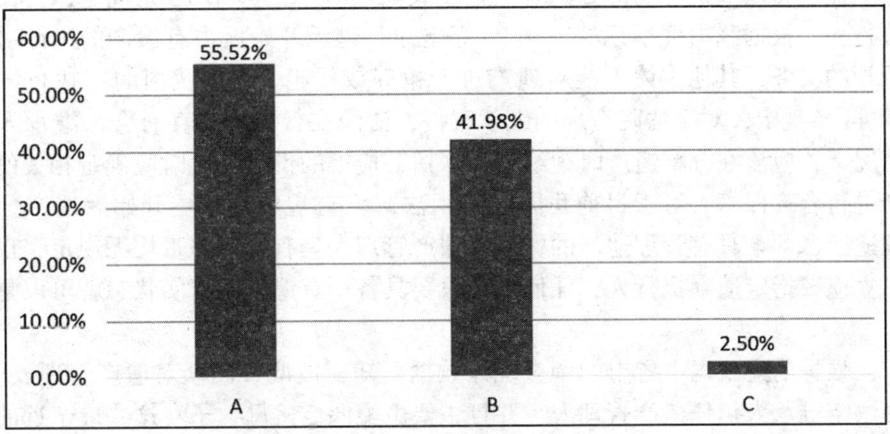

图3-3-6　遗产管理人损害赔偿责任的民众处理习惯情况统计（单选）

从遗产管理人损害赔偿责任的民众处理习惯情况统计来看，在我国十省市的5085名被调查者中，有超过五成半（占55.52%）的被调查者选择“A. 凡有故意或重大过失的，才承担赔偿责任”；有四成（占41.98%）的被调查者选择“B. 无论是故意或重大过失或

① 对于其他的理由，由于只选了“其他理由”，而没有填写具体的理由情况，因此不予介绍。

一般轻过失的，都要承担赔偿责任”。此外，还有2.50%被调查者选择的是其他做法，如凡因其过错导致的财产损失其均需承担赔偿责任，或协商决定是否承担赔偿责任，或非本人原因的不承担赔偿责任。可见，对于遗产管理人损害赔偿责任的民众处理习惯，超过五成半（占55.52%）的被调查者所在地区有“A. 凡有故意或重大过失的，才承担赔偿责任”的处理习惯。

（二）涉及遗产管理的我国被调查民众观念和处理习惯的分析

1. 被调查民众对遗产管理人确定的观念及处理习惯的分析

在本次我国十省市的调查中，有超过九成的被调查者倾向于认同法定继承人担任遗产管理人。如前所述，在十省市5085名被调查者中，超过九成（占96.95%）的人选择A项“死者的法定继承人”担任遗产管理人；超过四成（占40.75%）的人选择C项“死者家族中的德高望重者”，排在第二位；排在第三位的是选择E项“死者所在的单位或村/居委会”的人，有近三成（占26.92%）；而B项“死者的儿媳或女婿”以及D项“死者的其他亲戚朋友”的人数分别占两成（占21.87%）和一成半（占16.02%）。而且在选择A项“死者的法定继承人”担任遗产管理人的被调查者中，选择被继承人配偶、子女、父母的人数较多，分别占近八成（占79.33%）、六成（占60.06%）和五成半（占55.00%）（见表3-3-1a、表3-3-1b）。可见，大多数的被调查者认同“死者的法定继承人”与“死者家族中的德高望重者”担任遗产管理人，对遗产进行清点和管理。并且在法定继承人中，多数被调查者认同由配偶、父母、子女这些亲属关系最近的法定继承人清点和管理遗产，主要目的是便利清点和妥善管理遗产。

如前所述，目前我国《继承法》缺乏对遗产管理制度较为系统、全面的规定，没有明确规定在继承开始后遗产分割前应由谁管理遗产，只是在我国《继承法》中原则性地规定了遗产保管和遗嘱执行的部分内容。根据我国《继承法》第16条规定，公民可以指定遗嘱执行人。根据我国《继承法》第24条规定，继承开始后占有遗产的主体对遗产负有妥善保管的义务，其他主体不能对遗产进行抢夺或侵犯。根据我国的《执行继承法的意见》第44条规定，对于法院审理的继承案件，法院在得知遗产存有合法继承人却不能通知的情况下，应该在分配遗产时为继承人保留其应得的份额，同时应确定相关的保管主体对遗产进行合理保管。对于目前我国《继承法》没有规定在继承开始后遗产分割前应由谁管理遗产，即谁具有管理遗产的资格和遗产管理人具有哪些职责均无规定，仅规定被继承人可立遗嘱指定遗嘱执行人，任何主体只要具备持有遗产的事实状态就可以是遗产的保管人。

然而，根据前述我国十省市的调查统计数据可知，被调查民众对遗产管理人的确定，主要选择法定继承人担任遗产管理人，并且主要由配偶、父母、子女这些最亲近的法定继承人清点和管理遗产。我们认为，被继承人死亡后，法律明确规定由法定继承人或遗嘱执行人担任遗产管理人，对遗产进行清理和分配，既能保全遗产和保护遗产权利人的利益，又能确保遗产分配的公平和效率，维护交易安全，也符合我国被调查民众对遗产管理人的观念和选任习惯。目前，我国《继承法》缺乏对于遗产管理人的资格及产生方式的相关规定，不利于解决实践中因遗产管理或遗产保管等产生的纠纷，不利于保护遗产权利人的利益，因此有必要结合我国民众的继承习惯和观念，立法明确规定遗产管理人的资格与产生方式。

2. 被调查民众对遗产管理人职责的观念及处理习惯的分析

如前所述，对于遗产管理人的职责，在我国十省市5085名被调查者中，选择A项“清查遗产，制作遗产清单”、B项“妥善保管遗产”、C项“查明被继承人生前的债权和债务，积极地追讨债权或清偿债务”、D项“查明被继承人是否留有遗嘱，并且确定遗嘱是否真实合法”、E项“可以原告或被告的身份参加因遗产引起的诉讼”、F项“定期制作遗产管理报告，向继承人报告遗产管理的情况”，其人数比例均超过五成。其中B项“妥善保管遗产”、A项“清查遗产，制作遗产清单”占比都超过九成（分别占93.04%和91.88%），C项占比超过七成（占70.84%），E项占比超过六成半（占66.08%）（见表3-3-3、图3-3-3）。可见，占七成至九成的多数被调查者认同遗产管理人应该承担多项管理职责，其中制作遗产清单、妥善保管遗产、查明被继承人生前的债权和债务是其基本职责。

目前，我国《继承法》缺乏对遗产管理人职责的规定。根据《继承法》第24条规定，继承开始后占有遗产的主体对遗产负有妥善保管的义务，其他主体不能对遗产进行抢夺或侵犯。该条对于遗产管理人的职责规定，只涉及“妥善保管遗产”。

综上可知，五成至九成以上被调查者认为遗产管理人应该承担多项职责以有效管理遗产。然而，我国《继承法》第24条中仅规定有遗产管理人之“妥善保管遗产”的职责，尚不能完全满足管理遗产的实际需要。因此，我们认为，遗产管理人作为遗产管理的主体，其承担对遗产的保全、遗产清单的制作、对遗产权利义务人发出通知与公示催告、遗产债务的清偿以及遗产的分配等职责，对此有必要进行较为全面的规定，以引导其依法履职，顺利完成遗产管理任务。

3. 被调查民众对遗产管理人报酬的观念及处理习惯的分析

对于遗产管理人的报酬，在我国本次十省市被调查民众中，有四成至六成的多数人认为遗产管理人的报酬应该依据其产生方式而定。在被调查者中，有近六成（占58.19%）的人选择“B. 法院指定的遗产管理人，有权请求给付报酬”；有近五成（占46.45%）的人选择“A. 继承人担任遗产管理人的，不能请求给付报酬”；超过四成（占43.09%）的人选择“C. 对继承人选任的第三人作为遗产管理人，是否给付报酬，应当由继承人决定”（见表3-3-4、图3-3-4）。可见，被调查者认为遗产管理人的报酬应该依据其产生方式而定。其主要原因在于：其一，在被调查者的观念中，对于法院指定的遗产管理人，该遗产管理人需要为管理遗产付出自己的时间、精力和劳动，应该给予一定的遗产管理费用，这不仅是对遗产管理劳动价值的承认，也符合权利与义务相一致的原则，能促使遗产管理人积极、妥善地管理遗产事务。其二，至于继承人担任遗产管理人则原则上不享有报酬权，如遗产管理人是继承人选任的，是否有报酬由继承人决定。其主要原因可能在于，在被调查者观念中，作为遗产管理人的继承人通常情况下与被继承人关系密切，具有亲情关系，且要继承遗产，因此由继承人担任遗产管理人不能享有报酬。其三，当遗产管理人是继承人选任之时，是否给予报酬由继承人决定，其主要原因可能在于，如存在多个继承人或者某些继承人都不愿意担任遗产管理人的情况，则继承人选任遗产管理人时可由其自行协商解决遗产管理人的报酬问题。这样既符合继承人担任遗产管理人需要支付报酬的原则，又给予继承人是否担任遗产管理人的自由选择权。

目前，我国《继承法》对遗产管理人的报酬没有规定，也没有对遗嘱执行人报酬作出规定。我们认为，前述多数被调查民众对此问题处理的上述观念有一定的合理性，故“中国民法典·继承编”在立法时，可以区分遗产管理人产生的不同情况，规定遗产管理人享有报酬权的条件。

4. 被调查民众对遗产管理人损害赔偿责任的观念及处理习惯的分析

在本次我国十省市调查中，被调查民众对于遗产管理人损害赔偿责任的认识及处理习惯存在一定的差异。从前述遗产管理人损害赔偿责任的民众处理习惯情况统计数据来看，在我国十省市被调查的5085人中，有超过五成半（占55.52%）的人选择“A. 凡有故意或重大过失的，才承担赔偿责任”；有超过四成（占41.98%）的人选择“B. 无论是故意或重大过失或一般轻过失的，都要承担赔偿责任”（见表3-3-6、图3-3-6）。可见，对于遗产管理人的赔偿责任，我国十省市被调查者主要有两种观点：一是凡有故意或重大过失的，才承担赔偿责任；二是无论是故意或重大过失或一般轻过失的，都要承担赔偿责任。前者的占比高于后者的占比约一成半。

目前，我国《继承法》对遗产管理人的损害赔偿责任无规定。我们认为，遗产管理人有故意或重大过失才承担赔偿责任较为合理。因为，遗产管理人需要承担的职责较多，而且继承人担任遗产管理人的往往还没有报酬，为使有关主体能够勇于承担遗产管理人的职责，有必要排除其由于轻度过失而需承担赔偿责任的担忧。并且，遗产管理人通常是经过特定的程序选任，其负有善良管理人的义务，遗产管理人在具有故意或者重大过失的情况下，才承担赔偿责任较为合理，亦足以保障继承人、遗产债权人、受遗赠人等遗产权利人的利益，这也符合我国《民法总则》第43条规定的精神。①

三、遗产管理的我国司法实践案例考察与评析②

（一）涉及遗产管理人的我国司法实践案例考察

1. 涉及遗产管理人确定的案例（案例一）

（1）主要案情简介。村民张某与原告张小某系叔侄关系，张某生于1957年10月，终生未婚，无子女姐妹，其父亲及同胞兄弟早已死亡。2014年8月10日，张某在街道上行走时突发疾病，被送往医院进行救治无效，于2014年8月20日死亡。对于张某住院抢救及办理其丧葬事宜的各种开支，张某所在村的村委会在经原告张小某同意后，指定由其负责支付。在张某去世后，该村委会又指定原告张小某为张某的遗产管理人。另查明，张某的遗产中有其生前在被告某县邮政银行支行开户的户名为张某的存款，银行存款共计7610.25元以及产生的利息。对于以上存款，原告持张某的存折向被告某县邮政银行支行申请领取现款时，被告以原告不是张某的继承人为理由，予以拒绝。原告遂以无因管理的法律关系提出诉讼请求，以原告已经被指定为张某的遗产管理人为理由，要求被告某县邮政银行支行协助原告领取张某在被告处的存款。在本案中，审理法院认为，虽然原告不是张某的法定继承人，但国家基层组织根据案件的实际情况，指定原告作为张某的遗产管理

① 我国《民法总则》第43条第3款规定，财产代管人因故意或者重大过失造成失踪人财产损失的，应当承担赔偿责任。

② 由于我国《继承法》只是原则性地规定了遗产保管的内容，缺乏系统的遗产管理制度的规定，司法实践中很少有涉及遗产管理人报酬及损坏赔偿责任等内容的司法案例，因此本书中的案例只选取涉及遗产管理人确定与其职责的两个案例。

人，该指定行为没有违反法律的强制性规定和损害社会公共利益，并且所指定的管理人实际上已经履行了为张某支付医疗费并办理丧葬事宜，确认该指定行为合法、有效。张某在被告处的存款系张某的遗产之一，在原告有权管理处置该遗产的情况下，被告应协助原告领取该笔存款，根据我国《民法通则》第 64、72、75 条的规定，判决被告某县邮政银行支行协助原告张小某领取张某生前在被告处开户，户名为张某的存款，共计 7610.25 元以及产生的利息。①

（2）适用法律评析。目前，我国《继承法》没有确定在继承开始后遗产分割前应由谁管理遗产，只是在该法第 16、24 条中原则性地规定了指定遗嘱执行人和遗产保管的部分内容，我国《执行继承法的意见》第 44 条规定了无人承受遗产保管的内容，缺乏对遗产管理制度中遗产管理的启动、遗产管理人确定的规定。我们认为，本案的审理法院认定村委会指定遗产管理人的行为没有违反法律的强制性规定和损害社会的公共利益，确认指定行为合法有效，而且依据我国《民法通则》第 64 条②关于代理的内容，认为遗产管理人为代理人，其可以按照指定单位的指定行使代理权。在没有法律规定如何确定遗产管理人的情况下，该判决具有一定的合理性，可以保障原告的合法权益。但是，被继承人的遗产在支付死者的医药费（含抢救费）和丧葬费后，如有剩余的，该剩余遗产应如何处理，该法院未依据我国《继承法》第 32、33 条以及我国《执行继承法的意见》第 57 条③的规定作出相关判决，这是其不足。由于我国《继承法》没有确立较为系统、全面的遗产管理制度，缺乏遗产管理人的相关内容，无法有效地保全遗产以及保障遗产权利人的利益，不利于指导司法实践，这是其立法的不足。

2. 涉及遗产管理人职责的案例（案例二）

（1）主要案情简介。原告陈某于 2012 年期间给李某在工地施工，共计垫付工程款 67.659 万元。经协商，李某只给原告 60 万元即可，并于 2012 年 12 月 16 日向原告出具欠条，注明欠陈某机械费等 60 万元。李某于 2013 年 2 月去世。被告李一、李二系李某与前妻朱某的婚生子女，李某与朱某于 2007 年 12 月 24 日登记离婚。李某的父母均早于李某死亡。被告李三、李四是李某生前与刘某的非婚生子女，但李三、李四的户籍记载中无父亲的记载信息。被告刘某与李某无婚姻登记关系。被告李一、李二于 2013 年 4 月 15 日到某市公证处公证，公证的主要内容是：李一、李二是被继承人李某的儿子和女儿，李一、李二放弃李某所有财产及债权的继承权。后原告向法院起诉刘某、李一、李二、李三、李四，请求法院判决五被告以遗产管理人身份在被继承人李某遗产范围内对原告的机械款

---

① 参见中国裁判文书网：（2015）宾民二初字第 322 号一审民事裁判书，载 http：//wenshu. court. gov. cn/，最后访问时间：2018 年 2 月 10 日。

② 我国《民法通则》第 64 条规定，代理包括委托代理、法定代理和指定代理。委托代理按照被代理人的委托行使代理权，法定代理人依照法律的规定行使代理权，指定代理人按照人民法院或者指定单位的指定行使代理权。

③ 我国《继承法》第 32 条规定，无人继承又无人受遗赠的遗产，归国家所有；死者生前是集体所有制组织成员的，归所在集体所有制组织所有。第 33 条规定，继承遗产应当清偿被继承人依法应当缴纳的税款和债务，缴纳税款和清偿债务以他的遗产实际价值为限。超过遗产实际价值部分，继承人自愿偿还的不在此限。继承人放弃继承的，对被继承人依法应当缴纳的税款和债务可以不负偿还责任。我国《执行继承法的意见》第 57 条规定，遗产因无人继承收归国家或集体组织所有时，按继承法第 14 条规定可以分给遗产的人提出取得遗产的要求，人民法院应视情况适当分给遗产。

60万元承担清偿责任。[①]

（2）适用法律评析。在本案中，其争议焦点是：原告的60万元机械款债权是否应得到支持；被告刘某、李一、李二、李三、李四是否应作为李某的法定继承人在李某的遗产范围内承担清偿责任。本案的审理法院认为：首先，原告提供的明细账及收条足以证明李某确实欠原告陈某机械款60万元，因此对原告的该项诉讼请求予以支持；其次，被告李一、李二系李某的婚生子女，虽然被告李一、李二公证放弃继承李某的遗产，但是在无其他证据证明李某的遗产有其他继承人或管理人的情况下，被告李一、李二应当作为李某的遗产管理人，有义务用其管理的父亲遗产对其父亲生前的债务承担清偿责任；再次，由于被告刘某与李某未登记结婚，对于原告主张要求被告刘某在李某的遗产范围内承担清偿责任，不予支持；最后，原告陈某提供的被告李三、李四的户籍信息中父亲一栏是空白的，而原告亦未提供其他证据证明被告李三、李四与李某的亲子身份关系，因此，对于原告主张的要求被告李三、李四在李某的遗产范围内承担清偿责任，不予支持。并根据我国《继承法》第2、5、10、33条的规定，判决被告李一、李二在管理李某遗产范围内向原告偿还60万元。

我们认为，在我国没有遗产管理制度的情况下，本案法院的判决具有一定的合理性，虽然我国《继承法》第10条规定包含非婚生子女在内的子女以及配偶是第一顺序的法定继承人，但是本案中原告未提供其他证据证明被告李三、李四与李某的亲子身份关系，而且被告刘某与李某未登记结婚，因此不在法定继承人之列。法院判决李某的遗产在李一、李二放弃继承且没有其他继承人或管理人的情况下，由被告李一、李二在管理李某遗产范围内向原告偿还60万元，能够保护遗产债权人的利益。由此案可知，由于我国《继承法》中没有确立系统、全面的遗产管理制度，导致现实中不能引导民众及时依法确定遗产管理人，不利于保障遗产债权人的利益。因此有必要确立遗产管理制度，明确规定遗产管理人承担清理遗产、编制遗产清单、清算遗产的债权债务、分配遗产等职责。

（二）涉及遗产管理制度的我国司法实践评析

1. 我国遗产管理制度在司法实践中反映的合理之处

由前述“涉及遗产管理人产生的案例一”中可知，在我国《继承法》缺乏遗产管理人范围规定的情况下，该案的审理法院依据我国《民法通则》第64条关于代理的内容，认为遗产管理人为代理人，其可以按照指定单位的指定行使代理权，村委会指定遗产管理人的行为没有违反法律的强制性规定和损害社会公共利益，确认指定行为合法有效。由前述“涉及遗产管理人的职责的案例二”中可知，审理法院在我国缺乏遗产管理制度的情况下，认为被告李一、李二系李某的婚生子女，虽然被告李一、李二经公证程序放弃继承父亲李某的遗产，但是在李某的遗产没有其他继承人或管理人的情况下，被告李一、李二应当作为李某的遗产管理人，有义务用其管理的父亲遗产对父亲生前的债务承担清偿责任。这反映出虽然我国没有确立遗产管理制度，但是司法实践中部分法院根据我国《民法通则》的代理制度，已认可且支持遗产管理人在被村委会指定的情况下具有相应的权利。并且，即使法定继承人放弃继承，在没有其他法定继承人和遗产管理人的情况下，其

---

① 参见中国裁判文书网：（2014）金民初重字第17号一审民事判决书，载 http：//wenshu. court. gov. cn/，最后访问时间：2018年2月10日。

被法院指定履行遗产管理及清偿遗产债务的职责，这符合我国社会的实际需要，体现了确立遗产管理制度在我国有一定的现实基础，故在“中国民法典·继承编”编纂中应该确立该制度。

2. 我国遗产管理制度在司法实践中反映存在的问题

通过前述司法实践中涉及遗产管理制度的案件分析，我们认为，我国《继承法》没有确定在继承开始后遗产分割前应由谁管理遗产，只是原则性地规定了指定遗嘱执行人和遗产的保管部分内容，缺乏对遗产管理制度中遗产管理人的资格与产生方式、遗产管理人的职责与报酬、遗产管理的终止等规定，这不能引导民众依法确定遗产管理人，也不利于引导遗产管理人依法履行管理职责，容易引发继承纠纷。因此，在“中国民法典·继承编”的编纂中有必要考虑我国民众的继承观念和处理习惯，借鉴域外立法的有益经验，确立我国较为系统、全面的遗产管理制度，明确遗产管理人的资格与产生方式及其职责、报酬和法律责任，以保障实现该制度之保全和管理遗产，维护遗产权利人的利益，实现遗产公平分配，保障交易安全之功能。

第四节　遗产管理制度之我国立法的学者观点与评析

本节拟对遗产管理人资格与产生方式、遗产管理人职责与报酬、遗产管理人的法律责任、遗产管理终止之我国立法的学者观点进行考察与评析，包括梁慧星等学者建议稿（“梁稿”）、徐国栋等学者建议稿（“徐稿”）、王利明等学者建议稿（“王稿”）、张玉敏等学者建议稿（“张稿”）、陈苇等学者建议稿（“陈稿”）、杨立新等学者建议稿（“杨稿”）[①] 共计六份继承法学者建议稿的主要观点，在此基础上进行比较评析。

一、遗产管理人资格与产生方式之我国立法的学者观点与评析

（一）遗产管理人资格与产生方式之我国立法的学者观点

1. 梁慧星等学者建议稿的主要观点

关于遗产管理人的资格，“梁稿”规定遗嘱执行人作为遗产管理人时，其应是完全民事行为能力人。[②]

关于遗产管理人的产生方式，“梁稿”规定遗产管理人的产生，有遗嘱指定、继承人担任或推选、法院指定三种方式。其一，遗嘱指定。遗嘱中指定有遗嘱执行人的，由遗嘱执行人行使遗产管理人的职责。其二，继承人担任或推选。继承开始后 2 个月内，继承人应当举行会议推选遗产管理人。共同继承人未推选遗产管理人的，由全体继承人共同行使遗产管理人的职责。其三，法院指定。在下列情况下，经利害关系人申请，法院可以指定遗产管理人：一是遗嘱未指定遗嘱执行人，继承人对遗产管理人的选任有争议的；二是没有继承人或继承人下落不明，而遗嘱中又未指定遗嘱执行人的；三是遗产债权人有证据证明继承人的行为已经或将要损害其利益的。法院在指定遗产管理人之前，经利害关系人申

① 在第一章第一节对于遗产管理制度的比较研究法的阐述中，我们已经分别注释说明这六部继承法学者建议稿的出处以及各学者建议稿在本书的简称，此处不重复注释。

② “梁稿”第 1988 条。

请，可以对遗产进行必要处分。①

2. 徐国栋等学者建议稿的主要观点

关于遗产管理人的资格，“徐稿”规定遗产保佐人（遗产管理人）的资格适用第一分编“保护人的无资格”的规定，有身体缺陷、道德缺陷、年龄未满25周岁以及存在对立利益和宗教差异的人不得担任保佐人；无民事行为能力人、品行不端以及长期在住所地外工作的人不得担任遗嘱执行人（包含继承人担任遗嘱执行人），② 即其是对排除资格的条件的规定。

关于遗产管理人的产生方式，“徐稿”规定遗产管理人的产生，主要有遗嘱指定、继承人担任和法院指定三种方式。其一，遗嘱指定。如死者的遗嘱中指定有遗嘱执行人的，由其履行管理义务。其二，继承人担任或推选。没有遗嘱执行人的，继承人接受继承时应妥善管理遗产。其三，法院指定。继承开始后15天内无人接受遗产，也无有效遗嘱执行人的，法院应依生存配偶、死者的任何亲属、其他对此有利害关系的人的请求，或依职权宣告遗产为待继承遗产，并指定遗产保佐人。③

3. 王利明等学者建议稿的主要观点

关于遗产管理人的资格，“王稿”对此无规定。

关于遗产管理人的产生方式，“王稿”规定遗产管理人的产生，主要有遗嘱指定、继承人担任或推选、村民委员会或居民委员会担任三种方式。其一，遗嘱指定。被继承人生前在遗嘱中确定了遗嘱执行人的，由其担任遗产管理人。其二，继承人担任或推选。没有留有遗嘱或遗嘱无效的，由继承人担任或者选任遗产管理人，多个继承人没有选任的，由所有继承人履行管理任务，但作出放弃继承权的除外。其三，村（居）民委员会担任。不存在继承人，或所有继承人都表示放弃接受继承的，或继承人下落不明的，遗产管理人的职责由被继承人生前住所地的村（居）民委员会担任。④

4. 张玉敏等学者建议稿的主要观点

关于遗产管理人的资格，“张稿”规定遗嘱执行人担任遗产管理人的，必须具备完全民事行为能力。⑤

关于遗产管理人的产生方式，“张稿”规定遗产管理人的产生，有遗嘱指定、应召继承人担任和法院指定三种方式。其一，遗嘱指定。被继承人遗嘱中确定了遗嘱执行人的，由其担任遗产管理人。其二，应召继承人担任。不存在遗嘱执行人的，遗产由接受遗产的继承人负责管理。其三，法院指定。如果存在以下情况，即不存在继承人的，或继承人下落无法知晓，或不知是否有继承人，或现有的继承人为无民事行为能力人或限制民事行为能力人且无法定代理人，或死者的债权人证实其权利受到继承人的损害或有损害危险的，法院在遗产利害关系人的申请下，可以指定遗产管理人。⑥

---

① “梁稿”第2002条。

② “徐稿”第四分编第254-263、362条。

③ “徐稿”第四分编第48-51、360-361条。

④ “王稿”第549、661条。

⑤ “张稿”第48条。

⑥ “张稿”第2-3、24条。

5. 陈苇等学者建议稿的主要观点

关于遗产管理人的资格，“陈稿”规定遗嘱执行人必须具有完全民事行为能力。①

关于遗产管理人的产生方式，“陈稿”规定遗产管理人的产生，有遗嘱指定、继承人担任或推选、法院指定三种方式。其一，遗嘱指定。继承开始后，遗嘱指定遗产管理人或遗嘱执行人的，由该指定的人行使遗产管理人的职责。其二，继承人担任或推选。遗嘱未指定或其不接受遗嘱指定的，继承人可协商推选遗产管理人。其三，法院指定。下列情况，经利害关系人申请，法院可指定遗产管理人：一是遗嘱未指定遗嘱执行人，继承人对遗产管理人选任有争议；二是遗嘱未指定遗嘱执行人，没有继承人或继承人下落不明的；三是遗产债权人有证据证明继承人的行为已经或可能损害其利益的。法院在指定遗产管理人之前，经利害关系人申请，可对遗产进行保全。②

6. 杨立新等学者建议稿的主要观点

关于遗产管理人的资格，“杨稿”规定遗产管理人须是完全民事行为能力人。③

关于遗产管理人的产生方式，“杨稿”规定遗产管理人的产生，有遗嘱指定、继承人担任、法院指定、基层组织或民政部门确定四种方式。其一，遗嘱指定。有遗嘱执行人的，由其担任遗产管理人。其二，继承人担任。没有遗嘱执行人，继承人承担遗产管理的职责，如多个继承人对遗产管理人的选任有异议，则共同管理遗产。其三，法院指定。法院在遗产利害关系人以其权益受到继承人的侵害或者有侵害危险为由的申请下，可以指定继承人外的第三人为遗产管理人。其四，基层组织或民政部门确定。在有无继承人不明或没有继承人的情况下，与遗产有利害关系的人或基层组织或相关部门应告知民政部门，由其确定遗产管理人。④

（二）遗产管理人资格与产生方式之我国立法的学者观点评析

1. 遗产管理人资格之我国立法的学者观点评析

（1）诸学者建议稿的共同点。除“王稿”对遗产管理人的资格没有规定外，其他学者建议稿对遗产管理人或遗嘱执行人的资格都进行了规定。

（2）诸学者建议稿的不同点。上述规定了遗产管理人主体资格的学者建议稿对于不同管理主体的资格标准又有不同，具体表现如下：

第一，遗产管理人的资格。在诸学者建议稿中，只有“杨稿”“徐稿”“梁稿”和“张稿”规定了遗产管理人或遗嘱执行人担任遗产管理人的资格，其他学者建议稿没有规定。“杨稿”规定其须是完全民事行为能力人。“徐稿”规定有身体缺陷、道德缺陷、年龄未满 25 周岁以及存在对立利益和宗教差异的人不得担任遗产管理人。

第二，遗嘱执行人的资格。除“徐稿”规定无民事行为能力者、品行不端和长期在住所地外工作的人不得担任遗嘱执行人外，其他学者建议稿都规定遗嘱执行人须为完全民事行为能力人。

从立法价值取向与功能之角度分析，对遗产管理人的资格进行设定，由具有完全民事行为能力的人管理遗产，符合遗产管理制度实现保护遗产权利人的利益、保障交易安全之

① “陈稿”第 36 条。
② “陈稿”第 7 条。
③ “杨稿”第 54、72 条。
④ “杨稿”第 72–73、91 条。

功能以及效益价值取向之要求。遗产管理人只有具有完全民事行为能力，才有能力对遗产进行保全与管理、对债权进行追讨和债务进行清偿、对遗产进行分配等，才能平等保障继承人与遗产债权人的利益和交易安全，同时也为实现其他遗产权利人之利益打下基础。这符合法律的平等、公平、效益、安全之价值取向。

从域外立法状况分析，对于遗产管理人的资格，除俄罗斯没有直接规定，仅对民事行为能力有所规定外，其余的前述大陆法系五国立法都规定遗嘱执行人应具有民事行为能力。例如，法国和意大利要求遗嘱执行人须具备完全民事行为能力，英国规定遗产管理人担任遗产管理职责必须具备完全民事行为能力。有些国家的立法还对遗产管理人的排除资格条件作出规定，如日本和澳大利亚均规定，破产人不得为遗嘱执行人；德国规定保佐人不得为遗嘱执行人等。

通过以上对诸学者建议稿中对遗产管理人的资格的相同之处和不同之处的观点分析，我们认为，为了保障遗产管理人有效地履行管理职责，应该对遗嘱执行人和遗产管理人的资格都设定一定条件的要求，我国前述学者建议稿规定的遗产管理人应具备完全民事行为能力的主张可予以采纳。但对于“徐稿”规定的有身体缺陷、道德缺陷、年龄未满25周岁、存在对立利益和宗教差异的人、品行不端和长期在住所地外工作等人的资格限制，我们认为应区别对待持谨慎态度，“年龄未满25周岁”的要求过高，在我国年满18周岁者就为完全民事行为能力人，所从事的相关民事行为就可以产生法律效果。其他的限制性规定，如“身体缺陷”不能作为遗产管理人的资格认定标准，否则就有可能否认残障者的民事行为能力；又如道德缺陷、品行不端等，在现实生活中难以操作和把握，作为直接认定的依据不科学，但可以作为法院指定遗产管理人的考虑因素。而且域外立法有关“破产者”不得作为遗产管理人或遗嘱执行人之立法，值得我国借鉴。

2. 遗产管理人产生方式之我国立法的学者观点评析

（1）诸学者建议稿的共同点。

通过对上述学者建议稿的考察得知，对于遗产管理人的产生方式之相同的观点如下：其一，遗嘱指定，即有合法有效遗嘱指定的遗嘱执行人的，由其担任遗产管理人。其二，继承人担任，即如遗嘱未指定遗嘱执行人或其不接受遗嘱指定的，由继承人自愿担任遗产管理人或协商推选遗产管理人。

（2）诸学者建议稿的不同点。

诸学者建议稿的不同观点主要在于，在无遗嘱指定遗产管理人又无继承人担任遗产管理人的情况下，遗产管理人由何种方式产生：

第一，法院指定。“梁稿”“徐稿”“张稿”“陈稿”“杨稿”规定法院可以指定遗产管理人。但是对于法院指定遗产管理人的条件有不同之处：其一，法院指定是否经利害关系人申请。除“徐稿”主张法院可以依职权确定遗产管理人对遗产进行管理外，其他四份建议稿都规定必须有利害关系人的申请，即法院不能直接依职权指定。其二，法院在何种情形下可以指定。对此学者建议稿的主张有以下四种：一是遗嘱未指定遗嘱执行人但继承人对选任遗产管理人有争议的（“梁稿”“徐稿”“陈稿”）；二是没有继承人或者继承人下落不明又无遗嘱执行人的（“梁稿”“张稿”“陈稿”）；三是现有的继承人不具备完全民事行为能力且其又没有法定代理人的（“张稿”）；四是死者的债权人证实其合法权益已遭受继承人的损害或将要受到损害的（“梁稿”“张稿”“陈稿”）。

第二，村（居）民委员会担任。“梁稿”主张没有确定遗嘱执行人且没有法定继承人担任遗嘱执行人时，由被继承人生前所在单位或继承开始地的村（居）民委员会担任遗嘱执行人；“王稿”主张不存在继承人，或所有继承人都表示放弃接受继承的，或继承人下落不明的，遗产管理人由被继承人生前住所地的村（居）民委员会担任。

第三，民政部门指定。“杨稿”主张相关部门或基层组织通知民政部门没有人继承遗产的，应由其指定遗产管理人。

从立法价值取向与功能的角度分析，由遗嘱执行人担任遗产管理人符合自由和效率的价值取向，这既是对被继承人立遗嘱自由和指定遗产管理人自由的肯定，也符合便利管理遗产的效率要求。而在没有遗嘱执行人的情况下，由继承人担任或协商指定或由人民法院指定均符合法律的效益价值，能保护遗产权利人的合法利益，能够保障实现及时保全遗产、制定遗产清单、清偿遗产债务、公平分配遗产之功能。

从涉及遗产管理人产生的我国十省市被调查民众的观念和处理习惯来看，超过九成以上（占96.95%）的被调查者都选择由“死者的法定继承人”担任遗产管理人（见表3-3-1a、图3-3-1a）。而且，通过前述司法实践的考察以及“涉及遗产管理人确定的案例一”中可知，由于我国缺乏遗产管理人的规定，没有明确规定由何人担任遗产管理人，实践中容易引起遗产处理纠纷。

从域外立法来看，前述大陆法系六国对于遗产管理人的产生方式的具体规定，存有异同。除瑞士规定遗产管理人的产生有五种方式外，其他五国都只有三种产生方式，即遗嘱指定、继承人担任或推选、法院或其他法定机构指定。实行间接继承的前述英美法系三国对遗产管理人的产生方式，也都规定在遗嘱中确定了遗嘱执行人的情况下，由遗嘱执行人担任遗产管理的职责，但遗嘱执行人为获得合法的管理地位，其必须获得遗嘱检验的通过。在没有遗嘱执行人的情况下，与遗产利益有利害关系的主体可向法院申请遗产的管理委任状，由法院指定遗产管理人并授予其管理遗产的权利。

从前述学者建议稿的考察可以得知，诸学者建议稿中对遗产管理人的产生有相同之处和不同之处，我们赞同上述学者建议稿主张的三种遗产管理人的产生方式：一是由遗嘱执行人担任遗产管理人；二是没有遗嘱执行人的，由继承人担任，有多个继承人的可以由其推选遗产管理人；三是出现特殊情况，包括继承人协商不成或继承人不明或无继承人等情况，利害关系人可以申请人民法院指定遗产管理人；四是对于无人继承的遗产，由村（居）民委员会担任遗产管理人，我们认为其作为基层群众自治组织，与被继承人生前有一定联系，其成员承担遗产管理职责具有可操作性，符合便民原则。对于“杨稿”主张的由民政局指定遗产管理人的观点，由于民政局作为主管社会行政事务的职能部门，目前未设立遗产处理机构，我国现正实行“减政放权”，其作为行政机构，也不可能在各村居委会设立办事人员专心处理遗产事务，如果由村（居）民委员会指定遗产管理人，可能更接“地气”，能够及时处理此问题，有利于减少继承纠纷的发生。

二、遗产管理人职责与报酬之我国立法的学者观点与评析

（一）遗产管理人职责与报酬之我国立法的学者观点

1. 梁慧星等学者建议稿的主要观点

“梁稿”规定，遗产管理人的主要职责如下：其一，遗产保管。继承开始后，遗产管

理人在获得存有遗产人的通报后，应该与继承人协商决定遗产的保管。其二，编制遗产清单。遗产管理人应当及时编制遗产清单，并将被继承人财产与夫妻共同财产、家庭共同财产及其他人的财产区分开。其三，公告申报遗产债权。遗产管理人在知道继承开始后 3 个月内向法院提交遗产清单，由法院以不少于 3 个月的期限公示催促债权人申报债权。其四，清偿遗产债务。催告期满后，遗产管理人依据申报和已知的债权数额或比例清偿债务。对尚未到期或有争议的遗产债务，应保留必要财产。①

关于遗产管理人的报酬，继承人或遗嘱执行人以外的遗产管理人有权请求与其所执行职务相当的报酬，且该报酬有优先受偿权；遗嘱执行人的报酬由遗嘱人指定，没有指定的，其不得请求报酬，但继承人或受遗赠人自愿支付的除外。②

2. 徐国栋等学者建议稿的主要观点

"徐稿"规定，遗产管理人的主要职责如下：遗产管理人在被任命后应在 40 天内编制财产清单，法院可根据具体情况缩短或延长该期限；妥善保存和管理遗产；登报通知继承人等遗产权利人；搜寻下落不明的继承人；提起与遗产相关的诉讼或者应诉；将财产中的现金或出售动产或不动产所得的现金存入银行；在遗产有毁坏的危险时尽快出卖遗产；经法院允许对遗产债务和遗赠进行清偿；报告管理账目。除特别规定外，遗嘱执行人适用上述有关保佐人的规定。③

关于遗产管理人的报酬，待继承财产的保佐人的报酬由法院确定；遗嘱执行人的报酬由遗嘱人确定，没有确定的，由法院确定。④

3. 王利明等学者建议稿的主要观点

"王稿"规定，遗产管理人的主要职责如下：其一，清理遗产并制作遗产清单。其应对遗产进行及时清理，然后编制遗产清单并予以公证。如遗产价值低于一千元的，遗产管理人编制遗产清单时应邀请两个以上无利害关系的见证人见证并在清册上签名。遗产管理人在清册制作完毕后，应在知道继承开始后 3 个月期间届满前将清册递交给法院。其二，公示催告债权。遗产管理人应向法院申请以公示催告程序要求债权人在一定期间内申报权利，催告期间不少于 3 个月。在催告期间内不得接受任何遗产权利人的支付请求，遗产债权只能在催告期间届满后得以清偿，但应对没有到期或存在异议的债权保留必要遗产。其三，通知权利人行使权利。遗产管理人应通知未表示接受或放弃而死亡的继承人或受遗赠人的法定继承人，在知道可以行使继承权起 2 个月内行使权利。债权人或受遗赠人不申报权利的，仅可对剩余遗产主张权利。其四，分配遗产。遗产在清偿完所有债务和费用后仍有剩余的，应依法交付给继承人和其他遗产受益人。⑤

关于遗产管理人的报酬，遗嘱执行人的报酬由遗嘱人指定，没有指定的，其不得请求报酬，但继承人或受遗赠人自愿支付的除外；执行遗嘱所需要的费用由遗产支付。⑥

---

① "梁稿"第 2004、2005、2017、2018 条。

② "梁稿"第 1995、2003 条。

③ "徐稿"第一分编第 88、235-238 条，第四分编第 331、342、348、351、355、383、385、390-392、395 条。

④ "徐稿"第一分编第 292 条，第四分编第 397 条。

⑤ "王稿"第 550-551、636、650-652、662 条。

⑥ "王稿"第 639 条。

4. 张玉敏等学者建议稿的主要观点

“张稿”规定，遗产管理人的主要职责如下：其一，制作遗产清单。遗产管理人应对遗产进行清算和必要的管理，并在2个月内制作遗产清单，继承人如2个月内不能完成遗产清单，可以向法院申请延长该期间，但最长不得超过4个月。并且，继承人制作遗产清单应邀请公证人或其他见证人到场见证。其二，催告债权人与清偿债务。应对遗产的债权债务进行公示催告，要求相关人员在不少于2个月的期间予以申报，公告期间届满后依据法定清偿顺序对遗产债务进行偿还。其三，遗嘱执行人代理遗产诉讼。其四，报告管理事项。依据利害关系人的请求对其报告管理事项，在被法院指定的情况下，还应向法院递交书面报告。其五，制作清算方案以清偿债务。其六，交付剩余遗产。清偿债务、执行遗赠后剩余的财产，由法院分配给与被继承人共同生活或者精心照顾被继承人的人，如财产仍有剩余的应该移交给国库或死者生前的集体组织所有。①

关于遗产管理人的报酬，“张稿”没有相关规定。

5. 陈苇等学者建议稿的主要观点

“陈稿”规定，遗产管理人具有以下职责：其一，收集遗产，编写遗产清单。继承人在继承开始后，应在2名无利害关系的见证人在场的情况下制作遗产清单。制作遗产清单的期限为2个月，如申请法院批准延长的，不得超过3个月。其二，在遗产管理期间忠实且谨慎地保护和管理遗产。其三，发出继承公告，催促相关债权人和债务人，在2个月期限内申报遗产债权和债务。其四，向继承人报告管理账目。其五，清偿遗产费用、债务和税款。其六，将剩余财产分配给继承人。其七，负责与待继承遗产有关的起诉和应诉。②

关于遗产管理人的报酬，遗产管理人在一定条件下享有报酬请求权，非继承人担任遗产管理人的，应支付相应的报酬。其报酬从遗产中支付，遗产不足时，由接受继承的继承人负担。③

6. 杨立新等学者建议稿的主要观点

“杨稿”规定，遗产管理人的职责主要有如下七项：其一，查明被继承人是否留有遗嘱，并且确定遗嘱是否真实合法；其二，通知或公告通知遗产承受权利人、被继承人的债权人申报权利，债权申报期不少于3个月；其三，遗产管理人在就任后6个月内制作遗产清单并公证；其四，清偿遗产债务；其五，分割移交遗产；其六，在管理权限之内，可以采取必要的措施或通过诉讼保全遗产；其七，进行与管理遗产有关的其他必要行为。④

关于遗产管理人的报酬，“杨稿”没有规定。

（二）遗产管理人职责与报酬之我国立法的学者观点评析

1. 遗产管理人职责之我国立法的学者观点评析

（1）诸学者建议稿的共同点。通过对上述学者建议稿的考察得知，对于遗产管理人的职责，诸学者建议稿的观点存在以下相同之处：

第一，在指定期间内编制遗产清单。上述六份学者建议稿都规定遗产管理人应当及时清理被继承人的生前财产，在指定期间内编制遗产清单。“梁稿”还规定遗产清单应在夫

---

① “张稿”第16-19、49、67-71条。

② “陈稿”第8、70条。

③ “陈稿”第9条。

④ “杨稿”第74、78、81、92条。

妻财产、家庭财产、他人财产与遗产相分离的情况下编制。

第二，公示催告权利人申报权利。除"徐稿"规定为登报通知外，其他学者建议稿都规定遗产管理人应在规定的期间内公示催告相关遗产权利人申报权利。

第三，清偿遗产债务。诸学者建议稿都规定在公告或登报通知期满之后应依据法律规定的清偿顺序，对已经申报或知晓的债权予以清偿。其中"徐稿"规定或依遗嘱对遗产债务进行清偿或依法进行有限责任、无限责任清偿。

第四，分配剩余遗产。诸学者建议稿都规定遗产管理人有分配剩余遗产的职责。

(2) 诸学者建议稿的不同点。诸学者建议稿的不同之处主要有以下几点：

第一，遗产清单的制作条件。其一，遗产清单的制作时间不同。"梁稿""王稿"规定在继承开始后3个月期限届满前，遗产管理人应将遗产清单递交给法院；"张稿"和"陈稿"规定制作遗产清单的期限为2个月，如申请法院批准延长的，不得超过3个月（"陈稿"）或4个月（"张稿"）；"杨稿"则规定应在就任后6个月内制作遗产清单；"徐稿"规定在任命后40天内制作遗产清单，法院可缩短或延长此期限。其二，制作遗产清单是否须有见证人。"张稿"规定制作遗产清单须有公证人或见证人到场见证；"陈稿"规定制作遗产清单须有2名无利害关系人在场见证。其三，遗产清单是否须经过公证。编制遗产清单的方式，"王稿""杨稿"规定应经过公证；"王稿"还规定，遗产价值在一千元以下的，则可以只须进行见证人的见证，无须经过公证。

第二，公示催告的条件。其一，公示催告的期限不同。对于公告期，除"徐稿"为登报通知无期限外，"梁稿""王稿"和"杨稿"规定为3个月；"张稿"和"陈稿"规定为2个月。其二，催告申报的权利主体不同。"梁稿""王稿""张稿"主张催告的主体为遗产债权人；"陈稿"主张催告的主体为继承人、遗产债权人、受遗赠人等利害关系人；"杨稿"主张催告的主体为相关遗产权利人；"徐稿"登报催告的主体为一切继承人和受遗赠人（一切相续人）。[①]

第三，其他的管理职责。其一，确定是否存在遗嘱，并且查明遗嘱的真实性和合法性（"杨稿"）；其二，向继承人、利害关系人或法院报告遗产管理情况（"徐稿""陈稿""张稿"）；其三，负责与待继承遗产相关的起诉和应诉（"陈稿""杨稿""徐稿"）；其四，实行与遗产管理相关的行为，如变卖、保存遗产等（"徐稿"）。

从立法价值取向与功能之角度分析，由特定的管理人担任保护和管理遗产的职责，通过其对遗产采取清理和保全、编制清册、公示催告、清偿债务、遗产分配等活动，使遗产在未被接受或继承权被抛弃前免受毁损，以实现遗产管理制度保护继承人和其他遗产权利人的利益，维护交易安全之功能，可以彰显遗产管理制度的平等保护和公平分配之价值取向。

从涉及遗产管理人职责的民众观念分析，在本次我国十省市调查中，五成至九成以上的被调查者都认为遗产管理人应该承担多项职责以有效管理遗产。其中，在被调查者中选择遗产管理人的职责包括："清查遗产，制作遗产清单"（占91.88%）；"妥善保管遗产"（占93.04%）；"查明被继承人生前的债权和债务，积极地追讨债权或清偿债务"（占

---

① "徐稿"第四分编第323条。参见徐国栋：《绿色民法典草案》关于一些术语的说明，社会科学文献出版社2004年版，第2页。

70.84%)；“查明被继承人是否留有遗嘱，并且确定遗嘱是否真实合法”（占54.83%)；“可以原告或被告的身份参加因遗产引起的诉讼”（占66.08%)；“定期制作遗产管理报告，向继承人报告遗产管理的情况”（占54.77%）等（见表3-3-3、图3-3-3)。而且，在我国司法实践中，如继承人放弃继承是否承担遗产管理人的职责，目前我国继承立法对此无规定，在遗产处理过程中，容易引发继承纠纷（详见前述“涉及遗产管理人职责的案例二”)。

从域外立法来看，前述大陆法系六国和英美法系三国对于遗产管理人的职责都有规定，其相同之处是都规定遗产管理人有占有并清理遗产、制作遗产清单、妥善管理遗产、通知或公告遗产债权人和债务人以追讨债权和清偿债务、制作遗产分配方案并向利害关系人报告、分配剩余遗产等职责。这些规定有利于指导遗产管理人依法承担管理职责，对于保护继承人和其他遗产权利人的利益具有重要作用。

通过对学者建议稿中遗产管理人的职责的相同之处和不同之处的观点分析，我们认为，上述学者建议稿中对遗产管理人职责的设定之建议，有不少符合我国的实际，值得我国立法借鉴。

2. 遗产管理人报酬之我国立法的学者观点评析

（1）诸学者建议稿的共同点。对于遗产管理的报酬，上述多数学者建议稿，包括“梁稿”“徐稿”“王稿”和“陈稿”均规定，遗产管理人应享有管理报酬权，“张稿”“杨稿”则对此无规定。

（2）诸学者建议稿的不同点。主张遗产管理人享有报酬权的学者建议稿在具体规定上存有差异：①请求权主体：多数学者建议稿认为，遗产管理人的报酬应区分遗嘱执行人和其他主体担任管理人的情况，少数学者建议稿对此没有区分，如“王稿”仅规定了遗嘱执行人的报酬，“梁稿”规定继承人以外的遗产管理人享有报酬请求权；“陈稿”规定在一定条件下，即非继承人担任遗产管理人的有报酬请求权。②遗嘱执行人的报酬：多数学者建议稿认为遗嘱执行人的报酬由遗嘱人确定，如不确定的，则有两种意见，其一认为由法院确定（“徐稿”)，其二认为遗嘱执行人不得请求报酬，继承人或受遗赠人自愿支付的除外（“梁稿”“王稿”)。③其他主体担任遗产管理人的报酬：有三种不同的主张，其一认为由法院确定（“徐稿”)，其二认为报酬从遗产中支付（继承人除外)，不足的由继承人担负（“陈稿”)，其三认为继承人以外的遗产管理人享有报酬请求权，对于由谁确定则没有规定（“梁稿”)。

从立法价值取向与功能的角度分析，赋予遗产管理人获得报酬的权利，是对其管理遗产行为的劳动的肯定，符合权利和义务相一致原则，能够提高其管理的积极性，有利于保全遗产，制作遗产清单，公示催告遗产权利人申报权利，清偿遗产债务，依遗嘱或法律分配遗产，从而实现保护继承人和其他遗产权利人的利益，维护交易安全的功能，彰显遗产管理制度的公平和效率的价值取向。

从对遗产管理人是否有权获得报酬的民众观念分析，在本次我国十省市调查中，有四成至六成的多数被调查者认为遗产管理人的报酬应该依据其产生方式而定，近六成（占58.19%）被调查者认为法院指定的遗产管理人，有权请求给付报酬；有近五成（占46.45%）被调查者认为继承人担任遗产管理人的，不能请求给付报酬；超过四成（占43.09%）被调查者认为对继承人选任的第三人作为遗产管理人，是否给付报酬，应当由继承人决定（见表3-3-4、图3-3-4）。可见，我国十省市被调查民众近六成的多数人主张法院指定的遗产管理人应享有报酬请求权；但继承人作为遗产管理人的不能请求给付报酬；而继承人选任的第三人作为遗产管理人的，由继承人决定是否给予报酬。

从域外立法分析，前述德国、日本、俄罗斯三国均规定遗嘱执行人可获得适当的报酬，但是遗嘱有例外规定的除外；法国、德国、日本、英国和美国五国均规定遗产管理人可获得管理报酬。澳大利亚法律则规定遗产管理人无权获得报酬，但是遗嘱规定给予或得到法院许可获得报酬的除外。

通过对前述学者建议稿中遗产管理人的报酬观点的分析，我们认为，首先，对于遗嘱执行人的报酬，多数学者建议稿中规定"遗嘱执行人的报酬由遗嘱人确定"，这值得我国立法参考。因为遗嘱执行人一般是遗嘱指定的，就有必要尊重遗嘱人的意愿，以遗嘱的规定为确定标准。其次，对于遗产管理人的报酬，"梁稿""陈稿"中"除继承人外的遗产管理人有取得报酬的权利"的规定，符合我国十省市被调查民众多数人的观念，故从国情考虑是可取的，因为这样可以鼓励此类遗产管理人积极管理遗产，也符合民法的权利与义务相一致原则。最后，如果继承人作为遗产管理人因承担较多管理事务，要求给予报酬的，可以采纳"徐稿"的观点，其可以请求法院确定。这可以为此类遗产管理人之报酬的实现提供救济路径，以实现法律的公平价值。

三、遗产管理人的法律责任之我国立法的学者观点与评析

（一）遗产管理人的法律责任之我国立法的学者观点

1. 梁慧星等学者建议稿的主要观点

关于遗产管理人的责任，"梁稿"规定，遗产管理人违反遗产处理顺序、遗产债权公告、遗产债务清偿等规定，对遗产债权人和受遗赠人造成损害的，应当负赔偿责任。遗嘱执行人因故意或者重大过失给利害关系人造成损失的，应当承担赔偿责任；为有偿执行的，应对一切过失承担赔偿责任。①

2. 徐国栋等学者建议稿的主要观点

关于遗产保佐人的责任，"徐稿"规定，被褫夺的保佐人应充分赔偿被保护人的损失，有不法行为的，还应受到刑事追诉；遗嘱执行人对法律规定的事务承担轻过失责任，对债权人遭受的一切损害承担赔偿责任；拥有完全民事行为能力的现实继承人作为遗嘱执行人的，负相同的义务和责任。遗嘱执行人因故意情形被免职的，不得在继承中取得份额，应赔偿利害关系人的一切损失，归还全部酬金。

关于继承人在遗产管理中不当制作遗产清单的责任，继承人如恶意遗漏记载财产或记载虚假债务，不得享受遗产清单利益。②

3. 王利明等学者建议稿的主要观点

关于遗产管理人的责任，"王稿"规定，遗产管理人不当履行遗产管理职责给遗产债权人造成损害的，遗产债权人有权要求遗产管理人承担民事责任。遗嘱执行人因故意或者重大过失给利害关系人造成损失的，应当承担赔偿责任；为有偿执行遗嘱的，应对一切过

① "梁稿"第1993、2019条。
② "徐稿"第一分编第233-234条，第四分编第351、375、381-382条。

失承担赔偿责任。

关于继承人在遗产管理中不当制作遗产清单的责任，遗产管理人是继承人的，因不当履行遗产清单编制义务的，继承人须对遗产债务承担无限责任。①

4. 张玉敏等学者建议稿的主要观点

关于遗产管理人的责任，“张稿”规定，遗产管理人违反遗产清偿顺序的规定，损害债权人利益的，债权人有权要求其承担赔偿责任，同时还可要求得已清偿的后位债权人返还财产。遗嘱执行人出于故意或重大过失使遗产权利人利益遭受的损失，必须对此产生的损害后果承担赔偿责任。如遗嘱执行任务是有偿的，而不以过错程度为标准，得赔偿所有的损害。

关于继承人在遗产管理中不当制作遗产清单的责任，继承人故意在遗产清单中为不实记载或不当处分遗产的，丧失遗产清单利益，视为无条件继承遗产，而且不得放弃继承。②

5. 陈苇等学者建议稿的主要观点

关于遗产管理人的责任，“陈稿”规定，遗产管理人在管理过程中，如因违背善良管理人的注意义务或法定程序使得遗产权利人的利益遭受损害的，应就此产生的损害负赔偿责任。如在申报期间届满前就清偿遗产债务，或对未担保的遗产债务在到期前就偿还，或偿还遗产债务时侵犯了他人的优先偿还权的，或没有通知遗产债权人在一定期间内请求继承人财产与遗产分离的，或有意向遗产债权人报告不实情况等，遗产管理人应就此所造成的后果承担个人赔偿责任。另外，遗嘱执行人在遗产管理过程中，如因自己的过错使得遗产利益遭受损失的，应就此担负赔偿责任。

关于继承人在遗产管理中不当制作遗产清单的责任，继承人没有依法定条件或在法律限定期间内制作遗产清单，或在遗产清单中未计入遗产或处分遗产的，应当承担无限清偿责任。③

6. 杨立新等学者建议稿的主要观点

关于遗产管理人的责任，“杨稿”规定，遗产管理人怠于履行职责或不当履行职责的，继承人可以解任或请求人民法院解任遗产管理人。受遗赠人、遗产债权人或其他利害关系人可以请求继承人或人民法院解任遗产管理人。

关于继承人在遗产管理中不当制作遗产清单的责任，“杨稿”规定，继承人违反法律规定，藏匿遗产，或在遗产清单中记载不实债务或不计入遗产，或损害遗产债权人利益的，无论公证与否，都应对遗产债务承担无限清偿责任。④

（二）遗产管理人法律责任之我国立法的学者观点评析

1. 诸学者建议稿的共同点

通过对上述学者建议稿的考察可知，对于遗产管理人的法律责任，上述学者建议稿都主张遗产管理人、遗嘱执行人在有侵害遗产的不当行为情况下应承担相应的责任。其法律责任主要有两类：一是遗产管理人的损害赔偿责任。对此，除“杨稿”外，其余“梁稿”

---

① “王稿”第551、637、654条。

② “张稿”第21-23、50条。

③ “陈稿”第10、69、72、84条。

④ “杨稿”第75、80条。

"徐稿""王稿""张稿"和"陈稿"均有规定；二是继承人对遗产债务的无限清偿责任。对此，除"梁稿"外，其余"徐稿""王稿""张稿""陈稿"和"杨稿"均有规定。

2. 诸学者建议稿的不同点

诸学者建议稿在遗产管理人具体责任规定上存在一定差异，主要表现在以下四个方面：

第一，责任主体有所不同。"梁稿""王稿""张稿""陈稿"主张对于责任主体，应该区分遗嘱执行人、继承人和其他主体担任遗产管理人的情形；"徐稿"只规定遗产管理人和遗嘱执行人应承担法律责任；"杨稿"只规定了继承人不当管理遗产的法律责任。

第二，遗嘱执行人的法律责任承担的条件有所不同。其一，"梁稿""王稿""张稿""陈稿"都认为遗嘱执行人因故意或者重大过失给利害关系人造成损失的，应当承担赔偿责任。其二，"梁稿""王稿""张稿"还规定，如为有偿执行的则对一切过失承担赔偿责任。其三，"徐稿"认为遗嘱执行人就轻过失对利害关系人承担赔偿责任，继承人担任遗嘱执行人的或因故意情形被免职的不得在继承中取得份额，并要归还全部酬金。

第三，继承人的法律责任在不同情况下有所不同。其一，损害赔偿责任。"梁稿""徐稿""陈稿"主张继承人在遗产管理中有违反管理义务或遗产清偿规定的行为时，损害遗产权利人利益的，应当承担赔偿责任。其二，对遗产债务的强制无限清偿责任，"徐稿""王稿""张稿""陈稿"和"杨稿"主张在制作遗产清单的遗产管理人中继承人违反法律有关规定的，应强制其对遗产债务承担无限清偿责任，如"王稿"规定继承人在遗产管理过程中没有恰当地行使管理职责，须对遗产债务承担无限责任。"张稿"规定继承人故意在遗产清单中为不实记载或不当处分遗产的，将不得放弃继承，视为无条件继承人，即丧失遗产清单利益，须承担遗产债务的无限清偿责任。"陈稿"规定继承人已全部或部分处分了遗产的，或在法定期限内未制作遗产清单，或故意未将全部或部分遗产计入遗产清单的，得对遗产债务承担无限清偿责任。"杨稿"规定继承人藏匿遗产，或在遗产清单中记载不实债务或不计入遗产，或损害遗产债权人利益的，无论公证与否，都应对遗产债务承担无限清偿责任。

第四，遗产管理人的法律责任。分为两种观点：一是解职。"杨稿"没有规定损害赔偿责任，但继承人可以解任或请求人民法院解任遗产管理人。二是赔偿责任。其他学者建议稿都规定遗产管理人在遗产管理过程中因违反法律的有关规定，使得遗产权利人的合法利益遭受损失的，应承担赔偿责任。

从立法价值取向与功能之角度分析，对遗产管理人的不当管理行为予以法律处罚，要求其承担相应的法律责任，这不仅能促使遗产管理人妥善地处理遗产管理事务，实际减少遗产损失，顺利地完成遗产债务清偿和遗产分配，实现保护继承人和遗产债权人利益的功能，而且体现法律在确认遗产管理人享有管理权限的同时，对其他继承人和遗产权利人利益的平等保护，彰显了法律的公平价值理念。

从我国民众对遗产管理人损害赔偿责任的观念及处理习惯分析，在本次我国十省市被调查者中，有超过五成半（占 55.52%）的人选择"凡有故意或重大过失的，才承担赔偿责任"；有超过四成（占 41.98%）的人选择"无论是故意或重大过失或一般轻过失的，都要承担赔偿责任"（见表 3-3-6、图 3-3-6）。可见，对于遗产管理人的赔偿责任，绝大多数被调查者都倾向于认同应承担相应的法律责任，只是对认定赔偿责任的主观过错标准有不同的认识。

从域外立法分析，前述法、德、瑞、意、日的立法均规定了继承人作为遗产管理人应承担的赔偿责任。而且法、德、瑞、意、日都规定限定继承人如在制定遗产清单、管理遗产过程中违反法律有关规定，将对遗产债务承担强制的无限清偿责任。英美法系的英国、美国、澳大利亚三国也都要求遗产管理人在管理遗产的过程中，必须谨慎地行使管理权利，不得有危害遗产的行为或者侵害遗产权利人利益的情形，否则将对所造成的财产损失承担责任。

通过对前述我国诸学者建议稿中遗产管理人法律责任的相同之处和不同之处的观点分析，我们认为，上述学者建议稿对于遗产管理人责任的设置值得我国立法借鉴。一方面，我国有必要设置遗产管理人的损害赔偿责任，无论是遗嘱执行人或是继承人或是被指定的第三人担任遗产管理人时，在其违反法律有关规定，对遗产权利人利益造成损害的情况下，都应当承担赔偿责任，违反法律其他规定的，还应承担相应的其他法律责任。另一方面，如果我国设立了有条件的限定继承制度，则应当设立继承人的强制无限清偿责任，即继承人如没有依法制作遗产清单或有制作不实的遗产清单，转移、隐藏遗产或记载虚假债务等违法行为的，应当承担对遗产债务的无限清偿责任。

四、遗产管理终止之我国立法的学者观点与评析

（一）遗产管理终止之我国立法的学者观点

1. 梁慧星等学者建议稿的主要观点

“梁稿”规定，法院可以依据继承人、遗产债权人等遗产利害人的申请，在遗嘱执行人没有妥善地履行遗产管理职责时，撤销其执行人的资格，以终止遗产管理程序。①

2. 徐国栋等学者建议稿的主要观点

“徐稿”规定，遗产保佐职务因保佐人被褫夺、遗产被继承人接受继承、遗产的变卖收益上缴国库或完全灭失而终结。遗嘱执行人无能力、担任亡夫的遗嘱执行人的寡妇再婚，遗产管理职务终止。②

3. 王利明等学者建议稿的主要观点

“王稿”规定，遗产管理的终止主要包括：遗产管理人的辞职、更换和撤销。其一，辞职。遗嘱执行人有正当事由时，经继承人和受遗赠人的允许可以辞去其职务。村委会或居委会或继承人担任遗产管理人的，其没有辞职的权利，但继承人放弃继承者不在此限。其二，更换。当遗产利害关系人的利益受到遗产管理人的损害或有损害危险时，遗产权利人可以此为由向法院申请更换遗产管理人。其三，撤销。遗产利害关系人发现遗嘱执行人无法妥善地执行管理任务的，其可以向法院申请撤销遗嘱执行人的职务。在上述情况下，遗产管理人辞职、更换或被撤销将导致遗产管理的暂时中止，待新的遗产管理人任职后，遗产管理程序将重新启动。③

① “梁稿”第1994条。
② “徐稿”第一分编第293条，第四分编第363-365条。
③ “王稿”第552、638条。

4. 张玉敏等学者建议稿的主要观点

“张稿”规定，遗产管理人在对遗产依法进行分割后，其管理权终止。①

5. 陈苇等学者建议稿的主要观点

“陈稿”规定，遗嘱执行人在辞职，或者遗嘱执行人的职责被法院依据利害关系人以其不妥善履行管理任务为由的申请而撤销的，遗产管理将暂告终止，待新的管理人上任后，遗产管理将重新启动。②

6. 杨立新等学者建议稿的主要观点

遗产管理的终止主要有如下情况：其一，遗产管理人辞职。继承人以外的遗产管理人辞职的，应向继承人进行辞请，但指定的遗产管理人不能辞职。其二，遗产管理人的解除。遗产管理人不妥善履行管理职责，可以由继承人解任或者继承人申请法院解除遗产管理人的职责。遗产的利害关系人发现遗产管理人不妥善履行职责的，也可以向继承人或法院请求，以解除遗产管理人的职责。③

（二）遗产管理终止之我国立法的学者观点评析

1. 诸学者建议稿的共同点

上述学者建议稿的共同点是对遗产管理在不同情况下发生终止，进行了相应规定。其共同点是，前述学者建议稿中，除“张稿”外，其余“梁稿”“徐稿”“王稿”“陈稿”和“杨稿”均规定，如果遗产管理人不妥善履行职责，继承人或遗产利害关系人可以申请法院撤销其任职资格或解除其管理职责。

2. 诸学者建议稿的不同点

关于遗产管理的终止，各学者建议稿规定终止的原因有所不同，归纳起来，主要有以下五种：（1）丧失资格的。遗产保佐人被褫夺保佐地位、遗嘱执行人无民事行为能力或者担任亡夫的遗嘱执行人的寡妇再婚的，遗产管理职务终止，如“徐稿”。（2）自己辞任的。“王稿”认为继承人放弃继承权、遗嘱执行人经继承人和受遗赠人允许的，可以辞任；“陈稿”认为遗嘱执行人可以提出辞职；“杨稿”认为继承人以外的遗产管理人可以向继承人辞任。（3）遗产分配结束的。遗产管理因遗产被继承人接受而终止，如“徐稿”“张稿”。（4）遗产不存在的。遗产管理因遗产的变卖收益上缴国库或完全灭失而终结，如“徐稿”。

从立法价值取向与功能之角度分析，当遗产管理人丧失管理能力或辞任或被撤销管理权或监护权后，则其遗产管理职责被中止，这可以有效地保障遗产权利人的利益，并且及时选任新的管理人可以继续对遗产进行管理和保护，可以彰显法律的公平和效益价值。而且，遗产管理终止的规定，可依法及时地阻止失去管理能力或丧失管理权利的管理人管理遗产，也是该制度保全遗产、保护遗产权利人利益、保障交易安全之功能的体现。

从域外立法分析，关于遗产管理终止的事由，前述大陆法系六国，除瑞士和俄罗斯没有规定外，其他四国规定了七种终止情形：（1）无遗产管理人，如死亡等（法国、德国）。（2）自行辞任（法国、德国、日本）。（3）遗产管理人被撤销（法国、德国、日本、

① “张稿”第25条。
② “陈稿”第36条。
③ “杨稿”第75条。

意大利)。(4) 资不抵债（德国和法国)。(5) 遗产支付不能程序开始（德国)。(6) 国家占有遗产（法国)。(7) 继承人承认，即遗产管理人对无人继承的遗产之管理，因继承人接受继承而终止（法国、日本、意大利)。英美法系三国也规定，在遗产管理任务的完成、遗产管理人自动放弃或被有权机关解除遗产管理权时，遗产管理终止。

通过对学者建议稿中遗产管理终止的观点分析，我们认为我国立法设立遗产管理终止的情况，应当结合遗产管理人及其管理遗产的具体情况而定，应包括遗产管理因管理人的自身原因而出现的暂时终止（相对终止)，或者是因遗产管理程序的完成或者遗产的不存在而完全终止（绝对终止)。

第五节　现代遗产管理制度的发展趋势与我国立法的完善建议

本节拟阐述现代遗产管理制度的发展趋势，在此基础上，结合我国立法现状分析遗产管理制度的不足，进而根据我国十省市被调查民众的遗产管理观念及处理习惯，汲取域外立法经验和学者建议稿的有益观点，从中国实际出发，提出我国遗产管理制度的立法完善建议。

一、现代遗产管理制度的发展趋势

从遗产管理制度自古代社会到近现代社会的发展历程来看，发展到近现代社会，现有的遗产管理制度呈现出遗产管理人由特定身份主体担任、明确遗产管理人的职责内容及法律责任、有条件地确定遗产管理人报酬的趋势。

（一）遗产管理人由特定身份主体担任

对于遗产管理制度中遗产管理人由特定主体身份担任的发展趋势，最早可追溯至古代社会，在古罗马社会，是以家长奴隶制经济为基础的宗法社会，生产力发展水平低，财产主要由身份继承人通盘接受，因此对于遗产的管理也仅限于继承人本人或者是代理继承人的奴隶。之后随着奴隶制庄园经济的不断发展，家长制逐渐丧失其原有的主导地位，加之社会宗法观念的日益淡化，财产继承逐步取代身份继承，此时期不具备市民权和财产权以及立遗嘱权的市民，可指定罗马市民为其继承人，委托其管理遗产，并将遗产交给所指定的第三人，这种做法此后在罗马社会得以广泛推广。[①] 在古日耳曼国家，其社会经济在入侵西罗马帝国后日益发达，从一开始的只有法定继承而无遗嘱继承，到后来王国时期遗产继承制度得以出现并发展，继承人管理遗产、遗嘱人委托中介受托人在其死后依据自己的意志管理遗产以及国家管理无人继承遗产等现象时有产生。我国古代社会实行家父制度，主要由男性家长对遗产进行管理，一定情况下守志寡妇、特权机构可以对遗产进行管理，但仍然离不开身份特性和国家特权性。到了近现代社会，大陆法系国家和英美法系国家的立法普遍设立了遗产管理制度。英美法系国家规定继承开始后，遗产不直接转归继承人，而是把遗产视为独立的财团法人，移交给遗嘱执行人或遗产管理人，由遗嘱执行人或遗产

① 石婷:《遗产管理制度研究》，群众出版社 2017 年版，第 75 页。

管理人负责管理，其肩负着管理遗产与清偿遗产债务的全部权利与责任。大陆法系国家规定被继承人死亡之后，其遗产直接转移给继承人，由其担任遗产管理人的职责。但如有遗嘱指定遗嘱执行人的，则由其担负遗产管理的责任；如无遗嘱指定的管理人时，一般由继承人或其委托的代理人进行管理；在不能确定有无继承人或者管理人违反法律的规定时，由国家公权力机关法院指定遗产管理人。两大法系国家有关遗产管理制度的规定虽然有一定的差异，但其目的都是保全遗产、及时清偿遗产的债务以及保障遗产的顺利分配，维护继承人和其他遗产权利人的合法利益。由此可知，在继承法中确立遗产管理制度，遗产管理人须由特定身份主体担任，包括遗嘱执行人、继承人或继承人委托的遗产管理人或法院等公权力机构指定的遗产管理人，这已是现代遗产管理制度的立法趋势之一。

（二）明确遗产管理人的职责内容及法律责任

对于遗产管理人的职责内容及法律责任，在古代社会由于没有现代意义上的遗产管理制度，因此在涉及遗产管理的事项中没有明确的职责和法律责任，通常是要求管理遗产的人应履行管理职责，主要是根据管理要求对遗产进行保全、清偿遗产债务和分配剩余遗产。至近现代，在许多大陆法系国家和英美法系国家设定的遗产管理制度中，对遗产管理人的职责都有详细的规定，要求遗产管理人对遗产实施清理和保全，编制遗产清单，公示催告遗产权利人或义务人等在限期内申报或登记权利或义务，追讨遗产债权和清偿遗产债务，分配剩余遗产等。如前所述《德国民法典》规定，遗产管理人有编制遗产清单、公示催告遗产债权人并答复其询问、申请支付不能程序、清偿遗产债务、交付遗产等；《瑞士民法典》规定遗产管理人有制作遗产清单、将继承财产及债务分项列记、对遗产标明估价、清偿遗产债务等职责。明确遗产管理人的职责对于遗产的有效管理意义重大，如通过遗产的清理和保全，可以使遗产免受侵害和损毁，以维持遗产的完整性和安全性；通过编制遗产清单，可以明确遗产的范围，知晓遗产的具体情况，以便于遗产管理人清偿遗产债务、分配剩余遗产等后续工作的顺利进行，同时也可以使遗产利害关系人了解和掌握遗产的真实情况，对遗产有据可查，防止其对遗产享有的合法权利受到侵害；通过公示催告程序催促遗产利害关系人及时申报权利，并使其从遗产中受偿，从而可以保证遗产债权债务处理的有效性。因此，明确遗产管理人的职责内容已是遗产管理制度的重要组成部分，也是立法趋势之一。

关于遗产管理人的法律责任，近现代的许多大陆法系国家和英美法系国家都在遗产管理制度中设立了遗产管理人的法律责任。通常遗产管理人的法律责任分为两个层面：一是遗产管理人的损害赔偿责任。其责任主体主要包括担任遗产管理人的继承人和非继承人，其追责理由是，这些主体在遗产管理过程中有故意或者重大过失损害遗产的，应承担损害赔偿责任。如前所述，《俄罗斯联邦民法典》规定，代理人恶意串通另一方实施的法律行为无效，另一方应向受害人赔偿实际损失；《德国民法典》规定，遗产管理人在遗产支付不能或负债过度的情况下，没有申请遗产支付不能程序的，对因此发生的损害向债权人负赔偿责任。二是继承人被强制承担无限清偿遗产债务的责任。其责任主体是限定继承人。其追责理由是，限定继承人没有依法制定遗产清单或制作不忠实的遗产清单。例如，前述《日本民法典》规定，继承人隐匿继承财产的全部或部分，私自消费或恶意不将财产计入继承财产目录的，视为继承人已作出单纯承认，即强制其对遗产债务承担无限清偿责任。这些立法规定的目的在于，促使遗产管理人正确、合理地履行职责，有效地完成遗产管理和分配的任务。

（三）有条件地确定遗产管理人的报酬

对于遗产管理人的报酬，在以身份继承为主的古罗马时期和我国古代社会，通常继承人的身份（如家长）与管理者的身份相互融合，因此对于管理的报酬没有规定。但到了后期，遗产管理制度逐渐形成，遗产管理人的报酬也以法律条文的形式予以规定。例如，在我国古代社会，1911 年清朝的《大清明律草案》第 1534 条规定遗嘱执行人不得请求报酬，但遗嘱中有特别之意思表示，或由亲属酌定给予者，不在此限。① 到了近现代，许多国家的法律都规定遗产管理人享有报酬请求权，但同时应该结合遗产管理人的产生情况以及依据遗产管理人的工作量、管理的难易程度以及遗产的数额及诸相关因素进行衡定。例如，前述两大法系国家中，对遗嘱执行人和遗产管理人的报酬权就有不同的规定。关于遗嘱执行人的报酬，如法国、意大利、澳大利亚的立法规定原则上遗嘱执行人不获得报酬，但遗嘱人有例外规定或法院允许（澳大利亚）的除外；德国和日本的立法则规定原则上遗嘱执行人可以获得适当的报酬，但遗嘱有例外规定的除外。关于遗产管理人的报酬，上述德国、法国、日本、英国、美国五个国家都规定遗产管理人可以从遗产中获得管理报酬。例如，英国规定遗产管理人可根据其工作量和工作难易程度收取适当的报酬。由于遗产管理人在遗产管理过程中付出了劳动，根据民法的权利和义务相一致原则，其有获得遗产管理报酬的权利。因此遗产管理人有条件地享有报酬请求权，这也是现代遗产管理制度的立法趋势之一。

二、我国遗产管理制度的不足与完善立法的建议

以下首先分析我国遗产管理制度立法之不足，指出其在遗产管理人资格、遗产管理人产生方式、遗产管理人职责与报酬、遗产管理人法律责任、遗产管理终止五个方面存在立法上的不足。然后，针对存在的不足，提出我国遗产管理制度的立法的完善建议。必须说明，2018 年 9 月 5 日全国人大常委会公布向社会各界征求意见的“民法典各分编（草案）”，其第 924—928 条对遗产管理制度有规定。② 由于该草案不是正式法律，故以下仍然针对我国《继承法》的现有规定，分析其立法之不足。

（一）我国遗产管理制度立法之不足

我国《继承法》尚未设立系统、完善的遗产管理制度，没有具体规定在继承开始后采取何种方式确定遗产管理人，只是在该法及其司法解释中原则性地规定了遗嘱执行人、遗产保管的部分内容，且没有具体规定遗嘱执行人和保管人的权利和义务，使其功能无法有效发挥。其立法之不足具体表现如下：

---

① 杨立新：《中国百年民法典汇编》，中国法制出版社 2011 年版，第 214 页。

② “民法典各分编（草案）”第 924 条规定：“继承开始后，遗嘱执行人为遗产管理人；没有遗嘱执行人的，继承人应当及时推选遗产管理人；继承人未推选的，由继承人共同担任遗产管理人；没有继承人或者继承人均放弃继承的，由被继承人生前住所地的民政部门担任遗产管理人。”第 925 条规定：“对遗产管理人的确定有争议的，利害关系人可以向人民法院申请指定遗产管理人。”第 926 条规定：“遗产管理人应当履行的职责包括：（一）清理遗产并制作遗产清单；（二）保管遗产；（三）处理债权债务；（四）按照遗嘱或者依照法律规定分割遗产。”第 927 条规定：“遗产管理人应当依法履行职责，因故意或者重大过失造成继承人、受遗赠人、债权人损失的，应当承担民事责任。”第 928 条规定：“遗产管理人可以依照法律规定或者按照约定获得报酬。”

1. 遗产管理人资格与产生方式的立法之不足

关于遗产管理人的资格，我国《继承法》目前没有对遗产管理人的资格进行规定，即使现有规定的遗嘱执行人和遗产保管人也没有资格的限制。通过对上述域外国家的法律考察可知，上述国家的法律对遗产管理人的资格都有相应规定，而且多数都要求遗产管理人有完全民事行为能力。我国诸学者建议稿也建议对遗产管理人的资格作出规定，即我国欠缺遗产管理人的主体资格之规定，这是其立法之不足。

关于遗产管理人的产生方式，根据我国《继承法》第16条的规定精神，遗嘱执行人的产生由遗嘱指定。并且根据我国《继承法》第24条和《执行继承法的意见》第44条的规定，遗产保管人可以依据法律的规定或法院的指定产生。但是，对于遗产管理人的产生方式，我国立法无规定，由于遗产保管人仅是遗产管理的内容之一，故遗产保管人的产生依据不等于是遗产管理人的产生依据。如前所述，域外国家法律规定遗产管理人主要有遗嘱指定、继承人担任或选任、法院指定三种方式，而且对每种产生方式的条件都有详细的规定，即此方面我国立法亦存在不足。

2. 遗产管理人职责与报酬的立法之不足

关于遗产管理的职责，我国《继承法》没有对遗产管理人的职责进行系统、全面的规定，只是原则性地规定存有遗产的人有妥善保存遗产的职责，但存有死者遗产的人(遗产保管人)，其职责仅在于合理保存遗产，不能等同于遗产管理人，不能享有遗产管理人所拥有的广泛权利，如制作遗产清单、对遗产进行管理及有限处分、公示催告申报债权债务、清偿遗产债务等。而前述外国有关遗产管理人职责的规定，值得我国立法借鉴。我国十省市民众继承习惯调查数据显示，被调查民众中七成至九成的人认为制作遗产清单、妥善保管遗产、查明被继承人遗留的债权和债务是其基本职责。前述学者建议稿也都规定了制作遗产清单、公示催告权利人申报债权、清偿遗产债务、分配剩余遗产等遗产管理人的职责。所以我国遗产管理人的职责之立法空白，有待填补。

关于遗产管理人的报酬，我国现行法对此规定也有不足之处。依据权利和义务相一致原则，有必要借鉴前述外国的规定，补充我国立法之不足。

3. 遗产管理人法律责任的立法之不足

我国《继承法》对于遗产管理人的法律责任无规定，不利于规范遗产管理人履行职责，难以防止侵害继承人和其他遗产权利人利益行为的发生。从域外立法看，前述大陆法系国家法、德、瑞、意、日、俄均规定了遗产管理人的法律责任，以规范遗产管理人履行职责，防止侵害继承人和其他遗产权利人利益行为的发生。从我国十省市民众继承习惯调查来看，有超过五成半的人认为凡是有故意或重大过失的，应当承担赔偿责任。前述学者建议稿都主张遗产管理人、遗嘱执行人如有侵害遗产的不当行为应承担相应的责任。因此，我国遗产管理人法律责任之立法空白，有待填补。

4. 遗产管理终止的立法之不足

我国《继承法》缺乏对遗产管理终止原因的规定。遗产管理人在管理遗产时有始便有终。从上述域外国家的立法例来看，遗产管理可因遗产管理人缺乏管理资格、自行辞任、被撤销、遗产灭失或无人承受的遗产因继承人承认继承等终止。前述我国学者建议稿对于遗产管理终止的事由也有规定。我国遗产管理终止的法定事由之立法缺失，不利于保护继承人等利益相关人的权益。

综上所述，我国遗产管理制度之立法存在以上相关具体制度之不足或有的甚至呈立法空白，这可能会影响遗产管理人的产生和遗产管理人履行其职责、通知或公示催告遗产权利人和义务人进行申报等，可能造成继承关系中的继承人及其他遗产权利人的利益得不到有效保障。因此，为在继承开始后及时依法确定遗产管理人，由其依遗嘱或法律履行遗产管理人的职责，有效地清理和保全遗产，依法制定遗产清单，发布继承开始的通知或公告，催促遗产权利人申报权利，及时清偿被继承人的债务，然后就剩余遗产进行分配，以平等地保护继承关系中所有遗产权利人的利益，维护遗产继承秩序和社会经济秩序的稳定，在“中国民法典·继承编”中设立完善的遗产管理制度实属必要。

(二) 我国遗产管理制度的立法完善建议

针对我国《继承法》尚无全面、系统的遗产管理制度之现状，结合在遗产处理中对该制度的现实需要，我们认为，有必要借鉴国外立法经验，结合我国民众继承习惯的实际和司法实践经验，汲取我国学者建议稿的观点，根据遗产管理制度的发展趋势，从中国实际出发，在“中国民法典·继承编”中设立较为系统、全面的遗产管理制度，具体建议如下：

1. 遗产管理人的资格与产生方式之立法建议

(1) 遗产管理人的资格。管理遗产的行为需要管理者具备妥善管理遗产的能力，无民事行为能力或限制民事行为能力者由于年龄或智力状况的限制，缺乏独立的意思能力，对行为的后果难以预测，难以完成管理任务。而且，虽有完全民事行为能力但属于破产者或经济管理能力有不足者，亦不宜担任遗产管理人。因此，借鉴前述域外国家立法经验，参考我国学者建议稿的观点，我们建议对遗产管理人的资格作出如下规定：

遗产管理人应为具有完全民事行为能力的人，但资不抵债的人、有经济上不诚信记录的人除外。

(2) 遗产管理人的产生方式。为保障被继承人处理遗产的意思自治权的实现，尊重继承人管理遗产的自由意愿，确保遗产管理的有效实行。因此，借鉴前述域外立法，参酌我国十省市确定遗产管理人的民众观念与处理习惯，并综合我国学者建议稿的观点，我们建议对遗产管理人的产生方式作出如下规定：

继承开始后，遗嘱已经指定遗产管理人或遗嘱执行人的，由其行使遗产管理的职责。

遗嘱未指定遗嘱执行人或其拒绝遗嘱指定的，遗产管理人由继承人担任，有多个继承人的，继承人可以协商推选遗产管理人。

有下列情形之一的，经利害关系人申请，人民法院可以指定遗产管理人：①遗嘱未指定遗嘱执行人，或继承人对遗产管理人的选任有争议的；②遗嘱未指定遗嘱执行人，没有继承人或者继承人下落不明的，或继承人被法院撤销管理权的；③遗产债权人、受遗赠人或其他利害关系人有证据证明继承人或者其他遗产管理人的行为已经或可能损害其利益的。

2. 遗产管理人的职责与报酬

(1) 遗产管理人的职责。对遗产管理职责的明确规定，有利于指导遗产管理人承担管理职责，对于保护继承人和其他遗产权利人的利益具有重要作用。因此，借鉴前述域外立法，参酌我国十省市遗产管理人职责确定的民众观念与处理习惯，并综合我国学者建议稿的观点，我们建议对遗产管理人的职责作出如下规定：

遗产管理人具有以下职责：①清理遗产、忠实地编写遗产清单，并应相关遗产权利人的请求供其查阅遗产清单。②妥善地保护和管理遗产。③发出继承开始的通知或公告，通知遗产权利人申报权利。超过期限才申报的权利人只能对剩余财产主张权利。④追讨遗产债权。⑤制订遗产清偿方案并公示。相关权利人有异议的可以在遗产清偿方案公示起一个月内向遗产管理人或法院提出异议。⑥清偿遗产债务。⑦参加与遗产相关的诉讼。⑧在继承人有无不明的情况下，发布搜索继承人的公告。⑨向继承人和相关权利人报告遗产的管理和清算等情况。⑩交付遗产。向继承人移交剩余的遗产，继承人有多人的，按照继承人所处的顺位依法分配。

（2）遗产管理人的报酬。遗产管理人在管理遗产过程中付出了相应的劳动和时间，有权利获得报酬，这不仅是对遗产管理劳动价值的承认，也符合权利与义务相一致的原则。因此，借鉴前述遗产管理人享有报酬请求权的国家之立法例，参酌我国十省市遗产管理人报酬确定的民众观念与处理习惯，并综合我国学者建议稿的观点，我们建议对遗产管理人的职责作出如下规定：

关于遗产管理人的报酬，继承人担任遗产管理人一般不给予报酬，但多个继承人协商同意支付报酬的除外。继承人担任遗产管理人请求给予报酬，如共同继承人协商不成的，可以向人民法院提出申请，由人民法院根据其遗产管理的工作量和难易程度，酌情决定是否给予报酬以及给予的数额。

继承人外的其他主体担任遗产管理人的可以请求获得报酬。

遗嘱执行人的报酬以遗嘱的规定为准。如果遗嘱无规定的，遗嘱执行人可以请求人民法院裁定是否给予其报酬以及给予的数额。

3. 遗产管理人的法律责任

遗产管理人的赔偿责任和在制作遗产清单时违反法律规定的继承人应被强制承担无限清偿责任之法定事由的规定，能促使其妥善地处理遗产管理事务，预防侵害遗产的行为，减少遗产的损害，顺利地完成遗产分配任务。因此，借鉴前述域外国家之立法例，综合我国学者建议稿的观点，我们建议对遗产管理人的职责作出如下规定：

遗产管理人（含遗嘱执行人）在遗产管理过程中，无论其是否为继承人，因其故意或重大过失不当履行遗产管理职责造成遗产损害或者遗产权利人损失的，对由此发生的损害承担赔偿责任。

继承人担任遗产管理人的，如其在遗产管理过程中故意隐瞒被继承的财产或者谎报债务、违法编制遗产清单或清偿顺序表、不当清偿遗产债务的，应当被强制承担对被继承人债务的无限清偿责任。

4. 遗产管理的终止

前述大陆法系立法对于遗产管理终止的事由，除瑞士和俄罗斯没有规定外，其他四国规定了七种终止情形，前述英美法系三国也有相似规定。我国学者建议稿对于遗产管理终止原因的观点也有不同。我们认为，我国立法设立遗产管理终止的情况，应当结合遗产管理人及其管理遗产的具体情况而定，应包括遗产管理因管理人的自身原因而出现的暂时终止（相对终止），或者是因遗产管理程序的完成或者遗产的不存在而完全终止（绝对终止）。因此，我们建议遗产管理的终止作出如下规定：

遗产管理人的职责可因下列情形的出现而终止：①丧失完全民事行为能力或者死亡

的；②以正当理由辞职的；③因怠于履行职责被继承人解除遗产管理职责或继承人申请法院裁判解除其遗产管理职责的；④遗产分配结束的；⑤国家或集体组织（须符合法律规定）对遗产实行占有的。

以上有关遗产管理人的规定适用于遗嘱执行人，但遗嘱另有规定的除外。

第四章　继承的接受与放弃制度研究[①]

在现代社会，基于私法自治原则，在财产继承上必须尊重继承人是否接受继承的意愿，赋予继承人自由选择是否接受继承的权利。因此，继承的接受与放弃制度是现代继承法之遗产处理制度的重要组成部分。本章研究和阐述的主要内容包括：继承的接受与放弃制度概述；继承的接受与放弃制度的国外立法现状与评析；继承的接受与放弃制度的我国立法现状与我国民众的观念和处理习惯及司法实践的考察与评析；继承的接受与放弃制度之我国立法的学者观点与评析；现代继承的接受与放弃制度的发展趋势与我国立法的完善建议。[②]

第一节　继承的接受与放弃制度概述

继承的接受与放弃制度，是指在继承开始后继承人自主选择接受继承或放弃继承及强制无限继承等法律规范的总和。本节研究和阐述的主要内容包括：继承的接受与放弃制度的基本理论；继承的接受与放弃制度的演变；继承的接受与放弃制度的目的、价值取向与功能。

一、继承的接受与放弃制度的基本理论

具体而言，接受继承指的是继承开始后，继承人依照法定方式表示接受继承的单方法律行为。继承人表示接受继承的，享有接受继承的权利，并负有承担被继承人债务的义务。[③] 放弃继承是指继承开始后，继承人依法定方式表示拒绝继承的单方法律行为。继承人表示放弃继承的，即溯及继承开始之时不为继承人，不享有继承人的权利，也不承担继承人的义务。继承的接受与放弃制度的构成要件，主要包括以下五项：

（一）继承的接受与放弃的主体

继承的接受与放弃的主体是指接受继承与放弃继承的人，原则上均限于继承人本人。所谓继承人，是指在法定继承或遗嘱继承中基于继承权承受被继承人遗产的自然人。其具有以下特征：第一，继承人是于继承开始时的自然人，而不能是法人或其他组织，也不能是国家。第二，继承人身份的产生依据或由法律规定或由遗嘱指定，而不是由继承人本人

① 本章作者简介：陈苇，女，西南政法大学民商法学院教授、博士生导师；王巍，男，西南政法大学民商法博士研究生；陈钊，女，法学博士，西南政法大学民商法学院教师。

② 必须说明，我国《继承法》第四章规定的遗产处理制度中，包括遗赠的接受与放弃制度，由于此制度主要属于遗嘱制度的内容，所以本章对遗赠的接受与放弃制度不予研究。

③ 陈苇主编：《外国继承法比较与中国民法典继承编制定研究》，北京大学出版社 2011 年版，第 85 页。

决定的。前者依法享有继承人身份为法定继承人；后者依遗嘱取得继承人身份，为遗嘱继承人。第三，应召继承人是处于应召继承顺序上且有权继承被继承人遗产的自然人，其既不具有法定丧失继承权的事由，也不具有被遗嘱剥夺继承权的情形。具有继承人的身份，并不意味着必然能够参与继承遗产，其须处于开始继承的顺序之上并且不具有被遗嘱取消继承权的情形，也不具有丧失继承权的法定事由，才能以应召继承人身份参与继承。

必须明确，继承的接受与放弃，一经继承人为意思表示，即发生法律效力，故为单独行为即单方法律行为。[①] 因此，民法上有关民事行为能力的规定，自应适用。依民法有关民事法律行为的规定，无民事行为能力人所为的民事法律行为无效，限制民事行为能力人只能实施与其民事行为能力相适应的民事法律行为，限制民事行为能力人所实施的不能单独实施的单方行为也是无效的。所以，基于民法的前述规定精神，无民事行为能力人与限制民事行为能力人原则上不能作为继承的接受与放弃的主体，但如其为纯获益的接受继承则除外。

（二）继承的接受与放弃的期限

继承的接受与放弃的期限是指继承人必须在法定期限内为接受或放弃继承的意思表示。[②] 例如，德国对于继承的放弃期间规定为需在6个星期内进行；日本则规定继承人自知悉继承开始时起3个月内作出承认或放弃的表示等。对于继承的接受与放弃的期限限制，我们认为主要是因为继承的接受与放弃不能无限期地拖延，否则继承法律关系长期处于不确定状态，对于继承人和其他利害关系人都是不利的。正如我国学者所言："财产之利用，在权属明确状况下最具效率。为减少继承溯及力的影响，使遗产归属及早确定，需对继承的接受与放弃予以期限的限制。"[③]

（三）继承的接受类型、继承的接受与放弃的方式

1. 继承的接受类型

继承的接受类型依继承人是否以所继承的遗产实际价值为限清偿被继承人债务，可以分为单纯接受继承与限定接受继承。

（1）单纯接受继承。所谓单纯接受继承，又被称为无限责任继承或概括继承，是指继承人无保留地、确定地承继被继承人地位的单方意思表示。[④] 此种接受继承的类型意味着继承人无限地承受被继承人财产上的一切权利义务。单纯接受继承即无限责任继承的情形有两种：一是自愿的概括继承，即基于继承人的自由选择而为的单纯承认即概括继承，又常称为任意的单纯承认；二是强制的概括继承，即基于法律强制而为的单纯承认，又常称为强制的单纯承认。这两种情形在是否基于本人意愿上虽有差异，但在承继遗产债务清偿责任的无限性上并无不同。[⑤] 在方式上，自愿的概括继承为不要式行为，且继承人接受的意思表示无须向相对人为之，仅仅将其意思表达于外部就可以了。至于明示或默示，在所不问。强制的概括继承，则多因继承人的有过错行为而发生，如继承人隐匿遗产、在遗

---

① 参见史尚宽：《继承法论》，中国政法大学出版社2000年版，第265页。

② 参见《日本民法典》第915条，《德国民法典》第1943、1944条，《意大利民法典》第481条，我国《继承法》第25条。

③ 参见郭明瑞、方绍坤、关涛：《继承法研究》，中国人民大学出版社2003年版，第35-36页。

④ 参见戴炎辉、戴东雄：《中国继承法》，台湾三民书局1998年版，第171页。

⑤ 参见陈棋炎、黄宗乐、郭振恭：《民法继承新论》，台湾三民书局2001年版，第214页。

产清单上为虚伪记载、意图诈害被继承人之债权人权利而为遗产处分等。在强制的概括继承中，不仅不允许继承人主张限定继承，也不能为放弃继承。由此可见，强制的概括继承实质上为法律对继承人过错行为的制裁，强制其对遗产债务承担无限清偿责任。

（2）限定接受继承。所谓限定接受继承，又称为有限责任继承或限定继承，是指继承开始之后，继承人在所继承遗产实际价值范围内承担清偿遗产债务责任的接受继承方式。[①] 选择限定接受继承的继承人，在法定期限内应制作遗产清单，仅以遗产清单所列的财产价值为限，对被继承人的债务承担有限责任。限定接受继承方式可以使继承人在不知被继承人的遗产状况时，一方面可不因概括继承而无限承担清偿被继承人债务的责任，以避免致使固有财产遭到损害；另一方面在清偿遗产债务后，遗产仍有剩余时，继承人还保有继承的权利。可见，限定接受继承涉及继承人与遗产债权人的利益，旨在平衡两者的关系，因此继承人为限定接受继承时须履行法定形式并符合法定条件，以兼顾保护遗产债权人的利益。

可见，概括接受继承和限定接受继承两者的最大区别，在于继承人承担对被继承人债务的清偿责任是属于有限责任或无限责任。在概括接受继承时，继承人以遗产和自己的固有财产对被继承人的债务承担无限清偿责任；在限定接受继承时，继承人只以继承的遗产为限承担被继承人债务的清偿责任，即便被继承人的债务超过遗产，继承人也无须以其自己的固有财产为清偿。接受继承的上述两种遗产债务清偿责任的方式，在后述的大陆法系国家之法国、德国、日本和意大利等国的民法典中均有规定。

2. 继承的接受和放弃的方式

继承的接受方式，根据接受继承的类型不同，其方式也有所不同，分为概括继承的接受方式与限定继承的接受方式。

（1）概括继承的接受方式，分为自愿的概括继承的接受方式与强制的概括继承的接受方式，前者是指继承人未在法定期限内声明限定继承并依法制作遗产清单提交法院或法律规定的相对权利人的，视为其自愿选择概括继承。通常可为明示的意思表示或以默示的不制作遗产清单等行为方式表示概括继承。后者是指，在具备继承人隐匿遗产、在遗产清单上为虚伪记载、意图诈害被继承人之债权人权利而为遗产处分等法定情形时，依法律规定强制其概括继承的方式。

（2）限定继承的接受方式，在国外，继承人实行限定继承是有条件的，须依照法律规定制作遗产清单，并且作出本人选择实行限定继承的意思表示，或将遗产清单提交到法律指定的机构。例如，法国规定的限定继承的法定方式，要求继承人不仅要向相关权利人作出声明还要在法定期限内制作和提交遗产清单[②]；日本也规定继承人若选择限定继承，则需在法定期间内制作财产目录并提交至法院。[③] 但在我国，继承人无须制作遗产清单，也为限定继承的意思表示，即可实行限定继承。[④]

放弃继承的方式，是指继承人放弃其既得继承权的行为，因其关系继承人及他人利益

---

① 张玉敏：《继承法律制度研究》，法律出版社1999年版，第13页。

② 《法国民法典》第788、789条。

③ 《日本民法典》第922-923条。

④ 我国《继承法》第33条第1款规定：“继承遗产应当清偿被继承人依法应当缴纳的税款和债务，缴纳税款和清偿债务以他的遗产实际价值为限。超过遗产实际价值部分，继承人自愿偿还的不在此限。”

甚巨，容易滋生纠纷，因此许多国家都规定其为要式行为，以示郑重。[①] 例如，德国法规定，放弃继承须向遗产法院为意思表示，以遗产法院的记录或以公证认证的形式作出。遗产法院的记录须依《公证证书制成法》的规定制成。意定代理人须有经公证认证的授权书，即放弃继承必须以明示且要式的意思表示作出[②]；日本亦规定，放弃继承的人须向法院申述其意旨，即放弃继承的方式须为明示的要式行为。[③] 另外，放弃继承与限定接受继承一样，其意思表示还需向特定人明示为之，故其为有相对人的单方意思表示，且不得因继承人的行为而推定。例如，德国法规定限定接受或放弃继承的要式行为须对遗产法院作出；日本法规定限定接受或放弃继承的要式行为须向家庭法院作出。[④]

（四）继承的接受与放弃的效力

继承的接受因清偿遗产债务责任的类型不同，在效力上也有所不同。

（1）自愿单纯接受继承的效力。自愿的概括继承的效力，是指继承人自继承开始时，自愿承受被继承人财产上的一切权利义务。对于被继承人的债务，负无限清偿责任。也就是说，如果以被继承人的遗产不足清偿被继承人的债务时，该继承人应该以其固有的个人财产进行清偿。

（2）限定继承的效力。其是指继承人以其继承的遗产为限，偿还被继承人的债务。即使被继承人的债务超过继承所得的遗产时，继承人也无须以自己固有的个人财产清偿。

（3）强制无限责任继承（强制概括继承）的效力。其是指如果继承人没有在法定期限内制作遗产清单，或者制作不实的遗产清单，或有侵害遗产的违法行为等，则会被强制实行概括继承，承担对遗产债务的无限清偿责任。大陆法系国家的法国、德国、日本和意大利均对接受的效力按单纯接受继承和限定接受继承类型分别作出不同规定。[⑤]

放弃继承溯及继承开始时发生效力。放弃继承的人自继承开始时起即非继承人，既不取得被继承人的权利，也不负担被继承人的义务。放弃继承人的固有个人财产与遗产绝对分离，不发生混同，如日本、意大利等国均规定放弃继承的人自始不为继承人。[⑥]

（五）继承的接受与放弃的变动

继承的接受与放弃的变动，主要是指接受与放弃继承的意思表示之撤回、撤销与无效。

根据民法原理，可撤销的民事行为是指民事行为虽已成立并生效，但因意思表示不真实，可以因行为人撤销权的行使，使其自始不发生效力的民事行为。意思表示的撤回，是指在意思表示到达对方之前与之到达对方的同时，表意人又向对方发出通知以否认前一意思表示效力的行为。其中，前者是对尚未生效的行为，后者是对已生效的行为。[⑦]

关于继承的接受或放弃行为的撤回，由于此类行为对其他继承人及利害关系人的利益

---

① 参见《德国民法典》第1945条，《意大利民法典》第519条，《日本民法典》第938条。

② 《德国民法典》第1945条。

③ 《日本民法典》第938条。

④ 《德国民法典》第1945、1981条，《日本民法典》第922-923、938条。

⑤ 详见本章第二节“继承的接受与放弃制度的国外立法现状与评析”的第三部分“继承的接受类型与接受和放弃继承方式的国外立法现状与评析”中的立法现状介绍。

⑥ 《日本民法典》第939条，《意大利民法典》第519条。

⑦ 参见王利明（项目主持人）：《中国民法典学者建议稿及立法理由·人格权编、婚姻家庭编、继承编》，法律出版社2005年版，第500页。

影响巨大，且影响继承关系的稳定性，所以这类法律行为的撤回应当被禁止。大陆法系国家及英美法系国家对接受或放弃继承的撤回均未作出规定，根据德国民法理论及日本学者的解释和司法判例等，接受与放弃继承的意思表示是单方法律行为，一经作出不得撤回。

关于继承接受或放弃的撤销，根据我国《民法总则》的规定，当该意思表示作出时存在胁迫或欺诈的，当事人有权依法请求法院或有关机构撤销。① 此类立法在法国、德国、日本、意大利等国均有相关规定。并且在撤销的方式上，以上国家均采用的是继承人向法院诉请撤销的方式进行。②

关于继承接受或放弃的无效，即当不符合法律规定的要件而作出接受或放弃继承的意思表示时，该意思表示不发生效力。我国以及法国、德国、日本、意大利和俄罗斯均规定了两种无效的情形：一是附条件或附期限的接受或放弃继承的意思表示；二是部分接受或放弃的意思表示。

二、继承的接受与放弃制度的演变

（一）古代社会的强制概括继承制度及其改革

在古罗马法早期，家庭具有和国家相类似的社会集体的性质，宗亲集团或家族并不一定随“家父”的死亡而解体为大量独立的“家庭”，而是保持着统一，由此产生一种合理的假设：继承人准确地说曾是宗亲集团或家族最高权力的接班人，而且只是作为其结果才作为财产的继受人。由于继承主要是一种身份的传承，因此死者的一切法律关系均按照被继承人设立时的原样予以转移，在财产继承方面，继承人对死者遗产的继承既是一种概括继承，也是一种无限责任继承。所谓概括继承，是指“继承人接替死者原有的法律地位，接替死者原有的全部财产关系，因而也继承死者的负担，继承债权和债务”。③ 无限责任继承则意味着“继承人要总括地继承被继承人一切财物和财产上的一切权利义务，而不问资产、负债的多少，纵使死者遗产中的负债远远超过资产，继承人仍然要全部继承下来，替死者还清负债”。④ “当一个人接受了另一个人的法律外衣，在同一个时候一方面承担其全部义务，另一方面享有其全部权利时，就发生概括继承。”⑤ 可见，在古代社会，是以概括继承为原则的。不论继承人是否愿意，都必须依照法律的规定或被继承人的指定进行继承，不得拒绝。这也反映了古代社会继承是以身份继承为主，财产继承仅为身份继承的附属物。身份继承的继承人是没有选择权的，只能被强制接受而不能放弃。也就是说，这种继承制度是根源于古代家族团体法律人格制度的构架，个体仅作为家族团体的组成部分存在。继承人所继承的，是家族族长或家长的身份，以及附属于该身份的一切权利和义务。换言之，财产及其他权利义务均属于家族，继承人对被继承人的继承行为，仅仅是家族代表人的更替而已。所以接受继承不仅为继承人的权利，亦为其重要的义务，不存在选择或放弃的可能。⑥

---

① 我国《民法总则》第 147-150 条。

② 《法国民法典》第 777 条，《德国民法典》第 1954 条，《日本民法典》第 919 条，《意大利民法典》第 482 条。

③ ［意］彼德罗·彭梵得：《罗马法教科书》，黄风译，中国政法大学出版社 2005 年版，第 326 页。

④ 周枏：《罗马法原论（下册）》，商务印书馆 2001 年版，第 472 页。

⑤ ［英］梅因：《古代法》，沈景一译，商务印书馆 1984 年版，第 101 页。

⑥ 陈苇、宋豫主编：《中国大陆与港、澳、台继承法比较研究》，群众出版社 2007 年版，第 89-90 页。

在我国，“吾国向有父债子还之说，故当继承之际，其父虽有莫大之债务，子之不能抛弃也明矣”。[①] 这表明，在中国历史上，作为被继承人的父亲死亡后，作为继承人的儿子应该对家庭财产和家庭债务一并承受，并且对债务负完全的清偿责任即“父债子还”，这与罗马法中的无限责任的概括继承如出一辙。

可见，在古代社会的强制概括继承中，继承人对被继承人的债务承担无限责任。这种制度在商品经济不发达、个人财产关系相对简单的社会尚无大碍，但是在自然人参与的经济关系日益广泛复杂的情况下，无限责任继承的不公平和不合时宜开始显现出来：首先，无限责任继承对继承人及其债权人太过苛刻。当死者所欠的债务超过其遗留的积极财产时，继承人仍然要以其固有的个人财产对死者的债务承担无限清偿责任，这不仅对继承人不公平，还有可能损及继承人的固有债权人，增加固有债权人的受偿风险。其次，无限责任继承也可能对遗产债权人不利。当被继承人的遗产殷实而其继承人负债累累时，如果让两者的财产混同，遗产债权人本应享有的保障可能因此而丧失。最后，要求继承人为死者的债务承担责任不仅与逻辑不符，而且与罗马法长期以来的债权观念相冲突，造成了法律体系内部的混乱和反常。因为，从罗马法遥远的起源时期起，债务人的财产就被视为其债权人的担保，债权人只应当在债务人本人财产的范围内获得清偿[②]，而继承法领域的无限责任却赋予债权人超出债务人财产范围的保障，这种做法与债法的一般原理相违背，导致债权人的法律地位在同一制度体系内无法保持一致。

随着社会的发展，概括继承即无限责任继承逐渐受到限制，并且被新的制度和司法裁判所动摇。“到罗马共和国时期，大法官赋予继承人以拒绝继承的不参与遗产权，即在有遗产不足以清偿债务危险时，继承人可以声明不参与处理遗产，通过将遗产交由遗产债权人处理的方法，免除承担责任。”[③] 但是，“家内继承人（heres domesticus）和必然继承人（heres neccessarius）都没有选择拒绝接受继承的权利。即使被继承人遗留的是纯粹的债务，继承人也必须接受继承，此是实行的强制无限责任继承。只有自权继承人（Suus heres）可以对是否接受继承进行选择。这被认作后世接受与放弃继承制度的渊源”。[④] 此后查士丁尼进行继承法律改革时，首次明确规定，家内继承人和家外继承人都可以自由选择接受或放弃继承，只要在一定的期限内发表弃权声明后，放弃继承的家内继承人便不再对死者的债务负责。至于家外继承人则享有选择接受或拒绝接受负有债务遗产的权利，且有充分的时间对此加以考虑。后来，查士丁尼确定了财产清册照顾制度，首次规定所有的继承人（包括家内继承人和家外继承人）均可要求将死者的财产与本人的财产区分开来（实行财产分离），并且不对超过遗产清偿力的债务负责，只要他按照财产清册向死者的债权人作出清偿保证。[⑤] 查士丁尼通过颁布法令，给予继承人一定考虑期间，在这个期间内，继承人可以表示接受继承，也可以表示放弃继承。如果继承人对接受继承心存疑虑，他可以制作遗产清单，仅以遗产清单载明的继承所得财产为限清偿被继承人的债务，此即

① 俞江：《继承领域内冲突格局的形成——近代中国的分家习惯与继承法移植》，载《中国社会科学》2005 年第 5 期。

② ［意］彼德罗·彭梵得：《罗马法教科书》，黄风译，中国政法大学出版社 2005 年版，第 327 页。

③ ［英］巴里·尼古拉斯：《罗马法概论》，黄风译，法律出版社 2000 年版，第 253 页。

④ 参见史尚宽：《继承法论》，中国政法大学出版社 2000 年版，第 325 页。

⑤ 参见［意］彼得罗·彭梵得：《罗马法教科书》，黄风译，中国政法大学出版社 1992 年版，第 438-441 页。

所谓“财产清单利益”（beneficium inventarii）。[①] 遗产清单必须依法制作，否则须承担相应的法律后果。当时对遗产清单的制作要求是，财产清点应当自得知继承指命后的 30 日内开始并在 60 日内结束，如果继承人的住所地远离大部分遗产所在地，则在 1 年内完成。财产清点应当依程序进行，有公证人参加，必要时还应有鉴定人的参加；受遗赠人和债权人参加清点，如果他们不在场，则请 3 名证人参加。继承人在财产清册上签名，以宣誓的方式宣布它完全依法实行。如果发生欺诈，则支付双倍的钱物。[②] 这些做法赋予继承人以遗产范围为限承担遗产债务之清偿责任的权利，限定继承制度由此正式确立，并对后世许多国家的继承制度产生深远影响。

（二）近现代社会的自愿选择接受继承制度

前述古罗马法创立的继承的自愿接受与放弃制度，为许多国家的近现代继承法设立此类制度奠定了基础，继承的接受与放弃制度一直沿袭至今并被不断完善。受 18 世纪启蒙运动中“法律面前人人平等”思想的影响，新兴的资产阶级强调人格独立、意思自治、行为自由，每个人只应该对自己的行为承担责任。在近现代社会，大多数国家的继承法都根据“自己责任原则”，以自愿继承为原则，赋予继承人接受或放弃继承的选择权。比如，1804 年《法国民法典》被称为民法法典化的开端，也是二百多年来欧洲大陆最有生命力的法典，其对继承法未独立设为一编，而是设在第三编“取得财产的各种方法”的第一章中。其中采用直接继承制度明确规定，继承人有选择限定继承或者放弃继承的权利。[③] 1900 年的《德国民法典》即规定采用直接继承制度，同时规定有概括继承制度和限定继承制度，继承人有选择限定继承和放弃继承的权利。[④] 我国自晚清开始借鉴西方立法，传统的继承制度也逐步走向现代化，如《大清民律草案》第 1462 条规定：“所继人负有债务时，以所继人财产偿还。若继承人愿以自己持有财产认偿者，听。”至民国时期北洋政府于 1926 年起草完成《民国民律草案》的“民法继承编”，尽管没有正式实施，但是在 1926 年后曾作为条例被各级审判机关所援用。该草案之继承编仿效德、法两国规定实行概括继承，以无限继承为原则，以有条件的限定继承为例外，允许继承人在开具遗产清单的情况下办理限定继承，也允许继承人抛弃继承。比如，第 1354 条规定：“遗产继承人，自知有应得之遗产继承开始时起，于三个月内，须调查遗产为无限承认或有限承认之意思表示……”第 1361 条第 1 款规定：“遗产继承人欲为有限承认时，得以因继承所得之遗产为限，偿还所继人之债务或遗赠。”第 1362 条规定：“遗产继承人欲为有限承认时，须于第一千三百五十四条所定期限内，开具财产清册及声明意旨书，呈请法院审核。”北洋政府被推翻后，南京国民政府于 1930 年 12 月 26 日公布《中华民国民法》之继承编，以大陆法系各国民法为主要参考，并吸收了《民国民律草案》的成果和经验完成。该继承编同样以无限继承为原则，以有条件的限定继承为例外，允许继承人在开具遗产清单的情况下办理限定继承，也允许继承人抛弃继承。比如，第 1148 条规定：“继承人自继承开始时，除本法另有规定外，承受被继承人财产上之一切权利、义务……”第

① 周枏：《罗马法原论（下册）》，商务印书馆 2001 年版，第 472 页。

② ［意］彼得罗·彭梵得：《罗马法教科书》，黄风译，中国政法大学出版社 2005 年版，第 440 页；周枏：《罗马法原论（下册）》，商务印书馆 1994 年版，第 472 页。

③ 参见何勤华主编：《法国法律发达史》，法律出版社 2001 年版，第 224-225 页。

④ 参见何勤华主编：《德国法律发达史》，法律出版社 2000 年版，第 260 页。

1156条规定："为限定继承者，应于继承开始时起三个月内，开具遗产清单呈报法院。"第1174条规定："继承人得抛弃其继承权。应于知悉其继承之时起二个月内，以书面向法院、亲属会议或其他继承人为之。"① 至1985年4月颁布的《中华人民共和国继承法》则实行无条件的限定继承。例如，我国《继承法》第33条明确规定，"继承遗产应当清偿被继承人依法应当缴纳的税款和债务，缴纳税款和清偿债务以他的遗产实际价值为限"。

继承人享有自愿接受继承或放弃继承的选择权，反映了随着社会经济和人们思想观念的发展，近现代民法确立的自己责任原则和意思自治基本原则的要求，彰显着现代继承法之家庭成员人格独立，责任自负的理念。在继承法律领域，立法不应该强制继承人为他人的债务承担清偿责任，在遗产债务超过积极财产的情况下，继承人可以自由选择决定或实行概括继承或实行限定继承或者放弃继承。

三、继承的接受与放弃制度的目的、价值取向与功能

（一）继承的接受与放弃制度的目的与价值取向

继承开始后，继承人能否取得遗产，应以依法或依遗嘱享有继承资格的继承人是否表示接受继承为依据。我国学者指出："在继承法律制度中，关于继承的接受和放弃，涉及继承权能否实现，遗产所有权是否移转的根本问题。"② 因此，继承的接受与放弃制度在遗产处理制度中处于重要的枢纽地位，承前启后，后续的遗产处理以其为前提。设立继承的接受与放弃制度的目的，主要在于尊重继承人的意愿，平等地保护继承人及遗产债权人的利益，正如我国学者所言："保障继承人生活和保护继承债权人作为继承法的两大课题，二者为平行关系，无上下之分。"③

1. 继承的接受与放弃制度的目的

（1）尊重继承人的意愿。在现代社会中，自由既是法律上的保障，也是法律的目的之一，其在民法上表现为具体行为的自由，当事人能够按照自己的意志设立、变更、终止民事关系。在继承法的制定上，应当保障这种自由的实现，使每个人都能够按照既定的自由模型，自我实现继承利益。自由的理想要努力地创造出这样一种继承模式，也就是使得继承关系中的每个成员都能够自我思考，进行自我决断，充分利用自己的能力，实现个人自治。然而，"我国古代实行宗祧继承，继承样态采用当然继承主义……不允许放弃。我国历史上有'父债子还'的习惯，子对其父生前所负的债务，无论是否大于遗产，都负无限责任。然而这种制度对继承人束缚过甚，有违现代民法精神，不符合意思自治原则"。④ 可见，在中国古代的继承法中，在父权和夫权的统治之下是没有个人自治的，子女（甚至妻子）必须臣服于父权和夫权。在这种家庭模式下，子女的人格是不独立的，意志也是不自由的，几乎在所有的事情上，都必须听从家长或族长的命令。在家长死亡之后，继承人因被认为是被继承人人格的延续而不具有独立的人格，从而也不能说意志是自由的。即使后来成为家长之后的继承人，也因家族之整体人格属性，其作出的决断也应当符合整个家族的利益。这种强制概括继承的制度对继承人利益保护极为不利，违反了现代

① 参见杨立新主编：《中国百年民法典汇编》，中国法制出版社2011年版，第513-514、516页。

② 龙斯荣：《罗马法要论》，吉林大学出版社1991年版，第216页。

③ 陈棋炎、黄宗乐、郭振恭：《民法继承新论》，台湾三民书局2001年版，第6页。

④ 张玉敏：《继承法律制度研究》，法律出版社1999年版，第305页。

继承法倡导的家庭成员之人格独立、责任自负的理念。自进入近现代社会以来，意思自治成为民法的基本原则，而继承法作为民法的组成部分，其私法性质要求尊重继承人的意愿。因此，近现代大多数国家的继承法都以自愿继承为原则，赋予继承人对接受继承或放弃继承的选择权，以维护继承人的利益。在继承开始之后，许多国家继承立法都允许继承人自愿选择接受继承或者放弃继承。继承开始后，继承人只是取得承受遗产的资格，而他们是否实际接受继承，这取决于他们自己的意愿。比如，在遗产所负的债务过多时，继承人可以选择以放弃继承的方式免于负担遗产债务，也可以采取接受限定继承的方式依法制作遗产清单并且作出相应的意思表示。法律赋予其作出相关选择的自由，这意味着在法律的逻辑中，“每一个人自然是其利益的最好评判者，因此应该让他有按他自己的方式行动的自由”。[①] 例如，根据《法国民法典》第 785、787、804 条规定，①继承开始后，继承人可以自愿选择接受概括继承、限定继承或放弃继承。全部概括继承人或者部分概括继承人，对遗产的债务负无限责任。②以净资产为限的接受继承是指继承人得声明其打算仅以遗产的净资产为限取得继承人资格。③放弃继承不得推定，全部概括继承人或部分概括继承人放弃继承，应当向继承开始地的大审法院书记室为之，才能对抗第三人。《日本民法典》第 915 条规定：“继承人从知道自己的继承开始时起三个月以内，应作出单纯承认、限定承认或放弃的表示。”

（2）平等地保护继承人及遗产债权人的利益。如前所述，就继承人而言，近现代国家的继承的接受与放弃制度摒弃了古代社会的强制继承制度，继承人在符合法定条件下有权自由选择是否接受继承。继承人可以根据自己的意愿，自主选择概括继承或以编制遗产清单为条件的限定继承。并且，如果遗产的债务过重，继承人可选择放弃继承遗产，从而退出继承法律关系。这两种方式都可保证继承人的财产与被继承人的财产相互独立，继承人也不会因继承而背上沉重的债务，但该制度的设计并不是仅仅为了解决对继承人保护不力的问题，因为如果只保护继承人的利益显然不符合正义的标准，也需要同时对其他利害关系人的利益给予保护。尤其是大陆法系的直接继承主义使继承人从继承开始就对遗产出于控制和管理的地位。在实际生活中，如果存在遗产管理人或遗嘱执行人，继承人对遗产的支配控制尚有一定的屏障，如果没有另行设定遗嘱执行人，继承人极有可能会成为遗产管理人，进而在遗产管理和处分中处于绝对优势地位。这导致遗产债权人在遗产处理中处于相对弱势地位，他们对遗产的状况既不能充分了解，也无权参与处理，其债权能否公平受偿就仰赖于继承人的行为是否公允。如果继承人利用占有遗产的便利，挥霍、浪费、隐匿、侵吞、毁坏、转移遗产，就会给遗产债权的实现制造种种障碍，侵害遗产债权人的正当权益。鉴于上述情形，现代社会的继承立法的目的必须具有双重性，一方面要保障尊重继承人自由选择是否接受继承权利的实现，使私法自治的理念在继承法律领域能够得以体现，并设立限定继承制度，以保护继承人的利益；另一方面也要确保遗产债权人的利益不能因限定责任继承的发生而受到损害。也就是说，继承人在选择接受限定继承时，必须承担法定的义务，即按法定期限和方式忠实地制作遗产清单，否则继承人应承担无限清偿被继承人债务的责任，即不能享有罗马法上的遗产清单利益。也就是说，如果继承人违反忠实制作遗产清单的法定要求时，法律对继承人的制裁措施就是强制继承人实行无限责任继

① ［英］亚当·斯密：《国富论》，商务印书馆 2015 年版，第 267 页。

承。此属于对继承人的制裁，其就是警示继承人，如果继承人自己不依法制作忠实的遗产清单，或者实施了不当侵害遗产的行为，就会承担继承法上的不利后果。例如，《法国民法典》第 778 条规定："继承人隐匿属于遗产的财产或权利，或者隐瞒存在某一共同继承人，则视其为无条件接受继承，即使其已作出任何放弃继承或者按净资产接受继承的表示，亦同。"《日本民法典》第 921 条规定，继承人虽于法定期间内表示限定承认或放弃继承后，隐匿继承财产之全部或一部，或将其私自消费，或恶意不将其载入财产目录时，视为继承人已作出单纯承认。

2. 继承的接受与放弃制度的价值取向

法的价值是一定主体的需要与法的对应和满足关系的范畴，它所体现的是法对于主体需要的积极意义，① 是法律所保障的或者值得法律保障的价值。② 法律价值作为整个法律体系的目标和原则，是评价法律规范和法律实践的标准。③ 由此可见，一切严格意义上的立法活动都是以法的价值为思想先导，在法的价值观指导下进行。为了深入地探究某一制度所蕴含的理论和现实意义，揭示该制度存在的目的和在运作过程中对社会产生的积极影响，有必要对该制度所体现出的法律价值进行分析。"任何值得被称为法律的制度，必须关注某些超越特定社会结构和经济结构相对性的基本价值。"④ 我们认为，现代社会的继承的接受与放弃制度彰显了作为民法重要组成部分的继承法所追求的自由、公平、安全、效率的价值。

（1）自由价值。英国学者指出，自由就是"一个人不受制于另一人或另一些人因专断意志而产生的强制的状态"。⑤ 德国学者认为："人只有一种天赋的权利，即与生俱来的自由。自由是独立于别人的强制意志，而且根据普遍的法则，它能够和所有人的自由并存，它是每个人由于他的人性而具有与生俱来的权利。"⑥ 可见，自由是彰显主体性存在的必备要素，某个独立的民事主体应当能够自由地表达其意志，其通过自我思考、自我决断之自由的方式为民事法律行为，这是现代民法意思自治原则的体现。否则，如果某个主体不能够自由地表达意志，自由价值就没有真正地实现。通过回顾继承的接受的类型、继承的接受与放弃方式的发展演变，我们能够发现，相对于古代社会的强制性的接受无限继承而言，在现代社会的继承的接受与放弃制度中自由价值已经被实现。古代社会的继承人没有选择继承方式的自由，当时的继承方式为强制性的无限责任继承。继承人不仅要继承被继承人的财产，还同时要求必须继承被继承人的债务，也就是通常所说的"父债子还"。这种强制性无限继承对继承人来说，就不是依据自己的独立思考而判断是否应当接受继承的结果，在这种情形下，继承人的意思表示受到限制而不能自由表达其意志，其只能按照法律的规定接受无限责任继承，此时的继承制度中根本就没有自由价值存在的空间，而只能认为继承人是已经死亡的被继承人主体人格的现实反映。但因强制继承人无条件地接受无限责任继承对继承人非常不公平，后世的法律遂作出了变革，赋予继承人可以

---

① 房文翠：《法理学》，厦门大学出版社 2012 年版，第 139 页。

② ［日］川岛武宜：《现代化与法》，申政武、渠涛等译，中国政法大学出版社 1994 年版，第 246 页。

③ 吕世伦、文正邦：《法哲学论》，中国人民大学出版社 1999 年版，第 353 页。

④ ［美］博登海默：《法理学法律哲学与法律方法》，邓正来译，中国政法大学出版社 1999 年版，第 5 页。

⑤ ［英］哈耶克：《自由秩序原理》，邓正来译，三联书店 1997 年版，第 4 页。

⑥ ［德］康德：《法的形而上学原理》，沈叔平译，商务印书馆 1991 年版，第 50 页。

在遗产状况不佳时选择放弃继承而不用负担遗产债务的权利。这时，继承人的意志自由得到了承认。继承人不再是无论遗产处于什么状况都必须被迫接受无限责任继承或者在一定期间内放弃继承，而是可以基于自己的判断在接受无限责任继承、限定责任继承或者是放弃继承之间作出选择。法律通过赋予继承人自由选择权的方式，确认了继承人独立的人格。因为，私法自治是现代民法重要的基本原则。在现代社会，作为民法重要组成部分的继承法，亦应以自由为基本价值目标，保护继承关系中诸方当事人的自由权利。对于继承人来说，接受和放弃继承制度使继承人能在法定期限内根据遗产的状况自由选择接受继承或放弃继承。如果继承人选择接受继承，对于继承的效力，继承人也可以选择以制作遗产清单的方式而限定接受继承，即承担遗产债务的有限清偿责任；或是选择概括接受继承，即承担遗产债务的无限清偿责任。法律赋予继承人享有自愿选择是否接受继承的权利，体现了法律尊重继承人的意愿，其有权根据对被继承人的财产及债务进行考量后，自愿选择是否接受继承，从而保障其意思自治的实现，彰显了法律的自由价值。例如，《德国民法典》第1946条规定："继承开始时，继承人即可接受或拒绝遗产。"《瑞士民法典》第566条第1款规定："法定继承人及指定继承人可以抛弃继承权。"我国《继承法》第25条第1款规定："继承开始后，继承人放弃继承的，应当在遗产处理前，作出放弃继承的表示。没有表示的，视为接受继承。"

（2）公平价值。自由并不意味着不受任何的约束，其也有一定的限度，超过这个必要的限度就表现为不自由。尊重继承人的自由意愿，并不意味着他们的自由意愿不受任何限制。美国学者指出："正义是社会制度的首要价值，正像真理是思想体系的首要价值一样。……某些法律制度，不管它们如何有效率和有条理，只要它们不正义，就必须加以改造和废除。每个人都拥有一种基于正义的不可侵犯权利，这种不可侵犯权利即使以社会整体之名也不能逾越，因此，正义否认为了一些人分享更大利益而剥夺一些人的自由是正当的，不承认许多人享有的较大利益能绰绰有余地补偿强加于少数人的牺牲。"我国有学者认为："公平是民法的精神，尽管民法的各种规定千头万绪，复杂万端，如果要对其作一言以蔽之的说明，必须用得着'公平'二字。舍却公平，民法将不成其为民法。"①② 继承法在保障继承人接受或放弃继承选择权实现的同时，也要保护其他遗产继承人和债权人的利益，这体现了法律的公平价值理念。

随着社会的发展和人们观念的进步，法律确认继承人具有独立的人格，以身份继承为主要继承形态的继承方式逐渐被财产继承所取代。无限责任继承往往容易导致继承人的财产与被继承人的财产的混同，这种继承方式不仅可能对继承人不公平，也可能对被继承人的债权人及继承人的债权人不公平。于继承人而言，因被继承人的对外所负的财产义务可能远远大于其遗留的财产权利，无限责任继承会使继承人以自己的个人财产偿还本应由被继承人负担的债务，加重继承人的负担；于被继承人的债权人而言，若被继承人遗留的财产权利足以清偿其所负财产义务时，被继承人之债权人的债务本可以得到完全清偿。但因继承人的无限责任继承，继承人从被继承人处继承的遗产与继承人的固有财产混同后也会被列为继承人的责任财产，如果在继承人出现破产的情况下，被继承人的债权人本应得到

① 徐国栋：《民法基本原则解释——成文法局限性之克服》，中国政法大学出版社2001年版，第66页。

② ［美］约翰·罗尔斯：《正义论》，何怀宏等译，中国社会科学出版社1988年版，第68页。

完全清偿的债权可能因此会无法得到完全清偿。反之，如果被继承人的遗产不足以清偿其债务，在该遗产与继承人的固有财产发生混同后，则继承人的债权人本应得到完全清偿的债权可能因此无法得到完全清偿。此情形难免会于一方不公平。根据现代立法的公平原则分析，就分配的公平而言，单纯地接受继承总是显示出其法律规则设计上的缺陷。

综上所述，在单纯接受继承情况下，继承人在遗产资不抵债的情形下均负担本不应当由其负担的清偿被继承人的债务之义务，此难免会损害继承人的利益，甚至连带损害继承人之债权人的利益，对继承人以及继承人之债权人不公平。为了解决对继承人利益保护的问题，后世遂发展出了继承人可以选择何种债务清偿责任的继承及放弃继承的制度。如前所述，根据《日本民法典》第 915 条的规定，继承人从知道自己的继承开始时起 3 个月内，应当作出单纯承认、限定承认或放弃的表示。

我国《继承法》第 33 条规定，“继承遗产应当清偿被继承人依法应当缴纳的税款和债务，缴纳税款和清偿债务以他的遗产实际价值为限”。也就是说，在我国，即使继承人未放弃继承也只是在遗产实际价值范围内清偿被继承人生前所负的债务，如果遗产实际价值不足以清偿遗产债务，继承人也不必以自己固有的财产对被继承人的债务承担无限清偿的责任，故接受继承对继承人的利益没有任何损害，即我国实行无条件的限定继承，继承人在任何情形下都不需要以自己的个人财产负担遗产债务，如果继承人有隐藏、转移遗产等行为时亦是如此，这对遗产债权人不公平。为了达到对继承人、继承人之债权人及遗产之债权人公平保护的目的，继承人如果选择限定继承必须附有条件，即继承人必须负担忠实的制作遗产清单之义务，以使得遗产的数额及价值、遗产的债务数额清楚地呈现在每一个遗产相关人面前，以保证遗产债务能够确实在遗产的实际价值范围内获得清偿，并且剩余遗产能够被依法地合理分配，这对每个遗产利害关系人来说都是公平的。

（3）秩序价值。良好的法律制度在实现公平、自由等诸多价值的过程中，就是在创造稳定的社会秩序，[①] 法律制度的公平正义与社会秩序在最高目标上具有一致性。很难想象一部不具有公平正义的法律制度能够提供持续稳定的社会秩序，因为人们可以一时地忍受一个不合理的社会秩序，但这种忍受是有时间限度的，要求人们长期忍受一个不合理的社会秩序几乎是不可能的。同时，社会公平正义等价值的实现，也有赖于良好的社会秩序。从这个意义上说，秩序价值与公平、自由等价值并不是矛盾关系，而是一种相辅相成的关系，即“秩序的维续在某种程度上是以存在一个合理的、健全的法律制度为条件的，而正义则需要秩序的帮助才能发挥它的一些基本作用”。[②] 在现代社会，随着社会经济的发展，家庭基于生产、生活的需要，对外交易亦越来越频繁，市场交易的安全性越发重要。“法律建立良好社会秩序的目的归根结底是要创造一种安居乐业的条件，即法律建立一种物质的、精神的生产方式和生活方式的社会固定形式，使人们的行为能够相对地摆脱单纯偶然性和任意性，实现人们的安居乐业。”[③]

如前所述，随着社会的发展，概括继承下的继承秩序就变得不合理而不得不进行变革，身份继承逐步演变为财产继承。其不合理之处在于，古代社会继承人对被继承人的身

① P. S. Cohen, *The Modern Social Theory*, London: London Press, 1968, pp. 18-19.

② ［美］E. 博登海默：《法理学、法哲学与法律方法》，邓正来译，中国政法大学出版社 1998 年版，第 318 页。

③ 《马克思恩格斯全集（第 25 卷）》，人民出版社 1994 年版，第 894 页。

份继承可以认为是一种特权而存在，但身份继承消失之后，这种特权也随之消失，继承人对家庭成员的发号施令可能不再起作用。如果只让继承人无条件地负担偿还被继承人所欠的债务而不再享有继承上的身份利益，继承人自己也不会接受。如此，以前非常稳固的概括继承秩序也变得不再稳定。随之，在法律规则上确立了继承的接受和放弃制度，该制度符合公平、正义、平等价值理念，为实现稳定的秩序价值提供了前提条件。但如果只确立合理的法律规则，秩序价值还是无法自动地实现，这就有赖于司法将这种合理的法律规则所意欲达到的秩序变为现实。针对概括继承可能对继承人负担过重的问题，设计了限定继承制度，但只保护继承人的利益显然不符合正义的标准，也需要同时对其他利害关系人的利益给予保护。也就是说，继承人在接受限定继承的同时，应当承担一定的义务，即忠实地制作遗产清单，否则继承人不能享受遗产清单利益。继承人违反忠实制作遗产清单的义务时，法律将对继承人进行制裁，即强制继承人承担无限责任继承的后果。例如，《意大利民法典》第 485、487、488、527 条明确规定了强制单纯接受继承的情形，在出现法定情形时，包括在法定期限届满后未编制完成遗产清单的；编制遗产清单已完成但在法定期限届满后，未作出接受或放弃继承遗产声明的；扣留或隐匿遗产的等，继承人须承担无限责任继承的后果。

综上所述，被继承人死亡后，其遗产转移不仅涉及继承人的利益，还涉及遗产债权人的利益。因此，继承立法必须具有维护第三人利益和交易安全的秩序价值取向。“继承制度的存在根据之一，便是保护交易的安全。”① 为保护遗产债权人的利益，继承的接受与放弃制度通过设立放弃继承和限定接受继承以及对违反者强制其概括接受继承的规定，以此来防止继承人利用其有利地位欺诈债权人，保证遗产债权人能够就遗产优先获得清偿。

（4）效率价值。法律的效率价值是指以有利于提高效益的方式分配资源，并以权利和义务的规定保障资源的优化配置和使用，以最大限度地增加社会财富为目的。美国学者认为：“法本身的规范、程序和制度极大地注重于促进经济效益。”② 英国学者指出：“权利应该让与那些能够最具有生产性地使用权利并有激励其这样使用动力的人，而且要发现和维持这种权利分配，就应该通过法律的明确规定，通过使权利让渡的法律要求不太繁重，而使权利让渡的成本比较低。”③ 继承法在调整社会资源的分配上，应当以制度保障和提高社会资源的利用效率，使有限的社会资源产生更多的效益。所以，在继承的接受与放弃制度中，继承法的效率价值就体现在该意思表示的法定期间之规定上。继承开始时，继承人接受或放弃遗产意思表示必须在法定期间内作出，否则遗产的归属将迟迟没有定论，这不利于遗产的分配，将降低社会资源的利用率。例如，《瑞士民法典》第 567 条规定：“抛弃继承权的期限，以三个月为限。自法定继承人知悉被继承人死亡时开始计算，但如其能证明以后知悉的，不在此限。”《德国民法典》第 1944 条规定：“继承的拒绝只可以在六周之内为之。上述期限自继承人得知遗产归属和继承资格之依据时开始。”如果继承人选择了限定继承，但又没有在法定期限内以制作遗产清单的方式接受继承的，则会被视为无条件地接受继承，其将承担被继承人的全部财产权利、义务和责任。例如，《德

① 林秀雄：《继承法讲义》，台湾元照出版公司 2005 年版，第 4-5 页。

② ［美］理查德·A. 波斯纳：《法律的经济分析（上）》，蒋兆康译，中国大百科全书出版社 1997 年版，第 28 页。

③ ［英］罗纳德·哈里·科斯：《生产的制度结构》，载《经济社会体制比较》1992 年第 4 期。

国民法典》第1994条第1款规定："经债权人申请，遗产法院应当为继承人规定一个遗产清单期限。如果未在期限届满之前制作遗产清单，则在期限届满后，继承人即对遗产债务承担无限责任。"

我们同时也应该看到，虽然效率也是继承制度的价值取向之一，但其并非继承法的首要价值取向。[①] 因为效率并不一定意味着符合自由、公平价值。比较效率价值而言，更需要优先考量自由、公平两种价值取向。否则，无限责任继承下的遗产债务清偿效率很高，但单纯的无限责任继承对继承人来说既不自由，也不公平，在继承人的人格已经独立的今天，仅以遗产债务的清偿效率决定继承的方式显然不妥。

（二）继承的接受与放弃制度的功能

继承接受与放弃制度的立法宗旨是尊重继承人的意愿，平等地保护继承人和遗产债权人各方利益和维护交易安全，既不让继承人清偿超过遗产价值范围的债务，又要保证遗产能够首先用于清偿死者的债务，不致因继承人的隐匿、不当处分等行为或是遗产未清偿完债务就实行遗产分配而损害遗产债权人的利益。

1. 尊重继承人的意志自由与债务清偿责任限制的功能

在古罗马，最初实行的是以身份继承为主的概括继承，即强制继承，继承人继承被继承人的法律地位。"继承人是宗亲集团或家族最高权力的继承人，并且仅仅是作为结果也才作为财产的继承人，其宗旨是使宗亲集团或家族的统一不会因该集团或家族首脑的死亡而发生解体。因此，古代的继承主要是身份继承。"[②] 也就是说，在继承的接受与放弃制度产生之前，无论出现什么情况，继承人都须接受强制继承并对被继承人的债务承担无限清偿责任，由此导致被继承人的遗产与继承人自身的固有财产发生混同。这造成了三种可能的不良后果：其一，当遗产数额较大，能够清偿所有遗产债务，而继承人的财产不足以清偿其个人债务时，其财产与遗产的混同就可能导致遗产债权人不能得到足够的清偿，导致损害遗产债权人的利益。产生该后果的原因是遗产本来为遗产债权人之债权的单方担保，而在遗产与继承人财产混同后，遗产实际上成为遗产债权人之债权与继承人的债权人之债权的双方担保，损害了遗产债权人的利益。其二，当遗产不足以清偿遗产债务，而继承人的财产足以清偿其所负债务时，遗产与继承人固有财产的混同就可能导致继承人之债权人的债权不能得到足够清偿，从而损害该债权人的利益。产生该后果的原因是继承人的财产本来为其债权人的单方担保，而其固有个人财产与遗产混同后，其个人固有财产实际上为遗产债权人之债权与继承人的债权人之债权的双方担保，从而损害了继承人之债权人的利益。其三，与第二种情况类似，该情况下也可能损害继承人的利益，导致了继承人负担了本不应由其负担的遗产债务。[③] 后世找到了解决上述三个问题的有效办法，那就是赋予继承人接受继承与放弃继承的权利，以及遗产债权人或者继承人的债权人提出财产分离的制度，使遗产与继承人的个人财产相互分离，遗产债权人对遗产具有优先受偿权，继承人的债权人对继承人的个人固有财产具有优先受偿权。此后，随着社会发展，继承法根据现代民法的个人责任原则，为尊重继承人的意志自由，允许由继承人自愿选择在继承遗产

---

① 房绍坤：《关于继承法修改的三点建议》，载《法学论坛》2013年第2期，第46页。

② ［意］彼德罗·彭梵得：《罗马法教科书》，黄风译，中国政法大学出版社2005年版，第421页。

③ 参见周枏：《罗马法原论（下册）》，商务印书馆1996年版，第570页。

的同时，承担不同类型的被继承人债务清偿责任。如此，与强制概括继承制度下的继承人对被继承人债务承担无限责任不同，近现代社会的继承的接受与放弃制度，尊重继承人是否接受继承的意志自由，继承人有权选择放弃继承、无限责任继承或有限责任继承，有限责任继承对继承人的效力就表现为遗产债务清偿责任的限制。例如，大陆法系中法国、德国、日本和意大利对接受继承的方式均分为无限责任继承和有限责任继承（详见后述）。

2. 维护第三人利益和交易安全

如前所述，秩序是法律的基本价值之一，也是法律对人类社会生活秩序的重要保障，唯有安全的真正实现，社会才能正常运转。维护第三人利益和交易安全，是市场经济秩序稳定发展、促进社会和谐的必然要求。“市民社会并没有借助安全这一概念而超越自己的利己主义。相反地，安全却是这种利己主义的保障。”① 基于继承的接受与放弃制度的目的，必须保证遗产能够首先被用于清偿被继承人的债务。按照该制度，在法定期限内如果继承人选择限定接受继承，则继承人以继承的财产为限清偿被继承人的债务。如果当事人选择放弃继承，继承人将退出继承法律关系，遗产将被依法实行清算用于偿还被继承人的债务。这就从制度上保证了被继承人的遗产能够首先被用于清偿被继承人的债务，从而使债权人的债权得到有效保障，维护交易安全。后文中所考察的无论是大陆法系国家还是英美法系国家均规定了接受与放弃继承的期限，以保证继承关系的尽早确定。同时，在效力上，接受继承按照概括继承与限定继承不同的类型明确规定了继承人所负担被继承人债务的责任范围；而放弃继承的效力追溯到继承开始之时。

第二节　继承的接受与放弃制度的国外立法现状与评析

在现代继承法律制度中，继承开始后继承人有权选择是否接受继承，以及接受什么类型责任的继承。世界范围内存在有不同的立法体例来规范继承人接受与放弃继承的期限和方式，以及选择不同类型继承的法律效力。我们拟分别对大陆法系之法国、德国、日本、意大利、俄罗斯五国民法典，以及英美法系之英国、美国两国继承法律中有关继承的接受与放弃制度进行考察，在此基础上予以比较评析。本节研究和阐述的主要内容包括：继承的接受与放弃主体的国外立法现状与评析；继承的接受与放弃期限的国外立法现状与评析；继承的接受类型、继承的接受和放弃继承方式的国外立法现状与评析；继承的接受与放弃效力的国外立法现状与评析；继承的接受与放弃变动的国外立法现状与评析。

一、继承的接受与放弃主体的国外立法现状与评析

（一）继承的接受与放弃主体的国外立法现状

1. 大陆法系国家立法例

（1）法国立法例。《法国民法典》首先规定继承的接受与放弃主体为继承人②，该继承人包括：在前一顺序的继承人放弃继承或者丧失继承权的情况下，法典中关于继承的接受与放弃的期限同样适用于后一顺序的继承人，自后一顺序的继承人知道前一顺序的继承

① 《马克思恩格斯全集（第1卷）》，人民出版社1956年版，第439页。

② 《法国民法典》第768条。

人放弃继承或者丧失继承权时开始计算；[1] 尚未作出选择决定即已死亡的人的继承人。[2] 另外，该法典还规定了在继承人放弃继承损害到他本人的债权人的权利时，该债权人得受法院准许，替代他们的债务人并以其名义接受继承。但该条接着规定此种接受继承仅为这些债权人的利益才发生，并且仅以他们的债权数额为限。此种接受继承对继承人不产生其他效果。[3] 由此可知，对于继承人放弃继承导致其债权人不能获得偿付时，《法国民法典》采取的是赋予债权人以代位权的办法，即债权人得请求法院准许其以债务人的名义，代替其地位在债务额度范围内接受继承。可见，法国之继承的接受与放弃主体为继承人，而继承人的债权人对被放弃的继承以其债权额为限有代位继承权。

（2）德国立法例。《德国民法典》规定，继承开始时，被继承人的财产作为总体转移给一个或两个以上的继承人。[4] 遗产转移给有资格的继承人而不考虑拒绝遗产的权利，继承人已接受遗产，或就遗产的拒绝所规定的期间已过去的，继承人不得再拒绝遗产；在期间届满时，遗产视为已被接受。[5] 可见，德国继承法以当然继承主义为原则，若继承人没有放弃继承的意思表示，遗产上的权利义务就因继承开始而当然移转于继承人。因此，德国之继承的接受与放弃主体为继承人。同时，根据该法第 1945 条的规定，放弃继承的主体还可以是享有代理权的代理人。

（3）日本立法例。《日本民法典》首先规定继承的接受与放弃主体为继承人。[6] 如果继承人为未成年人或成年被监护人，其法定代理人知道未成年人或成年被监护人的继承开始时三个月内，有权作出单纯承认、限定承认或放弃的表示。[7] 由此可知，日本之继承的接受与放弃主体为继承人、继承人的法定代理人。

（4）意大利立法例。《意大利民法典》规定，遗产以接受继承的方式取得，继承人可以按遗产清单限定接受继承，也可以单纯地接受继承。对于按遗产清单接受继承的，继承人如果为未成年人，其须通过未成年人的特别财产管理人许可；如果继承人为禁治产人，监护人须通过监护裁判官许可才可以承认或放弃继承；解除监护权的未成年人须经财产管理人同意和监护裁判官的许可；法人则须其主管官厅许可。[8]

此外，债权人方面享有对其债务人放弃继承的否认权，即使债务人没有诈害的意思，但其放弃继承对于其债权人发生债权不能获得偿付时，该债权人可在其债权额限度内，以从继承财产中受到满足为目的，以放弃者的名义和地位承认继承。

由此可知，意大利规定继承的接受与放弃主体为继承人，但特殊主体需要经过法定主体的许可或同意才可以承认或放弃继承。同时，继承人的债权人在继承人放弃继承导致其债权人的债权不能获得偿付时，允许该债权人以其债权额度为限代位继承。此债权人的代位继承地位与法国的立法相同。

---

① 《法国民法典》第 774 条。

② 事实上，该种情况应为转继承，但本法典对转继承并没有另作规定。

③ 《法国民法典》第 779 条。

④ 《德国民法典》第 1922 条。

⑤ 《德国民法典》第 1942-1943 条。

⑥ 《日本民法典》第 915 条。

⑦ 《日本民法典》第 917 条。

⑧ 《意大利民法典》第 374 条第 3 款、471-473 条。

(5) 俄罗斯立法例。《俄罗斯联邦民法典》规定，对于接受继承，继承人须表示（以递交接受遗产的申请等方式）接受遗产方能取得遗产；如果委托书专门规定了接受遗产的权限，则可以通过代理人接受遗产，此处法定代理人接受遗产不需要委托书；而已经死亡的继承人的接受遗产的权利可以由其继承人实现。[①] 对于放弃继承，继承人有权以递交放弃继承申请书的方式放弃遗产；如果继承人是未成年人或被认定为无民事行为能力人或限制民事行为能力人，则须经监护和保护机关的事先批准才允许放弃遗产；[②] 如果委托书中有相关专门授权，则代理人可以代为放弃遗产，此处法定代理人无须委托书。

由此可见，在俄罗斯，接受或放弃继承的主体范围除了继承人本人，还包括委托代理人、法定代理人，同时接受继承的主体还包括转继承人。

2. 英美法系国家立法例

(1) 英国立法例。在英国，继承的接受与放弃主体主要被规定在《遗产管理法》和《信托法》等法律之中。在英国实行间接继承，即被继承人死亡后，其遗产不是直接转归继承人，而是由遗产代理人进行管理，在清偿遗产债务后，将剩余财产交给继承人。[③] 继承人有权向遗产代理人请求交付经清算后的剩余财产，即遗产代理人将被继承人的财产在支付了丧葬费、遗产管理费、债务及履行其他所有法律责任之后，继承人接受的只是剩余的净资产利益，属于积极遗产。继承的接受与放弃，实际上是继承人自愿选择对财产交付请求权的行使。英国的《遗产管理法》《信托法》等法律详细地规定了遗产代理人和继承人各自的权利和义务。由此可知，英国规定继承的接受与放弃主体只能是继承人。

(2) 美国立法例。在美国，继承的接受与放弃制度主要被规定在美国的《统一遗嘱检验法典》第三章[④]之中。美国的遗产继承与英国一样，也是实行间接继承，又称为剩余财产交付。除当被继承人仅留下转移给生存配偶的豁免财产或只留下唯一有权分割遗产的人作为继承人时，一般无须进行遗产管理程序外，在通常情况下继承开始后继承人接受继承前，需要指定遗产代理人来管理遗产。[⑤] 如果是遗嘱继承，首先应进行遗嘱检验程序，即在被继承人生前居住的作为“遗嘱认证法院”的当地法院对遗嘱的合法性进行认证。在确认遗嘱检验后，遗嘱执行人获取遗嘱执行人授权书，享有处理遗产的权利，遗嘱中指定的执行人被正式任命。如果其比死者先死或无法胜任执行人的职能，法院将在无遗嘱继承情况下按照优先规则指定遗产管理人。遗产管理人必须提交一份保证书，保证正确履行其义务，除非遗嘱明确免除对他的这一要求。由此可知，美国规定继承的接受与放弃主体仍然只能是继承人，即遗产代理人包括遗嘱执行人对被继承人的债务以遗产清偿后将剩余财产交付继承人。而继承人享有接受继承与放弃继承的权利。

---

① 《俄罗斯联邦民法典》第 1152 条第 1 款、1153 条第 1 款、1156 条第 2 款、1159 条第 1 款。

② 《俄罗斯联邦民法典》第 1157、1159 条。

③ 遗产代理人（personal representative）是“遗嘱执行人”（executor/executrix）和“遗产管理人”（administrator/administratrix）的统称。

④ Uniform Probate Code, Article III.

⑤ 陈苇主编：《外国继承法比较与中国民法典继承编制定研究》，北京大学出版社 2011 年版，第 118 页。

（二）继承的接受与放弃主体的国外立法比较评析

1. 两大法系国家立法的共同点

第一，除法国、俄罗斯外，上述四国对继承接受与放弃主体均未以专门条文规定，而是在继承的接受或放弃期间、催告继承人等相关法条的规定中予以体现。第二，在立法内容上，继承人均是上述六国之继承的接受与放弃的主体。

2. 两大法系国家立法的不同点

第一，关于债权人的有限代位继承请求权，《法国民法典》和《意大利民法典》都规定了有条件地让继承人的债权人代位继承其债权额的遗产，且不影响继承人的继承地位。第二，关于监护人能够成为代为代理被监护人接受或放弃继承的主体，德国、日本和俄罗斯均规定，未成年人或被监护的成年人的法定代理人可以代理被监护人表示接受或放弃继承。第三，关于监护人代理被监护人接受或放弃继承的监督机构，意大利规定监护人在代被监护人承认继承或者放弃继承时，承认附负担或附条件的赠予与遗赠时须经监护裁判官许可。第四，关于被监护人作为继承人接受或放弃继承的监督机构，俄罗斯规定放弃继承时须由监护或保护机构批准，但如果是法定代理人或具有代理权的委托代理人可以代理被代理人接受或放弃继承；而意大利对于接受遗产清单利益的继承人，如为未成年人、禁治产人或解除监护权的未成年人分别规定了不同的监督“许可”主体。①

综上所述，关于接受或放弃继承的主体，值得我国立法注意考虑的有以下三点：其一，两大法系国家立法均以继承人为继承的接受与放弃的主体，只有法国和意大利规定继承人的债权人可在其债权额度内代位作为继承接受的主体。但此种做法是否值得借鉴还有待在本章以下相关部分进行探讨。其二，监护人如果代理被代理人放弃继承的，须经法院批准或具有专门机构授权的委托书。此国家公力机构或其他机构的监督对于保护被代理人的利益实有必要借鉴（如果我国继续实行单一的限定继承制度，则接受继承可不设此规定）。其三，意大利和俄罗斯规定被监护人本人接受或放弃继承须由监护人或监护保护机构批准，以保护被监护人的合法权益。我们认为未成年人或限制民事行为能力人、无民事行为能力人，如果让其成为接受或放弃继承的主体，可能会增加导致其利益受损的风险，所以有关机构的批准很有必要。

二、继承的接受与放弃期限的国外立法现状与评析

（一）继承的接受与放弃期限的国外立法现状

1. 大陆法系国家立法例

（1）法国立法例。在法国，继承人不得受强制在继承开始起 4 个月期限届满之前作出选择。继承开始后 4 个月期限届满时继承人未表示接受或放弃继承的，可以由遗产债权人、共同继承人、后一顺序的其他继承人或者国家采取行动，得以司法外文书催告继承人作出决定。继承人在受到催告后 2 个月之内应当作出选择决定。如在该期限内，其不可能终结已经开始的遗产盘点或者证明有其他严肃的正当理由，可以向法官请求给予补充期限。自延长期限的申请提出至法官作出裁判决定，期间中止。继承人在 2 个月期限终止或

① 《意大利民法典》第 374、471-473 条。

同意延长的期限经过之后仍未作出决定时，视其无条件接受继承。[①] 如果继承人选择以净资产为限接受继承，即选择限定接受继承，继承人就必须将遗产清单自提出声明之日起2个月期限内存交法院。继承人如能证明其有正当原因推迟存交遗产清单，得向法官申请延长期限，在此情况下，自提出延长期限的申请开始，期间中止。在规定的期限内没有存交遗产清单时，继承人视为无条件接受继承。[②]

（2）德国立法例。在德国，遗产的拒绝，只能在6周以内进行。期间自继承人知悉遗产归属和有资格做继承人的原因时起算。继承人因死因处分而有资格做继承人的，在处分宣布前，期间不起算。被继承人只在外国有最后住所，或者在期间起算时，继承人在外国居留的，期间为6个月。[③] 自期间届满之时，视为接受继承。

（3）日本立法例。在日本，继承人自知悉为自己的继承开始时起3个月内，应作出单纯承认、限定承认或放弃的表示。但是，家庭法院因利害关系人或检察官的请求，可以延长此期间。继承人未表示承认而死亡时，该期间自其继承人知悉为自己的继承开始时起计算。继承人为无民事能力人时，该期间自其法定代理人知悉为无民事能力人的继承开始时起计算。[④] 此外，单纯承认也适用该法典第915条规定的期间，一旦继承人没有在法定期限内表示限定承认或放弃的，就被推定为单纯承认。[⑤]

继承人放弃继承的期限，自知悉为自己的继承开始时起3个月内，可由家庭法院依请求延长。放弃继承，由欲放弃继承者向家庭法院申述其意旨。[⑥]

（4）意大利立法例。对于接受继承，有权取得遗产的人，在接受继承的时效期限届满前，都可表示接受继承。任何利害关系人均可以请求司法机构为有权取得遗产的人确定一个表示接受或拒绝接受继承的期限。期限届满仍未作出任何表示的人，丧失接受继承的权利。[⑦]

被传唤继承的人，其以某种名义在将继承财产的财务占有时，应自继承开始或者自继承财产到来的通知之日起3个月内做成财产目录，重大事由情况下可以延长。财产目录没有完成且超出上述期限的，该继承人视为单纯承认的继承人；财产目录完成但尚未依法申报的继承人，需在财产目录完成之日起40日内决定承认或放弃继承，超出该期限而未决定的，视为单纯承认的继承人。[⑧]

关于放弃继承的期限，司法机构可因利害关系人请求，为有权取得遗产的人确定一个表示接受或者拒绝接受继承的期限，未在该期限内作出表示的则为放弃继承。[⑨]

（5）俄罗斯立法例。在《俄罗斯联邦民法典》中，其接受和放弃继承的期限规定是相同的，即继承人可以在继承开始之日起6个月内作出接受或放弃遗产的意思表示。属于已经死亡的继承人的接受遗产的权利，可以由他的继承人依照一般根据实现。如果继承人

---

① 《法国民法典》第771、772条。
② 《法国民法典》第790条。
③ 《德国民法典》第1944条。
④ 《日本民法典》第915条。
⑤ 《日本民法典》第921条。
⑥ 《日本民法典》第915条。
⑦ 《意大利民法典》第480、481条。
⑧ 《意大利民法典》第485条。
⑨ 《意大利民法典》第481条。

死亡后接受继承所剩的期限少于3个月，则该期限延长至3个月。①

此外，俄罗斯还规定了期限届满后接受遗产，类似于意思表示的期限的延展。如果继承人是因为不知悉也不能知悉继承开始或因其他正当理由错过了这一期限，则该继承人可以在错过期限理由不复存在后6个月内向法院提出请求，则法院可以根据该申请恢复该期限并确认继承人接受遗产；抑或其余已接受继承的继承人书面同意，可在期限届满后接受继承。②

2. 英美法系国家立法例

（1）英国立法例。在英国，接受与放弃继承的期间是继承开始以后至能够从遗产代理人处受领遗产之时。此外，继承人与被继承人生前在继承契约中接受或放弃继承的意思表示视为有效。③

（2）美国立法例。在美国，原则上，接受继承的表示在继承开始后至遗产分配前作出均可。但美国法对配偶接受继承形式选择权的期限有明确的规定，一般自被继承人死亡之日起9个月，或被继承人遗嘱检验后6个月，在两者中较晚到期之日内，还可向法院申请延长。生存配偶行使选择权的方式，或向法院呈交申请书，或者在有遗产代理人的情况下向遗产代理人邮寄或送交申请书。生存配偶可在法院作出最终裁决之前的任何时间撤销其对选择份额的要求。④

根据美国《统一遗嘱检验法典》规定，放弃继承不仅区分不同的情形，而且针对每种情形都有严格的期限规定。关于放弃继承的声明，一方面，如果是现实权益，须在财产所有权人或有指定权的受赠人死亡之日起9个月内提交；如果是将来权益，须在最终确定财产权益接受者及其被不可撤销的赋权之日起9个月内提交。另一方面，如果放弃继承者可接受财产或权益是依据非遗嘱文件或契约，其就必须提交弃权声明。如果是现实权益，须在非遗嘱文件或契约生效之日起9个月内提交；如果是将来权益，须在最终确定财产权益接受者及其被不可撤销的赋权之日起9个月内提交。若有权放弃继承者不知道该权益的存在，则须在其知悉该权益之日起9个月内提交弃权声明。可撤销的文件或契约的生效日期为订立者不再有权撤销或向他人转让权益之日。⑤

（二）继承的接受与放弃期限的国外立法比较评析

1. 两大法系国家立法的共同点

关于继承的接受与放弃之期间，前述两大法系国家立法存在的共同点如下：接受与放弃继承的法定期限，在任何情况下都不可被无限期地拖延，否则继承法律关系长期处于不确定状态，对于继承人和其他利害关系人都是不利的。所以，必须在法定期限内接受与放弃继承这是前述国家立法的共同规定。

2. 两大法系国家立法的不同点

关于继承的接受与放弃期间，前述两大法系国家立法的不同点如下：第一，对于是否

---

① 《俄罗斯联邦民法典》第1154、1156条第2款。

② 《俄罗斯联邦民法典》第1155条。

③ ［英］安德鲁·伊沃比（Andrew Iwobi）：《继承法基础》（*Essential Succession*）（英文版，第二版），武汉大学出版社2004年版，第223页。

④ Uniform Probate Code, s. 2-211.

⑤ Uniform Probate Code, s. 2-1102, 2-1106, 2-1107.

明确规定接受或放弃继承的意思表示期间不同。采取直接继承主义（继承开始后遗产一般直接由继承人管理和继承）的大陆法系国家均规定有接受或放弃继承的期限。而在采取间接继承主义（遗产须遗产代理人清偿债务后才交付剩余遗产给继承人）的英美法系国家，其中英国虽对于遗产管理有期限，但对继承的接受与放弃则无明确的期限规定；美国除对配偶接受继承的选择权行使有期限规定外，还对继承的放弃区分为根据遗嘱继承或非遗嘱的文件或契约的继承规定了不同的起算日期之期限。第二，对于接受和放弃继承的期限，前述大陆法系国家除意大利规定由司法机构确定期限外，其他各国都对放弃继承的期限作了从6个星期（德国）、3个月（日本）、4个月（法国）到6个月（俄罗斯）不等的明确规定，但各国的起算点并不一致。此外，法国、日本还规定有特殊情况，可以请求延长该期限；而俄罗斯则可以在特殊情况下恢复该期限。第三，在英美法系国家，由于实行的是间接继承，即在遗产管理人以遗产清偿被继承人债务后才交付剩余遗产给继承人，故英国对于接受继承的期限无明文规定，只在美国，对于配偶接受继承形式之选择权的期限为9个月作了明确的规定。

综上所述，两大法系中关于继承接受与放弃期间之规定，值得我国借鉴参考的有如下两点：其一，大陆法系国家关于接受继承之法定期限的要求可以督促继承人或主管机构尽快提供记载被继承人财产状况的遗产清单，有利于保证以遗产价值实际清偿遗产债务后进行遗产分配。其二，对放弃继承的期限作出明确规定对继承人更具有确切的指引作用，也有利于遗产的保全和及时分配，有利于遗产债务的及时清偿。

三、继承的接受类型、继承的接受与放弃方式的国外立法现状与评析

（一）继承的接受类型、继承的接受与放弃方式的国外立法现状

1. 大陆法系国家立法例

（1）法国立法例。在法国，接受继承分为两类，无条件地接受继承和以净资产为限的接受继承。前者是指全部概括继承人或者部分概括继承人，对遗产的债务负无限责任。[①] 后者是指继承人得声明其打算仅以遗产的净资产为限取得继承人资格。[②] 也就是说，无条件接受继承，即“无限责任继承”或“概括继承”，而以净资产为限接受继承属于“有限责任继承”或“限定继承”，前者的继承人对被继承人的债务承担无限清偿责任；后者的继承人仅以遗产的积极财产部分为限承担对被继承人债务的清偿责任。

关于接受继承的方式，首先，关于概括继承的方式，概括继承可分为自愿的概括继承与强制的概括继承两种方式。其一，自愿概括继承的方式，有继承权的人用公证文书或私署文书使用继承人的名义或资格，为明示接受继承；有继承权的人实施只能以继承人的身份或资格实施的行为从而必然意味着有接受继承之意思时，为默示接受继承。上述两者均为自愿的概括接受继承。[③] 其二，强制的概括继承的法定情形。由于无条件地接受继承是对遗产债务承担无限责任，这往往会对继承人不利，基于人性的趋利避害特质，继承人通常不会选择无条件地接受继承，因此除继承人自愿选择承担无条件的概括继承外，还有强

---

① 《法国民法典》第785条。
② 《法国民法典》第787条。
③ 《法国民法典》第782条。

制继承人承担概括继承的规定。比如，继承人如果选择以净资产为限接受继承，但在规定的期限内没有存交遗产清单时，继承人被视为无条件接受继承；[①] 继承人在2个月期限终止或者同意延长的期限经过之后仍未作出决定时，被视为无条件接受继承；[②] 继承人隐匿属于遗产的财产或权利，或者隐瞒存在某一共同继承人，被视为其无条件接受继承；[③] 继承人明知而恶意将属于遗产的某些资产与负债项目不计入遗产清单，或者不将所保留或者转让的财产的价值或价金用于清偿遗产的债权人的债权，即丧失按净资产接受继承的权利。继承人被视为自继承开始即无条件接受继承。[④]

其次，关于选择接受限定继承的方式，如果继承人选择限定继承，其就必须采取符合有条件的限定继承的法定方式，以净资产为限接受继承的继承人取得限定承认之继承人资格的声明，应向在其辖区内开始继承的大审法院书记室提出；此项声明应登录于专门为受理抛弃继承之文书而备置的登记簿。该项声明应进行登记并在国内公示。在提交声明的同时或者其后，应提交遗产盘点清册，并对资产与负债的每一构成内容与数额逐项作出估计。[⑤]

关于放弃继承的方式，须为要式行为，即必须以明示的方式，放弃（抛弃）继承不得推定。放弃继承应当向继承开始地的大审法院书记室提出，才能对抗第三人。[⑥]

（2）德国立法例。在德国，继承的接受也分为两种类型，分别为无限责任继承（概括继承）和有限责任继承。

关于自愿概括继承的方式，首先，继承人可以自愿选择对遗产债务负无限责任，未在法定期限内依法制作并递交遗产清单的，可声明实行自愿的概括继承。其次，关于强制的概括继承的法定情形，继承人如有不正当行为，将会被法律强制概括继承。这些情形包括：未在法定期间内递交或编制遗产清单（继承人有权将遗产清单递交给遗产法院。遗产法院必须根据债权人之一的申请，向继承人确定编制遗产清单的期间。不在期间届满前编制遗产清单的，在期间届满后，继承人对遗产债务负无限责任）；有法定的不当行为（如在编制遗产清单时，故意使记载不实，出于损害遗产债权人利益的故意而列入不存在的遗产债务的；或者拒绝提供制作财产清单所必要的情况；或故意拖延提供情况；或继承人拒绝做宣誓保证的等）。[⑦]

关于限定责任继承的方式，继承人也可以通过制作遗产清单、申请遗产支付不能程序和遗产管理命令实行“继承人责任的限制”，即实行限定接受继承。遗产支付不能程序是指，继承人已经知道遗产支付不能或者负债过度的，必须不延迟地申请开始遗产支付不能程序。遗产管理命令是指，遗产法院必须根据继承人的申请命令遗产管理，在有理由认为继承人的行为或者财产状况将危及债权人从遗产中受清偿时，遗产法院必须根据遗产债权人之一人的申请，命令进行遗产管理。为向遗产债权人清偿而命令遗产的保佐（遗产管

---

① 《法国民法典》第790条。
② 《法国民法典》第772条。
③ 《法国民法典》第778条。
④ 《法国民法典》第800条。
⑤ 《法国民法典》第788-789条。
⑥ 《法国民法典》第804条。
⑦ 《德国民法典》第1993、1994、2001-2006、2009条。

理）或者开始遗产支付不能程序的，继承人对遗产债务的责任即限于遗产。[①] 由此可见，继承人限定接受继承之方式包括：制作遗产清单、通过申请法院进行遗产支付不能程序或发布遗产管理命令的，可以仅以取得的遗产为限承担遗产债务；在遗产清单期间内编制遗产清单并依法递交的，可以仅对遗产清单所列债务承担责任。

关于放弃继承的方式，继承人拒绝遗产的表示，必须作出明示的，且为要式的意思表示。遗产的拒绝，须以对遗产法院的表示为之；该表示必须以遗产法院的记录或以公证认证的形式作出。[②]

（3）日本立法例。在日本，接受继承被称为承认继承，分为单纯承认和限定承认两种类型。

单纯承认，是指继承人不附加任何限制地、全面地接受被继承人的财产法律地位，即无条件继承被继承人的权利义务。[③] 此即无限责任继承。该单纯承认继承又分为自愿的单纯承认继承和强制的单纯承认继承。继承开始后，继承人可以自愿选择单纯承认继承，即对被继承人的债务承担无限责任；但如果继承人有下列各项情形，则法律强制继承人单纯承认继承（法定概括继承）：第一，继承人已处分继承财产之全部或一部分时。但是，实行保存行为及不超过短期租赁期间的租赁者，不在此限。第二，继承人在法定期间内，未表示限定承认或放弃继承时。第三，继承人虽于法定期间内表示限定承认或放弃后，仍隐匿继承财产之全部或一部分，或将其私自消费或恶意不将其载入财产目录时。但是，因该继承人放弃而承认继承者表示承认后的，不在此限。[④] 由此可见，单纯承认的方式可以是自愿选择的明确表示单纯承认继承，也可以是继承人的某些行为构成法定的强制单纯承认继承。

关于选择限定承认继承的方式，限定承认继承是指继承人可以仅于因继承而得财产的限度内，清偿被继承人的债务与遗赠，而有保留地承认继承，此即有限责任继承。[⑤] 继承人如果选择限定承认继承，须于法定期间内制作财产目录并提交于家庭法院，申述欲行限定承认意旨。[⑥] 限定承认继承人应于表示限定承认后 5 日内，公告继承债权人和受遗赠人申报债权。继承人有数人时，限定承认只能由全体共同继承人共同实行。[⑦]

关于放弃继承的方式，须为要式行为。放弃（抛弃）继承不得推定。由欲放弃继承者向家庭法院申述其意旨。[⑧]

（4）意大利立法例。在意大利，继承的接受分为两种类型，分别为概括接受继承和限定接受继承。继承人可以选择对遗产债务负无限责任，实行自愿的单纯接受继承。接受继承的一般规定，可以是明示的或默示的方式。明示接受，是指有权取得遗产的人在公证书或者私证书中声明接受继承或者接受继承人资格。默示接受，是指有权取得遗产的人实

---

① 《德国民法典》第 2009、1975、1984-1986 条。

② 《德国民法典》第 1945 条。

③ 《日本民法典》第 920 条。

④ 《日本民法典》第 921 条。

⑤ 《日本民法典》第 922 条。

⑥ 《日本民法典》第 924 条。

⑦ 《日本民法典》第 922-923 条。

⑧ 《日本民法典》第 938 条。

施了某种可以明显地推断出有接受继承意思的行为，并且该行为是没有继承人资格的人无权实施的。此外，赠予、出售、转让继承以及有偿放弃继承或者为了有权取得遗产的人中的某个或若干个人的利益而放弃继承的行为，其放弃无效，而意味着接受继承。①

关于强制概括接受继承的法定情形：其一，占有遗产的有权取得遗产的人，若未按期完成遗产清单编制工作，或者未在规定期限内作出接受或者放弃遗产的声明的；其二，未占有遗产的有权取得遗产的人，在作出按遗产清单接受继承的声明后，未按期完成遗产清单编制工作的；其三，未编制遗产清单而作出接受继承声明的；扣留或者隐匿遗产的有权取得遗产的人，丧失放弃继承，即使其声明放弃继承。②

关于接受限定继承的方式，继承人如果选择限定接受继承，须以制作遗产清单的方式接受继承，须在公证人面前或者在继承开始地的初审法院书记员面前作出声明，并且将该声明放入由该初审法院保管的继承登记册中。③

关于放弃继承的方式，继承人如选择放弃继承，须在公证人面前或者在继承开始地的初审法院书记员面前作出声明，并且将该声明载入由该初审法院保管的继承登记册中。④

（5）俄罗斯立法例。关于接受继承的类型，根据《俄罗斯民法典》的规定，仅有有限责任继承一种类型。接受遗产的继承人对被继承人的债务责任以转移给他的遗产价值为限。依照继承程序接受遗产的继承人，在该财产价值范围内对被继承人的债务承担责任。⑤

关于接受限定责任继承的方式，包括明示的和默示两种方式。其中，明示的方式，即继承人向继承开始地公证员或依法有权颁发遗产权证明书的公证人员递交关于接受遗产的申请或递交请求颁发继承权证明书的申请。如果继承人的申请由他人交给或邮寄给公证员，则继承人在该申请书上的签字应由公证员、有权实施公证行为的公职人员或证明委托书真实有效的人员予以证明。如果委托书专门规定接受遗产的权限，则代理人可以代为接受遗产，法定代理人则无须委托书。此外，若期限届满，继承人不向法院提出请求，其条件是已接受遗产的其余继承人书面表示同意，也可接受继承。为了保护遗产，公证员应在两名符合法定要求的见证人在场的情况下进行遗产的清点登记。进行遗产的清点登记时，遗嘱执行人、继承人可以在场，在相应情况下的监护和保护机关代表也可以在场。⑥

默示的方式，如果继承人实施了证明他事实上接受遗产的行为，包括：继承人参加占有和管理遗产；继承人采取措施维护遗产，保护遗产不受第三人的侵害或请求；用自己的经费维护遗产；用自己的经费偿付被继承人的债务或从第三人那里取得被继承人应得的款项；只要不能证明不同的事实，则认为继承接受遗产。

而放弃继承的方式则与接受继承的方式类似，一是继承人可以向公证员或依法有权颁发遗产权证明书的公证人员递交放弃遗产申请书；二是可由他人交给或邮寄给公证员；三

---

① 《意大利民法典》第474-478条。

② 《意大利民法典》第485、487、488、527条。

③ 《意大利民法典》第484-485条。

④ 《意大利民法典》第519条。

⑤ 《俄罗斯联邦民法典》第1175条

⑥ 《俄罗斯联邦民法典》第1153、1155、1172条。

是由有代理权的代理人、法定代理人代为放弃。[①]

2. 英美法系国家立法例

（1）英国立法例。英国接受继承的方式，就是继承人自愿选择从遗产代理人那里受领遗产。遗产代理人一般在清偿遗产债务后，公告通知继承人参与分配（appropriate）遗产的意愿，要求利害关系人在一定期限内（自公告之日起不少于 2 个月）申报债权。期限届满后，遗产代理人对未申报的债权不承担责任。遗产代理人有权以其认为公正和合理的方式分配被继承人的剩余遗产，遗嘱有特别指示的除外。[②] 也就是说，继承人对于此剩余遗产，有权选择接受继承或放弃继承。

英国的遗产仅指积极财产权益。放弃继承就是继承人自愿选择不行使财产交付请求权，是放弃自己的利益，对遗产债权人不会造成任何不利影响。所以英国法律对放弃继承的方式等没有严格的规定，任何继承人或受益人都可以自愿放弃继承利益。除积极的意思表示外，继承人自愿不受领遗产管理人分配的遗产即构成放弃继承。但继承人放弃继承有可能涉及其他继承人或受益人的利益，所以为了避免日后纷争，遗产代理人一般要求放弃者签署一份弃权的声明。[③]

（2）美国立法例。在美国，关于遗产继承的接受方式，继承人自愿选择受领遗产代理人分配的遗产即为接受继承，其要求受领的方式可以是正式的申请或非正式的请求，遗产代理人可以邮寄或送达的方式，向全体有权对遗产分配提出异议的人，送交一份拟进行的遗产分配方案。对于遗产种类或价值有异议的遗产受益人，如果先前没有以书面方式放弃继承的，则有权在拟进行的遗产分配方案邮寄或送达之日起 30 天内，以书面形式向遗产代理人提出异议。该权利不行使则在期限届满后消灭。[④]

关于遗产继承的放弃方式，根据美国《统一遗嘱检验法典》规定，继承人可以在被继承人死亡后作出弃权声明而放弃继承。有权接受遗产的人或其遗产代理人可以通过提交书面弃权声明的形式放弃继承。提交弃权声明的方式有两种：第一，如果放弃继承者可接受财产或权益是依据遗嘱或无遗嘱继承法，那么其必须提交弃权声明。弃权声明必须在已经开始的遗产管理程序中向法院提交。放弃继承人须向被继承人或指定受赠人的遗产代理人或其他受托人亲自送达或挂号信（附回执）送达弃权声明副本。第二，如果放弃继承者可接受财产或权益是依据非遗嘱文件或契约，那么其必须提交弃权声明。放弃继承人须向有法定权利的人或占有该财产权益的人亲自送达或挂号信（附回执）送达弃权声明或弃权声明副本。放弃继承者应描述被放弃继承的财产或权益，声明放弃及放弃的程度，并在弃权声明上签名。[⑤]

（二）继承的接受类型、继承的接受与放弃方式的国外立法比较评析

1. 两大法系国家立法的共同点

关于继承的接受的类型，两大法系国家立法存在的共同点有：第一，前述大陆法系国家，除俄罗斯外，接受继承都分为自愿接受继承与强制接受继承两种类型，自愿接受继承

---

① 《俄罗斯联邦民法典》第 1159 条。

② Administration of Estates Act, s. 41.

③ Administration of Estates Act, s. 33.

④ Uniform Probate Code, ss. 3-306, 3-319.

⑤ Uniform Probate Code, ss. 2-1105, 2-1106, 2-1107.

包括自愿接受限定继承与自愿接受概括继承，而强制接受继承只能为强制接受概括继承。第二，在大陆法系国家的限定继承制度中，继承人接受限定继承的方式、要求接受继承的意思表示必须以明示的方式进行，如法国法所规定的继承人必须向书记室提出限定继承的声明、德国法规定的继承人制作遗产清单或向法院提出申请遗产管理命令及遗产支付不能程序、意大利法规定的继承人提出的享有遗产清单利益的声明等。而如果继承人未按上述方式作出相应的行为并且未在法定期限内作出放弃声明的，或实施了法律规定的某些违法行为时，则可能发生强制的概括继承（对遗产债务无条件地承担无限清偿责任）的效力。也就是说，在上述大陆法系国家，如果继承人要享受限定继承的利益，则其应当先向法院或主管机关提出声明，再在法定期限内依法制作遗产清单或向法院申请命令遗产管理或开始遗产支付不能程序或要求主管官厅进行清算等，其接受限定继承的声明才能有效。反之，未能履行上述程序或实施了法律规定的某些违法行为时，则可能发生强制实行概括继承，即无限责任继承的后果。在英美法系国家，如前所述，由于遗产代理人向继承人交付的是被继承人的剩余财产，也即财产净值，所以接受继承，就是继承人受领遗产代理人清偿遗产债务后分配的剩余遗产。在这种间接继承制度下，继承人当然不会负担无限责任继承的后果，其也就无须作出接受限定继承的意思表示。第三，在上述大陆法系国家，放弃继承均明确规定为要式行为，需向法院为放弃继承之声明且登记于专门的登记簿上。

2. 两大法系国家立法的不同点

关于继承接受与放弃的方式，两大法系国家立法的不同点有：不同国家对限定接受继承的条件和程序要求，有严格和宽松之分。俄罗斯实行单一的限定接受继承，但须由公证人员和两名见证人在场进行遗产清点登记；在法国、日本和意大利，继承人可通过提交财产清册，选择限定接受继承，若继承人未在法定期间内选择放弃继承或限定接受继承，则推定为自愿的概括继承。若继承人有某些不正当行为，则依法被强制概括继承。当然，继承人也可通过明示或默示行为自愿概括继承。而在德国，继承人除可通过提交财产清册选择限定接受继承外，还可通过向法院申请遗产管理命令或遗产支付不能程序而限定接受继承。若继承人未在法定期间内有意思表示，则推定为自愿的概括继承，如继承人存在某些不正当行为，则依法被强制概括继承。

综上所述，关于继承的接受类型、继承的接受与放弃的方式，值得我国借鉴的主要有：第一，关于接受继承制度的类型，由于我国立法的类型与俄罗斯法规定基本相同，实行单一的有限责任继承，只要继承人未在法定期间内选择放弃继承就无条件地接受有限继承。这种体例对继承人的保护是十分有力的。无论任何情况下，继承人都不以自己的固有财产对遗产债务承担责任。然而，这种立法类型对于遗产债权人的保护就相当无力了，遗产债权人难以知晓遗产的真实状况，难以有效地针对遗产主张债权。这样导致了继承人与遗产债权人利益的保护失衡。为实现接受与放弃继承制度的平等保护之立法宗旨，必须寻求继承人与遗产债权人利益的最佳平衡点，我们需要加强对遗产债权人利益的保护。从前述域外立法来看，大陆法系的法国、德国、日本等国的接受继承制度的类型分为两种，有限责任继承与无限责任继承（包括自愿的与强制的），这样能够兼顾保护继承人和遗产债权人的利益。第二，关于限定继承的接受方式，须为有条件的，即须以符合法定的条件和期限的方式，才能享有以遗产清单为限接受限定继承利益。继承人若要选择有限责任继承，就必须在法定期限内依法定程序提交财产清册，其接受的利益和承担的责任均以财产清册为准。该制度在一方面保证了继承人的固有财产与遗产分离，不会被强制用于清偿遗产债务；另一方面使遗产债权人能够知晓遗产真实状况，确保其债权能以遗产受偿。第三，关于放弃继承的方式，须为要式且须法院进行书面登记行为，此点也值得考虑从我国实际出发，进行改良后借鉴。

四、继承的接受与放弃效力的国外立法现状与评析

（一）继承的接受与放弃效力的国外立法现状

1. 大陆法系国家立法例

（1）法国立法例。《法国民法典》中自愿的概括继承与强制的概括继承，两者的效力完全相同，均是指继承人以其个人财产与遗产相混同，对遗产上的债务负无限清偿责任，而不以所受领的财产价值为限。①

关于以净资产为有限责任的接受继承之效力，主要如下：第一，避免其个人财产与属于遗产的财产相混同；第二，对遗产保留其此前对死者的财产所享有的全部权利；第三，仅有义务按照其受领的财产的价值限度清偿遗产的负债。②

放弃继承的效力有四点：第一，放弃继承的效力溯及继承开始之时。放弃继承的继承人，视其自始从未是继承人。第二，放弃继承的人的应继份，转为其代位继承人继承，无代位继承人时，增添给该人的共同继承人继承；如无共同继承人，此部分遗产转归后继亲等。③ 第三，放弃继承人的债权人受到损害时，得请求法院批准以他们的债务人的名义、取代债务人的地位承认继承。在此情况下，对继承已经作出的放弃，仅得为债权人之利益并且在其债权限度内取消其已经声明的放弃继承。④ 第四，放弃继承者对遗产的债务与负担不负清偿义务。⑤

（2）德国立法例。《德国民法典》中自愿的概括继承与强制的无限责任继承，两者的效力完全相同，即继承人对遗产债务承担无限责任。

关于有限责任的接受继承效力，继承人可以通过向法院申请遗产支付不能程序和遗产管理命令构成“继承人责任的限制”。包括：一是因混合而消灭之法律关系的效力，即遗产管理的命令被下达，或遗产支付不能程序已开始的，因继承的开始而以权利与债务相混同或权利与负担设立相混同的方式消灭的法律关系，视为不消灭。二是抵消的效力，在遗产管理被命令之前或遗产支付不能程序开始之前，遗产债权人不经继承人同意而以自己的债权抵消不属于遗产的继承人债权的，在遗产管理的命令被下达后或遗产支付不能程序开始后，该抵消视为未发生；不是遗产债权人的债权人已以自己对继承人享有的债权抵消属于遗产的债权的，亦同。⑥

关于放弃继承的效力，主要有：第一，放弃继承的效力溯及继承开始之时。遗产被拒绝的，视为未发生对拒绝人的遗产归属。第二，遗产归属于如拒绝继承者在继承开始时死

① 《法国民法典》第 785 条。
② 《法国民法典》第 791-804 条。
③ 《法国民法典》第 805 条。
④ 《法国民法典》第 779 条。
⑤ 《法国民法典》第 806 条。
⑥ 《德国民法典》第 1975-1977 条。

亡而有资格为继承人者；该项归属视为在继承开始时发生。第三，遗产法院应该将拒绝一事通知因拒绝而对其发生归属的人。遗产法院必须许可任何证明有法律上利益的人查阅该意思表示。①

（3）日本立法例。关于自愿单纯承认的效力，是指继承人表示单纯承认后，即无限地承受被继承人的权利义务。继承人须对遗产债务承担无限责任。② 强制的继承人单纯承认继承与自愿单纯承认继承的效力相同，即其被强制对遗产债务承担无限清偿责任。

关于限定承认的效力，继承人可以仅于因继承所得财产的限度内，清偿被继承人的债务与遗赠。继承财产与继承人的财产分离，限定承认的继承人对被继承人的权利义务视为不消灭。在公告申报债权期间届满后，限定承认人只须以继承财产对期间内申报的债权人及其他已知债权人清偿。未于公告申报债权期间内申报的且为限定继承人所不知的债权人及受遗赠人，只能就剩余财产行使其权利。但就继承财产有特别担保者，不在此限。③

放弃继承的效力，放弃继承者，在该继承中，视为自始不为继承人。④

（4）意大利立法例。关于自愿单纯承认的效力，是指继承人表示单纯承认后，即完全地承受被继承人的权利义务，继承人须对遗产债务承担无限责任。强制的继承人单纯承认继承与自愿单纯承认继承的效力相同，即强制继承人对遗产债务承担无限清偿责任。

关于限定责任继承的效力，即按遗产清单接受继承的效力，第一，将被继承人的财产与继承人的财产分离。第二，继承人对超过遗产价值的遗产债务和遗赠不承担清偿责任。第三，被继承人的债权人和受遗赠人优先于继承人的债权人受偿。⑤

关于放弃继承的效力，溯及继承开始之时，放弃继承的人视为自始不曾参加继承。对于放弃继承后应继份的归属效力，该法分别规定了“被放弃的遗产份额在法定继承中的归属”和“被放弃的遗产份额在遗嘱继承中的归属”。其基本规则是：在遗嘱继承中，遗嘱人未指定替补人的，被放弃的遗产份额增添到第674条规定的其他共同遗嘱继承人的份额上，或分配给第674、676条规定的法定继承人⑥；在法定继承中，被放弃的遗产份额增添到第677条规定的其他共同遗嘱继承人的份额上或者分配给第677条规定的法定继承人。⑦ 放弃继承之应继份可被代位继承，此外，该法还规定了“由债权人对放弃继承提起的诉讼”，承认债权人以满足债权数额为限的代位继承权。⑧

（5）俄罗斯立法例。关于接受继承的效力，已经接受继承的遗产被认为溯及自继承

① 《德国民法典》第1953条。

② 《日本民法典》第920条。

③ 《日本民法典》第922、925、935条。

④ 《日本民法典》第939条。

⑤ 《意大利民法典》第490条。

⑥ 《意大利民法典》第674条规定：数人同时被指定为概括继承人的，无论是否确定了各继承人的继承份额，或者是否规定了各继承人以均等的份额接受继承，在一个共同继承人不能或者不愿意接受继承时，该继承人应继承的遗产添加到其他继承人的遗产份额中。数人被指定继承同一遗产份额的，增添权属于被指定继承同一份额的其他继承人。第676条规定：依据增添权的取得，是依法取得。享有增添权的共同继承人或者共同受遗赠人，应当替代放弃继承的继承人或者放弃遗赠的受遗赠人承担他们应当承担的义务，人身性的义务不在此限。

⑦ 《意大利民法典》第677条规定：不产生增添权的，被放弃的遗产份额属于法定继承人，被放弃的遗赠属于遗赠义务人。法定继承人和遗嘱义务人应当替代放弃继承的继承人或者放弃遗赠的受遗赠人承担其应当承担的义务，人身性的义务不在此限。

⑧ 《意大利民法典》第519、521-523条。

开始之日起属于继承人，而不论实际接受的时间。接受遗产的继承人，应对被继承人的债务承担连带责任，但是每个继承人对被继承人的债务责任以转移给他的遗产的价值为限。

关于放弃继承的效力，继承人所放弃应得的那部分遗产按其他继承人在遗产中所占份额的比例移转给其他接受继承的法定继承人或遗嘱继承人。但如果放弃继承或因其他原因退出继承的继承人已经指定了继承人的，则不适用上条规定。①

2. 英美法系国家立法例

（1）英国立法例。关于接受继承的效力，遗产一般是由遗产代理人在清偿遗产债务后再对继承人分配剩余遗产，因此，在英国只有限定接受继承（有限责任继承）。接受继承的效力就是继承人承受积极的财产利益。无论遗产代理人还是遗产受益人，都不会为超出被继承人财产价值的遗产债务承担责任。遗产代理人因自己的失职行为没有取得应取得的被继承人财产，他可能为该部分价值的遗产债务承担责任。②

放弃继承的效力，就是继承人既不享有继承人的权利，也不承担继承人的义务，该效力溯及继承开始之时。继承人的财产和被继承人的财产保持独立。至于放弃继承后应继份的归属效力，遗嘱继承人放弃继承后其应继份按法定继承处理，法定继承人放弃继承后其应继份按血亲股和配偶股相区别的规则归属于其他继承人。③

（2）美国立法例。在美国，接受继承的效力，遗产受益人接受继承的，财产所有权自被继承人死亡时转移。被继承人死亡后，不动产的权利可直接转移给继承人，而动产的权利应先转移给遗产管理人后，再分配给继承人。由遗产代理人出具的转让种类物的书面文件，是遗产受益人享有财产权的证据。④ 而无遗嘱继承下的继承人或者遗嘱指定的剩余遗产受遗赠人，除了未成年人、无民事行为能力人、受保护的人、未经确定的人，都可以通过承担以下个人责任而一般继承死者的遗产：税收；死者的债务；针对死者或者遗产的请求；其他继承人、受遗赠人和第 3-313 条至第 3-322 条规定的被授权享有死者财产的人的财产分配。⑤

一个人可以全部或部分放弃对财产的任何利益或权利。即使被继承人对转让施加了挥霍性规定或类似的限制，或者对放弃权进行了限制，也可以放弃利益和权利。除受托人的免责权受到本州另一法令或建立受托关系的文书明确限制外，受托人可以全部或部分放弃对财产的任何利益或权利，包括委托权。⑥

（二）继承的接受与放弃效力的国外立法比较评析

1. 两大法系国家立法的共同点

在上述大陆法系国家，除俄罗斯外，其余各国对于接受继承的效力区分为：一方面，有条件的限定继承与无条件的单纯承认（概括继承无限责任继承），而产生不同的效力。另一方面，概括继承的效力，无论自愿的或被强制的概括继承，两者的效力相同，即继承人须对遗产债务承担无限清偿责任。前述在英美法系国家，接受继承的效力就是继承人承

---

① 《俄罗斯联邦民法典》第 1152、1161 条。

② Hayton. D., *European Succession Law*, European Practice Library, London: Chancery Law Publishing, 1991, p. 83.

③ Administration of Estates Act, s. 60.

④ Uniform Probate Code, ss. 3-101, 3-904.

⑤ Uniform Probate Code, s. 3-312.

⑥ Uniform Prodate Code, ss. 2-1105, 2-1105, 2-1109, 3-312.

受积极的财产利益。从上述国家的规定来看，放弃继承可引起两个方面的效力：第一，放弃的效力溯及继承开始之时；第二，放弃继承的人的应继份，转归由其他共同继承人继承。上述国家在这两个方面的效力上规定是一致的。

2. 两大法系国家立法的不同点

放弃继承的应继份是否可以代位继承，法国和美国都规定不得代位继承。而德国、意大利和俄罗斯则规定可以代位继承。此外，如果放弃继承可能损害放弃继承人的债权人的利益时，法国和意大利还规定该债权人可以就其债权额度为限，请求法院批准其以债务人的名义取代债务人的地位承认继承，此即有限额的代位继承。

我们认为，目前在实行当然继承的国家，将接受继承的效力分为有限责任继承与无限责任继承进行两种不同的区分是合理的，如果继承人依法定程序和条件实行限定继承，则将不以其固有财产承担被继承人遗留的债务，有利于保护继承人的利益；如果继承人不依法定程序和条件实行限定继承，则应被强制承担无限责任继承的不利后果。这可以防止那些规避遗产债务清偿的行为，有利于保护遗产债权人的利益。当然，如果继承人自愿选择实行无限责任继承，这既尊重了继承人的意愿，也有利于保护遗产债权人的利益。

我们认为，就放弃继承后应继份的归属效力而言，一般规则是遗嘱继承人放弃继承后其应继份按法定继承处理，法定继承人放弃继承后其应继份归属于同顺序的其他共同继承人。前述域外立法和我国继承立法都坚持这一规则。而放弃继承的应继份是否可以代位继承，涉及对代位继承的性质认定问题。我国学界对此主要有“代表权说”和“固有权说”两种：“固有权说”认为，代位继承人参加继承是自己本身固有的权利，代位继承人是基于自己的权利继承被继承人的遗产，代位继承人的继承权不以被代位继承人是否有继承权受到影响。依此种学说，即使在被代位人放弃继承权的情况下，代位继承人也得依自己的权利继承被继承人遗产。“代表权说”又称“代位权说”，认为代位继承人继承被继承人的遗产，不是基于自己本身固有的权利，而是代表被代位继承人参加继承，也就是说代位继承人是以被代位继承人的地位而取得被代位继承人的应继份额的。依此种学说，在被代位人放弃继承权的情况下，代位继承人不能继承被继承人遗产。① 由于我国《继承法》对代位继承采取的是“代表权说”，如果继承人放弃继承的，其晚辈直系血亲不能代位继承，这不利于保护晚辈直系血亲的代位继承权。而前述德国、意大利和俄罗斯三国立法均采“固有权说”，允许继承人放弃继承时，其晚辈直系血亲可以代位继承。此立法值得我国借鉴。至于债权人对继承人放弃继承的可否行使撤销权？我们赞同“放弃继承行为在任何情况下都不能成为债权人撤销权的标的之观点”。对于放弃继承行为能否成为继承人之债权人撤销权的标的，法学理论界对此有“肯定说”与“否定说”之分歧，司法实践中也有相当多的判决给“肯定说”以支持。我们认为，放弃继承行为是以人格独立为基础，旨在实现继承人的意志自由；而撤销权是以债权为基础，旨在保障债权人的债权之实现，维护交易安全。“肯定说”既不符合继承行为制度之立法目的和功能，也不符合债权人撤销权制度之标的的要求，其实施的结果，会干涉继承人自愿选择接受或放弃继承的意志自由，导致变相地强迫继承，有悖现代继承法之尊重继承人意志自由的理念。并且，放弃继承行为只是阻止继承人之将来责任财产的增加，即放弃增加责任财产的机会，而不是

① 郭明瑞、方绍坤、关涛：《继承法研究》，中国人民大学出版社 2003 年版，第 78-79 页。

放弃现有自身之责任财产，故放弃继承的行为无论在何种情况下，都不能成为继承人的债权人撤销权之标的。[①] 所以，基于尊重继承人的意思自治、公平保护继承人与遗产债权人两者利益的目的，前述法国和意大利有关债权人以债权额为限，请求以债务人的名义代位继承的立法不宜被我国借鉴。

五、继承的接受与放弃变动的国外立法现状与评析

（一）继承的接受与放弃变动的国外立法现状

1. 大陆法系国家立法例

（1）法国立法例。关于自愿选择无限责任继承的撤销，无条件接受继承的继承人不得再放弃继承，也不得再以净资产为限接受继承。但是，如果该继承人在接受继承之时有正当原因不知道某项债务的，且清偿该债务将导致其本人的概括财产严重负债的，可请求免负债务的全部或部分。时效期间为自知道债务存在及其高数额起 5 个月内。[②] 关于限定责任继承意思表示的撤销，只要接受继承的权利尚未经过时效期间，继承人均可以将净资产为限接受继承改为无限责任继承，但是净资产为限接受继承后不得再放弃继承。[③]

关于放弃继承的撤销，放弃继承的继承人，只要其接受继承的权利并未因时效而消灭，仍可通过无条件接受继承而撤销原放弃继承之表示。[④]

关于接受与放弃继承的无效，分为三种情况：一是附条件或者附期限的选择无效；二是在继承尚未开始之前，即使通过夫妻财产契约或其他方式也不得行使选择权；三是误解、欺诈或者胁迫，构成继承人所做选择的无效原因，该无效之诉时效期间为 5 年，自发现误解或欺诈之日或者自胁迫停止之日计算。[⑤]

（2）德国立法例。《德国民法典》中未规定接受和放弃继承的撤回。该法较为详细地规定了接受和放弃继承的撤销期间、形式、效力等问题。一是撤销期间，可撤销的承认或者抛弃仅能在 6 个星期内进行；在此期间内，因胁迫而可撤销的情形下，自强迫情况停止时起，在其他情形自撤销权人知悉撤销原因时起开始；被继承人仅在国外有最后住所的或继承人在期间开始时在国外居住的，期间为 6 个月；在承认或者抛弃后已经过 30 年的，排除撤销权。二是撤销方式，以向遗产法院作出意思表示的方式进行。三是撤销的效力，承认的撤销视为放弃，放弃的撤销视为承认；遗产法院应当将放弃的撤销通知到因放弃而向其归属遗产的人。[⑥]

关于接受或放弃继承的无效，包括两种情形：一是不得附条件或期限为之。二是部分接受或部分拒绝继承的不产生法律效力。[⑦]

（3）日本立法例[⑧]。关于接受或放弃继承的撤回，即使在法定期限内（继承人知道自己的继承开始时 3 个月内）也不得撤回其意思表示。

---

① 陈苇、王巍：《论放弃继承行为不能成为债权人撤销权的标的》，载《甘肃社会科学》2015 年第 5 期。

② 《法国民法典》第 786 条。

③ 《法国民法典》第 801 条。

④ 《法国民法典》第 807 条。

⑤ 《法国民法典》第 786、770、777 条。

⑥ 《德国民法典》第 1954-1957 条。

⑦ 《德国民法典》第 1947、1950 条。

⑧ 《日本民法典》第 919 条。

关于接受或放弃继承的撤销，因欺诈、胁迫等而撤销继承意思表示的不受上述规定的限制，该撤销权从可以追认时起6个月内不行使的，因时效而消灭；从作出表示或放弃时起经过10年的亦同。准备撤销限定接受或放弃继承的，应向家庭法院陈述其内容。

（4）意大利立法例。关于放弃继承的撤销，包括两种：一是接受继承的时效期限届满以前，在不损害第三人对遗产享有权利的情形下，如果其他有权取得遗产的人尚未取得被放弃的遗产，则作出放弃继承声明的有权取得遗产的人可以随时接受继承。二是因胁迫或欺诈为由作出放弃继承决定的人，可以提出撤销之诉。提出撤销之诉的权利，自停止胁迫或者发现被欺诈之日起经过5年不行使而消灭。①

关于继承接受的无效，包括三种：一是附条件或附期限地接受继承的声明无效；二是部分接受继承的声明无效；三是因受胁迫或欺诈而作出接受继承表示的人，可以提出无效之诉。自胁迫终止之日或发现欺诈之日起，经过5年因时效而消灭。而继承的接受因错误而作出时，不能提起无效之诉。②

关于放弃继承的无效，包括：一是任何一个当事人为可能享有放弃者的遗产份额的全体继承人的利益所作出的无偿放弃遗产的声明，未按照放弃继承的方式（在公证人面前或继承开始的初审法院书记员面前声明，并将这一声明记载于初审法院保管的继承登记册中）进行的，无效；二是附条件或附期限地放弃继承的声明无效；三是部分放弃继承的声明无效。③

（5）俄罗斯立法例。关于放弃或接受继承的无效，接受或放弃继承不允许有先决条件或附带条件。④

关于放弃继承的撤销，继承人有权在规定期限内放弃遗产，包括他已经接受的遗产，但在放弃继承后不得变更或收回放弃。此外，俄罗斯法规定了关于不允许放弃继承的情形，下述继承人不得为其他任何人的利益放弃继承，即他们放弃继承的利益不能转让给其他任何人。包括：在遗嘱继承情况下，被继承人的全部财产均遗嘱处分给他所指定的继承人；遗产中的必继份；对继承人已指定其继承人。⑤

2. 英美法系国家立法例

（1）英国立法例。关于接受或放弃继承的撤回，通常情况下，接受或放弃继承的意思表示一经作出即不得撤回。

关于接受或放弃继承的撤销，该意思表示未满足民事法律行为的有效要件，且在法定期间内，则可由法院判定是否允许撤销。

---

① 《意大利民法典》第525、526条。

② 《意大利民法典》第482、483条。

③ 《意大利民法典》第519、520条。

④ 《俄罗斯联邦民法典》第1152条第1款。

⑤ 《俄罗斯联邦民法典》第1158条规定：（1）为了其他未被剥夺继承权的遗嘱继承人或任何顺序法定继承人的利益，包括代位继承或依转继承程序参加继承的人员的利益，继承人有权放弃遗产。不允许为了下述任何人的利益而放弃：遗嘱继承的财产，如果被继承人的全部财产均遗嘱处分给他指定的继承人；遗产中的必继份额；对继承人已指定其继承人。（2）不允许为了本条第1款所指人员以外的人的利益而放弃遗产。放弃遗产也不允许有附带条件或先决条件。（3）不允许放弃继承人应得的部分遗产。但是，如果继承人同时因几种根据而参加继承（遗嘱继承、法定继承、转继承和直接因开始继承而继承，或者在其他法定情况下），继承人有权放弃他因其中一个根据、几个根据或所有根据而应得的遗产。

关于接受或放弃继承的无效，根据英国相关判例和法理，继承人不得以拒绝履行法定义务为条件放弃继承，亦不得以处分自己的应继份为条件相对地放弃继承。

需要注意的是，英国法律允许通过订立契约在继承开始前接受或放弃继承，包括生前订立的婚姻财产契约是有效的，其可以对配偶一方死后的财产作出接受或放弃的安排。并且可以部分接受与放弃继承。①

（2）美国立法例。关于接受或放弃继承的撤回，通常情况下，接受与放弃继承的意思表示一经作出即不得撤回。

关于接受或放弃继承的撤销，若因欺诈而为的意思表示可在发现欺诈之日起 2 年内，提起诉讼要求撤销。配偶还可依据法定原因（包括非自愿、未公平披露被继承人财产情况等）诉请法院裁定撤销放弃继承的意思表示。

关于接受或放弃继承的无效，根据美国相关判例和法理，附条件或附期限地接受或放弃继承的意思表示无效。

仍需注意的是，与英国一样，在美国也无须在继承开始后接受和放弃继承。因为婚姻协议在美国是一种普遍现象，只要符合法定要件，多数州均承认包括对财产继承作出安排的协议。同时，也可以部分接受或放弃继承。继承人可只接受部分遗产并放弃另一部分遗产。当放弃继承意思表示不清时，视为全部放弃。②

（二）继承的接受与放弃变动的国外立法比较评析

1. 两大法系国家立法的共同点

对于接受或放弃继承的撤回，前述大陆法系及英美法系均认为接受或放弃继承的意思表示不能被撤回。这主要是认为，接受与放弃继承的意思表示是单方法律行为，一经作出不得撤回。③

对于接受或放弃继承的撤销，上述国家均认为当存在正当理由时（如胁迫或欺诈），是可以作为撤销的理由的。这也与民法基本原理中关于意思表示的理论是一致的，即因欺诈或胁迫作出的意思表示是可撤销的。同时，在撤销的方式上，以上国家均采用的是继承人向法院诉请撤销的方式进行。

关于接受或放弃继承的无效，前述大陆法系和英美法系国家的规定一致，即在以下情况下该意思表示无效，即附条件或附期限的意思表示。

2. 两大法系国家立法的不同点

关于生前订立的婚姻协议是否有效，英美和法国的规定是不同的。英国、美国法律允许通过订立契约在继承开始前接受或放弃继承，包括生前订立的婚姻财产契约是有效的，其可以对配偶一方死后的财产作出接受或放弃的安排。而法国则明确规定在继承开始前的接受或放弃继承意思表示均为无效的。

关于部分接受或放弃继承，前述大陆法系国家与英美两国的规定也是不同的。在前述大陆法系国家中部分接受或放弃继承的意思表示无效；而英美法系则认为这一部分接受或放弃继承的意思表示是被允许的且有效的。这是因为英美的遗产为积极财产或权益，所以

---

① 陈苇主编：《外国继承法比较与中国民法典继承编制定研究》，北京大学出版社 2011 年版，第 113-114 页。

② Uniform Prodate Code, s. 2-1105（a），（b），（d），（e）.

③ 参见陈苇主编：《外国继承法比较与中国民法典继承编指定研究》，北京大学出版社 2011 年版，第 95 页。

不存在只接受积极财产而放弃消极财产的部分接受与放弃继承。

关于接受和放弃继承意思表示因欺诈、胁迫可以被撤销，前述各国均有规定，但是行使该撤销权的时效期间不同。比如，法国规定为5年；德国可撤销的期限是6个星期，仅在特殊情况下是6个月；而日本最为特殊，除因欺诈胁迫的原因可在6个月内请求撤销；意大利的可撤销之诉是5年；美国为2年等。同时，法国关于该意思表示无效的原因还包括误解，这在其他国家则无规定。

关于放弃继承的撤销，俄罗斯还规定了不允许放弃继承的情形，我们认为此处不允许的主要理由在于，遗嘱继承人、必继份权利人、继承人的指定继承人，均具有特定身份，如其放弃基于其指定继承人或必继份权利人的身份取得财产的权利，就不能转移给其他非指定继承人或必继份权利人。前述三种特定身份继承人放弃继承不能附为他人利益放弃继承的条件。

此外，法国对于接受或放弃继承是根据规定的层次进行了详细的规定。关于撤销的前提要件和效力，无条件继承，诉请高额负债之无条件无限责任继承（诉请免责债务请求权即为变相的撤销），期间为5个月。而以净资产为限继承的撤销后变更为无限责任继承的期间为接受继承的权利之时效期间；放弃继承的撤销期间与前者相同。

综上所述，我们认为，前述两大法系国家均未规定接受和放弃继承意思表示的撤回是具有正当性和合理性的，这不仅符合民事法律行为的一般理论，而且具有一定的现实意义，即及时确定继承关系，避免因撤回而损害第三人的利益。而接受或放弃继承的撤销，在法定条件和法定期限内是应当被允许的，这是为了保护继承人本身的利益。尤其是当其所作出的接受或放弃继承的意思表示是因为胁迫或欺诈而作出的，应当可以在法定期间内请求法院对其撤销。

第三节　继承的接受与放弃制度的我国立法现状与我国民众的观念和处理习惯及司法实践的考察与评析

本节主要考察继承的接受与放弃制度的我国立法现状，对继承的接受与放弃的我国民众观念和处理习惯的实证调查统计数据进行分析，并对继承的接受与放弃制度的我国司法实践进行考察与评析。必须说明，2018年9月3日我国立法机关已公布“民法典分编（草案）”，征求社会各界意见。由于该“草案”不是正式立法，所以本节仍主要以我国《继承法》及其司法解释的相关规定为对象，考察我国继承的接受与放弃制度的立法现状。

一、继承的接受与放弃制度的我国立法现状

继承的接受与放弃制度作为遗产处理制度的重要组成部分，除我国《继承法》第25条规定外，该制度在我国的《继承法》其他条文和我国《执行继承法的意见》及其他法律的相关条文中也有所体现。

（一）继承的接受与放弃主体的我国立法现状

对于接受与放弃继承的主体，主要被规定在我国《继承法》第 25 条、《执行继承法的意见》第 8、52 条之中。继承开始后，继承人放弃继承的，应当在遗产处理前，作出放弃继承的表示。没有表示的，视为接受继承。[①] 接受与放弃继承的主体为继承人，这里的继承人包括遗嘱继承人和法定继承人。同时，我国《执行继承法的意见》第 8 条规定，法定代理人代理被代理人行使继承权、受遗赠权，不得损害被代理人的利益。法定代理人一般不能代理被代理人放弃继承权、受遗赠权。明显损害被代理人利益的，应认定其代理行为无效。该意见第 52 条规定，继承开始后，继承人没有表示放弃继承，并于遗产分割前死亡的，其继承遗产的权利转移给他的合法继承人。综上所述，我国的接受与放弃继承的主体有继承人、继承人的法定代理人和转继承人。

（二）继承的接受与放弃期限的我国立法现状

对于继承接受与放弃的期限，主要被规定在我国《继承法》第 25 条和《执行继承法的意见》第 49 条之中。该期限应当是“继承开始后，遗产处理前”。[②] 继承人放弃继承的意思表示，应当在继承开始后、遗产分割前作出。[③] 遗产分割后表示放弃的不再是继承权，而是所有权。可见，我国放弃继承的期限应当是“继承开始后、遗产分割前”。

（三）继承的接受类型、继承的接受与放弃方式的我国立法现状

对于继承的接受的类型，我国《继承法》第 33 条规定，“继承遗产应当清偿被继承人依法应当缴纳的税款和债务，缴纳税款和清偿债务以他的遗产实际价值为限。超过遗产实际价值部分，继承人自愿偿还的不在此限”。可见，我国已经建立了基于继承人的自由选择而为的概括继承与限定继承两种继承的接受类型，前者即为无限责任继承，在立法中如日本、意大利通常称之为“单纯承认”或“任意的单纯承认”；后者即为有限责任继承，继承人只有在遗产范围内承担清偿被继承人债务的责任。在国外，如选择实行限定继承，必须进行选任、委任或指定遗产管理人、公示催告、制定遗产清单等程序，耗费大量的人力、物力成本，并因之而产生一定的遗产管理费用。当被继承人财产状况良好，不存在“资不抵债”之情形时，继承人完全可以直接单纯承认继承，而不必履行前述遗产清算程序并耗费大量的精力。甚或当被继承人财产状况极差，积极遗产远远低于负债，继承人愿意接受无限继承而为被继承人偿还债务，亦当允许。然而，在我国继承人选择实行有限责任继承无须制定遗产清单、指定遗产管理人、公示催告申报债权等，即无条件的限定继承。

对于继承的接受与放弃的方式，主要被规定在我国《继承法》第 25 条、《执行继承法的意见》第 47、48 条之中。根据我国《继承法》第 25 条的规定，放弃继承必须以明示的意思表示作出，而接受继承理论上既可以做明示的表示，也可以采用默示的表示作出。我国《执行继承法的意见》第 47、48 条对该方式作了进一步的规定，即继承人放弃继承应当以“书面形式”向其他继承人表示。若以“口头方式”表示放弃继承的，则需本人承认或有其他充分证据证明的，也应当认定其有效。如果是在诉讼中，继承人向人民

① 我国《继承法》第 25 条。
② 我国《继承法》第 25 条。
③ 我国《执行继承法的意见》第 49 条。

法院以口头方式表示放弃继承的，则应制作笔录并由放弃继承的人签名。

(四) 继承的接受与放弃效力的我国立法现状

对于继承的接受与放弃的效力，主要被规定在我国《继承法》第33条第2款和《执行继承法的意见》第51条之中。我国《继承法》第33条第2款规定，继承人放弃继承的，对被继承人依法应当缴纳的税款和债务可以不负偿还责任。同时，我国《执行继承法的意见》第51条规定，放弃继承的效力，追溯到继承开始的时间。由此可见，放弃继承后，其效力追溯到继承开始之时，放弃继承的继承人不承担清偿被继承人应缴纳的税款和债务之责任。此外，对于放弃继承的限制，我国《执行继承法的意见》第46条规定，继承人因放弃继承权，致其不能履行法定义务的，放弃继承权的行为无效。

(五) 继承的接受与放弃变动的我国立法现状

对于继承的接受与放弃的变动，主要被规定在我国《执行继承法的意见》第50条之中。遗产处理前或在诉讼进行中，继承人对放弃继承翻悔的，由人民法院根据其提出的具体理由，决定是否承认。遗产处理后，继承人对放弃继承翻悔的，不予承认。此即我国放弃继承之变动的无效和可撤销的规定。①

二、继承的接受与放弃的我国民众观念和处理习惯的实证调查与分析

在现代继承法律制度中，继承开始后，继承人有权选择是否接受继承。关于继承的接受与放弃制度，我国《继承法》《执行继承法的意见》等相关条文均有规定。但是，目前我国对该制度的规定并不完善，学者们普遍认为其存在的问题主要有：继承人能够选择是否放弃继承的时间过长；《执行继承法的意见》第46条②所称的法定义务是否包括继承人的普通债务，以及继承人放弃继承可能导致间接有损继承人之债权人利益时，相关债权人能否予以撤销等问题。如何回应学界对上述问题的争论。我国继承的接受与放弃制度应该如何完善，它们均为亟待研究解决的问题。值此正在编纂“中国民法典·继承编”之际，为我们研究上述问题提供了良好的契机，而我国民间对于这些问题的认识观念与行为习惯，可以为完善此制度提供参考。为了解我国民众的财产继承观念和遗产处理习惯，2016年11月初至2017年11月底止，历时一年零一个月，我们组织开展完成了“当代中国民众财产继承观念与遗产处理习惯实证调查”的实地调查和统计数据汇总工作。本次调查采取问卷调查和个人访谈的方式，被抽样调查的地区确定为我国的十省市，包括东北部的吉林省，东部的上海市；北部的河北省，中部的湖北省、江西省，南部的广东省、海南省，东南部的福建省，西南部的重庆市、四川省，共计发放调查问卷5739份，收回有效问卷5085份，有效率为88.60%。以下，针对继承的接受与放弃问题，我们对我国十省市民众进行问卷调查之统计汇总数据进行研究分析。

---

① 我国《执行继承法的意见》第50条。

② 我国《执行继承法的意见》第46条规定：“继承人因放弃继承权，致其不能履行法定义务的，放弃继承权的行为无效。”

(一) 涉及继承的接受与放弃的我国民众观念和处理习惯的实证调查的统计情况

1. 继承的接受与放弃的时间限制的调查情况统计

问题【四、(一)】“对于继承人放弃继承的时间，您认为下列哪一个更为适当?(单选) A. 继承人放弃继承的，应在知道继承开始的 2 个月内作出放弃继承的表示；B. 继承开始后继承人放弃继承的，应当在遗产处理前，作出放弃继承的意思表示；C. 其他。”

表 4-3-1　继承放弃的时间限制的调查统计情况（单选）

选项	A 选项	B 选项	C 其他	合计
人数	1777	3291	17	5085
所占比例	34.95%	64.72%	0.33%	100%

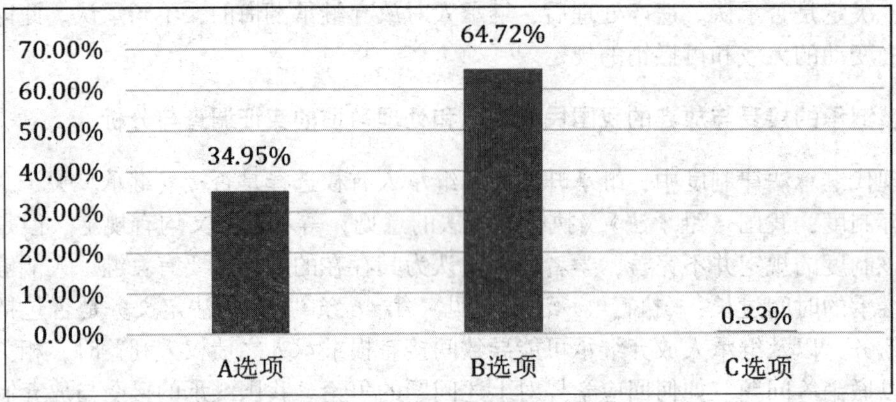

图 4-3-1　继承放弃的时间限制的调查统计情况（单选）

根据以上统计数据分析，在我国十省市被调查者中，选择 A 项“继承人放弃继承的，应在知道继承开始的 2 个月内作出放弃继承的表示”的，有 1777 人（占 34.95%）；选择 B 项“继承开始后继承人放弃继承的，应当在遗产处理前，作出放弃继承的意思表示”的，有 3291 人（占 64.72%）；选择 C 项“其他”的，有 17 人（占 0.33%）。可见，有六成以上（占 64.72%）的被调查民众之认识与我国《继承法》的现行规定是一致的，但也有接近三成半（占 34.95%）的被调查民众认为应该明确继承放弃的时间，对继承放弃的时间予以明确限制，即知道继承开始的 2 个月内，而不是委之于“遗产处理前”这样模糊而又不确定的时间段，这样既可以让继承人有一定的时间去考虑是否放弃继承权，同时，又可以督促继承人积极行使权利，使得遗产归属早日明确下来。

2. 放弃继承能否被债权人撤销的调查情况统计

问题【四、(二)】“甲为乙的父亲，2015 年年底，乙因病住院治疗，医治无效去世，留下遗产 5 万元及房屋一套。此时甲经营的摩配厂已经负债累累，拖欠工人的工资已有 10 个月，但他考虑儿媳在丈夫去世后一个人抚养年幼的女儿有经济困难，于是主动提出放弃继承儿子乙的遗产。甲的债权人却认为甲不应该放弃继承儿子的遗产，这实际上是逃避债务，侵犯了债权人的利益。为此，甲的债权人起诉至法院，要求撤销甲放弃继承儿子乙遗产的行为。您认为下列哪一项更为恰当？请问：您所在地区的人们是如何处理此类行为的？理由是什么？（单选）A. 甲放弃继承乙遗产的行为，可以被撤销；B. 甲放弃继承乙遗产的行为，不可以被撤销；C. 其他。”

表 4-3-2 放弃继承能否被债权人撤销的调查统计情况（单选）

选项	A 选项	B 选项	C 其他	合计
人数	2396	2675	14	5085
比例	47.12%	52.61%	0.27%	100%

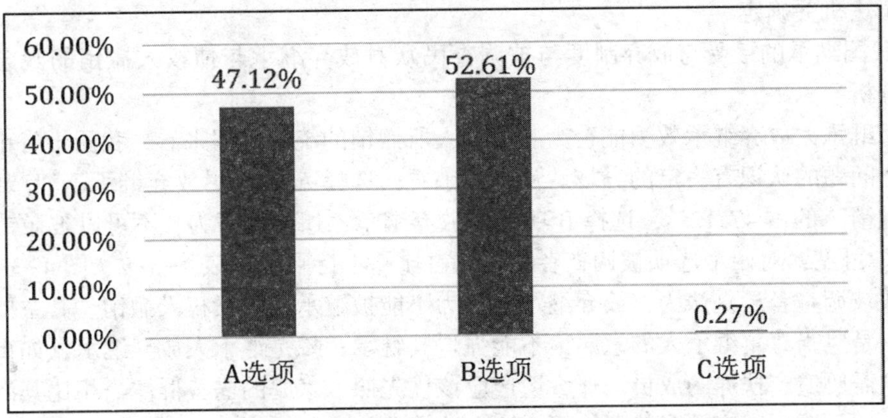

图 4-3-2 放弃继承能否被债权人撤销的调查统计情况（单选）

根据以上统计数据，在我国十省市被调查者中，选择 A 项“甲放弃继承乙遗产的行为，可以被撤销”的，有 2396 人（占 47.12%）；选择 B 项“甲放弃继承乙遗产的行为，不可以被撤销”的，有 2675 人（占 52.61%）。可见，在十省市被调查者中，认为继承人放弃继承效力不能为其债权人所撤销的，占比为五成以上（占 52.61%）与认为继承人放弃继承效力能够为其债权人所撤销的人数，占比为四成半以上（占 47.12%），前者比后者高 5.49 个百分点，即认为“放弃继承的行为不可以被撤销”的稍占多数。

（二）继承的接受与放弃的我国民众观念和处理习惯的分析

1. 我国继承的接受与放弃制度与被调查民众对继承的接受与放弃的时间限制的观念及处理习惯的分析

从我国十省市被调查民众对继承放弃的时间限制统计数据来看，有六成以上（占 64.72%）的被调查者的认识与我国《继承法》的现行规定是一致的，即认为继承开始后继承人放弃继承的，应当在遗产处理前，作出放弃继承的意思表示（见表 4-3-1、图 4-3-1）。这可能主要基于以下原因：一是与我国传统的敬老、爱老的孝道思想密切相关。在我国，当父母一方死亡时子女一般是不会立刻进行遗产分割的，通常要等到父母双方均过世以后才处理遗产继承问题。二是被调查的民众认为在遗产处理前作出放弃继承的意思表示，这样做既不影响其他继承人的利益，保证继承活动顺利进行，又可以保证继承人行使放弃继承的权利，避免纠纷。但是，我国十省市被调查民众中也有近三成半（占 34.95%）的人认为，应该明确继承放弃的时间，即知道继承开始的 2 个月内，这样既可以让继承人有一定的时间去考虑是否放弃继承权，同时，又可以督促继承人及时行使权利，使得遗产的归属早日确定下来（见表4-3-1、图4-3-1）。

综上所述，我们认为，虽然根据调查，有六成以上（占64.72%）的被调查者认为只需要在遗产处理前，作出放弃继承的意思表示即可（见表4-3-1、图4-3-1）。但是，正如我国学者所言，如果继承人是否接受继承不能在相对较短的期间确定，这意味着遗产处理的时间也是不确定的，继承人有可能拖延很久而迟迟不作相关意思表示，这对财产关系的安定和交易安全的保护都极为不利。① 所以，在前述域外立法中采取直接继承主义立法的大陆法系五个国家，均明确地规定了接受或放弃继承的期限，就放弃继承的期限，最短的为6个星期（德国），最长的为6个月（俄罗斯），日本为3个月，法国为4个月，意大利由司法机关确定。

2. 我国继承的接受与放弃制度与被调查民众对放弃继承与债权人撤销的观念及处理习惯的分析

从对继承人放弃继承效力能否为其债权人所撤销的统计数据来看，我国十省市被调查民众对此问题的认识有一定的分歧。从总体来看，选择A项“甲放弃继承乙遗产的行为，可以被撤销”的占47.12%，选择B项“甲放弃继承乙遗产的行为，不可以被撤销”的占52.61%。可见，对两个选项被调查者的人数占比基本持平（见表4-3-2、图4-3-2）。但稍占多数被调查者还是认为，放弃继承的行为不能被继承人的债权人撤销。其主要原因可能是：一是应当尊重继承人的意愿，不能强迫其继承；二是继承人放弃继承，如果基于照顾家庭中需要遗产扶养的成员，那么遗产应该优先照顾家庭的弱势群体，相比其满足继承人债权人的需要，家庭的弱势群体更应该在遗产分配中得到更多的照顾。

我们认为，首先，“法定义务”应是指对于家庭成员“抚养”“扶养”和“赡养”的法定义务，不包括借贷合同等约定的义务。我国《执行继承法的意见》第46条中的“法定义务”应是特指老人赡养、夫妻扶养、子女抚养等法律明确规定的义务。② 我国有学者认为，此主要包括：清偿被继承人生前因继承人不尽赡养、扶养、抚养义务，为生活所需所负债务的义务，支付被继承人丧葬费用的义务，赡养或抚养其他继承人的法定义务，继承人依法应该缴纳税款、罚金、罚款以及其他合法费用等义务。③ 并不包括当事人之间合同等约定的债权债务关系。其次，从域外立法来看，在前述采直接继承主义的大陆法系国家中，德、日、俄三国均未规定遗产债权人有权撤销放弃继承的行为，以彰显抛弃强制继承，尊重继承人自主决定继承与否的权利。我们认为，放弃继承的行为不能成为遗产债权人之撤销权的标的。这是因为放弃继承行为具有身份行为的特质，与普通债权债务关系的纯粹财产性质不同。在现代社会，基于民法之意思自治原则，必须尊重继承人自由选择是否接受继承的意愿，已经摒弃无条件的强制继承制度，故不能允许继承人之债权人以

① 参见郭明瑞、房绍坤、关涛：《继承法研究》，中国人民大学出版社2003年版，第44页。

② 比如，我国现行《婚姻法》第20条第1款规定：“夫妻有互相扶养的义务。”第21条规定，“父母对子女有抚养教育的义务；子女对父母有赡养扶助的义务”。第28条规定：“有负担能力的祖父母、外祖父母，对于父母已经死亡或父母无力抚养的未成年的孙子女、外孙子女，有抚养的义务。有负担能力的孙子女、外孙子女，对于子女已经死亡或子女无力赡养的祖父母、外祖父母，有赡养的义务。”第29条规定：“有负担能力的兄、姐，对于父母已经死亡或父母无力抚养的未成年的弟、妹，有扶养的义务。由兄、姐扶养长大的有负担能力的弟、妹，对于缺乏劳动能力又缺乏生活来源的兄、姐，有扶养的义务。”

③ 蒋月主编：《婚姻家庭与继承法》，厦门大学出版社2011年版，第290页。

“公平正义、诚实信用”之名撤销继承人放弃继承的行为。虽然继承人放弃继承的行为也可能会使其财产减少不被增加，从而会间接地影响继承人能够承担其债务的责任财产，但放弃继承行为只是阻止继承人将来责任财产的增加，即放弃增加责任财产的机会，而不是放弃继承人现有之责任财产，故放弃继承的行为，无论在何种情况下，都不能成为继承人的债权人撤销权之标的。[①] 而法国、意大利立法不是采取撤销继承人放弃继承的行为，而是赋予继承人的债权人以遗产债务额度为限的代位继承权，这是为了重点保护该债权人的利益。然而，此立法虽保护了继承人的债权人，但这既不符合尊重继承人意愿的现代继承法原则，也违背现代债法的基本原理。因为，根据现代债法的基本原理，继承人作为债务人，其本人固有的财产才是债权追讨的标的，而不应是继承待继承的财产，否则就变相强制扩大了债权人责任财产的范围，有违法律的公平价值取向。

三、继承的接受与放弃制度的我国司法实践的考察与评析

（一）涉及继承的接受与放弃的我国司法实践案例考察

1. 涉及继承接受与放弃期间的案例（案例一）

（1）主要案情简介[②]。王一有三个子女，分别为王二、王三和王四。王五是王一的堂兄弟。王一原来在某地有一间平房，王五后来对该房屋进行了维修并去办理了登记，将该套房屋登记在王五名下。2008 年王一去世，2011 年王一的三个子女才向法院提起诉讼，认为属其父亲所有的该间平房被王五登记在其名下，要求确认讼争房屋归三个子女继承。

法院经审理认为：王二、王三、王四的父亲王一拥有某市某区某地木结构平房一间，王五对此也承认他对该房屋进行过维修和办理登记手续。现王一已经去世，根据我国《继承法》第 25 条第 1 款的规定：“继承开始后，继承人放弃继承的，应当在遗产处理前，作出放弃继承的表示。没有表示的，视为接受继承。”王一的三个子女王二、王三、王四自被继承人王一死亡后，从未表示放弃继承即视为接受继承，现该房屋被登记在王五名下，与真实的权利状态不符，王五显属侵权，故该讼争房屋应归王二、王三、王四这三位原告继承，对王二、王三、王四的诉讼请求，法院予以支持。

（2）适用法律评析。我们认为，首先，关于该房屋是否属于遗产？由于行政机关颁发的权属登记证书只具有公示效力，只要当事人可以提供证据推翻登记认定的事实，行政登记可以通过民事确权途径予以纠正。王五在原审中提交的证据至多只能证明其曾对讼争房屋进行过维修，而不能证实原属王一所有的房屋物权已经灭失，故对王五的主张，法院对其不予采信和支持是正确的。其次，该三位原告是否在法定期间内表示接受继承，根据我国《物权法》第 29 条规定：“因继承或者受遗赠取得物权的，自继承或者受遗赠开始时发生效力。”我国《继承法》第 25 条第 1 款规定：“继承开始后，继承人放弃继承的，应当在遗产处理前，作出放弃继承的表示。没有表示的，视为接受继承。”本案继承开始后，虽然距离被继承人死亡已过三年，但该房屋作为遗产仍尚未被处理，王一的三个子女包括王二、王三、王四在此期间内也均未表示放弃继承即应被视为接受继承。最后，该三

① 参见陈苇、王巍：《论放弃继承的行为不能成为债权人撤销权的标的》，载《甘肃社会科学》2015 年第 5 期。

② 参见中国裁判文书网：（2012）浙甬民一终字第 199 号民事判决书，载 http：//www.law-lib.com/cpws/cpws_view.asp？id=200401793605，最后访问时间：2018 年 3 月 20 日。

原告的继承诉求能否被法院支持？虽然王一的房屋登记在王五的名下，但因为王一的三个子女包括王二、王三、王四都是其法定的第一顺序继承人，王一又未立任何遗嘱处分该房产，因此王二、王三、王四应为该房屋的法定继承人，根据《物权法解释（一）》第2条规定："当事人有证据证明不动产登记簿的记载与真实权利状态不符、其为该不动产物权的真实权利人，请求确认其享有物权的，应予支持。"所以，该法院的判决是正确的。

2. 涉及放弃继承能否被债权人撤销的案例（案例二）

（1）主要案情简介①。因邓某向张某借款7万元未还，张某遂诉讼至某市某区人民法院，诉请邓某返还借款。在强制执行过程中，因邓某无力偿还，故该笔款项未能执行。邓某系甲与乙的子女。甲与乙在夫妻关系存续期间，以甲、乙的名义各购得住房一套。2006年9月5日，乙因病死亡。而后邓某放弃继承其父乙的遗产，某市公证处出具有公证书，公证书明确甲与乙所购两套房屋属邓某应继承的遗产部分由其母甲继承。张某遂诉至某市某区人民法院，要求：①确认邓某放弃继承两套诉争房屋遗产份额的行为无效；②判令第三人甲返还邓某放弃继承的遗产。

法院认为：根据我国《执行继承法的意见》第46条规定的"继承人因放弃继承权，致其不能履行法定义务的，放弃继承权的行为无效"。法院审理认为，被告邓某在负有债务的情况下放弃继承权，致使其不能偿付有关债务导致侵害债权人原告张某的合法债权，其放弃继承权的行为应属无效。据此，判决被告邓某于判决生效后10日内归还原告张某借款。

（2）适用法律评析。本案法院认为邓某因放弃继承，致使张某的债权不能实现，此属于我国《执行继承法的意见》第46条规定的"继承人因放弃继承权，致其不能履行法定义务的，放弃继承权的行为无效"的"有害债权"情形，所以法院对债权人请求对此予以撤销的诉求予以支持。目前，我国有部分学者对此也是持赞成态度。他们认为基于维护交易安全，继承人因继承开始，当然承受其权利，取得继承财产。故其放弃继承，是为不当减少自身责任财产的行为，当放弃继承行为害及债权时，债权人可向法院主张行使债权人的撤销权，撤销债务人放弃继承权的行为。② 如前所述，我们认为，我国《执行继承法的意见》第46条中的"法定义务"应是特指赡养老人、抚养子女等法律明确规定的义

① 参见中国裁判文书网：（2007）青羊民初字第1458号民事判决书，载 http：//202. 202. 90. 30/ermsras/fg-gi1b08a005623041f5ac264390be16b5d1/pfnl/a25051f3312b07f39499b21099a21f604fe7b9bf630cd724bdfb. html？ keyword =（2007）青羊民初字第%201458号，最后访问时间：2018年3月25日。

② 王利明（项目主持人）：《中国民法典学者建议稿及立法理由·人格权编、婚姻家庭编、继承编》，法律出版社2005年版，第562条；梁慧星（课题负责人）：《中国民法典草案建议稿附理由·继承编》，法律出版社2013年版，第1907条。

务①，并不包括当事人之间约定的债权债务关系。② 此判决肯定遗产债权人对放弃继承行为的撤销权，忽视具有身份性质的继承权与普通的民事权利之区别，强迫继承人实施继承，否认现代社会通行的继承人享有自主决定是否接受与放弃继承之立法精神，这违反民法的意思自治原则；变相扩大债权人之责任财产的范围至遗产，这违反自己责任原则。其不符合放弃继承行为制度之立法目的和功能，也不符合债权人撤销权制度之标的应为债务人原有的责任财产，而非将来有可能获得的遗产。其实施的结果，干涉了继承人自主决定接受与放弃继承的意志自由，导致变相地强迫继承，有悖现代继承法之尊重继承人意志自由的立法理念。所以，我们认为，基于前述已分析的理由，放弃继承的行为，无论在何种情况下，都不能成为继承人的债权人撤销权之标的。据此，该法院的判决是不妥当的。

（二）涉及继承的接受与放弃的我国司法实践评析

根据前述两个相关案例，我们将从以下两个方面进行归纳和评析：

1. 我国继承的接受与放弃制度的司法实践中反映的合理之处

通过对上述案例的考察，我国关于继承的接受与放弃制度立法的合理之处包括以下几点：一是尊重继承人的意愿。在继承的接受类型、继承的接受与放弃方式等方面的选择权都体现了对继承人意愿的尊重，即继承人在继承开始之后可以在接受继承与放弃继承之间作出选择；在接受继承的类型上，继承人可以选择有限责任继承和无限责任继承。二是明确放弃继承须以明式方式为之，且为要式行为，须有继承人积极的表示，不得以默示方式为之。我国《执行继承法的意见》第 47 条规定，继承人放弃继承应当以书面形式向其他继承人表示。用口头方式表示放弃继承，本人承认，或有其他充分证据证明的，也应当认定其有效。我国《执行继承法的意见》第 48 条规定，在诉讼中，继承人向人民法院以口头方式表示放弃继承的，要制作笔录，由放弃继承的人签名。我国接受或放弃继承意思表示的期限是继承开始后至遗产处理前，在此期间未表示放弃继承的，即视为接受继承。例如，涉及继承的接受与放弃期间的案例一，该案继承人在遗产分割前未表示放弃继承的，视为接受继承。

2. 我国继承的接受与放弃制度的司法实践中反映的存在问题

通过对上述案例的考察，我国关于继承接受与放弃制度在司法实践中反映存在的不足之处有以下几点：

一是接受或放弃继承意思表示的期限过长。我国《继承法》第 25 条规定了接受或放弃继承的期限是继承开始后至遗产处理（遗产分割）前，起算点是继承开始之时，此放弃继承的期限过长，因为遗产处理（遗产分割）的时间往往是可长可短、不确定的。这对于财产关系的安定和交易安全的保护都是极为不利的。这可能导致多个继承人行使继承

① 比如，我国现行《婚姻法》第 20 条第 1 款规定："夫妻有互相扶养的义务。" 第 21 条规定，"父母对子女有抚养教育的义务；子女对父母有赡养扶助的义务"。第 28 条规定："有负担能力的祖父母、外祖父母，对于父母已经死亡或父母无力抚养的未成年的孙子女、外孙子女，有抚养的义务。有负担能力的孙子女、外孙子女，对于子女已经死亡或子女无力赡养的祖父母、外祖父母，有赡养的义务。" 第 29 条规定："有负担能力的兄、姐，对于父母已经死亡或父母无力抚养的未成年的弟、妹，有扶养的义务。由兄、姐扶养长大的有负担能力的弟、妹，对于缺乏劳动能力又缺乏生活来源的兄、姐，有扶养的义务。"

② "法定义务主要包括：清偿被继承人生前因继承人不尽赡养、抚养义务，为生活所需而负债务的义务，支付被继承人丧葬费用的义务，赡养或抚养其他继承人的法定义务，继承人依法应该缴纳税款、罚金、罚款以及其他合法费用等义务。" 引自蒋月编：《婚姻家庭与继承法》，厦门大学出版社 2011 年版，第 290 页。

选择权的期限不一，容易使继承关系长期处于不稳定状态，影响继承人和遗产债权人的利益。此种情况在“涉及继承的接受与放弃期间的案例一”中已有体现，该案中2008年王一去世，2011年其三个子女才向法院提起诉讼。在我国继承自被继承人死亡时开始。在继承开始后的三年期间该房产作为遗产一直处于未被分割的共有状态，因为王一的三个子女都未作出放弃继承的意思表示。然而，根据我国《继承法》第25条规定，继承开始后，遗产分割前，继承人可以作出放弃继承的表示。这就产生一个问题，继承人随时可放弃继承，使该遗产一直处于不稳定状态。通过对十省市民众继承习惯的调查，近三成半（占34.95%）的被调查者认为应该明确规定继承放弃的时间，对继承放弃的时间予以明确的2个月期间的限制（见表4-3-1、图4-3-1），即继承人知道继承开始的2个月内，应当作出接受或放弃继承的意思表示。这样既可以让继承人有一定的时间去考虑是否放弃继承权，同时，又可以督促继承人积极行使权利，使得遗产归属早日明确下来。

二是关于继承人放弃继承的行为能否被其债权人所撤销，对于“法定义务”的规定内容不够明确。根据我国《执行继承法的意见》第46条规定：“继承人因放弃继承权，致其不能履行法定义务的，放弃继承权的行为无效。”但该“法定义务”是否包含当事人之间约定的债权债务关系，即放弃继承行为是否属于债权人可撤销之标的尚无明确解释，而在司法实践中，往往将合同之债等约定的义务也包括在内。法官对“法定义务”的内涵是做的扩大理解。此种情况在前述“涉及放弃继承能否被债权人撤销的案例二”中已有体现。从我国十省市被调查民众对继承人放弃继承行为能否为其债权人所撤销的调查统计数据来看，关于继承人放弃继承行为能否为其债权人所撤销问题，我国十省市被调查地区民众的认识有一定的分歧。从总体来看，被调查者中，选择B项（占52.61%）的高于选择A项（占47.12%）的5.49个百分点（参见表4-3-2、图4-3-2）。

综上所述，通过以上对继承的接受与放弃制度的我国立法现状考察，通过对我国十省市被调查民众对继承的接受与放弃的认识观念和处理习惯的实证调查统计数据的分析，通过对我国司法实践案例适用法律情况的评析，我们认为，首先应明确规定接受与放弃继承的具体期限。这样可以及时确定遗产的归属，而财产权归属越清晰，财产流转利用的效率越高。如果继承人不及时地作出接受或放弃继承的意思表示，遗产归属的法律关系就会长期处于不确定的状态，这对于维护遗产权属的稳定性和财产流转的安全性十分不利。因此，为了尽快明晰产权，我国有必要借鉴域外立法经验，明确规定接受与放弃继承的具体期限，以督促继承人及时行使权利、促进财产顺利流转。另外，对于继承人放弃继承的行为能否被其债权人所撤销，我们认为，首先，继承的放弃是具有身份性的财产行为。继承虽然以财产为标的，但是毕竟与买卖、赠与等纯粹财产性行为不同，继承的取得是基于特定的身份关系，故继承放弃也具有身份性质。在现代社会，已经摒弃古代社会的无条件强制继承制度，基于现代民法的意思自治原则，继承人享有接受或放弃继承遗产的权利，这是尊重继承人意愿和保障其人格自由的要求，即使其放弃继承导致间接地产生了不利于其债权人之债权实现的情况，债权人也不得依据普通债法上的债权人撤销制度来撤销放弃继承的行为。其次，根据债法的基本原理，债务人本人的固有财产是债权的责任财产。而债务人将来可能取得的财产，不在此列。继承人放弃其偶然的将通过继承取得的财产，并没有减少其原有的责任财产，故不能认为是侵害债权人的利益。最后，拒绝利益取得之行为不属于撤销权之标的。而继承放弃是拒绝利益取得之行为，故继承放弃之行为不得被撤销。其依据就在于“任何人不得违背其意志而强制赋予利益”，其反映了意思自治这一民法基本原则的要求。

第四节 继承的接受与放弃制度之我国立法的学者观点与评析

近年来，我国学者在考察研究我国《继承法》的基础上，结合我国继承实践，先后发表了多部继承法学者建议稿，包括梁慧星等学者建议稿（“梁稿”）、徐国栋等学者建议稿（“徐稿”）、王利明等学者建议稿（“王稿”）、张玉敏等学者建议稿（“张稿”）、陈苇等学者建议稿（“陈稿”）、杨立新等学者建议稿（“杨稿”）。[①] 在这些继承法学者建议稿中对继承的接受与放弃制度均有规定。诸学者建议稿的内容虽有相同之处，但对于继承的接受与放弃制度中主体、期限、方式和效力等内容的规定也有不同之处。以下拟对这些学者建议稿中有关继承的接受与放弃制度中包括继承的接受与放弃主体、继承的接受与放弃期限、继承的接受类型和接受与放弃继承的方式、继承的接受与放弃效力、继承的接受与放弃的变动之学术观点进行考察和评析。

一、继承的接受与放弃主体之我国立法的学者观点与评析

（一）继承的接受与放弃主体之我国立法的学者观点

1. 梁慧星等学者建议稿的主要观点

关于继承的接受与放弃的主体，“梁稿”限于继承人本人，并未规定无民事行为能力人与限制民事行为能力人是否可由其代理人代为作出继承的承认或放弃的意思表示。[②] 继承人放弃继承损害其债权人利益的，债权人可以在知道或者应当知道继承人放弃继承之日起6个月内申请人民法院作出放弃继承无效的裁定，但继承人提供充分担保的除外。[③] 由此可知，“梁稿”中继承的接受与放弃主体为继承人本人，同时并赋予受侵害的债权人向法院提起撤销放弃继承权之诉的权利。

2. 王利明等学者建议稿的主要观点

关于继承的接受与放弃的主体，“王稿”在“继承的接受与放弃”“继承人死亡的特殊规定”“继承放弃和接受的代理”“债权人对放弃继承的撤销权”的规定中有所体现。第一，在通常情况下，继承的接受与放弃主体为继承人，继承人放弃继承的，应当在知道或应当知道继承开始2个月内，向遗产管理人、遗嘱执行人或人民法院作出书面的放弃继承的表示。到期没有表示的，视为接受继承。[④] 第二，继承人未表示接受或放弃而死亡时，遗产管理人应该及时通知继承人的法定继承人，在知道自己可以行使继承权起2个月

① 在第一章第一节对于遗产管理制度的比较研究法的阐述中，我们已经分别注释说明这六部继承法学者建议稿的出处以及各学者建议稿在本书的简称，此处不重复注释。

② “梁稿”第2008条。

③ “梁稿”第2012条。

④ “王稿”第554条。

内，继承人的法定继承人可以行使接受或放弃继承的权利。[①] 第三，除接受继承对无民事行为能力人或者限制民事行为能力人不利的外，法定代理人不得代无民事行为能力人、限制民事行为能力人作出放弃继承的表示。[②] 此外，继承人放弃继承损害其债权人利益的，债权人可以在知道或者应当知道继承人放弃继承之日起6个月内申请人民法院撤销继承人的放弃行为。[③] 由此可知，“王稿”中继承的接受与放弃主体包括继承人、继承人的法定继承人、无民事行为能力人和限制民事行为能力人的法定代理人。同时，还赋予继承人的债权人对继承人放弃继承侵害债权之撤销权。

3. 张玉敏等学者建议稿的主要观点

关于继承接受与放弃的主体，“张稿”在“一般规定”中有所体现即自继承人知道自己为应召继承人时起，或者自遗嘱开启时起2个月内，可以制作遗产清单的方式接受继承（限定继承）。继承人在国外的，期限为6个月。继承人没有在上述期限内声明放弃继承或者以制作遗产清单的方式接受继承的，视为单纯接受继承（无限责任继承）。单纯继承人承受被继承人的全部财产权利、义务和责任，但是，专属于被继承人自身，因继承开始而消灭除外。[④] 同时，在“接受与放弃继承权利的继承”之规定中也有所体现。继承人在作出接受继承或放弃继承的声明之前死亡，选择接受继承或者放弃继承的权利由其继承人继承，但依法被确定为强制单纯继承的除外。[⑤] 可见，“张稿”中继承的接受与放弃主体为继承人、继承人的法定继承人。

4. 陈苇等学者建议稿的主要观点

关于继承的接受与放弃的主体，“陈稿”在“接受与放弃继承的一般规定”“民事行为能力有欠缺者继承权之行使”的规定中有所体现。第一，在通常情况下，继承的接受与放弃主体为继承人，继承人可以在继承开始前或继承开始后行使继承选择权，在2个月内（在国外为6个月内）表示接受继承或放弃继承。[⑥] 第二，法定代理人一般不能代理被代理人放弃继承权。如果其代理被代理人放弃继承权，必须经诉讼程序请求人民法院批准。[⑦] 由此可知，“陈稿”中继承的接受与放弃主体包括继承人、无民事行为能力人和限制民事行为能力人的法定代理人。

5. 杨立新等学者建议稿的主要观点

关于继承的接受与放弃的主体，“杨稿”在“继承权的接受与放弃”“欠缺民事行为能力人继承权的行使”的规定中有所体现。第一，在通常情况下，继承的接受与放弃主体为继承人，继承人应当自知道或者应当知道继承开始并有资格继承遗产之日起3个月内，作出是否接受继承的表示。[⑧] 第二，法定代理人代理被代理人行使继承权，不得损害被代理人的利益。法定代理人一般不能代理被代理人放弃继承权。明显损害被代理人利益

---

① “王稿”第555条。
② “王稿”第557条。
③ “王稿”第562条。
④ “张稿”第9条。
⑤ “张稿”第15条。
⑥ “陈稿”第11条。
⑦ “陈稿”第16条。
⑧ “杨稿”第12条。

的代理行为无效。[①] 由此可知，"杨稿"中继承的接受与放弃主体包括继承人、无民事行为能力人和限制民事行为能力人的法定代理人。

（二）继承的接受与放弃主体之我国立法的学者观点评析

1. 诸学者建议稿的共同点

通过对前述诸学者建议稿的考察可以得知，学者建议稿对继承的接受与放弃主体的规定，有如下相同之处，即上述五部学者建议稿均对继承的接受与放弃主体有所规定，并认为继承人为继承接受与放弃的主体。

2. 诸学者建议稿的不同点

通过对前述学者建议稿的考察可以得知，诸学者建议稿对继承的接受与放弃主体的规定，有如下不同之处：第一，"陈稿"与"王稿"中虽规定继承人的法定代理人在特殊情况下可以代理继承人放弃继承权，但"陈稿"规定代理人代为放弃继承权必须经诉讼程序请求人民法院批准，而"王稿"未作此规定。第二，对放弃继承与债权人撤销制度，在诸学者建议稿中，只有"王稿"与"梁稿"对放弃继承与债权人的撤销权有所规定，即该两部建议稿都认为，放弃继承的行为能够为债权人所撤销。第三，"王稿""陈稿""杨稿"均规定法定代理人在特定条件下可以代无民事行为能力人、限制民事行为能力人作出放弃继承的表示，而"梁稿"和"张稿"无此规定。第四，"王稿"和"张稿"中均规定当继承人未表示接受或放弃之前已死亡的，其法定继承人有权选择接受或放弃继承。其余学者建议稿无此规定。

从立法价值取向与功能之角度分析，继承的接受与放弃之主体的规定，一方面，应当体现自由价值，即尊重继承人意思自治，继承人享有接受或放弃继承的权利，这是私法自治原则的重要体现。另一方面，应当体现公平价值，其主要被体现在：一是对继承的接受，继承人有权选择有限责任继承或无限责任继承；二是当继承人的选择放弃继承涉及债权人利益时，债权人享有撤销该选择的请求权，此种规定虽然对维护第三人利益与交易安全具有一定意义，但由于放弃继承就是放弃承受被继承人财产法上的法律地位，而这种财产法上的法律地位，是以有继承身份为基础的。申言之，继承开始之前，继承人只是处于一种推定的可以继承之法律地位（有可能被遗嘱剥夺或依法定事由丧失），继承开始后，继承人之继承地位确定，不会再因继承开始后的客观原因而动摇，此时继承人拥有的是既定的继承法律地位。无论是接受也好，放弃也罢，抑或选择无限责任接受继承还是有限责任接受继承，只与继承人之主观意志有关，只涉及继承人的意思自治，不存在因放弃继承会损害继承人现有的固有财产，故不能认为放弃继承是侵害债权人的利益。基于尊重继承人的人格尊严、意志自由的理念，不能强迫继承人接受继承。所以，对于放弃继承的行为，债权人不能享有撤销权。

在我国，《执行继承法的意见》第 8 条规定，法定代理人代理被代理人行使继承权、受遗赠权，不得损害被代理人的利益。法定代理人一般不能代理被代理人放弃继承、受遗赠权。明显损害被代理人利益的，应认定其代理行为无效。可见，在我国，继承的放弃一般不适用于代理。我国《继承法》第 33 条第 1 款明确规定："继承遗产应当清偿被继承人依法应当缴纳的税款和债务，缴纳税款和清偿债务以他的遗产实际价值为限……"也

① "杨稿"第 16 条。

就是说，即使继承人未放弃继承也只是在遗产实际价值范围内清偿被继承人生前所负的债务，如果遗产实际价值不足以清偿遗产债务，继承人也不必以自己固有的财产对被继承人的债务承担无限责任，故接受继承对继承人的利益没有任何损害。所以，我国无民事行为能力人和限制民事行为能力人的法定代理人可以代其作出接受继承的意思表示。但对于法定代理人代其放弃继承，则须以不损害被代理人利益为前提，否则其代理放弃继承的行为无效。

从域外立法的考察角度分析，其一，在两大法系国家中，法国和意大利规定除了继承人之外，债权人也可以代位以债权额为限作为继承的接受主体。“梁稿”和“王稿”也是持此观点，但是我们认为，放弃继承的行为不能作为继承人的债权人撤销之标的。如果某继承人放弃继承，只是导致其将来可以增加的财产未能增加并没有减少其现有的对债权人实现债权的责任财产。因此，如果以继承人放弃继承侵害债权为由，请求撤销其放弃继承的效力，就实际上是强制继承人继承，这不符合尊重继承人意志自由的私法理念；也不符合债法关于债务人须以其现实的财产作为债权的担保财产的规则。因此，除前述法国和意大利立法外，德国、日本和俄罗斯均没有规定继承人放弃继承时其债权人可以侵害其债权为由诉请法院撤销。其二，对于未成年人、无民事行为能力人或限制民事行为能力人作出放弃继承之意思表示的公力监督，意大利和俄罗斯法均有规定，但是具体内容不同。意大利法规定，如果继承人为禁治产人，监护人须得到监护裁判官许可方承认按遗产清单接受继承；解除监护权的未成年人须经财产管理人同意和监护裁判官许可才可承认按遗产清单继承。[①] 这些都体现了在特殊情况下之继承时，国家公力机构的介入审查监督。因为此类特殊人群无法保障自身的利益，所以当其作为继承人时，是否接受或是放弃，由国家公力机关介入审查监督，可以保障他们的利益不被损害。

在前述学者建议稿的考察中可知，基于我国的法律体系和继承习惯，诸学者建议稿均坚持了我国现有立法关于继承接受与放弃的主体范围，即接受与放弃继承的主体为继承人，并且“王稿”“陈稿”和“杨稿”还规定由继承人的法定代理人代为作出决定接受与放弃继承；“王稿”和“张稿”还规定了转继承人。我们认为，我国对于继承的接受与放弃主体的确定，应沿用现有立法中继承接受与放弃的主体的规定。因为继承的接受与放弃是启动遗产继承程序的第一步，对继承关系当事人的意义甚大。继承的接受与放弃的主体，除继承人外，还有两种特殊情况：一是继承人为无民事行为能力人或限制民事行为能力人时，其法定代理人或监护人可以代为接受或放弃继承。同时可以借鉴意大利立法和“陈稿”的建议对此种代为决定作出一定的限制，即须得到法院的许可，由法院通过司法审判行为公力监督此类决定的合法性；二是当继承人在继承开始后，作出接受或放弃继承意思表示前死亡的，其继承权可依法转移给其法定继承人，即发生转继承。我们认为，转继承的继承人仍然属于继承人，当然应属于继承的接受与放弃的主体，故无须重复立法。

---

① 《意大利民法典》第471-473条。

二、继承的接受与放弃期限之我国立法的学者观点与评析

（一）继承的接受与放弃期限之我国立法的学者观点

1. 梁慧星等学者建议稿的主要观点

对于继承的接受与放弃期限，“梁稿”规定，继承人放弃继承的，应当在知道继承开始后2个月内以书面形式作出放弃继承的意思表示；逾期未表示的，视为接受继承。可见，“梁稿”中继承的接受与放弃期限为2个月。①

2. 王利明等学者建议稿的主要观点

对于继承接受和放弃的期限，“王稿”规定，继承人放弃继承的，应当在知道或应当知道继承开始2个月内，向遗产管理人、遗嘱执行人或人民法院作出书面的放弃继承的表示。到期没有表示的，视为接受继承。② 由此可知，“王稿”中继承的放弃期限为2个月。而在规定的期限内，继承人没有作出放弃继承的表示的，则推定为接受继承。

3. 张玉敏等学者建议稿的主要观点

对于继承的接受，“张稿”分为单纯接受与限定接受，单纯接受是指继承人无条件地承受被继承人的全部财产权利、义务和责任（专属于被继承人自身，因被继承人死亡而消灭者除外）。限定接受即继承人仅以继承所得财产为限，承担遗产债务和负担。“一般规定”中自继承人知道自己为应召继承人时起，或者自遗嘱开启时起2个月内，继承人可以制作遗产清单的方式接受继承（限定继承）。继承人在国外的，期限为6个月。继承人没有在上述期限内声明放弃继承或者以制作遗产清单的方式接受继承的，视为单纯接受继承（无限责任继承）。可见，对于强制的单纯接受继承，其期限为超过限定继承的意思表示之法定期限。而自愿的单纯接受继承，则无期限，任何时候均可作出意思表示。而对于限定接受继承的期限，“张稿”规定应召继承人可以为继承开始后2个月内，如果2个月内不能完成遗产清单，继承人可以向法院申请延长该期限，但延长的期限最长不得超过4个月。③

4. 陈苇等学者建议稿的主要观点

对于继承的接受与放弃期限，“陈稿”规定，继承开始后，自继承人知道自己为继承人时起或自遗嘱开启时起2个月内，继承人可以声明接受或放弃继承。以制作遗产清单方式接受继承的，制作遗产清单的期间一般为2个月，特殊情况下，经申请法院批准，可延长至3个月。④ 继承人在国外的，此期限为6个月。⑤ 由此可知，“陈稿”中继承的接受与放弃期间为2个月，特殊情形下为6个月。继承人没有在上述期限作出声明的，也没有以制作遗产清单方式接受限定继承的，视为无条件的概括继承。⑥

5. 杨立新等学者建议稿的主要观点

对于继承的接受与放弃期限，“杨稿”规定，继承人应当自知道或者应当知道继承开

---

① “梁稿”第2008条。
② “王稿”第554条。
③ “张稿”第9、16条。
④ “陈稿”第70条。
⑤ “陈稿”第11条。
⑥ “陈稿”第69条第2款。

始并有资格继承遗产之日起 3 个月内，作出是否接受继承的表示。逾期未表示或者已经接受遗产分配的，视为接受继承。① 由此可知，“杨稿”中继承的接受与放弃期限为 3 个月。

（二）继承的接受与放弃期限之我国立法的学者观点评析

1. 诸学者建议稿的共同点

通过对前述学者建议稿的考察可知，诸学者建议稿对继承的接受与放弃期限的规定，有如下相同之处：所有学者建议稿都对继承的接受与放弃期限有具体时间的规定。除“杨稿”为“3 个月”外，其他学者建议稿均为“2 个月”。并且，“陈稿”和“张稿”均规定如继承人在国外的，此期限为 6 个月。

2. 诸学者建议稿的不同点

前述学者建议稿对继承的接受与放弃期限的规定，有如下几点不同。第一，继承人接受和放弃继承的期限不同。继承的接受或放弃的期限为 2 个月以内的，如“梁稿”“王稿”“张稿”“陈稿”；该期限为 3 个月以内的，如“杨稿”。第二，“张稿”和“陈稿”认为，继承人没有在法定期限内声明放弃继承或者未以制作遗产清单的方式接受继承的，视为单纯接受继承（无条件接受继承），即为概括继承。

从立法价值取向与功能之角度分析，继承人的范围越早确定，遗产的权属关系就越早明晰，对财产的管理、遗产债务的清偿及遗产的分割就越有利。如果继承人选择接受继承，对于继承的效力，继承人也可以选择以制作遗产清单的方式而限定接受继承，即承担遗产债务的有限清偿责任；或是选择概括接受继承，即承担遗产债务的无限清偿责任。必须明确，尊重继承人的自由意愿，并不意味着他们的自由意愿不受任何限制。如果对于接受继承或放弃继承的意思表示没有具体时间限制，继承关系将长期处于不稳定状态，一是可能不利于遗产的管理和利用，二是可能影响债权人行使权利，不利于债权人利益的保护。继承关系长期不确定也是滋生继承纠纷的重要原因。因此，继承法在保障继承人自由行使接受或放弃继承的选择权实现的同时，也要保护其他遗产继承人和债权人的利益，法律明确规定继承的接受与放弃的具体期间，这体现了法律的公平价值理念。

从我国十省市被调查民众对继承放弃的时间限制统计数据分析，如前所述，我国十省市被调查民众中有近三成半（占 34.95%）的人认为，应该明确继承放弃的时间，即知道继承开始的 2 个月内，这样既可以让继承人有一定的时间去考虑是否接受或放弃继承权，同时，又可以督促继承人积极行使权利，从而可以使遗产的归属早日明确（见表 4-3-1、图 4-3-1）。

通过对我国司法实践的考察，从“涉及继承的接受与放弃期间的案例一”中可知，因我国立法规定放弃继承意思表示的时间为遗产处理前，而实践中遗产的处理往往需要的时间较长，因此在继承开始与遗产分配之间可能会有一个相当长的时间间隔，继承人不及时地为接受继承的意思表示，则遗产的归属就会长期处于不确定的状态，这对于财产关系的稳定也是不利的，容易引起继承纠纷。

在域外立法中，继承人必须在法定期限内作出接受或放弃继承的意思表示，这是前述大陆法系国家的共同规定。因为继承的接受或放弃的意思表示不宜无限期地拖延，否则继承法律关系会长期处于不确定状态，这对继承人和其他利害关系人都是不利的。所以，前

① “杨稿”第 12 条。

述的五个大陆法系国家，除意大利是由司法机构决定期限外，其他四国对于接受继承的法定期限分别规定为6周（德国）、3个月（日本）、4个月（法国）、6个月（俄罗斯）。除俄罗斯规定限定继承而无强制无限责任继承外，其他三国均规定在这一法定期间届满时如能提供相应的财产清册等，则实行限定责任继承，如不能按期提供的，则表示放弃继承或被视为单纯继承（无限责任继承）。在英美法系国家，由于实行的是间接继承，即在遗产管理人以遗产清偿被继承人债务后才交付剩余遗产给继承人，故对于接受继承的期限无严格限制，只在美国，对于配偶接受继承形式之选择权的9个月期限作了明确的规定。

根据我国《继承法》第25条规定，继承一旦开始，只要继承人在法定期限内未放弃继承，则视为接受继承。而放弃继承的期限是继承开始后至遗产分割前。放弃继承的期限起算点是继承开始之时。放弃继承的表示应于遗产处理前作出，遗产分割后继承人表示放弃的，已经不是放弃遗产继承，而是放弃其已实际取得的财产所有权。如果在遗产分割之前继承人没有表示放弃的，即被推定为接受继承。

通过对前述诸学者建议稿的考察可以得知，诸学者建议稿均规定有继承的接受与放弃的具体期限。我们认为，基于现代民法强调民事主体的个体人格独立，各自承担权利和义务的理念，法律赋予继承人一定的考虑期限，让其自愿决定接受继承或放弃继承，即由其自主决定是否承受继承的权利与义务。由于“财产之利用，在权属明确状况下最具效率。为减少继承溯及力的影响，使遗产归属及早确定，须对继承承认与放弃予以期限的限制”。[①] 我们认为，关于我国继承的接受与放弃的具体期限，在我国十省市被调查民众中有部分支持接受与放弃继承的期限为2个月，域外立法中各国对此规定不一，我国学者建议稿中多数建议为2个月。因此，从我国实际出发，建议采取继承的接受与放弃的期限为2个月，继承人在国外的为6个月，较为妥当。

三、继承的接受类型、继承的接受与放弃方式之我国立法的学者观点与评析

（一）继承的接受类型和接受与放弃继承的方式之我国立法的学者观点

1. 梁慧星等学者建议稿的主要观点

（1）继承的接受类型。关于继承的接受类型，根据“梁稿”规定，分为两种：法定的限定继承（有限责任继承）与自愿的概括继承。继承人仍以接受遗产的实际价值为限对遗产债务承担责任，即维持现有立法的限定继承原则。但也规定了例外情形，即继承人自愿偿还的不在此限。可见，继承的接受包括有限责任继承与自愿概括继承，而无强制的概括继承。

（2）接受继承和放弃继承的方式。关于接受继承的方式，“梁稿”规定包括有明示方式与默示的推定方式；并对继承放弃的方式也有专门的规定，即要求必须为明示方式（采用书面形式）。继承人放弃继承的，应当在知道继承开始后2个月内，以书面形式作出放弃继承的意思表示。[②] 逾期未表示的则视为接受继承。

2. 王利明等学者建议稿的主要观点

（1）继承的接受类型。关于继承的接受类型，“王稿”规定，只有遗产管理人忠实、

---

① 郭明瑞、房绍坤、关涛：《继承法研究》，中国人民大学出版社2003版，第35-36页。

② “梁稿”第2008条。

谨慎地履行了编制遗产清单的义务后，继承人才能享有限定继承的权利。因遗产管理人不当履行上述义务给遗产债权人造成损害的，遗产管理人承担民事责任。遗产管理人是继承人的，继承人须对于遗产债务承担无限责任。[①] 可见，“王稿”中接受继承的类型，分为限定责任继承和无限责任继承（含自愿的、强制的两种）。

（2）接受继承和放弃继承的方式。对于继承放弃的方式，“王稿”要求必须为书面形式。继承人放弃继承的，应当在知道或应当知道继承开始 2 个月内，向遗产管理人、遗嘱执行人或人民法院作出书面的放弃继承的表示。[②] 而承认接受继承则可以采用口头、书面、推定等多种形式。

3. 张玉敏等学者建议稿的主要观点

（1）继承的接受类型与方式。对于继承的接受类型，“张稿”规定有两种类型，包括有限责任继承与无限责任继承（含自愿的和强制的）。具体而言，关于有限责任继承，继承人可以在继承开始后 2 个月内或知道自己为继承人后 2 个月内，向法院声明以继承财产的价值为限承担责任并制作遗产清单，制作清单应延请公证人或其他见证人到场见证。[③] 而无限责任继承，继承人没有在上述期限内声明放弃继承，也没有以制作遗产清单的方式接受继承的，视为单纯接受继承（无条件接受无限责任继承）；继承人在制作遗产清单中存在故意漏记重要遗产或记入不存在的债务的，抑或擅自处分遗产的，该继承人则被视为单纯继承人，对被继承人的债务承担无限责任，而且不得放弃继承，即强制的无限责任继承。[④]

（2）放弃继承的方式。放弃继承的声明须以书面的形式向已经接受继承的继承人作出，有遗产管理人时，应当向遗产管理人作出。放弃继承者应当将放弃继承的声明告知所有已知的继承人。如果已经有继承人向法院声明以制作遗产清单的方式接受继承，或者没有继承人接受继承，放弃继承的声明必须以书面的方式向法院作出。[⑤]

4. 陈苇等学者建议稿的主要观点

（1）继承的接受类型与方式。对于接受继承的类型与方式，“陈稿”分为有限责任继承和无限责任继承（含自愿的与强制的）。前者须采取制作遗产清单的方式接受继承，后者为无条件的概括继承。继承开始后，继承人可以采取制作遗产清单的方式接受继承，此为有条件的限定继承。如果继承人没有在 2 个月内提出声明接受或放弃继承，也没有以制作遗产清单的方式接受继承的，视为无条件的概括继承。如制作清册中有不当行为，则被强制概括继承，即强制的无限责任继承。

（2）放弃继承的方式。关于继承人放弃继承的方式，放弃继承必须采取明示方式，即该声明须以书面的形式向所有已知的接受继承的继承人作出，有遗产管理人时，应当向遗产管理人作出。如果已经有继承人向法院声明以制作遗产清单的方式接受继承，或者没有继承人接受继承的，放弃继承的声明必须以书面形式向法院作出。[⑥]

---

① “王稿”第 551 条及立法理由。

② “王稿”第 554 条。

③ “张稿”第 16 条。

④ “张稿”第 9 条第 2 款、23 条。

⑤ “张稿”第 12 条。

⑥ “陈稿”第 12-13 条。

5. 杨立新等学者建议稿的主要观点

（1）继承的接受类型与方式。关于继承的接受类型，分为两种即概括责任继承（包括自愿的和强制的）与限定责任继承。“杨稿”规定，继承开始时，由继承人全体概括承受遗产上的权利与义务。继承人制作遗产清单并公证后，可以其所接受遗产的实际价值为限，清偿被继承人依法应当缴纳的税款和遗产债务。超过遗产实际价值部分，继承人自愿偿还的不在此限。[①] 其概括继承分为自愿的与强制的两种。其中，强制概括继承的情形如下：继承人在制作遗产清单并公证后，仍应对全部遗产债务承担责任：隐匿重要遗产的；在遗产清单中故意漏记重要遗产，或者记入不存在的债务的；处分遗产损害遗产债权人权利的。

（2）接受继承和放弃继承的方式。如果逾期未表示放弃继承或已接受遗产分配的，视为接受继承。放弃继承表示应当以书面形式向其他继承人、遗产管理人或遗嘱执行人作出。用口头方式表示放弃继承，本人承认，或有其他证据证明的，应当认定为有效。没有或者不知其他继承人、遗产管理人或遗嘱执行人的，放弃继承、受遗赠的意思表示向民政部门作出或者以公证的方式作出。[②]

（二）继承的接受与放弃方式之我国立法的学者观点评析

1. 诸学者建议稿的共同点

（1）继承的接受类型。通过对前述学者建议稿的考察可以得知，诸学者建议稿对继承的接受类型的规定，有如下相同之处：对继承的接受类型，诸学者建议稿均规定为有限责任继承和自愿的无限责任继承。

（2）接受继承和放弃继承的方式。诸学者建议稿对接受继承和放弃继承的方式的规定，有如下相同之处：一是对继承人作出放弃继承的方式，以上学者建议稿均有要求须以书面形式的规定。二是未在法定期限作出放弃继承的，则推定为接受继承。三是除“张稿”和“陈稿”对放弃继承的方式均建议采用作出相关的声明，作出声明的对象为向所有接受继承的继承人作出；有遗产管理人时向遗产管理人作出；在法定情形下，向法院作出。

2. 诸学者建议稿的不同点

（1）继承的接受类型。通过对前述学者建议稿的考察可以得知，诸学者建议稿对继承的接受类型的规定，有如下不同之处。除“梁稿”外，对无限责任继承，其他学者建议稿均规定有自愿的与强制的两种类型，而“梁稿”仅规定有自愿的一种类型。只有“梁稿”的类型规定与现行立法完全相同，即以限定继承为原则，当事人自愿偿还的无限责任继承为例外。

（2）接受继承和放弃继承的方式。诸学者建议稿对接受继承和放弃继承的方式的规定，有如下不同之处。第一，仅有“杨稿”对于放弃继承的方式规定了除书面形式外的其他方式。即以口头或公证的方式放弃继承。而在“梁稿”的立法理由中补充阐述依照我国《执行继承法的意见》第47条规定，继承人用口头方式表示放弃继承的，本人承认，或有其他充分证据证明的也认定为有效。第48条规定，在诉讼中，继承人向人民法

① “杨稿”第5条第1款、77条第1款、80条。

② “杨稿”第12、13条。

院以口头方式表示放弃继承的，制作笔录后由放弃继承的人签名也认定为有效。第二，“张稿”“陈稿”和“杨稿”明确规定了放弃继承应向何种主体作出表示。但对方主体有同有异，其共同的主体是其他继承人、遗产管理人或遗嘱执行人；其不同点是，如果没有上述人的，“张稿”和“陈稿”规定为须向法院作出；“杨稿”规定为可向民政部门或以公证方式作出。

从立法价值取向与功能之角度分析，放弃继承是重要的法律行为，不仅关乎自身利益，同时也影响着其他继承人及利害关系人的利益，因为其所放弃的不仅是财产权利，还可能包含着财产义务，所以放弃继承的表示方式应当是以明示的方式作出，这可以减少纠纷，促进遗产的处理进程，实现效率价值的要求。同时，明确放弃继承的具体方式，也是秩序价值的体现，通过明确的方式放弃继承，向法定主体作出自己的意思表示，可以维护正常的继承秩序，有利于保护继承人和遗产债权人的权益。

根据我国《继承法》规定，以限定继承为原则，且对接受继承的方式未作明确规定，接受继承是不要式行为，无须任何特定方式便可认定为接受继承，明示或默示则在所不论。放弃继承为要式行为，须有继承人积极地以明示方式为意思表示，不得以默示方式为之。我国《执行继承法的意见》第 47 条规定：“继承人放弃继承应当以书面形式向其他继承人表示。用口头方式表示放弃继承，本人承认，或有其它充分证据证明的，也应当认定其有效。”第 48 条规定：“在诉讼中，继承人向人民法院以口头方式表示放弃继承的，要制作笔录，由放弃继承的人签名。”可见，“梁稿”的规定就是将上述现有立法归纳为须“以书面形式”表示。

从域外立法分析，在前述大陆法系国家中，接受继承的方式不同，会产生不同的继承效力。一般来说，对于选择接受限定继承的方式，除俄罗斯外，前述大陆法系各国都要求申请遗产支付不能程序或遗产管理命令或制作财产目录或声明同意财产清册等；而如果未按上述方式作出相应的行为并且未在法定期限内作出放弃声明的，或实施了法律规定的某些不当行为时，则可能发生强制的单纯继承（对遗产债务无条件地承担无限清偿责任）的不利后果。在英美法系国家，如前所述，由于遗产代理人向继承人交付的是被继承人的剩余财产，也即积极财产，所以接受继承，就是继承人受领遗产代理人清偿遗产债务后分配的剩余遗产。

综上所述，我们认为，关于继承接受与放弃的方式，针对我国无条件的限定继承制度之现状，可参考前述法、德、日、意等大陆法系国家之有条件的限定继承立法例，汲取“王稿”“张稿”“陈稿”和“杨稿”等有关自愿的无限责任继承与强制的无限责任继承两者同时设立的建议进行制度构建。选择实行限定继承的继承人，必须依法制作遗产清单，这种方式能够使遗产的状况更为清楚，有利于保护遗产债权人的利益，同时对继承人的利益也无损，是接受有限责任继承合理的方式。如其不依法在法定期限内依法制作遗产清单的，则视为自愿实行概括继承。如其在制作遗产清单中，有隐瞒、转移遗产等不当行为的，则被强制实行概括继承，即强制承担无限责任继承的后果。

四、继承的接受与放弃效力之我国立法的学者观点与评析

（一）继承的接受与放弃效力之我国立法的学者观点

1. 梁慧星等学者建议稿的主要观点

（1）接受继承的效力。对于接受继承的效力，一是有限责任继承的效力，继承人仅

以接受遗产的实际价值为限对遗产债务承担责任；二是无限责任继承的效力，其只有自愿的无限责任继承的效力，即继承人自愿对被继承人的债务承担无限清偿责任。但无强制的无限责任继承接受的效力之规定。①

（2）放弃继承的效力。对于放弃继承的效力，追溯到继承开始的时间。② 放弃继承人自继承开始时就被视为其不曾参与继承，并对被继承人依法应当缴纳的税款和债务不承担偿还责任。③

2. 王利明等学者建议稿的主要观点

（1）接受继承的效力。对于接受继承的效力，包括有限责任继承的效力和无限责任继承的效力。具体而言，有限责任继承的效力，即继承人仅以接受遗产的实际价值为限对遗产债务承担责任；无限责任继承的效力则包含自愿的无限责任继承的效力和强制的无限责任继承接受的效力。无论是自愿的或是强制的无限责任继承，继承人对于遗产债务均承担无限责任。

（2）放弃继承的效力。继承的放弃效力，溯及继承开始之时。④ 放弃继承人自继承开始时就被视为其不为继承人，而对于接受继承则不予规定，因为按照当然继承原则，被继承人死亡之时，遗产就归继承人所有，因此接受继承的溯及力不言而喻。⑤ 此外，"王稿"还规定了放弃继承者的遗产管理义务，放弃继承者就其所管理之遗产，于其他继承人或遗产管理人开始管理前，负有以处理自己事务的同样的注意继续管理之义务。⑥

3. 张玉敏等学者建议稿的主要观点

（1）接受继承的效力。对于接受继承的效力，包括有限责任继承的效力和无限责任继承的效力。关于继承的限定接受的效力，继承人以制作遗产清单的方式接受继承，提交遗产清单后，享有下列利益：遗产与继承人的固有财产保持独立；继承人以遗产的价值为限承担清偿遗产债务的责任。一个继承人提交遗产清单，对全体共同继承人发生效力。⑦

关于强制概括继承的效力，如果继承人有下列情形之一，丧失遗产清单利益，视为单纯继承人，对被继承人的债务承担无限责任，而且不得放弃继承：在遗产清单中故意漏记重要遗产，或者记入不存在的债务的；擅自处分属于遗产中的财产的。但是，为保存遗产所必需的处分除外。⑧

关于自愿的无限责任继承的效力，即继承人没有在法定期限内声明放弃继承，也没有以制作遗产清单的方式接受继承的，视为单纯接受继承，即承受被继承人的全部财产权利、义务和责任。⑨

（2）放弃继承的效力。关于放弃继承的效力，放弃继承的人视为从继承开始时起就

---

① "梁稿"第2008条。

② "梁稿"第2011条。

③ "梁稿"第2014条。

④ "王稿"第561条。

⑤ 参见王利明（项目主持人）：《中国民法典学者建议稿及立法理由·人格权编、婚姻家庭编、继承编》，法律出版社2005年版，第562页。

⑥ "王稿"第563条。

⑦ "张稿"第17条。

⑧ "张稿"第23条。

⑨ "张稿"第9条。

不是继承人。被放弃的继承份额按照放弃继承的人在继承开始前死亡的情形处理。继承人在放弃继承后应当继续管理遗产，直到因其放弃而有权接受继承的继承人接受继承时为止。放弃继承的人此前对遗产的管理按无因管理处理。[①] 此外，关于放弃继承权利的丧失，继承人在放弃继承的期限内，隐匿遗产中的物品，或者对遗产实施不必要的处分行为的，丧失放弃继承的权利。但接受继承的人表示了解的除外。[②]

4. 陈苇等学者建议稿的主要观点

（1）接受继承的效力。对于接受继承的效力，一是有限责任继承的效力，继承人以其接受遗产为限对被继承人的遗产债务承担责任；二是无限责任继承的效力，包括自愿的无限责任继承的效力和强制的无限责任继承的效力，两者的效力是相同的，即继承人对遗产债务承担无限清偿责任。

（2）放弃继承的效力。放弃继承的效力，溯及继承开始之时。被放弃的继承份额按照放弃继承的人在继承开始前死亡的情形处理。此外，“陈稿”还规定了放弃继承者的遗产管理义务，继承人在放弃继承后应当继续管理遗产，直至因其放弃而有权接受继承的继承人接受继承为止。放弃继承的人此前对遗产的管理为无因管理。[③]

5. 杨立新等学者建议稿的主要观点

（1）接受继承的效力。对于接受继承的效力，包括有限责任继承的效力和无限责任继承的效力。具体而言，有限责任继承的效力，即继承人以接受的遗产实际价值为限承担清偿被继承人所欠税款和债务的责任；无限责任继承的效力则包含自愿的无限责任继承的效力和强制的无限责任继承的效力。无论是自愿的或被强制的无限责任继承，继承人对于遗产债务均承担无限清偿责任。[④]

（2）放弃继承的效力。对于放弃继承的效力，溯及继承开始之时。相应遗产份额归属于其他继承人。[⑤]

（二）继承的接受与放弃效力之我国立法的学者观点评析

1. 诸学者建议稿的共同点

（1）接受继承的效力。通过对前述学者建议稿的考察可以得知，诸学者建议稿对接受继承效力的规定，有如下相同之处。对于接受继承的效力，包括有限责任继承的效力和无限责任继承的效力。有限责任继承的效力，即继承人在所得遗产的范围内承担被继承人的债务；但是在无限责任继承的效力上，除“梁稿”外，其他学者建议稿中均规定了自愿的和强制的无限责任继承的效力，两者的效力均是继承人对于遗产债务承担无限责任。

（2）放弃继承的效力。对于放弃继承的效力，诸学者建议稿均规定了放弃继承的效力追溯至继承开始之时。

2. 诸学者建议稿的不同点

通过对前述学者建议稿的考察可以得知，诸学者建议稿对继承的接受与放弃效力的规定，有如下不同之处：第一，对于强制无限责任继承的效力，除“梁稿”无规定外，“王

---

① “张稿”第 13 条。
② “张稿”第 14 条。
③ “陈稿”第 13 条。
④ “杨稿”第 77 条。
⑤ “杨稿”第 12 条。

稿”第551条、“张稿”第16条、“陈稿”第12条和“杨稿”第80条均作了规定，体现了对选择接受限定继承的继承人不依法制作遗产清单或有不当处理遗产等行为的制裁。

从立法价值取向和功能的角度分析，“近世法制，基于自己责任原则，废弃古代之身份、祭祀继承制度，继承逐渐演变为单纯之财产继承。故无论对于何人，均以不强制其承受继承为原则，一切继承人都有放弃继承的自由”。① 继承开始后，无论遗产债务是否大于遗产价值，基于意思自治原则，继承人都可以根据自己的自由意志选择接受继承或放弃继承。如果继承人发现被继承人资不抵债，其选择放弃继承的，这样就能使在继承开始后，继承人的固有财产与遗产不发生混同，继承人不会承担遗产债务的清偿责任。法律赋予继承人享有自愿选择接受继承或放弃继承的权利，体现了法律尊重继承人的意思自治。可见，现代继承法之自愿选择接受继承或放弃继承制度的功能在于，保障继承人的人格独立、意志自由和个人财产独立，彰显了法律的自由价值。

一旦接受继承，如自愿选择概括继承的，该继承人便自继承开始之日起继受被继承人的财产法律地位；如继承人表示接受限定继承的，在我国可直接产生限定责任继承的法律效力，在国外须依法制作遗产清单且向法院申报的，才能产生限定继承的效力。继承人以其所继承的遗产价值为限对被继承人的债务承担清偿责任。继承人表示放弃继承的，放弃继承的效力，追溯至继承开始之时。我国《执行继承法的意见》第51条规定：“放弃继承的效力，追溯到继承开始的时间。”放弃继承后，继承人视为无继承权人，不享有任何继承权利，亦不负担任何继承义务。放弃继承，不影响继承人对遗产的其他财产权利。如继承人享有对被继承人的债权，则仍可向遗产主张权利。可见，对选择实行限定继承的继承人设置法定条件和程序的规定，可以彰显法律平等地保护继承人与遗产债权人的价值取向；对于放弃继承的人，无须承担清偿遗产债务责任的规定，体现了公平的价值取向，有利于保障遗产首先被用于清偿死者的债务，实现保护第三人的利益和维护交易安全的功能。

从我国十省市被调查民众对继承人放弃继承的行为能否为其债权人所撤销统计数据分析，对此问题，被调查地区民众的认识有一定的分歧。从总体来看，选择A项（持“肯定说”的）和B项（持“否定说”的）的被调查者人数，各占47.12%和52.61%（见表4-3-2、图4-3-2）。可见，稍占多数的被调查者还是认为，遗产应该优先照顾家庭的弱势群体，相比其满足继承人债权人的需要，家庭的弱势群体更应该在遗产使用中得到更多的照顾。

从前述“涉及放弃继承能否被撤销的案例二”中可以看出，最终法院判决邓某放弃继承两套诉争房屋的行为无效。这是依据我国《执行继承法的意见》第46条的规定作出的判决，该条规定：“继承人因放弃继承权，致其不能履行法定义务的，放弃继承权的行为无效。”邓某因放弃继承，致使张某的债权不能实现，张某认为这是“有害债权”的行为，法院对债权人请求对此予以撤销的行为予以支持。然而，上述结论明显是与我们所调查的稍占多数被调查者的观点相左。我们赞同，放弃继承行为事关继承人之人格的基本自由及尊严，即使放弃继承会“间接”地有损继承人之债权人的利益，债权人也不得撤销。因为继承权虽具有财产属性，但其取得主要以具有一定身份关系为前提，如夫妻之间、父

① 史尚宽：《继承法论》，中国政法大学出版社2000年版，第325页。

母子女之间，如果无该身份则不得互为法定继承人。有学者指出："继承权抛弃与结婚、离婚、收养子女或非婚生子女认领相同，属身份行为，具有人身专属性。纵因该行为而间接地对债权人的财产发生不利影响，债权人亦不得撤销。"① 另有学者也指出："任何自由的行使，无不应受到必要的限制，放弃继承亦不能例外。放弃继承虽然具有一定的身份行为性质，但继承一经开始，遗产即归属于继承人所有，继承人嗣后放弃继承的行为虽具有溯及力，亦不能不谓其为既有利益的减少，一旦有损继承人之债权人的债权，债权人自可撤销。"② 但正如学者所言："继承放弃自由有人格权之性质，即使继承人放弃继承行为的行为害及其履行债务，债权人亦不能因此而行使撤销权。"③ 其主要理由：首先，放弃继承行为不能以纯粹的放弃财产法律制度予以规制，现代继承法中的继承虽已由原来的"身份继承"过渡至现在的"财产继承"，但仍然关乎继承人之人格的基本自由及尊严。"抛弃继承兼具财产行为和身份行为双重属性。"④ 因此，放弃继承行为不是纯粹的财产行为，而是具有财产行为和身份行为的双重属性。故继承人之债权人不得撤销放弃继承行为。其次，在现代社会，应当尊重继承人自由选择是否接受继承的意愿，不能强制继承。再次，继承人如为照顾家庭中弱势者而放弃继承的，符合家庭养老育幼职能要求，也符合家庭成员互相帮助的优良传统道德。最后，放弃继承只是对将来可能增加的财产没有接受，但并没有减少现存的对债权人的责任财产。根据现代民法的"自己责任原则"，债权人只能以债务人现有的责任财产作为求偿的标的。因此，继承人放弃继承的行为，不能成为继承人之债权人的撤销标的。

在域外立法中，除俄罗斯外，前述大陆法系的法国、德国、日本和意大利对于接受继承的效力区分为：有条件的限定继承与无条件的概括继承（无限责任继承），两者具有不同的效力。概括继承的效力，即继承人完全承受被继承人财产上的权利义务，但具有人身属性的除外。而限定继承的效力，即继承人与被继承人的财产分离，继承人仅以被继承人遗产为限清偿被继承人的债务。而在英美法系国家，接受继承的效力就是继承人承受积极的财产利益。而在放弃继承效力方面上，从上述国家的规定来看，该行为可引起两个方面的效力：第一，放弃的效力溯及继承开始之时；第二，放弃继承的人的应继份，转归由其他继承人继承，前述的国家对此的规定是相同的。在法定的放弃继承期间届满前，继承人放弃继承的行为不是放弃已取得的财产，而是放弃作为应召继承人的身份，这也是为何大多数国家规定放弃继承溯及继承开始时发生效力，放弃继承行为人自始不成为遗产继承人之原因。⑤

我们认为，对接受继承的效力应当分为有条件的限定继承与无条件的概括继承两种，分别规定其效力。对放弃继承的效力，参考学者观点与域外法，应追溯到继承开始之时。值得注意的是，对于继承人放弃继承，法国和意大利两国规定债权人在特定情况下享有在债权额限度内的撤销权。但我们认为，基于尊重继承人的人格自由，不能强制其继承；基

① 史尚宽：《债法总论》，中国政法大学出版社 2000 年版，第 464 页。

② 郭明瑞、房绍坤、关涛：《继承法研究》，中国人民大学出版社 2003 版，第 35 页。

③ 陈棋炎、黄宗乐、郭振恭：《民法继承新论》，台湾三民书局 2001 年版，第 273 页。

④ 史尚宽：《继承法论》，中国政法大学出版社 2000 年版，第 243 页。

⑤ 《德国民法典》第 1953 条第 1 款，《法国民法典》第 785 条，《日本民法典》第 939 条，《意大利民法典》第 521 条，我国《执行继承法的意见》第 51 条。

于债法原理，不能以将来可能取得的遗产作为现实债权的责任财产；基于家庭伦理道德和遗产的扶养功能，应当允许继承人自愿放弃继承，以照顾家庭中的弱势群体。所以，对继承人放弃继承的行为，前述德国、日本和俄罗斯立法均没有规定可以被债权人请求撤销，此立法例和我国稍占多数的被调查民众不承认该债权人的撤销权的观念，均可供我国立法参考。

五、继承的接受与放弃的变动之我国立法的学者观点与评析

（一）继承的接受与放弃的变动之我国立法的学者观点

1. 梁慧星等学者建议稿的主要观点

（1）接受与放弃继承意思表示的撤回。"梁稿"明确规定继承人接受或者放弃继承的意思表示不能撤回。

（2）接受与放弃继承意思表示的撤销及程序。关于放弃继承行为的撤销，继承人放弃继承损害其债权人利益的，债权人可以申请人民法院撤销继承人放弃继承的行为，但继承人提供充分担保的除外。债权人在知道或应当知道继承人放弃继承之日起6个月内未行使前述撤销权的，该撤销权消灭。①

（3）接受与放弃继承的无效。接受或者放弃继承不得附条件或者附期限，部分接受或者放弃继承的意思表示无效。②

2. 王利明等学者建议稿的主要观点

（1）接受与放弃继承意思表示的撤回。"王稿"对于接受与放弃继承意思表示的撤回没有规定。

（2）接受与放弃继承意思表示的撤销及程序。继承人不得单方撤销承认或放弃继承的意思表示。③ 但是基于欺诈、胁迫或重大误解而作出的接受或放弃继承的意思表示，继承人享有撤销权。此外，债权人在法定情况下享有对放弃继承的撤销权，即继承人放弃继承损害其债权人利益的，债权人可以在知道或者应当知道继承人放弃继承之日起6个月内申请法院撤销继承人的放弃行为。④

（3）接受与放弃继承的无效。继承人不得部分接受或放弃继承。接受或者放弃继承不得附有期限或条件。⑤

3. 张玉敏等学者建议稿的主要观点

（1）接受与放弃继承意思表示的撤回。"张稿"中未规定接受与放弃继承意思表示的撤回。

（2）接受与放弃继承意思表示的撤销及程序。接受与放弃继承的意思表示不得撤销。但因受欺诈或胁迫而作出的接受或放弃继承的表示可以被撤销。该撤销应当在知道有撤销事由时起60天内向法院提出；因受胁迫的撤销自胁迫终止时起计算；自接受或放弃继承

---

① "梁稿"第2008、2012条。

② "梁稿"第2009、2010条。

③ 参见史尚宽：《继承法论》，中国政法大学出版社2000年版，第268页。

④ "王稿"第559、560条。

⑤ "王稿"第558、562条。由于继承的承认与放弃对其他共同继承人及利害关系人影响甚巨，有碍继承关系之安定。故此，继承人在法定期限内仍不得撤销其承认或放弃的意思表示。

时起经过10年的不得再提起撤销之诉。①

（3）接受与放弃继承的无效。接受和放弃继承不得附条件和期限。继承人不得放弃一部分遗产，而接受另一部分遗产。部分放弃、部分接受视为接受继承。②

4. 陈苇等学者建议稿的主要观点

（1）接受与放弃继承意思表示的撤回。“陈稿”明确规定接受与放弃继承的意思表示不得被撤回。③

（2）接受与放弃继承意思表示的撤销及程序。接受或放弃继承的意思表示，因受欺诈或胁迫作出的，可以被撤销。前款撤销应当在继承人知道撤销事由时起60天内向法院提出。因受胁迫而表示接受或放弃继承的，撤销的期限自胁迫终止时起计算。自接受或放弃继承时起经过20年，不得再提起撤销之诉。④

（3）接受与放弃继承的无效。接受与放弃继承不得附条件或期限。部分放弃继承或部分接受继承的意思表示无效，仍视为继承人接受继承。⑤

5. 杨立新等学者建议稿的主要观点

（1）接受与放弃继承意思表示的撤回。“杨稿”对接受与放弃继承意思表示的撤回并没有规定。

（2）接受与放弃继承意思表示的撤销及程序。接受或者放弃继承的意思表示不得撤销。但下列情形除外，因欺诈、胁迫、乘人之危或重大误解而作出的；遗产分配前，经济状况严重恶化的。前款规定的撤销，应当自知道或应当知道可撤销事由之日起3个月内提出。因受胁迫而表示放弃继承的，撤销的期限自胁迫消除时起计算。⑥

（3）接受与放弃继承的无效。接受或放弃继承的表示附条件、附期限的无效。⑦

（二）继承的接受与放弃变动之我国立法的学者观点评析

1. 诸学者建议稿的共同点

各学者建议稿均认为继承的接受与放弃的意思表示不能撤回，因为若允许继承人任意撤回其意思，将难以稳定遗产继承关系。并且，除“梁稿”外，其他建议稿均提出因欺诈或胁迫而作出的接受或放弃继承的意思表示可以被撤销。撤销权的行使期限为知道或应当知道可撤销事由之日起3个月或60天内提出。因胁迫而作出继承接受或放弃的意思表示的，均规定该期限从胁迫终止时起算。此外，“陈稿”和“张稿”还规定了撤销之诉的最长时效。

2. 诸学者建议稿的不同点

一是关于接受和放弃继承意思表示的撤销情形，“王稿”和“杨稿”规定重大误解也可以撤销继承的意思表示，是因为“王稿”认为错误与欺诈、胁迫一样都属于可撤销的意思表示，立法上不应当厚此薄彼。而有些学者则认为错误的情况太多，恐会造成继承秩

① “张稿”第11条。
② “张稿”第10条。
③ “陈稿”第14条第1款。
④ “陈稿”第14条。
⑤ “陈稿”第11条第2款。
⑥ “杨稿”第14条。
⑦ “杨稿”第12条第1款。

序的混乱，且错误是主观上的状态，难以举证。并且“杨稿”还将乘人之危也纳入可撤销的事由中。二是“陈稿”和“张稿”还规定了行使撤销权的最长时效，但时效期间不同，“陈稿”规定为20年（与我国《民法通则》和《民法总则》的最长时效期间相同），而“张稿”规定为10年（与《法国民法典》规定的此类时效期间相同）。

从立法价值取向与功能之角度分析，接受或放弃继承能够在特殊情形下被法律允许撤销主要是公平价值的体现。因为出于对其他利害关系人权利的保护，在一般情况下，继承人不得撤回其接受或放弃继承的意思表示。但如继承人是在胁迫或欺诈的情形下作出的接受或放弃继承的表示，出于对继承人利益的保护，其可以撤销这一意思表示。可见，是否能够撤销接受或放弃继承的意思表示是出于对继承人本身及其他利害关系人的利益的公平保护而设置的。接受继承或放弃继承的意思表示在一般情形下不得撤回或撤销，这不仅是维护继承关系的正常秩序所要求的，也是保证继承关系的稳定和具有效率所要求的。

我国《执行继承法的意见》规定了放弃继承的无效和撤销。该意见第46条规定继承人因放弃继承权，致其不能履行法定义务的，放弃继承权的行为无效。并且第50条规定遗产处理前或在诉讼进行中，继承人对放弃继承翻悔的，由人民法院根据其提出的具体理由，决定是否承认。遗产处理后，继承人对放弃继承翻悔的，不予承认。综上所述，我国对放弃继承的无效和可撤销有所规定。但我国的规定存在不足，这主要体现在：一是何种“法定义务”的不履行才致使放弃继承的行为无效；二是放弃继承意思表示的撤销的期间规定于遗产处理前或诉讼进行中，此期间过长不利于实现效率原则；三是何种情形下放弃继承的意思表示可以被撤销无明确规定。

在域外立法中，除俄罗斯有明确规定外，其他前述大陆法系国家及英美法系国家均对接受或放弃继承的撤回未作出规定，但通常情况下认为接受与放弃继承的意思表示是单方法律行为，一经作出不得撤回。[①] 而对于撤销，除俄罗斯只要求存在正当理由而未明确列举规定正当理由的具体情形外，上述国家均规定当存在胁迫或欺诈时，可以作为撤销的理由，法国还规定误解的情形也可以作为撤销的理由[②]。此外，在撤销的方式上，以上国家均采用的是继承人向法院诉请撤销的方式进行。但是在接受和放弃继承意思表示撤销的时效期间上，其长短是不同的。比如，法国无效之诉的时效是5年；德国可撤销的期限是6个星期，仅在特殊情况下是6个月；而日本最为特殊，除因欺诈胁迫的原因外，接受和放弃继承在3个月内不能被撤销；意大利的可撤销之诉是5年等。[③] 在接受或放弃继承意思表示无效的情形中，前述大陆法系国家均明确规定附条件或附期限的意思表示以及部分接受或放弃继承的意思表示无效。

综上所述，我们认为，诸学者建议稿对于接受或放弃继承的意思表示不能撤回具有统一的认识，因为该行为不仅涉及本人的利益，还关系到其他继承人和遗产债权人的利益，所以为了尽快确定继承法律关系和保护利害关系人的利益，该意思表示不得撤回。但是因欺诈、胁迫而为放弃继承的表示，对于继承人享有撤销权均予以肯定。在我国，因为继承

---

① 陈苇主编：《外国继承法比较与中国民法典继承编制定研究》，北京大学出版社2011年版，第95页。

② 《法国民法典》第777条。

③ 《法国民法典》第777条，《德国民法典》第1954-1957条，《日本民法典》第919条，《意大利民法典》第482、483、525、526条。

的放弃或接受属于民事法律行为，对其意思表示的撤销当然应当适用我国《民法总则》[①]的规定。而接受或放弃继承意思表示的无效，我国《继承法》与前述大陆法系国家规定相同，即在附条件或附期限的接受或放弃以及部分接受或放弃继承的情况时，该意思表示无效。

第五节　现代继承的接受与放弃制度的发展趋势与我国立法的完善建议

在我国民法典编纂的背景下，我国《继承法》将作为其中的一编被编纂于民法典中。以下，我们总结前述域外立法经验，结合我国被调查民众的相关观念和处理习惯，汲取学者建议稿的观点，分析现代继承法的接受与放弃制度的发展趋势，剖析我国现行立法之不足，在此基础上提出完善立法的建议。本节研究和阐述的内容主要包括：现代继承的接受与放弃制度的发展趋势；我国继承的接受与放弃制度之不足与完善建议。

一、现代继承的接受与放弃制度的发展趋势

（一）继承的接受与放弃的主体之发展趋势

关于继承的接受与放弃的主体之发展趋势，我们认为国家公力的介入在这一方面体现得尤为明显。例如，意大利和俄罗斯均针对未成年人、限制民事行为能力人或无民事行为能力人的接受继承或放弃继承作出了限制性规定，即必须由财产管理人或由公力机关（一般为法院）审查同意的情况下，该被监护人才可以接受或放弃继承。这体现了在特殊主体表示接受或放弃继承时，国家公力机构的介入监督。因为此类特殊人群无法保障自身的利益，所以当其作为继承人时，是否接受或放弃，应当由国家公力机关介入监督以保障其利益不被损害。这是继承的接受与放弃的主体制度之发展趋势。

此外，关于债权人对继承人放弃继承行为的撤销权，前述我国诸继承法学者建议稿中有“梁稿”和“王稿”对此持“肯定说”，但是就未来的发展趋势来说，放弃继承的行为不能作为继承人的债权人撤销之标的。如前所述，继承人享有选择接受或放弃继承的权利，这是私法之意思自治的要求和体现，也是交易相对性的体现。具体而言，某继承人放弃继承，只是导致其将来可以增加的财产未能增加，并没有减少其现有的对债权人实现债权的责任财产。因此，如果以继承人放弃继承侵害债权为由，请求撤销其放弃继承的效力，实际上就是强制继承人继承，这不符合尊重继承人意志自由的私法理念。虽然法国和意大利立法赋予继承人的债权人以债权额为限的代位继承权，这是以继承人的期待财产利益为责任财产，实际扩大了责任财产范围，不符合债法关于债务人须以现实的财产作为债权的担保财产的规则，对继承人而言这是不公平的。而德国和日本以及我国诸继承法学者建议稿中有“张稿”“陈稿”和“杨稿”均未规定继承人放弃继承时其债权人可以侵害其债权为由诉请法院撤销，这才是科学的、合理的。

---

① 我国《民法总则》第147-152条。

（二）继承接受与放弃的期限之发展趋势

继承接受与放弃的期限之发展趋势，就是继承人必须在法定期限内作出表示接受或放弃继承，这是前述大陆法系国家和英美法系国家的共同规定。因为继承的接受或放弃的意思表示不宜无限期地拖延，否则继承法律关系长期处于不确定状态，对于继承人和其他利害关系人都是不利的。所以，前述的五个大陆法系国家，除意大利是由司法机构决定期限外，其他四国对于接受继承的法定期限分别规定为6周、3个月、4个月、6个月。在英美法系国家，由于实行的是间接继承，即在遗产管理人以遗产清偿被继承人债务后才交付剩余遗产给继承人，故对于接受继承的期限无严格限制。只在美国，对于配偶接受继承形式之选择权的9个月期限作了明确的规定。

（三）继承的接受类型、继承的接受与放弃方式之发展趋势

1. 继承接受的类型之发展趋势

（1）建立有条件的限定继承制度。从外国立法来看，继承接受与放弃的类型的立法趋势之一，是建立有条件的限定继承制度。如前述大陆法系的法、德、日、意、俄五国立法，均已设立有条件的限定继承制度。除俄罗斯对有限继承设立的条件是由公证员加两名见证人在场进行遗产登记外，在上述四个大陆法系国家，各国接受限定继承的程序一般是继承人先向法院或主管机关提出声明，再在法定期限内依法制作遗产清单或向法院申请命令遗产管理或开始遗产支付不能程序或要求主管官厅进行清算等，其接受限定继承的声明才能有效。反之，未能履行上述程序或实施了法律规定的某些不当处理遗产的行为时，则可能发生强制实行单纯继承（对遗产债务无条件地承担无限清偿责任）的效力。

在我国，历史上长期存在“父债子还”的传统习惯，子对其父生前所负的债务，无论是否大于遗产，都承担无限清偿责任。这种制度不利于维护继承人利益，有违现代民法的自己责任原则之精神，也不符合意思自治原则。而我国1985年颁行的《继承法》规定了无条件的有限责任继承，即继承人只需以遗产的实际价值为限来清偿遗产债务。如果遗产债务大于实际的遗产价值，继承人也无须以自身的固有财产来清偿遗产债务。这种制度切实有效地保护了继承人的利益，但只要继承人没有表示放弃继承的，不需要任何条件和手续，就可仅以所继承的遗产价值为限，对被继承人的债务承担有限清偿责任，而且此对遗产债务的有限责任利益也不会因继承人的恶意行为（隐匿、侵吞或争抢遗产）而丧失。由于我国《继承法》尚未确立编制遗产清单等规定，遗产的状况不明，而债权人又难以证明遗产的数量及价值等，如果继承人有故意隐瞒遗产不报等行为，则对遗产债权人的利益保护非常不利。也就是说，这种无条件的有限继承制度对继承人保护过度，这严重地忽视了对遗产债权人利益的保护，不符合现代继承法之有限责任继承制度为公平地保护继承人和遗产债权人的利益。必须设立法定的条件和程序之发展趋势。从前述考察的外国立法例可知，我国《继承法》应该建立起有条件的有限责任继承制度，对有限责任继承的意思表示必须规定期限、方式、程序等限制性条件。继承人必须满足这些条件才能享受有限责任继承利益，反之，则会承担不利的后果，即被强制承担无限责任继承。

（2）建立无限责任继承制度。从外国立法来看，继承接受与放弃的类型的立法趋势之二，是同时建立自愿的无限责任继承与强制的无限责任继承制度。如前述大陆法系的法、德、日、意四国立法，均同时建立有自愿选择的单纯承认继承（无条件概括继承）与强制的无限责任继承制度。因为在继承开始之后，继承人虽享有选择接受或放弃继承的

权利，但继承人接受或放弃遗产的考虑期间不可能无期间限制，否则遗产的归属将迟迟没有定论。这不仅不利于遗产的管理，也会降低社会资源的利用率。“事实上积极的为单纯承认的表示，殆为鲜见，其因限定继承及继承放弃期间的经过为单纯承认之时最多。”①法律为督促继承人尽快实施其继承选择权，早日稳定继承法律关系，前述国家的立法均规定如果继承人没有在法定期间内选择放弃继承或选择有条件的有限责任继承的，即被推定为自愿选择无限责任继承。例如，在法国继承人取得限定承认之继承人资格的声明，应向在其辖区内开始继承的大审法院书记室提出；此项声明应登录于专门为受理抛弃继承之文书而备置的登记簿。只有在声明提出之前或其后，按照诉讼程序法规定的形式并且在自继承开始之日起 3 个月内提出忠实、准确的遗产清单，该声明始生效力。遗产清单利益（限定承认继承）的效力，其给予继承人如下利益：第一，仅以其受领继承的财产价值为限，对遗产上的债务负清偿义务，甚至可以表示放弃将全部遗产给债权人与受遗赠人，以免除清偿遗产的负债之义务；第二，不以其个人财产与遗产相混同，并且保留对遗产请求清偿其本人之债权的权利。享有遗产清单利益的继承人负责管理属于遗产的财产，仅对其负责管理中的严重过错行为承担责任。但如果继承人挪用或隐匿遗产中的某些财物，即丧失放弃继承的权利；挪用或隐匿遗产的人，尽管表示放弃继承，仍然为无条件的概括继承人。如明知且恶意将属于遗产的物件遗漏或不记入遗产清单者，即丧失遗产清单利益。有上述不当行为的继承人只能为单纯承认继承，此即为强制的无限责任继承。其效力是继承人以其个人财产与遗产相混同，对遗产的债务负无限清偿责任，而不以所继承受领的财产价值为限。

由于一般情况下，遗产都在继承人的实际掌控之中，或者继承人对遗产真实情况较债权人更加了解。因此，继承人极有可能借用此优势侵害债权人或其他继承人利益，如隐匿财产、于遗产清单上虚假记载、财产混同等。我国《继承法》对此类行为并未立法规制。考察上述国家的立法实践可知，该大陆法系的四个国家都建立了无限责任继承制度。无限责任继承的法律后果，即继承人的财产和被继承人的财产混同，继承人必须对被继承人生前所欠债务负全部清偿责任。这样一种责任方式免除了遗产债权人对具体损害的举证责任，也简化了司法程序，效率更高。当然，无限责任继承也可以基于继承人的自由选择而发生。依照一般趋利避害之观念，继承人肯定会更倾向于选择有限责任继承方式。但也不排除在某些情况下，继承人有可能因个人情感或家族荣誉等缘故，自愿选择无限责任继承而承担清偿全部遗产债务的责任。此外，继承人也有可能因为担心因制作遗产清单等公开程序暴露其家庭隐私而自愿承担无限清偿责任。因此，为了尊重民事主体的意思自治，也为了预防和制裁继承人的侵害遗产债务行为，保护遗产债权人的利益，在“中国民法典·继承编”的继承的接受制度中应在我国《继承法》现有的类型（自愿的无限责任继承）的基础上，增加强制的无限责任继承，两者各自的构成要件不同，以实现各自不同的功能。前者有满足继承人的意思自治之功能；后者有预防和惩罚继承人侵害遗产之不当行为之功能。

2. 继承的接受与放弃的方式之发展趋势

无论是继承的接受还是放弃的方式，其发展趋势均是要求继承人须通过法定的要式行

---

① 史尚宽：《继承法论》，中国政法大学出版社 2000 年版，第 308 页。

为来作出自己的意思表示。继承的放弃与其他继承人的继承权益有着较大的利害关系，出于慎重的考量，也为了将来出现纠纷时有据可循，继承放弃的方式之发展趋势即规定放弃继承的行为必须为要式行为。具体而言，要求放弃继承的行为需以书面形式作出；抑或要求放弃继承的意思表示须向特定机关（如公证机关或法院）作出方可。而接受继承，与放弃继承相比，因接受方式不同分为限定继承和概括继承，这对于继承人本人和其他利益第三人的影响也是较大的，所以前述大陆法系国家的立法规定，继承人如选择享有限定继承的利益，就必须作出一定的要式行为，如向公力机关作出声明并及时制作遗产清单。否则，其将要承担概括继承的无限责任。

（四）继承的接受与放弃的效力之发展趋势

根据前述对于接受继承的类型的分类，则接受继承的效力应当分为有条件的限定继承与无条件的概括继承两种，这也是接受继承效力的发展趋势。通过对前述域外立法的考察与分析，除俄罗斯外，前述大陆法系国家均对于接受继承的效力区分为：有条件的限定继承与无条件的概括继承（无限责任继承），两者具有不同的效力。概括继承的效力，即继承人完全承受被继承人财产上的权利义务，但具有人身属性的除外，继承开始后，遗产与继承人的财产发生混同。该继承人以继承遗产和自己固有财产承担清偿遗产债务的责任。而限定继承的效力，即继承人与被继承人的财产分离，继承人仅以被继承人遗产为限清偿被继承人的债务。而在英美法系国家，接受继承的效力就是继承人承受积极的财产利益。

在放弃继承效力方面，上述国家均规定该行为可引起以下两个方面的效力：第一，放弃的效力溯及继承开始之时；第二，放弃继承的人的应继份，转归由其他继承人继承。[①]一方面，放弃继承的效力应溯及继承开始之时，即该继承人被视为自始不是继承人；另一方面，其应继份转归其他继承人。这样可以简化继承关系，体现效率原则。这也是继承放弃的效力之立法趋势。

（五）继承接受与放弃的变动之发展趋势

关于撤回，因接受与放弃继承这一法律行为的特殊性，其不能被撤回是发展趋势。虽然法国、意大利均规定有在接受继承的期限届满前，可以更改意思表示，但是需要明确的是，由于接受与放弃继承的意思表示是单方法律行为，作出即生效，所以这一意思表示的变更并非撤回，而是撤销。所以出于这一法律行为的特殊性，其不能被撤回。

根据前述，可以说接受与放弃继承之撤销，只是在符合法律规定的特殊情形下才能被撤销这是发展趋势之一，这是公平价值的体现。出于对其他利害关系人利益的保护，一般情况下继承人不得撤销其接受或放弃继承的意思表示。但如继承人是在胁迫或欺诈或其他正当理由的情形下作出的接受或放弃继承的表示，出于对继承人利益的保护，其有权利撤销这一意思表示。这不仅是维护继承关系的正常秩序所要求的，也是保证继承关系的稳定和具有效率所要求的。在域外立法例中，除俄罗斯只要求存在“正当理由”外，上述国家均明确可以撤销的情形，即存在胁迫或欺诈时，是可以作为撤销的理由的。同时，法国关于该意思表示无效的原因还包括误解，[②] 这在其他国家则无规定。

---

① 《德国民法典》第 1953 条第 1 款，《法国民法典》第 785 条，《日本民法典》第 939 条，《意大利民法典》第 521 条，我国《执行继承法的意见》第 51 条。

② 《法国民法典》第 777 条。

关于继承的接受与放弃的无效，根据前述大陆法系国家的相关规定，无效的法定事由是一致的，其包括两种，即附条件或附期限的意思表示无效；部分接受或放弃继承的意思表示无效。这有利于保护继承人和遗产利害关系人的利益，亦是此方面立法之发展趋势。

二、我国继承的接受与放弃制度之不足与立法完善的建议

综观前述两大法系被考察的七个国家继承的接受与放弃制度，考察和分析我国十省市被调查民众对继承的接受与放弃制度之观念和处理习惯及司法实践，针对我国现有的立法之不足，汲取域外立法经验和我国学者建议稿的有益建议，从我国实际出发，就“中国民法典·继承编”之继承的接受与放弃制度的补充完善，提出相关立法建议，以供我国立法机关参考。

（一）我国继承的接受与放弃制度的立法不足

1. 在主体上，对法定代理人代为接受或放弃继承欠缺国家公力的监督

我国《执行继承法的意见》第8条仅规定法定代理人代理被代理人行使继承权时不得损害其利益，如有明显损害被代理人利益的行为无效。但是这一规定属于事后保护，而没有针对性的事前预防监督措施。这样就造成被代理人的继承利益已经受损，方才得到法律上的保护。我们认为，国家公力机构的监督之事前保护是非常必要的，而我国目前无此规定。在前述意大利立法中，设有监护人须通过监护法官许可才能代理被代理人承认或放弃的规定，值得我国立法借鉴。我们认为，从我国实际出发，如果我国只允许法定监护人代理被监护人实行有限责任继承，就只须对该监护人代理放弃继承的行为进行审查批准即可。

2. 在期限上，我国继承的接受与放弃的期限过长

我国《继承法》第25条第1款规定：“继承开始后，继承人放弃继承的，应当在遗产处理前，作出放弃继承的表示。没有表示的，视为接受继承。”也就是说，在我国，自继承开始后至遗产分割前，继承人都可以表示放弃继承，此期间过长。目前，我国多数地区民间有父母一方尚在，子女不分遗产的习俗，可能在继承开始数年后仍未分遗产。因此，继承关系长期处于不稳定状态。其主要弊端有三点：一是不利于遗产的管理和利用；二是有可能侵害债权人的权益，不利于对债权人利益的保护；三是继承关系长期不确定也是滋生继承纠纷的重要原因。从继承的接受与放弃的期限的立法趋势来看，前述大陆法系国家均设立有6周至6个月的期限，特殊情况下可以延长。我国对于接受遗赠表示期限为2个月，但对于接受或放弃继承的期限却没有一个确切的时间。

3. 在接受继承的类型上，采取无条件的有限责任继承存在不足，并且欠缺强制的无限责任继承制度

我国《继承法》以无条件的有限继承为原则，继承人无论于何种情况下都无须对全部遗产债务承担无限清偿责任，即使继承人意图诈害被继承人的债权人为不正当行为，如隐匿遗产、私自消费遗产等，继承人也仅就其所取得的遗产承担遗产债务的清偿责任，而无须承担域外立法中的“强制的无限责任继承”之不利后果。我国《继承法》欠缺强制的无限责任继承制度，实乃将继承人立于绝对优势的地位，只注重了对继承人利益的保护，而对遗产债权人的保护不足。

我国《继承法》以无条件的有限责任继承为原则，即该法第33条第1款规定：“继

承遗产应当清偿被继承人依法应当缴纳的税款和债务，缴纳税款和清偿债务以他的遗产实际价值为限。超过遗产实际价值部分，继承人自愿偿还的不在此限。”因此，不管继承人是否明确表示限定承认继承，也不需编制遗产清单，甚至在继承人已经处分、消费遗产或隐匿遗产的情况下，继承人都不会丧失限定继承的利益。这种无条件的限定继承偏重于对继承人的保护，不符合限定继承制度公平保护继承人和遗产债权人的立法宗旨。从域外法的发展趋势来看，除俄罗斯外，前述大陆法系国家均设立有条件的限定责任继承和承担强制的无限责任继承的法定情形，因为前者可以起到平等地保护继承人和遗产债权人的利益的功能；后者可以引导继承人依法制作遗产清单，预防侵害遗产的不当行为的发生，有利于保护遗产债权人的利益和交易安全。

4. 在效力上，接受继承和放弃继承的效力之规定的不足

在域外立法中，除俄罗斯外，前述大陆法系的法国、德国、日本和意大利对于接受继承的效力区分为：有条件的限定继承与无条件的概括继承（包括自愿的无限责任继承与强制的无限责任继承），它们各自具有不同的效力。而我国对于接受继承的方式分为法定有限责任继承与自愿的无限责任继承。接受继承的效力，一是法定有限责任继承的效力，即继承人依法以遗产为限承担清偿被继承人债务的责任；二是自愿的无限责任继承的效力，即继承人自愿以遗产和自己的固有财产对被继承人的债务承担无限清偿责任。我国立法之不足主要有三点：一是没有设立强制无限责任继承，故亦无此类型继承的效力之规定；二是我国有对放弃继承效力的“法定义务”限制，却对于“法定义务”未予明确列举，这不利于引导继承人依法履行义务；三是放弃继承人对遗产的管理义务欠缺。虽然我国已有上述关于放弃继承效力的规定，但是对于放弃继承人应当承担临时遗产管理的义务未予规定。

5. 在变动上，关于接受或放弃继承的变动规定之不足

如前所述，我国《执行继承法的意见》规定了放弃继承的无效和撤销。① 虽然该司法解释对于放弃继承已经规定了无效的和可撤销的两种情形。但是此规定存在以下不足：一是关于对放弃继承之撤销权，如前所述，我们已分析认为放弃继承的行为不能成为撤销权的标的，故对此无规定之必要；二是在域外立法例中，除俄罗斯只要求存在“正当理由”外，上述国家均明确规定可以撤销的法定情形，即存在胁迫或欺诈时，是可以作为撤销的理由的。同时，法国关于该意思表示无效的原因还包括误解②。而我国对于放弃继承的意思表示可以被撤销的法定情形未被明确规定，而是由法院自由裁量确定，有可能出现同案不同判的情况。

（二）我国继承的接受与放弃制度的立法完善建议

通过对域外继承的接受与放弃制度的立法现状、我国十省市被调查民众的观念与处理习惯、司法实践情况以及我国立法之诸学者建议稿关于继承的接受与放弃制度的主要学术观点的考察与分析。我们认为，在编纂“中国民法典·继承编”中，应当汲取域外有益立法经验，结合我国民众继承习惯和司法实践经验，并吸收我国学者建议稿的有益观点，

---

① 我国《执行继承法的意见》第46条规定，继承人因放弃继承权，致其不能履行法定义务的，放弃继承权的行为无效。第50条规定，遗产处理前或在诉讼进行中，继承人对放弃继承翻悔的，由人民法院根据其提出的具体理由，决定是否承认。遗产处理后，继承人对放弃继承翻悔的，不予承认。

② 《法国民法典》第777条。

对我国现有的制度内容进行修改补充和完善。

1. 在主体上，对法定代理人代为放弃继承设置国家公力的监督

建议可借鉴《意大利民法典》及“陈稿”的规定，对于法定代理人代理被代理人放弃继承权的，须经诉讼程序请求法院批准，经过诉讼程序被法院审查批准的法定代理人方能代为作出放弃的意思表示（须有法院的公力介入监督）。至于继承的接受，由于我国目前实行的是限定继承原则，故代为接受继承不会损害被代理人的利益。如果代理人代替被代理人自愿选择概括继承，则也须经诉讼程序由法院审查批准。

继承人可以在继承开始前或继承开始后行使继承选择权，在2个月内表示接受继承或放弃继承。法定代理人一般不能代理被代理人放弃继承权。如果其代理被代理人放弃继承权，必须经诉讼程序请求人民法院审查批准。如未经批准的，其代理放弃继承权的行为不生效。

2. 在期限上，明确规定继承接受与放弃的期限为2个月

关于这一期限，我们建议继承人表示接受或放弃继承的期限不宜过长或过短。对此期间的确定，参考域外立法例的期限（短的为1个半月，长的为6个月），并汲取学者建议稿多数主张为2个月的观点。所以，我们认为一般情况下，2个月的期限较为合适，同时如果继承人在国外的应当给予其相较于一般情况长的期限。

继承开始后，自继承人知道自己为继承人时起或自遗嘱开启时起2个月内，继承人可以声明接受或放弃继承。继承人在国外的，此期限为6个月。有正当理由可以申请法院延长，但不得超过1年。

3. 在接受继承的类型上，设置强制的无限责任继承制度，并且增补实行有条件的有限责任继承的措施

（1）建立强制的无限责任继承制度。为了制裁继承人的不正当行为，保护遗产债权人的利益，我国在修改继承法时应借鉴和吸收外国有益的立法经验，增补强制性概括继承制度的具体规定。根据五份学者建议稿的主张，同时借鉴域外立法，我们建议设立强制的无限责任继承制度。

继承人在限定继承或放弃继承之前或之后，隐匿遗产、私自消费遗产、在遗产清单上作虚假记载、意图诈害被继承人的债权人而处分遗产的，继承人应无条件承担无限责任继承。

（2）增补实行有条件的有限责任继承的措施，即设立遗产清单制度。如前所述，限定继承有两个方面的作用：一方面保证继承人的固有财产不被强制用于清偿被继承人的债务；另一方面保证被继承人的债权人能够就遗产优先受偿。因此，限定继承的前提是确定遗产状况并使之保持独立。从前述考察的大陆法系国家的立法来看，保障实现此目的的措施是设立遗产清单制度，即继承人如选择限定继承，必须在规定的期限内依法制作出遗产清单，并提交给主管机关。我们认为，我国应当增补有限责任继承的措施，即设立遗产清单制度（关于设立遗产清单制度的具体立法建议，详见第七章遗产分割制度研究的立法建议部分，在此不予重复论述）。

4. 在效力上，明确规定接受和放弃继承的效力

借鉴前述外国立法，并结合我国学者建议稿的观点，因为我们前述已建议增加接受和放弃继承的类型，必然要增加不同类型的效力；为了保护其他继承人和遗产债权人的利

益，放弃继承之人应以对自己财产同样的注意，继续管理该遗产。所以我们建议在效力上应作出如下规定：

继承人自愿选择接受无限责任继承的，必须全部承受被继承人财产上的一切权利义务，但具有人身性质的财产权利义务除外。继承人须对被继承人的债务承担无限清偿责任。

继承人自愿选择接受有限责任的，以继承的遗产为限承担对被继承债务的清偿责任。①

继承人放弃继承的效力，溯及继承开始之时。放弃继承的继承人视为自始不为继承人，其遗产份额由同顺序的其他继承人继承。但是直到遗产分割前，继承人放弃继承后仍有继续管理遗产的义务。放弃继承之人因管理和保管遗产所支出的合理费用应从遗产中扣除。

5. 在变动上，增补接受或放弃继承的无效与撤销之具体情形

因为撤回这一行为不仅涉及本人的利益，还关系到其他继承人和遗产债权人的利益，所以为了尽快确定继承法律关系和保护利害关系人的利益，德国、日本等国立法和我国学者建议稿均认为此意思表示不得撤回。而继承法作为民法典的重要组成部分，其应当按照我国《民法总则》的规定，继承人如因欺诈、胁迫而作出接受或放弃继承意思表示的，应当享有撤销权。因此，我们提出如下建议：

继承人接受或放弃继承的意思表示，不能撤回。接受与放弃继承不得附条件或期限。部分放弃继承或部分接受继承的意思表示无效。

继承人因欺诈、胁迫而为接受或放弃继承的意思表示，有权予以撤销。继承人因欺诈而行使撤销权的，须在知道或应当知道撤销事由之日起 3 个月内向法院提出。继承人因胁迫而行使撤销权的，须自胁迫终止时起 1 年内提出。

前款撤销权的消灭②，依据我国《民法总则》第 152 条③的相关规定处理。

---

① 继承人自愿选择接受有限责任的法定条件，详见第六章有关无限继承与有限继承的责任类型的相关论述。

② 撤销权的除斥期间与诉讼时效有所不同，除斥期间是不变期间，不能适用诉讼时效的中止、中断和延长的规定。参见李永军主编：《中华人民共和国民法总则精释与适用》，中国出版集团中国民主法制出版社 2017 年版，第 236 页。

③ 我国《民法总则》第 152 条规定："有下列情形之一的，撤销权消灭：（一）当事人自知道或者应当知道撤销事由之日起一年内、重大误解的当事人自知道或者应当知道撤销事由之日起三个月内没有行使撤销权；（二）当事人受胁迫，自胁迫行为终止之日起一年内没有行使撤销权；（三）当事人知道撤销事由后明确表示或者以自己的行为表明放弃撤销权。当事人自民事法律行为发生之日起五年内没有行使撤销权的，撤销权消灭。"

第五章　遗赠扶养协议与继承合同制度研究[①]

我国《继承法》第31条规定："公民可以与扶养人签订遗赠扶养协议。按照协议，扶养人承担该公民生养死葬的义务，享有受遗赠的权利。公民可以与集体所有制组织签订遗赠扶养协议。按照协议，集体所有制组织承担该公民生养死葬的义务，享有受遗赠的权利。"此规定确立了我国遗赠扶养协议制度。目前，世界上其他国家的继承立法中没有规定专门的遗赠扶养协议制度，与我国遗赠扶养协议制度最为接近的外国相关制度是继承合同制度。必须说明，继承合同制度目前在我国《继承法》中没有规定，但此制度在部分外国的继承法中有规定。在我国现实生活中，我国十省市被调查民众多数在思想观念上认可被继承人与法定继承人双方签订的继承扶养协议（继承合同），并在行为习惯上也采用继承扶养协议的方式处理扶养与遗产继承问题（详见第三节的实证调查数据论述）。所以，继承合同制度被作为本章研究对象。本章研究和阐述的主要内容包括：遗赠扶养协议与继承合同制度概述；继承合同制度的国外立法现状与评析；遗赠扶养协议的我国立法现状与涉及继承合同的我国民众的观念和处理习惯及司法实践的考察与评析；继承合同制度的我国立法之学者观点与评析；继承合同制度的立法发展趋势与我国立法的完善建议。

第一节　遗赠扶养协议与继承合同制度概述

本节研究和阐述的主要内容包括：遗赠扶养协议与继承合同制度的基本理论；我国遗赠扶养协议制度的立法演变；遗赠扶养协议与继承合同制度的目的、价值取向与功能。

一、遗赠扶养协议与继承合同制度的基本理论

（一）遗赠扶养协议制度的基本理论

所谓遗赠扶养协议，是指遗赠人与扶养人签订的，由遗赠人将个人财产遗赠给扶养人所有，扶养人承担遗赠人生养死葬义务的协议。[②] 我国《继承法》第31条规定："公民可以与扶养人签订遗赠扶养协议。按照协议，扶养人承担该公民生养死葬的义务，享有受遗赠的权利。公民可以与集体所有制组织签订遗赠扶养协议。按照协议，集体所有制组织承担该公民生养死葬的义务，享有受遗赠的权利。"遗赠扶养协议制度是我国特有的一项制度，它有利于保障老年人安度晚年，减轻社会负担，弥补社会保障之不足，体现了我国继

① 本章作者简介：陈苇，女，西南政法大学民商法学院教授，博士生导师；李艳，女，西南政法大学民商法博士研究生，大理大学讲师；张鑫，女，西南政法大学民商法博士研究生，西南科技大学法学院讲师。

② 陈苇主编：《婚姻家庭继承法学（第三版）》，群众出版社2017年版，第307页。

承立法的中国特色。

1. 遗赠扶养协议的主体

遗赠扶养协议的主体，即签订遗赠扶养协议的双方当事人。根据前述我国《继承法》第31条之规定，遗赠扶养协议的主体，一方当事人是遗赠人同时也是受扶养人，其享有接受扶养的权利和承担遗赠财产的义务；另一方当事人是扶养义务人同时也是受遗赠人，其承担对受扶养人生养死葬的义务并享有接受遗产的权利。可见，遗赠人（受扶养人）必须是自然人，扶养人（受遗赠人）依法为法定继承人以外的自然人或集体所有制组织。因为，根据我国现行《婚姻法》的规定，互负扶养义务的法定继承人对受扶养人应当履行法定扶养义务，此法定扶养义务是无偿的，故法定继承人不能与被继承人签订有偿的遗赠扶养协议，所以我国《继承法》排除了法定继承人作为遗赠扶养协议主体的资格。值得注意的是，我国现行《老年人权益保障法》第20条第1款规定："经老年人同意，赡养人之间可以就履行赡养义务签订协议，赡养协议的内容不得违反法律的规定和老年人的意愿。"可见，法定赡养人之间可以就赡养义务进行约定，但其仍是无偿地履行义务。我国现行《老年人权益保障法》第36条规定，"老年人可以与集体经济组织、基层群众性自治组织、养老机构等组织或者个人签订遗赠扶养协议或者其他扶助协议"。可见，在我国，遗赠扶养协议的扶养义务主体只能为法定继承人以外的其他自然人、集体经济组织、基层群众性自治组织、养老机构等组织。

2. 遗赠扶养协议的订立形式

遗赠扶养协议的订立形式，即当事人以何种方式订立遗赠扶养协议。遗赠扶养协议的订立是否符合法律规定的形式，直接影响遗赠扶养协议的效力。我国《继承法》第31条规定，"公民可以与扶养人签订遗赠扶养协议"。此处使用的用语是"签订协议"而不是"约定协议"，故应为书面协议，即遗赠扶养协议应为书面的要式行为。我国司法部1991年《遗赠扶养协议公证细则》第3条规定："遗赠扶养协议公证是公证处依法证明当事人签订遗赠扶养协议真实、合法的行为。"可见，在我国，遗赠扶养协议可采用公证的方式，但公证并非遗赠扶养协议的必备形式。虽然早在20世纪80年代我国就有学者曾主张遗赠扶养协议应为非要式行为，以保护处于事实状态的遗赠扶养关系，① 但是更多的学者主张采用书面的要式形式。②

3. 遗赠扶养协议的内容

遗赠扶养协议的内容，是指双方当事人的权利和义务。根据前述我国《继承法》第31条的规定和我国司法部《遗赠扶养协议公证细则》第2条的规定，遗赠扶养协议是遗赠人和扶养人为明确双方之间遗赠和扶养的权利义务关系所订立的协议。按照约定，扶养人承担受扶养人的生养死葬义务并享有接受遗赠的权利，受扶养人享有受扶养的权利并承

---

① 王国兴：《对事实上的遗赠扶养协议关系应承认和保护》，载《法学》1986年第9期。

② 例如，有的学者认为："遗赠扶养协议涉及扶养人和受扶养人的双方重大利益，且存续时间较长，法律对其形式应有严格的要求。采用书面形式有利于维护当事人双方的利益。"参见梁慧星（课题负责人）：《中国民法典草案建议稿附理由·继承编》，法律出版社2013年版，第144页。有的学者认为："为了慎重起见，以及避免日后的纠纷，遗赠扶养协议以书面形式订立并须有2个以上的见证人到场见证。"参见张玉敏（课题负责人）：《中国继承立法建议稿及立法理由》，人民出版社2006年版，第152页。也有的学者认为："公证可以确保遗赠扶养协议的实际履行，解决遗赠扶养协议执行难的问题，故此协议订立后，应到公证机关办理公证手续。"参见王红梅：《试分析遗赠扶养协议的订立》，载《安徽警官职业学院学报》2002年第2期。

担将自己的财产于死后转归扶养人所有的义务。由此可见，我国的遗赠扶养协议是扶养义务人取得受遗赠权的根据，也是受扶养人享有受扶养权的根据。

4. 遗赠扶养协议的效力

遗赠扶养协议的效力，包括对外效力和对内效力，对外效力是指当同一被继承人存在多个遗产归属关系时，遗赠扶养协议与其他遗产归属关系相比，何者法律效力更高；对内效力是指遗赠扶养协议在双方当事人之间的法律效力。从对外效力来看，遗赠扶养协议是我国《继承法》规定的适用效力最优先的遗产转移方式。我国《继承法》第5条规定，在继承开始后，按照法定继承办理；有遗嘱的，按照遗嘱继承或遗赠办理；有遗赠扶养协议的，按照协议办理。我国《执行继承法的意见》第5条也规定，被继承人生前与他人订有遗赠扶养协议，同时又立有遗嘱的，继承开始后，如果遗赠扶养协议与遗嘱没有抵触，遗产分别按协议和遗嘱处理；如果有抵触，按协议办理，与协议抵触的遗嘱全部或部分无效。① 遗赠扶养协议在适用上，其优先于遗嘱继承、遗赠和法定继承被适用。从对内效力来看，遗赠扶养协议一经成立，便对双方当事人产生法律约束力，当事人就必须依照遗赠扶养协议的约定履行该协议。扶养人自协议成立后开始履行对受扶养人的生养死葬义务；受扶养人承担妥善管理待遗赠的财产及待其死亡后交付扶养人的义务。也就是说，扶养义务是协议成立后即开始履行，而交付遗赠财产的义务则处于停止状态，须待死亡事实发生后才能履行。

5. 遗赠扶养协议的解除及法律后果

遗赠扶养协议的解除主要有以下两种情况：一是双方协议解除；二是一方无正当理由不履行义务，导致协议解除。② 对于遗赠扶养协议解除的法律后果，我国《执行继承法的意见》第56条规定："扶养人或集体组织与公民订有遗赠扶养协议，扶养人或集体组织无正当理由不履行，致协议解除的，不能享有受遗赠的权利，其支付的供养费一般不予补偿；遗赠人无正当理由不履行，致协议解除的，则应偿还扶养人或集体组织已支付的供养费用。"对于双方有争议的遗赠扶养协议之解除，双方当事人可根据我国现行《民事诉讼法》的相关规定向人民法院提起民事诉讼，由人民法院依法判决协议是否解除以及解除后双方各自需要承担何种责任。

（二）继承合同制度的基本理论

继承合同是指被继承人与继承人、其他自然人、法人和其他组织等就继承权或者受遗赠权的取得或消灭及相应义务承担等而达成的合意。③ 继承合同可分为两种类型：一种是被继承人与其他民事主体就继承、遗赠的取得或消灭达成的合意，继承人、受遗赠人取得继承或受遗赠无须履行相应的义务，即属于单务、无偿合同；另一种是被继承人与其他民事主体就继承、遗赠的取得或消灭达成合意，同时约定继承人、受遗赠人应履行相应的义务，即属于双务、有偿合同。本章所研究的是对象为继承合同中的双务、有偿的继承合同，以下简称为继承合同。

---

① 参见陈苇主编：《外国继承法比较与中国民法典继承编制定研究》，北京大学出版社2011年版，第489页。

② 陈苇主编：《婚姻家庭继承法学（第三版）》，群众出版社2017年版，第309页。

③ 陈苇主编：《外国继承法比较与中国民法典继承编制定研究》，北京大学出版社2011年版，第433页。

1. 继承合同的主体

继承合同的主体，包括被继承人的法定继承人、法定继承人之外的自然人、法人和其他组织。基于对当事人自由处分自己财产权利的保护，继承合同的主体可以是被继承人的法定继承人，也可以是其法定继承人之外的自然人，还可以是法人和其他组织。例如，根据《德国民法典》第2278条的规定，继承合同中既可以只有一方当事人作为被继承人作出死因处分，指定合同相对方为继承人或受遗赠人；也可以双方都作为被继承人而至少作出一项死因处分，或者相互指定对方为继承人或受遗赠人，或者指定合同当事人以外的第三人为受益人。

2. 继承合同的订立形式

继承合同的订立是要式行为，必须符合法定的形式要件。由于继承合同涉及双方当事人重要的财产利益，且对于承担赡养义务的一方，需在被继承人去世后才能实现其合同目的，为了保证合同当事人意思表示的真实性，保障合同双方的权益，继承合同的订立必须履行法定的形式要件。例如，《德国民法典》规定，订立继承合同只能由公证人做成记录，在双方当事人同时到场的情况下订立。①

3. 继承合同的内容

如前所述，本章以双务、有偿的继承合同为研究对象，该类继承合同的内容为约定继承人允诺将其特定或全部个人财产在其死后由继承人或受遗赠人取得，同时约定该继承人或受遗赠人应履行相应的义务。对合同双方的权利义务加以约定，合同的一方要享受合同约定的权利，则需履行合同约定的义务。例如，在英国，继承合同的内容是双方当事人通过约定，合同一方当事人允诺另一方当事人，前者将通过遗嘱赠与后者某项特定财产、一笔金钱、剩余财产的全部或部分，后者则承诺承担合同义务。②

4. 继承合同的效力

继承合同的效力包括对内效力和对外效力，从对外效力来看，在大陆法系的德国和瑞士，继承合同的适用效力均高于遗嘱；在英美法系的英国和美国，继承合同是以合同一方允诺将订立遗嘱或遗赠为约因的合同，因此只发生合同的效力，不能作为遗产处理的直接依据。如果被继承人违反了其在继承合同中的允诺，没有在遗嘱中将他曾经允诺赠与的财产给予对方当事人，则该遗嘱仍然有效，但对方当事人可以根据法律的规定寻求违约救济。从对内效力来看，大陆法系的德国和瑞士允许继承合同的被继承人生前有处分财产的权利，但该处分不能是以恶意损害合同受益人的目的而为之，否则合同约定的受益人可以请求返还财产。例如，《德国民法典》第2287条规定："被继承人以出于侵害合同所定的继承人的意图而作出赠与的，合同所定的继承人可以在遗产应归属于自己时，依关于返还不当得利的规定向受赠人请求返还所赠与的财产。"而英美法系的英国和美国的一些州，被继承人订立继承合同之后对继承合同涉及的特定财产不得为生前赠与，否则视为违约行为。③

---

① 陈卫佐译：《德国民法典》第2276条，法律出版社2015年版，本章所引《德国民法典》之条文均出自此书。

② 参见陈苇主编：《外国继承法比较与中国民法典继承编制定研究》，北京大学出版社2011年版，第472页。

③ 陈苇主编：《外国继承法比较与中国民法典继承编制定研究》，北京大学出版社2011年版，第433页。

5. 继承合同的解除及法律后果

继承合同的解除事由，可以是基于当事人双方协商一致，或者发生法定的解除事由，或者一方当事人无正当理由不履行合同义务等。根据导致继承合同解除的原因不同，继承合同的解除可以分为协议解除、单方解除和法定解除。

（1）协议解除。继承合同是双方法律行为，其必须在当事人双方意思表示达成一致的基础上才能订立，其订立之后也可基于双方当事人的合意而解除。

（2）单方解除。单方解除是指在出现法定的或约定的事由时，继承合同的一方可以订立遗嘱的方式解除合同，无须征得合同相对方的同意。例如，《德国民法典》规定，继承人在合同中保留了解除权、继承合同约定的继承人或受遗赠人有法定剥夺继承权的情形之一或该继承人或受遗赠人不履行合同约定的义务时，继承人一方可单方解除合同。①

（3）自动解除。自动解除是指在法律规定的特定情形出现时，继承合同无须当事人作出解除的意思表示便可自动解除。在瑞士，如果继承人或受遗赠人在被继承人之前死亡的，继承合同自动解除。继承合同因此自动解除后，对于被继承人因该合同获得的利益，死者的继承人可以请求利益返还，但继承合同另有约定的除外。②

关于继承合同解除的法律后果，是指继承合同解除后合同双方当事人各自需要承担何种责任。在德国和瑞士，对于协议解除合同的，对于已根据合同所受领的给付一般由当事人双方协议决定是否需要偿还；对于被继承人单方解除和法定自动解除的，被继承人因合同而获得的利益一般应返还给合同的相对方或相对方的继承人。

（三）遗赠扶养协议制度与继承合同制度的比较

我国遗赠扶养制度与德国、瑞士的双务有偿的继承合同制度最为相近，我们以下进行两者的比较评析。

1. 遗赠扶养协议与继承合同的相同点

遗赠扶养协议与继承合同的相同点有四点：其一，两者在性质上都是双务、有偿合同，都具有一方当事人以允诺死后给予对方当事人继承遗产或遗赠而换取对方的生前扶养的目的，该协议或合同都可以直接作为取得遗产的根据；其二，两者在内容上都由生前履行与死后生效履行两部分生效组成，即在权利和义务的内容上都含有继承人或受遗赠人承担生前履行扶养等义务和受扶养人死后由扶养义务人取得遗赠或继承财产的内容，也就是说，两者都规定扶养人尽扶养义务是在受扶养人生前，扶养人取得继承或遗赠的财产是在受扶养人死亡后；其三，两者都规定合同对双方当事人都有约束力，且两者的适用效力均高于遗嘱继承和遗赠；其四，两者解除的方式及后果相同，两者都有协议解除与单方解除，并且无正当理由导致违约或解除的一方应承担财产返还或赔偿责任。

2. 遗赠扶养协议与继承合同的不同点

遗赠扶养协议与继承合同的不同点如下：其一，两者的自然人主体范围不同，我国遗赠扶养协议的自然人主体只能是法定继承人以外的人，即将法定继承人排除在自然人主体之外；国外有偿继承合同的相对方可以为任何自然人，包括法定继承人和非法定继承人。其二，两者的受益人范围不同，我国遗赠扶养协议中遗产的受益人只能是履行扶养义务的

① 《德国民法典》第2293-2295条。

② 《瑞士民法典》第515条。

一方当事人；国外有偿、双务继承合同的受益人既可以是订立协议的一方当事人，也可以是协议以外的第三人。[①] 其三，两者的订立方式不同，我国遗赠扶养协议仅要求双方当事人以书面形式订立，没有强制公证的要求；国外有偿继承合同多有公证的形式要求，德国法要求订立继承合同只能由公证人做成记录且符合公证遗嘱的要件，瑞士法要求继承合同的订立必须采用公证遗嘱的方式。[②] 其四，约定义务的范围有不同。我国遗赠扶养协议中扶养人的义务有法律的明文规定，即"扶养人承担该公民（遗赠人）生养死葬的义务"，国外继承合同制度中承担扶养义务一方的负担，除扶养义务外，还可以有财产管理等其他负担。

综上所述，我国遗赠扶养协议制度与国外继承合同制度存在一定的差异。目前，我国学者对我国"中国民法典·继承编"是否引进、如何引进国外的继承合同制度存在不同的意见。[③]

二、我国遗赠扶养协议制度的立法演变

1949 年中华人民共和国成立后，"五保"制度在我国农村土地改革和建立农业合作社的过程中逐步被建立起来。"五保"的内容主要是农村合作社对社内缺乏劳动能力、生活上没有依靠的鳏寡孤独的社员，在生产上适当安排，让他们参加力所能及的劳动，在生活上适当照顾，做到保吃、保穿、保住、保医、保葬（儿童和少年为保教）。"五保"的对象包括无亲属扶养、缺乏劳动能力又缺乏生活来源的老人、残疾人、未成年的孤儿；农村老人丧失劳动能力，而独生子女因入赘或出嫁无力进行赡养的，也可享受"五保"待遇。"五保"的方式包括签订"五保"供养协议，按照协议的规定，集体生产组织负责照料"五保"老人的日常生产、生活以及死后埋葬，"五保户"的遗产归集体生产组织所有。"五保"制度在 1956 年第一届全国人大第三次会议通过的《高级农业生产合作社示范章程》中作出了最初的规定。[④] 1960 年第二届全国人大第二次会议通过的《一九五六年到一九六七年全国农业发展纲要》中，对该制度作出进一步规定。[⑤] 1978 年党的十一届三中全会以后，对生活上没有依靠的老、弱、孤、寡、残疾的社员，继续实行"五保"供给。

---

① 《德国民法典》第 2278 条说明：若继承合同中被继承人指定相对人以外的第三人受益的，应当要求该给予涉及合同相对方切身利益，或者第三方与相对方存在亲属关系或其他相近关系，所以继承合同主要在家庭成员间（特别是夫妻间）适用。[德] 雷纳·弗兰克、托比亚斯·海尔姆斯：《德国继承法（第六版）》，王葆莳、林佳业译，中国政法大学出版社 2015 年版，第 126-127 页。

② 《德国民法典》第 2276 条，《瑞士民法典》第 468 条。

③ 关于我国继承立法是否应当规定继承合同制度，我国学者主要有两种不同观点：一种观点认为，我国应将遗赠扶养协议更名为继承合同，并扩大遗赠扶养协议的主体范围。参见陈苇主编：《外国继承法比较与中国民法典继承编制定研究》，北京大学出版社 2011 年版，第 490 页。另一种观点认为不宜在我国继承法中规定继承合同制度。参见梁慧星（课题负责人）：《中国民法典草案建议稿附理由·继承编》，法律出版社 2013 年版，第 142 页。

④ 1956 年《高级农业生产合作社示范章程》第九章"文化福利事业"第 53 条规定，"农业生产合作社对于缺乏劳动力或者完全丧失劳动力、生活没有依靠的老、弱、孤、寡、残疾的社员，在生产上和生活上给以适当的安排和照顾，保证他们的吃、穿和柴火的供应，保证年幼的受到教育和年老的死后安葬，使他们生养死葬都有依靠"。

⑤ 《一九五六年到一九六七年全国农业发展纲要》第 30 条第 1 款规定："农业合作社对于社内缺乏劳动力、生活没有依靠的鳏寡孤独的社员，应当统一筹划，指定生产队或者生产小组在生产上给以适当的安排，使他们能够参加力能胜任的劳动；在生活上给以适当的照顾，做到保吃、保穿、保烧（燃料）、保教（儿童和少年）、保葬，使他们的生养死葬都有指靠。"

1983年，根据全国“五保户”普查工作的数据显示，许多“五保户”与所在集体所有制组织签订了“五保”供养协议。①

在20世纪80年代，我国原人大常委法制工作委员会主任王汉斌在“继承法的草案”说明中曾指出：“在民间，特别是农村，有的老人与扶养人签订遗赠扶养协议，规定扶养人承担扶养老人的义务，享有受遗赠的权利。有些地方缺乏劳动能力又缺乏生活来源的公民与所在集体所有制组织签订‘五保’协议，规定集体所有制组织承担供养‘五保户’生养死葬的义务，‘五保户’死亡后，遗产归集体所有制组织所有。实践证明，我国从目前实际情况出发，采取这些办法，有利于老人的照顾、扶养，对老人安度晚年很有好处。草案将这些好的做法，用法律形式加以肯定。”② 可见，我国《继承法》中的遗赠扶养协议制度是在总结我国民间已经存在的村民与集体所有制组织之间建立的“五保”协议，以及村民之间建立的遗赠扶养协议的基础上形成和发展而来，其主要目的是解决农村老、弱、孤、寡、残疾人员的扶养问题。

在我国《继承法》的起草过程中，立法者充分肯定了“五保”供养协议制度的重要作用，肯定了村民间自愿订立遗赠扶养协议的做法，在此基础上制定了适用于我国城乡的遗赠扶养协议制度。③ 1985年4月10日通过、10月1日起施行的我国《继承法》中，以第31条第一次明文确立了遗赠扶养协议制度。同年9月11日最高人民法院颁布的《执行继承法的意见》第55条规定：“集体组织对‘五保户’实行‘五保’时，双方有扶养协议的，按协议办理；没有扶养协议，死者有遗嘱继承人或法定继承人要求继承的，按遗嘱继承或法定继承处理，但集体组织有权要求扣回‘五保’费用。”此规定明确了未签订遗赠扶养协议的“五保户”的继承人仍可以进行遗嘱继承或法定继承，但须从遗产中扣回“五保”费用。

三、遗赠扶养协议与继承合同制度的目的、价值取向与功能

（一）遗赠扶养协议与继承合同制度的目的与价值取向

1. 遗赠扶养协议与继承合同制度的目的

关于遗赠扶养协议制度的目的，我国遗赠扶养协议制度作为我国继承立法的一个创造，是中国土生土长的特有法律制度。④ 其立法的主要目的就是解决老弱孤寡残疾者的扶养问题。有学者指出：“遗赠扶养协议制度是我国继承法确立的一项新的法律制度。目的在于使那些无法定赡养义务人或者法定赡养义务人无法对其履行赡养义务的孤寡老人，因丧失劳动能力而缺乏生活来源和无独立生活能力的病残老人的生活有保障。”“遗赠扶养协议是中华民族对老弱病残者都有所养的传统美德的法律体现，有利于支持鼓励、发扬人们敬老助残的社会主义道德风尚，同时也为国家和社会减轻了负担。”⑤

---

① 刘春茂：《中国民法学·财产继承》，人民法院出版社2008年版，第382-383页。

② 刘南征、张佩霖：《遗赠扶养协议初探》，载《法学研究》1985年第3期。

③ 张平华、刘耀东：《继承法原理》，中国法制出版社2009年版，第373页。

④ 参见刘春茂：《中国民法学·财产继承》，中国人民公安大学出版社1990年版，第490页；郭明瑞、房绍坤等：《继承法研究》，中国人民大学出版社2003年版，第312页；张平华、刘耀东：《继承法原理》，中国法制出版社2009年版，第372页。

⑤ 周贤奇主编：《中华人民共和国继承法诠释》，人民法院出版社1995年版，第181页。

如前所述，我国《继承法》之遗赠扶养协议制度是从“五保”制度中发展起来的。伴随我国社会保障制度的不断发展，“五保”供养逐步被纳入国家农村社会保障体系。我国1996年《老年人权益保障法》第23条第2款规定：“农村的老年人，无劳动能力、无生活来源、无赡养人和扶养人的，或者其赡养人和扶养人确无赡养能力或者扶养能力的，由农村集体经济组织负担保吃、保穿、保住、保医、保葬的五保供养，乡、民族乡、镇人民政府负责组织实施。”2013年修订的我国现行《老年人权益保障法》第36条进一步规定：“老年人可以与集体经济组织、基层群众性自治组织、养老机构等组织或者个人签订遗赠扶养协议或者其他扶助协议。负有扶养义务的组织或者个人按照遗赠扶养协议，承担该老年人生养死葬的义务，享有受遗赠的权利。”这对于目前我国要扶养的老人来说，伴随国家福利机构、公民个人或组织兴办的老年福利院、敬老院、老年公寓养老模式，以及居家养老模式的发展，遗赠扶养模式不仅为老年人生前提供了可靠的生活保障和死后的安葬，也减轻了国家和社会的负担。综上所述，遗赠扶养协议制度从诞生伊始就明确地以“扶养”为主要的立法目的，发展至今已经成为我国养老、扶老社会保障制度的一项重要补充措施。

关于继承合同制度的目的，德国、瑞士是继承合同制度较为盛行的国家，这主要源于对日耳曼法的继受。日耳曼法中的继承合同制度是从封建法时代末叶逐渐发展起来的，其内容包括继承人设定契约、遗赠契约、继承抛弃契约，将继承合同与法定继承、遗嘱继承同为继承权或受遗赠权取得的法定原因。[①] 中世纪后期，欧洲一些国家对罗马法的继受程度不同，以及各国的历史发展和习惯力量的差异，使得德国、瑞士等国将日耳曼法中继承合同制度延续下来。[②] 在德国和瑞士，继承合同主要涉及继承人指定、遗赠和负担的设立。常见的继承合同是在夫妻、同性生活伴侣或者订婚人之间订立的，但不存在这些关系的当事人亦可订立继承合同。从双务、有偿的继承合同之立法看，《德国民法典》第2295条规定的“符合合同规定的处分”，即该处分行为的受益人就是在被继承人的一生中向被继承人支付重复进行的给付，特别是给予扶养费的人。此类继承合同类似于我国《继承法》规定的遗赠扶养协议。[③] 其同样具有“扶养”被继承人的立法目的。

2. 遗赠扶养协议与继承合同制度的价值取向

法律价值是社会主体普遍性价值追求的法律化，是法律追求的目标和处理法律问题的评价标准。遗赠扶养协议制度也须彰显自由、公平、秩序、效率的法律价值，才能满足人们的需要。

（1）自由价值。英国学者洛克指出：“法律的目的不是废除或限制自由，而是保护和扩大自由。”[④] 自由是法律的一种重要的基础性价值目标。无论是我国的遗赠扶养协议制度还是国外的双务、有偿的继承合同制度，均发源于一些被继承人自愿地与自然人或组织订立遗赠扶养协议或继承合同的民间行为。法律认可自然人享有订立遗赠扶养协议与继承合同的自由，可以保障自然人自主选择扶养方式和自主处分个人财产的自由权利。

---

① 参见李宜琛：《日耳曼法概说》，中国政法大学出版社2003年版，第217-219页。

② 朱凡：《继承合同效力研究及我国继承合同制度的构想》，载陈苇主编：《家事法研究（2006年卷）》2007年版，第144页。

③ 参见陈苇主编：《外国继承法比较与中国民法典继承编制定研究》，北京大学出版社2011年版，第460页。

④ ［英］洛克：《政府论（下册）》，叶启芳、瞿菊农译，商务印书馆1981年版，第35-36页。

遗赠扶养协议与继承合同的制度设计充分体现了民法的私法自治原则。其主要表现为三个方面：一是自然人享有选择是否订立遗赠扶养协议或继承合同的自由。自然人既可以选择订立遗赠扶养协议或继承合同，也可以不选择订立该协议或合同，任何组织或个人都不得强迫其订立遗赠扶养协议与继承合同。二是自然人享有选择扶养人的自由。被继承人可以自主选择民事主体作为扶养人。三是自然人享有确定订立遗赠扶养协议或继承合同内容的自由。双方当事人可以就履行扶养的方式、扶养的标准、遗赠财产的数量（部分或全部）等进行自由协商确定。这些都彰显了法律的自由价值。

（2）公平价值。我国有学者认为："以利益均衡作为价值判断标准来调整民事主体之间的物质利益关系，确定其民事权利和民事责任分派的要求，谓之公平。"① 美国学者罗尔斯认为："正义是社会制度的首要价值。"② 现代意义上的公平体现为利益分配上的相对均衡，这是正义价值的体现和要求。

在遗赠扶养协议与继承合同中，遗赠人或被继承人一方和扶养人一方互享权利互负义务，双方当事人从对方获得权益时都支付了相应的对价，订立遗赠扶养协议或继承合同通过权利义务的公平分配与实现，既保障老、弱、孤、寡、残疾者受扶养权的实现，也保障履行扶养义务的一方主体获得接受遗赠或继承遗产的权利。必须明确，在遗赠扶养协议或继承合同中，无论扶养人是否具有法定扶养人的身份，其约定的扶养义务均非法定的无偿扶养义务，而是约定的有对价的有偿扶养义务。这体现了公平价值的要求。③

订立遗赠扶养协议或继承合同是双务、有偿性质的双方法律行为，法律基于公平理念，赋予订立遗赠扶养协议或继承合同优先被适用的效力。例如，根据我国《继承法》第5条的规定，继承开始后，有遗赠扶养协议的，先按协议办理，而后是按遗嘱继承或遗赠办理，最后才按照法定继承办理，即遗赠扶养协议具有优先适用的效力。再如，根据《德国民法典》或《瑞士民法典》的规定，继承合同亦具有优先于遗嘱的效力。此可保障订立遗赠扶养协议或继承合同约定之受遗赠人先于未履行扶养义务之遗嘱继承人、法定继承人取得遗产的权利，体现了权利义务相一致原则，符合法律之公平价值的要求。

（3）秩序价值。秩序的维持在某种程度上是以存在一个合理的、健全的法律制度为条件的。④ 遗赠扶养协议与继承合同制度通过保障自然人自主选择扶养方式和自主处分财产的权利，通过保障按约定履行扶养义务主体获得遗赠或继承遗产的对价权利，可以保障社会养老秩序的良性运行。

遗赠扶养协议与继承合同制度有利于促进良好家庭秩序的维护。老年人可以根据本国法律选择适当主体订立遗赠扶养协议或者订立继承合同，保障自己生前能够得到较好的生活照料与精神慰藉，从而把个人财产留给扶养人。这在一定程度上可以促使依协议或合同确定的扶养义务人履行相应义务，有利于保障受扶养人的生养死葬，维护良好家庭秩序，彰显法律的秩序价值。

---

① 徐国栋：《民法基本原则解释》，中国政法大学出版社2004年版，第53页。

② ［美］罗尔斯：《正义论》，何怀宏等译，中国社会科学出版社1998年版，第1-2页。

③ 必须注意，法定继承人依法作为扶养义务人与法定继承人以外的人依约定作为扶养义务人的区别在于：法定继承人本身依法对被继承人负有扶养的法定义务，而法定继承人以外的人的扶养义务是约定产生的。参见陈苇主编：《外国继承法比较与中国民法典继承编制定研究》，北京大学出版社2011年版，第434页。

④ 李宏：《遗嘱继承的法理研究》，中国法制出版社2010年版，第181页。

(4) 效率价值。法律应当“以有利于提高效率的方式分配资源，并以权利和义务的规定保障资源的优化配置和适用”。[①] 遗赠扶养协议与继承合同制度也是一种资源配置的机制，具有一定的效率价值。

目前，我国的社会保障制度尚不够完善，不能完全满足老年人的生活保障，因此社会需要设立能够使老年人的生活费用和日常照料得到相应保障的法律制度，以减轻社会负担。遗赠扶养协议采用生前负担的扶养费用以死后遗赠遗产的方式支付，激活了财产价值的交换手段，被扶养人生前对财产仍然保持所有权，可以在不损害扶养人利益的情况下拥有对财产的使用和收益权，其制度设计可谓合理地实现了财产资源的优化配置，开辟了养老的新途径，也减轻了国家社会保障的经济负担，反映了法律的效益价值。继承合同制度亦具有此功能，有利于更好地利用被继承人之遗产，实现资源的优化配置，物尽其用。

(二) 遗赠扶养协议与继承合同制度的功能

1. 发挥遗产的家庭扶养职能

根据我国民政部发布的数据显示，截至 2016 年年底，我国 60 周岁以上老年人口 23086 万人，占人口总数的 16.70%，其中 65 周岁及以上的人口 15003 万人，占人口总数的 10.8%。[②] 我国是世界上唯一一个老年人口过亿的国家，不仅老龄人口总量居世界第一，而且老龄化发展速度也为世界第一。我国每年还新增“失独家庭”7.6 万个，预计目前全国“失独家庭”总数已超过百万。[③] 目前，中国社会所面临的人口老龄化、高龄化、空巢化等问题，需要家庭义务的履行和国家职责的履行相辅相成，并且需要全社会力量的发挥。我国现行《老年人权益保障法》第 20 条规定：“经老年人同意，赡养人之间可以就履行赡养义务签订协议。赡养协议的内容不得违反法律的规定和老年人的意愿。基层群众性自治组织、老年人组织或者赡养人所在单位监督协议的履行。”可见，该法明确将遗赠扶养协议作为养老、扶老社会保障制度的一项重要补充措施。遗赠扶养协议签订后，老年人仍然对其财产拥有所有权，受遗赠人（扶养人或集体组织）只有在履行了生养死葬的扶养义务后，才能取得约定的全部或部分遗产。如果受遗赠人无正当理由不履行扶养义务，致协议解除的，不能享有受遗赠的权利，其支付的供养费一般不予补偿，该制度可以更好地保护老年人权益。[④] 国外的继承合同与我国的遗赠扶养协议具有类似功能，但其义务主体较遗赠扶养协议更为广泛，受扶养人包括老年人可以与任何自然人订立继承合同，指定继承或遗赠，并约定负担，这意味着双方当事人都可以采用有约束力的合同形式明确约定受扶养人包括老年人的生前扶养或死后遗产的归属。可见，遗赠扶养协议和继承合同制度两者均有利于老年人自行安排自己的晚年生活，选择适合自己的扶养人。这既能保障老年人的生活需要，又能提高其精神生活的质量，使其安度晚年，有利于最大限度地发挥遗产的家庭扶养职能。

2. 减轻社会保障的国家负担

我国现行《宪法》第 45 条规定：“中华人民共和国公民在年老、疾病或者丧失劳动

---

① 张文显：《当代西方法哲学》，吉林大学出版社 1987 年版，第 242 页。

② 中华人民共和国民政部网站，载 http：//www. mca. gov. cn/article/sj/tjgb/?，最后访问时间：2018 年 3 月 5 日。

③ 参见百度百科“失独家庭”，载 http://baike.baidu.com/link？ url＝C7YA8GsmRUJFimiRC5MBPbg3s7umwuhJ1Frh3Zxfm186Q37SXCtPXeldgTHsFEzWo7AI9qJaqFFVVi9tuhzxFK，最后访问时间：2018 年 3 月 17 日。

④ 参见我国《执行继承法的意见》第 56 条。

能力的情况下，有从国家和社会获得物质帮助的权利……”国家应当对这些人提供完善的社会保障，但是日益严峻的人口老龄化与我国正逐步完善的社会保障工作之间尚有差距，目前我国需要发动全社会的力量来协助解决老年人的养老照料问题。我国现行《老年人权益保障法》第 5 条第 2 款明确规定，国家建立和完善以居家为基础、社区为依托、机构为支撑的社会养老服务体系。我国的遗赠扶养协议与外国的继承合同制度都能够发挥遗产的家庭扶养职能，在社会养老保障体系中分担国家的社会保障责任。国家以法律承认有一定财产的自然人，可以自愿与其他社会公民或组织订立遗赠扶养协议或继承合同，自行安排晚年生活，此种养老模式有利于减轻社会保障的国家负担。

3. 弘扬养老助老的家庭美德和社会良好风尚

遗赠扶养协议与继承合同制度，通过双方当事人协议约定扶养人与受扶养人的权利义务，有利于鼓励广大社会民众、社会组织承担家庭扶养职责，能够为自然人尤其是其中的老、弱、孤、寡、残疾者提供扶养和照料。特别是当扶养义务履行时间长，扶养供给高于遗赠财产价值等情形下，扶养人依约定履行扶养义务，有利于弘扬养老助老、照顾病残者的家庭美德和社会良好风尚。

第二节　继承合同制度的国外立法现状与评析

本节研究和阐述的主要内容包括：继承合同制度的国外立法主张；继承合同的订立主体；继承合同的订立形式；继承合同的内容；继承合同的效力；继承合同的解除。关于继承合同制度的国外立法现状，主要考察大陆法系的法国、意大利、德国、瑞士，英美法系的英国、美国有关继承合同制度的规定。

一、继承合同制度的国外立法主张的现状与评析

目前，在国外立法中，对继承合同制度存在“禁止”和“承认”两种不同的主张。采取“禁止主义”主张的国家立法否认继承合同的效力，如法国、意大利。采“承认主义”主张的国家立法认可继承合同的法律效力，并存在“单轨制”和“双轨制”两种立法模式。所谓“单轨制”立法模式，是指国家立法认可继承合同是直接获得遗产的根据，以大陆法系国家中的德国、瑞士为代表。所谓“双轨制”立法模式，是指国家立法要求继承合同与遗嘱同时具备，以英美法系国家中的英国、美国为代表。

（一）继承合同制度的国外立法主张的现状

1. 大陆法系国家立法例

目前，在大陆法系国家的立法中，对继承合同制度存在“禁止”和“承认”两种不同的立法主张。采取“禁止主义”立法主张的国家，立法明确禁止继承合同。例如，《法国民法典》第 1130 条规定：“任何人均不得放弃尚未开始的继承，也不得就尚未开始的继承订立合同。”① 第 1389 条规定：“夫妻也不得订立以改变或放弃继承的法定顺序为标的的协议。”《意大利民法典》第 458 条规定：“任何对自己的继承作出安排的约定，均无

① 《法国民法典》第 1130 条。

效。在继承尚未开始之前，任何处分或者放弃继承权的文件，亦均无效。”[①] 采取“承认主义”立法主张的大陆法系国家，多执行“单轨制”立法模式，一般在民法典中明确规定继承合同制度，将继承合同作为取得继承权或受遗赠权的根据。例如，《德国民法典》在第五编“继承编”的第四章“继承合同”中，以专章设立28个条文规定了以指定继承人、遗赠和负担为内容的继承合同制度。[②]《瑞士民法典》在第三编“继承法”第一部分“继承人”第十四章“遗嘱处分”中规定了继承合同内容的条文共15条，其内容包括继承合同的形式、继承合同的解除与废止、自由处分份额的减少等。[③] 本节仅以德国和瑞士两国立法中的双务、有偿的继承合同为研究对象，其与我国遗赠扶养协议具有一定相似性。

2. 英美法系国家立法例

以美国、英国为代表的英美法系国家在继承合同问题上采取“承认主义”立法主张，并采取“双轨制”模式：一方面承认当事人就继承、遗赠等问题订立合同的法律效力，另一方面又规定被继承人必须根据继承合同另行制作有效遗嘱，依据遗嘱取得遗产。也就是说，英、美两国的继承合同之客体与前述大陆法系国家的继承合同之客体相似，包括继承、遗赠合同及其他负担，但其效力与大陆法系国家的德国、瑞士有不同，该合同只是履行扶养等义务的依据，而遗嘱才是扶养义务人获得提取及继承或遗赠财产的依据。而大陆法系的德国、瑞士之继承合同，既是履行扶养义务的依据，又是扶养人获得继承或遗赠财产的依据。以下为便于统一阐述，我们将两大法系的继承合同统称为继承合同。在英国，如果遗嘱人允诺其将通过遗嘱赠与某人某项特定财产或金钱，这种允诺将产生合同法上的效力。[④] 美国的继承合同是以某一份遗嘱为约因的合同，该合同的一方当事人以另一方当事人订立一份特定内容的遗嘱为约因，承诺将承担合同义务。[⑤]

（二）继承合同制度的国外立法主张的比较评析

1. 继承合同的国外立法主张不同的原因评析

前述国家对继承合同制度存在“禁止”和“肯定”两种不同的立法主张，主要是源于这些国家不同的历史传统和立法理念的选择。

我国有学者研究认为采取“禁止主义”主张而否认继承合同效力的国家，主要源于对古罗马法的继受。[⑥] 古罗马法上的遗嘱行为是转移死者法律地位的公法行为，死者财产的转移只是死者法律地位转移的财产性标志，故遗嘱人不能与他人缔结继承合同损害罗马法所要保护的制度。目前的《法国民法典》仍然基于公共秩序性质之考虑，禁止继承合同。[⑦] 也有学者认为，古罗马法遵循遗嘱自由不受生前契约限制原则，从而排斥任何继承合同。[⑧] 但值得注意的是，《法国民法典》设立了具有继承合同功能的替代性制度。例如，德国承认被继承人基于相对方的供养义务与之订立继承合同的立法，在法国可以通过双方

① 《意大利民法典》第458条。

② 《德国民法典》第2274-2302条。

③ 《瑞士民法典》第468-469、494-497、512-516、534-536条。

④ Roger Kerridge, *The Law of Succession* (Eleventh Edition), London: Sweet & Maxwell, 2002, p. 87.

⑤ Uniform Probate Code s. 2-514.

⑥ 陈苇主编：《外国继承法比较与中国民法典继承编制定研究》，北京大学出版社2011年版，第458页。

⑦ 参见费安玲：《罗马继承法研究》，中国政法大学出版社2000年版，第109页；罗结珍译《法国民法典》，北京大学出版社2010年版，第302页。

⑧ 参见刘春茂主编：《中国民法学·财产继承》，人民法院出版社2008年版，第391页。

当事人约定实施终身定期金制度来实现。根据《法国民法典》第1968条至第1976条之规定，定期金的受益人可以将自己的财产（主要是不动产）出让给定期金债务人，即定期金的支付义务人，然后该定期金支付义务人以支付终身定期金的方式向受益人偿还该财产的价金。定期金一旦设立，不论受益人寿命有多长，债务人必须支付定期金而不得通过提议返还本金或者放弃返还其已经支付的定期金而免除义务。[①] 可见，虽然《法国民法典》禁止设立继承合同，但是通过终身定期金制度的设立亦可实现受益人生前受扶养与受益人死后扶养人取得财产的目的。

我国有学者研究认为采取"承认主义"主张执行"单轨制"立法模式的国家，主要源于对日耳曼法的继受。日耳曼法中的继承合同制度是从封建法时代末叶逐渐发展起来的，其主要包括继承人设定契约、遗赠契约、继承抛弃契约，将继承合同与法定继承、遗嘱继承同为继承权或受遗赠权取得的法定原因。[②] 中世纪后期，欧洲国家对罗马法的继受程度不同，以及各国的历史发展和习惯力量的差异，使得德国、瑞士等国将日耳曼法中继承合同制度延续下来。[③] 在德国，从14世纪以来就有执行夫妻、订婚人及其他家庭成员之间通过继承合同处理遗产的做法，此后在实践中得到了极大发展，历史上长期以来形成的订立继承合同的习惯也促使《德国民法典》承认并系统地规定继承合同制度。[④]《瑞士民法典》吸收了《德国民法典》的立法经验，对继承合同制度作了较为完整的规定。[⑤]

我国有学者研究认为采"承认主义"主张执行"双轨制"立法模式的国家，主要源于英美法系国家的继承法习惯与本土法律文化的综合因素。[⑥] 英国、美国均允许当事人通过订立合同处理遗嘱、遗赠的财产转移，但同时要求被继承人设立遗嘱记载该合同内容，并依据遗嘱取得遗产，这主要是对民众生活中签订继承合同现象的认可。

我们认为，一方面，前述各国基于不同的历史传统和立法理念作出的选择，应当予以尊重。另一方面，虽然各国在继承合同立法方面采取了不同的主张以及立法模式，但是均为实现生前扶养与死后遗赠财产目的的制度设计，有殊途同归之效。我国也要在充分考量自身的历史传统、立法理念、继承习惯的基础上，思考我国遗赠扶养协议制度如何继续予以完善。

2. 继承合同的国外立法模式的比较评析

如前所述，德国、瑞士、英国、美国都承认继承合同具有法律效力，但是对继承合同的立法模式并不相同。德国、瑞士执行"单轨制"，继承合同与遗嘱一样都是继承权、受遗赠权取得的依据，无须被继承人另立遗嘱，合同相对方即可依据继承合同在被继承人死后取得遗产。英国、美国执行"双轨制"，继承合同只是双方约定一方对另一方尽生前扶养义务，另一方通过设立遗嘱给予尽扶养义务的一方遗赠或者约定不撤销、变更已经设立遗嘱的合同，被继承人设立的有效遗嘱才是取得遗产的依据。

我们认为，执行"单轨制"立法模式的德国、瑞士，将继承合同与遗嘱、法定继承

---

① 参见陈苇主编：《外国继承法比较与中国民法典继承编制定研究》，北京大学出版社2011年版，第459-460页；刘春茂主编：《中国民法学·财产继承》，人民法院出版社2008年版，第391页。

② 参见李宜琛：《日耳曼法概说》，中国政法大学出版社2003年版，第217-219页。

③ 朱凡：《继承合同效力研究及我国继承合同制度的构想》，载陈苇主编：《家事法研究（2006年卷）》群众出版社2007年版，第144页。

④ 参见彭志育：《继承契约制度研究》，西南政法大学2012年硕士学位论文，第19-33页。

⑤ 参见李秀清：《日耳曼法研究》，商务印书馆2005年版，第502页。

⑥ 参见陈苇主编：《外国继承法比较与中国民法典继承编制定研究》，北京大学出版社2011年版，第482页。

共同作为民事主体取得继承权或受遗赠权的根据，既能扩大被继承人自由处分生前财产的途径，又能保护继承合同相对方，特别是依约履行扶养义务之继承合同相对方取得遗产之权益。可见，“单轨制”在公平保护继承人或受遗赠人权利方面更有利。而采“双轨制”立法模式的英国、美国，继承合同不是继承权或受遗赠权取得的直接依据，必须再通过相关内容的遗嘱设定才能实现，可见“双轨制”旨在更注重保障被继承人的遗嘱自由，但后者如果遗嘱人不予指定遗嘱继承或遗赠，对扶养义务人来说就是有风险的，其只能请求违约救济，故前者平等保护的立法价值取向更为可取。

二、继承合同的订立主体之国外立法现状与评析

（一）继承合同的订立主体之国外立法现状

1. 大陆法系国家立法例

（1）德国立法例。关于继承合同订立主体的范围，根据《德国民法典》“继承合同”章的相关条文之规定，被继承人仅能亲自订立继承合同，继承合同的一方当事人应当为被继承人，但并未限定另一方当事人之范围，另一方当事人既可以是夫妻、婚约当事人或同性生活伴侣中的一方，也可以是其他主体，甚至是财团。该合同的另一方和第三人均可以被指定为合同所定的继承人或受遗赠人。[①] 关于继承合同订立主体的民事行为能力，《德国民法典》规定，只有完全民事行为能力人才能作为被继承人订立继承合同，合同的另一方当事人原则上也需是完全民事行为能力人。但也存在例外情形，如经其法定代理人同意，限制民事行为能力的夫妻一方可以作为被继承人与夫妻的另一方订立继承合同。[②]

（2）瑞士立法例。关于继承合同订立主体的范围，《瑞士民法典》规定继承合同的一方当事人为被继承人，而未对继承合同的另一方当事人作出限制，被继承人可与任何民事主体订立继承契约。[③] 关于继承合同订立主体的民事行为能力，原则上应已年满 18 周岁且具有判断能力，但如果被继承人为被监护人且监护内容涉及继承协议的订立的，则在征得其法定代理人同意的情况下，该被监护人亦可订立继承协议。[④]

综上所述，依据前述德国、瑞士两国立法的规定，继承合同的主体范围包括被继承人与任何其他民事主体，且继承合同的订立主体应当具有完全民事行为能力。但也存在例外，在征得法定代理人同意的情况下，被监护的限制民事行为能力人亦可成为订立继承合同的主体。

2. 英美法系国家立法例

关于继承合同订立主体的范围，英国、美国法律均规定被继承人可以与任何个人或组织订立继承合同，即未对可订立继承合同的主体范围作出限制。关于继承合同订立主体的民事行为能力，一般要求应满足合同订立的基本条件，即应为年满 18 周岁且心智健全的人。

（二）继承合同的订立主体之国外立法比较评析

1. 两大法系国家立法的共同点

在继承合同主体范围方面，前述四个承认继承合同效力的国家之立法共同点是对订立

---

① 《德国民法典》第 2274、2275、1941 条。

② 《德国民法典》第 2275 条。

③ 《瑞士民法典》第 494 条。

④ 《瑞士民法典》第 468 条。

继承合同的主体范围均未作限制性规定，被继承人可以与任何其他民事主体订立继承合同。关于继承合同主体的民事行为能力，原则上均要求须具有完全民事行为能力。

2. 两大法系国家立法的不同点

这些国家立法的不同点是：关于继承合同订立主体的民事行为能力，英国、美国均要求继承合同的主体应满足订立合同的基本条件，即应当为完全民事行为能力人。德国和瑞士在符合法律规定的特定条件下，允许限制民事行为能力人订立继承合同。例如，在德国，限制民事行为能力的配偶一方经法定代理人同意，可作为被继承人与配偶另一方订立继承合同，即法律放宽了对订立合同主体应当为完全民事行为能力人的要求。① 在瑞士，如果被继承人为被监护人且监护内容涉及继承协议的订立的，则在征得其法定代理人同意的情况下，该被监护人亦可订立继承协议。②

我们认为，前述外国继承法对继承合同的主体的主要规定值得我国借鉴。一方面，关于继承合同主体的民事行为能力，被继承人与继承合同相对方当事人必须是具备完全民事行为能力的人，才可作为订立合同的主体。另一方面，关于继承合同的主体范围，一方须为被继承人，另一方的身份不受限制，即被继承人可与包括其继承人在内的任何民事主体订立继承合同，这体现了被继承人意思自治的原则，也有利于更好地解决被继承人的扶养问题。但德国关于限制民事行为的配偶一方可以有条件地作为订立继承合同的主体之立法，从保护弱势方利益的角度考虑，我国不宜借鉴。

三、继承合同的订立形式之国外立法现状与评析

（一）继承合同的订立形式之国外立法现状

1. 大陆法系国家立法例

（1）德国立法例。根据《德国民法典》的规定，继承合同的订立须采用公证的形式。即继承合同只能由公证人做成记录，在合同双方当事人同时在场的情况下订立，同时准用有关设立公证遗嘱的规定。③ 继承合同可以与其他种类的合同置于同一证书中，该法典特别规定，夫妻财产合同可与配偶双方之间或订婚人之间订立的继承合同捆绑订立置于同一证书，可以只采用夫妻财产合同规定的形式。④ 此外，实务中经常将继承合同与继承放弃合同、供养合同等捆绑订立置于同一证书，但如果两份合同虽置于同一证书但未被捆绑订立时，每份合同应遵守各自对应的形式要求。⑤

（2）瑞士立法例。根据《瑞士民法典》的规定，继承合同须采用公证遗嘱的方式，合同当事人应在公证官员和两名证人在场的情况下签署证书。继承合同的解除也必须采用法定设立遗嘱的方式。⑥

可见，前述两国继承合同的订立都须采用法定的形式，即公证的方式。

---

① 《德国民法典》第 2275 条。

② 《瑞士民法典》第 468 条。

③ 《德国民法典》第 2276 条第 1 款、2231 条第 1 款、2232、2233 条。

④ 《德国民法典》第 2276 条第 2 款。

⑤ ［德］雷纳·弗兰克、托比亚斯·海尔姆斯：《德国继承法（第六版）》，王葆莳、林佳业译，中国政法大学出版社 2015 年版，第 125-126 页。

⑥ 《瑞士民法典》第 468、512 条。

2. 英美法系国家立法例

（1）英国立法例。一方面，签订一份继承合同，合同须符合合同法的一般要件，须有约因，或须以盖印的契约方式作出；合同条款必须清楚，如果标的为不动产，则须符合1989年的《财产法》。另一方面，遗赠义务人须立遗嘱，按照继承合同在遗嘱中写明遗赠给继承合同相对人的财产。[①]

（2）美国立法例。在美国，继承合同是以某一份遗嘱为约因的合同，继承合同本身并不具备遗嘱或遗赠的效力，继承合同中的一方当事人承诺履行合同义务的对价是另一方当事人将会订立一份具有特定内容的遗嘱。因此，继承合同的订立须符合合同的一般生效要件，但没有公证的要求。有些州还规定了额外的要件，如要求该合同必须是公平合理的。[②] 此外，美国《统一遗嘱检验法典》规定，对于涉及此类合同的遗嘱或遗赠，须在遗嘱中载明合同的实质性条款，或遗嘱必须明确地提及合同以及证明合同条款的外在证据，或者必须有一个死者签署的独立于合同的书面证明。[③]

（二）继承合同的订立形式之国外立法比较评析

1. 两大法系国家立法的共同点

关于继承合同的订立形式，前述四个承认继承合同效力的国家立法的共同点是：均明确规定了继承合同的订立形式，继承合同的有效必须符合法定的形式要件。

2. 两大法系国家立法的不同点

这些国家立法的不同点是：德国、瑞士两国均明确规定了继承合同订立的法定形式要件：德国法要求订立继承合同只能由公证人做成记录且符合公证遗嘱的要件。瑞士法要求继承合同的订立必须采用公证遗嘱的方式。而在英美法系的国家由于继承合同并不发生类似遗嘱的效力，因此对继承合同的成立要件比较宽松，只要符合合同成立的一般有效要件即可。但遗赠人须立遗嘱，须在遗嘱中写明遗赠给继承合同受遗赠人的标的财产（载明继承合同的实质性条款），此遗嘱是受遗赠人取得继承合同中允诺赠与财产的法定依据。[④] 可见，两大法系国家对继承合同的形式要求不同。

我们认为，经公证订立的继承合同有利于对该合同的真实性、合法性予以证明，但会增加订立继承合同的时间成本和经济成本，加重当事人的负担，从我国实际生活来看，可能不符合便民原则和效率原则。而采取无利害关系的两名见证人在场见证订立继承合同或遗赠扶养协议的方式，可能更便民，更符合我国国情。

四、继承合同的内容之国外立法现状与评析

（一）继承合同的内容之国外立法现状

1. 大陆法系国家立法例

（1）德国立法例。根据《德国民法典》规定，被继承人可以通过合同指定继承人以及指示遗赠和负担，不得以合同进行指定继承、遗赠和负担之外的其他处分。[⑤] 可见，德

① 陈苇主编：《外国继承法比较与中国民法典继承编制定研究》，北京大学出版社2011年版，第472-474页。

② Gerry W. Beyer, *Wills, Trusts and Estates* (Second Edition), Beijing: City Publishing House, 2003, p. 220.

③ Uniform Probate Code, s. 2-514.

④ 陈苇主编：《外国继承法比较与中国民法典继承编制定研究》，北京大学出版社2011年版，第482-483页。

⑤ 《德国民法典》第1941、2278条。

国法规定的继承合同内容仅包括指定继承人、指示遗赠、设定负担。

在德国，继承合同中既可以只有一方当事人作为被继承人作出死因处分，指定合同相对方为继承人或受遗赠人；也可以双方都作为被继承人而至少作出一项死因处分，或者相互指定对方为继承人或受遗赠人，或者指定合同当事人以外的第三人为受益人。① 根据继承人或受遗赠人接受继承或遗赠是否需要支付对价，德国民法中的继承合同分为有偿与无偿两类。在无偿的继承合同中，合同相对人接受继承或遗赠无须付出对价，其义务仅限于作出接受被继承人的处分表示（承诺）。② 在有偿的继承合同中，合同相对人接受继承或遗赠需要支付相应的对价，继承人或受遗赠人须向被继承人或第三人承担生前义务，如照顾被继承人或第三人的生活或向其给付扶养费。③

（2）瑞士立法例。根据《瑞士民法典》规定，被继承人可以通过订立继承契约，指定对方当事人或第三人取得遗产或遗赠，以及设定负担。例如，被继承人基于继承契约在生前得请求对方履行给付义务，包括定期金的负担或财产用益权等。此外，被继承人与继承人订立的放弃继承的协议也被认为是继承合同的一种。被继承人可以与继承人缔结抛弃继承权契约。该法对指定继承人契约及遗赠契约、抛弃继承权契约均被统一规定在继承契约制度中。④

综上可见，一方面，德、瑞两国对继承合同概念称谓（德国称继承合同、瑞士称继承契约）、类型内容等的规定有所不同；另一方面，两国的有偿、双务继承合同之实质内容基本一致，主要为指定继承、遗赠以及设定负担。

2. 英美法系国家立法例

（1）英国立法例。在英国，继承合同的内容是双方当事人通过约定，合同一方当事人允诺另一方当事人，前者将通过遗嘱赠与后者某项特定财产、一笔金钱、剩余财产的全部或部分，后者则承诺承担合同义务。⑤ 如立遗嘱人违反了他对继承合同对方当事人的允诺，没有在遗嘱中将他曾经允诺赠与的财产给与对方当事人，则立遗嘱人的行为构成对继承合同的违约。对方当事人不能依据继承合同要求或通过诉讼要求立遗嘱人按照合同立遗嘱，也不能阻止其更改遗嘱。但是对方当事人可以请求违约损害赔偿。⑥

（2）美国立法例。在美国，继承合同的内容可以是约定双方当事人均订立特定内容

---

① 《德国民法典》第 2278 条。其译者说明：若继承合同中被继承人指定相对人以外的第三人受益的，应当要求该给予涉及合同相对方切身利益，或者第三方与相对方存在亲属关系或其他相近关系，所以继承合同主要在家庭成员间（特别是夫妻间）适用。参见［德］雷纳·弗兰克、托比亚斯·海尔姆斯：《德国继承法（第六版）》，王葆莳、林佳业译，中国政法大学出版社 2015 年版，第 126-127 页。

② 此类合同不是本章的研究对象。

③ ［德］雷纳·弗兰克、托比亚斯·海尔姆斯：《德国继承法（第六版）》，王葆莳、林佳业译，中国政法大学出版社 2015 年版，第 125 页。

④ 《瑞士民法典》第 494、495、514、530 条。关于基于继承合同的给付义务，根据继承协议应当承担生前给付义务的人，如果没有依照继承协议履行给付义务或提供担保，则权利人可以依据债法的规定解除继承协议。处分人以其遗产设定用益权及定期金，按推定的期限进行计算，如果权利的本金价额超过了处分人有权自由处分的份额，那么继承人可以请求扣减至合法的数额；继承人也可以放弃对处分人自由处分份额上的权利，同时解除自己的义务。必须说明，抛弃继承契约的单务合同不是本章的研究对象。

⑤ 陈苇主编：《外国继承法比较与中国民法典继承编制定研究》，北京大学出版社 2011 年版，第 472 页。

⑥ ［英］安德鲁·伊沃比（Andrew Iwobi）：《继承法基础》（*Essential Succession*）（英文版，第二版），武汉大学出版社 2004 年版，第 15 页。

的遗嘱或遗赠，或者承诺不会撤销或更改其已订立的遗嘱或遗赠；也可以是约定合同一方当事人将订立一份特定内容的遗嘱或遗赠，或者承诺不会撤销或更改其已订立的遗嘱或遗赠，合同相对方则承诺负担合同义务。[①] 在美国，许多老年人订立继承服务合同，其允诺将立遗嘱或遗赠给另一方财产，另一方则提供相关服务，如照顾被继承人之生活。[②]

（二）继承合同的内容之国外立法比较评析

1. 两大法系国家立法的共同点

关于继承合同的内容，前述四个承认继承合同效力的国家立法的共同点是：在继承合同中可以约定对被继承人或遗赠人死后对特定财产的处理，可以是约定将该财产由对方当事人继承或受遗赠（大陆法系的德国、瑞士），或是允诺将立遗嘱把自己的个人财产由对方当事人继承或受遗赠（英美法系的英国、美国）。虽然英美法系国家的继承合同并不具备类似遗嘱的效力，这与大陆法系国家的继承合同不同，但英美法系国家的继承合同必须对将要订立的遗嘱之相关具体内容作出约定。

2. 两大法系国家立法的不同点

如前所述，德国、瑞士的继承合同内容为指定继承、遗赠和负担。并且《德国民法典》第 2302 条明确规定，以合同约定某人有义务做成或不做成、废弃或不废弃死因处分的，无效。被继承人仅得通过遗嘱或继承合同使自己受到约束。英国、美国的继承合同内容包括约定被继承人应当订立内容为指定合同另一方为继承人或受遗赠人的遗嘱的合同，或者订立被继承人不会主动撤销或更改已有遗嘱内容的合同。同时，遗嘱人须订立一份依该合同内容指定继承或遗赠的遗嘱，作为继承合同对方当事人取得遗产的依据。如其不订立遗嘱，则视为违约行为，应承担违约责任。

综上所述，德国、瑞士的有偿继承合同的内容直接以继承权、受遗赠权及其负担为内容，而英国、美国的继承合同内容也包括以继承权、受遗赠权的赋予及其对应的负担义务，但还须另行订立遗嘱或遗赠给继承合同对方当事人受遗赠的财产，且承诺不得更改。我们认为，德国、瑞士规定的继承合同可以直接指定继承或遗赠以及负担，作为合同相对方取得继承权或受遗赠权的依据，无须根据合同另行订立遗嘱或遗赠的立法模式更值得我国借鉴，这样可以节约人力、物力的成本，避免发生纠纷，有利于当事人更为自由、便捷地处理继承与遗赠事宜。

五、继承合同的效力之国外立法现状与评析

（一）继承合同的效力之国外立法现状

1. 大陆法系国家立法例

（1）德国立法例。根据《德国民法典》的规定，首先，在继承合同的适用效力方面，对于被继承人先前的遗嘱，如果侵害继承合同之继承人或受遗赠人的权利，则该部分内容因继承合同而废止；对于被继承人在继承合同之后所立的遗嘱，亦不得侵害继承合同之继承人或受遗赠人的权利，否则在同一范围内不生效。[③] 可见，继承合同的效力高于遗嘱的

---

① Uniform Probate Code, s. 2-514.

② 参见陈苇主编：《外国继承法比较与中国民法典继承编制定研究》，北京大学出版社 2011 年版，第 475 页。

③《德国民法典》第 2289 条。

效力。其次，在继承合同的被继承人生前处分个人财产效力方面，被继承人以生前法律行为处分其财产的权利，不因继承合同而受限制。[①] 但是，如果被继承人的行为出于侵害合同指定的继承人的意图而作出赠与时，合同所定的继承人可以在遗产归属于自己后，依返还不当得利的规定向受赠人请求返还所赠与的财产；如果被继承人已出于侵害受益人的意图而侵害、毁坏、藏匿或损坏某项合同约定的遗赠财产的，合同约定的受遗赠人可以请求以价额代替该遗赠财产；如果被继承人因上述意图而让与遗赠标的或在其上设定负担的，则其继承人有义务让受遗赠人取得该标的物或除去负担。[②]

（2）瑞士立法例。根据《瑞士民法典》的规定，在继承合同的适用效力方面，如果被继承人作出的遗嘱或遗赠与继承合同约定的义务相抵触，则对方当事人可以请求撤销上述行为，即继承合同的效力高于遗嘱或遗赠。[③] 在继承合同的对被继承人生前处分个人财产的效力方面，继承合同订立后被继承人仍可自由处分其财产，但如果被继承人违反继承合同的约定作出遗嘱或赠与，对方当事人可以要求撤销上述行为。[④]

可见，德国、瑞士都规定继承合同的适用效力优先于遗嘱或遗赠，也都承认继承合同的被继承人生前有自由处分财产的权利，并规定了在被继承人生前滥用自由处分权时对继承合同约定的继承人或受遗赠人的救济途径，即该遗产的权利人享有返还请求权或撤销权。

2. 英美法系国家立法例

与大陆法系国家不同的是，英美法系国家的继承合同并不直接作为继承权和受遗赠权取得的依据，其是以合同当事人一方允诺要订立遗嘱或遗赠为约因的合同，只发生普通法上合同的效力。

（1）英国立法例。在继承合同的适用效力方面，在英国，如果被继承人违反了其在继承合同中的允诺，没有在遗嘱中将他曾允诺赠与的财产给予对方当事人，则该遗嘱仍然有效，对方当事人不能阻止被继承人更改遗嘱，也不能通过诉讼要求被继承人按合同订立遗嘱，但是对方当事人可以请求违约损害赔偿。在继承合同的被继承人生前处分个人财产效力方面，被继承人订立继承合同之后，有义务不得为生前赠与，否则视为违约行为。[⑤]

（2）美国立法例。在继承合同的适用效力方面，在美国，如果继承合同的一方未通知对方而直接修改了遗嘱（使之与继承合同的约定相抵触），该遗嘱仍有效，但对方相对人可以根据法律的规定寻求违约救济。[⑥] 在继承合同的被继承人生前处分个人财产效力方面，如果被继承人以生前赠与的方式处分了遗嘱中约定将给予合同相对方的财产，不同州的法院有不同的处理方式，一些法院认为已经订立继承合同的被继承人无权处分继承合同中约定的财产，因而其生前赠与无效，另一些州则会综观整个案件以探明双方的真实意思，可能会允许合同相对方也违反继承合同中其应承担的义务而修改其遗嘱。[⑦]

① 《德国民法典》第 2286 条。

② 《德国民法典》第 2287、2288 条。

③ 《瑞士民法典》第 494 条。

④ 《瑞士民法典》第 494 条。

⑤ ［英］安德鲁·伊沃比（Andrew lwobi）：《继承法基础》（*Essential Succession*）（英文版，第二版），武汉大学出版社 2004 年版，第 7 页。

⑥ 参见陈苇主编：《外国继承法比较与中国民法典继承编制定研究》，北京大学出版社 2011 年版，第 474-475 页。

⑦ Gerry W. Beyer, *Wills*, *Trusts and Estates* (Second Edition), Beijing: Citic Publishing House, 2003, p. 22.

(二) 继承合同的效力之国外立法比较评析

1. 两大法系国家立法的共同点

关于继承合同的效力，前述四个承认继承合同的国家立法的共同点主要体现在继承合同的被继承人生前处分个人财产效力方面。对于继承合同订立后被继承人以侵害继承合同受益人的目的所为的恶意处分行为，四个国家立法均要求被继承人承担相应责任。在大陆法系的德国和瑞士，在被继承人或遗赠人一方出于侵害合同约定的继承人或受遗赠人之利益而为赠与或者故意毁损、藏匿合同约定的财产，又或者作出与合同约定相抵触的遗嘱或遗赠时，合同约定的继承人或受遗赠人可以请求返还财产、以价额代替遗赠财产或者请求撤销遗嘱或遗赠。[①] 在英美法系的英国和美国，如果被继承人违反了其在继承合同中的允诺，没有在遗嘱中将他曾经允诺赠与的财产给予对方当事人，或者以生前赠与的方式处分了合同约定的将给予对方的财产，则对方当事人可以请求违约损害赔偿。[②]

2. 两大法系国家立法的不同点

前述四个承认继承合同效力的国家立法的不同点是：

第一，关于继承合同的适用效力，即如其与遗嘱相抵触时，何者效力优先的问题。德国、瑞士的立法都规定遗嘱与继承合同相抵触的部分无效或可撤销，即继承合同的效力高于遗嘱。而继承合同在英、美两国仅具有合同法上的效力，当被继承人设立的遗嘱违反继承合同时，遗嘱有效，当事人只能寻求违约救济。我们认为，其一，德国、瑞士的继承合同的适用效力优先之制度设计，符合继承合同为双方民事法律行为之特征，继承合同是被继承人自主选择的遗产处分方式，被继承人亦应接受自己合同处分之拘束，才能实现平等保护合同双方当事人的合法权利。其二，对于依据继承合同履行了相应义务的继承人或受遗赠人，应当优先取得遗产，从而区别于遗嘱继承与遗赠的无偿让与财产的性质。故此类双务、有偿之继承合同的适用效力应当具有优先于无对价的遗嘱继承与遗赠之效力。

第二，关于继承合同订立对受扶养人生前处分个人财产的效力，即继承合同订立后。对受扶养人以侵害继承合同受益人的目的为赠与、在财产上设定负担或者毁损、藏匿财产等恶意处分行为，德国法和瑞士法均规定继承人可以行使撤销权，即请求受赠人返还赠与物、去除负担、以价额替代标的物等方式保护权利。[③] 而在英国和美国，立遗嘱人将继承合同中约定的特定遗赠财产为生前转让或者为生前赠与，无论其是否以侵害受益人的目的为之，均需承担违约责任；受益人事先知晓的，可请求法院以禁令限制遗嘱人的违约处分行为。可见，前述两大法系国家对于继承合同对被继承人生前处分个人财产的效力的规定有异曲同工之效。我们认为，对被继承人生前处分继承合同中约定财产的行为，设立继承合同之继承人或受遗赠人享有撤销权，有利于保障继承合同的履行，能够有效保障承担扶养义务的继承合同的相对方的合法利益。

---

① 《德国民法典》第 2287、2288 条，《瑞士民法典》第 494 条。

② 参见陈苇主编：《外国继承法比较与中国民法典继承编制定研究》，北京大学出版社 2011 年版，第 474-475 页。

③ 《德国民法典》第 2287、2288 条，《瑞士民法典》第 494 条。

六、继承合同的解除及法律后果之国外立法现状与评析

（一）继承合同的解除及法律后果之国外立法现状

1. 大陆法系国家立法例

（1）德国立法例。关于继承合同的解除方式，根据《德国民法典》的规定，德国继承合同解除方式包括协议解除、单方解除、法定解除。

一是协议解除，即双方当事人协议解除。第一，以合同解除。继承合同订立后，双方当事人协商一致，可订立合同以解除该继承合同，但如果合同一方当事人已死亡则不可解除。在以合同解除的情况下，被继承人须亲自订立该项合同，被继承人是限制民事行为能力人的，无须得到其法定代理人的同意。该废止合同须由公证人做成记录。[①] 第二，以遗嘱解除。继承合同的被继承人得到合同相对方同意的，可以遗嘱解除继承合同。并且合同相对方的同意表示需要做成公证书。[②] 第三，以共同遗嘱解除。夫妻或共同生活伴侣订立的继承合同，可以通过共同遗嘱解除继承合同。[③] 必须注意，以上第一种和第三种情形除合同属于配偶之间或订婚人之间订立的外，根据《德国民法典》第 2290 条第 3 款的规定，合同相对方在监护或父母照顾以及照管之下的则必须有家庭法院或照管法院的批准。[④]

二是单方解除，即被继承人单方解除。在以下三种情况下被继承人可以单方解除继承合同：第一，解除保留。继承合同中保留了被继承人解除权的，被继承人有权单方行使解除权；[⑤] 第二，受益人的严重不当行为。当受益人有法定的可使被继承人剥夺其晚辈直系血亲特留份的错误行为且主观有过错时，被继承人可以遗嘱解除继承合同。[⑥] 合同相对方本身不是受益人的，对其错误行为不适用该规定。第三，对应义务的取消。在继承合同的双方订立了扶养协议，约定合同相对方需向被继承人承担照料或其他持续性给付扶养费的义务，作为其取得继承权或受遗赠权的对应给付时，如果该项对应给付在被继承人去世前被取消的，被继承人可以解除合同。[⑦] 继承合同的解除须被继承人亲自为之，不得代理，被继承人是限制民事行为能力人的，无须得到其法定代理人的同意，被继承人向合同另一方作出解除的意思表示，均须做成公证书。[⑧]

三是法定解除，又称法定自动解除，根据《德国民法典》的规定，对配偶、登记生活伴侣或订婚人订立的继承合同，若婚姻、生活伴侣或婚约关系在被继承人死亡前解除的，继承合同自动解除。[⑨]

关于继承合同解除的法律后果，对于协议解除的，一方已根据合同所受领的给付是否必须偿还，由双方当事人协议解决；对于被继承人单方解除和法定自动解除的，一方已根

---

① 《德国民法典》第 2290 条。
② 《德国民法典》第 2291 条。
③ 《德国民法典》第 2292 条。
④ 《德国民法典》第 2290-2292 条。
⑤ 《德国民法典》第 2293 条。
⑥ 《德国民法典》第 2294、2297 条。
⑦ 《德国民法典》第 2295 条。
⑧ 《德国民法典》第 2296 条。
⑨ 《德国民法典》第 2077、2279 条。

据合同受领的给付必须予以交还，凡所得利益必须予以返还。[①]

（2）瑞士立法例。根据《瑞士民法典》的规定，瑞士继承合同的解除方式亦可分为协议解除、单方解除和法定自动解除。

一是协议解除。继承合同的双方当事人可以通过书面协议随时解除继承合同。

二是单方解除，包括以下两种情形：第一，因犯罪行为解除。继承合同订立后，如果继承人或受遗赠人对被继承人实施犯罪行为，且应当被剥夺继承权的，被继承人可单方解除继承合同。单方废止须依法定的订立遗嘱的形式为之，即须以公证书或自书的形式或以口授意思的形式，作成遗嘱。[②] 第二，因不履行义务而解除。根据继承合同应当承担生前给付义务的人，如果没有依照继承合同履行给付义务或提供担保，则权利人可以依据债法的规定解除继承合同。[③]

三是法定自动解除。如果继承人或受遗赠人在被继承人之前死亡的，继承合同自动解除。继承合同因此而自动解除后，对于被继承人因该合同而获得的利益，已履行给付义务的继承人或受遗赠人的继承人可以请求利益返还，但继承合同另有约定的除外。[④]

可见，德国和瑞士对继承合同的解除方式规定得较为细致具体，根据导致继承合同解除的原因不同，继承合同的解除可以分为协议解除、单方解除和法定解除。协议解除是合同双方当事人协商一致而解除合同；单方解除的原因是继承合同中约定保留的解除权或一方当事人不履行合同约定的义务或具有法定的导致可单方解除合同的不当行为；法定解除的原因则由法律直接规定，只要法定情形出现，继承合同自然解除。在单方解除和法定解除的情形下，继承合同解除后，被继承人因该合同而获得的利益应返还合同相对方或相对方的继承人。

2. 英美法系国家立法例

（1）英国立法例。在英国，如果继承合同中的受益人先于遗嘱人死亡，则根据法官对继承合同的解释可能会有两种不同的结果。如果继承合同利益有人身专属性，则免除遗赠人的合同义务；如果继承合同利益没有人身专属性，则合同利益由受益人的继承人取得。[⑤]

（2）美国立法例。在美国，如果继承合同的双方当事人都健在，继承合同当事人均具有合同解除权，但一般要求解除继承合同的一方应在一定时间内通知另一方以便其修改遗嘱。如果继承合同的一方未通知对方而直接修改了遗嘱（使之与继承合同的约定相抵触），该遗嘱仍然有效，但对方相对人可以根据法律的规定寻求违约救济。如果遗赠人在订立遗嘱之后可以通过订立新的遗嘱撤销对提供服务一方的赠与，在此情况下，提供服务的一方可以要求对其服务作出合理的补偿。[⑥] 如果遗赠人一方没有立遗嘱就去世的，则遗赠人的遗产将根据无遗嘱继承来确定归属，此时法院一般通过对提供服务一方的服务之劳动价值进行评

---

① 《德国民法典》第 346 条。

② 《瑞士民法典》第 498、513 条。

③ 《瑞士民法典》第 514 条。

④ 《瑞士民法典》第 515 条。

⑤ Roger Kerridge, *The Law of Succession* (Eleventh Edition), London: Sweet & Maxwell, 2002, p. 89.

⑥ Uniform Probate Code, ss. 2-507, 3-719.

估，据此确定提供服务一方应该从遗赠人的遗产中获得的相当于“遗赠”的补偿财产。[①]

（二）继承合同的解除及法律后果之国外立法比较评析

1. 两大法系国家立法的共同点

关于继承合同的解除，前述四个承认继承合同效力的国家立法的共同点是：均规定继承合同可以解除，且都规定了双方协议解除、单方解除以及法定解除三种方式，在继承合同的解除事由上，德国、瑞士作出了专门规定。

2. 两大法系国家立法的不同点

这些国家关于继承合同解除立法的不同点是：第一，关于一方当事人先于对方死亡时合同是否解除的规定不同，大陆法系的德国、瑞士规定，如果继承人或受遗赠人在被继承人之前死亡的，继承合同自动解除；但在英国则根据法官对继承合同的解释可能会有两种不同的结果。如果继承合同利益有人身专属性，则免除遗赠人的合同义务；如果继承合同利益没有人身专属性，则合同利益由受益人的继承人取得。[②] 第二，关于合同的单方解除，大陆法系的德国、瑞士对继承合同的单方解除规定了法定的条件，只有在一方当事人不履行合同约定的义务或有法定的导致可单方解除合同的不当行为时，对方当事人才可单方解除合同；而英美法系的美国、英国则无此严格的要求，继承合同订立后任何一方当事人均可解除合同，但要求必须在一定时间内通知另一方以便其修改遗嘱。第三，关于合同解除的后果，大陆法系的德国、瑞士规定，对于协议解除的，一方已根据合同所受领的给付是否必须偿还，由当事人协议解决，单方解除和法定解除的，继承合同解除后，被继承人因该合同而获得的利益应返还合同相对方或相对方的继承人。[③] 在英美法系的英国，如果继承合同的一方没有在遗嘱中将他曾经允许的财产给予对方，其行为构成违约（使之与继承合同的约定相抵触），该遗嘱仍然有效，但对方相对人可以根据法律的规定寻求违约损害赔偿。[④] 在美国，如果遗赠人在订立遗嘱之后可以通过订立新的遗嘱撤销对提供服务一方的赠与，在此情况下，提供服务的一方可以要求对其服务作出合理的补偿。[⑤]

我们认为，一方面，继承合同签订之后的履行，是一个长期的、复杂的、涉及情感变化的过程，为确保当事人的意思自由和合法利益，应当允许当事人双方协议解除继承合同。另一方面，就继承合同履行过程中一方当事人不履行合同义务或者有使继承合同相对方权利受侵害的不当行为等情况，应当允许权利受侵害方单方解除合同，或依法定事由解除，如扶养义务当事人一方死亡的，为法定解除事由。并且，对于合同解除的方式、事由及后果立法应予明确规定，以有利于保护继承合同当事人双方的合法权益。前述德国、瑞士有关继承合同的解除方式和事由以及效力之规定值得我国借鉴。

---

① Gerry W. Beyer, *Wills*, *Trusts and Estates* (Second Edition), Beijing: Citic Publishing House, 2003, p. 222.

② Roger Keyer, *The Law of Succession* (Eleventh Edition), London: Sweet & Maxwell, 2002, p. 89.

③ 《瑞士民法典》第 515 条、《德国民法典》第 346 条。

④ ［英］安德鲁·伊沃比（Andrew Iwobi）:《继承法基础》（*Essential Succession*）（英文版，第二版），武汉大学出版社 2004 年版，第 7 页。

⑤ Gerry W. Beyer, *Wills*, *Trusts and Estates* (Second Edition), Beijing: Citic Publishing House, 2003, p. 222.

第三节　遗赠扶养协议的我国立法现状与涉及继承合同的我国民众的观念和处理习惯及司法实践的考察与评析

一、遗赠扶养协议制度的我国立法现状

我国遗赠扶养协议制度被规定在我国《继承法》和其他法律以及相关司法解释之中。必须说明，2018年9月3日我国立法机关已公布“民法典分编（草案）”，征求社会各界意见。由于该“草案”不是正式立法，所以本节仍主要以我国《继承法》及其司法解释的相关规定为对象，考察我国遗赠扶养协议制度的立法现状。

（一）遗赠扶养协议主体的我国立法现状

我国《继承法》第31条规定：“公民可以与扶养人签订遗赠扶养协议。按照协议，扶养人承担该公民生养死葬的义务，享有受遗赠的权利。公民可以与集体所有制组织签订遗赠扶养协议。按照协议，集体所有制组织承担该公民生养死葬的义务，享有受遗赠的权利。”我国现行《老年人权益保障法》第36条规定：“老年人可以与集体经济组织、基层群众性自治组织、养老机构等组织或者个人签订遗赠扶养协议或者其他扶助协议。负有扶养义务的组织或者个人按照遗赠扶养协议，承担该老年人生养死葬的义务，享有受遗赠的权利。”由此可见，我国遗赠扶养协议的主体，一方当事人是遗赠人同时也是受扶养人；另一方当事人是遗赠人的法定继承人之外的其他自然人、集体经济组织、基层群众性自治组织、养老机构等组织。

我国《继承法》未对遗赠扶养协议主体的能力要件进行明确规定，遗赠扶养协议主体能力的内容主要体现在我国司法部《遗赠扶养协议公证细则》中，我国司法部《遗赠扶养协议公证细则》第4、5条分别规定：“遗赠人必须是具有完全民事行为能力、有一定的可遗赠的财产、并需要他人扶养的公民”“扶养人必须是遗赠人法定继承人以外的公民或组织，并具有完全民事行为能力、能履行扶养义务。”可见，遗赠扶养协议主体需要符合两个法定条件：一是扶养人与受扶养人双方当事人须具有完全民事行为能力，二是遗赠人具备一定的财产（遗赠能力），扶养人须为法定继承人以外的自然人或组织，并具备相应的扶养能力。这样才能使双方当事人在签订协议时能够作出有效的意思表示，才能实现受扶养人生前受扶养、受遗赠人于受扶养人死后取得遗赠财产之双务、有偿的遗赠扶养协议之目的。

（二）我国遗赠扶养协议订立形式的立法现状

如前所述，根据我国《继承法》第31条规定，公民可以与扶养人签订遗赠扶养协议；公民可以与集体所有制组织签订遗赠扶养协议。从该规定中使用的“签订”一词，可推知我国遗赠扶养协议的订立应采取书面形式。

（三）我国遗赠扶养协议内容的立法现状

遗赠扶养协议的内容，是指协议当事人的权利和义务。根据前述我国《继承法》第

31条和《遗赠扶养协议公证细则》第2条的规定，[①] 遗赠扶养协议是遗赠人和扶养人为明确相互之间遗赠和扶养的权利义务关系所订立的协议。按照协议，受扶养人享有生前接受对方扶养的权利，承担将约定的财产在其死后赠与扶养人的义务；扶养人承担对受扶养人生养死葬的义务，享有接受遗赠的权利。

（四）我国遗赠扶养协议效力的立法现状

关于遗赠扶养协议的适用效力，我国《执行继承法的意见》第5条规定："被继承人生前与他人订有遗赠扶养协议，同时又立有遗嘱的，继承开始后，如果遗赠扶养协议与遗嘱没有抵触，遗产分别按协议和遗嘱处理；如果有抗触，按协议处理，与协议抵触的遗嘱全部或部分无效。"遗赠扶养协议的效力优先于遗嘱继承、遗赠和法定继承。

关于遗赠扶养协议对遗赠义务人处分财产的效力，如前所述，我国《继承法》第31条规定："公民可以与扶养人签订遗赠扶养协议。按照协议，扶养人承担该公民生养死葬的义务，享有受遗赠的权利。公民可以与集体所有制组织签订遗赠扶养协议。按照协议，集体所有制组织承担该公民生养死葬的义务，享有受遗赠的权利。"遗赠扶养协议签订后，双方各自承担的义务和享有的权利，对于受扶养人在签订协议后是否仍可处分其财产未作明确规定。但依据下述我国《执行继承法的意见》第56条规定的精神，受扶养人如不妥善保管或处分其约定的遗赠财产，致协议不能履行的，须承担相应的补偿责任。

（五）我国遗赠扶养协议解除及法律后果的立法现状

我国遗赠扶养协议的解除方式，主要有以下两种类型：一是双方协议解除；二是一方无正当理由不履行义务，导致单方解除。[②] 对于遗赠扶养协议解除的法律后果，我国《执行继承法的意见》第56条规定："扶养人或集体组织与公民订有遗赠扶养协议，扶养人或集体组织无正当理由不履行，致协议解除的，不能享有受遗赠的权利，其支付的供养费用一般不予补偿；遗赠人无正当理由不履行，致协议解除的，则应偿还扶养人或集体组织已支付的供养费用。"可见，此即一方有过错导致单方解除的法律后果，由于扶养人无正当理由不履行遗赠扶养协议，致协议解除的，该扶养人不能享有受遗赠的权利，其支付的供养费一般不予补偿；遗赠人无正当理由不履行，扶养人可以单方要求解除协议，因此导致协议解除的，则遗赠人应偿还扶养人或集体组织已支付的供养费。对于如何解除遗赠扶养协议的程序，双方当事人可以书面协议解除，协议不成可根据我国现行《民事诉讼法》的相关规定向法院提起民事诉讼。

二、涉及继承合同的我国民众观念和处理习惯的实证调查与分析

为了解我国民众的财产继承观念和遗产处理习惯，2016年11月初至2017年11月底止，历时一年零一个月，我们组织开展完成了"当代中国民众财产继承观念与遗产处理习惯实证调查"的实地调查和统计数据汇总工作。本次被调查地区在我国东北部的吉林

---

① 我国《继承法》第31条规定："公民可以与扶养人签订遗赠扶养协议。按照协议，扶养人承担该公民生养死葬的义务，享有受遗赠的权利。公民可以与集体所有制组织签订遗赠扶养协议。按照协议，集体所有制组织承担该公民生养死葬的义务，享有受遗赠的权利。"我国《遗赠扶养协议公证细则》第2条规定："遗赠扶养协议是遗赠人和扶养人为明确相互间遗赠和扶养的权利义务关系所订立的协议。需要他人扶养，并愿将自己的合法财产全部或部分遗赠给扶养人的为遗赠人；对遗赠人尽扶养义务并接受遗赠的人为扶养人。"

② 参见陈苇主编：《婚姻家庭继承法学（第三版）》，群众出版社2017年版，第309页。

省，东部的上海市；北部的河北省，中部的湖北省、江西省，南部的广东省、海南省，东南部的海南省、西南部的重庆市、四川省，共计发放调查问卷5739份，收回有效问卷5085份，有效率88.60%。以下，我们针对我国十省市民众涉及遗赠扶养协议与继承合同的观念及遗产处理习惯的调查统计汇总数据进行研究分析。

（一）涉及继承合同的我国民众观念和民间习惯的实证调查统计情况

1. 涉及继承合同的订立主体与方式的民众观念情况统计

问题【五、（一）】“王某，现年70岁，有长子王一，次女王二，两个子女均已成家且分家另过。王某的老伴因患癌症花费了大量医药费后去世，老夫妻的共同财产所剩无几，现有郊区的一套住房是王某个人财产。虽然王某退休金不高，但身体没有大病，还是能够维持基本生活的。由于长子王一长期在外地工作，为解决父亲王某的养老送终问题，您认为，如下三种做法哪些较为妥当？A. 做法一：父亲王某与次女王二，双方协商并签订协议，由次女王二独自一人承担赡养父亲王某的义务，王某的全部遗产指定由王二继承；B. 做法二：父亲王某与子女王一、王二，三人协商并签订协议，由次女王二一人承担赡养父亲王某的义务，王某的全部遗产商定由王二继承，王一自愿放弃对父亲王某遗产的继承权；C. 做法三：子女王一与王二，两人协商并签订协议，由次女王二承担赡养父亲王某的义务，王某的全部遗产商定由王二继承，王一自愿放弃对父亲王某遗产的继承权。”（多选）

表5-3-1 涉及继承合同订立主体与方式的民众观念统计情况（多选）

选项＼比例	人数	比例
A. 做法一	846	16.64%
B. 做法二	3730	73.35%
C. 做法三	956	18.80%

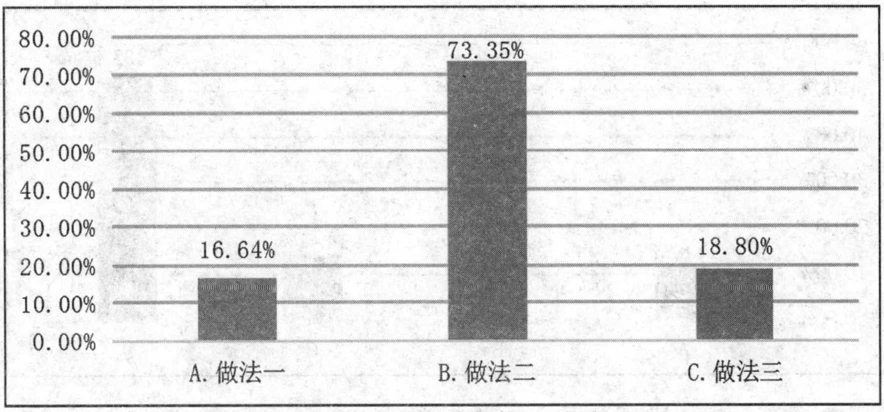

图5-3-1 涉及继承合同订立主体与方式的民众观念统计情况（多选）

根据以上统计数据分析，在我国十省市被调查者中，各选项的人数占比从高到低依次是：选择B项“做法二：父亲王某与子女王一、王二，三人协商并签订协议，由次女王二独自一人承担赡养父亲王某的义务，王某的全部遗产商定由王二继承，王一自愿放弃对父亲王某遗产的继承权”的有3730人（占73.35%）；选择C项“做法三：子女王一与王二，两人协商并签订协议，由次女王二独自一人承担赡养父亲王某的义务，王某的全部遗产商定由王二继承，王一自愿放弃对父亲王某遗产的继承权”的有956人（占18.80%）；选择A项“做法一：父亲王某与次女王二，双方协商并签订协议，由次女王二独自一人承担赡养父亲王某的义务，王某的全部遗产指定由王二继承”的有846人（占16.64%）。可见，关于继承合同的订立主体，在我国十省市被调查者中，超过七成（占73.35%）的人支持B项，认为继承合同应由被继承人和全体继承人共同订立，人数最多，占比最高；有近二成（占18.80%）的人支持C项，认为继承合同可由继承人共同订立；还有一成半以上（占16.64%）的人支持A项，认为继承合同应由被继承人与承担赡养义务且继承遗产的继承人共同订立。这说明，占七成以上的我国十省市多数被调查者认为被继承人生前可通过与继承人订立协议，对赡养及继承事务作出约定，继承合同应由被继承人和全体继承人共同订立。

2. 涉及继承合同订立主体与方式的民众处理习惯情况统计

问题【五、（二）】“您听说或经历的其他方式是什么？”（多选）

表5-3-2　涉及继承合同的订立主体与方式的民众处理习惯统计情况（多选）

选项＼比例	人数	比例
A. 听说或经历过做法一	601	11.82%
B. 听说或经历过做法二	1452	28.55%
C. 听说或经历过做法三	733	14.41%
D. 从没有听说或经历过以上情况	2712	53.33%

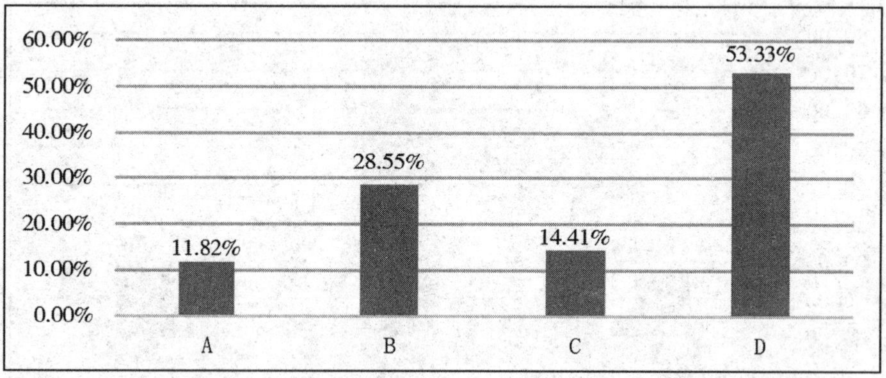

图5-3-2　涉及继承合同的订立主体与方式的民众处理习惯统计情况（多选）

关于被调查者所在地区继承合同的订立情况，根据以上统计数据分析，在我国十省市被调查者的选择中，选项人数占比从高到低依次是：选择D项“从没有听说或经历过以上情况”的有2712人（占53.33%）；选择B项“听说或经历过做法二”的有1452人（占28.55%）；选择C项“听说或经历过做法三”的有733人（占14.41%）；选择A项“听说或经历过做法一”的有601人（占11.82%）。可见，有超过五成（占53.33%）的被调查者从没有听说或经历过以上情况，但听说或经历过以上情况的被调查者合计占近五成半（占54.78%）。这说明为解决被继承人养老送终而由被继承人与继承人签订继承合同的情况在我国十省市被调查民众中时有发生，并不鲜见。

3. 涉及继承合同的变更及效力的民众观念情况统计

问题【五、(三)】“王某，现年70岁，有长子王一，次女王二，三子王三，三个子女均已成家且分家另过。王某的老伴因患癌症花费了大量医药费后去世，现有郊区的一套住房是王某个人财产，市场价约为30万元，王某的退休金不高。王某与王二协商并签订继承扶养协议，由王二主要扶养父亲王某，王某的所有遗产由王二继承。该协议签订后，王二全家与父亲王某共同生活了五年后的一天，王二因意外交通事故死亡。王二全家在与父亲王某共同生活的期间已为王某花费生活费、医疗费等扶养费共9万元。为解决王某的养老问题，您同意下列哪些做法？A. 王二的儿子有继续扶养外祖父王某的能力，王某也愿意与王二的儿子共同生活，应当由王二的儿子继续履行扶养义务，并继承王某的全部遗产；B. 王一、王三共同补偿王二家人6万元扶养费后（另有3万元扶养费属于应当由王二承担的），如果王一与父亲王某签订新的继承扶养协议，并与王某共同生活一直扶养至其去世，就由王一继承王某的全部遗产；C. 对王二已经支付的扶养费不予补偿，如果王一与父亲王某签订新的继承扶养协议，并与王某共同生活一直扶养至其去世，就由王一继承王某的全部遗产；D. 王一、王三共同补偿王二家人6万元扶养费后，由两人共同扶养父亲王某；E. 其他。”（多选）

表5-3-3　涉及继承合同的变更及效力的民众观念统计情况（多选）

选项 \ 比例	人数	比例
A. 王二的儿子有继续扶养外祖父王某的能力，王某也愿意与王二的儿子共同生活，应当由王二的儿子继续履行扶养义务，并继承王某的全部遗产	3052	60.02%
B. 王一、王三共同补偿王二家人6万元扶养费后（另有3万元扶养费属于应当由王二承担的），如果王一与父亲王某签订新的继承扶养协议，并与王某共同生活一直扶养至其去世，就由王一继承王某的全部遗产	2494	49.05%
C. 对王二已经支付的扶养费不予补偿，如果王一与父亲王某签订新的继承扶养协议，并与王某共同生活一直扶养至其去世，就由王一继承王某的全部遗产	574	11.29%
D. 王一、王三共同补偿王二家人6万元扶养费后，由两人共同扶养父亲王某	2149	42.26%
E. 其他	72	1.42%

关于继承合同的变更及效力，根据以上统计数据分析，在我国十省市被调查者中，按选择各项人数占比从高到低依次是：选择A项“王二的儿子有继续扶养外祖父王某的能力，王某也愿意与王二的儿子共同生活，应当由王二的儿子继续履行扶养义务，并继承王某的全部遗产”的有3052人（占60.02%）；选择B项“王一、王三共同补偿王二家人6

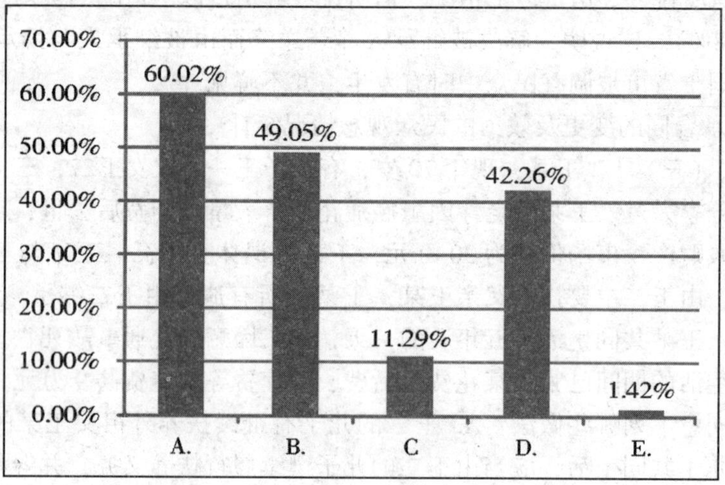

图 5-3-3 涉及继承合同的变更及效力的民众观念统计情况（多选）

万元扶养费后（另有 3 万元扶养费属于应当由王二承担的），如果王一与父亲王某签订新的继承扶养协议，并与王某共同生活一直扶养至其去世，就由王一继承王某的全部遗产”的有 2494 人（占 49.05%）；选择 D 项“王一、王三共同补偿王二家人 6 万元扶养费后，由两人共同扶养父亲王某”的有 2149 人（占 42.26%）；选择 C 项“对王二已经支付的扶养费不予补偿，如果王一与父亲王某签订新的继承扶养协议，并与王某共同生活一直扶养至其去世，就由王一继承王某的全部遗产”的有 574 人（占 11.29%）；选择 E 项“其他”的有 72 人（占 1.42%）。可见，关于继承合同的变更及效力之多个选项，在我国十省市被调查者中，有占六成（占 60.02%）的多数人认为，在协议约定的原扶养人先于受扶养人死亡后，在受扶养人与扶养人之继承人双方自愿且该后者作为代位扶养人有扶养能力的情况下，可由该代位扶养人继续履行该继承扶养协议；有近五成（占 49.05%）的人认为，应由被扶养人的其他继承人对扶养人已支付的扶养费进行补偿后，另行签订继承扶养协议；另有超过四成（占 42.26%）的人认为，应由被扶养人的其他继承人对扶养人已支付的扶养费进行补偿后由法定扶养人履行扶养义务。只有超过一成（占 11.29%）的人认为，无须对已去世扶养人所支付的扶养费用予以补偿，由其他具有扶养义务的人履行扶养义务并继承遗产。

以上情况说明，被调查者对于继承合同约定的扶养人去世后继承合同的变更及效力问题认识存在分歧。一是代位扶养方式。关于扶养人去世后继承合同的变更，六成（占 60.02%）的被调查者支持 A 项，认为继承合同约定的扶养人去世后，可将该协议约定的扶养人变更为已去世扶养人之继承人，即采取代位扶养的方式，这反映了被调查者中多数人主张尊重被继承人与扶养义务人之继承人的意愿。二是扶养费的补偿。关于变更继承合同是否需要对已去世扶养人生前支付的扶养费进行补偿，主张应予以补偿的被调查者合计超过九成（占 91.31%，BD 项相加），主张不予补偿的被调查者只占一成（占 11.29%），这说明占九成的绝大多数被调查者认为变更继承合同应对已去世的扶养人生前支付的扶养费进行补偿。

（二）涉及继承合同的我国民众观念和处理习惯的分析

1. 涉及继承合同的订立主体与方式的我国民众观念和处理习惯分析

目前，我国《继承法》仅规定有遗赠扶养协议制度，未规定继承合同制度。根据我国《继承法》第 31 条之规定，遗赠扶养协议的订立主体一方为被继承人，另一方为法定继承人之外的其他个人或集体经济组织，被继承人可与该个人或集体经济组织订立遗赠扶养协议，约定由该个人或集体经济组织承担被继承人的生养死葬义务，享有受遗赠的权利。遗赠扶养协议的订立主体不包括被继承人的法定继承人。根据我国《合同法》第 2 条之规定，婚姻、收养、监护等有关身份关系的协议，不适用《合同法》的规定，即继承合同不能适用《合同法》，而《继承法》对此无规定。故继承人不能作为合同相对人与被继承人签订继承合同。从本次民众继承观念和习惯调查结果来看，我国十省市被调查民众关于继承合同的订立主体之认识及处理习惯与我国《继承法》之规定存在很大差异。虽然我国《继承法》未规定被继承人可以与其法定继承人订立继承合同，但十省市被调查者对于继承合同的订立主体及方式的认识较为统一，七成以上（占 73.35%）的多数被调查者认为，继承合同应由被继承人和全体继承人共同订立（见表 5-3-1、图 5-3-1）。并且，订立继承合同的做法在十省市时有发生，在十省市被调查者所在地区，其占比已近五成半（占 54.78%），其中，十省市以由被继承人和全体继承人共同订立继承合同的情况占近三成（占 28.55%）（见表 5-3-2、图 5-3-2）。我国七成以上的多数被调查民众在思想观念上认可继承合同，并且有近五成的被调查者所在地区存在订立继承合同的行为习惯。我们认为，由被继承人与其继承人签订继承合同，对被继承人生养死葬以及遗产继承作出安排，既能体现被继承人的意思自治，又有利于解决被继承人的赡养问题，亦符合我国十省市七成以上被调查民众的观念和近五成被调查者所在地区的处理习惯。目前，我国《继承法》对继承合同未予规定，此立法缺失不能满足现实生活中我国部分民众采取继承扶养协议解决养老问题的需要，也不能适应司法实践中审理继承合同纠纷的需要，不利于实现法律的公平及效率价值。

2. 涉及继承合同的变更及效力的我国民众观念和处理习惯分析

如前文所述，我国《继承法》未规定继承合同制度，其对继承合同的变更及效力亦无规定，而对于遗赠扶养协议的变更及效力，该法亦未作明确规定。根据我国《继承法》第 27 条之规定，受遗赠人先于遗嘱人死亡的，遗产中的有关部分按照法定继承办理，可以推知，若遗赠扶养协议约定的受遗赠人死亡，则遗赠扶养协议解除，被扶养人死亡后按法定继承处理。但对于被扶养人之继承人是否需要对已履行扶养义务的、先于遗赠人死亡的受遗赠人已支付的扶养费用进行补偿，法律未作规定。从本次调查结果来看，我国十省市的被调查者对于继承合同约定的扶养人去世后，继承合同的变更及效力之认识存在分歧且处理习惯存在差异。首先，关于继承合同的扶养人一方去世后扶养义务的履行方式，主要存在以下几种观点和做法：第一种做法是可采取代位扶养的方式。在继承合同约定的扶养人去世后，可将该协议约定的扶养人变更为已去世扶养人的具有扶养能力且受扶养人同意之继承人（占 60.02%），此即采取代位扶养的方式。第二种做法是可采取重新签订继承扶养协议的方式。由被继承人与其他法定扶养人另行签订继承扶养协议（占 60.34%，BC 项相加），此即重新签订继承扶养协议的方式。第三种做法可采取法定扶养方式。即无须签订继承扶养协议，而由其他法定扶养人履行扶养义务（占 42.26%），此即无须重新签订扶养协议，而直接采取法定扶养义务人履行扶养义务（见表5-3-3、图5-3-3）。其次，关于继承合同的扶养人一方去世后是否需要对其已支付的扶养费用进行补偿，我国十省市被调查民众的观念及处理习惯做法则较为一致，合计超过九成（占91.31%，BD项相加）的被调查者主张应予以补偿，只有一成（占11.29%）的被调查者主张不予补偿（见表5-3-3、图5-3-3）。我们认为，如前所述，目前我国十省市占七成以上（占73.35%）的多数被调查者是认可被继承人与继承人共同订立继承合同，而我国《继承法》对此尚无规定，法律的指引作用缺失，这是导致十省市民众认识不统一的主要原因。而民众认识的分歧则容易引发纠纷，不利于老人的赡养和安度晚年，不利于维护家庭稳定与社会和谐。

从我国民众的思想观念和处理习惯来看，第一，关于继承合同的扶养人一方去世后扶养义务的履行方式，前述三种做法均有立法参考价值。首先，如果该扶养人的继承人自愿且有扶养能力，被继承人也愿意由其代位继续履行扶养义务的，可采取第一种做法，即将合同约定的扶养人变更为已去世扶养人的继承人。其次，如果被继承人与其他继承人愿意签订新的继承扶养合同，则可采取前述第二种做法，由被继承人与其他法定扶养人另行签订新的继承扶养协议。最后，如果被继承人与其他继承人协商不成，则可采取前述第三种做法，即由被继承人的法定扶养义务人依法履行扶养义务。第二，关于继承合同的扶养人一方去世后是否需要对其已支付的超过其扶养义务部分的扶养费用进行补偿，占九成的我国十省市绝大多数被调查者认为应对此部分超过已去世扶养人应支付的扶养费用进行补偿。这有利于保障已去世扶养人的利益，也符合民法的公平原则，此可供我国《继承法》修改完善时予以参考。

三、涉及继承合同的我国司法实践案例的考察与评析

（一）涉及继承合同的我国司法实践考察

1. 涉及继承合同主体的案例（案例一）

（1）主要案情简介。史某（男）与陈某（女，已于2005年死亡）系夫妻，生育五个子女，分别为子史某1、史某2、史某3、史某4、史某5。其中，史某3于2013年5月死亡。史某3与冯某生育一子冯某某。2008年3月21日，史某1、史某2、史某5三兄弟签订供养协议。该协议约定父亲史某的养老等一切生活照顾及今后亡故均由史某5负责，其哥、嫂无任何供养和照顾义务；父亲名下的所有财产及今后的安置归史某5所有。协议由史某1、史某2、史某5共同签名，并有见证人陈某1、蒋某在场见证。陈某1系某某镇某某村书记，蒋某系某某镇某某村4组组长。该协议签订后，史某5按照供养协议将史某赡养至2016年6月4日去世。史某去世后，史某5对其进行了安葬，花去安葬费52902元。2017年4月5日，史某之子史某2、史某4作出放弃继承史某的遗产和分割抚恤金的书面声明。原告史某5认为，史某5与史某1、史某2签订了供养协议，史某5已全部履行供养协议约定的相关义务，按照供养协议史某账户上的存款应全部归史某5所有，请求法院依法判决。被告史某1则认为，供养协议没有史某的签字，供养协议无效。对史某死亡后

的4万多元，由于史某的其他子女放弃不要，应由自己与史某5一人一半。[①]

本案经审理，法院认为史某生前未立遗嘱，未与扶养人或集体组织订立有遗赠扶养协议，应按法定继承办理，由第一顺序继承人史某1、史某2、史某3、史某4、史某5五个子女继承。由于史某2、史某4在继承开始后遗产处理前已作出放弃继承的表示，故不再分割遗产。史某3的儿子冯某某代位继承史某3应当继承的遗产份额。对史某的遗产存款判决由史某1、史某5、冯某某三人继承。

（2）法律适用评析。

首先，关于尽扶养义务的法定继承人与其他法定继承人签订的继承合同的效力；根据我国现行《老年人权益保障法》第20条规定，经老年人同意，赡养人之间可以就履行赡养义务签订协议。但由于继承人并非被继承财产的所有权人，因此各赡养人签订的协议只能就赡养义务的履行作出约定，而不能对被赡养人的遗产作出处理。因此，在本案中，对于史某1、史某2、史某5共同签名订立的赡养协议中对被继承人史某的遗产继承作出的约定，法律并不认可其效力。

其次，关于遗产分配的原则，根据我国《执行继承法的意见》第5条之规定，有遗赠扶养协议的，优先执行遗赠扶养协议；没有遗赠扶养协议的，优先执行遗嘱或遗赠；遗赠扶养协议、遗嘱或遗赠均没有的，按照法定继承。因此，本案法院判决依法定继承处理是有法律依据的。

最后，我们认为，根据以上案情可见，其他继承人并未履行法定的赡养义务，尤其是史某1的行为明显违背了诚实信用原则，却依然能够继承被继承人的遗产，并让三位法定继承人平均分割遗产，对于史某与长期赡养其父史某超出其应支付的扶养费未予补偿，此判决结果对史某5而言是不公平的。由本案可见，我国《继承法》没有规定被继承人与其法定继承人之间签订的继承合同制度，使我国现行《老年人权益保障法》第20条有关经老年人同意后赡养人之间可以就履行赡养协议的规定无法贯彻落实，这不能满足现实生活中部分民众的此方面需要，不利于引导当事人订立有效的继承扶养协议，不能维护双方合法权益，这不利于解决老年人的赡养问题，不利于维护家庭和睦，容易引起不必要的继承纠纷，这是其立法之不足。

2. 涉及继承合同订立形式的案例（案例二）

（1）主要案情简介。一审原告张某乙与被告张某丙系叔侄关系，张某丙是张某甲之女，张某乙是张某甲之兄。2011年11月15日张某甲与张某乙签订遗赠扶养协议，该协议约定：①在张某甲生前，由张某乙对其支付住院医疗费用。②张某甲死后，由张某乙对其办理安葬事宜。③张某甲死后国家发放的抚恤金、安葬费、社保及单位发放的股金等全部由张某乙领取并作为张某甲办理丧事所用，如有剩余由张某乙继承。④本协议一式二份，遗赠方、受遗赠方保管一份，该协议一经签订，立刻产生法律效力。张某乙没有在协议上签字但摁了手印，张某丙作为遗赠人张某甲的女儿，在该遗赠扶养协议上签字进行了确认。次日张某甲去世，张某乙依约为张某甲办理了安葬事宜，共计花费21599元。2014年1月9日，张某丙在其父亲张某甲单位领取了丧葬费8277.99元、抚恤金9018.94元，

① 参见中国裁判文书网：（2017）川0113民初638号民事判决书，载http://wenshu.court.gov.cn/，最后访问时间：2018年1月10日。

共 17296.93 元，又于 2014 年 2 月 4 日领取了社保退还到张某甲个人账户的余额 16191.17 元。此后张某乙起诉至法院，要求张某丙根据遗赠扶养协议向其交付其领取的张某甲的丧葬费、抚恤金和社保余额共计 33488.1 元。被告张某丙认为，张某乙提交的遗赠扶养协议上遗赠人张某甲本人并未签字，上面的手印也不是张某甲所盖，该遗赠扶养协议无效。在法院告知张某丙可申请指纹鉴定的情形下，张某丙以应当由张某乙申请为由拒绝申请鉴定。①

本案涉及遗赠扶养协议的订立形式的问题，本案一审、二审法院均认为张某乙提交的遗赠扶养协议虽无遗赠人张某甲的亲笔签名，但在遗赠人一栏张某甲加盖了手印，且张某丙作为遗赠人张某甲的女儿，在该遗赠扶养协议上签字进行了确认，故该遗赠扶养协议合法有效，双方应当按该协议的约定履行。

（2）适用法律评析。我们认为，本案的两审法院都没有根据张某甲未在遗赠扶养协议上签字的形式瑕疵就机械地认定该遗赠扶养协议无效，而是根据具体审理过程中双方当事人提供的证词及书面证据，推断被继承人张某甲的真实意思，判定该遗赠扶养协议合法有效。这一判决很好地保护了履行了合同义务的受遗赠人的权利，也符合被继承人订立遗赠扶养协议的目的，体现了法律的公平价值取向。

关于遗赠扶养协议的订立形式，我国《继承法》第 31 条中规定的公民可以与扶养人或集体所有制组织签订遗赠扶养协议中使用的“签订”一词可理解为要求遗赠扶养协议须以书面形式订立并由当事人签章。实践中民众在订立遗赠扶养协议时以书面形式较为常见，但也常出现本案中类似的被继承人没有签字盖章或者存在其他形式瑕疵。由本案可见，在我国今后修订《继承法》时，应当对遗赠扶养协议和继承合同的订立形式作出明确的规定，以弥补此立法之不足。

3. 涉及继承合同内容的案例（案例三）

（1）主要案情简介。2004 年 1 月 29 日，父亲苏某与其六个子女苏某 1、苏某 2、苏某 3、苏某 4、苏某 5、苏某 6 达成口头约定，从 2004 年 2 月起，苏某 1 不再履行对苏某的赡养义务，亦不继承苏某的遗产，苏某 2、苏某 3、苏某 4、苏某 5、苏某 6 五名子女共同对苏某进行赡养，并继承苏某的遗产。同时签订继承协议一份，协议载明：“市建二公司退休职工苏某，本人在某市某区某路×幢×单元×楼×号有住房一套（面积 42.55 平方米），房产证号（权字第 0176270）。由于苏某本人年过八旬，为避免今后子女之间发生房产纠纷，由长子苏某 1 首先提议，本人同意，经与六个子女协商，对上述住房作一个提前继承处理，现达成如下协议：“……三、苏某 1 在此次接受继承费 1.35 万元以后，不再参与今后房屋财产的分配，在今后不得与财产继承发生任何瓜葛和纠纷。同时放弃对某巷某街坊某幢平房 1-2#父亲现住房的享有权利；上述房屋财产由其余五个子女共同继承……”苏某去世后，其六个子女对财产继承问题产生纠纷，诉至法院，苏某 1 主张其亦对苏某的遗产享有继承权，理应分得遗产。②

关于苏某 1 是否享有继承权的问题，审理本案的法院认为，根据我国《继承法》第

① 参见中国裁判文书网：（2015）泸民终字第 398 号民事判决，载 http：//wenshu.court.gov.cn/，最后访问时间：2017 年 11 月 20 日。

② 参见中国裁判文书网：（2017）川 0106 民初 49 号民事判决书，载 http：//wenshu.court.gov.cn/，最后访问时间：2017 年 11 月 20 日。

25 条之规定，继承人放弃继承的意思表示应在继承开始后，继承遗产被处理前作出，而本案中苏某 1 在该协议中放弃继承的表示发生在继承发生前，故不发生法律效力。继承发生后，苏某 1 明确要求参与苏某遗产的分配，其仍享有继承权，故法院最终判定由包括苏某 1 在内的六名子女共同继承被继承人苏某的遗产。

（2）适用法律评析。我们认为，本案中被继承人苏某在生前与六名子女签订的书面继承协议是其真实的意思表示，也是全体当事人意思表示一致的后果，协议签订后，苏某 2 等 5 名子女依约履行了赡养义务。但法院的判决与该继承协议约定的内容不一致，究其原因，主要由于该继承协议未将当事人约定对父亲苏某的赡养义务的内容完整、准确地纳入其中，这直接导致了协议内容被法院认定为无效。

本案中，父亲苏某就其生前赡养及身后的财产继承与六个子女达成一致并签订了书面协议。但从书面继承协议的内容来看，该协议存在以下问题：首先，该继承协议内容仅约定了对被继承人苏某的遗产处理，而未将当事人口头约定的关于苏某的赡养义务之履行义务人的安排写入协议中。其次，该协议将苏某 1 不参与继承表述为“苏某 1 放弃继承”，而非被继承人苏某对其遗产继承作出的安排，没有排除苏某 1 作为其继承人，也没有明确其他 5 个子女作为其继承人。根据我国《继承法》第 25 条的规定，放弃继承的意思表示应在继承开始后，遗产分割前作出，因此该协议所表述的“苏某 1 放弃继承”的约定被法院认定为无效是有法律依据的。但如果将该协议中对继承事宜的表述为“被继承人苏某对遗产作出安排，其死后遗产由苏某 2、苏某 3、苏某 4、苏某 5、苏某 6 继承，苏某 1 不得继承”。此则属于遗嘱人指定继承人的范围，根据我国《继承法》第 16 条规定：“公民可以依照本法规定立遗嘱处分个人财产，并可以指定遗嘱执行人。公民可以立遗嘱将个人财产指定由法定继承人的一人或者数人继承。公民可以立遗嘱将个人财产赠给国家、集体或者法定继承人以外的人。”其前述对遗产继承人的安排将依法被认定为有效。

在现实生活中，类似本案中苏某 1 与被继承人和其他继承人采取共同签订的协议的方式对自己的继承权作出放弃的意思表示的情况时有发生，这有利于被继承人对其生前的赡养和死后的继承问题等作出妥善处理。但往往和本案中苏某 1 的行为类似，其继承人虽然在协议中承诺了放弃继承，却因其能在被继承人死亡后反悔而仍被作为法定继承人并分得遗产，这违背了诚实信用原则，对认真履行继承合同约定义务的其他继承人而言是不公平的。

综上所述，我们认为，我国《继承法》没有设立继承扶养协议制度，欠缺对继承合同的内容规定，不能指导当事人依法订立此类合同，不能保护根据此类协议实际履行扶养义务人的继承人应得权益，这是其立法之不足。

4. 涉及继承合同效力的案例（案例四）

（1）主要案情简介。常某于 2012 年与其大哥的儿子常某甲签署遗赠扶养协议，协议约定常某甲负责照顾常某的衣、食、行、医疗、殡葬等费用，常某去世后将全部财产赠与常某甲。当时有两位非利害关系人作为见证人，当场在协议上签字。协议签订后常某甲依约向常某履行了扶养义务。但一年后（2013 年）常某又自书遗嘱一份，明确写明：“家中一切财产由女儿常某乙继承，其他人无继承权利。除本份遗嘱外，其他无效。”常某立此遗嘱后不久去世。常某甲和常某乙均主张应由自己继承常某的遗产，故双方诉至法院。[①]

本案在审理中，法院认为，常某甲在与常某签订遗赠扶养协议之后，依约履行了扶养义务，但遗赠扶养协议与遗嘱在财产处理上有冲突，根据我国《继承法》第5条之规定，[②]应按遗赠扶养协议办理，故判决常某的遗产由常某甲所有，并由他承担全部丧葬费用。

（2）适用法律评析。我们认为，根据我国《继承法》第5条规定，继承开始后，按照法定继承办理；有遗嘱的，按照遗嘱继承或者遗赠办理；有遗赠扶养协议的，按照协议办理。由于遗赠扶养协议是双务、有偿的合同，协议约定的扶养人一方，在被继承人生前履行了扶养义务，其获得被继承人的遗产是付出了对价的。而遗嘱是被继承人的单方行为，继承人获得遗产是没有支付对价的。在此前提下，我国《继承法》规定有对价的遗赠扶养协议的适用效力优先于没有对价的遗嘱的效力，这是合理的。这体现了权利与义务相一致的原则，有利于保护遗赠扶养协议中扶养人一方的权益，有助于鼓励扶养人更好地履行扶养义务。因此，我国《继承法》第5条的规定应当继续坚持保留。

5. 涉及继承合同解除及法律后果的案例（案例五）

（1）主要案情简介。被告李某和刘某系夫妻，2008年4月3日，原告安某（甲方）与两被告（乙方）签订遗赠扶养协议，约定自双方签订协议之日起，由两被告承担原告生养死葬的义务，原告去世后全部财产由两被告享有受遗赠的权利，并约定双方订立协议后，扶养人无正当理由不履行，致协议解除的，不能享有受遗赠的权利，其支付的供养费用甲方不予补偿；遗赠人无正当理由不履行致协议解除的，应偿还扶养人已支付的供养费用。2008年4月7日，双方当事人对该协议书到某某县公证处公证。签订该协议之后，从2012年开始，两被告外出打工失去联系，没有按照协议承担扶养义务。原告遂于2015年1月向法院起诉，请求依法解除原告、被告于2008年4月3日订立的遗赠扶养协议。[③]

本案在审理中，法院认为，原告与被告订立遗赠扶养协议为双方的真实意思表示，双方应按照约定履行各自义务。因两被告长期下落不明，不扶养原告，原告要求解除该协议，应予支持。因两被告没有正当理由不履行该协议，其支付的供养费用不予返还。

（2）适用法律评析。我们认为，此判决符合我国《执行继承法的意见》第56条的规定，扶养人或集体组织与公民订有遗赠扶养协议，扶养人或集体组织无正当理由不履行，致协议解除的，不能享有受遗赠的权利，其支付的供养费用一般不予补偿；遗赠人无正当理由不履行，致协议解除的，则应偿还扶养人或集体组织已支付的供养费用。对于遗赠扶养协议约定的扶养人不履行扶养义务的行为，因扶养义务具有一定的人身依附性，不宜强制执行。基于公平原则，我国《执行继承法的意见》规定无正当理由不履行扶养义务致协议解除的，不能享有受遗赠的权利，其支付的供养费用一般不予补偿，此规定是合理的。这有利于避免协议约定的扶养人拒不履行扶养义务却取得遗赠财产的情况发生，促进

---

① 参见北京晚报官方网站：《老人签遗赠扶养协议与遗嘱冲突怎么办》，载 http://www.takefoto.cn/viewnews-897775.html，最后访问时间：2017年11月20日。

② 我国《继承法》第5条规定："继承开始后，按照法定继承办理；有遗嘱的，按照遗嘱继承或者遗赠办理；有遗赠扶养协议的，按照协议办理。"

③ 参见中国裁判文书网：（2015）平民城一初字第10号民事判决书，载 http://wenshu.court.gov.cn/，最后访问时间：2017年11月20日。

遗赠扶养协议之养老功能的发挥，保障受扶养人能够通过订立遗赠扶养协议而老有所养，此司法解释的规定可上升到我国正在编纂的“中国民法典·继承编”的立法之中。

（二）涉及继承合同的我国司法实践评析

1. 涉及继承合同的我国司法实践中反映的合理之处

通过对前述涉及继承合同的我国司法实践之案例考察，我国司法实践中对涉及继承合同的案例之处理的合理之处，主要体现在以下几个方面：

第一，从合同订立的主体与合同内容上看，根据我国《继承法》第31条规定，公民可以与法定继承人以外的其他自然人或集体经济组织签订遗赠扶养协议，约定由自然人或集体经济组织承担该公民的生养死葬义务，享有接受遗赠的权利。这使无法定继承人或法定继承人无扶养能力或没有尽到扶养义务的老年人可以通过签订遗赠扶养协议对其生养死葬和遗产分配作出处理，既有利于解决受扶养人的生养死葬问题，也能够保障履行扶养义务人之受遗赠的权益。

第二，从合同订立的形式上看，我国《继承法》对遗赠扶养协议的订立要求以书面形式签订，并无须进行公证或见证人的规定，只要能够证明是双方当事人真实的意思表示即可。如前述“涉及继承合同订立形式的案例二”的情况，张某甲与张某乙签订遗赠扶养协议欠缺遗赠人张某甲的亲笔签名，但由于张某甲加盖了手印，且张某丙作为遗赠人张某甲的女儿，在该遗赠扶养协议上签字进行了确认，法院认可了该遗赠扶养协议的效力。相较于德国、瑞士等国规定的必须以公证的形式订立继承合同，我国这样的做法简便易行，有利于保护协议双方当事人的利益，有利于保障扶养人和遗赠人双方的合法权益，彰显了公平、诚信原则。

第三，从合同的效力上看，根据我国《继承法》第5条规定，在有遗赠扶养协议时，依遗赠扶养协议处理，即遗赠扶养协议的适用优先于遗嘱和遗赠。如前述“涉及继承合同效力的案例四”的情况，常某甲在与常某签订遗赠扶养协议之后，依约履行了扶养义务，但遗赠扶养协议与常某后来所立遗嘱在遗产处理上有冲突，法院最终依法判决按照遗赠扶养协议的约定由常某甲取得常某的遗产。我们认为，相对于遗嘱继承和法定继承，遗赠扶养协议的受遗赠人获得遗赠的前提是已经履行了协议约定的扶养义务，因此我国《继承法》规定遗赠扶养协议的适用效力优先于遗嘱是合理的。

第四，从合同的解除及其法律后果看，根据我国《执行继承法的意见》第56条的规定，遗赠扶养协议约定的扶养人无正当理由不履行合同义务致协议解除的，不能享有受遗赠的权利，其支付的供养费用一般不予补偿；遗赠人无正当理由不履行，致协议解除的，则应偿还扶养人已支付的供养费用。如前述“涉及继承合同解除及其法律后果的案例五”的情况，2008年4月，原告安某与两被告签订遗赠扶养协议后，两被告于2012年外出打工，与原告失去联系，此后原告诉至法院要求解除遗赠扶养协议，法院判决解除该协议，这是因为两被告没有正当理由不继续履行该协议，其支付的供养费用不予返还。这符合民法的诚信原则，让违约方承担此不利后果，有利于鼓励遗赠扶养协议的双方当事人依约定认真履行合同义务。

2. 涉及继承合同的我国司法实践中反映的问题

通过对涉及继承合同的我国司法实践之考察，可以发现我国涉及继承合同的相关规定仍存在某些问题，主要体现在以下几个方面：

第一，订立合同的主体范围太窄。我国《继承法》规定的遗赠扶养协议将协议主体限制在遗赠人和其法定继承人之外的其他自然人或组织，也就是说，将法定继承人排除在与被继承人订立继承合同的主体之外，这不能满足现实生活中民众的需要。这在前述“涉及继承合同主体的案例一”中有所体现。该案中史某1、史某2、史某5三兄弟签订供养协议，协议约定父亲史某的养老等一切生活照顾及今后亡故均由史某5负责，其哥、嫂无任何供养和照顾义务；父亲名下的所有财产及今后的安置归史某5所有。协议由史某1、史某2、史某5共同签名。但在史某5依照合同履行了对父亲史某的生养死葬义务之后，史某1却反悔而提出要求与史某5共同继承遗产，对此，法院认定该供养协议关于史某遗产继承的约定无效，并判决史某5与史某1共同继承父亲史某的遗产。这对于已依照合同履行义务的史某5而言是不公平的，且史某1的行为明显违背了诚实信用原则却仍然得到法院的支持，这不利于鼓励签约的法定继承人依约履行扶养义务，也不利于诚实、守信的社会主义核心价值观的树立。并且，法院即使依现行法不能承认法定继承人具有订立继承扶养协议的主体地位，也应当依法责令史某1向史某5补偿其应当履行的赡养父亲史某的相关费用，这才是公平合理的。

第二，从合同的订立形式上看，我国《继承法》未明确规定遗赠扶养协议的订立形式须为书面形式，司法实践中常出现因协议订立者不注重订立形式而导致举证困难的情况发生。如前述“涉及继承合同订立形式的案例二”的情况，原告与被告双方即因为遗赠扶养协议存在形式瑕疵而对该协议的效力产生争议。我国《继承法》关于遗赠扶养协议的订立形式之规定不明确，不利于引导当事人依法订立书面形式的遗赠扶养协议，容易产生由于形式瑕疵而导致遗赠扶养协议不生效的情况。因此，我们认为，宜在我国“中国民法典·继承编”的制定中对遗赠扶养协议的订立须以书面形式作出明确规定。

第三，从合同的内容上看，实践中常出现被继承人与其继承人订立合同，约定由继承人中的一人或几人履行赡养义务并继承被继承人的财产，其他继承人则放弃遗产继承的情况。但如果在合同约定的继承人履行了赡养义务之后因继承问题产生纠纷，法院往往会根据我国《继承法》第25条的规定认定继承人在继承开始前作出的放弃继承的意思表示无效。① 如前述“涉及继承合同内容的案例三”的情况即如此，该案当事人在继承协议中约定的内容不是被继承人对遗产继承的分配安排，而是约定某一继承人放弃参与继承，这使违背诚实信用原则的合同一方却得到了法院的支持，对于已根据合同约定履行了赡养义务的合同当事人是不公平的。且该案例三中的协议并未约定数名继承人如何分担赡养义务，这也可能导致该协议无法产生继承扶养协议的效力。

第四，从合同的效力来看，我国《继承法》未规定遗赠扶养协议签订后遗赠人是否可以处分协议约定的财产以及如果处分该财产会有何法律后果，实践中如果发生这样的情况有可能出现“同案不同判”的现象。

第五，从合同的解除及其法律后果来看，我国遗赠扶养协议的解除有双方协议解除与单方解除，单方解除之理由主要为一方无正当理由不履行合同义务。相较于国外规定的合同解除包括协议解除、单方解除和法定解除，我国此方面立法还有待今后在我国“中国

① 我国《继承法》第25条第1款规定：“继承开始后，继承人放弃继承的，应当在遗产处理前，作出放弃继承的表示。没有表示的，视为接受继承。”

民法典·继承编”的编纂中进一步完善。

第四节 继承合同制度的我国立法之学者观点与评析

近年来，国内一些学者主持撰写发表了“中国民法典·继承编”的学者建议稿。我国诸继承法学者建议稿针对继承合同制度提出了自己的学术观点及相应立法建议，有共识亦有分歧，以下我们进行梳理归纳。本节主要考察和阐述我国诸部继承法学者建议稿，包括梁慧星等学者建议稿（“梁稿”）、徐国栋等学者建议稿（“徐稿”）、王利明等学者建议稿（“王稿”）、张玉敏等学者建议稿（“张稿”）、陈苇等学者建议稿（“陈稿”）、杨立新等学者建议稿（“杨稿”）[①] 中有关继承合同制度的立法建议，评析其主要观点，为我国立法的完善提供理论参考，并且对司法实践也有参考意义。

一、继承合同制度的我国立法主张之学者观点与评析

（一）继承合同制度的我国立法主张之学者观点

关于继承合同制度的我国立法主张，在以上诸学者建议稿中，存在“肯定说”和“否定说”两种不同的观点。

1. 持“否定说”之学者的主要观点

梁慧星教授主持完成的“梁稿”中，对继承合同采取“否定说”的立法主张。“梁稿”设专章规定了遗赠扶养协议，对我国现行遗赠扶养制度的具体内容进行了补充完善，但仍将继承人排除在遗赠扶养协议的主体之外。

2. 持“肯定说”之学者的主要观点

在徐国栋教授主持完成的“徐稿”、王利明教授主持完成的“王稿”、张玉敏教授主持完成的“张稿”、陈苇教授主持完成的“陈稿”和杨立新教授主持完成的“杨稿”中，均对继承合同采取“肯定说”的立法主张。“王稿”第642条规定：“扶养人可以与被扶养人采用书面形式签订遗赠扶养协议，按照协议，扶养人承担被扶养人生养死葬的义务，享有在被扶养人死亡后，承受约定的遗产的权利。”并且在立法理由中说明：“应该承认法定扶养人与被扶养人之间可以订立遗赠扶养协议。”可见，“王稿”虽仍然称遗赠扶养协议，但扩大了主体范围。“徐稿”“张稿”“陈稿”“杨稿”均在继承编中增加了继承合同的相关规定，认可被继承人与继承人订立的关于被继承人的赡养及遗产处理的合同之效力。在持“肯定说”的学者建议稿中，关于继承合同的立法模式又可分为三种：一是继续沿用遗赠扶养协议的名称，但却扩大了该协议的签订主体范围，把法定继承人纳入了主体范围之内，如“王稿”第642条及其立法理由说明；二是直接规定“继承合同”制度，被继承人与非继承人签订的“遗赠扶养协议”、被继承人与继承人签订的“继承合同”两

---

① 在第一章第一节对于遗产管理制度的比较研究法的阐述中，我们已经分别注释说明这六部继承法学者建议稿的出处以及各学者建议稿在本书的简称，此处不重复注释。

者共同构成继承合同制度，如“徐稿”“陈稿”[①]；三是分别规定“继承合同”或“继承扶养协议”，与“遗赠扶养协议”并列，如“张稿”“杨稿”。[②]

（二）继承合同制度的我国立法主张之学者观点评析

如前所述，对于继承合同制度的立法主张，我国诸学者建议稿存在“肯定说”和“否定说”两种相反的观点。从我们考察的前述六部继承法学者建议稿来看，“梁稿”持的“否定说”，在建议稿中未规定继承合同；“徐稿”“王稿”“张稿”“陈稿”“杨稿”均持“肯定说”，各自在其学者建议稿中规定了继承合同。在持“肯定说”的学者中，关于继承合同的立法模式又可分为三种：一是继续沿用遗赠扶养协议的名称，但却扩大了该协议的签订主体范围，如“王稿”把法定继承人纳入了主体范围之内，主张此种模式的原因在于，这既符合我国的立法传统，又体现了对当事人真实意思的尊重。二是直接规定“继承合同”制度，“遗赠扶养协议”是“继承合同”的一种，如“徐稿”和“陈稿”，其主张此种模式的原因在于，我国现有立法对原名称赋予了特定含义，“遗赠”的主体是法定继承人以外的自然人、集体组织等，其限制了签订协议当事人的范围，而“继承合同”的概念更加宽泛，可以涵盖遗赠扶养协议的内容。三是分别规定“继承合同”或“继承扶养协议”，如“张稿”采继承合同，“杨稿”采继承扶养协议，它们与“遗赠扶养协议”并列，主张此种模式的原因，则是考虑到“遗赠扶养协议”制度在我国已施行30余年，已得到群众的普遍认可，故综合两者的考量因素，从适用主体资格上进行概念区分而使用这两种名称。

第一，关于继承合同制度的立法主张。从立法价值取向与功能的角度分析，继承合同是双务、有偿合同，继承合同在指定受遗赠人和继承人的同时，可以约定由受遗赠人和继承人承担相应的义务，这种义务主要表现为承担被继承人的生养死葬。如前文所述，继承合同具有发挥遗产的家庭扶养职能、减轻国家社会保障的负担、弘扬养老助老的家庭美德和社会良好风尚等功能，可以彰显法律的自由价值、公平价值和效率价值。

我国《继承法》对继承合同未予规定，但有与之类似的遗赠扶养协议制度。我国遗赠扶养协议制度自设立以来，在一定程度上较好地实现了对孤寡老人的赡养扶助，减轻了社会保障的负担。但其将协议主体中扶养人一方限制在受扶养人的继承人之外的人，这使得受扶养人的法定继承人不能成为遗赠扶养协议的主体，与我们最近调查的当代中国十省市多数被调查民众的观念与处理习惯不符。

从我国十省市民众的观念与民间习惯来看，本次调查数据显示，超过七成（占73.35%）的我国十省市多数被调查者认为，继承合同应由被继承人与全体继承人共同订立（见表5-3-1、图5-3-1）；合计有近五成半（占54.78%）的被调查者听说或经历过被继承人与其继承人订立继承合同的情况（见表5-3-2、图5-3-2）。这说明多数被调查者认为受扶养人的法定继承人可与其订立继承合同，对被继承人的生养死葬和遗产处理作出约定，且此种情况在十省市五成以上被调查者所在地区时有发生，并不鲜见。如果采

---

① 参见“徐稿”第四分编第503-523条，“陈稿”第61-67条，其中，“陈稿”第67条规定：“继承开始后，有继承合同或遗赠扶养协议的，按照继承合同或遗赠扶养协议办理；无继承合同或遗赠扶养协议，有遗嘱的，按照遗嘱继承或遗赠办理；无继承合同或遗赠扶养协议，又无遗嘱的，按照无遗嘱继承办理。继承合同和遗赠扶养协议的效力优先于遗嘱继承和遗赠，遗嘱继承和遗赠的效力优先于无遗嘱继承。”

② 参见“杨稿”第66-69条，“张稿”第54-57条。

"否定说"的观点，在我国正在编纂的"中国民法典·继承编"中不予增补规定继承合同，则我国现实生活中被继承人与其法定继承人签订继承扶养协议的双方当事人的权益，将仍然得不到法律的保护。

通过对司法实践的考察，从前述"涉及继承合同主体的案例一"中可以看出，由于我国《继承法》未规定继承合同制度，当司法实践中出现受扶养人与其法定继承人订立继承协议的情况时，该继承人的主体资格不符合遗赠扶养协议的主体规定，所以该协议中关于遗产继承的部分就会被法院依法认定为无效。这可能造成对依约履行义务的当事人的不公，不利于保护依约履行扶养义务当事人的权益，不利于实现诚实信用原则。

从国外立法来看，国外对继承合同制度亦存在禁止和肯定两种不同的立法主张，主要是源于这些国家不同的历史传统和立法理念的选择。如前所述，德国、瑞士、美国、英国等国家对继承合同采"肯定说"的立法主张，以期实现继承合同的养老扶老功能；法国对继承合同采禁止的立法主张，但《法国民法典》规定的终身定期金制度可以实现类似继承合同所具有的财产所有人生前受相对方扶养、受益人在财产所有人去世后取得该财产的目的。

综上所述，我们认为，我国"中国民法典·继承编"宜采"肯定说"的观点，此即对法定继承人赋予扶养主体资格，扩大扶养义务人的范围，以有利于实现以遗产养老的功能，减轻国家社会保障负担，保护社会现实生活中已经存在的继承合同双方当事人之正当权益。

第二，关于继承合同制度的立法模式，我们赞同采取在保留现有遗赠扶养协议制度的基础上增设继承扶养协议制度，将两者并列。综合以上五部持"肯定说"的学者建议稿的主要观点，多数学者均主张扩大遗赠扶养协议主体的范围，建议增加法定继承人与被继承人之间签订的以扶养和财产继承为主要内容的协议，这符合我国十省市被调查民众认可的继承合同的观念和处理习惯，反映了我国民众处理遗产的现实需求。我国学者指出，我国继承立法将"受遗赠人"限定为法定继承人以外的民事主体，这限制了遗赠扶养协议制度的适用范围，不利于更好地解决养老问题。① 故建议我国增补规定继承扶养协议制度，使其与遗赠扶养协议制度并列，各自具有不同的订立主体和订立内容，遗赠扶养协议适用于遗赠人与非法定继承人之外的个人与组织之间；继承合同适用于被继承人与其法定继承人之间。

二、继承合同的主体之我国立法的学者观点与评析

由于前述"梁稿"对继承合同持否定的立法主张，仅规定了遗赠扶养协议而没有规定继承合同制度，而"王稿"虽然持"肯定说"立法主张，其扩大主体范围至包括法定继承人，但仍持"遗赠扶养协议"概念，没有使用"继承合同"一词，也没有设立继承合同制度，故在下文对继承合同的具体内容之我国学者观点的考察与评析中，仅就对继承合同持"肯定说"的立法主张且有相关制度进行了相应设计的"徐稿""陈稿""杨稿""张稿"进行考察与评析。

① 参见陈苇主编：《外国继承法比较与中国民法典继承编制定研究》，北京大学出版社 2011 年版，第 490 页。

(一) 继承合同的主体之我国立法的学者观点

1. 徐国栋等学者建议稿的主要观点

关于继承合同的主体,“徐稿”规定继承合同的一方是被继承人,另一方是自然人或法人,即将被继承人的法定继承人也包含在内。[①]

2. 张玉敏等学者建议稿的主要观点

关于继承合同的主体,“张稿”规定继承合同是被继承人与共同继承人订立的,约定由一个或几个继承人承担赡养被继承人的义务,由承担赡养义务的继承人于被继承人死后按照约定继承遗产的合同。继承合同的当事人一方是被继承人,另一方是共同继承人,不仅仅是承担赡养义务的继承人。因为,由谁来负担赡养(扶养)义务,不仅要取得被继承人同意,而且要全体共同继承人协商一致,这样以避免以后发生争议。[②]

3. 陈苇等学者建议稿的主要观点

关于继承合同的主体,“陈稿”规定可订立继承合同的主体为自然人、法人和其他组织。[③] 被继承人的法定继承人也可作为继承合同的订立主体。

4. 杨立新等学者建议稿的主要观点

关于继承合同的主体,“杨稿”规定被继承人可以与继承人订立继承扶养协议。[④]

(二) 继承合同的主体之我国立法的学者观点评析

1. 诸学者建议稿的共同点

关于继承合同的主体,前述对继承合同持“肯定说”观点的五部学者建议稿之共同点在于,它们均规定被继承人的法定继承人可作为订立继承合同(“徐稿”“张稿”“陈稿”“杨稿”),或遗赠扶养协议(“王稿”)的主体。这与我国《继承法》关于遗赠扶养协议的主体之规定不同。即这些学者建议稿均扩大了订立协议主体的范围。

2. 诸学者建议稿的不同点

关于继承合同的主体,除“王稿”未规定继承合同外,在主张设立继承合同或继承扶养协议的四部学者建议稿中,其不同点是:其一,关于继承合同主体的范围之规定不同。“陈稿”和“徐稿”规定的可订立继承合同的主体范围较广,包括被继承人的法定继承人在内的所有自然人和法人等均可与被继承人订立继承合同;而“张稿”“杨稿”规定的继承合同主体范围较“徐稿”和“陈稿”之规定更窄,受扶养人一方为被继承人,扶养人一方为其法定继承人。这是因为“徐稿”和“陈稿”持广义的继承合同概念,遗赠扶养协议是其中的一种。[⑤] 而“张稿”和“杨稿”持狭义的继承合同概念,遗赠扶养协议与之并列,各自的主体范围不同。其二,在被继承人与继承人订立继承合同时,是否需要与全体继承人共同订立的规定不同。其中“张稿”规定的扶养人一方应为全体继承人,不仅仅是承担赡养义务的继承人;而“徐稿”“陈稿”“杨稿”规定的扶养人一方可以是一个或几个继承人,也可以是全部继承人,但必须是承担扶养义务之人。因为这些主体既要承担义务,也享有继承或受遗赠的权利。

---

① 参见“徐稿”第四分编第503、505条。

② 参见“张稿”第54条及立法理由说明,详见该书第150页。

③ 参见“陈稿”第61条。

④ 参见“杨稿”第69条。

⑤ 参见“徐稿”第505条,“陈稿”第67条。

从立法价值取向与功能的角度分析，允许被继承人与其法定继承人订立继承合同，双方当事人就被继承人生前的赡养与死后的遗产继承作出约定，这拓宽了遗赠扶养协议的主体范围，既能实现被继承人与其继承人的意思自治，又能满足解决受扶养人接受赡养的现实需要，有利于更好地实现遗产的家庭扶养之职能，且扶养义务人依协议取得约定继承遗产，符合权利与义务相一致原则，彰显了法律的自由、公平价值。

我国《继承法》规定的遗赠扶养协议制度将受扶养人的法定继承人排除在订立协议的主体之外。这与我国民众的相关观念和处理习惯不符。从我们对十省市民众继承习惯调查的结果来看，超过七成（占 73.35%）的多数被调查者认为，继承合同应由被继承人与全体继承人共同订立（见表 5-3-1、图 5-3-1）；并且合计近五成半（占 54.78%）的被调查者听说或经历过被继承人与其法定继承人订立继承合同的情况（见表 5-3-2、图 5-3-2）。这说明我国民间多有受扶养人与其法定继承人订立继承合同的习惯，多数被调查民众在思想观念上也认同受扶养人与其继承人通过订立协议对受扶养人的生养死葬与遗产继承等问题作出安排，占七成以上被调查民众认可被继承人与全体继承人订立继承扶养协议，以减少继承纠纷。可见，关于不履行扶养义务的法定继承人能否参与订立继承合同，“张稿”持肯定观点，认为这可以减少共同继承人日后的争议。此次十省市被调查民众中也有七成以上的多数被调查者认可此观点。然而，我们认为，继承合同是双务、有偿合同，如果共同继承人中不承担扶养义务者参与签订合同，一是其扶养的义务不明；二是如其放弃继承于法无据；三是其如持反对意见，则会导致无法签订合同，同样也会发生纠纷。反之，如果将共同继承人中并不承担扶养义务者排除于订立合同主体之外，可以让被扶养人采取遗嘱方式排除不尽该扶养义务之法定继承人的继承份额，而把遗产指定分配给尽扶养义务的签订继承合同的继承人。这样，既能实现被继承人与尽扶养义务继承人的意思自治，又符合我国《继承法》关于遗嘱处分、遗赠扶养协议的相关立法，才能有利于实现减少纠纷，实现利用遗产养老之目的。

通过对司法实践的考察，从前述“涉及继承合同主体的案例一”和“涉及继承合同内容的案例三”可以看出，由于我国《继承法》规定的遗赠扶养协议主体不包括受扶养人的法定继承人，当实践中法定继承人与被继承人之间签订协议，就被继承人的生养死葬与财产继承作出约定时，常常对不履行扶养义务的法定继承人不继承遗产作出“某某放弃继承遗产”的约定，而在协议约定的义务人依约履行了赡养义务，且被继承人死亡后，如果未履行赡养义务的法定继承人反悔，表示仍要继承遗产时，则该协议中关于放弃继承遗产的约定则会因为无法律依据而被法院认定为无效。这对于已履行合同义务的当事人而言是不公平的。

从国外立法来看，前述四个承认继承合同效力的国家对继承合同订立主体的范围均未加以限制，被继承人可以与任何民事主体，包括其法定继承人订立继承合同。继承人与其法定继承人订立继承合同时，可以与一位继承人订立，也可以与其中几位或全部继承人订立，但均须为尽扶养义务的继承人。

我们认为，第一，关于法定继承人是否可以作为继承合同的订立主体。既然继承合同属于被继承人生前自主安排其生养死葬事宜和自由处分其死后遗产的一种方式，并且其适用具有优先于遗嘱继承、法定继承的法律效力，因此只要被继承人与法定继承人中自愿对被继承人履行生养死葬义务者，双方自愿签订继承合同即可对双方产生约束力，这符合我国十省市大部分被调查民众对此问题的认识观念与行为习惯，既可以体现尊重被继承人自由处分个人财产的意愿，又可以实现继承合同制度保障被继承人以遗赠财产实现生前扶养的目的。第二，关于是否需要全体继承人参与订立继承合同。基于我国《继承法》第25条的规定，继承开始前，继承人的身份是不能放弃的，这从前述案例三中法院认定继承开始前的放弃继承为无效中可以得到印证。故继承合同的订立无须要求全体法定继承人参与，订立继承合同的法定继承人一方只能是将要承担扶养义务的一人或几人，这既可以体现尊重被继承人的财产处分意愿，其可采用遗嘱方式明确指定自己死后的遗产由扶养人继承，其他未尽扶养义务者不得继承，并且写明要求扶养人对其尽生养死葬的义务；又可以明确尽扶养义务方之法定继承人的权利和义务，还可以避免因其他不尽扶养义务的法定共同继承人可能产生的异议而导致该继承合同无法签订。

三、继承合同的订立形式之我国立法的学者观点与评析

（一）继承合同的订立形式之我国立法的学者观点

1. 徐国栋等学者建议稿的主要观点

"徐稿"持"公证文书"说，即继承合同须采取公证文书的形式才能有效。合同当事人应在公证人面前表示其意思，并在公证人及两名证人出席的情况下签订合同。①

2. 张玉敏等学者建议稿的主要观点

"张稿"采取继承合同与遗赠扶养协议并列的"双轨制"，对继承合同的订立形式持"书面协议"说，即继承合同应当以书面的形式订立，并从依法成立时起生效。遗赠扶养协议的订立形式持"书面加见证"说，即该协议应当以书面形式订立，并有两名以上的见证人②

3. 陈苇等学者建议稿的主要观点

"陈稿"持"书面协议加见证或公证"说，即继承合同的订立，必须采取书面形式，应当有两名以上无利害关系的见证人在场或进行公证。③

4. 杨立新等学者建议稿的主要观点

"杨稿"持"书面协议"说，亦采取继承合同与遗赠扶养协议并列的"双轨制"，但继承扶养协议与遗赠扶养协议的订立均应当采取书面形式，对于是否需要公证或见证未予规定。④

（二）继承合同的订立形式之我国立法的学者观点评析

1. 诸学者建议稿的共同点

关于继承合同的订立形式，前述主张设立继承合同或继承扶养协议的四部学者建议稿的共同点是均主张继承合同必须采用书面方式签订。

2. 诸学者建议稿的不同点

前述四部学者建议稿的不同点是：对于继承合同的订立方式，在采用书面形式签订的前提下，是否还需要公证或见证又有所区别："杨稿""张稿"主张无须见证或公证；而

---

① 参见"徐稿"第四分编第508条。

② 参见"张稿"第54、56条。

③ 参见"陈稿"第62条。

④ 参见"杨稿"第66、69条。

"徐稿"主张须以公证文书的形式作出；"陈稿"主张应以书面形式且有见证人在场订立。对于采遗赠扶养协议与继承合同"双轨制"的，其中遗赠扶养协议的订立方式，"张稿"主张采取"书面协议加见证"，"杨稿"则仍持只须"书面协议"。

从立法价值取向与功能的角度分析，继承合同应当为要式合同，要求必须以书面形式订立，可以规范民众的行为，有利于举证，从而避免不必要的纠纷，这符合法律的效率价值，能够实现法律的引导功能。然而，我国《继承法》未明确规定遗赠扶养协议的订立形式，这不利于起到对民众的指引作用。

通过对司法实践的考察，如前述"涉及继承合同订立形式的案例二"的情况，原、被告双方因为《遗赠扶养协议》存在订立形式的瑕疵而对该协议的效力产生争议。如果我国《继承法》对继承合同的形式要件作出明确规定，就可以引导和规范民众订立继承合同的行为，有利于保障订立合同行为的规范、有效。

从国外立法例考察，如前所述，在承认继承合同效力的四个国家中，采取不同继承合同立法模式的国家，对继承合同的形式要求也不同。德国、瑞士两国均要求继承合同必须采用公证的形式订立；美国和英国则由于继承合同并不发生类似遗嘱的效力，因此要求继承合同只要符合合同成立的一般有效要件即可。

我们认为，一方面，继承合同是继承权、受遗赠权取得的依据，其效力高于遗嘱继承，且继承合同履行时间较长，涉及的权利义务内容重大，应当采用书面订立的形式要件，以明确协议内容，确保被继承人、遗赠人的意思表示真实，有效保护继承合同当事人的利益。另一方面，将公证作为继承合同订立的必经程序，会增加订立继承合同的时间成本和经济成本，可能对部分当事人而言会加重其负担，不符合便民原则和效率原则。我国可借鉴德国、瑞士立法，对于继承合同的签订设立监督机制，即订立继承合同可采取以下两种方式：当事人从自己的实际出发，可以选择使用公证协议与书面协议，如果签订不经公证的书面协议，为保证协议为双方当事人的真实意思表示，预防受胁迫、欺诈签订等情况发生，应当有两名以上的无利害关系的见证人在场。

四、继承合同的内容之我国立法的学者观点与评析

（一）继承合同的内容之我国立法的学者观点

1. 徐国栋等学者建议稿的主要观点

"徐稿"规定，被继承人可通过继承合同指定继承人以及作出遗赠和遗产信托，合同相对人则可通过继承合同被指定为继承人或受遗赠人，亦可对其继承权为处置。遗赠扶养协议是继承合同的一种，扶养人据此承担被继承人生养死葬的义务，享有受遗赠的权利。被继承人可以与法人签订遗赠扶养协议，法人据此承担该被继承人生养死葬的义务，享有受遗赠的权利。①

2. 张玉敏等学者建议稿的主要观点

"张稿"规定，被继承人可以与共同继承人订立继承合同，约定由一个或几个继承人承担赡养（扶养）被继承人的义务，被继承人死后，由承担赡养（扶养）义务的继承人按照继承合同继承遗产。合同对赡养（扶养）人继承遗产的部分未作明确约定的，视为

---

① 参见"徐稿"第四分编第 503、505 条。

继承全部遗产。[①]

3. 陈苇等学者建议稿的主要观点

"陈稿"规定，继承合同当事人应约定扶养义务的履行标准，约定不明时，结合受扶养人的财产状况，根据受扶养人过去的生活标准或者当地平均生活标准确定扶养义务的履行标准。扶养人应当按照合同约定履行扶养义务，并有权按合同约定在被继承人死亡后取得受遗赠的财产。[②]

4. 杨立新等学者建议稿的主要观点

"杨稿"规定，被继承人可以与继承人订立继承扶养协议，由继承人承担比法定扶养义务更高的扶养义务，并继承约定的遗产。[③]

（二）继承合同的内容之我国立法的学者观点评析

1. 诸学者建议稿的共同点

关于继承合同的内容，前述主张设立继承合同或继承扶养协议的四部学者建议稿的共同点是：均对继承合同的内容主要是被继承人作为受扶养人与扶养人双方各自的权利和义务作了明确规定，即受扶养人享有依合同约定受扶养的权利，并承担给付约定的遗产之义务，扶养人承担对受扶养人的扶养（赡养）义务，享有受扶养人死后依约定取得受扶养人的遗产之权利。

2. 诸学者建议稿的不同点

关于继承合同的内容，前述四部学者建议稿的不同点是："徐稿"同时设立有单务、无偿的继承合同与双务、有偿的遗赠扶养协议，所以前者以被继承人作出继承权、受遗赠权及遗产信托，相对方接受继承、遗赠等为合同的内容；后者以受扶养人的受扶养权与给付遗赠义务、扶养人承担扶养人的生养死葬义务和享有受遗赠权为合同的内容。"张稿""陈稿"和"杨稿"的继承合同或遗赠扶养协议均为双务、有偿的合同或协议，所以，受扶养人享有受扶养（赡养）的权利，并承担在自己死亡后遗留的财产由扶养人继承或接受遗赠的义务，但对扶养人的义务表述有如下不同：扶养人承担对受扶养人的赡养（扶养）义务（"张稿"）、按当地平均生活标准进行扶养（"陈稿"）、承担高于法定扶养义务的扶养（"杨稿"），在受扶养人死亡后按继承合同或遗赠扶养协议接受约定的继承或受遗赠的遗产。"徐稿"主张建立广义"继承合同"内容，被继承人可以通过合同指定继承人以及作出遗赠和遗产信托、抛弃继承权，此为单务、无偿的继承合同。同时，也设有双务、有偿的遗赠扶养协议；"陈稿""杨稿"则主张以被扶养人享有生养死葬的权利，并承担扶养人继承财产或给付遗赠的义务，继承合同可以约定被扶养人有接受扶养的权利，同时承担其死后将约定财产由扶养人继承或受遗赠的义务；扶养人则承担扶养的义务，同时享有按合同约定继承或受遗赠的权利。

从立法价值取向与功能的角度分析，围绕被继承人的生养死葬和遗产的继承订立继承合同，或继承扶养协议，可以实现继承合同的发挥遗产的家庭扶养职能之功能，有利于减轻社会保障的国家负担，可彰显继承合同的公平、效率价值。

---

① 参见"张稿"第54条。

② 参见"陈稿"第63条。

③ 参见"杨稿"第69条。

通过对我国司法实践的考察可看出，在司法实践中，如果当事人订立继承合同时对双方权利义务约定不明确，则可能会导致继承合同的无效或不能实现当事人预期的目的。如前述“涉及继承合同内容的案例三”的情况即如此，由于当事人在继承协议中约定的内容不是被继承人对遗产继承的安排，而是约定某一继承人放弃参与继承，这使得违背诚实信用原则的合同一方却得到了法院的支持，对于已根据合同约定履行了赡养义务的合同当事人是不公平的。且该案例三中也未约定继承人如何承担赡养义务，这有可能导致该协议无法适当履行。

从国外立法来看，如前所述，德国、瑞士的继承合同内容为被继承人指定继承、遗赠和设定负担；合同相对方的负担，主要为承担扶养义务（包括给付定期金、生活费等）。例如，在有偿的继承合同中，合同相对人接受继承或遗赠需要支付相应的对价，继承人或受遗赠人须向被继承人或第三人承担生前义务，如照顾被继承人或第三人的生活或向其给付扶养费。[①] 英国、美国的继承合同内容包括约定被继承人应当订立内容为指定合同另一方为继承人或受遗赠人的遗嘱的合同，或者订立被继承人不会主动撤销或更改已有遗嘱内容的合同；合同的相对方则承诺履行合同约定的负担义务，如美国的此类合同约定其提供照顾被继承人生活之服务。

我们认为，如前所述，我国《继承法》创设遗赠扶养协议制度的立法目的是解决老、弱、孤、寡、残疾者的扶养问题。而围绕解决“扶养”问题设立继承合同制度，亦能够发挥遗产的家庭扶养之职能，这符合我国社会生活的实际需要。伴随中国老龄化社会进程的加快，人们对生活质量要求的不断提高，老年人希望对晚年生活作出更合理的安排。而且，根据前述我们对中国十省市民众继承习惯的调查统计数据，在我国民众的现实生活中，老年人与其子女、兄弟姐妹以订立协议的方式，约定扶养义务人和遗产承受人的事例并不鲜见。当前国内在“中国民法典·继承编”编纂过程中，已有不少学者提出改革遗赠扶养协议制度的主要原因之一，就是社会生活中大量出现被继承人与法定继承人协议约定遗产继承与扶养事项，但我国现行遗赠扶养制度排除了其合法性，致使相关争议不能得到法律救济，不能满足民众社会生活的需要。我们认为，我国应当设立继承合同制度，明确规定合同双方当事人的权利义务，以引导双方当事人依法订立继承合同，保护双方当事人的正当权益。

五、继承合同的效力之我国立法的学者观点与评析

（一）继承合同的效力之我国立法的学者观点

1. 徐国栋等学者建议稿的主要观点

“徐稿”规定，关于继承合同的适用效力，继承合同与遗嘱并存时，遗嘱在被继承人所做的遗嘱处分会损害合同规定的受遗赠人的权利范围内的无效。[②] 前者具有优先于后者适用的效力。关于继承合同的对被扶养人生前处分个人财产的效力，被继承人在生前以法律行为处分其财产的权利不因继承合同受影响。如果被继承人出于损害合同继承人的意图

---

① 参见［德］雷纳雷纳·弗兰克、托比亚斯·海尔姆斯：《德国继承法（第六版）》，王葆莳、林佳业译，中国政法大学出版社2015年版，第125页。

② 参见“徐稿”第506条。

为赠与，后者在继承开始后，可以不当得利为由要求受赠人返还赠与物。如果被继承人出于损害受遗赠人的意图将合同规定的遗赠物毁损或转移，则在继承人因此不能履行给付的情况下，受遗赠人应受该物的价值之给付。如果被继承人出于损害受遗赠人的目的转让物或在其上设定负担，则继承人有义务为受遗赠人设法谋取该物或消除其负担。如果转让或设定负担系以赠与方式所为，则存在受遗赠人不能从继承人处获得赔偿的情形，受遗赠人对受赠人享有返还物的请求权。① 扶养义务人对于受扶养人故意损害扶养人利益所为的生前赠与，享有物之返还请求权或价值给付请求权等，以维护其取得遗产的权利。

2. 张玉敏等学者建议稿的主要观点

"张稿"对继承合同与遗赠扶养协议的适用效力无规定。对受扶养人对个人财产处分的效力，"张稿"在立法理由中说明：被继承人或遗赠人在合同订立后应当受到合同的约束，不得随意进行生前财产的处分。② 从不当处分的后果看，如果因受扶养人的原因使遗赠扶养协议无法履行的，扶养人有权解除合同，并要求酌情返还已支付的扶养费。③

3. 陈苇等学者建议稿的主要观点

"陈稿"规定，关于继承合同的适用效力，继承开始后，有继承合同或遗赠扶养协议的，按照继承合同或遗赠扶养协议办理；无继承合同或遗赠扶养协议，有遗嘱的，按照遗嘱或遗赠办理；无继承合同或遗赠扶养协议，又无遗嘱的，按照无遗嘱继承办理。继承合同和遗赠扶养协议的效力优先于遗嘱和遗赠。关于继承合同对受扶养人对个人财产处分的效力，受扶养的一方，除非合同另有约定，在订立合同后依然有权处分自己的财产，但是该处分应当是善意的。受扶养方不得以侵害继承合同相对人的目的而为赠与、在财产上设定负担或毁损、隐匿财产。受扶养人违法处分其个人财产的，扶养人有权单方解除合同。继承合同解除时，除合同另有约定外，受扶养人应当对扶养人已经履行的扶养义务适当支付补偿费用；因扶养人的过错导致协议解除的，扶养人一般不能请求补偿扶养费用；因为受扶养人的过错导致协议解除的，扶养人有权请求受扶养人全额返还扶养费用，并可请求受扶养人承担解除协议的损害赔偿责任。④

4. 杨立新等学者建议稿的主要观点

"杨稿"对继承扶养协议与遗赠扶养协议的适用效力，在"遗产债务的清偿顺序"中规定为："遗赠扶养协议与继承扶养协议中扶养人取得遗产的权利"优先于受遗赠人取得遗赠的权利。⑤ 关于遗赠扶养协议被扶养人生前处分个人财产的处分权，被扶养人无正当理由不履行遗赠扶养协议中的义务，致使扶养人获得遗赠的目的不能实现的，扶养人可以解除遗赠扶养协议。被扶养人应当偿还扶养人已支付的扶养费用，并赔偿所造成的损失。继承扶养协议准用遗赠扶养协议的相关规定。可见，对于被扶养人擅自处分个人财产致遗赠目的不能实现的，"杨稿"规定遗赠扶养协议或继承合同的扶养人有权要求解除该协议或合同，并要求被扶养人偿还已支付的扶养费并赔偿由此所造成的损失。⑥

---

① 参见"徐稿"第四分编第 520-522 条。
② 参见张玉敏《中国继承法立法建议稿及立法理由》，人民出版社 2006 年版，第 149 页。
③ 参见"张稿"第 57 条第 1 款。
④ 参见"陈稿"第 63、65、67 条。
⑤ 参见张玉敏《中国继承法立法建议稿及立法理由》，人民出版社 2006 年版，第 149 页。
⑥ 参见"杨稿"第 67 条第 2 款、69 条第 3 款、83 条。

（二）继承合同的效力之我国立法的学者观点评析

1. 诸学者建议稿的共同点

关于继承合同的效力，前述主张设立继承合同或继承扶养协议的四部学者建议稿的共同点是：关于继承合同的适用效力，“徐稿”“陈稿”和“杨稿”虽表述不同，但均规定双务、有偿的继承合同的效力高于单务、无偿的遗嘱或遗赠。关于继承合同对被扶养人生前处分个人财产的效力，该四部学者建议稿均对继承合同或遗赠扶养协议之受扶养人生前处分个人财产有限制之规定，但在用语表述上有所不同。“徐稿”“陈稿”均规定继承合同订立后，被继承人仍有权处分自己的财产，但不得以侵害继承合同相对人的目的而为赠与或以其他方式处分财产。“张稿”和“杨稿”则均规定如因受扶养人导致继承或遗赠财产无法履行的，扶养人有权利解除合同，且要求返还扶养费并赔偿损失。

2. 诸学者建议稿的不同点

关于继承合同的效力，前述四部学者建议稿的不同点是：“徐稿”“陈稿”对继承合同的优先适用效力作了明确规定；“杨稿”是在遗产债务清偿顺序中作出了间接的规定，即遗赠扶养协议优先于遗赠给付；而“张稿”未对继承合同的适用效力作明确规定。

从立法的价值取向和功能分析来看，首先，关于继承合同的优先适用效力，继承合同是双方当事人意思表示一致的体现，继承合同对遗产的处分之约定与遗嘱和遗赠所作的遗产处分都是被继承人真实的意思表示，但继承合同涉及合同相对方的利益，即其作为双务、有偿合同，不同于遗嘱处分个人财产为内容的单务、无偿的遗嘱继承或遗赠。在继承合同的相对方已依照合同约定履行扶养义务的情况下，如果继承合同的内容与被继承人处分个人财产的遗嘱或遗赠相冲突的，理应优先适用继承合同或遗赠扶养协议。其次，关于受扶养人生前处分个人财产行为的限制效力，由于继承合同为双务、有偿合同，对于合同约定的继承或遗赠的财产，受扶养人不得擅自处分。因此，对于受扶养人生前无正当理由处分约定继承或遗赠的财产之行为，法律应当予以否认，即或扶养人可请求法院撤销，或扶养人享有返还请求权或价值补偿请求权，或可据此单方解除协议，并请求返还扶养费和赔偿损失。这有利于保护合同相对方的利益，并有利于鼓励诚实信用的良好社会风气，可以彰显法律的自由、公平和效率价值，保障实现继承合同以遗产扶养家庭成员的功能。

通过对我国司法实践的考察，如前述“涉及继承合同效力的案例四”的情况，常某甲在与常某签订遗赠扶养协议之后，依约履行了扶养义务，但遗赠扶养协议约定的遗赠财产与常某事后所立遗嘱在对个人财产的处理上有冲突，法院最终依判决按照遗赠扶养协议的约定由常某甲取得常某的遗产。我们认为，相对于遗嘱继承和法定继承，遗赠扶养协议的受遗赠人获得遗赠财产的根据是该协议的约定，既然扶养人已履行了协议约定的扶养义务，而且不具有使协议解除的法定事由，因此法院根据我国《继承法》第 5 条规定，判决该遗赠扶养协议的适用效力优先于遗嘱、遗赠及法定继承的适用效力是合理的。

从国外立法来看，大陆法系国家与英美法系国家对继承合同的适用效力之规定存在较大差异，主要原因在于两者对继承合同的立法模式之不同，在大陆法系国家，继承合同可以直接作为取得继承遗产或接受遗赠财产的依据，而在英美法系国家，继承合同只产生合同法上的效力，不能直接作为取得遗产或遗赠的依据。关于继承合同的对外效力，德国、瑞士的立法都规定遗嘱与继承合同相抵触的部分为无效或可撤销，即继承合同的效力高于遗嘱。而继承合同在英、美两国仅具有合同法上的效力，当被继承人设定的遗嘱违反继承合同的约定时，遗嘱有效，对方当事人只能寻求违约救济。关于继承合同订立后，被继承人生前处分个人财产的效力问题。通常情况下，德国、瑞士立法规定，签订继承合同后，被继承人仍可自由处分其个人财产，但是如处分涉及继承合同已约定继承或遗赠的财产的，扶养人作为该财产的权利人有权请求撤销该财产处分。而在英国和美国，立遗嘱人将继承合同中约定的特定遗赠财产为生前转让或者为生前赠与的，无论其是否以侵害受益人的目的为之，均需承担违约责任；受益人事先知晓的，可请求法院以禁令限制遗嘱人的违约处分行为。

我们认为，关于继承合同的适用效力，一方面，继承合同是双务、有偿合同，继承合同约定的继承人或受遗赠人取得对遗产之继承权或受遗赠权的依据是该合同的约定，如果扶养人已按约定履行了合同约定的扶养义务就不具备解除条件。而遗嘱或遗赠是被继承人的单方、无偿处分个人财产的行为，即继承人或受遗赠人取得对遗产之继承权或受遗赠权是无偿的。所以，在继承合同和遗嘱或遗赠同时存在时，应以双务、有偿的继承合同优先适用。另一方面，我国《继承法》第 5 条规定遗赠扶养协议的效力优先于遗嘱和遗赠，这一规定已施行 30 余年，也得到了前述我国十省市大部分被调查民众的认可，在我国“中国民法典 · 继承编”编纂中此立法应当予以继续坚持被保留。关于继承合同对受扶养人生前处分个人财产的效力，“徐稿”和“陈稿”在许可被继承人生前处分权的基础上对其处分权作了限制，即不能以侵害继承人利益为目的而为财产处分，这既能保证被继承人享有财产所有权人的有限处分个人财产之自由，又能保障合同相对人的利益。故在我国“中国民法典 · 继承编”编纂时可供参考，并可借鉴国外有关扶养人享有对侵害继承合同标的之生前赠与财产之“撤销权”或返还请求权、价金补偿请求权等规定，以保障其权利。

六、继承合同的解除及法律后果之我国立法的学者观点与评析

(一) 继承合同的解除及法律后果之我国立法的学者观点

关于继承合同的解除方式，前述主张设立继承合同或继承扶养协议的四部学者建议稿中，“徐稿”“陈稿”规定的合同解除的方式包括协议解除、单方解除和法定解除，“杨稿”“张稿”仅规定了单方解除的情形。关于继承合同解除的法律后果，主要有两个方面：一是扶养费的补偿；二是损害赔偿。

1. 徐国栋等学者建议稿的主要观点

关于继承合同解除事由包括：其一，协议解除，合同当事人可随时以书面协议撤销继承合同、经对方当事人同意后被继承人可以遗嘱撤销继承合同；其二，单方解除，被继承人在继承合同中为自己作出了解除合同的保留的规定、一方当事人未按照合同要求履行义务或扶养人有剥夺继承权的过错行为的，可单方解除合同；其三，法定解除，承担扶养义务的继承人在被继承人之前死亡的，继承合同自行失效。①

关于继承合同的解除后果，合同解除后，尚未履行的，当事人应终止履行并有权要求赔偿损失，已履行的，解除原则上无溯及力，无过错的当事人有权要求有过错的当事人赔

① 参见“徐稿”第四分编第 510、512-516 条。

偿损失。[①]

2. 张玉敏等学者建议稿的主要观点

“张稿”采取继承合同与遗赠扶养协议并列的“双轨制”，对继承合同单方解除的事由有：义务人不按约定履行赡养（或扶养）义务，或者因为死亡或丧失赡养（或扶养）能力而不能继续履行合同义务，被继承人可以解除合同。对遗赠扶养协议单方解除的事由有：一是扶养人无正当理由不履行扶养义务的，遗赠人有权解除合同，已经支付的扶养费一般不返还；二是由于遗赠人的原因使遗赠扶养协议无法履行的，扶养人有权解除合同，已经支付的扶养费应当酌情返还；三是因其他原因，遗赠扶养协议实际上未履行的，扶养人不能取得遗赠财产。[②]

关于继承合同与遗赠扶养协议解除的后果，继承合同解除后，义务人已经支付的赡养（扶养）费用应当在共同继承人之间进行结算。遗赠扶养协议单方解除的后果，一是因扶养人的原因导致合同解除的，已经支付的扶养费一般不返还；二是因遗赠人的原因导致合同解除的，已经支付的扶养费应当酌情返还；三是因其他原因导致遗赠扶养协议实际上未履行的，扶养人不能取得遗赠财产。[③]

3. 陈苇等学者建议稿的主要观点

“陈稿”规定的继承合同的解除事由包括：其一，协议解除，双方当事人经协商一致可以解除继承合同，协商不成的，任何一方均可起诉，请求人民法院判决；其二，单方解除，包括一方在继承合同中保留了解除权、扶养人出现丧失继承权的法定情形或者不履行扶养义务的、受扶养人违法处分其个人所有财产等情况下，合同相对方可以单方解除合同；其三，法定解除，扶养人先于受扶养人死亡的，继承合同自动解除。此外，“陈稿”还规定了扶养人死亡后延续继承合同的法定条件。

关于继承合同解除的后果，继承合同解除时，除合同另有规定外，受扶养人应当对扶养人已经履行的扶养义务适当支付补偿费用；因扶养人的过错导致合同解除的，扶养人一般不能请求补偿扶养费用；因受扶养人的过错导致协议解除的，扶养人有权请求受扶养人全额返还扶养费用，并可请求受扶养人承担解除协议的损害赔偿责任。[④]

4. 杨立新等学者建议稿的主要观点

“杨稿”采取“遗赠扶养协议”与“继承扶养协议”并列的“双轨制”，对遗赠扶养协议单方解除的事由有：继承扶养协议订立后，一方无正当理由不履行合同约定的义务的，致使合同目的不能实现的，对方当事人可以解除继承扶养协议，被扶养人的继承人和利害关系人也可以主张解除继承扶养协议；扶养人丧失扶养能力的，受扶养人或扶养人可以单方解除协议。对继承扶养协议单方解除的事由，准用遗赠扶养协议的规定。[⑤]

关于遗赠扶养协议与继承扶养协议解除的后果，遗赠扶养协议订立后，扶养人无正当理由不履行致协议被解除的，扶养人支付的扶养费用不予补偿，并赔偿所造成的损失；被扶养人无正当理由不履行致协议被解除的，被扶养人应当偿还扶养人已支付的扶养费用，

① 参见“徐稿”第八分编债法第111条。
② 参见“张稿”第55、57条。
③ 参见“张稿”第55、57条。
④ 参见“陈稿”第65条。
⑤ 参见“杨稿”第67、69条第3款。

并赔偿所造成的损失。扶养人丧失扶养能力致协议被解除的，被扶养人应当偿还扶养人已支付的扶养费用。继承扶养协议准用遗赠扶养协议的相关规定。①

（二）继承合同的解除及法律后果之学者观点评析

1. 诸学者建议稿的共同点

关于继承合同的解除及法律后果，对于继承合同或继承扶养协议的单方解除事由，前述四部学者建议稿的共同点是：都规定当合同一方不按约定履行合同义务时，相对方可以单方解除继承合同或继承扶养协议。

2. 诸学者建议稿的不同点

关于继承合同的解除及法律后果，前述四部学者建议稿的不同点是：第一，关于继承合同解除方式的不同。前述“杨稿”“张稿”仅规定了单方解除，“徐稿”“陈稿”规定了协议解除、单方解除和法定解除。第二，关于扶养人丧失扶养能力的或死亡的作为单方解除或法定解除之事由不同。“张稿”将扶养人丧失扶养能力或死亡的，作为受扶养人单方解除合同的事由，“杨稿”将扶养人丧失扶养能力作为被扶养人或扶养人可单方解除继承扶养协议的事由；“徐稿”和“陈稿”均将扶养人的死亡作为法定解除的事由。此外，“陈稿”还规定了扶养人死亡后延续继承合同的法定条件为受扶养人同意，并且死亡的扶养人之继承人愿意继续承担扶养的义务的，继承合同可以继续履行。第三，关于继承合同解除的法律后果不同。前述四部学者建议稿之观点大致可被分为两类：其一，关于继承合同解除的扶养费补偿，首先，继承合同解除时，应在双方当事人之间进行结算或补偿。对此，“张稿”和“陈稿”均有规定。其次，“张稿”“徐稿”“陈稿”“杨稿”均区分合同一方当事人的原因或过错而确定扶养费是否予以返还或补偿，在因受扶养人一方过错导致继承合同解除时，受扶养人应向扶养人返还（或补偿）其已支付的扶养费；在扶养人一方的原因或过错导致继承合同解除时，受扶养人无须返还扶养人已支付的扶养费。其二，关于继承合同或继承协议解除的损害赔偿，“徐稿”“陈稿”和“杨稿”均规定因一方当事人的过错解除合同或协议的，过错方应承担损害赔偿的责任。

从立法的价值取向和功能分析，首先，从继承合同的解除方式来看，关于协议解除，法律应当赋予双方当事人在订立继承合同后可根据情况的变化双方协议解除合同的权利，并由双方协商扶养人已支付的扶养费是否适当返还的问题。这符合意思自治原则，也有利于促使当事人认真履行合同义务，保障合同当事人尤其是受扶养人的权益，这体现了继承合同的自由和效率价值。其次，从单方解除协议来看，在一方不履行或不当履行合同义务时，法律赋予另一方当事人单方解除合同的权利，并且区分当事人是否有过错，确定其是否享有扶养费的补偿请求权及损害赔偿请求权，这体现了对不当履行合同义务方的惩罚和对合同权利方受损权益的救济。再次，从法定解除事由来看，如果扶养义务人死亡，继承合同为法定解除，并且受扶养人应补偿扶养费，这些规定均体现了法律的公平价值。最后，设立扶养人死亡延续继承合同的法定条件，这可以维持扶养人一贯的生活方式，实现遗产的扶养职能，从而有利于保障以此类合同利用遗产实现家庭扶养职能和减轻社会保障的负担。

从我国十省市的调查情况来看，第一，关于扶养人去世后继承合同的变更方式，在我

① 参见“杨稿”第67、68、69条。

国十省市被调查者中，超过六成（占60.02%）的人认为，继承合同约定的扶养人去世后，在双方自愿基础上，可将该协议约定的扶养人变更为已去世扶养人之继承人，即由其代位履行扶养义务，这可以维持扶养人一贯的生活方式；还有合计六成（占60.34%）的被调查者认为，应由被继承人与其他法定扶养人另行签订新的继承扶养协议；另有超过四成（占42.26%）的被调查者认为，应由其他法定扶养人履行扶养义务，即无须签订新的继承扶养协议，而实行法定扶养。第二，关于变更继承合同是否需要对已去世扶养人生前支付的扶养费进行补偿，主张应予以补偿的被调查者合计超过九成（占91.31%），主张不予补偿的被调查者只占一成（占11.29%）（见表5-3-3、图5-3-3）。也就是说，我国十省市被调查民众中，有六成以上认同扶养人去世后，或在当事人双方自愿基础上由扶养人的继承人代位扶养；或重新签订继承扶养合同。有四成的人主张直接改为法定扶养而无须再签扶养协议。但九成以上的被调查者均认可对去世扶养人已支付的超过其应履行赡养义务的费用，应由其他法定扶养义务人予以补偿。这反映了法律公平的价值取向，值得我国立法参考。

通过对我国司法实践的考察，从涉及遗赠扶养协议或继承合同的解除及其效力上来看，如前述“涉及继承合同解除及法律后果的案例五”的情况，原告安某与两被告于2008年4月签订《遗赠扶养协议》后已履行约定义务，但于2012年两被告外出打工，与原告失去联系，原告诉至法院要求解除遗赠扶养协议，法院判决解除该协议，且因两被告没有正当理由不履行该协议，其已支付的供养费用不予返还。这符合我国《执行继承法的意见》第56条关于无正当理由不履行遗赠扶养协议约定扶养义务的一方，其涉及继承合同的单方解除及效力，已支付扶养费根据是否有过错确定是否予以补偿之规定。对于无正当理由不履行义务方，已支付的扶养费不予补偿，这符合法律的公平价值取向，有利于督促遗赠扶养协议的双方当事人认真履行合同义务。

从国外立法来看，关于继承合同的解除，前述四个承认继承合同效力的国家均规定继承合同可以解除。其中，德国、瑞士对此规定为，解除的方式包括双方协议解除、单方解除以及法定解除。关于继承合同解除的效力，在单方解除和法定解除的情形下，被继承人因该合同而获得的利益应返还合同相对方或相对方的继承人；对于协议解除，德国规定一方已根据合同所受领的给付是否必须偿还，由当事人协议解决。

我们认为，第一，关于继承合同的解除方式。由于继承合同订立之后履行的期间很长，履行的过程中往往可能出现许多预料之外的情况，因此，应当设立协议解除、单方解除和法定解除的三种解除方式，协议解除是合同双方通过协议而解除合同，单方解除是在一方不履行合同义务或约定解除权保留时可单方解除合同，法定解除是在扶养人先于受扶养人死亡时依法解除合同。但是，如果受扶养人同意接受已死亡的扶养人之继承人继续承担扶养义务，该继承人有扶养能力且自愿扶养的，该继承合同经双方签字后可继续履行，这实际上是扶养义务的代位履行，能够尊重合同双方当事人的意思自治，保障受扶养人能够继续通过继承合同获得实际的扶养。第二，关于继承合同解除的法律后果。对于协议解除的，扶养人已支付的扶养费之是否返还，德国立法例可予借鉴，即由双方当事人协商确定，这符合意思自治原则的要求；对于单方解除的，应根据合同双方的过错来确定由谁承担合同解除的不利后果，在因受扶养人一方的过错导致继承合同解除时，受扶养人应向扶养人返还（或补偿）其已支付的扶养费用并赔偿损失；在因扶养人一方的过错导致继承合同解除时，受扶养人无须返还扶养人已支付的扶养费。对于法定解除的，由于扶养人先于受扶养人去世，其合同目的已无法实现，合同自动解除。对于此种原因解除的后果，基于合同的相对性和公平原则，应允许扶养人的继承人向被继承人提出其超过法定扶养义务部分的扶养费返还请求。当然，如果受扶养人有其他法定扶养义务人的，且其符合受扶养的法定条件，其本人对该扶养费进行补偿后，可以向其他法定扶养义务人进行追偿。这符合权利与义务相一致原则，有利于促进双方当事人严格履行合同义务，保障合同双方当事人的利益，可以彰显法律的公平价值取向。

第五节　继承合同制度的立法发展趋势与我国立法的完善建议

我们在前面通过阐述遗赠扶养协议制度和继承合同制度的基本理论，比较评析国外继承合同制度之异同，考察我国遗赠扶养协议制度立法现状、调查分析我国十省市被调查民众的相关观念和处理习惯及考察司法实践案例，评析我国学界关于遗赠扶养协议和继承合同制度的主要学术观点，在此基础上，本节拟考察和分析域外继承合同制度的立法发展趋势，为我国立法的修改完善提供参考。

一、继承合同制度的立法发展趋势

（一）继承合同订立主体的立法发展趋势

从对国外立法的考察中可知，在继承合同主体范围方面，前述四个承认继承合同效力的国家对订立继承合同的主体范围均未作限制性规定，被继承人可以与任何其他民事主体（包括被继承人的法定继承人）订立继承合同。关于继承合同主体的民事行为能力，原则上均要求须具有完全民事行为能力。可见，对继承合同的主体范围不作限制，允许被继承人与其法定继承人或其他自然人或组织订立继承合同，是现代继承合同订立主体的立法发展趋势。这能够尊重被继承人的意愿，也有利于解决被继承人的扶养问题。从前述对我国诸学者建议稿之考察来看，持“肯定说”观点的五部学者建议稿均对我国《继承法》有关遗赠扶养协议的订立主体范围有所扩大，增补被继承人的继承人可作为订立继承合同或遗赠扶养协议的主体，这符合私法自治原则，体现了现代继承法对继承合同订立主体不限制的立法发展趋势。

（二）继承合同订立形式的立法发展趋势

从对国外立法的考察中可知，在继承合同的订立形式方面，前述四个承认继承合同效力的国家均以立法明确规定了继承合同的订立形式，虽然对继承合同的订立形式之具体规定有所区别，但均对继承合同的订立规定为要式行为，其订立必须符合法定的形式要件。比如，《德国民法典》规定，继承合同只能由公证人做成记录，在合同双方当事人同时在场的情况下订立，同时准用有关设立公证遗嘱的规定。[①]《瑞士民法典》规定，继承合同须采用公证遗嘱的方式，合同当事人应在公证官员和两名证人在场的情况下签署证书。继

---

① 《德国民法典》第2276条第1款、2231条第1款、2232、2233条。

承合同的解除也必须采用法定设立遗嘱的方式。[①] 可见，对继承合同的订立要求以书面形式并且订立时须有见证人或予以公证，这是现代继承合同订立形式的发展趋势。这有利于保证继承合同是双方当事人的真实意思表示，有利于避免发生纠纷。从前述对我国诸学者建议稿之考察来看，持"肯定说"观点的诸学者建议稿均主张继承合同必须采用书面方式签订，并且"徐稿"主张继承合同须书面订立后加公证；"张稿"对遗赠扶养协议的订立主张须书面形式加上 2 名以上见证人在场见证；"陈稿"主张对继承合同采取书面形式订立且有 2 名见证人见证或进行公证。这体现了对合同订立的监督，符合现代继承合同订立形式的发展趋势。

(三) 继承合同内容的立法发展趋势

从对国外立法的考察中可知，在继承合同的内容方面，前述四个承认继承合同效力的国家均对继承合同的内容作了明确规定，在继承合同中可以约定对被继承人或遗赠人死后对特定财产的处理，可以是约定将该财产由对方当事人继承或受遗赠（德国、瑞士），或是允诺将要立遗嘱把自己的个人财产由对方当事人继承或受遗赠（英国、美国）。可见，立法对继承合同的内容加以明确规定是现代继承合同内容的发展趋势。这有利于指导当事人对继承合同相关内容作出明确的约定，有利于双方当事人更为自由、便捷地处理继承与遗赠事宜。从前述对我国诸学者建议稿之考察来看，持"肯定说"观点的诸学者建议稿均对继承合同的内容主要由被继承人作为受扶养人与扶养人双方约定相互的权利和义务作了明确规定。例如，"张稿"规定，被继承人可以与共同继承人订立继承合同，约定由一个或几个继承人承担赡养（扶养）被继承人的义务，被继承人死后，由承担赡养（扶养）义务的继承人按照继承合同继承遗产。合同对赡养（扶养）人继承遗产的部分未作明确约定的，视为继承全部遗产。[②] 这符合私法自治原则和诚信原则，体现了现代继承合同内容须明确具体化的发展趋势。

(四) 继承合同效力的立法发展趋势

从对国外立法的考察中可知，在继承合同的效力方面，首先，关于继承合同的适用效力，德国、瑞士的立法都规定遗嘱与继承合同相抵触的部分无效或可撤销，即继承合同的效力优先于遗嘱；而继承合同在英、美两国仅有合同法上的效力，当被继承人设立的遗嘱违反继承合同时，遗嘱有效，但当事人可以寻求违约救济。其次，关于继承合同订立后对被继承人生前处分个人财产的效力，大陆法系的德国、瑞士均规定对被继承人以侵害继承合同受益人的目的为赠与、在财产上设定负担或者毁损、藏匿财产等恶意处分行为，继承合同中的扶养人一方可以行使撤销权。英美法系的英国、美国规定，立遗嘱人将继承合同中约定的特定遗赠财产为生前转让或为生前赠与，无论其是否以侵害受益人的目的为之，均需承担违约责任。可见，对于继承合同的适用效力，立法明确规定继承合同的适用效力优先于遗嘱是大陆法系继承合同效力的发展趋势；对于继承合同订立后对被继承人生前处分个人财产的效力，立法明确规定继承合同之继承人或受遗赠人对被继承人生前处分继承合同约定财产的行为享有撤销权或要求被继承人承担违约责任，即对被继承人生前处分个人财产的效力作出限制，这是前述两大法系四个国家继承合同效力的发展趋势。这有利于

---

① 《瑞士民法典》第 468、512 条。

② 参见"张稿"第 54 条。

保障继承合同的履行，特别是保障承担扶养义务的继承合同的相对方的合法利益。从前述我国诸学者建议稿之考察来看，持“肯定说”观点的五部学者建议稿关于继承合同的适用效力，“徐稿”“陈稿”和“杨稿”虽用语表述不同，但均规定双务、有偿的继承合同的效力高于单务、无偿的遗嘱。关于继承合同的对被扶养人生前处分个人财产的效力，前述四部学者建议稿均对受扶养人生前处分个人财产有限制之规定，仅在用语表述上有所不同。“徐稿”“陈稿”均规定继承合同订立后，被继承人仍有权处分自己的财产，但不得以侵害继承合同相对人的目的而为赠与或以其他方式处分财产。“张稿”和“杨稿”均规定如因受扶养人导致继承或遗赠财产无法履行的，扶养人有权利解除合同，且要求返还扶养费。这符合公平原则，体现了现代继承合同的效力之发展趋势。

（五）继承合同解除及法律后果的立法发展趋势

从对国外立法的考察中可知，在继承合同的解除及法律后果方面，前述四个承认继承合同效力的国家均规定继承合同可以解除，且都规定了双方协议解除、单方解除以及法定解除三种方式以及合同解除的后果。关于继承合同解除的法律后果，域外立法主要有两个方面：一是在单方解除或法定解除时，受扶养人基于该合同获得的利益应返还给合同相对方本人或合同相对方的继承人（德国、瑞士），或给予相对方服务之劳动价值相应的补偿（美国）；二是对于未通知对方而直接修改遗嘱（使之与继承合同的约定财产继承相抵触的），该遗嘱仍有效，但继承合同的相对方可以依法请求违约救济（英国）。可见，对继承合同的解除及法律后果作出明确规定是现代继承合同解除及法律后果的发展趋势。从前述对我国诸学者建议稿之考察来看，持“肯定说”观点的诸学者建议稿均规定了继承合同的解除及法律后果，如当继承合同一方不按约定履行合同义务时或扶养人一方丧失扶养能力时，或相对方可以单方解除合同，或各方可单方解除合同，或为法定解除合同之事由。关于继承合同解除的法律后果，诸学者建议稿的观点主要有两个方面：其一，关于扶养费的补偿，“张稿”未规定区分合同当事人的过错之是否影响补偿扶养费的问题，但明确规定合同解除后，义务人已经支付的赡养费（或扶养费）应当在共同继承人之间进行结算。“徐稿”“陈稿”“杨稿”均区分合同当事人的过错而确定扶养费是否予以补偿，在因受扶养人一方过错导致继承合同解除时，受扶养人应向扶养人返还（或补偿）其已支付的扶养费；在扶养人一方过错导致继承合同解除时，受扶养人无须返还扶养人已支付的扶养费。其二，关于过错方的损害赔偿责任，“徐稿”“陈稿”和“杨稿”均规定因一方当事人的过错解除合同或协议的，过错方应承担损害赔偿的责任。由上述可见，立法明确规定继承合同的解除事由和方式及其解除的法律后果，这符合法律的公平价值取向，反映了现代继承合同解除及法律后果的发展趋势。

二、我国遗赠扶养协议制度的不足与完善立法的建议

以下我们根据考察和评析总结的域外立法经验，实证调查的我国十省市民众继承习惯和典型案例之分析，结合我国立法之学者建议稿的观点，分析我国遗赠扶养协议制度之不足，从我国实际出发，汲取域外有益的立法经验和我国立法之学者建议稿的观点，提出完善我国遗赠扶养协议制度的相关立法建议。必须说明，2018 年 9 月 5 日全国人大常委会公布向社会各界征求意见的“民法典各分编（草案）”，其第 902、937 条对遗赠扶养协

议有规定。[①] 但由于该“草案”不是正式法律，故我们以下仍以我国《继承法》规定的遗赠扶养制度作为研究对象，分析其立法之不足。

（一）我国遗赠扶养协议制度立法之不足

1. 遗赠扶养协议制度的立法体例之不足

在立法体例上，我国《继承法》仅规定有适用于受扶养人与非法定继承人及社会组织的遗赠扶养协议制度；而未规定适用于被继承人与其继承人的继承合同制度，在立法体例上存在缺失。这不利于被继承人自愿以遗产安排养老，其不能自愿选择适当的继承人对其履行扶养义务，并以其遗产给该继承人继承。这是其立法之不足。

2. 遗赠扶养协议制度的订立主体之不足

我国《继承法》第 31 条规定的遗赠扶养协议订立主体，一方为受扶养人，另一方为受扶养人的继承人之外的自然人和集体经济组织。这一规定将受扶养人的法定继承人排除在协议主体之外，但从对我国十省市民众继承习惯的调查统计数据来看，占五成以上的被调查者所在地区存在有被继承人与继承人订立继承扶养协议，就被继承人的生养死葬和遗产继承等作出约定的行为习惯，且占七成以上多数被调查民众在观念上也赞同此做法。也就是说，我国《继承法》的遗赠扶养协议制度将法定继承人排除在协议主体之外的规定，与我国被调查民众的相关观念和处理习惯不符，不利于被继承人与其继承人协商处理自己的赡养和遗产继承问题，而前述域外立法例中的继承合同的主体能够包括被继承人的继承人，但我国却无此规定，这是其立法之不足。

3. 遗赠扶养协议的订立形式之不足

我国《继承法》未明确规定遗赠扶养协议的订立必须采用书面形式且欠缺见证或公证的监督机制。由于缺乏法律的指引作用，现实中民众在订立遗赠扶养协议时可能会较为随意，这往往导致在产生纠纷时由于协议订立形式瑕疵而使得合同难以被认定为有效。此为我国立法之不足。

4. 遗赠扶养协议的内容之不足

我国《继承法》第 31 条规定的遗赠扶养协议内容，包括约定一方履行对遗赠人的赡养义务，享有接受遗赠的权利。由于遗赠扶养协议将继承人排除在协议主体之外，因此受扶养人不能与其继承人签订该协议，也不能在协议中作出将财产指定其继承、由该继承人履行扶养义务的约定。如前所述，这不符合我国十省市七成的多数被调查民众认可继承人与被继承人签订继承扶养协议的观念，而且五成以上被调查民众所在地区存在有被继承人与继承人签订协议由继承人按约定履行扶养义务，被继承人按约定给予继承人特定的财产之处理习惯。此亦为我国立法之不足。

5. 遗赠扶养协议的效力之不足

我国《继承法》未规定订立遗赠扶养协议后，受扶养人处分其个人财产的自由与限制。这不能规制受扶养人擅自处分约定财产的行为，不能预防受扶养人生前处分遗赠扶养协议已约定之遗赠财产，不利于保护扶养人的权益，这是其立法的又一不足。

---

① “民法典各分编（草案）”第 902 条规定：“继承开始后，按照法定继承办理；有遗嘱的，按照遗嘱继承或者遗赠办理；有遗赠扶养协议的，按照协议办理。”第 937 条规定：“自然人可以与继承人以外的组织或者个人签订遗赠扶养协议。按照协议，该组织或者个人承担该自然人生养死葬的义务，享有受遗赠的权利。”

6. 遗赠扶养协议的解除及法律后果之不足

我国《继承法》对遗赠扶养协议的解除原因及后果规定存在不足。一方面，对于协议的解除及其后果，我国《执行继承法的意见》第56条仅规定了因协议一方当事人无正当理由不履行协议约定的义务而导致的协议解除及法律后果，但对双方协议解除及后果、扶养人一方的死亡等原因导致的单方解除的后果均没有作出规定。另一方面，对于因一方过错解除协议的损害赔偿责任也无规定。

（二）我国遗赠扶养协议制度的立法完善建议

我们通过考察我国遗赠扶养协议制度之立法不足，根据我国被调查民众承认继承扶养合同的观念及处理习惯，为满足我国民众的实际需要，借鉴国外继承合同制度的立法经验，汲取我国诸学者建议稿对遗赠扶养协议制度立法的观点，从我国实际出发，提出在"中国民法典·继承编"中完善相关立法的建议。

1. 增补继承扶养协议制度

其一，关于继承扶养协议的主体范围，如前文所述，现代继承合同订立主体之立法体现出对继承合同主体范围不作限制，允许被继承人与其法定继承人或其他自然人或组织订立继承合同的发展趋势。这符合私法自治原则，有利于更好地解决被继承人的扶养问题。因此，建议我国在保留现行遗赠扶养协议制度的基础上，增补继承扶养协议制度。根据履行扶养义务主体的不同身份，区分继承扶养协议与遗赠扶养协议，具体作出如下规定：

自然人可以与法定继承人签订继承扶养协议。按照协议，由该法定继承人承担该自然人的生养死葬义务，享有依照协议继承遗产的权利。

自然人可以与法定继承人以外的个人或组织签订遗赠扶养协议。按照协议，该个人或组织承担该自然人的生养死葬义务，享有依照协议接受遗赠的权利。

其二，关于主体的民事行为能力，被继承人与扶养义务人必须是具备完全民事行为能力的人，才可作为订立协议的主体，建议我国立法作出如下规定：

继承扶养协议与遗赠扶养协议的主体为自然人的，应当具有完全民事行为能力。

2. 协议的订立方式

关于继承扶养协议与遗赠扶养协议的订立方式，从我国实际生活看，许可当事人选择进行公证或由无利害关系的两名见证人在场见证订立书面继承扶养协议或遗赠扶养协议的方式，既有利于保证继承合同是双方当事人的真实意思表示，有利于避免发生纠纷，又符合便民原则和效率原则。建议具体作出如下规定：

继承扶养协议与遗赠扶养协议的订立，必须采取书面形式，应当有两名以上无利害关系的见证人在场见证或进行公证。

3. 协议的内容

如前文所述，立法对协议的内容加以明确规定有利于指导当事人对协议的相关内容作出明确的约定，有利于双方当事人更为自由、便捷地处理继承与扶养、遗赠与扶养的相关事宜。可借鉴德国、瑞士的继承合同可以直接指定继承或遗赠以及负担，作为合同相对方取得继承权或受遗赠权的依据，而无须像英美法系国家那样必须根据合同另行订立遗嘱或遗赠的立法模式。建议具体作出如下规定：

继承扶养协议、遗赠扶养协议应当载明提供扶养的具体要求或方法，对扶养义务的履行标准约定不明的，根据受扶养人的生活水平以及当地平均生活标准，结合受扶养人的财产状况，确定扶养义务的履行标准。

继承扶养协议、遗赠扶养协议可以明确约定，在受扶养人死亡后以受扶养人的部分或全部遗产作为向扶养义务人给付之标的。协议约定不明的，以被扶养人的全部遗产作为给付标的。协议可以载明作为继承或遗赠的财产的名称、数量、价值、产权等状况，财产的保护措施等。

4. 协议的效力

关于协议的适用效力，宜规定继承扶养协议与遗赠扶养协议的效力优先于遗嘱；关于协议订立后对被继承人生前处分个人财产的效力，宜立法明确规定，对受扶养人生前处分个人财产之行为进行限制。这有利于鼓励与督促合同当事人履行合同义务，符合权利与义务相一致原则。建议具体作出如下规定：

继承扶养协议、遗赠扶养协议自签订之日起发生法律效力，扶养义务人应当按照协议的约定立即履行扶养义务；继承开始时，扶养义务人依协议有权取得约定给付的遗产标的。

继承开始后，有继承扶养协议或遗赠扶养协议的按照继承扶养协议或遗赠扶养协议办理；无继承扶养协议或遗赠扶养协议而有遗嘱的，按照遗嘱办理；既无继承扶养协议或遗赠扶养协议又无遗嘱的，按照法定继承办理。

在继承扶养协议或遗赠扶养协议签订后，受扶养人基于损害扶养人利益而为的财产处分行为，扶养人可以请求人民法院对该财产处分行使撤销权；或者对该协议行使单方解除权，解除继承扶养协议或遗赠扶养协议。

5. 协议的解除及法律后果

关于继承扶养协议与遗赠扶养协议的解除，我国继承立法应当规定它们的解除方式和解除后果，这符合现代继承合同解除及法律后果的发展趋势，也符合法律的公平价值取向，有利于保护继承合同当事人双方的合法权益。建议具体作出如下规定：

双方当事人经协商一致，可以解除继承扶养协议或遗赠扶养协议。如果协商不成的，任何一方均可诉请人民法院判决。对于扶养人已支付的扶养费或提供照料服务的补偿费用，由双方协议处理。协议不成的，可诉请人民法院裁决。

有下列情形之一的，一方可以行使解除权并及时通知另一方：（1）继承扶养协议或遗赠扶养协议中约定的单方行使解除权的条件成就的。（2）继承扶养协议中的扶养人出现丧失继承权的法定情形的。（3）扶养人无故不履行或不适当履行约定的扶养义务，经催告仍不履行的。（4）受扶养人对协议约定的遗赠财产进行赠与、设定负担或毁损、隐匿的，扶养人可以中止履行扶养义务，要求受扶养人提供担保，直至解除协议。（5）受扶养人无故不接受对方的扶养，经催告仍不接受的。

一方对协议行使单方解除权，另一方有异议的，可向人民法院提出诉讼，法院依法裁决。

继承扶养协议或遗赠扶养协议的扶养人先于受扶养人死亡，协议自动解除。但受扶养人同意由已经死亡扶养人的继承人继续承担扶养义务的，该继承人具有扶养能力且自愿扶养的，该继承合同经双方签字同意后可继续履行。

遗赠扶养协议或继承扶养协议经双方协议解除时，除合同另有约定外，受扶养人应当对扶养人已经履行的扶养义务适当支付补偿费用。

因扶养人的过错导致遗赠扶养协议解除的，扶养人不能请求补偿扶养费或照料劳务费；因受扶养人的过错导致协议解除的，扶养人有权请求受扶养人返还扶养费或照料劳务费，并有权请求受扶养人承担解除协议的损害赔偿责任。

继承扶养协议因法定继承人死亡而解除的，该法定继承人已经履行的扶养费或照料劳务费除其应承担扶养义务的部分外应由其他法定继承人给予适当补偿（结算）。但因法定继承人的过错导致协议解除的，不能请求补偿扶养费或照料劳务费。

第六章　遗产债务清偿制度研究[①]

遗产债务清偿，既涉及继承人的利益，也涉及遗产债权人的利益。随着社会经济的发展，对遗产债权人的保护规范在财产继承法律制度中日益加强。对于继承人利益和遗产债权人利益的平等保护，从根本上来说是一个社会经济秩序问题，直接关系到自然人包括继承人和遗产债权人的财产所有权的保护和市场交易的安全。遗产债务清偿制度的立法目的是既要保护继承人的利益，也要保护遗产债权人的利益，以彰显法律的公平正义。本章研究的主要内容包括：遗产债务清偿制度概述；遗产债务清偿制度的国外立法现状与评析；遗产债务清偿制度的我国立法现状与我国民众观念和处理习惯及司法实践的考察与评析；遗产债务清偿制度之我国立法的学者观点与评析；现代遗产债务清偿制度的发展趋势与我国立法的完善建议。

第一节　遗产债务清偿制度概述

本节的内容主要包括三个方面：一是遗产债务清偿制度的基本理论；二是遗产债务清偿制度的演变；三是遗产债务清偿制度的目的、价值取向与功能。

一、遗产债务清偿制度的基本理论

（一）遗产债务的范围

关于遗产债务的范围，学者们的观点主要包括三种：一是广义说，认为遗产债务包括被继承人生前所欠的个人债务（包括被继承人生前所欠的税款及其他个人债务）、继承费用（包括丧葬费用、遗产管理费用、死亡宣告费用、公示催告费用、遗产清算费用、遗嘱执行费用、诉讼费用等）以及继承开始时产生的债务（包括酌给遗产之债、特留份之债和遗赠之债等遗产的负担）。[②] 例如，《德国民法典》第1967条第2款规定："除由被继承人招致的债务外，涉及继承人本人的债务，特别是因特留份权利、遗赠和负担而发生的债务，也属于遗产债务。"二是狭义说，认为遗产债务仅指被继承人生前所负的债务，包括个人为自己需要所欠的债务以及税款、罚款。[③] 三是折中说，认为遗产债务包括被继承

---

① 本章作者简介：陈苇，女，西南政法大学民商法学院教授，博士生导师；李艳，女，西南政法大学民商法博士研究生，大理大学讲师；王巍，男，西南政法大学民商法博士研究生；胡苷用，男，法学博士，西南政法大学民商法学院副教授。

② 陈苇、宋豫主编：《中国大陆与港、澳、台继承法比较研究》，群众出版社2007年版，第408页。

③ 梁慧星（课题负责人）：《中国民法典草案建议稿附理由·继承编》，法律出版社2013年版，第175-177页。

人生前所负的债务和继承开始后所发生的遗赠债务、酌给遗产债务等，但不包括特留份之债。[①] 我们赞同广义说，即遗产债务应包括被继承人的生前债务、继承费用和继承开始时所生债务。

1. 被继承人生前所欠的个人债务

被继承人生前所欠的个人债务为继承开始前产生的债务。被继承人生前所欠的个人债务一般有两种：一是公法上的债务，主要是指被继承人依法应当缴纳的税款；二是私法上的债务，包括被继承人生前所欠的合同之债、侵权行为之债、不当得利之债、无因管理之债及其他个人债务等。必须注意，其一，对于与被继承人特定人身相联系的债务，继承人无须承担清偿责任。其二，当被继承人为共同债务人之一，有与他人的共同负债时，不论该债务是否以被继承人个人的名义所欠，共同债务中应由被继承人承担的债务份额，应属于被继承人个人债务的组成部分，共同债务中不属于被继承人应承担的部分份额则不属于遗产债务的范围。

2. 继承费用

继承费用指在被继承人死亡后，因料理其后事、处理继承的相关事务而产生的费用。[②] 继承费用一般包括三项：（1）丧葬费用；（2）遗产管理的费用，即管理遗产所必要的一切费用，如遗产管理费用、遗产清算费用等；（3）遗产继承的费用，如公示催告费用、遗产分割的费用等。必须注意，关于丧葬费用是否属于遗产债务的组成部分，不同国家的立法有不同，在学术界也有“肯定说”与“否定说”之分，对此将在后文进行探讨。

3. 继承开始时产生的债务

基于法律的规定或被继承人的指定，在继承开始时产生的特定的债务负担。主要包括以下三项：

（1）遗产酌给债务。根据我国《继承法》第 14 条的规定，继承人以外的受被继承人扶养的缺乏劳动能力又没有生活来源的人或对被继承人扶养较多的人，可以分给他们适当的遗产。我国学者一般认为，遗产酌给请求权是债权。因为它是基于法律规定和扶养事实而发生，属于法定的遗产债务。[③] 继承开始时，符合法律规定的请求权主体便获得了遗产酌给请求权。

（2）特留份债务。特留份是指遗嘱人在立遗嘱时，必须依法为一定范围的法定继承人保留一定的遗产份额。特留份制度的设立体现了家庭本位的立法目的，其宗旨在于保障被继承人的近亲属的权益，发挥遗产的扶养功能，实现家庭的养老育幼职能。[④] 特留份是对遗嘱人自由处分个人财产权的限制，属于遗产的负担，故亦为广义的遗产债务。

（3）遗赠债务。遗赠是指被继承人以遗嘱的方式将其个人特定财产的部分或全部赠送给国家、集体或自然人（如国外立法）或法定继承人以外的人（如我国立法），并于其死后生效的法律行为。[⑤] 遗赠具有无偿的性质，是被继承人对受遗赠人无偿的财产给予。

---

① 张玉敏：《继承法律制度研究》，法律出版社 1999 年版，第 47 页。

② 刘春茂主编：《中国民法学・财产继承》，中国人民公安大学出版社 1990 年版，第 552 页。

③ 张玉敏：《继承法律制度研究》，法律出版社 1999 年版，第 163-164 页。

④ 陈苇主编：《外国继承法比较与中国民法典继承编制定研究》，北京大学出版社 2011 年版，第 501 页。

⑤ 陈苇主编：《婚姻家庭继承法学（第二版）》，高等教育出版社 2018 年版，第 259 页。

遗赠可以是被继承人以遗嘱指定给予某人某项积极财产，也可以是免除某人对被继承人的某些债务。遗赠自被继承人死亡时生效，因此遗赠属于继承开始时生效的遗产的负担，其亦为广义的遗产债务。

（二）遗产债务清偿责任的类型

遗产债务清偿责任的类型，依据其是否以遗产的实际价值为限进行清偿，可分为有限责任与无限责任。

1. 遗产债务的有限清偿责任

遗产债务的有限清偿责任，从继承的角度又被称为有限责任继承或限定继承，是指继承人以被继承人遗产的实际价值为限承担清偿遗产债务的责任，即对于遗产债务，在遗产不足以清偿全部债务时，继承人无须以自己的固有财产进行清偿。[①] 我国《继承法》第33条规定，继承人清偿被继承人生前所欠税款和债务以他的实际遗产价值为限，超过遗产实际价值部分，继承人自愿偿还的不在此限。又如，《德国民法典》第1975条规定："遗产的保佐已被使债权人受清偿为目的而命令遗产管理，或遗产支付不能程序已开始的，继承人承担有限的清偿责任，对遗产债务的清偿责任限于遗产。"前述我国法与德国法规定的均是遗产债务清偿的有限责任。

2. 遗产债务的无限清偿责任

遗产债务的无限清偿责任，是指对于遗产债务，不仅要以被继承人的遗产清偿，而且在被继承人的遗产不足以清偿全部债务时继承人要以自己的固有财产进行清偿。对于遗产债务的无限清偿责任，从国外立法来看，大陆法系的德国、法国、瑞士、日本等国继承法中均规定了继承人的清偿责任之无限责任继承，又称"单纯继承"或"概括继承"。无限责任继承通常包括意定的无限清偿责任和法定的无限清偿责任两种情形，意定的无限清偿责任是由继承人自愿选择承担无限清偿责任；法定的无限清偿责任是因继承人违反有限债务清偿责任的条件和程序而被法律强制承担无限清偿责任。例如，根据我国《继承法》第33条规定，对于被继承人的债务，超过遗产实际价值部分，继承人可以自愿偿还。根据《法国民法典》第768条规定，继承人可以选择无条件接受继承，或者放弃继承。前述我国立法和法国立法均属于继承人自愿选择承担的"意定的无限清偿责任"。又如，关于法定的无限清偿责任，《德国民法典》第1980、1994、2005条分别规定：继承人承担无限清偿责任的情形包括：一是继承人已知悉遗产支付不能或负债过度，或者基于过失而不知道支付不能或负债过度，未按法定要求不迟延地申请开始遗产支付不能程序的，继承人就因此而发生的损害向债权人承担责任。[②] 二是遗产法院必须根据债权人之一的申请，向继承人指定编制遗产清单的期间（遗产清单期间），遗产清单不在期间届满前被编制的，在期间届满后，继承人对遗产债务承担无限责任。[③] 三是继承人故意造成包含在遗产清单中的对遗产标的的说明之显著不完备，或出于使遗产债权人受不利益的意图而计入并不存在的遗产债务的，继承人对遗产债务承担无限责任。在官方编制遗产清单时，继承人拒绝或故意显著地拖延答复关于编制遗产清单的询问的，其亦应对遗产债务承担无限责

① 陈苇主编：《外国继承法比较与中国民法典继承编制定研究》，北京大学出版社2011年版，第502页。

② 《德国民法典》第1980条。

③ 《德国民法典》第1994条。

任。这些规定就属于法律规定因继承人的不当行为而被强制其对遗产债务承担的“无限清偿责任”。[①]

3. 共同继承人的清偿责任

关于共同继承人对遗产债务的清偿责任，主要是指对遗产债务清偿的连带责任，对此我国《继承法》未作专门规定。从国外立法来看，关于共同继承人对遗产债务的清偿责任，目前主要有连带责任主义与分割责任主义兼采有条件的连带责任主义两种立法例。

（1）连带责任主义。所谓连带责任主义，即各共同继承人应就死者所负的全部债务承担连带清偿责任。例如，《瑞士民法典》规定：“被继承人的债务，共同继承人在分割后，仍对债权人以其全部财产负连带责任。”[②]《德国民法典》规定：“继承人就共同的遗产债务作为连带债务人承担责任。”[③] 德国法同时还规定了在遗产分割后可以有条件排除共同继承人对遗产债务承担连带责任的法定情形，以实现督促债权人及时行使权利，维护财产流转关系的目的。[④]

（2）分割责任主义兼采有条件的连带责任主义。所谓分割责任主义，即各个共同继承人应就被继承人所负的债务，按各人的应继份承担清偿责任。但在采分割主义的国家，往往同时规定有条件的连带责任主义，在符合法律规定的情形下，各共同继承人对被继承人所负债务应承担连带清偿责任。例如，《意大利民法典》规定：“共同继承人应当按照各自继承的遗产份额分担遗产债务和负担，遗嘱人另有规定的除外。”[⑤] 同时，为保护遗产债权人的利益，该法又规定：“共同继承人应当按照各自继承的遗产份额对债权人承担亲自清偿遗产债务和负担的责任并且为清偿全部债务提供抵押担保。”“在某一共同继承人无清偿能力的情况下，其他共同继承人按比例承担其应当清偿的抵押之债的份额。”[⑥] 由此可见，该法规定的共同继承人的遗产债务清偿责任，除遗嘱另有指定的外，对内而言，是按份清偿责任；对外而言，为有条件的连带清偿责任，即共同继承人须为清偿全部债务提供抵押担保。如某共同继承人无清偿能力的，其他共同继承人须按比例代为清偿其抵押之债的份额。[⑦]

（三）遗产债务的清偿顺序

当被继承人有多个债权人而被继承人的遗产又不足以清偿全部债务时，遗产债务的清偿顺序必须被依法确定，它直接关系到被继承人的债权人之债权能否实现。在遗产不足以清偿全部债务的情况下，清偿序位靠后的遗产债务可能只会被部分清偿甚至完全不能被清偿。我国《继承法》未对遗产债务清偿顺序作出明确、系统的规定，根据我国《继承法》

---

① 《德国民法典》第 2005 条。

② 《瑞士民法典》第 639 条。

③ 《德国民法典》第 2058 条。

④ 《德国民法典》第 2060 条规定：“在下列情形时，各共同继承人在遗产分割后，仅对其应继份相当的那部分遗产负责任：1. 债权人被在公示催告程序中排除的；在这方面，公示催告也及于第 1972 条所称债权人以及该共同继承人向其负无限责任的债权人；2. 债权人迟于第 1974 条第 1 款所规定的时间后 5 年主张其债权的，但该项债权在经过 5 年以前已为该共同继承人所知或已在公示催告程序中被申报的除外，以债权人依第 1971 条不受公示催告影响为限，不适用前半句的规定；3. 遗产支付不能程序已开始，且已因财产分割或支付不能方案而终结的。”

⑤ 《意大利民法典》第 752 条。

⑥ 《意大利民法典》第 754、755 条。

⑦ 陈苇主编：《外国继承法比较与中国民法典继承编制定研究》，北京大学出版社 2011 年版，第 503 页。

第33条和《民事诉讼法》《企业破产法》等相关法律的规定，被继承人债务一般情况下应按如下顺序清偿：第一顺序是为保全、管理、分配遗产而产生的继承费用，第二顺序是有担保的债务，第三顺序是工资、基本养老保险费，第四顺序是其他社会保险和税款，第五顺序是普通债务。[①] 从国外立法看，根据《德国民法典》的规定："德国法的遗产债务清偿顺序依次为：遗产管理费、临时扶养费、有优先权的债务就担保财产优先受偿、普通债务、特留份、遗赠和负担。"[②]

二、遗产债务清偿制度的演变

遗产债务清偿制度的起源，可追溯到古罗马。古罗马法中，以家父权力体系维持下的家族核心理念，始终占据主流的社会意识形态，这一意识观念不仅影响到罗马法中物权以及债权体系的构建，同时在继承法中亦强烈地得到体现。早期古罗马法中的继承，是概括继承，具有资格的继承人不仅接替死者原有的法律地位，而且接替死者原有的全部财产关系，因而也继承死者的债权和债务，即被继承人生前的一系列法律关系，均按照其设立时的原样转移至继承人。在此种概括继承的制度下，如果被继承人的资产不足抵偿其债务时，继承人须以自己的固有财产补偿之，即继承人对被继承人的债务承担无限清偿责任。正如有学者所说："遗产继承是取得继承人资格的必然结果，这种资格因而成为对死者财产概括取得的主体条件或全能条件。"[③] 可见，当时法律规定概括继承的初衷并非为了保护遗产债权人的利益，无限责任继承只是在家族永恒理念下的衍生物。这与"人格独立，责任自负"的现代继承观念不符，也与现代的债权理念不合。

随着古罗马社会经济的发展，人们的宗族观念日渐淡薄，最后身份继承逐渐被财产继承所取代。原来在身份继承观念下的概括继承制度失去了它的前提和根据，其不合理性亦日渐显露。概括继承导致了死者遗产与继承人财产的混合，使得死者的债权人与继承人的债权人的债权均可能面临不公正的偿还。如果遗产不足以清偿全部遗产债务，而继承人的财产较多时，继承人须用自己的财产偿还遗产债务，在这种情形下，继承人的债权人即面临其债权可能被保障不利的境况；而当遗产很多，但继承人却为负债累累之时，被继承人的债权人又将因财产混合而面临不利之境况。所以说，概括继承不仅对继承人，而且对死者的债权人、继承人的债权人都可能会带来不利影响。在古罗马社会，为防止前述可能出现的不公正的现象，人们采取了以下一系列的救济措施来弥补其因不公平而造成的不利影响：第一，财产分离。这是对被继承人的债权人予以保护的一种方法，当被继承人的财产较多，而继承人的财产状况不佳时，被继承人的债权人可以申请"财产分离"，使被继承人的财产与继承人的财产分别保持独立，即不会混同，以避免因两者财产的混同导致被继承人的债权人遭受损失。第二，不参与遗产权。即继承人有权自愿选择不参加处理被继承人的遗产，同意由被继承人的债权人自行用被继承人的名义出卖被继承人的遗产，而继承人则可以保有自己的固有财产。第三，限定继承。即继承人仅以遗产的实际价值为限清偿遗产债务，对于不足部分，继承人不负责清偿。[④] 此即限定责任继承。

---

① 陈苇：《我国遗产债务清偿顺序的立法构建》，载《法学》2012年第8期，第38页。

② 《德国民法典》第1971、1973、1978条。

③ ［意］彼德罗·彭梵德：《罗马法教科书》，黄风译，中国政法大学出版社2005年版，第324页。

④ 参见周枏：《罗马法原论》，商务印书馆2016年版，第589-594页。

由此可见，早期古罗马法不存在对继承义务的量的限制，因为古罗马法并不是把个人而是把家族作为社会单位的，为此常把个人死亡的事实从权利和义务的转移或延续中忽略掉。也就是说，既然作为社会单位的家族仍存在，个人的死亡便不能改变权利或义务的质或量。但随着人类社会的发展，个人主义逐步取得了优势，概括继承制度也发展演变为：(1) 单纯的财产继承取代了全部法律地位的继承。(2) 由于个人成为民事法律行为的主体，继承制度已不能被用来增加继承人的负担，所以通过限定继承原则约束了遗产义务承担的范围。自古罗马社会产生限定继承方式以来，遗产债权人原本通过概括继承享有的保证债权实现的扩张权利，因为限定继承而受到了限制，这有利于保护继承人及其债权人的利益。此立法先后被法、德、日等国民法所继受，并由此发展为近代继承法之限定责任继承制度。在现代社会，为保护继承人的利益和遗产债权人的利益，许多国家都设有较为完备的有条件的限定清偿责任的遗产债务清偿制度。①

在中国古代，延续两千多年的宗祧继承制度，是身份继承、祭祀祖先的继承和财产继承三者合为一体的，而且身份继承、祭祀祖先的继承居于主导地位，财产继承不过是身份继承、祭祀祖先的继承的附属物。继承人继承家长的身份，即人身权利，同时掌管家族财产。② 因此，中国古代一直以来奉行的是"父债子还"的理念。至近代中国社会，1930年"民法继承编"第1148、1154条至第1163条分别规定了自愿无限责任继承（概括继承）、有条件的有限责任继承与强制无限责任继承制度。③ 例如，该继承编第1148条规定，继承人自继承开始时，除本法另有规定外，承受被继承人财产上之一切权利、义务。但权利、义务专属于被继承人本身者，不在此限。此为自愿选择实行概括继承即无限责任继承，第1154条第1款规定，继承人得限定以因继承所得之遗产，偿还被继承人之债务。此为限定责任继承。第1156条至第1163条规定实行限定责任继承的条件，包括依法制作遗产清单，法院进行公示催告程序，遗产债务清偿的要求，交付遗赠的条件，继承人违反公示催告期间限制等不当偿还债务的赔偿责任，受损之人的遗产返还请求权，未在公示催告期间申报债权者之不利的法律后果以及继承人丧失遗产清单利益的三项法定情形。丧失遗产清单利益者，将被强制承担对遗产债务的无限清偿责任，此即为强制无限责任继承。

三、遗产债务清偿制度的目的、价值取向与功能

（一）遗产债务清偿制度的目的与价值取向

1. 遗产债务清偿制度的目的

遗产债务清偿制度包括遗产债务的范围、遗产债务清偿责任的类型、遗产债务的清偿顺序等内容，建立遗产债务清偿制度的目的在于，通过立法对前述内容予以明确，以确立遗产债务清偿的基本社会秩序，其目的有两个：一是解决被继承人生前所欠债务的清偿问题，实现对遗产债权人与继承人的平等保护；二是维护交易秩序的安全与稳定。

(1) 平等保护遗产债权人与继承人的利益之目的。首先，遗产债务的清偿是遗产继承过程中必不可少的环节，由于被继承人的去世，其生前所欠的债务无法由其自己偿还，

---

① 陈苇主编：《外国继承法比较与中国民法典继承编制定研究》，北京大学出版社2011年版，第499页。

② 刘春茂主编：《中国民法学·财产继承》，中国人民公安大学出版社1990年版，第2页。

③ 参见杨立新主编：《中国百年民法典汇编》，中国法制出版社2011年版，第513-515页。

如果没有法律对遗产债务的清偿范围、清偿责任类型、清偿顺序等作出明确规定，则很可能导致被继承人的生前债务不能被及时、有效地清偿，这对债权人的利益保护极为不利。而遗产债务清偿制度的建立，其目的之一便是通过立法对遗产债务清偿的相关内容加以规定，以确保被继承人的债务能够顺利清偿，从而实现对债权人之利益的保护。其次，如前文所述，早期罗马法中的概括继承制度，由于继承人对遗产债务承担无限清偿责任，在继承人继承遗产之后，由于遗产与继承人之固有财产的混同，若被继承人的遗产不足以清偿其债务，则继承人须用自己的固有财产予以清偿，这对继承人而言是不利的；若被继承人的遗产丰富而继承人却负债累累，其固有财产不足以清偿自己的债务时，则可能会有损被继承人的债权人之利益。因此，如前所述，古罗马法中开始出现财产分离、限定继承等制度以实现对债权人与继承人的利益平等保护之目的。从我国《继承法》的规定，以及法、德、日等国民法典中的相关规定来看，各国均规定了遗产债务的限定清偿责任，这体现了遗产债务清偿制度之平等保护遗产债权人和继承人利益的目的。

（2）维护交易秩序安全与稳定之目的。在现代社会，商品经济的有效运行离不开交易秩序的安全与稳定。如果被继承人去世后，其生前所欠债务不能被及时、有效地清偿，则对于债权人之保护不利，亦不利于交易秩序的稳定。被继承人如有多个债权人的，各债权人间按何顺序清偿直接关系到各债权人之债权是否能够实现。为合理地解决遗产债务的清偿问题，以实现各债权人之利益平衡，维护市场交易秩序，有必要建立遗产债务清偿顺序的相关制度。可见，维护交易秩序的安全与稳定亦是遗产债务清偿制度所要实现的目的之一。

2. 遗产债务清偿制度的价值取向

美国学者指出："任何值得被称之为法律制度的制度，必须关注某些超越特定社会结构和经济结构相对性的基本价值。"① 在现代社会，法的价值呈现多元化取向，但最为根本的就是立法的价值应当符合大多数人的最大利益。因此，遗产债务清偿制度应当彰显作为民法重要组成部分的继承法所追求的自由、公平、安全等法律价值。

（1）自由价值。我国学者认为，自由就是"按照自己的意志利用必然性来改变偶然性从而选择实现某种可能性的活动，也就是任意选择可能性的行为或任意改变偶然性的行为"。② 也就是说，意志自由只是借助于对事物的认识来作出决定的那种能力。"自由是在于根据对自然界的必然性的认识来支配我们自己和外部自然界；因此它必然是历史发展的产物。"③

根据现代继承立法，继承人有权在充分了解遗产状况的基础上，自愿作出无限责任继承、有限责任继承或放弃继承的选择，这有利于自身利益的保护，体现了尊重当事人意志自由的私法精神。在无限责任继承下，遗产与继承人的财产发生了混同，而被继承人的债务转变成继承人的债务，由继承人以其继承的财产和固有财产承担清偿责任。在被继承人的财产状况良好的情况下，继承人选择无限责任继承的方式，可以减省许多在有限继承下的程序成本。但在被继承人的财产状况极差，负债累累的情况下，继承人可以选择放弃继

① ［美］E. 博登海默：《法理学：法律哲学与法律方法》，邓正来译，中国政法大学出版社1999年版，第5页。
② 王海明：《新伦理学（中册）》，商务印书馆2008年版，第1000页。
③ 《马克思恩格斯选集（第3卷）》，人民出版社1974年版，第154页。

承，由依法选定的遗产管理人进行被继承人债务的清偿工作。而在被继承人的财产与债务状况不很明朗的情况下，选择有限继承对于继承人来说，既可以在免除被继承人财产“资不抵债”时以自己固有财产为清偿的风险，又可以不丢弃被继承人遗产为清偿后剩余部分的继承权。可见，法律赋予继承人享有继承与否的选择权，并享有采取何种继承方式的选择权，彰显了尊重继承人意思自治之自由价值。例如，《法国民法典》第787条规定：“继承开始后，继承人可以声明其仅以遗产的净资产为限取得继承人资格，继承人作出此项声明的，对遗产债务承担有限清偿责任。”①

（2）公平价值。法律是一门“善良与公正的艺术”。公平是法律所应当始终奉行的一种价值观，而公平作用之发挥又常在于“矫正自法规普泛性所生之弊端”。②“每个人应得到的东西被普遍认为是正义的，而一个人得到他不应得的善或遭受不应得的恶则被视为不正义的。失信于人、违背诺言或令他人因我们自身的行为而产生的期望落空均是公认的不正义现象。”③

现代许多国家继承法多规定有继承人对遗产债务承担的限定清偿责任，这是法律的公平价值在遗产债务清偿制度中的体现。若规定继承人对被继承人的债务承担无限清偿责任，则虽有利于对债权人利益的保护，但当继承人所继承之遗产价值低于被继承人的债务时，无限清偿责任对继承人而言是有失公允的。因此，遗产清偿制度中关于遗产清偿责任的规定，从古罗马早期的继承人承担无限清偿责任发展至后来的一系列救济措施即继承人可有条件地承担有限清偿责任，并为近现代许多国家的继承法所继受，这体现了立法对公平价值的追求。例如，《瑞士民法典》第593条规定：“继承开始后，继承人可以申请对遗产进行法定清算，在法定清算时，继承人对遗产的债务不承担清偿义务。”④

（3）安全价值。“一个法律体系是一系列强制性的公开规则，提出这些规则是为了调整理性人的行为并为社会合作提供某种框架，当这些规则是正义的时候，它们就建立了合法期望的基础，它们构成了人们相互信赖以及当他们的期望没有实现时就可以直接提出反对的基础，如果这些要求的基础不可靠，那么人的自由的领域就同样不可靠。”⑤ 所谓安全价值，指法律应对各种行为的法律后果加以明确宣示，从而使法律具有可预见性，使人们在行为之前即可预料到法律对自己行为的态度，可以知道自己的行为会产生什么样的法律后果。

诚然，在不同的历史时期，影响社会安全、稳定的因素是不一样的，在现代社会中，影响社会稳定的诸要素中，最重要的是经济。基于人与人的相互交往而形成的关系中，绝大多数是与经济要素有关，属于经济关系的范畴，因而维持经济稳定及交易安全是社会得以存在并发展的前提。在现实生活中，大量动态中的经济关系实质就是特定当事人之间的民事交易的具体权利义务关系，即民法上的债的关系，这样的债权、债务关系必将透过经济关系对社会的稳定性施以影响，民事交易关系的安全是社会稳定的重要因素。因此，我

① 《法国民法典》第787条。

② ［日］穗积陈重：《法律进化论》，黄尊三等译，中国政法大学出版社2003年版，第66页。

③ 李建华、牛磊：《罗尔斯正义理论拒斥功利主义的伦理反思》，载《中南大学学报（社会科学版）》2011年第4期。

④ 《瑞士民法典》第593条。

⑤ ［美］约翰·罗尔斯：《正义论》，何怀宏、何包钢、廖申白译，中国社会科学出版社2016年版，第241页。

国《继承法》第 33、34 条规定："继承遗产应当清偿被继承人依法应当缴纳的税款和债务，缴纳税款和清偿债务以他的遗产实际价值为限……""执行遗赠不得妨碍清偿遗赠人依法应当缴纳的税款和债务。"这些规定体现了法的安全价值。又如，《俄罗斯联邦民法典》第 1175 条规定："接受遗产的继承人，应对被继承人的债务承担连带责任，每个继承人对被继承人的债务的责任以转移给他的遗产的价值为限。"①

（二）遗产债务清偿制度的功能

1. 保障遗产债权人的债权实现之功能

遗产债务清偿制度对遗产债务的范围、清偿责任的类型、清偿顺序等作出规定，在被继承人去世后，其债权人可以依法要求继承人承担遗产债务的清偿责任。这可以有效地解决因被继承人去世而导致的遗产债务人不明确、债权人难以实现债权等问题。可见，遗产债务清偿制度承担着保障被继承人的债权人之债权实现的功能。

2. 平衡遗产债权人与继承人的利益之功能

对于继承人而言，遗产债务清偿制度使继承人能在一定期限内自由选择接受或放弃继承。如果继承人选择接受继承，对于遗产债务的清偿责任，继承人可以选择承担有限清偿责任或无限清偿责任。法律赋予继承人享有自愿选择是否接受继承以及对遗产债务承担何种清偿责任的权利，体现了法律尊重继承人的选择权，保障其根据对被继承人的财产及债务进行考量后选择是否接受继承以及承担何种遗产债务清偿责任的意思自治权的实现，贯彻了继承法本身蕴含的私法自治理念。遗产债务清偿制度在保障当事人意思自治的前提下，也对其权利的行使作出一定的限制，如承担有限清偿责任的条件、继承人侵害债权的责任以及遗产债务清偿顺序的设计等无不体现出对继承人自由意志的合理限制。

3. 维护交易安全的功能

如前所述，遗产债务清偿制度能够保障遗产债权人顺利实现其债权，并赋予继承人自愿选择是否承担限定清偿责任的权利，保障当事人的意思自治。法律在保障继承权得以实现的同时，亦维护了继承人的权益，平衡各继承人与债权人的利益。当遗产债权人为数人时，遗产债务清偿制度中关于清偿顺序的规定可以有效地平衡各债权人之间的利益关系，避免不必要的纠纷。这可以在很大程度上发挥保障交易安全的功能。

第二节 遗产债务清偿制度的国外立法现状与评析

本节的内容主要包括三个方面：一是遗产债务的范围；二是遗产债务清偿责任的类型；三是遗产债务的清偿顺序。关于遗产债务清偿的国外立法现状，主要考察大陆法系之德国、法国、瑞士、日本、俄罗斯，以及英美法系之英国、美国、澳大利亚的有关遗产债务清偿制度的规定。

① 《俄罗斯联邦民法典》第 1175 条。

一、遗产债务范围的国外立法现状与评析

(一) 遗产债务范围的国外立法现状

1. 大陆法系国家立法例

(1) 德国立法例。《德国民法典》采用列举的方式对遗产债务的范围规定,包括三种类型:一是被继承人生前所欠的债务。二是继承费用,包括遗产管理的费用、遗产占有人的费用等。三是继承开始时产生的债务,包括因特留份权利、遗赠和负担而发生的债务、最初30日的扶养费(继承人有义务在继承开始后最初30日内,向被继承人死亡时受被继承人扶养的家庭成员在与被继承人相同的范围内给付扶养费,并许可使用住宅和家具)。[①] 值得注意的是,德国法规定,继承人负担被继承人的丧葬费用,[②] 即丧葬费用不属于遗产债务的范围。

(2) 法国立法例。《法国民法典》规定的遗产债务范围主要包括以下类型:一是被继承人生前所欠的债务。[③] 二是继承费用,包括制作遗产清单与账目以及加封印的费用、继承人在放弃继承之前正当支付的费用等。[④] 三是继承开始时产生的债务,包括赡养费及扶养费、临时住房权、特留份、遗赠等。[⑤] 其中,赡养费是指,健在配偶受领被继承人的全部财产或3/4的财产时,死者父母以外的直系尊血亲就先逝者的遗产按需要享有赡养债权;[⑥] 扶养费是指,先逝配偶的遗产,应当为有继承权的健在配偶按其需要提供扶养费;[⑦] 临时住房权是指在配偶死亡时,有继承权的健在配偶作为主要住宅而实际占有原属于夫妻双方的住房,或者实际占有完全属于被继承人遗产的住房,健在配偶可在1年时间内当然无偿地使用该住房以及住房内配备的属于遗产的动产。[⑧]

(3) 瑞士立法例。《瑞士民法典》规定的遗产债务的范围主要包括三种类型:一是被继承人生前所欠的债务,遗产继承开始后,除法律另有规定外,被继承人的债权、股份、所有权、其他物权及占有物移交给继承人,被继承人的债务也移转为继承人的债务。[⑨] 二是继承费用,包括丧葬费、封存费、财产清单的制作费、抄本费等。[⑩] 三是继承开始时产生的债务,包括特留份、受被继承人扶养的继承人的生活费、特定家庭成员的相当补偿金、遗赠等。[⑪] 其中,受被继承人扶养的继承人的生活费是指,被继承人死亡时,在被继承人住所共同生活并由被继承人提供生活费用的继承人可以请求从遗产中给付一个月的生活费;[⑫] 特定家庭成员的相当补偿金是指,子女或孙子女在与被继承人共同生活时作出贡

---

① 《德国民法典》第1967、1969条。
② 《德国民法典》第1968条。
③ 《法国民法典》第724条。
④ 《法国民法典》第803、806、808、810条。
⑤ 《法国民法典》第758、763、767、769条。
⑥ 《法国民法典》第758条。
⑦ 《法国民法典》第767条。
⑧ 《法国民法典》第763条。
⑨ 《瑞士民法典》第560条。
⑩ 《瑞士民法典》第474条、558、584条。
⑪ 《瑞士民法典》第471、606、603、563条。
⑫ 《瑞士民法典》第606条。

献的，有请求相应补偿的权利，该补偿作为遗产上的债务，但以不超过遗产的数额为限。①

（4）日本立法例。《日本民法典》规定的遗产债务范围主要包括三种类型：一是被继承人生前所欠债务，继承人自继承开始时，继承属于被继承人财产的一切权利和义务，但具有被继承人人身专属性的不在此限。② 二是继承费用，包括由家庭法院选任的遗产管理人之遗产管理费用、遗赠义务人在遗嘱人死亡后就遗赠标的物支出的费用、为收取孳息而支出的日常必要费用等。③ 三是继承开始时产生的费用，包括特别贡献份额、特留份、遗赠、对特别关系人的财产分予等。④ 其中，特别贡献份额是指，如果共同继承人中有人对继承人的事业提供劳务或财产的给付、通过对被继承人的疗养及护理或其他方法对被继承人财产的维持或增加作出过特殊贡献时，则共同继承人以协议确定的或在继承人没有达成或不能达成协议时家庭法院确定的前述特殊贡献的份额，应作为遗产债务从被继承人的财产中予以扣除。⑤ 对特别关系人的财产分予是指，在无人主张继承时，家庭法院认为适当的，可以根据与被继承人共同生活的人、悉心治疗护养被继承人及其他与被继承人有特别关系的人之请求，将清算后剩余继承财产的全部或部分分予上述人，但该财产分予请求应在寻找继承人的公告期满后三个月内提出。⑥

（5）俄罗斯立法例。《俄罗斯联邦民法典》规定的遗产范围主要包括三种类型：一是被继承人生前所欠的个人债务含因被继承人死亡前患病所发生的费用，接受遗产的继承人应对被继承人的债务承担连带责任。⑦ 二是继承费用，主要包括丧葬费（包括被继承人墓地的必要费用）、遗产的保护和管理费用、与遗嘱执行有关的费用。⑧ 三是继承开始时产生的债务，包括必留份和遗赠，此处的必留份是指被继承人的未成年子女或无劳动能力的子女、无劳动能力的配偶和父母以及依靠被继承人扶养的应参加继承的无劳动能力的人，不论遗嘱的内容如何，都继承不少于依法定继承时他们每人应得份额的1/2。⑨

2. 英美法系国家立法例

（1）英国立法例。英国法中的遗产债务范围主要包括三种类型：一是死者生前所欠债务；二是继承费用，包括合理的丧葬费用、遗嘱和管理费用，其中，遗嘱和管理费用具体包括：获得遗嘱检验或者遗嘱管理授权的费用、寻求遗产管理的法律咨询所产生的费用、对遗产代理人不清楚的事务寻求指导所产生的行政诉讼费用、收集和保存死者遗产所产生的费用等。三是继承开始时产生的费用，包括遗产税、对死者近亲属或者依靠死者扶养的人之合理救济款。⑩

---

① 《瑞士民法典》第603条第2款。

② 《日本民法典》第896条。

③ 《日本民法典》第885、918、29、993条。

④ 《日本民法典》第904条之二、964、900、901、902、964、958条之三。

⑤ 《日本民法典》第904条之二。

⑥ 《日本民法典》第958条之三。

⑦ 《俄罗斯联邦民法典》第1175条。

⑧ 《俄罗斯联邦民法典》第1174条。

⑨ 《俄罗斯联邦民法典》第1149、1137条。

⑩ ［英］安德鲁·伊沃比（Andrew Iwobi）：《继承法基础》（*Essential Succession*）（英文版，第二版），武汉大学出版社2004年版，第163-175页。

（2）美国立法例。美国法中的遗产债务范围主要包括三种类型：一是死者生前所欠的债务，含死者最后患病花费的合理的医药费。二是继承费用，包括合理的丧葬费用、遗嘱和遗产管理费用。三是继承开始时产生的费用，包括遗产税、宅地津贴、免除财产、家庭津贴等，其中，美国《统一遗嘱检验法典》第9A章专门对遗产税的分摊进行了规定。此外，根据此法典的规定，第一，宅地津贴。死者的生存配偶有权享有1.5万美元的宅地津贴，如果没有生存配偶，每位未成年子女和每位依靠死者扶养的子女被授予宅地津贴的数额是1.5万美元除以未成年子女和依靠死者扶养的子女的总和所得的数额。① 第二，免除财产。死者的生存配偶有权从遗产中获得价值不超过1万美元的大于担保财产价值以外的免除财产，包括家庭设备、汽车、家具、器具和私人物品。如果没有生存配偶，死者的子女有权共有同样价值的免除财产。当负有债务的动产被挑选，如果该动产大于担保物权的那部分价值加上其他被免除财产的价值不足1万美元，或者如果遗产中没有价值1万美元的被免除的财产，那么配偶或者子女有权享有遗产中的其他财产，以补足到1万美元。对免除财产和弥补免除财产不足部分的财产的权利优先于所有针对遗产的请求，但是弥补免除财产不足部分的财产的权利不优先于宅地津贴和家庭津贴支付。本条规定的权利是死者遗嘱中转移给生存配偶和未成年子女或者依靠死者扶养的子女的利益和份额之外的权利，除非无遗嘱继承或者选择性份额有其他规定。② 第三，家庭津贴。除了宅地津贴和免除财产的权利以外，死者的生存配偶、死者有义务扶养的未成年子女以及事实上依靠死者扶养的子女在遗产管理期间有权从死者的遗产中得到一笔合理的金钱津贴以维持生活，如果遗产不足以支付被批准的请求，那么，该津贴的持续时间不能超过1年。该津贴可以一次性支付，也可以分期支付。如果有生存配偶，该津贴应该支付给生存配偶，用来供生存配偶和未成年子女以及依靠死者扶养的子女使用。如果没有生存配偶，则支付给子女或者对子女进行监护和照顾的人。如果未成年子女和依靠死者扶养的子女不与生存配偶住在一起，那么根据他们的需要，该津贴中一部分支付给子女或者子女的监护人或者其他对子女进行照顾和监护的人，另一部分支付给配偶。该家庭津贴优先于除宅地津贴外的所有请求。家庭津贴是死者遗嘱中转移给生存配偶和未成年子女或者依靠死者扶养的子女的财产之外的津贴，除非无遗嘱继承或者选择性份额有其他规定。家庭津贴享有者死亡后，没有支付的那部分津贴的权利即行终止。③

（3）澳大利亚立法例。澳大利亚法中的遗产债务范围主要包括三种类型：一是死者生前所欠的个人债务。二是继承费用，包括丧葬费用、遗嘱费用和遗产管理费用，遗嘱费用和遗产管理费用包括获得代理人授权的费用、确定近亲属诉讼费用、确定特定遗赠财产的费用、处理遗体的手续费以及遗产执行人的酬金等。④ 三是继承开始时产生的债务，主要是家庭供养费。澳大利亚所有辖区的法律都规定，如果遗嘱人没有为依靠被继承人扶养者留有足够的生活费和扶养费，法院可根据其自由裁量权，发布命令要求从遗产中进一步提供扶养费，供养的数额根据个案情况而定。这一法律最初只适用于遗嘱继承，现在也运

---

① Uniform Probate Code, s. 2-402.

② Uniform Probate Code, s. 2-403.

③ Uniform Probate Code, s. 2-404.

④ 陈苇主编：《外国继承法比较与中国民法典继承编制定研究》，北京大学出版社2011年版，第543-544页。

用到无遗嘱死亡规则下没有提供足够供养费的情况。[①] 澳大利亚各辖区对于申请人的范围不一，各辖区规定的共同点是：有资格申请的人包括配偶和未成年子女。另有七个辖区（该七个辖区包括：新南威尔亚州、昆士兰州、西澳大利亚州、南澳大利亚州、塔什玛尼亚州、澳大利亚首都地区和北部地区）规定事实配偶也属于合法的申请人。[②] 值得注意的是，死者的人身损害赔偿金、人寿保险金和退休金被排除在遗产债权人可主张权利的财产之外，即不属于偿债遗产的范围。[③]

（二）遗产债务范围的国外立法比较评析

1. 两大法系国家立法的共同点

从前述各国的立法看，两大法系国家立法的共同点是：各国规定的遗产债务范围均可分为三个类型，即被继承人生前所欠个人债务、继承费用、继承开始时产生的债务。为保证遗产债务能被适当清偿，前述国家的立法都将被继承人生前所欠个人债务列入遗产债务的范围，以保障遗产债权人的利益。同时，遗产债务的范围还包括继承费用和继承开始时产生的债务。继承费用包括遗产管理费用、公示催告费用、遗产清算费用、遗嘱执行费用、诉讼费用等。被继承人死亡后到遗产分割完毕前，因对遗产进行清算、管理、分割、相关公示公告、诉讼等行为必然会产生费用，这些费用理应从遗产中首先扣除。继承开始时产生的债务主要包括应从遗产中支出的扶养费、特留份（或必遗份）、酌分遗产、遗赠等。其中，遗赠是被继承人生前在遗嘱中指定给予某人的某项积极财产或免除某些债务；其他的扶养费、特留份或酌分遗产等都是根据法律的规定应从遗产中扣除的债务，往往是基于法律规定和扶养事实或特定的亲属关系而发生，属于法定的遗产债务。

2. 两大法系国家立法的不同点

前述国家立法的不同点是：第一，对于丧葬费用是否属于遗产债务的范围，有两种立法例：其一为丧葬费用不属于遗产债务的范围，如德国法规定由继承人负担被继承人的丧葬费用；[④] 其二为丧葬费用属于遗产债务的范围，如瑞士、俄罗斯、英国、美国、澳大利亚等国家立法明确规定丧葬费应当由遗产支付。第二，对于被继承人生前最后的医疗费是否属于遗产债务范围的问题，前述美国、俄罗斯的立法规定死者生前最后的医疗费属于遗产债务，其他各国则对此无规定。第三，对于必须保留的财产之名称不尽相同，如德国、法国、瑞士、日本称为特留份，是对特定范围的亲属保留一定的遗产；俄罗斯称为必遗份，是对被继承人的未成年子女或无劳动能力的子女、无劳动能力的配偶和父母以及受被继承人供养的无劳动能力的人保留必要的遗产份额；英国称为被继承人的近亲属或受其扶养人之合理救济款（扶养费）；美国的特留份包括宅地津贴、家庭津贴与免除财产，澳大利亚称为家庭供养费等。

关于被继承人生前最后的医疗费，前述美国和俄罗斯将其纳入遗产债务的范围。我们认为，我国原则上不应当将它纳入遗产债务的范围，即对被继承人生前所欠医疗费，应当

---

① ［澳］肯·马蒂、马克·波顿：《澳大利亚继承概要（第二版）》，陈苇主持编译，西南政法大学外国家庭法及妇女理论研究中心内部印刷 2007 年版，第 251-254 页。

② 陈苇主编：《外国继承法比较与中国民法典继承编制定研究》，北京大学出版社 2011 年版，第 544 页。

③ ［澳］肯·马蒂、马克·波顿：《澳大利亚继承概要（第二版）》，陈苇主持编译，西南政法大学外国家庭法及妇女理论研究中心内部印刷 2007 年版，第 326 页。

④ 《德国民法典》第 1968 条。

区别对待，原则上对其不纳入遗产债务的范围，因为支付被继承人的医疗费是被继承人的法定扶养人应尽的义务。但如其没有法定扶养义务人的，则被继承人生前所欠医疗费应当被计入遗产债务的范围，以保护垫付该被继承人生前所欠医疗费之债权人的利益。

二、遗产债务清偿责任类型的国外立法现状与评析

（一）遗产债务清偿责任类型的国外立法现状

1. 大陆法系国家立法例

（1）德国立法例。《德国民法典》规定的遗产债务清偿责任类型，可分为有限清偿责任和无限清偿责任两种。

第一，遗产债务的有限清偿责任。根据该法典的规定，遗产的保佐以使债权人受清偿为目的而命令遗产管理，或遗产支付不能程序已开始的，继承人承担有限的清偿责任，对遗产债务的清偿责任限于遗产。①

第二，遗产债务的无限清偿责任。在法律规定的特定情况下，继承人将对遗产债务承担无限清偿责任。该法典对于此无限清偿责任有两种情况：一是继承人自愿选择接受无限清偿责任；二是法律规定的强制继承人接受的无限清偿责任。前者如该法典第 1922 条第 1 款规定的概括的接受继承："在某人死亡（继承开始）时，其财产（遗产）作为总体转移给一个或两个以上的他人（继承人）。"后者如该法典第 1994 条第 1 款和第 2005 条第 1 款规定如下："遗产法院必须根据债权人之一的申请，向继承人指定编制遗产清单的期间（遗产清单期间），遗产清单不在期间届满前被编制的，在期间届满后，继承人对遗产债务负无限责任。继承人故意造成包含在遗产清单中的对遗产标的的说明之显著不完备，或出于使遗产债权人受不利益的意图而计入并不存在的遗产债务的，继承人对遗产债务负无限责任。"继承人承担无限清偿责任的情形包括：一是继承人已知悉遗产支付不能或负债过度，或者基于过失而不知道支付不能或负债过度，未按法定要求不迟延地申请开始遗产支付不能程序的，继承人就因此而发生的损害向债权人承担责任。② 二是遗产法院必须根据债权人之一的申请，向继承人指定编制遗产清单的期间（遗产清单期间），遗产清单不在期间届满前被编制的，在期间届满后，继承人对遗产债务承担无限责任。③ 三是继承人故意造成包含在遗产清单中的对遗产标的的说明之显著不完备，或出于使遗产债权人受不利益的意图而计入并不存在的遗产债务的，继承人对遗产债务承担无限责任。在官方编制遗产清单时，继承人拒绝或故意显著地拖延答复关于编制遗产清单的询问的，其亦应对遗产债务承担无限责任。④

第三，共同继承人的清偿责任。《德国民法典》规定，各继承人对共同的遗产债务承担连带责任。⑤ 但到遗产分割时为止，各共同继承人可以拒绝从他所拥有的除遗产应有部分外的财产中清偿遗产债务。该共同继承人对遗产债务负无限责任的，就与其应继份相当

① 《德国民法典》第 1975 条。
② 《德国民法典》第 1980 条。
③ 《德国民法典》第 1994 条。
④ 《德国民法典》第 2005 条。
⑤ 《德国民法典》第 2058 条。

的那部分债务而言，他不享有该项权利。[①] 在满足法定的条件下，共同继承人可仅对与其应继份相当的那部分遗产债务负责任，该法定条件为：一是债权人（包括特留份权利人、遗赠和负担债权人以及该共同继承人向其承担无限责任的债权人）在公示催告程序中被排除的；二是债权人在继承开始后5年内未申报债权的（但债权在经过5年以前为该共同继承人所知或在公示催告程序中被申报的除外）；三是遗产支付不能程序已开始，且因财产分割或支付不能方案而终结的。[②]

（2）法国立法例。法国法中的遗产债务清偿责任的类型，可以分为有限清偿责任和无限清偿责任两种。

第一，遗产债务的有限清偿责任。根据《法国民法典》的规定，首先，继承人承担遗产债务的有限清偿责任应符合以下条件：一是继承开始后，继承人可以声明其仅以遗产的净资产为限取得继承人资格，继承人作出此项声明的，对遗产债务承担有限清偿责任。[③] 无论继承人是选择全部概括继承还是部分概括继承，均可声明以净资产为限承担遗产债务的清偿责任。[④] 二是此项声明应向继承开始地所在辖区的大审法院作出，该项声明应进行登记并在国内进行公示，可以经电子途径公示。[⑤] 三是在提交声明的同时或者其后，应提交遗产盘点清册，并对资产与负债的每一构成内容与数额逐项作出估计，该遗产清单自提出上述声明之日起2个月期限内存交法院。如在法定的期限内没有存交遗产清单的，就被视为无条件接受继承。[⑥] 其次，继承人依法选择承担遗产债务的有限清偿责任时享有以下利益：一是避免其个人财产与属于遗产的财产混同；二是对遗产保留其此前对死者的财产所享有的全部权利；三是仅有义务按照其受领的财产的价值限度清偿遗产的债务。[⑦]

第二，遗产债务的无限清偿责任。该法典规定的继承人对遗产债务的无限清偿责任分为两种情况：一是继承人自愿选择接受对被继承人债务的无限清偿责任，继承开始后，继承人可以选择无条件接受继承，无条件接受继承的继承人不得再放弃继承，也不得再以净资产为限接受继承。[⑧] 二是法律规定的强制继承人接受的无限清偿责任。首先，关于继承人自愿选择无条件接受继承的法定条件，该法典第770—776条作出规定如下：①关于继承人自愿选择的期限，在继承尚未开始之前不得行使选择权，且继承人不得受强制在继承开始起4个月期限届满之前作出选择，自继承开始后4个月期限届满，由遗产的某一债权人、共同继承人、后一顺序的继承人或者国家采取主动，得以司法外文书催告继承人作出决定。[⑨] ②关于继承人被催告的选择期限，继承人在受到催告后2个月内应当作出选择决定，如其不可能终结已经开始的遗产盘点或者证明有其他严肃的正当理由，可以向法官请求给予补充期限。自延长期限的申请提出至法官作出裁判决定为止，期间中止。在没有上

---

① 《德国民法典》第2059条。
② 《德国民法典》第2060条。
③ 《法国民法典》第787条。
④ 《法国民法典》第768条。
⑤ 《法国民法典》第788条。
⑥ 《法国民法典》第789、790条。
⑦ 《法国民法典》第792条。
⑧ 《法国民法典》第782、786条。
⑨ 《法国民法典》第770、771条。

述催告的情况下，如继承人没有实施继承行为或者没有按照第778、790条与第800条的规定作为无条件继承人承担义务，仍然保有进行选择的权利。[①] ③关于继承人选择的方式，无条件接受继承得为明示或为默示。④关于代位继承人的选择期限，在前一顺序的继承人放弃继承或者丧失继承权的情况下，第771、772、773条的规定适用于后一顺序的继承人。第771条规定的4个月的期限自后一顺序的继承人知道前一顺序的继承人放弃继承或丧失继承权时开始计算。[②] ⑤关于转继承人的选择期限，第774条的规定也适用于尚未作出选择决定即已死亡的人的继承人。[③] 其次，关于继承人被强制接受无限清偿责任的法定情形：①法定期限内未作出选择决定的；[④] ②继承人有隐匿遗产或隐瞒存在其他共同继承人的；[⑤] ③在法定期限内没有提交遗产清单的；[⑥] ④继承人所为以下行为：继承人所为之任何无偿或有偿转让其对被继承人遗产的全部或一部分权利；一继承人为其他共同继承人中一人或数人之利益，或者为后一顺序的继承人利益放弃继承，即使是无代价的放弃；一继承人不加区别地为其他全体共同继承人或后一顺序的继承人的利益所为之有偿放弃继承。[⑦] 此外，自2007年1月1日起，2006年6月23日第2006-728号法律第29-15条废止了《法国民法典》原第723条关于"全部概括继承人，或者部分概括继承人对遗产的债务负无限责任"的规定，另在第768条中明确规定"当继承人为全部概括继承或部分概括继承时，亦得以净资产为限接受继承"。[⑧] 即无论继承人选择全部概括继承还是部分概括继承，均可声明其打算仅以遗产的净资产为限取得继承人资格。无条件接受继承得为明示或默示，有继承权的人用公证文书或私署之书使用继承人的名义或资格时，为明示接受继承，有继承权的人实施只能以继承人的身份或资格实施的行为从而必然意味着有接受继承之意思时，视为默示接受继承。

第三，共同继承人的清偿责任。依法国法规定，共同继承人对遗产债务的清偿责任为分别清偿责任兼有条件的连带清偿责任。在通常情况下，共同继承人按照各自从遗产中受领的财产数额比例分担清偿遗产的债务与负担，全体继承人对遗产的债务与负担，各自按照"应继份"比例负清偿义务。但在涉及对遗产享有抵押权的债务与负担时，应负全部清偿义务，即共同继承人仅对有抵押权的优先权债务承担连带清偿责任。且在清偿遗产债务之后，对其他共同继承人或者概括受遗赠人，按照他们各自应当分担的份额，享有求偿权。共同继承人之一无清偿能力时，其应当负担的抵押债务之部分，由其他继承人按比例分担之。[⑨] 共同分割人之一的债权人，为避免遗产分割损害其权利，得对在其没有到场时进行的分割提出异议。共同分割人之一的债权人有权自行负担费用参加遗产分割，但不得对已经完成的分割提出攻击，如共同分割人不顾债权人已经提出了异议，不经其到场仍然

① 《法国民法典》第772、773条。
② 《法国民法典》第774条。
③ 《法国民法典》第775条。
④ 《法国民法典》第772条。
⑤ 《法国民法典》第778条。
⑥ 《法国民法典》第790条第3款。
⑦ 《法国民法典》第783条。
⑧ 《法国民法典》第768、787条。
⑨ 《法国民法典》第870、873、876条。

进行财产分割，不在此限。[①] 即共同继承人分割遗产不得损害债权人的权利，否则债权人对该分割有异议权。

（3）瑞士立法例。瑞士法中的遗产清偿责任的类型，可分为有限清偿责任和无限清偿责任两种。继承人在遗产清单制作完毕后的一个月内，可以拒绝继承，或请求主管机构进行清算，或接受遗产清单而继承，或无条件地接受继承。继承人没有作出任何声明的，视为接受遗产清单并继承。[②]

第一，遗产债务的有限清偿责任。根据《瑞士民法典》第587、588条的规定，继承人须在遗产清单制作完成后，在主管机构发出公示催告一个月内作出是否接受继承的意思表示。其可以选择拒绝继承，或官方清算，或接受遗产清单的继承，或无条件地接受继承。在前述三种接受继承的方式中，官方清算，即享有遗产清单利益的继承属于继承人仅承担遗产债务的有限清偿责任；[③] 而根据遗产清单的继承和无条件地接受继承，则均属于继承人应承担遗产债务的无限清偿责任。继承开始后，继承人可以申请对遗产进行法定清算，在法定清算时，继承人对遗产的债务不承担清偿义务。[④]

第二，遗产债务的无限清偿责任。如前所述，依该法典规定，如果继承人选择遗产清单利益的继承或无条件继承均为无限清偿责任的继承。其中，也可分为自愿的无限责任继承，如继承人自愿接受遗产清单的继承[⑤]，以及法律强制继承人无条件地接受遗产清单继承。[⑥] 值得注意的是，根据该法典第589、590条的规定："如继承人接受遗产清单并继承，则遗产清单上记载的被继承人的债务和财产均转移给继承人；转移的效力追溯至继承开始之时；对遗产清单中的债务，继承人不仅要以其取得的遗产承担清偿义务，而且还要以其本人的财产承担清偿义务。被继承人的债权人如果没有在公示催告的期限内提出声明，导致其债权没有被记载在遗产清单中，那么继承人既没有义务以其个人财产清偿，也没有义务以其取得的遗产清偿；但是，债权人没有在公示催告的期限内提出声明，非因其本人存在过失，或其已提出声明而未被记载于遗产清单中，则继承人仅以其继承财产所得的利益为限承担清偿义务；无论如何，凡在遗产上设定了担保的债权，债权人均可以主张其权利。"即根据遗产清单承担债务清偿的无限责任。继承人仅对遗产清单记载的遗产债务承担清偿责任，对遗产清单记载的遗产债务，继承人不仅要以遗产而且要以其本人的财产承担债务清偿义务。例如，其不愿选择承担此义务，则可依第588条的规定，选择拒绝继承。对遗产清单中的债务，继承人不仅要以其取得的遗产承担清偿义务，而且还要以其本人的固有财产承担清偿义务，如继承人无条件地继承了遗产，继承人的债权人与被继承人的债权人，具有相同的地位。[⑦]

---

① 《法国民法典》第882条。

② 《瑞士民法典》第588条。

③ 《瑞士民法典》第593条规定："1. 继承人可以申请对遗产进行官方清算，而不是拒绝继承，或者接受遗产清单继承。2. 如果共同继承人中之一人已经无条件接受了继承，则前款之申请不生效力。3. 在官方清算时，继承人对遗产的债务不承担清偿义务。"第596条第3款规定："遗产中的全部或部分物品或金钱，如对清算并非必需的，继承人可以请求在清算期间移交给他们。"

④ 《瑞士民法典》第593条。

⑤ 《瑞士民法典》第588条第1款。

⑥ 《瑞士民法典》第588条第2款。

⑦ 《瑞士民法典》第564、589条。

第三，共同继承人的责任。数名继承人共同继承时，在遗产分割前，各继承人在遗产上的全部权利和义务是不可分割的，继承人对被继承人的债务承担连带责任。[①] 在遗产分割后，共同继承人应当以其全部财产对债务之清偿承担连带责任，但债权人明示或默示同意对债务进行分割或对债务进行转让的除外。共同继承人之间的连带责任，从分割终结时起算，如债权在遗产分割后到期则从债权到期时起算，其期限为五年。共同继承人中之一人，清偿了遗产分割时不应当由自己负责的债务，或其清偿数额超过了其应当负担的债务数额，则其有权向其他共同继承人追偿。[②]

（4）日本立法例。日本法中的遗产债务清偿责任的类型，可分为有限清偿责任和无限清偿责任两种。

第一，遗产债务的有限清偿责任。《日本民法典》规定，继承人可就承担何种遗产债务清偿责任作出选择。继承人从知道自己的继承开始时起 3 个月内，应作出单纯承认、限定承认或放弃继承的表示。继承人作出限定承认的，可以仅在继承财产的限度内，清偿被继承人的债务与遗赠，有保留地承认继承。[③] 对于继承人选择限定承认的，该法典对其承认的方式、限定承认人的权利义务等作了严格的规定。继承人为数人的，限定承认只能由全体共同继承人共同作出；继承人表示限定承认的，应在知道自己的继承开始时起 3 个月内制作财产目录并提交给家庭法院。对限定继承的内容作出陈述。[④]

第二，遗产债务的无限清偿责任。日本法中遗产债务的无限清偿责任可以分为意定的无限清偿责任和法定的无限清偿责任。前者即属于继承人自愿选择对遗产债务承担无限清偿责任。继承人可以在知道自己的继承开始时起 3 个月内作出单纯承认的表示，继承人作出单纯承认时即无条件继承被继承人的权利义务，也就意味着需对遗产债务承担无限清偿责任。[⑤] 后者属于在出现法定事由时，强制继承人承担对遗产债务的无限清偿责任。例如，有下列情形之一的，视为继承人作出单纯承认，继承人需对遗产债务负无限清偿责任：一是继承人已处分继承财产之全部或部分的，但是实行保存行为及不超过第 602 条所规定的期间租赁的，不在此限；二是继承人从知道自己的继承开始 3 个月内，没有表示限定承认或放弃继承的；三是继承人表示了限定承认或放弃继承后，仍隐匿全部或部分继承财产，或将其私自浪费或恶意不将其载入财产目录的，但是因该继承人放弃继承而成为继承人的人作出认可的，不在此限。[⑥]

第三，共同继承人的清偿责任。各共同继承人按其应继承的份额，继承被继承人的权利和义务，即各共同继承人对遗产债务承担分别责任。[⑦] 遗产分割，从继承开始时发生效力，但是不得侵害第三人的权利。[⑧] 如果作出限定继承的共同继承人中的一人或数人有法定强制单纯继承的事由时，继承人的债权人未能从遗产中受偿的债权额，可以对共同继承

---

① 《瑞士民法典》第 602、603 条。
② 《瑞士民法典》第 639、640 条。
③ 《日本民法典》第 915、922 条。
④ 《日本民法典》第 923、924、915 条。
⑤ 《日本民法典》第 915、920 条。
⑥ 《日本民法典》第 915、921 条。
⑦ 《日本民法典》第 899 条。
⑧ 《日本民法典》第 909 条。

人按其继承份额行使权利。[①]

（5）俄罗斯立法例。根据《俄罗斯联邦民法典》的规定，接受遗产的继承人，应对被继承人的债务承担连带责任，每个继承人对被继承人的债务的责任以转移给他的遗产的价值为限。[②] 可见，其一，关于遗产债务清偿责任的类型，该法典规定的遗产债务清偿责任为有条件的有限清偿责任，继承人根据法律的规定直接承担遗产债务的有限清偿责任，但须由公证员和两名见证人在场进行遗产的清点登记，为了保护遗产，公证员应在两名符合该法典第 1124 条第 2 款规定要求的见证人在场的情况下进行遗产的清点登记。[③] 其二，共同继承人对遗产债务的责任为有限连带责任，即共同继承人对被继承人的债务仅以继承的遗产实际价值为限进行连带责任清偿。

2. 英美法系国家立法例

（1）英国立法例。在英国，实行间接继承制度。被继承人死亡后，遗产不是直接转归继承人，通常应由被继承人的债权人提出针对遗产的请求，遗产代理人有义务通知债权人。如果债权人在分配遗产时还没有收到通知，遗产代理人将对该未偿债务负个人责任。[④]

（2）美国立法例。在美国，亦实行间接继承制度，继承开始后，遗产不是直接转归继承人，而是作为独立的遗产法人，由遗嘱执行人或者遗产管理人负责管理。[⑤] 在间接继承制度下，继承人不直接参与债务清偿，遗产代理人做成遗产清单后，将遗产清单提交法院，并由法院或遗产代理人进行公告，要求债权人在规定的期限内申报债权、主张遗赠，期限届满即由遗产代理人按照法定的顺序清偿。如果遗产不足以清偿全部债务，则同一顺序按比例清偿。公告期满前遗产代理人不得向任何债权人清偿。如果遗产代理人违反此项义务，应对债权人因此所遭受的损失负赔偿责任。在遗产分配以后，利益受损的遗产债权人可以向遗产受益人追偿，或者向负有个人责任的遗产代理人追偿。[⑥]

根据美国《统一遗嘱检验法典》规定，无遗嘱继承人或者遗嘱人指定的剩余遗产受赠人接受遗产，通常应该先由遗产代理人负责清偿被继承人的债务。在没有遗产管理人的情况下，继承人和受遗赠人将根据被检验的遗嘱或者无遗嘱继承法享有继承遗产的权利。受遗赠人根据被检验的遗嘱享有遗赠财产。宅地津贴、免除财产的权利人或者无遗嘱继承人通过证明死者的所有权、死亡事实和他们与死者的关系来获得权利。继承人应该清偿所有的遗产管理费用、债权人的请求、生存配偶和依靠其扶养的子女的津贴，并受遗产的非法占有、聘金、提前遗赠和撤销遗赠所产生的权利的约束。[⑦]

（3）澳大利亚立法例。在澳大利亚，分配遗产之前，遗产代理人必须注意确定债务的数量，并在遗产代理人管理的财产限度内对死者的债务负责。遗产代理人应按照立法规定的措施公布他对死者遗产的分配意图，并于期限届满之后才对遗产进行分配，这可以免

① 《日本民法典》第 937 条。

② 《俄罗斯联邦民法典》第 1175 条。

③ 《俄罗斯联邦民法典》第 1172 条。

④ Administration of Estates Act, s. 32（1）.

⑤ ［美］彼得·哈伊：《美国法律概论》，沈宗灵译，北京大学出版社 1998 年版，第 99-100 页。

⑥ Uniform Probate Code, s. 3-104.

⑦ Uniform Probate Code, s. 3-901.

除遗产代理人对债权人和其他遗产利害关系人的责任。在确定了遗产债务后，遗产代理人还必须谨慎地偿还其债务，否则他将对财产中的任何损失负责。[①] 此外，遗产代理人还有义务在合理期限内清偿债务，未能在被继承人死亡后1年内清偿遗产债务的，遗产代理人必须能够证明该延误是有正当理由的，否则也需承担财产损失的责任。[②] 但只要遗产代理人的行为遵循规定的程序，就可免除其因未尽事宜或指定的注意义务而应该对债权人或其他利害关系人所应承担的个人责任，债权人或其他对遗产享有权益的人也不能再向遗产代理人主张清偿债务。但遗产代理人未通知到的遗产债权人可以追踪至后顺序的债权人或遗产受益人那里取得财产。[③]

（二）遗产债务清偿责任类型的国外立法比较评析

1. 两大法系国家立法的共同点

前述各国立法关于遗产债务清偿责任类型的共同点是：

第一，前述各国立法多规定了有条件的遗产债务之有限清偿责任。除俄罗斯外，前述大陆法系国家的立法都规定了有条件的遗产债务的有限清偿责任。德国、法国、瑞士和日本的立法均规定继承人可以通过声明或提交遗产清单或官方清算[④]从而选择承担遗产债务的有限清偿责任。俄罗斯立法则规定继承人承担无条件的遗产债务之有限清偿责任。前述美国和英国立法因实行间接继承，由遗产代理人负责以被继承人实际遗留的财产清偿债务，在清偿遗产债务之后方进行遗产分配，故此也属于遗产债务的有限清偿责任。

第二，前述大陆法系国家，德国、法国、瑞士和日本的立法均规定了遗产债务的无限清偿责任，并且各国多将遗产债务的无限清偿责任分为意定的无限清偿责任和法定的无限清偿责任。在继承开始时，继承人自愿选择可作出承担遗产债务的有限清偿责任或无限清偿责任的意思表示，以选择其将承担何种遗产债务清偿责任。除瑞士由官方机构制作遗产清单外，其余两个国家的立法还规定在继承人具有法律规定事由的情形下，主要是继承人的不当行为有损债权人利益时，比如未在规定的期间内表示限定承认或放弃继承、隐匿全部或部分遗产、故意遗漏债务不将其计入遗产清单或故意计入不实债务等，继承人将对遗产债务依法被强制承担无限清偿责任。

2. 两大法系国家立法的不同点

前述各国立法关于遗产债务清偿责任类型的不同点是：

第一，前述大陆法系国家除俄罗斯外，均规定有遗产债务的无限清偿责任，继承人可以自主选择承担遗产债务的有限清偿责任或无限清偿责任；在继承人未在法定期限内制作遗产清单，或未作出选择何种继承方式，或在遗产清单的制作中有违法的不当行为而有损债权人利益的情况下，该继承人将被依法强制承担遗产债务的无限清偿责任。英美法系国家实行间接继承制度，由遗产代理人或遗嘱执行人先清偿被继承人的债务后，就剩余遗产

---

① Succession Act (Qld), s. 52.

② Succession Act (Qld), s. 51 (1); Administration and Probate Act (Vic), s. 49; Administration and Probate Act (Tas), s. 43 (1).

③ ［澳］肯·马蒂、马克·波顿：《澳大利亚继承概要（第二版）》，陈苇主持编译，西南政法大学外国家庭法及妇女理论研究中心内部印刷2007年版，第324-325页。

④ 如前所述，瑞士法的依遗产清单继承实际是依据该清册的无限责任继承，详见《瑞士民法典》第589条之规定。

对继承人进行分配，这实际上是以遗产为限先偿债的有限清偿责任。只有大陆法系的俄罗斯规定继承人对遗产债务承担无条件的有限清偿责任，未规定继承人承担法定的无限清偿责任的事由。

第二，共同继承人对遗产债务的清偿责任，在前述大陆法系的四个国家中，日本采取的是各继承人承担分别责任，而法国对有担保的遗产债务为连带责任；对无担保的遗产债务虽未规定连带责任，但规定遗产债务人对未偿债先分割遗产的，债权人有异议权。德国和瑞士均采取的是连带责任，各共同继承人就遗产债务清偿应承担连带清偿责任。

我们认为，前述大陆法系国家规定的继承人可以自愿选择承担遗产债务清偿的有限清偿责任或无限清偿责任，但在继承人的行为不符合承担有限清偿责任的法定程序和条件或继承人故意实施有损债权人利益的行为时，继承人将被依法强制承担无限清偿责任的立法值得我国借鉴。这样既体现了对继承人意思自治的尊重，又有利于对债权人利益的保护。关于共同继承人对遗产债务的清偿责任，前述大陆法系的德国、瑞士采取的各继承人对遗产债权人承担连带责任的立法值得我国借鉴，这样有利于对遗产债权人利益的保护，也有利于维护交易安全。

三、遗产债务清偿顺序的国外立法现状与评析

（一）遗产债务清偿顺序的国外立法现状

1. 大陆法系国家立法例

（1）德国立法例。关于遗产债务清偿顺序，根据《德国民法典》规定，下列债务须由遗产清偿：①临时扶养费。继承人应在继承开始后最初 30 日内，在被继承人所为的同一范围内，向在被继承人死亡时属于被继承人的家庭成员并受被继承人扶养的家属给予扶养费，并许可其使用住宅和家庭用具。[①] ②遗产管理费。实行遗产管理或遗产支付不能程序已开始的，继承人向遗产债权人负责，就如继承人须自接受遗产时起作为受委托人为他们进行管理一样，因此而产生的费用必须从遗产中向继承人予以偿还，但以继承人可依关于委托或关于无因管理的规定请求偿还为限。[②] ③有担保的债权。质权人和在支付不能程序中与质权人顺位相同的债权人、在强制执行不动产时享有从不动产中受清偿的权利的债权人以及请求权由预告登记保全或者在支付不能程序中享有剔除权的债权人，以标的财产为限受清偿，不受公示催告的影响。[③] ④普通债务、特留份遗赠等遗产的负担。在遗产因向不被排除的债权人清偿而被用竭的限度内，继承人可以拒绝向在公示催告程序中被排除的债权人清偿。但继承人必须在清偿因特留份权利、遗赠和负担而发生的债务之前，向被排除的债权人清偿，但债权人在这些债务被清偿后才主张其债权的除外。[④]

由此可见，德国法的遗产债务清偿顺序依次为：①遗产管理费；②临时扶养费；③普通债务；④特留份、遗赠及相关负担。此外，有优先权的债务就担保财产优先受偿，不受前述债务清偿顺序影响。

（2）法国立法例。关于遗产债务的清偿顺序，《法国民法典》第 796 条明确规定了遗

① 《德国民法典》第 1969 条。
② 《德国民法典》第 1978 条。
③ 《德国民法典》第 1971 条。
④ 《德国民法典》第 1973 条。

产债务的清偿种类如下：①有担保的债权。继承人按照债权人的债权所享有的担保顺位，清偿登记了担保债权人的债权。[①] ②普通债权。在通知或公告后，报明了债权的其他债权人按照报明债权的顺序接受清偿。③遗赠。对于钱款的遗赠在债权人获得清偿之后再行支付。[②] ④赡养费。如健在配偶受领被继承人的全部财产或 3/4 的财产，死者父母以外的直系尊血亲就先逝者的遗产按需要享有赡养债权，赡养费从遗产中先取，由所有继承人负担。健在配偶的扶养费从遗产中提取，由所有的继承人负担。[③] ⑤遗产管理费。其包括：一是制作遗产清单与账目以及加封印的费用按照分割遗产时应当优先清偿的费用支付。[④] 二是管理与出卖遗产所需的费用产生本法典第 2331 条与第 2375 条所指的优先权，对遗产享有优先受偿权。[⑤] ⑥优先遗赠与普通遗赠。在遗嘱人声明其欲使某一遗赠较其他遗赠优先给付时，此种优先给付可以成立，仅在其他财产的价值不足法定的特留份数额时，始能减少作为这一优先遗赠给付之标的的财产。[⑥] ⑦优先权债务。第一，针对一般动产的优先权债务。诉讼费、丧葬费、死者最后一次生病的医疗费、受雇人员过去一年及当年的工资、因劳动合同引起的推迟支付的工资；健在配偶的债权；雇主对就业实习青年的补贴；终止合同的补偿金；因没遵守解雇预先通知而应给付的补偿性赔偿金；带薪假期的补偿金等；事故受害人等有关医疗费、丧葬费及补偿金等；对补偿金管理处应当交纳的款项等。第二，特别优先权。对特定动产享有优先权的债权是指：出租不动产的地租与房租、动产质权之债、为物的保存而支出的费用等。[⑦] 第三，优先权的排序。除另有规定外，（动产）特别优先权优先于一般优先权。一般优先权按照第 2331 条规定的顺序行使，但国库与社会保险金管理处的优先权除外，国库优先权的顺位由与之相关的法律规定，社会保险金管理处的优先权与新近雇员的优先权按同一顺序受偿。不动产出租人、动产保管人与出卖人的特别优先权按照以下顺序行使：1）报关费后于其他优先权产生时，保管人的优先权（最先行使）；2）（然后是出租时）不知道存在其他优先权的不动产出租人的优先权；3）保管费先于其他优先权产生时，保管人的优先权；4）动产出卖人的优先权；5）（出租时）知道存在其他优先权的不动产出租人的优先权。同一动产的所有保管人之间，优先受偿权给予最近的保管人，在同一动产的先后出卖人之间，优先受偿权给予最早的出卖人。就适用上述规则而言，旅馆经营者的优先权视同不动产出租人的优先权；家庭劳动者的领取薪金的助手的优先权视同动产出卖人的优先权。[⑧] ⑧不动产担保债权。放弃继承的继承人，视其此前从未是继承人；即使共同继承人之一已分开对共有财产之全部或部分享有使用、收益权，如其并无此前分割财产的证书，或者未经充分占有而取得时效，仍得请求分割此种财产。[⑨]

综上可见，法国法的遗产债务清偿顺序为：继承费用（包括管理与出卖遗产所需费

---

① 《法国民法典》第 2332 条第 2 款。
② 《法国民法典》第 796 条。
③ 《法国民法典》第 758、767 条。
④ 《法国民法典》第 803 条。
⑤ 《法国民法典》第 810-11 条。
⑥ 《法国民法典》第 927 条。
⑦ 《法国民法典》第 2332 条。
⑧ 《法国民法典》第 2332-1、2332-2、2332-3 条。
⑨ 《法国民法典》第 805、816 条。

用、制作遗产清单与账目的费用、封印费用等)、赡养费、普通债务、特留份、被继承人声明优先给付的遗赠、普通遗赠。此外，有优先权的债务就担保财产优先受偿，不受前述债务清偿顺序的限制。

(3) 瑞士立法例。《瑞士民法典》关于遗产债务清偿顺序的规定主要有：被继承人可处分的部分财产，按其死亡时的财产状况计算，但应将被继承人的债务、丧葬费、封印及财产清册的制作费，以及家庭成员 1 个月的生活费，一并扣除。① 被继承人的债权人对于受遗赠人，有优先权。② 遗产清单的制作费用从遗产内支付，如果遗产不足则由请求制作遗产清单的继承人承担。③ 子女或孙子女，与被继承人共同生活时，对共同家务付出了劳动或财物的，有请求相当补偿金的权利，该请求权应计算为遗产的债务；但因此造成遗产中债务额超过财产额的除外。④ 遗嘱处分损害特留份时，特留份继承人可在其应得数额的不足限度内请求加减。⑤

由上述规定可见，瑞士遗产债务清偿顺序依次为：继承费用（包括丧葬费、封印及财产清册的制作费、遗产清单的制作费等）和受被继承人扶养的家庭成员的 1 个月的生活费；特定家庭成员的相当补偿金；普通债务；特留份；遗赠。此外，遗产中具有担保的债权就担保财产优先受偿，不受以上遗产债务清偿顺序的限制。

(4) 日本立法例。根据《日本民法典》的规定，①继承财产的相关费用，从该财产中支付，但该费用无须从特留份权利人因扣减遗赠与所得的财产中支付。⑥ ②特别贡献的补偿金。共同继承人中，有对被继承人的事业提供劳务或给付财产、对被继承人治疗养护，或以其他方法对被继承人财产的维持、增加给予特别贡献的，则从被继承人在继承开始时所有财产的价额中扣除以共同继承人的协议确定的该人的贡献份额后的财产，将该剩余财产的数额视为继承财产。⑦ ③先取特权之债。该法典规定的先取特权包括一般先取特权、动产先取特权和不动产先取特权。第 306 条规定一般先取特权，一般先取特权发生相互竞合的，其优先权的顺序按照以下顺序确定：共益费用、雇佣关系、殡葬费用、日用品的供给。⑧ 第 311 条规定动产的先取特权，包括因不动产租赁、旅店的住宿、旅客或货物的运输、动产的保存、动产的买卖、种苗或肥料（包括饲养蚕种或蚕的桑叶)、农业的劳务、工业的劳役等原因发生的债权。⑨ 第 325 条规定不动产的先取特权，包括因不动产的保存、不动产的工程、不动产的买卖产生的债权。⑩ 限定承认人在作出限定继承的表示后五日内，应对所有继承权人及受遗赠人，公告已表示限定承认事宜及应在一定期限内申报其请求的内容，该期间不得少于两个月。在该期限届满后，应从继承财产中对公告期间内申报的债权人及其他已知债权人，按其各自债权额的比例进行清偿，但是不得损害享有优

① 《瑞士民法典》第 474 条。
② 《瑞士民法典》第 564 条。
③ 《瑞士民法典》第 584 条。
④ 《瑞士民法典》第 603 条第 2 款。
⑤ 《瑞士民法典》第 522 条第 1 款。
⑥ 《日本民法典》第 885 条。
⑦ 《日本民法典》第 904 条之二。
⑧ 《日本民法典》第 306、329 条。
⑨ 《日本民法典》第 311 条。
⑩ 《日本民法典》第 325 条。

先权的债权人的权利。[①] 对继承债权人作出上述清偿前，不能对受遗赠人清偿。[②]

从上述规定可以看出，日本遗产债务的清偿顺序依次为：特别贡献份额之债、继承费用、有优先权的债务、普通债务、特留份、遗赠。此外，担保债权就担保财产优先受偿，不受以上遗产债务清偿顺序的限制。[③]

（5）俄罗斯立法例。根据《俄罗斯民法典》的规定，因被继承人死亡前患病所发生的费用、丧葬费（包括被继承人墓地的必要费用）、遗产的保护和管理费用以及遗嘱的执行有关的费用，应在清偿被继承人的债权人债务之前偿付，并以移转给每个继承人的遗产的价值为限。第一，遗产债务清偿中继承费用的顺序如下：第一顺序为因被继承人患病和丧葬而发生的费用，第二顺序为保护和管理遗产的费用，第三顺序为与遗嘱执行有关的费用。[④] 第二，被继承人的债务。各共同继承人对被继承人的债务清偿责任为以继承的遗产价值为限承担连带清偿责任。[⑤] 第三，必继份、遗赠之债。偿付必继份额的权利采用遗产中未立遗嘱的部分给付，即使这可能导致其他法定继承人对该部分遗产权利的减少，而在未立遗嘱部分的财产不足以实现必继份额权利时，则用已立遗嘱的财产给付。[⑥]

由此可见，俄罗斯的遗产债务清偿顺序为：一是继承费用包括因被继承人患病和丧葬而发生的费用、遗产保护和管理费、遗嘱执行费用；二是被继承人的债务；三是必继份；四是遗赠。

2. 英美法系国家立法例

（1）美国立法例。在美国，如果可适用的遗产足以支付所有请求，遗产代理人将按照下列顺序支付：①遗产管理的花费和开支；②合理的丧葬费用；③根据联邦法享有优先权的债务和税款；④死者最后患病花费的合理和必需的医药费，包括他的主治医生的报酬；⑤根据其他州法律享有优先权的债务和税款；⑥其他所有的请求。并且，同一顺序的请求中的各项请求不享有对其他请求的优先权，到期的请求无权优先于未到期的请求。[⑦] 关于遗属扶养费，包括宅地津贴、家庭津贴和免除财产。宅地津贴从遗产中扣除，并优先于所有针对遗产的请求；对免除财产和弥补免除财产不足部分的财产的权利优先于所有针对遗产的请求，但是弥补免除财产不足部分的财产的权利不优先于宅地津贴和家庭津贴支付；家庭津贴优先于除宅地津贴外的所有请求。[⑧]

由此可见，美国的遗产债务清偿顺序为：①遗产管理的费用和合理的丧葬费用；②遗属扶养费包括宅地津贴、家庭津贴和免除财产；③根据联邦法享有优先权的债务和税款；④死者临终前合理的和必需的医药费；⑤根据其他州法律享有优先权的债务和税款；⑥其他所有的请求。[⑨] 此外，遗产中的担保债务就担保财产优先受偿，不受前述顺序限制。

（2）英国立法例。英国法上的遗产债务清偿顺序，可分为遗产足以清偿债务时的清

① 《日本民法典》第927、929条。

② 《日本民法典》第931条。

③ 《日本民法典》第369条。

④ 《俄罗斯联邦民法典》第1174条。

⑤ 《俄罗斯联邦民法典》第1175条。

⑥ 《俄罗斯联邦民法典》第1149条。

⑦ Uniform Probate Code, s. 3-805条。

⑧ Uniform Probate Code, ss. 2-402, 2-403, 2-404.

⑨ 陈苇主编：《外国继承法比较与中国民法典继承编制定研究》，北京大学出版社2011年版，第542页。

偿顺序和遗产不足以清偿债务时的清偿顺序两种情形：

如果死者的遗产足以支付所有的丧葬费用、遗产管理费用和各种债务，在死者没有相反意思表示的情况下，遗产债务按照下列顺序从遗产中清偿：继承费用、被继承人的债务、继承税、扶养费、遗赠。并且债权人可不受这些顺序的约束，可以要求用死者的任何财产进行清偿。①

如果死者的遗产不足以清偿债务，则遗产债务的清偿顺序如下：①担保债务；②合理的丧葬费和遗产管理费；③专门被设定的债务，比如死者作为某一互助会的工作人员而占有的该社团的财产或金钱，即使死亡时不再是该社团的工作人员；④优先债务（包括死者应缴纳的国内所得税；增值税、汽车税、打赌和赌博的债务；死者死亡时的社会保障捐助费；死者职业退休金计划与退休计划相关的政府收入的分担额；死者应该向其雇员支付的报酬和假日工资）；⑤普通债务；⑥延期的债务；⑦遗属之合理的经济供养费。②

（3）澳大利亚立法例。澳大利亚法上的遗产清偿顺序可分为遗产足以清偿债务时的清偿顺序和遗产不足以清偿债务时的清偿顺序两种情形：

在遗产足以清偿债务时，所有的费用和债务从遗产中支付。担保债务按照担保协议清偿，未担保债务，如果遗嘱中已经确定了清偿顺序则按遗嘱确定的顺序予以清偿。③

在遗产不足以清偿债务时，在符合下列情况下，被继承人的债权人可以对遗产申请进行破产管理：①由被继承人或者是遗产代理人引起的债务或债务总额已达到 2000 美元，或被继承人死亡后发生的债务总额不少于 2000 美元；②该债务已经清算，能立即或在将来一定时期内得到清偿；③在被继承人死亡时，已故债务人惯常居住在澳大利亚或属于第 244 条第（6）款第（b）项的规定与澳大利亚有联系的地方；④法定代理人得到了送达的密封诉状副本，但法院免除此项要求的除外；⑤该债务在法院举行诉状听审时仍未支付。④

结合澳大利亚联邦 1966 年《破产法》中债权人的顺序，在资不抵债的遗产管理中债务偿还的顺序大致如下：①葬礼、遗嘱费用以及管理遗产的费用；②有担保的债务；③在遗产管理立法对王国政府无约束力的司法管辖区内，没有担保的政府债务；④普通债务；⑤家庭供养费；⑥遗赠。⑤

（二）遗产债务清偿顺序的国外立法比较评析

1. 两大法系国家立法的共同点

从前述大陆法系和英美法系各国的立法来看，关于遗产债务清偿顺序，其相同点有：一是各国均将继承费用或遗产管理相关费用作为第一顺序予以清偿，且有担保之债就该担保财产优先受偿。二是前述各国将普通债务均优先于特留份、遗赠优先清偿。三是大陆法系各国均将特留份或必留份置于倒数第二顺序予以偿付。四是前述各国立法中规定有与被

---

① Administration of Estates Act, s. 34.

② ［英］安德鲁·伊沃比（Andrew Iwobi）：《继承法基础》（*Essential Succession*）（英文版，第二版），武汉大学出版社 2004 年版，第 222-223 页。

③ ［澳］肯·马蒂、马克·波顿：《澳大利亚继承概要（第二版）》，陈苇主持编译，西南政法大学外国家庭法及妇女理论研究中心内部印刷 2007 年版，第 322-323 页。

④ Australian Bankruptcy Act, s. 244.

⑤ 参见［澳］肯·马蒂、马克·波顿：《澳大利亚继承概要（第二版）》，陈苇主持编译，西南政法大学外国家庭法及妇女理论研究中心内部印刷 2007 年版，第 327-329 页。

继承人共同生活之人可在一定期限内要求的遗属的赡养费或宅地津贴、家庭津贴等多被置于第二顺序，即遗产管理费之后予以清偿。

2. 两大法系国家立法的不同点

从前述大陆法系和英美法系各国的立法来看，关于遗产债务清偿顺序，其不同点有：一是对于被继承人生前的医药费，美国将其置于依联邦法享有优先权的债务和税款之后的第四顺序予以清偿，俄罗斯则将其置于第一顺序予以清偿，其他各国则未对此作明确规定。二是对于优先权债务，法国区分为一般动产的优先权和特别优先权，并分别规定了前述两种优先权债务的清偿顺序。日本则区分为一般先取特权、动产先取特权和不动产先取特权，并规定了它们的债务清偿的效力。

我们认为，第一，前述各国将继承费用作为第一顺序予以清偿是合理的。因为继承费用是基于对遗产的管理、清算、保护、分割等而产生的，这些费用属于共益费用，对所有继承人和遗产债权人皆为有利，理应被列为第一顺序予以清偿。第二，前述各国将临时扶养费置于第二顺序的做法也是合理的，这是为了维系当事人生存的需要而设立的，因此将其置于遗产管理费之后，优先于被继承人的其他债务受偿较为妥当。第三，前述各国将被继承人的有优先权的债务作为债权实现的保证财产，不能用于清偿其他任何债务，以担保财产优先于所有债务受偿，即该担保财产作为有负担的特殊财产，这符合债法原理，有利于保障有优先权债权人的利益与交易安全。第四，前述各国将特留份之债优先于遗赠之债，且遗赠之债置于最后清偿是合理的。因为特留份制度的主要功能是对被继承人遗嘱处分权的限制，因此理应将遗赠债务放在最后进行清偿，只能以扣除特留份的遗产为限执行遗赠义务。我们认为，基于有对价的遗产债务应优先于无对价的遗嘱继承和遗赠之债清偿的基本原理，在我国，如果被继承人有遗赠扶养协议之债，则应将遗赠扶养协议之债置于特留份和普通遗赠之前受偿，因为遗赠扶养协议之债是基于被继承人与受遗赠人生前签订的遗赠扶养协议产生，受遗赠人已根据协议履行了对价义务，故无偿的特留份应放在清偿遗赠扶养之债之后被支付，这是因其标的是遗产中的积极财产，故只能在清偿支付了有对价的遗赠扶养之债之后支付。而普通遗赠的受遗赠人取得遗赠也是无偿的。因此，遗赠扶养协议之债理应优先于特留份和遗赠之债获得受偿。①

第三节　遗产债务清偿制度的我国立法现状与我国民众的观念和处理习惯及司法实践的考察与评析

本节研究和阐述的主要内容包括：遗产债务清偿制度的我国立法现状；遗产债务清偿的我国民众观念和民间习惯及司法实践的考察与分析；我国遗产债务清偿制度的司法实践案例的考察评析。必须说明，2018 年 9 月 3 日我国立法机关已公布“民法典分编（草案）”，征求社会各界意见。由于该“草案”不是正式立法，所以本节仍主要以我国《继承法》及其司法解释的相关规定为对象，考察我国遗产债务清偿制度的立法现状。

① 参见陈苇：《我国遗产债务清偿顺序的立法构建》，载《法学》2012 年第 8 期，第 40-42 页。

一、遗产债务清偿制度的我国立法现状

（一）遗产债务范围的我国立法现状

关于遗产债务的范围，我国《继承法》第33条规定，继承遗产应当清偿被继承人依法应当缴纳的税款和债务。但对于继承人依法应承担的遗产债务范围未以专门的条款作出系统、明确的规定。一般认为，按照遗产债务的发生时间和性质划分，遗产债务大体包括三种：一是被继承人生前所欠的个人债务（包括被继承人生前所欠的税款及其他个人债务）；二是继承费用（包括丧葬费用、遗产管理费用、死亡宣告费用、公示催告费用、遗产清算费用、遗嘱执行费用、诉讼费用等）；三是继承开始时产生的债务（包括酌给遗产、特留份和遗赠等遗产的负担）。[①]

（二）遗产债务清偿责任类型的我国立法现状

我国遗产清偿的类型分为两种：一是无条件的有限清偿责任；二是自愿承担无限清偿责任。我国《继承法》第33条规定："继承遗产应当清偿被继承人依法应当缴纳的税款和债务，缴纳税款和清偿债务以他的遗产实际价值为限。超过遗产实际价值部分，继承人自愿偿还的不在此限。继承人放弃继承的，对被继承人依法应当缴纳的税款和债务可以不负偿还责任。"可见，我国《继承法》规定的遗产债务清偿责任有前述两种类型，由于其并无在法定期限内依法定方式制作遗产清单并依法发出继承开始的通知或公告等条件和程序的规定，故应属于无条件的有限清偿责任；如果继承人自愿偿还超过遗产价值范围债务的，则属于自愿承担无限清偿责任。

（三）遗产债务清偿顺序的我国立法现状

关于遗产债务清偿顺序，我国《继承法》尚无专门的集中条文予以规定，而是散见于《继承法》及相关法律法规和司法解释中。我国《继承法》第33、34条分别规定："继承遗产应当清偿被继承人依法应当缴纳的税款和债务……""执行遗赠不得妨碍清偿遗嘱人依法应当缴纳的税款和债务。"我国《继承法》第5条规定："继承开始后，按照法定继承办理；有遗嘱的，按照遗嘱继承或者遗赠办理；有遗赠扶养协议的，按照协议办理。"第14条规定："对继承人以外的依靠被继承人扶养的缺乏劳动能力又没有生活来源的人，或者继承人以外的对被继承人扶养较多的人，可以分配给他们适当的遗产。"并且，我国《执行继承法的意见》第61条规定："继承人中有缺乏劳动能力又没有生活来源的人，即使遗产不足清偿债务，也应为其保留适当遗产，然后再按继承法第33条和民事诉讼法第180条的规定清偿债务。"以上规定确立了以下规则：一是清偿税款和债务的顺序优先于遗赠；二是缺乏劳动能力又没有生活来源的继承人的扶养费债务优先于其他遗产债务受偿；三是遗赠扶养协议之债优先于遗嘱继承和遗赠受偿；四是酌分遗产之债应当从遗产中受偿，但其受偿的顺位法无明文规定。此外，我国2007年6月1日起施行的《企业破产法》第109、113条就破产债务清偿的一般顺序确立了以下规则：一是破产费用和共益债务最优先受偿；二是有担保的债务优先于职工的工资、基本养老保险费等受偿，但法律另有规定的除外。同时，为兼顾担保债权人和破产企业职工的利益，特殊规定了在《企业破产法》公布之日（2006年8月27日）前所欠的职工工资、基本养老保险费

---

① 陈苇主编：《外国继承法比较与中国民法典继承编制定研究》，北京大学出版社2011年版，第499页。

等优先于有担保的债务受偿。[①] 综上所述，我国《继承法》和相关法律及司法解释，目前对于我国遗产债务的清偿顺序只是规定了前述部分涉及遗产债务清偿顺序的规则，但对于继承费用、有担保之债、普通债务与遗赠扶养协议之债、除无劳动能力无生活来源人外的酌给遗产之债及今后出台限制遗嘱处分的“特留份”之债，各自的清偿顺序均无具体规定。

二、遗产债务清偿的我国民众观念和处理习惯的实证调查与分析

为了解我国民众的财产继承观念和遗产处理习惯，2016年11月初至2017年11月底，历时一年零一个月，我们组织开展完成了“当代中国民众财产继承观念与遗产处理习惯实证调查”的实地调查和统计数据汇总工作。本次十省市被调查地区，包括我国东北部的吉林省，东部的上海市；北部的河北省，中部的湖北省、江西省，南部的广东省、海南省，东南部的福建省，西南部的重庆市、四川省。我们共计发放调查问卷5739份，收回有效问卷5085份，问卷的有效率为88.60%。以下，针对我国十省市被调查民众之遗产债务清偿的观念及处理习惯调查的统计汇总数据进行研究分析。

（一）遗产债务清偿的我国民众观念和处理习惯实证调查统计情况

1. 遗产债务范围的我国民众观念和处理习惯情况统计

问题【六、（一）】“在您所在地区，死者的丧葬费用一般是如何支付的？A. 由全体继承人共同支付；B. 从被继承人的遗产中支付；C. 其他（单选）。”此题是为了解各地区丧葬费的支付方式。

表6-3-1　被继承人丧葬费用的民间支付习惯统计情况（单选）

人数及占被调查者总数的比例 选项	人数	比例
A. 由全体继承人共同支付	2901	57.87%
B. 从被继承人的遗产中支付	1906	38.02%
C. 其他	206	4.11%
合计	5013	100%

① 参见陈苇：《我国遗产债务清偿顺序的立法构建》，载《法学》2012年第8期。

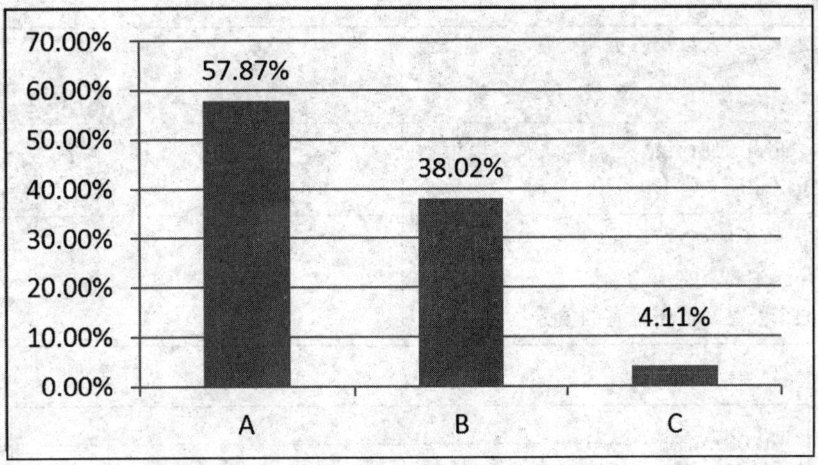

图 6-3-1　被继承人丧葬费用的民间支付习惯统计情况（单选）

根据以上统计数据，在十省市被调查者中，选择 A 项“由全体继承人共同支付”的，有 2901 人（占 57.87%）；选择 B 项“从被继承人的遗产中支付”的，有 1906 人（占 38.02%）；选择 C 项“其他”的，有 206 人（占 4.11%）。可见，关于丧葬费的支付习惯，近六成（占 57.87%）的被调查者所在地区由全体继承人共同支付，近四成（占 38.02%）的被调查者所在地区从被继承人的遗产中支付。这表明，十省市被调查者所在地区中，由全体继承人支付丧葬费用的地区与从遗产中支付丧葬费的地区相比，前者的占比高于后者近 20%。

2. 遗产债务清偿责任类型的我国民众观念和处理习惯情况统计

（1）遗产债务清偿责任类型的我国民众观念情况统计。

问题【六、（二）】“继承遗产，应当清偿被继承人的债务，您是怎么理解这句话的？A. 对被继承人的生前所有债务，继承人都应当予以偿还；B. 对被继承人的生前所有债务，继承人应先用所有遗产偿还债务，不足部分由继承人自己的个人财产偿还；C. 对被继承人的生前所有债务，继承人只以继承的遗产为限予以偿还；D. 对被继承人的生前所有债务，继承人如果存在转移遗产、隐瞒遗产的情形，则其应当负责以遗产和其自己的个人财产偿还所有的债务（多选）。”

表 6-3-2a　遗产债务清偿责任类型的民众观念统计情况（多选）

人数及占被调查者总数的比例 / 选项	人数	比例
A. 对被继承人的生前所有债务，继承人都应当予以偿还	1612	31.70%
B. 对被继承人的生前所有债务，继承人应先用所有遗产偿还债务，不足部分由继承人自己的个人财产偿还	1802	35.44%

续表

选项 \ 人数及占被调查者总数的比例	人数	比例
C. 对被继承人的生前所有债务，继承人只以继承的遗产为限予以偿还	2940	57.82%
D. 对被继承人的生前所有债务，继承人如果存在转移遗产、隐瞒遗产的情形，则其应当负责以遗产和其自己的个人财产偿还所有的债务	2354	46.29%

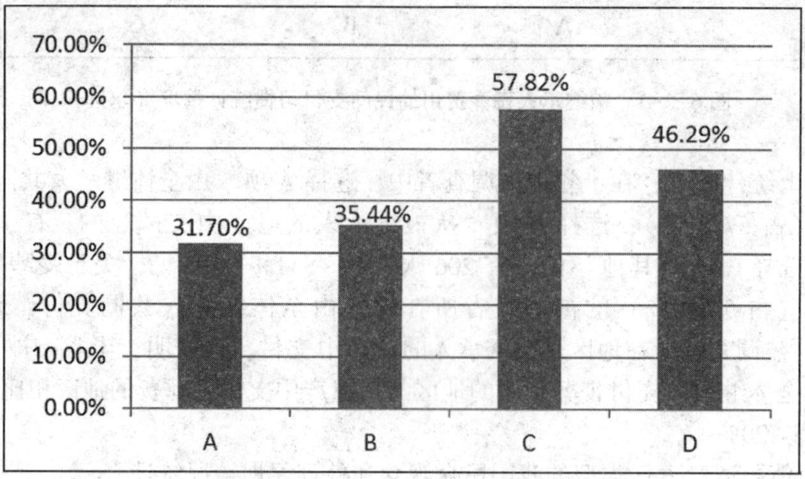

图 6-3-2a　遗产债务责任类型的民众观念统计情况（多选）

根据以上统计数据，在十省市被调查者中，选择 A 项“对被继承人的生前所有债务，继承人都应当予以偿还”的，有 1612 人（占 31.70%）；选择 B 项“对被继承人的生前所有债务，继承人应先用所有遗产偿还债务，不足部分由继承人自己的个人财产偿还”的，有 1802 人（占 35.44%）；选择 C 项“对被继承人的生前所有债务，继承人只以继承的遗产为限予以偿还”的，有 2940 人（占 57.82%）；选择 D 项“对被继承人的生前所有债务，继承人如果存在转移遗产、隐瞒遗产的情形，则其应当负责以遗产和其自己的个人财产偿还所有的债务”的，有 2354 人（占 46.29%）。可见，全部被调查者对于遗产债务的类型之选择，有三种情况：第一，继承人应以遗产为限承担的遗产债务清偿责任。有近六成（占 57.82%）的人认为继承人只以继承的遗产为限偿还被继承人的债务，即只承担有限清偿责任，此观念与我国《继承法》的规定是相一致的。第二，继承人对于遗产债务应承担全部清偿责任，如遗产不足清偿的，应以继承人的个人财产偿还。在十省市被调查者中，有三成稍多（占 31.70%）的人认为，被继承人生前的所有债务继承人都应当偿还；有三成半（占 35.44%）的人认为对于被继承人生前的所有债务，如遗产不足以偿还的应当用继承人个人的财产进行偿还。可见，合计超过六成半（占 67.14%）的被调查者认为，继承人应偿还被继承人生前所欠全部债务，即他们都认为继承人对于被继承人的债务应承担无限清偿责任。这表明“父债子偿”的传统思想在我国社会中依然存在。第三，继承人对遗产有侵害行为的应强制无限责任继承。在十省市被调查者中对此持认可态度的占四成半以上（占46.29%）。这部分被调查民众认为，如果继承人有转移、隐藏遗产等违法行为的，应当强制其以遗产和自己的个人财产偿还被继承人的全部债务。

（2）对继承人转移遗产、隐瞒遗产的处理习惯情况统计。

问题【六、（二）】“在您所在的地区，人们对继承人有转移遗产、隐瞒遗产的情况时，一般是如何处理的？A. 返还遗产并承担相应责任；B. 交给司法、行政等相关部门处置；C. 剥夺继承权，少分或不分遗产（单选）。”

表6-3-2b 对继承人转移遗产、隐瞒遗产的处理习惯统计情况（单选）

选项 \ 人数及占被调查者总数的%	人数	比例
A. 返还遗产并承担相应责任	427	45.23%
B. 交给司法、行政等相关部门处置	205	21.72%
C. 剥夺继承权，少分或不分遗产	312	33.05%
合计	944	100%

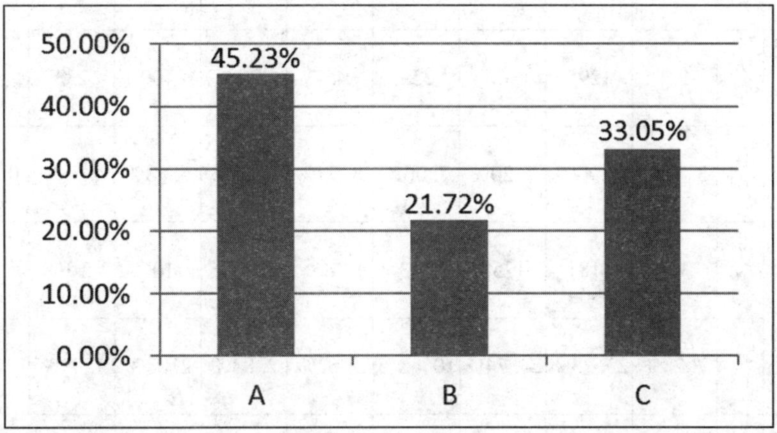

图6-3-2b 对继承人转移遗产、隐瞒遗产的处理习惯统计情况（单选）

调查数据显示，在被调查者中，有944人填写了其所在地区人们对继承人有转移遗产、隐瞒遗产情况的处理方式。其中，有427人所在地区，要求该转移遗产、隐瞒遗产的继承人返还遗产并承担相应责任（占45.23%）；有205人所在地区将该转移遗产、隐瞒遗产的继承人交给司法、行政等相关部门处置（占21.72%）；有312人所在地区将剥夺该转移遗产、隐瞒遗产的继承人之继承权，少分或不分遗产（占33.05%）。可见，在回答该问题的被调查者所在地区，虽处理方式不同，但均有要求该转移遗产、隐瞒遗产的继承人承担相应责任的习惯。

3. 遗产债务清偿顺序的我国民众观念和处理习惯情况统计

（1）遗产债务清偿顺序的处理习惯情况统计。

问题【六、（三）】“在您所在地区，对被继承人死亡后遗留的以下费用，一般是按照哪种先后次序进行清偿的？（1）对民间的处理方式，请填写；（2）您认为，按照哪种先后次序进行清偿才比较合理，此个人看法请填写（多选）。”

A. 丧葬费用	D. 欠付的工资	G. 对被继承人扶养较多的人之酌情分配遗产份额
B. 遗产管理等费用	E. 受被继承人扶养者的生活费	H. 遗赠扶养协议写明遗赠的遗产
C. 欠债	F. 税款	

表 6-3-3a　遗产债务的清偿顺序的处理习惯统计情况（多选）

项目		第一顺序	第二顺序	第三顺序	第四顺序	第五顺序	第六顺序	第七顺序	第八顺序	第九顺序	第十顺序
A. 丧葬费用	人数	3305	223	171	238	103	69	69	78		
	比例	64.96%	4.39%	3.36%	4.68%	2.03%	1.36%	1.36%	1.53%		
B. 遗产管理等费用	人数	191	1295	366	359	457	206	400	233	5	5
	比例	3.76%	25.47%	7.20%	7.06%	8.99%	4.05%	7.88%	4.58%	0.10%	0.10%
C. 欠债	人数	370	1181	1258	533	286	144	106	101		
	比例	7.28%	23.23%	24.74%	10.48%	5.62%	2.83%	2.08%	1.99%		
D. 欠付的工资	人数	289	953	1045	975	248	170	91	33	1	
	比例	5.68%	18.74%	20.55%	19.17%	4.88%	3.34%	1.79%	0.65%	0.02%	
E. 受被继承人扶养者的生活费	人数	85	262	386	741	711	612	326	138		
	比例	1.67%	5.15%	7.59%	14.57%	13.98%	12.03%	6.41%	2.71%		

续表

项目		第一顺序	第二顺序	第三顺序	第四顺序	第五顺序	第六顺序	第七顺序	第八顺序	第九顺序	第十顺序
F. 税款	人数	305	242	469	471	596	388	222	396	1	
	比例	6.00%	4.76%	9.22%	9.26%	11.72%	7.63%	5.74%	7.79%	0.02%	
G. 对被继承人扶养较多的人之酌情分配遗产份额	人数	120	137	277	267	453	677	770	525	10	
	比例	2.36%	2.69%	5.45%	5.25%	8.91%	13.31%	15.14%	10.32%	0.20%	
H. 遗赠扶养协议写明遗赠的遗产	人数	112	141	363	306	391	576	587	631		
	比例	2.21%	2.77%	7.14%	6.02%	7.69%	11.33%	11.54%	12.41%		

根据以上统计数据，在十省市被调查者中，选择A项“丧葬费用”在第一清偿顺序中最多，有3305人（占64.96%）；选择B项“遗产管理等费用”的在第二清偿顺序中最多，有1295人（占25.47%）；选择C项“欠债”和D项“欠付的工资”的在第三清偿顺序中最多，分别有1258人（占24.74%）和1045人（占20.55%）；选择E项“受被继承人扶养者的生活费”的在第四清偿顺序中最多，有741人（占14.57%）；选择F项“税款”的在第五清偿顺序中最多，有596人（占11.72%）；选择G项“对被继承人扶养较多的人之酌情分配遗产份额”的在第六清偿顺序和第七清偿顺序中，分别有677人（占13.31%）和770人（占15.14%）；选择H项“遗赠扶养协议写明遗赠的遗产”的在第八清偿顺序中最多，有631人（占12.41%）。

可见，十省市被调查者所在地区对于前述各种债务的清偿顺序的民间处理方式依次为：①丧葬费用；②遗产管理等费用；③欠债和欠付的工资；④受被继承人扶养者的生活费；⑤对被继承人扶养较多的人之酌情分配遗产份额；⑥遗赠扶养协议写明遗赠的遗产。

（2）遗产债务清偿顺序的民众观念情况统计。

表6-3-3b　遗产债务的清偿顺序的民众观念统计情况（多选）

项目		第一顺序	第二顺序	第三顺序	第四顺序	第五顺序	第六顺序	第七顺序	第八顺序	第九顺序	第十顺序
A. 丧葬费用	人数	2982	290	313	325	205	106	78	117		
	比例	58.64%	5.70%	6.16%	6.39%	4.03%	2.08%	1.53%	2.30%		

续表

项目		第一顺序	第二顺序	第三顺序	第四顺序	第五顺序	第六顺序	第七顺序	第八顺序	第九顺序	第十顺序
B. 遗产管理等费用	人数	242	1160	355	505	587	277	296	141		
	比例	4.76%	22.81%	6.98%	9.93%	11.54%	5.45%	5.82%	3%		
C. 欠债	人数	417	971	1257	726	317	206	121	51		
	比例	8.20%	19.10%	24.72%	14.28%	6.23%	4.05%	2.38%	1.00%		
D. 欠付的工资	人数	354	913	960	907	461	220	101	58		
	比例	6.96%	17.95%	18.88%	17.84%	9.07%	4.33%	1.99%	1.14%		
E. 受被继承人扶养者的生活费	人数	146	225	530	609	764	683	368	246	1	
	比例	2.87%	4.42%	10.42%	11.98%	15.02%	13.43%	7.24%	4.84%	0.02%	
F. 税款	人数	482	333	567	517	391	477	199	368	1	189
	比例	9.48%	6.55%	11.15%	10.17%	6.27%	9.38%	3.91%	7.24%	0.02%	3.72%
G. 对被继承人扶养较多的人之酌情分配遗产份额	人数	526	386	200	277	430	546	1186	628	10	
	比例	10.34%	7.59%	3.93%	5.45%	8.46%	10.74%	23.32%	12.35%	0.20%	
H. 遗赠扶养协议写明遗赠的遗产	人数	203	130	179	286	539	751	662	727	4	
	比例	4.00%	2.56%	0.35%	0.56%	10.60%	14.77%	13.02%	14.30%	0.08%	

根据以上统计数据，在十省市被调查者中，选择 A 项“丧葬费用”的在第一清偿顺序中最多，有 2982 人（占 58.64%）；选择 B 项“遗产管理等费用”的在第二清偿顺序中最多，有 1160 人（占 22.81%）；选择 C 项“欠债”和 D 项“欠付的工资”的在第三清偿顺序中最多，分别有 1257 人（占 24.72%）和 960 人（占 18.88%）；选择 F 项“税款”的在第三、四清偿顺序中最多，分别有 567 人（占 11.15%）和 517 人（占 10.19%）；选择 E 项“受被继承人扶养者的生活费”的在第五清偿顺序中最多，有 764 人（占 15.02%）；选择 H 项“遗赠扶养协议写明遗赠的遗产”的在第六清偿顺序中最多，有 751 人（占 14.77%）；选择 G 项“对被继承人扶养较多的人之酌情分配遗产份额”的在第七清偿顺序中最多，有 1186 人（占 23.32%）。可见，十省市的被调查者认为对于各种债务的清偿顺序的民间处理方式依次为：（1）丧葬费用；（2）遗产管理等费用；（3）欠债、欠付的工资、税款；（4）受被继承人扶养者的生活费；（5）遗赠扶养协议写明遗赠的遗产；（6）对被继承人扶养较多的人之酌情分配遗产份额。这与被调查者所在地区民间习惯的主要差别在于，民间处理习惯中，对于遗赠扶养协议之债应位于对被继承人扶养较多的人酌分遗产之后，而在民众观念上，两者的清偿顺位则是相反的。

（二）遗产债务清偿制度的我国民众观念和处理习惯的分析

1. 遗产债务范围的我国民众观念和处理习惯的分析

关于遗产债务的范围，我们在实证调查中主要针对被继承人丧葬费用的支付方式之民间习惯进行了调查。调查结果显示，在全部被调查者中，有近六成（占57.87%）的被调查者所在地区习惯于由全体继承人共同支付丧葬费用，有近四成（占38.02%）的被调查者所在地区习惯于从被继承人的遗产中支付丧葬费用（见表6-3-1、图6-3-1）。这表明被调查者所在地区对于是否将丧葬费列入遗产范围的做法存在差异，其中有近六成的多数地区有由全体继承人共同支付被继承人的丧葬费的习惯，即认为丧葬费不属于被继承人的遗产债务。

关于被继承人的丧葬费用是否属于遗产债务的范围，我国立法未明确规定。我们认为，根据前述近六成的被调查者所在地区有由全体共同继承人支付丧葬费的习惯，也有近四成的被调查者所在地区有从遗产中支付丧葬费的习惯，故对此问题的处理，立法可不予规定，仍然由各地的民间习惯规范此行为为宜。

2. 遗产债务清偿责任类型的我国民众观念和处理习惯的分析

第一，关于继承人的遗产债务清偿责任的类型，从本次调查结果来看，十省市被调查民众的观念上，认可三种类型：一是以遗产为限清偿，即有限清偿责任，有近六成（占57.82%）的被调查者认为，对被继承人的生前所有债务，继承人只以继承的遗产为限予以偿还。二是除遗产外，继承人对遗产不足清偿的被继承人的生前所有债务应负责全部清偿，即自愿的无限清偿责任。其中，有三成（占31.70%）的被调查者认为，被继承人生前的所有债务继承人都应当偿还；另有三成半（占35.44%）的被调查者认为对于被继承人生前的债务，被继承人的遗产不足以偿还的时候还应当用继承人个人的财产进行偿还；即有合计超过六成半（占67.14%）的被调查者认为，继承人应偿还被继承人生前所欠的全部债务。三是强制的无限清偿责任。在被调查者中有四成半以上（占46.29%）的人认为，如果继承人有转移、隐瞒遗产等违法行为的，应当强制其以遗产和自己的个人财产偿还被继承人的生前所有债务（见表6-3-2a、图6-3-2a）。

如前在我国立法现状中所述，我国《继承法》第33条规定的继承人之遗产债务清偿责任为无条件的限定清偿责任，即继承人以其继承的遗产为限承担遗产债务的清偿责任，却无国外的限定继承之条件和程序的规定。[①] 前述我国十省市调查的统计数据显示，虽然有近六成（占57.82%）的被调查者认同我国《继承法》之规定，认为继承人只以继承的遗产为限予以偿还被继承人所欠债务，但亦有合计超过六成半的被调查者认为继承人应偿还被继承人生前所欠之全部债务（见表6-3-2a、图6-3-2a）。这说明“父债子还”的传统思想在我国社会中依然存在。在被继承人死亡后，尽管对其生前所欠之个人债务法律上规定仅以其遗产为限进行清偿，即其继承人在法律上并无以个人财产为清偿的义务，但无论是债权人还是社会舆论，往往都倾向于认为继承人应偿还被继承人之全部债务，并且部分继承人也自愿承担。这部分被调查者认为，继承人应承担清偿被继承人之全部债务的责任，而无论该债务价值是否超出其所继承的遗产价值。我国《继承法》第33条规定，继承人自愿承担超过遗产实际价值的债务，即自愿承担无限清偿责任，法律是允许的。

---

① 参见《继承法》第33条。

第二，关于对继承人转移遗产、隐瞒遗产的法律责任，从本次调查结果来看，在填写了其所在地区人们对继承人有转移遗产、隐瞒遗产情况的处理方式的被调查者中，有四成半（占45.23%）的被调查者所在地区有要求该转移遗产、隐瞒遗产的继承人返还遗产并承担相应责任的习惯；有二成（占21.72%）的被调查者所在地区有将该转移遗产、隐瞒遗产的继承人交给司法、行政等相关部门处置的习惯；有超过三成（占33.05%）的被调查者所在地区有对该转移遗产、隐瞒遗产的继承人少分或不分遗产的习惯（见表6-3-2b、图6-3-2b）。可见，根据以上统计数据，在这些被调查者所在地区，虽处理方式不同，但均有要求该转移遗产、隐瞒遗产的继承人因其侵害遗产的行为承担不利后果的习惯。

我国《执行继承法的意见》第59条规定："人民法院对故意隐匿、侵吞或争抢遗产的继承人，可以酌情减少其应继承的遗产。"这与前述超过三成（占33.05%）的被调查者所在地区之习惯相同。而在被调查者所在地区，对继承人转移遗产、隐瞒遗产的处理方式较我国《执行继承法的意见》第59条的规定更多。我们认为，我国《执行继承法的意见》对继承人隐匿、侵吞财产之责任的规定，侧重于对其他继承人利益的保护，但忽视了债权人之利益保护。在现实生活中，继承人隐匿、转移财产非常容易，而被继承人的债权人却很难查明，且在我国《继承法》规定的继承人对遗产债务承担有限清偿责任的前提下，若继承人有隐匿、侵吞财产之行为时，仅酌情减少其应继承的遗产，其仍然仅需以其继承的遗产为限承担债务清偿责任，却不对其侵害遗产的违法行为规定强制承担损害赔偿及强制承担无限清偿遗产债务等法律责任，这对债权人的利益保护是不利的，债权人所受到的损害可能得不到有效救济，而有恶意的继承人也未受到应有的法律制裁。这也不符合我国十省市被调查民众中四成半以上的人认为继承人如有转移、隐藏遗产的违法行为的，应当强制其承担无限清偿责任的愿望，不能体现法律平等保护继承人和遗产债权两者的利益之价值取向。

3. 遗产债务清偿顺序的我国民众观念和处理习惯的分析

关于遗产债务的清偿顺序，从本次调查结果来看，十省市被调查者所在地区处理遗产债务的清偿顺序依次为：（1）丧葬费用；（2）遗产管理等费用；（3）欠债和欠付的工资；（4）受被继承人扶养者的生活费；（5）对被继承人扶养较多的人之酌情分配遗产份额；（6）遗赠扶养协议写明遗赠的遗产。如前所述，关于遗产债务的清偿顺序，被调查者的观念与被调查者所在地区的处理习惯大致相同，只是前面第五项（5）与第六项（6）的前后顺序有所不同。

关于丧葬费用，我国法律未明确规定其是否属于遗产债务，被调查者所在地区中有近六成的地区由共同继承人支付，有近四成的地区从遗产中支付，且习惯上将其放在第一顺序进行清偿，并且此部分民众观念亦如此（见表6-3-3a、表6-3-3b），我们认为，由于各地习惯不一，对此费用从尊重多数地区民间习惯的角度，我国立法可不规定为遗产债务的范围，仍由民间习惯调整为宜。关于遗产管理等费用，我国法律亦未明确规定，被调查者所在地区习惯于将其放在第二顺序进行清偿，并且民众观念亦如此（见表6-3-3a、表6-3-3b）。我们认为，遗产管理费用，属于共益费用，根据《企业破产法》第113条的规定，共益债务应当位于第一清偿顺序为妥。这有利于促进遗产管理人积极履行职责，保护全体继承人及被继承人的债权人之利益。关于欠债、欠付的工资和受被继承人扶养者的生活费，被调查者所在地区习惯于欠债和欠付的工资优先于受被继承人扶养者的生活费受偿，且被调查者的观念亦如此（见表 6-3-3a、表 6-3-3b）。这可能受到我国传统“父债子还”观念之影响，认为应当优先偿还被继承人所欠之债务。而我国司法解释规定，即使遗产不足清偿债务，也应为“双无”（无劳动能力又无生活来源）的人员保留适当遗产。这是针对特殊的“资不抵债”情况的规定。关于对被继承人扶养较多的人之酌情分配遗产份额，我国法律未对其清偿顺序作出规定，多数被调查者所在地区习惯于将其置于欠债、欠付的工资和受被继承人扶养者的生活费之后进行清偿，被调查者的观念亦如此（见表 6-3-3a、表 6-3-3b）。关于遗赠扶养协议写明遗赠的遗产，被调查者所在地区习惯于将其置于最后顺序进行清偿，被调查者的观念亦如此（见表 6-3-3a、表 6-3-3b），这与我国法律之规定不相符合，因为此类遗赠为有对价的遗产之负担，受遗赠人对受扶养的遗赠人已先尽了生养死葬的义务，所获得遗赠是对其履行扶养义务的对价，置于最后清偿顺序不合理，其应当被置于普通债务之后的顺序。因为，虽然遗赠扶养协议之债具有双务性、对价性，且扶养人履行扶养义务部分已生效，但遗赠义务部分尚未生效，因遗嘱须于遗嘱人死亡时才生效。而普通债务是在被继承人生前就已全部生效而应予清偿的，故普通债务应当优先于遗赠扶养协议之债受偿。①

三、遗产债务清偿制度的我国司法实践案例的考察与评析

（一）涉及遗产债务清偿制度的案例考察

1. 涉及遗产债务范围的案例考察

（1）主要案情简介。

①被继承人的医疗费是否属于遗产债务的范围（案例一、案例二）

案例一：原告王某甲为赵某（被继承人）之女，在赵某患胰腺癌治疗期间，因赵某经济拮据，故其女王某甲为赵某支付了港币 662800 元（折合人民币 532228 元）用于购买巨额的抗癌药物及保健食材积极进行治疗、营养。此后，被继承人赵某死亡，原告王某甲向其他法定继承人主张将相关医疗费用、丧葬费用在被继承人遗留的遗产范围内优先清偿。

法院经审理认为王某甲作为被继承人的子女，在没有和被继承人赵某生前达成借款合意的情况下，其支付医疗费的行为属于履行赡养义务，产生的相关费用不属于被继承人个人债务。②

案例二：原告李某与被继承人胡某于××年登记结婚，共育有被告四子女，无收养子女。被继承人胡某于 2013 年 6 月 24 日去世。原告李某向其他法定继承人起诉要求分割遗产，被告之一李某乙（被继承人子女）要求在被继承人胡某遗留的遗产范围内清偿其生前花费的医疗费用。

法院经审理认为被告李某乙通过其名下银行账户向医院支付的费用应为被继承人个人患病治疗所用，应属于被继承人的个人债务，理应由其遗产继承人按继承的比例予以分担

---

① 参见陈苇：《我国遗产债务清偿顺序的立法构建》，载《法学》2012 年第 8 期。

② 参见中国裁判文书网：（2013）浙杭民终字第 3365 号民事判决书，载 http：//wenshu. court. gov. cn/，最后访问时间：2018 年 3 月 10 日。

偿还。[①]

②被继承人的丧葬费是否属于遗产债务的范围（案例三、案例四）

案例三：被继承人朱某和两原告（朱某一、朱某二）系父女关系，朱某和被告再婚未生育子女，朱某病故后两原告支付其丧葬费用，后两原告认为该笔丧葬费用属于朱某个人债务，应当在朱某遗产范围内清偿。

法院经过二审认定对父母生养死葬是子女应尽的法定义务，亦是中华民族的优良传统，该笔债务不属于朱某（被继承人）的遗产债务。[②]

案例四：被继承人张某生前收养了李某，并生育了三个女儿。养子李某、女儿程某1即本案两原告，女儿程某2及其丈夫刘某系本案两被告。被继承人生前随两被告生活，现两原告要求依法分割被继承人遗产，两被告主张将自己支付的丧葬费用作为被继承人债务在遗产范围内清偿。

法院经审理认为被继承人丧葬费不属于被继承人个人债务，但是根据当地的善良风俗，丧葬必然产生一定费用，酌情认定为8万元。该笔丧葬费用在被继承人遗产范围内予以扣除。[③]

（2）适用法律评析。

关于被继承人的医疗费是否属于遗产债务范围的问题，案例一的审理法院认为被继承人的子女支付父母的医疗费不属于被继承人的债务范围，案例二的审理法院认为被继承人的医疗费属于被继承人的债务范围。可见，虽然同样是由继承人之一在被继承人生前为被继承人支出的医疗费，前述两个案例的审理法院却作出截然不同的判决。这说明，对被继承人生前的最后医疗费是否属于遗产债务范围的问题，我国法官的认识尚存在分歧，而我国《继承法》及相关法律法规对此未作出规定，这不利于发挥法律的指引作用，导致司法实践中"同案不同判"的现象时有发生。我们认为，关于被继承人生前最后的医疗费，虽然前述美国和俄罗斯将其纳入遗产债务的范围，但我国原则上不宜将它纳入遗产债务的范围。我国对被继承人生前所欠医疗费，应当区别对待，原则上对其不纳入遗产债务的范围，因为支付被继承人的医疗费是被继承人的法定扶养人应尽的义务。但如其没有法定扶养义务人的，则被继承人生前所欠医疗费应当被计入遗产债务的范围，以保护垫付该被继承人生前所欠医疗费之债权人的利益。也就是说，该医药费无论数额大少，都应当由全体子女共同继承人分担，这才是公平合理的。该案例一的法院既然已经认为支付医药费是子女的赡养义务，却让支付该医药费的子女一人承担该支付义务，而未调解或判决其他子女继承人分担此费用，这是该判决之不足。

关于丧葬费是否属于遗产债务范围的问题，案例三中法院认为被继承人的丧葬费不属于被继承人债务，案例四中法院虽认为被继承人的丧葬费不属于被继承人债务，但却根据当地的善良风俗酌情将部分丧葬费在遗产中予以扣除。目前，我国《继承法》未规定丧

① 参见中国裁判文书网：（2016）粤0104民初9183号民事判决书，载http://wenshu.court.gov.cn/，最后访问时间：2018年3月10日。

② 参见中国裁判文书网：（2016）京02民终5149号民事判决书，载http://wenshu.court.gov.cn/，最后访问时间：2018年3月10日。

③ 参见中国裁判文书网：（2016）湘03民终1478号民事判决书，载http://wenshu.court.gov.cn/，最后访问时间：2018年3月10日。

葬费从遗产中支付，上述案例的判决结果显示，法院通常认为丧葬费用不属于被继承人的债务，不应当在被继承人遗产范围内清偿。我国目前有部分法院判决丧葬费不属于被继承人债务，是基于遗产债务范围的狭义解释，即被继承人的债务仅指被继承人生前遗留的个人合法债务。我们认为，根据前述我国十省市民众继承观念与处理习惯的调查数据，有近六成的被调查者所在地有由全体继承人共同支付的习惯，所以，从尊重我国多数地区的民间习惯出发，原则上丧葬费不作为遗产债务。其一，实践中继承人支付丧葬费用，被视为对被继承人生养死葬的义务的组成部分。其二，将丧葬费用不列入遗产范围，这一方面可以鼓励继承人自觉履行丧葬义务，另一方面也有利于培养节俭办理丧事的习惯，避免铺张浪费。但如果被继承人没有法定扶养义务的，则其丧葬费被作为遗产债务，从遗产中支付是合理的。

2. 涉及遗产债务清偿责任的类型之案例考察（案例五、案例六）

（1）主要案情简介。

①遗产债务清偿的有限责任（案例五）

2012 年 4 月 18 日，于某之夫曲某 3 因经营汽车修理厂需要资金周转向周某借款 45000 元。2012 年 5 月 26 日，曲某 3 因交通事故抢救无效死亡。曲某 3 未清偿此笔借款，因曲某 3 已死亡，于某、曲某 1、李某、曲某 2 为曲某 3 的遗产继承人，周某向法院起诉要求法定继承人对曲某 3 的生前债务承担偿还责任。

法院经审理认为该笔债务属于被继承人和于某夫妻共同债务，四被告作为其法定继承人，在未放弃继承的情况下对曲某 3 的个人债务部分在各自继承遗产范围内承担清偿责任。①

②共同继承人的清偿责任（案例六）

原告一李某甲系李某 1 与前妻许某于 1985 年 3 月 7 日所生之女，原告二王某甲系李某 1 之母。1996 年下半年开始，王某乙与李某 1 同居生活，2005 年 6 月 8 日补办了结婚登记，领取结婚证。李某 1 于 2008 年 5 月 19 日死亡，李某乙系李某 1 与王某乙所生之子。李某 1 死亡后遗留的财产一直未予以分割。其中，夫妻尚未偿还的共同债务为欠东园北路 1-3 号门市房的房屋贷款 30266. 55 元。后李某 1 的四位继承人李某甲、李某乙、王某甲、王某乙就遗产分割产生纠纷，诉至法院。

法院认为该案债务属于夫妻共同债务，其中一半属于被继承人个人债务。并且根据我国《继承法》第 33 条、我国《执行继承法的意见》第 59 条之规定应由四位继承人按照继承比例负责偿还。②

（2）适用法律评析。

关于遗产债务清偿的有限责任类型，案例五中法院认为该债务属于被继承人和于某的夫妻共同债务，对于被继承人曲某 3 的个人债务部分判决各被告应在其继承遗产范围内承担清偿责任。这种从夫妻共同债务中区分出被继承人个人债务部分由全体继承人在各自继承遗产范围内承担清偿责任的判决是符合我国《继承法》第 33 条规定的，即共同继承人

---

① 参见中国裁判文书网：(2016) 京 03 民终 5094 号民事判决书，载 http：//wenshu. court. gov. cn/，最后访问时间：2018 年 3 月 10 日。

② 参见中国裁判文书网：(2014) 扬民终字第 0014 号民事判决书，载 http：//wenshu. court. gov. cn/，最后访问时间：2018 年 3 月 10 日。

只应当清偿被继承人个人依法应当缴纳的税款和债务，而非夫妻共同债务。此司法实践中适用法律是正确的。但该法院未判决该四名共同继承人对遗产债务承担连带清偿责任是其不足。

涉及共同继承人清偿责任的案例六中法院认为案件中争议债务的其中一半属于被继承人的个人债务，此属于被继承人个人债务部分应由四位继承人按照继承比例清偿。这是以我国《继承法》第33条、我国《执行继承法的意见》第59条作为裁判依据，即继承人在继承遗产范围内承担清偿责任，并且各继承人之间按照各自继承遗产的份额承担清偿责任。但该法院未判决该各共同继承人对遗产债务承担连带清偿责任是其不足。关于遗产债务的清偿责任，从以上两个案例中，可以看出我国司法实践中适用法律应注意三个主要问题：一是对于夫妻共同债务的责任主体与被继承人的债务的责任主体，应当予以区分，才能公平地分配各种债务的清偿责任。二是对于有限清偿责任的条件，由于我国《继承法》无域外立法那样须依法定程序作出意思表示、制作忠实的遗产清单等严格的条件规定，包括须在法定期限内，依法定方式制作遗产清单，须依法发出继承通知或公示催告遗产权利人等。这导致可能会出现继承人先分割了遗产，而遗产债权人的利益受损。三是由于我国《继承法》未规定共同继承人对遗产债务承担连带清偿责任。司法实践中，前述法院判决共同继承人按各自继承遗产的比例承担按份清偿责任，这可能也会导致损害遗产债权人的利益。我们认为，前述德国和瑞士两国立法中规定各共同继承人对遗产债务承担连带清偿责任的做法更为合理，这样有利于对债权人权益的保护，有利于促进交易安全。且国外立法同时规定各继承人承担清偿责任后，对超出自己遗产部分的份额可以向其他共同继承人追偿，这亦为继承人权益的保护提供了途径。

3. 涉及遗产债务清偿顺序的案例考察（案例七）

（1）主要案情简介。

张某无儿无女，单身一人，生前立下遗嘱指定自己死后将20万元的存款遗赠给自己的侄子张某1；张某与保姆刘某签有遗赠扶养协议，约定保姆刘某承担张某生养死葬的义务，张某名下的房产一套死后归保姆刘某所有。此外，张某另有价值约3万元的股票由张某的弟弟张某2依法继承。张某生前欠王某30万元债务。张某去世后，遗产已经依法分割完毕。王某以张某1、张某2、刘某为被告向法院提出诉讼，主张其对张某所享有的30万元债权。①

关于本案中王某的30万元债权应如何偿付的问题，主要有两种观点：一种观点认为应当首先由张某1以其所获20万元存款的遗赠予以清偿，然后由张某2以其法定继承的价值约3万元予以清偿，不足的7万元，由刘某以其继承的房产价值为限予以清偿。另一种观点则认为，对不足的7万元，刘某无须承担清偿责任。

（2）适用法律评析。

我们认为，前一种观点较为合理。本案中，被继承人死亡之后，其遗产债务范围包括：遗赠之债、遗赠扶养协议之债、被继承人生前所欠普通债务，留有的遗产包括存款20万元、价值约3万元的股票以及房产一套。解决本案的关键在于，如何确定各遗产债

① 参见新浪网：《遗产分割后的债务清偿》，载 http：//blog. sina. com. cn/s/blog_ 4e6f1e440100y642. html，最后访问时间：2018年3月10日。

务的清偿顺序。由于遗赠之债的债权人获得债权是没有对价的，其理应被置于最后予以清偿。而对于遗赠扶养协议之债和被继承人生前所欠的普通债务，必须明确，遗赠扶养协议之债与普通债务的性质是不同的。从遗赠扶养协议之债的性质看，其具有双务性、对价性，遗赠人和扶养人互享权利，同时互负义务。从其发生的时间看，虽然该协议是在被继承人生前签订，且扶养人履行扶养义务部分已生效；但遗赠人的遗赠义务部分尚未生效，因遗嘱须于遗嘱人死亡时才生效。从其目的看，旨在鼓励赡养老人、扶助病残者，减轻国家和社会的负担，以弥补我国目前社会保障之不足。但相对于被继承人生前所欠的普通债务而言，普通债务是在被继承人生前就已全部生效而应予清偿的，故普通债务应当优先于遗赠扶养协议之债受偿。[①] 故我们认为，在本案中，遗赠扶养协议之债应当被置于被继承人生前所欠的普通债务之后予以清偿，即应当先用被继承人的遗产清偿张某所欠王某的全部债务30万元，由于张某遗产中的动产部分仅有23万元价值，故超出的7万元应由遗赠扶养协议约定的扶养人刘某以其所取得的房产价值为限予以清偿。

（二）我国遗产债务清偿制度的司法实践评析

1. 我国遗产债务清偿制度在司法实践中反映的合理之处

我国法律规定遗产债务清偿责任为有限清偿责任，即继承人在遗产继承范围内承担被继承人债务清偿责任，超过此限制，自愿清偿的除外。比如，前述“涉及遗产债务清偿责任类型的案例五”与“涉及共同继承人清偿遗产债务责任的案例六”中，法院认定各继承人在继承遗产范围内按照继承份额承担清偿责任，此做法符合我国现阶段遗产债务清偿责任的立法规定，同时也体现了现代民法“自己责任”原则。

2. 我国遗产债务清偿制度在司法实践中存在的问题

我们通过对上述案例梳理发现，前述案例反映出我国遗产债务清偿制度存在以下问题：第一，关于遗产债务的范围，是否包括被继承人的医疗费、丧葬费，由于我国现行法律对此无规定，导致司法实践中出现“同案不同判”的情形。例如，涉及被继承人医药费是否属于遗产范围的案例一和案例二的判决中，同为被继承人死亡前医疗费的清偿纠纷，案例一中法院认为支付医疗费的行为属于子女继承人应履行的赡养义务，而案例二中法院认为被继承人欠付的医疗费属于被继承人个人债务，应当由法定继承人按照继承遗产比例进行清偿。又如，涉及丧葬费是否属于遗产范围的案例三、案例四中，案例三的法院判决否认丧葬费应从遗产中支付；案例四的法院判决却酌情从遗产中支付。可见，不同的法院结合具体案情，在自由裁量范围内各自对医疗费、丧葬费是否可从遗产中支付的认定有不同，这种“同案不同判”的现象将有损法律的权威性，不利于指导民众进行遗产债务清偿的行为。第二，我国《继承法》规定继承人对遗产债务以遗产为限承担有限清偿责任虽然有其合理性，但由于其为无条件的有限清偿责任，故其保护继承人有余，保护遗产债权人则不足。例如，前述“涉及遗产债务责任类型的案例五”和“涉及共同继承人债务清偿责任的案例六”中，法院判决各共同继承人以各自继承的遗产比例承担有限清偿责任，但该两个判决均没有规定共同继承人应承担连带清偿责任。此外，如果继承人没有制作遗产清单或制作不忠实的遗产清单，或没有对不知情的遗产债权人进行通知或公告，甚至有隐藏、转移遗产等侵害被继承人遗产的情形，由于没有设立遗产清单，公示催

① 陈苇：《我国遗产债务清偿顺序的立法构建》，载《法学》2012年第8期。

告和强制无限责任继承等制度，债权人的利益也难以得到保障。第三，我国《继承法》及其司法解释未对各种不同类型的债务清偿顺序作出明确规定，包括对于继承费用、遗产管理费等均未作出明确的规定，导致司法实践中对于此类问题的处理于法无据。例如，前述“涉及遗产债务清偿顺序的案例七”中，如何确定遗产债务的清偿顺序，直接决定了债权人的债权是否能够被全部清偿以及各继承人是否可以继承遗产。但由于我国立法对遗产债务清偿顺序未予明确规定，故在司法实践中可能存在不同的处理结果。

综上所述，通过以上对遗产债务清偿制度的我国立法现状考察，通过对我国十省市被调查民众对于遗产债务的范围、遗产债务清偿责任的类型、遗产债务的清偿顺序的认识观念及处理习惯统计数据的分析，通过对我国司法实践案例适用法律情况的评析，我们认为，我国立法关于遗产债务的范围界定、遗产债务清偿责任的类型、遗产债务清偿顺序的规定均存在某些不足，需要从中国实际出发予以补充完善。这样才能使司法实践在处理上述案件时有法可依，才能更好地实现我国遗产债务清偿制度的功能，保护继承法律关系当事人的合法权益，维护交易安全和促进社会经济发展，从而实现该制度的立法目的。

第四节　遗产债务清偿制度之我国立法的学者观点与评析

本节主要考察关于遗产债务清偿制度的我国继承法学者建议稿之学术观点，包括梁慧星等学者建议稿（“梁稿”）、徐国栋等学者建议稿（“徐稿”）、王利明等学者建议稿（“王稿”）、张玉敏等学者建议稿（“张稿”）、陈苇等学者建议稿（“陈稿”）、杨立新等学者建议稿（“杨稿”）[①] 中三个方面的立法建议观点：一是遗产债务的范围；二是遗产债务清偿责任的类型；三是遗产债务的清偿顺序。在此基础上，对诸继承法学者建议稿提出的我国遗产债务清偿制度立法建议的学术观点进行比较评析。

一、遗产债务清偿制度之我国立法的学者观点与评析

（一）遗产债务范围之我国立法的学者观点

1. 梁慧星等学者建议稿的主要观点

关于遗产债务的范围，“梁稿”以明确列举的方式规定，遗产债务是指被继承人生前依法应当缴纳的税款和完全用于个人生活和生产需要所欠下的债务。家庭债务中应当由被继承人承担的部分也为遗产债务。[②] 可见，“梁稿”持的是狭义的遗产债务范围的观点，其所规定的遗产债务范围仅指被继承人生前所欠税款和个人债务。

2. 徐国栋等学者建议稿的主要观点

关于遗产债务的范围，“徐稿”未以明确的条文加以具体规定，根据“徐稿”关于遗产债务清偿的规定可归纳出其规定的遗产债务范围包括：（1）遗产管理费用；（2）法律规定的强制性分配债务，包括依法应提供给某些人的扶养费和特留份；（3）被继承人生前所欠债务；（4）遗赠。[③] 可见，“徐稿”持的是广义的遗产债务范围的观点。

---

① 在第一章第一节对于遗产管理制度的比较研究法的阐述中，我们已经分别注释说明这六部继承法学者建议稿的出处以及各学者建议稿在本书中的简称，此处不重复注释。

② “梁稿”第2013条。

③ “徐稿”第四分编第271、395、397、468、470条。

3. 王利明等学者建议稿的主要观点

关于遗产债务的范围，“王稿”规定的遗产债务包括：(1) 继承费用，因继承人和遗产管理人过失而支出的费用不属于继承费用，由负有过失的继承人和遗产管理人承担；(2) 遗产税；(3) 被继承人生前欠下的债务；(4) 遗产酌给债务；(5) 因特留份扣减权、遗赠等产生的债务。[①] 此外，“王稿”明确规定，被继承人的、与其社会地位相称的丧葬费用，由继承人负担，即丧葬费用不属于被继承人的遗产债务。[②] 可见，“王稿”持的是广义的遗产债务范围的观点。

4. 张玉敏等学者建议稿的主要观点

关于遗产债务的范围，“张稿”规定的遗产债务包括：(1) 遗产管理费用；(2) 被继承人生前扶养的、无劳动能力的人的必要的生活费用；(3) 被继承人生前所负债务；(4) 遗赠。[③] 可见，“张稿”持的是“折中说”的遗产债务范围的观点，即遗产债务的范围在“广义说”的基础上，但不包括特留份。

5. 陈苇等学者建议稿的主要观点

关于遗产债务的范围，“陈稿”规定的遗产债务包括：(1) 继承费用，包括合理的丧葬费用、制作遗产目录、发布公告继承的通知或公告、清点和保管遗产所必要的费用、遗产分割的费用、执行遗嘱的费用等。(2) 继承人生前所欠个人债务。(3) 必遗份以及确为维持生存所需要的酌分遗产之债。对继承人以外的、依靠被继承人扶养的、缺乏劳动能力又没有生活来源的人，或者继承人以外的对被继承人扶养较多的人，可以分给他们适当的遗产。人民法院根据被继承人遗产的状况，继承人的生活状况，被扶养人受扶养的程度、年龄、生活状况以及扶养人对被继承人的扶养情况等，确定对其酌分遗产的份额。(4) 特留份与必遗份之债。遗嘱人以遗嘱处分财产，应当为特留份权利人保留其法定应继份的二分之一；应当为依靠遗嘱人扶养的无劳动能力又无生活来源的继承人，保留必要的遗产份额。(5) 遗赠之债。继承人生前所作的死后生效的赠与。[④] 此外，根据“陈稿”第 71 条的规定，被继承人生前所欠税款也属于遗产债务的范围。即“陈稿”也持广义的遗产债务范围的观点。

6. 杨立新等学者建议稿的主要观点

关于遗产债务的范围，“杨稿”规定的遗产债务包括：(1) 合理的丧葬费用、遗产管理费用、遗嘱执行费用等继承费用；(2) 被继承人生前欠缴的税款；被继承人生前所负债务；(3) 遗赠扶养协议与继承扶养协议中扶养人取得遗产的权利；受遗赠人取得遗赠的权利；(4) 有缺乏劳动能力又没有生活来源的继承人的，即使遗产不足清偿债务和税款，也应在清偿前为其保留必要遗产份额。[⑤] 即“杨稿”也持广义的遗产债务范围的观点。

---

① “王稿”第 650 条。
② “王稿”第 651 条。
③ “张稿”第 20 条。
④ “陈稿”第 68 条。
⑤ “杨稿”第 83 条。

（二）遗产债务范围之我国立法的学者观点评析

1. 诸学者建议稿的共同点

关于遗产债务的范围，前述学者建议稿的共同点是：第一，前述六部学者建议稿，除“徐稿”采取分散规定遗产债务的种类外均设有专门的条文对遗产债务的范围作出明确规定；第二，前述六部学者建议稿均规定被继承人生前的个人债务属于遗产债务。

2. 诸学者建议稿的不同点

关于遗产债务的范围，前述学者建议稿的不同点是：第一，关于继承费用是否属于遗产债务，“梁稿”规定的遗产债务仅包括被继承人生前所欠税款和个人债务以及家庭债务中属于个人的部分，即未规定继承费用是否属于遗产债务；“张稿”“王稿”“徐稿”规定的遗产债务包括遗产管理费用，但不包括丧葬费；“陈稿”和“杨稿”规定的遗产债务则包括合理的丧葬费用、遗产管理费用、遗嘱执行费用等继承费用。第二，关于必遗份债务，“徐稿”“张稿”“陈稿”“杨稿”均规定必遗份债务属于遗产债务，而“梁稿”“王稿”未规定必遗份之债是否属于遗产债务的范围。第三，关于被继承人生前所欠税款是否属于遗产债务，“梁稿”“陈稿”“杨稿”规定被继承人生前所欠税款属于遗产债务；“王稿”则仅规定遗产税属于遗产债务；“张稿”“徐稿”未对被继承人生前所欠税款作出规定。

从立法价值取向与功能的角度分析，我们认为，首先，应当对于遗产债务的范围立法作出明确规定，有利于引导民众依法清理和保全遗产，通知或公告遗产权利人申报权利，及时清偿遗产债务，这符合法律的公平价值和效率价值。至于丧葬费是否纳入遗产债务范围，如果不将丧葬费用纳入遗产债务的范围，而由共同继承人支付，这能在一定程度上促使继承人及时履行对被继承人生养死葬的义务，有利于推行勤俭节约办丧事，符合法律的效率价值。其次，关于“必遗份”是否应列入遗产债务范围，“必遗份”是我国对遗嘱处分财产的限制。从域外立法看，大陆法系国家如前述法、德、瑞、日、俄通常以“特留份”或“必留份”对遗嘱处分财产予以限制，英美法系国家的英国、美国通常以“遗属扶养费”“宅地津贴”“家庭津贴”及“免除财产”等对遗嘱处分予以限制。也就是说，以上不同名称的款项财产均为遗产的负担，将由遗产中予以支付，且因特留份等属于对遗嘱处分财产的限制，故应当优先于遗赠支付，但前述款项中属于对继承人的基本生活保障之费用，如临时扶养费（德国）、遗属的合理救济款之扶养费（英国）、我国无劳动能力、无生活来源的继承人的必遗份，则应当在继承费用之后优先于其他遗产债务支付，故上述费用包括“必遗份”“特留份”“遗属供养费”等应当纳入遗产债务范围，这才符合发挥遗产扶养功能之立法目的。最后，关于税款，无论是被继承人生前所欠税款，或遗产税，均属于遗产的公法上的债务，理应纳入遗产债务的范围，才符合法律的公平价值取向，才能实现遗产减轻社会负担之功能。

我国《继承法》对遗产债务的范围未作明确规定。从我们的调查结果来看，关于遗产债务的范围，十省市被调查者所在地区对于是否将丧葬费列入遗产范围的做法存在差异，但近六成（占 57.87%）的多数地区有由全体继承人共同支付被继承人的丧葬费的习惯，即认为丧葬费不属于被继承人的遗产债务（见表 6-3-1，图 6-3-1）。

从国外立法来看，前述大陆法系与英美法系各国规定的遗产债务范围均可分为三种类型，即被继承人生前所欠个人债务、继承费用、继承开始时产生的债务。对于丧葬费是否属于继承费用的范围，有两种立法例：其一为丧葬费用不属于继承费用的范围，如德国法规定由继承人负担被继承人的丧葬费用；[①] 其二为丧葬费属于遗产债务的范畴，如瑞士、俄罗斯、英国、美国和澳大利亚的立法均明确规定丧葬费应当由遗产支付。[②]

我们认为，第一，前述各学者建议稿均以明确列举的方式对遗产债务范围作出规定，并规定遗产债务的范围包括被继承人生前所欠的个人债务（包括被继承人生前所欠的税款及其他个人债务）；继承费用（主要包括遗产管理费用、死亡宣告费用、公示催告费用、遗产清算费用、遗嘱执行费用、诉讼费用等）；继承开始时产生的债务（包括酌给遗产之债、必遗份及特留份之债和遗赠之债等遗产的负担，但其中仅部分学者建议稿如“王稿”“徐稿”和“陈稿”有特留份之债）。必须说明，对于遗产债务的范围，无论是从前述域外立法的规定或我国诸学者建议稿的观点均是采取广义说，即凡属于被继承人遗留的个人债务和依遗嘱或法律由遗产支付财产的事项均属于遗产债务。遗产债务的“狭义说”则认为，遗产债务的范围仅包括被继承人遗留的个人债务，此“狭义说”不能满足遗产处理时必须清偿被继承人遗留的债务外还应当给付须由遗产支付的财产事项（必遗份及特留份、遗赠等）之现实需要，所以未能被域外立法和我国诸学者建议稿所采用。

第二，关于被继承人的丧葬费是否属于被继承人的个人债务，前述“陈稿”“杨稿”规定合理的丧葬费用作为遗产债务，但此与本次十省市被调查民众所在地区的多数地区做法不符，故应当尊重被调查多数地区民众习惯，原则上不宜将丧葬费用纳入继承费用的范围，仍由民间习惯调整为妥。

二、遗产债务清偿责任类型之我国立法的学者观点与评析

（一）遗产债务清偿责任类型之我国立法的学者观点

1. 梁慧星等学者建议稿的主要观点

关于遗产债务清偿责任之类型，“梁稿”规定的有两种，分为无条件的有限清偿责任和自愿的无限清偿责任。根据“梁稿”的规定，继承人以其所接受遗产的实际价值为限对遗产债务承担责任，超过遗产实际价值部分，继承人自愿偿还的不在此限。继承人放弃继承的，对被继承人依法应当缴纳的税款和债务不负偿还责任。[③]

关于共同继承人对遗产债务的清偿责任，各共同继承人对遗产债务应承担连带责任，但遗产债权人同意免除共同继承人的连带责任的除外。[④]

2. 徐国栋等学者建议稿的主要观点

“徐稿”规定的遗产债务清偿责任之类型分为两种：一是自愿选择的有限责任继承，二是无限责任继承。无限责任继承分为两种：（1）自愿选择的无限责任继承，即继承人自愿不选择有限责任继承的则“不保留附遗产清单利益接受遗产的权利”。[⑤]（2）法律强制的无限责任继承，即未事先做成要式财产清单即实施继承人行为的人，即使死者的一切

① 《德国民法典》第 1968 条。

② 《瑞士民法典》第 474 条。

③ “梁稿”第 2014 条。

④ “梁稿”第 2013 条。

⑤ “徐稿”第 347 条。

可移转的债务加给他的负担超过其继承的财产的价值，也应按其遗产份额的比例继承此等债务。[①] 制作财产清单的继承人如恶意遗漏记载财产的任一不论如何微小的部分，或记载并不存在的债务，他不得享受清单利益。[②] 可见，该稿的有限责任继承即属于有条件的有限清偿责任。享受清单利益的继承人仅在其已继承的财产的全部价值的限度内对遗产债务和遗嘱债务承担责任。如果多数共同继承人中的一些人希望附清单利益地接受遗产，另一些持相反的主张，他们全部都应负附清单利益地接受遗产。一切未实施继承人行为的继承人，都保留附清单利益地接受遗产的权能。[③] 但制作财产清单的继承人如恶意遗漏记载财产的任一不论如何微小的部分，或记载并不存在的债务，他不得享受清单利益，此即为强制的无限责任继承。[④]

关于共同继承对遗产债务的责任，遗产中的数个不动产负担了一个抵押权时，抵押债权人对上述每一不动产享有连带诉权，被执行的不动产所属的继承人可以对其共同继承人就他们应承担的债务份额进行追偿。[⑤] 可见，只有对担保债权才由继承人用该数个担保财产承担连带责任。

3. 王利明等学者建议稿的主要观点

关于遗产债务清偿责任之类型，"王稿"规定为两种类型：一是有限清偿责任；二是无限清偿责任，包括自愿选择承担无限清偿责任和法律强制承担无限清偿责任。首先，关于继承人对遗产债务的有限清偿责任和自愿选择承担无限清偿责任。"王稿"规定如下：继承人对遗产债务承担无条件的有限清偿责任，继承人以其所接受遗产的实际价值为限对遗产债务承担责任，超过遗产实际价值部分，继承人自愿偿还的不在此限。[⑥] 其次，关于法律强制继承人承担的无限清偿责任为：遗产管理人须忠实、谨慎地履行编制遗产清单的职责，因遗产管理人不正当履行该义务给遗产债权人造成损害的，遗产债权人有权要求遗产管理人承担民事责任，遗产管理人是继承人的，继承人须对于遗产债务承担无限责任。[⑦]

关于共同继承人对遗产债务的清偿责任，各共同继承人对遗产债务负连带责任。继承人相互间对于被继承人之债务，除另有约定外，按其应继份比例负担之。[⑧] 遗产分割后，如果尚未清偿的债务归继承人承受或由各继承人分担，经债权人同意者，各继承人免除连带责任。如果债权清偿期在遗产分割后，则自清偿期届满时起5年后，继承人的连带责任免除。[⑨]

4. 张玉敏等学者建议稿的主要观点

"张稿"规定的遗产债务清偿责任之类型分为两种：一是有限清偿责任；二是无限清偿责任。其无限清偿责任分为继承人自愿选择的无限清偿责任与法律强制继承人承担的无

---

① "徐稿"第四分编第331条。
② "徐稿"第四分编第351条。
③ "徐稿"第四分编第331、342、343、347、351条。
④ "徐稿"第四分编第351条。
⑤ "徐稿"第四分编第472条第1款。
⑥ "王稿"第658、551条第3款。
⑦ "王稿"第551条第3款。
⑧ "王稿"第656条。
⑨ "王稿"第657条。

限清偿责任。(1) 关于继承人对遗产债务的有限清偿责任，属于有条件的有限清偿责任。根据“张稿”的规定，应召继承人可以在继承开始后 2 个月内，或者知道自己为应召继承人后 2 个月内，向法院声明以继承财产的价值为限，承担清偿被继承人债务的责任，并提交忠实准确的遗产清单。如果 2 个月内不能完成遗产清单，继承人可以向法院申请延长该期限，但是，延长的期限最长不得超过 4 个月。继承人制作遗产清单应请公证人或其他见证人到场见证。继承人提交遗产清单后，享有下列利益：遗产与继承人的固有财产保持独立；继承人以遗产的价值为限承担清偿遗产债务的责任。一个继承人提交遗产清单，对全体共同继承人发生效力。① (2) 关于继承人自愿选择的无限清偿责任，自继承人知道自己为应召继承人时起，或者自遗嘱开启时起 2 个月内，继承人没有声明放弃继承，也没有以制作遗产清单的方式接受继承的，视为单纯接受继承（无条件接受继承）。单纯继承人承受被继承人的全部财产权利、义务和责任，但是，专属于被继承人自身，因继承开始而消灭者除外。② (3) 关于强制继承人承担的无限清偿责任，继承人有下列情形之一，丧失遗产清单利益，视为单纯继承人，对被继承人的债务承担无限责任，而且不得放弃继承：在遗产清单中故意漏记重要遗产，或者计入不存在的债务的；擅自处分属于遗产中的财产的。但是，为保存遗产所必需的处分除外。③

关于共同继承人对遗产债务的责任，遗产分割后，继承人对被继承人生前债务仍负无限连带清偿责任，但是，继承人享有遗产清单利益的除外。继承人对债权人的连带清偿责任，自遗产分割完毕时起，经过 5 年而消灭。债权人同意分割方案的，继承人按分割方案承担清偿责任。④

5. 陈苇等学者建议稿的主要观点

“陈稿”规定的遗产债务清偿责任分为两种类型：一是有限清偿责任；二是无限清偿责任。其无限清偿责任分为：继承人自愿选择的无限责任继承与法律强制继承人承担的对遗产债务的无限清偿责任。继承开始后，继承人可以自愿选择承担遗产债务的有限清偿责任或无限清偿责任。对被继承人的债务，继承人自愿选择实行有条件的限定继承且依法制作遗产清单的，仅在遗产的实际价值范围内承担有限清偿责任；继承人自愿选择实行无条件概括继承的，如果遗产的实际价值不足以清偿债务的，应当以继承人个人所有的财产承担无限清偿责任。关于法律强制的无限清偿责任，如有下列情形之一的，继承人应当承担无限清偿责任：继承人已全部或部分处分了遗产的；继承人未在法定期间内依法制作遗产清单的；继承人在法定期间制作遗产清单或放弃继承后，将遗产全部处分或部分处分的或故意未将全部或部分遗产记载于遗产清单的。

关于共同继承人对遗产债务的责任，各共同继承人对遗产债务应当承担连带清偿责任。遗产分割后，共同继承人对遗产的债权人以其全部财产承担连带责任。但实行有限继承的继承人仅以继承的遗产为限承担连带清偿责任。如果某共同继承人清偿被继承人的债务超出其应承担份额的，有权向其他继承人请求补偿。共同继承人的连带责任，自遗产分

---

① “张稿”第 16、17 条。
② “张稿”第 9 条。
③ “张稿”第 16、17、21、23 条。
④ “张稿”第 66 条。

割终了或自遗产的债权到期起，逾二年，因时效而消灭。[①]

6. 杨立新等学者建议稿的主要观点

“杨稿”规定遗产债务清偿责任分为两种类型：一是有限清偿责任；二是无限清偿责任。其无限清偿责任分为：继承人自愿选择的无限责任继承与法律强制继承人承担的对遗产债务的无限清偿责任。(1) 继承人对遗产债务的有限清偿责任。继承人制作遗产清单并公证后，可以其所接受遗产的实际价值为限，清偿被继承人依法应当缴纳的税款和遗产债务。超过遗产实际价值部分，继承人自愿偿还的不在此限。[②] (2) 继承人对遗产债务的无限清偿责任。继承开始时，由继承人全体概括承受遗产上的权利与义务。[③] (3) 继承人被强制承担遗产债务的无限清偿责任。有下列情形之一的，继承人在制作遗产清单并公证后，仍应对全部遗产债务承担责任：①隐匿重要遗产的；②在遗产清单中故意漏记重要遗产，或者计入不存在的债务的；③处分遗产损害遗产债权人权利的。[④] 关于共同继承人对遗产债务的责任，遗产已被分割而清偿债务的，除债权人免除连带的以外，继承人对遗产债务负连带责任。在限定继承中，如有法定继承又有遗嘱继承和遗赠的，首先由法定继承人以其所得遗产清偿债务，不足清偿时，剩余的债务由遗嘱继承人和受遗赠人按比例以所得遗产偿还，如果只有遗嘱继承和遗赠的，由遗嘱继承人和受遗赠人按比例以所得遗产偿还。[⑤]

（二）遗产债务清偿责任类型之我国立法的学者观点评析

1. 诸学者建议稿的共同点

对于遗产债务清偿责任的类型，前述六部学者建议稿的相同点是均规定了继承人可自愿选择有限清偿责任和无限清偿责任这两种类型，其中，继承人的有限清偿责任，即继承人仅在其继承遗产的实际范围内清偿遗产债务，又称限定继承；继承人自愿承担无限清偿责任，即其自愿承担无限清偿遗产债务的责任，又称概括继承。

2. 诸学者建议稿的不同点

关于遗产债务清偿责任的类型，前述六部学者建议稿的不同点是：第一，关于遗产债务的有限清偿责任，仅“梁稿”规定的是无条件的有限清偿责任，“王稿”“徐稿”“张稿”“陈稿”和“杨稿”则均规定的是有条件的有限清偿责任，即后五部学者建议稿均规定继承人可通过依法制作并在法定期限内提交遗产清单而承担遗产债务的有限清偿责任。第二，关于遗产债务的无限清偿责任，“梁稿”虽也规定继承人可自愿承担遗产债务的无限清偿责任，但未规定强制继承人承担法定的无限清偿责任的情形。“王稿”“徐稿”“张稿”“陈稿”和“杨稿”则规定了在法定情形下，继承人需对遗产债务承担法定的强制性的无限清偿责任，主要包括在继承人有故意隐匿重要遗产、不按规定制作遗产清单或故意在遗产清单中遗漏重要遗产或计入不实债务、擅自处分遗产损害债权人利益等情形下，继承人需对遗产债务承担无限清偿责任。

关于共同继承人对遗产债务的责任，除“徐稿”仅规定对担保财产的连带诉权外，

① “陈稿”第69条。
② “杨稿”第77条。
③ “杨稿”第5条。
④ “杨稿”第80条。
⑤ “杨稿”第90条。

其余“梁稿”“王稿”“张稿”“陈稿”和“杨稿”均规定，各共同继承人对遗产债务承担连带清偿责任。

从立法的价值取向与功能分析，第一，关于遗产债务清偿的类型，区分为有限清偿责任与无限清偿责任，既可以适用于继承人的不同情况需要，也可以制裁违法行为者。首先，赋予继承人自愿选择承担遗产债务的有限清偿责任或无限清偿责任的权利，能够尊重继承人的意思自治，可以彰显法律的自由价值；其次，允许继承人在符合法定程序和条件的情况下对遗产债务承担有限清偿责任，但当继承人的不当行为损害遗产债权人利益时则应强制其承担无限清偿责任，这体现了权利与义务相一致原则，符合法的公平价值，有利于平等地保护继承人和遗产债权人的利益，维护交易安全。第二，关于共同继承人对遗产债务的清偿责任，立法规定为连带清偿责任，可以保障遗产债权人不因共同继承人对遗产的分割而受到损害，有利于保障遗产债权人的利益。如共同继承人之一已清偿其他共同继承人应当承担的债务后，享有追偿权，也能够保障该共同继承人的利益。也就是说，关于共同继承人对遗产债务承担连带清偿责任和各共同继承人之间享有追偿权的立法，彰显了法律的平等保护价值和公平正义的理念，有利于实现遗产债务清偿制度，保障遗产债权人的债权实现及维护交易安全之功能。

从我国立法现状看，根据我国《继承法》和司法解释的规定，继承人应以遗产的实际价值为限清偿被继承人依法应当缴纳的税款和债务，超过遗产实际价值部分，继承人自愿偿还的不在此限。对故意隐匿、侵吞或争抢遗产的继承人，人民法院可酌情减少其应继承的遗产，即遗产债务清偿责任为无条件的有限清偿责任与继承人自愿选择承担的无限清偿责任。如果继承人有侵害遗产行为的，可酌情减少其继承份额，但不强制其承担无限清偿责任。

从前述我国十省市民众继承习惯的调查统计数据分析，关于遗产债务清偿责任的类型，有近六成（占 57.82%）的被调查者认同我国《继承法》之观点，即继承人只以继承的遗产为限清偿遗产债务，也有合计超六成半（占 67.14%）的被调查者认为继承人应偿还被继承人生前所欠之全部债务（见表 6-3-2a、图 6-3-2a）。

从国外立法分析，继承人可自愿选择关于遗产债务清偿责任的类型，前述大陆法系的国家中，除俄罗斯仅规定有条件的有限责任继承（以遗产为限承担有限清偿责任）外，其余包括德国、法国、瑞士、日本均规定有条件的有限清偿责任（又称单纯继承）和无限清偿责任（又称无限责任继承或称概括继承）以及强制的无限责任继承（无限清偿责任）。继承人可以通过申明或提交遗产清单等作出承担有限清偿责任或无限清偿责任的意思表示，在符合法律规定的程序和条件时，继承人可对遗产债务以继承的遗产为限承担有限清偿责任。但值得注意的是，瑞士的有限责任继承是采取官方清算方式，其遗产清单的继承属于无限责任继承。① 同时，这四个国家立法还规定了法定的强制性的无限清偿责任，当继承人的行为属于法定的情形，如未在规定的期间内表示限定承认或放弃继承、隐匿全部或部分继承财产、故意遗漏债务不将其计入遗产清单或故意计入不实债务等，则继承人需对遗产债务承担无限清偿责任。关于共同继承人对遗产债务的责任，在前述大陆法

---

① 《瑞士民法典》第 593、596 条第 3 款为官方清算及其效力；第 589、590 条为根据遗产清算利益继承的效力，继承人对记于遗产清单之遗产债务，不仅以继承的遗产，并且以其本人的固有财产承担清偿义务。

系的国家中，日本采取的是各继承人承担分别责任，而法国、德国、瑞士和俄罗斯均采取的是连带责任，各共同继承人就遗产债务清偿负连带清偿责任。至于前述英美法系国家的英国、美国和澳大利亚，由于实行间接继承，由遗嘱继承人或遗产管理人负责清偿遗产债务后，将剩余遗产交付继承人，故各共同继承人对于遗产债务不承担清偿责任。

我们认为，第一，前述大陆法系国家规定的继承人可以自主选择承担遗产债务的有限清偿责任或无限清偿责任的做法是合理的，既可以避免继承人承担本不属于他的债务，符合权利义务相一致原则，又有利于对债权人利益的保护。第二，值得注意的是，关于有条件的有限责任继承，值得我国借鉴。前述大陆法系国家的继承人自愿选择有限责任继承都是有条件的，其具体条件包括：制作遗产清单、公示催告债权人申报债权、继承人对于法院有提交和报告财产清单的义务或有供遗产债权人查阅遗产清单的义务。如果其有转移、隐藏遗产或制作不忠实的遗产清单的行为，该继承人将被强制承担对遗产债务的无限清偿责任。其中，俄罗斯对有限责任继承的条件规定为：一是由公证员和两名见证人在场清点并制作遗产登记清册；二是现金由公证员提存，黄金、珠宝、外汇等贵金属等交银行保管；三是由公证员或遗嘱执行人指定遗产保管人（且须订立保管合同）。可见，俄罗斯法的规定是由公证员介入遗产清理和登记保证准确性；遗产通过指定保管人实现了与继承人的财产分离，以保证遗产不受到侵害，维护继承人及债权人利益。第三，前述大陆法系国家的法定无限清偿责任之规定值得我国借鉴。这可以督促继承人及时、准确地进行遗产清算，防止继承人实施隐匿财产、谎报债务等有损债权人利益的行为，有利于债权人利益的保护。第四，关于共同继承人就遗产债务的责任，前述大陆法系的德国、瑞士、俄罗斯等国均采取的各继承人承担连带责任的做法值得借鉴，这样有利于对债权人利益的保护，也有利于维护交易安全。

三、遗产债务清偿顺序之我国立法的学者观点与评析

（一）遗产债务清偿顺序之我国立法的学者观点

1. 梁慧星等学者建议稿的主要观点

关于遗产债务清偿的顺序，“梁稿”规定的遗产债务清偿顺序如下：（1）继承费用。继承人和遗嘱执行人以外的人担任遗产管理人的，有权请求与其执行职务相当的报酬，其报酬列入继承费用优先受清偿。① （2）必要的生活费。依法律规定完成遗产处理程序可能导致缺乏劳动能力又没有生活来源的继承人难以维持生活的，应当在遗产处理前为其保留维持六个月生活所必要的费用。② （3）遗产债务。人民法院公示催告债权人申报债权的期间届满后，继承人和遗产管理人应依据已申报债权和其他已知债权的数额或比例，以遗产分别偿还。对于尚未到期的遗产债务或有争议的遗产债务，继承人和遗产管理人应当在遗产分割前保留为清偿此债务所必要的财产。③ 遗产首先应用于清偿遗产债务，清偿遗产债务后有剩余的，应当按遗嘱继承处理，仍有剩余的，再由法定继承人按照法律规定的比例分配遗产；同一顺序继承人有数人时，应当按其应得份额的比例进行分配，但法律另有规

① “梁稿”第2003条。

② “梁稿”第2016条。

③ “梁稿”第2018条。

定的除外。①

2. 徐国栋等学者建议稿的主要观点

关于遗产债务的清偿顺序，根据“徐稿”的规定，其清偿顺序如下：（1）遗产管理费用；（2）依法应提供给某些人的扶养费；（3）被继承人生前所欠债务；（4）特留份；（5）遗赠。②

3. 王利明等学者建议稿的主要观点

关于遗产债务的清偿顺序，“王稿”以列举的方式规定的清偿顺序如下：（1）继承费用，因继承人和遗产管理人过失而支出的费用不属于继承费用，由负有过失的继承人和遗产管理人承担；（2）遗产税；（3）被继承人生前欠下的债务；（4）遗产酌给债务；（5）因特留份扣减权、遗赠等产生的债务。对遗产享有担保物权的债权人可申请就担保物优先受偿。③

4. 张玉敏等学者建议稿的主要观点

关于遗产债务的清偿顺序，“张稿”以列举的方式规定的遗产债务清偿顺序如下：（1）遗产管理费用；（2）被继承人生前扶养的、无劳动能力的人的必要的生活费用；（3）被继承人生前所负债务；（4）遗赠。即使遗产不足以清偿第三顺序的债务，也必须为无劳动能力又无其他生活来源的继承人保留必要的生活费用。④

5. 陈苇等学者建议稿的主要观点

关于遗产债务的清偿顺序，“陈稿”以列举的方式规定的遗产债务清偿顺序如下：（1）继承费用；（2）有优先权的债务；（3）必遗份、确为维持生存所需要的酌分遗产；（4）劳动工资等债务；（5）死者生前所欠的税款及第二、三顺序以外的普通债务，其中，已行使财产分离请求权人的债务优先于本顺序的其他普通债务受偿；（6）遗赠扶养协议之债；（7）特留份之债；（8）遗赠之债。⑤

6. 杨立新等学者建议稿的主要观点

关于遗产债务的清偿顺序，“杨稿”以列举的方式规定的遗产债务清偿顺序如下：（1）合理的丧葬费用、遗产管理费用、遗嘱执行费用等继承费用；（2）被继承人生前欠缴的税款；（3）被继承人生前所负债务；（4）遗赠扶养协议与继承扶养协议中扶养人取得遗产的权利；（5）受遗赠人取得遗赠的权利。遗产不足以清偿全部遗产债务时，同一顺序的债权按比例受偿。有缺乏劳动能力又没有生活来源的继承人的，即使遗产不足清偿债务和税款，也应在清偿前为其保留必要的遗产份额。⑥

（二）遗产债务清偿顺序之我国立法的学者观点评析

1. 诸学者建议稿的共同点

关于遗产债务清偿顺序，前述六部学者建议稿的共同点是：第一，均将遗产管理费用置于第一顺序予以清偿。第二，均将遗赠债务置于最后顺序予以清偿。第三，除

---

① “梁稿”第2016条。
② “徐稿”第四分编第271、283、296、397、481条。
③ “王稿”第650条。
④ “张稿”第20条。
⑤ “陈稿”第71条。
⑥ “杨稿”第83条。

"王稿"无规定外，其余五部学者建议稿均将必遗份或临时扶养费置于普通债务之前予以清偿。

2. 诸学者建议稿的不同点

关于遗产债务清偿顺序，前述六部学者建议稿的不同点是：第一，关于有优先权的债务和必遗份债务的清偿顺序之规定不同。其中，"梁稿""张稿"和"杨稿"均规定即使遗产不足以清偿债务，也必须为无劳动能力又无其他生活来源的继承人保留必要的生活费用，即将必遗份债务置于被继承人生前的个人债务之前予以清偿。"陈稿"虽然将有优先权的债务置于第二顺序，将必遗份、确为维持生存所需要的酌分遗产置于第三顺序，然而，担保债权就担保财产受偿可不列入清偿顺序，故该必遗份及酌分份实为第二顺序。此外，"王稿"规定对遗产享有担保物权的债权人可申请就担保物优先受偿，即"陈稿"和"王稿"均规定有优先权的债务不受遗产债务之清偿顺序的影响，应优先就担保财产受偿。即有担保之债权与必遗份和确为维持生存所需要的酌分遗产之债，两者的清偿无所谓先后之分，因为各自针对的财产标的是不同的。前者是遗产中已处分的担保财产；后者是遗产中的普通财产。第二，关于被继承人生前所欠税款的清偿顺序之规定不同。"梁稿""徐稿""张稿"未对被继承人生前所欠税款的清偿顺序作出规定；"王稿"虽未对被继承人生前所欠税款作出规定，但其规定了遗产税的清偿顺序，其将遗产税置于继承费用之后予以清偿；"陈稿"将被继承人生前所欠税款置于第四顺序，在继承费用、有优先权的债务、必遗份和确为维持生存所需要的酌分遗产以及劳动工资等债务之后予以清偿；"杨稿"则将被继承人生前欠缴的税款置于第二顺序，即仅次于继承费用但优先于其他债务受偿。

从立法的价值取向和功能分析，继承费用被置于第一顺序予以清偿，有利于促使遗产管理人、遗嘱执行人认真履行职责，及时、有效地处理继承相关事宜，有利于对继承人和债权人利益的保护，符合法的效率价值。遗赠债务由于其取得无须付出对价，因此将遗赠债务置于最后顺序清偿，能够避免被继承人通过设立遗赠逃避债务，更好地保护债权人的利益，符合法的安全价值。必遗份或临时扶养费等涉及当事人的基本的生存权利，将其置于普通债务之前予以清偿，符合法的正义价值。基于社会公共福利优先的原则，被继承人所欠税款应当优先于个人债务受偿，但有担保的个人债务除外。遗赠扶养协议之债应被置于普通债务之后清偿，这有利于鼓励赡养老人、扶助弱者，减轻国家和社会的负担，以弥补我国目前社会保障之不足。①

我国《继承法》未以列举的形式明确规定遗产债务的清偿顺序，关于遗产债务的规定被分散在我国《继承法》《企业破产法》等法律法规中。从我们的调查结果分析，十省市被调查者所在地区多将遗产管理费用置于第二位进行清偿，仅次于丧葬费用，而将遗赠扶养协议写明的遗赠置于酌分遗产债务之后清偿，多数被调查民众观点认可如此处理（见表6-3-3a、表6-3-3b）。

从国外立法分析，关于遗产债务清偿顺序，前述各国均将遗赠置于最后顺序予以清偿；前述国家多将继承费用包括遗产管理费用作为第一顺序予以清偿。关于有担保的债务与临时扶养费或特别贡献家庭成员的赡养费等费用的先后顺序，大陆法系国家和英美法系

① 参见陈苇：《我国遗产债务清偿顺序的立法构建》，载《法学》2012年第8期。

国家的规定方式不同，英美法系国家多将有担保的债务置于临时扶养费或特别贡献家庭成员的赡养费等费用之前予以清偿；大陆法系各国均原则上将临时扶养费或特别贡献家庭成员的赡养费等费用置于第一顺序清偿，而将有担保的债务不列入遗产债务顺序直接优先从遗产的担保财产中受偿。可见，有担保的债务无论是否被列入遗产债务的清偿顺序，其就担保财产优先受偿的要求是相同的，两者有殊途同归之效。

我们认为，遗产债务清偿顺序对继承关系的各方当事人的利益有重要的影响，因此需要综合考虑遗产债务的性质，以及法律确认该债务的目的等因素确定遗产债务清偿顺序。关于继承费用，由于其属于共益费用，系为更好地处理继承相关事宜而支出的费用，故将其置于第一顺序较为合理；关于有担保的债务，基于维护债权人的信赖利益及保护交易安全，宜在担保财产范围内予以优先清偿，可以不将其置于清偿顺序，只需单独作出规定即可；关于必遗份之债，关系到受扶养人的基本生存权，将其置于被继承人的普通债务之前清偿，有利于对弱势群体的保护，更好地发挥遗产的养老育幼功能。关于酌分遗产之债与遗赠扶养协议之债，从性质上看，遗赠扶养协议之债具有双务性、对价性；对被继承人尽扶养义务较多之人的酌分遗产之债，由于被继承人生前享受了受扶养的利益，故其与遗赠扶养协议之债在表面上具有相似性，但由于被继承人与扶养人之间并没有签订遗赠扶养协议，故其性质仍属道义上的扶养，即被继承人与扶养人之间并无法律上的强制偿还义务，但该扶养人依法享有请求酌情分得遗产的权利。所以，遗赠扶养协议之债应当优先于对被继承人尽扶养义务较多之人的酌给遗产之债受偿。关于特留份之债与遗赠之债，特留份制度实质上是法律对遗嘱人以遗嘱处分其个人财产的限制，其既体现了法律对遗产发挥家庭扶养功能的保障，又在一定程度上保障了遗嘱人自由处分个人财产的权利；遗赠是遗嘱人对法定继承人之外的人无偿给予财产利益的行为，被继承人生前以遗赠方式处分个人财产，可以实现依法处分个人财产的权利。但在被继承人死亡后，为继续维持被继承人家庭成员的生活，法律必须保障遗产之扶养功能的发挥，因此，对于遗嘱人订立遗嘱以遗赠方式处分个人财产，世界上许多国家都设立有特留份的限制，如果被继承人通过遗嘱处分了继承人的特留份，则特留份权利人享有向遗赠人请求扣减的权利。所以，遗赠之债应当后于特留份之债受偿。①

第五节 现代遗产债务清偿制度的发展趋势与我国立法的完善建议

在前文已论述遗产债务清偿制度的基本理论、国外和国内立法现状、我国十省市被调查民众的观念与处理习惯、司法实践情况以及我国立法的学者建议稿观点等内容基础上，本节拟通过论证现代遗产债务清偿制度的发展趋势，分析我国遗产债务清偿制度之不足，进而提出相关的立法完善建议。

① 参见陈苇：《我国遗产债务清偿顺序的立法构建》，载《法学》2012年第8期。

一、现代遗产债务清偿制度的发展趋势

从上述的研究分析可知，遗产债务清偿制度的立法宗旨是平等保护继承人的利益及遗产债权人的利益，从而充分体现自由原则、公平原则和诚信原则。由前述域外国家的立法考察可知，遗产债务清偿制度之设计，需要综合考虑如何平等地保护继承人及遗产债权人的利益，由此，遗产债务清偿制度的立法发展趋势主要有以下三个方面：

（一）遗产债务范围的发展趋势

从上文对国外立法的考察中可知，前述国外立法中规定的遗产债务范围均可分为被继承人生前所欠个人债务、继承费用和继承开始时产生的债务三种类型。即前述国家的立法不仅将被继承人生前所欠个人债务列入遗产债务的范围，以保障遗产债权人的利益，同时将继承费用（主要包括遗产管理费用、公示催告费用、遗产清算费用、遗嘱执行费用、诉讼费用等）和继承开始时产生的债务（主要包括应从遗产中支出的扶养费、特留份或必遗份、酌分遗产、遗赠等）也纳入遗产债务的范围。将继承费用和继承开始时产生的债务纳入遗产债务的范围体现了现代继承立法关于遗产债务范围的发展趋势。这可以保障遗产管理人或遗嘱执行人积极履行遗产管理和遗嘱执行的义务，有利于维护全体遗产权利人的利益，且有利于对需要被继承人扶养的人之利益保护，能够发挥遗产的养老扶弱之功能。我国《继承法》第33条明确规定遗产债务包括被继承人应缴纳的税款和债务，但关于遗产债务的具体范围，我国《继承法》及《执行继承法的意见》中并没有明确予以规定。从前述对我国继承法的学者建议稿关于遗产债务范围的规定之考察来看，我国诸学者建议稿均对遗产债务范围作了明确规定，且除“梁稿”持狭义的遗产债务范围之观点外，其他五部学者建议稿均将遗产管理费用和继承开始时产生的费用纳入遗产债务的范围，这也符合遗产债务范围的立法发展趋势。

（二）遗产债务清偿责任类型的发展趋势

1. 设立有条件的遗产债务有限清偿责任制度

从前述对大陆法系国家立法例之考察中可知，前述国家的法律多对继承人选择承担有限清偿责任设立有法定的条件和程序加以规范，继承人需要经过一定的法律程序，满足一定的法定条件后才能对遗产债务承担有限清偿责任。而目前我国《继承法》规定的是无条件的遗产债务有限清偿责任，即没有规定其他国家那样的法定条件和程序，既没有编制遗产清单制度，也没有继承人实行限定继承责任的声明和对债权人的公示催告程序，只要继承人接受继承就当然获得对遗产债务承担有限清偿责任之效果。诚然，我国《继承法》规定的继承人对遗产债务承担有限清偿责任的立法对于“否定”父债子还的古代立法，树立现代民法的自己责任原则起着积极作用。然而，随着时代的进步、经济的发展，我国现行的无条件的遗产债务有限清偿责任已不能满足现实需求。国外的继承立法通过遗产清单制度使继承人的固有财产与被继承人死后所留下的遗产相分离，不因被继承人死亡而发生混同，这与民法中个人财产是履行其个人债务的担保这一债的一般原理相契合。但是，由于我国缺乏制定遗产清单、对遗产债权人的公示催告程序等制度，不能防止遗产同继承人的固有财产的混同，并且债权人对遗产的真实状况也难以知情，往往可能侵害遗产债权

人的利益，而受侵害的债权人“诉诸司法的成本高昂，效率较低，司法救济的实效欠缺”。①

从前述对大陆法系国家的立法可以看出，这些国家设立的是有条件的限定继承制度，这反映了现代遗产债务清偿制度的立法发展趋势。这些国家为实现遗产分离，通过设立制作遗产清单、主管官厅清算、遗产管理制度，明确规定继承人或遗产管理人须妥善管理遗产、须依法制定遗产清单并供遗产权利人查阅或履行向法院提交等义务，即对有限责任继承作出法定条件和程序的限制，遗产清单制度可以实现遗产分离的目的。首先，这既有利于保证继承人的固有财产不被强制用于清偿被继承人的债务，又能够保证被继承人的债权人就遗产优先受偿。其次，继承人只能依法有条件地享受限定继承利益，即只有在履行法定程序和法定义务之后才能享受到限定继承制度的保护，这有利于平等地保护继承人和遗产债权人利益。我们认为，目前我国实行的无条件的有限责任继承制度，却没有对继承人享受有限继承利益规定相应的法定条件和程序。继承人既无须在法定期限内作出有限责任继承的意思表示，也无须履行法定的特殊程序就能够无条件地享受到有限继承制度的保护。这导致遗产继承中继承人享受遗产权利与履行有限责任继承的相关义务的严重失衡，有可能危害遗产债权人的利益，这是我国《继承法》在债权人利益保护中存在的不足，也不符合现代继承法之建立有条件限定继承制度，以平等地保护继承人和遗产债权人利益的立法趋势。

2. 建立强制性的无限清偿责任制度

就遗产债务清偿制度而言，从前述国外立法可以看出，前述英美法系国家多以遗产管理制度保证以遗产优先清偿遗产债务，以实现平等保护遗产债权人与继承人之间的利益，而大陆法系国家多实行有条件的限定继承，即继承人需发表选择限定继承之有限责任的声明且依法制作和提交忠实的遗产清单，才能够享有限定继承的利益，承担遗产债务的有限清偿责任。如果继承人不依法定程序行事或者有违反诚实信用原则的行为时，法律将强制其承担对遗产债务的无限清偿责任。例如，《德国民法典》第 2005 条规定，继承人故意造成遗产清单中包含的对遗产标的的记载显著的不完备，或出于使遗产债权人受不利益的意图而计入并不存在的遗产债务的，继承人就遗产债务负无限责任。根据《瑞士民法典》第 593 条第 1 款、第 594 条第 1 款的规定，被继承人的债权人可以基于法定情形的出现请求官方清算，继承人对遗产债务不负责任。同时，为了平衡法律关系，法律往往也赋予遗产债权人主动请求法院实行财产分离等权利。这些立法设计，充分发挥了当事人内在的动力，有利于督促继承人忠实地履行遗产债务清偿责任。我国《继承法》对于遗产债权人利益的保护，缺乏限定清偿责任的法定条件和程序的规定，亦缺少法定强制性的无限清偿责任的规定。这不利于保护遗产债权人的利益，不符合现代继承法之强制无限责任继承制度的立法趋势。

3. 设立共同继承人之间对遗产债权人的连带责任制度

从前述对大陆法系国家立法例之考察中可知，前述大陆法系国家中，德国、瑞士均采取的是连带责任，各共同继承人就遗产债务应承担连带清偿责任。法国规定各共同继承人对有担保的遗产债务承担连带责任；对无担保的遗产债务虽未规定共同继承人的连带责

---

① 徐昕：《迈向社会和谐的纠纷解决》，中国检察出版社 2008 年版，第 58 页。

任，但规定遗产债务人未偿债先分割遗产的，债权人有异议权。这反映了对共同继承人之间的遗产债务责任之立法趋势，即设立共同继承人之间对遗产债权人的连带责任制度。此立法有利于对债权人利益的保护，也有利于维护交易安全。

（三）遗产债务清偿顺序的发展趋势

在财产继承法律关系中，遗产债务清偿制度是继承法律制度的一项非常重要的内容，它不仅关涉到法律对继承人和遗产债权人利益的平等保护，还关涉到社会经济秩序的安全和稳定。遗产债务清偿顺序是对存在于同一遗产上的多种债权关系进行清偿的排序，遗产债务清偿序位的前后与债权实现的机会与程度成正比。每一债权的序位都是法律基于社会经济和立法理念的发展，综合考量遗产债务清偿因素可能发生的变化，与前后序位债权博弈的结果。遗产债务清偿顺序对继承关系的各方当事人之利益有重要影响，因此要综合考虑遗产债务的发生时间、性质以及法律确认该债务的目的等因素确定遗产债务清偿顺序。从前述对国外立法的比较分析可以看出，这些国家根据现代民法的保护弱者利益原则、公平原则、诚信原则、维护第三人利益和交易安全原则，在综合考量遗产债务发生的时间、性质与目的等因素的基础上，对遗产债务设立了固定明确的清偿顺序，这反映了遗产债务清偿制度的立法发展趋势。

而我国立法对遗产债务清偿顺序的规定散见于《继承法》《执行继承法的意见》《企业破产法》等法律之中，没有系统集中的规定。我国现有遗产债务清偿顺序的松散式立法规定可能造成司法实践中出现“同案不同判”的偏差。且我国《继承法》未规定继承费用属于遗产债务，未对酌分遗产之债、遗赠扶养协议之债的清偿顺序作出规定。这些反映出我国遗产债务清偿顺序立法存在疏漏。而前述俄罗斯、英国、美国和澳大利亚的立法均采取列举式明确规定遗产债务的清偿顺序，这有利于引导民众依法定顺序清偿债务、减少继承纠纷；也有利于指导法官依法裁判，保护各遗产债权人的利益。因此，立法明确列举遗产债务的清偿顺序将是现代继承法之遗产债务清偿制度的立法发展趋势之一。

二、我国遗产债务清偿制度之不足与完善立法的建议

（一）我国遗产债务清偿制度的立法不足

以下我们根据考察和评析总结的域外立法经验，实证调查的我国十省市民众继承习惯和司法实践的相关案例之分析，结合我国立法之学者建议稿的观点，分析我国遗产债务清偿制度之不足，从我国实际出发，汲取域外有益的立法经验和我国立法之学者建议稿的观点，提出在“中国民法典·继承编”中补充完善遗产债务清偿制度的立法建议。必须说明，2018 年 9 月 5 日全国人大常委会公布向社会各界征求意见的“民法典各分编（草案）”，其第 938、940、941 条对遗产债务的清偿有所规定。[①] 由于该“草案”不是正式法律，故以下我们仍然以我国《继承法》的遗产债务清偿制度为对象研究分析其立法之不足。

---

① “民法典继承编（草案）”第 938 条规定：“遗产分割前，应当支付丧葬费、遗产管理费，清偿被继承人的债务，缴纳所欠税款；但应当为缺乏劳动能力又没有生活来源的继承人保留适当的遗产。”第 940 条规定：“遗产已经分割的，继承人清偿被继承人的债务、缴纳所欠税款以所得遗产实际价值为限。超过遗产实际价值部分，继承人自愿偿还的不在此限。继承人放弃继承的，对被继承人的债务和所欠税款可以不负偿还责任。”第 941 条规定：“执行遗赠不得妨碍清偿遗赠人的债务、缴纳所欠税款。”

1. 我国遗产债务范围的立法不足

我国《继承法》第 33 条明确规定遗产债务包括被继承人应缴税款和债务。但并没有明确规定遗产债务的具体范围。然而，遗产债务具体范围的确定，是处理遗产债务清偿问题的前提。从我国司法实践看，对于遗产债务范围界定不一，对于被继承人的丧葬费、医疗费，有的法院认定属于被继承人的个人债务，应当在其遗产范围内予以清偿；有的法院则认为不属于被继承人的个人债务，故不能在其遗产范围内予以清偿。这种遗产债务范围界定不清，导致出现同案不同判的现象，有损司法的权威性。从前述德国、美国、英国、瑞士等国立法看，对遗产债务的范围有较为具体的规定。我国遗产债务的范围不甚明确是其不足之处。

2. 我国遗产债务清偿责任类型的立法不足

第一，关于遗产债务清偿责任的类型，我国当前设立有无条件的有限清偿责任继承和自愿的有限清偿责任继承，但欠缺强制的无限清偿责任继承。

（1）无条件的有限清偿责任之不足。我国《继承法》第 33 条规定的遗产债务清偿责任为无条件的有限清偿责任。也就是说，继承人只需在其继承的遗产实际价值范围内清偿被继承人债务及税款。当然，继承人自愿清偿的除外。根据我国《继承法》的规定，继承人无须履行任何手续、程序即可承担遗产债务的有限清偿责任。这一方面，由于没有设立制作遗产清单和通知或公告申报债权的制度，即对限定继承人没有设立在法定期限内制作遗产清单并公示催告债权人申报权利等条件，继承人是否制作遗产清单无法可依，这可能会导致继承人无法有效地举证其所继承遗产的种类及价值数额，即使其自报的继承遗产之情况属实，继承人的举证也很难得到债权人的认可；另一方面，如果继承人有转移、隐匿、任意处分遗产等影响遗产债权人的不正当行为，遗产债权人往往难以查证而无法得到法律的救济。此是我国无条件的有限责任继承制度之不足。

（2）强制无限清偿责任的立法呈空白。从前文所述的外国立法来看，大陆法系的德国、法国等国家均有立法规定。关于继承人的强制无限责任继承，这些国家针对有限责任继承设置有法定条件和程序，如请求实行限定责任的继承人未依法制作并提交遗产清单或未公示催告债权人，或制作不实的遗产清单，均要承担一定的法律责任，其中，强制无限责任继承即是对于继承人制作不实遗产清单的惩罚性措施。这有利于督促继承人依法制作忠实的遗产清单，并且，此遗产清单所载财产首先清偿遗产债务，有利于债权人利益的保护。而我国《继承法》欠缺强制的无限清偿责任继承制度，对于继承人故意藏匿、转移财产而损害债权人利益的，不能强制其对遗产债务承担无限清偿责任，有利于预防和制裁继承人侵害遗产的违法行为，不利于对遗产债权人的利益保护。

综上可见，我国现行立法反映的主要是保护继承人合法权益，而其保护债权人利益的功能发挥不足，使其在平等保护两者利益方面，失之偏颇。

第二，共同继承人的清偿责任之不足。我国《继承法》对遗产分割后共同继承人对遗产债务的连带清偿责任无规定。因此，在司法实务中对遗产债务之共同继承人的清偿责任有的法院判决为按份责任。由于缺乏统一立法作为审判依据。这不利于法律的统一实施，有损法律权威。

3. 我国遗产债务清偿顺序的立法不足

我国《继承法》未对遗产债务清偿顺序作出明确、系统的规定。目前，司法实践中多根据我国《继承法》《执行继承法的意见》《企业破产法》等的相关规定确定遗产债务的清偿顺序。在司法实践中，被继承人债务类型多样，在其遗产不足以清偿全部债务的情况下，由于我国《继承法》缺乏对遗产债务清偿顺序的系统化规定，在具体案件审理中如何在有限遗产内确定被继承人债务清偿顺序，这往往成为司法实务中的难点。

（二）我国遗产债务清偿制度的立法完善建议

综上，针对我国《继承法》之不足，我们借鉴前述国家立法经验，并汲取我国学者建议稿和现有研究成果[①]的观点，总结司法实践经验，结合我国民众继承习惯，提出在“中国民法典·继承编”中补充完善遗产债务清偿制度的立法建议。

1. 遗产债务范围之立法建议

前述外国立法规定的遗产债务范围均包括被继承人生前所欠个人债务、继承费用、继承开始时产生的债务，前述我国诸学者的立法建议稿均以明确列举的方式对遗产债务范围作出规定，遗产债务的范围包括被继承人生前所欠个人债务、继承费用、继承开始时产生的债务。关于丧葬费用是否应被纳入遗产债务范围，结合我国十省市被调查民众的习惯，我们认为，丧葬费原则上不纳入遗产债务的范围，但没有法定扶养人的被继承人的丧葬费除外；关于被继承人生前所欠的医疗费，我们认为，该医疗费原则上也不列入遗产债务的范围，但没有法定扶养人的被继承人生前所欠的医疗费除外，以保护垫付此费用的非继承人之债权人的利益。因此，我们建议作出如下具体规定：

下列被继承人遗留的个人债务和依遗嘱或法律由遗产支付财产的事项均属于遗产债务：

（1）继承费用。包括遗产的清点和价值评估、制作遗产清单、发布继承开始的通知或公告、管理遗产、清偿遗产债务、分割遗产和执行遗嘱等费用，以及没有法定扶养人的被继承人的丧葬费。

（2）继承人生前所欠个人债务，包括普通债务和有优先权的担保债务。普通债务包括没有法定扶养人的被继承人生前所欠的医疗费。

（3）必遗份以及确为维持生存所需要的酌分遗产之债。对继承人以外的，依靠被继承人扶养的，缺乏劳动能力又没有生活来源的人，或者继承人以外的对被继承人扶养较多的人，可以分给他们适当的遗产。人民法院根据被继承人遗产的状况、继承人的生活状况、被扶养人受扶养的程度、年龄、生活状况以及扶养人对被继承人的扶养情况等，确定对其酌分遗产的份额。

（4）特留份与必遗份之债。遗嘱人以遗嘱处分财产，应当为特留份权利人保留其法定应继份的二分之一；应当为依靠遗嘱人扶养的无劳动能力又无生活来源的继承人，保留必要的遗产份额。

（5）遗赠之债。继承人生前所作的死后生效的赠与。

2. 遗产债务清偿责任的类型之立法建议

借鉴前述外国立法，参酌我国十省市民众观念与处理习惯，并综合我国学者建议稿的观点，我国继承立法宜规定继承人可以自愿选择承担遗产债务清偿的有限责任或无限清偿

① 参见陈苇主编：《外国继承法比较与中国民法典继承编制定研究》，北京大学出版社 2011 年版，第 559、561 页。

责任，但在继承人的行为不符合承担有限清偿责任的法定程序和条件或继承人故意实施有损债权人利益的行为时，继承人承担强制的无限清偿责任。这既体现了对继承人意思自治的尊重，又有利于对债权人利益的保护。因此，我们建议作出如下具体规定：

（1）遗产债务的有限清偿责任。对被继承人的债务，继承人自愿选择实行限定继承且依法在法定期限内制作遗产清单的，仅在遗产的实际价值范围内承担有限清偿责任。

（2）遗产债务的无限清偿责任。对被继承人的债务，继承人自愿选择实行无条件概括继承的，如果遗产的实际价值不足以清偿债务的，应当以其个人所有财产承担无限清偿责任。

对被继承人的债务，如有下列情形之一的，继承人应当承担无限清偿责任：

其一，继承人已全部或部分处分了遗产的；

其二，继承人未在法定期间内依法制作遗产清单的；

其三，继承人在法定期间制作遗产清单或放弃继承后，将遗产全部处分或部分处分的或故意未将全部或部分遗产记载于遗产清单的；

其四，继承人转移、隐藏遗产等损害其他遗产利害关系人之财产权益的。

（3）遗产债务的连带清偿责任。对被继承人的债务，共同继承人应当承担连带清偿责任。

遗产分割后，共同继承人对遗产的债权人以其全部财产承担连带责任。但实行有限继承的继承人仅以继承的遗产为限承担连带清偿责任。如果某共同继承人清偿被继承人的债务超出其应承担份额的，有权向其他继承人请求补偿。

遗产分割后，各共同继承人的连带责任，自遗产分割结束时或自遗产的债权到期时起，逾三年，因时效而消灭。

3. 遗产债务清偿顺序之立法建议

如前文所述，我国《继承法》未对酌分遗产之债、遗赠扶养协议之债的清偿顺序作出明确规定，且现有遗产债务清偿顺序的松散式立法不利于司法实践中遗产债务问题的处理。我国继承立法宜明确列举遗产债务的清偿顺序，因此，我们建议作出如下具体规定：

遗产债务应按如下顺序清偿：

第一顺序，继承费用；

第二顺序，必遗份以及确为维持生存所需要的酌给遗产；

第三顺序，劳动工资、基本养老保险费、基本医疗保险费等债务；

第四顺序，死者生前所欠的税款及其他普通债务；

第五顺序，遗赠扶养协议所定债务；

第六顺序，特留份之债（如果我国“中国民法典·继承编”设立特留份制度）；

第七顺序，遗赠之债。

有优先权的担保债务就担保财产优先受偿。

如果遗产不足清偿全部债务的，同一顺序的不同种类债务按比例清偿。其中已行使财产分离请求权的遗产债务，优先于同顺序的其他债务受偿。

如果遗产不足清偿第三顺序债务的，也应为受被继承人扶养的无劳动能力、无生活来源的人保留必要的生活费。

第七章　遗产分割制度研究①

继承活动作为一项动态过程包含多项内容，从被继承人死亡开始，经历了继承的通知与公告、遗产清点与管理、继承权的接受与放弃、继承权的丧失、确定继承人的类型（法定继承与遗嘱继承）、遗产债务清偿和遗产分割等一系列过程，其主要目的是实现遗产所有权的转移。其中，遗产分割发挥着重要作用，只有在对遗产分割后，继承人才能实现对遗产的实际占有。本章研究和阐述的主要内容包括：遗产分割制度概述；遗产分割制度的国外立法现状与评析；遗产分割制度的我国立法现状与我国民众的观念和处理习惯及司法实践的考察与评析；遗产分割制度的我国立法之学者观点与评析；现代遗产分割制度的发展趋势与我国立法的完善建议。

第一节　遗产分割制度概述

遗产的分割，是指继承开始后，依遗嘱或依法律在各继承人之间进行遗产分配的法律行为。遗产分割发生在多数继承人共同继承的场合，在共同继承时，遗产的分割是向继承人移交遗产的起点，对保障实现遗产分割的公平，保障继承人和其他遗产权利人的利益，发挥遗产的效用具有重要的意义。本章主要以遗产分割制度的基本理论、立法演变及立法目的、价值取向与功能为研究对象。

一、遗产分割制度的基本理论

遗产分割制度的主要内容包括遗产分割的标的之确定、遗产分割的依据、原则、时间、方法和效力，可见其是一项综合性的制度。在继承开始后遗产分割前，需先确定遗产分割标的的范围，为此需要进行遗产归扣，编制遗产清单，实行财产分离，在此基础上才能确定遗产分割标的之总额，然后按照遗产分割的依据、原则、时间、方法等具体规定，在各继承人间公平、有序地分配遗产。遗产分割后，从遗产分割的对内效力看，对参与分割的继承人会产生法律约束力，各共同继承人相互间负相应的担保责任。必须说明，遗产分割的对外效力，即对遗产债权人的效力，由于第六章遗产债务清偿制度研究中已有共同继承人之连带责任的论述，故本章对此不予研究。

（一）遗产分割标的之确定

遗产分割的标的，即遗产分割的对象，在实行直接继承的大陆法系国家，继承开始

① 本章作者简介：陈苇，女，西南政法大学民商法学院教授、博士生导师；刘宇娇，女，西南政法大学民商法博士研究生；杜志红，女，法学博士，西南大学法学院讲师；白玉，女，西南政法大学民商法博士研究生。

后，被继承人遗留的财产上的权利和义务直接转移给表示接受继承的应召继承人，即遗产分割的标的，包括被继承人对遗产的权利和义务（包括被继承人债务和所欠的税款等），但法律另有规定的除外。而在实行间接继承的英美法系国家，继承开始后，被继承人的遗产由遗产管理人或遗嘱执行人进行管理，在制作遗产清单、催告遗产权利人申报权利、追偿债权、清偿债务后，将剩余遗产分配给继承人，即遗产分割的标的是被继承人的积极财产，不包括其债务。由于本课题第六章已专章研究"遗产债务清偿制度"，故本章研究的"遗产分割的标的"只限于被继承人的积极财产。

本节遗产分割的标的之确定的主要研究对象，为遗产归扣制度和遗产分离制度（包括遗产清单制度和财产分离制度）。遗产归扣制度，是指在法定继承的遗产分割中，将被继承人子女等在被继承人生前获得的特种赠与财产合并计入遗产总额之中，然后对其在总遗产的应继份额中予以扣除的法律制度。① 遗产清单制度主要是通过继承人或遗产管理人依据法定条件和程序制作遗产清单，实现被继承人的遗产与继承人的财产各自保持独立，即实现财产分离。然后继承人据此清单实行有限责任继承，即对被继承人的债务只以遗产为限承担有限清偿责任的制度。例如，大陆法系国家的法、德、瑞、意、日、俄六国及英美法系国家的美国、澳大利亚都设立了此遗产清单制度。② 财产分离制度，主要是指被继承人的债权人或继承人的债权人，如担心被继承人的遗产可能有被侵害的情况，向法院请求实行"财产分离程序"，法院经公示催告遗产权利人申报债权，公示期满后依法定的顺序向遗产债权人进行清偿，未在公示期间申报的债权，则视为不存在或只能就剩余遗产进行清偿的制度，如意大利、日本设立有此制度。③

1. 遗产归扣制度

在国外，遗产归扣制度的主要内容包括：（1）归扣的主体，主要有被继承人的直系卑血亲；（2）归扣的标的，是特种赠与财产，通常包括被继承人生前因结婚、营业、教育或职业培训等赠与给特定继承人的财产；（3）归扣的免除，包括意定免除与法定解除。意定解除是指被继承人生前作出免除特定继承人进行遗产归扣的意思表示；法定解除是指在出现法律规定的情形时，继承人免除归扣；（4）归扣的方法，分为抵扣应继份、原物返还与价值充当。

2. 遗产清单制度

大陆法系国家的遗产清单制度，主要内容有：（1）遗产清单的制作主体与要求及方式，其制作主体主要有继承人、遗产管理人、遗嘱执行人、公证员、主管机关等；关于制作要求及方式，有的国家在制作遗产清单时必须有见证人或公证人员在场，或者由制作清单的继承人进行代替宣誓的保证；（2）遗产清单的制作时间，分为一般期限和特殊期限。其中一般期限为3个月或2个月，特殊期限即延长期限一般不得超过3个月；（3）遗产清单的提交对象或供查阅对象，遗产清单的提交对象一般为法院，可供查阅对象为利害关系人。对于经查阅后利害关系人认为有不当之处的，其有异议权；（4）制作遗产清单的效力，分为对继承人的效力和对遗产债权人的效力。第一，对继承人的效力。一是依法制作

---

① 参见龙翼飞、窦冬辰：《遗产归扣制度在我国的适用》，载《法学论坛》2016年第5期，第62页。

② 英国的《遗产管理法》第47条作出了规定，但是在20世纪90年代对该制度进行了改革，废除了该项规定。

③ 《意大利民法典》第512-518条；《日本民法典》第941-950条。

遗产清单并须发表声明实行有限责任继承或被推定为实行有限责任继承的效力；二是不制作或未在法定期限内制作遗产清单的就被推定为实行无限责任继承的效力；三是制作遗产清单期间停止债权债务处理的效力。第二，对遗产债权人的效力。一是在通知和公告期内申报债权的效力；二是未在通知和公告期内申报债权的效力；三是对有担保的遗产债权的效力。(5) 制作不实遗产清单的后果。继承人制作不实遗产清单的，对遗产债务须依法强制承担无限清偿责任。

3. 财产分离制度

财产分离制度，在国外是根据遗产债务人或受遗赠人的申请，法院通过财产分离程序将遗产与继承人的固有财产区分开来，以保证被继承人的遗产首先被用于清偿遗产债务，继承人财产被首先用于清偿继承人的债务。在我国主要采取对共有财产析产的方式，将遗产与继承人的财产或其他第三人的共有财产分离出来，其目的是保证遗产被优先用于清偿被继承人的债权人，且继承人只以遗产为限承担清偿被继承人债务的制度。从域外立法看，意大利和日本的财产分离制度的主要内容有：(1) 财产分离请求权的主体，为被继承人的债权人与继承人的债权人；(2) 财产分离的程序，法院或主管机关通过公示催告程序让债权人申报债权；(3) 财产分离的效力。请求财产分离的遗产债权人可以就被继承人的遗产优先获得清偿；继承人的债权人可以就继承人的固有财产优先获得清偿。

目前，我国并没有前述国外立法之遗产归扣制度和遗产清单制度及财产分离制度，但规定了将被继承人的个人财产从夫妻共有财产和家庭共有财产中分离的“共有财产的析产”制度。根据我国《继承法》第 26 条规定：“夫妻在婚姻关系存续期间所得的共同所有的财产，除有约定的以外，如果分割遗产，应当先将共同所有的财产的一半分出为配偶所有，其余的为被继承人的遗产。遗产在家庭共有财产之中的，遗产分割时，应当先分出他人的财产。”其主要包括两个方面内容：第一，从夫妻共同财产中将被继承人享有份额的分离；第二，从家庭共同财产中将被继承人享有份额的分离。此即被继承人的个人财产从夫妻共有财产和家庭共有财产中分割的“析产”制度。由此可见，国外的财产分离制度与我国的共有财产的析产制度，两者的主要区别如下：(1) 两者的请求权主体范围不同。前者的主体是被继承人的债权人或者继承人的债权人；后者的主体是被继承人与夫妻共同财产权人（为继承人）、家庭共有财产的共有权人（可能有继承人和非继承人）。(2) 两者分离财产的标的范围不同。前者是将被继承人的遗产与继承人的财产相互分离；后者是将被继承人的遗产与夫妻共同财产或家庭共有财产相互分离。(3) 两者分离的程序不同。前者需要请求权主体申请法院或主管机关经公示催告程序申报债权与债务；后者无此公示催告申报债权与债务的程序。(4) 两者的效力不同。前者公示催告期间中止对遗产债务的清偿，在公示期间届满后，依据财产清单已登记的遗产用来清偿遗产债务；后者无此债务清偿暂时中止的规定，也没有依据遗产清单已登记的财产清偿遗产债务的规定。可见，两者的功能略有不同，前者的主要功能是将被继承人的财产与继承人的财产相互分离而保持独立，查明被继承人的全部财产与债务，以保证以被继承人的全部财产清偿其遗产债务；后者的主要功能是使被继承人享有的财产份额从夫妻共同财产、家庭共有财产中分离出来而保持独立，以便加入被继承人遗留的其他个人财产之中，最后合并计算其遗产（积极财产）总额。

（二）遗产分割的依据

被继承人死亡后，继承人对遗产应如何分割，涉及遗产分割的依据问题。因此，明确遗产分割的依据是确定遗产分割方法的前提。遗产的分割，首先应当尊重被继承人的意愿。大陆法系许多国家一般规定，基于遗嘱自由和尊重被继承人意思自治原则，在法律允许的范围内，被继承人可立遗嘱指示遗产的分割方法，有的国家还允许遗嘱人委托第三人代为指定。例如，《法国民法典》规定，遗产由被继承人在符合特留份的限度内订立遗嘱而转移。任何人均得以指定继承人的名义或以遗赠的名义，或以其他任何适用于表示其意思的名称，经遗嘱处分其遗产。[①]《日本民法典》规定，如被继承人未立遗嘱处分其财产，遗产按法律的规定处理。[②] 再如，《瑞士民法典》规定，如被继承人未立遗嘱处分其财产，遗产按法定应继份、共同继承人的协议和法院的判决予以确定。[③]

由上可见，在现代社会，遗产分割的主要依据有两个：被继承人的遗嘱与法律的规定。后者又包括法定应继份、继承人的协议和法院的判决。首先，应当以被继承人的遗嘱作为分割依据，对于被继承人的遗嘱指定的分割份额和方法，各继承人必须遵从，其也是法官裁判的依据。[④] 其次，如无遗嘱或遗嘱无效，则应当以法律有关规定作为遗产分割的依据，主要分为三种情况。第一，以法定应继份作为分割依据。第二，以共同继承的协议作为分割依据。以共同继承人有关遗产分割达成的协议为标准，只要其意思表示一致，并且不违反法律的禁止性规定及公序良俗，该协议对共同继承人具有约束力。第三，以法院的判决作为分割依据。如共同继承人协商对遗产分割不能达成协议时，任何继承人有权向法院提起诉讼，请求法院予以裁判分割。

（三）遗产分割的原则

1. 尊重被继承人意愿和继承人意愿的原则

关于尊重被继承人意愿，主要表现为遵守被继承人遗嘱指定的遗产分割指示。如被继承人用遗嘱指定遗产分割的份额和方法的，就应按照遗嘱的指定分割遗产。如果被继承人生前未以遗嘱指定遗产分割的份额和方法的，应由继承人协商确定遗产分割的时间、份额及方法等。例如，根据《德国民法典》规定，被继承人可以遗嘱处分作出分割指示。被继承人也可以指示，按照第三人的公平裁量进行分割。[⑤] 此体现了尊重被继承人意愿的原则。

关于尊重继承人的意愿，主要表现为共同继承人可以协商分割遗产。例如，我国《继承法》第15条规定，继承人应当坚持互谅互让、协商处理遗产的原则，即继承人应协商处理遗产分割问题，此体现了尊重继承人意愿的原则。

2. 公平分割原则

公平分割遗产的原则主要表现在以下方面：

第一，法定继承时同一顺位、同一亲等继承人的继承份额一般均等。即在同一顺序、同一亲等的血亲继承人有数人时，其各自的继承份额相等。例如，意大利法规定，婚生及

① 《法国民法典》第721条第2款、967条。

② 《日本民法典》第900、907条。

③ 《瑞士民法典》第457-459、462、604、607、651条第2款。

④ 史尚宽：《继承法论》，中国政法大学出版社2000年版，第220-221页。

⑤ 《德国民法典》第2048条。

非婚生的子女，以平等的份额继承；兄弟姐妹以平等的份额继承。[①] 我国《继承法》第13条第1款规定，同一顺序继承人继承遗产的份额，一般应当均等。

第二，特殊贡献份额的补偿请求权。为体现共同继承人中对遗产或被继承人所作贡献的份额，日本法规定，共同继承人中有人对被继承人的事业提供劳务的或财产的给付、通过对被继承人的疗养及护理或以其他方法对被继承人财产的维持或增加作出过特殊贡献的，在继承开始时应确定该人特殊贡献的份额。[②] 对此，德国法也有类似规定。[③] 我国《继承法》第13条第3款规定，对被继承人尽了主要扶养义务的继承人，分配遗产时，可以多分。

第三，遗产归扣制度。为了保证遗产能够在各继承人之间的公平分割，不少国家都设立了遗产归扣制度，又被称为归扣或财产合算制度。在法定继承的遗产分割时，首先将直系卑亲属等特殊继承人在被继承人生前接受的特种赠与财产计入遗产的总额，然后确定各法定继承人的应继份。例如，意大利法规定，被继承人生前直接或间接赠与的一切财产；被继承人为卑亲属的婚姻、为其生产性或职业性活动提供的启动费、为其利益支付的人寿保险费和为偿还其债务支出的费用；嫁妆费、艺术或职业教育费（根据被继承人的经济状况明显超出正常范围的情况）应当进行合算（归扣）。[④] 除意大利外，法国[⑤]、德国[⑥]等也都设立了此种制度。

第四，共同继承人的瑕疵担保责任。为保证在共同继承人之间公平分配遗产，许多国家规定共同继承人对遗产承担瑕疵担保责任。共同继承人的瑕疵担保责任具体包括三个方面内容：第一，对遗产瑕疵的担保责任；第二，遗产被追夺的担保责任；第三，对债权的担保责任。例如，德国法规定，共同关系终止时，共同标的被分给共有人中的一人的，其他共有人中的任何一人均按其应有部分对权利瑕疵或对物的瑕疵负与出卖人同一的担保责任。[⑦]

3. 照顾弱者分割原则

照顾弱者分割原则，要求在遗产分割时，把遗产分配给需要遗产继续维持生活的人，即要求照顾弱者利益，以发挥遗产的扶养职能。其主要被体现在以下几个方面：

第一，对生存配偶的权利保护。其主要体现为生存配偶对遗产的先取份、对家庭住房的居住权及家具等日常生活用品的终生使用权的保护。例如，法国法规定，有继承权的健在配偶对原居住的属于夫妻双方或者全部属于死者的遗产房屋享有居住的权利，对房屋内的日常生活用品享有终生使用权。[⑧] 又如，俄罗斯法规定，继承开始前居住在该处且没有其他住房的继承人对于不是住房所有人的其他继承人享有房屋先取权。[⑨]

第二，对胎儿利益的保护。如果继承人中有尚未出生的胎儿，一般可采取两种方式对

---

① 《意大利民法典》第566、570条。
② 《日本民法典》第904条之二。
③ 《德国民法典》第2057a条。
④ 《意大利民法典》第737、741条。
⑤ 《法国民法典》第843条。
⑥ 《德国民法典》第2050-2052条。
⑦ 《德国民法典》第757条。
⑧ 《法国民法典》第764条。
⑨ 《俄罗斯联邦民法典》第1168条。

胎儿的利益予以照顾。一是在胎儿未出生之前，各继承人禁止分割遗产。例如，瑞士法规定，如果继承人中有一人是胎儿，应将分割推迟至其出生之时；在前款的期限内，母亲在其抚养费的限度内，对共同财产的收益有请求权。① 二是为胎儿保留其应继承份。例如，我国《继承法》第28条规定："遗产分割时，应当保留胎儿的继承份额。胎儿出生时是死体的，保留的份额按照法定继承办理。"由此可见，保护胎儿的利益受到许多国家继承立法的重视，虽然对遗产分割时胎儿应继份的保留或胎儿出生前暂时中止遗产分割的立法在内容上有所不同，但其目的是一致的。

第三，对未成年人利益的保护。对未成年人利益的保护或体现为对于遗产中的企业及公司权益，在未成年人成年之前应当保持共有状态，或体现为分配遗产时对于未成年人应当予以照顾。例如，法国法规定，在有未成年直系卑血亲或健在配偶存在时，可维持共有的请求权人可对由死者或其配偶负责经营的任何农业、商业、工业、手工业等企业及公司权益，维持共有直至最小的直系卑血亲成年之时。② 我国《继承法》第13条第2款规定："对生活有特殊困难的缺乏劳动能力的继承人，分配遗产时，应当予以照顾。"因此，在分割遗产时，应当照顾生活有特殊困难的缺乏劳动能力的未成年继承人。

第四，对受被继承人扶养人的保护。此主要体现为受被继承人生前扶养的人保留一定的遗产份额。例如，瑞士法规定，被继承人死亡时，受其扶养的继承人得请求自被继承人死亡后从遗产中给予一个月的生活费；遗产分割时，对未受教育及身体有缺陷的子女，应给予相当的特别增额。③ 我国《继承法》第14条规定，对继承人以外的依靠被继承人扶养的缺乏劳动能力又没有生活来源的人，可以分配给他们适当的遗产。

4. 发挥遗产效用原则

从罗马法时期开始，共有财产的分割就一直遵循"不损害物之效用"的原则。对共有财产应尽量在不减少价值的情形下分割，如各种钱币等可分物，法官即应按其应有部分就实物分割为各单独所有权。否则法官可判由个别共有人取得共有物的单独所有权，而令对其他共有人负补偿义务，或拍卖共有物就价金按比例分配给所有共有人。④ 现代民法几无例外地承认这些共有财产权分割的方式，也即肯定应依当事人之声明、共有物之性质、经济效用及全体共有人之利益等情况合理分割，以充分地发挥共有物之效用。遗产作为被继承人生前积累所遗留的财富，除具有扶养家庭成员，维持家庭生活的职能外，同时也具有供给生产、经营资料，促进社会经济发展的作用。在遗产处理时，坚持发挥遗产效用原则，有利于节约资源，保护生态环境，符合现代民法之绿色原则的要求。⑤ 在我国，正如第一章中所述，我国社会经济因素也会影响遗产的处理方法。市场经济中的生产经营者如民营企业主、土地承包经营者等对遗产中的生产经营资料，具有特殊分割方法的现实需求。从中外继承立法看，对于遗产分割的规定均要求发挥遗产的实际效用。例如，根据《瑞士民法典》的规定，如果对遗产或遗产中的某物即时分割将严重损害其价值时，应继

---

① 《瑞士民法典》第605条。此外，德国、意大利等国也作出了类似规定。

② 《法国民法典》第822条。

③ 《瑞士民法典》第606、631条第2款。

④ 参见苏永钦：《民事立法与公私法的接轨》，北京大学出版社2005年版，第294页。

⑤ 参见郭明瑞：《民法总则通义》，商务印书馆2018年版，第28-29页。

承人中一人的请求，法官可以命令暂缓分割。[①] 因分割而严重损害其价值的物，应完整地分配给继承人中之一人；性质上结合为一体的物，因继承人中一人的异议，不得分割；对家庭有特别纪念意义的物，因继承人中一人的异议，不得变卖。[②]《意大利民法典》规定，法院基于共同继承人中的一人请求，由于其即时分割会使遗产发生重大损害时，得以不超过5年期限，使继承财产或者某一财物的分割停止。[③] 我国《继承法》第29条规定，遗产分割应当有利于生产和生活需要，不得损害遗产的效用，对于可以实物分割的，应采用实物分割的方式，不可以实物分割的，可以采取折价、适当补偿或者共有等方法处理。我国《执行继承法的意见》第58条规定："人民法院在分割遗产中的房屋、生产资料和特定职业所需要的财产时，应依据有利于发挥其使用效益和继承人的实际需要，兼顾各继承人的利益进行处理。" 前述中外立法例均体现了注重发挥遗产的使用价值，有利于维持继承人的家庭生活，保障生产经营者的需要，促进社会经济的发展。

5. 平等保护继承人利益和遗产债权人利益的原则

平等保护继承人利益和遗产债权人利益的原则，主要体现在确定遗产分割标的时的两个方面：

第一，遗产清单制度。继承人通过制作忠实的遗产清单，可以在遗产价值范围内对被继承人的债务承担有限清偿责任。同时，也可以使遗产债权人可以就遗产尽快受到清偿。如果继承人制作虚假的遗产清单，则要被依法强制承担无限清偿责任，这可以避免继承人隐藏遗产，逃避债务，以保护遗产债权人的权益。例如，德国法规定，依法制作遗产清单并声明有限继承的，继承人对遗产债务依遗产清单上记录的遗产承担有限清偿责任[④]；继承人没有在法定期限内编制遗产清单的，在期间届满后对遗产债务负无限清偿责任[⑤]；在期间届满后，在通知和公告期内申报债权的债权人有权优先就遗产清单所记载的遗产获得清偿。[⑥]

第二，财产分离制度。通过遗产债权人或继承人的债权人申请法院实行财产分离，使被继承人的财产与继承人的财产或其他第三人的共有财产相分离并保持独立，从而保障遗产用于优先偿还被继承人的债权人；继承人的债权人有权就继承人的固有财产优先受偿。例如，日本法规定，请求分离财产的人及按照规定申报参加分配的人，就继承的财产优先于继承人的债权人受领清偿。如果剔除财产分离请求的人及申报参加分配的人，以不能以继承财产受领全部清偿为限，可以对继承人的固有财产行使其权利。在此情形，继承人的债权人可以优先此等人对继承人的固有财产受领清偿。[⑦]

（四）遗产分割的时间

目前，许多国家普遍承认遗产分割自由原则，各共同继承人在继承开始后可随时请求分割遗产。例如，日本法规定，除下条规定被继承人以遗嘱禁止分割的情形外，共同继承

① 《瑞士民法典》第604条。
② 《瑞士民法典》第604条第2款、613条。
③ 《意大利民法典》第717条。
④ 《德国民法典》第2009条。
⑤ 《德国民法典》第1994条。
⑥ 《德国民法典》第1970条。
⑦ 《日本民法典》第942、948条。

人可以随时以协议分割遗产。[①] 意大利法规定，共同继承人，不论何时，均得请求分割。[②]

但遗产分割自由只是一种相对自由，在特定情况下，继承人不得请求分割遗产。一些国家对于遗产分割时间的限制归纳起来，主要有以下情况：遗嘱禁止在一定期间内分割的；继承人协商在一定期间内不得分割的；遗产债务尚未被清偿的；有尚未出生的胎儿继承人的情况下，均暂时禁止分割遗产。一旦出现这些特定情形，遗产分割的时间必须根据遗嘱的指示或继承人协议的约定或法律的规定来确定。例如，日本法规定，被继承人可以依遗嘱，确定自继承开始时起不超过5年的期间内禁止分割遗产。[③] 意大利法规定，继承人中有胎儿的情形下，在胎儿出生前不得实行遗产分割。[④] 对于必须先偿债后分遗产，德国法规定，只有在已知的遗产债务被清偿时，遗产管理人始得将遗产移交给继承人。如债务的清偿现时系不可实施的或债务处于争议中的，则仅在担保已被向债权人提供时，始得进行遗产的移交。[⑤]

（五）遗产分割的方法

遗产分割的方法是指继承人取得应继份的具体途径。[⑥] 可分为一般方法和特殊方法两种。

1. 一般方法

遗产分割的一般方法，大致包括以下几种：实物分割、变价分割、补偿分割。其中，实物分割一般适用于易于分割的遗产。补偿分割是指对于不宜实物分割的遗产，如果继承人中有人愿意取得该遗产，则由该继承人取得遗产的所有权，然后由取得该遗产的人将超出自己应继份的部分，用金钱或实物补偿给其他继承人。变价分割是指将不宜分割的遗产或继承人都不愿取得的遗产，出卖给他人以换取价金，然后再按照各继承人应继份的比例，对价金进行分割，如对不宜分割的不动产多采取此分割方式。此外，维持共有则是发生在某些遗产基于特殊情形下，原则上不宜分割、不宜变价分割的财产，如法国法、意大利法等都对遗产分割的一般方法作出了专门规定。[⑦]

2. 特殊方法

遗产分割的特殊方法，是指法律规定的遗产分割的特殊方法。例如，法律规定遗产分割时，生存配偶或特定继承人对特殊遗产的先取权、对农业用途的财产和权利的特殊分割方法等。由此可见，遗产分割的特殊方法包括两个方面的内容：一是在遗产分割时，特定继承人的优先权。例如，俄罗斯法规定，经常使用在遗产中的不可分物的继承人，对不使用该物也不是该物共有人的继承人享有作为其继承份额取得该物的优先权。[⑧] 二是特殊遗产的分割方法。例如，意大利法规定，在转移用于耕作或者适宜进行耕作的土地所有权分割，或者以任一名义分配用于耕作或者适宜进行耕作的土地时，抑或在上述土地之上设定

① 《日本民法典》第907条第1款。
② 《意大利民法典》第713条第1款。
③ 《日本民法典》第908条。
④ 《意大利民法典》第715条。
⑤ 《德国民法典》第1986条。
⑥ 郭明瑞、房绍坤、关涛：《继承法研究》，中国人民大学出版社2003年版，第173页。
⑦ 《法国民法典》第821-824条，《意大利民法典》第718-722、726-730条。
⑧ 《俄罗斯联邦民法典》第1168条第2款。

或者转移物权时，必须以最小耕地为单位基础进行操作。[①]

（六）遗产分割的效力

遗产分割后，各共同继承人对遗产的责任可分为对内责任和对外责任。其中，所谓遗产分割后共同继承人的对外责任，就是各共同继承人对遗产债务清偿的连带责任，即继承开始后遗产债务清偿以前，若遗产已被分割，各共同继承人则对遗产债权人承担连带清偿责任。必须说明，由于此对外效力在第六章已论述共同继承人对遗产分割的连带责任，故在此不再赘述。本节的研究对象为遗产分割后共同继承人的对内责任。

遗产分割后共同继承人的对内责任，是指各共同继承人之间对遗产分割的担保责任。本节的研究对象即为遗产分割后各共同继承人之间的内部担保责任。其具体包括三个方面内容：一是对遗产的物之瑕疵的担保责任，其是指遗产分割后，各共同继承人对其他继承人因分割所得的遗产瑕疵，在一定条件下负有担保责任。二是对遗产被追夺的担保责任，其是指遗产分割后，各共同继承人对其他继承人所得的遗产，承担因遗产被追回而致使该继承人失去遗产份额的担保责任。[②] 三是对分割的遗产债权的担保责任，其是指各共同继承人对其他继承人因遗产分割所得的债权，在一定条件下对债务人的支付能力承担担保责任。[③] 对于以上对内责任，我国《继承法》均没有规定。但我国《合同法》第153条和第154条规定，出卖人负有物的瑕疵担保责任。从域外立法看，对于遗产分割后，各共同继承人相互间对遗产的担保责任。例如，德国法规定，共同继承人之间的担保责任。在共同关系终止时，共同标的被分给共有人中的一人的，其他共有人中的任何一人均按其应有部分对权利瑕疵或对物的瑕疵负与出卖人同一的担保责任。[④]

二、遗产分割制度的立法演变

本节主要研究遗产分割制度的演变，包括外国遗产分割制度之演变和我国遗产分割制度之演变两个部分。

（一）外国遗产分割制度之演变

我国学者周枏指出，古罗马建国初期，继承并不发生遗产分割的问题，因为当时生产力还很低，消费后并无多少积余，家长死亡，家属仍继续聚居，共同生活。直至《十二表法》时，农村公社的大家庭制度已逐渐解体，故该法已经有了遗产分割的规定。[⑤] 当时的《十二表法》的第五表中，第9条规定："被继承人的债权和债务，由各继承人按其应继分的比例分配之。"第10条规定："遗产的分割，按遗产分析诉处理。而有权提起此诉讼请求的，除继承人外，还包括对某一遗产份额享有权利的人，如军营特有产的准继承人，部分受遗赠人及遗产占有人等。"在"遗产分割之诉"中，法官对此有广泛的裁量权，但如遗嘱人已对共同继承人做了分配，其必须尊重。遗产的分割以平均分配为原则，但无法平均时，其可通过为一方设立债权、质权或其他担保的方式来进行，因其性质而应

---

① 《意大利民法典》第846条。

② 之所以出现此种情况，原因可能是其分得的财产，原来并不是被继承人的财产，或虽为被继承人的财产，但被继承人生前已经对该财产做了合法处分，而继承人对此又不知情。

③ 参见陈苇主编：《婚姻家庭继承法学（第三版）》，群众出版社2017年版，第315页。

④ 《德国民法典》第757条。

⑤ 周枏：《罗马法原论（下册）》，商务印书馆2004年版，第575页。

保持完整的东西不予分割。[①] 如果共有财产或物可以在不减少价值的情形下分割，即如各种钱币等可分物，法官即应按其应有部分就原物分割为各单独所有权。否则，法官可判由个别共有人取得共有物的单独所有权，并对其他共有人负补偿义务，或拍卖共有物而就价金按比例分配给所有共有人。[②] 可见，古罗马的遗产分割制度主要包括遗产分割的标的与份额、诉讼请求权人、诉讼分割遗产的原则及方法等内容。

至近现代社会，19 世纪、20 世纪大陆法系国家颁行了两部具有代表性的民法典，即 1804 年的《拿破仑法典》[③] 和 1896 年制定、1900 年生效的《德国民法典》[④]，它们在承袭古罗马遗产分割制度的基础上发展确立了各自的遗产分割制度。该两部法典对于遗产分割的主体、标的、依据、原则、方法及效力均有所规定。[⑤] 1804 年《拿破仑法典》和 1900 年《德国民法典》对 19 世纪、20 世纪其他大陆法系国家的立法产生很大影响。《拿破仑法典》的指导思想是个人主义，其与 1789 年的《人权宣言》的思想是一脉相承的，将个人权利放在首位，强调自由的意思自治，是以个人主义为指导思想的近代民法典，尤其是《拿破仑民法典》的构成要素包括三大原则，即所有权不可侵犯原则、契约自治原则、个人责任原则。但是，有学者指出，随着社会的不断发展，民法在现代社会产生巨大的变迁，意思自治原则逐渐崩溃，个人责任从主观责任向客观责任发展，所有权也开始社会化。[⑥] 因此，随着社会的发展，国外现代遗产分割制度也被逐步发展完善。综合大陆法系部分国家的相关立法，现代遗产分割制度的主要特点如下：

1. 遗产分割的依据充分体现尊重当事人的意愿

首先，遗产分割的依据以被继承人的遗嘱指定优先，以尊重被继承人的意愿，体现私法自治原则。例如，被继承人的遗嘱对遗产分割的时间、份额、方式、遗产归扣的范围等作出了指示的，在分割时都应遵守。例如，依法国法规定，遗产由被继承人在符合特留份的限度内订立遗嘱而转移。任何人均得以指定继承人的名义或遗赠的名义，或以其他任何适于表示其意思的方式，经遗嘱处分其遗产。[⑦] 可见，遗嘱是遗产分割的首要依据。其次，遗产的分割应当尊重继承人的意愿。遗产的分割应协商处理，对于遗产分割无遗嘱指定的，可由共同继承人协议分割，以尊重继承人的意愿。例如，《瑞士民法典》规定，共同继承人之间可以自由约定遗产的分割方法。[⑧] 我国《继承法》第 15 条规定，继承人应当本着互谅互让、和睦团结的精神，协商处理继承问题。遗产分割的时间、办法和份额由继承人协商确定。

---

① ［意］彼德罗·彭梵得：《罗马法教科书》，黄风译，中国政法大学出版社 1992 年版，第 449 页。

② 苏永钦：《民事立法与公司法的接轨》，北京大学出版社 2005 年版，第 294–295 页。

③ 李浩培、吴传颐、孙鸣岗译：《拿破仑法典（法国民法典）》，商务印书馆 1993 年版，第 109–112、117–118 页。

④ 《民法资料汇编第七辑：资本主义国家部分》，中国人民大学出版社 1954 年版，第 145、415–417 页。

⑤ 例如，1804 年《拿破仑法典》第 815–819、883–886、822–842 条，1896 年《德国民法典》第 757、2043、2044、2048、2049 条等。

⑥ ［法］莱昂·狄骥：《〈拿破仑法典〉以来私法的普通变迁》，徐砥译，徐菲勘校，中国政法大学出版社 2003 年版，勘校者导言第 13–26 页。

⑦ 《法国民法典》第 721、967 条。

⑧ 《瑞士民法典》第 607 条第 2 款。

2. 遗产分割的自由受到一定限制

为保护弱者利益，共同继承人的遗产分割自由受到一定限制。这主要表现为，遗嘱指定、继承人协议、遗产的性质不宜分割、有尚未出生的胎儿等都是遗产被禁止分割的因素。例如，依德国法规定，被继承人得以遗嘱禁止遗产或个别遗产标的的分割。请求终止共同关系的权利可以被共有人的协议永久或暂时排除。① 依瑞士法规定，若有即将出生之胎儿，考虑到胎儿的利益，应将分割推迟至其出生之时。如果对遗产或遗产中的某物即时分割将严重损害其价值时，应继承人中一人的请求，法官可以命令暂缓分割。② 我国《继承法》第 28 条规定："遗产分割时，应当保留胎儿的继承份额。胎儿出生时是死体的，保留的份额按照法定继承办理。"

3. 遗产分割应注重公平

基于平等地保护各共同继承人权益的目的，遗产分割立法应注重公平分割遗产。这主要表现如下：

第一，有些国家规定了共同继承人对遗产分割的瑕疵担保责任等制度。这些制度都体现了在各继承人间公平分割遗产之理念。例如，《日本民法典》规定，对于现物分割，各共同继承人，按其应继份额，对其他共同继承人承担与出卖人相同的担保责任。对于遗产为债权的情况，各共同继承人按其应继份额，就其他共同继承人应分割而取得的债权，担保其分割当时债务人的资力。就未届清偿期的债权及附停止条件的债权，各共同继承人担保债务人在应为清偿时的资力。③《意大利民法典》也规定，共同继承人之间在遗产分割后，对其他继承人所分得的遗产，除负有瑕疵担保责任外，还负有对遗产被追夺的担保责任。④

第二，分割遗产应根据权利与义务相一致原则。例如，对被继承人作出特殊贡献的继承人给予补偿，《日本民法典》规定，如共同继承人中有人对被继承人的事业提供劳务的或财产的给付、通过对被继承人的疗养及护理或以其他方法对被继承人财产的维持或增加作出过特殊贡献的，以被继承人在继承开始时所有的财产价额扣除共同继承人以协议确定的该人特殊贡献的份额为继承财产。⑤ 我国《继承法》第 13 条第 3、4 款规定："对被继承人尽了主要扶养义务或者与被继承人共同生活的继承人，分配遗产时，可以多分。有扶养能力和有扶养条件的继承人，不尽扶养义务的，分配遗产时，应当不分或者少分。"

第三，有些国家设立了遗产归扣制度，即将特定继承人接受的被继承人生前特种赠与的财产，在遗产分割时应当计入遗产总额，以确定各共同继承人的应继份，从而实现遗产在各特定共同继承人之间的公平分割。例如，《意大利民法典》规定，被继承人为卑亲属的婚姻、为其生产性或职业活动提供的启动费、为其利益支付的人寿保险费和为偿还其债务支出的费用以及嫁妆费、艺术或职业教育费（根据被继承人的经济状况明显超出正常范围的情况）应当进行归扣。⑥ 又如，《瑞士民法典》规定，被继承人生前以继承份额先

① 《德国民法典》第 749、2044 条。

② 《瑞士民法典》第 604、605 条。

③ 《日本民法典》第 911-912 条。

④ 《意大利民法典》第 759 条。

⑤ 《日本民法典》第 904 条之二。

⑥ 《意大利民法典》第 737、741 条。

交予各继承人的全部财产及被继承人以嫁妆、结婚费用（以超出普通程度为限）、财产转让或债务免除的名义交付于直系卑血亲的全部财产；被继承人为子女的教育或职业培训所支出的费用（以超出普通程度为限）应予结算（归扣）。[①]

4. 遗产分割应发挥物的最大效用

一些国家有关补偿分割、维持共有等分割方式的立法都体现了这一原则。例如，对于不宜原物分割的不动产，或者对该不动产的分割将会损害公共经济利益或环境卫生的，或者不将不动产拆散就无法进行分割的，或者根据国民生产利益不得分割的财产，应当整体保留不动产，由取得不动产的继承人以现金形式向其他共同继承人承担返还超出自己应得份额遗产的责任。依《瑞士民法典》规定，若分割将严重损害物的价值，或者遗产属于性质上结合为一体的物、对家庭有特别纪念意义的物，都不因继承人中一人的异议而分离，应该将该物完整地分配给继承人中的一人。农业经营的用益承租人死亡，且由其继承人中一人继续承租的，出于用益价值的目的，该继承人可以请求将所有经营所需的财产，按用益价值划归其继承。[②]

（二）我国遗产分割制度之演变

在人类社会的初始阶段，由于没有剩余生产物，没有可供继承的财产，因此，也不存在对遗产的分割。到了母系氏族时期，生产力有了初步的提高，遗产按母系继承，后又逐渐转变为父系继承。但此时，遗产的分割靠习惯维持，而非由法律进行调整。我国古代的继承主要涉及宗祧继承和财产继承两部分内容。宗祧继承包括继承宗祧、继承祭祀、继承家长地位三项内容。我国自周代起就确立了嫡长子继承制，嫡长子为宗祧继承人，“有子立长，无子立嗣”成为历代的法例。次子、庶子只能分得部分土地和财物，不能承袭权位。《唐律疏议·户婚律》规定：“诸立嫡违法者，徒一年。”在财产继承方面，虽然法定继承与遗嘱继承同时存在，但遗嘱继承受到很大的限制。不仅立遗嘱的人为宗法观念所影响，官方在处理遗嘱纠纷时也为宗法观念所束缚。《宋史·张咏传》所载张咏对一遗产纠纷的处理则为明证。其主要案情为死者遗言提出：“以十分之三与子，余七与婿。”张咏认为，死者立此遗嘱，出于明智，否则，儿子早死在女婿之手，因而决定：“以七与其子，余三给婿，人们‘服其明断’。”此外，男女之间、亲生子与非亲生子之间、在室女与出嫁女之间的继承权存在明显的不平等。宗祧继承观念，对遗产的分割份额影响很大。如兄弟在，在室女对父祖的遗产不能有任何继承份额。如夫死有子，妻也没有继承权。[③]

在我国古代，无论是宗祧继承还是财产继承，并不以被继承人死亡为前提，而多在被继承人的生前完成，民间称此为“分家析产”。所谓分家析产，包括“析分”和“继承”两个意思，前者指父母在世时儿子们因长大成婚而分家析产，另立户头；后者指父母去世后弟兄们分遗产，这才是与近现代社会继承制度相同的财产意义上的继承。而诸子平均析产，即所有儿子平均分配家产的方式，是我国传统家产继承方式的主体内容。[④] 分家习惯从我国古代战国中期的秦国以来，一直是中国传统社会中家产传承领域的主要行为模式。在这一习惯或行为模式中，行为原则、当事人、参与人、效力、财产范围等内容及分家程

---

① 《瑞士民法典》第626、629、631条。

② 《瑞士民法典》第612、613、613a条。

③ 李志敏：《中国古代民法》，法律出版社1988年版，第56、59、63-65页。

④ 邢铁：《家产继承史论》，云南大学出版社2012年版，第14页。

序等均具有相当的确定性。

至近现代社会，自1911年的《大清民律草案》采用“继承”概念开始，死后财产继承与生前分家制一起并存于国家法领域。① 至此继承概念被正式确立，并规定了相应的遗产分割制度，该草案作了如下规定：（1）遗产分割的依据。遗产分割依被继承人之遗嘱或法律规定为之。如被继承人之遗嘱定有分产之法或托他人代定者，须从其遗嘱。如无遗嘱，继承人有数人时，不论嫡子、庶子，均按人数平分。私生子依子量与半分。（2）遗产分割的限制。遗嘱可以禁止继承人分割遗产，但时间以五年为限。如继承人中有失踪者，应酌留遗产之一部分后进行分割，如继承人中有胎儿者，应为其保留应继份后再予分割。北洋政府执政后于1925—1926年起草完成了《民国民律草案》②，该草案对遗产分割的规定基本延续了《大清民律草案》，但又增加了以下规定：（1）遗产分割的限制。遗产分割前，必须先清偿遗产债务，如债务未至清偿期，或在诉讼中时，必须保留相当金额以备偿还。如遗嘱禁止分割的，以十年为限。（2）遗产分割方法的特别规定。不能分割之物、因分割而其价格显有损失之物、性质上结合为一体之物（有继承人反对分割）应分归一位遗产继承人承受。如归何人承受意见不一致者，应将原物出售后分配。原物之变价得履行拍卖程序，但拍卖尽在继承人间按法定程序行之。家谱及其他家之特别记录，或由祖先遗传，是为其家特别纪念，遗传继承人中有提出异议者，应分归一位遗产承受人承受，不得出售。如继承人间意见不一致，应呈请法院，按照地方习惯或参酌各遗产继承人之个人关系予以裁判。遗产继承人中有分得庄地者，其估价以出产价格为准。（3）遗产的扣还。遗产继承人中，如对所继人负有债务，其债务应从该继承人之应继份中扣还。（4）遗产分割的效力。一般效力，遗产分割后，除有遗漏未分之部分，或被隐匿之财产，继承人可请求重分或自愿重分外，遗产不得重分。共同继承人间的担保责任。各继承人对于遗产，按其所得之分，互负担保责任，与卖主同。对于分得债权者，也按其所得之分，就遗产分割时债务人之资力，互负担保之责。③ 中华民国时期，于1930年公布了“民法继承编”，1931年5月5日起施行。该“民法继承编”关于遗产分割的规定在《民国民律草案》的基础上，增补了如下内容：（1）遗产分割的效力。遗产之分割，溯及继承开始时发生效力。（2）遗产归扣。继承人中有在继承开始前因结婚、分居或营业，已从被继承人受有财产之赠与者，应将该赠与价额加入继承开始时被继承人所有之财产中。前项赠与价额，应于遗产分割时，由该继承人之应继份中扣除。赠与价额，依赠与时之价值计算。④

在我国新民主主义时期的民主革命根据地，中国共产党在颁布的有关法律、条例和政策中，否定了宗祧继承制度，确立了男女平等原则，承认并保护妇女的财产继承权。非婚

---

① 俞江：《继承领域内冲突格局的形成——近代中国的分家习惯与继承法移植》，载《中国社会科学》2005年第5期，第125页。

② 《民国民律草案》第1378、1383-1391条，载杨立新主编《中国百年民法典汇编》，中国法制出版社，第372页。

③ 从上述规定看，关于遗产分割的内容，该《民国民律草案》比《大清民律草案》更为全面和具体。该草案虽没有正式实施，但在1926年后曾作为条例被各级审判机关援用，并对南京国民政府民法典的起草产生了深远的影响，具有重要的历史价值。参见张晋藩主编：《中国民法通史》，福建人民出版社2003年版，第1147页。

④ 参见1930年“民法继承编”第1147条，载杨立新主编：《中国百年民法典汇编》，中国法制出版社2011年版，第515-516页。

生子女、养子女享有与婚生子女同等的权利（包括同等的继承权）。1949 年中华人民共和国成立后，废除了民国时期的一切法律，包括前述 1930 年“民法继承编”（但该法在我国台湾地区至今仍然被适用）。为指导继承法律的适用，有关部门在 1950 年《婚姻法》和 1954 年《宪法》的基础上，就继承的各种具体问题作了许多指示和批复。最高人民法院在 1963 年的有关司法意见中规定：“处理继承纠纷，应根据宪法和婚姻法的规定，本着保护法定继承人的合法继承权，同时又要提倡互相扶助和抚养的共产主义道德风尚。”1979 年 2 月最高人民法院在有关司法意见中，就继承问题作了进一步具体的规定。其中关于遗产分割的规定有：同一顺序的继承人，分配遗产时，首先，应照顾未成年人和无劳动能力的人。其次，应考虑对被继承人所尽的义务和继承人生产、生活上的实际需要。对虐待或遗弃被继承人的，也可不准其继承。遗嘱继承应当承认。但遗嘱不能违背党和国家的政策法律，不能取消未成年人、无劳动能力或生活困难的法定继承人的继承权等。1984 年 8 月最高人民法院在有关司法意见中，对于继承开始的时间；遗产的范围；继承权被放弃或被依法剥夺的遗产处理；有扶养关系的继父母与继子女互有遗产继承权；“过继”子女与“过继”父母有扶养关系的，互有继承权；丧偶儿媳与公婆、丧偶女婿与岳父母，已形成扶养关系的，互有继承权；法定继承的顺序；代位继承人的范围及顺序；同一顺序法定继承人之间遗产分配的原则；酌分遗产人等问题，作了明确的规定。[①] 其中对于遗产分割的规定包括：有遗嘱指定的按遗嘱执行，无遗嘱的按法定应继份分割，注意照顾未成年人和无劳动能力人，适当多分遗产。

我国 1985 年 10 月 1 日实施的《继承法》规定了遗产分割制度，其主要包括以下内容：（1）遗产分割的依据。公民可以依照本法规定立遗嘱处分个人财产，并可以指定遗嘱执行人；对于遗嘱未处分的遗产，按照法定继承办理。遗产分割的时间、办法和份额，由继承人协商确定。可见，目前我国《继承法》规定的遗产分割的依据，分为被继承人的遗嘱和法律的规定，前者是尊重被继承人的意愿；后者包括按法定继承办理和由继承人协商处理。（2）遗产的分离。夫妻在婚姻关系存续期间所得的共同所有的财产，除有约定的外，如果分割遗产，应当先将共同所有的财产的一半分出为配偶所有，其余的为被继承人的遗产。遗产在家庭共有财产之中的，遗产分割时，应当先分出他人的财产。（3）遗产分割自由的限制。遗产分割时，应当保留胎儿的继承份额。胎儿出生时是死体的，保留的份额按法定继承办理。（4）遗产分割时法定继承的份额。同一顺序继承人继承遗产的份额，一般应当均等。对生活有特殊困难的缺乏劳动能力的继承人，分配遗产时，应当予以照顾。对被继承人尽了主要扶养义务或者与被继承人共同生活的继承人，分配遗产时，可以多分。有扶养能力和扶养条件的继承人，不尽扶养义务的，分配遗产时，应当不分或者少分。继承人协商同意的，也可以不均等。（5）遗产分割的原则和方法。遗产分割应当有利于生产和生活需要，不损害遗产的效用。不宜分割的遗产，可以采取变价分割、补偿分割或者共有等方法处理。[②]

---

① 陈苇主编：《婚姻家庭继承法学》，法律出版社 2002 年版，第 412-414 页。

② 我国《继承法》第 13、15、16、26-29 条。

三、遗产分割制度的目的、价值取向与功能

（一）遗产分割制度的目的与价值取向

1. 遗产分割制度的目的

设立遗产分割制度的目的，主要在于尊重被继承人和继承人的意愿，保证遗产与其他共有财产的分离，平等地保护各共同继承人与第三人的利益，保障生产和生活的需要，充分发挥物之效用等。

（1）尊重被继承人意愿和继承人意愿。遗产分割是在共同继承人之间按照遗嘱或法律的规定，对各自的应继份进行分配。首先，在遗嘱继承时，如果被继承人在遗嘱中指定了如何分割或委托第三人予以分割，应当依据被继承人的遗嘱进行分割。例如，《德国民法典》规定，被继承人可以终意处分作出分割指示。被继承人也可以指示，按照第三人的公平财产进行分割。[①] 其次，在法定继承时，依据法律规定的应继份进行分割，但遗产分割的时间、份额、办法，可以由继承人协商确定。其一，遗产分割的时间继承人可以协商；其二，遗产分割的份额，继承人原则上应当依照法律的规定分割。同一顺序的继承人继承遗产的份额，一般应当均等，但有特殊情况的除外。并且继承人协商一致的也可以不均等分割。例如，我国《继承法》第13条规定："同一顺序的继承人继承遗产的份额，一般应当均等。对生活有特殊困难的缺乏劳动能力的继承人，分配遗产时，应当予以照顾。对被继承人尽了主要扶养义务或者与被继承人共同生活的继承人，分配遗产时，可以多分。有扶养能力和有扶养条件的继承人，不尽扶养义务的，分配遗产时，应当不分或少分。继承人协商同意的，也可以不均等。"最后，对于遗产分割的具体方法，继承人可以协商处理。例如，我国《继承法》第15条规定，"遗产分割的时间、办法和份额，由继承人协商确定"。可见，遗产分割制度体现了对被继承人意愿和继承人意愿的充分尊重，贯彻了民法的意思自治原则。

（2）保证遗产与其他共有财产相分离。被继承人死亡后，继承开始。为了避免遗产与继承人的固有财产发生混同，部分国家设立了财产分离制度，即应被继承人的债权人和继承人的债权人之请求，在遗产分割前应将遗产与继承人的财产或与其他共同财产实现分离。例如，《日本民法典》规定，被继承人的债权人或受遗赠人，自继承开始时3个月内或即使在此期间届满后但继承财产与继承人的固有财产未混合之前，可以向家庭法院提出请求将继承财产从继承人的财产中分离处理。[②] 再如，在我国立法有被继承人的个人财产份额从共有财产中分离的规定。根据我国《继承法》第26条第1款规定，被继承人的遗产应同夫妻共同财产相分离。在夫妻存在共同财产的情况下，分割遗产之前，必须首先从共同财产中分出一半归生存的配偶所有，另外一半才能作为被继承人的遗产。根据我国《继承法》第26条第2款的规定，遗产在家庭共有财产之中的，遗产分割时，应当先分出他人的财产。这可以实现被继承人的遗产与家庭共同财产相分离。在现实生活中，除夫妻可能形成共同财产外，在家庭中一起生活的其他共同成员，如父母、子女、祖父母、外祖父母以及兄弟姐妹等之间也会形成家庭共同财产。例如，家庭成员共同劳动所得的财

---

① 《德国民法典》第2048条。

② 《日本民法典》第941条。

产、家庭成员共同购置的财产等。在发生上述情形时，应将被继承人在家庭共有财产中所享有的份额分离出来作为被继承人的遗产。我们认为，遗产分离制度的设立，有利于防止被继承人的遗产与继承人的固有财产发生混同，这既可以保证被继承人的债权人优先就遗产获得清偿，又可以保证继承人的债权人对继承人的固有财产优先获得清偿。值得注意的是，在国外，为实现遗产独立，还设立有“遗产清单制度”，如《法国民法典》规定，继承人欲表明其仅按遗产清单利益取得继承人资格的声明，应向在其辖区内开始继承的法院提出，继承人得自继承开始之日起3个月内提出前述遗产清单。[①]《意大利民法典》规定，被传唤的继承人，其以某种名义在将继承财产的财物占有时，应自继承开始或者自继承财产到来的通知之日起三个月内做成财产目录。[②] 也就是说，继承人可依法在法定期限内制作财产清册，以实现遗产保持独立，从而依法仅以遗产清单的财产为限对被继承人的债权人承担有限清偿责任，这有利于保护被继承人的债权人、继承人及其债权人三方的合法权益。

（3）平等保护各共同继承人利益与第三人的利益。首先，为了实现全体共同继承人公平地分配遗产，许多国家和地区设立了遗产分割的瑕疵担保责任制度。设立该制度的目的在于使各共同继承人公平地分担遗产分割物的瑕疵担保责任与权利瑕疵的责任。例如，《法国民法典》规定，共同继承人仅就由于分割前的原因引起的对财产的侵害与追夺，互负担保责任。所有的共同继承人就某一共同分割人对于归入其财产份额中的债务在遗产分割前就已经显示的无支付能力负担保责任，如财产被追夺的情况属于遗产分割证书中明定的特别条款排除的情况，不发生前条所指的担保责任；如共同继承人的财产被追夺是因其本人的过错引起，前项担保责任亦告停止。各继承人按其继承份额的比例对其他共同继承人因继承的遗产可能被追夺而受到的损失负补偿责任。例如，某一继承人无支付能力，应由其负担的部分，由被担保人和其他有清偿能力的共同继承人分担之。共同继承人之遗产担保责任诉讼时效期间为2年，自财产被追夺或者发现侵害之日计算。[③] 其次，一些国家设立的财产分离制度（日本）、遗产清单制度（德国），均体现了平等保护各共同继承人与第三人的利益。最后，我国《继承法》第26条关于遗产从夫妻共同财产和家庭共有财产中分离的规定，体现了对继承人和生存配偶及其他家庭成员平等保护的理念；第13条第1款规定了遗产均等分割方法：同一顺序的继承人继承遗产的份额，一般应当均等；第33条规定，继承遗产应当清偿被继承人依法应当缴纳的税款和债务。可见，我国以上规定均体现了对各共同继承人和遗产债权人平等保护的理念。

（4）充分发挥物之效用。许多国家立法规定遗产分割应注意发挥遗产的实际效用。例如，根据《瑞士民法典》的规定，如果对遗产或遗产中的某物即时分割将严重损害其价值时，应继承人中一人的请求，法官可以命令暂缓分割。[④] 再如，《意大利民法典》规定，法院基于共同继承人中的一人请求，由于其即时分割会使遗产发生重大损害时，得以不超过5年期限，使其继承财产或者其某一财物的分割停止。[⑤] 我国《继承法》第29条

---

① 《法国民法典》第793、795条。
② 《意大利民法典》第485条。
③ 《法国民法典》第884-886条。
④ 《瑞士民法典》第604条。
⑤ 《意大利民法典》第717条。

规定，遗产分割应当有利于生产和生活需要，不损害遗产的效用，对于可以实物分割的，应采用实物分割的方式，不可以实物分割的，可以采取折价、适当补偿或者共有等方法处理。我国《执行继承法的意见》第58条规定："人民法院在分割遗产中的房屋、生产资料和特定职业所需要的财产时，应依据有利于发挥其使用效益和继承人的实际需要，兼顾各继承人的利益进行处理。"前述立法例均体现了注重发挥遗产的使用价值，更好地实现继承人的利益，有利于保障家庭的生产、生活及企业生产经营需要，促进社会经济的发展。

2. 遗产分割制度的价值取向

法的价值是创设任何法律制度都必须考量的重要因素，遗产分割制度也不例外。我们认为，遗产分割制度彰显了法的自由、平等、公平、效率和秩序价值。

（1）自由价值。英国学者约翰·密尔认为："个人的行为只要不涉及他人的利害，个人就有完全的行动自由，不必向社会负责。""只有当个人的行为危害到他人利益时，个人才应当接受社会的或法律的惩罚。"① 自由是法律的重要价值取向之一，体现在民法领域就是意思自治原则的确立。依我国《继承法》第15、16条规定，继承人应当本着互谅互让、和睦团结的精神，协商处理继承问题。遗产分割的时间、办法和份额，由继承人协商确定。协商不成的，可以由人民调解委员会调解或者向人民法院提起诉讼。公民可以依照本法规定立遗嘱处分个人财产，并可以指定遗嘱执行人。公民可以立遗嘱将个人财产指定由法定继承人的一人或者数人继承。公民可以立遗嘱将个人财产赠给国家、集体或者法定继承人以外的人。在国外，许多国家规定，在遗产分割中，如果被继承人已用遗嘱指定遗产分割方法的，就应按照遗嘱指定的分割方法分割遗产。例如，根据《法国民法典》的规定，遗产由被继承人在符合特留份的限度内订立遗嘱而转移。任何人均得以指定继承人的名义或以遗赠的名义，或以其他任何适于表示其意思的方式，经遗嘱处分其遗产。对于遗产的部分分割，要求全体共有人均表示同意为前提条件。例如，所有的继承人均到场并且均有民事行为能力，遗产分割得依各方继承人认为适当的形式与证书为之。② 上述规定充分尊重了被继承人的意愿、共同继承人的意愿，彰显了法的自由价值。

（2）平等价值。法国学者皮埃尔·勒鲁认为："平等是一种原则，一种信条，这项原则今天已被公认为司法准则，当今社会，从某方面观察，除此原则之外，别无其他基础。"③ 平等是法律最基本的价值取向之一，平等原则是近代民法确立的基本原则，它是指民事活动一切当事人在民事关系中所处的法律地位相同。继承法作为民法的重要组成部分，其遗产分割制度当然也要以实现平等为其基本目的。例如，我国《继承法》第26条规定应将遗产与夫妻共同财产和家庭共同财产相区分，此即体现了对各共同继承人包括生存的夫妻一方与其他家庭成员平等保护的理念。再如，《日本民法典》规定，被继承人的债权人或受遗赠人自继承开始时3个月内或即使在此期间届满后但继承财产与继承人的固有财产未混合之前，可以向家庭法院提出请求将继承财产从继承人的财产中分离出来。④ 此立法将遗产与继承人的财产区分开来，即实现遗产的分离，这有利于平等地保护被继承

① ［英］约翰·密尔：《论自由》，许保骙译，商务印书馆1959年版，第4页。
② 《法国民法典》第721、967条。
③ ［法］皮埃尔·勒鲁：《论平等》，王允道译，商务印书馆2005年版，第20–27页。
④ 《日本民法典》第941条。

人的债权人和受遗赠人、继承人及其债权人的利益，彰显了法的平等价值。

（3）公平价值。美国学者博登海默认为："公平就是分配正义。"[①] 我国学者认为，作为民法意义上的公平主要强调的应是权利和义务、利益和负担在相互关联的社会主体之间合理分配或分担。[②] 我们认为，大陆法系许多国家的遗产归扣制度有利于在各继承人间公平分割遗产。所谓遗产归扣，是指在遗产分割时，为计算遗产的总额，被继承人生前给予某些继承人的特种赠与财产，除被继承人免于归扣的外，应计入遗产，冲抵该继承人的遗产份额。例如，《法国民法典》规定，任何继承人，即使是"按照净资产接受继承"，在接受继承时均应向其他共同继承人返还其因死者生前赠与直接或间接受领的全部财产，继承人不得留置死者向其赠与的财产，或者要求受领向其赠与的财产，但如在向其赠与时即已明确所赠与财产属于"其应继份之外的特别利益"不在此限。[③] 此外，如前所述，为了实现遗产在各共同继承人之间的公平分割，大陆法系许多国家规定了遗产分割后各共同继承人之间对遗产分割物之瑕疵担保责任和权利之瑕疵担保责任等，如《德国民法典》规定，共同关系终止时，共同标的被分给共有人中的一人的，其他共有人中的任何一人均按其应有部分对权利瑕疵或对物的瑕疵负与出卖人同一的担保责任。[④] 上述规定体现了对共同继承人利益平等保护的立法理念，从而彰显了法的公平价值。在我国，根据继承人所尽权利义务的情况，确定其遗产分配份额的多少，也体现了公平价值。我国《继承法》第 13 条第 3、4 款规定："对被继承人尽了主要扶养义务或者与被继承人共同生活的继承人，分配遗产时，可以多分。有扶养能力和有扶养条件的继承人，不尽扶养义务的，分配遗产时，应当不分或者少分。"

（4）效率价值。美国学者波斯纳认为："法本身的规范、程序和制度极大地注重于促进经济效益。"[⑤] 在继承法领域，法的效率价值主要表现为以较少的投入保障实现继承人对遗产的公平分割。在遗产分配时，对被继承人的遗产在分割时根据有利于生产和生活需要，不损害遗产的效用的原则进行，有利于发挥遗产的最大效用，提高遗产分配的效率。例如，《意大利民法典》规定，对于不宜原物分割的不动产，或者对该不动产的分割将会损害公共经济利益或者环境卫生的，或者不将不动产拆散就无法进行分割的，或者根据国民生产利益不得分割的财产，应当整体保留不动产，由取得不动产的继承人以现金形式向其他共同继承人承担返还超出自己应得份额遗产的责任。该不动产可以分配给对其享有最大份额的继承人，也可以分配给提出请求的数名继承人。[⑥] 如前所述，瑞士法也有类似规定。[⑦] 上述补偿分割方法的规定，充分考虑了特定遗产的特殊性质和用途，根据不同情况而将其分配给一人或多人而对其他共同继承人补偿的方式，可以最大限度地发挥遗产的使用价值，同时兼顾保护各共同继承人的利益，有利于促进社会经济的发展。再如，依《俄罗斯联邦民法典》的规定，如遗产中的住房等不能实物分割，则在遗产分割时，继承

---

① ［美］E. 博登海默：《法理学：法哲学及其方法》，邓正来、姬敬武译，华夏出版社 1997 年版，第 255 页。

② 赵万一：《民法的伦理分析》，法律出版社 2003 年版，第 82 页。

③ 《法国民法典》第 843 条。

④ 《德国民法典》第 757 条。

⑤ ［美］理查德・A. 波斯纳：《法律的经济分析》，蒋兆康译，中国大百科全书出版社 1997 年版，第 28 页。

⑥ 《意大利民法典》第 720 条。

⑦ 《瑞士民法典》第 612 条。

开始前居住在该处而没有其他住房的继承人对于不是住房所有人的其他继承人，享有作为其继承份额取得该住房的优先权；直至继承开始之日与被继承人共同生活的继承人，在遗产分割时享有作为其继承份额取得家居用品及日常生活用品的优先权。[①] 这些规定有利于充分发挥物之效用，满足继承人的居住权之需，有利于保障在被继承人生前已经对该遗产使用的共同继承人的利益，彰显了法的效率价值。

(5) 秩序价值。正如古希腊哲学家亚里士多德所说："法律就是秩序，有好的法律才有好的秩序。"没有秩序，法律根本没有施展的空间，也失去了实施的意义；而没有法律，秩序也就没有了最重要、最可靠的保证。在继承法领域，法的秩序价值主要表现为遗产分割开始后，各共同继承人按照遗嘱或法律规定的规则有序地对遗产进行分割，从而尽快地实现对遗产的占有。依我国《继承法》第 29 条的规定，对于易于分割的遗产，可以分割实物，而不易分割的可选择折价分割、补偿分割或者共有的方法。这就列明了遗产分割实施方法先后的基本秩序，提供了遗产分割的基本准则。在国外，许多国家关于遗产分割的法律均明确规定如被继承人在遗嘱中有分割指示或指示第三人分割的，按被继承人的指示处理。如被继承人无指示的，则按照法律的规定处理。例如，依《瑞士民法典》的立法，被继承人可立遗嘱为继承人规定遗产的分割方法和分配标准，如被继承人未立遗嘱处分其财产，各共同继承人可随时请求分割遗产，继承人可自行约定分割方法。如果共有人对终止共有关系的方法不能达成协议时，应根据法院的命令分割。[②] 上述规定列明了遗产分割实施方法先后的秩序，有利于指导遗产分割的顺利进行，从而彰显了法的秩序价值。

(二) 遗产分割制度的功能

遗产分割的目的是为遗产尽快寻找主人，以维持财产的正常流转，而遗产分割是实现遗产继承制度终极功能的直接手段，其具有以下三个方面的功能：

1. 尽快结束遗产暂时共有状态

财产继承法律关系是为避免因被继承人死亡造成其生前所处的各种法律关系受到破坏，使法律关系尽量平稳地过渡给其他主体。遗嘱执行人或继承人必须根据遗嘱或法律的规定，进行遗产分割。共同继承人为了取得属于自己应继份的遗产，通过依遗嘱或依法律对遗产进行分割，可以尽快结束遗产的暂时共有状态，使自己成为遗产的实际占有和管理人。

2. 平衡共同继承人内部利益关系

遗产的共有关系是基于共同继承而在各继承人之间形成的。共有关系使各继承人围绕着遗产形成了多种的法律关系。例如，遗产分割制度包括遗产分割的依据、遗产分割标的确定之遗产归扣、遗产分割的原则和方法、共同继承人之间的瑕疵担保责任等，这些具体制度中尤其是遗产归扣、共同继承人之间的瑕疵担保责任，有利于保证实现在共同继承人之间公平分割遗产，平衡共同继承人对遗产的内部利益关系。当然为了实现各共同继承人之间的利益平衡，也应当保护第三人的利益，既要避免因财产分配不公而"伤了和气"，

---

① 《俄罗斯联邦民法典》第 1168、1169 条。

② 《瑞士民法典》第 607、608 条。

也要避免损害第三人的利益。①

3. 平等保护继承人与被继承人债权人双方的财产权益

共同继承不仅涉及共同继承人对遗产的内部共有关系，而且涉及继承人与被继承人的债权人和继承人的债权人之外部关系。为了保证被继承人的遗产必须首先被用于清偿被继承人的债务，遗产分割制度中的遗产分离制度就是其有效的措施。例如，前述域外立法中法国、意大利等大陆法系国家的“遗产清单”制度，以及意大利、日本的“财产分离”制度，即被继承人的债权人或继承人的债权人可向法院提出遗产分离的请求，通过继承人或遗嘱执行人制作遗产清单和法院的财产分离程序可以实现被继承人的遗产与继承人的固有财产两者被分离开来，被继承人的债权人可就遗产优先受偿，而继承人的债权人也可就继承人的固有财产优先受偿，而且实行限定责任的继承人仅在遗产清单记载的遗产实际价值范围内承担清偿遗产债务的责任，从而实现公平保护被继承人的债权人与继承人及其债权人之财产权益。

第二节 遗产分割制度的国外立法现状与评析

大陆法系国家的遗产分割制度之内容被规定于该国的民法典中，本节的大陆法系国家立法以《法国民法典》《德国民法典》《日本民法典》《瑞士民法典》《意大利民法典》《俄罗斯联邦民法典》的相关立法为研究对象。

英美法系国家实行以遗产管理人制度为中介的间接继承制度，在继承开始后，遗产不直接移转于继承人，而是必须首先选任遗产代理人进行遗产清算，直至清算后剩余遗产之分配结束。本文以英国、美国、澳大利亚三个国家的遗产分割制度之立法内容为研究对象。英国（主要是英格兰和威尔士②）的遗产分割制度主要被规定在英国《继承法（家庭和被扶养人条款）》和英国《遗产管理法》之中。美国的遗产分割制度主要被规定在美国《统一遗嘱检验法典》中。澳大利亚的遗产分割制度散见于各州的立法，且各州的立法不尽相同。③ 本节主要以澳大利亚维多利亚州的《遗产管理和遗嘱检验法》为考察的重点，兼顾其他州立法。

我们以下主要从遗产分割标的之确定、遗产分割依据、遗产分割原则、遗产分割时间、遗产分割方法、遗产分割效力这六个方面考察国外立法现状与评析。

一、遗产分割标的之确定的国外立法现状与评析

如前在基本理论概述中，已阐明遗产分割的标的确定的研究内容为遗产归扣制度与遗

① 陈苇主编:《外国继承法比较与中国民法典继承编制定研究》，北京大学出版社 2011 年版，第 572-573 页。

② 英国继承法体系是由其本土 3 个司法辖区颁行的继承法组成的，这 3 个司法辖区分别是苏格兰、英格兰和威尔士以及北爱尔兰。其中，英格兰和威尔士、北爱尔兰的法律传统都是普通法，两者颁行的继承法十分接近，区别不大；苏格兰的法律传统是大陆法，其继承法比较接近于大陆法系国家。由于本节主要是考察普通法系国家的具体规定，因此，我们选择以英格兰和威尔士的法律作为考察对象。

③ 澳大利亚是一个联邦制国家，由于继承法的立法权和继承案件的司法管辖权归属于各州和地区，澳大利亚并没有统一的继承法，也没有像美国《统一遗嘱检验法典》之类的范本。因此，我们选取了维多利亚州《遗产管理与遗嘱检验法》[Administration and Probate Act (Vic)] 作为主要考察对象。

产分离制度，其中遗产分离主要包括遗产清单、财产分离等两种制度。遗产分离在法国、德国均主要为遗产清单制度，在瑞士主要为公示财产目录和官方清算制度，在日本和意大利主要为遗产清单和财产分离制度，在俄罗斯主要为遗产登记制度；在英国、美国、澳大利亚则主要涉及遗产管理制度。

（一）遗产分割标的之确定的国外立法现状

1. 遗产归扣制度的国外立法现状

遗产归扣是遗产标的确定中的一个重要环节，只有在进行遗产归扣之后，才能确定遗产分割的标的。以下我们从遗产归扣的主体、归扣的标的、归扣的免除、归扣的方法四个方面对前述九个国家的立法例进行考察。

（1）大陆法系国家立法例。

①法国立法例。其一，归扣的主体，分为归扣权利人和义务人。归扣的义务人为任何继承人，包括"按照净资产接受继承"的继承人。即有继承权的配偶、子女及其直系卑血亲、父母、兄弟姐妹及其直系卑血亲、父母之外的直系尊血亲及除兄弟姐妹及其直系卑亲外的旁系亲属等法定继承人均可能成为归扣义务人。此外，如果子女仅是代位继承人，即便放弃对其父的继承权，也必须返还被继承人生前向其父赠与的财产。但是，放弃继承的继承人，在被继承人有权处分部分的限度内可保留被继承人生前赠与的财产，其他共同继承人则为归扣权利人。①

其二，归扣的标的。归扣的标的包括以下内容：1）因死者生前赠与而直接或间接受领的全部财产；2）用于共同继承人之一建立家业或者用于清偿其债务而进行的赠与；3）赠与的孳息或收入，但如此种无偿处分明定属于应继份之外的特别利益时，不在此限；4）超过日常礼品的赠与；5）作为应继份之外的特殊利益进行的赠与，以及参与分割遗产的继承人要求受领的遗赠，超过被继承人有权处分的部分；6）被继承人明确要求放弃继承的继承人应进行返还的；7）赠与人要求在接收赠与时还不是推定的继承人，但在继承开始时取得继承资格而进行返还的部分；8）继承人的儿子作为代位继承人时，应当返还赠与人向其父赠与的财产，即便本人放弃继承；9）被继承人向夫妻双方进行的共同赠与和遗赠，在其中仅有一人有继承权时，该人应当返还受赠财产的一半；如果仅仅是向夫妻二人中有继承权的一方进行的赠与，该人应当全数返还；10）膳食、生活、教育、学徒费用以及一般的设备费用、婚礼与日常用品的礼品费用，在被继承人有相反的意思表示时需要返还；11）因偶然事件而灭失的受赠财产，如果因受赠财产灭失后受赠人获得损害赔偿的，从而得以重新组成财产时，应当按照用于重组该财产额赔偿金的比例返还。如果赔偿金并未用于重组财产，赔偿金本身应予返还。②

其三，归扣的免除，分为意定免除和法定免除。关于意定免除，一般情形下，继承人不得留置死者向其赠与的财产，但如在向其赠与时即已明确所赠财产属于"其应继份之外的特别利益"的，则免除归扣。③ 关于法定免除，归扣的法定免除情形如下：1）遗赠及"作为应继份之外的特殊利益"进行的赠与中被继承人有权处分的部分；2）放弃继

---

① 《法国民法典》第 734、756、757、843、845、857 条。

② 《法国民法典》第 843-846、848-849、851-852、855 条。

③ 《法国民法典》第 843 条。

承的继承人在被继承人有权处分的财产范围内接受的被继承人生前赠与的财产及遗赠；3）受赠人在还不是推定的继承人时所接受的赠与；4）在继承开始时向有继承权的人的儿子进行的赠与和遗赠；在此情形下，受赠与人之父继承赠与人的遗产时也免除归扣；5）继承人的儿子以本人名义继承作为赠与人的被继承人的遗产时，无须返还赠与人原来向其父所为的赠与，即使其已接受继承其本人之父的遗产；6）向继承人的配偶所进行的赠与及遗赠；但如果是被继承人向夫妻二人进行的共同赠与和遗赠，在其中一人有继承权时，则赠与财产的一半免于归扣；7）膳食、生活、教育、学徒费用以及一般的设备费用、婚礼与日常用品的礼品费用。日常礼品的性质按照给予礼品以及处分人的财产状况来评判；8）在订立契约时被继承人没有给予继承人任何间接利益，则继承人从其与死者订立的契约中获得的利益；9）对死者与其继承人之一并无欺诈行为而成立的合伙，在其条件是以公证文书确定时；10）在受赠人并无过错的情况下，因偶然事件而灭失的（受赠）财产。①

其四，归扣的方法，分为原物返还与价值充当。返还应按照赠与当时财产所处状态以及遗产分割时财产的价值进行。1）抵扣应继份。返还财产可通过少取应继份的方式进行，除第 845 条第 2 款规定的情况外，不得要求实物返还，但如赠与证书另有规定的除外。继承人也可选择实物返还仍属其所有的原赠与财产，且以该物不负担赠与之当时曾有的负担或占用为条件。2）价值充当。例如，赠与的财产在遗产分割之前即已转让，按照该财产转让时的价值返还；在用新的财产替代已转让的财产时，应根据其取得时的状况，按新财产在分割时的价值返还。钱款，按照其数额返还，但如钱款已用于取得某些财产，按照第 860 条规定的规则返还该财产的价值。3）返还原物。例如，实物返还，并且原赠与的财产状况因受赠人所为而得到改善，对于受赠与人而言，该财产在分割或转让时增加的价值，应予以计算。受赠与人为保存财产而支出的费用，亦应予以计算，即使财产并未得到任何改善。实物返还财产的共同继承人，可以保持对原受赠财产的占有，直至其为改善或保管该财产而支出的费用得到全数偿还。在实物返还财产的情况下，受赠与人对因其所为或者过错，使其受赠财产因损坏或损伤而减少价值，也应计算。应返还的孳息，仅从继承开始时起算，利息从应当返还的财产数额确定之日计算。②

②德国立法例。其一，归扣的主体，分为归扣权利人与归扣义务人。法定继承人中的晚辈直系血亲与遗嘱指定继承的晚辈直系血亲是归扣权利人。而其他共同继承人为归扣权利人。此外，在代位继承时，由其代位继承人负担归扣的义务。③

其二，归扣的标的。归扣的标的包括：1）继承人在被继承人生前已从被继承人处作为婚嫁立业资产取得的标的，但以被继承人在给予时未另作指示为限；2）为用作收入而给予的补贴，以及为职业培训而支出的费用，在它们超出与被继承人财产状况相当程度的限度内，必须予以归扣。被继承人已在给予时指示归扣的，其他的生前赠与也必须予以归扣；3）被继承人从财产共同制的共同财产中作出的给予，视为由配偶中的每一方各作出一半，即接受被继承人的该项给予的某个晚辈直系血亲，应抵作其应继份，并以其价额计

① 《法国民法典》第 843-849、852-855 条。

② 《法国民法典》第 856、858-863 条。

③ 《德国民法典》第 2050-2052 条。

入遗产总额。该价额以发生给予的时间予以确定。①

其三，归扣的免除，分为意定免除和法定免除。关于意定免除，根据被继承人的意愿，在其给予财产时另作指示时可免除归扣。关于法定免除，归扣的法定免除情形如下：1）较远亲等晚辈直系血亲在将其排除在继承之外的近亲等晚辈直系血亲出缺之前从被继承人处获得的给予，或者作为替补继承人而代替一个晚辈直系血亲的晚辈直系血亲从被继承人处获得的给予，但被继承人在给予时指示应予归扣的除外；2）在取得晚辈直系血亲的法律地位之前，晚辈直系血亲从被继承人处获得的给予；3）共同继承人之一已因给予而获得多于在分割时会归属于他的标的；4）被继承人从财产共同制的共同财产中作出的给予，属于生存配偶赠与的一半之特定赠与财产。②

其四，归扣的方法，分为抵扣应继份、原物返还和价值充当。1）抵扣应继份。各共同继承人所须归扣的赠与财产的价额，应抵作应继份。须归扣的全部赠与财产的价额算入遗产，但以遗产归属于相互间进行归扣的共同继承人为限。价额依赠与时的价值确定。2）超过应继份的不予返还且不再参加继承。共同继承人之一已因给予而获得多于在分割时会归属于他的标的的，他没有义务偿还多得之额。在此种情形下，遗产以该项给予的价额和该共同继承人的应继份均被排除在均衡之外的方式，在其余的继承人之间分配。③

此外，在计算遗产标的范围时，还须减去继承人之特殊贡献的经济补偿。关于对遗产或被继承人作出特殊贡献的经济补偿，因长期在被继承人的家庭、职业或营业中的协助，因巨额的金钱给付或以其他方式对被继承人财产的保持或增加作出特别大的贡献的晚辈直系血亲，可以在分割时请求在与他一同作为法定继承人的继承人之间进行归扣。但是，适当的报酬已就给付而被给予或者约定的，或以该晚辈直系血亲因其给付而享有基于其他法律上的请求权为限，该项均衡不得被请求；已长期照料被继承人的晚辈直系血亲的，应予补偿。④

③日本立法例。其一，归扣的主体。从被继承人处接受遗赠或者因婚姻、收养或作为生计资本而接受赠与的共同继承人为归扣的义务主体，即被继承人的配偶、子女、直系尊亲属及兄弟姐妹均可成为归扣义务人。而其他共同继承人为归扣权利人。⑤

其二，归扣的标的。自被继承人处接受的遗赠或因婚姻或收养，或作为生计资本而接受的赠与应（归扣）加入遗产的总额中。⑥

其三，归扣的免除，分为意定免除与法定免除。关于意定免除，被继承人已作出免除归扣的意思表示时，以不违反特留份规定的份额为限。关于法定免除，遗赠或者赠与的价额等于或者超过继承份额的价额时，受遗赠人或者受赠人不得接受其继承份额。⑦

其四，归扣的方法，采取价值充当。归扣以被继承人在继承开始时持有财产的价额再加上其赠与的价额的财产确定。赠与的价额，即便因受赠人的行为致使作为其标的的财产

---

① 《德国民法典》第2050、2054、2055条。

② 《德国民法典》第2051、2053条。

③ 《德国民法典》第2055、2056条。

④ 《德国民法典》第2055、2056条。

⑤ 《日本民法典》第887-890、903条。

⑥ 《日本民法典》第903条。

⑦ 《日本民法典》第903条第2、3款。

灭失，或者使其价格增减，视为继承开始时的原状未变而确定。①

此外，确定遗产标的数额时应当扣除特别贡献者的补偿数额。即如共同继承人中，有因对被继承人的事业提供劳务或财产上的给付、看护疗养被继承人及其他方法而对被继承人财产的维持或者增加作出特别贡献的人，应当从被继承人于继承开始时持有的财产价额中扣除以共同继承人的协议确定的该人的贡献份额的财产后计算待继承财产总额。没有或者不能达成协议时，家庭法院根据特别贡献人的请求，考虑贡献的时期、方法及程度、继承财产的价额及其他所有情况，确定贡献份额。②

④意大利立法例。其一，归扣的主体，分为归扣权利人和归扣义务人。归扣义务人为参加继承的婚生子女、非婚生子女及其婚生或者非婚生卑亲属和配偶，归扣权利人为其他共同继承人。此外，被继承人的尊亲属放弃继承的，行使代位权的卑亲属仍然需要将被继承人赠与尊亲属的财产进行归扣。③

其二，归扣的标的。归扣的标的包括：1）被继承人生前直接或者间接赠与的继承人的一切财产；2）夫妻一方为赠与人卑亲属的，仅对该夫妻双方财产中属于赠与人卑亲属的部分进行合算；3）被继承人为卑亲属的婚姻、生产性或职业性活动提供的启动费、为其利益支付的人寿保险费和为偿还其债务支出的费用；4）根据被继承人的经济状况，明显超出正常范围的嫁妆费、艺术或者职业教育费；5）应当进行合算的标的物的孳息和金钱的利息。④

其三，归扣的免除，分为意定免除与法定免除。关于意定免除，被继承人免除合算义务的，免于归扣。⑤ 关于法定免除，归扣的法定免除情形如下：1）赠与配偶的低价值之物。2）对继承人的卑亲属或配偶的赠与。夫妻一方为赠与人卑亲属的，仅对赠与该夫妻双方财产中属于赠与人卑亲属的部分进行合算。3）抚养费、教育费、医疗费、为服装和婚礼支付的费用。4）根据被继承人的经济状况未超出正常范围的嫁妆费、艺术或职业教育费。5）通常接受了服务或者根据惯例无偿给予继承人的财物。6）合伙条件是由有确切日期的文件规定的，对依据被继承人与某一个继承人缔结的非欺诈合伙契约取得的合伙财产。7）因不可归责于受赠人的事由而灭失的赠与物。⑥

其四，归扣的方法，分为原物返还与价值充当。归扣的方法因动产或不动产而有所区别。1）不动产的合算。选择不动产合算的，可以原物返还或价值充当。合算义务人可以实物返还或者从自己的应继份中扣除不动产价值的方式进行。不动产已经被转让或者在不动产上设定了抵押的，合算只能以扣除不动产价值的方式进行。以扣除的方式进行的合算，应当根据继承开始时不动产的价值进行返还。在任何情况下，受赠人为改良土地支出的费用、为保管赠与标的支出的、因不可归责于己方的事由而支出的特别费用，应当根据继承开始时的价值从返还的财产或金额中扣除。受让人因其过失造成不动产损毁减少的价值承担补偿责任。即使受赠人已经将不动产转让的，受让人对不动产的改良或损毁也应当

① 《日本民法典》第903、904条。

② 《日本民法典》第904条之二。

③ 《意大利民法典》第737、740条。

④ 《意大利民法典》第737、741、742、745条。

⑤ 《意大利民法典》第737条。

⑥ 《意大利民法典》第738、739、742-744、770条。

根据规定进行计算。2）动产的合算。动产的合算只能采取价值充当。即以扣除继承开始时动产价值的方式进行。对不消耗就无法使用的物品，如果受赠人已经消耗了赠与标的的，则应当根据继承开始时该可消耗动产的市价进行合算。对因使用而损耗的物品的价值，应当根据物品在继承开始时的状况进行确定。受赠的款项，应当根据继承开始时所赠币种的国家牌价或者法定兑换价进行折算，然后从应继份中扣除。受赠人返还赠与币种金额不足并且又不愿意提交其他币种或者国债补足的，其他继承人可以根据各自享有的遗产份额，按比例从遗产中提取金额相等的动产或者不动产。应当进行合算的标的物的孳息和金钱的利息，自继承开始之日起计算。①

⑤瑞士立法例。其一，归扣的主体，分为归扣权利人和义务人。法定继承人相互间，就其在被继承人生前预先从被继承人处取得的赠与财产，负有归扣义务，即归扣义务人为被继承人的生存配偶、晚辈直系血亲、父母及其晚辈直系血亲及祖父母系亲属及其晚辈直系血亲。归扣权利人则为其他共同继承人。此外，继承人丧失继承资格的，由替代他的继承人（代位继承人）负结算义务。继承人的直系卑血亲，对该继承人取得的赠与，即使未转移给自己，仍负有提供结算（归扣）的义务。②

其二，归扣的标的。归扣的标的包括：1）法定继承人就其在被继承人生前预先从被继承人那里取得的全部财产；2）被继承人对其直系血亲卑亲属，以婚产嫁资、生计资本、财产让与或者债务免除的方式给予的财产；3）被继承人为子女的教育或职业培训所支出的费用中超过通常数额的部分。③

其三，归扣的免除，分为意定免除和法定免除。关于意定免除，被继承人在其处分中明确表示免除归扣的，可免除归扣。关于法定免除，法定免除的情形如下：1）生前赠与超过应继份的数额时，如能证明被继承人有以此优遇继承人之意思者，其超过额不实行归扣；2）直系卑血亲结婚时，被继承人以通常程序给予的生计资本；3）被继承人为子女的教育费所支出的未超过通常数额的费用；4）礼俗上的偶然赠与。④

其四，归扣的方法，分为原物返还与价值充当。继承人得选择，以现物返还或估价算入应继份的方式，实行归扣。归扣按继承时给予物的价额计算，但给予物在继承时已让与者，按所取得的价金计算。费用、损害及所收取的天然孳息，应在继承人中，依关于占有的规定计算。⑤

⑥俄罗斯立法例。关于遗产归扣制度，俄罗斯法无规定。

（2）英美法系国家立法例。

①英国立法例。关于生前特定赠与的归扣，英国的《遗产管理法》第47条作出了规定，但是于20世纪90年代对该制度进行了改革，废除了该项规定。故英国并不存在该项制度。⑥

②美国立法例。关于遗产归扣制度，其主要内容如下：

---

① 《意大利民法典》第745-751条。

② 《瑞士民法典》第457-459、462、626、627、631条。

③ 《瑞士民法典》第626、629、631条。

④ 《瑞士民法典》第626、629、631、632条。

⑤ 《瑞士民法典》第628、630条。

⑥ Law Reform (Succession) Act, s. 1 (2) (a).

其一，遗产归扣的主体。遗产归扣的义务人为死者的继承人。如果财产的接受者先于被继承人死亡的，那么，在分割被继承人的财产时，不考虑该财产，除非死者当时的书面形式另有规定。①

其二，遗产归扣的标的。如果某人所有财产或部分财产因适用无遗嘱继承，其生前赠与的财产在下列情况下被视为其应继份额的预付：（1）被继承人在其生前赠与的同时以书面形式宣称或者无遗嘱继承人以书面形式承认该赠与为应继份的预付；（2）被继承人以书面形式或者无遗嘱继承人以书面形式表示，在计算对死者无遗嘱遗产的分割与分配时要考虑无遗嘱人的生前赠与。②

其三，遗产归扣的免除。关于遗产归扣的免除，只要被继承人没有以书面形式宣称或者无遗嘱继承人没有以书面形式承认赠与为应继份的预付，则免除归扣。③

其四，遗产归扣的方法。遗产归扣的方法为抵扣应继份：将生前预付计入被继承人的遗产总额中，然后由有权参加继承的所有法定继承人参与分配遗产。子女的应继份减去其已经接受的生前预付份额为其应实际受领的遗产份额。如果该子女已经接受的预付超过了应继份，那么已经接受的预付就不再计入遗产中进行合算且其不再参与继承，而其他享有法定继承权的共同继承人参与分配被继承人的现有遗产。预付财产在继承人占有或享有财产之时或死者死亡之时估价，以先发生者为准。④

③澳大利亚立法例。澳大利亚维多利亚州《遗产管理和遗嘱检验法》的遗产归扣制度已经在 2017 年 11 月修法时被废除。⑤

2. 遗产分离制度之国外立法现状

（1）大陆法系国家立法例。

①遗产清单制度之国外立法现状。

1）法国立法例。第一，遗产清单的制作主体与要求及方式。关于制作主体，其由司法拍卖评估人、执达员或公证人按照这些职业的相关规定制定。⑥ 关于制作要求及方式，在继承人提交以净资产为限取得继承人资格声明的同时或者其后，应提交遗产盘点清册，即遗产清单，该清单应对资产与负债的每一项构成内容与数额逐项作出估价。继承人在提交遗产清单时，应当在国内进行公示，公示可以是电子途径。继承人得声明打算仅以遗产的净资产为限取得继承人资格。此项声明向继承开始地所在辖区的大审法院作出。⑦

第二，遗产清单的制作时间，分为一般期间和特殊期间。关于一般期间，遗产清单自提出实行上述限定责任的声明之日起两个月期限内呈交法院。关于特殊期间，继承人如能证明其有正当原因推迟存交遗产清单，得向法官申请延长期限，在此情况下，自提出延长期限的申请开始，一般期间中止。在规定的期限内没有存交遗产清单时，继承人视为无条件接受继承。⑧

---

① Uniform Probate Code, s. 2-109（a）（c）.

② Uniform Probate Code, s. 2-109（a）.

③ Uniform Probate Code, s. 2-109.

④ Uniform Probate Code, s. 2-109（b）.

⑤ Administration and Probate Act（Vic）.

⑥ 《法国民法典》第 789 条第 2 款。

⑦ 《法国民法典》第 787、788 条第 2 款、789 条。

⑧ 《法国民法典》第 790 条。

第三，遗产清单的提交对象或供查阅对象。关于遗产清单的提交对象，遗产清单应当呈交法院。[①] 关于遗产清单的供查阅对象，遗产的债权人与受遗赠人，经提出文书作为证明，可以查阅遗产清单并取得复印件。[②]

第四，制作遗产清单的效力。一是对继承人的效力。其一，继承人依法制作遗产清单，以净资产为限接受继承并给予继承人以下利益：a. 其个人财产与属于遗产的财产不发生混同；b. 对遗产保留其此前对死者的财产所享有的全部权利；c. 其有义务按照其受领的财产的价值限度清偿遗产的负债。[③] 其二，不制作或未在法定期限内制作遗产清单的，继承人视为无条件接受继承。[④] 其三，在进行公示以及在申报债权期间，停止或禁止任何执行措施以及遗产的债权人就动产与不动产进行任何新的担保登记。[⑤] 二是对遗产债权人的效力。其一，在通知和公告期内申报债权的债权人应当受到清偿[⑥]。其二，对未在法定期限内申报的不附担保的债权即告消灭。公示期间及编制期间停止债务清偿任务或进行新的担保。在继承人以净资产接受继承的公示起 15 个月期限内没有报明债权的情况下，对遗产的财产享有的不附担保的债权即告消灭。在上述期限之内与资产用尽之后才报明债权的债权人，只能对权利已得到满足的受遗赠人提出求偿。[⑦] 其三，有担保之债不受申报债权期限的限制。[⑧]

第五，制作不实遗产清单的法律后果。继承人明知而恶意将属于遗产的某些财产与负债项目不计入遗产清单，或者不将所保留或者转让的财产的价值或价金用于清偿遗产的债权人的债权，即丧失按净资产接受继承的权利。继承人被视为自继承开始即无条件接受继承，即承担强制无限清偿责任。[⑨]

2）德国立法例。第一，遗产清单的制作主体与制作要求及方式。关于遗产清单的编制主体，分为两种：其一，继承人。其必须为编制遗产清单而向有管辖权的机关或主管公务员或公证人请教。[⑩] 其二，公证人。遗产法院可以委托公证人制作遗产清单。根据继承人的申请，遗产清单的官方编制由遗产法院所托付法人或一名公证人为之。遗产法院的职责系依州法托付给公证人的，有管辖权的公证人必须自行编制遗产清单。[⑪] 继承人有义务答复对于编制遗产清单为必要的询问。遗产清单必须由上述工作人员递交给遗产法院。关于遗产清单的内容要求，其应完整地说明在继承开始时所存在的遗产标的和遗产债务，并且应包含对遗产标的的详细情况的说明，但以为确定价额而有必要这样做为限，并包含对价额的说明。[⑫]

---

① 《法国民法典》第 790 条第 1 款。
② 《法国民法典》第 790 条第 4 款。
③ 《法国民法典》第 791 条。
④ 《法国民法典》第 790 条第 3 款。
⑤ 《法国民法典》第 792-1 条第 1 款。
⑥ 《法国民法典》第 796 条。
⑦ 《法国民法典》第 792、792-1、799 条。
⑧ 《法国民法典》第 792 条第 2 款。
⑨ 《法国民法典》第 800 条第 4 款。
⑩ 《德国民法典》第 2002 条。
⑪ 《德国民法典》第 2003 条。
⑫ 《德国民法典》第 2001、2002、2006 条。

第二，遗产清单的制作时间，分为一般期间与特殊期间。关于一般期间，遗产法院必须根据债权人之一的申请，向继承人指定编制遗产清单的期间（遗产清单期间）。遗产清单不在期间届满前被编制的，在期间届满后，继承人对遗产债务负无限责任。遗产清单期间最短为1个月，最长为3个月。关于特殊期间，根据继承人的申请，遗产法院可以依其裁量延长时间。①

第三，遗产清单的提交对象或供查阅对象。关于遗产清单的提交对象，继承人有权将遗产清单递交给遗产法院，在继承人申请由法院编制遗产清单时，遗产清单必须由编制遗产清单的工作人员递交给法院。② 关于遗产清单的供查阅对象，遗产法院必须许可任何可信地释明法律上的利益的人即利害关系人查阅遗产清单。③

第四，制作遗产清单的效力。一是对继承人的效力。其一，依法制作遗产清单并声明有限继承的，继承人对遗产债务依遗产清单上记录的遗产承担有限清偿责任④；其二，继承人没有在法定期限内编制遗产清单的，在期间届满后对遗产债务负无限清偿责任⑤；其三，在遗产清单编制期间内和公示催告期间内，继承人有权拒绝清偿遗产债务。⑥ 二是对遗产债权人的效力。其一，在通知和公告期内申报债权的债权人有权获得清偿⑦；其二，遗产清单已被适时地编制的，推定在继承人和遗产债权人之间的关系中，在继承开始时，除说明的遗产标的外的遗产标的未曾存在。即没有在法定期限内申报的债权债务视为自始不存在⑧；其三，享有担保债权的遗产债权人，不受公示催告期间是否申报权利的影响，就遗产中的担保财产享有优先受偿权。⑨

第五，制作不实遗产清单的法律后果。继承人故意造成包含在遗产清单中的对遗产标的的说明之显著不完备，或出于使遗产债权人受到不利益的意图而计入并不存在的遗产债务的，继承人对遗产债务负强制无限清偿责任。继承人在官方编制遗产清单时拒绝或故意显著地拖延答复询问的，亦同。⑩

3）日本立法例。第一，遗产清单的制作主体与要求及方式。关于制作主体，分为三种：其一，继承人。继承人须在其知道为自己的继承已开始之时起3个月内向家庭法院提出作成的继承财产目录。其二，遗嘱执行人。在继承人提出请求时，遗嘱执行人应在继承人的见证下制作继承财产目录，并交付继承人。其三，公证员。在继承人提出请求时，遗嘱执行人可以让公证员制作继承财产目录，即遗产清单，并交付继承人。⑪ 并且，继承人欲作出限定承认时，须在法律规定的期间内向家庭法院提出做成的财产目录，并作出以限

① 《德国民法典》第1994-1995、2011-2012条。
② 《德国民法典》第1993、2003条。
③ 《德国民法典》第2010条。
④ 《德国民法典》第2009条。
⑤ 《德国民法典》第1994条。
⑥ 《德国民法典》第2014、2015条。
⑦ 《德国民法典》第1970条。
⑧ 《德国民法典》第2009条。
⑨ 《德国民法典》第1971条。
⑩ 《德国民法典》第2005条。
⑪ 《日本民法典》第924、1011条。

定承认为意旨的陈述。[①]

第二，遗产清单的制作时间，分为一般期间与特殊期间。关于一般期间，继承人如欲为限定继承，须在其知道为自己的继承已开始之时起3个月内向家庭法院提交作成的继承财产目录。遗嘱执行人，自继承开始时须毫不迟延地做成继承财产目录，并交付继承人。[②] 关于特殊期间，家庭法院可以根据利害关系人或者检察官的请求予以延长制作继承财产目录的期间。

第三，遗产清单的提交对象或供查阅对象。关于遗产清单的提交对象，继承人欲作出限定承认时，须在继承开始时起3个月内向家庭法院提交作出的遗产清单。[③] 关于遗产清单的供查阅对象，日本法无规定。

第四，制作遗产清单的效力。一是对继承人的效力。其一，继承人对遗产债务依遗产清单上记录的遗产承担有限清偿责任[④]；其二，继承人未在法定期限内作出限定承认的意思表示时视为单纯继承，即对遗产债务承担无限清偿责任[⑤]；其三，在公示催告期间内，继承人有权拒绝清偿遗产债务。[⑥] 二是对债权人的效力。其一，在公告期间届满后，限定继承人须以继承财产，对在该期间内作出同款申述的遗产债权人分别按照债权额的比例进行清偿，但不得损害享有优先权的债权人的权利[⑦]；其二，在公告期间内未申报的遗产债权人及受遗赠人，在为限定继承人所不知时，其仅可以就剩余财产行使其权利[⑧]；其三，就继承财产有特别担保人时，受公告期限的限制。[⑨]

第五，制作不实遗产清单的法律后果。继承人作出限定承认或者放弃继承后，隐匿继承财产的全部或者部分，私自消费或者恶意不将其记载于继承财产目录时视为继承人已作出单纯承认，即继承人对遗产债务承担强制无限清偿责任。但是，因该继承人放弃继承而成为继承人的人承认继承后，不在此限。[⑩]

4）意大利立法例。第一，遗产清单的制作主体与要求及方式。关于制作主体，遗产清单的制作主体为应召继承人。[⑪] 关于制作要求及方式，一是继承人应作出声明。希望按遗产清单接受继承的人，应当在公证人面前或者在继承开始地的初审法院书记员面前作出声明，并且应当将该声明放入由该初审法院保管的继承登记册中。在遗产清单编制完成后，尚未依第484条的规定作出接受或者放弃声明的继承人，可以自遗产清单编制完成之日起40日内作出上述声明。该期限届满后仍未作出接受或者放弃遗产声明的，将变为单纯接受继承人。[⑫] 二是遗产债权人、受遗赠人有权对遗产清单提出异议。自按遗产清单接

① 《日本民法典》第924条。
② 《日本民法典》第924、1011条。
③ 《日本民法典》第924条。
④ 《日本民法典》第929条。
⑤ 《日本民法典》第921条第2项。
⑥ 《日本民法典》第928条。
⑦ 《日本民法典》第929条。
⑧ 《日本民法典》第935条。
⑨ 《日本民法典》第935条。
⑩ 《日本民法典》第921条第3项。
⑪ 《意大利民法典》第485条。
⑫ 《意大利民法典》第484、485条第3款。

受继承的声明在继承开始地的不动产登记处完成登记之日起1个月后，如果债权人或受遗赠人对遗产清单主张异议的，继承人不得进行清偿，而应当为全体债权人和受遗赠人的利益对遗产进行清算。[①] 三是债权申报通知与公告。自接到异议通知之日起1个月内，继承人应当通过继承开始地的公证人召集债权人和受遗赠人以执行清算；在公证人确定的、不低于30日的期限内，进行债权申报。继承人知道债权人和受遗赠人的住所或居所的，申报债权的通知应当用挂号信直接送达，同时还应当将申报债权的通知刊登在省级法律公报上。[②]

第二，遗产清单的制作时间，分为一般期间与特殊期间。关于一般期间，任何有权取得遗产的人无论以何种名义占有遗产，均应当自继承开始之日起3个月内或者自知道遗产分配的消息之日起3个月内编制遗产清单。关于特殊期间，规定期限内已经开始编制工作但在上述期限内无法完成的，可以向继承开始地初审法院法官申请延期。除特殊情况外，延期不得超过3个月。在上述期限届满后仍未完成编制工作的人，变为单纯接受继承人（即无限责任继承人）。未占有遗产的有权取得遗产的人，在接受继承的事项期限届满前，可以随时作出接受继承的声明。在作出声明后，有权取得遗产的人应当自声明作出之日起3个月内编制遗产清单，但经过司法机构准许延期的不在此限。[③]

第三，遗产清单的提交对象或供查阅对象。关于遗产清单的提交对象，如前所述，遗产清单须提交给未接受限定责任继承的初审法院，并由该法院进行继承登记册的登记。[④] 关于遗产清单的供查阅对象，对于该遗产清单遗产债权人、受遗赠人有权请求查阅和提出异议。[⑤]

第四，制作遗产清单的效力。一是对继承人的效力。其一，依法制作遗产清单并声明有限继承的，继承人对被继承人的债务以遗产为限承担清偿责任[⑥]；其二，未在法定期限内编制遗产清单的或者在遗产清单编制完成后没有在法定期限届满前作出接受或者放弃遗产声明的，将成为单纯接受继承人[⑦]；其三，在法定异议期间内，继承人不得清偿遗产债权人或受遗赠人的债务。[⑧] 二是对债权人的效力。其一，在通知和公告期内申报债权的，如果债权人或受遗赠人未对遗产清单提出异议，继承人也不准备提起清算程序，则继承人在遗产价值范围内向债权人和受遗赠人实施清偿。继承人丧失遗产清单利益或者放弃继承的，如果被继承人的债权人希望享有这一特权，则可以申请财产分离，请求财产分离的债权人就被继承人的遗产享有优先受偿权[⑨]；其二，享有担保权的遗产权利人不受财产分离后清偿顺序的影响，就担保财产享有优先受偿权。[⑩]

第五，制作不实遗产清单的法律后果。在遗产清单中故意隐瞒属于被继承人的财产或

---

① 《意大利民法典》第495条。
② 《意大利民法典》第495、498条。
③ 《意大利民法典》第485条。
④ 《意大利民法典》第484条。
⑤ 《意大利民法典》第495条。
⑥ 《意大利民法典》第490条第2款。
⑦ 《意大利民法典》第485条。
⑧ 《意大利民法典》第498条。
⑨ 《意大利民法典》第490条第3款、514条。
⑩ 《意大利民法典》第499条。

者谎报实际不存在债务的继承人，丧失遗产清单利益。①

5）瑞士立法例。在瑞士，其遗产清单制度实施是使继承人承担无限责任继承的后果，其官方清算制度则使继承人承担有限责任的后果，以下对这两种制度予以分别简介。

第一，遗产清单制度

一是遗产清单的制作主体与要求及方式。关于遗产清单的制作主体分为两种：其一，申请人。继承人均得请求编制公示的财产目录。编制遗产清单的申请，必须在1个月内向主管机关提出。并且，只要是继承人中一人提出，对其他继承人也发生法律效力。② 其二，制作主体。公示的财产目录，由主管机关依州法的规定进行编制。③

关于制作要求及方式，其一，主管机关在编制遗产清单时，应将遗产或遗产债务分项列记，并逐项表明其估价。其二，被继承人财产状况的知情人，有权依主管机关的要求，报告其所知情况的义务，并对所报告的内容负责。特别是继承人应将其知悉的被继承人的债务，报告主管机关。其三，主管机关在编制财产目录时，应同时以适当的公告，催告被继承人的债务人、债权人和保证债权人，在一定期限内，申报其债权和债务。在公告中，应特别提醒债权人注意未申报债权的后果。第一款所称期限，不得少于1个月，自第一次公告之日起算。④

二是遗产清单的制作时间，分为一般期间与特殊期间。关于一般期间，继承人应当在知悉被继承人死亡时起1个月内以与拒绝继承相同的方式，即以书面或者口头的方式，向主管机关提出制作遗产清单的申请。⑤ 关于特殊期间，瑞士法未规定。

三是遗产清单的提交对象或供查阅对象。财产目录的编制，在公告期限届满时结束，随后应交与利害关系人审阅，并应给予不少于1个月的审阅时间。⑥ 即遗产清单的提交对象与供查阅对象都是与遗产有关的利害关系人。

四是制作遗产清单的效力。其一，对继承人的效力。A. 财产目录编制完结后，应催告各继承人在1个月内作出是否接受继承的声明。即继承人有按财产目录接受继承、拒绝继承或请求官方清算的选择权，继承人得在法定期限内，声明拒绝继承，或者请求官方清算，或者按公示的财产目录或者无保留地接受继承。继承人未作任何声明时，视为按公示的财产目录接受继承。继承人也可以既不拒绝继承，也不以公示的财产目录接受继承，而请求官方清算。⑦ B. 继承人按公示的财产目录接受继承时，对遗产债务须承担无限清偿责任。即对于财产目录中所记载的被继承人的债务，以及财产，移转于继承人。遗产包括权利和义务，其取得溯及继承开始时。继承人对记载于财产目录的债务，不仅以其所取得的遗产，尚须以其本人财产，负其责任。⑧ C. 编制遗产清单期间时效停止进行。除有急迫情事外，其诉讼程序，不得继续或开始。清算所不必要的遗产物和金钱，继承人得在清

① 《意大利民法典》第490条第3款、505条第4款。

② 《瑞士民法典》第580条。

③ 《瑞士民法典》第581条。

④ 《瑞士民法典》第580-582、585条。

⑤ 《瑞士民法典》第580条。

⑥ 《瑞士民法典》第584条。

⑦ 《瑞士民法典》第587、588、593条。

⑧ 《瑞士民法典》第589条。

算期间，请求全部或部分移交。[①] 其二，对债权人的效力。A. 在通知和公告期内申报债权的债权人有权就其债务获得清偿[②]。B. 债权因被继承人的债权人怠于申报，而未被记载于财产目录时，继承人既不以其个人财产，也不以其所取得的遗产负债。债权人非因债权人的过错而未记载于财产目录时，或者虽已申报但未记载于财产目录时，继承人仅在其由遗产所受利益的限度内，负其责任[③]。C. 对有担保遗产债务的效力。债权人对遗产享有担保物权，无论情形如何，均得行使其债权。[④]

五是制作不实遗产清单的法律后果。《瑞士民法典》中由于制作遗产清单的主体为主管机关，其具有公信公示力，故未对制作不实遗产清单的法律后果作出规定。

第二，官方清算制度

一是官方清算的主体与要求及方式。关于官方清算的请求权人，其一，继承人。各继承人均既不拒绝继承，也不以公示的财产目录接受继承，而请求官方清算。但共同继承人之一表示继承时，不得请求官方清算。[⑤] 其二，被继承人的债权人。在被继承人的债权人有理由担忧其债权不能得到清偿，经请求，未得到担保时，得在被继承人死亡或遗嘱开视后3个月内，请求官方清算。受遗赠人得在与前款相同的条件下，请求采取保全措施，以担保其权利。[⑥] 关于官方清算的主体，由主管机关或其委任的遗产管理人中的一人或数人进行官方清算。[⑦]

关于官方清算主体的要求及方式，在遗产管理人进行官方清算时，其应当接受主管机关的监督，继承人可以对遗产管理人拟将采取或已采取的措施提出异议。[⑧]

二是官方清算的时间。官方清算与编制财产目录同时开始，并应公示催告债权申报。[⑨]

三是官方清算的程序及要求。为清算目的，应了结被继承人的通常事务，清偿其债务、收取其债权、尽可能支付遗赠，如有必要，应由法院确定被继承人的权利和义务，并变卖其财产。被继承人不动产的出卖，须采用公开拍卖的方式，非经全体继承人同意，不得采用自由拍卖的方式。清算所不必要的遗产物和金钱，继承人得在清算期间，请求全部或部分移交。[⑩]

四是官方清算的效力。在官方清算时，继承人对遗产债务不负责任。[⑪]

6）俄罗斯立法例。

第一，遗产清单的制作主体与要求及方式。遗产清点登记的主体为公证员及两名见证人。关于制作要求及方式，在进行遗产的清点登记时，遗嘱执行人、继承人可以在场见

---

① 《瑞士民法典》第586条。
② 《瑞士民法典》第589-590条。
③ 《瑞士民法典》第590条第1、2款。
④ 《瑞士民法典》第590条第3款。
⑤ 《瑞士民法典》第593条。
⑥ 《瑞士民法典》第594条。
⑦ 《瑞士民法典》第595条第1款。
⑧ 《瑞士民法典》第595条第3款。
⑨ 《瑞士民法典》第595条第2款。
⑩ 《瑞士民法典》第596条。
⑪ 《瑞士民法典》第593条第3款。

证，在相应情况下的监护和保护机关代表也可以在场。①

第二，遗产清单的制作时间，只有一般期间的规定。公证员在考虑到遗产的性质和价值，以及考虑继承开始占有遗产的必要时间而确定的期限内采取保护和管理遗产的措施，但该期限不得超过继承开始之日起的6个月，而在继承人放弃继承、被排除继承、因其他继承人不接受遗产而取得继承权以及在转继承的情况下，不得超过继承开始之日起的9个月。②

第三，遗产清单的提交对象或供查阅对象。关于遗产清单的提交对象，为了查明遗产和保护遗产，银行、其他信贷机构和其他法人必须根据公证员的查询将被继承人在他们那里的财产情况告知公证员。公证员仅可以把取得的有关资料通知遗嘱执行人和继承人。③

第四，制作遗产清单的效力。关于制作遗产清单的效力，该法只规定了对继承人的效力，即继承人对遗产债务的遗产价值为限承担清偿责任。④

第五，制作不实遗产清单的法律后果。该法典没有规定。

②财产分离制度的国外立法现状

关于财产分离制度，在前述九个国家中，只有大陆法系的日本、意大利专门规定了财产分离制度。对于财产分离制度，以下将从财产分离的请求权主体、请求财产分离的时间、请求财产分离的要求、财产分离对债权人的效力四个方面进行考察。

1）日本立法例。

第一，财产分离的请求权主体。其请求权主体为遗产债权人和继承人的债权人，其中遗产债权人包括被继承人的债权人与受遗赠人。⑤

第二，请求财产分离的时间。自继承开始时起3个月内，遗产债权人或受遗赠人可以请求家庭法院将继承财产与继承人的财产分离。⑥

第三，请求财产分离的要求。一是对程序的要求，即请求财产分离的债权人必须向法院申请财产分离。⑦ 二是法院在接受财产分离的请求后必须在5日内，对其他遗产债权人及受遗赠人作出财产分离命令，以及应该于一定期间内申报参加分配等内容为意旨的公告，并且公告期不得少于2个月。同时，该公告必须刊登在官报上。⑧

第四，财产分离对债权人的效力。一是对被继承人的债权人的效力。请求财产分离的人以及根据申报债权的公告申报参加分配的人，在公告期间届满后，就继承财产优先于继承人的债权人受领清偿。⑨ 二是对继承人的债权人的效力。提出财产分离请求的人及申报参加分配的人，以不能以继承财产受领全部清偿为限，可以对继承人的固有财产行使其权利。在此情形下，继承人的债权人可以优先于此等人受领清偿。⑩

---

① 《俄罗斯联邦民法典》第1172条第1款。
② 《俄罗斯联邦民法典》第1171条第4款、1154条第2、3款、1156条第2款。
③ 《俄罗斯联邦民法典》第1171条第3款。
④ 《俄罗斯联邦民法典》第1175条。
⑤ 《日本民法典》第941条。
⑥ 《日本民法典》第941条第1款。
⑦ 《日本民法典》第941条第1款。
⑧ 《日本民法典》第941条第2、3款。
⑨ 《日本民法典》第942条、947条第2款。
⑩ 《日本民法典》第948条。

第五，财产分离请求的阻止。继承人可以通过以其固有财产向继承人的债权人或者受遗赠人清偿，或者提供相当担保而防止财产分离的请求，或者消灭其效力。但是，继承人的债权人证明将因此受有损害并提出异议时，不在此限。①

2）意大利立法例。

第一，财产分离的请求权主体。其请求权主体为遗产债权人和继承人的债权人，其中遗产债权人包括被继承人的债权人与受遗赠人。②

第二，请求财产分离的时间。财产分离请求权应当在遗产继承开始后 3 个月内行使。③

第三，请求财产分离的要求。对于财产分离的程序，动产与不动产的分离程序各有不同。一是对动产的分离。对动产的分离请求权应当以诉讼的方式提出。该请求应当向继承开始地的初审法院法官提出。尚未编制遗产清单的，由初审法院法官下令进行编制，并且为保管被请求进行分离的财产制定必要的措施。④ 二是对不动产的分离。对于不动产以及允许设定抵押权的财产，应当以在每一项财产上登记债权或遗赠的方式提出分离请求权。债权或遗赠登记应当按照登记抵押权的方式进行。⑤

第四，财产分离的效力。一是对被继承人的债权人的效力。提出分离请求的债权人和受遗赠人对分离出来的遗产享有优先接受清偿的权利。债权人和受遗赠人共同提出分离请求的，债权人优于受遗赠人受偿。在前款规定的情况下，未提出分割请求的债权人优先于提出分割请求的受遗赠人受偿。在任何情况下，享有优先权的原因均不受影响。⑥ 二是对继承人的债权人的效力。将被继承人的财产与继承人的财产进行分离后，应保证以被继承人的财产清偿其债权人和受遗赠人，而后再清偿继承人的债权人。

（2）英美法系国家立法例。

①英国立法例。遗产分离在英国主要通过遗产管理制度的实施来实现。根据英国法律规定，在下列情况下，法庭有权指定死者的遗产管理人：死者生前没有订立遗嘱；在遗嘱中，遗嘱人没有指定遗嘱执行人；遗嘱人指定的遗嘱执行人先于遗嘱人死亡；遗嘱人指定的遗嘱执行人在完成管理遗产的任务之前死亡。依据英国《遗产管理法》第 25 条规定遗产管理人的主要职责包括：收集清点死者的动产和不动产，并根据法律的规定管理遗产；在法院要求时，在法庭宣誓出示遗产账目，并在有需要时向法院提交遗产管理的清单；在高等法院需要时，向高等法院提交遗产管理清单。⑦

②美国立法例。遗产分离在美国主要通过遗产管理制度的实施来实现。根据美国《统一遗嘱检验法典》的相关规定，继承开始后，通常需要任命遗产管理人管理遗产。一般是任命享有继承权的主要继承人为遗产管理人。遗产管理人享有一定的权利，并承担一定的义务。

---

① 《日本民法典》第 949 条。
② 《意大利民法典》第 512 条。
③ 《意大利民法典》第 516 条。
④ 《意大利民法典》第 517 条。
⑤ 《意大利民法典》第 518 条。
⑥ 《意大利民法典》第 514 条。
⑦ Administration of Estates Act, s. 25.

其权利包括：一是在一定期间内占有被继承人的遗产，避免财产被转让，排除他人对遗产的侵害。[①] 二是在一般情况下，在委任终止前，遗产代理人对该遗产享有所有权的权力，这一权力可以在没有通知、听讯或法院命令的情况下行使。[②]

遗产代理人的义务有：

1）在获委任后30天内，除任何特别管理人外，向继承人和受遗赠人发出通知。[③]

2）收集被继承人的遗产，编制财产目录并进行估价，遗产代理人应编制和归档或邮寄死者死亡时拥有的财产清单，并在清单上列出合理的细节，并说明每一项清单，在死者死亡之日的公平市价，以及与任何项目有关的任何产权负担的类型和数额。遗产代理人应将清单副本送交提出要求的利害关系人，并向法院提交清单原件。[④]

3）聘用鉴定人。遗产代理人可雇用一名符合资格及无利害关系的估价师，以协助他确定在死者去世当日任何价值可能会受到合理怀疑的资产的公平市价。可以雇用不同的人对财产中包括的不同种类的资产进行估价。[⑤]

4）遗产代理人知悉未列入遗产清单的财产的，或者遗产代理人知道遗产清单中对任何项目的价值或者说明错误或者具有误导性的，应当补充财产清单或者估价，标明死者死亡的新项目或者经修订的市场价值或者说明之日的市场价值，而鉴定人或其他资料（如有的话）如已提交，则须送交法院存档，或向对新信息有利害关系的人提供该等资料的副本或资料。[⑥]

5）财产的占有权。除死者遗嘱另有规定外，每名遗产代理人均有权并须管有或控制死者的财产，但任何不动产或有形财产可留给或交还推定有权享有该财产的人，除非或直至遗产代理人作出判决为止，为管理目的，他须管有该财产。遗产代理人应当对其所拥有的财产缴纳税款，并采取一切合理必要的管理、保护和保全措施。并且他可维持追讨对财产的管有或决定财产所有权的诉讼。[⑦]

③澳大利亚立法例。在澳大利亚主要通过遗产管理制度的实施来实现遗产分离。遗嘱代理人验证遗嘱之后的首要任务，就是收集死者的财产。收集遗产完毕后，遗产代理人需要制作遗产目录，并通过一切合理的途径维护和管理遗产，催告债权人申报权利，清偿被继承人的债务和缴纳税款，将剩余遗产向继承人进行分配。

遗产代理人在制作遗产清单及账目方面的责任：死者的遗产代理人在合法要求下，在法庭宣誓后，须就死者的不动产及个人遗产作出真实而完善的财产清单，而法院在此之前有权规定遗产代理人须将财产清单送交法院。[⑧]

（二）遗产分割的标的之确定的国外立法比较评析

1. 遗产归扣制度之国外立法比较评析

关于遗产归扣制度，前述九个国家中，大陆法系的俄罗斯未设立遗产归扣制度，而英

① Uniform Probate Code, s. 3-710.
② Uniform Probate Code, s. 3-711.
③ Uniform Probate Code, s. 3-705.
④ Uniform Probate Code, s. 3-706.
⑤ Uniform Probate Code, s. 3-707.
⑥ Uniform Probate Code, s. 3-708.
⑦ Uniform Probate Code, s. 3-709.
⑧ Administration and Probate Act (Vic), s. 28 (1).

美法系国家中只有美国有此制度，英国及澳大利亚的维多利亚州已经在修法时废除了遗产归扣制度。因此，下文主要对前述设有此制度的六个国家包括法国、德国、瑞士、日本、意大利和美国的立法进行比较评析。

（1）两大法系国家立法的共同点。关于遗产归扣制度，两大法系国家立法的共同点主要如下：第一，归扣的主体相同，归扣的义务人都是接受被继承人生前特种赠与的特定继承人，归扣权利人则是义务人之外的其他共同继承人。第二，归扣的标的相同。前述大陆法系五个国家中，遗产归扣的标的都是因结婚、营业、教育等被继承人赠与给特定继承人的特种赠与财产，这些特种赠与财产被视为“应继份的预付”。所以，这些财产要求被计入遗产总额，即进行财产合算，以确定遗产分割标的的范围。第三，归扣的免除相同，前述大陆法系五个国家的归扣免除都分为意定免除与法定免除两种情形。其中意定免除都明确规定，如果被继承人生前作出免除归扣的意思表示的，则免除归扣。第四，关于归扣的方法，前述六个国家都规定在进行归扣时应采取抵扣应继份或价值充当的方法。

（2）两大法系国家立法的不同点。关于遗产归扣制度，前述两大法系国家的不同点是：第一，遗产归扣的义务主体范围不同。瑞士、日本、美国规定为从被继承人处接受特种赠与的共同继承人。法国、德国、意大利则限制了义务主体的范围，德国规定归扣的义务主体为应召继承人的直系卑血亲；意大利规定义务主体为有权继承的生存配偶和直系卑血亲；法国规定，一般情况下所有的继承人有义务参加归扣，但是接受了生前赠与的父与子以及生存配偶不作为归扣义务人。此外，法国、德国、日本、瑞士和意大利都规定应召参与继承的代位继承人有义务进行归扣，而美国则规定如接受被继承人生前赠与的人先于被继承人死亡，除非被继承人有书面的意思表示，否则无须将其计入遗产总额。第二，遗产归扣标的之立法模式不同。例如，法国、德国、瑞士、日本和意大利是采取列举式的立法模式，明确规定遗产归扣的标的为因婚嫁立业、职业培训及对继承人之债务免除等赠与的财产。而美国则采取概括式立法模式，规定遗产归扣的标的为被继承人以预付应继份的意思赠与继承人的一切财产。第三，遗产归扣的免除不同。其一，前述大陆法系五国关于归扣的免除分为意定免除和法定免除，而美国则规定，只有在被继承人作出书面宣称或者受遗赠人进行书面承认的情况下，归扣才免除。即美国只有意定免除。其二，列举事由范围宽窄不同。关于法定免除，前述法国的列举事由范围最宽，意大利、德国、瑞士次之，日本最窄。关于意定免除，瑞士规定了被继承人作出免除归扣的意思表示的两种形式即除了被继承人明确表示免除归扣之外，也可以对被继承人的意思表示进行推定，而其他国家都是明确规定被继承人免除归扣的意思表示要以明示的方式作出。第四，遗产归扣的方洪不同。其一，在遗产归扣的方法中，一些国家具体规定的内容不同。法国规定有抵扣应继份、价值充当和原物返还三种方式。德国只有抵扣应继份的方式，而意大利根据财产的性质即动产、不动产和现金而有所不同，其中不动产既可以选择原物返还，也可以选择价值充当，而动产和现金只能以价值充当的方式，瑞士法规定，继承人可以自由选择原物返还或价值充当的方法。其二，关于遗产归扣时价值的计算时间不同。法国、德国规定，按照赠与时财产的价额计算，而日本、意大利、瑞士则规定，按照继承开始时的财产价值计算。我们认为，归扣遗产应当按照赠与时的财产计算，因为这样更能体现被继承人的意愿。其三，关于超过应继份的归扣，德国、美国规定，在继承人所得的生前特种赠与财产超过其法定应继份时，则不再进行归扣。我们认为，此种规定虽然可以避免归扣的烦琐程序，节约成本，有利于提高遗产分割的效率，但不符合归扣制度旨在共同继承人中公平分配遗产的立法目的，且既然被继承人可以作出免除归扣的指示，此种立法我国不宜借鉴。其四，关于特殊贡献份额的补偿，对此，德国、日本两国均有明确规定，对于因对被继承人的事业提供劳务或财产的给付、看护疗养被继承人及其他方法而对被继承人财产的维持或增加作出特别贡献的人给予一定份额的财产进行补偿，这部分财产确定后，应当从被继承人的遗产中扣除。

综上所述，关于遗产归扣制度，我们认为值得我国立法借鉴的有：（1）遗产归扣的主体。在被继承人生前接受特种赠与财产的子女为归扣义务人，其他共同继承人为归扣义务人。此外，在代位继承时，由代位继承人承担归扣义务。（2）遗产归扣的标的。意大利法、瑞士法规定，被继承人在生前对特定继承人因婚姻、生计资本、财产让与或者债务免除、为子女的教育或职业培训所支付的费用中超过通常数额的部分作为遗产归扣的标的，是合理的。（3）遗产归扣的免除，分为意定免除与法定免除。关于意定免除，被继承人在生前作出免除的意思表示的，不予归扣。关于法定免除，在赠与物非因受赠人的过失而灭失的，免除归扣。（4）遗产归扣的方法，可设立抵扣应继份、原物返还和价值充当。归扣的遗产应当按赠与时的价值计算，以尊重被继承人的意愿。

2. 遗产分离制度之国外立法比较评析

关于遗产分离制度，前述大陆法系国家主要通过编制遗产清单、请求财产分离来实现的，而在英美法系国家，英国、美国、澳大利亚三国主要是通过遗产管理制度来实现的。在大陆法系国家中，虽然前述六国都规定了遗产清单制度，但是其制度的具体内容存在着差异，而规定财产分离制度的日本和意大利两国的具体规定也不完全相同。但是，英美法系国家中的遗产管理制度，基本上都是通过遗产代理人收集、清点被继承人的遗产，编制遗产清单，从而实现遗产的分离。因此，下文主要对前述大陆法系国家各国的遗产分离制度分别进行比较评析。

（1）遗产清单制度之国外立法比较评析。

①两大法系国家立法的共同点。

第一，遗产清单的制作主体与要求及方式。关于制作主体，除法国、瑞士、俄罗斯由司法拍卖评估人、执达员、主管机关或公证人担任制作主体外，其余三国都规定继承人可以作为遗产清单的制作主体。并且前述六国都规定了制作要求，以保障遗产清单的真实性。关于制作要求，前述六国中，除俄罗斯、德国外，其余四国都规定继承人不仅要制作遗产清单，而且要向法院或主管机关作出实行限定继承的声明。

第二，关于遗产清单制作时间，前述六国除俄罗斯和瑞士仅有一般期间外，其他四国都对遗产清单制作时间有一般期间和特殊期间的规定。

第三，关于遗产清单的提交对象，上述六个国家，法国、德国、日本、意大利都规定遗产清单应当提交给法院，俄罗斯则由公证员收集遗产信息和资料后通知遗嘱执行人和继承人。

第四，关于制作遗产清单的效力，前述六国法国、德国、日本、意大利、瑞士、俄罗斯都规定了对继承人的效力和对遗产债权人的效力。其一，对继承人的效力，主要有三个方面的内容：1）除瑞士外，前述大陆法系其余五国都规定依法制作遗产清单并声明有限继承的，继承人对遗产债务承担有限清偿责任；2）除俄罗斯、瑞士外，前述大陆法系其余四国都规定不制作或未在法定期限内制作遗产清单的，则继承人应当对遗产债务承担无限清偿责任；3）除俄罗斯外，前述大陆法系其余五国都规定在制作遗产清单期间，必须停止处理债权债务。其二，对遗产债权人的效力，主要有两个方面的内容：1）除瑞士外，前述大陆法系其余五国都规定，遗产债权人在通知和公告期内申报债权的，应当在遗产实际价值范围内受偿；2）除俄罗斯无明文规定外，前述大陆法系其余五国都规定对有担保的遗产债务不受是否在法定期限内申报债权的影响。

第五，关于制作不实遗产清单的法律后果，除瑞士、俄罗斯外，其余四国都规定，制作不实的遗产清单，继承人丧失遗产清单利益，对遗产债务承担强制的无限清偿责任。

②两大法系国家立法的不同点。

关于遗产清单制度，大陆法系国家立法的不同点主要有以下几个方面：

第一，关于遗产清单的制作主体与要求及方式，其不同点主要为：

一是遗产清单的制作主体不同。其一，只有继承人作为制作遗产清单的主体，如意大利明确为应召继承人。其二，除继承人外，还有遗嘱执行人、法院、主管机关、公务员等可以作为制作主体，如德国法规定，继承人可以申请主管机关、公务员或公证人、法院编制遗产清单；日本为继承人、遗嘱执行人或公证人。其三，非继承人作为制作主体，如法国为司法拍卖评估人、执达员或公证人；瑞士为主管机关；俄罗斯为公证员及两名见证人在场等。我们认为，关于遗产清单的制作主体可以包括继承人、遗嘱执行人或公证人，故日本与俄罗斯的规定值得我国借鉴。

二是遗产清单的制作要求不同。其主要不同点如下：其一，作出限定继承的声明的时间不同。对于该声明的时间，法国须在制作遗产清单前作出；日本要求在提出遗产清单的同时作出；意大利则要求在遗产清单制作前，但是最迟要在遗产清单完成之日起 40 日内作出声明；瑞士规定继承人应当在法定期限内作出拒绝继承或者请求官方清算，或者按公示财产目录接受继承的声明。其二，制作遗产清单需要由继承人进行代替宣誓的保证，如德国规定，继承人在进行编制遗产清单时应当进行代替宣誓的保证，以保障遗产清单内容的真实性。其三，制作遗产清单须有公证员或者见证人在场，如日本要求遗产清单必须在有继承人见证的情况下制作，或者是由公证员完成；俄罗斯须由公证员及两名见证人在场。其四，赋予遗产债权人或者受遗赠人对遗产清单提出异议的权利，如意大利规定遗产债权人可以在一定的期限内提出异议，在提出异议后，继承人不得进行清偿，应当通过公证人召集遗产债权人执行清算，并通知债权人申报债权。其五，继承人在制作遗产清单时需要进行通知和公告，使未知的遗产债权人或者受遗赠人申报债权。例如，意大利法规定，继承人应当在 1 个月内通知已知的债权人申报债权，并且应将申报债权的通知刊登在省级法律公报上。瑞士规定，主管机关在编制遗产清单时，应同时发布公告，催告债权人、债务人申报债权和债务。其六，对遗产清单的内容作出具体的要求。其中法国规定，清单应对资产与负债的每一项构成内容与数额逐项作出估计。德国规定，遗产清单制作人应完整地说明在继承开始时所存在的遗产标的和遗产债务，并且应包含对遗产标的的详细情况的说明，但以为确定价额而有必要这样做为限，并包含对价额的说明；瑞士规定，主管机关在编制遗产清单时，应将遗产或遗产债务分项列记，并逐项标明其估价。

我们认为，关于遗产清单的制作要求，首先，德国法规定的由继承人进行代替宣誓的保证并不适合我国国情，让继承人进行代替宣誓的保证可能无法保障遗产清单的真实性、准确性，不能有效地对继承人进行监督。而日本、俄罗斯规定的由公证员或者见证人在场见证，以及意大利规定的赋予遗产债权人异议权、公告申报债权债务则能够在一定程度上起到监督作用，保障遗产清单制作的真实性，值得我国借鉴。其次，关于遗产清单的内容要求，我们认为在立法中应当作出明确规定，即遗产清单的内容应当具体写明被继承人的遗产标的的种类、数量、价值和遗产的债务等具体情况，以利于保护继承人与遗产债权人的利益。

第二，关于遗产清单的制作时间，其不同点主要表现为以下几个方面：

一是制作遗产清单期间的长短不同。关于制作遗产清单的期间，其一，对于一般期限，俄罗斯为6个月至9个月，法国为2个月，德国、瑞士、意大利、日本四国均为3个月，同时，德国规定了编制遗产清单的最短期间为1个月。

其二，关于特殊期限，在特殊情况下，前述国家中除瑞士、俄罗斯没有规定外，其余四国都允许继承人或者利害关系人、检察官申请法院批准予以延长。但是，具体规定又有所不同。1）延长期限的长短不同。法国可以延长期限，并未对延长期限作出具体的时间限制。而德国、日本则在特殊情况下，由法院自由裁量延长时间；意大利除特殊情况外，延长期限不得超过3个月。2）延长期间的请求权主体不同。其中法国、德国、意大利都由继承人申请延长制作遗产清单的期限，而日本则规定利害关系人、检察官均可以请求家庭法院予以延长，其范围更宽。

综上所述，我们认为，对于一般期间，德国、瑞士、日本等国规定的3个月期间值得我国借鉴。而关于特殊期间，首先，对于延长期间的长短，我们认为意大利规定的除特殊情况外，延长期限不得超过3个月较为合理，值得我国借鉴。因为遗产清单是为保护继承人与遗产债权人的利益，如果不对延长期间进行限制或者将其交给法院自由裁量，则会导致制作遗产清单的时间过长。而时间一旦过长，可能会导致遗产的转移或灭失，不利于维护遗产债权人的利益和交易安全。其次，对于延长期间的申请主体，应将延长期限的请求权赋予有权制作遗产清单的主体，而不宜将此权利赋予此类主体之外的人，日本的申请主体较为宽泛，很可能会导致权利的滥用，进而导致遗产清单不能及时编制完成。

二是制作遗产清单期间的起算点不同。法国规定，遗产清单自继承人提出以净资产的方式接受继承的声明之日起算；德国法规定，根据遗产清单制作期间的指定方式不同，其期间的起算点也不同。一般情况下，遗产清单的制作期间，自指定期间的裁定被送达时起算。该期间在接受遗产之前被指定的，自接受遗产时起才起算；日本法规定，继承人须在其知道继承开始之时请求遗产法院制作遗产清单；瑞士法规定，继承人应当在知悉被继承人死亡时起1个月内以与拒绝继承相同的方式，即以书面或者口头的方式，向主管机关提出制作遗产清单的申请；意大利法规定，根据继承人是否占有遗产，制作遗产清单期间的起算点是不同的，占有遗产的人应当自继承开始之日起或者自知道遗产分配的消息之日起编制遗产清单，未占有遗产的人自作出按遗产清单接受继承的声明之日起编制遗产清单。

关于制作遗产清单时间的起算点，我们认为日本自继承人知道继承开始时起开始计算值得我国借鉴。因为，继承人自知道继承开始之时制作遗产清单，可以使其及时了解遗产的状况，以便及时作出接受继承或者放弃继承的决定，进而也可以使得遗产债权人的债权及时得到清偿，保护遗产债权人的利益。

三是制作遗产清单期间规定的方式不同。上述六个国家规定的制作遗产清单的方式分为两种：其一，法律直接规定制作遗产清单的时间，如法国、瑞士、意大利、日本和俄罗斯。其二，法律将制作遗产清单的时间交由法院进行指定，如德国。

关于制作遗产清单期间的规定方式，我们认为，采用法律直接规定的方式较为妥当。因为，法律直接规定制作遗产清单的时间，可以使当事人及时根据法律的规定在法定期限内及时编制遗产清单。而如果由法院指定制作遗产清单的时间，这不仅会增加当事人的讼累，还会使法院不堪重负。

第三，遗产清单的提交对象或供查阅对象不同，主要体现为：其一，关于遗产清单的提交对象，德国是提交给遗产法院，日本是提交给家庭法院，意大利是提交给初审法院，俄罗斯是由公证员提交给遗嘱执行人和继承人。其二，关于遗产清单供查阅的对象，只有法国、德国、瑞士、意大利四个国家作出了规定，其中法国规定，遗产的债权人与受遗赠人，经提出文书作为证明，可以查阅遗产清单并取得复印件；而德国、瑞士、意大利都规定遗产的利害关系人有权查阅遗产清单。我们认为，关于遗产清单的查阅，凡遗产的利害关系人经出示相关的证明，如欠条等均有权查阅遗产清单，便于行使异议权，进而保障遗产清单的真实性、准确性，有利于保护继承人、遗产债权人的利益，此立法值得我国借鉴。

第四，关于制作遗产清单的效力不同，主要包括：其一，对继承人的效力不同。依瑞士法规定，凡依法制作遗产清单后，无论继承人是否并声明按财产目录接受继承，继承人对记载于财产目录的债务均要以遗产和继承人的固有财产承担无限清偿责任。但是，继承人也可以既不拒绝继承，也不以公示的财产目录接受继承，而请求官方清算，从而对被继承人的遗产债务承担有限清偿责任。而其他国家则规定，在制作忠实、准确的遗产清单后，继承人对被继承人的债务仅以遗产为限承担有限清偿责任。其二，对遗产债权人的效力不同。凡未在通知和公告期内申报债权的，意大利法未作出明确规定。在其他作出规定的四个国家中，对于未申报的债权的效力也有不同，其中法国、德国、瑞士规定，未在法定期限内申报的遗产债权视为消灭，此债务不予受偿；而日本则规定，未在法定期限内申报的债权，此债务可就清偿完所有遗产债务后的剩余财产受偿。

我们认为，日本法的规定较为合理，值得我国借鉴。因为，即便遗产债权人未在法定期限内申报债权，如果法律规定其债权视为不存在，则对于遗产债权人而言后果过于严重。因此，即使未按照法定期限申报的债权，应规定其能够就清偿完遗产债务的剩余财产受偿。这样既可使债权人为自己的懈怠行为付出代价，督促其及时行使权利，也在一定程度上保护了债权人的求偿权。

第五，关于制作不实遗产清单的法律后果，其不同点为：前述法国、德国、日本、意大利四国中，均规定了强制无限责任继承的后果，但日本还规定了该种继承人也可以放弃继承。我们认为，对于放弃继承，应区分不同情形，允许继承人可以放弃的是自愿选择的不制作遗产清单或者是未在法定期限内制作遗产清单所承担的无限清偿责任，而不是制作不实遗产清单所承担的无限清偿责任，因为，前者是一种自愿选择的无限清偿责任，继承人可以自由选择，而后者是一种强制的无限清偿责任，实际上是对继承人制作不实遗产清单违法行为的一种惩罚，故继承人对于此种无限清偿责任是不能放弃的，否则，就与继承人可以放弃法律制裁无异了，进而会导致形成鼓励继承人实施违法行为的一种错误价值导向，不利于维护社会秩序。所以，日本的此立法我国不宜借鉴。

综上所述，关于遗产清单制度，值得我国借鉴的有以下几点：1）遗产清单的制作主体，前述日本法规定的遗产清单的主体范围较为适当，即继承人、遗嘱执行人、公证人均为主体，这样有利于及时地完成遗产清单的制作，有利于保护继承人与遗产债权人的利益，尽早确定遗产标的的范围。2）遗产清单的制作要求，为了保证遗产清单的真实性、准确性，在遗产清单制作时应当有见证人在场，如日本规定遗嘱执行人在制作遗产清单时应当有继承人在场见证，法国、意大利则规定遗产清单完成后相关利害关系人有查阅、异议权，两者虽然规定的方式不同，但是殊途同归。我们认为，为了保证遗产清单的真实性与准确性，从我国实际出发，可以汲取法国、意大利的有益经验，采取规定制作遗产清单需见证，且可供利害关系人持证件材料查阅及异议的制度，这在我国更具有可操作性。3）遗产清单的制作时间，前述国家中有四国规定应在 3 个月内完成，在特殊情况下可以延长期限，尤其是意大利规定，延长期限不得超过 3 个月。4）遗产清单的提交对象或可供查阅对象，关于遗产清单的提交对象，前述六个国家中除俄罗斯为交给遗嘱执行人和继承人外，法国、德国、日本、意大利四国都规定为法院。我们认为，如果我国所有遗产清单都提交给法院，则会造成法院的办案压力，因此只有在发生纠纷时继承人才需将遗产清单提交到法院确认。而关于遗产清单的可供查阅对象，前述法国规定遗产的债权人与受遗赠人经提出文书作为证明可以查阅遗产清单并取得复印件，但是该国规定的查阅主体范围较窄，而德国、瑞士规定遗产的利害关系人都有权查阅。因此，我们认为，我国应该取两国之所长，规定与遗产有关的利害关系人，在提出相关的证明文件后都可以查阅遗产清单。5）制作遗产清单的效力，前述国家规定，如继承人制作忠实、有效的遗产清单的，其可以对遗产债务承担有限清偿责任；如其未在法定期限内制作遗产清单，或者不愿在法定期限内制作遗产清单的，则对被继承人的债务承担无限清偿责任。此由继承人自愿选择依法实行有限责任继承或无限责任继承两种继承类型，具有合理性。目前，我国《继承法》也有这两类继承方式。此外，对于债权人没有在法定期限内申报债权的，可以借鉴日本立法，该债权只能就剩余债权受到清偿。6）制作不实遗产清单的法律后果，可借鉴前述多数国家的立法，凡制作不实遗产清单的，继承人应当承担无限清偿责任，并且此种责任不得放弃。

（2）财产分离制度之国外立法比较评析。

①意大利和日本立法的共同点。

第一，财产分离的请求权主体相同。该两国的财产分离请求权主体都规定为被继承人的债权人或者是继承人的债权人。

第二，请求财产分离的时间相同，即两国都规定请求财产分离的时间为自继承开始时起 3 个月内提出。

第三，财产分离对债权人的效力相同。即在被继承人的债权人提出财产分离的请求后，其可以就遗产优先于继承人的债权人受偿。而在继承人的债权人提出财产分离请求后，其对于继承人自己固有的财产优先于被继承人的债权人受偿。

②意大利和日本立法的不同点。

两个国家立法的不同点主要表现为以下方面：

第一，请求财产分离的要求不同。日本规定，财产分离的请求必须要向法院提出，并且在提出之后，请求权人必须在 5 日内作出已请求财产分离的命令及债权应在一定期间内申报债权的公告。而意大利则规定，动产与不动产分离的程序不同，对于动产的分离，必须以诉讼的方式提出。而对于不动产的分离，则必须以在每一项财产上进行登记的方式提出。

第二，财产分离的效力不同。日本规定，凡提出财产分离请求的债权人或者申报债权的债权人可以就遗产优先于继承人的债权人优先受偿。而意大利则规定，即便未提出财产分离请求的债权人，其也应优先于提出财产分离请求的受遗赠人就分离出的遗产接受清偿，此即债权优先于受遗赠权，此立法对我国确立遗产债务的清偿顺序，具有参考价值。

第三，财产分离的阻止规定不同。日本法规定继承人可以通过以其固有财产向遗产债权人清偿或者提供相当担保而阻止财产分离的请求或者消灭其效力。但意大利则对此无规定。

综上所述，关于财产分离制度，从我国实际出发考虑，我们认为值得我国借鉴的有：①财产分离的请求权主体应为遗产债权人与继承人的债权人。②财产分离的时间，应当自继承开始时起3个月内提出。③财产分离的程序。债权人应当向法院提出财产分离的请求，并且法院受理后应由法院作出要求债权人申报债权的公告。④财产分离的效力。在请求财产分离之后，提出财产分离的遗产债权人与申报债权的债权人可以就遗产优先受偿。但是，有担保的债权除外。并且，基于债权优先于受遗赠权的民法原理，意大利未提出分离请求的债权人优先于提出分离请求的受遗赠人受偿，这亦值得我国立法借鉴。

二、遗产分割依据的国外立法现状与评析

在现代社会，域外国家遗产分割的主要依据有两种：被继承人的遗嘱指定和法律的规定。

（一）遗产分割依据的国外立法现状

1. 大陆法系国家立法例

（1）法国立法例。

法国遗产分割的依据主要有两种：

第一，被继承人的遗嘱指定。遗产由被继承人在符合特留份的限度内订立遗嘱而转移。任何人均得以指定继承人的名义或以遗赠的名义，或以其他任何适于表示其意思的名称，经遗嘱处分其遗产。①

第二，法律的规定。如被继承人未立遗嘱处分其财产，遗产按法律的规定处理，具体包括以下三种情况：

其一，法定应继份。如先逝的配偶有子女或直系卑血亲，在所有子女都是夫妻双方所生时，有继承权的健在配偶，可以选择：或者受领现存全部财产的用益权，或者受领1/4财产的所有权；如其中有一子女或数子女不是夫妻双方所生，有继承权的配偶受领1/4财产的所有权。如被继承人没有子女或直系卑血亲，但其父母健在，有继承权的配偶受领遗产之一半，其余一半归父与母继承并各取遗产的1/4。如被继承人的父或母已先逝，原可由父或母继承的财产之部分转由死者的健在配偶继承。如被继承人既无子女或直系卑血亲也无父母，健在配偶受领全部遗产。子女或他们的直系卑血亲，在其均属于第一亲等，并

---

① 《法国民法典》第721条第2款、967条。

以自己的名义继承遗产时，按人数与相同应继份继承；他们全部或部分人是代位继承时，应按房数继承。同一亲等的直系尊血亲，按人数继承。同亲等的旁系亲属共同继承时，遗产在他们之间按人数分配。①

其二，共同继承人的协议。协商分割财产可以是完全分割或者部分分割。② 对于遗产的部分分割，要求全体共有人均表示同意为前提条件。如果全体共有人到场并且均有能力，可以按照各当事人选择的方式与形式进行财产分割。在共有财产是应当进行地产公告的财产时，分割文书应经公证人指定。③

其三，法院的判决。如果共同继承人之一拒绝同意协商分割，或者因分割遗产的方式或终结分割的方式而发生争议，或者在第 836 条④与第 837 条⑤所指的一种情况下协商分割未得到准许时，由法院裁判分割财产。⑥

（2）德国立法例。德国遗产分割的依据有以下两种：

第一，被继承人的遗嘱指定。被继承人可以终意处分作出分割指示。被继承人也可以指示，按照第三人的公平裁量进行分割。但如果第三人依照该项指示而作出的规定显失公平的，该规定对继承人无约束力。⑦

第二，法律的规定。如被继承人未立遗嘱处分其财产，遗产按法律的规定处理，具体包括以下三种情况：

其一，法定应继份。在法定继承时，被继承人的生存配偶在和第一顺序直系血亲一起继承时，继承遗产的四分之一；在和第二顺序直系血亲或祖父母、外祖父母一起继承时，继承遗产的一半。祖父母、外祖父母的晚辈直系血亲和祖父母、外祖父母一起继承的，生存配偶也从遗产的另一半中获得本来属于该晚辈直系血亲的应有部分。既无第一顺序直系血亲或第二顺序直系血亲，也无祖父母、外祖父母的，生存配偶获得全部遗产。在继承开始时存在财产分别制，且被继承人的一个或两个子女有资格和生存配偶一同做法定继承人的，生存配偶和每一个子女按等份继承。前述各顺序的继承人按人数等份继承。在没有配偶及前三位顺序的继承人时，遗产由第四顺位继承人及更远顺位的继承人按等份继承。第四顺序，祖父母的父母、外祖父母的父母在继承开始时生存的，按等份继承；祖父母的父母、外祖父母的父母在继承开始时已不再生存的，其晚辈直系血亲中与被继承人在亲等上有最近的血统关系的人继承；两个以上同亲等的血亲按等份继承；更远顺序，准用第四顺

---

① 《法国民法典》第 734、743、746-750、757、757-1、757-2 条。

② 《法国民法典》第 838 条规定："如进行分割之后仍然保留某些财产共有或者仍然有某些人维持财产共有，属于一部分分割。"

③ 《法国民法典》第 816、835、838 条。

④ 如果有某一共有人推定失踪，或者距离遥远，因而处于不能表达意思的状况时，自愿协商分割得按照第 116 条规定的条件进行。同样，如果对一共有人实行保护制度，得按照第 1 卷第 10 编与第 11 编规定的条件进行自愿协商分割。

⑤ 如果有某一共有人不到场但并非处于第 836 条所指的一种情形，在一共有人的关注下用司法外文书对其进行催告，促其由他人代理参与协商。如该共有人在收到催告起 3 个月期限内仍不指定委托代理人，共同分割人之一可以请求法官指定任何有资格的人代理不到场的人，直至完全实现财产分割为止。该代理人只有经过法官批准才能参与拟进行的分割协商。

⑥ 《法国民法典》第 840 条。

⑦ 《德国民法典》第 2048 条。

位的相关条款。[①]

其二，共同继承人的请求。除第 2043—2045 条有关遗产分割延缓的规定外，各共同继承人可以随时请求分割遗产。

其三，法院的判决。第三人应根据被继承人的指示，公平地进行遗产分割。但是如果第三人依照被继承人的指示作出的决定显失公平的，则对继承人没有约束力，在此情形下，应当由法院进行判决。[②]

(3) 日本立法例。日本遗产分割的依据有以下两种：

第一，被继承人的遗嘱指定。被继承人可以通过遗嘱确定，或委托第三人确定分割的方法。[③]

第二，法律的规定。如被继承人未立遗嘱处分其财产，遗产按法律的规定处理。具体包括以下三种情况：

其一，法定应继份。同顺位的继承人有数人时，其继承份额依以下各项的规定确定：第一顺序，子女及配偶为继承人时，子女及配偶的继承份额各为二分之一；第二顺序，配偶及直系尊亲属为继承人时，配偶的继承份额为三分之二，直系尊亲属的继承份额为三分之一；第三顺序，配偶及兄弟姐妹为继承人时，配偶的继承份额为四分之三，兄弟姐妹的继承份额为四分之一。前述各种顺序继承人中的子女、直系尊亲属或者兄弟姐妹有数人时，各自的继承份额相等，但是，仅父母一方相同的兄弟姐妹的继承份额为父母双方相同的兄弟姐妹的继承份额的二分之一。[④]

其二，共同继承人的协议。除继承人以遗嘱禁止的情形外，共同继承人随时可以协议分割遗产。[⑤]

其三，法院的判决。在共同继承人之间没有达成或不能达成协议时，各共同继承人可以请求家庭法院对遗产进行分割。[⑥]

(4) 意大利立法例。意大利遗产分割的依据有以下两种：

第一，被继承人的遗嘱指定。遗嘱人为遗产份额的分配作了特别规定的，继承人受该规定的约束，财产的实际价值与遗嘱人规定的份额不相符的，不在此限。遗嘱人可以指定遗嘱执行人对遗产进行分割。如果依继承人的请求，司法机构认为估价人提出的分配方案违反遗嘱人的愿望或者显失公平的，则该分配方案对继承人无约束力。[⑦]

第二，法律的规定。如被继承人无遗嘱或遗嘱无效的，按法律的规定处理，具体包括以下三种情况：

其一，法定应继份。婚生子女及非婚生子女的继承：婚生子女与非婚生的子女，以平等的分配额继承其父和母的遗产；父母的继承：自然人死亡时没有子女、兄弟姐妹及其卑亲属的，遗产由父母按照均等的份额继承；尊亲属的继承：子孙、父母、兄弟姐妹或者其

---

① 《德国民法典》第 1924-1929、1931 条。

② 《德国民法典》第 2048 条。

③ 《日本民法典》第 908 条。

④ 《日本民法典》第 900 条。

⑤ 《日本民法典》第 907 条第 1 款。

⑥ 《日本民法典》第 907 条第 2 款。

⑦ 《意大利民法典》第 706 条第 1 款、733 条。

卑亲属均未遗留而死亡的人，其财产中二分之一由父系尊亲属、另外二分之一由母系尊亲属继承；兄弟姐妹的继承：子孙、父母及其他尊亲属都没有生存而死亡的人，由兄弟姐妹以平等的份额将其继承。配偶与婚生或非婚生子女共同参加继承的，如果子女只有一人，则配偶有权取得遗产的二分之一；在其他情况下，配偶享有遗产的三分之一。配偶与直系尊亲属、兄弟姐妹共同参加继承的，即使是同父异母或同母异父的兄弟姐妹，配偶也可取得遗产的三分之二。在该情况下，剩余的遗产属于直系尊亲属和兄弟姐妹，但是尊亲属享有的四分之一遗产份额不受任何影响。没有婚生或者非婚生子女、直系尊亲属、兄弟或姐妹参加继承的，由配偶继承全部遗产。①

其二，共同继承人的请求。任何共同继承人可以随时提出请求分割遗产。②

其三，法院的判决。如果遗嘱人没有为尚未受孕的继承人确定遗产份额，而其他共同继承人为尚未受孕的继承人提供了适当担保的，司法机构可以根据情况将全部或部分遗产分配给他们。③

当全体继承人或者某些继承人是未成年人，遗嘱人规定在最后出生的继承人达到成年年龄后的一年内不得分割遗产或者在遗嘱人死亡后不超过五年的期间内，不得对遗产或者某些遗产进行分割的，司法机关可以因重大事由，根据一名或者数名共同继承人的请求，准许分割遗产或者经过一段遗嘱人规定的期间之后分割遗产。④

遗产分配中发生的各种争议，待遗产分配结束时一并提交给有管辖权的司法机构审理。⑤

（5）瑞士立法例。瑞士遗产分割的依据有以下两种：

第一，被继承人的遗嘱指定。被继承人可立遗嘱指定继承人及遗产的分割方法和分配标准。⑥

第二，法律的规定。如被继承人未立遗嘱处分其财产，遗产按法律的规定处理，具体包括以下三种情况：

其一，法定应继份。被继承人的直系血亲卑亲属，为最先顺位的继承人，子女按均等份额继承；被继承人无直系卑亲属者，由其父母系取得遗产，父和母各继承遗产的二分之一；被继承人无直系血亲卑亲属，亦无父母系继承人者，由其祖父母系取得遗产，被继承人死亡时，其父系的祖父母和母系的祖父母均尚生存者，各系的祖父母，按均等份额继承。生存配偶、登记的同性伴侣中的生存一方，与被继承人的直系血亲卑亲属共同继承时，取得全部遗产的二分之一；与被继承人的父母系的继承人共同继承时，取得全部遗产的四分之三；在被继承人无父母系的继承人时，取得全部遗产。⑦

其二，共同继承人的协议。各共同继承人可随时请求分割遗产。除遗嘱或法律另有规定外，继承人可自行约定分割方法。⑧

---

① 《意大利民法典》第566-570、581-583条。

② 《意大利民法典》第713条。

③ 《意大利民法典》第715条第3款。

④ 《意大利民法典》第717条。

⑤ 《意大利民法典》第730条。

⑥ 《瑞士民法典》第608条。

⑦ 《瑞士民法典》第457-459、462条。

⑧ 《瑞士民法典》第604条第1款、607条。

其三，法院的判决。如果共有人对终止共有关系的方法不能达成协议时，可申请法院裁决，根据法院的命令分割。①

(6) 俄罗斯立法例。俄罗斯遗产分割的依据有以下两种：

第一，被继承人的遗嘱指定。遗嘱人可以遗嘱指定继承人的遗产份额。②

第二，法律的规定。如被继承人无遗嘱或遗嘱无效的，遗产按法律的规定处理，具体包括以下三种情况：

其一，法定应继份。第一顺序，子女、配偶、父母；第二顺序，同父同母兄弟姐妹和同父异母（同母异父）兄弟姐妹、祖父母和外祖父母，被继承人的兄弟姐妹的子女为代位继承人；第三顺序，叔、姑、伯、舅、姨；第四顺序，曾祖父母和外曾祖父母；第五顺序，侄孙子女和侄外孙子女、表堂祖父母；第六顺序，侄重孙子女和外侄重孙子女、表、堂侄子女以及表、堂叔、伯、姑、舅、姨；第七顺序，继子、继女、继父、继母。同一顺序的继承人继承的份额均等，但代位继承的继承人只能继承被代位人的应继份。③

其二，共同继承人的协议。属于两个或几个继承人按份共有的遗产，可以依照继承人之间的协议进行分割。分割不动产的协议，包括划分出一个或者数个继承人遗产份额的协议，可由继承人在取得继承权证书后订立。继承人在协议中进行的遗产分配，如果与继承权证书载明的应给继承人的份额不相符，不得以此为由拒绝对继承人从遗产分割中获得的不动产权利进行国家登记。④

其三，法院的判决。按份共有人就分割共同财产或分出某个共有人的份额的方式和条件达不成协议的，按份共有人有权通过诉讼程序要求从共有财产中以实物分出自己的份额。如果法律不允许以实物方式分出份额，或者以实物方式分出份额可能对共有财产造成损害，则该共有人有权通过司法程序要求其他按份共有人向他给付其份额的价值。⑤

2. 英美法系国家立法例

(1) 英国立法例。英国遗产分割的依据有以下两种：

第一，被继承人的遗嘱指定。被继承人可以通过遗嘱对其遗产分割作出指示。被继承人生前可以订立合同，约定其同意以遗嘱的方式向其他任何人支付一笔款项或者其他财产，或者约定其同意从其遗产中将一笔款项或其他财产支付或转移给其他任何人。⑥

第二，法律的规定。如被继承人无遗嘱或遗嘱无效的，遗产按法律有关无遗嘱遗产的规定处理。英国法在无遗嘱或遗嘱无效的情况下依法律规定对遗产的分割，主要包括以下两种情况：

其一，法定应继份。关于无遗嘱的遗产继承，可按如下方式进行分配：⑦

1）如果被继承人只留有生存配偶，则遗产应全部为生存配偶信托持有。2）如果被继承人留有晚辈直系血亲：生存配偶的个人动产归其所有，此外，生存配偶可从被继承人

---

① 《瑞士民法典》第651条第2款。

② 《俄罗斯联邦民法典》第1119条。

③ 《俄罗斯联邦民法典》第1141-1146条。

④ 《俄罗斯联邦民法典》第1165条。

⑤ 《俄罗斯联邦民法典》第252条。

⑥ Inheritance (Provision for Family and Dependents) Act, s. 11.

⑦ Intestates' Estates Act, s. 46.

的剩余遗产（除个人动产外）中得到5000英镑的净款额。在支付该笔款项及利息之后，剩余的遗产（个人动产除外）一半为生存配偶信托持有，另一半为被继承人的晚辈直系血亲以信托的方式持有。3）如果被继承人没有留下晚辈直系血亲，但留有一个或多个父母、全血缘的兄弟姐妹或全血缘的兄弟姐妹的晚辈直系血亲的，生存配偶的个人动产归其所有，此外，生存配偶可从被继承人的剩余遗产（除个人动产外）中得到5000英镑的净款额。在提供该笔款项及利息之后，剩余的遗产（个人动产除外）按下列方式分配：(a) 剩余遗产的一半绝对地为生存配偶信托持有；(b) 对于另一半剩余遗产，如果被继承人留有父母双方或一方，该财产为被继承人的父母信托持有，父母可以均等分配该剩余遗产。如果被继承人没有生存的父母，则该剩余财产为全血缘的兄弟姐妹信托持有。

如果被继承人没有留下生存配偶，但留有晚辈直系血亲，则其剩余的财产应为其晚辈直系血亲信托持有；如果被继承人既没有留下生存配偶也没有留下晚辈直系血亲的，剩余的遗产应为父母以均等份额信托持有；如果被继承人没留下生存配偶和晚辈直系血亲，但留有父母一方的，则剩余遗产为该生存的父或母信托持有；如果被继承人没有留下生存配偶、晚辈直系血亲以及父母，则被继承人的剩余遗产由其他人信托持有。

其二，法院判决。如果遗嘱的条款不能确定具体的受益人，遗产代理人可以向法院申请，请求法官判决解释遗嘱的相关条款。如果被继承人的遗嘱指定的遗产份额或者法定遗产份额未能满足申请人合理的经济需要，遗产之扶养费请求权人有权向法院提出请求，法院可以签发对受扶养人的供养令。①

(2) 美国立法例。美国遗产分割的依据有两种：

第一，被继承人的遗嘱指定。② 首先由遗产代理人根据被继承人的遗嘱分割遗产。

第二，法律的规定。如被继承人无遗嘱或遗嘱无效的，遗产按法律有关无遗嘱遗产的规定处理，根据美国《统一遗嘱检验法典》的规定，具体内容有三种情况：

其一，法定应继份。配偶根据参与继承的血亲继承人的不同情况，其应继份为先取不同的遗产份额加上剩余遗产的不同比例。法定继承时不同继承人的遗产份额为：第一，如果被继承人死亡后未遗有父母，但遗有子女，且被继承人遗有的子女非为生存配偶一方所生，则配偶可以取得15万美元遗产，同时继承剩余遗产的一半，另一半归子女。第二，如果被继承人死亡后未遗有父母，但遗有子女，且遗有的子女为夫妻双方共同所生，则配偶可以取得22.5万美元遗产，同时继承剩余遗产的一半，另一半归子女。第三，如果被继承人死亡后未遗有子女，但父母尚在，则配偶可以取得30万美元遗产，同时继承剩余遗产的四分之三，其余的四分之一归父母。第四，如果被继承人死亡后未遗有子女与父母，则生存配偶取得所有遗产。③

其二，共同继承人的协议。继承人有权通过书面协议改变其根据遗嘱和无遗嘱继承法应取得的利益、股份等遗产。遗产代理人受该协议的约束为债权人的利益管理遗产、支付税费和管理成本、履行有利于任何继承人利益职责。④

其三，法院的判决。根据遗产受益人的请求，法院有权在其司法管辖权范围之内，依

① Inheritance (Provision for Family and Dependents) Act, s. 1.

② Uniform Probate Code, s. 3-901.

③ Uniform Probate Code, s. 2-103.

④ Uniform Probate Code, s. 3-912.

法判决决定遗产的分割。①

(3) 澳大利亚立法例。澳大利亚遗产分割的依据主要有两种:

第一,被继承人的遗嘱指定。② 在澳大利亚,对遗产进行分配的主要依据是遗嘱。

第二,法律的规定。如被继承人无遗嘱或遗嘱无效的,遗产按法律有关无遗嘱遗产的规定处理③,具体分为三种情形:

其一,法定应继份。被继承人留有伴侣时④,没有留下子女或其他继承人,则该伴侣有权享有该无遗嘱者的全部剩余遗产,如无遗嘱者留有多名伴侣,则其既可以按照法律规定继承,也可以进行协议分配遗产。⑤ 在被继承人的伴侣与其子女一同继承时,如果有多名子女的,则子女的份额均等。无遗嘱者没有留下伴侣时的法定应继份,子女按相等份额继承遗产。⑥ 在被继承人既没有伴侣,也没有子女等晚辈直系血亲时,被继承人的父母、兄弟姐妹、祖父母、外祖父母、叔、伯、姑、舅、姨或堂表兄弟姐妹继承时,按照等份继承。⑦

其二,共同继承人间的协议。如无遗嘱者留下多名伴侣,并且没有留下任何子女或其后代,则多名伴侣有权享有该无遗嘱者的全部剩余遗产,如有分配协议,则根据该协议持有遗产。⑧

其三,法院的判决。如果遗嘱未为死者的家人或受其扶养的人提供适当的扶养费,扶养费请求权人有权向法院提出申请,法官有权发布对被继承人家属的家庭供养令或对受扶养人的扶养令。遗嘱的遗产分配受家庭供养立法的约束。遗产代理人有权就遗嘱解释中的疑义请求法院予以指示,且遗嘱不能剥夺法院的这种监督权。⑨

(二) 遗产分割依据的国外立法比较评析

如前所述,遗产分割的依据包括被继承人的遗嘱和法律的规定。而法律的规定又包括法定应继份、共同继承人的协议、法院的判决。

1. 两大法系国家立法的共同点

两大法系国家立法的共同点主要有:第一,被继承人的遗嘱指定是遗产分割的首要依据,这体现了对被继承人意思自治的尊重。被继承人可以遗嘱指定遗产的具体分割方法,对继承人具有约束力。第二,在无遗嘱或遗嘱无效时,法律的规定是遗产分割的依据。其一,两大法系国家均规定,法定继承时应依法按法定应继份分割遗产。其二,除英国外,前述国家均规定可依照当事人的协议分割遗产。其三,法院的判决。如果继承人遗产分割有争议的,可请求法院依据法律的相关规定进行裁决。即在无遗嘱继承时原则上应依据法

---

① Uniform Probate Code, s. 3-105.

② 参见[澳]肯·马蒂、马克·波顿:《澳大利亚继承概要(第二版)》,陈苇主持编译,西南政法大学外国家庭法及妇女理论研究中心内部印刷2007年版,第1-2页。

③ Administration and Probate Act (Vic), s. 70A.

④ 无遗嘱者的伴侣,指无遗嘱者死亡时的配偶、家庭伴侣或登记的照料伴侣,参见Administration and Probate Act (Vic), s. 70B。

⑤ Administration and Probate Act (Vic), ss. 70J, 70P.

⑥ Administration and Probate Act (Vic), s. 70ZF.

⑦ Administration and Probate Act (Vic), ss. 70ZI, 70ZJ, 70ZK.

⑧ Administration and Probate Act (Vic), s. 70Z.

⑨ Administration and Probate Act (Vic), s. 91.

律规定的应继份分割遗产；如果共同继承人就遗产分割达不成协议或遗嘱未为受扶养人等保留扶养费的由法院依法判决。

2. 两大法系国家立法的不同点

两大法系国家立法的不同点具体表现为：

第一，共同继承人的协议是否可以作为遗产分割的依据不同。在大陆法系国家共同继承人的协议是遗产分割的依据之一。[①] 然而，英国未规定将其作为遗产分割的依据。这是由于英美法系国家实行间接继承制度，继承开始后，遗产由遗产代理人管理，由其负责清偿遗产债务后，再依遗嘱指定或法律规定的方法分配剩余遗产。因此，在继承开始后遗产债务被清偿前，遗嘱指定的遗产受益人或无遗嘱继承人不能请求分割遗产。所以，英国未规定遗产受益人或无遗嘱继承人可以协议分割遗产，而是由遗产代理人依遗嘱或依法律的规定分配遗产。即如果遗嘱已指示分割方法的，遗产代理人应按遗嘱分割遗产。如无遗嘱或遗嘱无效的，则应依据法律规定的法定应继份额分配遗产。但美国法规定，共同继承人可以就其遗嘱指定的应继份或法定的应继份协议变更后予以分割，澳大利亚维多利亚州的法律规定，在被继承人留有多名伴侣，而无子女及其他直系卑血亲时，其伴侣之间可以按照协议分割遗产。这实际是有关共同继承人自愿协商对自己本人的法定应继份在遗产分割时的一种处分。

第二，对于遗嘱是否可以指示第三人代为指定遗产分割方法的规定不同。前述英美法系国家由遗产代理人负责遗产的分割。前述大陆法系国家中，只有德国、日本明确规定第三人可代为指定。并且，在第三人代为指定的分割方案或估价显失公平时，是否提供救济措施不同。德国规定，第三人依照在遗嘱指示作出的规定显失公平的，该规定对继承人没有约束力，日本则未作出此规定。德国还规定，对第三人的指定分割方法不公平的规定可以请求法院判决。法国、瑞士、日本和俄罗斯均规定，共有人对遗产分割不能达成协议的，可请求法院判决分割。

我们认为，由遗产分割的依据之国外立法的评析可见，有以下与我国现行立法相同的两点立法内容：（1）被继承人的遗嘱应当首先作为遗产分割的依据，因为，根据私法自治和遗嘱自由的原则，应当尊重被继承人指定的遗产分割的份额及方法，此反映在我国《继承法》有关遗嘱继承的规定之中。[②]（2）如果无合法有效的遗嘱，依据法律的规定对遗产进行分割。根据法律的规定，在法定继承时，有三种分割依据：一是法定应继份；二是共同继承人的协议；三是法院的判决。关于法定应继份。法律对不同继承顺序的继承人、同一顺序的继承人各自的应继份均应当明确规定，以指导共同继承人依法分割遗产。关于共同继承人的协议。法律也尊重继承人的意思自治，允许其不依法定应继份分割遗产而是协商决定各自的继承份额（包括某人多分或少分遗产）。关于法院裁判分割遗产。只有在共同继承人无法达成协议而申请法院分割时，法院才可依法判决分割遗产。

---

① 大陆法系国家实行直接继承制度，继承开始后，遗产即直接归属继承人所有。如有数名继承人的，遗产归其共有，且任一继承人可以随时请求分割遗产。所以，法律规定共同继承人的协议是遗产分割的依据之一。

② 我国《继承法》第16条。

三、遗产分割原则的国外立法现状与评析

(一) 遗产分割原则的国外立法现状

1. 大陆法系国家立法例

(1) 法国立法例。《法国民法典》的遗产分割原则如下：

第一，尊重被继承人意愿和继承人意愿的原则。首先，为尊重被继承人的意愿，遗产分割时被继承人有指示的应尊重被继承人的意愿。其次，如被继承人无指示的，依法可由共同继承人协商分割，以尊重继承人的意愿。如果全体共有人到场并且均有民事行为能力，可以按照各当事人选择的方式与形式进行财产分割。在共有财产是应当进行地产公告的财产时，分割文书应经公证人制定。①

第二，公平分割原则。关于公平分割，主要体现在以下几个方面：其一，共同继承时同一顺序、同一亲等、同一亲系的血亲继承人的应继份一般均等（子女按人数平分，父母与兄弟姐妹按亲系对半分等）。② 其二，关于特殊贡献份额的请求权，法国法无规定。其三，遗产归扣制度。任何继承人，即使是“按照净资产接受继承”，在接受继承时也均应向其他共同继承人返还其因死者生前赠与直接或间接受领的全部财产，但如在赠与时已明确所赠财产属于“其应继份之外的特别利益”，不在此限。③ 其四，共同继承人的瑕疵担保责任。所有的共同继承人仅对遗产分割之前的原因而引起的财产被侵害与追夺，相互负担保责任。每一共同继承人均按照其继承份额的比例对其他共同继承人因继承的遗产(可能）被追夺而受到的损失负补偿责任。如有某一共同继承人没有补偿能力，应当由其负担的部分，由被担保人和其他有补偿能力的共同继承人分担。④

第三，照顾弱者分割原则，此原则要求遗产分割时注意照顾弱者利益，以发挥遗产的扶养职能。其主要被体现在两个方面：其一，对生存配偶的权利保护。在配偶死亡时，除被继承人有相反的意思表示外，有继承权的健在配偶实际占有原属于夫妻双方或者全部属于死者遗产的住房为主要住宅时，对该住房享有居住权，对住房内配置的家具享有使用权，直至本人死亡。⑤ 其二，对胎儿利益的保护。关于对胎儿利益的保护，法国法无规定，但规定有未成年人利益的保护。在有未成年直系卑血亲或健在配偶存在时，可维持共有的请求权人可对由死者或其配偶负责经营的任何农业、商业、工业、手工业等企业及公司权益，维持共有直至最小的直系卑血亲成年之时或健在的配偶死亡之时。⑥

第四，发挥遗产效用原则。在组成与搭配财产份数时，应当尽量避免分割经济单位及其他如分成小块即引起贬值的财产。健在配偶或任何作为共同所有权人的继承人对其实际参与或曾经参与经营的任何农业、商业、工业、手工业或自由职业企业的整体、部分或该企业的共有份额及公司权益等享有优先权。⑦

---

① 《法国民法典》第721、835条。
② 《法国民法典》第734-740条。
③ 《法国民法典》第843条。
④ 《法国民法典》第884、885条。
⑤ 《法国民法典》第831-2、831-3条。
⑥ 《法国民法典》第821、822条。
⑦ 《法国民法典》第831-1条。

第五，平等保护继承人利益和遗产债权人利益的原则。该原则主要通过实施遗产清单制度，继承人可以通过向继承开始地所在辖区的大审法院提出以净资产为限接受继承的声明并制作遗产清单；死者的债权人以及受遗赠人通过在通知或在公告期间申报对遗产的权利，在期间届满后对遗产清单记载的遗产优先于继承人本人的债权人受偿，这体现了对继承人和遗产债权人利益予以平等保护的立法理念。①

（2）德国立法例。《德国民法典》的遗产分割原则如下：

第一，尊重被继承人意愿和继承人意愿的原则。被继承人可以终意处分作出分割指示。被继承人尤其可以指示：分割应依第三人的公平裁量进行。该第三人依该项指示作出的规定显失公平的，其对于继承人没有约束力；在此情形下，该规定依判决为之。被继承人无指示的，继承人可以协议分割。②

第二，公平分割原则。关于公平分割原则，主要表现为：其一，同一顺位继承人，一般均等分割。例如，子女按等份继承；父母在继承开始时生存的，按等份继承；祖父母、外祖父母在继承开始时生存的，按等份继承。③ 其二，特殊贡献份额的补偿请求权。因长期在被继承人的家计、职业或营业中的协助，因巨额金钱给付或以其他方式对被继承人财产的保护或增加作出特别大的贡献的晚辈直系血亲，可以在分割时请求在与他一同作为法定继承人的继承人之间均衡（即补偿）。④ 其三，遗产归扣制度。作为法定继承人继承的晚辈直系血亲有义务在相互间分割遗产时，均衡他们在被继承人生前已从被继承人处作为婚嫁立业资财取得的标的，但是以被继承人在给予时不另作指示为限。⑤ 其四，共同继承人之间的瑕疵担保责任。在共同关系废止时，共同标的被分给共同关系人之一的，因权利瑕疵或物的瑕疵，其余共同关系人中的每一个人必须以与出卖人相同的方式对其应有部分提供担保。⑥

第三，照顾弱者分割原则。此原则要求遗产分割时照顾弱者利益，以发挥遗产的扶养职能。其主要体现为以下几个方面：其一，对生存配偶的权利保护。生存配偶和第二顺序直系血亲或祖父母、外祖父母同为法定继承人的，除应继份外，以属于婚姻家计的标的不是土地从物为限，这些标的和结婚礼物作为先取份归属于生存配偶。生存配偶和第一顺序直系血亲同为法定继承人的，这些标的归属于生存配偶，但以生存配偶为维持适当的家庭生活而需要它们为限。⑦ 其二，对胎儿利益的保护。因共同继承人之一胎儿的出生而尚不确定的，到不确定性被除去时为止，应继份不得分割。⑧ 其三，对受被继承人扶养人的保护，继承人有义务在继承开始后最初 30 日内，在被继承人所为的同一范围内，向在被继承人死亡时属于被继承人的家计并受其扶养的被继承人家属给予扶养费，并许可使用住宅和家庭用具。被继承人可以终意处分另作指示。⑨

---

① 《法国民法典》第 787、788 条。
② 《德国民法典》第 2048 条。
③ 《德国民法典》第 1924-1928 条。
④ 《德国民法典》第 2057a 条。
⑤ 《德国民法典》第 2050 条。
⑥ 《德国民法典》第 757 条。
⑦ 《德国民法典》第 1932 条。
⑧ 《德国民法典》第 2043 条第 1 款。
⑨ 《德国民法典》第 1969 条。

第四，发挥遗产效用原则。如共同标的，或者，如两个以上标的是共同的，这些标的在不减少价值的情况下，可分成与共同关系人的应有部分相当的同种的部分，则共同关系的废止以原物分割的方式为之。[①] 可见，原物分割须以不损害其价值为前提，这体现了发挥物之效用原则。

第五，平等保护继承人利益和遗产债权人利益的原则。此原则主要表现为，继承人可以通过依法制定遗产清单或申请遗产支付不能程序或申请遗产管理，使其对于被继承人的债务以遗产为限承担有限清偿责任，同时可以保证遗产首先被用于清偿被继承人所欠债务。[②]

(3) 日本立法例。《日本民法典》的遗产分割原则如下：

第一，尊重被继承人意愿和继承人意愿的原则。被继承人可以通过遗嘱或委托第三人确定遗产分割的方法。无遗嘱的，继承人可以协议分割遗产。[③]

第二，公平分割原则。关于公平分割原则主要表现为：其一，同一顺位同一亲等的法定继承人各自的继承份额相等。如子女、直系尊亲属或者兄弟姐妹有熟人时，各自的继承份额相等。[④] 其二，特殊贡献份额的请求权。在共同继承人中，如有人对被继承人的事业提供劳务的或财产的给付、通过对被继承人的疗养及护理或以其他方法对被继承人财产的维持或增加作出过特殊贡献时，在继承开始时可以请求其特殊贡献的份额。[⑤] 其三，遗产归扣制度。共同继承人中，有从被继承人处受有遗赠，或者因婚姻、收养或者作为生计的资本而受有遗赠的人时，在继承开始时应当将其接受的生前赠与财产算入遗产范围。[⑥] 其四，共同继承人的瑕疵担保责任。各共同继承人对其他共同继承人，与出卖人相同，按其继承份额负担保责任。[⑦]

第三，照顾弱者分割原则。在日本立法中，有考虑遗产的种类和性质、注意照顾弱者利益的原则性规定，在遗产分割时，要考虑属于遗产的物或者权利的种类及性质、各继承人的年龄、职业、身心状态及生活状况及其他所有情况。[⑧] 即此遗产分割中需要考虑继承人的相关因素，体现了注意照顾弱者利益，以发挥遗产扶养职能的要求。但对于生存配偶、胎儿、未成年人及受被继承人扶养人利益的保护，其都未进行具体权利或措施的规定。

第四，发挥遗产效用原则。遗产分割时需要考虑属于遗产的物或权利的种类及性质，不得损害物之效用。在各共有人未就分割达成协议时，共有物不能以实物分割，或者因分割其价值有显著减少之虞时，法院可以命令对其进行拍卖。[⑨] 此变价分割可以充分发挥物之效用。

第五，平等保护继承人利益与遗产债权人利益的原则。一方面，继承人可以通过制作

① 《德国民法典》第 752 条。
② 《德国民法典》第 1975、1993 条。
③ 《日本民法典》第 908 条。
④ 《日本民法典》第 900 条。
⑤ 《日本民法典》第 904 条之二。
⑥ 《日本民法典》第 903 条第 1 款。
⑦ 《日本民法典》第 911 条。
⑧ 《日本民法典》第 906 条。
⑨ 《日本民法典》第 258 条。

遗产清单，在遗产的限度内清偿被继承人的债务，即有条件的限定继承。另一方面，遗产债权人可以向家庭法院请求将遗产与继承人的财产相互分离；继承人的债权人亦可以向家庭法院提出财产分离请求。[①] 这样可以实现被继承人的遗产与继承人的财产不发生混同，各自清偿被继承人的债权人与继承人的债权人的债务，实现平等保护继承人与前述两种债权人利益之目的。

（4）意大利立法例。《意大利民法典》的遗产分割原则如下：

第一，尊重被继承人意愿和继承人意愿的原则。遗嘱人为遗产份额的分配作了特别规定的，继承人受该规定的约束。如无遗嘱规定的，继承人可以协议分割遗产。

第二，公平分割原则。公平分割原则主要体现在以下几个方面：其一，同一顺位同一亲等的继承人的法定继承份额相同，即婚生及非婚生的子女，以平等的份额继承。子孙、父母及其他尊亲属都没有生存而死亡的人，由兄弟姐妹以平等的份额继承。[②] 其二，遗产归扣制度。参加继承的婚生子女、非婚生子女及其婚生或非婚生卑亲属和配偶，应当交出被继承人生前直接或间接赠与自己的一切财产。[③] 其三，共同继承人之间的瑕疵担保责任。共同继承人之间仅应当就基于遗产分割前的事由发生的纠纷和追夺相互担保。[④]

第三，照顾弱者分割原则。此原则要求遗产分割时注意照顾弱者利益，以发挥遗产的扶养职能。其主要体现为三个方面：其一，对生存配偶的权利保护。在共同继承时，如果用作居所的房屋和家具的所有权属于被继承人或者属于配偶双方，则房屋的居住权以及使用家具的权利属于生存配偶。[⑤] 其二，对胎儿利益的保护。如果继承人中有胎儿的，则在该胎儿出生以前不得分割遗产。[⑥] 其三，对未成年人利益的保护。在进行遗产分割时，如果全体或者部分继承人是未成年人的，遗嘱人可以指示在最后出生的继承人达到成年年龄后的 1 年内不得进行遗产分割。[⑦]

第四，发挥遗产效用原则。发挥遗产效用的原则主要体现为对土地的分割，即如为充分发挥土地的使用效用，在分割土地时，必须以一个农业家庭劳作所必须且充足的土地面积作为最小耕作单位进行。如土地所有人的土地中包括了属于他人所有的低于最小耕作单位面积的小片土地，则为了更好地规划和利用土地，大片土地的所有人可以请求小片土地的所有人向其转让他们的土地并向他们支付合理的价金。在意见不一致的情况下，由司法机关在听取行业协会的意见并且考察了提出转让土地所有请求权的土地所有人所依据的理由之后作出决定。[⑧]

第五，平等保护继承人利益和遗产债权人利益的原则。一方面，继承人可采取依法编制遗产清单和作出按遗产清单接受继承声明的方式，将被继承人与继承人的财产相分离，继承人以遗产清单所载遗产对被继承人的债务承担有限清偿责任，且被继承人的债权人就

---

① 《日本民法典》第 941 条。
② 《意大利民法典》第 566、570 条。
③ 《意大利民法典》第 737 条。
④ 《意大利民法典》第 758 条。
⑤ 《意大利民法典》第 540 条。
⑥ 《意大利民法典》第 715 条。
⑦ 《意大利民法典》第 713 条第 2 款。
⑧ 《意大利民法典》第 846、849 条。

遗产优先于继承人的债权人受偿。[①] 另一方面，被继承人的债权人有申请法院实行财产分离的请求权。继承人丧失遗产清单利益或放弃继承的，如果被继承人的债权人希望享有优先权，可以在遗产继承开始后的 3 个月内申请财产分离。[②]

（5）瑞士立法例。《瑞士民法典》立法体现的遗产分割原则如下：

第一，尊重被继承人意愿和继承人意愿的原则。遗嘱人对遗产分割的方法及分配标准作了特别规定的，继承人受该规定的约束。如无遗嘱规定的，继承人可以协议分割遗产。[③]

第二，公平分割原则。公平分割遗产的原则主要体现为：其一，同一顺位同一亲等的法定继承人的继承份额相同。如被继承人的子女按等份继承；被继承人的父母各继承遗产的二分之一；被继承人死亡时，其父系的祖父母和母系的祖父母均尚生存者，各系的祖父母按均等份额继承。[④] 其二，特殊贡献份额的补偿请求权。子女或孙子女，在与被继承人共同生活时，对共同家务付出的劳动或财物的，有请求相当补偿金的权利，该请求权应计算为遗产的债务。[⑤] 其三，遗产归扣制度。法定继承人相互间，就其在被继承人生前预先从被继承人那里取得的，应算入应继份的财产，负有归扣义务。其四，共同继承人间的瑕疵担保责任。分割终结后，对于遗产物，共同继承人间，视同买受人和出卖人，互负责任。[⑥]

第三，照顾弱者分割原则。此原则要求遗产分割时照顾弱者利益，以发挥遗产的扶养职能。其主要体现在四个方面：其一，对配偶的权利保护。夫妻双方居住的房屋或其家用器具，如为遗产，生存配偶得请求以其所有权分配于已。如依情事可认为正当合理，得因生存配偶或法定继承人的请求，为生存配偶设定用益权或居住权，而不以所有权分配于生存配偶。[⑦] 其二，对胎儿利益的保护。在继承时，如需考虑未出生的子女的利益，遗产分割应延期至子女出生时。在延期分割期间，其母在其生计所必要的限度内，对于共同财产的收益，有请求权。[⑧] 其三，对受被继承人扶养人的保护。被继承人死亡时，受其扶养的继承人得请求自被继承人死亡后从遗产中给予一个月的生活费。[⑨] 其四，对身体有缺陷的人的保护。遗产分割时，对正在受教育及身体有缺陷的子女，应适当地增加其数额。[⑩]

第四，发挥遗产效用原则。因分割而严重损害其价值的物，应完整地分配给继承人其中之一人；性质上结合为一体的物，因继承人其中一人表示异议，不得分离；对家庭有特别纪念意义的物，因继承人其中一人表示异议，不得变卖。立即分割遗产或遗产物将会严重损害遗产价值者，法院得依继承人的申请，命令延期分割。[⑪]

---

① 《意大利民法典》第 484 条。
② 《意大利民法典》第 512 条。
③ 《瑞士民法典》第 607、608 条。
④ 《瑞士民法典》第 457、458 条。
⑤ 《瑞士民法典》第 603 条。
⑥ 《瑞士民法典》第 637 条。
⑦ 《瑞士民法典》第 612a 条第 1、2 款。
⑧ 《瑞士民法典》第 605 条。
⑨ 《瑞士民法典》第 606 条。
⑩ 《瑞士民法典》第 631 条。
⑪ 《瑞士民法典》第 604 条第 2 款、613 条。

第五，平等保护继承人利益和遗产债权人利益的原则。平等保护继承人利益和遗产债权人利益的原则主要体现在两个方面：其一，遗产清单制度。有权拒绝继承的继承人，均得请求编制公示的财产目录。继承人按公示的财产目录接受继承时，财产目录中所记载的被继承人的债务以及财产移转于继承人。继承人对记载于财产目录的债务，不仅以其所取得的遗产，尚须以其本人财产，负其责任，① 即通过遗产清单制度保障了被继承人的债务人可以及时得到清偿。其二，官方清算制度。各继承人均得既不拒绝继承，亦不以公示的财产目录接受继承，而请求官方清算。在官方清算之情形下，继承人对遗产债务不负责任。② 通过官方清算，既保证了继承人对遗产债务的有限清偿责任，也保证了被继承人的债务人及时得到清偿。

（6）俄罗斯立法例。《俄罗斯联邦民法典》的遗产分割原则如下：

第一，尊重被继承人意愿和继承人意愿的原则。遗嘱人有权按照自己的意愿立遗嘱将财产交给任何人，有权以任何方式确定继承人的遗产份额。无遗嘱实行法定继承时，两个或数个继承人对按份共有的遗产可以按照他们之间的协议分割。③

第二，公平分割原则。公平分割遗产原则主要体现为法定应继承份，即同一顺序的继承人，以自己的名义继承时继承份额均等。④ 关于特殊贡献份额的请求权、遗产归扣制度以及共同继承人之间的瑕疵担保责任，俄罗斯法没有规定。

第三，照顾弱者分割原则。此原则要求遗产分割时照顾弱者利益，以发挥遗产的扶养职能。其主要被体现为以下方面：其一，对配偶权利的保护。直至继承开始之日与被继承人共同生活的继承人，在遗产分割时享有作为其继承份额取得家居用品及日常生活用品的优先权。⑤ 其二，对胎儿利益的保护。如果继承人已在母腹尚未出生，则遗产的分割只能在该继承人出生后方能进行。⑥ 其三，对未成年人利益的保护。如果继承人中有未成年的公民、被认定为无民事行为能力的人或限制民事行为能力人，则遗产的分割应遵守关于被继承人和被保护人财产的处分规则进行。为了保护上述继承人的合法利益，应将拟定遗产分割协议和法院审理遗产分割案件的情况通知监护和保护机关。⑦ 其四，对受被继承人扶养人的保护。位于第二继承顺序及以后顺序的法定继承人，在继承开始之日无劳动能力，但又不属于参加继承的顺序，如果在被继承人死亡前有一年以上受被继承人供养，则无论他是否与被继承人共同生活，则与该顺序的法定继承人享有法定继承权。在没有其他法定继承人时，前述不属于法定继承人的范围但受被继承人供养的无劳动能力人自动成为第八顺序继承人进行继承。⑧ 即此种受被继承人供养一年以上的无劳动能力者是以不固定顺序的法定继承人的身份，参与应召的继承顺序之遗产继承，只有在法定的七顺序均无应召继

① 《瑞士民法典》第588-589条。

② 《瑞士民法典》第593条。

③ 《俄罗斯联邦民法典》第1119、1165条。

④ 《俄罗斯联邦民法典》第1141条第2款。

⑤ 《俄罗斯联邦民法典》第1169条。

⑥ 《俄罗斯联邦民法典》第1166条。

⑦ 《俄罗斯联邦民法典》第1167条。

⑧ 《俄罗斯联邦民法典》第1148条。法定继承人包括但不属于法定继承人的范围，但在继承开始时无劳动能力并且在被继承人死亡前至少一年受被继承人供养和与之共同生活的公民。在有其他法定继承人的情况下，他们与参加继承的该顺序的继承人享有同等继承权。

承人时，其才能作为第八顺序继承人取得全部遗产。

第四，发挥遗产效用原则。以实物分割方式分出份额，如可能对共有财产造成严重损害，则可要求其他按份共有人向他给付其份额的价金。在企业继承中，继承开始前以个体经营者资格注册的继承人，或者遗嘱继承人是商业组织的，在遵守所得遗产与继承份额不相当时的补偿规则的条件下，在遗产分割时有权优先取得遗产中的企业作为自己的继承份额。① 属于继承人共有的土地在分割时，应考虑对相应用途土地所规定的最低面积。② 值得注意的是，俄罗斯法对于参与商业合伙、生产或消费合作社的继承、企业的继承、农业（畜牧场）成员财产的继承方法，设立有专章专门规定了具体的分割方法。③

第五，平等保护继承人利益和遗产债权人利益的原则。一方面，平等保护各共同继承人的利益。每个继承人对被继承人的债务的责任以其所继承的遗产价值为限，即继承人对被继承人的债务承担有限清偿责任。④ 继承人在遗产分割时对遗产行使优先权，取得的财产超过其继承份额的，该继承人应将遗产中的其他财产移转给其与继承人或给予其他补偿，其中包括给付享有的钱款以补偿差额部分。如果所有继承人的协议没有不同约定，一个继承人在向其他继承人进行相应补偿后可以实现优先权。⑤ 另一方面，保证遗产债权人的债权获得实现。接受遗产的继承人，应以遗产价值为限对被继承人的债务承担连带责任。⑥

2. 英美法系国家立法例

（1）英国立法例。英国立法体现的遗产分割原则有：

第一，尊重被继承人意愿原则。目前，英国的遗嘱继承制度主要被规定在《英国遗嘱法》之中。依该《遗嘱法》规定，任何有遗嘱能力的人可以遗嘱处理其去世时享有实际利益、去世后转由其遗产代理人处理的所有财产。⑦

第二，公平分割原则。公平分割遗产，同亲等的同一顺序的血亲继承人的应继份额相同。如果被继承人死亡后既没有遗嘱，也没有留下配偶、父母或晚辈直系血亲，则由其全血缘的兄弟姐妹及其晚辈直系血亲、半血缘的兄弟姐妹及晚辈直系血亲、（外）祖父母、全血缘的叔、伯、姑、舅、姨及晚辈直系血亲及半血缘的叔、伯、姑、舅、姨及晚辈直系血亲以信托的方式按照继承顺序均等继承。

第三，照顾弱者分割原则。此原则要求遗产分割时照顾弱者利益，以发挥遗产的扶养职能。如果遗嘱继承或无遗嘱继承方案不能为某些依靠被继承人扶养的家庭成员及其他人员提供合理的经济供养，这些成员可以根据英国《〈继承法〉改革法》和英国《遗产法（家庭和被扶养人条款）》，向法院提出申请，要求从被继承人的遗产中提供合理的经济扶养费。⑧

第四，保护继承人利益和遗产债权人利益的原则。英国实行间接继承制度，继承开始

① 《俄罗斯联邦民法典》第 1178 条第 1 款。
② 《俄罗斯联邦民法典》第 1182 条第 1 款。
③ 《俄罗斯联邦民法典》第 252、1176-1185 条。
④ 《俄罗斯联邦民法典》第 1175 条第 2 款。
⑤ 《俄罗斯联邦民法典》第 1170 条。
⑥ 《俄罗斯联邦民法典》第 1175 条第 1 款。
⑦ Wills Act，ss. 3，7.
⑧ Intestate's Estates Act Second Schedule，ss. 1-7.

后，遗产通过信托方式交由遗嘱执行人或遗产管理人负责管理。遗嘱执行人或遗产管理人在缴纳税款、清偿债务以后，依照遗嘱指定或法律规定，对剩余遗产进行分配。此制度既可保证遗产债务就遗产优先受偿，又可保障继承人不承担对遗产债务的无限清偿责任，体现了平等保护继承人利益和遗产债权人利益的原则。

（2）美国立法例。美国《统一遗嘱检验法典》体现出的原则有：

第一，尊重被继承人意愿原则。遗嘱人有权以遗嘱自由处分个人财产，但其限制为须保留特留份。依该法典第 2-501 条之规定，凡年满 18 周岁且精神正常的自然人即可订立遗嘱。即只要保留了特留份权利人的份额，遗嘱人有权以遗嘱处分其个人财产。①

第二，公平分割原则。其一，同一顺位、同一亲等的法定继承人享有的继承份额相同。根据该法典规定，未转移给生存配偶的遗产，或者在无生存配偶的情况下，遗产依照下列顺序转移：全部遗产由死者的子女均等继承；如果死者未留有晚辈直系血亲，由生存父母双方均等分割；如果未留下后嗣、父母或父母的后嗣，但死者有一个或多个祖父母、外祖父母的，遗产由祖父母、外祖父母均等分割。② 其二，遗产归扣制度，为了实现遗产在共同继承人之间的公平分配，被继承人可以书面声明或受遗赠人以书面承认，将受遗赠人生前接受的赠与财产计入遗产总额。③

第三，照顾弱者分割原则。此原则要求遗产分割时照顾弱者利益，以发挥遗产的扶养职能。首先，对配偶权利的保护。配偶具有遗产先取权，根据该法典第 2-102 条规定，配偶与子女共同继承时，根据参与继承的子女的情况不同，其继承的遗产为先取不同的遗产份额加上剩余遗产的不同比例。其次，特定人员具有遗产请求权。该法典第 2-402 条规定，遗嘱人去世后，其生存配偶可以取得 2.25 万美元的特留份。如果没有生存配偶，未成年子女和依靠死者扶养的成年子女也可以享有 2.25 万美元的特留份。根据该法典第 2-404 条之规定，法律授权遗嘱检验法院向生存配偶或受无遗嘱死亡者扶养的子女提供家庭扶养补助金。

第四，发挥遗产效用原则。在共同有权分配的任何不动产或个人财产不可分割时，遗产代理人可以向法院提出申请分割，法院在通知利害关系人之后，可以指示在不损害所有权人权益的情况下将财产出售。④

第五，保护继承人利益和遗产债权人利益的原则。美国实行间接继承制度，继承开始后，遗产通过信托方式交由遗嘱执行人或遗产管理人负责管理。遗嘱执行人或遗产管理人在缴纳税款、清偿债务以后，依照遗嘱指定或法律规定，对剩余遗产进行分配。此制度既可保证遗产债务就遗产优先受偿，又可保障继承人不承担对遗产债务的无限清偿责任，体现了平等保护继承人利益和遗产债权人利益的原则。

（3）澳大利亚立法例。澳大利亚维多利亚州《遗产管理和遗嘱检验法》体现的遗产分割原则如下：

第一，尊重被继承人意愿原则。如果被继承人以遗嘱指定继承人的应继份及遗产分割

---

① Uniform Probate Code, s. 2-501.

② Uniform Probate Code, s. 2-103.

③ Uniform Probate Code, s. 2-109.

④ Uniform Probate Code, s. 3-911.

方法的，应依遗嘱进行遗产分割。如果无遗嘱或遗嘱无效则按无遗嘱死亡的法律进行遗产分配。①

第二，公平分割原则。关于公平分割遗产，同一亲等、同一顺序的数名血亲继承人，继承份额均等。②

第三，照顾弱者分割原则。此原则要求遗产分割时照顾弱者利益，以发挥遗产的扶养职能。其主要表现为对配偶和依靠被继承人扶养者利益的保护。在死者去世时是死者配偶或家庭伴侣的人；死者的子女，包括在死者去世前领养的子女、继子女及在其去世前受其扶养并被视为子女的人，同时满足下列条件之一的，即未满18岁、年满18岁至25岁的全日制学生、残疾人等可以向法院申请家庭供养令，法院应命令从死者的遗产中给予这些人一定的财产份额。③

第四，发挥遗产效用原则。此原则在待决遗产管理权的授予、遗产收集权的授予规定中有所体现。待决案件中遗产管理权的授予是为了避免因为遗产代理人的缺失可能对遗产造成的损失，因而当遗产包含需要每天管理的正在进行的业务时，法院会根据当事人的申请批准指定待决案件的遗产管理人。所谓遗产收集权的授予，是指为保护那些在正当的遗产管理中享有权益的人。④

第五，平等保护继承人利益和遗产债权人利益的原则。在澳大利亚，遗产管理人在进行遗产分割之前，必须进行遗产债务清偿。在确定遗产债务后，遗产代理人必须谨慎地偿还被继承人的债务，否则他将对财产中的任何损失负责。并且，遗产代理人有义务在合理期限内清偿债务。如果被继承人的遗产资不抵债，相关债权人可以根据1996年《破产法》的规定对遗产申请破产管理。可见，在澳大利亚，实行先偿债后分割的原则，这样有助于保护债权人的利益，使其债权可以优先受偿。此制度既可保证遗产债务就遗产优先受偿，又可保障继承人不承担对遗产债务的无限清偿责任，体现了平等保护继承人利益和遗产债权人利益的原则。

（二）遗产分割原则的国外立法比较评析

1. 两大法系国家立法的共同点

前述大陆法系国家和英美法系国家对遗产分割原则的立法如下：前述九个国家的制度都体现了尊重被继承人意愿和继承人意愿的原则、公平分割原则、照顾弱者分割原则、平等保护继承人利益和遗产债权人利益的原则。而关于发挥遗产效用原则，除英国、美国没有规定外，其余国家在相关制度中都体现了该原则。

一是关于尊重被继承人意愿和继承人意愿的原则，前述九国立法均规定，被继承人可以按照意思自治订立遗嘱，并且相对于法律规定，被继承人的遗嘱效力优先。

二是关于公平分割原则，前述九国立法都规定了法定应继份，即同亲等、同一顺序的血亲继承人应继份额均等。此外，大陆法系六国还通过以下制度体现此原则：其一，除俄

① 参见［澳］肯·马蒂、马克·波顿：《澳大利亚继承概要（第二版）》，陈苇主持编译，西南政法大学外国家庭法及妇女理论研究中心内部印刷2007年版，第333-334页。

② Administration and Probate Act (Vic), ss. 70ZG-70ZL.

③ Administration and Probate Act (Vic), ss. 90-91.

④ 参见［澳］肯·马蒂、马克·波顿：《澳大利亚继承概要（第二版）》，陈苇主持编译，西南政法大学外国家庭法及妇女理论研究中心内部印刷2007年版，第308-309页。

罗斯、英国和澳大利亚外，其余大陆法系五国和英美法系的美国都设立了遗产归扣制度，将特定继承人接受的被继承人生前特种赠与财产在遗产分割时予以归扣，以实现遗产在共同继承人之间的公平分割；其二，除俄罗斯外，其余大陆法系五国都规定了共同继承人之间的瑕疵担保责任，即在遗产分割完成后，对于遗产物，共同继承人间视同买受人和出卖人，互负担保责任。

三是关于照顾弱者分割原则，此原则要求遗产分割时照顾弱者利益，以发挥遗产的扶养职能。其一，前述九国都规定了对配偶继承权的保护，即配偶对与被继承人生前共同居住的家庭住房的居住权、家庭日常用品的先取权或终生使用权。其二，关于胎儿利益的保护，除日本外，其余大陆法系五国都规定，如果继承人中有胎儿的，在胎儿出生前禁止分割遗产。

四是关于发挥遗产效用原则，前述大陆法系六国及澳大利亚等国立法都规定，为了发挥遗产效用，在分割遗产时，如果遗产分割会损害物的价值，则采用折价补偿或维持共有等方式进行分割。

五是关于平等保护继承人利益和遗产债权人利益的原则，前述大陆法系六国所规定的遗产清单制度体现了此原则。即继承人通过制作遗产清单，对被继承人的债务以该清单记载的遗产承担有限清偿责任，从而保障遗产债权人的债务可以就遗产及时得到清偿，即在保障继承人利益的同时，也能保证实现遗产债权人的受偿权。

2. 两大法系国家立法的不同点

两大法系国家立法之不同点主要有：两大法系的部分原则所体现的制度不同。

一是体现公平分割原则的具体制度有所不同。在前述国家中，除两大法系国家都规定了法定应继份外，大陆法系国家中的德国、日本和瑞士都规定了特殊贡献份额的补偿请求权，而其他国家无此规定。德国、日本和瑞士三个国家都规定，如果对被继承人的事业提供过劳务或财产的给付，对被继承人的财产保护作出过特别贡献的继承人，可以请求一定的补偿。但该三个国家的规定也略有不同，其中德国规定只有晚辈直系血亲可以请求特殊贡献请求份额，瑞士规定只有子女或孙子女可以请求，而日本则没有对继承人的范围进行限制。

二是体现照顾弱者分割原则的制度不同。此原则主要体现为对配偶、胎儿、未成年人及对受扶养人等弱者利益的照顾，以发挥遗产的扶养职能。其一，关于对未成年人利益的照顾，前述九个国家中只有法国、意大利、俄罗斯作出了规定，在这三个国家中，法国、意大利规定为了保护未成年人的合法权益，相关共有的遗产应当至未成年人成年时才可以分割。但是，两个国家的保护力度也有不同，法国只是规定涉及企业及公司权益的遗产，在有人请求的情况下可以维持共有，直至未成年继承人成年时。而意大利则规定，只要有未成年的继承人，遗嘱人可以决定至最后出生的未成年人达到成年年龄后的 1 年内不得分割。对此，俄罗斯立法规定为在有未成年人时可以分割遗产，但要将拟定的遗产分割协议和法院的遗产分割判决通过监护和保护机关进行监督。我们认为，俄罗斯立法规定较为合理。因为在被继承人去世之后，如果在未成年继承人成年时才分割遗产，则有的遗产可能因管理不善而不利于发挥物之效用，这对其他继承人而言也有可能是不公平的，有可能不能实现平等保护遗产债权人与继承人的利益。

三是发挥物之效用原则的具体制度立法体例不同，关于特殊遗产的分割方法，俄罗斯法采取设专章分类规定不同的具体分割方法，而法国、德国、日本、意大利、瑞士等国则不设专章采取个别规定的列举方法。

四是平等保护继承人利益和遗产债权人利益的原则之部分具体制度不同。大陆法系国家对于实施有限责任继承，主要采取遗产清单制度和财产分离制度，并配合遗产管理制度或官方清算制度。而英美法系国家实行间接继承，主要采取遗产管理制度，由遗产管理人先清偿遗产债务，然后再分割遗产，从而实现平等保护继承人利益和遗产债权人利益，两者有异曲同工之效。

我们认为，关于遗产分割的原则，域外立法贯彻诸原则的相关制度中值得我国借鉴的如下：

（1）尊重被继承人意愿和继承人意愿的原则、公平分割原则、照顾弱者分割原则、发挥遗产效用原则被上述多数国家的立法所体现，这是合理的，应继续坚持。首先，尊重被继承人意愿和继承人意愿的原则，这是私法自治原则的要求，彰显了法律的自由价值。被继承人对遗产分割有指示的，遗产分割应尊重被继承人的意愿，这是被继承人生前自由处分财产权利的体现。如被继承人未留有遗嘱，继承开始后，继承人共有遗产，继承人作为遗产的共有权人，可以协议分割遗产，这是对继承人意思自治尊重的表现。

（2）公平分割原则。其一，德国、日本和瑞士立法将继承人对被继承人生前提供的劳务或遗产的增值所作贡献的大小与遗产分割时继承人可以在继承份额外取得补偿相联系，体现了权利与义务相一致原则，符合公平的立法理念。此立法与我国《继承法》第13条所确定的在遗产分配时，对被继承人尽了主要扶养义务或者与被继承人共同生活的继承人，可以多分；有扶养能力和扶养条件的继承人，不尽扶养义务的，分配遗产时，应当不分或者少分的立法理念是一致的，故权利义务相一致体现了公平分割遗产原则的要求。其二，前述大部分域外国家都规定了遗产归扣制度，其可以保障遗产在相关共同继承人之间的公平分配，此种制度是实现公平分割原则的重要制度。其三，前述域外国家的法国、德国、日本、意大利、瑞士等国都规定了共同继承人间的瑕疵担保责任，这也是保障遗产在共同继承人之间公平分配的制度，体现了公平原则的要求。

（3）照顾弱者分割原则。此原则要求遗产分割时照顾弱者利益，以发挥遗产的扶养职能。其一，关于对生存配偶权利的保护，前述国家都规定了生存配偶对婚姻住房的先取权或终生居住权及对家庭日常生活用品的使用权，这有利于保障配偶的生存权、发展权，符合照顾弱者利益的要求。其二，关于胎儿利益的保护，早在罗马法上即有“当涉及胎儿利益时，胎儿视为即已出生”的法谚。前述大陆法系国家多数规定凡继承人中有胎儿的，须待胎儿出生后才能分割遗产。我国《继承法》则规定遗产分割时应为胎儿保留应继份，这可以保证继承人可以随时请求遗产分割的自由，又可以兼顾保护胎儿的利益，应予坚持。其三，关于对未成年人继承利益的保护，法国规定某些共有财产应维持共有或须待未成年人成年后才能分割，俄罗斯规定，在遗产分割时应当通知监护机关和保护机关进行监督，这有利于保护未成年人的利益。其四，对受被继承人扶养的人的保护，德国、瑞士规定有临时扶养费，英、美、澳三国规定有遗属扶养费。

（4）发挥遗产效用原则。前述大陆法系国家中，如法国规定，对于商业、农业、手工业等企业，应整体分配给参与经营者；意大利规定土地的分割不能小于最小耕作单位；瑞士规定对于共有物之分割，不得损害其经济价值，否则不得分割；德国的立法与瑞士相似，其可以完整地分配给某一继承人，采取作价补偿或维持共有；俄罗斯的立法，对于一些特殊的遗产专门规定具体分割方法，以发挥物之效用。

（5）平等保护继承人利益和遗产债权人利益的原则。上述大陆法系国家通过依法制定遗产清单或通过遗产分离等制度，保证继承人以遗产为限对遗产债务承担清偿责任，同时也保证被继承人的债权人可以就遗产优先受偿。前述英美法系国家通过遗产管理制度，遗产管理人或遗嘱执行人先用遗产清偿债务，然后将剩余遗产分配给继承人。两大法系国家的上述制度均能实现平等保护继承人利益和遗产债权人利益的原则。

四、遗产分割时间的国外立法现状与评析

一般认为继承开始后，依据遗产分割自由原则，应由所有继承人经协商取得一致并确定分割遗产的时间。在域外国家中，对于遗产分割时间的规定整体趋同，但也存在一定差异。

（一）遗产分割时间的国外立法现状

1. 大陆法系国家立法例

（1）法国立法例。法国有关遗产分割时间的规定主要有以下两个方面内容：

第一，遗产分割时间的自由。共同继承人得随时提出分割遗产的请求。但未成年的共同继承人，或者受监护的成年的共同继承人，可由亲属会议专门授权的监护人提出该请求；对失踪的共同继承人，此诉权属于经法院认可的占有遗产的亲属。即使共同继承人之一已经享有遗产中的部分财产，如无财产分割证书，或者未经充分占有而取得时效，对此财产仍得请求分割。①

第二，遗产分割时间的限制。对遗产分割时间的限制有两类：

首先，遗嘱对遗产分割时间的限制，法国无规定。

其次，法律对遗产分割时间的限制。其一，法定的限制。为特殊继承人之利益暂缓分割遗产。如果死者留有一名或数名未成年的直系卑血亲，其健在的配偶或者任何继承人或者这些未成年人的法定代理人，均可以请求继续维持财产的共有。在没有未成年的直系卑血亲的情况下，只有健在的配偶才能请求继续维持财产的共有，并且以其在被继承人死亡之前即（或者因被继承人死亡）成为企业或居住场所或职业场所的共同所有权人为条件。如涉及的是居住场所，健在配偶在被继承人死亡时应是在此居住。②

其二，共同继承人协商的限制，法国无规定。

其三，法院判决的限制。继承人请求法院判决对遗产分割时间的限制。如果立即实现共有财产的分割有损于共有财产的价值，或者共有人之一只有在经过一定的时间后才能接管属于遗产的农业、商业、工业、手工业或者自由职业企业，应共有人之一的请求，法院可以最长推迟2年进行财产分割。推迟分割适用于全部共有财产或者仅适用其中一部分财产。如有必要，也可以请求推迟分割公司权益。此种暂缓分割得适用于共同财产之整体，或者仅适用于其中某些财产。暂缓期间结束后，如部分共有人愿意维持共有，但部分共有人请求分割，法院应其中一人或数人的请求，可依法给予某请求分割遗产的人以其应得的

① 《法国民法典》第816-817条。

② 《法国民法典》第822条。

继承份。维持遗产共有的时间，不得超过5年。[①]

（2）德国立法例。德国有关遗产分割时间的规定主要有以下两个方面：

第一，遗产分割时间的自由。每一个共有人可随时请求取消共同关系，其取消共同关系的请求权，不受消灭时效的限制。共同继承人的任何一人可以随时请求分割遗产。[②]

第二，遗产分割时间的限制。对遗产分割时间的限制有两类：

首先，遗嘱对遗产分割时间的限制。被继承人得以遗嘱禁止遗产或个别遗产标的的分割，或者使其取决于是否遵守通知的终止期间，但须具备以下条件才能有效：其一，必须立遗嘱进行，即为要式行为；其二，被继承人以遗嘱禁止分割遗产受时间或附条件的限制。自继承开始时起已过30年的，该项处分失去效力。[③]

其次，法律对遗产分割时间的限制。其一，法定的限制。一是为保护胎儿利益不得分割。以应继份因共同继承人之一的可预料的出生尚不确定为限，到不确定性被除去时为止，不得分割。[④] 二是在继承人身份关系确定前不得分割。在应继份尚未确定是因为关于申请收养、废止收养关系或任许被继承人所设立的财团为由权利能力的裁判尚未完成的限度内，不得分割。[⑤] 三是为保护遗产债权人，遗产债务必须先从遗产中予以清偿，剩余的遗产按比例归属于继承人。[⑥]

其二，继承人的协议或请求对遗产分割时间的限制。请求终止共同关系的权利可以被共有人的协议永久或暂时排除。共同继承人中的任何一人，可以请求分割延缓债权人申报债权的公示催告程序终结时为止，或者延续到共同继承人中任一人所作的公开催告中规定的6个月的申报期间届满时为止。[⑦]

其三，法院判决的限制，德国无规定。

（3）日本立法例。日本有关遗产分割时间的规定主要有以下两个方面：

第一，遗产分割时间的自由。共同继承人，除由被继承人以遗嘱禁止的情形外，可以随时以协议分割遗产。[⑧]

第二，遗产分割时间的限制。具体包括以下两个方面：

首先，遗嘱对遗产分割时间的限制。被继承人可以通过遗嘱禁止分割遗产。但禁止分割的期间，以从继承开始时起不得超过5年为限。[⑨]

其次，法律对遗产分割时间的限制。其一，法定的限制，日本无规定。其二，共同继承人协议的限制，各共有人可以随时请求分割共有物，但是，不妨碍其以契约约定在不超过5年的期间内不实行分割。[⑩] 其三，法院判决的限制。家庭法院在有特别事由时，可以

---

① 《法国民法典》第820、823条。

② 《德国民法典》第749条第1款、758条、2042条第1款。

③ 《德国民法典》第2044条。

④ 《德国民法典》第2043条第1款。

⑤ 《德国民法典》第2043条第2款。

⑥ 《德国民法典》第2046、2047条。

⑦ 《德国民法典》第2045条。

⑧ 《日本民法典》第907条第1款。

⑨ 《日本民法典》第908条。

⑩ 《日本民法典》第256条。

规定一定期间，在该期间内就遗产的全部或一部分禁止分割。①

（4）意大利立法例。意大利有关遗产分割时间的规定主要有以下两个方面：

第一，遗产分割时间的自由。共同继承人可以随时提出分割遗产的请求。一名或者数名共同继承人已经分别享用部分遗产的，也可以提出分割遗产的请求，已经完成时效取得的财产不在此限。②

第二，遗产分割时间的限制。具体包括两项内容：

首先，遗嘱对遗产分割时间的限制。全体或者部分继承人是未成年人，遗嘱人可以规定在最后出生的继承人达到成年年龄后的 1 年内，不得进行遗产分割。遗嘱人还可以规定在遗嘱人死亡后不超过 5 年的期间内不得对遗产或某些遗产进行分割。在上述两种情况下，根据一名或数名共同继承人的请求，司法机构可以因重大事由准许立即分割遗产或者在经过遗嘱人规定的期间之后分割遗产。③

其次，法律对遗产分割时间的限制。其一，法定限制。一是为保护胎儿利益不得分割。如果继承人中有一人是胎儿的，则在胎儿出生以前不得分割遗产。二是在继承人身份关系确定前禁止分割遗产。有关确认婚生子女身份或者非婚生子女亲子关系的诉讼进行期间，不得分割遗产。三是在被指定继承遗产的团体取得法人资格的行政诉讼进行期间，不得分割遗产。④

其二，继承人协议的限制。

其三，法院判决的限制。如立即分割遗产可能会给遗产造成严重损失的，依某个共同继承人的请求，司法机构就可以作出在不超过 5 年期限内暂停就全部或者部分遗产进行分割的决定。⑤

（5）瑞士立法例。瑞士有关遗产分割时间的规定主要有以下两个方面：

第一，遗产分割时间的自由。各共同继承人可随时请求分割遗产。⑥

第二，遗产分割时间的限制。具体包括两个方面：

首先，遗嘱对遗产分割时间的限制，瑞士法无规定。

其次，法律对遗产分割时间的限制。其一，法定限制。若有即将出生之胎儿，考虑到胎儿的利益，应将分割推迟至其出生之时。⑦

其二，共同继承人的协议限制，瑞士法无规定。

其三，法院判决的限制。如果对遗产或遗产中的某物即时分割将严重损害其价值时，法官应继承人中一人的请求，可以命令暂缓分割。⑧

（6）俄罗斯立法例。俄罗斯有关遗产分割时间的规定主要有两点：

第一，遗产分割时间的自由。按份共有财产的共有人有权要求从共有财产中分出自己

---

① 《日本民法典》第 907 条第 3 款。

② 《意大利民法典》第 713 条第 1 款、714 条。

③ 《意大利民法典》第 713 条第 2、3、4 款。

④ 《意大利民法典》第 715 条。

⑤ 《意大利民法典》第 717 条。

⑥ 《瑞士民法典》第 604 条第 1 款。

⑦ 《瑞士民法典》第 605 条。

⑧ 《瑞士民法典》第 604 条第 2 款。

的份额。[①]

第二，遗产分割时间的限制。具体包括两个方面：

首先，遗嘱对遗产分割时间的限制，俄罗斯法无规定。

其次，法律对遗产分割时间的限制。其一，法定限制。一是当胎儿是未出生的继承人时，遗产的分割只能在该继承人出生后进行。二是为了保护未成年、无劳动能力和限制民事行为能力的继承人的合法利益，关于遗产分割的协议和法院审理的有关遗产分割的案件应告知监护和保护机构。[②]

其二，共同继承人的协议限制，俄罗斯法无规定。

其三，法院判决的限制，俄罗斯法无规定。

2. 英美法系国家立法例

（1）英国立法例。被继承人的遗产必须先清偿债务，后分割遗产。在取得被继承人的遗产、支付管理费用及清偿遗产债务之后，遗产代理人应按照遗嘱或无遗嘱法律在各受益人之间或者代理受益人的受托人之间分配剩余的遗产。[③] 另外，《英国遗产管理法》第44条“延迟分配的权利”规定，从被继承人死亡之日起不到1年的，遗产代理人无义务分割遗产。[④]

（2）美国立法例。在清偿遗产债权人的债务和其他需要支出的费用，如丧葬费用和医疗费用等之后，如果遗产仍有剩余，遗产代理人应根据遗嘱或法律规定的份额将遗产分配给遗嘱指定的受益人或无遗嘱继承人。[⑤]

（3）澳大利亚立法例。遗产代理人有责任在合理的时间内分配遗产，但是从被继承人死亡之日起不到1年的，遗产代理人无义务分割遗产。[⑥]

（二）遗产分割时间的国外立法比较评析

1. 两大法系国家立法的共同点

对于遗产分割时间，前述两大法系国家立法的共同点表现为，均对遗产分割的自由与限制进行了规定。前述大陆法系国家在遗产分割时间的自由规定中，允许继承人随时请求分割遗产，但同时也设有一定限制。对遗产分割的限制，主要包括被继承人遗嘱的限制、法律的限制规定包括法定限制、共同继承人协议的限制及法院判决的限制等；而前述英美法系国家对遗产分割的限制，主要是要求遗产代理人用遗产首先清偿遗产债务，这是遗产分割的前置条件。

2. 两大法系国家立法的不同点

对于遗产分割时间及其限制，前述两大法系国家立法的不同点表现为：

第一，对遗产分割时间的前置条件规定不同。前述大陆法系国家中除德国外，对遗产的分割并不以必须首先清偿被继承人的债务为前提，而英美法系国家须由遗产代理人清偿

---

① 《俄罗斯联邦民法典》第252条第2款。

② 《俄罗斯联邦民法典》第1166、1167条。

③ ［英］安德鲁·伊沃比（Andrew Iwobi）：《继承法基础》（*Essential Succession*）（英文版，第二版），武汉大学出版社2004年版，第223页。

④ Administration of Estates Act, s. 44.

⑤ Gerry W. Beyer, Wills, Trusts and Estates (Second Edition), Beijing: Citic Publishing House, 2003, p. 245.

⑥ Administration and Probate Act (Vic), s. 49.

遗产债务后方可分割。

第二，对遗嘱禁止遗产分割的时间限制不同。被继承人得以遗嘱禁止遗产的分割，但被继承人享有的此种权利并非绝对的。如果被继承人在遗嘱中禁止分割的时间过长，或无限期禁止分割，使遗产永远或长久处于共有状态，不利于遗产的管理和利用。故德国、日本和意大利均规定了遗嘱禁止分割的最长限制期间，其中德国为30年，日本和意大利为5年。而法国、英国、美国、澳大利亚等国禁止分割时间之立法对此无规定。

第三，法律规定的限制不同。其一，法定的限制不同。1）法国、俄罗斯规定，为特殊继承人之利益暂缓分割遗产。2）德国、意大利、瑞士、俄罗斯规定，为保护胎儿的利益，在胎儿出生前不得分割遗产。3）德国、意大利规定，继承人身份关系确定前不得分割，保护遗产债权人。同时，意大利还规定，被指定继承遗产的团体取得法人资格的行政诉讼进行期间，不得分割遗产。

其二，共同继承人的协议限制不同。前述大陆法系国家中，当各继承人订有协议约定在一定时间内不分割遗产时，只要此合同不违反强制规定、禁止性规定以及公序良俗，就应当按照该协议处理。德国、日本有规定。德国规定，请求终止共同关系的权利可以被共有人的协议永久或暂时排除。日本规定，共同继承人可以协议在5年内不分割遗产。而前述英美法系国家，由于实行遗产管理人负责交付分配的遗产，对继承人间的此种协议无规定。

其三，法院判决对遗产分割时间限制规定的事由各有不同。前述大陆法系国家除俄罗斯外，其余法国、瑞士、意大利、日本均规定基于共同继承人之一的请求，法院可判决暂缓遗产分割。对于暂缓分割的事由，除日本概括规定为“特别事由”外，其余前述国家均规定为“如立即分割遗产可能会给遗产造成严重损害或严重损害遗产价值的”，即日本规定的事由较为宽泛，其他国家规定的事由体现了发挥物之效用原则。

我们认为，有以下几点值得我国立法借鉴：（1）共同继承人享有随时请求分割遗产的自由权利。前述大陆法系国家对继承人享有遗产分割时间的自由请求权的规定是合理的。从遗产共有关系的性质来看，权利主体之间没有紧密的共有关系，共有关系的产生又非基于合意，此共有关系仅为暂时性存在的。因此，应当承认继承人享有随时请求遗产分割的权利。（2）为尊重被继承人的意愿，遗嘱可以规定在一定期限内禁止遗产分割，以5年为限。（3）为保护继承人和遗产债权人利益，法律可以规定某些限制事由。（4）继承人可以协商确定在一定期限内禁止分割遗产，以发挥物之效用。（5）法院可以判决对某些遗产在一定时间内禁止分割，以解决协商不成之遗产分割纠纷，发挥物之效用。

五、遗产分割方法的国外立法现状与评析

（一）遗产分割方法的国外立法现状

1. 大陆法系国家立法例

（1）法国立法例。《法国民法典》中规定的遗产分割方法有遗嘱指定的依遗嘱；无遗嘱指定的依法律。法律规定的遗产分割方法包括一般分割方法和特殊分割方法。

第一，遗产分割的一般方法。

其一，原物分割。每个继承人均按照相当于他在共有财产中的权利的价值受领财产。如有必要进行抽签，应先将可分割的财产搭配成必要的份数。即使共同继承人之一已分开

对共有财产之全部或一部分享有使用、收益权，如其并无此前分割遗产的证书，或者未经充分占有而取得时效，仍得请求分割此种财产。每一个共同分割人均按照相当于他在共有财产中的权利的价值受领财产。[①]

其二，补偿分割。如果财产的组成不可能搭配成价值相等的份数，差额应按照多退少补的方式处理。如果部分共有人希望维持财产的共有，法院可以应其中一人或数人的请求根据所涉及的各方利益且不妨碍适用第 831 条至第 832-3 条之规定，向请求分割财产的共有人分配其应占的份额。如在共有财产中没有足够的现金款项，不足的部分由参与了此项请求的共有人支付，但如其他共有人表示愿意支付，不影响他们参与支付。这些共有人在共有财产中的份额按其支付的数额相应增加。[②]

其三，变价分割。如对某项共有财产享有使用权、收益权的人可以通过保证，请求分割共有的用益权，或者在不可能这样做时，可以通过拍卖用益权分割该用益权。如果只有拍卖才能保护全体对该共有财产权利人的利益，也可以拍卖完全所有权。[③]

其四，维持共有。在组成与搭配财产份数时，应当尽量避免分割（构成整体的）经济单位及其他如分成小块引起贬值的财产。一是维持共有的请求权人，为在死者留有一名或数名未成年的直系卑血亲时，其健在的配偶或者任何继承人或者这些未成年人的法定代理人。在没有未成年的直系卑血亲的情况下，只有健在的配偶才能请求继续维持财产的共有，并且以其在被继承人死亡之前或者因被继承人死亡而成为企业或居住场所或职业场所的共同所有权人为条件。二是维持共有的财产标的，如涉及的是居住场所，健在配偶在被继承人死亡时应是在此居住。维持共有的对象为原来由死者或其配偶负责经营的任何农业、商业、工业、手工业或自由职业企业及必要时的公司权益。即使上述企业里包含有继承人或健在配偶在继承开始前就已经是所有权人或共同所有权人的财产，仍可维持共有。对于在被继承人死亡时由其本人或其配偶实际用于居住或从事职业的场所的所有权及场所内配备的动产物品，也可以维持共有。请求维持共有的时间不得超过 5 年，但有未成年直系卑血亲的继承人存在时，应直至最小的直系卑血亲成年之时，在有健在配偶继承人时，应直至健在的配偶死亡之时（即终生共有）。[④]

第二，遗产分割的特殊方法，其具体包括：

其一，特定继承人的优先权。优先权行使的主体，为健在配偶或任何作为共同所有权人的继承人。[⑤]

优先权行使的客体。健在配偶或任何作为共同所有权人的继承人实际参与或曾经参与经营的任何农业、商业、工业、手工业或自由职业企业的整体、部分或该企业的共有份额及公司权益；在被继承人死亡时其实际居住的场所及其内配备的动产所有权或租赁权；其实际从事职业活动的场所以及这些场所内配备的从业用的动产物品所有权或租赁权；其继续租赁被继承人生前以佃农身份或分成制佃农身份经营的农村财产所必需的全部动产。健

① 《法国民法典》第 816、826 条第 2 款。
② 《法国民法典》第 824 条。
③ 《法国民法典》第 817 条。
④ 《法国民法典》第 821-823、830 条。
⑤ 《法国民法典》第 831 条。

在配偶可以优先分配前述第一项所指的场所及其配备动产的所有权。[①] 优先分配财产的作价。该财产的作价时间与确定应继份额的时间相同。[②]

其二，特殊遗产的分割。关于农业用途的财产和权利的分割。在既没有裁定继续维持财产共有，也没有前述优先分配的情况下，健在配偶或者任何共同所有权继承人，均得请求优先分配具有农业用途的财产及不动产权利的全部或一部分，以便与一名或数名共同继承人或第三人一起组成农业经营组合。优先分配财产，得由多名有继承权的人共同提出请求，以共同保持共有财产。在各方当事人不能协商一致的情况下，优先分配财产得请求向法院提出，法院根据各方当事人的利益作出判决。在有多人提出优先分配财产的请求时，法院应当考虑每一个提出请求的人管理所涉及的财产的能力以及他们坚持管理的能力；对于企业而言，法院尤其应考虑他们本人参加经营活动的时间。[③]

其三，健在配偶对遗产中家庭住房的居住权、收益权及家具使用权。关于权利的内容，在配偶死亡时，除被继承人有相反的意思表示，有继承权的健在配偶实际占有原属于夫妻双方或者全部属于死者遗产的住房作为主要住宅时，对该住房享有居住权，对住房内配置的家具享有使用权，直至本人死亡。[④] 如有状况表明设置居住权与使用权的住房已经不能适应其需要时，其本人或其代理人可以将住房用于出租，以便取得为其本人提供新的居住条件所必要的收入。如果原是通过订立租约租用的住房，在被继承人死亡时以主要住所的名义实际占用该场所的健在配偶，对房屋内配备的属于遗产的动产享有所有权。[⑤]

关于遗产住房的居住权及其家具使用权的价值，健在配偶可以从遗产内受领的权利价值中扣减。如果该价值低于健在配偶的应继份，健在配偶应从现存财产中受领不足部分。如该价值高于健在配偶的应继份，健在配偶有义务按超过的部分对遗产给予补偿。关于权利行使的时间。自配偶死亡之日起，有继承权的健在配偶可以在一年内表明其享有此种使用权与居住权之利益的意愿。关于权利的转换。任一继承人可以通过协议将居住权与使用权转化为终生定期金或者本金。[⑥]

（2）德国立法例。《德国民法典》规定遗产分割的方法如下：

第一，遗产分割的一般方法。

其一，原物分割。如共同标的，或者，如一个以上标的是共同的，这些标的，在不减少价值的情况下可分成与共同关系人的应有部分相当的同种的部分，则共同关系的终止以原物分割的方式为之。共同关系人之间的平均分割，以抽签方式进行。[⑦]

其二，补偿分割。在进行原物分割时，不准将其让与第三人的，该标的必须在共有关系人之间予以拍卖。由取得该原物者向其他继承人补偿价金。[⑧]

其三，变价分割。不能进行原物分割的，共同关系终止，依关于质物出卖的规定通过

---

① 《法国民法典》第 831、831-1、831-2、831-3 条。

② 《法国民法典》第 832-4 条。

③ 《法国民法典》第 832-1、832-3 条。

④ 健在配偶应以善良管理人的态度享用权利，且不得转让和出租此权利。任何继承人，均可以要求对设置有使用权与居住权的不动产制作情况说明书，对其内配备的家具制作盘点清册。

⑤ 《法国民法典》第 763、764 条。

⑥ 《法国民法典》第 765、765-1、765-2、766 条。

⑦ 《德国民法典》第 752 条。

⑧ 《德国民法典》第 753 条第 1 款。

出卖共同标的来进行分割。在分割土地的情形下，通过强制拍卖和分配拍卖所得价款来进行。分割在共同债权不能收取时，始准许将它出卖。①

其四，维持共有。一是不可分割物的维持共有。二是根据遗嘱的禁止分割期限维持共有。被继承人可以终意处分排除对遗产或个别遗产标的的分割，或使之取决于是否遵守通知终止期间。自继承开始时起已经过 30 年的，该项处分即失去效力。但被继承人可以指示：到共同继承人之一自身发生某一特定事件时为止，或者在被继承人指示后位继承或遗赠的情形下，到后位继承开始时或遗赠归属时为止，该项处分应有效力。其自身如发生该事件的共同继承人为法人的，仍适用 30 年的期间。三是根据共同继承人的申请延缓分割而维持共有。各共同继承人可以请求，分割延缓到依第 1970 条为可准许的公示催告程序终结时为止，或延缓到第 2061 条所规定的申报期间届满时为止。开始公示催告程序的申请尚未被提出，或第 2061 条所规定的公开催告尚未被发现的，仅在申请被不迟延地提出或催告被不迟延地发布时，才能请求延缓。②

第二，遗产分割的特殊方法。

其一，生存配偶婚姻家庭日常生活用品的先取权。③ 生存配偶和第二顺序直系血亲或祖父母、外祖父母同为法定继承人的，除应继份外，以属于婚姻家庭的标的不是土地从物为限，这些标的和结婚礼物作为先取份即先取遗赠归属于生存配偶。生存配偶和第一顺序直系卑血亲同为继承人的，这些标的归属于生存配偶，但以生存配偶为维持适当的家庭生活而需要它们为限。但被继承人死亡时离婚的要件已具备，且被继承人已申请离婚或已同意离婚的，该权利即被排除。④

其二，特殊遗产的分割，对于遗产分割，如被继承人已经指示共同继承人之一人应有接受属于遗产的农场的权利的，有疑义时，必须认为农场应按收益价额来估价。按照在通常的经营的情况下，农场依原经营方法可持续地提供的纯收益，确定收益价额。⑤

（3）日本立法例。《日本民法典》规定的遗产分割的方法如下：

第一，遗产分割的一般方法。

其一，原物分割。在各共有人未就分割达成协议时，可以请求法院将共有物进行实物分割。⑥

其二，变价分割。在共有物不能以实物分割，或者因分割其价值有显著减少之虞时，法院可以命令其进行拍卖。⑦

其三，补偿分割。共同继承人中的一人，在遗产分割前将其继承份额转让给第三人

---

① 《德国民法典》第 753 条第 1 款、754 条。

② 《德国民法典》第 2044、2045 条。

③ 可以先取的物品不仅包括日常生活用品，如家具、衣物、冰箱、电视，也包括一些奢侈品，如古董、名画、挂毯等。该先取权与遗赠，构成遗产债务，两者居于同一清偿顺序，遗产清偿该债务后的剩余部分才能在共同继承人之间进行分配。参见［德］雷纳·弗兰克、托比亚斯·海尔姆斯：《德国继承法（第六版）》，王葆莳、林佳业译，中国政法大学出版社 2015 年版，第 27–28 页。

④ 《德国民法典》第 1932、1933 条。

⑤ 《德国民法典》第 2049 条。

⑥ 《日本民法典》第 258 条第 1 款。

⑦ 《日本民法典》第 258 条第 2 款。

的，其他共同继承人可以补偿其数额及费用，而受让该继承份额。①

其四，维持共有。各共有人可以随时请求分割共有物。但是，不得妨碍其以契约约定在不超过5年的期间内不实行分割。②

第二，遗产分割的特殊方法。遗产分割需要考虑的因素，包括属于遗产的物或权利的种类及性质，各继承人的年龄、职业、身心状态、生活状况及其他一切情况。③ 该法对于具体的分割方法无规定。

（4）意大利立法例。《意大利民法典》规定遗产分割的方法如下：

第一，遗产分割的一般方法。确定应继份的组成。继承人应当按照每项财产的市场价格对遗产中的剩余部分进行估价。估价后，应当依继承人的人数或依参加遗产分割的人数（在代位继承时是按房），进行遗产份额分配。原则上，分配给每个继承人的遗产应当包括一定数量的相同性质、质量的动产、不动产和债权，以实物分配份额不均等的，差额部分以现金结清。

并且，在可能的情况下，应当尽量避免分割具有历史、科学和艺术价值的图书室、画廊或者收藏品。均等分配的份额，以抽签的方式决定其归属。不均等分配的份额，逐一进行分配，对于配置相同，但是数额不同的分配份，也可以抽签的方式决定遗产的归属。如果全体继承人一致同意，可以委托一名公证人交付遗产。全体继承人未形成一致意见的，由继承开始地的初审法院法官决定公证人的指定。④

其一，原物分割。每个继承人均可以请求以遗产中的动产或者不动产的实物形态满足自己的遗产份额。⑤

其二，补偿分割。对于不宜原物分割的不动产，或者对该不动产的分割将会损害公共经济利益或者环境卫生的，或者不将不动产拆散就无法进行分割的，或者根据国民生产利益不得分割的财产，应当整体保留不动产，由取得不动产的继承人以现金形式向其他共同继承人承担返还超出自己应得份额遗产的责任。该不动产可以分配给对其享有最大份额的继承人，也可以分配给提出请求的数名继承人。如果没有继承人提出请求，则对该不动产进行拍卖。⑥

其三，变价分割。为清偿遗产债务或其他遗产负担，拥有半数以上遗产的继承人认为有必要出售遗产的，应当首先拍卖动产；必要时，拍卖那些最少损害共同分割人利益的不动产。需要全体共同继承人一致同意才能出售遗产的，遗产的出售可以不公开进行，而在共同分割人中变卖，但是，受遗赠人或者债权人提出异议的除外。对于不宜原物分割的不动产，如果没有继承人提出获得该不动产的请求，则对该不动产进行拍卖。如果全体共同参与分割的人对出售不动产的约定和条件未达成一致的，由司法机构作出决定。⑦

其四，维持共有。立即分割遗产可能会给遗产造成严重损失的，依一个共同继承人的

---

① 《日本民法典》第905条。
② 《日本民法典》第256条第1款。
③ 《日本民法典》第906条。
④ 《意大利民法典》第726-730条。
⑤ 《意大利民法典》第718条。
⑥ 《意大利民法典》第720、722条。
⑦ 《意大利民法典》第719-721条。

请求，司法机构可以作出在不超过5年期限内暂停就全部或部分遗产进行分割的决定。①

第二，遗产分割的特殊方法。

其一，特定继承人的优先权。有其他人参加遗产分配的，如果用作居所的房屋和家具的所有权属于被继承人或者属于配偶双方，则房屋的居住权以及使用家具的权利属于配偶。②

其二，特殊遗产的分割方法。一是最小耕作单位。在转移用于耕作或者适宜进行耕作的土地所有权、分割，或者以任一名义分配用于耕作或者适宜进行耕作的土地时，抑或在上述土地之上设定或者转移物权时，必须以最小耕地作单位为基础进行操作。最小耕作单位应当理解为一个农业家庭劳作所必需且充足的土地面积，根据农业技术规则为适合某一工作的需要而划分的土地不在此限。违反本法上述禁止性规定完成的行为可以根据检察机关的请求撤销。提起撤销之诉的权利自行为登记之日起经过三年不行使而消灭。③

二是被大片土地包围的土地。如果不属于根据《意大利民法典》第850条的规定组成康采恩的土地所有人的土地中包括了属于他人所有的低于最小耕作单位面积的小片土地，则是为了更好地规划和利用土地，大片土地的所有人可以请求小片土地的所有人向其转让他们的土地并向他们支付合理的价金。在意见不一致的情况下，由司法机关在听取行业协会的意见并且考察了提出转让土地所有请求权的土地所有人所有依据的理由之后作出决定。④

（5）瑞士立法例。《瑞士民法典》规定的遗产分割方法如下：

第一，遗产分割的一般方法。确定应继份的组成。一般情况下，继承人应按继承人或继承亲系的数目，将遗产分为相应的分配份。在继承人不能达成协议时，主管官厅可应继承人中一人的请求，在考虑了地方习俗、共同继承人之间的个人关系及多数人的愿望后，划分分配份。对分配份的分配，采用合意或抽签决定的方法。分割以分配份的做成及受领，或缔结分割契约，始对继承人产生约束力。分割契约须采用书面形式，始为生效。⑤

其一，原物分割。共有关系的终止以分割实物等方法完成。实物分割不能均等时，以货币进行平衡。⑥

其二，补偿分割。分割共有物时，可将全物移付于共有人中一人或若干人，并使其向其他共有人进行补偿。⑦

其三，变价分割。当继承人之间对某物的分割或分配不能达成协议时，或者分割会严重减损该物价值的，应变卖该物并分割价格金。对标的物的变卖，应采用拍卖的方式。但是，继承人之间对采取公开拍卖或是在继承人之间内部拍卖不能达成协议时，主管官厅有裁决权。⑧

---

① 《意大利民法典》第717条。

② 《意大利民法典》第540条。

③ 《意大利民法典》第846、848条。

④ 《意大利民法典》第849条。

⑤ 《瑞士民法典》第611、634条。

⑥ 《瑞士民法典》第612、651条。

⑦ 《瑞士民法典》第651条第1款。

⑧ 《瑞士民法典》第611、612条。

其四，维持共有。各共有人，均得请求废止共有，但以法律行为禁止废止或因建筑物的分层所有权或因物之永久使用目的而不能废止者，不在此限。共有人得约定不废止共有，但其期限，不得长于50年；共有物为不动产者，其约定，非经公证，不生效力，此外，其约定，得登记于土地登记簿。①

第二，遗产分割的特殊方法。其一，特定继承人的优先权。为生存配偶利益的特殊分割，配偶可请求将属于遗产部分的配偶双方居住过的房屋或其家用器具的所有权折抵给自己。在情势合理的场合，应生存配偶或其他继承人的请求，可创设用益权或居住权以替代所有权。但被继承人职业或营业的场所是其直系卑血亲继承人继续经营所必需的，生存配偶不能主张上述权利。②

其二，对特殊遗产的分割。若分割将严重损害物的价值，或者遗产属于性质相结合为一体的物、对家庭有特别纪念意义的物，都不因继承人中一人的异议而分离，应将该物完整地分配给继承人中的一人。农业经营的用益承租人死亡，且由其继承人中一人继续承租的，出于用益价值的目的，该继承人可请求将所有经营所需的财产（牲畜、工具、储备等），按用益价值划归其继承。③

（6）俄罗斯立法例。《俄罗斯联邦民法典》规定遗产分割的方法如下：

第一，遗产分割的一般方法。确定各继承人的应继份。在法定继承时如果遗产转移给两个或几个继承人，或在遗嘱继承时如果遗产依遗嘱属于两个或几个继承人，而又未指明每个继承人应继承的具体财产，则遗产自继承开始之日起归属继承人按份共有。④

其一，原物分割。按份共有的财产，可以根据共有人之间的协议进行分割。按份共有人就分割共同财产或分出某个共有人的份额的方式和条件达不成协议时，按份共有人有权通过审判程序请求从共有财产中以实物分出自己的份额。⑤

其二，补偿分割。继承人如果因优先分配权使其获得的遗产超过其应继份额的，该继承人应将遗产中的其他财产转归其余的继承人或提供其他补偿，包括给付相应的金钱数额以消除该差额。⑥

其三，变价分割。如法律不允许以实物方式分出份额，或以实物方式分出份额可能对共有财产造成严重损害，则可要求其他按份共有人向他给付其份额的价金。从共同财产中分出给共有人的财产少于其在共同财产的份额时，可以给付相应数额的金钱或以其他方式进行补偿。⑦

其四，维持共有。一是关于遗产中的企业，如果继承人中任何人均不享有对遗产中的企业的优先权或者不行使这种优先权，则该企业不得进行分割，而归继承人按份共有，但接受该企业的遗产的继承人的协议有不同规定的除外。二是关于土地的优先权，如果继承人中任何人均不享有取得土地的先取权或者行使这种优先权，则继承人对该土地的占有、

---

① 《瑞士民法典》第650条第1、2款。
② 《瑞士民法典》第612a条。
③ 《瑞士民法典》第613、613a条。
④ 《俄罗斯联邦民法典》第1164、1170条第1款。
⑤ 《俄罗斯联邦民法典》第252条第3款。
⑥ 《俄罗斯联邦民法典》第1170条。
⑦ 《俄罗斯联邦民法典》第252条第3、4款。

使用和处分按照按份共有的条件进行。[①]

第二，遗产分割的特殊方法，其具体包括以下两个方面：

一是特定继承人的优先权。

其一，如继承人与被继承人共有遗产中的某不可分物，对于该物共有的继承人享有取得该物的优先权，而不论他们是否使用该物。[②]

其二，经常使用在遗产中的不可分物的继承人，享有取得该物的优先权。[③]

其三，如遗产中的住房等不能实物分割，则在遗产分割前，继承开始前居住在该处而且没有其他住房的继承人对于不是住房所有人的其他继承人享有取得该住房的优先权。[④]

其四，直至继承开始之日与被继承人共同生活的继承人，在遗产分割时享有取得家居用品及日常生活用品的优先权。[⑤]

其五，在继承开始之日已被登记为个体企业者的继承人或为遗嘱继承人的商业组织，对遗产中的企业部分，有权以其继承份额优先获得。[⑥]

二是特殊遗产的分割。

《俄罗斯联邦民法典》第六十五章某些种类财产继承第1176—1185条（共计10个条文）专门规定特殊遗产的分割方法，具体内容如下：

其一，对于被继承人参加商业合伙、商业公司和生产合作社有关权利的继承。被继承人在相应合伙、公司或合作社注册资本中的股份属于遗产。如依据上述组织的设立文件，继承人参加上述组织需要其他参加人或合作社其余成员的同意，而继承人取得了这种同意，则继承人有权依照本法及其他相关法律或文件从上述组织取得所继承股份的实际价值或与之相当的财产。两合公司投资人的遗产包括他在注册资本中的股份，获得该股份的继承人成为两合公司的投资人。股份公司股东的遗产包括属于他的股票，获得股票的继承人成为股份公司的股东。[⑦]

其二，对参加消费合作社有关的权利的继承。继承人有权成为相应消费合作社的社员，该继承人不得被拒绝加入合作社。被继承人的股金移转给几个继承人时，继承人中谁可以被接受加入消费合作社的问题，以及向不成为合作社社员的继承人支付他们应得的金额或代替金额的实物的程序、方式和期限，由关于消费合作社的立法和文件规定。[⑧]

其三，对于农场（畜牧场）成员财产的继承。如农场成员死亡，而其继承人本人不是该农场的成员，则他有权按其所继承遗产的份额从农场成员共同共有财产中取得补偿。[⑨]

---

① 《俄罗斯联邦民法典》第1178、1182条第2款。

② 《俄罗斯联邦民法典》第1168条第1款。

③ 《俄罗斯联邦民法典》第1168条第2款。

④ 《俄罗斯联邦民法典》第1168条第3款。

⑤ 《俄罗斯联邦民法典》第1169条。

⑥ 《俄罗斯联邦民法典》第1178条第1款。

⑦ 《俄罗斯联邦民法典》第1176条。

⑧ 《俄罗斯联邦民法典》第1177条。

⑨ 此外，给付补偿的期限由继承人与农场的协议规定，在达不成协议时，则由法院裁定，但不得超过继承开始起1年。如果农场成员与上述继承人达成同意协议，则被继承人在该财产中的份额被认为是与农场其他成员的份额相等。如继承人被吸收参加农场时，则不向他进行补偿。参见《俄罗斯联邦民法典》第1179条。

其四，对于限制流通物的继承，被继承人个人所有的武器、烈性物质和剧毒物质、麻醉品和精神药物以及其他限制流通物属于遗产，接受包括上述物品的遗产不需要专门许可。如继承人被拒绝发给专门许可，则继承人对该物品的所有权应依法终止，而销售财产所取得的金额在扣除销售费用后应移交给继承人。①

其五，对于遗产中的土地，属于继承人共有的土地在分割时应考虑对相应用途土地所规定的最低面积。在土地不能按照上述办法进行分割时，土地移转给以其继承份额取得该土地的优先权的继承人。对其余继承人应予以补偿。②

其六，对于应当向被继承人给付，但在他生前由于某种原因他未取得的工资和与之相等的报酬、退休金、奖学金、社会保险金、对生命和健康损害的赔偿金、赡养费和作为生活费提供给公民的其他的金钱的权利，归属于与死者共同生活的其他家庭成员，以及死者的无劳动能力的被扶养人，而不管他们是否与死者共同生活。该请求应在继承开始之日起的 4 个月内向义务人提出。如不存在上述人员，或上述人员未在期限内提出请求，则上述款项作为遗产按一般规定继承。③

其七，对于国家或地方组织按优惠条件提供的财产的继承。国家或地方组织因被继承人残疾或其他类似情况按优惠条件提供给他的交通工具和其他财产，属于遗产，按一般规定进行继承。④

其八，授予被继承人的、适用俄罗斯联邦国家奖励立法的国家奖励，不属于遗产，在获奖人员死后，这些奖励应按相关规定程序转交给他人。属于被继承人的而不适用上述立法的国家奖励、荣誉奖章和其他纪念章，包括所收藏的奖状和奖章，属于遗产，按一般规定进行继承。⑤

2. 英美法系国家立法例

（1）英国立法例。英国立法例中有关遗产分割的方法，具体包括以下四个方面内容：

第一，确立遗产代理人。被继承人的遗产代理人可以是遗嘱执行人或遗产管理人。立遗嘱人授权的第三人或者行使法定权力的法院也可以任命遗嘱执行人。⑥ 如果出现下列情况，法院可以指定遗产管理人：被继承人留有遗嘱，但未指定遗嘱执行人；遗嘱执行人在被继承人死亡前死亡或者放弃遗嘱检验权；遗嘱执行人在被继承人的遗产管理事项完成前死亡；被继承人无遗嘱死亡。⑦

第二，遗产管理人的职责。遗产管理人的具体职责包括：收集并取得被继承人的不动产和动产，依法进行管理；根据法院的指示，向法院公布遗产清单，提交遗产管理账目；根据高等法院的指示，向法院移交遗嘱检验或遗产管理之事宜。⑧

第三，发布申报继承权益、债权债务的公告。在发布申报继承权益、债权债务申报的

---

① 《俄罗斯联邦民法典》第 1180 条。

② 《俄罗斯联邦民法典》第 1182 条。

③ 《俄罗斯联邦民法典》第 1183 条。

④ 《俄罗斯联邦民法典》第 1184 条。

⑤ 《俄罗斯联邦民法典》第 1185 条。

⑥ Administration of Justice Act 1985, s. 50.

⑦ ［英］安德鲁·伊沃比（Andrew Iwobi）：《继承法基础》（*Essential Succession*）（英文版，第二版），武汉大学出版社 2004 年版，第 223 页。

⑧ Administration of Justice Act 1985, s. 25.

公告规定的期限届满后，遗产代理人负责受领债权清偿债务，然后基于已申报权益的受益人和受托人之权利主张，分配遗产，对分配时未申报其权益的权利主张，遗产代理人不承担责任。①

第四，剩余遗产的分割方法。剩余遗产的分割依遗嘱指定的方法分割，且应当为特定家庭成员提供合理经济扶养费。在无遗嘱继承时，依照法律规定的方法分割。

（2）美国立法例。被继承人的遗产应当优先清偿遗产债权人的债务和其他需要支出的费用，如丧葬费用和医疗费用等。清偿完毕后，如果遗产有剩余，遗产代理人应根据遗嘱或法定应继份将遗产分配给遗嘱指定的受益人或无遗嘱继承人。如果遗产不足以满足遗嘱人遗嘱的指定，遗产代理人应当决定哪一个受益人应当优先取得遗赠。②

向有利害关系的继承人或受遗赠人发出通知后，法院可以按照法定的方式分割遗产。法院可以指示遗产代理人出卖不易分割的财产，该财产如分割可能损害所有权人的利益并且不能转让给任何继承人。③

有遗嘱的，按遗嘱进行分割。无遗嘱的，应根据法律的规定予以分割：

第一，特定受遗赠人取得遗嘱指定给其的遗产。生存配偶或子女取得该法典第 2-403 条规定的特定遗产，包括不超过 1.5 万美元的剩余保险利益、家具、机动车、家庭用具和个人用品。

第二，应继份或遗赠可以通过下列方式实现：不以现金为唯一方式；按照分割之日的同类物品的一般市场价值分割；无受遗赠人要求保留有疑问的财产。④

第三，可交易证券的价值应以分割前一日同类证券收盘价为准，或者如果该日未交易，应以闭市之日的买价和卖价的中间值为准。如果遗产的价值无法即刻确认，在不超过分割前 30 日作出合理估价即可。

为了便于分割，遗产代理人可以任何合理的方式确认遗产在分割时的价值，包括聘请评估，即便该遗产以前已经评估过。⑤

（3）澳大利亚立法例。遗产管理人对清偿债务后的剩余遗产，依遗嘱的指定或法律的规定进行分割。

第一，依遗嘱指定的方法分割。但如果遗嘱人没有为依靠其扶养者保留足够的扶养费，法院可裁决从遗产中提供扶养费。

第二，依法律的规定分割。在无遗嘱继承时依照法律规定的方法分割。具体分割的方法可以实物分割、补偿分割或变价分割。虽然遗嘱中可能规定一般遗产受赠人或剩余财产受益人各自获得剩余财产的数额或份额，但是受益人可能希望以货币的形式获得该受赠物的价值。在行使赋予他（或她）的权利时，遗产代理人必须总体考虑遗产受益人的利益，对各受益人应平等对待。⑥

---

① ［英］安德鲁·伊沃比（Andrew Iwobi）：《继承法基础》（*Essential Succession*）（英文版，第二版），武汉大学出版社 2004 年版，第 223 页。

② Gerry W. Beyer, *Wills, Trusts and Estates* (Second Edition), Beijing : Citic Publishing House, 2003, p. 245.

③ Uniform Probate Code, s. 3-911.

④ Uniform Probate Code, s. 3-906.

⑤ Uniform Probate Code, s. 3-906.

⑥ ［澳］肯·马蒂、马克·波顿：《澳大利亚继承概要（第二版）》，陈苇主持编译，西南政法大学外国家庭法及妇女理论研究中心内部印刷 2007 年版，第 351 页。

（二）遗产分割方法的国外立法比较评析

1. 两大法系国家立法的共同点

关于遗产分割的方法，两大法系国家立法的共同点，具体表现为：第一，遗产分割的一般方法，原则上首先采原物分割的方式，如果对遗产分割有损物之效用，则可以采取变价分割或补偿分割的方式或维持共有。

第二，关于遗产分割的特殊方法，大陆法系国家的规定中除日本外，各国的法定应继份立法中都规定了特定继承人如配偶、共同经营者及经常使用者等取得某些特殊遗产的优先权等特殊分割方法，英美法系国家中的英国、美国、澳大利亚也有此方面的立法规定。

2. 两大法系国家立法的不同点

关于遗产分割的方法，两大法系国家立法的不同点，具体表现为：

第一，是否以清偿债务为前置条件不同。英美法系国家实行间接继承的遗产代理人制度，由遗产代理人进行遗产的保全和管理、公示催告遗产权利人、清偿遗产债务后有剩余的遗产，才向继承人分配遗产。大陆法系国家中的德国亦规定遗产分割前应当先清偿遗产债务，但其他大陆法系国家并未将清偿债务作为遗产分割的前置条件。

第二，针对特殊遗产分割专门规定的特殊方法具体内容有所不同。法国、德国、瑞士、意大利、俄罗斯、英国、美国、澳大利等国家，针对不同的性质或类型的遗产专门分别设独立的条文，规定了特殊的分割方法。虽然，日本法无此特殊遗产分割具体方法的规定，但其明确规定了遗产分割遗产需要考虑的因素，包括属于遗产的物或权利的种类及性质，各继承人的年龄、职业、身心状态、生活状况及其他一切情况。由继承人和法院在分割遗产时予以考虑。

我们认为，前述国外立法之遗产分割的方法有以下几点值得借鉴：（1）确立“先偿债后分遗产”的一般规则。为了保护遗产债权人的利益，英美法系国家和德国确立优先清偿遗产债务的立法具有合理性，即应当以先清偿被继承人的债务后分割遗产为原则，但某些对期限有限制的未到期债务等特殊情况除外。（2）确立生存配偶对家庭住房的优先权等特殊分割方法。对于遗产中的唯一家庭住房及附属家具和日常生活用品，规定生存配偶享有先取权或终生使用权，有利于保障生存配偶及其抚养的未成年子女的生存权和发展权，以实现保护弱者利益的原则。（3）对于企业农场等生产经营财产规定特殊分割方法，有利于实现发挥物之效用原则。

六、遗产分割效力的国外立法现状与评析

遗产分割的效力，在此主要研究对内效力，即共同继承人间的遗产担保责任。[①] 关于遗产分割后各共同继承人对遗产的担保责任，主要有三类，分别为对遗产瑕疵的担保责任、对遗产被追夺的担保责任和对债权的担保责任。

（一）遗产分割效力的国外立法现状

1. 大陆法系国家立法例

（1）法国立法例。关于共同继承人间的担保责任，共同继承人仅就由于分割前的原

① 遗产分割的对外效力，即对遗产债权人的效力，在第六章遗产债务清偿制度研究中已经予以论述，故本章不予赘述。

因引起的对财产的侵害与追夺，互负担保责任。所有的共同继承人就某一共同分割人对于归入其财产份额中的债务在遗产分割前就已经显示的无支付能力负担保责任。如财产被追夺的情况属于遗产分割证书中明定的特别条款排除的情况，不发生前条所指的担保责任；如共同继承人的财产被追夺是因其本人的过错引起，前项担保责任亦告停止。各继承人按其继承份额的比例对其他共同继承人因继承的遗产可能被追夺而受到的损失负补偿责任。如某一继承人无支付能力，应由其负担的部分，由被担保人和其他有清偿能力的共同继承人分担之。共同继承人之遗产担保责任之诉讼时效期间为2年，自财产被追夺或者发现侵害之日起计算。[①]

（2）德国立法例。关于共同继承人之间的担保责任，在共同关系终止时，共同标的被分给共有人中的一人的，其他共有人中的任何一人均按其应有部分对权利瑕疵或对物的瑕疵负与出卖人同一的担保责任。[②]

（3）日本立法例。关于共同继承人间的担保责任，各共有人，对其他共有人因分割取得的物，按其份额负担与出卖人相同的担保责任。各共同继承人对其他共同继承人，与出卖人相同，按其继承份额负担保责任。各共同继承人，按照其继承份额对其他共同继承人因遗产分割所得债权，担保其分割当时债务人的资力。对于未届清偿期的债权及附停止条件的债权，各共同继承人担保应该提供清偿时债务人的资力。负担保责任的共同继承人中有无偿还资力的人时，该不能偿还的部分，由求偿人及其他有资历的人按各自继承份额分担。但是，求偿人有过失时，则不得对其他共同继承人请求分担。上述规定，在被继承人以遗嘱表示特别意思时，不予适用。[③]

（4）意大利立法例。关于共同继承人之间的担保责任，共同继承人间就基于遗产分割前发生的事由所发生的纠纷和追夺相互担保。但如果遗产分割文书的条款中免除该担保或由于继承人自己的过失造成的，不产生担保责任。共同继承人之间在遗产分割后，对其他继承人所分得的遗产，除负有瑕疵担保责任外，还负有对遗产被追夺的担保责任。但如果追夺是由于继承人自己的过失所造成的，不产生担保责任。某一继承人财产被追夺的，由承担担保责任的全体共同继承人，根据被追夺时各自享有的财产，同时考虑到遗产分割时各自财产的状况，按照被追夺时财产的价值进行计算，按比例向被追夺的继承人承担偿还被追夺财产价值的责任。共同继承人中的一人无清偿能力的，其应承担的部分由被追夺的继承人与有清偿能力的全体继承人平均承担。对指定由某一共同继承人清偿的债务，如果无清偿能力是遗产分割之后突然发生的，则不产生对债务人清偿能力的担保责任。自遗产分割之日起5年内，共同继承人对负有定期收益给付义务的债务人的清偿能力承担担保责任。[④]

（5）瑞士立法例。关于继承人之间的担保责任，在遗产分割终结后，对于遗产物，共同继承人间，视同买受人和出卖人，互负责任。共同继承人对于因分割而取得的债权，互负担保责任，并以算入应继份的债权金额，对于债务人的无支付能力，负与普通保证人相同的责任，但有市价的证券，不在此限。担保债务之诉，经过1年而罹于时效，自分割

① 《法国民法典》第884-886条。
② 《德国民法典》第757条。
③ 《日本民法典》第261、911-914条。
④ 《意大利民法典》第758-760条。

终结时起算；但债权的清偿期在日后届至者，自清偿期届至时起算。[①]

（6）俄罗斯立法例。对遗产分割的效力，该法尚无规定。

2. 英美法系国家立法例

必须说明，大陆法系国家实行的是直接继承制度，而英美法系国家实行以遗产管理人制度为核心的间接继承制度，即在继承开始后，遗产不直接转移于继承人，而必须首先选任遗产代理人进行遗产清算，在清算结束后有剩余财产时，按遗嘱或法定分配给继承人。因此，在此不涉及遗产分割的效力。

（二）遗产分割效力的国外立法比较评析

1. 大陆法系国家立法的共同点

对于遗产分割的效力，除俄罗斯外，前述大陆法系国家对于共同继承人之间的担保责任亦作了规定。

2. 大陆法系国家立法的不同点

关于遗产分割对继承人的内部效力，两大法系国家立法的不同点主要有：在英美法系国家，由于实行间接继承，须在清偿遗产债务后，由遗产管理人分配剩余遗产，故遗产分割的效力主要体现为遗产受益人取得遗产所有权。而大陆法系国家遗产分割的效力，则主要体现为共同继承人之间的担保责任，以及遗产分割的无效或撤销。在前述大陆法系国家中，除俄罗斯外，其余五个国家对遗产分割的效力都作出了规定。

其中，大陆法系五个国家的立法也不尽相同，其不同点主要有：第一，担保责任的诉讼时效不同。关于继承人主张担保责任的期限，法国规定为自财产被追夺或发现侵害之日起2年，意大利为自分割之日起5年，瑞士为自分割之日起1年，其他国家对遗产分割的诉讼时效则未作专门规定。第二，担保责任的免除方式不同。法国、意大利规定对分割后的原因引起的财产侵害、财产分割证书约定免除或继承人的过错所致的情况下，共同继承人之间不发生担保责任。日本规定如求偿人有过失的或被继承人以遗嘱免除的，共同继承人间不发生担保责任。

我们认为，前述域外立法例，有以下几点值得我国借鉴：（1）关于共同继承人的担保责任的诉讼时效期间，法、德、瑞三国有不同的期间规定。这些立法有利于促使遗产权利人及时行使诉权，依法保障其权益。但考虑到立法的统一性，我国继承立法对此可采取适用我国《民法总则》对一般民事行为之时效的规定为宜。（2）关于免除担保责任的事由，由于遗产分割的依据包括被继承人的遗嘱和法律规定，如被继承人的遗嘱或共同继承人的协议约定免除遗产分割之担保责任的，各共同继承人可免除担保责任。这体现了意思自治原则，而因遗产分割后的原因或继承人本人的过失导致遗产被侵害的，各继承人也免除担保责任。因为遗产分割后，各继承人已实际取得各自的应继份，继承人因过失而导致遗产损害的，应对自己的行为负责，其他继承人没有为其担保的义务。

---

① 《瑞士民法典》第637条。

第三节　遗产分割制度的我国立法现状与我国民众的观念和处理习惯及司法实践的考察与评析

本节主要考察遗产分割制度的我国立法现状，分析遗产分割制度的我国民众观念和处理习惯的实证调查的统计数据，进而研究遗产分割制度的我国司法实践案例并予以评析。必须说明，2018年9月3日我国立法机关已公布“民法典分编（草案）”，征求社会各界意见。由于该“草案”不是正式立法，所以本节仍主要以我国《继承法》及其司法解释的相关规定为对象，考察我国遗产分割制度的立法现状。

一、遗产分割制度的我国立法现状

我国遗产分割制度主要被规定于我国《继承法》和我国《执行继承法的意见》之中。首先，从我国《继承法》其立法体系看，有关遗产分割的条文没有单独成为一章或一节，主要被分散规定于第二章“法定继承”和第四章“遗产的处理”两部分，具体表现为第2、14、15、26、28、29条，其立法结构呈分散状态。我国遗产分割制度还体现在我国《执行继承法的意见》第45、58条中，其是对我国《继承法》具体内容的细化。从立法内容上来看，现有立法的遗产分割制度主要有五个方面的内容：一是遗产的分离，即遗产从共有财产中的析产方式；二是遗产分割的依据；三是遗产分割的原则；四是遗产分割的时间；五是遗产分割的方法。我国现有立法没有规定遗产归扣、遗产分割时间的限制和遗产分割的效力等内容。

（一）遗产分割的标的之确定——遗产分离的我国立法现状

遗产分离，在我国主要采用共有财产之“析产”制度，即从共有财产中将被继承人所占的份额（即其遗产的组成部分）在夫妻共同财产或家庭共有财产中分离出来各自独立。这不同于前述在外国主要采用“遗产清单”“财产分离”和“遗产归扣”这三种制度，从而使被继承人的遗产与继承人的财产及第三人的财产相互保持独立，从而最终确定遗产分割的标的范围。

在我国，遗产分离目前是采用共同财产的“析产”方式，将被继承人的遗产与其存在财产共有关系人的财产相互分离。我国《继承法》第26条规定：“夫妻在婚姻关系存续期间所得的共同所有的财产，除有约定的以外，如果分割遗产，应当先将共同所有的财产的一半分出为配偶所有，其余的为被继承人的遗产。遗产在家庭共有财产之中的，遗产分割时，应当先分出他人的财产。”可见，我国遗产的分离，主要包括两个方面内容：一是夫妻共同财产中被继承人之遗产份额的分离；二是家庭共同财产中被继承人之遗产份额的分离。

首先，夫妻共同财产中被继承人之遗产份额的分离。我国夫妻财产制有法定财产制和约定财产制两种，目前我国绝大多数家庭实行的是夫妻共同财产制，即在婚姻关系存续期间，夫妻双方或一方所得的财产，除法律规定或当事人另有约定外，均归夫妻共同所有，夫妻对共同所有的财产，平等地享有占有、使用、收益和处分的权利。夫妻在婚姻关系存续期间所得的工资、奖金、生产、经营的收益、知识产权的收益、继承或赠与所得的财产

（但被继承人明确赠与一方的除外）以及其他应当共同所有的财产，归夫妻共同所有。因此，在夫妻一方死亡时，应当首先从夫妻共同财产中分出一半为生存配偶所有，其余的一半财产作为被继承人的遗产。但如夫妻之间采用的是约定财产制，在遗产分割时对于约定为共同所有的财产，也应当在分割时先分出一半给生存配偶，另一半为遗产；对于约定为个人所有的财产，如该人为被继承人，则该财产作为其遗产，如该人为生存配偶，则该财产不能计入遗产范围。

其次，家庭共同财产中被继承人之遗产份额的分离。家庭共有财产是家庭成员在家庭共同生活存续期间共同创造、共同所得的共有财产。① 家庭共有财产主要包括：家庭成员共同劳动、生产经营等积累的财产；家庭成员共同购置的财产；家庭成员共同继承、受赠的财产等。家庭成员在家庭共有财产中的份额，应当按照家庭成员的贡献大小、出资多少、应继承或受赠的份额等因素加以确定。某一家庭成员死亡时，该成员在家庭共有财产中享有的份额即为被继承人的遗产。在确定家庭共有财产时，应注意不能将家庭成员的个人财产当做家庭共同财产，如家庭成员没有投入家庭共有的财产；约定家庭成员个人所有的财产；基于家庭成员个人身份的赠与而获得的财产；未成年子女因继承、受赠与、知识产权所获得的财产等。这些财产都属于个人财产，当所有人死亡时，可以作为其遗产。② 因此，遗产在家庭共有财产之中的，遗产分割时，应当先分出属于其他家庭成员的财产，剩余的为被继承人的遗产份额。此外，除夫妻共同财产和家庭共同财产外，还存在着其他形式的财产共有，如合伙共有财产等。当合伙人之一死亡时，应将被继承人在合伙财产中的财产份额分出，列入其遗产范围。

综上可见，我国的共有财产“析产”制度与国外的遗产分离制度，两者有如下区别：（1）请求权的主体范围不同。关于请求权主体，我国为共同财产的共有人中的继承人；外国则为继承人、遗产债权人和继承人的债权人。（2）财产分离的标的范围不同。我国为被继承人与家庭成员的共同财产；国外为被继承人的遗产与继承人的固有财产（包括其个人财产与共有财产的个人份额）。（3）财产分离的方式不同。我国仅有共有财产“析产”的方式，国外有制作遗产清单、财产分离诉讼程序和遗产归扣的方式。也就是说，我国尚未建立系统完整的遗产分离制度。

（二）遗产分割依据的我国立法现状

遗产分割的依据，即遗嘱继承人或法定继承中的共同继承人分割遗产份额的标准。我国《继承法》第5条规定：“继承开始后，按照法定继承办理；有遗嘱的，按照遗嘱继承或者遗赠办理；有遗赠扶养协议的，按照协议办理。”可见，我国遗产分割的依据主要有两类：一是遗嘱的指定，包括遗嘱继承、遗赠及遗赠扶养协议，其适用的顺序为，遗赠扶养协议的效力优先于遗嘱或遗赠，而遗嘱或遗赠的效力又优先于法定继承。二是法律的规定。关于法律的规定有法定应继份、继承人的协议和法院的判决。对于法定应继份，我国《继承法》第13条规定：“同一顺序继承人继承遗产的份额，一般应当均等。对生活有特殊困难的缺乏劳动能力的继承人，分配遗产时，应当予以照顾。对被继承人尽了主要扶养义务或者与被继承人共同生活的继承人，分配遗产时，可以多分。有扶养能力和有扶养条

① 王利明等：《物权法论》，中国政法大学出版社1998年版，第346页。
② 马忆南：《婚姻家庭继承法学》，北京大学出版社2011年版，第406页。

件的继承人，不尽扶养义务的，分配遗产时，应当不分或者少分。继承人协商同意的，也可以不均等。”对于继承人的协议和法院的判决，该法第15条规定：“继承人应当本着互谅互让、和睦团结的精神，协商处理继承问题。遗产分割的时间、办法和份额，由继承人协商确定。协商不成的，可以由人民调解委员会调解或者向人民法院提起诉讼。”

即以上我国有关遗产分割的依据，可以被分为两类：一是体现被继承人意思自治的遗嘱继承、遗赠或遗赠扶养协议；二是在遗嘱无效或无遗嘱时，依照法律的规定。遗嘱优先于法律的规定被适用，两者相辅相成、共同作用。遗嘱继承、遗赠或遗赠扶养协议优先被适用，可以保障被继承人实现意思自治，使其可以按照自己的意愿分配财产，是我国立法对自然人的个人财产所有权和自由处分个人财产之意思的尊重。而法律规定在法定继承时继承人的应继份，同时又允许共同继承人协商分配遗产，这体现了对继承人意愿的尊重。以上规定均彰显了法律的自由价值。

（三）遗产分割原则的我国立法现状

遗产分割的原则是遗产分割中应当遵循的基本准则。遗产分割不仅涉及继承人及利害关系人的利益，也涉及遗产效用的发挥和社会公共利益的保护。

根据我国《继承法》规定，遗产分割应当坚持以下五个原则：

1. 尊重被继承人意愿和继承人意愿的原则

遗产是被继承人生前个人所有的财产，我国《继承法》第16条第1款规定：“公民可以依照本法规定立遗嘱处分个人财产，并可以指定遗嘱执行人。”该法第15条规定，“遗产分割的时间、办法和份额，由继承人协商确定。协商不成的，可以由人民调解委员会调解或者向人民法院提起诉讼”。因此，从遗产分割的依据看，在遗产分割时，被继承人有遗嘱指示的应首先尊重被继承人的意愿，被继承人无遗嘱的，由继承人协商。即如被继承人在遗嘱中确定了分割方法或指定第三人代为分割的，应遵照遗嘱执行。如果实行法定继承的，根据我国《继承法》第15条规定，应当坚持互谅互让、协商处理遗产的原则。即继承人应协商处理遗产分割问题，此体现了尊重继承人意愿原则。

2. 公平分割原则

公平分割是遗产分割的一般原则。其主要表现为：一是均等分割份额。我国《继承法》第13条第1款规定：“同一顺序继承人继承遗产的份额，一般应当均等。”二是遗产分割中的补偿分割与惩罚性少分，它体现了权利义务相一致原则。我国《继承法》第13条第3、4款规定，对被继承人尽了主要扶养义务或者与被继承人共同生活的继承人，可以多分。有扶养能力和有扶养条件的继承人，不尽扶养义务的，应当不分或者少分。即在进行遗产分割时，应考虑各共同继承人与被继承人之间的权利义务关系，所尽扶养义务的多少，以及主观上是否愿意尽义务等情况。这不仅彰显了法的公平价值，而且有利于促进家庭成员间互助团结和发挥遗产养老育幼的家庭职能。该法第14条规定，“继承人以外的对被继承人扶养较多的人，可以分给他们适当的遗产”。这体现了对该扶养人的经济补偿，符合公平原则。

3. 照顾弱者分割原则

关于照顾弱者分割原则，此原则要求遗产分割时照顾弱者利益，以发挥遗产的扶养职能。在我国《继承法》中，此原则主要被体现在以下方面：第一，对生活有特殊困难无劳动能力的继承人照顾多分，该法第13条第2款规定：“对生活有特殊困难的缺乏劳动能力的继承人，分配遗产时，应当予以照顾。”“生活有特殊困难的继承人”，主要是指无生活来源的未成年人、老人、病残者，由于他们无生活来源，同时又缺乏劳动能力，其生活往往困难，以至于难以维持正常水平。对于这种继承人，在分割遗产时应当给予适当的照顾。[①] 第二，保留胎儿的继承份额。第28条规定：“遗产分割时，应当保留胎儿的继承份额。胎儿出生时是死体的，保留的份额按照法定继承办理。”第三，酌分遗产请求权。该法第14条第1款规定：“对继承人以外的依靠被继承人扶养的缺乏劳动能力又没有生活来源的人……可以分给他们适当的遗产。”

综上可见，一般情况下，对于同一顺序的继承人均采用平均份额的办法进行遗产分割，简便易行，公平合理，符合公平原则的要求，可以在一定程度上减少纠纷。但在特殊情况下，如果不考虑各共同继承人的具体情况，而一律在各继承人间平均进行分配，往往会产生形式上平等而实质上不平等，因此，我国《继承法》第13条首先规定，同一顺序继承人的遗产分割“一般应当均等”，这是合理的，应予以坚持。“一般应当均等”就意味着在特殊情况下的不均等。该法条同时还规定“对生活有特殊困难的缺乏劳动能力的继承人，分配遗产时，应当予以照顾或多分”和“对继承人以外的依靠被继承人扶养的缺乏劳动能力又没有生活来源的人，可以酌分遗产”的规定，就体现了对特殊继承人生存权、发展权的保障，这是为了实现遗产分配的实质平等。此外，为保障胎儿的生存权和发展权，我国《继承法》规定遗产分割时应当保留胎儿的继承份额，应当继续坚持保护胎儿利益的原则。

4. 发挥遗产效用原则

我国《继承法》第29条第1款规定：“遗产分割应当有利于生产和生活需要，不损害遗产的效用。”这就是说，如果被继承人遗嘱未指定分割方法的，就应当依据法律规定的发挥遗产效用之原则。对于生产资料的分割要从有利于生产的目的出发，要考虑生产的用途和财产的用途，将生产资料尽量分配给具有生产经营能力的人；对生活资料也要考虑继承人的实际需要，尽量分给有特殊需要的人，然后由接受该项遗产的人予以折价补偿。我国《执行继承法的意见》第58条指出：“人民法院在分割遗产中的房屋、生产资料和特定职业所需要的财产时，应依据有利于发挥其使用效益和继承人的实际需要，兼顾各继承人的利益进行处理。”我们认为遗产分割恰当与否，关系到遗产效用的发挥，不仅对继承人有利害关系，对促进社会经济发展和公共利益的维护也有意义。在被继承人生前未以遗嘱指定明确遗产分割方法时，无论是协议分割，还是裁判分割，都应该以遗产利用为目的。[②] 这样既可以满足继承人的生产和生活需要，也有利于促进整个社会财富的增加。

5. 平等保护继承人利益和遗产债权人利益的原则

我国《继承法》第33条第1款规定：“继承遗产应当清偿被继承人依法应当缴纳的税款和债务，缴纳税款和清偿债务以他的遗产实际价值为限。超过遗产实际价值部分，继承人自愿偿还的不在此限。”此即继承人对遗产债务的有限清偿责任，体现了对继承人和遗产债权人的平等保护。

---

① 参见刘春茂主编：《中国民法学·财产继承》，中国人民公安大学出版社1990年版，第578页。

② 秦志远：《遗产分割：制度与价值》，载《理论与探索》2007年第6期，第153页。

（四）遗产分割时间的我国立法现状

依我国《继承法》规定，继承从被继承人死亡时开始。在继承人有数人的情况下，遗产的分割在被继承人死亡时即可开始。遗产分割的时间可以是继承开始后的任何时间，继承人得随时行使遗产分割请求权。但遗产通常在被分割之前，往往要经过一段时间的共同所有时期。应当注意区分遗产分割的时间与继承开始的时间，两者是不同的。遗产分割的时间可以是共同继承人协商约定的，如协商不成也可以由共同继承人提出请求，由法院判决确定。可见，遗产分割的时间可以是继承开始后的任何时间，继承人得随时行使遗产分割请求权，而继承开始的时间是法定的，法律规定继承是从被继承人死亡时开始。并且，遗产分割的时间产生继承人实际占有遗产的效力，而继承开始的时间产生继承人取得遗产所有权的效力。

在我国，继承人虽然享有随时分割遗产的自由，但该种自由并不是不受任何限制的。我国有学者认为，继承人之随时请求遗产分割的自由，应当受到三个方面的限制：一是非经遗产债务清偿不得分割遗产；二是遗嘱禁止在一定期间内分割的，不得分割遗产；三是继承人协商一致在一定期间内不分割的，遗产不得分割。[①] 然而，目前我国继承立法对此并无明确规定。

（五）遗产分割方法的我国立法现状

遗产分割的方法是指继承人取得应继份的具体途径。[②] 我国《继承法》第 16 条第 2 款规定："公民可以立遗嘱将个人财产指定由法定继承人的一人或者数人继承。"该法第 29 条规定："遗产分割应当有利于生产和生活需要，不损害遗产的效用。对不宜分割的遗产，可以采取折价、适当补偿或者共有等方法处理。"此外，我国《物权法》第 100 条规定："共有人可以协商确定分割方式。达不成协议，共有的不动产或者动产可以分割并且不会因分割减损价值的，应当对实物予以分割；难以分割或者因分割会减损价值的，应当对折价或者拍卖、变卖取得的价款予以分割。共有人分割所得的不动产或者动产有瑕疵的，其他共有人应当分担损失。"因此，我国遗产分割的方法主要有实物分割、变价分割、补偿分割、维持共有共计四种。

一是实物分割。对于易于分割的遗产，可采取实物分割的方式。[③] 我国学界通说认为，共同继承人之间为共同共有的关系，因此可以适用我国《物权法》第 100 条共有人对共有物分割的方法，即"共有人可以协商确定分割方式。达不成协议的，共有的不动产或者动产可以分割并且不会因分割减损价值的，应当对实物予以分割"。从上述法律规定来看，这里实物分割指的是可以实际分割的动产或不动产。[④]

二是变价分割。变价分割是指将不宜分割的遗产或继承人都不愿取得的遗产，出卖给

---

① 梁慧星（课题负责人）：《中国民法典草案建议稿附理由·继承编》，法律出版社 2013 年版，第 193 页。

② 郭明瑞、房绍坤、关涛：《继承法研究》，中国人民大学出版社 2003 年版，第 173 页。

③ 而对于实物分割的对象，学界有不同看法。有的认为，对象只能是可分物，如现金、存款等，参见李明舜主编：《婚姻家庭继承法学》，武汉大学出版社 2011 年版，第 349 页；有的认为，对象既可以是可分物，也可以是不可分物，如电视机、电冰箱等，参见马忆南：《婚姻家庭继承法学》，北京大学出版社 2011 年版，第 411 页。

④ 上述马忆南教授认为实物分割的对象既可以是可分物，又可以是不可分物，是出于遗产分割中所针对的遗产价值所作出的判断。如电视和冰箱虽然实际无法分割，但如果两个物品价值相当，在进行实际分配时，就可以把电视和冰箱分别分配给不同的继承人。从此角度理解也是有道理的。但根据前述《物权法》的规定，实物分割方法的对象特指的是可以实际分割且不减损价值的动产或不动产。

他人以换取价金，然后再按照各继承人应继份的比例，对价金进行分割。如对不宜分割的不动产多采取此分割方式。

三是补偿分割。补偿分割是指对于不宜实物分割的遗产，如果继承人中有人愿意取得该遗产，则由该继承人取得遗产的所有权，然后由取得该遗产的人将超出自己应继份的部分，用金钱或实物补偿给其他继承人。

四是维持共有。维持共有的发生可以基于以下几种情形。一是被继承人在遗嘱中明确禁止对全部或部分遗产进行分割的，全体继承人对禁止分割的全部或部分遗产应当保持共有。二是遗产不宜进行实物分割，继承人又都愿意取得遗产的；或者继承人基于某种生产或生活目的，愿意继续保持遗产共有状况的等，则可以采取维持共有的方式，所有继承人对遗产享有共有权，其共有份额按照应继份的比例确定。但是，该维持共有不再是基于继承产生的遗产共有关系，而是转变为按份共有关系。

最后，关于遗产分割的对内效力，即遗产分割后共同继承人的担保责任，我国《继承法》无规定。

二、遗产分割制度的我国民众观念和处理习惯的实证调查与分析

为了解我国民众的财产继承观念和遗产处理习惯，2016年11月初至2017年11月底，历时一年零一个月，我们组织开展完成了“当代中国民众财产继承观念与遗产处理习惯实证调查”的实地调查和统计数据汇总工作。本次调查采取问卷调查和个人访谈的方式，被抽样调查的地区确定为我国的十省市，包括东北部的吉林省，东部的上海市；北部的河北省，中部的湖北省、江西省，南部的广东省、海南省，东南部的福建省，西南部的重庆市、四川省，共计发放调查问卷5739份，收回有效问卷5085份，有效率为88.60%。以下，针对我国十省市被调查民众之涉及遗产分割的观念及处理习惯调查的统计汇总数据进行研究分析。

（一）涉及遗产分割的我国民众观众和处理习惯的实证调查的统计情况

1. 遗产分割标的之确定的遗产归扣制度调查统计情况

（1）被继承人生前特种赠与财产是否应归扣纳入遗产范围的民众观念情况统计。

问题【七、（一）1.】“张老汉有三个儿子，在10年前大儿子甲结婚时，张老汉给其资助购买婚房现金20万元；二儿子乙一直未结婚，但5年前在其开办豆腐坊时，张老汉资助其营业资金10万元；在两年前小儿子丙结婚时，张老汉为其购买一套价值30万元的房屋（产权登记在小儿子丙名下）。2016年1月张老汉去世时遗留有个人所有的住房一套和50万元存款。请问上述哪些财产应当计算入遗产？A. 张老汉生前给三个儿子不同资助的财产，均应当合并计算为遗产；B. 张老汉去世时遗留的个人所有的住房和50万存款，才可以计算为遗产；C. 其他（单选）。”

表 7-3-1　被继承人生前资助的财产是否应归扣纳入遗产范围的民众观念情况统计（单选）

选项 \ 人数及占被调查者总数的%	人数	比例
A. 张老汉生前给三个儿子不同资助的财产，均应当合并计算为遗产	884	17.53%
B. 张老汉去世时遗留的个人所有的住房和 50 万元存款，才可以计算为遗产	3909	77.53%
C. 其他	249	4.94%
合计	5042	100%

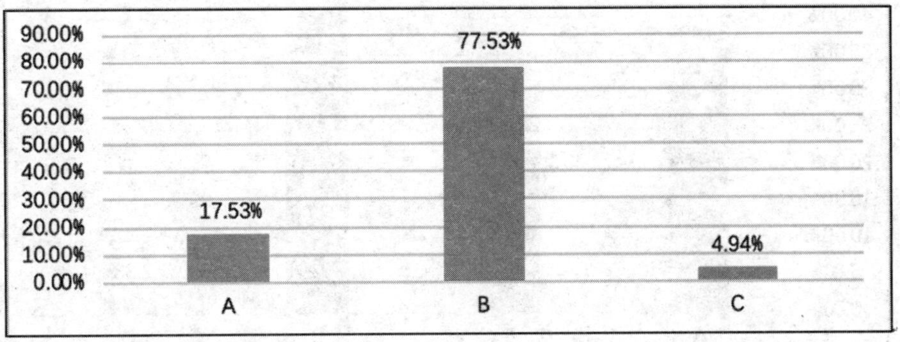

图 7-3-1　被继承人生前资助的财产是否应归扣纳入遗产范围的民众观念情况统计（单选）

从被继承人生前资助的财产是否应归扣合并计入遗产范围的民众观念统计数据看，在收回的 5085 份调查问卷中，在此问题中填写问卷的被调查者有 5042 人，其中选择 A 项“张老汉生前给三个儿子不同资助的财产，均应当合并计算为遗产”的有 884 人（占 17.53%）；选择 B 项“张老汉去世时遗留的个人所有的住房和 50 万元存款，才可以计算为遗产”的有 3909 人（占 77.53%）；选择 C 项“其他”的仅有 249 人（占 4.94%）。可见，被调查者中，接近八成的认为只有张老汉去世时遗留的个人所有的住房和存款才能作为遗产进行继承，而认可张老汉生前特种赠与财产：结婚购房款、立业资金、婚姻购房应归扣为遗产总额的不到二成（占 17.53%）。

（2）归扣遗产的价值计算时间的民众观念情况统计。

问题【七、（一）2.】“如果上述答案您选 A，请问张老汉为小儿子丙买房的价值应该按何时计算？A. 买房时；B. 张老汉去世时；C. 实际分割遗产时；D. 其他（单选）。”

表 7-3-2　归扣遗产的价值计算时间的民众观念情况统计（单选）

选项 \ 人数及占被调查者总数的%	人数	比例
A. 买房时	517	34.49%
B. 张老汉去世时	333	22.22%
C. 实际分割遗产时	614	40.96%
D. 其他	35	2.33%
合计	1499	100%

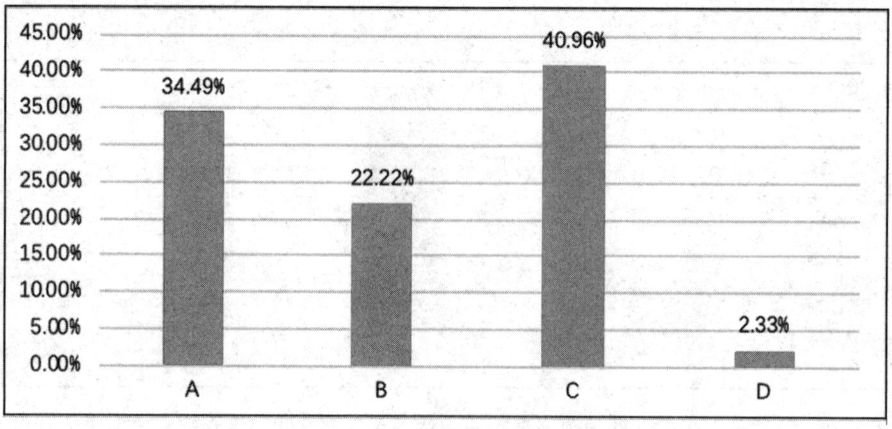

图 7-3-2　归扣遗产的价值计算时间的民众观念情况统计（单选）

从张老汉为小儿子丙买房的价值计算时间的民众观念的统计数据看，在填写本选项的1499名被调查者中（其中选择A项的有517人，还有其他未选择A项但是仍然填写了本选项的人），选择A项“买房时”的有517人（占34.49%）；选择B项“张老汉去世时”的有333人（占22.22%）；选择C项“实际分割遗产时”的有614人（占40.96%）；选择D项“其他”的有35人（占2.33%）。可见，在被调查者中，被继承人生前资助的财产价值应当在实际分割遗产时计算比例居于首位，人数最多，超过四成。这考虑到了该赠与房屋的价值在遗产分割时间的增值。

（3）生前特种赠与财产是否归扣纳入遗产范围的民间习惯情况统计

问题【七、（一）3.】“在您所在地区，如果发生上述张老汉生前给三个儿子不同资助财产的情况，在继承遗产时这些资助财产是否被合计到遗产范围内？A. 是；B. 不是；C. 不清楚（单选）。”

表 7-3-3 生前特种赠与财产是否归扣纳入遗产范围的民间习惯情况统计（单选）

选项 \ 人数及占被调查者总数的%	人数	比例
A. 是	1338	26. 39%
B. 不是	3723	73. 43%
C. 不清楚	9	0. 18%
合计	5070	100%

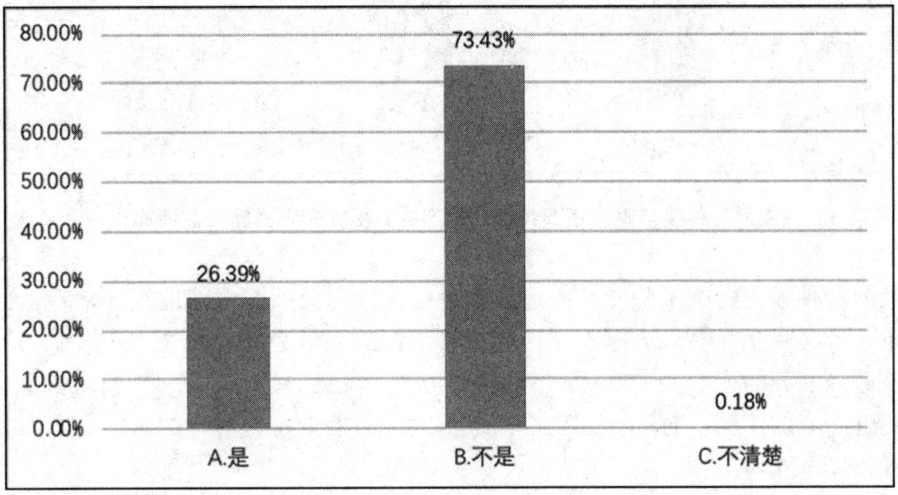

图 7-3-3 生前特种赠与财产是否归扣纳入遗产范围的民间习惯情况统计（单选）

从生前特种赠与财产是否归扣纳入遗产范围的民间习惯情况统计来看，在 5070 名被调查者中，对于这些被继承人生前资助财产是否会被合计到遗产范围内，超过七成（占 73. 43%）的被调查者认为在其所在地区中，这些资助财产不会被合计到遗产范围内；只有近三成（26. 39%）被调查者认为在继承遗产时这些资助财产会被合计到遗产范围内。

（4）生前特种赠与财产不归扣纳入遗产的分配方式之民间习惯情况统计。

问题【七、（一）4.】“如果您选择 B 项，即这些资助财产不是被合计到遗产范围内，三个儿子是如何分配父亲张老汉的遗产的？A. 平均分配；B. 乙应该适当多分；C. 其他（单选）。”

表 7-3-4 生前特种赠与财产不归扣纳入遗产的分配方式之民间习惯情况统计（单选）

选项 \ 人数及占被调查者总数的%	人数	比例
A. 平均分配	281	60. 30%
B. 乙应该适当多分	133	28. 54%
C. 其他	52	11. 16%
合计	466	100%

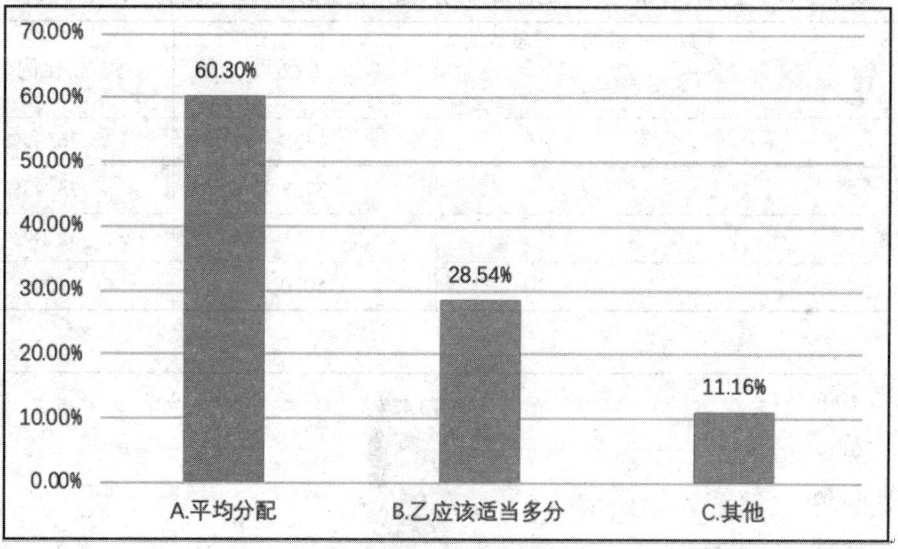

图 7-3-4　生前特种赠与财产不归扣纳入遗产的分配方式之民间习惯情况统计（单选）

从生前特种赠与财产不归扣纳入遗产的分配方式之民间习惯情况统计来看，在填写本选项的466名被调查者中，选择A项应当平均分配的人数为281人（占60.30%）；选择B项乙应该适当多分的人数为133人（占28.54%）。可见，选择“平均分配”的方式最为常见，超过六成的比例，而选择未获得被继承人生前特种赠与财产的乙应当适当多分的不到三成（占28.54%）。

2. 遗产分割的自由与限制的调查统计情况

问题【七、（二）】“按您当地的民间习惯，对遗产一般是如何开始分割的？A. 由各继承人共同协商后进行分割；B. 只要有继承人要求分割遗产，就得进行分割；C. 对于被继承人以遗嘱禁止分割的遗产，不得进行分割；D. 其他（多选）。”

表 7-3-5　遗产分割的自由与限制的民众观念情况统计（多选）

选项	A. 由各继承人共同协商后进行分割	B. 只要有继承人要求分割遗产，就得进行分割	C. 对于被继承人以遗嘱禁止分割的遗产，不得进行分割	D. 其他
人数	4104	997	2427	101
比例	80.71%	19.61%	47.73%	1.99%

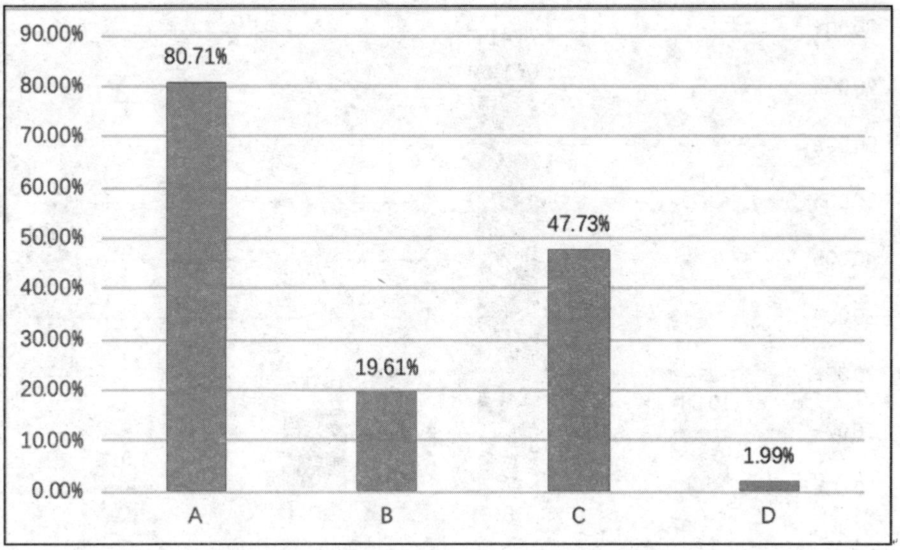

图 7-3-5　遗产分割的自由与限制的民众观念情况统计（多选）

关于遗产分割的自由与限制调查，统计结果显示，我国十省市被调查者中，选择 A 项“由各继承人共同协商后进行分割”的有 4104 人（占 80.71%）；选择 B 项“只要有继承人要求分割遗产，就得进行分割”的有 997 人（占 19.61%）；选择 C 项“对于被继承人以遗嘱禁止分割的遗产，不得进行分割”的有 2427 人（占 47.73%）；选择 D 项“其他”的有 101 人（占 1.99%）。统计结果表明，对于遗产分割的自由与限制，十省市被调查者中，占八成的人认为，遗产分割应由各继承人共同协商后进行，所占比例最高；选择被继承人遗嘱可以对遗产分割进行限制的占四成半以上；而支持继承人提出请求即可分割的被调查者，只占不到两成。

3. 生存配偶对遗产中家庭住房居住权的调查统计情况

问题【七、（三）】“老王死亡时留有一套家庭居住的房屋（价值 50 万元）、存款 20 万以及小汽车一辆（价值 10 万元）。老王去世时，其配偶和唯一的儿子小王均在世。请问：如果在您所在地区，老王死亡后，其儿子小王是否会马上向其母亲提出分割遗产的请求？A. 会；B. 不会；C. 会提出分割其他遗产，但对其母正在居住房屋的分割需等其母去世后进行；D. 其他（单选）。”

表 7-3-6　生存配偶对遗产中家庭住房居住权的处理问题的统计情况（单选）

选项	A. 会	B. 不会	C. 会提出分割其他遗产，但对其母正在居住房屋的分割需等其母去世后进行	D. 其他	合计
人数	536	3769	709	51	5065
比例	10.58%	74.41%	14.00%	1.01%	100%

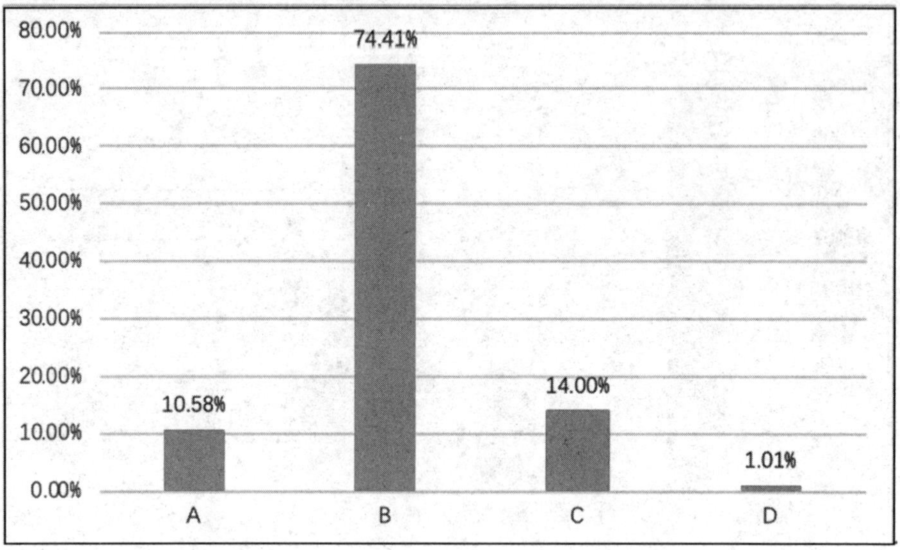

图 7-3-6　生存配偶对遗产中家庭住房居住权的处理问题的统计情况（单选）

关于生存配偶对遗产中家庭住房居住权的处理情况统计数据显示，在我国十省市被调查者填写了此选项的 5065 人中，选择 A 项“会”的有 536 人（占 10.58%）；选择 B 项“不会”的有 3769 人（占 74.41%）；选择 C 项“会提出分割其他遗产，但对其母正在居住房屋的分割需等其母去世后进行”的有 709 人（占 14.00%）；选择 D 项“其他”的有 51 人（占 1.01%）。

可见，在我国十省市被调查者中，有近七成半的人认为其所在地区子女不会马上向其母（被继承人的生存配偶）提出分割房屋请求的，所占比例最高；有近一成半的人认为其所在地区子女会提出分割其他遗产，但对其母正在居住房屋的分割需等其母去世后的，占比位于第二位；仅有一成的人认为其所在地区子女会向其母提出分割房屋的请求，除“其他”选项外，该项占比最低。这说明，在十省市被调查者所在地区，对于生存配偶对遗产中家庭住房的终生居住权近九成（74.41%+14.00%）的地区都是予以认可的，即采取对该遗产房屋不立即分割，而由该生存母亲（被继承人的生存配偶）继续居住，待其母去世后继承人才进行此房的遗产分割。这反映出，中华民族敬老、养老的传统美德已深入人心，且保障生存配偶的居住权已成为多数民众的遗产处理习惯。

4. 被继承人遗嘱对遗产分割限制的调查统计情况

（1）被继承人遗嘱能否对遗产分割时间进行限制的调查统计情况。

问题【七、（四）1.】“甲乙是夫妻，育有一子丙。甲系个体工商户，他生前立了一份遗嘱，指定由乙和丙共同继承遗产，但其死后遗产中的商铺门面房和家庭住房在 20 年内不能进行分割。甲死亡时留下的遗产有：商铺门面房一间（价值 100 万元）；一套三室一厅的家庭住房（价值 50 万元）、存款 20 万元以及小汽车一辆（价值 10 万元）。请问您认为，甲是否可以在遗嘱中写明在其死后上述商铺门面房和住房在一定期间内不能进行分割？A. 可以；B. 不可以（单选）。”

表 7-3-7　被继承人遗嘱能否对遗产分割时间进行限制之统计情况（单选）

选项	A. 可以	B. 不可以	合计
人数	4063	899	4962
比例	81.88%	18.12%	100%

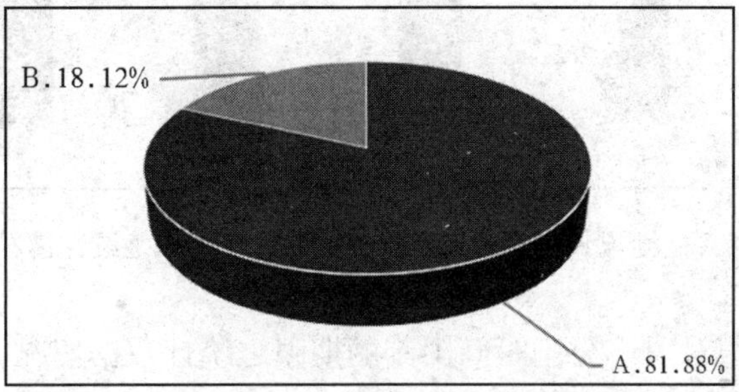

图 7-3-7　被继承人遗嘱能否对遗产分割时间进行限制之统计情况（单选）

关于被继承人遗嘱对遗产分割的时间限制之统计数据，在我国十省市被调查者中，选择 A 项“可以”的有 4063 人（占 81.88%）；选择 B 项“不可以”的有 899 人（占 18.12%）。即关于被继承人能否通过遗嘱对遗产分割进行限制，有八成多的被调查者认为可以限制，近两成的被调查者认为不可以限制。可见，前述十省市被调查者中占八成以上的绝大多数人认为，被继承人可以通过遗嘱对遗产分割进行限制。

（2）被继承人遗嘱对遗产分割时间限制期限的调查统计情况。

问题【七、（四）2.】“在上题中，如果您选择 A 选项，那么该期限多久合适？A. 5 年；B. 10 年；C. 15 年；D. 其他（单选）。”

表 7-3-8　被继承人遗嘱对遗产分割时间限制期限之统计情况（单选）

选项	A. 5 年	B. 10 年	C. 15 年	D. 其他	合计
人数	1399	1071	441	1124	4035
比例	34.67%	26.54%	10.93%	27.86%	100%

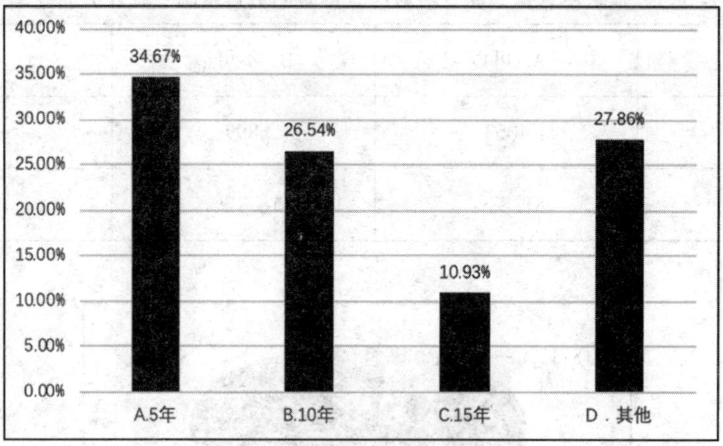

图 7-3-8　被继承人遗嘱对遗产分割时间限制期限之统计情况（单选）

关于被继承人遗嘱对遗产分割时间限制的期限之统计数据情况，在我国十省市被调查者中，有 4035 人填写了此问题的选项，其中选择 A 项“5 年”的有 1399 人（占 34.67%）；选择 B 项“10 年”的有 1071 人（占 26.54%）；选择 C 项“15 年”的有 441 人（占 10.93%）；选择 D 项“其他”的有 1124 人（占 27.86%）。可见，前述十省市被调查者中，A、B、C 三项合计占七成以上（占 72.14%）的被调查者认可对遗产的分割时间进行一定期限的限制，其中支持遗嘱对遗产分割限制的年限为 5 年的人数最多，占近三成半；支持遗嘱对遗产分割限制的年限为 10 年或“其他”年限的人数大致相当，均各占两成半以上；支持遗嘱对遗产分割限制的年限为 15 年的人数最少，仅有一成。可见，我国十省市被调查者普遍认为，遗嘱对遗产分割限制的时间不宜过长，其中主张限制期限为 5 年的占比最高。

（3）继承人可否协议变更遗嘱对分割期间限制之调查统计情况。

问题【七、（四）3.】“在您所在地区，如果乙和丙一致同意分割上述财产，那么，他们是否可以不遵守甲的遗嘱在一定期间内禁止分割上述房产的规定而进行分割？A. 可以；B. 不可以（单选）。”

表 7-3-9　继承人可否协议变更遗嘱对分割期间限制之调查统计情况（单选）

选项	A. 可以	B. 不可以	合计
人数	2380	2610	4990
比例	47.70%	52.30%	100%

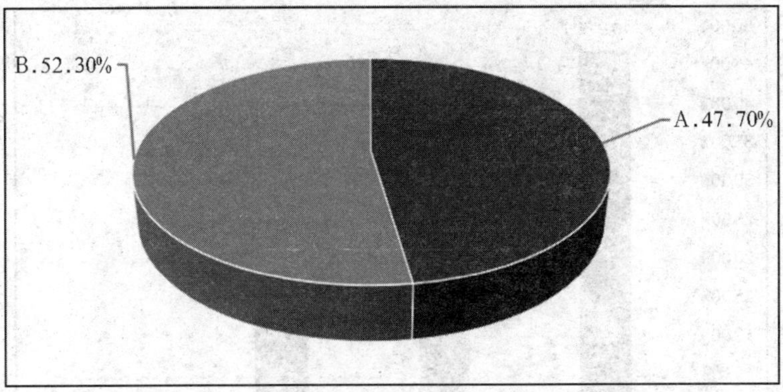

图 7-3-9 继承人协议可否变更遗嘱对分割期间限制之调查统计情况（单选）

关于继承人可否协议变更遗嘱对分割期间限制之统计数据情况，在我国十省市被调查者中，有 4990 人填写了此问题的选项，其中选择 A 项“可以”的有 2380 人（占 47.70%）；选择 B 项“不可以”的有 2610 人（占 52.30%）。根据以上数据分析，对于继承人可否协议变更遗嘱对分割期间的限制，前述十省市被调查者中，认为“可以”和“不可以”的人数大致相当，均占五成左右。但认为继承人间不可以通过协议变更遗嘱中遗产限制的人数稍占多数，后者的支持者略多于前者 4.6 个百分点。我们认为，从尊重被继承人的意愿出发，继承人不宜用协议改变遗嘱对遗产分割期间的限制，但如确实有损遗产重大价值之利用的或超过法定最长禁止分割期间的应除外。

5. 共同继承人间瑕疵担保责任的调查统计情况

问题【七、(五)】“村民老王于 2016 年 12 月 10 日因病去世，死亡时他留有 50 只羊。老王有两个儿子甲和乙，故老王死后，甲、乙各分得 25 只羊。但在双方分完羊两天之后，乙分得的 25 只羊中就有 2 只暴病死亡，死亡的原因是这 2 只羊在兄弟俩分割前就已经得了羊痘（一种急性传染病）。请问，在您所在地区，如果出现此种情况时，这 2 只羊死亡的损失应该由谁承担？A. 由乙自行承担，羊群已分配完毕，乙分到了 2 只病羊，应该自认倒霉；B. 由甲和乙共同承担，甲应再分给乙 1 只羊或按 1 只羊的价格进行补偿；C. 按 1 只羊的价格进行补偿，但乙承担大部分损失，甲承担小部分损失；D. 其他（单选）。”

表 7-3-10 共同继承人间的瑕疵担保责任之统计情况（单选）

选项	A. 由乙自行承担，羊群已分配完毕，乙分到了 2 只病羊，应该自认倒霉	B. 由甲和乙共同承担，甲应再分给乙 1 只羊或按 1 只羊的价格进行补偿	C. 按 1 只羊的价格进行补偿，但乙承担大部分损失，甲承担小部分损失	D. 其他	合计
人数	2324	1876	696	52	4948
比例	46.97%	37.91%	14.07%	1.05%	100%

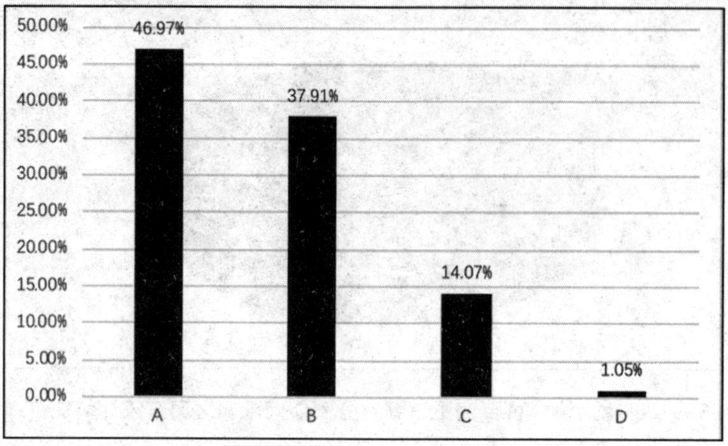

图 7-3-10　共同继承人间的瑕疵担保责任之统计情况（单选）

关于共同继承人间的瑕疵担保责任之统计数据情况，在我国十省市被调查者中，有4948人填写了此问题的选项，其中选择A项“由乙自行承担”的有2324人（占46.97%）；选择B项“由甲和乙共同承担”的有1876人（占37.91%）；选择C项“乙承担大部分损失，甲承担小部分损失”的有696人（占14.07%）；选择D项“其他”的有52人（占1.05%）。根据以上数据分析，前述十省市被调查者中，认为应由乙自行承担的人数最多，占四成半以上；认为应由甲、乙共同承担的人数位于第二位，占三成半以上；除其他选项外，认为由乙承担大部分损失，甲承担小部分损失的人数最少，仅占近一成半。可见，对于各共同继承人间的瑕疵担保责任，前述十省市被调查者中，有四成半的被调查者认为共同继承人间无须承担瑕疵担保责任；选择B、C两项，认为共同继承人间应承担或一定程度上承担瑕疵担保责任的合计占五成以上（占51.98%），后两者的占比多于前者5.01个百分点，即五成以上的被调查者所在地区存在共同继承人共同承担遗产分割担保责任的习惯。

（二）涉及遗产分割制度的我国民众观念和处理习惯的分析

1. 涉及遗产分割标的之确定的遗产归扣制度与被调查民众观念及处理习惯的分析

关于遗产归扣制度，目前我国现行立法对此无规定。但是，从我国十省市被调查民众关于从被继承人生前资助继承人的特种赠与财产是否应归扣纳入遗产范围的民众观念情况统计来看，在5042名填写问卷的被调查者中，选择A项“张老汉生前给三个儿子不同资助的财产，均应当合并计算为遗产”的有884人（占17.53%）；选择B项“张老汉去世时遗留的个人所有的住房和50万存款，才可以计算为遗产”的有3909人（占77.53%）（见表7-3-1、图7-3-1）。可见，我国十省市被调查民众中，有近八成的被调查者认为只有张老汉去世时遗留的个人所有的住房和存款才能作为遗产进行继承，即多数被调查者不承认被继承人生前对继承人特种赠与财产应合并计入遗产总额。

从生前特种赠与财产是否归扣纳入遗产范围的民间习惯情况统计来看，在我国十省市被调查者中，对于这些被继承人生前资助财产是否会被合计到遗产范围内，超过七成（占73.43%）的被调查者认为在其所在地区中，这些资助财产不会被合计到遗产范围内；

只有近三成（26.39%）被调查者认为在继承遗产时这些资助财产会被合计到遗产范围内（见表 7-3-3、图 7-3-3），即多数被调查者所在地区没有将被继承人生前特种赠与合并计入遗产总额的习惯。

由此可见，遗产归扣在被调查民众的认识观念中并不被广泛认同，并且在这些民众所在地区的财产处理习惯中也极少被实施。有超过七成的被调查者所在地区不认同被继承人生前资助的财产应归扣纳入遗产范围，究其主要原因可能主要有两点：一是我国《继承法》中没有规定归扣制度；二是被调查民众主要认为被继承人死亡时留下的财产才是遗产。这可以从被调查者对于问题【七、（一）1.】选择 B 项“张老汉去世时遗留的个人所有的住房和 50 万元存款，才可以计算为遗产”的占 77.53%得到佐证（见表 7-3-1、图 7-3-1）。

因此，在多数被调查者所在地区很少出现将被继承人生前赠与继承人的财产计入遗产的统计并分配的情况。从域外立法看，对于遗产归扣制度，世界上多数国家和地区均有此立法。例如，《德国民法典》第 2050 条规定，被继承人的直系卑亲属接受被继承人生前财产赠与的，应当在遗产分割时予以扣除。《法国民法典》第 843 条、《瑞士民法典》第 626 条以及《日本民法典》第 903 条也都分别规定有遗产归扣制度。因为，该制度使共同继承人中某些人获得的被继承人生前特种赠与财产被合并计入遗产总额，从而在共同继承人中能够实现公平分配遗产，彰显法律的公平价值。

我们认为，本次调查发现，我国十省市被调查民众对于遗产归扣的观念认识和遗产处理行为习惯均欠缺。然而，从域外立法看，遗产归扣制度已经在许多国家中被设立，我国学界对该制度在我国设立也有较高的呼声。[①] 该制度是否应当在我国设立，除应当考虑我国各地区被调查民众对遗产归扣行为的认识观念与行为习惯外，还应当考虑此制度的功能，其一，它能够实现“在同一顺序的特殊应召共同继承人中公平地分配遗产”。[②] 目前，我国已经是世界第二经济大国，随着我国经济的发展，我国民众的财富积累日益增多，不少父母在生前对子女结婚、分家、营业等的赠与财产也在增多，此即属于父母在生前将其遗产提前分配给子女（应继份预付）的民间习惯。其二，它在涉外继承中能够平等地保护中外各方共同继承人的利益。尤其应当考虑，在全球化的背景下，在我国正在大力倡导和推进“一带一路”建设，促进各国经济共同发展的情况下，涉外婚姻继承关系的数量必然会逐步增加。遗产归扣制度的设立，不仅能够保障实现在同一顺序特殊共同继承人之间公平分割遗产，并且还能够保障在涉外继承中实现对我国民众与外国民众的财产继承权益的平等保护。法律，不仅是社会现实生活需要的反映，也是引导社会生活发展的调节器。因此，我国在慎重考虑该制度的立法功能与可行性基础上，为平等地保护涉外继承关系中各方共同继承人的利益，实现遗产在共同继承人中的公平分割，应当将遗产归扣制度增设在正在编纂的“中国民法典 · 继承编”的遗产分割制度之中。

2. 涉及遗产分割的时间与被调查民众观念及处理习惯的分析

关于遗产分割的时间及其限制，我国《继承法》第 15 条规定，“遗产分割的时间、

---

① 参见李洪祥：《遗产归扣制度的理论、制度构成及其本土化》，载《现代法学》2012 年第 5 期；参见陈苇、杜志红：《我国设立遗产归扣制度的基础与制度构建研究》，载《政法论丛》2013 年第 2 期。

② 陈苇主编：《外国继承法比较与中国民法典继承编制定研究》，北京大学出版社 2011 年版，第 625 页。

办法和份额，由继承人协商确定。协商不成的，可以由人民调解委员会调解或者向人民法院提起诉讼”。可见，我国遗产分割的时间是由共同继承人协商确定的，至于个别继承人随时请求分割遗产的请求权我国《继承法》无规定。

从十省市遗产分割时间的民众观念和处理习惯调查情况来看，选择A项“由各继承人共同协商后进行分割”的人数最多，其占比为八成（占80.71%）。选择C项“对于被继承人以遗嘱禁止分割的遗产，不得进行分割”的，占四成半以上（占47.73%）。另外也有近两成（占19.61%）的被调查者认为“只要有继承人要求分割遗产，就得进行分割”（见表7-3-5、图7-3-5）。可见，对于遗产分割的时间，一方面，我国民众的继承习惯受现行《继承法》的影响较大，对于遗产分割时间之确定，占八成被调查者的观念与我国现行立法相符。另一方面，我国民众的此观念也暴露了我国现行立法有关遗产分割时间的规定，存在一定遗漏。近两成的被调查者认为，个别继承人要求分割遗产的，只要不具备禁止分割的限制性条件，也是应当分割的。这表现出，此部分被调查民众希望对个别继承人分割遗产意愿予以尊重。

我们认为，被调查民众对遗产分割时间的观念较为充分地体现了我国现行立法的优势与不足。对于我国《继承法》第15条规定，“遗产分割的时间、办法和份额，由继承人协商确定”，对此，我国民众是有很高认可度的。但是同时还可增加规定继承人可以随时提出分割遗产。另外，在域外相关立法中，其中意大利和日本均规定遗嘱限制分割期限不能超过5年，此规定值得我国立法借鉴。

3. 生存配偶的房屋居住权与被调查民众观念及处理习惯的分析

我国立法并没有明确规定，生存配偶对于遗产中的家庭住房享有先取权。但是，从我国十省市被调查民众的继承习惯来看，关于生存配偶的共同继承人是否会对遗产中家庭住房提出马上分割，选择A项“会”提出遗产分割请求的有536人（占10.58%）；选择B项“不会”提出遗产分割请求的有3769人（占74.41%）；选择C项“会提出分割其他遗产，但对其母正在居住房屋的分割需等其母去世后进行”的有709人（占14.00%）。此统计结果表明，选择B、C两项的被调查者均是对生存配偶之遗产中家庭住房居住权的认可，即近九成（占88.41%）的被调查者是认可生存配偶对遗产中家庭住房享有居住权的（见表7-3-6、图7-3-6）。可见，关于生存配偶之遗产中家庭住房居住权的处理问题，我国绝大部分民众在观念上是持认可态度的，但是我国立法对此无规定，存在立法空白。

我们认为，我国未来的继承立法有必要对生存配偶对遗产中家庭住房享有居住权进行明确规定，一方面，这符合我国多数被调查民众在现实生活中的继承习惯；另一方面，域外不少国家都设立有此制度来保护生存配偶的对遗产中家庭住宅的居住权。例如，根据法国法的规定，被继承人死亡时，配偶对原属于夫妻双方共有的或全部属于遗产的住房享有先取权或终生居住权，对住房里遗产范围内的家具享有终生使用权。在美国，许多州都规定，当夫妻一方死亡时，生存配偶对家庭住房的特留份享有权利，且该权利不受遗产债权人追索。有的州甚至规定，即使配偶不是继承人或遗嘱受益人，仍然可以对家宅享有终生居住权。[①] 我们认为，这些域外立法有利于保护生存配偶的生存权和发展权，值得我国借鉴。

① 陈苇、董思远：《民法典编纂视野下法定继承制度的反思与重构》，载《河北法学》2017年第7期，第8页。

4. 遗产分割的限制与被调查民众观念及处理习惯的分析

关于被继承人遗嘱可否对遗产分割进行限制，从我国被调查民众所在地区的处理习惯来看，选择A项“可以”限制的有4063人（占81.88%）（见表7-3-7、图7-3-7）。可见，八成以上的被调查者认为，被继承人可以通过遗嘱对遗产分割进行限制。就限制的具体期限，选择A项“5年”的有1399人（占34.67%）；选择B项“10年”的有1071人（占26.54%）；选择C项“15年”的有441人（占10.93%）；选择D项“其他”的有1124人（占27.86%）（见表7-3-8、图7-3-8）。可见，近8成被调查者认为该限制期限不应超过15年，十省市被调查者普遍认为，遗嘱对遗产分割限制的时间不宜过长，而且选择5年的占比最高。从域外立法看，意大利、日本的立法均规定，被继承人可确定自继承开始时起不超过五年的期间内禁止分割遗产。

关于继承人可否协议变更遗嘱对遗产分割时间的限制，从我国民众的继承观念来看，选择A项“可以”的有2380人（占47.70%）；选择B项“不可以”的有2610人（占52.30%）（见表7-3-9、图7-3-9）。可见，对于继承人可否协议变更遗嘱对遗产分割时间的限制，十省市被调查者中，认为“可以”和“不可以”的人数大致相当，但继承人即使协商一致仍然不可以变更遗嘱对遗产分割限制的人数稍多，略多于前者4.6个百分点。从域外立法看，原则上不允许继承人通过协商变更遗嘱对遗产分割时间的限制，特殊情况必须改变须请求法院裁决。我们认为，如果被继承人在遗嘱中禁止分割的时间过长，或无限期禁止分割，使遗产永远或长久处于共有状态，不利于遗产的管理和利用。此时，继承人可以通过申请法院裁决请求分割遗产。

综上，我国十省市被调查者中有八成以上的人认为，被继承人可以通过遗嘱对遗产分割时间进行限制，但该限制的期限不宜过长，认可在5年以内的占比最高。另外，五成以上被调查者认为继承人之间协商一致，也不可以变更被继承人遗嘱对遗产分割时间的限制。我们认为，我国遗产分割制度中，继承人虽然享有随时分割遗产的自由，但该种自由并不是不受任何限制的。其至少要受到两方面的限制：一是遗嘱禁止在一定期间内分割的。二是法律规定的限制，包括非经遗产债务清偿不得分割遗产或分割损害物之效用的。目前，我国立法并没有对遗产分割的自由作出限制，此为我国《继承法》之不足。

5. 共同继承人间瑕疵担保责任与被调查民众观念及处理习惯的分析

关于共同继承人对遗产分割的担保责任，我国现行立法无规定。从我国十省市被调查民众的继承观念来看，我国十省市被调查者中，对于各共同继承人间的瑕疵担保责任，认为共同继承人间应全部承担或部分承担瑕疵担保责任的B、C两项合计有五成以上，只有四成半的人认为共同继承人间无须承担瑕疵担保责任（见表7-3-10、图7-3-10）。

可见，我国十省市被调查民众，对于共同继承人是否应该对遗产分割互负担保责任的认识，认可的人数占五成以上。我们认为，设立遗产分割后共同继承人的担保责任，有助于在共同继承人间公平地分配遗产，它是民法一般意义上的担保责任在继承法的应有延伸。从域外立法看，法国、德国、日本、意大利、瑞士五国都设有此制度，如德国法规定共同关系终止时，共同标的被分给共有人中的一人的，其他共有人中的任何一人均按其应有部分对权利瑕疵或对物的瑕疵承担与出卖人同样的担保责任。为平等地保护各共同继承人的权益，“中国民法典·继承编”编纂中应当借鉴域外立法经验，结合我国多数被调查民众的意愿，在遗产分割制度中增补共同继承人对遗产分割的担保责任，以彰显法律的平等价值和公平价值。

三、遗产分割制度的我国司法实践案例的考察与评析

（一）涉及遗产分割制度的我国司法实践考察

1. 涉及遗产分割标的之确定——遗产分离的案例（案例一）

（1）主要案情简介。

殷A于2009年5月21日去世，其丈夫王B于2005年10月1日去世，殷A与王B共生有子女五人，即王已、王戊、王庚、王丁及王C，其中王C已于2007年1月27日去世，被告李丙系王C之女，被告李乙系王C丈夫。原告闵甲系王丁之子。

殷A原为上海市××路××弄××号公房的承租人。2002年该××路房屋所属地块遇动迁，该户在被动迁居民情况调查表中记载的家庭成员情况为：户主殷A、长子王庚、孙子闵甲。涉及××路房屋的《上海市城市居住房屋拆迁补偿安置协议》第13条“双方约定的其他事项”中记载“此房为殷A、闵甲共有财产”，相关的住房配售单记载“新住房受配人员：共贰人，配售房原因：动迁安置产权房”。但是，2003年5月13日，××路房屋的产权被登记在殷A一人名下。2009年5月21日，房屋共有人殷A去世后，本案被告王已曾于2011年5月6日提起继承纠纷诉讼。上海市××区人民法院经审理后，以××路房屋错登记在殷A一人名下的产权证为基础，以殷A在王已的安排下以××路房屋产权人名义于2007年制作的一份遗嘱公证文书为依据，判决对××路房屋的全部产权进行了分割。

再审法院认为，根据查明的事实，××路房屋系由原××房屋动迁安置而得到的产权房，该房配售单中注明受配人员共贰人，并列明了殷A、闵甲的个人信息，结合与该房屋相关的《上海市城市居住房屋拆迁补偿安置协议》内容可知，闵甲对××路房屋确享有一定的拆迁利益，现上海市××区人民法院（2011）×民一（民）初字第××号及上海市××中级人民法院（2012）××××终字第××××号民事判决中，均将该房屋作为殷A与王B的夫妻共同财产予以认定，并依照《中华人民共和国继承法》的相关规定对该房屋进行了继承分割，其相关判决内容确有损闵甲的民事权益。据此，根据《中华人民共和国民事诉讼法》第56条第1、3款、第144条之规定，判决如下：一、撤销上海市××中级人民法院（2012）××××终字第×××号民事判决；二、撤销上海市××区人民法院（2011）××××初字第××××号民事判决。[①] 被继承人殷A就××路房屋全部作出的遗嘱处分公证文书中有50%的产权处分应属无效。

（2）适用法律评析。

本案涉及遗产分割前的财产分离问题。我国的财产分离是通过“析产”将遗产与夫妻共同财产或其他家庭成员的共同财产区分开来，从而保持遗产的独立。根据我国《继承法》第26条规定：“夫妻在婚姻关系存续期间所得的共同所有的财产，除有约定的以外，如果分割遗产，应当先将共同所有的财产的一半分出为配偶所有，其余的为被继承人的遗产。遗产在家庭共有财产之中的，遗产分割时，应当先分出他人的财产。”本案中，原告闵甲系××路房屋的原始受配人之一，但其此前并不知道自己是该房屋的产权共有人，

① 参见中国裁判文书网：（2014）沪一中民一（民）撤初字1号民事判决书，载 http：//wenshu.court.gov.cn/，最后访问时间：2018年8月21日。

也不知道该房屋的产权仅登记在殷A一人名下。原上海市××区人民法院（2011）×民一（民）初字第××号民事判决和上海市××中级人民法院（2012）××××终字第××××号民事判决，在没有进行财产分离的情况下，仅根据房屋的产权登记，将原本不属于被继承人的财产份额进行分割。综上，再审法院认定殷A就××路房屋50%产权的超出部分所作的公证遗嘱应属无效，这是正确的，依法维护了房屋所有权人之一闵甲的合法权益。

2. 涉及遗产分割依据的案例（案例二）

（1）主要案情简介。

王某法老人系残废军人，生育有四男一女，老伴于1993年去世。后被告王某某因认为原告兄弟几人对其父亲不尽心照顾，于2005年5月将父亲送往××市××敬老院，后转送到××市××敬老院。王某法老人在敬老院期间，其入住敬老院的手续及入住事宜，均由王某某及其丈夫办理，并担负着给老人做饭、洗衣、拆洗被褥、带老人看病等义务，原告兄弟几人很少看望其父亲。2011年2月9日夜，王某法老人在××敬老院被大火烧伤，送往医院住院治疗，王某某及其丈夫一直在医院陪护，众原告只有王某1一人作为代表到医院探望过一次。王某法老人于2011年2月21日亡故。故前，没有口头遗嘱和文字遗嘱。截至2011年9月21日，王某法老人银行卡内存款为7517.50元，剩余5个月的优抚款6200元尚未转入。其中，王某法老人在烧伤后住院期间，王某某夫妇在王某法老人的银行卡内支取现金5300元开支。王某法老人去世后，死亡赔偿金为13万元。另查明，王某法老人去世后，家人操办丧事共开支14831元。

一审法院经审理认为，王某某夫妇在其父王某法老人的晚年，对其父几乎尽了全部的扶养义务，在对其父的遗产继承中，依法应当多分。王某1、王某2、王某4在其父王某法老人住进敬老院期间，很少探望其父亲，即使在其父被大火烧伤送往医院住院治疗期间，也仅仅是王某1一人作为代表到医院探望过一次，依法应当少分。王某3因未成家在外谋生，未照顾王某法老人，对其父未尽扶养义务，在对其父的遗产继承中，依法应当不分。二审法院认为，在老人入住敬老院及在××敬老院发生事故后，被上诉人王某某一直在照顾老人，且付出较大精力；而上诉人王某3由于尚未成家、居无定所，相应对老人所尽义务较少的事实，本院认为，对王某法的遗产18802.5元，可由被上诉人王某某分得30%即5640.75元，由上诉人王某1、王某2、王某4各分得20%即3760.5元，上诉人王某3可分得10%即1880.25元为宜。对于13万元事故赔偿金，虽非遗产范围，亦可参照该以上比例予以处理，即被上诉人王某某分得30%即39000元，由上诉人王某4、王某2、王某1各分得20%即26000元，上诉人王某3可分得10%即13000元，一审划分比例以及取消上诉人王某3的份额不当，予以纠正。①

（2）适用法律评析。

本案涉及遗产分割的具体依据。一审法院和二审法院判决的最大区别在于：一是对王某某、王某1、王某2、王某4之间的分配份额不同。一审法院认为，被告王某某按60%，原告王某1、王某2、王某4按40%的比例份额继承为宜。二审法院认为，对王某法的遗产，可由被上诉人王某某分得30%，由上诉人王某1、王某2、王某4各分得20%。二是

---

① 参见北大法宝：（2012）洛民终字第1687号民事判决书，载 http://202.202.90.30/ermsras/fggi1b08a005623041f5ac264390be16b5d1/case/，最后访问时间：2018年8月21日。

对于王某3是否应分得遗产，一审和二审人民法院的判决不同。一审人民法院认为，王某3因未成家在外谋生，未照顾王某法老人，应当不分；二审人民法院认为，可分得10%。

我们认为，对于本案中遗产分割份额的确定，一审人民法院剥夺王某3的法定继承权没有法律依据，二审法院判决其可分10%的遗产较为合理，但是二审人民法院对被告王某某继承份额的认定偏低。首先，根据我国《继承法》第5条规定："继承开始后，按照法定继承办理；有遗嘱的，按照遗嘱继承或者遗赠办理；有遗赠扶养协议的，按照协议办理。"本案中，王某法老人没有遗嘱，应依法采用法定继承的方式进行继承。其次，根据我国《继承法》第13条第3、4款规定："对被继承人尽了主要扶养义务或者与被继承人共同生活的继承人，分配遗产时，可以多分，有扶养能力和有扶养条件的继承人，不尽扶养义务的，分配遗产时，应当不分或者少分。"本案中，被告王某某自2005年之后一直负责被继承人的主要照顾义务，并直至被继承人死亡。而相反地，王某1、王某2、王某4在其父王某法老人住进敬老院或托老院期间，很少探望其父亲，即使在其父被大火烧伤送往医院住院治疗期间，也仅仅是王某1一人作为代表到医院探望过一次，依法应当少分。因此，二审法院认定的被告王某某分得30%遗产比例，王某1、王某2、王某4各分得20%的遗产份额，这不尽合理，这没有充分考虑补偿王某某对老人逝世前几年的照顾之合理补偿。最后，根据我国《继承法》第7条规定："继承人有下列行为之一的，丧失继承权：（一）故意杀害被继承人的；（二）为争夺遗产而杀害其他继承人的；（三）遗弃被继承人的，或者虐待被继承人情节严重的；（四）伪造、篡改或者销毁遗嘱，情节严重的。"本案中，王某3并没有实施以上行为。由于王某3没有成家，也受到父母亲特别关照，父亲生前也较为牵挂上诉人王某3。因此，尽管在父亲住养老院期间王某3没有对父亲尽到照顾义务，但考虑到王某3的实际情况和父亲的意愿，一审法院剥夺王某3的继承份额是有失偏颇的，二审人民法院判决王某3适当分得10%的遗产份额较为合理。

3. 涉及遗产分割原则的案例（案例三）

（1）主要案情简介。

李某与邹某于1992年结婚，双方均系再婚。李某系李某术、李某英、李某华的父亲。李某与邹某均为农民，双方仅靠从事皮蛋加工生意及农业生产为生，李某术、李某英、李某华未按月给付李某赡养费用，邹某为残疾等级四级的残疾人。李某于2013年11月3日病故后开始遗产继承时，李某银行账户存款102390元，邹某银行账户存款30510元，夫妻二人共计银行存款132900元。此后，李某术、李某英、李某华因与被申请人邹某继承纠纷一案，不服四川省××市中级人民法院（2014）×民终字第××××号民事判决，向法院申请再审。

一审和二审人民法院经审理认为，首先，李某于2013年11月3日病故后开始遗产继承时，李某银行账户存款102390元，邹某银行账户存款30510元，夫妻二人共计银行存款132900元，该款项依法属于夫妻共同财产。在李某生病住院及办理丧葬事宜期间所需必要医药费用及办理丧葬事宜费用的绝大部分为邹某支付，为此，邹某即使支出3万元，亦具充分的合理性，符合李某生病住院及办理丧葬事宜的客观实际。其次，一、二审法院在综合考虑各继承人对被继承人的扶养或赡养具体情况以及各继承人经济状况、劳动能力、住房条件等客观因素情况下，根据《中华人民共和国继承法》第13、29条，认定邹某属于应当酌情多分遗产份额的继承人及本案住房宜由邹某个人居住使用，对李某个人遗产部分酌情确定由李某术、李某英、李某华各继承1万元。

再审法院认为，本案主要争议焦点为李某与邹某夫妻共同财产的数额及对遗产住房的分割中各法定继承人的继承份额。再审法院查明，在李某生病住院及办理丧葬事宜期间所需必要医药费用及办理丧葬事宜费用的绝大部分为邹某支付，为此，有理由认定邹某的3万元存款用于支付李某生病期间的花销，而非恶意转移财产。另外，虽然李某术等子女于日常生活中曾探望老人，给予李某亲情照顾和精神关怀，尽到了一定的赡养义务，但是，鉴于邹某与李某系老年再婚生活二十余年，且邹某只有此一处居所，故一、二审人民法院认定该房不宜分割是正确的。①

（2）适用法律评析。

本案涉及遗产分割原则的适用。我们认为，本案的一审、二审和再审之法院的判决合理，适用法律正确，体现了遗产分割原则中的均等分配、公平分割原则与照顾弱者分割原则。首先，由于李某生前并未立下遗嘱，根据我国《继承法》第5条的规定，本案应当适用法定继承。根据我国《继承法》第26条“夫妻在婚姻关系存续期间所得的共同所有的财产，除有约定的以外，如果分割遗产，应当先将共同所有的财产的一半分出为配偶所有，其余的为被继承人的遗产”的规定，本案价值164400元的住房及102900元银行存款中的一半，应为邹某个人财产，另一半属于李某遗产。析产后应对李某的个人财产进行分割。李某的遗产依法应由李某的第一顺序继承人即配偶邹某，子女李某术、李某英、李某华继承。其次，根据我国《继承法》第13条第1、2、3款规定“同一顺序继承人继承遗产的份额，一般应当均等。对生活有特殊困难的缺乏劳动能力的继承人，分配遗产时，应当予以照顾。对被继承人尽了主要扶养义务或者与被继承人共同生活的继承人，分配遗产时可以多分”。本案邹某年事已高且有残疾人证，应认定为邹某生活困难及缺乏劳动能力的依据，应在判决时予以照顾多分。鉴于邹某与李某系老年再婚夫妻，双方共同独立生活长达21年之久，尽到了夫妻扶养之义务，因邹某无他处可居，且系残疾人，本着发挥遗产扶养职能的原则，应当注重保护弱者利益。为保障生存配偶生存权，本案住房不宜分割。最后，据此，一审、二审和再审的人民法院在综合考虑各继承人对被继承人的扶养或赡养具体情况以及各继承人经济状况、劳动能力、住房条件等客观因素情况下所作的判决是合理的。

4. 涉及遗产分割方法的案例（案例四）

（1）主要案情简介。

原告刘某甲、刘某乙、刘某丙系三姐妹，父亲刘某丁2010年7月病故，母亲解某于1996年8月病故。原告母亲病故后，原告父亲于1997年12月与被告左某登记结婚。原告父母生前有房屋7间，现由被告居住使用。2012年8月，原告向法院起诉，要求依法继承遗产房屋7间。

一审法院认为，涉案房屋系刘某与解某的夫妻共同财产，解某去世后，涉案7间房屋中的3.5间系解某的遗产，三原告与刘某享有平等的继承权，即三原告与刘某各享有四分之一的继承权，即0.875间，至此，该7间房屋中，刘某享有3.5间加0.875间，即

① 参见中国裁判文书网：（2015）川民申字第1314号民事判决书，载 http：//wenshu. court. gov. cn/，最后访问时间：2018年8月21日。

4.375 间。刘某去世后，其遗产应由三原告与被告左某继承，继承人继承份额均等。从有利于生活，便于居住考虑，7 间房屋应归三原告继承，三原告给付被告遗产价值为宜。二审法院认为，关于继承份额的确认，原审法院按照法定继承顺序及遗产分配原则，确认各继承人对涉案房屋的继承份额，并无不当。关于房屋实物的分配问题，在上诉人、被上诉人均想取得房屋实物的情况下，虽然上诉人在继承份额中所占比例较小，但考虑到上诉人自与被继承人结婚后一直在涉案房屋内居住，长达 15 年之久，而且现在已经 77 岁高龄，没有证据显示其还有其他稳定住处，其对于该房屋有居住的迫切性和现实的需要性，二审法院故判决涉案房屋西两间由上诉人居住使用。①

（2）适用法律评析。

本案涉及遗产分割的具体方法。我国《继承法》第 29 条规定：“遗产分割应当有利于生产和生活需要，不损害遗产的效用。不宜分割的遗产，可以采取折价、适当补偿或者共有等方法处理。”我国遗产分割的方法主要有实物分割、变价分割、补偿分割、维持共有这四种。本案，一审法院和二审法院对这 7 间房屋的分割份额是一致的，但两者判决的最大不同在于遗产中生存配偶居住的家庭住宅房屋之具体归属，即一审法院和二审法院对遗产分割具体方法的确定存在差异。一审法院根据对遗产房屋的所占份额认为，三原告应继承的房屋折价款为 7593.67 元，被告左某应继承的房屋折价为 1406.23 元，7 间房屋应归三原告继承，三原告给付被告遗产价值为宜，采取的是变价分割的方法。二审法院认为，虽然三原告对遗产房屋所占的份额较多，但考虑到被告左某现已 77 岁高龄，没有证据显示其还有其他稳定住处，其对于该房屋有居住的现实需要，因此判决涉案房屋西两间由上诉人居住使用，采取的是维持共有的分割方法。

我们认为，二审法院的判决更为合理。一审法院根据各继承人对遗产的所占份额分割房屋，明显忽视了生存配偶左某对遗产中家庭房屋的居住权。二审法院认为，左某自与被继承人结婚后一直在涉案房屋内居住，长达 15 年之久，且没有其他稳定住处，故将 7 间房屋中的两间家庭住房判给左某继续居住使用。此判决根据客观情况对该房采取维持共有的分割方法，并让生存配偶取得居住权，在平等保障双方当事人各自的合法利益的基础上，优先照顾配偶继承人的实际需要，最大限度地发挥涉案房屋的使用效益，体现了对生存配偶之家庭住房居住权的保护。

5. 涉及遗产分割效力的案例（案例五）

（1）主要案情简介。

徐某深与钟某华是夫妻，徐某丁、徐某戊、徐某甲、徐某己、徐某乙、徐某丙是其子女。××市×××路×××社×巷×号四层楼房原为徐某辛、潘某的夫妻共有财产。徐某辛于 1972 年 1 月 11 日死亡，潘某于 1973 年 2 月 4 日死亡。1997 年，××市×××路×××社×巷×号二楼被拆迁，徐某深、钟某华夫妇在 1999 年 5 月回迁××区×××路×××号×××房居住。后徐某深于 2000 年 12 月 29 日死亡，彼时××区×××路×××号×××房的房产证还没有办理下来。本案中，当事人在分割遗产房屋时，徐某甲、徐某乙、徐某丙主张该房屋房产证办理时徐某深已去世，因此应为生存配偶钟某华的个人财产。

---

① 参见中国裁判文书网：（2013）青民五终字第 2113 号民事判决书，载 http：//wenshu.court.gov.cn/，最后访问时间：2018 年 8 月 21 日。

法院认为，该房是××市×××路×××社×巷×号二楼的拆迁补偿安置房屋，而××市×××路×××社×巷×号二楼是徐某深继承父母徐某辛、潘某所取得的财产。根据我国《继承法》第 2 条规定“继承从被继承人死亡时开始”，而遗产分割的效力溯及继承开始的时间，徐某辛于 1972 年 1 月 11 日死亡，故徐某深继承取得××市×××路×××社×巷×号二楼的效力追溯到 1972 年 1 月 11 日。××市×××路×××社×巷×号二楼于 1997 年被拆迁，只是对徐某深继承所得财产的处分，徐某深、钟某华夫妇在 1999 年 5 月回迁××区×××路×××号×××房居住，即徐某深、钟某华夫妇在 1999 年 5 月已经取得了××区×××路×××号×××房的所有权，并不受房产证迟延办理的影响。以上表明，××区×××路×××号×××房是徐某深、钟某华婚姻关系存续期间徐某深法定继承取得的财产，故徐某甲、徐某乙、徐某丙主张该房屋不属于徐某深、钟某华的夫妻共有财产，理由不充分。①

（2）适用法律评析。

本案涉及遗产分割的效力认定。遗产分割的效力具体包括两个方面内容：一是遗产分割效力的溯及力；二是各共同继承人相互间对遗产分割的担保责任。对于遗产分割效力是否具有溯及力，我国《继承法》没有明确规定。由于我国采取当然继承主义，在继承开始后，只要在遗产分割前没有表示放弃继承，继承人就当然视为继承而取得遗产，遗产的分割只是将继承人的应继份加以特定化，并不是重新设立继承人的权利。即从继承开始到遗产分割之前，各继承人对于遗产只是暂时的共有关系，继承人因遗产分割所取得的财产为直接继承被继承人的遗产，它与一般共有物的分割是不同的。可见，我国立法采用的是溯及主义。同时，根据我国《执行继承法的意见》第 51 条的规定，放弃继承的效力溯及至继承开始的时间，由此也可以推知我国是采用溯及主义立法主张。

本案中，徐某甲、徐某乙、徐某丙以徐某深生前未实际取得该房屋为由，主张该房屋不属于徐某深、钟某华的夫妻共有财产不能成立。其原因在于我国《继承法》第 2 条规定：“继承从被继承人死亡时开始。”所以，继承人取得遗产的时间应当溯及继承开始的时间，徐某辛于 1972 年 1 月 11 日死亡，故徐某深继承取得××市×××路×××社×巷×号二楼的效力追溯到 1972 年 1 月 11 日。××市×××路×××社×巷×号二楼于 1997 年被拆迁，只是对徐某深继承所得财产的处分，徐某深、钟某华夫妇在 1999 年 5 月回迁××区×××路×××号×××房居住，即徐某深、钟某华夫妇在 1999 年 5 月已经取得该房的所有权，并不受房产证迟延办理的影响。故法院认定，该房屋为夫妻的共同财产符合法律规定，判决合理。

（二）遗产分割制度的我国司法实践评析

1. 遗产分割制度的司法实践中反映的合理之处

我国遗产分割制度在司法实践中反映的合理之处，具体表现为以下两个方面：

首先，在法律有明确规定的情况下，法官能够严格按照法律规定办案、公正裁决。从遗产分割制度的各项具体制度之规定来看，关于遗产的分离，在“涉及遗产分割标的的案例一”中，法官准确地把握了遗产分割的范围，认为原审判决没有对遗产与他人财产进行适当分离，侵害了其他房屋所有权人的利益，从而撤销了原一审、二审的法院判决；关于遗产分割的时间与具体方法，在“涉及遗产分割方法的案例四”中，法官依法认定

① 参见中国裁判文书网：（2014）穗中法民一终字第 6523 号民事判决书，载 http：//wenshu. court. gov. cn/，最后访问时间：2018 年 8 月 21 日。

继承自被继承人死亡时开始。即继承开始后遗产分割前，继承人没有表示放弃继承的，视为接受继承。认定原告分割遗产的诉讼请求没有超过诉讼时效，并且依据有利于生产和生活需要，不损害遗产的效用的方法对遗产进行了分割。可见，在法律有明确规定的情况下，法官能够较为准确地把握相关法律的适用。

其次，在法律没有规定或规定不明的情况下，司法实践中法官充分运用了自由裁量权，一定程度上站在了立法前沿进行公正裁决。对于遗产分割效力是否具有溯及力，我国《继承法》没有明确规定，通说认为，其是具有溯及既往的效力的。在“涉及遗产分割效力的案例五”中，法官准确把握了遗产分割具有溯及既往的效力，认定该房屋为夫妻共同财产，判决合理。可见，在法律没有规定或规定不明的情况下，法官充分运用了自由裁量权，进行了公正裁决。

2. 遗产分割制度的司法实践中存在的问题

通过对我国遗产分割制度的司法实践情况的研究分析，我国立法在取得了良好的司法效果的同时，也还存在某些问题，其不足具体表现为以下三个方面：

首先，对遗产分割依据的立法存在不足。在“涉及遗产分割依据的案例二”中，法官虽然了解遗产分割的法律依据，但是对权利与义务相一致原则的运用不充分。二审法院认定的被告王某某分得30%遗产比例，王某4、王某2、王某1分得20%的遗产份额，没有考虑到王某某对老人逝世前多年的照顾，以及其他继承人对老人几乎很少探望的事实。这在一定程度上反映了我国立法还存在不足，为指导我国法院对遗产分割依据的适用，我国的相关立法还可以细化。如前述日本立法例中特别照顾人享有对遗产的补偿请求权，可供我国立法借鉴。

其次，对配偶遗产房屋居住权的立法还存在缺失。在“涉及遗产分割方法的案例四”中，一审法院根据各继承人对遗产的所占份额分割房屋，明显忽视了刘某的生存配偶左某对遗产中家庭住房的居住权问题。左某自与被继承人结婚后一直在涉案房屋内居住，长达15年之久，且没有其他稳定住处。二审法院将七间房屋中的西两间判给左某居住使用，以保障生存配偶对遗产中房屋住房的居住权。然而，基于物权法定原则，我国《继承法》对生存配偶对遗产中家庭住房的居住权并无规定，这是立法存在的不足。

最后，由于我国立法没有规定共同继承人之间对遗产分割的担保责任，在司法实践中几乎没有相关案例。从域外相关立法例来看，前述大陆法系国家中，除俄罗斯外，其余的法国、德国、日本、意大利、瑞士五国都规定了遗产分割后共同继承人的担保责任。我国《继承法》无遗产分割的瑕疵担保责任，这不利于平等地保护各共同继承人的利益，是其立法之不足。

第四节　遗产分割制度的我国立法之学者观点与评析

目前，我国学界公开发表的继承法学者建议稿，有梁慧星等学者建议稿（“梁稿”）、徐国栋等学者建议稿（“徐稿”）、王利明等学者建议稿（“王稿”）、张玉敏等学者建议稿（“张稿”）、陈苇等学者建议稿（“陈稿”）、杨立新等学者建议稿（“杨稿”）[①] 等。这些学者建议稿对遗产分割制度均有相关规定，主要包括遗产分割标的、分割依据、分割原则、分割时间和方法以及分割效力等内容。本节拟对以上学者建议稿有关我国遗产分割制度的立法建议之观点进行考察与比较评析。

一、遗产分割标的的确定之我国立法的学者观点与评析

（一）遗产分割标的的确定之我国立法的学者观点

各学者建议稿对遗产分割标的之确定所涉及的遗产归扣与遗产分离制度，其中遗产分离包括遗产清单和财产分离两种制度，其具体内容如下：

1. 遗产归扣制度之我国立法的学者观点

关于遗产归扣制度，前述六份学者建议稿均有规定，各自的主要内容如下：

（1）梁慧星等学者建议稿的主要观点。

关于遗产归扣制度，第一，归扣的主体，义务主体为继承人，即被继承人的配偶、子女、父母、兄弟姐妹、祖父母、外祖父母、四亲等以内的亲属。第二，归扣的标的。因结婚、分居、营业以及其他事由而由被继承人处获得的赠与财产应当合并计入遗产范围。第三，归扣的免除。在被继承人有免除归扣的意思表示时，归扣免除。第四，归扣的方法，采价值充当，即被列入归扣范围的赠与价值数额在遗产分割时应从该继承人的应继份中扣除。赠与的具体数额依赠与当时的价值计算。[②]

（2）徐国栋等学者建议稿的主要观点。

关于遗产归扣制度，第一，归扣的主体，义务主体为接受继承的死者的直系卑血亲和配偶及直系卑血亲的代位继承人，即使在被继承人对其作出施舍行为时不是继承人，但是在之后取得继承人身份的继承人。[③] 第二，归扣的标的。遗产归扣的标的为被继承人生前为使某一共同继承人成家立业或为清偿其债务作出的支出，给予共同继承人之一的嫁资。第三，归扣的免除。被继承人为特惠某个继承人，或为增加某个继承人的份额或专门为豁免合算作出的施舍以及为共同继承人之一的教育支出的费用、对赠与配偶的价值低微的物品、以其继承人为受益人的保险金，不必合算。[④] 第四，归扣的方法。归扣的财产采取价值充当，以赠与是价值计算任何接受继承人被继承人的直系卑血亲和配偶，应将其从被继承人处取得的不能免于合算的施舍的价值归入遗产。在被继承人死亡前作出的规定进行实物合算的任何协议无效。被归扣的财产价值就是被赠与物在赠与文件中估定的价值。在无估价时，按被赠与物在赠与时的真实价值进行合算。尽管赠与物可能已灭失或受赠人已停止因赠与获利，继承人仍应进行合算。[⑤]

（3）王利明等学者建议稿的主要观点。

关于遗产归扣制度，第一，归扣的主体，义务主体为接受特种赠与的继承人。第二，

---

① 在第一章第一节对于遗产管理制度的比较研究法的阐述中，我们已经分别注释说明这六部继承法学者建议稿的出处以及各学者建议稿在本书中的简称，此处不重复注释。

② “梁稿”第 1942、1946 条。

③ “徐稿”第四分编第 445、451-453 条。

④ “徐稿”第四分编第 446-449 条。

⑤ “徐稿”第四分编第 445、457-459 条。

归扣的标的。继承开始前，因结婚、分居、营业、超过通常标准的教育、职业培训，已接受被继承人赠与财产的继承人，应将该赠与价额加入继承开始时被继承人所有财产中，为应继财产。超过应继份的赠与，除法律另有规定外，继承人不必返还超过部分价额。第三，归扣的免除。被继承人在赠与时有反对意思表示的，不予归扣。第四，归扣的方法，采取价值充当。被归扣的赠与价额，应在遗产分割时，由该继承人从应继份中扣除。赠与价额，依赠与时之价值计算。①

（4）张玉敏等学者建议稿的主要观点。

关于遗产归扣制度，第一，归扣的主体，义务主体为被继承人的晚辈直系血亲。第二，归扣的标的。被继承人给予晚辈直系血亲的结婚、另居、营业费用；被继承人生前给予晚辈直系血亲的其他重要的特别费用，如超出义务教育部分的教育费用、职业培训费用，如果不冲抵其应继份对其他继承人明显不公平的，也应当冲抵，但超过其应继份的部分，不需返还。第三，归扣的免除。被继承人生前表示赠与系对该继承人的特别照顾的不予冲抵。第四，归扣的方法，采取价值充当。应按照赠与时的价额冲抵其遗产分配额。②

（5）陈苇等学者建议稿的主要观点。

关于遗产归扣制度③，第一，归扣的主体，义务主体为被继承人的子女及代位继承人，权利主体为除被继承人子女外的其他参加继承的人。同时，即使继承人放弃继承或因法定事由丧失继承权，仍然要进行归扣。第二，归扣的标的，为归扣义务人所受的被继承人生前的特种赠与财产，包括因结婚、分居、生产经营所受赠与财产、大学本科以上的教育费用、成年以后的职业教育或培训费用、储蓄性人寿保险金。对于超过其应继份的该类特种赠与财产仍应归扣。第三，归扣的免除。被继承人可以订立遗嘱或通过公证的文书，明确表示免除扣除义务人的归扣义务。如果被继承人生前赠与的财产因偶然事件灭失，归扣义务人无过错的，该财产不计入归扣财产的范围。第四，归扣的方法，采取原物返还和价值充当两种方式。遗产分割时，归扣义务人应当将其所受被继承人生前特种赠与财产原物或其价值返还并归于遗产总额之中，然后计算各共同继承人的应继份。生前特种赠与财产的价值，依继承开始时的价值计算。该生前特种赠与财产在继承开始后到遗产分割前的增值，应当计入归扣的标的的价值。但计算该财产在受赠后的增值仅限于其自然增值的价值。返还，得通过扣减应继份为之。如果生前特种赠与财产的价值，超过归扣的义务人应继份的，归扣义务人应当对其他继承人进行补偿，但被继承人有相反意思表示的除外。

（6）杨立新等学者建议稿的主要观点。

关于遗产归扣制度④，第一，归扣的主体，义务主体为被继承人的晚辈继承人。第二，归扣的标的。继承开始前，晚辈继承人因结婚、分家、营业、教育、生育等事项，接受被继承人生前赠与的财产须进行归扣。但超过应继承数额的部分不必返还。第三，归扣的免除，“杨稿”无规定。第四，依据被继承人生前的意思表示或者风俗习惯，属于提前处分遗产的，应当按照赠与时的价值归入遗产计算价额。归扣的方法：赠与的价额在遗产分割时应当从该继承人的应继承数额中扣除。

① “王稿”第542条。
② “张稿”第64条。
③ “陈稿”第78条。
④ “杨稿”第9条。

2. 遗产分离制度之我国立法的学者观点

(1) 遗产清单制度之我国立法的学者观点。

①梁慧星等学者建议稿的主要观点。关于遗产清单制度，第一，遗产清单的制作主体与要求及方式。遗产管理人（包括继承人和遗嘱执行人）应当及时清理被继承人的财产，并编制遗产清单。其在编制遗产清单时，应当将被继承人财产与夫妻共同财产、家庭共同财产及其他人的财产予以区分。① 第二，遗产清单的制作时间，关于一般期间，继承人和遗产管理人应当于知道继承开始后 3 个月内向人民法院递交遗产清单。② 关于特殊期间，“梁稿”无延长期间的规定。第三，遗产清单的提交对象或可供查阅对象。关于遗产清单的提交对象，“梁稿”规定，向人民法院提交遗产清单。③ 第四，制作遗产清单的效力。其一，对继承人的效力。在遗产清单编制完成后，继承人以遗产清单记载的遗产为限对遗产债务承担有限清偿责任。在公示催告期间内，继承人和遗产管理人有权拒绝任何被继承人的债权人和受遗赠人的给付请求。其二，对遗产债权人的效力。在公告期限届满后，继承人和遗产管理人应当根据已经申报的债权和已知的债务以遗产分别偿还。对遗产有担保物权的债权人可以实现担保物权。遗产债权人不依法律规定的期限申报债权，而又为继承人和遗产管理人所不知的，仅得就剩余遗产行使权利。但是，就遗产享有担保物权的除外。④ 第五，制作不实遗产清单的法律后果。“梁稿”无规定。

②徐国栋等学者建议稿的主要观点。关于遗产清单制度，第一，遗产清单的制作主体与要求及方式，制作主体为继承人，须在公证人和证人面前制作，一切动产和不动产均应登记写明数量、重量、尺寸等，并且遗嘱执行人、遗产管理人以及一切出具了债权证书的遗产债权人均有权参与财产清单的制作。前述这些人员可以由他人代理，但非由其配偶、保护人或其他任何法定代理人代理时，代理人需要出示授予他此等资格的公文书或私文书。⑤ 第二，遗产清单的制作时间，关于一般期间，一切相续人应依任何利害关系人的请求表示接受或放弃继承；此等表示应在受请求之日后的 40 天内作出。关于特殊期间，在相续人失踪或财产处于远地的情形，或者在有其他重大事由时，法院可延展这一期限，但绝对不得超过 1 年。保护人有义务在任命后的 40 天内把被保护人的财产登记为清单，并且除非其管理为绝对必要，否则此等义务应在参与管理前履行。法院可根据具体情况限缩或延展该期限。⑥ 第三，遗产清单的提交对象或可供查阅对象。关于遗产清单的提交对象，以遗产或其应得的遗产份额已用于清偿债务和负担作为抗辩理由对抗某一请求的享受清单利益的继承人，应向请求人出具精确的、尽可能经过证明的所有已作出的开支的账目证明自己的主张。⑦ 关于遗产清单的可供查阅对象，继承人可检查关于继承的账目和文件。遗嘱执行人、待继承遗产的保佐人、待定的遗嘱或法定继承人、生存配偶、受遗赠人、合伙人、遗产信托收益人以及一切出具了其债权证书的遗产债权人，均有权对他们认

① “梁稿”第 2002、2005 条。
② “梁稿”第 2017 条。
③ “梁稿”第 2017 条。
④ “梁稿”第 2017、2018、2020 条。
⑤ “徐稿”第一分编第 91、92 条、第四分编第 323、350 条。
⑥ “徐稿”第一分编第 88 条、第四分编第 323 条第 1 款。
⑦ “徐稿”第四分编第 358 条。

为的财产清单的不精确之处提出异议。[①] 第四，制作遗产清单的效力。其一，对继承人的效力。享受清单利益的继承人的债务和债权不得与继承中的债务和债权混淆。已预先做成要式财产清单的继承人享受清单利益。现实继承人仅在其已经继承的财产的全部价值的限度内对遗产债务和遗嘱债务承担责任。享受清单利益的继承人负担其他继承财产的风险，但他仅对已被估定的价值承担责任。[②] 未事先做成要式财产清单即实施继承人行为的人，即使死者的一切可转移的债务加给他的负担超过其继承的财产的价值，也应按其遗产份额的比例继承此等债务。[③] 其二，对遗产债权人的效力。遗产债权人可以在遗产价值范围内请求继承人偿还债务。[④] 第五，制作不实遗产清单的法律后果。制作财产清单的继承人如恶意遗漏记载财产的任一不论如何微小的部分，或记载并不存在的债务，其不得享受清单利益。[⑤]

③王利明等学者建议稿的主要观点。关于遗产清单制度，第一，遗产清单的制作主体与要求及方式。遗产管理人（包括继承人和遗嘱执行人）应当及时清理被继承人的财产，编制遗产清单并公证；如遗产价值低于一千元者，编制清偿时须有两名无利害关系的见证人，并由遗产管理人、见证人在遗产清单上签名。[⑥] 第二，遗产清单的制作时间，关于一般期间，继承人和遗产管理人应当于知道继承开始后 3 个月内向人民法院递交遗产清单，由人民法院依公示催告程序催告债权人申报债权。关于特殊期间，“王稿”无延长期间的规定。[⑦] 第三，遗产清单的提交对象或可供查阅对象，继承人和遗产管理人应当向人民法院提交遗产清单。[⑧] 第四，制作遗产清单的效力。其一，对继承人的效力。遗产管理人只有忠实、谨慎地履行了编制遗产清单的义务后，继承人才能实行限定继承。继承人和遗产管理人在公示催告期间内，得拒绝任何债权人和受遗赠人的给付请求。[⑨] 其二，对遗产债权人的效力。申报债权的法定期限届满后，继承人或遗产管理人应当依据已申报债权和其他已知债权的数额或比例，以遗产分别偿还。对于尚未到期的遗产债务或有争议的遗产债务，继承人和遗产管理人应当在遗产分割前保留为清偿此债务所必要的财产。遗产债权人不依法规定的期限申报债权，而又为继承人和遗产管理人所不知者，仅得就剩余遗产行使其权利。但就遗产享有担保物权者，不在此限。[⑩] 第五，制作不实遗产清单的法律后果。遗产管理人须忠实、谨慎地履行上述职责，因遗产管理人不当履行上述义务给遗产债权人造成损害的，遗产债权人有权要求遗产管理人承担民事责任。遗产管理人是继承人的，继承人须对遗产债务承担无限责任。[⑪]

④张玉敏等学者建议稿的主要观点。关于遗产清单制度，第一，遗产清单的制作主体

---

① “徐稿”第四分编第 323 条第 3 款、350-351 条。
② “徐稿”第四分编第 331、342、352、353、355 条。
③ “徐稿”第四分编第 331 条。
④ “徐稿”第四分编第 331 条。
⑤ “徐稿”第四分编第 351 条。
⑥ “王稿”第 551 条。
⑦ “王稿”第 552 条第 1 款。
⑧ “王稿”第 552 条第 1 款。
⑨ “王稿”第 491、652 条第 3 款。
⑩ “王稿”第 653、655 条。
⑪ “王稿”第 551 条第 3 款。

与要求及方式。应召继承人可以在继承开始后，向法院声明以继承财产的价值为限，承担清偿被继承人债务的责任并提交忠实准确的遗产清单，制作遗产清单应延请公证人或其他见证人到场见证。[①] 第二，遗产清单的制作时间。关于一般期间，应召继承人可以在继承开始后 2 个月内，或者知道自己为应召继承人后 2 个月内提交遗产清单。关于特殊期间，如果 2 个月内不能完成遗产清单，继承人可以向法院申请延长期限，但延长的期限不得超过 4 个月。第三，遗产清单的提交对象或可供查阅对象。[②] 关于遗产清单的提交对象，应召继承人应当将制作的遗产清单提交给法院。关于遗产清单的可供查阅对象，利害关系人[③]认为遗产清单记载有误，可以向法院提出异议。在提出异议的情况下，应当由法院对遗产进行清算。[④] 第四，制作遗产清单的效力。其一，对继承人的效力。继承人提交遗产清单后，享有下列利益：1）遗产与继承人的固有财产保持独立；2）继承人以遗产的价值为限承担清偿遗产债务的责任。一个继承人提交遗产清单，对全体共同继承人发生效力。在法院规定的申报债权的期限内，继承人不得向任何遗产债权人清偿债务。[⑤] 其二，对遗产债权人的效力。申报期限届满后，对于在规定期限内申报的债权和继承人已知的债权，继承人应按照债权的数额，以遗产清偿。在法院规定的申报期限内未申报而又为继承人所不知的债权，只能就清偿已申报债权后剩余的财产获得清偿。遗产的价值不足以清偿被继承人的全部债务时，继承人应立即申请法院对遗产清算。[⑥] 第五，制作不实遗产清单的法律后果。继承人有下列情形之一，丧失遗产清单利益，对被继承人的债务承担无限责任，而且不得放弃继承。1）在遗产清单中故意漏记重要财产，或者计入不存在的债务的；2）擅自处分属于遗产中的财产的，但为保存遗产所必需的处分除外。[⑦]

⑤陈苇等学者建议稿的主要观点。关于遗产清单制度，第一，遗产清单的制作主体与要求及方式。选择实行有条件继承的继承人应在继承开始后，在两名无利害关系的证人在场的情况下制作遗产清单。第二，遗产清单的制作时间。关于一般期间，选择限定继承的继承人应当在继承开始后 2 个月内制作遗产清单。关于特殊期间，在 2 个月内不能完成遗产清单的，继承人可以向法院申请延长期限。但延长的期限不得超过 3 个月。第三，遗产清单的提交对象或可供查阅对象，“陈稿”无定。第四，制作遗产清单的效力。其一，对继承人的效力。遗产清单制作完成后，遗产与继承人的固有财产各自独立，不发生混同。继承人仅以遗产的实际价值为限承担清偿被继承人债务的责任。一个继承人制作了遗产清单，对全体共同继承人发生效力。其二，对遗产债权人的效力。在制定遗产清单后，遗产债权人可以请求继承人在遗产价值的范围内清偿自己的债务。第五，制作不实遗产清单的法律后果。如果继承人不在法定期限内依法制作忠实、准确的遗产清单的，当以其个人所有的财产承担清偿被继承人全部债务的法律后果。[⑧]

---

① “张稿”第 16 条。

② “张稿”第 16 条。

③ “张稿”第 22 条规定，利害关系人是指一切对于遗产有利益关系的人，包括继承人的债权人、债务人，受遗赠人，有权请求适当分给遗产的人、遗产受益人、次顺位的继承人等。

④ “张稿”第 22 条。

⑤ “张稿”第 17、19 条。

⑥ “张稿”第 19 条。

⑦ “张稿”第 23 条。

⑧ “陈稿”第 70 条。

⑥杨立新等学者建议稿的主要观点。关于遗产清单制度，第一，遗产清单的制作主体与制作要求。遗产管理人应当在就任后6个月内编制遗产清单并进行公证。没有遗产管理人的，继承人应当在继承开始后6个月内编制遗产清单并进行公证。[①] 第二，遗产清单的制作时间。遗产清单的制作时间，分为一般期间与特殊期间。关于一般期间，继承人或遗产管理人应在继承开始后6个月内便知遗产清单。[②] 关于特殊期间，"杨稿"没有规定。第三，遗产清单的提交对象或可供查阅对象。对遗产清单有合理异议的利害关系人可以要求专业机构对遗产清单进行复核。异议不成立的由该利害关系人承担复核费用。[③] 第四，制作遗产清单的效力。其一，对继承人的效力。继承人在制作遗产清单后，继承人可以接受的遗产为限清偿被继承人的债务。[④] 其二，对债权人的效力。在继承开始后遗产分割前，未得清偿的债权人可以向继承人、遗产管理人或人民法院请求开始遗产清算程序。遗产债权人未在债权申报期限内申报债权的，仅就剩余遗产行使权利，但对遗产享有担保物权的除外。第五，制作不实遗产清单的法律后果。有下列情形之一的，继承人在制作遗产清单并公证后，仍对全部遗产债务承担责任：1）隐匿重要财产的；2）在遗产清单中故意漏记重要遗产的，或者计入不存在的债务的；3）处分遗产损害遗产债权人权利的。[⑤]

（2）财产分离制度之我国立法的学者观点。关于财产分离制度，前述六份学者建议稿中，只有"徐稿""陈稿"有所规定，以下就其内容进行介绍。

①徐国栋等学者建议稿的主要观点。关于财产分离制度，第一，财产分离的请求权人。遗产债权人和遗嘱债权人可以请求分离死者的财产与继承人的财产。[⑥] 第二，财产分离的程序。如继承中有不动产，则应将授予财产分离的裁决登记在上述不动产所在地的登记簿中，同时记载该财产分离扩及的不动产。[⑦] 第三，财产分离的法律效力。遗产债权人和遗嘱债权人可以对财产分离后请求以遗产优先清偿遗产债务或遗嘱债务。而继承人的债权人则无权为其债权的利益主张前数条规定的财产分离。由遗产债权人或遗嘱债权人之一获得的财产区分，惠及在同一继承中提起该请求、其债权未因时效消灭的其他债权人，或不处于本分编第487条第1款第1项规定的情形中的其他债权人。如有余额，它应被增加到继承人的财产之中清偿自己的债权人，未享受财产分离利益的遗产债权人或遗嘱债权人与此等债权人同时受偿。[⑧]

②陈苇等学者建议稿的主要观点。关于财产的分离制度，第一，财产分离的请求权人。被继承人的债权人、继承人的债权人在申报债权的同时，可以请求遗产管理人或继承人将遗产与继承人的固有财产分离。第二，财产分离的程序。应前述财产分离请求权人的财产分离请求，人民法院可以发布财产分离公告，对其他遗产债权人及受遗赠人，就财产分离以及应在一定期间内申报参加债权分配等内容予以公告。此公告期限为2个月。第三，财产分离的效力。被继承人的债权人申请财产分离，在公告期满后，就遗产享有优先

① "杨稿"第78条。
② "杨稿"第78条。
③ "杨稿"第79条。
④ "杨稿"第77条。
⑤ "杨稿"第80条。
⑥ "徐稿"第四分编第485条。
⑦ "徐稿"第四分编第492条。
⑧ "徐稿"第四分编第485、488、489条。

受偿权。继承人的债权人如申请财产分离，在公告期满后，当遗产不足以清偿遗产债务时，继承人的债权人就继承人的固有财产享有优先受偿权。无论何种主体提出财产分离，均不能损害有优先权的债权人的利益。并且，涉及不动产的，财产的分离非经登记不能对抗第三人。①

（二）遗产分割标的的确定之我国立法的学者观点评析

1. 遗产归扣制度之我国立法的学者观点评析

（1）诸学者建议稿的相同点。关于遗产归扣制度，其一，诸学者建议稿都规定遗产归扣的义务主体为接受被继承人生前特种赠与的特定继承人。关于权利主体，除“陈稿”规定遗产归扣的权利主体为除被继承人子女外的其他参加继承的人外，其余五份学者建议稿都未明文规定。其二，归扣的标的部分相同。诸学者建议稿都规定归扣的标的为特定继承人因结婚、分家、营业、超过普通程度的教育等接受的被继承人生前赠与的财产。其三，归扣的免除相同，前述六份学者建议稿中，除杨稿没有规定免除外，其余五份学者建议稿都规定了意定免除归扣，即在被继承人生前有免除归扣的意思表示时，归扣免除。

（2）诸学者建议稿的不同点。关于遗产归扣制度，诸学者建议稿的不同点是：其一，归扣的义务主体具体范围不同。“梁稿”“王稿”的范围最宽，为接受特种赠与财产的继承人；“徐稿”为被继承人的直系卑血亲、配偶以及直系卑血亲代位继承人；“张稿”和“陈稿”为被继承人的晚辈直系血亲，即被继承人的子女及其代位继承人；“杨稿”为被继承人的晚辈继承人，其范围宽于“张稿”和“陈稿”，即可以包括直系、旁系的晚辈继承人。其二，归扣的标的不同。关于保险金，只有“徐稿”“陈稿”作出了规定。“徐稿”以继承人为受益人的保险金等都不算入归扣的范围，而“陈稿”则规定储蓄性人寿保险金也算入归扣的范围内。其三，归扣的免除不同，“徐稿”和“陈稿”不仅规定了意定免除，也规定了法定免除，即如果继承人生前赠与的财产因偶然事件灭失的，归扣义务人无过错的情况下，该财产不计入归扣财产的范围内。其四，特种赠与财产超过应继份部分是否需要进行归扣不同。“徐稿”“王稿”“张稿”和“杨稿”均规定，对特种赠与财产超过应继份部分不予归扣。“陈稿”则规定应予归扣。此外，“陈稿”还规定，即使继承人放弃继承或因法定事由丧失继承权，仍然要进行归扣。其五，归扣的方法不同。关于赠与财产价值的计算，“梁稿”“王稿”“张稿”“杨稿”规定，生前赠与财产的价值按照在赠与时的价值计算，而“徐稿”规定赠与财产的价值按照在赠与文件中估定的价值计算，如果没有估价，则按照赠与时的价值计算，即此四稿的建议内容是基本相同的，均按赠与时的价值计算。“陈稿”则规定赠与财产的价值按照继承开始时的价值计算，但该财产受赠后的增值仅限于自然增值部分。

我们认为，关于遗产归扣制度，第一，关于归扣义务主体的范围，不宜过宽，以限于直系血亲卑亲属及其代位继承人为妥。配偶及其他继承人不应作为归扣的义务主体。因为，配偶是被继承人最为亲近的人，而其他继承人本不应取得遗产，被继承人在生前对配偶或除直系卑血亲及其代位继承人外的人给予的赠与财产，应视为特别的给予，而不是应继份的预付。直系卑血亲作为继承人本应取得遗产，如被继承人生前给予特种赠与财产，应视其应继份的预付，但有免除归扣意思表示的除外。第二，关于归扣的标的，是否应当

① “陈稿”第70条。

包括保险金？对于继承人为受益人的人身保险金，因其具有身份性质，可视为特别赠与，不予归扣。但对于以继承人为受益人的储蓄性人寿保险金，其以财产增值为主要目的，故对其应予归扣。第三，关于归扣的免除，不仅应当有意定免除，也应有法定免除，法定免除是由可以包括接受普通高等本科学习及以下教育的费用、特种赠与财产因意外事件灭失的。第四，特种赠与财产超过应继份部分，也应当予以归扣。因为，其一，在特种赠与财产未全部计入前，无法合算遗产总额，既然被继承人未作免除归扣的意思表示，就不应视为对该财产应当免除归扣。第五，继承人丧失继承权或放弃继承的，也应予以归扣。因为，前者是法律对其侵害被继承人或继承人合法权益的违法行为的惩罚，不能以此作为免除归扣的事由；后者如放弃继承，则可以拥有可能超过"应继份"的财产，会使归扣制度变成一纸空文。第六，归扣财产的价值以赠与时的价值计算，以尊重被继承人的意愿。这样更能体现特种赠与财产之"应继份"性质，从而便于实际操作，实现遗产归扣制度的立法目的。

2. 遗产分离制度之我国立法的学者观点评析

(1) 遗产清单制度之我国立法的学者观点评析。

①诸学者建议稿的共同点。关于遗产清单制度，诸学者建议稿的共同点有两个：第一，遗产清单的制作主体有部分相同。即前述六份学者建议稿的制作主体中都包括继承人。第二，制作遗产清单对继承人的效力相同。即在继承人或遗产管理人完成忠实、准确的遗产清单后，对被继承人的债务承担有限清偿责任。

②诸学者建议稿的不同点。关于遗产清单制度，诸学者建议稿的不同点有：

第一，遗产清单的制作主体与制作要求及方式不同。前述六份学者建议稿中，关于制作主体，"徐稿"为继承人及遗嘱执行人、遗产管理人及遗产债权人等，相关代理人均可参与，范围最宽；"梁稿""王稿""杨稿"为遗产管理人（包括继承人和遗嘱执行人），其范围次之，"张稿""陈稿"规定为"应召继承人"，其范围最窄。关于制作要求及方式，除"梁稿"未规定外，"徐稿""王稿""杨稿"都规定遗产清单必须公证。但"王稿"规定，如果遗产的价值低于1000元则只需有2名无利害关系的见证人在场见证，且遗产管理人、见证人必须在遗产清单上签名。而"张稿""陈稿"则规定，编制遗产清单应当有公证人或者见证人在场见证。其中，张稿规定，应延请公证人或见证人到场见证，对于人数并未限制，而陈稿则明确规定必须要有2名无利害关系人见证。即"陈稿"规定的见证人的条件更加具体。我们认为，基于我国存在城乡差别的实际国情，遗产清单的制作主体的范围可限于继承人和遗产管理人（含遗嘱执行人），除自愿公证的外，采取以见证的方式制作遗产清单，更节约人力、物力。

第二，遗产清单的制作时间不同。其一，制作遗产清单的一般期限的长短不同。"徐稿"为40天，"张稿""陈稿"为2个月，"梁稿""王稿"为3个月，"杨稿"为6个月。其二，制作遗产清单一般期间的起算点不同。"梁稿""王稿""陈稿"规定为继承开始后；"张稿"规定自继承开始后或者继承人知道自己为应召继承人时起算；"杨稿"规定自遗产管理人就任后起算。其三，关于特殊期间的规定不同，前述六份学者建议稿中，只有"徐稿""张稿""陈稿"规定了特殊期间，即继承人在法定的一般期限内没有完成遗产清单的，可以申请延长期限。但是，延长期限的长短两份学者建议稿的规定又有不同，"徐稿"为不得超过1年，"张稿"为不得超过4个月，"陈稿"为最长不得超过3

个月。我们认为，基于效率原则的要求，为及时处理遗产分割事宜，对于制作遗产清单的一般期间和特殊期间立法均应当规定，一般期间为3个月，特殊期间的延长以不得超过3个月较为适宜。

第三，遗产清单的提交对象或可供查阅对象的规定不同。关于遗产清单的提交对象，“梁稿”“王稿”“张稿”规定制作人应当向法院提交遗产清单，而其他三份学者建议稿未作规定。而关于遗产清单的可供查阅对象，“徐稿”“张稿”“杨稿”作出了规定，并且规定了查阅人的异议权及救济方式。但是，其规定的具体内容又有所不同。其中，“徐稿”规定，继承人和有权参与制作遗产清单的遗嘱执行人、待继承遗产的保佐人、假定的遗嘱或法定继承人、生存配偶、受遗赠人、合伙人、遗产信托收益人以及一切出具了其债权证书的遗产债权人等均有权对遗产清单的不精确之处提出异议。“张稿”“杨稿”规定，利害关系人可以对遗产清单提出异议，并且“张稿”明确规定了利害关系人的范围。此外，利害关系人提出异议的对象不同。“张稿”规定，利害关系人可以向法院提出异议，而“杨稿”则规定，利害关系人应当向专业机构提出异议，但是，专业机构包括哪些机关单位，“杨稿”则未进行说明。我们认为，遗产清单可采取利害关系人持有效证明文件（债权文书等）进行查阅，并可向继承人等制作人或法院提出异议，以维护利害关系人的合法权益。

第四，制作遗产清单的效力不同。其一，对继承人的效力中是否明确规定财产分离的效力不同。“徐稿”“张稿”和“陈稿”均明确规定，制作遗产清单后，被继承人的遗产与继承人的财产各自独立，不发生混同。同时，“张稿”“陈稿”还规定一个继承人提交遗产清单后，对全体共同继承人发生效力。其二，对继承人是否明确清偿债务时间限制不同。首先，“梁稿”“王稿”“张稿”规定，在申报债权的期限内，继承人不得向任何遗产债权人清偿债务。而其他三份学者建议稿对此都没有规定。其三，是否明确未在申报期限内申报债权的债权人的偿债财产范围不同。“梁稿”“王稿”“张稿”“杨稿”规定，未在申报期限内申报债权的债权人，仅就剩余遗产行使权利，但是对遗产享有担保物权的除外。此外，“张稿”“杨稿”还规定了遗产清算，但二者的内容又有不同，“张稿”规定，在遗产的价值不足以清偿被继承人的全部债务时，继承人应立即向法院申请遗产清算，而“杨稿”则规定，在继承开始后遗产分割前，未得清偿的债权人可以向继承人、遗产管理人或人民法院请求开始遗产清算程序。我们认为，为平等地保护各继承人利益和遗产债权人的利益，在以上不同点中，其一，一个继承人提交遗产清单后，对全体共同继承人发生效力。其二，在申报债权的期限内，继承人不得向任何遗产债权人清偿债务。其三，未在申报期限内申报债权的债权人，仅就剩余遗产行使权利，但是对遗产享有担保物权的除外。前述学者观点，对我国立法具有参考价值。

第五，制作不实遗产清单的法律后果不同。关于制作不实遗产清单的法律后果，除“梁稿”外，其余五份建议稿都规定，制作不实遗产清单的继承人应当对被继承人的债务承担无限清偿责任。并且，“张稿”明确规定，此无限清偿责任应当是强制的，而且不得放弃继承。否则，就会导致继承人通过放弃继承来逃避承担无限清偿责任。除前述相同点外，“王稿”针对不同的制作主体规定了不同的法律责任，即继承人制作不实遗产清单的，须对遗产债务承担无限清偿责任，而如果遗产管理人没有忠实、谨慎地履行制作遗产清单的职责，因不当履行义务给遗产债权人造成损害的，则遗产管理人要承担民事责任。

我们认为，其结果应区分制作主体，如果继承人制作不实遗产清单的，应当对遗产债务承担强制的无限清偿责任；如果遗产管理人因不当履行义务给遗产债权人造成损害的，则应当承担民事损害赔偿责任。

综上所述，我们认为，关于遗产清单制度，第一，关于遗产清单的制作主体与要求及方式，基于我国存在城乡差别的实际国情，遗产清单的制作主体的范围限于继承人和遗产管理人（含遗嘱执行人），采取以见证的方式制作遗产清单，更节约人力、物力。第二，关于制作遗产清单的时间，为及时处理遗产分割事宜，制作遗产清单应规定一般期间和特殊期间，一般期间为3个月，特殊期间的延长以不得超过3个月较为适宜，以体现法的效率价值。第三，关于遗产清单的提交对象或可供查阅对象，为保证遗产清单的真实性、准确性，遗产清单可采取利害关系人持有效证明（债权文书等）进行查阅，并可向继承人等制作人或法院提出异议，以维护利害关系人的合法权益。第四，关于制作遗产清单的效力，其一，对继承人的效力，一个继承人提交遗产清单后，对全体共同继承人发生效力。在申报债权的期限内，继承人不得向任何遗产债权人清偿债务。其二，对遗产债权人的利益，未在申报期限内申报债权的债权人，仅就剩余遗产行使权利，但是对遗产享有担保物权的除外。第五，关于制作不实遗产清单的法律后果，其结果应区分制作主体，如果继承人制作不实遗产清单的，应当对遗产债务承担强制的无限清偿责任；如果遗产管理人因不当履行义务给遗产债权人造成损害的，则应当承担民事损害赔偿责任。

（2）财产分离制度之我国立法的学者观点评析。

①前述“徐稿”和“陈稿”的共同点。关于财产分离制度，前述“徐稿”和“陈稿”的共同点有：第一，财产分离的请求权主体都包括遗产债权人。第二，关于财产分离的法律效力，凡提出财产分离的遗产权人，有权就遗产优先受偿。

②前述“徐稿”和“陈稿”的不同点。前述“徐稿”和“陈稿”的不同点有：第一，财产分离的请求权主体范围不同。虽然“徐稿”“陈稿”都规定遗产债权人有权请求财产分离，但“陈稿”中继承人的债权人也有权请求财产分离。第二，财产分离的程序不同。“徐稿”中没有明确规定财产分离必须向法院提出，只是要求如继承中有不动产，则应将授予财产分离的裁决登记在上述不动产所在地的登记簿中。而“陈稿”中则规定，财产分离应向法院提出，并且法院应当发布财产分离公告，通知其他债权人申报债权。第三，财产分离的效力范围不同。在前述两份学者建议稿中，除了都规定提出财产分离的遗产债权人，有权就遗产优先受偿之外，“陈稿”还规定继承人的债权人有权就继承人的固有财产优先受偿。并且，无论何种主体提出财产分离，均不能损害有优先权的遗产债权人的利益。第四，“徐稿”还规定，如果在财产分离的请求权人得到清偿后遗产有余额，它应被增加到继承人的财产之中清偿自己的债权人，未享受财产分离的遗产债权人或遗嘱债权人与此等债权人同时受偿。

我们认为，首先，基于现代民法的自己责任原则，为平等保护遗产债权人和继承人的债权人的利益，财产分离的请求权主体应该包括遗产债权人和继承人的债权人。其次，为加强公力监督，财产分离的请求应当向法院提出，法院在受理案件之后，应当发布申报债权的公告，这体现了对其他债权人利益的保护。最后，基于民法原理，被继承人的遗产是其所欠债务的责任财产。因此，即使是未提出财产分离请求的遗产债权人，也应当就遗产先于继承人的债权人优先受偿，而不能将其置于与继承人的债权人同时受偿的地位。这样才能保护遗产债权人的合法权益。

综上所述，从立法价值取向和功能之角度分析，遗产标的的确定制度包括遗产归扣与遗产分离制度，其中遗产分离包括遗产清单与财产分离两种制度。通过遗产归扣，最终确定遗产分割的标的范围，能够保证以全部遗产作为被继承人债务清偿的责任财产，又可以实现在共同继承人之间公平分割遗产。通过遗产分离，有利于防止被继承人的遗产与继承人的固有财产发生混同，既可以保证被继承人的债权人优先就遗产获得清偿，又可以保证继承人的债权人对继承人的固有财产优先获得清偿，而继承人仅以遗产为限对被继承人的债权人承担清偿责任，有利于保护被继承人的债权人、继承人及其债权人三方的合法权益，彰显了法律公平价值和效率价值。

从我国十省市被调查民众的继承观念与处理习惯分析，涉及遗产标的的确定之遗产归扣制度，调查数据显示：第一，对于被继承人生前特种赠与财产是否应归扣纳入遗产范围的民众观念情况，近八成（占 77.53%）的被调查者认为只有张老汉去世时遗留的个人所有的住房和存款才能作为遗产进行继承（见表 7-3-1、图 7-3-1）。第二，对于归扣遗产的价值计算时间的民众观念情况，超过四成（占 40.96%）的被调查者认为张老汉为小儿子丙买房的价值应该按实际分割遗产时计算（见表 7-3-2、图 7-3-2）。第三，对于生前特种赠与财产是否归扣纳入遗产范围的民间习惯情况统计，超过七成（占 73.43%）的被调查者认为在其所在地区中，这些资助财产不会被合计到遗产范围内；只有近三成（占 26.39%）被调查者认为在继承遗产时这些资助财产会被合计到遗产范围内（见表 7-3-3、图 7-3-3）。第四，对于生前特种赠与财产不归扣纳入遗产的分配方式之民间习惯，超过六成（占 60.30%）的被调查者选择“平均分配”（见表 7-3-4、图 7-3-4）。以上调查数据表明，大部分被调查者所在地区没有将被继承人生前赠与继承人的特种财产计入遗产范围进行归扣合算的习惯，多数被调查民众在观念上也认同此做法，但也仍有占近三成的少数民众认为，应将被继承人生前赠与继承人的特种财产计入遗产总额的范围。我们认为，从在共同继承人之间公平分割遗产的角度考量，为彰显法律的公平与正义，多数我国被调查民众对遗产归扣不予认可的认识和处理遗产习惯需要我国采用遗产归扣立法予以引导改变。

通过对司法实践的考察，从“涉及遗产分割的标的之确定的案例一”可知，原审法院在没有进行遗产分离的情况下，仅根据房屋的产权登记，将原本不完全属于被继承人的财产进行了分割，侵害了房屋共有人闵甲的合法权益。因此，遗产分割前应将遗产从他人的共有财产中予以分离。

从域外立法看，前述两大法系国家均有遗产分离制度，除俄罗斯和英国外，均设有遗产归扣制度。遗产分离制度的目的在于，保障被继承人的债权人对遗产的优先受偿权和继承人的债权人对于继承人固有财产的优先受偿权，并且继承人仅以继承的遗产承担对被继承人债务的有限清偿责任。遗产归扣制度之目的在于，保证遗产在共同继承人之间公平分配。但前述国家在具体制度的设计上，就遗产分离的主体、效力及遗产归扣的主体、标的、免除、方法等有所区别，前文已经详论，此处不再赘述。

我们认为，首先，从立法体例看，遗产归扣制度应置于遗产分割的一章，因为这是确定遗产分割标的范围的前提。其次，涉及被继承人财产与继承人财产的遗产分离制度包括遗产清单制度和财产分离制度，则应置于遗产管理一章。因为，遗产管理人制作遗产清单，这是遗产清点中的必要环节，也是遗产分割的前提工作。而财产分离则是为遗产债权人和继承人的债权人提供保护自己债权的重要措施。即这两种制度都是为了使被继承人的遗产保持独立，然后通过遗产管理人依法以遗产对被继承人的债务进行清偿，因此，这两种制度都应当被设置在遗产管理制度之中。

从立法内容看，在我国《继承法》已规定遗产从共有财产中“析产”的制度，包括从夫妻共同财产中遗产的分离和从家庭共同财产中遗产的分离，此制度在编纂“中国民法典·继承编”中应继续保留。关于遗产清单制度，制作的主体是继承人和遗产管理人(包括遗嘱执行人)，他们应当于继承开始后法定期限内向人民法院递交遗产清单，如提交遗产清单是继承开始后的必备程序，则其可以实现将被继承人的遗产和继承人的财产相分离，并且继承人仅以遗产为限承担对被继承人的债务的有限清偿责任。如继承人提交的遗产清单与实际遗产的价值和数额不符时，或继承人选择不提交遗产清单时均应承担无限清偿责任，以保障被继承人的债权人和继承人的债权人的利益。因此，本次编纂“中国民法典·继承编”应根据实行有条件的限定责任继承制度之需要，同时设立大陆法系国家的遗产清单制度和财产分离制度。即一方面，设立遗产清单制度；另一方面，设立财产分离制度。前者由继承人或遗产管理人作为主体依法制作遗产清单，使遗产与继承人的固有财产相分离。后者在被继承人的债权人或继承人的债权人认为继承人的行为将损害自己的利益时，其可以向人民法院提出财产分离的诉讼请求，以实现遗产与继承人的财产相互分离。关于遗产归扣制度，如前所述，其是确定遗产总额范围，在共同继承人之间公平分配遗产的重要制度。虽然我国十省市被调查者中有多数民众欠缺遗产归扣的观念，十省市多数被调查者所在地区也没有进行遗产归扣的习惯。但是基于在共同继承人之间公平分割遗产的立法理念，目前域外许多国家都设有归扣制度，前述我国诸学者建议稿都建议我国设立遗产归扣制度，并且随着我国社会经济的不断发展，民众财富不断增加，为了在共同继承人之间公平分割遗产，弘扬社会主义新时代的公平正义价值观，我国有必要设立遗产归扣制度。

二、遗产分割依据之我国立法的学者观点与评析

(一) 遗产分割依据之我国立法的学者观点

前述各学者建议稿对遗产分割依据，主要有遗嘱的指定和法律的规定，后者包括法定应继份、共同继承人的协商与法院的判决。它们的具体内容如下：

1. 梁慧星等学者建议稿的主要观点

遗产分割的依据有以下两种：

第一，被继承人的遗嘱指定。继承开始后，按照法定继承处理；有遗嘱的，按照遗嘱继承或者遗赠处理；有遗赠扶养协议的，按照协议处理。①

第二，法律的规定。如果被继承人未立遗嘱处分其财产，遗产按法律的规定处理，具体包括以下两种情况：

其一，法定应继份。遗产按照下列顺序继承：第一顺序：配偶、子女、父母；第二顺序：兄弟姐妹、祖父母、外祖父母；第三顺序：四亲等以内的亲属。前一顺序继承人优于

---

① “梁稿”第1937条。

后一顺序继承人。同一顺序继承人有数人时，按人数平均继承，但法律另有规定的除外。①

其二，共同继承人的协议。继承开始后，继承人有数人的，为共同继承。共同继承中，遗产属于共同共有，各共同继承人，按其应继承份额承继被继承人的权利和义务。继承人协商同意的，继承份额可以不均等。②

2. 徐国栋等学者建议稿的主要观点

遗产分割的依据有以下两种：

第一，被继承人的遗嘱指定。所有的人都可以遗嘱处分自己的全部或部分财产，但不得因此损害法律为特留份继承人保留的权利。③

第二，法律的规定。在无遗嘱或部分无遗嘱的情况下，适用法定继承。允许存在部分遗嘱继承，部分法定继承的情形。④ 具体包括以下两种情况：

其一，法定应继份。在法定继承中，遗产按照下列顺位继承：第一顺位：配偶、子女、父母；第二顺位：兄弟姐妹、祖父母、外祖父母。同一顺位继承人继承遗产的份额，一般应当均等。⑤

其二，共同继承人的协议。继承人协商同意的，分配份额也可以不均等。⑥

3. 王利明等学者建议稿的主要观点

遗产分割的依据有以下两种：

第一，被继承人的遗嘱指定。继承开始后，按照法定继承办理；有遗嘱的，按照遗嘱继承或遗赠办理；有遗赠扶养协议的，按照遗赠扶养协议办理。⑦

第二，法律的规定。如被继承人未立遗嘱处分其财产，遗产按法律的规定处理，具体包括以下两种情况：

其一，法定应继份。遗产按照下列顺序继承：第一顺序：配偶、子女、父母；第二顺序：兄弟姐妹、祖父母、外祖父母；第三顺序：四亲等以内的亲属。继承开始后，由第一顺序法定继承人继承，第二顺序法定继承人不得继承。没有第一顺序法定继承人的，或者第一顺序法定继承人放弃继承或者丧失继承权的，由第二顺序法定继承人继承。同一顺序的法定继承人继承遗产的份额，应当按照法定继承人的人数均等分配。但本编另有规定的除外。⑧

其二，共同继承人的协议。同一顺序的法定继承人，可以协商确定法定继承人的遗产继承份额，但不得违反第 576 条⑨的规定。⑩

---

① “梁稿”第 1946、1953、1955 条。

② “梁稿”第 1954、1956 条。

③ “徐稿”第四分编第 53 条。

④ “徐稿”第四分编第 2 条。

⑤ “徐稿”第四分编第 495、499 条。

⑥ “徐稿”第四分编第 499 条第 5 款。

⑦ “王稿”第 546 条。

⑧ “王稿”第 564、568、575 条。

⑨ “王稿”第 576 条规定：“对生活有特殊困难的缺乏劳动能力的法定继承人，在同一顺序的法定继承人分配遗产时，应当适当多分。”

⑩ “王稿”第 546、579 条。

4. 张玉敏等学者建议稿的主要观点

遗产分割的依据有以下两种：

第一，被继承人的遗嘱指定。遗嘱人可以在遗嘱中指定继承人，并指示遗产的分配比例，也可以设定负担。①

第二，法律的规定。如被继承人未立遗嘱处分其财产，遗产按法律的规定处理，具体包括以下三种情况：

其一，法定应继份。无遗嘱的情况下，继承按下列顺序进行。第一顺序：子女及其晚辈直系血亲。第二顺序：父母。第三顺序：兄弟姐妹及其子女。第四顺序：祖父母，包括父系祖父母和母系祖父母。继承开始后，由顺序在先的继承人继承，无前一顺序的继承人时，后一顺序的继承人才能继承。配偶可以和任一顺序的血亲继承人共同继承。同一顺序的血亲继承人应继份原则上应当均等，但法律另有规定或共同继承人另有协议的除外。配偶与第一顺序血亲继承人共同继承时，各继承人应继份均等；配偶与第二顺序血亲继承人共同继承时，其应继份为二分之一；配偶与第三顺序血亲继承人共同继承时，其应继份为三分之二；配偶与第四顺序血亲继承人共同继承时，其应继份为四分之三。在无血亲继承人时，配偶继承全部遗产。②

其二，共同继承人的协议。遗产分割由继承人按照有利于发挥遗产的效用和公平合理的原则，以协商一致的方法分割。③

其三，法院的裁判。继承人就遗产分割不能达成协议或因为其他原因不能进行协议的，任何一个继承人都可以请求法院以裁判分割。④

5. 陈苇等学者建议稿的主要观点

遗产分割的依据有以下两种：

第一，被继承人的遗嘱指定。遗产分割的时间、办法和份额，被继承人有遗嘱的，依遗嘱确定。⑤

第二，法律的规定。如被继承人未立遗嘱处分其财产，遗产按法律的规定处理，具体包括以下三种情况：

其一，法定应继份。在无遗嘱或遗嘱不成立、遗嘱无效时，遗产按下列顺序继承：第一顺序：子女及其晚辈直系血亲；第二顺序：父母；第三顺序：兄弟姐妹及其子女；第四顺序：父系祖父母、母系祖父母。继承开始后，由顺序在先的继承人先继承。无前一顺序继承人或前一顺序继承人都丧失继承权的，由后一顺序继承人继承。配偶为不固定顺序的继承人，其可以与前面三个顺序的继承人共同继承。配偶与第一顺序继承人共同继承时，遗产按人数均分；配偶与第二顺序继承人共同继承时，其应继份额为遗产的三分之二，其余血亲继承人的应继份为遗产的三分之一；在无第三顺序血亲继承人时，配偶继承全部遗产。在无配偶和第三顺序继承人时，由第四顺序继承人父系祖父母、母系祖父母分亲系

① “张稿”第35条。

② “张稿”第28、30、31条。

③ “张稿”第59条第1款。

④ “张稿”第59条第2款。

⑤ “陈稿”第73条。

继承。①

其二，共同继承人的协议。被继承人无遗嘱、遗嘱无效或对遗产分割事项制定不明时，由共同继承人协商确定。②

其三，法院的裁判。如果共同继承人协商不成，可以请求人民调解委员会调解或者向人民法院提起诉讼。③

6. 杨立新等学者建议稿的主要观点

遗产分割的依据有以下两种：

第一，被继承人的遗嘱指定。遗嘱人立有遗嘱的，遗产的分割应当依照遗嘱中的遗产分割方式进行。④

第二，法律的规定。关于遗产分割的依据，“遗嘱中没有分割方式或者没有遗嘱的，依照《中华人民共和国物权法》第100条的规定分割”。⑤ 如被继承人未立遗嘱处分其财产，遗产按法律的规定处理，具体包括以下两种情况：

其一，法定应继份。遗产按照下列顺序继承：第一顺序：配偶、子女、父母。第二顺序：孙子女、外孙子女、兄弟姐妹、祖父母、外祖父母。第三顺序：曾祖父母、外曾祖父母、伯、叔、姑、舅、姨、表兄弟姐妹、侄子女、甥子女以内的其他直系或旁系血亲。继承开始后，由前一顺序继承人继承。没有前一顺序继承人继承的，由后一顺序继承人继承。同一顺序继承人有数人时，原则上平均分得遗产。⑥

其二，共同继承人的请求。继承人协商同意的，继承人继承遗产的份额可以不均等。⑦

（二）遗产分割依据之我国立法的学者观点评析

1. 诸学者建议稿的共同点

关于遗产分割的依据，前述六份学者建议稿的共同点是：第一，遗产分割的依据包括遗嘱的指定和法律的规定；第二，被继承人有遗嘱的，应该优先按照遗嘱分割遗产，只有在无遗嘱或遗嘱无效的情况下，才按照法定继承办理。第三，关于法律的规定，包括法定应继份、共同继承人的协议两个方面内容。其中法定应继份，同一顺位的继承人原则上平均分割遗产。关于共同继承人的协议，继承人协商一致的情况下，继承份额可以不均等。

2. 诸学者建议稿的不同点

前述六份学者建议稿不同之处主要有：第一，对遗产分割依据的具体规定不同。“徐稿”“陈稿”和“杨稿”将遗产分割的依据分为两个层次：一是被继承人的遗嘱；二是法律的规定。“梁稿”和“王稿”中，具体列举遗产分割的依据有三种：一是我国的继承立法；二是遗嘱或遗赠；三是遗赠扶养协议。其中，遗嘱、遗赠和遗赠扶养协议，虽然适用效力的先后有不同，但均涉及被继承人的遗嘱处分财产，故实际也是依遗嘱作为分割依

① “陈稿”第45、47条。
② “陈稿”第73条。
③ “陈稿”第73条。
④ “杨稿”第87条。
⑤ “杨稿”第87条。
⑥ “杨稿”第57、58条。
⑦ “杨稿”第63条。

据。第二，依据法律进行分割，从条文的具体表达方式来看，有的建议稿为概括式的规定，有的建议稿为具体规定。例如，“梁稿”和“王稿”中均概括地规定为，“继承开始后，按照法定继承处理”。而“杨稿”则对此规定为援引《物权法》的规定处理。第三，关于法院的裁判，只有“张稿”“陈稿”明文规定，在共同继承人就遗产分割发生纠纷时，可以向法院提起诉讼，然后依据法院的裁判分割遗产。此外，“陈稿”还提出可以请求人民调解委员会调解。

从立法价值取向和功能之角度分析，遗产分割的依据有按照被继承人的遗嘱指定或法律的规定，对继承人各自的应继份进行分配。在遗嘱继承时，如果被继承人在遗嘱中指定了如何分割或委托第三人予以分割，应当依据被继承人的遗嘱进行分割。在法定继承时，除法律规定的应继份外，对于遗产分割的时间、份额、方法，均可以由继承人协商确定。因此，遗产分割的依据体现了对被继承人意愿和继承人意愿的充分尊重，贯彻了民法的意思自治原则，彰显了法律的自由价值。而如果共同继承人对于遗产分割协商不成的，由人民法院裁决，这体现了国家公力介入，符合法律的公平价值取向。

通过司法实践的考察，从“涉及遗产分割依据的案例二”可知，被继承人王某法没有立遗嘱，根据我国《继承法》第5条规定：“继承开始后，按照法定继承办理；有遗嘱的，按照遗嘱继承或者遗赠办理；有遗赠扶养协议的，按照协议办理。”本案应依法采用法定继承的方式进行遗产分配，王某1、王某2、王某3、王某4和赡养父亲王某法的王某某均享有遗产分割的权利，故一审人民法院剥夺王某3的法定继承权于法无据。并且，根据我国《继承法》第13条，对被继承人尽了主要扶养义务或者与被继承人共同生活的继承人，分配遗产时，可以多分的规定，法院应当依法让履行赡养义务的人多分遗产，故二审法院的判决对于尽了主要赡养义务的王某某多分遗产的份额还可适当提高，才符合法律的公平价值。

在域外立法中，两大法系国家遗产分割的依据均包括被继承人的遗嘱或法律的规定，其中，法律的规定包括法定应继份、共同继承人的协议或法院的裁判。被继承人的遗嘱是遗产分割的首要依据，体现了对被继承人意思自治的尊重。在无遗嘱或遗嘱无效的情形下，应当依法律的规定进行遗产分割，除法律规定的各继承人的法定应继份外，继承人可以通过共同协商改变法定应继份，此亦为分割遗产的依据。此外，法院对当事人遗产分割的争议亦是依法律的规定为依据进行裁决。

我们认为，关于我国遗产分割的依据，从现行立法来看，包括法律的规定和遗嘱的指定，后者包括遗嘱继承或遗赠和遗赠扶养协议三种。另外，还有学者认为，我国应增补继承合同制度。也就是说，我国未来遗产分割的依据还可能包括遗嘱处分财产的有对价的继承合同。从总体上看，我国遗产分割的依据应包括两类：一是体现被继承人自我意志或实现自我安排的遗嘱继承、遗赠、遗赠扶养协议（或继承扶养合同）；二是在无遗嘱或遗嘱无效时适用法律的规定，其包括法定应继份、共同继承人的协议和法院的裁决。目前，我国《继承法》在法定继承部分对于法定应继份已有明确的规定，即同一顺序的继承人原则上均等分配遗产。并且该法第15条已明确规定了共同继承人可以协商分割遗产。这些都是指导继承人处理遗产和人民法院审理继承纠纷的依据。

三、遗产分割原则之我国立法的学者观点与评析

（一）遗产分割原则之我国立法的学者观点

1. 梁慧星等学者建议稿的主要观点

第一，尊重被继承人意愿和继承人意愿的原则。自然人可以通过遗嘱指定由法定继承人中的一人或者数人继承其遗产，或者将其财产遗赠给法定继承人以外的人。遗产的分割应当依照遗嘱中确定的遗产分割方法进行。继承人协商同意的，继承份额可以不均等。[①]

第二，公平分割原则。关于公平分割原则，主要体现为以下几个方面：其一，同一顺序继承人有数人时，按人数平均继承，但法律另有规定的除外。对被继承人尽了主要扶养义务的继承人、分配遗产时，可以多分。有扶养能力和有扶养条件的继承人，不尽扶养义务的，分配遗产时，应当不分或者少分，但被继承人因有固定收入和劳动能力，明确表示不要求其扶养的，其继承份额不受影响。[②] 其二，酌分遗产请求权。继承人以外的对被继承人扶养较多的，可以分得适当的遗产。[③] 其三，遗产归扣。继承开始之前，继承人因结婚、分家、营业以及其他事由而由被继承人处获得的赠与的财产应当列入遗产范围，但被继承人生前有相反意思表示的除外。[④] 其四，共同继承人之间的瑕疵担保责任。遗产分割后，各继承人以其所得的遗产份额为限，对其他继承人分得的遗产，承担与出卖人相同的担保责任。受遗赠人接受的遗产为种类物的，有权要求继承人承担前款规定的责任。[⑤]

第三，照顾弱者分割原则。此原则要求遗产分割时照顾弱者利益，以发挥遗产的扶养职能。其主要被体现为：其一，对胎儿利益的保护。胎儿未出生的，请求分割遗产时，应当为胎儿保留其应继份。出生后为死胎的，保留份额依照法定继承处理。[⑥] 其二，对生活有特殊困难的继承人的照顾。对生活有特殊困难的缺乏劳动能力的继承人，分配遗产时，应当予以照顾，可以多分遗产。[⑦] 其三，遗产酌分请求权。依靠被继承人生前继续扶养的缺乏劳动能力又没有生活来源的继承人以外的人可以分得适当的遗产。[⑧]

第四，发挥遗产效用原则。遗产的分割应当依照有利于生产和生活、不损害遗产的效用的原则进行。[⑨]

第五，平等保护继承人利益和遗产债权人利益的原则。此原则主要体现为即通过实施有条件的遗产清单制度，继承人在接受继承后，需要在一定期限内向法院提交遗产清单，提交忠实、准确遗产清单的继承人对被继承人的债务承担有限清偿责任，遗产债权人以遗产为限获得清偿。[⑩] 通过此种制度的设立，既可以使得继承人避免以自己的固有财产承担债务清偿责任，又可以使遗产债权人的债务得到及时的清偿。

---

① “梁稿”第 1956 条第 4 款、1959 条第 2 款、2022 条。
② “梁稿”第 1955 条。
③ “梁稿”第 1957 条第 2 项。
④ “梁稿”第 1942 条。
⑤ “梁稿”第 2025 条。
⑥ “梁稿”第 2021 条第 2 款。
⑦ “梁稿”第 1956 条第 1 款。
⑧ “梁稿”第 1957 条第 1 项。
⑨ “梁稿”第 2022 条。
⑩ “梁稿”第 2017 条。

2. 徐国栋等学者建议稿的主要观点

第一，尊重被继承人意愿和继承人的意愿原则。如死者已通过生前行为或遗嘱实施分割，在不损害他人权利的限度内，该分割有效。继承人协商同意的，分配份额也可以不均等。①

第二，公平分割原则。其一，同一顺位继承人继承遗产的份额，一般应当均等。② 对被继承人尽了主要扶养义务或与被继承人共同生活的继承人，分配遗产时可以多分。有扶养能力和有扶养条件的继承人不尽扶养义务的，分配遗产时应当不分或者少分。③ 其二，遗产酌分请求权。继承人以外的对被继承人扶养较多的人，可以分给他们适当的遗产。其三，遗产归扣。任何接受继承的死者的直系卑血亲和配偶，应将他从死者取得的不能免于合算的施舍的价值归入遗产。但被继承人指定或法律规定应免于合算的除外。④ 其四，共同继承人的瑕疵担保责任。实施分割后，每位相续人马上对分得的一切物件取得所有权，而被排除对遗产中的其他物件的权利。如果共同相续人之一转让在分割中已分给了其他相续人的物件，可按本民法典第八分编第150条⑤关于出卖他人之物者的责任的规定处理。⑥

第三，照顾弱者分割原则。此原则要求遗产分割时照顾弱者利益，以发挥遗产的扶养职能。其一，对配偶权利的保护。即使在有其他人参加遗产分配的情况下，如果用作居所的房屋的家具的所有权属于被继承人或属于配偶双方，则房屋的居住权以及使用家具的权利属于配偶。上述权利由遗嘱人可任意处分的份额承担；在可处分份额不够的情况下，不足部分由配偶的应继份承担；仍然不够的，由子女的应继份承担。⑦ 其二，对胎儿利益的保护。所有在继承开始时已出生或已受孕的人，都有继承能力。某一生存的确定之人的子女，即使在遗嘱人死亡之时尚未受孕，也享有根据遗嘱取得遗产的权利。⑧ 其三，遗产酌分请求权。对继承人以外的依靠被继承人扶养的缺乏劳动能力又没有生活来源的人，可以分给他们适当的遗产。⑨ 其四，对生活有困难的继承人的照顾。对生活有特殊困难的缺乏劳动能力的继承人，分配遗产时应予以照顾。⑩

第四，发挥遗产效用原则。如分配给继承人的土地在可能的情况下应是毗连的或是与该人的其他土地尽量毗连，并且为其管理和享用的便利设定必要的役权。对于农地使用权，如有继承人签订了农地使用权转让合同的，该继承人可请求继承经营所需的全部财产。⑪

第五，平等保护继承人利益和遗产债权人利益的原则。此原则主要通过设立有条件的

① “徐稿”第四分编第407、499条。

② “徐稿”第四分编第499条第1款。

③ “徐稿”第四分编第499条第2、3款。

④ “徐稿”第四分编第445条。

⑤ “徐稿”第八分编第150条规定：“如果缔约之时出卖人不享有标的物的所有权，他应采取补救措施尽量使买受人取得所有权。买受人从出卖人取得所有权时起成为标的物的所有权人。”

⑥ “徐稿”第四分编第433条。

⑦ “徐稿”第四分编第289条第2款。

⑧ “徐稿”第四分编第5条。

⑨ “徐稿”第四分编第497条。

⑩ “徐稿”第四分编第499条第2款。

⑪ “徐稿”第四分编第427、429条。

有限责任继承制度来实现：一是遗产清单制度，继承人通过制作忠实、准确的遗产清单对被继承人的债务承担有限清偿责任，进而也使得遗产债权人可以尽快得到清偿。二是财产分离制度，即遗产债权人与继承人的债权人通过申请财产分离，使继承人的财产与遗产相分离，避免二者财产的混同，从而可以保障遗产债权人与继承人的债权人各自的利益。

3. 王利明等学者建议稿的主要观点

第一，尊重被继承人和继承人意愿的原则。遗嘱人可以在遗嘱中指定由法定继承人的一人或者数人继承遗产，也可以通过遗嘱将遗产赠给国家、社会组织或者法定继承人以外的人。同一继承顺序的法定继承人，可以协商确定法定继承人的遗产继承份额，但不得违反第 576 条的规定。①

第二，公平分割原则。关于公平分割遗产，主要体现为以下方面：其一，同一顺序的法定继承人继承遗产的份额，应当按照法定继承人的人数，均等分配。② 对被继承人尽了主要赡养义务，或者与被继承人共同生活又尽了主要赡养义务的法定继承人，在不违反前条规定的情况下，可以多分给遗产。有扶养能力的继承人，对被继承人不尽扶养义务的，分配遗产时，应当不分或者少分。如果被继承人明确表示不需要继承人扶养的，不适用本条第 1 款规定。③ 其二，遗产酌分请求权。法定继承人以外的对被继承人扶养较多的人，而又未获得适当的遗赠的，可以分给他们以不超过法定应继份为限的遗产。④ 其三，遗产归扣。继承开始前，因结婚、分居、营业、超过通常标准的教育、职业培训，已接受被继承人赠与财产的继承人，应将该赠与价额加入继承开始时被继承人所有财产中，为应继财产。但被继承人于赠与时有反对意思表示者，不在此限。⑤ 其四，共同继承人间的瑕疵担保责任。遗产分割后，各继承人以其所得的遗产份额为限，对其他继承人分得的遗产，负与出卖人相同的瑕疵担保责任。⑥

第三，照顾弱者分割原则。此原则要求遗产分割时照顾弱者利益，以发挥遗产的扶养职能。其主要被体现为：其一，对配偶权利的保护。被继承人的配偶尚生存而没有自己的住房的，如果没有继承被继承人遗产中的房屋，则对遗产中的房屋享有法定用益物权。生存配偶为此需要支付取得所有权的继承人不超过市价的租金。⑦ 其二，对胎儿利益的保护。被继承人死亡前已受孕的胎儿，就继承视为已出生。胎儿的母亲或其他近亲属代理行使相关权利。胎儿出生时是死体的，保留的份额按照法定继承处理。⑧ 其三，对生活有特殊困难的缺乏劳动能力的法定继承人，在同一顺序的法定继承人分配遗产时，应当适当多分。⑨ 其四，遗产酌分请求权。对法定继承人以外的依靠被继承人扶养的缺乏劳动能力又没有生活来源的人，可以分给他们以不超过法定应继份为限的遗产。

---

① “王稿”第 584、546 条。第 576 条规定：“对生活有特殊困难的缺乏劳动能力的法定继承人，在同一顺序的法定继承人分配遗产时，应当适当多分。”

② “王稿”第 575 条。

③ “王稿”第 577、578 条。

④ “王稿”第 570 条。

⑤ “王稿”第 542 条。

⑥ “王稿”第 648 条。

⑦ “王稿”第 580 条。

⑧ “王稿”第 531 条。

⑨ “王稿”第 576 条。

第四，发挥遗产效用原则。遗产分割应当有利于继承人、受遗赠人的生活需要和经营活动，不损害遗产的效用。①

第五，平等保护继承人利益和遗产债权人利益的原则。关于此原则主要设立有条件的有限责任继承制度来实现，即设立遗产清单制度，在继承开始后，遗产管理人应当及时清理被继承人的遗产②，通过编制忠实、准确的遗产清单，在遗产价值范围内承担有限清偿责任，使遗产债权人可以就遗产为限获得清偿。

4. 张玉敏等学者建议稿的主要观点

第一，尊重被继承人意愿和继承人意愿的原则。遗嘱人可以在遗嘱中指定继承人，并指示遗产的分配比例，也可以设定负担。在法定继承时，同一顺序的血亲继承人应继份原则上应当均等，但共同继承人另有协议的除外。③

第二，公平分割原则。公平分割原则主要体现为以下几个方面：其一，同一顺序的血亲继承人应继份原则上应当均等，但法律另有规定或共同继承人另有协议的除外。④ 其二，遗产酌分请求权。与被继承人共同生活、关心照料被继承人的人可以在知道继承开始后 2 个月内，向继承人或遗产管理人请求分给一定数量的遗产。继承人和遗产管理人应当根据受被继承人扶养的程度、与被继承人的关系等因素确定分给遗产的数量。⑤ 其三，遗产归扣。被继承人给予晚辈直系血亲的结婚、另居、营业费用，应按照赠与时的价额冲抵其遗产分配额。但被继承人指示免除归扣的除外。⑥ 其四，共同继承人间的瑕疵担保责任。继承人以其所得遗产的价值为限，按继承比例对其他继承人因分割所得遗产承担与出卖人相同的瑕疵担保责任。⑦

第三，照顾弱者分割原则。此原则要求遗产分割时照顾弱者利益，以发挥遗产的扶养职能。其主要被体现为以下几个方面：其一，对生存配偶权利的保护。配偶对遗产中供自己使用的住房和日常生活用品有先取特权。此先取特权不受清偿遗产债务的影响。如果配偶的先取特权超过其应继份，则以先取特权作为其应继份。⑧ 其二，对父母权利的保护。父母因顺序在后未参加继承时，对遗产中供其个人日常生活使用的住房和其他物品享有终生使用权。⑨ 其三，对胎儿利益的保护。共同继承人中有尚未出生的胎儿的，分割遗产时应当为胎儿保留其应继份。⑩ 其四，遗产酌分请求权。依靠被继承人扶养的应召继承人以外的人可请求酌分遗产和可以在知道继承开始后 2 个月内，向继承人或遗产管理人请求分给一定数量的遗产。⑪

第四，发挥遗产效用原则。遗产分割由继承人按照有利于发挥遗产的效用的原则，以

---

① “王稿”第 647 条。
② “王稿”第 551 条。
③ “张稿”第 30、35 条第 1 款。
④ “张稿”第 30 条。
⑤ “张稿”第 61 条。
⑥ “张稿”第 64 条。
⑦ “张稿”第 65 条。
⑧ “张稿”第 32 条。
⑨ “张稿”第 33 条。
⑩ “张稿”第 60 条。
⑪ “张稿”第 61 条。

协商一致的方法分割。[①]

第五，平等保护继承人利益和遗产债权人利益的原则。此原则主要体现为遗产清单制度。即继承人在继承开始后，向法院声明以继承财产的价值为限，承担清偿被继承人债务的责任，并提交忠实、准确的遗产清单[②]，在遗产价值范围内承担有限清偿责任，使遗产债权人可以就遗产为限获得清偿。

5. 陈苇等学者建议稿的主要观点

第一，尊重被继承人意愿和继承人意愿的原则。遗产分割，应当按照遗嘱指定的分割方法进行；遗嘱未指定的，共同继承人可以协商确定。同一顺序继承人继承遗产的份额，一般应当均等，但继承人协商同意的，也可以不均分。[③]

第二，公平分割原则。其一，配偶之外的其他近亲属继承时，同一顺序继承人继承遗产的份额，一般应当均等。[④] 对被继承人尽了主要扶养义务或者与被继承人共同生活的继承人，分配遗产时可以多分。有扶养能力和有扶养条件的继承人，不尽扶养义务的，分配遗产时，应当不分或者少分。[⑤] 其二，酌情分配遗产请求权。对被继承人扶养较多的没有扶养义务的人，可以请求酌情分配给他们适当的遗产。丧偶儿媳对公、婆，丧偶女婿对岳父、母，尽了主要赡养义务的，可以请求酌分给适当的遗产。[⑥] 其三，遗产归扣。归扣义务人在被继承人生前所受的特种赠与财产，包括因结婚、分居、生产经营所受赠与财产、大学本科以上的教育费用、成年以后的职业教育或培训费用、储蓄性人寿保险等应进行归扣。但被继承人指示获法律规定免除归扣的除外。[⑦] 其四，共同继承人间的瑕疵担保责任。遗产分割后，各共同继承人以其所得的遗产份额为限，对其他共同继承人分得的遗产，承担与出卖人相同的担保责任。[⑧]

第三，照顾弱者分割原则。此原则要求遗产分割时照顾弱者利益，以发挥遗产的扶养职能。其主要被体现为以下方面：其一，对配偶权利的保护。生存配偶对遗产中的婚姻住宅和家庭日常生活用品享有先取权。如其继承的遗产份额小于该家庭日常生活用品的价值时，其也可以选择对该家庭日常生活用品享有终生使用权。生存配偶对遗产中的婚姻住宅享有优先扣除其继承遗产份额的权利。如其继承的遗产份额小于该婚姻住宅的价值时，其也可以选择对婚姻住宅享有终生居住权。[⑨] 其二，对非应召特殊继承人的权利的保护。依靠被继承人扶养的无遗嘱继承人在未参加继承时，对遗产中供其个人日常生活使用的物品和住房享有终生的使用权或用益权。[⑩] 其三，对胎儿利益的保护。遗产分割，应当保留胎儿的继承份额。如果胎儿出生时是死体的，保留的份额按法定继承办理。应当为胎儿保留的遗产份额而没有保留的，应从继承人所继承的遗产中扣回。为胎儿保留的遗产份额，如

---

① “张稿”第59条。
② “张稿”第16条。
③ “陈稿”第49、76条。
④ “陈稿”第49条第1款。
⑤ “陈稿”第49条第3、4款。
⑥ “陈稿”第50条。
⑦ “陈稿”第78条。
⑧ “陈稿”第79条第2款。
⑨ “陈稿”第48条第1款。
⑩ “陈稿”第48条第2款。

胎儿出生后死亡的，由其继承人继承；如胎儿出生时是死体的，由被继承人的继承人继承。[①] 其四，对生活有困难的继承人的照顾。对生活有特殊困难的缺乏劳动能力的继承人，分配遗产时，应当予以照顾。[②] 其五，对依靠被继承人扶养的人的临时扶养费。在实行遗嘱继承或无遗嘱继承时，依靠被继承人扶养的人不能继承或取得的遗产不能维持生活的，受扶养人有权向继承人或人民法院提出，请求从被继承人的遗产中支付一定期间的生活费，该期间一般不得超过1年。[③] 其六，酌分遗产请求权。受被继承人扶养的继承人或受被继承人扶养的继承人以外的缺乏劳动能力又无生活来源的人，可以请求酌情分给他们适当的遗产。[④]

第四，发挥遗产效用原则。遗产分割，应当有利于生产和生活需要，不损害遗产的效用。[⑤]

第五，平等保护继承人利益和遗产债权人利益的原则。此原则主要通过设立有条件的限定责任继承制度来实现，其体现为两个方面：其一，遗产清单制度。选择实行有条件限定继承的继承人应当在继承开始后制作忠实、准确的遗产清单，通过制作遗产清单，以遗产的价值为限承担清偿被继承人债务的责任，也使遗产债权人可以得到清偿。[⑥] 其二，财产分离制度。被继承人的债权人或继承人的债权人可以请求遗产管理人或继承人将遗产与继承人的固有财产分离。[⑦] 从而使被继承人的债权人优先就遗产获得清偿，继承人的债权人优先就继承人的固有财产获得清偿。

6. 杨立新等学者建议稿的主要观点

第一，尊重被继承人意愿和继承人意愿的原则。遗产的分割应当依照遗嘱中的遗产分割方式进行。同一顺序继承人继承遗产的份额，一般应当均等。继承人协商同意的，也可以不均等。[⑧]

第二，公平分割原则。公平分割原则主要体现为以下几个方面：其一，同一顺序继承人继承遗产的份额，一般应当均等。但对被继承人尽了主要扶养义务或者与被继承人共同生活且尽扶养义务较多的继承人，分配遗产时，可以多分。对被继承人生活提供了主要经济来源，或在劳务等方面给予了主要扶助的，应当认定其尽了主要扶养义务。有扶养能力和有扶养条件的继承人，所尽扶养义务较少的，应当少分。不尽扶养义务的，应当不分或者少分。愿意尽扶养义务，被继承人明确表示不要求其扶养的，不应因此而减少其继承份额。其二，遗产酌分请求权。继承人以外的对被继承人扶养较多的人，可以分给他们适当的遗产。[⑨] 其三，遗产归扣。继承开始前，晚辈继承人因结婚、分家、营业、教育、生育等事项，接受被继承人生前赠与的财产，依据被继承人生前的意思表示或者风俗习惯，属

---

① "陈稿"第49条第2、3、4款、75条。
② "陈稿"第49条第2款。
③ "陈稿"第51条第1款。
④ "陈稿"第50条第1款。
⑤ "陈稿"第75条。
⑥ "陈稿"第70条。
⑦ "陈稿"第70条。
⑧ "杨稿"第63条第1款、87条。
⑨ "杨稿"第61条第1款。

于提前处分遗产的，应当按照赠与时的价值归入计算价额。[①] 其四，共同继承人间的瑕疵担保责任。各继承人以其所得遗产的价值为限，对其他继承人分得的遗产，按继承比例承担与出卖人相同的瑕疵担保责任。[②]

第三，照顾弱者分割原则。此原则要求遗产分割时照顾弱者利益，以发挥遗产的扶养职能。其主要被体现为以下方面：其一，对胎儿利益的保护。遗产分割时，应当保留胎儿的法定应继份。胎儿出生后死亡的，该份额由胎儿的继承人继承。胎儿出生时是死体的，保留的份额由被继承人的继承人继承。未保留胎儿应继份的，应从继承人所继承遗产中扣回。[③] 其二，对生活有特殊困难的缺乏劳动能力的继承人，分配遗产时，应当予以照顾。其三，遗产酌分请求权。对继承人以外的依靠被继承人扶养的缺乏劳动能力又没有生活来来源的人，可以分给他们适当的遗产。

第四，发挥遗产效用原则。关于发挥遗产效用原则，“杨稿”主要体现在遗产分割的方法上，即遗嘱中没有分割方式或者没有遗嘱的，依照我国《物权法》第 100 条的规定分割。[④] 即不易分割或者因分割会减损价值的财产，应当对折价或者拍卖、变卖取得的价款予以分割。[⑤]

第五，平等保护继承人利益和遗产债权人利益的原则。此原则主要体现为遗产清单制度，即遗产管理人或继承人应当在一定期限内制作遗产清单，以确定遗产标的的范围，在制作忠实、准确的遗产清单后，继承人以自己的遗产价值为限对被继承人的债务承担有限清偿责任，遗产债权人可以就遗产为限得到清偿。

（二）遗产分割原则之我国立法的学者观点评析

1. 诸学者建议稿的共同点

前述诸学者建议稿的共同点主要有：第一，关于遗产分割的原则，前述学者建议稿都包括五个原则，即尊重被继承人和继承人意愿的原则、公平分割原则、照顾弱者分割原则、发挥遗产效用原则、平等保护继承人利益和遗产债权人利益的原则。第二，关于尊重被继承人和继承人意愿的原则，六份学者建议稿都主要体现在两个方面：其一，关于尊重被继承人的意愿体现为被继承人可以通过遗嘱处分自己的遗产；其二，关于尊重继承人的意愿的原则体现为在分割遗产时，如果继承人协商同意，遗产的继承份额可以不均等。第三，关于公平分割遗产原则，前述六份学者建议稿主要体现在以下几个方面：其一，法定应继份，法定继承时，同一顺序继承人的份额原则上应当均等，但是，对被继承人尽了主要扶养义务的继承人在分配遗产时应当多分，不尽扶养义务的，应当不分或者少分；其二，酌分遗产请求权，法定继承人以外的对被继承人扶养较多的人，在分割遗产时可以分给他们适当的遗产；其三，遗产归扣制度，接受被继承人生前特种赠与的特定继承人在遗产分割时应当将所接受赠与的财产计入遗产总额，然后计算继承人的应继份，以期在共同继承人中公平分配遗产；其四，前述学者建议稿中都规定了瑕疵担保责任，此制度也体现了公平分割原则。即遗产分割后，各继承人以其所得的遗产份额为限，对其他继承人分得

① “杨稿”第 9 条。
② “杨稿”第 89 条第 2 款。
③ “杨稿”第 65 条。
④ “杨稿”第 87 条第 2 款。
⑤ 参见我国《物权法》第 100 条第 1 款。

的遗产，承担与出卖人相同的担保责任。第四，关于照顾弱者分割原则，此原则要求遗产分割时照顾弱者利益，以发挥遗产的扶养职能。其一，前述诸学者建议稿中都规定对胎儿的利益保护、对受被继承人扶养的人的照顾、对生活有特殊困难的继承人的照顾。其二，对生活有特殊困难的继承人应当照顾多分遗产。对此，除“张稿”无规定外，“梁稿”“徐稿”“王稿”“陈稿”“杨稿”都有规定，对生活有特殊困难的缺乏劳动能力的继承人，分配遗产时，应当予以照顾，可以多分遗产。其三，受被继承人扶养的人享有遗产酌分请求权，即被继承人以外的依靠被继承人扶养的缺乏劳动能力又没有生活来源的人，可以请求酌情分配适当的遗产。第五，平等保护继承人利益和遗产债权人利益的原则。前述诸学者建议稿中规定的遗产清单制度都体现了此原则。

2. 诸学者建议稿的不同点

关于遗产分割的原则，诸学者建议稿之具体内容规定的不同点主要有：

第一，关于照顾弱者分割原则，此原则要求遗产分割时照顾弱者利益，以发挥遗产的扶养职能。其在前述学者建议稿中所体现的内容有所不同。其一，对配偶权利的保护内容不同，只有“徐稿”“王稿”“张稿”“陈稿”作出了规定。但是，四份学者建议稿中对生存配偶保护的内容有所不同。“徐稿”规定配偶对用作居所的属于被继承人活着配偶双方的房屋享有居住权及家具的终生使用权；“王稿”规定配偶对被继承人遗产中的房屋享有法定用益物权，并且生存配偶需要向其他继承人支付租金。“张稿”规定，配偶对遗产中供自己使用的住房和日常生活用品有先取特权，并且此先取特权不受清偿遗产债务的影响。如果配偶的先取特权超过其应继份，则以先取特权作为其应继份。“陈稿”规定配偶对遗产中供自己使用的住房和日常生活用品有先取权，并且如其继承的遗产份额小于该家庭日常生活用品的价值时，其也可以选择对该家庭日常生活用品享有终生使用权。即生存配偶对遗产中的婚姻住宅享有优先扣除其继承遗产份额的权利。如其继承的遗产份额小于该婚姻住宅的价值时，其也可以选择对婚姻住宅享有终生居住权。由此可见，前述四份学者建议稿中对配偶权利的保护，“陈稿”规定得最为具体，其中“王稿”对配偶权利的保护力度较小，而“张稿”保护力度最大。我们认为，“陈稿”的规定比较合理，因为在配偶的应继份小于该婚姻住宅的价值时，配偶可以选择对婚姻住宅享有终生居住权，而不是将先取权作为其应继份而取得所有权。这既可以保障生存配偶的居住权，也可以保护其他共同继承人该婚姻住宅的应继份权益。其二，对胎儿利益的保护规定内容不同。虽然前述六份学者建议稿都规定在分割遗产时应当保护胎儿的利益，殊途同归，但其具体内容有不同。“梁稿”“王稿”“张稿”“陈稿”“杨稿”规定，在分割遗产时，胎儿未出生的，应当为胎儿保留应继份。“徐稿”规定，所有在继承开始时已出生或已受孕的人，都有继承权利。由此可见，“徐稿”并未明确规定为胎儿保留应继份。其三，对非应召继承人外的特定继承人的保护范围不同。对此，“张稿”规定了对被继承人的父母的权利保护，父母因顺序在后未参加继承时，对遗产中供其个人日常生活使用的住房和其他物品享有终生使用权；而“陈稿”规定，依靠被继承人扶养的无遗嘱继承人在未参加继承时，对遗产中供其个人日常生活使用的物品和住房享有终生的使用权或用益权。据此可知，“陈稿”对应召继承人外的特定继承人的保护范围更宽。其四，“陈稿”还规定了依靠被继承人扶养的人请求临时扶养费的权利，对此，其他学者建议稿都未作出规定。

第二，发挥遗产效用原则所体现的内容不同。前述诸学者建议稿中，“梁稿”“王稿”

“张稿”“陈稿”都明确规定了遗产分割，应当有利于生产和生活需要，不损害遗产的效用，而“徐稿”“杨稿”则从遗产分割的具体方法中规定发挥遗产效用的原则。如“徐稿”规定在继承人分配土地时应当在可能的情况下是毗连的，同时还规定了农地使用权的分割，如果继承人签订了农地使用权转让合同的，该继承人可以请求经营所需的全部财产。

第三，平等保护继承人利益和遗产债权人利益的原则不同。虽然前述六份学者建议稿都规定了遗产清单制度，以确定遗产标的的范围，但是，在“徐稿”“陈稿”中还规定了财产分离制度，赋予遗产债权人与继承人的债权人请求财产分离的权利，以避免继承人的固有财产与遗产的混同，从而保护继承人和遗产债权人以及继承人的债权人各自的利益。

从立法价值取向和功能之角度分析，前述遗产分割的五项原则中尊重被继承人意愿和继承人意愿的原则，体现了意思自治原则，彰显了法律的平等与自由价值。公平分割遗产原则符合权利与义务相一致原则的要求，彰显了法律的平等与公平价值。发挥遗产的扶养职能，主要体现为照顾弱者利益，体现了国家尊重和保护人权的理念，彰显了法律的人文主义精神。发挥物之效用原则，彰显了法律的效率价值。平等保护继承人利益和遗产债权人利益的原则，有利于实现保护继承人与被继承人的债权人之财产权益的功能。在遗产分配时，依据一定的原则指导遗产分割，不仅体现了自由价值、平等价值、公平价值和效率价值，也有利于发挥遗产的养老育幼、发挥物之效用等功能，减少继承纠纷，促进家庭和谐与社会经济发展。

从司法实践分析，从前述“涉及遗产分割原则的案例三”可知，首先，被继承人李某生前并未立下遗嘱，根据我国《继承法》第 5 条的规定，本案应当适用法定继承，第一顺序法定继承人原则上平等享有继承份额。其次，鉴于邹某与李某系老年再婚夫妻，双方共同独立生活长达 21 年之久，相互已尽夫妻扶养义务，又因邹某无他处可居，故本案遗产中的家庭住房不宜分割。并且，邹某年事已高且有残疾人证，属生活困难及缺乏劳动能力的人，在遗产分割中应当体现公平分割原则和照顾弱者分割原则，依法进行判决。本案法院的最终判决体现了我国遗产分割原则中公平分配、照顾弱者分割原则之注重照顾弱者利益的要求，这是合法且合理的。

在域外立法中，关于遗产分割的原则，两大法系国家的立法可以归纳为五个共有原则：一是尊重被继承人意愿和继承人意愿的原则。有遗嘱的按照遗嘱进行分割遗产；无遗嘱或遗嘱无效的，依法律规定或按法定应继份或由继承人协商处理；协商不成的，可诉请法院裁决。二是公平分割原则。公平分割原则具体表现为同一顺位继承人继承份额均等、特殊贡献的补偿请求权、遗产归扣制度和共同继承人对遗产分割的担保责任。三是照顾弱者分割原则。此原则要求遗产分割时照顾弱者利益，以发挥遗产的扶养职能。其主要体现为多数国家规定了配偶对遗产中家庭住房的居住权、对于遗产分割须保留胎儿的继承份额或延缓至胎儿出生后分割、特殊遗产可延缓至继承人成年后分割及遗产分割时要支付受被继承人扶养的人临时扶养费等。四是发挥遗产效用原则。此立法主要体现为遗产分割中的分割方法，主要有一般分割方法与特殊分割方法，前者包括原物分割、补偿分割、变价分割和维持共有，其中后三种分割方法均体现了发挥物之效用原则；后者包括配偶对家庭住宅分割时有先取权，在商业、企业、农场等分割中与生产经营者有优先权，这些也都体现了效率价值。这些都从遗产之性质、经济效用及全体继承人之利益或特殊继承人之生活等情况考虑具体分割方法，以发挥物之效用。五是平等保护继承人利益和遗产债权人利益的原则。这主要体现在有限清偿被继承人的遗产债务制度中，如法国、德国、瑞士、日本、意大利及俄罗斯相关立法均规定，继承人可以通过遗产清单依法制定对于遗产债务承担限定清偿的责任，而遗产债权人则可以保证以遗产为限获得清偿。

我们认为，遗产分割原则，关系到各共同继承人与遗产债权人等遗产利害关系人的切身利益，关系到社会的稳定和发展，从前述的五项原则看，包括尊重被继承人意愿和继承人意愿的原则、公平分割原则、照顾弱者分割原则、发挥遗产效用原则、平等保护继承人利益和遗产债权人利益的原则，反映这些原则的具体制度在我国《继承法》的相关内容中大部分均已有规定，但与前述学者建议稿及域外立法的具体制度相比，如遗产清单制度、遗产归扣制度、继承人对遗产特别贡献的补偿请求权、共同继承人对遗产分割的瑕疵担保责任、生存配偶对家庭住房的居住权和家庭生活日常用品的终生使用权等都有待增补或修改完善。

四、遗产分割时间之我国立法的学者观点与评析

（一）遗产分割时间之我国立法的学者观点

前述各学者建议稿对遗产分割时间的自由及限制均有规定，具体如下：

1. 梁慧星等学者建议稿的主要观点

继承开始后，继承人可以随时请求分割遗产，但有下列情形之一的除外：其一，遗产债务尚未清偿完毕。其二，遗嘱指定遗产于一定期间内不得分割，但该期间不得超过五年；超过五年的，缩短为五年。其三，继承人协商同意于一定期间内不分割遗产。其四，胎儿未出生的，请求分割遗产时，应当为胎儿保留其应继份。出生后为死胎的，保留份额依照法定继承处理。其五，对特定遗产进行即时分割将会严重损害其价值的，人民法院经继承人申请，可以裁判暂缓分割。①

2. 徐国栋等学者建议稿的主要观点

聚合物或单一物的共同相续人中的任何一人，无义务维持共有状态；只要这些共同相续人未作出相反约定，他们可随时请求分割分配物。关于遗产分割时间的限制，其一，共同相续人协议约定禁止分割的，不得就不分割约定 5 年以上的期限，但该期间届满时，可以更新约定。前两款规定不扩用于役权以及法律命令维持共有的物。其二，遗嘱指示共同相续人之一如被附停止条件地作出分配，其无权在条件未成就时请求分割，但其他共同相续人在对附条件的相续人在条件成就时的应得部分提供适当担保后，可请求分割。② 其三，即使死者已作出分割，且遗嘱执行人或相续人未提出请求，分割人也有义务保留一个清偿债务份额，疏于履行这一义务的分割人应对债权人的一切损失承担赔偿责任。③ 其四，非经法院批准不得分割被保护人享有份额的遗产或不动产，即公力介入保护被保护人的权益。④

① “梁稿”第 2021 条。
② “徐稿”第四分编第 5、406、407、408 条。
③ “徐稿”第四分编第 426 条。
④ “徐稿”第四分编第 411 条。

3. 王利明等学者建议稿的主要观点

继承开始后，继承人得随时请求分割遗产，但有下列情况的除外：其一，遗嘱指定遗产于一定期间内不得分割，但此期间不得超过5年；超过5年的，缩短为5年。其二，继承人协商同意于一定期间内不分割遗产。其三，遗产中某项一经分割将会严重损害其价值的，如果继承人对其分割达不成协议，应当整体地分给某一个继承人，并由该继承人按照其他继承人应得的遗产份额进行补偿。其四，被继承人死亡前已受孕的胎儿，就继承视为已出生。胎儿的母亲或其他近亲属代理行使相关权利。胎儿出生时是死体的，保留的份额按照法定继承处理。①

4. 张玉敏等学者建议稿的主要观点

继承开始后，继承人可以随时请求分割遗产。一个继承人请求分割遗产时，其他继承人有协力的义务。共同继承人另有协议或遗嘱禁止分割的除外。但遗产分割的时间限制主要有：其一，被继承人可以通过遗嘱禁止继承人分割遗产，但是禁止分割的期限不得超过5年，超过5年的，缩短为5年。虽然有禁止分割遗产的遗嘱，任何一个继承人仍然可以基于正当理由请求法院准许分割遗产。其二，共同继承人中有尚未出生的胎儿的，分割遗产时应当为胎儿保留其应继份。胎儿未能活着出生，保留的应继份归属于法定继承人，或按照遗嘱处理。其三，共同继承人另有协议或遗嘱禁止分割。其四，遗产分割应有利于发挥物之效用。②

5. 陈苇等学者建议稿的主要观点

继承人在继承开始后有权随时请求分割遗产。继承开始后，继承人得随时请求分割遗产，其他继承人有协助的义务。但遗产分割的时间限制主要有：其一，被继承人以遗嘱指定在一定期间内不得分割遗产。但被继承人以遗嘱禁止分割遗产的期限不得超过5年。其二，共同继承人协议确定在一定期间内不分割某遗产或永久不分割某遗产。其三，继承人中有尚未出生的胎儿的，遗产分割的时间应当延缓至胎儿出生以后。其四，遗产分割将严重损害遗产的价值和功能的，经共同继承人申请，人民法院可判决暂缓分割。其五，遗产债务尚未清偿的，遗产分割的时间应当延缓至遗产债务清偿完毕以后。但有不能及时清偿该债务的合理理由的除外。其六，继承人身份关系尚未确立的，遗产分割的时间应当延缓至继承人身份关系确定以后。③

6. 杨立新等学者建议稿的主要观点

继承开始后，继承人可以随时请求分割遗产。有以下情形的，遗产不得分割：其一，遗嘱禁止分割的，但是禁止分割的期限不得超过5年，超过5年的，缩短为5年。其二，共同继承人约定不得分割的。其三，依遗产性质不得分割的。其四，遗产被债权人申请禁止分割保全的。其五，依法律规定禁止分割的。其六，遗产分割时，应当保留胎儿的法定应继份。未保留胎儿应继份的，应从继承人所继承遗产中扣回。④

---

① “王稿”第531、645条。
② “张稿”第58-60条。
③ “陈稿”第74条。
④ “杨稿”第85条。

（二）遗产分割时间之我国立法的学者观点评析

1. 诸学者建议稿的共同点

首先，对于遗产分割的时间，前述六份学者建议稿均规定，除遗嘱和法律规定的限制外，继承人有权随时请求对遗产进行分割。这是对继承人享有的遗产分割请求权的一种保障。遗产分割的自由与限制是遗产分割立法的一项重要内容，为世界上许多国家的继承立法所规定。这是在共同继承时由遗产共有的特殊性所决定的。继承开始后，各共同继承人对遗产共有只是一种暂时性的共有关系，一般以遗产的分割为终局目的。因此，应当允许继承人可以随时请求分割遗产，以期满足各继承人的生产和生活的需要。所以，前述六份学者建议稿均对此遗产分割时间的自由进行了规定。

其次，对于遗产分割时间的限制，六份学者建议稿的相同点主要有：继承人可以随时请求遗产分割的权利应受到一定限制。其中的共同点是：其一，遗嘱可以指定一定期间不分割遗产；其二，继承人可协议延缓分割遗产；其三，遗产分割应保留胎儿的继承份额；其四，遗产分割应注重发挥物之效用。

2. 诸学者建议稿的不同点

前述六份学者建议稿对于遗产分割时间规定的限制条件，除遗嘱和共同继承人的协议可以限制的共性外，也存在以下差异：

第一，遗嘱限制遗产分割是否必须只以 5 年为限，对此除“徐稿”无规定外，其余诸学者建议稿均持肯定观点，且“张稿”还有除外规定，即对遗嘱限制分割遗产的时间，继承人有正当理由的，可请求法院准许分割遗产。第二，继承人可否以协议约定永久不分割共有遗产，对此，持明确肯定观点的有“陈稿”和“杨稿”：“陈稿”规定共同继承人可约定永久不分割遗产；“杨稿”规定共同继承人可约定不分割遗产。第三，分割遗产是否必须以债务清偿作为前置条件，对此持肯定态度的有“梁稿”和“陈稿”，“梁稿”规定非经债务清偿不得分割遗产；“徐稿”则规定遗产分割前须保留偿债份额；“陈稿”规定遗产债务尚未清偿的，遗产分割的时间应当延缓至遗产债务清偿完毕以后。但有不能及时清偿该债务的合理理由的除外。第四，遗产分割是否受遗产的性质、价值和功能的限制。除“张稿”原则性规定遗产分割应有利于发挥物之效用外，对于依遗产性质不宜分割的，“梁稿”“陈稿”规定为可以请求法院判决暂不分割，“杨稿”规定为不予分割，“王稿”规定可分给一人，对他人作价补偿。第五，遗产分割是否受胎儿应继份的限制，对此，“梁稿”“王稿”“张稿”和“杨稿”均规定应为胎儿保留应继份额，“陈稿”则规定遗产分割的时间应当延缓至胎儿出生以后。前者为我国立法规定；后者为借鉴前述大陆法系国家的德国、瑞士、意大利、俄罗斯的立法规定。第六，遗产分割是否受继承人身份未确定的限制，对此仅“陈稿”有规定，而前述大陆法系国家中均规定，公示催告期，不得清偿遗产债务，当然更不能分割遗产。第七，遗产分割是否受禁止分割的保全、附停止条件等期限的限制，对此“徐稿”规定附停止条件的遗产，他人无权在条件未成就时请求分割，但提供担保的除外；“杨稿”规定遗产受禁止分割保全的，不得分割。第八，被保护人（被监护人）的遗产份额分割是否须经法院批准。“徐稿”对此有肯定性规定。

综上可见，诸学者建议稿规定的遗产分割时间的限制条件中，共同规定的限制条件主要有：遗嘱的限制性规定，共同继承人协商的约定和有利于发挥物之效用。而具有差异的限制条件主要有：遗嘱的限制期间长短及例外条件；继承人约定永久不分遗产的限制；遗产分割是否原则上以清偿遗产债务或保留偿债份额为前置条件；遗产分割必须考虑财产的性质、价值和功能的限制，遗产分割是否受胎儿未出生的限制；或受继承人身份未确定的限制（如非婚生子女之身份确认）；或是受禁止分割的保全、停止条件未成就等限制或是受须经法院批准的限制。

从立法价值取向和功能之角度分析，遗产分割时间的自由与限制可由遗嘱指定或继承人协商确定体现了法律的自由价值取向。关于遗产分割时间之自由与限制，从域外立法的主要内容看：一是继承人随时可以提出分割遗产；二是继承人分割遗产须受到以下限制，即遗嘱的指示、法律的规定、共同继承人的约定以及遗产的特殊性质。首先，前述大陆法系国家规定，关于共同继承人分割遗产的自由，如果没有遗嘱指示或法律禁止分割遗产的，共同继承人得随时提出分割遗产。例如，《日本民法典》第907条第1款规定："依下条规定被继承人以遗嘱禁止的情形外，共同继承人可以随时以协议分割遗产。"根据《法国民法典》第816条规定的精神，共同继承人在不违反法律限制下，可以随时请求分割遗产。《德国民法典》第2042条规定，除第2043条至第2045条分割的延缓、分割的排除的规定外，共同继承人可以随时请求分割遗产。可见，上述域外立法有关遗产分割时间之自由的规定充分尊重了遗嘱人和各共同继承人的意愿，从而彰显了法律的自由价值。其次，遗产分割自由的限制。共同继承人遗产分割自由的行使，也须受到一定的限制，以维护公平、效率等价值理念。在域外立法中，大陆法系国家对遗产分割自由的限制，主要有被继承人遗嘱、胎儿的应继份额、继承人间协议及发挥物之效用等条件对遗产分割时间的限制。例如，遗嘱人对遗产分割时间的限制，如《德国民法典》第2044条规定，被继承人可以终意处分排除对遗产或个别遗产标的的分割，自继承开始之日起已超过30年的，该项处分即失去效力。而英美法系国家对遗产分割时间的限制，主要采取清偿遗产债务是遗产分割的前置条件。但大陆法系国家具体在遗产分割的时间、以遗嘱禁止遗产分割的时间限制、对继承人以协议禁止遗产分割的时间限制的规定也有差异。其具体内容详见前述遗产分割时间的国外立法现状与评析部分，此不赘述。

从我国十省市被调查民众涉及遗产分割时间的观念与处理习惯角度分析，我国被调查民众对此问题的处理习惯受我国现行继承立法的影响较大，有占八成（占81.88%）被调查者的观念与我国现行法律都认为遗产分割的时间应当由共同继承人协商确定，并不认可个别继承人有随时请求分割遗产的自由。只有近两成的被调查者认为，个别继承人要求分割遗产的，只要不具备禁止分割的限制性条件，也应当分割（见表7-3-7、图7-3-7）。同时，关于遗产分割时间自由的限制，七成（占72.14%）以上的被调查者认为，被继承人可以通过遗嘱对遗产分割进行限制。该限制的期限不宜过长，以5—10年以内为宜（见表7-3-8、图7-3-8）。此外，对于继承人是否可以协商不遵守遗嘱对遗产分割的限制，认为可以的，占近五成（占47.70%）；而认为即使继承人间不可以突破被继承人遗嘱的限制的，占五成以上（占52.30%）（见表7-3-9、图7-3-9）。

综上所述，我们认为，首先应尊重继承人的意愿，赋予遗产分割的自由权，其可以随时请求分割遗产。同时，对于遗产分割的时间限制，基于尊重遗嘱人的意愿原则，立法不应当允许继承人以协议改变遗嘱人对遗产分割之限制。但确实有损遗产重大价值的除外。并且，对于遗产分割时间之自由应规定一定限制，以体现尊重被继承人的遗嘱指示，尊重共同继承人的协议，且符合法律的禁止性规定。根据尊重被继承人意愿和共同继承人意愿原则、公平分割原则、保护弱者利益原则、发挥物之效用原则，借鉴域外立法经验，结合我国被调查民众意愿，我国可考虑设立以下限制，包括遗嘱对遗产分割的限制，但最长不超过5年；继承人的协议对遗产分割的限制和法定限制。在法定限制中，包括（1）为维护遗产债权人的利益，应设立先偿债后分割遗产之限制；（2）分割遗产如会严重损害物之价值的或依遗产性质不得分割的限制；（3）为保护胎儿利益的限制；（4）遗产附停止条件或被债权人申请禁止分割保全的等情形限制。综上，以上限制，体现了尊重遗嘱人处分其个人财产之自由；尊重共同继承人自愿协商不分割或延缓分割遗产的自由；为保护遗产债权人利益之限制分割保全的遗产或先偿债后分产均体现了公平价值；保留胎儿的应继份，体现了弱者利益；禁止分割造成损害物之价值与功能，则体现了发挥遗产的效用价值。

五、遗产分割方法之我国立法的学者观点与评析

（一）遗产分割方法之我国立法的学者观点

1. 梁慧星等学者建议稿的主要观点

第一，一般方法。首先是原物分割。不宜分割的遗产可以采取折价、适当补偿或者共有等方法处理。①

第二，特殊方法，遗产的分割应当依照遗嘱确定的遗产分割方法。遗嘱未指定的，应当依照有利于生产和生活、不损害遗产的效用的原则进行。②

2. 徐国栋等学者建议稿的主要观点

第一，遗产分割的一般方法。其一，原物分割。分割人以实物形式分割遗产的，应以专家的估价为基准，但继承人一致约定的以继承人的约定为主。在法律规定的情形下将实物拍卖的，也可采用其他依据。③ 其二，补偿分割。对于不能分割的实物，由共同继承人中报价最高者取得该物件或由家外人参与报价后将所得价金在继承人之间按比例分配；无人报价高于专家的估价或约定价格时，如两个以上继承人均想取得该实物的，特留份继承人优先于普通继承人。④ 其三，维持共有。对于不便分割的物，或分割将引起损害的物，应不分割或不分离，但利害关系人合法而一致地达成了协议的，不在此限。⑤ 其四，确定分配份。对于房地产，在利害关系人同意的情况下，可将用益权、居住权或使用权从所有权中分离出来作为分配份；应分给每个继承人具有相同性质和数量的物或通过就可分财产的总数划分份额，分配份应尽可能均等且类似；已经配好的分配份以抽签的方式分派。在抽签之前，每位利害关系人都可对分配份的组成方式提出异议。⑥

第二，特殊遗产的分割方法。其一，关于对家庭有特别纪念意义的物的分割，继承人中有人提出异议的，不得变卖。在确定物的归属时，由继承人先协商，协商不成由法院依

① “梁稿”第2022条第2款。
② “梁稿”第2022条第1款。
③ “徐稿”第四分编第424-425条。
④ “徐稿”第四分编第427条第1、2款。
⑤ “徐稿”第四分编第427条第3款。
⑥ “徐稿”第四分编第427条第6、7、9款。

习惯确定，无习惯时，由法院考虑各继承人的个人关系裁定。①

其二，关于孳息的分割，对于在遗嘱人死亡后尚未进行分割的期间收取的孳息，实物的继承人可以主张继承开始之时起该实物的孳息和添附，但该分配附有确定终期或停止条件的除外，在此等情形下，只有期限届满前或条件成就前产生的孳息归继承人，但遗嘱人明定了其他安排的除外。②

其三，土地的分配方法。分配给继承人的土地在可能的情况下应是毗连的或是与该人的其他土地尽量毗连，并且为其管理和享用的便利设定必要的役权。③

其四，特定继承人的优先权。一是关于农地使用权，如有继承人承担了农地使用权转让合同的，该继承人可请求继承经营所需的全部财产。④ 二是对于配偶对遗产中家庭住房的居住权与家具的使用权，即使在有其他继承人参加遗产分配的情况下，如果用作居所的房屋和家具的所有权属于被继承人或属于配偶双方，则房屋的居住权以及使用家具的权利属于配偶。上述权利由遗嘱人可任意处分的份额承担；在可处份额不够的情况下，不足部分由配偶的应继份承担；仍然不够的，由子女的应继份承担。⑤ 三是特留份继承人的优先权。对于不能分割的实物，由共同继承人中报价最高者取得该物件或由家外人参与报价后将所得价金在继承人之间按比例分配；无人报价高于专家的估价或约定价格时，如两个以上继承人均想取得该实物的，特留份继承人优先于普通继承人。⑥

3. 王利明等学者建议稿的主要观点

第一，一般方法。遗产的分割应按照下列方法进行：其一，按遗嘱确定的方法；其二，按遗嘱指定的第三人确定的方法；其三，全体继承人协商。全体继承人不能协商确定的，由利害关系人或继承人申请人民法院裁判分割。⑦ 无论按哪种方式分割遗产，都可以采用以下三种方法：实物分割、折价分割、拍卖分割。

第二，特殊方法。其主要为特定继承人的优先权。被继承人的配偶尚生存而没有自己的住房的，如果没有继承被继承人遗产中的房屋，则对于遗产中的房屋享有法定用益物权。生存配偶为此需要支付取得房屋所有权的继承人不超过市价的租金。但如被继承人死亡时，因为生存的配偶一方的过错致使被继承人生前已经提出离婚请求的，则此配偶无上述权利。⑧

4. 张玉敏等学者建议稿的主要观点

第一，一般方法。"张稿"原则上规定，遗产分割由继承人按照有利于发挥遗产的效用和公平合理的原则，以协商一致的方法分割。继承人就遗产分割不能达成协议或因为其他原因不能进行协议的，任何一个继承人都可以请求法院以裁判分割。⑨ 但对实物分割、作价补偿等一般分割方法未具体规定。

---

① "徐稿"第四分编第428条。
② "徐稿"第四分编第430条第1款。
③ "徐稿"第四分编第427条第4、5款。
④ "徐稿"第四分编第429条第3款。
⑤ "徐稿"第四分编第289条第2款。
⑥ "徐稿"第四分编第427条第1、2款。
⑦ "王稿"第646条。
⑧ "王稿"第580-581条。
⑨ "张稿"第59条。

第二，特殊方法。其主要体现为特殊继承人对遗产的权利。其一，被继承人的配偶对遗产中供自己使用的住房和日常生活用品有先取特权。此先取特权不受清偿遗产债务的影响。如果配偶的先取特权超过其应继份，则以先取特权作为其应继份。① 其二，被继承人的父母因顺序在后未参加继承时，对遗产中供某个人日常生活使用的住房和其他物品有终生使用权。②

5. 陈苇等学者建议稿的主要观点

第一，一般方法。遗产分割时，可以采取实物分割、折价补偿或变价分割的方式。③

第二，特殊方法。其主要体现为特定继承人的优先权。其一，遗产分割时，生存配偶或其他与被继承人共同生活的继承人，对生活住房、家庭普通陈设、日用品等生活资料，相对于其他继承人有优先权。生存配偶对特定遗产的优先权、使用权、居住权、生存配偶对遗产中的婚姻住宅和家庭日常生活用品享有先取权。如其继承的遗产份额小于该家庭日常生活用品的价值时，其也可以选择对该家庭日常生活用品享有终生使用权。生存配偶对遗产中的婚姻住宅享有优先扣除其继承遗产份额的权利。如其继承的遗产份额小于该婚姻住宅的价值时，其也可以选择对婚姻住宅享有终生居住权。非应召继承人对特定遗产的使用权、用益权依靠被继承人扶养的无遗嘱继承人在未参加继承时，对遗产中供其个人日常生活使用的物品和住房享有终生的使用权或用益权。其二，与被继承人共同经营企业、土地的继承人，对遗产中的该企业、土地，相对于其他继承人有优先权。其三，与被继承人共同对不可分物享有共有权的继承人，对遗产中的该不可分物的权利份额，相对于其他继承人有优先权。行使优先权的继承人对取得遗产中超出其应继份额的部分，应当向其他继承人进行相应的补偿。④

6. 杨立新等学者建议稿的主要观点

第一，一般方法。遗产的分割应当依照遗嘱指定的遗产分割方式进行。遗嘱中没有分割方式或者没有遗嘱的，依照我国《物权法》第 100 条的规定分割。即共有人可以协商确定分割方式。达不成协议，共有的不动产或者动产可以分割并且不会因分割减损价值的，应当对实物予以分割；难以分割或者因分割会减损价值的，应当对折价或者拍卖、变卖取得的价款予以分割。⑤

第二，特殊方法。其主要体现为：其一，经济适用住房的继承人不符合申购条件的，可以继承由政府回购所得价款，也可以按照规定标准向政府交纳土地收益等相关款项后，继承房屋。其二，因被继承人死亡而获得，但未指定受益人的保险金，比照法定继承人的规定确定权利人。其三，遗体、骨灰、灵牌、墓地等特殊遗产的继承不得违反公序良俗。无遗嘱的，由继承人协商处理；协商不成的，依习惯；无习惯的，可在继承人中合理确定管理人，不进行分割。祖传物的继承与分割，无遗嘱的，由继承人协商处理；协商不成的，依习惯；无习惯的，可在继承人中合理确定管理人，不进行分割。未经全体继承人同

① “张稿”第 32 条。
② “张稿”第 33 条。
③ “陈稿”第 76 条第 2 款。
④ “陈稿”第 48、76 条第 3、4、5、6 款。
⑤ “杨稿”第 87 条。

意，不能采取拍卖、变价等处分所有权的方式分割。①

(二) 遗产分割方法之我国立法的学者观点评析

1. 诸学者建议稿的共同点

诸学者建议稿的共同点主要有：第一，关于一般分割方法，诸学者建议稿均原则上采取原物分割的方式。如果对遗产进行原物分割有损物之效用，可以采取折价补偿、变价分割或维持共有的方式。第二，关于特殊分割方法，除“杨稿”外，“梁稿”“王稿”“徐稿”“张稿”“陈稿”五份学者建议稿都规定了特定继承人的优先权。

2. 诸学者建议稿的不同点

诸学者建议稿的不同点主要有：第一，关于遗产分割的一般方法，“梁稿”“王稿”“陈稿”“杨稿”作出了原物分割、作价补偿、变价分割及维持共有的具体规定，而“张稿”只有概括性的分割依据，其主要包括继承人协商分割和法院裁判分割。第二，遗产在特殊分割方法中，关于家庭住房及家具的先取权或居住权或终生使用权。诸学者建议稿的规定不同。其一，享有的权利不同。“王稿”“徐稿”“张稿”和“陈稿”中都规定了生存配偶对遗产中特定物品的权利，但是，遗产分割时特定继承人对遗产中特定物品享有的权利不同。例如，“王稿”中规定生存配偶仅享有对该房屋的法定用益物权，并且生存配偶需支付取得房屋所有权的继承人不超过市价的租金。“徐稿”中规定配偶享有属于被继承人或属于配偶双方的用作居所的房屋和家具的居住权和使用权。“张稿”和“陈稿”均规定配偶对遗产中供自己使用的住房和日常生活用品有先取权。“陈稿”还规定配偶对该类住房享有终生居住权。其二，享有先取权或使用权、用益权的继承人的范围不同。“徐稿”“王稿”中只规定配偶对住房或家庭生活用品享有相应的权利，而“张稿”还规定了父母因顺序在后而未参加继承时，对遗产中供某个人日常生活使用的住房和其他物品有终生使用权。“陈稿”中还规定依靠被继承人扶养的无遗嘱继承人在未参加继承时，对遗产中供其个人日常生活使用的物品和住房享有终生的使用权或用益权。第三，对于土地、生产经营企业等生产资料，共有人或共同经营者的优先权。对此，只有“徐稿”“陈稿”作出了规定，其中“徐稿”规定，签订了农地使用权转让合同的，该继承人可以请求继承经营所需的全部财产。而“陈稿”规定，与被继承人共同经营企业、土地的继承人以及被继承人共同对不可分物享有共有权的继承人的优先权。第四，关于特殊分割方法，“徐稿”规定对家庭有特别纪念意义的物、农地使用权及孳息规定了较为详细的分割方法。“杨稿”对经济适用住房、未指定受益人的保险金、遗体、骨灰、灵牌、墓地及祖传物规定了具体分割或处理方法。而其他四份学者建议稿对于特殊方法除特定继承人的优先权、居住权、使用权或用益权外，没有对于具体的物的特殊分割方法作出具体的规定。

从立法价值取向和功能之角度并结合域外立法分析，第一，关于遗产分割的一般方法，如前所述，诸学者建议稿关于遗产分割的具体方法有原物分割、折价补偿、变价分割以及维持共有。这些分割方法体现了充分发挥物之效用和公平原则，体现了法律的效率价值和公平价值。第二，关于遗产分割的特殊方法，诸学者建议稿对于特殊遗产先取权的诸多具体规定，其一，生存配偶对于婚姻住房的居住权以及家庭日常生活用品的终生使用权，域外立法中的法国、德国、意大利、瑞士、俄罗斯、英国、美国、澳大利亚等国都有

① “杨稿”第8条。

所规定。例如，法国法规定，在配偶死亡时，除被继承人有相反的意思表示外，有继承权的健在配偶实际占有原属于夫妻双方或者全部属于死者遗产的住房为主要住宅时，对该住房享有居住权，对住房内配置的家具享有使用权，直至本人死亡。① 这有利于保障配偶维持一贯的生活方式，维护其生存权和发展权，体现照顾弱者分割原则，以发挥遗产的扶养职能，彰显法律对弱者利益的人文关怀。其二，对于土地、生产经营企业等生产资料，共有人或共同经营者的优先权，域外立法中法国、意大利、俄罗斯等国都作出了明确规定，这说明遗产分割应保护与被继承人共同生活及经营者的优先权，重视发挥物之效用，实现遗产对于家庭扶养和生产经营的功能，这也是法的效率价值的体现。

从我国司法实践分析，从“涉及遗产分割方法的案例四”可见，二审法院认定关于继承份额的确认，原审法院按照法定继承顺序及遗产分配原则，确认各继承人对涉案房屋的继承份额，并无不当。关于房屋的实物分配问题，在上诉人、被上诉人均想取得房屋实物的情况下，虽然上诉人在继承份额中所占比例较小，但考虑到上诉人自与被继承人结婚后一直在涉案房屋内居住，长达15年之久，而且现在已经77岁高龄，没有证据显示其还有其他稳定住处，其对于该房屋有居住的迫切性和现实的需要性，二审法院故判决涉案房屋西两间由上诉人继续居住使用。此判决体现了依法保障生存配偶对于遗产中家庭住房的居住权，以涉案房屋维持生存配偶生存权的实际需要，彰显了保护弱者利益原则。

综上所述，我们认为，诸学者建议稿的观点中，对于我国立法值得借鉴的有以下几点：第一，应明确遗产分割的一般方法。首先是原物分割，对不宜分割的遗产，可采取折价补偿或变价分割，或维持共有，以引导继承人依法公平适当分割遗产，充分发挥物之效用。目前的我国立法②和域外立法均有这些规定，我国可继续坚持现行立法。第二，关于特殊遗产分割方法应单独列举以明示，我们认为，此实有必要。对此，俄罗斯的集中立法体例值得借鉴，如对于特殊遗产逐一列明具体分割方式，这不仅可以指导民众依法分割遗产，也为法官依法裁量提供了具体依据。例如，应增设特定继承人对特定遗产的先取权。(1) 关于配偶对遗产中家庭住房及日常生活用品的先取权、居住权或终生使用权。前述“王稿”“徐稿”“张稿”和“陈稿”四份学者的建议稿都有规定。我们认为，配偶于家庭中相对父母、子女、祖父母、外祖父母等继承人而言具有特殊的地位。在日常生活中，配偶之间相互照顾、扶持，对于另一方而言是生活中最为重要的支撑和不可或缺的依靠；从家庭财富积累上看，配偶双方对于家庭财富创造付出最多的劳动和辛苦，是家庭财富的主要创造者。③ 因此，在遗产分割时对于生存配偶应当给予特殊的保护。配偶对被继承人遗产中原居住的家庭住房有先取权、居住权，对室内家具和日常生活用品享有终生使用权，如上述遗产的价值超过其应继份的，配偶如有经济能力的，应对其他继承人予以补偿。(2) 与被继承人共同生活并受其扶养的继承人，对遗产中供其个人日常生活使用的物品和住房的终生使用权，对此作出规定，这有利于保障此部分法定继承人维持正常的生活。(3) 与被继承人共同经营企业、土地的继承人对遗产中的企业、土地的优先权，以及与被继承人共同对不可分物享有共有权的继承人的优先权，这体现了发挥经营性遗产的

① 《法国民法典》第831-2、831-3条。

② 我国《继承法》第29条规定：“遗产分割应当有利于生产和生活需要，不损害遗产的效用。不宜分割的遗产，可以采取折价、适当补偿或者共有等方法处理。”

③ 申建平：《继承法上配偶法定居住权立法研究》，载《求是学刊》2012年第4期，第69页。

效用和兼顾继承人利益的理念。

六、遗产分割效力之我国立法的学者观点与评析

（一）遗产分割效力之我国立法的学者观点

1. 梁慧星等学者建议稿的主要观点

关于遗产分割的担保责任，主要规定了三个方面内容：一是对遗产瑕疵的担保责任。遗产分割后，各继承人以其所得的遗产份额为限，对其他继承人分得的遗产，承担与出卖人相同的担保责任。受遗赠人接受的遗产为种类物的，有权要求继承人承担前款规定的责任。[①] 二是对遗产债权的担保责任。各继承人以其所得的遗产份额为限，对其他继承人分得的债权，就遗产分割时债务人的支付能力，承担担保责任。前款债权附停止条件或者未届清偿期的，各继承人应当就清偿时债务人的支付能力承担担保责任。[②] 三是对担保责任的分担。如承担担保责任的共同继承人中无支付能力不能偿还其分担份额的，其不能偿还部分由有请求权的继承人与其他继承人按其所得遗产份额的比例分担。但不能偿还部分是由有请求权的继承人的自身原因所致的，其他共同继承人不承担分担责任。[③]

2. 徐国栋等学者建议稿的主要观点

关于遗产分割的担保责任，主要规定了三个方面内容：一是对遗产瑕疵的担保责任。实施分割后，每位相续人马上对分得的一切物件取得所有权，而被排除对遗产中的其他物件的权利。因此，如果共同相续人之一在分割中已分给了其他相续人的物件，可按本民法典第八分编第 150 条[④]关于出卖他人之物者的责任的规定处理。[⑤] 二是遗产被追夺的担保责任。各继承人对分割中所分之物的占有遭受妨碍或被追夺分配物，他应告知其他参与人，以便共同排除妨碍，并且有权主张其他继承人对他承担追夺担保责任。但以下情形排除在外：追夺或妨碍因分割后的事由发生；明示抛弃了追夺担保诉权；因自己的过错遭受追夺或妨碍。因追夺担保产生的偿付，依各继承人各自的份额比例承担。支付不能者的份额，由全部参与分割的继承人按各自的份额比例承担，包括应受赔偿的人。[⑥] 三是关于权利证书的转移。对于取得权利证书有遗嘱指定的从遗嘱；无遗嘱指定的，属于分得该物之大部分的人，其他人有为其利益请求出示这种权利证书以及持有该证书副本的权利；遗产被均分的，取得证书的资格应以抽签的方式决定。[⑦] 而对于遗产债权的担保责任，“徐稿”没有明确规定。

3. 王利明等学者建议稿的主要观点

关于遗产分割的担保责任，主要规定三个方面内容：一是对遗产瑕疵的担保责任。遗产分割后，各继承人以其所得的遗产份额为限，对其他继承人分得的遗产，负与出卖人同

---

① “梁稿”第 2025 条。

② “梁稿”第 2026 条。

③ “梁稿”第 2027 条。

④ 第八分编第 150 条规定：“如果缔约之时出卖人不享有标的物的所有权，他应采取补救措施尽量使买受人取得所有权。买受人从出卖人取得所有权时起成为标的物的所有人。”

⑤ “徐稿”第四分编第 433 条。

⑥ “徐稿”第四分编第 435-437 条。

⑦ “徐稿”第四分编第 434 条。

样的瑕疵担保责任。[①] 二是对遗产债权的担保责任。各继承人对其他继承人分得的债权，就遗产分割时债务人的支付能力，负担保责任。前项债权如附有停止条件或者未届清偿期的，则各继承人应就清偿时债务人的支付能力负担保责任。[②] 三是担保责任的分担。依前条规定负担保责任的共同继承人中，有无支付能力不能偿还其分担份额的，其不能偿还部分由有请求权的继承人的自身原因所致的，其他共同继承人不负分担责任。[③]

4. 张玉敏等学者建议稿的主要观点

关于遗产分割的担保责任，主要规定三个方面内容：一是对遗产瑕疵的担保责任。继承人以其所得遗产的价值为限，按继承比例对其他继承人因分割所得遗产承担与出卖人相同的瑕疵担保责任。二是对遗产债权的担保责任。继承人以其所得遗产的价值为限，按继承比例对其他继承人因分割所得债权，就债务人在遗产分割时的清偿能力承担担保责任。如果债权未届清偿期，则就债务人在清偿届至时的清偿能力承担担保责任。三是担保责任的分担。如有的继承人对这种分担没有支付能力的，则由除他之外的全体继承人再进行分摊。[④]

5. 陈苇等学者建议稿的主要观点

关于遗产分割的担保责任，主要规定四个方面内容：一是对遗产瑕疵的担保责任。遗产分割后，各继承人以其所得的遗产份额为限，对其他继承人分得的遗产，承担与出卖人相同的担保责任。[⑤] 二是对遗产债权的担保责任。各继承人对其他继承人分得的未届清偿期的债权及附停止条件的债权，就清偿时债务人之支付能力，承担担保责任。[⑥] 三是担保责任的分担。如继承人中有无支付能力而不能偿还其分担份额的继承人的，其不能偿还部分由其他继承人按比例分担。但如其不能偿还部分是因有请求权的继承人自身原因所致的，其他继承人不承担责任。[⑦] 四是权利证书的转移。遗产分割后，各继承人应保存其所得物的证书。遗产分割后，关于共有物的证书，由取得最大部分份额的共同继承人保持。各共同继承人有权请求使用其他共同继承人所保存的证书。[⑧]

6. 杨立新等学者建议稿的主要观点

关于遗产分割的担保责任，主要规定两个方面内容：一是对遗产瑕疵的担保责任。各继承人以其所得遗产的价值为限，对其他继承人分得的遗产，按继承比例承担与出卖人相同的瑕疵担保责任。二是对遗产债权的担保责任。继承人以其所得遗产的价值为限，对其他继承人因分割所得债权，按继承比例对债务人在遗产分割时的清偿能力承担担保责任。前项债权如未届清偿期或者附有停止条件的，则各继承人应就清偿时债务人的支付能力负担保责任。[⑨] 而关于担保责任的分担，“杨稿”无规定。

---

① “王稿”第648条第1款。
② “王稿”第648条第2、3款。
③ “王稿”第649条。
④ “张稿”第65条。
⑤ “陈稿”第79条第2款。
⑥ “陈稿”第79条第3款。
⑦ “陈稿”第79条第4款。
⑧ “陈稿”第80条。
⑨ “杨稿”第89条。

（二）遗产分割效力之我国立法的学者观点评析

1. 诸学者建议稿的共同点

前述诸学者建议稿的共同点主要有：第一，关于继承人对遗产分割瑕疵的担保责任，前述诸学者建议稿都规定，遗产分割后，各继承人以其所得的遗产份额为限，对其他继承人分得的遗产负与出卖人同样的瑕疵担保责任。第二，关于继承人对遗产债权的担保责任，除“徐稿”无规定外，其余五份学者建议稿都规定，各继承人对其他继承人分得的债权，就遗产分割时的支付能力，负担保责任。第三，关于担保责任的分担，除“徐稿”“杨稿”没有规定外，其余四份学者建议稿均规定，如继承人中有无支付能力而不能偿还其分担份额的继承人的，其不能偿还部分由其他继承人按比例分担。

2. 诸学者建议稿的不同点

诸学者建议稿的不同点主要有：第一，遗产分割后的担保责任的免除条件不同。对此，仅“梁稿”“王稿”和“陈稿”三部学者建议稿作出了规定。三者均认为如不能偿还部分是由有请求权的继承人的自身原因所致，其他共同继承人不负分担责任。第二，遗产被追夺的担保责任不同。对此，仅有“徐稿”作出了规定，各继承人对分割中所分之物的占有遭受妨碍或被追夺担保责任，他应告知其他参与人以共同排除妨碍，并且有权主张其他继承人承担所分遗产被追夺的担保责任。但追夺或妨碍因分割后的事由发生或明示抛弃了追夺担保诉权以及因自己的过错遭受此追夺的除外。第三，关于对权利证书的保管和使用不同，“徐稿”和“陈稿”规定，关于共有物的证书，由取得最大部分份额的共同继承人保存，各继承人均有请求使用该证书的权利。此外，“徐稿”还规定，如果对于权利证书有遗嘱指定的，从遗嘱。如遗产被均分的，取得证书的资格以抽签的方式决定。遗产共有时，未保管该证书的继承人有持有该证书副本的权利。

从立法价值取向和功能之角度分析，关于遗产分割的效力，前述诸学者建议稿主张设立遗产分割的担保责任。这有利于实现在各继承人间公平分割遗产的功能。即遗产分割后各共同继承人对其他继承人分得的遗产，承担瑕疵担保责任以及对其他继承人分得债权或遗产被追夺的担保责任。在域外立法中，除俄罗斯外，其余的大陆法系国家，如法国、德国、日本、意大利、瑞士均规定了共同继承人对遗产分割互负担保责任。例如，日本法规定，各共有人，对其他共有人因分割取得的物，按其份额负担与出卖人相同的担保责任。各共同继承人对其他共同继承人，与出卖人相同，按其继承份额负担保责任。各共同继承人，按照其继承份额对其他共同继承人因遗产分割所得债权，担保其分割当时债务人的资力。对于未届清偿期的债权及附停止条件的债权，各共同继承人担保应该提供清偿时债务人的资力。负担保责任的共同继承人中有无偿还资力的人时，该不能偿还的部分，由求偿人及其他有资力的人按各自继承份额分担。但是，求偿人有过失时，则不得对其他共同继承人请求分担。[①] 这些规定均体现了对共同继承人利益平等保护的立法理念，从而彰显了法律的公平价值。

从我国十省市涉及遗产分割效力的民众观念与处理习惯的调查数据分析，对于遗产分割后各共同继承人间的担保责任，我国十省市被调查民众有五成以上（占51.98%）的被调查者认为共同继承人间对于遗产分割应当全部承担或适当承担瑕疵担保责任；而认为共

① 《日本民法典》第911条。

同继承人间不应承担瑕保责任的只占四成半以上（占46.97%）（见表7-3-10、图7-3-10）。可见，我国十省市被调查民众中，有五成以上的多数人主张共同继承人对于遗产分割应适当承担担保责任。

我们认为，关于遗产分割的效力，诸学者建议稿的观点有如下值得借鉴：（1）设立共同继承人对遗产分割的担保责任，包括物的瑕疵担保责任和权利的瑕疵担保责任，有利于实现在共同继承人之间公平地分配遗产，其中日本、瑞士有关立法值得我国借鉴。（2）担保责任的分担。如继承人中有无支付能力而不能偿还其分担份额的继承人的，其不能偿还部分由其他继承人按比例分担，以保障遗产在共同继承人之间的相对公平分配。（3）继承人间担保责任的免除事由。如因继承人的自身原因所致不能偿还的，如继承人逾期追讨债权或继承人造成所得物的瑕疵的，还要其他继承人承担担保责任对其不公平。

第五节　现代遗产分割制度的发展趋势与我国立法的完善建议

我们通过阐述遗产分割制度的基本理论，比较评析国外遗产分割制度之异同，考察我国遗产分割制度的立法现状、调查分析十省市民众的相关观念和处理习惯及司法实践情况，评析我国学界关于遗产分割制度的主要学术观点，其目的是更好地从宏观上分析该制度的立法发展趋势，为我国立法的修改完善提供参考。本节主要研究现代遗产分割制度的发展趋势，分析我国遗产分割制度之不足并提出立法完善建议。

一、现代遗产分割制度的发展趋势

从前述中外国家的立法考察可知，遗产分割制度旨在根据遗产分割的依据，坚持尊重被继承人意愿和继承人意愿原则、公平分割原则、照顾弱者分割原则、发挥遗产效用原则以及平等保护继承人利益和遗产债权人利益的原则，依据遗嘱指示或共同继承人约定或法律规定的时间，采取适当的分割方法，处理遗产分割事务，以实现遗产分割的效力，以期尽快结束遗产的暂时共有状态、平衡共同继承人内部利益关系、公平保护继承人与被继承人的债权人及其他遗产利害关系人财产权益。关于现代遗产分割制度的发展趋势，主要如下：

（一）尊重被继承人意愿和继承人的意愿

从前述中外国家立法看，遗产分割制度的立法发展趋势之一就是尊重被继承人意愿和继承人的意愿。具体包括两个层面：首先，在遗嘱继承之遗产分割中，对遗产的分割份额与方式，被继承人可以通过遗嘱指定或通过指定第三人来完成，这充分体现了尊重被继承人意愿的原则。例如，《德国民法典》第2048条规定，被继承人可以终意处分作出分割指示。被继承人尤其可以指示：分割应依第三人的公平裁量进行。该第三人依该项指示作出的规定显失公平的，该规定对于继承人没有约束力；在此情形下，该规定依判决为之。被继承人无指示的，继承人可以协议分割。我国《继承法》第16条第2款规定："公民可以立遗嘱将个人财产指定由法定继承人的一人或者数人继承。"此当然包括遗嘱指定遗产分割的应继份。

其次，在法定继承的遗产分割中，各共同继承人可以协商具体分割的方法，也可以协商对一些遗产不予分割而共同共有，如各继承人对分割方法协商一致的，无须向法院提起裁判分割，这些都充分体现了尊重继承人意愿的原则，也是民法之意思自治原则的体现。例如，《日本民法典》第 907、908 条规定，被继承人可以通过遗嘱或委托第三人确定分割的方法，无遗嘱的，继承人可以协议分割遗产。各共同继承人可以随时协议分割遗产，但被继承人以遗嘱禁止分割或法院裁判暂缓分割的除外。我国《继承法》第 15 条规定："继承人应当本着互谅互让、和睦团结的精神，协商处理继承问题。遗产分割的时间、办法和份额，由继承人协商确定。协商不成的，可以由人民调解委员会调解或者向人民法院提起诉讼。"可见，遗产分割应当尊重被继承人意愿和继承人的意愿，这是现代遗产分割制度的发展趋势，以彰显民法之意思自治原则，从而实现法律的自由价值。

（二）公平分割遗产

在遗产分割时，原则上应当公平分割遗产，这是遗产分割制度的立法发展趋势之二。基于公平原则，首先，对于法定继承时遗产的分割，原则上实行平均分割。在法定继承中，同一顺序、同一亲等继承人在分割遗产时原则上份额均等。例如，《德国民法典》第 1924 条至第 1926 条规定，子女（无论子女的父母有无婚姻关系）按等份继承；父母按等份继承；祖父母、外祖父母按等份继承。例如，《意大利民法典》第 566、570 条规定，婚生及非婚生的子女，以平等的分配额继承其父和母的遗产。子孙、父母及其他尊亲属都没有生存而死亡的人，由兄弟姐妹以平等的份额继承。我国《继承法》第 13 条第 1 款规定，同一顺序继承人继承遗产的份额，一般应当均等。其次，特定共同继承人在被继承人生前获得的特种赠与财产应予归扣计入遗产总额，以实现遗产在各共同继承人之间的公平分割。例如，德国①、日本②均有规定。最后，遗产分割后，各共同继承人之间互负担保责任，如前述法国、德国、瑞士、意大利和日本之立法。例如，日本法规定，各共同继承人对其他共同继承人，与出卖人相同，按其继承份额负担保责任。③ 意大利法规定，共同继承人之间仅应当就基于遗产分割前的事由发生的纠纷和追夺相互担保。④

（三）优先照顾弱者的利益，充分实现遗产扶养职能

优先照顾弱势继承人的利益，充分实现遗产扶养职能，这是遗产分割制度的立法发展趋势之三。此表现为注重保护胎儿的应继份和生存配偶对家庭中遗产房屋的先取权等方面。其一，在遗产分割中，不少国家都对与被继承人共同生活的人的权益给予特殊保护，特定人员对特殊遗产享有先取权。例如，与被继承人共同生活者包括配偶，他们是与被继承人关系最为亲密的人，对某些遗产享有先取权，有利于方便生活，维护其原生活方式不变。生存配偶对于遗产中家庭住房及日常家具等物品以及经营的家族企业，享有优先取得的权利。在家庭结构日益以核心家庭为主的现代社会，在遗产分割中应该更加重视保护生存配偶的权益。例如，法国、德国、意大利、俄罗斯立法均有关于保护生存配偶对婚姻住房及家具等的居住权和使用权的规定。法国法规定，被继承人死亡时，配偶对原属于夫妻双方共有的或全部属于遗产的住房享有终生居住权，对住房里遗产范围内的家具享有终生

---

① 《德国民法典》第 2055、2056 条。

② 《日本民法典》第 903、904 条。

③ 《日本民法典》第 911 条。

④ 《意大利民法典》第 758 条。

使用权。[①] 在美国，许多州都规定，当夫妻一方死亡时，生存配偶对家庭住所的特留份享有权利，且该权利不受遗产债权人追索。[②] 德国规定，生存配偶和第二顺序直系血亲或祖父母、外祖父母同为法定继承人的，除应继份外，以属于婚姻家计的标的不是土地从物为限，这些标的和结婚礼物作为先取份归属于生存配偶。[③] 意大利法规定，即使在有其他人参加遗产分配的情况下，如果用作居所的房屋和家具的所有权属于被继承人或者属于配偶双方，则房屋的居住权以及使用家具的权利属于生存配偶。[④] 再如，俄罗斯关于遗产分割之优先权的规定，在分割住房等遗产时，继承开始前居住在该处而且没有其他住房的继承人对于不是住房所有人的其他继承人享有作为其继承份额取得该住房的优先权的规定。[⑤] 其二，关于遗产分割时对胎儿利益的保护，德国法规定，应继份因共同继承人之一胎儿的出生而尚不确定为限，到不确定性被除去时为止，不得分割。[⑥] 意大利法规定，如果继承人中有胎儿的，则在该胎儿出生以前不得分割遗产。[⑦] 瑞士法规定，在继承时，如需考虑未出生的子女的利益，遗产分割应延期至子女出生时。在延期分割期间，其母在其生计所必要的限度内，对于共同财产的收益，有请求权。[⑧] 以上规定均体现了对家庭中的弱势群体给予特别保护的立法理念。可以相信，在未来的遗产分割立法中，将更加注意优先照顾弱者利益，充分发挥遗产的扶养职能。

（四）重视与被继承人共同生活及经营者的权益，充分发挥物之效用

重视与被继承人共同生活及经营者的权益，充分发挥物之效用，这是遗产分割制度的立法发展趋势之四。在现代社会，社会经济发展的需要要求财产法更注重社会资源的最优配置及充分利用。“利用”是财产价值实现的更重要的途径。失去利用的终极目的，归属便无任何意义，而归属只是财产利用在历史阶段中的特殊表现。因此，物的充分利用便成为财产法的首要价值目标。[⑨] 从前述国家立法看，遗产分割制度的立法发展更加重视与被继承人共同生活及经营者的权益，以充分发挥物之效用。例如，意大利规定为在分割用于耕种的土地时要注意以最小耕作单位来操作[⑩]；瑞士则规定对家庭有特别纪念意义的物，应完整地分配给继承人中的一人[⑪]。法国规定，健在配偶或任何作为共同所有权人的继承人，均可请求通过遗产分割，优先分配其实际参与或曾经参与经营的任何农业、商业、工业、手工业或自由职业企业的整体、部分或该企业的共有份额及公司权益。[⑫] 我们认为，以上这些规定都体现了注重发挥物之效用。遗产分割时，何种方式能在最大限度上发挥遗

---

① 《法国民法典》第 764 条。

② 陈苇、董思远：《民法典编纂视野下法定继承制度的反思与重构》，载《河北法学》2017 年第 7 期，第 2-18 页。

③ 《德国民法典》第 1932 条。

④ 《意大利民法典》第 715 条。

⑤ 《俄罗斯联邦民法典》第 1168 条第 3 款。

⑥ 《德国民法典》第 2043 条第 1 款。

⑦ 《意大利民法典》第 715 条。

⑧ 《瑞士民法典》第 605 条。

⑨ 马俊驹、梅夏英：《财产权制度的历史评析和现实思考》，载《中国社会科学》1999 年第 1 期，第 101-102 页。

⑩ 《意大利民法典》第 846 条。

⑪ 《瑞士民法典》第 613 条第 2 款。

⑫ 《法国民法典》第 831 条。

产的效用，就应采取此种方式，以有利于发挥物之效用，实现遗产的扶养职能和促进社会经济发展。

(五) 重视平等保护继承人利益和遗产债权人利益

在遗产分割中，重视平等保护继承人利益和遗产债权人利益是遗产分割制度的立法发展趋势之五。遗产分割是继承人最终实现自己对遗产占有的一个重要环节。要顺利实现遗产分割，在遗产分割前，应当确定遗产分离的标的，需要通过遗产分离（包括制作遗产清单或申请财产分离）制度使被继承人的遗产与继承人的固有财产各自保持独立。从前述国外立法例看，法国、德国的遗产清单制度，日本和意大利的财产分离制度，均可使被继承人的财产与继承人的财产分离开来。例如，《法国民法典》规定，继承人可以通过向继承开始地所在辖区的大审法院提出以净资产为限接受继承的声明，并提交忠实而确切的遗产清单而达到将其个人财产与遗产相分离的效果。遗产清单应自提出声明之日起2个月期限内存交法院，如有正当原因时，可向法官申请延长期限。[①]《日本民法典》规定，自继承开始之时起三个月内，遗产债权人或者受遗赠人可以请求家庭法院从继承人的财产中分离遗产。[②] 在我国，我国《继承法》第26条第1款规定："夫妻在婚姻关系存续期间所得的共同所有的财产，除有约定的以外，如果分割遗产，应当先将共同所有的财产的一半分出为配偶所有，其余的为被继承人的遗产。"可见，我国通过共有财产之"析产"制度，把被继承人在夫妻共同财产、家庭共同财产中的份额分离出来。这有利于保证以遗产首先清偿被继承人的债务。上述中外立法规定均体现了平等保护继承人利益和遗产债权人利益的立法理念，体现了公平原则。在"中国民法典·继承编"的编纂中，可借鉴域外立法设立遗产清单制度和财产分离制度，以完善我国的遗产分离制度。

二、我国遗产分割制度之不足与完善立法的建议

以下我们根据考察和评析总结的域外立法经验，实证调查的我国十省市民众财产继承观念和遗产处理习惯及司法实践的相关案例之分析，结合我国立法之学者建议稿的观点，分析我国遗产分割制度之不足，从我国实际出发，汲取域外有益的立法经验和我国学者建议稿的观点，提出我国遗产分割制度的立法完善建议。必须说明，2018年9月5日我国立法机关已公布"民法典各分编（草案）"，征求社会各界意见。该"草案"第934、935条对遗产分割制度有所规定，由于该"草案"还不是立法，故以下我们仍然以我国《继承法》的遗产分割制度为对象，研究分析其立法之不足。

(一) 我国遗产分割制度之不足

1. 我国遗产分割标的的确定立法之不足

关于遗产分割标的的确定，我国《继承法》第26条是对共同财产的析产规定，欠缺遗产归扣制度和遗产清单制度及财产分离制度。关于共同财产的析产，其主要包括两个方面的内容，即被继承人遗产与夫妻共同财产中的分离、被继承人遗产与家庭共同财产的分离。根据我们本次对我国十省市民众财产继承观念和遗产处理习惯的调查，近八成的被调查民众没有遗产归扣的观念，并且七成以上被调查民众所在地区遗产分割时也没有归扣处

---

① 《法国民法典》第793条。

② 《日本民法典》第941条。

理的习惯。如前所述，对于遗产分割标的的确定，域外法主要设立有三种制度，包括遗产归扣制度和遗产清单制度及财产分离制度。我国由于没有设立遗产归扣制度，不能将被继承人生前对某些继承人的特种赠与财产归扣计入遗产总额，不能使遗产在共同继承人之间实现公平分割，不利于保护继承人、遗产债权人和继承人的债权人三者的合法利益。我国由于没有设立遗产清单制度，不能引导继承人或遗产管理人依法制作遗产清单，使其固有财产与遗产各自独立，而不混同。我国由于没有设立财产分离制度（我国目前仅有共有财产的“析产”制度），不能使遗产债权人或继承人的债权人在其债权有被侵害之虞时，向法院申请进行财产分离程序，不能使继承人的固有财产与遗产及早分离，避免两者的混同。所以，我国前述诸学者建议稿均建议应当设立遗产归扣和遗产清单制度。也就是说，目前我国遗产分割标的的确定之立法，反映公平分割遗产、平等保护继承人利益和遗产债权人利益的立法发展趋势还不够，这是其立法之不足。

2. 我国遗产分割依据立法之不足

遗产分割的依据有遗嘱指示和法律的规定，其中法律的规定包括法定应继份、共同继承人的协议和法院的裁判三个方面内容。对此，前述域外国家的立法都有明确规定。虽然我国《继承法》对于这三者均有所规定，但仍存在某些不足。主要是关于遗嘱指示的规定太简略。例如，我国《继承法》第 16 条规定遗嘱人可立遗嘱处分个人财产，但未针对遗产分割明确规定被继承人的遗嘱可指定遗产继承的份额和分割的时间及具体方法，这不利于指导遗嘱执行人或遗嘱继承人依据遗嘱分割遗产，这是我国立法之不足。

3. 我国遗产分割原则贯彻之不足

第一，体现贯彻公平分割原则之具体制度立法存在不足。在遗产分割中，公平原则主要体现为法定继承人的继承份额原则上均等、特殊贡献的补偿请求权、遗产归扣、共同继承人间的瑕疵担保责任四个方面。前述域外国家立法中对这四个方面的具体制度都作出了明确规定，在遗产分割中较为全面地贯彻了公平原则。目前，我国《继承法》中虽然对此原则的具体制度有所规定，但是，尚未设立遗产归扣制度和共同继承人间的瑕疵担保责任。而根据对我国十省市民众继承习惯的调查，认为共同继承人间应承担瑕疵担保责任的被调查者超过五成。虽然我国近八成的被调查民众都没有进行遗产归扣的观念和处理习惯，但前述我国诸学者建议稿都主张规定遗产归扣制度。如果不规定上述两种制度，不利于保障实现遗产在各共同继承人之间的公平分割，也不利实现在涉外继承的中外共同继承人中公平分配遗产，无法体现对共同继承人利益平等保护的理念，不能彰显法的公平价值，这是我国立法之不足。

第二，体现贯彻平等保护继承人利益和遗产债权人利益原则之具体制度立法存在不足。如前所述，实施遗产清单和财产分离制度可使遗产与继承人的财产或其他第三人的共有财产分离出来，其目的是保证遗产被优先用于清偿被继承人的债权人。对此，前述域外国家都设立了遗产清单制度，有些国家如日本、意大利还设立了财产分离制度，以避免继承人的固有财产与遗产混同。目前，我国《继承法》第 26 条仅规定有共同财产的“析产”，即应当先将夫妻共有或家庭共有的财产中被继承人的份额分离出来作为被继承人的遗产。但我国继承立法尚未设立实现遗产分离的遗产清单制度和财产分离制度，这是其立法之不足。

4. 遗产分割时间的自由与限制立法之不足

对于遗产分割自由及其限制问题，前述大陆法系国家立法都规定允许继承人随时请求分割遗产，但也有一定的限制，主要有被继承人遗嘱的限制、法律的特别规定及共同继承人的协议等，具体分为遗嘱指定禁止分割期间的限制、法律规定对特殊遗产如家庭住房、家族企业分割的限制等。我国《继承法》第 15 条规定："……遗产分割的时间、办法和份额，由继承人协商确定。协商不成的，可以由人民调解委员会调解或者向人民法院提起诉讼。"因此，在我国的法定继承中，继承人要想分割遗产时，应与其他共同继承人先协商，如果协商不成的，可由人民调解委员会调解或向人民法院提起诉讼。从上述规定来看，我国并没有明确规定继承人有随时请求遗产分割的权利。从我国遗产分割的现状来看，继承人共同协商分割是主要模式，但是由于现实情况的复杂性，单个继承人希望启动遗产分割的情况也确实存在，其希望分割遗产的意愿是否应当被尊重？我们认为答案是肯定的。首先，承认遗产分割之自由的请求权是对公民财产权利的一种尊重。随着我国民众财产种类的不断丰富、财产数量的不断增加以及公民个人处分财产权利意识的不断增强，赋予民众遗产分割之自由的请求权，既可以满足各继承人的多元化意愿，又可以减少人民调解委员会、法院部门的工作量。但我国《继承法》没有规定遗产分割自由的限制条款，从我国《继承法》第 15 条的规定来看，我国共同继承人间的遗产分割仅受共同继承人协商处理条款的限制。同时，结合本次我国十省市民众的财产继承观念及遗产处理习惯的调查，如前所述，超过八成的被调查民众认为遗嘱可以对遗产分割进行限制。遗嘱对遗产分割的时间限制，占七成以上的大部分民众持认可态度，并且认为限制的期限不应该超过 5 年的占比最高。从前述我国诸部继承法学者建议稿来看，它们都主张遗产分割要受到三个方面的限制，一是非经遗产债务清偿不得分割遗产；二是遗嘱禁止在一定期间内分割的；三是继承人协商一致在一定期间内不分割的。所以，我国立法对于遗产分割时间的自由与限制的规定仍存在不足。

5. 我国遗产分割的方法之不足

遗产分割方法包括一般方法与特殊方法。在前述多数国家立法中，对于遗产分割的一般方法与特殊方法都作出了明确的规定。其中，一般分割方法包括原物分割、补偿分割、变价分割、维持共有等。关于特殊分割方法，一方面，规定了特定继承人的优先权，如为生存配偶的利益而进行的特殊分割；另一方面，也规定了特殊遗产的分割方法，如意大利规定的最小耕作单位、被大片包围的土地；俄罗斯法对于参与商业合伙、生产或消费合作社的继承、企业的继承、农业（畜牧场）成员财产的继承设专章进行了专门规定。我国《继承法》明确规定了遗产分割的一般方法，但并未规定特殊遗产的分割方法与特定继承人对特殊遗产的先取权、居住权和终生使用权。考察我国十省市被调查民众的财产继承观念与处理习惯，如前所述，近九成的被调查民众所在地区承认生存配偶对遗产中的家庭住房享有终生居住权。并且，前述六部继承法学者建议稿中有五部建议稿均主张在"中国民法典·继承编"中规定特定继承人对特殊遗产的先取权，还有两部学者建议稿规定了特定遗产的分割方法。如果我国不规定遗产分割的特殊方法，对家庭中弱势继承人的单人户老年丧偶者、空巢家庭的生存配偶、隔代家庭的未成年人和其直接扶养人（祖父母、外祖父母）等而言，不利于充分发挥遗产养老育幼的职能；对民营企业主继承人而言，不利于充分发挥遗产的生产、经营作用。这不符合当前遗产分割重视维护与被继承人共同生活及经营者的权益，充分发挥物之效用的发展趋势，不能充分彰显法的效率价值，这是我国遗产分割方法立法之不足。

6. 对遗产分割效力规定之不足

遗产分割的对内效力包括共同继承人对遗产分割后之物的瑕疵担保责任和对权利的瑕疵担保责任，前述大陆法系国家中法国、德国、瑞士、日本和意大利五国立法对此均有相关规定。而我国《继承法》对共同继承人的瑕疵担保责任呈空白。但我国《物权法》第100条第2款规定："共有人分割所得的不动产或者动产有瑕疵的，其他共有人应当分担损失。"如前所述，我国十省市民众的财产继承观念与处理习惯显示，五成以上的被调查民众认为共同继承人之间应当承担遗产分割的瑕疵担保责任。并且，我国诸学者建议稿中也都主张规定共同继承人对遗产分割的瑕疵担保责任。目前，我国立法无此规定，不利于平等保护共同继承人的利益，不符合现代社会遗产分割的公平分配之发展趋势，不能充分彰显法的公平价值，这是其立法之不足。

（二）我国遗产分割制度的立法完善建议

通过前述域外立法的考察评析，汲取外国立法的有益经验，结合涉及遗产分割的我国十省市被调查民众的观念和处理习惯的实证调查数据及司法实践相关案例的评析，汲取诸学者建议稿的有益观点，从我国实际出发，针对我国遗产分割制度之不足，我们提出对"中国民法典·继承编"之遗产分割制度的立法建议。

1. 针对遗产分割标的的确定之立法建议

根据我国实际情况，鉴于我国是一个人口大国，为引导民众在共同继承人之间公平分配遗产，应当明确规定遗产分割标的总额的范围。建议我国借鉴前述六个国家包括法国、德国、瑞士、日本、意大利和美国设立的遗产归扣制度，以便在共同继承人之间确定遗产分割标的之总额的范围。为平等保护继承人利益和遗产债权人利益，建议借鉴前述大陆法系国家法国、德国、瑞士、意大利、日本和俄罗斯六国之立法经验，设立遗产清单制度。为平等保护被继承人的债权人和继承人的债权人等利害关系人的利益，可借鉴前述大陆法系的日本、意大利等国的规定，同时设立财产分离制度。

（1）遗产归扣制度。

1）遗产归扣的主体。在法定继承中遗产分割时，被继承人的子女在被继承人生前接受特种财产赠与的，为归扣义务人，其他参加共同继承的人为归扣权利人。

在代位继承时，由代位继承人承担该被代位人的归扣义务。

归扣义务人即使放弃继承或者因法定事由丧失继承权的，也应承担归扣义务。

2）遗产归扣的标的。归扣义务人，在被继承人生前所受的特种赠与财产，包括因结婚、分家、生产经营所受赠与财产或免除债务；大学本科以上的教育费用；成年以后的职业教育或培训费用；储蓄性人寿保险金。

3）遗产归扣义务的免除。被继承人可以订立遗嘱或者通过公证的文书，明确表示免除该归扣义务。

如果被继承人生前赠与的特种赠与财产因意外事件灭失，归扣义务人无过错的，该财产不计入归扣财产。

4）遗产归扣的方法。遗产分割时，归扣义务人应当将其所受被继承人生前特种赠与财产的原物或其价值合并计算于遗产总额之中，然后计算各共同继承人的应继份。

生前特种赠与财产的价值，依赠与时的价值计算。

返还，得通过扣减应继份为之。对超过应继份部分，可返还原物或其价值。

（2）遗产清单制度。选择实行限定继承的继承人，在作出限定继承的声明后，应当在继承开始后的2个月内，在有公证人或者两个以上无利害关系的见证人在场的情况下制作忠实的遗产清单。如果在3个月内不能完成遗产清单，继承人可以向法院申请延长该期限，但延长的期限不得超过3个月。

在遗产清单制作完成后，有关利害关系人可以凭借相关证明文件查阅遗产清单，对遗产清单可以提出异议，异议期为1个月。

继承人仅在遗产清单记载的遗产范围内对遗产债务承担责任。如未按期提交遗产清单的，继承人对于遗产债务承担无限清偿责任。一个继承人制作了遗产清单，对全体共同继承人发生效力。

继承人有下列情形的，丧失遗产清单利益，对被继承人的债务承担无限清偿责任，并且不得放弃继承：1）转移、隐藏遗产的。2）在遗产清单中故意漏记重要财产的。3）在遗产清单中虚构债务的。

（3）财产分离制。如被继承人的债权人或继承人的债权人认为继承人有侵害遗产的可能情况时，可以向法院请求实行财产分离。

应被继承人的债权人或继承人的债权人提出的遗产分离请求，人民法院可以发布财产分离公告，对其他遗产债权人及受遗赠人，就财产分离以及法定期间内申报参加债权分配等内容予以公告。此公告期限不少于两个月。被继承人的债权人申请遗产分离的，在公告期满后，就遗产优先受偿。继承人的债权人申请财产分离的，在公告期满后，就继承人的财产优先受偿。无论何种主体提出遗产分离，均不能损害有优先权的债权人的利益。并且，涉及不动产的遗产分离，非经登记不能对抗第三人。

2. 明确遗产分割的依据

根据我国《继承法》规定，我国遗产分割的依据有被继承人的遗嘱、共同继承人的协议、人民调解委员会的调解协议和法院的判决。与国外立法例相比较，我国增加了人民调解委员会的调解，这是符合中国现有国情的，应予保留。但上述遗产分割的依据先后适用的位阶尚不明确，因此，我国应借鉴前述域外国家的立法经验，结合我国实际，明确遗产分割依据的位阶。

遗产分割，首先按照被继承人遗嘱的指示进行。遗嘱对遗产分割未作指示的，共同继承人可以协商订立遗产分割协议，协议应当制作书面形式。如共同继承人之一拒绝同意分割遗产，或者共有人协商分割不成的，可以由人民调解委员会调解或诉请人民法院裁判。

3. 补充反映遗产分割原则的具体制度

如前所述，我国遗产分割的现有原则有：尊重被继承人意愿和继承人意愿的原则；公平分割原则；照顾弱者分割原则；发挥物之效用原则；平等保护继承人利益与遗产债权人利益原则。我们认为，在此基础上应进一步完善公平分割原则和平等保护继承人利益与第三人利益原则。具体的立法建议内容如下：

首先，完善公平分割原则。目前，我国继承立法仅规定，遗产分割时，同一顺序继承人继承遗产的份额，一般应当均等，没有规定遗产归扣制度和共同继承人对遗产分割的瑕疵担保责任，对公平分割原则的贯彻并不充分。为此，我们建议，在我国继承立法中，增设遗产分割的瑕疵担保责任（具体在后文遗产分割效力中予以阐述），此处不予赘述。

其次，遗产分割时，应注意平等保护继承人利益和其他利害关系人的利益。前述遗产分割标的之遗产清单制度和财产分离制度的增设，即对该原则的体现与完善，此处不再重复赘述。

4. 确立遗产分割时间的自由与限制

对于遗产分割时间的自由与限制，建议立法如下：

继承开始后，继承人得随时请求分割遗产，但被继承人的遗嘱、共同继承人的协议和法律另有规定的除外。

继承人提出分割遗产的请求，凡具有以下情形的不得分割遗产：

（1）被继承人以遗嘱指定在一定期间内不得分割遗产的，但遗嘱禁止分割遗产的期限不得超过5年。

（2）继承人中有尚未出生的胎儿的，遗产分割的时间应当延缓至胎儿出生以后。

（3）遗产债务尚未清偿的，遗产分割的时间应当延缓至遗产债务清偿完毕以后。但有不能清偿该债务的合理理由的除外。

（4）继承人身份关系尚未确立的，遗产分割的时间应当延缓至继承人身份关系确定以后。

（5）遗产分割将严重损害遗产的价值和功能的，经共同继承人申请，人民法院可判决暂缓分割。

5. 补充遗产分割的方法

建议补充法定应继份的确定方式及遗产分割方法的适用顺序，在法定继承时，为保障家庭成员中弱者的利益，维持其生存权和发展权，增补涉及家庭生活的特殊遗产的分割方法，增设遗产分割时特定继承人针对特殊遗产分配的先取权、居住权或终生使用权；为保障民营企业主、农村土地经营者的生产经营权，列举规定涉及生产经营的特殊遗产的分割方法。具体立法建议如下：

遗产分割时，应当按照每项财产的市场价格对遗产进行估价。估价的日期以遗产分割时为准。在遗产估价后，遗产分割应当依遗嘱或继承人的协议或法律规定进行。

1）生存配偶对原供其使用的遗产中生活住房及家具等日常生活用品享有先取权或终生使用权。如为共同使用之家庭住房及家具等日常生活用品，生存配偶及其抚养的未成年子女相对于其他与被继承人共同生活的继承人有先取权。

2）与被继承人共同生活的父母、祖父母、外祖父母，对遗产中原为自己居住的房屋享有终生使用权。

3）对家庭有特别纪念意义的物或祖传物，因继承人中一人的异议，不得变卖。就应否变卖某物或应否计算后将该物分配给某继承人，继承人间不能达成协议时，由法院根据习惯，无习惯时，在考虑了各继承人间的个人关系后裁定。

4）对于遗产性质上结合为一体的不可分物，应根据有利生产、方便生活原则，完整地分配给某一继承人；如价值超过其应继份的，该继承人应补偿其他继承人。

5）农业经营的用益承租人死亡，且由其继承人中一人继续承租的，该继承人可以请求将所有经营所需的财产，按用益价值划归其继承。对超过其应继份部分，其应向其他共同继承人进行补偿。

6）与被继承人共同经营企业、土地的继承人，对遗产中的该企业、土地，相对于其他继承人有先取权。

7）与被继承人共同对不可分物享有共有权的继承人，对遗产中的该不可分物的权利份额，相对于其他继承人享有先取权。行使先取权的继承人对取得遗产中超出其应继份额的部分，应当向其他继承人进行相应的补偿。

6. 增设遗产分割的效力①

建议增设遗产分割对共同继承人的效力，立法建议如下：

遗产分割后，各继承人以其所得的遗产份额为限，对其他继承人分得的遗产，承担与出卖人相同的担保责任。②

各继承人对其他继承人分得的未届清偿期的债权及附停止条件的债权，就清偿时债务人之支付能力，承担担保责任。

依前款规定，承担担保责任的共同继承人中有无支付能力而不能偿还其分担份额的继承人的，其不能偿还部分由其他继承人按比例分担。但如果不能偿还部分是因为有请求的继承人自身原因所致、被继承人以遗嘱免除或继承人协议免除的除外。

遗产分割后，继承人各自取得其应继份及其所得物的证书。遗产分割后，继承人对遗产保持共有关系的，如为按份共有关系的，应由取得最大部分份额的共同继承人保存物的证书。如为共同共有关系的，应由共有人推选一人或抽签的方式确定一人保管，未保管证书的继承人享有请求使用该证书或持有副本的权利。

---

① 遗产分割的效力之外部效力，不是本章探讨对象，故不予论述。

② 本条规定的担保责任包括物的瑕疵担保责任与权利瑕疵担保责任。所谓物的担保责任，是指担保标的物无瑕疵，即标的物的价值、效用或品质无瑕疵；所谓权利瑕疵担保责任，是指担保标的物的权利无瑕疵，保证第三人不对标的物主张任何权利。

第八章 无人承受遗产制度研究①

无人承受遗产制度，是指有关无人承受的遗产之处理的法律规定的总和，其主要内容包括无人承受遗产的界定、管理、公告程序及归属等，它是遗产处理制度的重要组成部分。本章研究和阐述的主要内容包括：无人承受遗产制度概述；无人承受遗产制度的国外立法现状与评析；无人承受遗产制度的我国立法现状与我国民众的观念和处理习惯及司法实践的考察与评析；无人承受遗产制度之我国立法的学者观点与评析；现代无人承受遗产制度的发展趋势与我国立法的完善建议。

第一节 无人承受遗产制度概述

无人承受遗产，是指继承开始后，经公告，在法定期限内无人继承②又无人受领遗赠③，经清偿遗产债务以及酌分遗产给请求权人之后剩余的财产；或者在法定期限内虽无人继承，但有人受领遗赠，且经清偿遗产债务、交付遗赠物以及酌分遗产给请求权人之后仍剩余的财产。所谓无人承受遗产制度，是指有关无人承受的遗产之处理的法律规定的总和，其主要内容包括无人承受遗产的界定、管理、公告程序及归属等。例如，我国《继承法》第32条④就无人承受遗产的基本概念和归属效力作出了规定。德国、法国、瑞士、日本、英国、美国等国法律就无人承受遗产的界定、管理、公告程序及归属等作出了规定，如《法国民法典》第三卷第五章第809条至第811-3条，《德国民法典》第1936、1959、1962、1964条至第1966条、第1970条至第1985条、第1993、1994、2011条，《瑞士民法典》第466、517、518、551条至第555、558、580条至第589、592、595、598条，《日本民法典》第五编第六章第951条至第959条，《英国遗产管理法》第46条，《英国信托法》第27条和《美国统一遗嘱检验法典》第2—105条、第3—104条等。无人承受遗产制度是现代继承法贯彻继承公平、效率价值的产物，其在保护遗产债权人的利益、其他遗产权利人的权益和维护正常交易秩序等方面具有重大意义。

---

① 本章作者简介：曹贤信，男，法学博士、法学博士后，赣南师范大学法学研究所副教授、硕士生导师；曾瑞玉，女，法学硕士，福建省厦门市鹭江公证处公证员。

② 其具体情形包括：没有法定继承人和遗嘱继承人；虽有法定继承人和遗嘱继承人，但他们全部放弃继承权或者丧失继承权。

③ 其具体情形包括：被继承人生前未以遗嘱设立遗赠；虽已用遗嘱设立遗赠，但遗嘱无效；受遗赠人全部放弃或者被人民法院取消了受遗赠权或者遗赠只处分部分遗产；被继承人生前未订立遗赠扶养协议。

④ 我国《继承法》第32条规定："无人继承又无人受遗赠的遗产，归国家所有；死者生前是集体所有制组织成员的，归所在集体所有制组织所有。"

一、无人承受遗产制度的基本理论

无人承受遗产制度的主要内容包括：一是无人承受遗产的界定；二是无人承受遗产的管理，包括遗产管理人的选任、职责、权利、义务及责任等；三是搜寻继承人、债权人、受遗赠人的公告程序，包括公告机关、公告期间、公告的效力等；四是剩余遗产的酌情分配及归属，包括酌分情形及请求权人、剩余遗产归属的机关、归属的效力等。[①]

（一）无人承受遗产的界定

在理论和立法上，无人承受遗产的界定与继承开始后继承人取得遗产的时间和方法有着直接关系。大陆法系国家和英美法系国家对于继承开始后继承人取得遗产的时间和方法的立法有所不同。大陆法系的德国、法国、瑞士、日本等国家均采取直接继承主义，[②] 而英美法系的英国、美国等国家均采取间接继承主义。对于无人承受遗产的界定，直接继承主义与间接继承主义是不同的。在直接继承主义立法之下，大陆法系国家又分当然继承主义和承认继承主义两种立法。当然继承主义，即继承开始后，被继承人的遗产即归继承人所有，继承人无须作出承认继承的意思表示。也就是说，在当然继承主义之下，遗产上的权利义务并不需要由继承人作出意思表示而当然的移转。[③] 承认继承主义，即继承开始后，继承人要在一定期限内作出承认或放弃的表示。[④] 在被继承人死亡且不确定继承人是否存在的情况下，需要由管理人对遗产进行管理和清算，并催告继承人和债权人，只有经过一定期限届满后仍然没有人主张自己是继承人，才能将遗产认定为无人承受的遗产。在英美法系间接继承主义之下，对于遗产的归属采用的是剩余遗产交付主义。也就是说，继承开始以后，遗产不直接归属于继承人，而由遗嘱执行人或遗产管理人管理，对遗产进行登记造册、收取债权、清偿债务、缴纳遗产税、执行遗赠，剩余遗产即按照法律规定或遗嘱指定分配给继承人。在这种模式下，继承人不对被继承人的债务负责，遗产首先由遗产代理人进行控制与管理，在支付相应的税费和清偿债务之后，才发生最终归属的转移。

目前，我国立法采取当然继承主义，继承开始后遗产上的权利义务因继承开始而当然移转给继承人，无须继承人为接受继承的意思表示。在现代社会，采取直接继承主义立法将更加简洁、高效、便利，而采取间接继承主义的立法使遗产与继承人相对隔离，虽然可能会增加在遗产管理上的成本，但却有利于保护遗产债权人的利益。然而，一国采取直接继承主义或间接继承主义的立法与本国的历史传统有关，采取直接继承主义的立法在确立有条件的限定责任继承方式的情况下，也能够达到平等保护继承人的利益与被继承人的债权人的利益之目的。此外，值得说明的是，无人承受遗产不同于无人承认继承。无人承认继承，亦称继承人旷缺，是指继承人有无不明之继承。也就是说，不能确定是否有继承人。如被继承人死亡时确定有继承人，但继承人下落不明的，不是无人承认继承。由于无人承认继承是继承人有无不明，当有继承人和受遗赠人出现并主张继承或遗赠时，就是有人继承；只有经过搜寻继承人、债权人、受遗赠人的公告程序后，确实无继承人和受遗赠

---

① 陈苇主编：《外国继承法比较与中国民法典继承编制定研究》，北京大学出版社 2011 年版，第 649 页。

② 直接继承主义是指继承开始后，被继承人的财产权利和义务直接地移转于继承人，而不需要经过他人中介的立法主义。

③ 《法国民法典》第 775 条，《瑞士民法典》第 560 条第 1 款。

④ 《日本民法典》第 915 条第 1 款。

人出现并主张继承和遗赠时，才是无人承受遗产。[①] 正因如此，无人承受遗产的界定，还取决于经过搜寻继承人、债权人、受遗赠人的公示催告程序，这种程序对于潜在的债权人和其他利害关系人也是有利的。例如，《法国民法典》规定了对无人继承的遗产实行管理的公示、制作财产盘存清册的通知的公示、遗产出卖的公告、债务清偿方案的公示；[②]《德国民法典》规定了申报继承权、债权的公示催告；[③]《瑞士民法典》规定了对继承人和债权人的公示催告；[④]《日本民法典》规定了搜索遗产债权人及受遗赠人的公告和搜索继承人的公告；[⑤] 等等。

在我国，无人承受遗产的界定主要包括三个方面内容：一是无人承受遗产之归属确定的依据是基于法律的特别规定，由国家或集体组织依法律的规定取得无人继承又无人受遗赠之财产。二是国家或集体所有制组织在取得遗产所有权的同时，在取得遗产的实际价值范围内清偿死者生前所欠的债务。[⑥] 这意味着，对于该无人承受的遗产，国家或集体所有制组织只有在清偿债务后，才能取得剩余部分的遗产。现实生活中，由于我国实行当然继承制度，因此，对无人承受的遗产，国家或集体所有制组织溯及继承开始时取得所有权，并依我国《继承法》第33条有关限定继承的规定，该无人承受遗产的归属者应在遗产实际价值范围内承担清偿被继承人债务的责任。从国外立法看，将清偿债务后的剩余财产归属于国家（国库）所有，这是众多国家的立法通例。[⑦] 当然，若是被法院宣告死亡的被继承人归来，那么已归属国家或集体组织所有的财产应当如数返回该财产原所有人，原物不存在的应当作价补偿。[⑧] 三是保护酌情分得遗产人的权益。对继承人以外的依靠被继承人扶养的缺乏劳动能力又没有生活来源的人，或者继承人以外的对被继承人扶养较多的人，可以分配给他们适当的遗产。[⑨] 这类酌情分得遗产人在无人承受遗产归属于国家或集体所有制组织之前，有权主张首先分得适当遗产。但倘若酌情分得遗产人经公示催告后在法定期限内未主张该权利的，则视为放弃，遗产将全部归国家或集体组织所有；酌情分得遗产人不得以未分得遗产为由重新主张权利。[⑩]

（二）无人承受遗产的管理

继承开始时，现有的继承人基于其身份，自然有权管理遗产；而在无人承受遗产的时

---

① 我国台湾地区学者亦认为无人承认之继承，乃继承开始时，继承人之有无不明之谓。故如有为继承之人，而其生死不明者，此可将其应承受之遗产与其固有财产，同适用我国台湾地区“民法”第10条及非讼事件法关于失踪人之财产管理事件规定而处理之；如已具备死亡宣告之要件，利害关系人或检察官则为死亡宣告之声请，此情形固非之所谓无人承认之继承。又明知有继承之人，而其承认继承与否尚未确定者，此依“民法”第1148条之规定，遗产仍当然归属于该继承人，其更非此之无人承认继承。参见陈棋炎、郭振恭、黄宗乐：《民法继承新论》，三民书局1989年版，第279页。

② 《法国民法典》第809-1、809-2、810-3、810-5条。

③ 《德国民法典》第1965、1970条。

④ 《瑞士民法典》第555、558条。

⑤ 《日本民法典》第957、958条。

⑥ 郭明瑞、房绍坤：《继承法（第二版）》，法律出版社2004年版，第225页。

⑦ 例如，《法国民法典》第811条，《德国民法典》第1966条，《瑞士民法典》第457-466条，《日本民法典》第958条之三、959条等。

⑧ 刘春茂主编：《中国民法学·财产继承（第二版）》，人民法院出版社2008年版，第473页。

⑨ 我国《执行继承法的意见》第57条。

⑩ 刘春茂主编：《中国民法学·财产继承（第二版）》，人民法院出版社2008年版，第472-473页。

候，由何人进行遗产管理就成为一个重要的问题。建立遗产管理的目的，是保护遗产免受损失，以便维护将来出现的继承人的利益或者遗产的最终归属者的利益。遗产管理人是对无人承受遗产负有管理权利的人，可由有关组织或者个人担任。无人承受遗产的管理在无人承受遗产的整个处理流程中处于承上启下的中间环节，所以格外重要。英美法系甚至主要将无人承受遗产制度规定于遗产管理法案当中。①

关于无人承受遗产管理人的确定，有几种不同的观点。一是检察官请求说。该说主张由检察官请求法院选任遗产管理人。法国、日本等国家即采取此种方式。② 二是死者生前所在单位和利害关系人结合说。该说认为，继承开始后，继承人有无不明时，应当由死者生前所在单位（居民委员会、村民委员会或者被继承人生前工作单位）负责保护遗产，并向法院申请建立遗产管理，债权人、受遗赠人等利害关系人也可以申请建立遗产管理。③ 三是依死者生前身份确定说。该说认为，被继承人生前是国家职工的，遗产管理人是被继承人生前所在单位；被继承人是农村农民的，遗产管理人是被继承人生前所在的基层组织，如村民委员会等；被继承人生前是城市个体劳动者或者无业居民的，遗产管理人是城市个体劳动者协会；被继承人生前是受他人扶养的，扶养人也可以成为遗产管理人。④

遗产管理人的管理职责包括不变更物或权利性质的保存、改良及利用行为，一般不包括处分行为，但为防止遗产的减值或毁损，于必要情况下出于保全遗产可处分遗产。遗产清单的编制，是防止遗产散失的重要措施，也是据以清偿遗产债务、执行遗赠及将剩余财产移交将来可能出现之继承人及国家的重要依据，是遗产管理人最主要的任务。

在无人承受遗产的情况下，遗产管理人的地位如何？世界上一些国家或地区立法对此有三种立法例：一是以国库为最后顺序的遗产继承人，遗产管理人被视为国库的代表，一般由公职人员担任。例如，《法国民法典》规定，如无继承人时，遗产归属于国家。⑤《德国民法典》规定，被继承人既无血亲又无配偶者，以被继承人死亡时所属邦的国库为法定继承人；被继承人属于数邦者，由各邦国库平均继承；被继承人如系不属于任何邦的德国国民，则以德国国库为其法定继承人。⑥ 此外，法国、瑞士、俄罗斯、匈牙利、西班牙、泰国等也将国库规定为法定继承人。⑦ 在英国，无人承受的遗产收归王室，王室为继承人。⑧ 因此，在采取此种立法例的国家，即使会出现遗产一时归属不明，但最终不存在无人承受遗产的情况。二是无人承受的遗产，自继承开始即为法人，视遗产管理人为法人

① 只有在英美法中才存在独立的“遗产管理”（estate administration）程序。例如，按照英国法，遗产管理是继承必经的一个独立程序，英国 1925 年专门颁布了《遗产管理法》。根据该法，遗产必须由遗嘱指定的遗产执行人或法院指定的管理人进行管理。遗产管理人对遗产进行清理，清偿死者债务后，将剩余财产分配给合法继承人。遗产管理人必须向法院申请遗产管理令状（grant）才能分配遗产。未经法院授权，任何人都无权处分死者的遗产。参见杜涛：《国际私法原理》，复旦大学出版社 2014 年版，第 184 页。

② 《法国民法典》第 809-1 条，《日本民法典》第 951、952 条。

③ 张玉敏：《继承法律制度研究（第二版）》，华中科技大学出版社 2016 年版，第 116 页。

④ 河山：《河山解读继承法》，中国社会出版社 2011 年版，第 173 页。

⑤ 《法国民法典》第 811 条。

⑥ 《德国民法典》第 1936 条。

⑦ 刘文：《继承法律制度研究》，中国政法大学出版社 2016 年版，第 395-396 页。

⑧ 张平华、刘耀东：《继承法原理》，中国法制出版社 2009 年版，第 117 页。

的代表。例如，《日本民法典》规定，继承人的存在不明确时，遗产为法人。[①] 在此种立法例下，如果在遗产管理期间，有继承人出现并愿意继承，则遗产法人视为自始消灭，遗产管理人为继承人的代理人；如果在遗产管理期间，继承人始终未能出现，则遗产归属于国家，遗产法人也因此归于消灭。三是无人承受的遗产收归国家或集体所有制组织所有，我国即采此立法。[②] 有学者认为，此情况下的遗产管理人为国家或集体所有制组织的代理人。[③]

（三）无人承受遗产的公告程序

无人承受遗产制度以无继承人、无受遗赠人、无遗产债权人为假设前提，也以在无继承人情形下清偿遗产债务、受领遗赠物及酌分遗产后仍有剩余财产为假设前提。这两种假设有先后关系，当第一种假设成立时，第二种假设便无从发生。但无论哪种假设是否成立，都需要通过一定的程序来确证。这种程序就是无人承受遗产的公告程序，其目的在于明确有无继承人、有无受遗赠人、有无遗产债权人。只有在明确是否存在这类人等时，才能最终确定该财产是否为无人承受遗产。被继承人死亡时可能存在特殊情况需要运用无人承受遗产的公告程序：继承人、受遗赠人、遗产债权人有无不明；或者说明确存在继承人、受遗赠人、遗产债权人，但下落不明。因此，搜寻继承人、受遗赠人、债权人成为一种必要的程序。事实上，搜寻继承人、债权人、受遗赠人是指由遗产管理人依据公示催告程序，催告继承人接受继承、督促债权人、受遗赠人申报权利的程序。发出搜寻继承人、债权人、受遗赠人公告的目的，一方面，是保护可能存在的继承人及其他遗产利害关系人的合法权益；另一方面，是最终以剩余财产的方式确定遗产的法律地位。如果有人主张继承，并且继承权能够得到证明，则应该将遗产交由继承人继承。如果公告期满，无人主张继承或者主张继承之人不能证明其有继承权的，又无受遗赠人的，那么，经清偿遗产债务以及酌分遗产给请求权人之后剩余的财产应该依法被确认为无人承受遗产。如果公告期满，发现存在受遗赠人的，那么，经清偿遗产债务、交付遗赠物以及酌分遗产给请求权人之后仍剩余的财产应该依法被确认为无人承受遗产。

无人承受遗产的公告程序，大陆法系和英美法系因直接继承主义和间接继承主义的区别而有所不同。如前所述，在大陆法系的直接继承主义之下，无论采当然继承主义还是采承认继承主义，都需要经过搜寻继承人、受遗赠人、债权人的公告程序。在此需要明确的是，国家（国库）从何时起取得无人承受遗产？是自遗产管理人完成交付之时起取得？还是自搜寻公告期间届满时取得？抑或自遗产管理人对遗产清算完毕之时起取得？根据《日本民法典》的规定，搜索继承人公告期满后，无人主张继承时，如曾与被继承人共同生活的人、对被继承人的疗养看护尽力的人及其他与被继承人有特别亲属关系的人提出分配遗产的请求，家庭法院认为适当时可分给他们全部或部分财产，剩余财产才归国库所有。[④] 因此，应解释为在日本无人承受的遗产自家庭法院向特别关系人分给财产之后，国库在知道该财产确实为无人承受遗产之时才能主张继承，才能取得剩余财产之所有权。这

① 《日本民法典》第951条。

② 参见我国《继承法》第32条。

③ 张平华、刘耀东：《继承法原理》，中国法制出版社2009年版，第117-118页。

④ 《日本民法典》第958、958条之二、958条之三、959条。

与日本承认继承主义的立法例一脉相承，更与日本法视“无人承受遗产”为法人的做法相关。我们认为，无人承受遗产的归属时间确实会因当然继承主义和承认继承主义的区别而在时间起算点上而有所不同，但无人承受遗产的公告程序只是确认有无继承人、受遗赠人、债权人的必经程序而已，而是否为无人承受遗产的确证还需核查有无酌分遗产请求权人，因此，当然继承主义和承认继承主义在归属效力上并无实质区别。也就是说，当酌分遗产后有剩余时，才能说该剩余财产就是无人承受的遗产，国家（国库）就此已确证的财产无论采当然继承主义还是采承认继承主义，归属的时间点和后果都是一样的。

无人承受遗产的公告程序，体现了非经法定程序不得剥夺自然人私有财产权的现代宪法思想。保护私人财产不受侵犯是现代社会许多国家宪法的一项重要的任务，非经法定程序不得剥夺自然人的私有财产权是宪法确立的“正当程序”原则的必然要求。如前所述，继承人有无不明的情况，在现实中是经常会出现的，但是继承人不明不等于无继承人、无受遗赠人甚至其他利害关系人，仅仅“无继承人又无人受遗赠”，就收归“国有”是不符合非经法定程序不得剥夺自然人财产权这一宪法原则的。无人承受遗产的公告程序集实体性规定与程序性规定于一体，由下列重要制度组成：在继承人有无不明时，确定遗产管理人；公告搜寻继承人、通知债权人、受遗赠人前来受清偿（在规定的期间内不得受清偿）；经过这些强行性的程序化的规定，就可以推定该遗产处于无人承受的状况，此时遗产才能归国家或国库所有。[①]

（四）无人承受遗产的归属

正如艾尔德尔·詹金斯（Iredell Jenkins）所言：“任何法律制度总是有意无意地仰赖一种法学理论，而任何法学理论又总是倚赖关于人的理论。”[②] 德国学者拉德布鲁赫也认为，人类呈现形象的变化是法律史上的“划时代”的变化；对于一个法律时代的风格而言，重要的莫过于对人的看法，它决定着法律的方向。[③] 由此看来，主体要件是法律制度中不可或缺的重要组成部分，因此，有必要明晰无人承受遗产的归属主体。

在世界许多国家的继承立法中，对于无人承受遗产的归属，有两种立法例：一是将该财产收归国家（国库）所有；[④] 二是将酌情分配给与被继承人有密切关系的人后，剩余遗产才收归国家（国库）或集体组织所有，如我国和日本立法例。[⑤] 从无人承受遗产归属的主体来看，大致有两种立法例：一种是将国家（国库）或被继承人所属的邦（如德国）或被继承人住所所在地的州（如瑞士）作为法定继承人。持此种观点的国家有法国、德国、瑞士、俄罗斯、匈牙利、西班牙、泰国等。[⑥] 另一种是将国家（国库）作为无人承认

---

① 张平华、刘耀东：《继承法原理》，中国法制出版社 2009 年版，第 443-444 页。

② Iredell Jenkins, *Social Order and the Limits of Law: a Theoretical Essay*, *New Jersey*: Princeton University Press, 1980, p. 314.

③ ［德］古斯塔夫·拉德布鲁赫：《法律智慧警句集》，舒国滢译，中国法制出版社 2001 年版，第 141 页。

④ 但也有的国家还有特别的规定。西班牙将无人继承的剩余财产归死者生前所在的市政府、生前参加的组织、慈善团体、社会活动团体等机构（《西班牙民法典》第 956 条）。泰国民法规定，无人继承的财产由国家继承，但僧人在僧人身份期间获得的财产，在其圆寂后，归其所在的寺庙（《泰国民法典》第 1753 条）。在伊斯兰教国家，按照古兰经的经定继承，将无人继承的遗产归属于有严密组织的公共财库。

⑤ 《日本民法典》第 958 条之三、959 条规定，法院可以将遗产的全部或部分分配给曾与被继承人共同生活的人、对被继承人的疗养看护尽力的人及其他与被继承人有特别亲属关系的人；尚有剩余的财产，归属于国库。

⑥ 刘文：《继承法律制度研究》，中国政法大学出版社 2016 年版，第 395-396 页。

的遗产的承受人，而非继承人，遗产最终无继承人时死者遗产应归属于国库，如日本。①

如前所述，在我国，根据《继承法》第32条的规定，无人承受的遗产归国家或集体所有制组织所有。可见，相比于该遗产归属于国家或国库的国外立法，我国对无人承受遗产归属主体的立法具有特殊性。我国《继承法》之所以作出这种规定，是因为充分考虑到我国的国情。我国目前存在着两种公有制，即全民所有制和集体所有制，而且被继承人属于集体所有制组织成员的比例相当大；特别是在农村，绝大多数农民均属于集体所有制组织的成员。凡属于集体所有制组织成员的，他们的住房和生产劳动的土地的所有权，均属于集体所有制组织。在无人继承又无人受遗赠的遗产中，有的财产，如“五保户”的某些财产，就是集体组织为照顾其生活而给予的，其原本就是集体生产组织成员的劳动成果。所以，死者生前属于集体组织成员的，其无人继承又无人受遗赠的遗产，归所在集体组织所有是合理的。此立法精神与德国、瑞士关于无人承受的遗产归属于被继承人所属的邦或住所地的州之立法意旨有相同之处。

应当明确，在我国，国家或集体所有制组织作为无人承受遗产的归属主体是有条件的。具体说来，所谓没有人接受继承的情况，主要包括：没有法定继承人和遗嘱继承人；虽有法定继承人和遗嘱继承人，但他们全部放弃继承权或者丧失继承权。所谓没有人受领遗赠的情况，主要包括：被继承人生前未以遗嘱设立遗赠；虽已用遗嘱设立遗赠，但遗嘱无效；受遗赠人全部放弃或者被人民法院取消了受遗赠权；被继承人生前未订立遗赠扶养协议。② 也就是说，前述依遗嘱或法律规定的“两种人”（继承人、受遗赠人）放弃或丧失继承权或受遗赠权，且其在法定期限内未出现，在清偿遗产债务和酌分遗产后剩余的无人承受的遗产才最终归属于国家或集体所有制组织所有。

二、无人承受遗产制度的历史演变

财产所有人死亡后，有的无继承人，有的有继承人；有继承人的，也可能放弃继承或丧失继承权。只要有财产继承存在，就有可能出现无人承受遗产的情形。为了保障正常的财产继承秩序、促进财产的合理流转，避免出现无主财产的情形，法律为此设立无人承受遗产制度。从法制史上看，在直接继承主义下，无人承受遗产时，对该遗产的处理有两种立法例（见前文）。英美法系国家多采间接继承主义，其无人承受遗产之管理及处理虽与大陆法系国家有些不同，但其理念和程序也有许多相同之处。

（一）外国无人承受遗产制度的历史演变

从历史上来看，无人承受遗产制度在古罗马已有存在。在古罗马法时期，无人继承的遗产被称为“绝产”，应归属于国库，由国库负责清偿死者的债务；当遗产不足以清偿债务时，则由遗产债权人依变卖遗产之程序而受偿。但在罗马早期，如果全体法定继承人都拒绝继承时，被继承人的遗产便成为无主物，任何人都可依先占原则来占有，经一年后而享有所有权。但事实上，利害关系人（尤其是被继承人的债权人）会首先来占有。后来，大法官法规定，在无人继承的情况下，允许被继承人的债权人出卖被继承人的遗产，使自

① 刘文：《继承法律制度研究》，中国政法大学出版社2016年版，第395-396页。

② 参见郭明瑞、房绍坤编著：《继承法（第二版）》，法律出版社2004年版，第224页；陈苇主编：《婚姻家庭法学（第三版）》，群众出版社2017年版，第318页。

己的债权受到清偿。但债权人应当首先向官厅提出申请，获得批准后，才能占有和变卖被继承人的遗产。罗马帝政初期，奥古斯都为了解决国家财政的困难，颁布的《优利亚法》和《帕披亚·波拜亚法》将无人继承的遗产收归国库所有，但国库须代偿死者的债务，执行遗嘱，至产尽为止。国库也有拒绝接受的权利，任由利害关系人自行处理。至卡拉卡拉帝时，对无人继承的遗产改归皇帝私库所有。为了被遗嘱解放的奴隶的利益，马尔库斯·奥勒利乌斯帝允许他们占有无人继承的遗产而清偿死者的债务。[①] 值得注意的是，国库不是以遗产继承名义取得财产，因而它并不继承死者的法律地位，这是真正的财产取得，其标的只包括盈余部分，即罗马人称之为真正"财产"（积极财产）的那一部分。当然，如果说国库无义务超负荷清偿债务的话，债权人也应当在国库所要求获得的财产范围内得到清偿，因为这种取得只涉及盈余，此外，在优士丁尼法中，国库应当清偿死者安排的一切遗赠。[②] 可见，此时期无人承受的遗产应负责清偿死者的债务及交付遗赠，有剩余的才归属国库。

在日耳曼法上，死者无一定近亲时，其遗产归属于氏族团体或有裁判权的王侯、伯；并规定动产经 1 年、不动产经 3 年无人主张继承权时，为无继承人之遗产，归有裁判权者所有。[③]

近代社会，始设继承人旷缺制度，对继承人之搜寻公告、遗产管理人的设立及职责、无人继承遗产之清算及移交等事项作出较为完备的规定。例如，在法国，依据 1804 年《拿破仑法典》第 767、768 条的规定，如死者未遗有按其亲等得为继承的血亲，亦未遗有非婚生子女，遗产归属于未离婚而尚生存的配偶；无生存的配偶时，遗产归属于国家。[④] 自 1804 年《拿破仑法典》公布以来，大陆法系许多国家都确立了无人承认继承遗产的制度。此项制度又称继承人旷缺制度。在《法国民法典》上，经过财产目录制成及选择期内，无人主张继承，或已知继承人均有抛弃其继承权的情形，为继承人旷缺，规定继承遗产之管理及清算，但承认国库的继承权，故国库承认继承时，则不为旷缺。[⑤] 至现代社会，从大陆法系国家的立法看，《德国民法典》规定，如不能在符合情况的期限内查明继承人，遗产法院应确定除国库外不存在其他继承人；此项确定成为推定国库为法定继承人的根据；但遗产法院为此确定，必须先进行公示催告程序。[⑥]《瑞士民法典》规定，当继承人有无不明时，经公告一年内无继承人主张继承时，遗产归属于有继承资格的国家机关，但继承人仍保有继承回复请求权。[⑦]《日本民法典》规定，继承人的存在不明确时，遗产为法人；家庭法院经利害关系人或检察官的请求，应选任遗产管理人，进行遗产管理及清算，经公告期满，无人主张继承时，清算后的剩余遗产归属国库。[⑧]

（二）我国无人承受遗产制度的历史演变

在我国，早在唐朝就有无人承受遗产制度。依唐令拾遗（丧葬令、户绝条贯）规定：

---

① 周枏：《罗马法原论（下）》，商务印书馆 2014 年版，第 606 页。

② 参见［意］彼得罗·彭梵得：《罗马法教科书》，黄风译，中国政法大学出版社 2005 年版，第 399 页。

③ 史尚宽：《继承法论》，中国政法大学出版社 2000 年版，第 365 页。

④ 李浩培、吴传颐、孙鸣岗译：《拿破仑法典》，商务印书馆 1979 年版，第 102-103 页。

⑤ 史尚宽：《继承法论》，中国政法大学出版社 2000 年版，第 365 页。

⑥《德国民法典》第 1964、1965 条。

⑦《瑞士民法典》第 555 条。

⑧《日本民法典》第 951 条至第 959 条。

"诸身丧户绝者，所有部曲、客女、奴婢、店宅、资财，并令近亲（亲依本服不以出降）转易货卖，将营葬及量营功德外，余财并与女（户虽同、资财先别者，亦准此）。无女，均人以次近亲，无亲戚者，官为检校。若亡人存日自有遗嘱处分，证验分明者，不用此令。"所谓户绝，是指被继承人无男性后代。户绝财产之归属，如被继承人生前遗嘱中有处分，则依遗嘱办理；如无遗嘱，则归被继承人女儿所有；如无女儿，则归其他近亲属所有；至于其他近亲属亦无者，则收归官府。依明令（户令）规定："户绝财产，果无同宗应继之人，所有亲女承受。无女者入官。"清律承袭唐、明之制，该法规定："绝户财产果无同宗应继之人，所有亲女承受之。无女者听地方官详明上司，酌拨充公。"①

我国民国时期的1930年"民法"参酌德国、瑞士、日本等国继承法的规定，并结合国情，就无人承受遗产制度作出了规定。例如，1930年"民法继承编"第二章第五节"无人承认之继承"第1177条至第1185条规定，对于继承开始后，继承人有无不明者，由亲属会议选定遗产管理人，进行继承人的搜寻、清偿死者债务、交付遗赠、剩余财产收归国库所有。② 可见，民国时期的该"民法"设立了较为系统的无人承受遗产制度。然而，必须指出的是，我国古代和近代的法律和判例，虽有将无人继承的遗产归属公有的规定，但民间对于户绝财产多由死者亲友协议处分，或拨充地方慈善事业或移作祠堂祀产，即使官府过问，亦可托死者遗愿加以掩饰。因此，在现实生活中，国库承受民间户绝遗产的情况并不多见。③

我国1985年《继承法》结合我国20世纪80年代社会的实际情况，设立了无人继承又无人受遗赠的遗产处理的制度。对于无人继承又无人受遗赠的遗产，归国家所有；死者生前是集体所有制组织成员的，则归集体所有制组织所有。

三、无人承受遗产制度的目的、价值取向与功能

（一）无人承受遗产制度的目的与价值取向

1. 无人承受遗产制度的目的

无人承受遗产制度作为遗产处理上的兜底性制度，其设立目的主要在于确定无人承受遗产的最终权属，并保护遗产债权人及相关利害关系人的利益。

（1）确定无人承受遗产的权属。只要有财产继承存在，就有可能出现无人承受遗产的情形。应当看到，无人承受的遗产与无主财产并非一个概念，两者虽然在所有权皆未确定的意义上是一样的，但仍然存在区别：前者的原所有人明确而后者的原所有人不明确。④ 我国《继承法》设立无人承受遗产制度，其目的之一即最终确定该遗产的权属，规范财产继承秩序，避免引起不必要的纷争。该制度规定由国家或集体所有制组织继承遗产，由此解决了该遗产无所有权人的问题，使该遗产的权属在法律意义上得以确定。此外，在该遗产的权属业已确定的同时，无人承受遗产制度还能及时打消无关人员意图不当得利的念头，防止该遗产遭受侵吞与毁坏，避免更多的非法主张的出现。

---

① 史尚宽：《继承法论》，中国政法大学出版社2000年版，第366页。

② 《中华民国法规大全·第1册》（根本法、民法、刑法、民事诉讼法、刑事诉讼法、官制官规、内政、外交侨务），商务印书馆1936年版，第87-88页。

③ 参见刘文：《继承法律制度研究》，中国政法大学出版社2016年版，第388页。

④ 刘春茂主编：《中国民法学·财产继承（第二版）》，人民法院出版社2008年版，第463-464页。

起于继承开始时而止于着手处理遗产时（遗产继承），或在受遗赠人得知自己受遗赠后的两个月内（遗产遗赠），① 没有人依法继承或者接受遗赠的遗产即为无人承受遗产。依据我国《继承法》的规定精神，可能存在无人承受遗产的情形包括：没有法定继承人、遗嘱继承人和受遗赠人的遗产；法定继承人、遗嘱继承人全部放弃继承，受遗赠人全部放弃受遗赠的遗产；法定继承人、遗嘱继承人全部丧失继承权，受遗赠人全部丧失受遗赠权的遗产。② 因而被确证存在的无人承受遗产依法归国家或集体所有制组织所有。

综观国外立法，无人承受遗产一般归“公”，但具体归属主体并非完全一致，由此决定了与其配套的规范体系（如遗产管理、公告程序）也有所不同。事实上，域外国家的法律制度中也有类似的规定。例如，在大陆法系国家关于无人承受遗产归属的立法中，法国法规定由国家所有，德国法规定由联邦的国库或数邦的国库作为法定继承人，瑞士法规定由州或乡镇所有，日本法规定由国库所有，意大利法规定由国家所有，俄罗斯法规定由联邦所有。③ 在英美法系国家，英国由于传统，遗产作为无人承认继承的遗产归属于王室或者 Lancaster 公爵领地或者 Cornwall 公爵领地，美国则归州所有，澳大利亚基于其英国法的传统也归王室所有。④ 这些规定均起到了确定遗产权属之作用。总之，为了确定悬而未决的遗产权属，保障正常的财产继承秩序，避免出现非继承人、非受遗赠人争夺遗产的情形，前述各国均设立了无人承受遗产制度。

（2）保护遗产权利人的权益。无人承受遗产制度的立法宗旨是，公平地保护继承人、受遗赠人、遗产债权人、与被继承人有特殊关系者（继承人以外的依靠被继承人扶养的缺乏劳动能力又没有生活来源的人、继承人以外的对被继承人扶养较多的人）等各方的合法利益。这要求既要保障继承人、受遗赠人的利益，又要保障遗产债权人的合法权益，从而使后者不致因继承人与受遗赠人的缺失、放弃承受遗产等原因而遭受损害。

如前所述，无人承受遗产制度包含了继承人与受遗赠人缺失、放弃承受遗产、丧失继承权及丧失受遗赠权的遗产处理等情形。从有权依遗嘱或法律取得遗产的权利人角度看，无人承受遗产制度通过赋予继承人、受遗赠人的选择权，使得继承人、受遗赠人可以在遗产债务负担过重的情况下，有可能选择放弃继承或放弃受遗赠。当继承人与受遗赠人根据该遗产的实际情况而作出放弃承受遗产的决定时，无人承受遗产制度对此予以承认，这有利于尊重继承人与受遗赠人的意思自治并保护其合法权益。我国《继承法》第 25 条对继承人、受遗赠人接受或放弃继承、遗赠的方式及期限作出了明确规定。《德国民法典》则规定：“一旦继承开始，继承人就可以接受或拒绝遗产。”⑤

应当注意的是，根据我国《继承法》第 14 条规定的精神，在处理无人承受的遗产过程中，与被继承人有特殊关系者（继承人以外的依靠被继承人扶养的缺乏劳动能力又没有生活来源的人、继承人以外的对被继承人扶养较多的人）有权利要求分得适当遗产。

---

① 我国《继承法》第 25 条规定：“继承开始后，继承人放弃继承的，应当在遗产处理前，作出放弃继承的表示。没有表示的，视为接受继承。受遗赠人应当在知道受遗赠后两个月内，作出接受或者放弃受遗赠的表示。到期没有表示的，视为放弃受遗赠。”

② 郭明瑞、房绍坤编著：《继承法（第二版）》，法律出版社 2004 年版，第 224 页。

③ 参见《法国民法典》第 811 条，《德国民法典》第 1964、1966 条，《瑞士民法典》第 466 条，《日本民法典》第 959 条，《意大利民法典》第 586 条，《俄罗斯联邦民法典》第 1151 条第 2 款。

④ 参见 Administration of Estates Act，s46；Uniform Probate Code，s2-105；Probate and Administration（Vic），s61B。

⑤ 《德国民法典》第 1946 条。

我国《执行继承法的意见》第57条规定："遗产因无人继承收归国家或集体组织所有时，按继承法第十四条规定可以分给遗产的人提出取得遗产的要求，人民法院应视情况适当分给遗产。"《日本民法典》对"特别亲属关系人分配遗产"作出了规定，家庭法院可以根据曾与被继承人共同生活的人、对被继承人的疗养看护尽力的人及其他与被继承人有特别亲属关系的人的请求，将继承的全部或者部分分配给此等人。[①] 由此可见，无人承受遗产制度对保护继承人、受遗赠人、与被继承人有特殊关系者等遗产相关权利者的利益皆有重要意义。

2. 无人承受遗产制度的价值取向

一般而言，法律制度必然反映着相关的法律价值。我们认为，无人承受遗产制度体现了其遗产处理上的以公平为首要价值、以效率为次要价值的价值体系。

（1）公平价值。无人承受遗产制度彰显了法律制度的公平价值。我国学者认为："公平是民法的精神，尽管民法的各种规定千头万绪，复杂万端，如果要对其作一言以蔽之的说明，必须用得着'公平'二字。舍却公平，民法将不成其为民法。"[②] 如前所述，无人承受遗产制度作为继承法律制度的重要组成部分，将作为民法不可或缺的价值取向之公平价值贯彻于无人承受遗产制度，这是必然的。

在我国，根据《继承法》的规定，对于无人承受遗产的处理，其所有权在最终归属国家或集体所有制组织之前，必须先清偿被继承人依法应当缴纳的税款及债务，缴纳税款、清偿债务以他的遗产实际价值为限。[③] 由此可见，无人承受之遗产并非直接、当然地全部归属国家、集体所有制组织，而是以已清偿被继承人的税款及债务为前置程序。这样既能保障被继承人的债权人的合法权益，又能避免要求遗产承受人对超过遗产实际价值的债务承担责任，从而反映了法律的公平价值。此外，在处理无人承受的遗产时，我国《继承法》及司法解释还规定对继承人以外的依靠被继承人扶养的缺乏劳动能力又没有生活来源的人，或者继承人以外的对被继承人扶养较多的人，可以分给他们适当的遗产。[④] 这一规定也体现了公平价值。

从域外立法看，一些国家的法律也有体现公平价值的类似规定。无人承受遗产制度中的公示催告制度的法律价值之一，在于可以催促遗产债权人及时申报权利；而通过遗产管理，由遗产管理人依法制作遗产清单，可以防止继承人恶意隐匿、侵吞、转移、非法处分、挥霍滥用遗产，确保遗产被首先用于清偿被继承人的债务。遗产管理制度的主要内容是债权人如果发现继承人的行为有可能损害自己的债权时，可以及时向主管机关申请建立遗产管理。例如，《瑞士民法典》规定："被继承人的债权人，在有理由担忧其债权不能得到清偿，经请求，既未得清偿，亦未得担保时，得在被继承人死亡或遗嘱开视后3个月内，请求官方清算。"[⑤] 主管机关经审核认为有必要时即可指定专人对遗产进行管理。遗

① 《日本民法典》第958条之三。

② 徐国栋：《民法基本原则解释——成文法局限性之克服》，中国政法大学出版社2001年版，第66页。

③ 我国《继承法》第33条规定："继承遗产应当清偿被继承人依法应当缴纳的税款和债务，缴纳税款和清偿债务以他的遗产实际价值为限。超过遗产实际价值部分，继承人自愿偿还的不在此限。继承人放弃继承的，对被继承人依法应当缴纳的税款和债务可以不负偿还责任。"

④ 我国《继承法》第14条；我国《执行继承法的意见》第57条。

⑤ 《瑞士民法典》第594条第1款。

产管理建立后，继承人随即丧失遗产管理能力，这样就确保遗产能够首先被用于清偿遗产债务。[①]

综上，无人承受遗产制度的公平价值表现如下：首先，以该遗产的实际价值为限承担债务清偿责任，继承人自愿偿还的不在此限，而放弃继承的不负债务清偿责任；其次，可以对与被继承人有扶养关系等特殊关系的人酌情分得适当的遗产；最后，才将无人承受之遗产归国库、国家（被继承人住所地的邦或州）或集体所有制组织所有。

（2）效率价值。自亚当·斯密将经济学的视野伸展至法律制度以来，“效率”已成为当代法律的一个基本价值目标。法律规范、法律制度及其运作活动归根结底都是以有效地利用资源、最大限度地增加社会财富为目的，亦即以法律手段促进资源的最佳配置。[②] 事实上，“法本身的规范、程序和制度极大地注重于促进经济效益”。[③] 美国学者指出：“权利应该让予那些能够最具有生产性地使用权利并有激励他们这样使用的动力的人，而且要发现和维持这种权利分配，就应该通过法律的清楚确定、通过使权利让渡的法律要求不太繁重，而使权利让渡的成本比较低。”[④] 继承法律制度通过借助法律的强制保障力，以促进社会资源的合理分配及有效利用，实现最大限度地增加社会财富之目的，彰显法律的效率价值。

就无人承受遗产制度而言，其效率价值体现在该遗产的所有权必须在法律规定的时限内加以确定。根据我国《继承法》的规定，在确认该遗产无人承受并已清偿相关债务等事项的基础上，即可由国家或集体所有制组织取得遗产的所有权，以防止无休止地拖延下去。若遗产的归属迟迟没有定论，那么将严重影响该遗产的合理流转、降低社会资源的利用率，甚至有损该遗产的价值。

从域外立法关于搜寻继承人、债权人、受遗赠人等利害关系人之公告程序来看，各个国家和地区几乎都规定了公告方式、公告次数、公告期间，且搜寻继承人和搜寻债权人、受遗赠人之公告程序适用不同规定。例如，《日本民法典》关于搜寻继承人公告期间不少于6个月的规定，[⑤]《瑞士民法典》关于因继承人不详时发出的一年公告期的规定[⑥]等。这些公告期间的长短虽然有所差别，但都是为了敦促相关权利人在法定期限内主张权利，尽早实现遗产的清算分配及归属，体现了法律的效率价值。

（二）无人承受遗产制度的功能

1. 清偿遗产债务，维护正常交易秩序

保护遗产债权人的利益和维护正常交易秩序，是无人承受遗产制度的立法目的之一。无论古今中外社会，“人虽死但债不能消”。遗产的原所有人生前与他人形成的债权债务关系受到法律的保护。在我国，《继承法》第33、34条明确规定被继承人依法应当缴纳的税款及债务应当优先用遗产得到清偿。因此，在开始确定遗产的权属时，务必先行清偿

① 张玉敏：《财产继承中债权人利益的保护》，载《现代法学》1997年第2期。

② 韩慧：《法律制度的效率价值追求》，载《山东师范大学学报（人文社会科学版）》2000年第1期，第14页。

③ ［美］理查德·A. 波斯纳：《法律的经济分析》，蒋兆康译，中国大百科全书出版社1997年版，第28页。

④ ［美］罗纳德·高斯：《生产的制度结构》，银温泉译，载《经济社会体制比较》1992年第4期，第59-60页。

⑤ 《日本民法典》第958条。

⑥ 《瑞士民法典》第555条。

死者生前所欠的税款及债务，使遗产债权人的合法利益能够得到保护，并且，通过优先用遗产清偿被继承人的债务，可以保障正常交易秩序，使被继承人死后遗留的债权债务关系不因继承而消减。无人承受的遗产只有在依法清偿税款、债务及酌情分得（与被继承人有特殊关系者）适当遗产之后，剩余遗产才转由国家或集体所有制组织所有，这就从制度上保证了被继承人的财产首先被用于清偿被继承人的债务，从而使债权人的债权得到有效保障，维护交易安全。在国外，也有类似立法。例如，《德国民法典》直接规定："遗产债务必须先从遗产中予以清偿。"① 在无人承受遗产的情况下，可以通过公示催告的方式催告遗产债权人申报其债权。② 根据《法国民法典》的规定，遗产管理人应当制订债务清偿方案，清偿方案应予公示；没有获得全部清偿的债权人可以在清偿方案公示起 1 个月期限内对该方案向法官提出异议。③ 根据《日本民法典》的规定，家庭法院选任遗产管理人并公告后 2 个月内，继承人的存在不明确时，遗产管理人须毫不迟延地对所有遗产债权人发出以应于一定期间内陈述其请求为意旨的公告，该公告期间不得少于 2 个月。④ 因此，无人承受遗产制度中的遗产管理制度和公示催告制度对于维护正常交易秩序具有重要意义。

2. 酌情分配遗产，发挥遗产的扶养功能

无人承受的遗产是被继承人私人的财产，虽该财产无人承认继承，但是可能还存在受被继承人扶养或和与被继承人生活有密切关系的人，法律应该从保护私有财产及实现遗产的扶养功能出发，应遗产利害关系人的请求将遗产酌情分配给这些人，只有在无这些利害关系人的情形下，才可收归国有。否则，径直规定无人承受的遗产归属于国库，往往可能与被继承人生前的意愿不符，不利于保护其私有财产，也不能实现遗产的扶养功能。⑤

关于无人承受遗产的酌情分配，法国法、德国法无规定。《日本民法典》规定，家庭法院可以根据曾与被继承人共同生活的人、对被继承人的疗养看护尽力的人及其他与被继承人有特别亲属关系的人的请求，将继承的全部或者部分分配给此等人。⑥ 英国法规定王室可以自由裁量将遗产给予实际上依靠无遗嘱死亡者的人而不论其是否和无遗嘱死亡者有关系，或者其他无遗嘱死亡者希望供养的人。⑦ 在澳大利亚的维多利亚州，西澳大利亚州和塔什玛尼亚州，王室可以行使自由裁量权，向不属于根据无遗嘱死亡供养之目的所确认的依靠被继承人扶养的人提供扶养。可见，以日本、英国、澳大利亚一些州的规定符合继承法私法的性质及实现遗产的扶养功能。

综上所述，无人承受遗产制度应当实现对酌分遗产请求权人的保护，发挥遗产的扶养功能。我国立法也体现了这一功能。例如，我国《继承法》及司法解释规定对继承人以外的依靠被继承人扶养的缺乏劳动能力又没有生活来源的人，或者继承人以外的对被继承人扶养较多的人，可以分给他们适当的遗产。⑧

---

① 《德国民法典》第 2046 条第 1 款。

② 《德国民法典》第 1970 条。

③ 《法国民法典》第 810-5 条。

④ 《日本民法典》第 957 条第 1 款。

⑤ 陈苇主编：《外国继承法比较与中国民法典继承编制定研究》，北京大学出版社 2011 年版，第 670 页。

⑥ 《日本民法典》第 958 条之三。

⑦ 史尚宽：《继承法论》，中国政法大学出版社 2000 年版，第 383 页。

⑧ 我国《继承法》第 14 条；我国《执行继承法的意见》第 57 条。

3. 确定遗产归属，充分发挥遗产的效用

继承法律制度通过对遗嘱继承、法定继承、遗赠及遗赠扶养协议等内容进行规范之后，现实生活中的绝大多数遗产已转由各合法继承人、受遗赠人所有，但这并不意味着继承法律制度的完备。因为前述各项内容的规定并不能解决既没有人继承也没有人接受遗赠的遗产处理问题。无人承受遗产制度即专门解决此继承问题之制度，它在遗产处理制度乃至继承法律制度中处于不可或缺的兜底性地位，充当着终极把关者之角色，发挥着对遗嘱继承、法定继承等前述遗产处理方式不足的补充作用。

综观世界多数国家就如何处理无人承受遗产的立法规定，不管是采继承权主义立法例抑或先占权主义立法例，最终的目的都是达到物尽其用、增强社会经济活力的效果。例如，瑞士法规定了失踪人的继承制度，即“失踪人的财产或应继份，由官方保管届满十年或该失踪人出生百年者，法院因主管机关的请求，得依职权宣告失踪人死亡”。[①] 可见，这种规定既保护了行踪不明人的继承权，也保护了其他继承人的权利，并且体现了现代社会充分发挥物之效用的原则，使物能满足人之需要是遗产的最终归属。[②] 因此，设立无人承受遗产制度，可以及时处理此类特殊遗产，有利于发挥其物之效用。

在现实生活中，自然人个人所有的财产基本上表现为动产和不动产，而这些已确定了财产权属之财产，对于满足人的需要有着重要作用，特别是在自然人财产的价值越来越大的今天。但是，自原所有权人死亡时起，由于继承人、受遗赠人之缺失，致使该财产在一段时间内权属不明确，使得财产无法充分发挥遗产的效用。我国《继承法》第 32 条依据被继承人的身份来设立无人承受遗产的归属主体，而《瑞士民法典》将被继承人住所所在地的州（或州法指定的乡镇）作为法定继承人，[③] 这些规定就对促进遗产（尤其是以物的形式表现的遗产）的物的效用具有积极意义。由此，许多国家通过设立无人承受遗产制度，可以解决财产主体缺失问题，尽可能地发挥其物之效用。

第二节　无人承受遗产制度的国外立法现状与评析

本节以无人承受遗产制度所包括的无人承受遗产的界定、管理、公示催告和归属等主要内容作为分类论述的依据，拟对《法国民法典》《德国民法典》《瑞士民法典》《日本民法典》《英国遗产管理法》《美国统一遗嘱检验法典》等法典中无人承受遗产制度的立法现状进行考察和评析。

---

① 《瑞士民法典》第 550 条。

② 陈苇主编：《外国继承法比较与中国民法典继承编制定研究》，北京大学出版社 2011 年版，第 670 页。

③ 《瑞士民法典》第 446 条。

一、无人承受遗产界定的国外立法现状与评析

（一）无人承受遗产界定的国外立法现状

1. 大陆法系国家立法例

（1）法国立法例。《法国民法典》在其第三卷“取得财产的各种方法”的第一编“继承”之第五章“无人继承的遗产和无人承认的遗产”即第809条至第811-3条集中规定了无人承受遗产制度。该法典称之为无人继承遗产的情况包括：没有任何人出面要求继承并且没有已知的继承人；所有的已知继承人均放弃继承；继承开始之后6个月期限经过，已知的继承人没有明示或默示作出选择。[①] 在对遗产进行盘点、制作清册以及公示催告遗产权利人申报权利的时间经过之后，无任何人主张继承遗产的，此种遗产被视为无人继承的遗产。[②]

（2）德国立法例。《德国民法典》的无人承受遗产制度，是在该法典继承编中分散规定的。该法典规定，若在符合情况的期限内不能查明存在被继承人的任何血亲、配偶或同性生活伴侣等继承人情形，[③] 且遗产法院确定除国库外不存在其他继承人的，[④] 被继承人的遗产即为无人承受的遗产。

（3）瑞士立法例。《瑞士民法典》的无人承受遗产制度是被分散地规定在相关条文中。该法典规定，在主管机关不能确定被继承人是否有继承人或其继承人是否已全部被知悉时，应以公告方式催告继承人在一年内提出继承申报，若该期限内无人提出申报且主管机关不知有继承人的，该遗产即为无人承受的遗产。[⑤]

（4）日本立法例。《日本民法典》继承编第六章“继承人的不存在”专门规定了无人承受遗产制度。该法典规定，继承人存在不明确时，遗产为法人。[⑥] 即在继承人有无不明时，被继承人的遗产即为无人承受的遗产，遗产本身为法人。

2. 英美法系国家立法例

（1）英国立法例。英国的无人承受遗产制度主要被规定在《遗产管理法》中。在英国，无人承受遗产被称为无人继承的遗产。《遗产管理法》第46条规定，当无遗嘱者不存在子女、配偶（或民事伴侣）、父母、兄弟姐妹、祖父母、叔伯姑舅姨等各继承顺序的

---

① 《法国民法典》第809条。

② 《法国民法典》第809-1、809-3、811-1条。

③ 《德国民法典》第1936条规定：“在继承开始时，不存在被继承人的任何血亲、配偶或同性生活伴侣的，遗产由被继承人在继承开始时的最后住所地州继承，或者，被继承人的最后住所不可予以确定的，由其最后惯常居所地州继承。除此之外，遗产由联邦继承。”

④ 《德国民法典》第1964-1966条。

⑤ 《瑞士民法典》第555条。

⑥ 《日本民法典》第951条。我国台湾地区学者史尚宽先生认为，日本将无人承认继承之遗产视为法人源于罗马法。在罗马法之任意继承人，于继承开始与继承之间，必有时间的间隔之存在，其间遗产之主体，有种种概念之构成。有以为继承之承认溯及于开始之时，有以被继承人之人格在继承之承继前维持遗产。在优士丁尼安帝法以遗产本身为人，即以之为法人。瑞士Graubuerden州民法第483条规定，即袭承此思想。日本民法依之，即以遗产为类似清算法人之一种财团法人。参见史尚宽：《继承法论》，中国政法大学出版社2000年版，第369页。

继承人时，其遗产作为无主财产归属于王室或者 Lancaster 公爵领地或者 Cornwall 公爵领地……[①]

（2）美国立法例。美国的无人承受遗产制度被规定于《统一遗嘱检验法典》的相关条文中。在美国，遗产由遗产管理人分配给继承人，如果没有法律规定的继承人（no taker），[②] 则该遗产属于无人承受的遗产。

（二）无人承受遗产界定的国外立法比较评析

1. 两大法系国家立法的共同点

两大法系国家立法的共同点在于，无继承人是无人承受遗产的界定前提。《德国民法典》《日本民法典》《英国遗产管理法》《美国统一遗嘱检验法典》的相关规定都直接体现了两大法系国家立法的共同特征。关于“无继承人”情形，《德国民法典》规定为“在继承开始时，不存在被继承人的任何血亲、配偶或同性生活伴侣”；《日本民法典》规定为“继承人的存在不明确”且“无权利主张人的情形”；《英国遗产管理法》规定为“无继承顺序的继承人”；《美国统一遗嘱检验法典》规定为“no taker”（即没有法律规定的继承人）。另外，《法国民法典》和《瑞士民法典》虽然也以“无继承人”为前提，但“无继承人”所设条件具体表现为：继承人不明经宣告后仍无人主张继承或受遗赠。《法国民法典》规定的无人承受遗产除不存在继承人情形（即“没有任何人出面要求继承并且没有已知的继承人”）外，还包括所有的已知继承人均放弃继承、已知的继承人在继承开始时起 6 个月期限内没有明示或默示作出选择以及经法院公示催告确定无人承认继承等情形。《瑞士民法典》规定的“无继承人”情形是指经过以公布公告之日为计算起点的一年期限，不存在血亲和配偶（或登记的同性伴侣）以外的法定继承人（“州”“乡镇”是最后一类的法定继承人，由其取得无人承受的遗产）。

2. 两大法系国家立法的不同点

两大法系国家立法对于无人承受遗产的界定采取不同的继承主义。大陆法系国家如法国、德国、日本、瑞士，采取的是直接继承主义。在直接继承主义的立法下，前述四个大陆法系国家均采取的是当然继承主义的立法例。在当然继承主义的立法下，需要经过搜寻继承人、债权人、受遗赠人的公告程序后，无继承人出现、清偿遗产债务及交付遗赠后仍有剩余财产的，才能确定剩余遗产为无人承受遗产。该无人承受遗产之所有权溯及继承开始之时，归属于法定的国库或其他主体。而英美法系采取的是间接继承主义。在间接继承主义的立法下，遗产由遗产管理人或遗嘱执行人管理和保护，经其公告遗产权利人申报权利和债务清算后，剩余财产才被交付给继承人。在此种立法模式之下，无人承受遗产的确定由遗产管理人负责。可见，无人承受遗产的界定因前述两大法系国家采取的立法主义的不同而有异。我们认为，采取当然继承主义的立法更为简捷高效，我国《继承法》亦属此立法例。但间接继承主义的立法例可能更有利于保护遗产债权人的利益。然而，各国采取何种立法例，与该国的立法传统有关。在采取直接继承主义的国家之立法，如采取有条

① 当某人无遗嘱死亡时并且没有最近的血亲，其留下的个人遗产作为无人继承的遗产由王室继承，这种遗产继承的方式可以追溯到很早的时代。这种权利的起源表明，它的存在是建立在君主统治的基础上的，王室对于无人继承遗产的权利是一种普通法上君主的权利。See C. H. Sherrin, R. C. Bonehill, *The Law and Practice of Intestate Succession* (Second Edition), London: Sweet&Maxwell, UK, 1994, p. 290.

② Uniform Probate Code, s. 2-105.

件的限定继承与强制无限责任继承等配套制度，同样可以达到平等地保护继承人和遗产债权人双方利益之目的。

二、无人承受遗产管理的国外立法现状与评析

（一）无人承受遗产管理的国外立法现状

1. 大陆法系国家立法例

（1）法国立法例。

一是遗产管理人的选任。法国法规定，应任何债权人、为死者的利益负责管理其全部或一部分概括财产的任何人、有利益关系的任何其他人或者检察院提出的申请，受理请求的法官委托负责公产管理的行政机关管理无人继承的遗产。[①] 也就是说，法院依法任命公产管理部门担当遗产管理人。

二是遗产管理人的职责。遗产管理人的职责主要有以下几项：其一，对遗产进行盘点，编制遗产清单。[②] 其二，及时占有遗产、催收欠款、公示催告遗产债权人、继续经营被继承人个人企业、寄存遗产款项。[③] 其三，保全和管理遗产。在继承开始后的6个月期间，遗产管理人只能实施单纯的保全或监管行为和临时管理行为，以及出卖容易变质的财产；6个月后可以实施所有的保全行为与管理行为。[④] 其四，制订债务清偿方案。[⑤] 在尚未制订债务清偿方案之前只能支付保管死者概括财产所必要的费用、丧葬费及其最后患病的费用开支、应纳的税款、应缴纳的房租以及其他需要紧急偿还的遗产的债务。[⑥] 其五，向遗产债权人进行清偿，但仅负有按照资产的数额清偿遗产债务的义务。遗产管理人进行或指示进行财产的出卖，直至清偿全部负债。[⑦] 其六，向法官汇报其管理活动，向债权人提交管理账目。[⑧]

三是遗产管理人的报酬权及法律责任。法国法没有关于报酬权的特别规定，[⑨] 但遗产管理人有权从遗产中提取管理费用。[⑩] 责任的承担以义务的违反为前提。根据《法国民法典》规定的“继承人对其负责管理的严重过错承担责任”之精神，限定继承人担任遗产管理人的，其对遗产管理过程中的严重过错承担责任，明知而恶意将属于遗产的某些资产与负债项目不计入遗产清单或者不将所保留或者转让的财产的价值或价金用于清偿遗产的债权人的债权，得承担被视为自开始即无条件接受继承的责任。[⑪]

---

① 《法国民法典》第809-1条。

② 《法国民法典》第809-2条。

③ 《法国民法典》第810条。

④ 《法国民法典》第810-1、810-2条第1款。

⑤《法国民法典》第810-5条。

⑥ 《法国民法典》第810-4条第2款。

⑦ 《法国民法典》第810-4条第1款、810-2条第2、3款。

⑧ 《法国民法典》第810-7条。

⑨ 《法国民法典》第812-2条规定：“在没有相反约定时，身后遗产的委托管理不取报酬。”依该条，如要给付酬金的，酬金数额应当在委托书中明文规定。

⑩ 《法国民法典》第810条第3款。

⑪ 《法国民法典》第800条，并参见陈苇、石婷：《我国设立遗产管理制度的社会基础及其制度构建》，载陈苇主编：《中国继承法修改热点难点问题研究》，群众出版社2013年版，第472页。

（2）德国立法例。

一是遗产管理人的选任。在德国，遗产法院是管理遗产的主要机关，负责保全遗产。就遗产保佐而言，遗产法院代替家庭法院或照管法院。[①] 遗产管理的命令由遗产法院发布，遗产保佐人也由其选任，但是否选任遗产保佐人是有前提条件的。在无人承受遗产的情形下，遗产管理的命令只能由遗产债权人申请。同时，遗产法院必须以为其公告而指定的报纸刊登遗产管理命令。[②] 而根据《德国民法典》的相关规定，[③] 由第三人担任遗产保佐人必须具有三个条件：一是遗产有管理的必要，一般理解为真正的继承人不尽遗产管理义务；二是继承人不明或不能确定；三是有利害关系人的申请。[④] 因此，在继承人不明或不能确定其是否已接受遗产时，遗产法院负有保全遗产的职责；如利害关系人申请，遗产法院应当指定遗产保佐人。遗产法院选任的无人承受遗产的保佐人实际上就是遗产管理人，主要是由管辖权的机关或主管公务员或公证人担任，而遗产管理人还包括继承人、遗嘱执行人等担任的情形。[⑤]

二是遗产管理人的职责。遗产管理人的职责主要有以下几项：其一，对遗产的管理如无因管理人般享有权利和负有义务，[⑥] 有编制遗产清单的义务。[⑦] 其二，对遗产债权人进行公示催告并对其就遗产状态的询问进行答复。[⑧] 其三，在遗产支付不能或负债过度的情况下，应申请遗产支付不能程序。[⑨] 其四，向遗产债权人对遗产管理负责，从遗产中清偿遗产债务，然后将剩余遗产移交给继承人（国库）。

三是遗产管理人的报酬权及法律责任。遗产管理人可以为其职务的执行而请求适当的报酬。[⑩] 遗产管理命令一经发布，继承人即丧失管理遗产和处分遗产的权能，遗产管理人始终负有管理遗产的义务和责任，不得为遗产债权人以外的债权人的利益而对遗产实施强制执行和假扣押。[⑪] 遗产管理人必须管理遗产，并从遗产中清偿遗产债务，遗产管理人也向遗产债权人对遗产管理负责任。在遗产支付不能或负债过度的情况下，遗产管理人没有申请遗产支付不能程序的，对因此而发生的损害向债权人负责任。[⑫]

（3）瑞士立法例。

一是遗产管理人的选任。瑞士的继承事务体现出强烈的官方干预色彩。一般情况下，

---

① 《德国民法典》第1962条。

② 《德国民法典》第1983条。

③ 《德国民法典》第1960条特设遗产的保全和遗产保佐人制度，即“（1）以有需要为限，遗产法院必须致力于保全遗产，直至遗产被接受之时。继承人不明或不能肯定其是否已接受遗产的，亦同。（2）遗产法院尤其可以命令存放印章，提存金钱、有价证券和贵重物品，以及编制遗产目录，并为成为继承人的人选任一个保佐人（遗产保佐人）。（3）第1958条的规定不适用于遗产保佐人”。《德国民法典》第1958条规定：“在接受遗产前，不得在裁判上对继承人主张针对的遗产的请求权。”《德国民法典》第1961条规定：“遗产保佐人的选任系由权利人以在裁判上主张针对遗产的请求权为目的而申请的，在第1961条第1款的情形下，遗产法院必须选任遗产保佐人。”

④ 靳宝兰主编：《民事法律制度比较研究》，中国人民公安大学出版社2001年版，第737页。

⑤ 《德国民法典》第1975、1978、1981、2002条

⑥ 《德国民法典》第1959、1981、1984条。

⑦ 《德国民法典》第1993、1994条。

⑧ 《德国民法典》第1970-1974条。

⑨ 《德国民法典》第1975、1976、1978、1979、1980、1985条。

⑩ 《德国民法典》第1987条。

⑪ 《德国民法典》第1981、1984条。

⑫ 陈苇主编：《中国继承法修改热点难点问题研究》，群众出版社2013年版，第472页。

在继承开始后，继承开始地主管机关就可对遗产进行保全处分，并且封存遗产。主管机关应依职权，为保全继承，采取必要的措施。[①] 遗产管理人的选任有三种方式：第一，主管机关的指定。在下列情况下，应指定遗产管理人：当继承人长期不在且无代表人时，且为其利益有必要时；无人能充分证明自己有继承权，或者有无继承人不能确定时；被继承人的继承人未全部被知悉时；有法律规定应实行遗产管理的特别情形时。第二，被继承人的遗嘱指定。被继承人已指定遗嘱执行人时，遗产应移交其管理。遗嘱执行人与官方遗产管理人有相同的权利和义务，但被继承人另有指示的不在此限。第三，监护人的职责。对被监护人的财产有管理义务的监护人，除另有指示外，在被监护人死亡时，当然成为遗产管理人（即遗产保佐人）。[②]

二是遗产管理人的职责。遗产管理人的职责主要有以下几项：其一，在继承人旷缺情况下，主管机关负责保全遗产。主管机关的遗产管理职责主要体现在保全措施上。主管机关的保全措施主要指：在法律规定的情形下，应采取的封存遗产、编制财产目录、指定遗产管理人和开视遗嘱等措施。[③] 其二，在继承人旷缺情况下，由主管机关指定的遗产管理人的主要职责是保管遗产与编制财产目录。当继承人长期不在且无代表人时，遗产管理人应编制财产目录；财产目录的编制，应依州法的规定，且通常应在被继承人死亡后两个月内为之；关于财产目录的编制，州得制定细则。[④] 其三，遗嘱执行人，除被继承人另有指示外，享有与官方的遗产管理人相同的权利和义务，包括管理遗产，清偿被继承人的债务，依被继承人的指示或依法律的规定交付遗赠物和分配遗产。[⑤] 其四，依公示财产目录进行清偿并进行官方清算。有权拒绝继承的继承人均可以向主管机关请求编制公示的财产目录；[⑥] 主管机关依州法编制财产目录，将遗产或遗产债务分项列记，并逐项标明其估价。[⑦] 编制财产目录期间，对遗产仅得实行必要的管理行为，[⑧] 不得强制清偿被继承人的债务。[⑨] 官方清算由主管机关或其委任的遗产管理人中的一人或数人为之；官方清算与编制财产目录同时开始，并应公示催告债权申报；遗产管理人应接受主管机关的监督，继承人得对遗产管理人拟将采取或已采取的措施提出异议。[⑩]

三是遗产管理人的报酬权及法律责任。遗嘱执行人被指定为遗产管理人的，得就其执行遗嘱请求相当的报酬。《瑞士民法典》无明文规定遗产管理人的赔偿责任，但该法专节规定了“遗产回复之诉”，有证据证明的法定继承人或指定继承人可以遗产回复之诉主张其权利，遗产的恶意占有人须向权利人返还其占有物并负相应的赔偿责任。[⑪]

---

① 《瑞士民法典》第 551 条。
② 《瑞士民法典》第 554 条。
③ 《瑞士民法典》第 551 条。
④ 《瑞士民法典》第 553 条。
⑤ 《瑞士民法典》第 518 条第 1、2 款。
⑥ 《瑞士民法典》第 580 条。
⑦ 《瑞士民法典》第 581 条第 1 款。
⑧ 《瑞士民法典》第 585 条第 1 款。
⑨ 《瑞士民法典》第 586 条第 1 款。
⑩ 《瑞士民法典》第 595 条。
⑪ 《瑞士民法典》第 517 条第 3 款、598、940 条。

（4）日本立法例。

一是遗产管理人的选任。继承人的存在不明确时，家庭法院应当根据利害关系人或检察官的请求，选任遗产管理人，并将遗产管理人的选任情况进行公告。[①]

二是遗产管理人的职责。鉴于《日本民法典》规定了有关失踪者的财产管理人的规定准用于遗产管理人[②]，结合该法典继承编第六章“继承人的不存在”的相关规定，遗产管理人的职责主要有以下几项：其一，搜索继承人的公告。在家庭法院公布选任遗产管理人的 2 个月公告期间届满后，继承人的存在不明确时，家庭法院根据遗产管理人或检察官的请求，须发出以如有继承人则应在不少于 6 个月的期间内主张其权利为意旨的公告。[③]其二，家庭法院选任的遗产管理人，须对其应管理的财产制作目录；该项费用从不在者的财产中支付。家庭法院可依利害关系人或者检察官的请求，命令所选任的管理人制作财产目录。家庭法院也可命令管理人实行保存不在者财产所必要的处分。[④] 其三，遗产管理人需要超越所规定权限的行为时，[⑤] 经家庭法院许可，可以实施。[⑥] 其四，遗产管理人在遗产债权人或者受遗赠人提出请求时，须向其请求人报告遗产的状况。[⑦] 其五，对债权人及受遗赠人的清偿与交付。家庭法院选任遗产管理人的公告发布 2 个月以后，继承人的存在不明确的，遗产管理人须毫不迟延地对所有遗产债权人及受遗赠人发出以应于一定期间内陈述其请求为意旨的公告；在此情形下，该期间不得少于 2 个月。[⑧] 为期 2 个月的清偿期间届满后，遗产管理人应当对公告期间内申报的债权及其他已知债权，分别按照债权额的比例进行清偿，但不得损害享有优先权的债权人的权利；[⑨] 对各遗产债权人清偿完结后才可对受遗赠人交付。[⑩]

三是遗产管理人的报酬权及法律责任。家庭法院根据遗产管理人与不在者的关系及其他事由，从不在者的财产中给予遗产管理人相当的报酬。遗产管理人须以与其固有财产相同注意管理遗产。[⑪] 遗产管理人怠于对遗产债权人及受遗赠人实施不少于 2 个月期间的公告，或者怠于对已知遗产债权人及受遗赠人分别进行申报的催告，或者在该公告期间届满前向遗产债权人清偿或向受遗赠人交付，而无法向其他遗产债权人清偿或向受遗赠人交付时，对由此发生的损害负赔偿责任。遗产管理人对该公告期间届满后不当清偿的，对应清偿未到期债权而未清偿的，对受遗赠人不当清偿的，都负赔偿责任。[⑫]

---

① 《日本民法典》第 951、952 条。

② 《日本民法典》第 953 条规定：“第二十七条至第二十九条的规定，准用于前条第 1 款的继承财产的管理人。”而《日本民法典》第 27-29 条对有关失踪者的财产管理人的职务、权限、报酬作出了规定。

③ 《日本民法典》第 958 条。

④ 《日本民法典》第 27 条。

⑤ 《日本民法典》第 103 条规定：“未定权限的代理人，仅就下列行为有权限：1. 保存行为；2. 在不改变代理标的物或权利性质的范围内，以利用或者改良为目的的行为。”

⑥ 《日本民法典》第 28 条。

⑦ 《日本民法典》第 954 条。

⑧ 《日本民法典》第 957 条第 1 款。

⑨ 《日本民法典》第 929 条。

⑩ 《日本民法典》第 931 条。

⑪ 《日本民法典》第 29 条第 2 款、918 条第 1 款。

⑫ 《日本民法典》第 934 条第 1 款第 1 句、934 条第 1 款第 2 句。

2. 英美法系国家立法例

（1）英国立法例。如果一个人无遗嘱死亡，没有最近的亲属而且无人对其遗产有优先的权利，财产律师或者公爵领地的律师将代表王室或公爵领地，申请获得无人继承的遗产管理的授权。

一旦财产律师或者公爵领地的律师对无人继承的遗产提出请求，有关机关将对遗产进行安全管理并进行公告。对无人继承的遗产的管理与其他无遗嘱死亡者遗产的管理相同。如果遗产管理人在管理中擅自挪用或挥霍遗产，或浪费遗产，不合理地偿还遗产债务，或不妥善保护遗产，人为造成遗产减少的，应承担相应的法律责任。[①]

（2）美国立法例。在美国，当被继承人无遗嘱死亡时，通常要由主管遗嘱检验的法官指定遗产管理人。遗产管理人的主要职责是收集被继承人的遗产和债权，制作遗产目录，查明并清偿被继承人的所有债务，缴纳遗产税，然后向继承人分配遗产，最后，向法院呈交遗产清算账目。遗产管理人必须始终以高度的注意进行活动，否则要对因自己的失职行为所造成的遗产损失负责。[②]

（二）无人承受遗产管理的国外立法比较评析

1. 两大法系国家立法的共同点

前述六个国家均设有较为完善的遗产管理制度。两大法系国家关于遗产管理制度立法的共同点在于：第一，在无人承认继承的情况下，均须依法定的条件和程序设立遗产管理人或遗产保佐人，以便及时管理和保护遗产，防止遗产被非法侵害、毁损或流失。第二，遗产管理人的主要职责大致如下：（1）保管遗产。在遗产管理人选任之前，负有保管遗产义务的主体为存有遗产者。在遗产管理人选任之后，即应由遗产管理人负责该项遗产的保管。（2）编制遗产清单。（3）公告催促权利人申报权利。在被继承人死亡后，遗产分割之前，为了保障相关权利人的合法权益，各国均设立了公告程序，以搜寻继承人、债权人、受遗赠人，提示并催促债权人及其他相关利害关系人主张权利。（4）遗产债务清偿和遗产分配。[③] 我们认为，遗产管理人的职责包括在法定期限内依法编制遗产清单、保管遗产、请求法院进行搜寻继承人的公告程序、对遗产状况进行报告或说明等，以及遗产管理人为处分行为须经家庭法院的许可，这些都有利于保障遗产利害关系人的权益，提高遗产处理的效率。这些立法经验值得我国借鉴。

2. 两大法系国家立法的不同点

（1）无人承受遗产管理人的选任不同。关于遗产管理人的选任，前述国家立法主要有两点不同：一是遗产管理人的产生不同。英国法规定在无人继承遗产的情形下，由财产律师或公爵领地的律师代表王室和公爵领地获得遗产代理的授权对遗产进行管理。在大陆法系国家，法国由法院依法任命公产管理部门担当遗产管理人。德国在继承人旷缺时，一般由遗产法院或由其任命的遗产保佐人来管理遗产。瑞士在继承人旷缺时，由主管机关负责管理遗产，但被继承人指定有遗嘱执行人时或被继承人有监护人（遗产保佐人）时，

---

① ［英］F. H. 劳森、B. 拉登：《财产法（第二版）》，施天涛等译，中国大百科全书出版社 1998 年版，第209-212 页。

② Uniform Probate Code，Article III.

③ 万鄂湘主编：《〈中华人民共和国涉外民事关系法律适用法〉条文理解与适用》，中国法制出版社 2011 年版，第 253 页。

则遗产由遗嘱执行人或遗产保佐人管理。日本由家庭法院选任遗产管理人。二是无人承受遗产管理人的身份不同。英国的遗产管理人是律师；法国是国家公产管理部门；瑞士是主管机关指定的管理人、被继承人指定的遗嘱执行人、被继承人的监护人；德国是遗产法院或者遗产法院任命的有管辖权的机关或主管公务员或公证人；日本是家庭法院选任的遗产管理人。可见，无人承受的遗产作为一种特殊遗产，其遗产管理人的身份大致可以概括为三类，即专业人士、公职人员、法院任命的民间人士。除这三类外，还存在一种特殊情况，即当被继承人有监护人时，应当由其监护人担任遗产管理人。我们认为，虽然前述各国无人承受遗产管理人的产生不同，但其产生都与公权力机关相关，以使遗产管理人的产生有公信力。遗产管理是一项复杂的管理活动，由专业人士或公职人员担任，可以保障管理的公正与效率。

（2）无人承受遗产管理人的职责不同。从前述六国立法来看，无人承受遗产管理人的主要职责不同点在于：一是遗产管理人是否有遗产状况的报告或说明义务。日本法规定其对遗产状况有报告说明义务，而法国法是通过编制遗产清单来确定遗产状况。德国法规定作为最后法定继承人的国库对遗产债权人负有答复关于遗产现状询问的义务，瑞士法则无相关规定。在前述英美法系两国，对于遗产状况的说明是遗产管理人的基本义务。二是负责清偿遗产债务及交付剩余遗产的职责。在前述英美法系两国，无论是否有人继承，对于遗产债务都由遗产代理人（包括遗嘱执行人和遗产管理人）以遗产负责清偿，这是其基本职责之一。在前述四个大陆法系国家的无人承受遗产制度中，法国、德国、瑞士、日本均规定遗产管理人负责清偿遗产债务。遗产管理人在清偿遗产债务后，将剩余遗产交付法律规定的主体（国库或其他机构）。我们认为，虽然前述国家的清偿遗产债务的主体有所不同，但清偿遗产债务的职责是相同的，达到了殊途同归的效果。此立法经验值得我国立法借鉴。

（3）遗产管理人获得报酬的权利不同。前述六国对遗产管理人报酬权的不同之处在于，英美法系两国都规定了遗产管理人有获得报酬的权利，而大陆法系四国则采取两种立场。德国法和日本法明文规定遗产管理人有获得报酬的权利；法国法只规定遗产管理人有权提取管理费用，瑞士法只规定遗嘱执行人可请求相当的报酬，但法国法和瑞士法未明文规定遗产管理人的报酬权。我们认为，就遗产状况而言，遗产若较多，遗产管理则是一项复杂的管理活动，遗产管理人需要付出较多的劳动，因此其有权利获得与自己劳动相应的报酬，这可以激励其尽职管理。同时应规定其不履行义务的损害赔偿责任，这有利于保护遗产利害关系人的利益，但由公职机构人员担任遗产管理人的，不宜规定其有权请求获得报酬。

（4）遗产管理人的法律责任不同。前述大陆法系四国和英国、美国的立法均规定了遗产管理人的赔偿责任。法国法准用继承人的遗产管理责任，可以推导出其承担法律责任的前提是在遗产管理过程中存在严重过错。德国法规定遗产管理人应向债权人负责任，如果遗产管理人在遗产支付不能或负债过度的情况下没有申请遗产支付不能程序的。瑞士法没有明文规定遗产管理人的赔偿责任，但在解释论上，遗产管理人应对不尽善良管理遗产义务而负赔偿责任。日本法规定，遗产管理人于执行职务时不当清偿债务或对受遗赠人不当交付的都负赔偿责任。英国法规定，遗产管理人存在擅自挪用、浪费遗产、不合理地偿还遗产债务等不妥善管理行为的，应承担相应的法律责任。美国法规定，遗产管理人必须始终以高度的注意进行活动，否则要对因自己的失职行为所造成的遗产损失负责。因此，前述两大法系国家的有益立法经验，我国立法可资借鉴，应当设立遗产管理人对不履行义务的赔偿责任。

三、无人承受遗产公告程序的国外立法现状与评析

（一）无人承受遗产公告程序的国外立法现状

1. 大陆法系国家立法例

（1）法国立法例。法国法关于公告的程序主要有：一是对无人继承的遗产实行管理的公示。法院作出的对无人继承的遗产实行管理的裁定应当公示。① 二是制作财产清册通知的公示。遗产管理人向法官提交的有关制作财产盘存清册的通知，应如同对财产实行管理的判决，同样进行公示。② 法院按照通常方式进行公告，并且听取检察官的意见，对所提申请作出裁判。三是遗产出卖的公告。财产出卖，由司法拍卖估价人、司法执达员或者公证人按照适用于这些职业的法律与规章进行，或者在法院进行，或者按照《公法人财产总法典》有关有偿转让属于国家的不动产或动产公产规定的形式出卖属于遗产的财产进行公告。③ 四是债务清偿方案的公示。遗产管理人应当制订债务清偿方案，清偿方案应予公示；没有获得全数清偿的债权人可以在清偿方案公示起1个月期限内对该方案向法官提出异议。④

（2）德国立法例。德国法关于公告的程序主要有：一是公示催告申报继承权。在确定国库是法定继承人之前，必须在规定申报期间的情况下，公开催告申报继承权；公告的方式和申报期间的长短，依照关于公示催告程序的规定为之。催告费用对于遗产状态为过巨的，可以不催告。在申报期间届满后3个月内，不向遗产法院证明存在继承权或已以诉讼方式对国库主张继承权的，继承权仍不予考虑。未进行公开催告的，3个月的期间自证明继承权或提起诉讼的裁判上催告发出时起算。⑤ 二是公示催告申报债权。遗产债权人可以被通过公示催告程序的方式催告申报其债权。⑥

（3）瑞士立法例。瑞士法关于公告的程序主要有：一是对继承人的公示催告。主管机关不能确定被继承人是否有继承人或其继承人是否已全部被知悉时，应以适当方式公告，以催告继承人在1年内提出继承申报。⑦ 编制财产目录期间，不得强制清偿被继承人的债务。⑧ 二是对债权人的公示催告。主管机关在开视遗嘱之后，对于不知所踪的受益人，应当以适当的方式公告通知。⑨ 遗产归属于公共政治团体时，应依职权公示催告债权申报，公共政治团体仅在其由遗产中所取得的财产的限度内，对遗产债务负责。⑩ 三是清

---

① 《法国民法典》第809-1条第2款。
② 《法国民法典》第809-2条第2款。
③ 《法国民法典》第810-3条第1款。
④ 《法国民法典》第810-5条第1、3款。
⑤ 《德国民法典》第1965条。
⑥ 《德国民法典》第1970条。
⑦ 《瑞士民法典》第555条。
⑧ 《瑞士民法典》第586条第1款。
⑨ 《瑞士民法典》第558条第2款。
⑩ 《瑞士民法典》第592条。

算催告。主管机关在编制财产目录时应同时以适当的方式公告，催告被继承人的债务人、债权人和保证债权人在一定期限内（不少于1个月）申报其债权和债务。[①] 公告期限届满后，利害关系人审阅财产目录的期限不得少于1个月。[②]

（4）日本立法例。日本法关于公告的程序主要有：一是关于搜索遗产债权人及受遗赠人的公告。家庭法院选任遗产管理人并公告后2个月内，继承人的存在不明确时，遗产管理人须毫不迟延地对所有遗产债权人及受遗赠人发出以应于一定期间内陈述其请求为意旨的公告。在此情形，该期间不得少于2个月。[③] 在对所有遗产债权人及受遗赠人的公告中，须附记以遗产债权人及受遗赠人未于其期间内申报时应从清偿中被排除为意旨的内容，但遗产管理人不得排除已知悉的债权人及受遗赠人。遗产管理人须对其知道的遗产债权人及受遗赠人分别进行其陈述的催告。[④] 在对所有遗产债权人及受遗赠人的公告期间届满前，遗产管理人可以拒绝向遗产债权人清偿及交付受遗赠人。[⑤] 在对所有遗产债权人及受遗赠人的公告期间届满后，遗产管理人须以遗产，对在该期间内作出同款申述的遗产债权人以及其他知道的遗产债权人，分别按照债权额的比例进行清偿，但不能损害享有优先权的债权人的权利；[⑥] 在向各遗产债权人清偿后，才能向受遗赠人交付。[⑦] 二是关于搜索继承人的公告。在家庭法院公布选任遗产管理人的公告后，且在对所有遗产债权人及受遗赠人进行权利申报的2个月期间届满后，继承人的存在不明确时，家庭法院根据遗产管理人或检察官的请求，须发出以如有继承人则应于一定期间内主张其权利为意旨的公告。在此情形，该期间不得少于6个月。[⑧] 在搜索继承人的6个月的公告期内，无主张作为继承人的权利人时，不为遗产管理人所知的遗产债权人及受遗赠人，不得行使其权利。[⑨]

2. 英美法系国家立法例

（1）英国立法例。遗产代理人可以通知其分配死者遗产的意向，并要求相关利害关系人在限定的时间内提出要求，该限定时间不能少于通知发出之后2个月。通知必须符合下列要求：①在伦敦报纸上公告；②如果遗产包括土地，那么在该土地所在地流通的报纸上公告；③遗产代理人还可以适用其他被法院指示的方式，如果遗产代理人对发出合适的通知有疑问，他也可以向法院寻求指导。在法定的通知或公告的期限届满后，遗产代理人在清偿完所有提出请求的债务后，开始分配遗产，其对期限届满之后提出请求的债权人不再承担责任。[⑩]

（2）美国立法例。遗产代理人做成遗产清单后，将遗产清单提交法院，并由法院或遗产代理人进行公告，要求债权人在规定的期限内申报债权、主张遗赠，期限届满即由遗

---

① 《瑞士民法典》第582、595条第2款。
② 《瑞士民法典》第584条。
③ 《日本民法典》第957条第1款。
④ 《日本民法典》第927条第2、3款。
⑤ 《日本民法典》第928条。
⑥ 《日本民法典》第929条。
⑦ 《日本民法典》第931条。
⑧ 《日本民法典》第958条。
⑨ 《日本民法典》第958条之二。
⑩ Trustee Act, s. 27 (1).

产代理人按照法律规定的顺序清偿遗产债务。[①]

（二）无人承受遗产公告程序的国外立法比较评析

1. 两大法系国家立法的共同点

由于继承人的缺失，继承人的存在与否的确定，需要利用公告程序进行搜寻。公告程序是无人承受遗产制度中的重要组成部分。上述六个国家均有搜寻继承人及遗产债权人、受遗赠人的公告程序。我们认为，公告程序的意义在于确保无人承受遗产最终归属正当，保障潜在各方当事人的合法权利。被继承人参与各种经济活动，其债权人往往不止一个。在市场经济条件下，搜寻债权人是十分必要的。被继承人死亡后，为了及时清偿其债务，就需要发出申报被继承人债权的公告，以通知被继承人的债权人及时报明其债权。因此，为了保护被继承人债权人的利益，在继承开始后，应当及时发出申报被继承人债权的公告，使债权人及时前来报明自己的债权。由遗产管理人提出公告的申请，可以使法院知悉相关情况并及时作出公告。

2. 两大法系国家立法的不同点

（1）公告的主体不同。前述英美法系两国规定由遗产代理人公告，大陆法系的法国、德国、日本之立法均规定由法院公告，其中德国由遗产法院公告，日本由家庭法院公告，而瑞士由主管机关公告。法、德、瑞、日四国的立法均体现了国家公权力在公告程序的介入，以维护遗产权利人的利益。我们认为，是否一律由国家公权力机关进行公告，应当根据本国的实际情况来决定。

（2）公告申请人不同。前述英美法系国家由遗产管理人公告，则不需要公告申请人。大陆法系四个国家中，法国由遗产管理人申请法院公告；日本由遗产管理人或检察官申请家庭法院公告；德国由遗产债权人申请遗产法院发布遗产管理公告；瑞士法对申请人则没有规定。我们认为，我国立法应当明确规定公示催告程序的申请主体，以遗产管理人或遗产债权人向法院申请公告为宜，再由法院发布搜寻继承人、遗产债权人以及受遗赠人的公告。

（3）公告期限不同。关于公告期限，法国是 3 个月加 40 天；德国是 3 个月；瑞士是 1 年；日本的搜寻债权人及受遗赠人的公告期限是 2 个月，搜寻继承人的公告期限是 6 个月。为使遗产权利人有足够的知晓时间以便及时处理无人承受遗产的归属问题，根据我国现行《民事诉讼法》第 192 条关于无主财产公告认领期间为一年的规定，[②] 我们认为，日本立法例值得借鉴。

（4）公告程序的性质不同。关于公告是否属于必经程序，法国法、日本法、瑞士法、英国法、美国法的公告是必经的程序；但德国法则比较灵活，如果催告费用与遗产存量相比耗资过大，则允许不为公告，这体现了德国法注重经济效益的考虑。我们认为，德国的立法例值得我国借鉴。

---

① Uniform Probate Code, s3-104.

② 我国现行《民事诉讼法》第 192 条规定："人民法院受理申请后，经审查核实，应当发出财产认领公告。公告满一年无人认领的，判决认定财产无主，收归国家或者集体所有。"

四、无人承受遗产归属的国外立法现状与评析

(一) 无人承受遗产归属的国外立法现状

1. 大陆法系国家立法例

(1) 法国立法例。国家主张接收死亡时无继承人的人的遗产或者接收继承人抛弃继承的遗产时，应当向法院请求对遗产实行占有。①

(2) 德国立法例。继承人不在与情事适当的期间以内被查明的，遗产法院必须确定：不存在除国库外的继承人。该项确定构成国库是法定继承人的推定的理由。② 仅在遗产法院已确定不存在其他继承人之后，作为法定继承人的国库才能主张对无人承受遗产的继承权。③ 在继承开始时，不存在被继承人的任何血亲、配偶或同性生活伴侣的，遗产由被继承人在继承开始时的最后住所地州继承，或者被继承人的最后住所不可予以确定的，由其最后惯常居所地州继承。除此之外，遗产由联邦继承。④

(3) 瑞士立法例。《瑞士民法典》第十三章"法定继承人"除规定血亲和配偶外，还规定"州""乡镇"作为第三类法定继承人。被继承人无生存配偶、登记的同性伴侣中的生存一方、直系血亲卑亲属、父母、(父系或母系) 祖父母等继承人者，其遗产由被继承人最后住所所在州，或者由州法指定的乡镇取得。⑤

(4) 日本立法例。在对债权人及受遗赠人的清偿与交付后，⑥ 不存在主张作为继承人的权利的人，家庭法院认为适当时，可以根据曾与被继承人共同生活的人、对被继承人的疗养看护尽力的人及其他与被继承人有特别亲属关系的人的请求，将继承的全部或者部分分配给此等人。⑦ 在此之后，仍无法处分的遗产，归属于国库。⑧

2. 英美法系国家立法例

(1) 英国立法例。无人承受的遗产归属于王室或者 Lancaster 公爵领地或者 Cornwall 公爵领地，并且王室可以自由裁量将遗产给予实际上依靠无遗嘱死亡者供养的人而不论其是否和无遗嘱死亡者有关系，或者其他无遗嘱死亡者希望供养的人。⑨

(2) 美国立法例。如果按照本条规定无遗产继承人，无遗嘱死亡者的财产将转移给州所有。⑩

(二) 无人承受遗产归属的国外立法比较评析

1. 两大法系国家立法的共同点

在无人承受遗产的最后归属上，两大法系的上述国家都将清偿债务后的剩余财产归属于国家 (国库) 所有。关于国家取得无人承受遗产的根据，主要有两种不同的主张：

---

① 《法国民法典》第 811 条。
② 《德国民法典》第 1964 条。国库的继承人推定即无人承受遗产的归属确定。
③ 《德国民法典》第 1966 条。
④ 《德国民法典》第 1936 条。
⑤ 《瑞士民法典》第 457-466 条。
⑥ 《日本民法典》第 957 条。
⑦ 《日本民法典》第 958 条之三。
⑧ 《日本民法典》第 959 条。
⑨ Administration of Estates Act, s. 46.
⑩ Uniform Probate Code, s. 2-105.

是国家以继承人身份取得无人承受遗产。这种主张，即所谓的继承权主义。最早提出这一主张的是19世纪德国著名学者萨维尼。萨氏认为，在发生财产无人继承并且无人接受遗赠的情况下，死者所属的国家可以特殊继承人的资格取得这一财产。[①] 目前，德国、瑞士等国均持这一主张。继承权主义的核心在于，死者遗产并非“无人承受遗产”，只要国家存在，基于国家与具有该国国籍的公民之间的密切联系，任何本国公民的遗产永远有法定继承人，只不过国家的继承顺序被排在最后罢了。二是国家以先占的名义取得无人承受遗产。这一主张，即所谓的先占权主义。法国学者魏斯在阐释先占权主张时指出，对于无人承受遗产，为防止个人先占而引起社会紊乱和公共利益受到侵害，国家应根据领土主权以先占取得。[②] 采用这一主张的国家有法国、日本、英国、美国等。上述两种立法主张均认为，在无人承受遗产的情况下，遗产应归国家所有（只是继承依据不同而已，即要么继承取得，要么先占取得）。我们认为，我国立法可借鉴德国、瑞士的做法，国家依继承权主义继承无人承受的遗产。也就是说，国家机关应按公示催告程序催告债权人、受遗赠人申报权利，对遗产进行清算，清算后的剩余财产即归国库所有。

2. 两大法系国家立法的不同点

（1）国家（国库）与遗产管理人的关系不同。第一种立法例是将国家（或国库）或地方自治团体作为最后顺序的法定继承人，遗产管理人被视为法定继承人的代表。采此立法思路的有德国、瑞士等国。德国法明确规定国库或邦为法定继承人。瑞士法于继承人部分开宗明义规定，国家或州、乡镇是除了血亲继承人以及配偶之外的第三类法定继承人。第二种立法例是将无人承受的遗产视为法人的前提下规定最终遗产的归属主体。日本法规定在继承人存在不明时，视为财团法人，遗产管理人被视为遗产法人的代表；如将来继承人出现，则视该法人不曾存在，但不妨碍管理人于其权限内实施的行为的效力。英美两国法律也将遗产视为独立财团法人。在我国，现行立法对无人承受遗产归属的立法具有特殊性。我国《继承法》第32条虽没有明确规定无人承受遗产的性质，但我国《继承法》《民法通则》和《民法总则》都未将无人承受遗产规定为法人，也无其他相关的法律条文将无人承受遗产视为财团法人。我们认为，第一种立法例值得借鉴。

（2）无人承受遗产的酌情分配制度不同。从立法条文来看，法国、德国、瑞士、美国尚无规定；日本法规定可将无人承受的遗产给予曾与被继承人共同生活的人、为被继承人疗养看护尽力的人以及其他与被继承人有特别亲属关系的人；英国法规定王室可以自由裁量将遗产给予实际上依靠无遗嘱死亡者的人而不论其是否与无遗嘱死亡者有亲属关系，或者其他无遗嘱死亡者希望供养的人。[③] 我们认为，以上日本、英国的立法扩大了遗产酌给请求权人的范围，这符合继承法之私法的性质，有利于实现遗产的扶养功能。无人承受的遗产是被继承人的私有财产，虽该财产无人承认继承，但是可能还存在受被继承人扶养或与被继承人生活有密切关系的人，法律应该从保护私有财产及实现遗产的扶养功能出发，应遗产利害关系人的请求将遗产酌情分配给这些人。只有在没有这些利害关系人的情形下，无人承受遗产才可以进行归属国库等处理。我国亦有类似的规定。否则，径直规定

① ［德］萨维尼：《法律冲突与法律规则的地域与时间范围》，李双元等译，法律出版社1999年版，第171页。

② 金明、王晓媛主编：《新编国际私法教程》，四川大学出版社2015年版，第236页。

③ 史尚宽：《继承法论》，中国政法大学出版社2000年版，第383页。

无人承受的遗产归属于国库，往往可能与被继承人生前的意愿不符，不利于保护其私有财产，也不能实现遗产的扶养功能。

第三节　无人承受遗产制度的我国立法现状与我国民众的观念和处理习惯及司法实践的考察与评析

在明晰国外立法例的具体内容之后，我们认为，有必要研究我国立法、司法、民众观念等各种现状，特别是要在全面把握我国民众在有关无人承受遗产的继承观念和遗产处理习惯现状的基础上，方能做到有的放矢，提出有针对性的立法完善建议。

一、无人承受遗产制度的我国立法现状

无人承受遗产制度是对在法定期限内既没有人接受继承又没有人受领遗赠的遗产处理进行规范的法律制度之总和。该制度在我国《继承法》《执行继承法的意见》及其他法律相关条文中有所体现。必须说明，2018 年 9 月 3 日我国立法机关已公布“民法典分编（草案）”，征求社会各界意见。由于该“草案”不是正式立法，所以本节仍主要以我国《继承法》及其司法解释的相关规定为对象，考察我国无人承受遗产制度的立法现状。

（一）无人承受遗产界定的我国立法现状

根据我国《继承法》第 32 条的规定，所谓无人承受遗产，是指无人继承又无人受遗赠的遗产。根据我国《继承法》和《执行继承法的意见》的相关规定，所谓无人继承①，

① 无人继承并不等于无人承认的继承。由于无人承认继承系继承人有无不明，当有继承人出现并主张继承时，就是有人继承。只有当经过寻找继承人的公告程序后，确实无继承人前来继承时，才是无人继承。因此，我国《继承法》中的无人继承又无人受遗赠的遗产处理的制度与域外的无人承认继承的制度是有严格区别的。无人承认的继承，是指继承开始后，继承人有无不明的遗产继承。在继承人有无不明的情况下，则必须经过司法程序，公告寻找继承人、受遗赠人。只有在确认死者的遗产既无人继承又无人受遗赠以后，才能将遗产收归国家（国库）所有。

是指没有法定继承人①和遗嘱继承人②，或者虽有法定继承人和遗嘱继承人，但他们全部放弃③或丧失继承权④。所谓无人受遗赠，是指有下列情况的：（1）死者生前没有设立遗

① 我国《继承法》第10条规定："遗产按照下列顺序继承：第一顺序：配偶、子女、父母。第二顺序：兄弟姐妹、祖父母、外祖父母。继承开始后，由第一顺序继承人继承，第二顺序继承人不继承。没有第一顺序继承人继承的，由第二顺序继承人继承。本法所说的子女，包括婚生子女、非婚生子女、养子女和有扶养关系的继子女。本法所说的父母，包括生父母、养父母和有扶养关系的继父母。本法所说的兄弟姐妹，包括同父母的兄弟姐妹、同父异母或者同母异父的兄弟姐妹、养兄弟姐妹、有扶养关系的继兄弟姐妹。"我国《继承法》第12条规定："丧偶儿媳对公、婆，丧偶女婿对岳父、岳母，尽了主要赡养义务的，作为第一顺序继承人。"我国《执行继承法的意见》第19条规定："被收养人对养父母尽了赡养义务，同时又对生父母扶养较多的，除可依继承法第十条的规定继承养父母的遗产外，还可依继承法第十四条的规定分得生父母的适当的遗产。"我国《执行继承法的意见》第21条规定："继子女继承了继父母遗产的，不影响其继承生父母的遗产。继父母继承了继子女遗产的，不影响其继承生子女的遗产。"我国《执行继承法的意见》第22条规定："收养他人为养孙子女，视为养父母与养子女的关系的，可互为第一顺序继承人。"我国《继承法》第11条规定："被继承人的子女先于被继承人死亡的，由被继承人的子女的晚辈直系血亲代位继承。代位继承人一般只能继承他的父亲或者母亲有权继承的遗产份额。"我国《执行继承法的意见》第25条规定："被继承人的孙子女、外孙子女、曾孙子女、外曾孙子女都可以代位继承，代位继承人不受辈数的限制。"我国《执行继承法的意见》第26条规定："被继承人的养子女、已形成扶养关系的继子女的生子女可代位继承；被继承人亲生子女的养子女可代位继承；被继承人养子女的养子女可代位继承；与被继承人已形成扶养关系的继子女的养子女也可以代位继承。"

② 我国《继承法》第16条规定："公民可以依照本法规定立遗嘱处分个人财产，并可以指定遗嘱执行人。公民可以立遗嘱将个人财产指定由法定继承人的一人或者数人继承。公民可以立遗嘱将个人财产赠给国家、集体或者法定继承人以外的人。"

③ 我国《继承法》第25条第1款规定："继承开始后，继承人放弃继承的，应当在遗产处理前，作出放弃继承的表示。没有表示的，视为接受继承。"我国《继承法》第27条第1项规定："有下列情形之一的，遗产中的有关部分按照法定继承办理：（一）遗嘱继承人放弃继承或者受遗赠人放弃受遗赠的……"我国《执行继承法的意见》第49条规定："继承人放弃继承的意思表示，应当在继承开始后、遗产分割前作出。遗产分割后表示放弃的不再是继承权，而是所有权。"

④ 我国《继承法》第7条规定："继承人有下列行为之一的，丧失继承权：（一）故意杀害被继承人的；（二）为争夺遗产而杀害其他继承人的；（三）遗弃被继承人的，或者虐待被继承人情节严重的；（四）伪造、篡改或者销毁遗嘱，情节严重的。"我国《继承法》第27条第2项规定："有下列情形之一的，遗产中的有关部分按照法定继承办理……（二）遗嘱继承人丧失继承权的……"我国《执行继承法的意见》第47条规定："继承人放弃继承应当以书面形式向其他继承人表示。用口头方式表示放弃继承，本人承认，或有其它充分证据证明的，也应当认定其有效。"我国《执行继承法的意见》第10条规定："继承人虐待被继承人情节是否严重，可以从实施虐待行为的时间、手段、后果和社会影响等方面认定。虐待被继承人情节严重的，不论是否追究刑事责任，均可确认其丧失继承权。"我国《执行继承法的意见》第11条规定："继承人故意杀害被继承人的，不论是既遂还是未遂，均应确认其丧失继承权。"我国《执行继承法的意见》第12条规定："继承人有继承法第七条第（一）项或第（二）项所列之行为，而被继承人以遗嘱将遗产指定由该继承人继承的，可确认遗嘱无效，并按继承法第七条的规定处理。"我国《执行继承法的意见》第13条规定："继承人虐待被继承人情节严重的，或者遗弃被继承人的，如以后确有悔改表现，而且被虐待人、被遗弃人生前又表示宽恕，可不确认其丧失继承权。"我国《执行继承法的意见》第14条规定："继承人伪造、篡改或者销毁遗嘱，侵害了缺乏劳动能力又无生活来源的继承人的利益，并造成其生活困难的，应认定其行为情节严重。"

赠的遗嘱[①]；（2）虽有遗赠的遗嘱，但遗嘱无效[②]，或者没有受遗赠人[③]；（3）受遗赠人全部放弃[④]或者被人民法院取消了受遗赠权[⑤]；（4）死者生前没有与他人订立遗赠扶养协议[⑥]。因此，根据我国《继承法》和《执行继承法的意见》的相关规定，当第一顺序的继承人全部放弃或丧失继承权时，若有第二顺序的继承人存在时，不属于无人继承；当遗嘱继承人、受遗赠人全部放弃或丧失继承权、受遗赠权时，若有后位继承人、受遗赠人或候补继承人、受遗赠人存在时，也不属于无人继承又无人受遗赠。

（二）无人承受遗产管理的我国立法现状

对于无人继承又无人受遗赠的遗产管理，我国《继承法》无系统全面的规定。关于遗产管理人的选任，我国《继承法》第23条规定："继承开始后，知道被继承人死亡的继承人应当及时通知其他继承人和遗嘱执行人。继承人中无人知道被继承人死亡或者知道被继承人死亡而不能通知的，由被继承人生前所在单位或者住所地的居民委员会、村民委员会负责通知。"根据我国《继承法》第23条的规定精神，可以推知，无人继承又无人受遗赠的遗产管理人可以由死者生前所在单位或所在的基层组织来确定。死者生前是国家机关、企业、事业单位、社会团体等单位的职工的，可以由其所在单位为遗产管理人；死者生前是城市、农村的个体劳动者或无业居民的，由其住所地的有关基层组织，如街道办事处或者居民委员会、村民委员会为遗产的管理人；若死者生前是城市或农村集体所有制组织成员的，由死者生前所在的集体所有制组织为遗产管理人。死者的遗产所在地（主要遗产所在地）的基层组织也可成为遗产的管理人。死者生前的供养人（非法定义务的供养，属于扶助性质的供养），也可成为死者遗产管理人。[⑦]

关于无人继承又无人受遗赠的遗产管理人的职责，我国《继承法》第24、33、34条规定：存有遗产的人，应当妥善保管遗产，任何人不得侵吞或者争抢。继承遗产应当清偿

---

① 我国《继承法》第16条第3款规定："公民可以立遗嘱将个人财产赠给国家、集体或者法定继承人以外的人。"

② 我国《继承法》第17条第5款规定："遗嘱人在危急情况下，可以立口头遗嘱。口头遗嘱应当有两个以上见证人在场见证。危急情况解除后，遗嘱人能够用书面或者录音形式立遗嘱的，所立的口头遗嘱无效。"我国《继承法》第22条规定："无行为能力人或者限制行为能力人所立的遗嘱无效。遗嘱必须表示遗嘱人的真实意思，受胁迫、欺骗所立的遗嘱无效。伪造的遗嘱无效。遗嘱被篡改的，篡改的内容无效。"我国《执行继承法的意见》第41条规定："遗嘱人立遗嘱时必须有行为能力。无行为能力人所立的遗嘱，即使其本人后来有了行为能力，仍属无效遗嘱。遗嘱人立遗嘱时有行为能力，后来丧失了行为能力，不影响遗嘱的效力。"

③ 我国《继承法》第27条第3项规定："有下列情形之一的，遗产中的有关部分按照法定继承办理……（三）遗嘱继承人、受遗赠人先于遗嘱人死亡的……"

④ 我国《继承法》第25条第2款规定："受遗赠人应当在知道受遗赠后两个月内，作出接受或者放弃受遗赠的表示。到期没有表示的，视为放弃受遗赠。"

⑤ 我国《继承法》第21条规定："遗嘱继承或者遗赠附有义务的，继承人或者受遗赠人应当履行义务。没有正当理由不履行义务的，经有关单位或者个人请求，人民法院可以取消他接受遗产的权利。"我国《执行继承法的意见》第43条规定："附义务的遗嘱继承或遗赠，如义务能够履行，而继承人、受遗赠人无正当理由不履行，经受益人或其他继承人请求，人民法院可以取消他接受附义务那部分遗产的权利，由提出请求的继承人或受益人负责按遗嘱人的意愿履行义务，接受遗产。"

⑥ 我国《继承法》第5条规定："继承开始后，按照法定继承办理；有遗嘱的，按照遗嘱继承或者遗赠办理；有遗赠扶养协议的，按照协议办理。"我国《继承法》第31条规定："公民可以与扶养人签订遗赠扶养协议。按照协议，扶养人承担该公民生养死葬的义务，享有受遗赠的权利。公民可以与集体所有制组织签订遗赠扶养协议。按照协议，集体所有制组织承担该公民生养死葬的义务，享有受遗赠的权利。"

⑦ 刘文：《继承法律制度研究》，中国政法大学出版社2016年版，第391页。

被继承人依法应当缴纳的税款和债务，缴纳税款和清偿债务以他的遗产实际价值为限。超过遗产实际价值部分，继承人自愿偿还的不在此限。继承人放弃继承的，对被继承人依法应当缴纳的税款和债务可以不负偿还责任。执行遗赠不得妨碍清偿遗赠人依法应当缴纳的税款和债务。根据我国《继承法》以上规定的精神，可推断无人继承又无人受遗赠的遗产管理人的管理职责，主要有两项：一是负有保管职责；二是缴纳税款和清偿遗产债务。另外，应当注意的是，失踪人的财产代管职责①不同于无人继承又无人受遗赠的遗产管理人的管理职责。因为，认定自然人失踪与认定继承人、受遗赠人的有无，不是一回事。当继承人、受遗赠人不是有无不明，而是下落不明时，则不得在发出寻找继承人、受遗赠人的公告3个月后，若无继承人、受遗赠人出现，就作出继承人或受遗赠人失踪的认定。因为认定自然人失踪，必须适用我国现行《民事诉讼法》规定的特别程序②并符合我国《民法总则》所规定的自然人失踪的条件③。可见，按照我国现行《民事诉讼法》特别程序判决宣告继承人、受遗赠人死亡，即其认定的程序和条件不同。并且，被宣告死亡后，虽然可能导致发生无人继承、无人受遗赠的后果，但与我国《继承法》的无人继承又无人受遗赠的遗产处理制度，仍然是两回事，④ 也可能存在被宣告死亡者有继承人、受遗赠人而不属于无人承受遗产之情形。后者则不能适用。

（三）无人承受遗产公告程序的我国立法现状

我国《继承法》对搜寻继承人、债权人、受遗赠人的公告程序没有明文规定。我国《继承法》和现行《民事诉讼法》也未对无人继承又无人受遗赠财产的认定程序予以明确规定。但是现行《民事诉讼法》第15章“特别程序”第5节“认定财产无主案件”中第193条规定：“判决认定财产无主后，原财产所有人或者继承人出现，在民法通则规定的诉讼时效期间可以对财产提出请求，人民法院审查属实后，应当作出新判决，撤销原判决。”据此规定，可以推定无人继承又无人受遗赠财产的认定程序适用于认定财产无主案件的相关规定。因此，申请认定无人继承又无人受遗赠财产，该财产应属于国家或集体所有的，必须依我国现行《民事诉讼法》第191条规定，申请认定无主财产，即应由自然人、法人或其他组织向财产所在地基层人民法院提出，申请书应当写明财产的种类、数量以及要求认定财产无主的根据。⑤ 人民法院受理申请后，经审查核实，应当发出财产认领

① 我国《民法总则》第42条规定：“失踪人的财产由其配偶、成年子女、父母或者其他愿意担任财产代管人的人代管。代管有争议，没有前款规定的人，或者前款规定的人无代管能力的，由人民法院指定的人代管。”第43条规定：“财产代管人应当妥善管理失踪人的财产，维护其财产权益。失踪人所欠税款、债务和应付的其他费用，由财产代管人从失踪人的财产中支付。财产代管人因故意或者重大过失造成失踪人财产损失的，应当承担赔偿责任。”

② 我国现行《民事诉讼法》第185条规定：“人民法院受理宣告失踪、宣告死亡案件后，应当发出寻找下落不明人的公告。宣告失踪的公告期间为三个月，宣告死亡的公告期间为一年。因意外事故下落不明，经有关机关证明该公民不可能生存的，宣告死亡的公告期间为三个月。公告期间届满，人民法院应当根据被宣告失踪、宣告死亡的事实是否得到确认，作出宣告失踪、宣告死亡的判决或者驳回申请的判决。”

③ 我国《民法总则》第40条规定：“自然人下落不明满二年的，利害关系人可以向人民法院申请宣告该自然人为失踪人。”

④ 刘文：《继承法律制度研究》，中国政法大学出版社2016年版，第390页。

⑤ 我国现行《民事诉讼法》第191条规定：“申请认定财产无主，由公民、法人或者其他组织向财产所在地基层人民法院提出。申请书应当写明财产的种类、数量以及要求认定财产无主的根据。”

公告。公告满一年无人认领的，判决认定财产无主，收归国家或者集体所有。[①] 公告期间有人对财产提出请求的，人民法院应裁定终结特别程序，告知申请人另行起诉，适用普通程序审理。[②]

上述规定对无人继承又无人受遗赠财产的认定和公告程序进行了原则性的规定。但是，我国《继承法》或者现行《民事诉讼法》仍对下述问题没有予以明确：其一，被继承人的债权人可否在公告期内申报权利？其二，债权人及酌分请求权人向遗产管理人申报债权，是否在他们的债权实现或酌分遗产之后财产才归属于国家或者集体所有制组织？[③] 上述问题法律尚无明确规定，有待进一步研究。

（四）无人承受遗产归属的我国立法现状

我国《继承法》第 32 条规定："无人继承又无人受遗赠的遗产，归国家所有；死者生前是集体所有制组织成员的，归所在集体所有制组织所有。"据此规定，无人继承又无人受遗赠的遗产可能有两种归属：第一是归国家所有，第二是归集体所有制组织所有，后者的死者生前须是集体所有制组织的成员。在这里，确定无人继承又无人受遗赠的遗产归属的关键，是死者生前的身份，即死者是否属于集体所有制组织的成员。如果属于集体所有制组织的成员，则归集体组织所有；如否，则归国家所有。生前不是集体所有制组织成员的，其无人继承又无人受遗赠的遗产，应收归国家所有。另外，居住在我国境内的无国籍人的无人继承又无人受遗赠的遗产，也应收归国家所有。归集体组织所有的情况有城乡两种情况：死者生前是城镇集体所有制组织的成员，其无人继承又无人受遗赠的遗产，应归城镇集体所有制组织所有；死者生前是农村集体所有制组织成员的，其无人继承又无人受遗赠的遗产，应归死者生前所在的农村集体所有制组织所有。

在遗产归属之前的分配上，为了弘扬尊老爱幼、互相帮助的传统美德，我国《继承法》还规定了酌情分得遗产权。酌情分得遗产权是指继承人以外的人，基于与被继承人之间的扶助关系，依照我国《继承法》而对遗产提出酌分请求的权利。根据我国《继承法》第 14 条的规定，酌情分得遗产权人有两种人：一是继承人以外的依靠被继承人扶养的缺乏劳动能力又没有生活来源的人；二是继承人以外的对被继承人扶养较多的人。[④] 我国《执行继承法的意见》第 28 条规定："继承人丧失继承权的，其晚辈直系血亲不得代位继承。如该代位继承人缺乏劳动能力又没有生活来源，或对被继承人尽赡养义务较多的，可适当分给遗产。"此规定对于"继承人以外的人"作了扩张解释，凡非应召继承人均可包括在内。可见，酌情分得遗产权人须是继承人以外的人。"继承人以外"的人，不同于"法定继承人以外"的人，在法定继承人中，存在第一顺序应召继承人时，第二顺序应召继承人则不属于继承人；在遗嘱继承中，被遗嘱排除的法定继承人也属于《继承法》第 14 条规定的"继承人以外"的人。适当分给遗产的份额不同于我国《继承法》第

① 我国现行《民事诉讼法》第 192 条规定："人民法院受理申请后，经审查核实，应当发出财产认领公告。公告满一年无人认领的，判决认定财产无主，收归国家或者集体所有。"

② 我国 2015 年《关于适用民事诉讼法的解释》第 350 条。

③ 江必新等：《最高人民法院指导性案例裁判规则理解与适用（物权卷）》，中国法制出版社 2016 年版，第 211 页。

④ 我国《继承法》第 14 条规定："对继承人以外的依靠被继承人扶养的缺乏劳动能力又没有生活来源的人，或者继承人以外的对被继承人扶养较多的人，可以分给他们适当的遗产。"

13条规定的法定继承份额，[①] 也不同于遗嘱继承中遗嘱分配的继承人份额，但我国《继承法》没有明文规定酌情分配的份额，只是规定可以酌情分给“适当的”遗产，即未规定具体的数量。根据我国《执行继承法的意见》第31、57条的规定，可以分给适当遗产的人，分给他们遗产时，按具体情况可多于或少于继承人，具体份额如何确定可由人民法院根据案件具体情况自由裁量。[②] 关于酌情分得遗产人的请求权之行使，我国《执行继承法的意见》第32条规定：“依继承法第十四条规定可以分给适当遗产的人，在其依法取得被继承人遗产的权利受到侵犯时，本人有权以独立的诉讼主体的资格向人民法院提起诉讼。但在遗产分割时，明知而未提出请求的，一般不予受理；不知而未提出请求，在二年以内起诉的，应予受理。”据此规定，酌情分得遗产权利人行使权利的期间应当是遗产分割时提出酌分遗产的请求。如果权利人未在遗产分割时提出请求的，则被视为放弃权利。我国《执行继承法的意见》第57条规定：“遗产因无人继承收归国家或集体组织所有时，按继承法第十四条规定可以分给遗产的人提出取得遗产的要求，人民法院应视情况适当分给遗产。”由于酌情分得遗产权是为了保障权利人的基本生活之法定扶养费，或者基于其对被继承人尽了主要义务的法定报酬，因此在无人继承又无人受遗赠的情形下，遗产应收归国家或集体组织之前，均可适用。

二、无人承受遗产制度的我国民众观念和处理习惯的实证调查与分析

为了解我国民众的财产继承观念和遗产处理习惯，2016年11月初至2017年11月底，历时一年零一个月，我们组织开展完成了“当代中国民众财产继承观念与遗产处理习惯实证调查”的实地调查和统计数据汇总工作。本次调查采取问卷调查和个人访谈的方式，被抽样调查的地区确定为我国的十省市，包括东北部的吉林省，东部的上海市，北部的河北省，中部的湖北省、江西省，南部的广东省、海南省，东南部的福建省，西南部的重庆市、四川省，共计发放调查问卷5739份，收回有效问卷5085份，有效率为88.60%。以下，针对我国十省市被调查民众之无人承受遗产制度的民众观念及处理习惯的调查统计汇总数据进行研究分析。

（一）涉及无人承受遗产的我国民众观念和处理习惯的实证调查的统计情况

1. 涉及城镇居民无人承受遗产归属主体的调查统计情况

问题【八、（一）】“甲生前系城镇居民，其生前终身未婚且无其他继承人，其死后留下部分遗产，属于无人承受的遗产。您认为甲的遗产应当归属于下列哪一主体更合适？A. 国家；B. 死者生前所在地的国库；C. 死者生前所在地民政部门的社会福利机构；D. 死者生前所在的居委会；E. 不是继承人的其他亲属；F. 其他____________（您认为更合适的归属主体）（单选）。其理由各是什么？”

---

① 我国《继承法》第13条规定：“同一顺序继承人继承遗产的份额，一般应当均等。对生活有特殊困难的缺乏劳动能力的继承人，分配遗产时，应当予以照顾。对被继承人尽了主要扶养义务或者与被继承人共同生活的继承人，分配遗产时，可以多分。有扶养能力和有扶养条件的继承人，不尽扶养义务的，分配遗产时，应当不分或者少分。继承人协商同意的，也可以不均等。”可见，依该条文，在继承人没有协商同意其他方案时，法定继承以均等继承为原则，特殊情况下可适当多分或者少分。

② 我国《执行继承法的意见》第31条规定：“依继承法第十四条规定可以分给适当遗产的人，分给他们遗产时，按具体情况可多于或少于继承人。”

（1）涉及城镇居民无人承受遗产归属主体的民众观念调查统计情况。

表 8-3-1 涉及城镇居民无人承受遗产归属主体的民众观念调查统计情况（单选）

选项 \ 人数与比例		人数	比例
A. 国家		1748	34. 38%
B. 死者生前所在地的国库		437	8. 59%
C. 死者生前所在地民政部门的社会福利机构		970	19. 08%
D. 死者生前所在的居委会		500	9. 83%
E. 不是继承人的其他亲属		1254	24. 66%
F. 其他	F1. 归照顾过甲的人	167	3. 28%
	F2. 归负责安葬甲的单位或个人	8	0. 16%
	F3. 归当地民政部门	1	0. 02%
合计		5085	100%

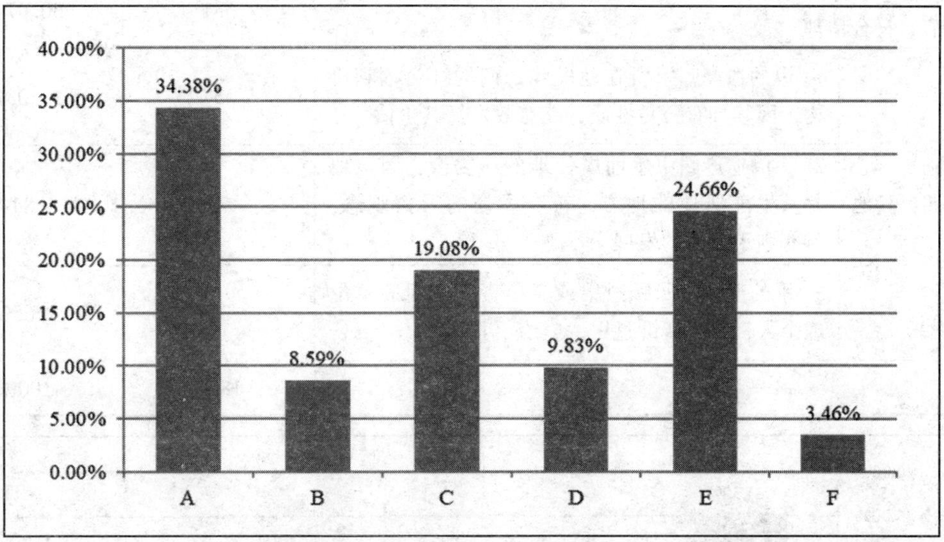

图 8-3-1 涉及城镇居民无人承受遗产归属主体的民众观念调查统计情况（单选）

根据以上统计数据分析，在被调查的对城镇居民死亡时无人承受遗产之归属选项中，由高到低排序依次为：选择“A. 国家”的有 1748 人（占 34. 38%）；选择“E. 不是继承人的其他亲属”的有 1254 人（占 24. 66%）；选择“C. 死者生前所在地民政部门的社会福利机构”的有 970 人（占 19. 08%）；选择“D. 死者生前所在的居委会”的有 500 人（占 9. 83%）；选择“B. 死者生前所在地的国库”的有 437 人（占 8. 59%）；选择“F. 其他”的共 176 人（占 3. 46%）：其中，选择“F1. 归照顾过甲的人”的有 167 人（占 3. 28%）、选择“F2. 归负责安葬甲的单位或个人”有 8 人（占 0. 16%）、选择“F3. 归当地民政部门”的仅有1人（占0.02%）。由此可见，在我国十省市被调查民众的继承观念中，城镇居民死亡时无人承受遗产的归属主体应归属于“国家”或“死者生前所在地的国库”的，合计占四成以上（占42.97%）；应归属于民政部门和居委会的，合计占近三成（占28.91%）；应归属于“不是继承人的其他亲属”和照顾过被继承人的，合计占近三成（占27.94%）。这表明，我国十省市被调查民众认为，城镇居民死亡时无人承受的遗产应归属于三种主体：一是国家或当地国库占四成以上；二是民政部门和居委会占近三成；三是不是继承人的其他亲属或照顾过被继承人的人占近三成。

（2）涉及城镇居民无人承受遗产归属主体的民众观念之理由调查统计情况。

表8-3-2　涉及城镇居民无人承受遗产归属主体的民众观念之理由调查统计情况（单选）

<table>
<tr><th colspan="2">人数与比例
理由</th><th>人数</th><th>比例</th></tr>
<tr><td colspan="2">理由一：甲的遗产没有人继承，为规范财产秩序，甲的遗产只能归国家所有，同时这也与部分国家的做法相一致</td><td>664</td><td>35.39%</td></tr>
<tr><td colspan="2">理由二：甲的遗产归甲生前所在地的国库，有利于遗产的清算、管理和利用</td><td>171</td><td>9.12%</td></tr>
<tr><td colspan="2">理由三：甲的其他亲属是甲最为亲近的人，甲的遗产归其他亲戚所有，符合情理</td><td>581</td><td>30.97%</td></tr>
<tr><td rowspan="3">理由四：其他</td><td>1. 甲的遗产归甲所在地民政部门的社会福利机构，因其具有公益性质，能有效发挥其价值</td><td>357</td><td>19.03%</td></tr>
<tr><td>2. 甲的遗产归甲生前居住地的居委会，因该地是其生前居住的地方，符合民众的习俗观念，且有利于当地的发展</td><td>72</td><td>3.84%</td></tr>
<tr><td>3. 甲的遗产归照顾过甲或者负责安葬甲的单位或个人，因其帮助过甲，应给予其回报</td><td>31</td><td>1.65%</td></tr>
<tr><td colspan="2">合计</td><td>1876</td><td>100%</td></tr>
</table>

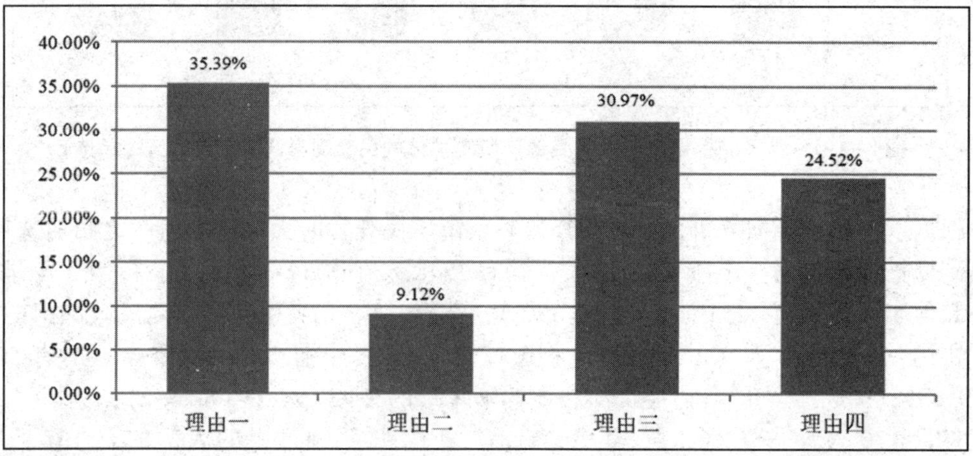

图8-3-2　涉及城镇居民无人承受遗产归属主体的民众观念之理由调查统计情况（单选）

统计结果显示，在给出选择理由的 1876 位被调查民众中，其选项由高到低的排序依次如下：选择“国家”的主要理由是“甲的遗产没有人继承，为规范财产秩序，甲的遗产只能归国家所有，同时这也与部分国家的做法相一致”，持这种立场的有 664 人（占 35. 39%）；选择“不是继承人的其他亲属”的主要理由是“甲的其他亲属是甲最为亲近的人，甲的遗产归其他亲戚所有，符合情理”，持这种立场的有 581 人（占 30. 97%）；选择“死者生前所在地民政部门的社会福利机构”的主要理由是“民政部门的社会福利机构具有公益性质，能有效发挥其价值”，持这种立场的有 357 人（占 19. 03%）；选择“死者生前所在地的国库”的主要理由是“有利于遗产的清算、管理和利用”，持这种立场的有 171 人（占 9. 12%）；选择“死者生前所在的居委会”的主要理由是“甲的遗产归甲生前居住地的居委会，因该地是其生前居住的地方，符合民众的习俗观念，且有利于当地的发展”，持这种立场的有 72 人（占 3. 84%）；选择“归照顾过甲的人”“归负责安葬甲的单位或个人”“归当地民政部门”的主要理由是“甲的遗产归照顾过甲或者负责安葬甲的单位或个人，因其帮助过甲，应给予其回报”，持这种立场的有 31 人（占 1. 65%）。

2. 涉及农村居民无人承受遗产归属主体的调查统计情况

问题【八、(二)】“甲生前系农村居民，其生前终身未婚且无其他继承人，其死后留下部分遗产，属于无人承受的遗产。您认为甲的遗产应当归属于下列哪一主体更合适？A. 死者生前所在地的国库；B. 死者生前所在地民政部门的社会福利机构；C. 死者生前所在的集体经济组织；D. 死者生前所在的村委会；E. 死者生前所在的村民小组；F. 不是继承人的其他亲属；G. 其他__________（您认为更合适的归属主体）（单选）。理由各是什么？”

（1）涉及农村居民无人承受遗产归属主体的民众观念调查统计情况。

表 8-3-3　涉及农村居民无人承受遗产归属主体的民众观念调查统计情况（单选）

选项 \ 人数与比例		人数	比例
A. 死者生前所在地的国库		1033	20. 32%
B. 死者生前所在地民政部门的社会福利机构		973	19. 13%
C. 死者生前所在的集体经济组织		507	9. 97%
D. 死者生前所在的村委会		778	15. 30%
E. 死者生前所在的村民小组		327	6. 43%
F. 不是继承人的其他亲属		1321	25. 98%
G. 其他	G1. 归属于国家	61	1. 20%
	G2. 照顾过甲的人	54	1. 06%
	G3. 归负责安葬甲的单位或个人	31	0. 61%
合计		5085	100%

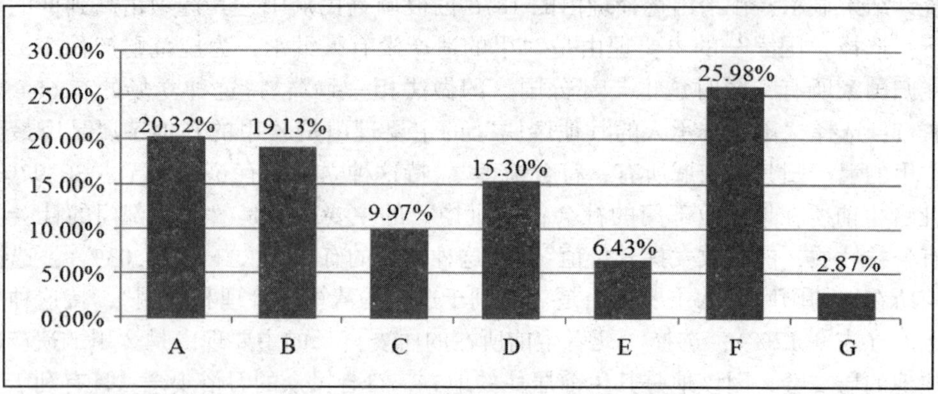

图 8-3-3　涉及农村居民无人承受遗产归属主体的民众观念调查统计情况

统计结果显示，我国十省市被调查民众对于农村居民死亡时无人承受遗产之归属选择最多的首先是“不是继承人的其他亲属”，有 1321 人（占 25.98%）；其次是“死者生前所在地的国库”，有 1033 人（占 20.32%）；再次是“死者生前所在地民政部门的社会福利机构”，有 973 人（占 19.13%）；最后是“死者生前所在的村委会”，有 778 人（占 15.30%），其他主体的选择都比较少，占比都在 10%以下。由此可见，在我国十省市被调查民众的继承观念中，大多数民众认为农村居民死亡时无人承受遗产的归属主体主要是“不是继承人的其他亲属”“死者生前所在地的国库”“死者生前所在地民政部门的社会福利机构”。

（2）涉及农村居民无人承受遗产归属主体的民众观念之理由调查统计情况。

表 8-3-4　涉及农村居民无人承受遗产归属主体的民众观念之理由调查统计情况（单选）

理由 \ 人数与比例		人数	比例
理由一：甲的遗产归甲生前所在地的集体经济组织，有利于对遗产的清算、管理和利用		410	24.86%
理由二：甲的其他亲属是甲最为亲近的人，甲的遗产归其他亲戚所有，符合情理		516	31.29%
理由三：其他	1. 甲的遗产归国库，符合法律规定，更公正合理	88	5.34%
	2. 甲的遗产归甲所在地民政部门的社会福利机构，因其具有公益性质，能有效发挥其价值	140	8.49%
	3. 甲的遗产归甲生前居住地的村小组或村委会，该地是其生前主要生活场所，符合民众的习俗观念，且有利于当地的发展	235	14.25%
	4. 甲的遗产归照顾过甲或者负责安葬甲的单位或个人，因其帮助过甲，应给予其回报	50	3.03%
	5. 归属于国家，符合法律规定，更公正合理	210	12.74%
合计		1649	100%

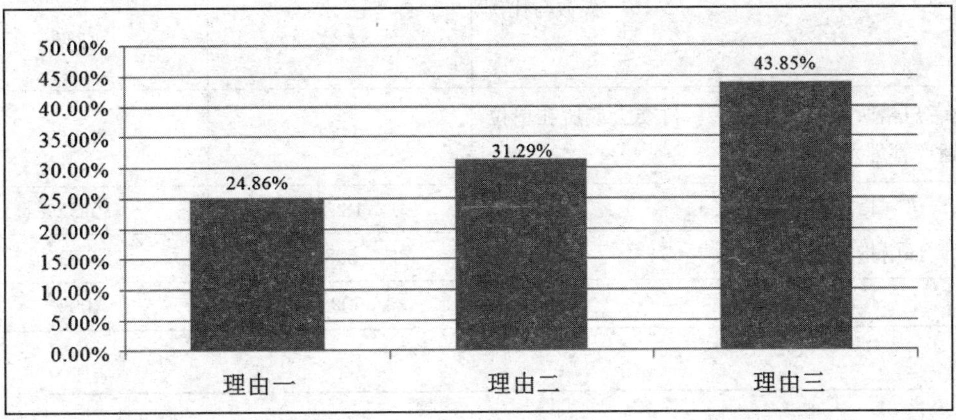

图 8-3-4　涉及农村居民无人承受遗产归属主体的民众观念之理由调查统计情况

统计结果显示，在给出选择理由的 1649 位被调查民众中，选择“不是继承人的其他亲属”的主要理由是“甲的其他亲属是甲最为亲近的人，甲的遗产归其他亲戚所有，符合情理”，持这种立场的有 516 人（占 31.29%）；选择“死者生前所在地民政部门的社会福利机构”的主要理由是“民政部门的社会福利机构具有公益性质，能有效发挥其价值”，持这种立场的有 140 人（占 8.49%）；选择“死者生前所在地的国库”的主要理由是这样更“符合法律规定，更公正合理”，持这种立场的有 88 人（占 5.34%）；选择“死者生前所在的村委会或村民小组”的主要理由是“甲生前居住地的村小组或村委会是其生前主要生活场所，将无人承受的遗产归属于死者生前所在的村委会或村民小组，符合民众的习俗观念，且有利于当地的发展”，持这种立场的有 235 人（占 14.25%）；选择“照顾过甲的人”和“负责安葬甲的单位或个人”的主要理由是“因其帮助过甲，应给予其回报”，持这种立场的有 50 人（占 3.03%）；选择“归属于国家”的主要理由是“归属于国家，符合法律规定，更公正合理”，持这种立场的有 210 人（占 12.74%）；选择“死者生前所在地的集体经济组织”的主要理由是“甲的遗产归甲生前所在地的集体经济组织，有利于对遗产的清算、管理和利用”，持这种立场的有 410 人（占 24.86%）。

3. 涉及无人承受遗产管理人产生方式之观念的调查统计情况

问题【八、(三)】“对于无人继承遗产的管理人，您认为下列哪一种产生方式更合适？A. 死者户籍所在地的居委会或村委会或所在单位指定遗产管理人；B. 人民法院指定遗产管理人；C. 民政部门指定遗产管理人（单选）。其理由各是什么？在您所在地区人们一般如何确定无人继承遗产的管理人？”

（1）涉及无人承受遗产管理人产生方式的调查统计情况。

表 8-3-5 涉及无人承受遗产管理人产生方式之观念的调查统计情况（单选）

选项 \ 人数与比例	人数	比例
A. 死者户籍所在地的居委会、村委会或所在单位指定遗产管理人	2540	49.95%
B. 人民法院指定遗产管理人	1847	36.32%
C. 民政部门指定遗产管理人	698	13.73%
合计	5085	100%

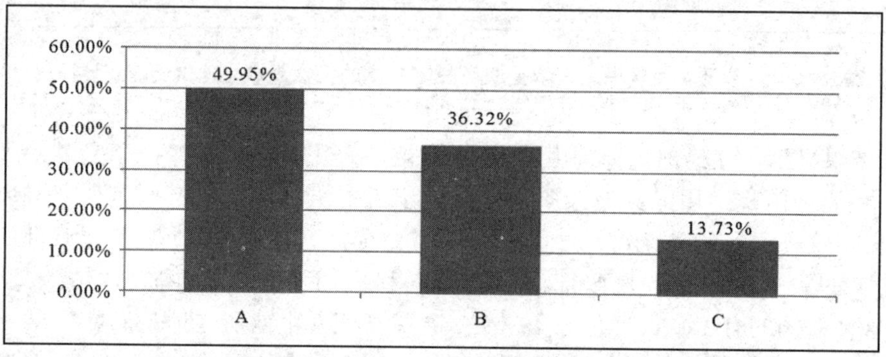

图 8-3-5 涉及无人承受遗产管理人产生方式之观念的调查统计情况（单选）

统计结果显示，对于无人承受遗产管理人的产生方式，在我国十省市被调查民众中，选择“A. 死者户籍所在地的居委会、村委会或所在单位指定遗产管理人”的有 2540 人（占 49.95%）；选择“B. 人民法院指定遗产管理人”的有 1847 人（占 36.32%）；选择“C. 民政部门指定遗产管理人”的有 698 人（占 13.73%）。由此可见，大多数被调查民众认为由“死者户籍所在地的居委会或村委会或所在单位指定遗产管理人”或“人民法院指定管理人”更合适。

统计结果显示，对于无人承受遗产管理人产生方式，在给出选择理由的 3145 位被调查民众中，认同由“死者户籍所在地的居委会、村委会或所在单位指定遗产管理人”的主要理由是“死者户籍所在地的居委会、村委会或所在单位对死者及其遗产的情况比较清楚，由其指定遗产管理人，有利于对遗产进行清算、管理和利用”，持这种立场的有 1667 人（占 53%）；基于“人民法院的专业性、中立性与权威性，由人民法院通过法定程序指定遗产管理人，对遗产进行清算和管理，有利于公平保护相关债权人的利益”的理由，选择“人民法院指定遗产管理人”的有 989 人（占 31.45%）；认同“民政部门指定遗产管理人”的理由是“由民政部门指定管理人，因是该机关的管辖范围，系其职责范围”，持这种理由的有 278 人（占 8.84%）；认同“族里有威望的人指定”的理由是“因他们对死者及其遗产的情况较清楚，且符合民众的习俗观念以及当地的风俗”，持这种理由的有 211 人（占 6.71%）。

（2）涉及无人承受遗产管理人产生方式的处理习惯统计情况。

表 8-3-6　涉及无人承受遗产管理人产生方式的处理习惯统计情况（单选）

理由 \ 人数与比例	人数	比例
习惯一：由死者户籍所在地的居委会、村委会或所在单位指定	412	46.56%
习惯二：由人民法院指定	211	23.84%
习惯三：由死者生前所在的村民小组指定	20	2.26%
习惯四：由死者生前所在单位指定	5	0.57%
习惯五：由其他亲属共同指定或者由家族中年长、德高望重的人指定	128	14.46%
习惯六：由当地公证机构指定	4	0.45%
习惯七：由当地民政部门或者其他政府部门指定	98	11.07%
习惯八：由当地福利机构指定	7	0.79%
合计	885	100.00%

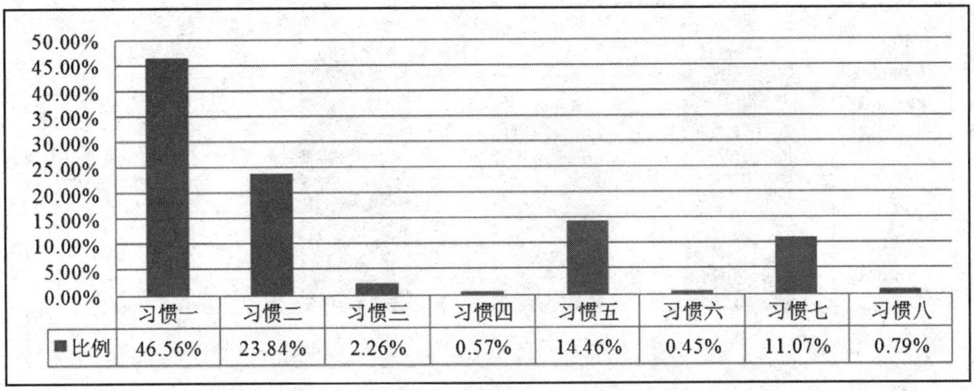

图 8-3-6　涉及无人承受遗产管理人产生方式的处理习惯统计情况（单选）

针对"您所在地区人们一般如何确定遗产管理人"即无人承受遗产管理人产生方式这一问题，在我国十省市被调查民众中，从填写了当地处理行为习惯的 885 份问卷的统计数据来看，在被调查地区对于无人承受遗产管理人产生方式的处理习惯，该处理习惯为"由死者户籍所在地的居委会、村委会或所在单位指定"的有 412 人（占 46.56%）；"由人民法院指定"的有 211 人（占 23.84%）；"由死者生前所在的村民小组指定"的有 20 人（占 2.26%）；"由死者生前所在单位指定"的有 5 人（占 0.57%）；"由其他亲属共同指定或者由家族中年长、德高望重的人指定"的有 128 人（占 14.46%）；"由当地公证机构指定"的有 4 人（占 0.45%）；"由当地民政部门或者其他政府部门指定"的有 98 人（占 11.07%）；"由当地福利机构指定"的有 7 人（占 0.79%）。由此可见，在我国社会现实生活中，十省市被调查者所在地区无人承受遗产管理人产生方式的处理习惯多种多样，但主要还是“由死者户籍所在地的居委会、村委会或所在单位指定”。

4. 涉及无人承受遗产酌情分配请求权主体的调查统计情况

问题【八、(四)】“您认为下列哪些人可以酌情分得无人继承的遗产？A. 依靠死者扶养的人；B. 与死者共同生活的人；C. 与死者有密切联系且对其帮助较多的人；D. 其他＿＿＿＿＿（填写您认为其他适当人选）（多选）。在您所在地区，一般是如何分配此类遗产的？”

(1) 涉及无人承受遗产酌情分配请求权主体的调查统计情况。

表 8-3-7　涉及无人承受遗产酌情分配请求权主体的调查统计情况（多选）

理由 \ 人数与比例	人数	比例
A. 依靠死者扶养的人	3694	72.65%
B. 与死者共同生活的人	3136	61.67%
C. 与死者有密切联系且对其帮助较多的人	3821	75.14%
D. 其他（填写您认为其他适当人选）	149	2.93%

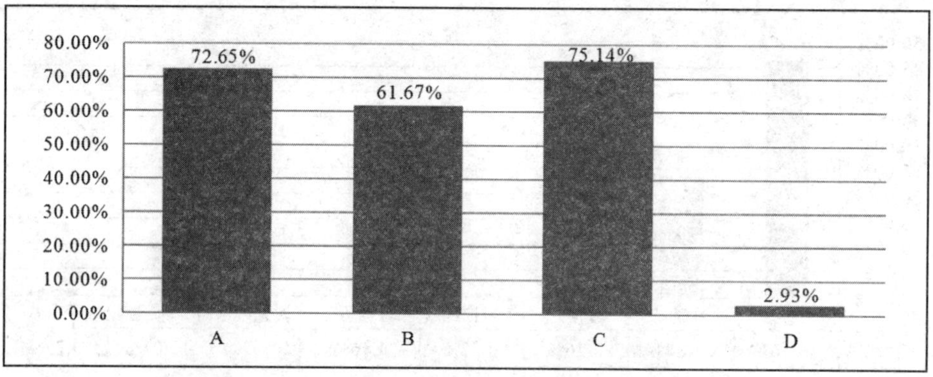

图 8-3-7　涉及无人承受遗产酌情分配请求权主体的调查统计情况（多选）

统计结果显示，对于无人承受遗产之酌情分配请求主体，在我国十省市被调查民众中，选择“A. 依靠死者扶养的人”的有 3694 人（占 72.65%）；选择“B. 与死者共同生活的人”的有 3136 人（占 61.67%）；选择“C. 与死者有密切联系且对其帮助较多的人”的有 3821 人（占 75.14%）；选择“D. 其他（填写您认为其他适当人选）”的有 149 人（占 2.93%）。由此可见，在被调查民众的观念中，对“依靠死者扶养的人”“与死者共同生活的人”“与死者有密切联系且对其帮助较多的人”作为酌情分得无人承受遗产的请求权主体的认同度都较高，且认同程度由高到低的分别是：“与死者有密切联系且对其帮助较多的人”“依靠死者扶养的人”“与死者共同生活的人”。而将“其他适当人选”作为酌情分得的其他主体，选择比例较小，但也反映出被调查民众主张扩大酌情分配请求权主体范围的意向。

（2）涉及无人承受遗产之酌情分配请求主体的处理习惯统计情况。

表 8-3-8　涉及无人承受遗产之酌情分配请求主体的处理习惯统计情况（单选）

理由 \ 人数与比例	人数	比例
习惯一：可酌情分配给赡养过死者的人	69	10.99%
习惯二：可酌情分配给与死者有密切联系且对其帮助较多的人	221	35.19%
习惯三：可酌情分配给与死者共同生活的人	108	17.20%
习惯四：可酌情分配给依靠死者扶养的人	125	19.90%
习惯五：可酌情分配给不是继承人的其他亲戚	105	16.72%
合计	628	100%

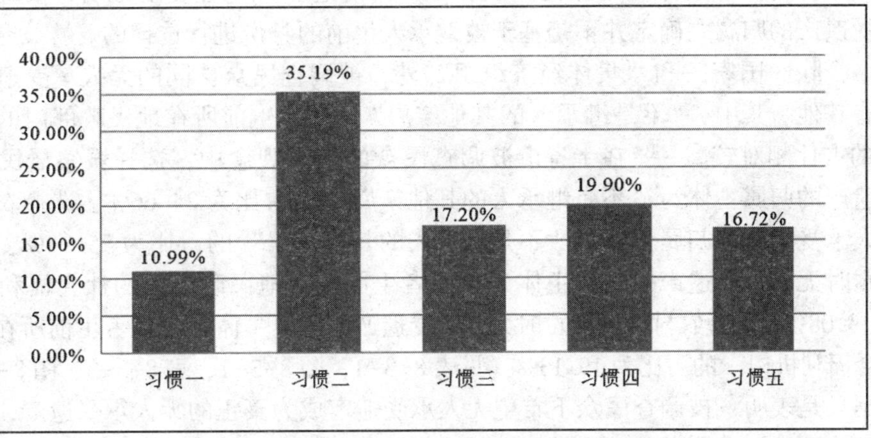

图 8-3-8　涉及无人承受遗产之酌情分配请求主体的处理习惯统计情况（单选）

针对“在您所在地区一般是如何分配此类遗产的”这一问题，在我国十省市被调查民众中，从填写了“无人承受遗产之酌情分配请求主体的处理习惯”的统计数据来看，在填写了此问题的628位被调查者中，“可酌情分配给与死者有密切联系且对其帮助较多的人”的处理习惯最普遍，其选择的总人数有221人（占35.19%）；“可酌情分配给依靠死者扶养的人”的处理习惯次之，其选择的总人数有125人（占19.90%）；“可酌情分配给与死者共同生活的人”的处理习惯居第三，其选择的总人数有108人（占17.20%）；“可酌情分配给不是继承人的其他亲戚”的处理习惯居第四，其选择的总人数有105人（占16.72%）；“可酌情分配给赡养过死者的人”的处理习惯居第五，其选择的总人数有69人（占10.99%）。由上述统计数据分析可见，在被调查地区，以上可参与无人承受遗产酌情分配请求的主体范围比我国《继承法》第14条的范围大，并且除“可酌情分配给与死者有密切联系且对其帮助较多的人”占三成半以上为最高占比外，其余各种处理行为的习惯做法的占比在10%—20%，相差都不大。

（二）涉及无人承受遗产的我国民众观念和处理习惯的分析

1. 我国无人承受遗产归属主体规定与被调查民众观念及处理习惯的分析

我国《继承法》以公有制为基础确定无人承受遗产的归属主体，并根据被继承人的生前身份不同，分别规定“国家”与“集体所有制组织”作为无人承受遗产的最终归属主体。此次实证调查结果也显示，选择城镇居民死亡时无人承受遗产的归属主体为“国家”的占比为34.38%；选择农村居民死亡时无人承受遗产的归属主体为“国家/国库”的占比合计为21.52%；选择农村居民死亡时无人承受遗产的归属主体为“集体经济组织”的占比为9.97%（见表8-3-1、图8-3-1、表8-3-3、图8-3-3）。也就是说，选择“国家”作为归属主体的占比较高，我国十省市被调查民众的观念中都认同无人承受遗产归“公”的做法。虽然这些被调查民众都认同无人承受遗产归“公”的做法，但这归“公”的观念与我国《继承法》第32条的规定还是存在一定的差异，主要体现在以下几个方面：

第一，相比与“国家”这一归属主体的选择比例，我国十省市被调查民众对“集体经济组织”作为归属主体的选择比例仅有9.97%。这在一定程度上说明，被调查民众对无人承受遗产的归属之确定并不是基于被继承人生前的身份进行选择的。

第二，除“国家”和“集体经济组织”外，被调查民众认同的无人承受遗产之归属主体尚有其他。其中，“不是继承人的其他亲属”“死者生前所在地民政部门的社会福利机构”的占比相对较高——在十省市被调查民众的继承观念中，选择城镇居民死亡时无人承受遗产的归属主体为“不是继承人的其他亲属”的占比为24.66%，选择农村居民死亡时无人承受遗产的归属主体为“不是继承人的其他亲属”的占比为25.98%，选择城镇居民死亡时无人承受遗产的归属主体为“死者生前所在地民政部门的社会福利机构”的占比为19.08%，选择农村居民死亡时无人承受遗产的归属主体为“死者生前所在地民政部门的社会福利机构”的占比为19.13%（见表8-3-1、图8-3-1、表8-3-3、图8-3-3）。但这些数据只是表明，被调查民众不希望无人承受遗产成为真正的无人承受遗产，而希望适当扩大酌分请求权人范围。事实上，我国十省市被调查民众的这种“朴素愿望”终究不太可能实现，现实中无人承受遗产的情形仍会出现，何况法律也不能穷尽遗产酌分请求权人范围（当然，这个范围是确定无人承受遗产归属须前置处理的问题）。

第三，在确定无人承受遗产归属之观念的理由上，除前述三项暂且忽略的数据外，我国十省市被调查民众考虑更多的是如何以社会公益的方式公平地确定无人承受遗产的归属。例如，当城镇居民死亡后出现无人承受其遗产时，我国十省市被调查民众（按占比从高到低依次排序）有664人（占35.39%）选择“国家”的理由是“规范财产秩序”；357人（占19.03%）选择“死者生前所在地民政部门的社会福利机构”的理由是“具有公益性质，能有效发挥其价值”；171人（占9.12%）选择“死者生前所在地的国库”的理由是“有利于遗产的清算、管理和利用”；72人（占3.84%）选择“死者生前所在的居委会”的理由是“符合民众的习俗观念，且有利于当地的发展”（见表8-3-2、图8-3-2）。当农村居民死亡后出现无人承受其遗产时，我国十省市被调查民众（按占比从高到低依次排序）中有235人（占14.25%）选择“死者生前所在的村委会”的理由是“符合民众的习俗观念，且有利于当地的发展”；210人（占12.74%）选择“归属于国家”的主要理由是“归属于国家，符合法律规定，更公正合理”；140人（占8.49%）选择“死者生前所在地民政部门的社会福利机构”的理由是“具有公益性质，能有效发挥其价值”；88人（占5.34%）选择“死者生前所在地的国库”的理由是“更公正合理”（见表8-3-4、图8-3-4）。总之，对于无人承受遗产的归属问题，我国十省市被调查民众选择比例最高的是“国家/国库”与“社会福利机构”，他们所给出的主要选择理由不是依据公共所有的划分，也不是依据被继承人的生前身份，而是依据社会公益。

2. 我国无人承受遗产管理人产生方式与被调查民众观念及处理习惯的分析

我国《继承法》对无人承受遗产管理人的选任没有明文规定，但为了更好地维护无人承受遗产相关人的权益，在没有对无人承受遗产的归属确定之前，选任遗产管理人是十分必要的。此次我国十省市实证调研的统计数据显示，被调查民众对这一问题比较认同的选任方式是“由死者户籍所在地的居委会、村委会或所在单位指定遗产管理人”，总体选择比例达到49.95%（见表8-3-5、图8-3-5）。这表明，被调查民众中近五成的人都认同对无人承受遗产管理人须进行选任，此次被调查民众的处理观念对我国就此立法也有参考价值。

3. 我国无人承受遗产酌情分配制度与被调查民众观念及处理习惯的分析

我国《执行继承法的意见》第31条规定：“依继承法第十四条规定可以分给适当遗产的人，分给他们遗产时，按具体情况可多于或少于继承人。”我国《执行继承法的意见》第57条规定：“遗产因无人继承收归国家或集体组织所有时，按继承法第十四条规定可以分给遗产的人提出取得遗产的要求，人民法院应视情况适当分给遗产。”这是我国对无人承受遗产酌情分配份额的法律依据。此次调查的统计数据显示，我国十省市被调查民众对我国《继承法》第14条的规定具有很高的认同度，选择对“依靠死者扶养的人”（占72.65%）、“与死者有密切联系且对其帮助较多的人”（占75.14%）的比例都较高，总体统计数据都达到七成以上（见表8-3-7、图8-3-7）。但统计数据显示，被调查民众对可酌情分得无人承受遗产的请求权主体的处理观念与我国现有立法规定，还存在以下两个不同之处：

其一，主体范围的不同。除我国《继承法》第14条规定的两种人以外，现实生活中还可能有其他与被继承人生活有密切关系的人。统计数据显示，被调查民众中选择“与死者共同生活的人”的总体占比已超过六成（占61.67%），即认同“与死者共同生活的人”可以成为无人承受遗产的酌情分得请求权主体（见表8-3-7、图8-3-7）。这说明在被调查民众的观念中，相比于现行立法而言，可酌情分得无人承受遗产的请求权主体范围应当适当扩大。

其二，限制条件的不同。我国《继承法》第14条规定的“继承人以外的依靠被继承人扶养的人”还必须符合“缺乏劳动能力又没有生活来源”的条件。只有同时满足“双缺”条件，才能作为酌情分得遗产的请求权主体。这种限制条件较为严格。本次调查结果显示，在我国十省市被调查者的观念中，可参与酌情分得遗产的请求权主体并不需要具备“缺乏劳动能力又没有生活来源”的法定条件。也就是说，在被调查者的观念中，相比于现行立法而言，可酌情分得无人承受遗产的请求权主体的限制条件应当适当放宽。

三、无人承受遗产的我国司法实践案例的考察与评析

在我国最高人民法院“中国裁判文书网”，我们根据法院判案依据（我国《继承法》

第32条的条文内容)，搜索关键词“无人继承又无人受遗赠的遗产”，截至2018年9月9日，共检索到157个案例。[①] 以下选取一些代表性案例进行分析研究，以为我国无人承受遗产制度的立法完善提供借鉴。

(一) 涉及无人承受遗产的我国司法实践案例考察

1. 涉及城镇居民无人承受遗产归属主体的案例 (案例一)

(1) 主要案情简介。

周某因病于2013年4月15日去世，留有位于××市××区某镇某小区×幢×单元的房屋一套，但周某无法定继承人。2013年4月15日，被告××市××区××镇××村××合作社将上述房屋卖给原告吴某，收取了房款50000元。后因该房屋的权属问题发生争议，吴某提起诉讼，要求：第一，确认位于××市××区某镇某小区×幢×单元的房屋归原告所有；第二，要求被告协助办理该房屋的办证手续。法院经审查认为，根据我国《继承法》的规定，无人继承又无人受遗赠的遗产，归国家所有；死者生前是集体所有制组织成员的，归所在集体所有制组织所有。本案中，周某原来虽系被告的社员，但在去世前早已转为城镇户口，丧失了被告的社员资格，故其去世后留有的遗产不能归被告所有。被告将周某留有的房屋出售给原告并收取了房款，因其无权处分该房屋，原告并不因此取得该房屋的所有权，被告也无法协助原告办理该房屋的办证手续。故对于原告的诉讼请求，法院作出了不予支持的判决。[②]

(2) 适用法律评析。

本案涉及的是城镇居民无人承受遗产的归属问题。周某原本为××市××区××镇××村××合作社的社员，但因政府征地转为城镇居民，其身份的变化导致其无人承受遗产的归属主体发生变化。周某的身份认定是本案的焦点。依据我国《继承法》第32条的规定，无人继承又无人受遗赠的遗产，归国家所有；死者生前是集体所有制组织成员的，归所在集体所有制组织所有。因此，周某的遗产应归国家所有，所以被告对其遗产进行处分的行为属于无权处分，法院的判决符合法律规定。但是本案原告的合法权益却没有得到很好的维护，周某身份的变更具有一定的非公开性和被迫性，原告基于合理的信任，相信周某的遗产依据法律规定应归属于××市××区××镇××村××合作社，并基于此进行了交易。被继承人的生前身份因征地发生变更之事，原告并不知晓，故其与该合作社进行属于无人继承遗产之房屋的买卖活动，该交易却因死者生前身份的变更而导致无效，这对于原告而言显然有失公平。因此，以被继承人的生前身份作为无人承受遗产归属依据的规定，确有检讨之处。

2. 涉及农村居民无人承受遗产归属主体的案例 (案例二)

(1) 主要案情简介。

李某（已死亡）于1949年12月30日出生，李某生前住在××市乙镇戊村。李某于

---

① 中国裁判文书网：载 http://wenshu. court. gov. cn/list/list/? sorttype=1&number=R3L6A4KC&guid=4c839275-5364-d6682a3f-10f78b89160d&conditions=searchWord+QWJS+++%E5%85%A8%E6%96%87%E6%A3%80%E7%B4%A2:%E6%97%A0%E4%BA%BA%E7%BB%A7%E6%89%BF%E5%8F%88%E6%97%A0%E4%BA%BA%E5%8F%97%E9%81%97%E8%B5%A0%E7%9A%84%E9%81%97%E4%BA%A7，最后访问时间：2018年9月9日。

② 中国裁判文书网：（2014）沙法民初字第06536号一审民事判决书，载 http://wenshu. court. gov. cn/content/content? DocID=59a34c3e-a2e7-446b-ae03-e2afadd99865，最后访问时间：2018年9月9日。

2014 年 12 月 2 日因衰老死亡。李某死亡后留有存款共计 105905.4 元。存款仍在银行储蓄，存折由戊村保管。李某甲于 1941 年 5 月 8 日出生，住丙村。李某甲主张其与李某生前是养姐弟关系，其是李某的继承人，因而向法院提起诉讼，请求确认李某甲是李某唯一合法的继承人，并要求戊村返还李某名下所有财产给李某甲。一审法院经审理认为，李某甲提供的兄妹关系《证明》与其他证据并无关联性，无法形成证据链，“证明人”也未出庭作证，属于孤证；而戊村提供的证明之证明人虽然属于戊村成员，但部分证明人已出庭作证，且均作证称李某生前无兄弟姐妹等亲属，属于“五保”对象；戊村的证据之证明力明显大于李某甲提供的证据的证明力。因此，李某甲请求确认其是李某唯一合法的继承人诉讼请求，一审法院不予支持。鉴于李某甲无证据佐证其对李某生前进行了扶养较多的行为，一审法院判决李某的遗产存款 105905.4 元归戊村所有。二审法院审理后维持原判决。①

（2）适用法律评析。

本案中，戊村要取得李某的遗产，需要厘定两个法律事实：一是农村“五保”供养是否属于遗赠扶养协议的一种；二是李某是否无继承人也无受遗赠人。这两者任何一个成立，都可以导致戊村最终取得李某的遗产。在我国，农村“五保”供养，是我国农村依照《农村五保供养工作条例》规定对丧失劳动能力和生活没有依靠的老、弱、孤、寡、残的农民实行保吃、保穿、保住、保医、保葬的一种社会救助制度。我国《执行继承法的意见》第 55 条规定：“集体组织对‘五保户’实行‘五保’时，双方有扶养协议的，按协议处理；没有扶养协议，死者有遗嘱继承人或法定继承人要求继承的，按遗嘱继承或法定继承处理，但集体组织有权要求扣回‘五保’费用。”本案中，李某生前既无遗嘱也没有签订遗赠扶养协议，因此不具有适用我国《执行继承法的意见》第 55 条之可能。根据我国《继承法》第 32 条的规定，本案适用法律正确。这里要特别探讨的是李某生前“五保”供养的经费渠道问题。1994 年 1 月，国务院公布施行《农村五保供养工作条例》，其供养标准为当地村民一般生活水平，所需经费和实物，从村提留或者乡统筹费中列支。1997 年 3 月，民政部颁布《农村敬老院管理暂行办法》，规范了农村敬老院建设、管理和供养服务。这两项法规规章的出台，标志着我国农村“五保”供养工作开始走上规范化、法制化的管理轨道。但 2000 年以来，随着我国农村税费改革试点工作的推进，农村“五保”供养资金渠道随之调整。取消农业税及附加税后，“五保”供养经费又调整为主要从上级财政转移支付和地方各级财政预算中安排。因此，在当下“五保”供养经费来源已改变的情况下，再据我国《执行继承法的意见》第 55 条适用处理“五保”户的遗产问题可能不合时宜。按照权利义务对等的要求，特别是当前农村社会养老改革的新情况，对于农村出现的无人承受遗产之归属主体是否应当采取不同于我国《继承法》第 32 条的处理模式呢？这确实值得进一步探讨（详见后文立法建议）。

3. 涉及无人承受遗产的管理人的案例（案例三）

（1）主要案情简介。

被继承人姜某生前与毕某存在债权债务关系，姜某去世时，对毕某的债务没有还清，

① 中国裁判文书网：（2016）粤 17 民终 95 号二审民事判决书，载 http：//wenshu.court.gov.cn/content/content?DocID=019c19c9-f1eb-4bac-a3d6-8c3ebd5e7a57，最后访问时间：2018 年 9 月 9 日。

毕某遂对姜某的法定继承人姜某甲、姜某乙、孙某提起诉讼，要求他们偿还债务。在一审审理期间，姜某甲、姜某乙、孙某向一审法院提出声明放弃对被继承人姜某的遗产继承权。据此，一审法院认为，案件被告已不适格，故裁定驳回毕某的起诉。毕某不服一审裁定，提起上诉，请求撤销裁定，追加××住房管理公积金中心作为本案的被告，用被继承人姜某的遗产清偿债务，判令毕某对被继承人在××住房公积金管理中心的58970元享有质权并优先受偿。二审法院认为，本案继承人姜某甲、姜某乙、孙某放弃继承与法定义务没有关联，姜某甲、姜某乙、孙某有权放弃继承，继承人放弃继承的效力追溯到继承开始时即被继承人姜某死亡之日，因此一审认定三继承人并非本案适格的被告并无不当。至于追加被告是否合适的问题，二审法院认为，××公积金管理中心亦非拥有被继承人遗产的相关权利人，原审不予追加××公积金管理中心作为被告，并无不当，毕某可另行主张权利。因此，二审法院裁定驳回上诉，维持原裁定。① 毕某不服，申请再审。再审法院认为，现三被申请人已向一审法院出具放弃继承的书面声明，故原审认定毕某已无权向三被申请人主张权利，三被申请人并非本案适格主体，并无不当。再审法院遂驳回毕某的再审申请。②

（2）适用法律评析。

本案涉及两个问题。第一个问题是无人承受遗产的认定。本案中姜某的所有继承人都放弃了继承权，姜某生前又未设立遗嘱或存在其他遗赠行为，因此，姜某的遗产无人继承又无人受遗赠，属于无人承受的遗产。但法院将其认定为“无主财产”，实际上是对“无人承受遗产”与“无主财产”概念的混淆。而“无主财产”强调的是不存在所有人或者所有人有无不明，其与无人继承遗产的范围有所交叉，但并不一致。其中主要的区别就是无人承受的遗产是可以遗产为限清偿债务的，而无主财产仅仅是积极的利益，而不包括债务。由此可见，司法实践中有必要明确“无人承受遗产”的概念。第二个问题是××住房管理公积金中心的法律地位。被继承人有58970元在××住房公积金管理中心，实际上××住房公积金管理中心就是本案的遗产管理人。由于我国欠缺无人承受的遗产管理人的规定，司法实践中对无人承受遗产管理人的职责没有相对应的法律依据，故本案三级法院只是简单地以“××公积金管理中心亦非拥有被继承人遗产的相关权利人”驳回原告的诉求。这一理由不够妥当。因此，在我国“中国民法典·继承编”的编纂中，有必要增补无人承受遗产管理人的规定。

4. 涉及无人承受遗产酌情分配的案例（案例四）

（1）主要案情简介。

被继承人陈甲于1917年9月6日出生，为香港特别行政区永久性居民。陈甲与何乙结婚，但没有生育、收养子女，何乙于1952年死亡。陈甲的父母及祖父母均早于其死亡，陈甲没有兄弟姐妹。何某某是陈甲的堂侄，二人是婶侄关系。陈甲自1992年长期在××村定居直到终老，其间多由何某某照顾，陈甲于1996年3月26日死亡，其丧葬事宜也由何某某处理。陈甲死亡时有遗产位于××区××镇××村（旧址）的房屋一间。2016年10月21

---

① 中国裁判文书网：（2016）浙05民终970号二审民事裁定书，载 http://wenshu.court.gov.cn/content/content?DocID=40eab38b-f2b0-4d1b-8ff3-dc6357e45b83，最后访问时间：2018年9月9日。

② 中国裁判文书网：（2017）浙民申456号申诉、申请民事裁定书，载 http://wenshu.court.gov.cn/content/content？DocID=eb033080-2828-4c16-9e10-a82b00c1680d，最后访问时间：2018年9月9日。

日，××村村委会曾在村内张贴公示，因何某某申请继承案涉房屋，要求如有异议在公示之日起 15 日内提出，公示期满××村村委会未收到异议。何某某于 2016 年 12 月 14 日以××区××镇××村民委员会为被告提起诉讼，请求法院判令权属陈甲的坐落于××区××镇××村的房产由何某某继承。受理法院依据 2012 年《民事诉讼法》第 33 条第 3 项和《涉外民事关系法律适用法》第 35 条受理本案，经审理，认为：被继承人陈甲没有配偶子女等法定继承人，何某某提供的证据能证实其是继承人以外的对被继承人照顾扶养较多的人，依照《继承法》第 14 条的规定，何某某可分得适当的遗产，考虑陈甲所在的××村村委会已出具声明表示不对上述房屋主张权利，还有何某某其他兄弟姐妹也声明不对此主张权利，因此，陈甲上述房屋遗产本院确定由何某某分得。法院遂判决被继承人陈甲的房屋一间由原告何某某分得所有。①

（2）适用法律评析。

本案原告何某某的诉求是继承被继承人的一套房产，但基于我国《继承法》的相关规定，何某某与被继承人陈甲属于婶侄关系，不具备法定继承人的资格，不享有该房产的继承权。本案的受理法院根据我国《继承法》第 14 条，以酌情分得的方式判决该房产由原告何某某分得所有，但前提是本可主张权利的××村村委会放弃了权利。可以肯定的是，以酌情分得的方式处理遗产，既保护了与被继承人有密切关系的人的合法权益，又实现了遗产的扶养或补偿功能。但本案的这一判决反映了两个问题：一是无人承受遗产的可酌情分得主体的范围问题。我国《继承法》仅规定了两种人，而本案中的何某某（继承人以外的对被继承人照顾扶养较多的人）是第 14 条规定的主体之一。但实践中除第 14 条规定的这两种人外，可能还有其他与被继承人生活有密切关系的人。法律应该从保护自然人私有财产权和实现遗产的扶养功能出发，使这些财产尽量归于与遗产有利害关系的人所有。二是酌情分得的份额问题。本案中被继承人遗留的房产由何某某全部分得，其前提是没有其他权利主体提出权利诉求。在现实社会生活中，实践毕竟是复杂的。在有数名酌分请求权人并存的情况下，他们酌情分得的份额如何确定？是仅仅依据与被继承人的密切联系程度，还是要结合权利与义务相结合的原则？这些都是我国酌情分得遗产制度的立法完善需要考虑的问题。

（二）无人承受遗产的我国司法实践评析

1. 我国无人承受遗产制度的司法实践中反映的合理之处

无人承受遗产制度是继承法律制度的重要组成部分，它涉及遗产权利人利益的保护和社会公共利益的维护。上述四个案例的审理依据并无不妥，基本上能实现遗产权利人利益的保护和社会公共利益的维护之目的。这是今后立法仍需坚持的基点。

2. 我国无人承受遗产制度的司法实践中存在的问题

我国《继承法》第 32 条依据被继承人生前的不同身份，区别确定无人承受遗产的最终归属主体，在实践中确实存在一定的问题。因为被继承人的身份并不是一成不变的，可能会因为户籍政策的变更、城乡规划的变化、征地等因素发生变化。根据中国共产党十九大报告的要求，2018 年农村土地确权后，全面取消农业户口，城镇户口和农村户口的二

① 中国裁判文书网：（2016）粤 0606 民初 21376 号一审民事判决书，载 http://wenshu.court.gov.cn/content/content?DocID=cd6f7c32-b8bb-4094-9cfb-a751008eb2dd，最后访问时间：2018 年 9 月 9 日。

元区分从此成为历史，也没有了城里人和农村人的区别叫法，城乡居民统一登记为居民户口，体现户籍制度的人口登记管理功能。因此，再以被继承人生前身份来确定无人承受遗产的最终归属，目前已无政策性制度支撑。另外，司法实践中存在的问题尚有其他。如前所述，由于我国欠缺无人承受遗产管理人的规定，司法实践中对无人承受遗产管理人的职责没有认定的法律依据；同时，酌分请求权主体和酌分份额问题也是亟待解决的。

综上所述，通过对无人承受遗产制度的我国立法现状考察，通过我国十省市被调查民众对无人承受遗产制度的认识观念和处理习惯的实证调查数据的分析，以及对我国司法实践案例适用法律情况的评析，我们认为，我国立法在“实现遗产权利人利益的保护和社会公共利益的维护之目的”这一理念上仍需坚持，并且需要在无人承受遗产的最终归属及其处理程序上予以贯彻、改进。如前所述，本次调查发现，我国十省市被调查民众考虑更多的是如何以有利于发展社会公益的方式公平地确定无人承受遗产的归属；被调查民众比较认同的遗产管理人选任方式是由死者户籍所在地的居委会、村委会或所在单位指定遗产管理人，并且认同无人承受遗产酌情分配请求权的主体范围应当适当扩大等。这些有关无人承受遗产制度的我国民众观念和处理习惯，有的需要在立法时考虑吸收，有的需要运用立法予以引导。如此这样，才能更好地实现我国无人承受遗产制度的功能，保护相关遗产权利人的合法权益，维护交易安全和促进社会经济发展，从而实现该制度的立法目的。

第四节　无人承受遗产制度之我国立法的学者观点与评析

本节以我国学者分别主持撰写的我国继承法学者建议稿，包括梁慧星等学者建议稿（“梁稿”）、徐国栋等学者建议稿（“徐稿”）、王利明等学者建议稿（“王稿”）、张玉敏等学者建议稿（“张稿”）、陈苇等学者建议稿（“陈稿”）、杨立新等学者建议稿（“杨稿”）[①] 中有关无人承受遗产制度的立法建议为例，阐释我国学者关于无人承受遗产制度的主要观点，进而在梳理我国诸部继承法学者建议稿对于无人承受遗产制度的学术观点异同之基础上，对其学术观点进行比较评析。

一、无人承受遗产的界定之我国立法的学者观点与评析

（一）无人承受遗产的界定之我国立法的学者观点

1. 梁慧星等学者建议稿的主要观点

无人承受的遗产，是指没有继承人或受遗赠人承受的遗产。无人承受的遗产主要包括：没有法定继承人、遗嘱继承人和受遗赠人的遗产；法定继承人、遗嘱继承人全部放弃继承，受遗赠人全部放弃遗赠的遗产；法定继承人、遗嘱继承人全部丧失继承权，受遗赠人全部丧失受遗赠权的遗产。[②]

2. 徐国栋等学者建议稿的主要观点

无人承受的遗产，是指被继承人死亡后经 4 年仍无人主张继承权，且财产保佐人清偿

---

① 在第一章第一节对于遗产管理制度的比较研究法的阐述中，我们已经分别注释说明这六部继承法学者建议稿的出处以及各学者建议稿在本书中的简称，此处不重复注释。

② “梁稿”第 2029 条。

遗产债务和遗赠后的剩余财产。①

3. 王利明等学者建议稿的主要观点

无人承受的遗产，是指催促继承人、受遗赠人、债权人等其他利害关系人主张权利的公告（为期60天）期满，无继承人承认继承时，于清偿债务并交付遗赠物之后的剩余财产。②

4. 张玉敏等学者建议稿的主要观点

无人继承的遗产，是指被继承人无法定继承人也无遗嘱继承人，或者继承人均放弃继承权或丧失继承权的，其财产为无人继承的财产。③

5. 陈苇等学者建议稿的主要观点

无人承受的遗产，是指在被继承人死亡时，经公告程序，无继承人或受遗赠人、或继承人不明的财产；已知的继承人放弃或丧失继承权的财产；已知的受遗赠人放弃或丧失受遗赠权的财产。④

6. 杨立新等学者建议稿的主要观点

无人承受的遗产，是指无人继承又无人受遗赠的遗产。⑤

（二）无人承受遗产的界定之我国立法的学者观点与评析

1. 诸学者建议稿的共同点

通过比较，上述建议稿对无人承受遗产的界定存在以下相同点：（1）继承人是确定不存在的。这点与前述大陆法系和英美法系国家的立法例相似，即强调无人承受遗产的界定前提是不存在继承人，但不同的是我国学者建议稿都明确强调“无继承人”即为没有法定继承人和遗嘱继承人。（2）无人受遗赠是明确的。除“张稿”只以“无人继承”来定义“无人承受”外，其他学者建议稿都直接或间接地指出无人承受的遗产包括无人受遗赠的遗产。“梁稿”“陈稿”“杨稿”直接指明了无人受遗赠之情形，而“王稿”“徐稿”则以“剩余财产”中再无受遗赠财产来间接表示再“无人受遗赠”。

法律概念的存在有利于使人们正确地理解和运用法律规则，因此厘清某一法律概念的含义具有重大意义。鉴于“无人承受遗产”这一概念贯穿着整个无人承受遗产制度，假若对无人承受遗产的含义都不甚清楚，就有可能导致无人承受遗产制度的理解与适用的混乱。从立法目的来看，如前所述，无人承受遗产制度的立法宗旨是，公平地保护继承人、受遗赠人、与被继承人有特殊关系者（继承人以外的依靠被继承人扶养的缺乏劳动能力又没有生活来源的人、继承人以外的对被继承人扶养较多的人）及遗产债权人等各方的合法利益。这要求既要保障遗产相关权利者的利益，又要保障遗产债权人的合法权益，从而使后者不致因继承人与受遗赠人的缺失、放弃承受遗产等原因而遭受损害。从前述国外立法看，将清偿债务后的剩余财产归属于国家（国库）所有，这是众多国家的立法通例。我们认为，将“无人承受遗产”定义为“无人继承又无受遗赠”的遗产，不够严谨。借鉴“王稿”“徐稿”的定义，无人承受的遗产除应明确无人继承、无人受遗赠外，还应明

① “徐稿”第一分编第238、239条。

② “王稿”第662、666条。

③ “张稿”第71条。

④ “陈稿”第82条。

⑤ “杨稿”第94条。

确这种遗产是经清偿债务以及酌分遗产给请求权人之后的剩余财产。因此，就无人承受遗产的界定而言，也需要对其进行较为精细的定义，以明确其内涵与外延。

2. 诸学者建议稿的不同点

通过比较，上述建议稿对无人承受遗产的界定主要存在以下不同点：(1) 在是否需要“经公告”有所不同。“王稿”与“陈稿”在对“无人承受遗产”的界定上都有“经公告后”的表述，而“梁稿”“徐稿”“张稿”“杨稿”未作表述，显示了在“无人承受遗产”进行概念界定时要不要加入“处理程序”的表达区别。“无人承受遗产”的处理程序是确定“无人承受遗产”的必经过程，综观域外立法，无论是直接继承主义立法例还是间接继承主义立法例，都有“经公告后”的表述，这样可使“无人承受遗产”的概念界定更加准确。因此，我们认为，在对“无人承受遗产”的概念进行界定时，应加入“经公告后”的表述为宜。(2)“无人承受”情形的涵盖面有所不同。对于无人承受遗产概念之含义，综合上述学者建议稿，主要有四种观点：一是认为，无人继承的遗产是指自然人死亡后，没有法定继承人又无遗嘱继承人，或全部继承人都放弃继承权或丧失继承权，其遗产即为无人继承的财产。① 二是认为，无人继承的遗产是指自然人死亡后，没有法定继承人又无遗嘱继承人与受遗赠人，或者其全部继承人都表示放弃继承，受遗赠人表示不接受遗赠，则死者的遗产即属于无人继承的遗产。三是认为，无人继承的遗产是指没有继承人或受遗赠人承受的遗产。没有法定继承人、遗嘱继承人和受遗赠人的遗产；法定继承人、遗嘱继承人全部放弃继承，受遗赠人全部放弃遗赠的遗产；法定继承人、遗嘱继承人全部丧失继承权，受遗赠人全部丧失受遗赠权的遗产。② 四是认为，无人承受的遗产是指被继承人死亡后，在法定期限内没有人接受继承又没有人受领遗赠的遗产。所谓没有人接受继承的情况主要包括两种情况：没有法定继承人和遗嘱继承人；虽有法定继承人和遗嘱继承人，但他们全部放弃继承权或者丧失继承权。所谓没有人受领遗赠的情况主要包括四种情况：被继承人生前未以遗嘱设立遗赠；虽已用遗嘱设立遗赠，但遗嘱无效；受遗赠人全部放弃或者被人民法院取消了受遗赠权；被继承人生前未订立遗赠扶养协议。③ 前述四种关于无人承受遗产含义的观点，第一种观点没有概括无人受领遗赠等情形；第二种观点没有概括遗嘱无效、继承权丧失等情形；第三种观点没有规定法定期限。比较而言，第四种观点较为准确、全面地概括了无人继承的遗产的情形，④ 但仍不全面（见上文分析）。

在立法目的上，无人承受遗产的界定包含了继承人与受遗赠人缺失、放弃承受遗产、丧失继承权及丧失受遗赠权的遗产处理等情形。如前所述，当继承人与受遗赠人根据该遗产的各方面实际情况而作出放弃承受遗产的决定时，无人承受遗产制度对此予以承认，这有利于尊重继承人与受遗赠人的意思自治，并实现保护遗产相关权利人合法利益的功能，彰显法律的自有价值和公平价值。无人承受遗产的界定因前述采取的立法主义的不同而有异。前述两大法系国家立法对于无人承受遗产的界定采取不同的继承主义。我们认为，采取当然继承主义的立法更为简捷高效。如前所述，无人承受遗产的界定还取决于是否存在

---

① “张稿”第71条。

② “梁稿”第2029条。

③ 陈苇、宋豫主编：《中国大陆与港、澳、台继承法比较研究》，群众出版社2007年版，第439页。

④ 陈苇主编：《外国继承法比较与中国民法典继承编制定研究》，北京大学出版社2011年版，第646页。

搜寻继承人、债权人、受遗赠人的公示催告程序，这种运作程序对于潜在的债权人和其他利害关系人也是有利的。在当然继承主义之下，需要经过搜寻继承人、债权人、受遗赠人的公告程序后，无人继承又无人受领遗赠，经清偿遗产债务以及酌分遗产给请求权人之后剩余的财产才能被确定为无人承受的遗产；或者虽无人继承，但有人受领遗赠，且经清偿遗产债务、交付遗赠物以及酌分遗产给请求权人之后仍剩余的财产才能被确定为无人承受的遗产。根据日本立法例，前述所言“剩余财产”，应当是酌分请求权人取得遗产之后的剩余财产。我国民众观念也支持酌分遗产之行为，如选择“与死者共同生活的人”的总体占比就超过了六成（61.67%），被调查民众认同“与死者共同生活的人”有资格成为无人承受遗产的酌情分得请求权主体（见表 8-3-7、图 8-3-7）。

综上所述，我们认为，无人承受遗产的含义应该包含如下内容：引发承受遗产的法律事件、法定期限，无人承受遗产的各类情形、公告程序，公告期届满后的清偿债务、交付遗赠物以及酌分遗产之剩余财产等。

二、无人承受遗产的管理之我国立法的学者观点与评析

（一）无人承受遗产的管理之我国立法的学者观点

1. 梁慧星等学者建议稿的主要观点

（1）遗产管理人的选任。在没有继承人的情况下，须由人民法院依利害关系人的申请或自行指定管理人。①

（2）遗产管理人的职责。遗产管理人的职责主要有以下几项：一是遗产的保管。继承开始后，存有遗产的人应当妥善保管遗产，并将其存有的遗产的种类、数量和状况及时通报遗产管理人，由遗产管理人协商决定该项遗产此后的保管方式。② 二是编制遗产清单。③ 三是递交遗产清单和拒绝公示催告期间内的给付请求。遗产管理人应当于知道继承开始后 3 个月内向人民法院递交遗产清单，并由人民法院依公示催告程序催促债权人申报债权，遗产管理人在这 3 个月的公示催告期间内有权拒绝任何债权人和受遗赠人的给付请求。四是清偿遗产债务。遗产管理人应依无人承受遗产的处理程序清偿遗产债务。④ 催告期限届满后，遗产管理人应当依据已申报债权和其他已知债权的数额或比例，以遗产分别偿还。⑤

（3）遗产管理人的报酬权及法律责任。遗嘱执行人以外的人担任遗产管理人的，有权请求与其所执行职务相当的报酬，其报酬列入继承费用优先受清偿。遗产管理人对遗产债权人或者受遗赠人造成损害的，应当承担赔偿责任。⑥ 为完成管理、分割遗产及执行遗嘱而支出的继承费用优先于遗产债务清偿；因遗产管理人过失而支出的费用不属于继承费用，由有过失的遗产管理人负担。⑦

---

① “梁稿”第 2002、2029 条。
② “梁稿”第 2004 条。
③ “梁稿”第 2005 条。
④ “梁稿”第 2017、2029 条。
⑤ “梁稿”第 2004、2005、2017、2018 条。
⑥ “梁稿”第 2003、2019 条。
⑦ “梁稿”第 2024 条。

2. 徐国栋等学者建议稿的主要观点

（1）财产保佐人的选任。对待继承的遗产进行保佐者，是财产保佐人。对待继承的遗产，由法院根据利害关系人的请求或依职权指定一名保佐人。①

（2）财产保佐人的职责。财产保佐人的职责主要有以下几项：一是制作财产清单。待继承遗产的保佐人有权参与财产清单的制作；② 以国库为继承人的遗产，必须附财产清单利益地接受，③ 即国库不仅以当时实际收受的财产的价值承担责任，同时也以财产清单所涉遗产日后产生的财产承担责任。④ 二是从事看管、保存、债权受领等必要事项。待继承之遗产的保佐人应在管理中遵循监护人或保佐人应遵循的一切义务，并且除纯粹的看管、保存行为以及对其相应被代理人的债权或债务进行受领或清偿等必要行为外，禁止执行其他管理行为。⑤ 三是遗产债务清偿清算。保佐人经法院允许，可以对遗产债务进行清偿。如果债权人对遗产清单提出异议，保佐人不得进行清偿，应对遗产进行清算。⑥

（3）财产保佐人的报酬权及法律责任。待继承遗产的保佐人不得请求财产孳息的十分之一份额，法院应以其管理的财产的孳息确定一个公平的份额或由法院分配一笔确定数量的酬金。⑦ 财产保佐人因其过失、管理不当而未适当履行职责的，⑧ 或未经法院授权为受禁止行为的，应对由此遭受的一切损害承担责任。⑨

3. 王利明等学者建议稿的主要观点

（1）遗产管理人的选任。继承开始时，有无继承人不明时，由村委会或居委会作为遗产管理人。⑩

（2）遗产管理人的职责。遗产管理人的职责主要有以下几项：一是编制遗产清单、递交遗产清单并向法院申请启动公示催告程序（非诉程序）。遗产管理人应当及时清理被继承人的生前财产，编制遗产清单，并向公证机关进行公证。遗产管理人应当于知道继承开始后 3 个月内向人民法院递交遗产清单。遗产管理人应该从速申请人民法院按公示催告程序，公告通知可能存在的继承人、受遗赠人、债权人等其他利害关系人前来法院申报登记。⑪ 二是公示催告期间内为必要处分行为和拒绝给付请求。遗产管理人于公告期间届满前，可以进行遗产管理并为必要的处分，但不得对被继承人的债权人或受遗赠人，进行清偿债务或交付遗赠物。⑫ 三是清偿遗产债务和交付遗赠物，并移交剩余财产。公告期满，无继承人承认继承时，遗产管理人应当依据已申报债权和其他已知债权的数额或比例，以遗产分别偿还。⑬ 遗产管理人清偿债务并交付遗赠物后，如有剩余，无论是不动产或动

① “徐稿”第一分编第 51、225、235 条。
② “徐稿”第四分编第 350 条第 1 款。
③ “徐稿”第四分编第 345 条第 1 款。
④ “徐稿”第四分编第 352 条第 1 款。
⑤ “徐稿”第一分编第 243 条。
⑥ “徐稿”第一分编第 238 条。
⑦ “徐稿”第一分编第 292 条。
⑧ “徐稿”第一分编第 62 条。
⑨ “徐稿”第一分编第 245 条。
⑩ “王稿”第 661 条第 1 款。
⑪ “王稿”第 551 条第 1 款、652、661 条第 2 款。
⑫ “王稿”第 664 条，其第 652 条第 3 款亦有类似规定。
⑬ “王稿”第 653 条第 1 款。

产，均须转移权利给国家或集体。①

(3) 遗产管理人的报酬权及法律责任。"王稿"没有规定遗产管理人的报酬权，但规定了其法律责任。一是不当编制遗产清单的法律责任。遗产管理人须忠实、谨慎地履行遗产清单编制职责，因不当履行给遗产债权人造成损害的，遗产债权人有权要求遗产管理人承担民事责任。② 二是违反非诉程序的法律责任。遗产管理人违反公示催告期间内的职责要求，对遗产债权人和受遗赠人造成损害的，应当承担赔偿责任。③

4. 张玉敏等学者建议稿的主要观点

(1) 遗产管理人的选任。继承开始后，继承人有无不明的，被继承人居所地的居民委员会、村民委员会或其所在单位，应于继承开始后尽快报告法院，法院应其请求，应当指定遗产管理人。④

(2) 遗产管理人的职责。遗产管理人的职责主要有以下几项：一是制作遗产清单，封存被继承人的身份证件和存折、有价证券等。⑤ 二是制订遗产清算方案及债务清算。公示催告期满后，如仍无继承人承认继承，遗产管理人应制订遗产清算方案，报法院批准后执行。在上述期限内未申报并为遗产管理人所不知的债权，只能就清偿已申报债权后剩余的财产获得清偿。⑥ 三是确定遗产酌给数额。酌分遗产请求权人在继承开始后2个月内，向遗产管理人请求分给一定数量遗产的，遗产管理人应当根据请求人受被继承人扶养的程度、与被继承人的关系等因素确定分给遗产的数额。⑦ 四是移交剩余财产。遗产管理人在清偿全部遗产债务后，剩余财产无人继承时，将法院认定的无主财产上缴继承开始地的国库或被继承人生前所在的集体组织。⑧

(3) 遗产管理人的报酬权及法律责任。"张稿"未直接规定遗产管理人的报酬权及法律责任。

5. 陈苇等学者建议稿的主要观点

(1) 遗产管理人的选任。继承开始后，继承人有无不明的，被继承人住所地的居民委员会、村民委员会应在居民委员会、村民委员会成员中选任一至二人作为遗产管理人。若被继承人死亡时不在户籍所在地的，可由住所地或主要财产所在地的居委会或村委会指定居民委员会、村民委员会成员中一至二人担任遗产管理人。⑨

(2) 遗产管理人的职责。遗产管理人的职责主要有以下几项：一是编制遗产清单。遗产管理人应编制遗产清单，应有两名以上无利害关系的证人在场，遗产管理人与证人应当场在遗产清单上亲笔签名，遗产清单一式二份分别由遗产管理人和居民委员会或村民委员会分别保管。遗产清单应该完整地记载在继承开始时存在的遗产标的和遗产债务。遗产

---

① "王稿"第664条。
② "王稿"第551条第3款。
③ "王稿"第654条第1款。
④ "张稿"第24条、第67条第1、2款。
⑤ "张稿"第2条。
⑥ "张稿"第68条。
⑦ "张稿"第61条。
⑧ "张稿"第25条、第70条第1款。
⑨ "陈稿"第83条第1款。

管理人应当在被继承人死亡后一个月内完成遗产清单的编制。① 二是报告遗产状况。应遗产利害关系人的请求，遗产管理人须向其报告待继承遗产的状况。② 三是为必要处分。为保存遗产价值，遗产管理人可以处分遗产，遗产管理人的遗产处分行为，应获得居民委员会或村民委员会的书面许可。③ 三是遗产清算。公示催告继承人的为期6个月的期限届满后，如仍无继承人承认继承，遗产管理人应开始遗产清算。④ 四是交付遗产。无人承受的遗产，经清偿债务、执行遗赠后仍有剩余的，遗产管理人在取得居民委员会或村民委员会的同意后，可依具体情况将遗产的全部或部分酌情分配给酌分遗产权人，无此类人的，应当将剩余的遗产移交国家或集体组织所有。⑤

（3）遗产管理人的报酬权及法律责任。遗产管理人可视遗产的多少、管理事务的简繁，请求从遗产中获得适当的报酬。⑥ 遗产管理人对遗产应尽善良管理人的注意义务。如其违反此项注意义务，给利害关系人造成损失的，或违反法定的程序处理遗产给利害关系人造成损失的，应依法承担损害赔偿责任。⑦

6. 杨立新等学者建议稿的主要观点

（1）遗产管理人的选任。继承开始后，有无继承人不明的，或者已知的继承人、受遗赠人丧失、放弃继承权或受遗赠权的，有关人员、部门或基层组织应将情况及时通知民政部门。民政部门在接到通知后，应指定遗产管理人管理遗产。⑧

（2）遗产管理人的职责。就无人承受遗产的管理而言，遗产管理人应编制遗产清单、缴纳相关税款、接受债权申报、主张应继财产中的债权。⑨ 概括而言，遗产管理人应当勤勉谨慎地履行以下职责：一是查明被继承人是否留有遗嘱，并且确定遗嘱是否真实合法；二是查明并通知遗产承受权利人、被继承人的债权人、债务人；三是管理遗产，制作遗产清单并公证；四是清偿遗产债务；五是分割、移交遗产；六是在管理权限之内，可以采取必要的措施或通过诉讼保全遗产；七是进行与管理遗产有关的其他必要行为。⑩

（3）遗产管理人的报酬权及法律责任。“杨稿”没有规定遗产管理人的报酬权及法律责任。

（二）无人承受遗产的管理之我国立法的学者观点评析

1. 诸学者建议稿的共同点

通过比较，上述建议稿都规定了无人承受遗产的管理人选任和管理职责。在无人承认继承的情况下，前述两大法系国家均规定须依法定的条件和程序设立遗产管理人或遗产保佐人，以便及时管理和保护遗产，防止遗产被非法侵害、毁损或流失。我国学者建议稿针对我国《继承法》没有设立系统的遗产管理制度的缺陷，作出如上规定。我们认为，设

① “陈稿”第84条第1、2款。
② “陈稿”第84条第3款。
③ “陈稿”第84条第4款。
④ “陈稿”第86条。
⑤ “陈稿”第87条。
⑥ “陈稿”第84条第7款。
⑦ “陈稿”第84条第5款。
⑧ “杨稿”第91条。
⑨ “杨稿”第93条第1款。
⑩ “杨稿”第74条。

立专节规定无人承受遗产的管理制度，更有利于保护遗产债权人及利害关系人的利益，并维护将来可能出现的继承人利益或者遗产的最终归属者的利益。一旦遗产管理人选任不当，则可能对利害关系人造成难以弥补的损失。同时，也有必要对其职责加以规定，以提高无人承受遗产的处理效率，减少纠纷。

2. 诸学者建议稿的不同点

（1）遗产管理人的选任不同。关于无人承受遗产管理人的选任，上述学者建议稿体现了以下不同的观点：一是由法院指定。例如，“梁稿”主张由人民法院依利害关系人的申请或自行指定管理人；“徐稿”主张由法院根据利害关系人的请求或依职权指定一名保佐人；“张稿”主张由人民法院依居民委员会、村民委员会或其所在单位的请求而指定遗产管理人。“梁稿”“徐稿”和“张稿”的不同之处在于，前两者主张由利害关系人申请人民法院指定遗产管理人。二是由死者生前所在单位和政府民政部门结合指定。例如，“杨稿”主张由民政部门依有关人员、部门或基层组织的请求而指定遗产管理人。三是依死者生前身份确定管理人。例如，“王稿”主张由村委会或居委会担任遗产管理人；“陈稿”主张由居民委员会、村民委员会从其成员中选任一至二人作为遗产管理人。“王稿”和“陈稿”的不同之处在于：前者主张由村委会或居委会作为遗产管理人，后者主张由居民委员会、村民委员会的成员担任遗产管理人。从我国实际情况来看，由居民委员会、村民委员会的成员担任遗产管理人是较为合理的选择。既然遗产管理人的指定由被继承人住所地或主要财产所在地的居民委员会、村民委员会完成，那么其天然地就与该居民委员会、村民委员会成员有密切关联，这就为选出合格的遗产管理人奠定了基础。居民委员会、村民委员会成员与被继承人之间往往存在一定的熟人感情纽带，这就决定了选出的遗产管理人更愿意尽职尽责地管理遗产。从立法目的来看，在无人承受遗产的情况下，加强遗产管理是必须尽快完成的头等大事，但遗产管理人应当符合被继承人服务于公益之目的。从本次十省市被调查民众的观念来看，统计数据显示，在观念的理由上，被调查民众考虑更多的是如何以社会公益的方式公平地确定无人承受遗产的归属（见表 8-3-1、图 8-3-1 和表 8-3-3、图 8-3-3）。因此，“杨稿”采取由民政部门应利害关系人申请指定遗产管理人，以及“陈稿”采取由村（居）委会成员担任遗产管理人的建议，可以适应不同情况，较为适合我国实际。但我们认为，如果在摈弃我国《继承法》第 32 条依死者生前身份来确定无人承受遗产归属的做法的基础上，应将遗产管理人视为国库的代表，更有利于民政部门实行遗产管理人的职责（见后文分析）。

（2）遗产管理人的职责不同。上述学者建议稿关于遗产管理人的职责，其共同点是，都认为其职责包含编制遗产清单、清偿遗产债务、交付剩余财产等。不相同点是，“梁稿”“王稿”主张的遗产管理人职责还有递交遗产清单并拒绝公示催告期间内的给付请求；而“王稿”“陈稿”主张的遗产管理人职责还有公示催告期间内为必要处分行为。[①] 此外，“梁稿”还有保管遗产；“陈稿”还有报告遗产状况；“张稿”还有制订遗产清算方案、确定遗产酌给数额；“杨稿”还有缴纳相关税款；而“徐稿”则规定无人承受遗产的保佐人职责有制作遗产清单、管理保全遗产、受领债权、清偿债务等。我们认为，以上

① 遗产管理人的选任需要依照法定的程序进行，因此会出现遗产管理人尚未选出而遗产又因紧急情况亟待处理的情况，因此有必要规定人民法院对遗产的临时处分权。

见解若能整合，且设专节或专条规定无人承受遗产的管理人职责，则能凸显其与法定继承、遗嘱继承、遗赠等情形不同的特征。因此，在内容上，需整合以上建议的合理部分。

（3）遗产管理人的报酬权及法律责任不同。首先，诸学者建议稿对于遗产管理人是否可获得报酬的认识有所不同。“梁稿”认为，继承人和遗嘱执行人以外的人担任遗产管理人的，才有权请求获得报酬。“徐稿”没有区分事由，只限定报酬数额，其认为待继承遗产的保佐人不得请求财产孳息的十分之一份额，法院应以其管理的财产的孳息确定一个公平的份额或由法院分配一笔确定数量的酬金。“陈稿”认为，遗产管理人可视遗产的多少、管理事务的简繁，请求从遗产中获得适当的报酬。而“王稿”“张稿”“杨稿”都未规定遗产管理人的报酬权。我们认为，如前所述，在民政部门担任遗产管理人时，不宜请求获得报酬。然而，如由村（居）委会成员担任遗产管理人的，可视遗产的多寡、管理事务的简繁，请求从遗产中获得适当的报酬。其次，学者们对于遗产管理人法律责任的认识也有所不同。“梁稿”认为，遗产管理人对遗产债权人或者受遗赠人造成损害的，应当承担赔偿责任。“王稿”认为，因不当履行遗产清单编制职责给遗产债权人造成损害的，或者因违反公示催告期间内的职责要求给遗产债权人和受遗赠人造成损害的，遗产管理人应当承担赔偿责任。“徐稿”认为，财产保佐人因其过失、管理不当而未适当履行职责的，或未经法院授权为受禁止行为的，应对由此遭受的一切损害承担责任。“陈稿”认为，遗产管理人对遗产应尽注意义务，如其违反善良管理人注意义务，给利害关系人造成损失的，或违反法定的程序处理遗产给利害关系人造成损失的，应依法承担损害赔偿责任。另外，“张稿”“杨稿”没有规定遗产管理人的法律责任。我们认为，在民政部门担任遗产管理人时，无论其是故意或重大过失，还是一般过失，只要给遗产债权人及其他利害关系人造成损失的，都应承担赔偿责任；而如由村（居）委会成员管理遗产，因其重大过失造成遗产损失的，应承担赔偿责任。

三、无人承受遗产的公告程序之我国立法的学者观点与评析

（一）无人承受遗产的公告程序之我国立法的学者观点

1. 梁慧星等学者建议稿的主要观点

（1）对遗产债权的公告程序。遗产管理人应当于知道继承开始后 3 个月内向人民法院递交遗产清单，由人民法院依公示催告程序催告债权人申报债权。公示催告的期间不得少于 3 个月。遗产管理人在 3 个月的公示催告期间内，有权拒绝任何债权人和受遗赠人的给付请求。①

（2）对遗产债权人的公告效力。遗产首先应当用于清偿遗产债务。清偿遗产债务后有剩余的，方可分配遗产。遗产处理程序可能导致缺乏劳动能力又没有生活来源的继承人难以维持生活的，应当在遗产处理前为其保留维持 6 个月生活所必要的费用。② 遗产债权的公示催告期限届满后，遗产管理人应当依据已申报债权和其他已知债权的数额或比例，以遗产分别偿还。对遗产享有担保物权的债权人可以实行担保物权。对于尚未到期的遗产

① “梁稿”第 2017 条。
② “梁稿”第 2016 条。

债务或者有争议的遗产债务，遗产管理人应当在遗产分割前保留为清偿该债务所必要的财产。[①] 遗产债权人不依规定的期限申报债权，而又为遗产管理人所不知的，仅得就剩余遗产行使其权利。但就遗产享有担保物权的债权人，不在此限。[②]

2. 徐国栋等学者建议稿的主要观点

（1）待继承遗产的设立公告。如在继承开始后15天内既无人接受遗产或其中的份额，也无遗嘱执行人，法院应依利害关系人的请求或依职权宣告遗产为待继承的遗产。该宣告应被刊登于死者所在地的报刊上；住所地无报刊的，应刊登在省会的报刊上。[③]

（2）附财产清单利益的宣告。当法定继承人均缺位时，法院可以宣告作为最后顺序的继承人即国库对超出财产清单的遗产债务和遗嘱不承担责任。[④]

3. 王利明等学者建议稿的主要观点

（1）对继承人、受遗赠人、债权人的公告程序。遗产管理人应该从速申请人民法院按公示催告程序，公告通知可能存在的继承人、受遗赠人、债权人等其他利害关系人前来法院申报登记。[⑤] 人民法院决定受理申请，应在3日内发出公告，催促继承人、受遗赠人、债权人等其他利害关系人申报、登记。公示催告的期间，由人民法院根据情况决定，但不得少于60日。[⑥]

（2）对继承人、受遗赠人、债权人的公告效力。遗产管理人在公示催告期间内，得拒绝任何债权人和受遗赠人的给付请求。[⑦] 遗产债权人不在公示催告期间申报债权且不为遗产管理人所知悉，或者被继承人之受遗赠人不于公示催告期间内报明或声明者，仅得就剩余遗产，行使其权利。[⑧] 催告期届满后，无继承人承认继承时，遗产管理人应当依据已申报债权和其他已知债权的数额或比例，以遗产分别偿还。对于尚未到期的遗产债务或有争议的遗产债务，遗产管理人应当在遗产分割前保留为清偿此债务所必要的财产。[⑨]

4. 张玉敏等学者建议稿的主要观点

（1）对继承人的公示催告程序及其效力。法院在接到被继承人居所地的居民委员会、村民委员会或其所在单位的报告后，应当公示催告继承人于规定期限内主张权利。公告期限不得少于6个月。[⑩] 只有当经过搜索继承人的公告程序后，确实无继承人出现时，才能确定无人继承。此时，应由遗产管理人对遗产进行清算，并按规定制订遗产清算方案，报经法院批准后执行。[⑪]

（2）对债权人等利害关系人的公示催告程序及其效力。遗产管理人向法院提交遗产

---

① “梁稿”第2018条。
② “梁稿”第2020条。
③ “徐稿”第四分编第48条。
④ “徐稿”第四分编第498条。
⑤ “王稿”第661条第2款。
⑥ “王稿”第662条。
⑦ “王稿”第652条第3款、664条。
⑧ “王稿”第655、665条。
⑨ “王稿”第653条。
⑩ “张稿”第67条第2、3款。
⑪ “张稿”第68条第1款。

清单后，法院应按公示催告程序，催告遗产债权人申报债权。[①] 申报债权期限不得少于 6 个月。[②] 债权人在申报债权时，有权要求查阅遗产清单。债权人如果发现遗产清单遗漏了重要财产，可以提出异议。如果债权人未在规定的期限内申报债权，只能就清偿已申报债权后的剩余财产获得清偿。[③]

5. 陈苇等学者建议稿的主要观点

遗产管理人可以视遗产价值的多少，选择不予公告、在村或社区公告栏公告、在省一级报纸登报公告或申请法院公告。[④]

（1）对继承人的公告程序及其效力。法院在受理遗产管理人的公告申请后，应公示催告继承人于规定期限内主张权利。公告期为六个月，自发布公告之日起算。在公示催告期内，继承人出现并主张权利，无人承受遗产程序终止，按法定继承程序处理。[⑤]

（2）对利害关系人的公告程序及其效力。法院在受理遗产管理人的公告申请后，应公示催告遗产利害关系人于规定期限内主张权利。公告期为六个月，自发布公告之日起算。[⑥] 在公示催告期内未申报并为遗产管理人所不知的债权，只能就清偿已申报债权后剩余的财产获得清偿。受遗赠人丧失受遗赠的权利。未申报权利的继承人和享有优先权的债权人在公告的期限届满后出现的，享有继承回复请求权。[⑦]

6. 杨立新等学者建议稿的主要观点

（1）对继承人、债权人的公示催告程序及其效力。遗产管理人应当在接受指定后 10 日内发出搜寻遗产承受权利人、遗产债权人的公告，催促权利人于规定期限内主张权利。公告期限不得少于 6 个月。[⑧] 公告期满后，遗产管理人应当对死者生前债务进行清偿。有特定遗赠的受遗赠人的，应当向其交付特定遗产。有遗产酌分请求权人的，应当分给他们适当的遗产。公告期内没有申报的未知债权，只能就清偿已申报债权后剩余的遗产获得清偿。[⑨] 继承人、概括受遗赠人在遗产移交国库或集体所有制组织之前出现的，遗产管理人应当向其移交剩余的遗产、遗产清单和有关凭证，报告遗产处理情况。[⑩]

（2）遗产清算的公示催告程序及其效力。继承开始后遗产分割前，未得到清偿的债权人可以向遗产管理人或人民法院请求开始遗产清算程序。进入遗产清算程序后，遗产管理人应当通知已知的债权人，并公告通知可能存在的未知债权人。公告中规定的债权申报期不得少于 3 个月。遗产债权人未在债权申报期限内申报债权的，仅就剩余遗产行使权利，但对遗产享有担保物权的除外。遗产管理人在债权申报期限内不得分割遗产或向债权人清偿债务。[⑪]

---

① “张稿”第 18 条第 1 款。
② “张稿”第 67 条第 3 款。
③ “张稿”第 22、68 条第 2 款。
④ “陈稿”第 85 条第 1 款。
⑤ “陈稿”第 85 条第 2、3、4 款。
⑥ “陈稿”第 85 条第 2、3 款。
⑦ “陈稿”第 86 条。
⑧ “杨稿”第 92 条。
⑨ “杨稿”第 93 条第 2、3 款。
⑩ “杨稿”第 94 条第 1 款第 1 句。
⑪ “杨稿”第 81 条。

（二）无人承受遗产的公告程序之我国立法的学者观点评析

1. 诸学者建议稿的共同点

通过比较可见，上述学者建议稿都规定了针对继承人及其他遗产权利人（包括债权人、受遗赠人等）的公示催告程序。公示催告程序是搜寻继承人、受遗赠人、敦促债权人申报债权的程序，它的存在有助于保护遗产权利人的利益。我们认为，在我国无人承受遗产制度的设计中，既然需要设立遗产管理制度以全方位加强遗产的管理，那么有关公示催告制度的构建自然应当以遗产管理人为中心。通过赋予遗产管理人一定的选择公告方式之权限，有利于实现遗产管理的灵活性、提高管理效率，对遗产保护大有裨益。从域外立法看，已有这方面的规定，如《德国民法典》第 1965 条规定："在确定国库是法定继承人之前，必须在规定申报期间的情况下，公开催告申报继承权；公告的方式和申报期间的长短，依照关于公示催告的规定为之。催告费用对于遗产状态为过巨的，可以不催告。"

2. 诸学者建议稿的不同点

（1）公告方式的不同。在前述学者建议稿中，有的认为，遗产管理人可以视遗产价值的多少，选择不予公告、在村或社区公告栏公告、在省一级报纸登报公告或申请法院公告。[①] 也有的认为，应由遗产管理人发出搜寻遗产承受权利人、遗产债权人的公告。[②] 其他学者建议稿并未作此区别，认为应当且由法院公示催告，如"梁稿""王稿""张稿"等。[③] 我们认为，应当以遗产管理人为中心确定公告主体和范围。具体说来，应当由遗产管理人决定到底应否公告、公告方式等。而核心标准就是其所管理的遗产之价值大小，如果该遗产的价值较小，那么遗产管理人完全可以选择不予公告（如前述德国立法的规定），转而采取其他替代手段；如果该遗产的价值较大、巨大，则可以依据价值程度选择不同的公告方式，如在村或社区公告栏公告、在省一级报纸登报公告或直接申请法院公告。

（2）公告时间和期限的不同。在前述学者建议稿中，有的认为，人民法院决定受理申请，应在 3 日内发出公告；公示催告的期间，由人民法院根据情况决定，但不得少于 60 日。[④] 也有的认为，遗产管理人应当在接受指定后 10 日内发出搜寻遗产承受权利人、遗产债权人的公告，催促权利人于规定期限内主张权利。[⑤] 关于公告期限，自发布公告之日起算，还有的主张不得少于 3 个月，有的主张为 6 个月。[⑥] 关于公告时间和期限，如果遗产管理人决定申请法院公告，那么基于保护相关权利人利益、实现财产合理流转的理念，法院就应当及时发出公告并限定公告期限。如前所述，根据我国现行《民事诉讼法》第 192 条的规定[⑦]以及参考日本立法例[⑧]，我们认为，可借鉴我国现行《民事诉讼法》第

---

① "陈稿"第 85 条第 1 款。

② "杨稿"第 92 条。

③ "梁稿"第 2017 条；"王稿"第 662 条；"张稿"第 67 条。

④ "王稿"第 662 条。

⑤ "杨稿"第 92 条。

⑥ "梁稿"第 2017 条；"张稿"第 67 条；"陈稿"第 85 条；"梁稿"第 92 条。

⑦ 我国现行《民事诉讼法》第 192 条规定："人民法院受理申请后，经审查核实，应当发出财产认领公告。公告满一年无人认领的，判决认定财产无主，收归国家或者集体所有。"

⑧ 根据《日本民法典》第 958 条的规定，搜寻债权人及受遗赠人的公告期限是 2 个月，搜寻继承人的公告期限是 6 个月。

219 条对人民法院的公示催告申请受理后法院应在 3 日内发出公示的规定，在法院收到遗产管理人的申请并决定受理时起，其应在 3 日内决定发出公告。对于搜寻继承人和遗产债权人的公告期限不宜过短，以 6 个月为宜，此公告期间自发布公告之日起算。将公告期限定为自发布公告之日起 6 个月，则是既保护遗产相关权利人的利益，又能在合理期限内确定遗产债权人，进而清偿遗产债务后，确定遗产归属，从而实现财产合理流转、保障财富增值。如果期限过短，不利于保护相关权利人利益；期限过长，又会有损财产的价值，不符合市场经济的效率要求。

四、无人承受遗产的归属之我国立法的学者观点与评析

（一）无人承受遗产的归属之我国立法的学者观点

1. 梁慧星等学者建议稿的主要观点

无人承受的遗产，在人民法院指定的遗产管理人依本法规定清偿遗产债务和继承费用之后仍有剩余的，由遗产管理人移交有关部门缴入国库所有；死者生前是集体经济组织成员的，移交所在的集体经济组织。①

2. 徐国栋等学者建议稿的主要观点

对继承人以外的依靠被继承人扶养的缺乏劳动能力又无生活来源的人，或继承人以外的对被继承人扶养较多的人可以分给他们适当的遗产。② 法定继承人均缺位时，由国库继承。其遗产处于保佐下的人死亡后经 4 年无人主张继承权的，法院可依保佐人的请求，命令出售既存的遗产，其收益归国库。③ 此时，遗产的取得依法进行，无须作出接受继承的声明，但国库也不得放弃继承。国库对超出遗产价值的遗产债务和遗赠不承担责任。④

3. 王利明等学者建议稿的主要观点

对继承人、受遗赠人、债权人的公示催告期间届满，无继承人承认继承时，其遗产于清偿债务并交付遗赠物后，如有剩余，由遗产管理人移交有关部门上缴国库所有；如果死者生前是集体所有制组织成员的，则应移交所在的集体所有制组织并归其所有。⑤

4. 张玉敏等学者建议稿的主要观点

在公示催告期限内未申报并为遗产管理人所不知的债权，只能就清偿已申报债权后剩余的财产获得清偿。⑥ 财产无人继承时，清偿债务、执行遗赠后剩余的财产，法院可以根据情况，将其全部或部分分配给与被继承人共同生活或者精心照顾被继承人的人。剩余的财产，由法院按法定程序认定为无主财产后上缴国库，被继承人生前由集体组织扶养的，财产归该集体组织所有。遗产上缴国库后，如真正继承人出现，仍可于自上缴国库时起 5 年内请求国库归还。⑦

---

① “梁稿”第 2029 条。
② “徐稿”第四分编第 497 条。
③ “徐稿”第一分编第 239 条。
④ “徐稿”第四分编第 498 条。
⑤ “王稿”第 666 条。
⑥ “张稿”第 68 条第 2 款。
⑦ “张稿”第 70 条。

5. 陈苇等学者建议稿的主要观点

无人承受的遗产，经清偿债务、执行遗赠后有剩余的，遗产管理人经书面请求居民委员会或村民委员会主任并获同意及签字后，遗产管理人可依具体情况将遗产的全部或部分酌情分配给依靠被继承人扶养的人、对被继承人扶养较多的人、与被继承人一同生活的人或其他与被继承人有密切关系的人。在无酌情分得遗产权人的情形下，遗产管理人应当将剩余的遗产移交国家或者集体组织所有。①

在继承开始后，继承人下落不明的，处理遗产时其应继份应依我国《民法通则》第21条的规定实行代管。对下落不明的继承人，利害关系人可依我国《民法通则》第20条的规定向法院请求宣告其为失踪人，对失踪人的应继份，其他继承人可向人民法院请求在其提供担保后移交该应继份，此为准继承。提供担保的期限，失踪人遭遇重大危险而下落不明的为5年，其他情形下为10年，并不超过失踪者百岁之日。该期限的起算点为重大危险发生之日或接到失踪人的最后音信之日，如果失踪人返回或有优先权利人主张行使权利时，准继承人应当返还财产。但准继承人对优先权人仅在一般诉讼时效期间内承担返还财产的义务。对失踪人的应继份，如果没有任何人请求行使权利的，该应继份经遗产管理人保管已逾20年的，应遗产管理人的申请，法院应按无人承受遗产的规定处理。②

6. 杨立新等学者建议稿的主要观点

对继承人以外的依靠被继承人扶养的缺乏劳动能力又没有生活来源的人，或者继承人以外的对被继承人扶养较多的人，可以分给他们适当的遗产。③

无人继承又无人受遗赠的遗产，归国家所有；死者生前是集体所有制组织成员的，归所在集体所有制组织所有。无人承受的遗产处理完毕后，有继承人或概括受遗赠人出现的，自继承开始后5年内，可以请求国家或者集体所有制组织归还相应遗产。④

（二）无人承受遗产的归属之我国立法的学者观点评析

1. 诸学者建议稿的共同点

上述学者建议稿对无人承受遗产的最终归属的建议基本上与我国现行立法相同，都是以被继承人的身份为依据归属于“国家”或“集体所有制组织”。在域外法上，如前所述，国家或国库作为无人承受遗产归属主体的地位为多数国家立法之通例。国库（fiscus）起初是罗马皇帝的财产，就像金库（aerantim）是罗马共同体的财产一样。随着帝国时代的进步，国库吸收了金库，但同时，它同君主的人身相分离，并被视为一笔财产和一个独立的实体。国库被赋予许多特权。⑤ 罗马法上未有继承人的遗产究竟可否视作法人，罗马法学者中间很有歧异。⑥ 直到18世纪，为解决君主的不受限制的权力的问题，“国库理论”在那时开始兴起，“国库”被用于解决国家的司法管辖权。在这种构造之下，国家通过披上私法人的外衣，开始受到私法的约束了。那时的“国库理论”是指邦国的国库通

---

① “陈稿”第87条。

② “陈稿”第88条。

③ “杨稿”第61条第1款。

④ “杨稿”第94条第2、3款。

⑤ ［意］彼德罗·彭梵得：《罗马法教科书》，黄风译，中国政法大学出版社2005年版，第42页。

⑥ 后世各国民法大多数没有采用此项理论原则，却把这项财产的继承人明定为国库。参见江平、米健：《罗马法基础》，中国政法大学出版社1991年版，第73页。

过委任的官员管理国家财产，并在法庭上代表国家。但经过时代的变迁，“国库理论”有了修正。修正后的“国库理论”的核心理念指明了国家的双重法人结构：一个是国库，代表着国家作为营业组织体的身份，是私法上的法人；另一个是本来意义上的国家，一个国家组织体，是公法上的法人。“国库理论”发展到20世纪，已然成熟，形成“国家——国库一体说”：不管国库独自还是和其他私法上主体共同参与一项民事活动，它都依然是那个统治者和主权国家。国库实际上就是一个财团，从其语义上讲实际上就是国家账户，当国库被视为一个法人的时候，并非国家的所有成员全体的人格化代表，而只是国家财产的人格化代表。因此，“国家”和“国库”并不是两个不同的主体，而只是同一个主体的两个面相而已。① 如前所述，国库取得无人承受的遗产的缘由，有两种立法主义：一是“先占权理论”，其核心是认定无人承受遗产的无主财产属性，以民法的“先占”原则获取无人承受遗产，采取此立法理论的代表性国家有法国、日本、英国、美国。二是“特殊继承人理论”，其目的是赋予国家以特殊继承人的身份，以获取承受无人承受遗产的资格，采取此立法理论的代表国家是德国、瑞士。在我国，国家全面干预经济社会生活，社会利益结构中有国家利益、集体利益（或单位利益）的形态。因为我国是城乡二元结构，所以根据被继承人的身份确定遗产之归“公”之不同主体是有其合理性的。当遗产出现“无人承受”时，我国《继承法》第32条就直接规定归属于“国家”或“集体所有制组织”。这种立法思路也体现在我国《物权法》第113条关于“自发布招领公告之日起6个月内无人认领的遗失物归国家所有”的规定上。我们认为，特殊继承人理论更值得我国借鉴，无人承受遗产归“公”应当以继承权主义为基础，以服务于社会公益为目的。

2. 诸学者建议稿的不同点

（1）酌分请求权的规定不同。在前述学者建议稿中，有的主张将酌分请求权的主体限定为：与被继承人共同生活或者精心照顾被继承人的人②；依靠被继承人扶养的人、对被继承人扶养较多的人、与被继承人一同生活的人或其他与被继承人有密切关系的人③；对继承人以外的依靠被继承人扶养的缺乏劳动能力又没有生活来源的人，或者继承人以外的对被继承人扶养较多的人。④ 我们认为，无人承受遗产制度作为一项厘清该遗产的债权债务关系、明确遗产最终归属的法律制度，它同时也赋予与被继承人有密切关系的人以特殊权利，此权利称为酌分请求权。我国《继承法》第14条规定：“对继承人以外的依靠被继承人扶养的缺乏劳动能力又没有生活来源的人，或者继承人以外的对被继承人扶养较多的人，可以分给他们适当的遗产。”这里规定的权利即为遗产酌分请求权，而享有此权利的人即为酌分请求权的主体。由此可见，依我国《继承法》的规定，只有既缺乏劳动能力又没有生活来源的人、继承人以外的对被继承人扶养较多的人这两种人为酌分请求权的主体。我们认为，为更能体现我国《继承法》养老育幼、互助互爱、和睦团结的立法原则，酌分请求权的主体范围应予适当扩大，结合本次实证调查的发现，我国十省市多数被调查民众认同适当扩大酌分遗产请求权人范围的观念，除我国《继承法》第14条规定

① 袁治杰：《民法典制定中的国家与国库问题研究》，载《中国法学》2017年第3期。

② “张稿”第70条。

③ “陈稿”第87条。

④ “徐稿”第四分编第497条；“杨稿”第61条。

的两种主体外，还应包括与被继承人有密切关系且对其帮助较多的人、依靠被继承人扶养的人、与被继承人一同生活的人或者精心照顾被继承人的人等。这样适当扩大酌分请求权的主体范围，无疑是符合该制度的立法宗旨的。

（2）遗产回复请求权的期限不同。在前述学者建议稿中，有的认为，无人承受的遗产上缴国库后，如真正继承人出现，仍可于自上缴国库时起5年内请求国库归还。① 也有的认为，无人承受的遗产处理完毕后，有继承人或概括受遗赠人出现的，自继承开始后5年内，可以请求国家或者集体所有制组织归还相应遗产。② 我们认为，应当限定遗产回复请求权的期限。无人承受的遗产在经过公告程序后，虽然能够起到搜寻继承人、受遗赠人、敦促债权人申报债权之作用，然而，不可否认的是，总会存在一些“漏网之鱼”，它可能事实上并不能使全部权利人及时行使权利。特别是在无人承受的遗产已上缴国库后，而相关权利人姗姗来迟的情况下，遗产回复请求权就显得意义重大了。我们认为，为尽可能地保护自然人的合法权益，今后我国《继承法》在修订时应该赋予相关权利人这一权利，并对此权利加以限定有效保护期限。具体说来，建议在无人承受遗产制度中设计遗产回复请求权的同时，规定权利人自该遗产归属国家或集体所有制组织时起5年内可以请求归还。应予注意的是，将该权利行使有效期限的起算点确定为收归国家、集体之时，将更有利于体现国家保护自然人的合法财产之宪法精神。

第五节 现代无人承受遗产制度的发展趋势与我国立法的完善建议

在前文已论述无人承受遗产制度的基本理论、国内外立法现状、我国十省市被调查民众的观念与处理习惯、司法实践情况以及我国立法的学者建议稿观点等内容的基础上，本节拟通过论证现代无人承受遗产制度的发展趋势，分析我国无人承受遗产制度的立法不足，旨在提出相对应的立法完善建议。

一、现代无人承受遗产制度的发展趋势

作为继承法中的兜底制度，设立无人承受遗产制度构成了继承制度的完整性。我们认为，无人承受遗产制度最为重要的两项内容是继承人有无不明时的处理程序和无人承受遗产的最终归属。比较大陆法系和英美法系的前述六个国家的立法现状和我国学界关于无人承受遗产制度的主要学术观点，无人承受遗产制度的立法发展趋势主要表现在以下几个方面。

（一）无人承受遗产管理人的公力监督与私力监督并存

从前述国外立法看，无人承受遗产管理人的公力与私力监督并存，这是无人承受遗产制度的立法发展趋势之一。遗产管理人对无人承受遗产享有保全遗产和管理遗产、清偿债务及分配遗产等诸多权利，因此应当尽可能排除妨碍无人承受遗产公平、公正分配的因

① “张稿”第70条。

② “杨稿”第94条。

素，既要防止遗产管理人滥用职权，也要防止其侵吞遗产，这就需要加强对遗产管理人的监督。这种监督着力点应当体现在监督主体和监督职责的规定上。无论是利害关系人还是司法机关，都可以担任遗产管理的监督主体，对遗产管理人进行监督，而监督职责则随主体身份不同而有所区别。以国家司法机关为主体的公力监督主要体现在遗产管理人的选任和明确其职责及法律责任上，以债权人为主的私力监督主要体现在财产状况的报告义务和不履行职责的赔偿义务两个方面。如前所述，法国法规定，受理请求的法官委托负责公产管理的行政机关管理无人继承的遗产，遗产管理人有义务向法官汇报其管理活动，向债权人提交管理账目。德国法规定，遗产法院是处理无人承受遗产的主要机关，遗产法院必须选任遗产管理人，由其负责保全遗产，遗产管理人也向遗产债权人对遗产管理负责任。瑞士法规定，在继承人旷缺的情形下由主管机关或其委任的遗产管理人负责管理遗产，遗产管理人的主要职责是保管遗产与制作财产清单。日本法规定，继承人的存在不明确时，家庭法院根据利害关系人或者检察官的请求，须选任遗产管理人；遗产管理人在遗产债权人或受遗赠人提出请求时，须向其请求人报告遗产的状况；遗产管理人如向遗产债权人及受遗赠人不当清偿时，对由此发生的损害负赔偿责任。① 总之，公力监督与私力监督是同时存在的，这与无人承受遗产制度保护遗产权利人权益的立法宗旨相契合，是无人承受遗产制度的立法发展趋势。

（二）无人承受遗产公示催告程序的公权力介入

从前述国外立法看，无人承受遗产公示催告程序的公权力介入，这是无人承受遗产制度的立法发展趋势之二。公示催告程序的设立就是为了催促相关权利人及时地行使权利，维护自身的合法利益。因此，对于继承人有无不明的遗产，前述国家立法有的设有公示催告程序，如德国、瑞士；有的设有遗产管理公示程序，如法国、日本；而英国是由遗产代理人发出通知，美国则由法院或遗产管理人进行公告。可见，公示催告程序的运作需要公权力的介入。被继承人死亡时可能存在以下几种情况需要运用无人承受遗产制度的公示催告程序：第一，明确存在继承人，但继承人下落不明。运用该程序可以使宣告失踪或宣告死亡与遗产继承制度有机结合起来。如前所述，瑞士法规定了失踪人的继承制度。第二，继承人特别是非婚生子女存在与否不明。在继承权平等的前提下，非婚生子女可以平等地与其他子女取得遗产份额，然而非婚生子女却可能并没有与被继承人一起生活，甚至于非婚生子女也并不为其他继承人所知悉，这就需要通过无人承受遗产制度的公示催告程序搜寻继承人、债权人、受遗赠人。这是域外国家立法均设立公告程序的原因之一。在我国，现行《民事诉讼法》第 192 条规定有“无主财产”的认领公告制度，公告满一年无人认领的，判决认为财产无主，收归国家或集体所有。这与法国、日本、英国、美国等域外国家依据“先占权理论”将无人承受遗产收归国家或国库所有的立法例有异曲同工之效。第三，因为继承人放弃继承权而导致遗产无人承受。对此，我国台湾地区“民法”第 1176 条规定，先顺序继承人均抛弃其继承权时，由次顺序之继承人继承；次顺序继承人有无不明或第四顺序之继承人均抛弃其继承权者，准用关于无人承认继承之规定。无论次顺序继承人有无不明还是第四顺序之继承人均抛弃其继承权，仍需公示催告程序来确定该遗产是否属于无人承认继承，以保障遗产权利人的利益。被继承人死后财产处于无人照管

① 《日本民法典》第 951、952、954、934 条。

地步的情况在现实生活中并不少见。也正因如此，继承法中如果没有无人承受遗产制度的公示催告程序的规定，则遗产权利人就不能及时行使权利，继承制度也就失去了公信力和完整性。

在司法实践中，公示催告程序亦确实在矛盾纠纷解决方面发挥了重要作用。至于如何实现公示催告程序的公信力，前述各国立法和实践均采取或多或少公权力的介入方式。如前所述，法国法规定由法院公告，德国法规定由遗产法院公告，瑞士法规定由主管机关公告。我们认为，法、德、瑞的立法均体现了国家公权力在公告程序的介入，以维护遗产权利人的利益。在我国前述学者建议稿中，有的认为可以选择在不同机构发出公告，也有的主张应由法院负责发出公告。我们认为，根据遗产价值的大小决定应否公告及由哪一机构负责公告较为合理。由于公示催告程序的设立是为了保护相关权利人的利益，因而当遗产价值较大时，采用公告程序更能充分实现其立法目的。

(三) 无人承受遗产酌分请求权人范围的适当扩大

从前述国外立法看，无人承受遗产酌分遗产请求权人范围的适当扩大，这是无人承受遗产制度的立法发展趋势之三。保护自然人的私人财产不受侵犯是许多国家宪法的一项重要的任务，非经法定程序不得剥夺自然人的私有财产权是宪法确立的“正当程序”(Due Process) 原则的必然要求。[①] 如前所述，继承人有无不明的情况，在现实中是经常会出现的，但是继承人不明不等于无继承人及无受遗赠人甚至其他利害关系人。在遗产归国库或其他组织所有之前，部分国外立法和我国部分学者建议稿都充分考虑了无人承受遗产酌分遗产请求权人范围的适当扩大，以保护私有财产权。如日本法规定可以将无人承受的遗产给予曾与被继承人共同生活的人、为被继承人疗养看护尽力的人以及其他与被继承人有特别亲属关系的人；英国法规定王室可以自由裁量将遗产给予实际上依靠无遗嘱死亡者的人而无论其是否和无遗嘱死亡者有关系，或其他无遗嘱死亡者希望供养的人。在我国学者建议稿中，“徐稿”和“杨稿”沿用了我国《继承法》第 14 条的两种请求权主体，“张稿”和“陈稿”则扩大了酌分遗产的请求权主体，包括与被继承人共同生活的人、依靠被继承人扶养的人等。我们认为，以上日本法和英国法的规定和“张稿”“陈稿”的规定均扩大了遗产酌给请求权人的范围，这符合继承法之私法的性质，有利于实现遗产的扶养功能。

如前所述，我国学界对无人承受遗产的酌分遗产请求权人范围有不同的见解，这体现出确定酌分遗产请求权人范围的重要性。当前，我国《继承法》将缺乏劳动能力又没有生活来源的人、继承人以外的对被继承人扶养较多的人这两种人确定为酌分遗产请求权人，其范围较为狭小。由于被继承人生前的遗产为其个人所有财产，应尽可能归属与其关系密切的人，而不是归“公”所有，所以酌分遗产请求权人作为与被继承人有密切关系者，其适当分得遗产是合情合理的。因此，我国立法应适当扩大无人承受遗产酌分遗产请求权人的范围，使遗产继续姓“私”。我们认为，适当扩大无人承受遗产酌分遗产请求权人的范围符合未来的立法趋势，这有利于更好地保护私有财产权，有助于发挥遗产的扶养职能及报偿价值，体现“以民为本”的立法理念。

---

① ［美］伯纳德·施瓦茨：《美国法律史》，王军等译，中国政法大学出版社 1990 年版，第 117 页。

（四）无人承受遗产归“公”的“国库”路径

域外立法关于无人承受遗产的归属都是归“公”处理，而“国库”作为最后遗产归属人的地位为多数国家立法之通例，这是无人承受遗产制度的立法发展趋势之四。如前所述，法国法规定归国家所有；[①] 日本法规定归国库所有；[②] 英国法规定归属于王室或者Lancaster公爵领地或者Cornwall公爵领地；[③] 美国法规定转移给州所有；[④] 德国法规定由联邦的国库或帝国的国库作为法定继承人；[⑤] 瑞士法规定归州或乡镇所有。[⑥]

综合前述国家的立法例来看，将无人继承的遗产归入政府财政的一般收入，这是世界许多国家处理无人承受遗产的通行做法。我们认为，我国宜采取“特殊继承人理论”，将“国库”作为无人承受遗产的归属主体。采取这一理论作为立法依据的理由，主要有以下几点：一是这一理论有力破解了我国《继承法》第32条依公有制经济和成员身份划定归属的僵局，为实现社会公益提供了具体的制度保障。无人承受遗产的归属实际上并不要求国家行使所有者的四项权能，而以国家的私法面相出现的国库却恰恰只能实现国家的收益权，因为国库仅在预算收入（无人承受遗产的归属）和预算支出（扶助孤寡老人、孤残儿童、优抚对象、特困学子等）上具有重要意义。当然，国库并非依据先占主义取得遗产，而是以最后顺序的法定继承人的身份取得遗产，再以财产法人的身份支配遗产的公益使用。二是具体确定了国库的法律意涵，有利于实践操作。除我国《物权法》第113条和《继承法》第32条外，我国很多法律也都有罚款、罚金以及无人领取的财物等要上缴国库的规定，但实践中却因为不知道应该如何上缴而挂在账上。目前，虽然很多学者都在研究国家所有权，但是国家所有权里面的“国家”指什么，却鲜有研究的。从我国十省市被调查民众对“国家”和“国库”选项的统计结果看，虽然两者合计比例较高[⑦]，但实际上反映了被调查民众相比于学者更难区分国家和国库（见表8-3-1、图8-3-1、表8-3-3和图8-3-3）。因此，从立法上明确国家和国库的意涵就十分重要了。三是确保了继承制度的完整性。我国《继承法》是以保护个人私有财产为目的的法律，被继承人死亡后，遗产归属主体的规定应符合保护个人私有财产这一目的。因此，以血缘关系、婚姻关系为原则限定法定继承人的范围，进而限定遗产在被继承人的家庭内部流转来维护私有制度，这种方式得到了民法学界的普遍认可。但当无人承受遗产的状况发生时，该遗产的归属主体问题却存在很大的争议，将“国库”规定为法定继承人，其依被继承人的生前意志（服务于社会公益）来承受本无人承受遗产，解决了我国《继承法》的兜底条款

① 《法国民法典》第811条。

② 《日本民法典》第957、958条之三、959条。

③ 《英国遗产管理法》第46条规定：“无人承受的遗产归属于王室或者Lancaster公爵领地或者Cornwall公爵领地，并且王室可以自由裁量将遗产给予实际上依靠无遗嘱死亡者的人而不论其是否和无遗嘱死亡者有关系，或者其他无遗嘱死亡者希望供养的人。”

④ 《美国统一遗嘱检验法典》第2-105条规定：“如果按照本条规定无遗产继承人，无遗嘱死亡者的财产将转移给州所有。”

⑤ 《德国民法典》第1966条。

⑥ 《瑞士民法典》在第十三章“法定继承人”第457-466条。

⑦ 选择城镇居民死亡时无人承受遗产的归属主体为“国家”的占比为34.38%；选择农村居民死亡时无人承受遗产的归属主体为“国家/国库”的占比合计为20.32%；选择农村居民死亡时无人承受遗产的归属主体为“集体经济组织”的占比为9.97%。

与继承法目的的统一性，使得无人承受遗产制度之功能能够实现。四是能对潜在继承人及遗产债权人的合法权益进行保护，避免国家与民争利之嫌，践行国家“保护自然人的私有财产权和继承权”这一宪法要求。必须说明，2018 年 9 月 5 日全国人大常委会公布向社会各界征求意见的“民法典各分编（草案）”。该“草案”第 939 条对无人承受遗产制度，在沿用我国《继承法》第 32 条规定内容基础上，增加对归国家所有的遗产“用于公益事业”。[①] 但是该草案不是正式法律，故以下仍然以我国《继承法》的现行规定为研究对象，分析立法之不足。

二、我国无人承受遗产制度的不足与完善立法的建议

（一）我国无人承受遗产制度的立法不足

目前，我国《继承法》及《执行继承法的意见》中有对无人承受遗产的规定，但只是原则性规定，并未形成完整的无人承受遗产制度。我国在此方面的立法存在很大的不足，具体体现在以下几个方面：

1. 无人承受遗产的界定之立法不足

对无人承受遗产的界定，我国《继承法》只有第 32 条“无人继承又无人受遗赠的遗产”这一表述。我国立法对无人承受遗产的界定既缺乏内容上的全面性，又缺乏程序上的限定。正是无人承受遗产界定的不准确性，出现了类似于前述“涉及无人承受遗产管理人的案例三”中将“无人承受遗产”与“无主财产”等同处理的司法判例。所以，无人承受遗产的界定是处理无人承受遗产问题的基础与前提，对其进行明确且准确的界定是此次我国“中国民法典 · 继承编”编纂中必须重视的问题。综观域外立法，不管是分散立法，还是专章规定，对无人承受遗产的界定都在内容及程序限定上进行了界定。因此，我国无人承受遗产在内容和程序的限定之界定方面尚存不足。

2. 无人承受遗产的管理之立法不足

目前，我国现行立法并未形成完善的无人承受遗产管理制度。我国《继承法》第 24 条、我国《执行继承法的意见》第 44 条只笼统地规定了如下内容：“存有遗产的人，应当妥善保管遗产，任何人不得侵吞或者争抢”“人民法院在审理继承案件时，如果知道有继承人而无法通知的，分割遗产时，要保留其应继承的遗产，并确定该遗产的保管人或保管单位。”这些条文并未就无人承受遗产管理人的选任、职责、管理报酬、损害赔偿责任等问题进行明确规定。由此，司法实践中相关问题时有发生，比如前述“涉及无人承受遗产管理人的案例三”中确认××住房公积金管理中心的遗产管理人地位没有相对应的法律依据。由于我国关于遗产管理主体的立法缺失，导致案件中出现的遗产管理主体的法律地位不能依法确定，法院所给出的判决也欠缺引用法律的依据说明。综观域外立法，有些国家对这些问题都有较完备的立法规定。此次我国十省市民众继承习惯调查的实证数据证明，被调查民众对无人承受遗产的管理已形成了较为普遍的处理理念。在我国十省市被调查民众中，认为“由死者户籍所在地的居委会、村委会或所在单位指定遗产管理人”的有 2540 人（占 49.95%）（见表 8-3-5、图 8-3-5）。这表明我国现行立法存在一定的滞

---

① “民法典各分编（草案）”第 939 条规定，无人继承又无人受遗赠的遗产，归国家所有，用于公益事业；死者生前是集体所有制组织成员的，归所在集体所有制组织所有。

后性，这是其立法之不足。

3. 无人承受遗产的公告程序之立法不足

继承开始后，当继承人有无不明时，此时就需要对继承人进行搜寻，对遗产债权人、受遗赠人等利害关系人进行公告，以催促权利人及时主张权利。我国《继承法》并没有规定对继承人的搜寻公告程序，也没有公告催促遗产债权人、受遗赠人等有关利害关系人申明权利的规定。司法实践中，一般适用我国现行《民事诉讼法》中无主财产认定的公告程序，由自然人、法人或者其他组织向遗产所在地的基层人民法院提出申请，人民法院经过审查核实，公告满一年无人认领的，判决遗产无主，收归国家或者集体所有。这种处理方式的缺陷是显而易见的。首先，如前文所述，无人承受遗产和无主财产是两种不同类型的财产。无人承受遗产的原所有人是明确的。继承开始后，在继承人有无不明的情况下，通过搜寻继承人、债权人、受遗赠人的程序，催告潜在的继承人承受遗产，遗产管理人在此期间对遗产进行管理和清算，以维护继承人和其他利害关系人的权益。而认定财产无主案件处理程序，是在所有人不明的情况下，为避免财产陷入无人管理的窘境，尽早确定财产的归属，发挥财产的效用，经过一定的公告期间届满后才将财产收归国家或者集体组织所有。其次，目前实务当中处理无人承受遗产案件一般适用认定“财产无主”案件的程序。不管遗产价值大小，均需向法院申请公告，一方面加重了基层法院的工作负担，另一方面也不符合诉讼的经济效益。我们认为，对此可参考《德国民法典》的规定，催告费用对于遗产状态过巨的，不得催告。[①] 最后，我国无人承受遗产公告方式存在单一化的问题。实践中，我国对无人继承又无人受遗赠遗产的公告一般采取在《法制日报》《人民法院报》登报的方式，而现实生活中很少有人订阅此类报纸，也鲜有人前去查阅，难以达到让权利人知悉的目的。因此，我国无人承受遗产的公告方式单一，这是其立法之不足。也就是说，为让潜在的继承人以及其他利害关系人能及时知晓并主张权利，公告应当采取多种方式。

4. 无人承受遗产的归属之立法不足

在现代社会，尊重被继承人意志原则作为继承法的基本原则，它贯穿于继承法始终。继承法中应当把被继承人意思的推知确立为无遗嘱继承制度的原则，同时在条文规范的设置中尽可能使这一原则具体化。如在法定继承人和遗嘱继承人之外，对与被继承人有事实扶养关系的人，可以给其酌分遗产，实际上是推定符合被继承人的个人意志，即继续维持被继承人受其扶养人的生存或者回馈被继承人生前之扶养人。我国《执行继承法的意见》第 57 条规定：“遗产因无人继承收归国家或集体组织所有时，按继承法第十四条规定可以分给遗产的人提出取得遗产的要求，人民法院应视情况适当分给遗产。”这是我国对无人承受遗产进行酌情分配的基本规定。这一规定即是从被继承人的个人意志出发来推知其可能的意思表示。如前所述，本次调查的统计数据显示，我国十省市被调查民众对我国《继承法》第 14 条的规定具有很高的认同度，总体统计数据都达到七成以上（见表 8-3-7、图 8-3-7），但在被调查者的观念中，认可参与酌情分得遗产的请求权主体并不需要达到“缺乏劳动能力又没有生活来源”的法定条件。因此，根据被调查者的这些观念，我国应当适当放宽酌情分配无人承受遗产的请求权人范围。诚如前述，适当扩大无人承受遗产酌

① 参见《德国民法典》1965 条第 1 款。

分遗产请求权人的范围符合未来的立法趋势，这有助于发挥遗产的扶养职能及报偿价值。

此外，本次实证调查结果显示，我国十省市被调查民众处理无人承受遗产的意愿是服务于社会公益。因此，我们认为，无人承受遗产归“公”并不是必然归国家所有或集体所有制组织所有，而是应以服务于社会公益为目的的归“公”。集体所有制组织具有地方性，在范围上与地域上都较狭隘，所涉及的是这一集体内特定多数人的利益，因此其存在的目的并不是为了整个社会的公共利益。在无人承受遗产的情形下，集体所有制组织若依据先占主义取得遗产所有权，这只是被继承人属于集体所有制成员身份的结果，与社会公共利益毫无关联。目前，我国的集体所有制组织已名存实亡。在改革开放之前，集体所有制组织承担着重要的经济职能，有着具体的经济组织形式，例如生产小组、生产大队、乡镇公社等。改革开放之后，集体所有制组织本身的经济职能已经消解了，但名义上由村民委员会代为行使。2017 年 10 月起施行的我国《民法总则》显然也认识到了集体所有制组织已名存实亡的问题，该法第 101 条第 2 款规定：“未设立村集体经济组织的，村民委员会可以依法代行村集体经济组织的职能。”从实质而言，作为基层自治组织的村民委员会不是集体所有制组织本身，由它们承受本来就无人承受的遗产或代为行使法定继承人的权利是不可行的。我们认为，在国家对公民的社会保障力度逐渐加大的当下社会，根据权利义务一致原则，已名存实亡的集体所有制组织不宜再作为无人承受遗产的归属主体。此外，以被继承人生前身份来确定归属存在很多问题。例如，前述“涉及城镇居民无人承受遗产归属主体的案例一”中的周某只因生前身份转为城镇户口丧失集体所有制成员身份，这导致合作社出售周某房屋的行为无效，致使房屋买受人的权益没有受到法律的保护。因此，有必要对这一立法进行修正。

将国家看做社会公共利益的代表，是古希腊就已经产生的一种国家观念，亚里士多德将为全体人民、为城邦的社会公共利益服务的政体称为正宗政体，并将只为统治者自身利益服务的政体称为变态政体。[①] 这种学说影响了之后西方世界的国家观念和利益观念。近代以来，西方一直将国家看做维护社会公共利益的当然组织和代表，由此也导致了近代自由主义和民主社会主义的形成。而后“福利国家”理念更是将这种思想发挥到了极致，完全视国家为社会公共利益的代表，认为国家的职责在于为所有的人提供公共服务，维护整个社会的公共利益。社会公共利益产生的原因是个人之间的利益具有一致性而依靠自己的力量又无法给予保护。“正是由于私人利益和公共利益之间的这种矛盾，公共利益才以国家的姿态而采取一种和实际利益（不论是单个的还是共同的）脱离的独立形式。”[②] 如果“我们每一个人都把我们自身和我们全部力量置于公意的最高指导之下，而且把共同体中的每个成员都接纳为全体不可分割的一部分”，[③] 那么社会契约下的社会公共利益既能够保全自然状态下的自由，又能够以全部共同力量来维护和保障人类的权利和财富。质言之，社会公共利益的范围是共同体的所有人，社会公共利益的本质属性是财富和权利。国家在所有权上所谋求的是所有者权益的最大化，而作为社会公共利益的代表，其主要目

---

① 陈炳辉：《国家与利益——现代西方的四种国家观》，载《东南学术》2005 年第 3 期。

② 《马克思恩格斯全集（第 3 卷）》，人民出版社 1960 年版，第 37-38 页。

③ ［法］卢梭：《社会契约论》，李平沤译，商务印书馆 2011 年版，第 20 页。

标在于社会公益的最大化。[1] 虽然国家应当且已经成为社会公共利益的代表，但国家并不是以公有制主体身份来承受无人承受的遗产，而是以社会公益的维护主体身份来承受。

依国家所有权理论，将国家作为无人承受遗产的归属主体，毫无疑问的是国家获得了无人承受遗产的所有权，即国家享有对无人承受遗产的占有、使用、收益和处分的权利。但是国家却绝非私法意义上的所有权人，因为私法上的所有权人原则上有权依照其意愿对物加以占有、使用、收益和处分，而国家显然没有权利依照其意愿任意地对物加以占有、使用、收益和处分。[2] 事实上，无论是无人承受遗产的动产，还是无人承受遗产的不动产，国家只在收益归属和收益分配问题上具有意义。也就是说，国家碍于公权力的身份，不太可能像私权利主体完整享有私法自治权一样直接行使所有者的四项权能，国家所有权理论更多的是侧重于保护国家在无人承受遗产方面应当得到的利益，即更多地体现在所有权的收益权问题上（以便实现无人承受遗产的国家收益权）。国家对无人承受遗产的所有权不能仅在公权力上得以体现，还要在民事收益权上行使，这部分收益虽然是国家以民事主体身份获取的，但从这些收益的用途来看，依然体现了国家为全体人民服务的本质属性，因为这些收益并没有被某些个人或集团占有，而是全部上缴国库后，由国家统筹安排用于公共事业。

国家这一公权主体要以合理的姿态介入私法领域中，关键已不是国家能否作为民事主体，而在于以何名义赋予国家以民事主体资格。如何解决公法主体“国家”介入私法中的资格问题，此问题很早以来就被学术界所讨论，这个理论就是“国库理论”。如前所述，“国家”和“国库”并不是两个不同的主体，而只是同一个主体的两个面相而已，[3] 国库作为无人承受遗产归属人的地位为多数国家立法之通例。虽然我国《民法总则》的“法人”不是依据财团法人、社团法人这一分类标准进行分类的，但不能以此否认国库作为私法人的属性。根据我国现行《预算法》第3条有关“五级预算”的规定，我国实际上有五级国库，分别是中央国库、省级国库、地市级国库、县级国库和乡镇国库。[4] 我国《预算法实施条例》第40条第1款规定，“国库是办理预算收入的收纳、划分、留解和库款支拨的专门机构”。由此可见，国库作为国家的私法面相，是我国专门的国家机关，并具有机关法人身份。如果按照我国《民法总则》中营利法人、非营利法人、特别法人的分类标准，那么国库就属于特别法人中的一种。也就是说，虽然国家具备社会公益的维护主体资格，但国库才是国家在民法上的适格主体，国家应当以国库的名义作为无人承受遗产的归属主体，这就解决了“国家”这一公法主体“遁入私法”的法理困境。因此，我国继承立法可基于《民法总则》关于特别法人的规定精神，将国库视为特别法人，将无人承受的遗产归属国库。

（二）我国无人承受遗产制度的立法建议

通过分析域外国家无人承受遗产的立法现状、我国十省市被调查民众的观念与处理习

---

① 张璐、冯桂：《中国自然资源物权法律制度的发展与完善》，载《环境资源法论丛》2002年卷，第154-181页。

② 袁治杰：《民法典制定中的国家与国库问题研究》，载《中国法学》2017年第3期。

③ 袁治杰：《民法典制定中的国家与国库问题研究》，载《中国法学》2017年第3期。

④ 我国现行《预算法》第59条第1款规定：“县级以上各级预算必须设立国库；具备条件的乡、民族乡、镇也应当设立国库。”

惯、司法实践情况以及我国诸部继承法学者建议稿关于无人承受遗产制度的主要学术观点，我们认为，在编纂“中国民法典·继承编”时，应当汲取他国有益的立法经验，结合我国实际，根据我国十省市被调查民众的继承观念与遗产处理习惯，汲取学者建议稿的有益观点，对无人承受遗产的制度进行修改、补充和完善，具体立法建议如下：

1. 立法体例的选择之建议

建议我国借鉴大陆法系一些国家在中国民法典·继承编中设立无人承受继承制度专章的立法体例。具体而言，日本的立法例可资借鉴，即专列一章规定无人承受遗产制度。

2. 无人承受遗产的界定之立法建议

由于目前我国采取当然继承主义，遗产上之权利义务，因继承开始而当然地移转于继承人，无须继承人的意思表示。因此，应借鉴大陆法系采当然继承主义国家的无人承受遗产界定的立法，即通过公告程序来确定有无相关权利人。因此，我们建议将无人承受遗产的界定如下：

继承开始后，经公告，在法定期限内无人继承[①]又无人受领遗赠[②]，经清偿遗产债务以及酌情分配遗产给请求权人之后剩余的财产；或者在法定期限内虽无人继承，但有人受领遗赠，且经清偿遗产债务、交付遗赠物以及酌分遗产给请求权人之后仍剩余的财产。

3. 无人承受遗产的管理之立法建议

继承人或相关权利人有无不明时，为避免遗产的损失，需有一套系统、全面的包括遗产管理人的产生方式、职责、法律责任等内容完整的遗产管理制度。我国应借鉴前述外国立法经验，结合我国实际，设立无人承受遗产的管理制度。

（1）遗产管理人的产生方式。关于遗产管理人的产生方式，法国、德国、日本均是由法院选任遗产管理人。基于我国实际，我们认为此法不可效仿。[③] 参酌此次我国十省市民众继承习惯调查数据显示的统计结果，被调查民众普遍认同由“死者户籍所在地的居委会、村委会或所在单位指定遗产管理人”，其占比将近达到五成（见表8-3-5、图8-3-5），因此我们建议，应根据无人承受遗产的公益目的和立足于我国的实际进行规定：

继承开始后，有无继承人不明的，或者已知的继承人、受遗赠人丧失、放弃继承权或受遗赠权的，或者受遗赠人不足以受领全部遗产的，被继承人生前所在地的居委会、村委会或所在单位应将情况及时通知民政部门。民政部门自接到通知时起担任遗产管理人，也可委托民政部门的公职人员或者指定被继承人生前住所地或主要遗产所在地的村（居）委会成员担任遗产管理人。

（2）遗产管理人的职责。借鉴前述外国立法，参酌十省市民众观念与处理习惯，并综合我国学者建议稿的观点，我们建议对遗产管理人的主要职责、遗产清单编制的特别要

---

① 其具体情形包括：没有法定继承人和遗嘱继承人；虽有法定继承人和遗嘱继承人，但他们全部放弃继承权或者丧失继承权。

② 其具体情形包括：被继承人生前未以遗嘱设立遗赠；虽已用遗嘱设立遗赠，但遗嘱无效；受遗赠人全部放弃或者被人民法院取消了受遗赠权或者遗赠只处分部分遗产；被继承人生前未订立遗赠扶养协议。

③ 即我国幅员广阔、人口众多且人口流动性大。由专门机关或设立遗产法院来负责遗产管理，成本高昂。我们应借助我国现有的传统资源，居民委员会（以下简称居委会）和村民委员会（以下简称村委会）作为基层群众的自治组织，在居民和村民中发挥着重要作用，而且他们了解情况、对遗产便于管理。

求等作出具体规定：

遗产管理人的主要职责包括：①保管遗产；②编制遗产清单；③应遗产权利人的请求报告遗产状况；④向法院或民政部门递交遗产清单并拒绝公示催告期间内的给付请求；⑤公示催告期间内为必要处分行为；⑥制订遗产清算方案；⑦）清偿遗产债务；⑧确定遗产酌给数额；⑨交付剩余财产；⑩进行与管理遗产有关的其他必要行为。

遗产管理人在编制遗产清单时，应有两名以上无利害关系的证人在场见证，遗产管理人和两名以上证人应当场分别在遗产清单上亲笔签名，该清单一式二份分别由居委会或村委会以及遗产管理人分别保管。遗产清单应该完整地记载在继承开始时所存在的遗产标的和遗产债务。遗产清单应对遗产标的的详细情况进行说明，但以为确定价额而有必要为限。遗产清单编制自被继承人死亡之日起 2 个月内完成；如有特殊情况的，可以延长为 3 个月内。

（3）遗产管理人的报酬权和法律责任。遗产管理人的报酬权因其身份有所不同，公职人员不宜获得报酬。遗产管理人的法律责任与其身份和过失程度有关。因此，借鉴前述外国立法，参酌我国十省市被调查民众的观念与处理习惯，并综合我国学者建议稿的观点，我们建议作出如下具体规定：

民政部门指派担任遗产管理人代表的公职人员，不能请求获取报酬；无论其是故意或重大过失，还是一般过失，只要给遗产债权人及其他利害关系人造成损失的，民政部门都应承担损害赔偿责任。民政部门委托村（居）委会成员担任遗产管理人的，可视遗产的多寡、管理事务的简繁，请求从遗产中获得适当的报酬。村（居）委会成员在管理遗产过程中因其重大过失造成遗产损失的，应承担赔偿责任。

4. 无人承受遗产的公告程序之立法建议

结合前述外国立法的比较分析，[①] 鉴于一律由法院负责公告的弊端以及遗产价值与公告费用的负相关等问题，我们认为，应当增补相关规定，包括公告的主体、方式和期限（催告继承人、被继承人的债权人和受遗赠人在法定期限内申明对遗产的权利）以及公告的效力等，[②] 作出如下具体规定：

遗产管理人应根据遗产价值大小[③]，决定以适当的公告方式通知遗产权利人和利害关系人。遗产价值较大的，遗产管理人可向法院申请公告，由法院发布公告搜寻继承人、遗产债权人以及受遗赠人。遗产价值较少的，遗产管理人可在省一级报刊上或主要遗产所在地的村或社区公告栏公告。

公告期间不少于 60 日。如遗产管理人向法院申请延长公告期间的，最长不超过 6 个月。公告期间届满后，未申报债权的遗产债权人只能就清偿已申报债权后剩余的财产获得清偿，受遗赠人丧失受遗赠的权利。未申报权利的继承人和有优先权的债权人在公告的期间届满后出现的，享有继承回复请求权。遗产管理人承担遗产债务清偿的职责，在经过前述公告程序后，由遗产管理人依据编制的遗产清单，以遗产实际价值为限向遗产债权人清

---

① 如前所述，关于公告是否属于必经程序，法国法、日本法、瑞士法、英国法、美国法的公告是必经的程序；但德国法则比较灵活，如果催告费用与遗产存量相比耗资过大，则允许不为公告，这体现了德国法注重经济效益的考虑。

② 参见陈苇、高伟：《我国内地无人承受遗产制度之重构》，载《学术交流》2008 年第 1 期。

③ 遗产价值的大小，应以继承费用和当地居民年均收入作为判断依据。

偿债务。

5. 无人承受遗产的归属之立法建议

（1）无人承受遗产的酌情分配。由于无人承受的遗产是被继承人的私有财产，应该考虑对该遗产有利益诉求的人之权益。对无人承受的遗产，法律应该从保护自然人私有财产权和实现遗产的扶养功能及报偿价值的理念出发，使这些财产尽量归与遗产有利害关系的人所有。只有在无利害关系人的情形下，才收归国有。因此，结合本次十省市调研的民众观念与处理习惯和我国学者建议稿的观点，我们建议作出如下具体规定：

在遗产无人承受的情形下，遗产应当酌情分配给依靠被继承人扶养的人、对被继承人扶养较多的人、与被继承人一同生活的人、与被继承人有密切联系的人。没有酌分遗产请求权人的或酌分遗产后仍有剩余的，遗产归国库所有。

（2）无人承受遗产的最终归属。基于上文分析，可借鉴瑞士立法，将无人承认继承的遗产归被继承人最后住所地所在的州或州法指定的乡镇取得的立法经验，我们建议我国立法将无人承受遗产归县级国库所有（在“政府性基金预算”① 中建立“遗产基金”财政专户），县级政府是县级国库的代表机关；在确定无人承受遗产归属之前，由县级政府民政部门委托其公职人员或委托村（居）委会成员担任遗产管理人；在确定无人承受遗产归属之后，由县级政府民政部门代表县级国库具体管理“遗产基金”财政专户，用于扶助孤寡老人、孤残儿童、优抚对象、特困学子等，实行专款专用。因此，我们建议，在编纂“中国民法典·继承编”时对无人承受遗产的归属主体作出如下规定：

无人承受的遗产，由被继承人死亡时住所地的区县国库取得；被继承人最后住所地与经常居所地不一致的，由其经常居所地的区县国库取得。区县国库应当在政府性基金预算中建立遗产基金财政专户，区县政府民政部门具体管理遗产基金财政专户，专款用于扶助孤寡老人、孤残儿童、优抚对象、特困学子等。

---

① 我国现行《预算法》第 9 条规定：“政府性基金预算是对依照法律、行政法规的规定在一定期限内向特定对象征收、收取或者以其他方式筹集的资金，专项用于特定公共事业发展的收支预算。政府性基金预算应当根据基金项目收入情况和实际支出需要，按基金项目编制，做到以收定支。”

主要参考文献

一、中文著作

1. 陈苇主编：《婚姻家庭继承法学（第三版）》，群众出版社 2017 年版。

2. 张平华、刘耀东：《继承法原理》，中国法制出版社 2009 年版。

3. 李永军主编：《中华人民共和国民法总则精释与适用》，中国出版集团中国民主法制出版社 2017 年版。

4. 西南政法大学民商法学院、外国家庭法及妇女理论研究中心、重庆市劳模创新示范工作室编：《家事审判改革暨家事法修改研讨会论文集》，西南政法大学 2018 年 5 月内部印刷。

5. 周福林：《我国家庭结构变迁研究》，经济管理出版社 2016 年版。

6. 张玉敏：《继承法律制度研究》，法律出版社 1999 年版。

7. 陈苇、宋豫主编：《中国大陆与港、澳、台继承法比较研究》，群众出版社 2007 年版。

8. 林秀雄：《继承法讲义》，台湾元照出版公司 2005 年版。

9. 王利明：《民法典体系研究（第二版）》，中国人民大学出版社 2012 年版。

10. 陈苇主编：《外国继承法比较与中国民法典继承编制定研究》，北京大学出版社 2011 年版。

11. 周小明：《信托制度比较法研究》，法律出版社 1996 年版。

12. 马俊驹、余延满：《民法原论（下册）》，法律出版社 1998 年版。

13. 史尚宽：《继承法论》，中国政法大学出版社 2000 年版。

14. 胡长清：《中国民法总论》，中国政法大学出版社 1997 年版。

15. 刘文：《继承法律制度研究》，中国政法大学出版社 2016 年版。

16. 《现代汉语词典（第三版）》，商务印书馆 1996 年版。

17. 江必新、何东宁编著：《民法总则与民法通则条文对照及适用提要》，法律出版社 2017 年版。

18. 郭明瑞：《民法总则通义》，商务印书馆 2018 年版。

19. 陈棋炎、黄宗乐、郭振恭：《民法继承新论（修订十版）》，三民书局股份有限公司 2016 年版。

20. 陈苇：《中国婚姻家庭法立法研究（第二版）》，群众出版社 2010 年版。

21. 梁慧星主编：《民商法论丛（第八卷）》，法律出版社 1997 年版。

22. 费孝通：《乡土中国　生育制度》，北京大学出版社 1998 年版。

23. 杨立新：《民法总则》，法律出版社 2013 年版。

24. 陈苇主编：《当代中国民众继承习惯实证调查研究》，群众出版社 2008 年版。

25. 高其才主编：《当代中国分家析产习惯法》，中国政法大学出版社 2014 年版。

26. 周枏：《罗马法原论（下册）》，商务印书馆 2001 年版。

27. 李秀清：《日耳曼法研究》，商务印书馆 2005 年版。

28. 佟柔主编：《中华法学大辞典：民法学卷》，中国检察出版社 1995 年版。

29. 郭建：《中国法制史》，浙江大学出版社 2006 年版。

30. 陈晓枫：《中国法制史新编》，武汉大学出版社 2011 年版。

31. 杨立新主编：《中国百年民法典汇编》，中国法制出版社 2011 年版。

32. 陈苇主编：《婚姻家庭继承法学》，法律出版社 2002 年版。

33. 付子堂、时显群：《法理学（第三版）》，重庆大学出版社 2011 年版。

34. 卓泽渊：《法的价值论（第三版）》，法律出版社 2006 年版。

35. 王利明：《民法典体系研究》，中国人民大学出版社 2008 年版。

36. 梁慧星（课题负责人）：《中国民法典草案建议稿》，法律出版社 2003 年版。

37. 梁慧星（课题负责人）：《中国民法典草案建议稿附理由・继承编》，法律出版社 2013 年版。

38. 徐国栋主编：《绿色民法典草案》，社会科学文献出版社 2004 年版。

39. 王利明（项目主持人）：《中国民法典学者建议稿及立法理由・人格权编、婚姻家庭编、继承编》，法律出版社 2005 年版。

40. 张玉敏（课题负责人）：《中国继承法立法建议稿及立法理由》，人民出版社 2006 年版。

41. 陈苇主编：《中国继承法修改热点难点问题研究》，群众出版社 2013 年版。

42. 房绍坤、范李瑛、张洪波：《婚姻家庭与继承法》，中国人民大学出版社 2007 年版。

43. 刘春茂：《中国民法学・财产继承（第二版）》，人民法院出版社 2008 年版。

44. 石婷：《遗产管理制度研究》，群众出版社 2017 年版。

45. 周枏：《罗马法原论（下册）》，商务印书馆 1994 年版。

46. 戴炎辉、戴东雄：《继承法》，顺清文化事业有限公司 2004 年版。

47. 李宜琛：《日耳曼法概说》，中国政法大学出版社 2003 年版。

48. 卢静仪：《清末民初家产制度的演变——从分家析产到遗产继承》，台湾元照出版公司 2012 年版。

49. 邢铁：《家产继承史论》，云南大学出版社 2012 年版。

50. 黄源盛：《大理院民事判例全文编》（未刊稿）。

51. 杨立新点校：《大清民律草案》，吉林人民出版社 2002 年版。

52. 魏振瀛、徐学鹿、郭明瑞：《北京大学法学百科全书・民法学・商法学》，北京大学出版社 2004 年版。

53. 李启欣：《外国法制史》，湖南师范大学出版社 1992 年版。

54. 张文显：《当代西方法哲学》，吉林大学出版社 1987 年版。

55. 郭明瑞、方绍坤、关涛：《继承法研究》，中国人民大学出版社 2003 年版。

56. 戴炎辉、戴东雄：《中国继承法》，台湾三民书局 1998 年版。
57. 陈棋炎、黄宗乐、郭振恭：《民法继承新论》，台湾三民书局 2001 年版。
58. 何勤华主编：《法国法律发达史》，法律出版社 2001 年版。
59. 何勤华主编：《德国法律发达史》，法律出版社 2000 年版。
60. 龙斯荣：《罗马法要论》，吉林大学出版社 1991 年版。
61. 房文翠：《法理学》，厦门大学出版社 2012 年版。
62. 吕世伦、文正邦：《法哲学论》，中国人民大学出版社 1999 年版。
63. 徐国栋：《民法基本原则解释——成文法局限性之克服》，中国政法大学出版社 2001 年版。
64. 《马克思恩格斯全集（第 25 卷）》，人民出版社 1994 年版。
65. 《马克思恩格斯全集（第 1 卷）》，人民出版社 1956 年版。
66. 蒋月主编：《婚姻家庭与继承法》，厦门大学出版社 2011 年版。
67. 史尚宽：《债法总论》，中国政法大学出版社 2000 年版。
68. 刘春茂：《中国民法学 · 财产继承》，中国人民公安大学出版社 1990 年版。
69. 周贤奇主编：《中华人民共和国继承法诠释》，人民法院出版社 1995 年版。
70. 陈苇主编：《家事法研究（2006 年卷）》，群众出版社 2007 年版。
71. 徐国栋：《民法基本原则解释》，中国政法大学出版社 2004 年版。
72. 李宏：《遗嘱继承的法理研究》，中国法制出版社 2010 年版。
73. 费安玲：《罗马继承法研究》，中国政法大学出版社 2000 年版
74. 陈苇主编：《婚姻家庭继承法学（第二版）》，高等教育出版社 2018 年版。
75. 周枏：《罗马法原论》，商务印书馆 2016 年版。
76. 王海明：《新伦理学（中册）》，商务印书馆 2008 年版。
77. 《马克思恩格斯选集（第 3 卷）》，人民出版社 1974 年版。
78. 徐昕：《迈向社会和谐的纠纷解决》，中国检察出版社 2008 年版。
79. 苏永钦：《民事立法与公私法的接轨》，北京大学出版社 2005 年版。
80. 周枏：《罗马法原论（下册）》，商务印书馆 2004 年版。
81. 郭明瑞：《民法总则通义》，商务印书馆 2018 年版。
82. 《民法资料汇编第七辑：资本主义国家部分》，中国人民大学出版社 1954 年版。
83. 李志敏：《中国古代民法》，法律出版社 1988 年版。
84. 张晋藩主编：《中国民法通史》，福建人民出版社 2003 年版。
85. 赵万一：《民法的伦理分析》，法律出版社 2003 年版。
86. 王利明等：《物权法论》，中国政法大学出版社 1998 年版。
87. 马忆南：《婚姻家庭继承法学》，北京大学出版社 2011 年版。
88. 李明舜主编：《婚姻家庭继承法学》，武汉大学出版社 2011 年版。
89. 张玉敏：《继承法律制度研究（第二版）》，华中科技大学出版社 2016 年版。
90. 河山：《河山解读继承法》，中国社会出版社 2011 年版。
91. 郭明瑞、房绍坤编著：《继承法（第二版）》，法律出版社 2004 年版。
92. 周枏：《罗马法原论（下）》，商务印书馆 2014 年版。
93. 《中华民国法规大全 · 第 1 册》（根本法、民法、刑法、民事诉讼法、刑事诉讼

法、官制官规、内政、外交侨务），商务印书馆 1936 年版。

94. 靳宝兰主编：《民事法律制度比较研究》，中国人民公安大学出版社 2001 年版。

95. 万鄂湘主编：《〈中华人民共和国涉外民事关系法律适用法〉条文理解与适用》，中国法制出版社 2011 年版。

96. 金明、王晓媛主编：《新编国际私法教程》，四川大学出版社 2015 年版。

97. 江必新等：《最高人民法院指导性案例裁判规则理解与适用（物权卷）》，中国法制出版社 2016 年版。

98. 江平、米健：《罗马法基础》，中国政法大学出版社 1991 年版。

二、外文译作

1. ［美］E. 博登海默：《法理学：法律哲学与法律方法》，邓正来译，中国政法大学出版社 1999 年版。

2. ［德］罗伯特·霍恩等：《德国民商法导论》，楚建译，中国大百科全书出版社 1996 年版。

3. ［美］彼得·哈伊：《美国法律概论》，沈宗灵译，北京大学出版社 1998 年版。

4. ［德］卡尔·拉伦茨：《法学方法论》，陈爱娥译，商务印书馆 2013 年版。

5. ［德］雷纳·弗兰克、托比亚斯·海尔姆斯：《德国继承法（第六版）》，王葆莳、林佳业译，中国政法大学出版社 2015 年版。

6. ［澳］肯·马蒂、马克·波顿：《澳大利亚继承概要》，陈苇等译，西南政法大学外国家庭法及妇女理论研究中心 2007 年内部印刷。

7. ［美］哈罗德·J. 伯尔曼：《法律与革命》，贺卫方等译，中国大百科全书出版社 1993 年版。

8. ［古希腊］亚里士多德：《尼各马可伦理学》，廖申白译注，商务印书馆 2008 年版。

9. ［美］彼得·哈伊：《美国法律概论》，许庆坤译，北京大学出版社 1983 年版。

10. ［意］桑德罗·斯奇巴尼：《民法大全选译之遗产继承》，费安玲译，中国政法大学出版社 1995 年版。

11. ［日］滋贺秀三：《中国家族法原理》，张建国、李力译，法律出版社 2003 年版。

12. ［日］仁井田升：《唐令拾遗·丧葬令》，贾劲等译，长春出版社 1989 年版。

13. ［英］洛克：《政府论（下册）》，叶启芳、瞿菊农译，商务印书馆 1996 年版。

14. ［美］E. 博登海默：《法理学：法律哲学与法律方法》，邓正来译，中国政法大学出版社 2004 年版。

15. ［美］理查德·A. 波斯纳：《法律的经济分析》，蒋兆康译，中国大百科全书出版社 1997 年版。

16. ［英］F. H. 劳森、B. 拉登：《财产法（第二版）》，施天涛等译，中国大百科全书出版社 1998 年版。

17. ［英］威廉·格尔达特：《英国法导论》，张笑牧译，中国政法大学出版社 2013 年版。

18. ［美］彼得·海：《美国法概论（第三版）》，北京大学出版社 2010 年版。

19. ［意］彼德罗·彭梵得：《罗马法教科书》，黄风译，中国政法大学出版社 2005 年版。

20. ［英］梅因：《古代法》，沈景一译，商务印书馆 1984 年版。

21. ［英］巴里·尼古拉斯：《罗马法概论》，黄风译，法律出版社 2000 年版。

22. ［意］彼得罗·彭梵得：《罗马法教科书》，黄风译，中国政法大学出版社 1992 年版。

23. ［英］亚当·斯密：《国富论》，商务出版社 2015 年版。

24. ［日］川岛武宜：《现代化与法》，申政武、渠涛等译，中国政法大学出版社 1994 年版。

25. ［英］哈耶克：《自由秩序原理》，邓正来译，三联书店 1997 年版。

26. ［德］康德：《法的形而上学原理》，沈叔平译，商务印书馆 1991 年版。

27. ［美］约翰·罗尔斯：《正义论》，何怀宏等译，中国社会科学出版社 1988 年版。

28. ［美］理查德·A. 波斯纳：《法律的经济分析（上）》，蒋兆康译，中国大百科全书出版社 1997 年版。

29. ［英］罗纳德·哈里·科斯：《生产的制度结构》，载《经济社会体制比较》1992 年第 4 期。

30. ［英］洛克：《政府论（下册）》，叶启芳、瞿菊农译，商务印书馆 1981 年版。

31. ［美］罗尔斯：《正义论》，何怀宏等译，中国社会科学出版社 1998 年版。

32. ［日］穗积陈重：《法律进化论》，黄尊三等译，中国政法大学出版社 2003 年版。

33. ［美］约翰·罗尔斯：《正义论》，何怀宏、何包钢、廖申白译，中国社会科学出版社 2016 年版。

34. ［法］莱昂·狄骥：《〈拿破仑法典〉以来私法的普通变迁》，徐砥译，徐菲勘校，中国政法大学出版社 2003 年版。

35. ［英］约翰·密尔：《论自由》，许保骙译，商务印书馆 1959 年版。

36. ［法］皮埃尔·勒鲁：《论平等》，王允道译，商务印书馆 2005 年版。

37. ［美］E. 博登海默：《法理学——法哲学及其方法》，邓正来、姬敬武译，华夏出版社 1997 年版。

38. ［美］理查德·A. 波斯纳：《法律的经济分析》，蒋兆康译，中国大百科全书出版 1997 年版。

39. ［德］古斯塔夫·拉德布鲁赫：《法律智慧警句集》，舒国滢译，中国法制出版社 2001 年版。

40. ［英］F. H. 劳森、B. 拉登：《财产法（第二版）》，施天涛等译，中国大百科全书出版社 1998 年版。

41. ［德］萨维尼：《法律冲突与法律规则的地域与时间范围》，李双元等译，法律出版社 1999 年版。

42. ［美］伯纳德·施瓦茨：《美国法律史》，王军等译，中国政法大学出版社 1990 年版。

43. ［法］卢梭：《社会契约论》，李平沤译，商务印书馆 2011 年版。

三、法律法规及司法解释

（一）中国法

1. 1985 年《继承法》
2. 1985 年《执行继承法的意见》
3. 1999 年《合同法》
4. 2001 年修正后的《婚姻法》
5. 2018 年修正后的《宪法》
6. 2017 年修正后的《民事诉讼法》
7. 2015 年《关于适用民事诉讼法的解释》
8. 1987 年《民法通则》
9. 1988 年《执行〈民法通则〉的意见》
10. 2017 年《民法总则》
11. 2007 年《物权法》
12. 2016 年《物权法解释（一）》
13. 2018 年修正后的《老年人权益保障法》
14. 1991 年我国司法部《遗赠扶养协议公证细则》
15. 2007 年《企业破产法》
16. 2018 年修正后的《预算法》
17. 1995 年《预算法实施条例》

（二）外国法

1. 罗结珍译：《法国民法典》，北京大学出版社 2010 年版。
2. 陈卫佐译注：《德国民法典》（第 4 版），法律出版社 2015 年版。
3. 费安玲、丁玫、张宓译：《意大利民法典》，中国人民大学出版社 2010 年版。
4. 刘士国、牟宪魁、杨瑞贺译：《日本民法典》，中国法制出版社 2018 年版。
5. 戴永盛译：《瑞士民法典》，法律出版社 2016 年版。
6. 黄道秀译：《俄罗斯联邦民法典》，北京大学出版社 2007 年版。
7. 李浩培、吴传颐、孙鸣岗译：《拿破仑法典（法国民法典）》，商务印书馆 1993 年版。
8. Administration of Estates Act 1925（amended in 1996），UK.
9. Law of Property Act 1925（amended in 1996），UK.
10. Trustee Act 1925（amended in 1978），UK.
11. Wills Act 1837（amended in 2000），UK.
12. Intestates' Estate Act 1952（amended in 1995），UK.
13. Inheritance（Provision for Family and Dependents）Act 1975（last amended in 2014），UK.
14. The Family Provision（Intestate Succession）Order 1993，UK.
15. Law Reform（Succession）Act 1995，UK.
16. Administration of Justice Act 1985，UK.

17. Uniform Probate Code (amended in 2010), USA.

18. Administration and Probate Act 1958 (Victoria) (amended in 2017), Australia.

19. Succession Act 1981 (Queensland) (amended in 2006), Australia.

20. Administration and Probate Act 1935 (Tasmania) (amended by No. 18 of 2008), Australia.

21. Bankruptcy Act 1966 (amended in 2018), Australia.

附 录

西南政法大学外国家庭法及妇女理论研究中心简介
（中英文对照）

学术顾问（以姓氏笔画为序）：万相兰、王建华、李春茹、陈 彬、谢晓曦
主　　任：陈 苇
副 主 任：张华贵、朱 凡
秘 书 长：石 婷

2003年12月至2004年12月，西南政法大学民商法学院博士生导师陈苇教授受国家留学基金资助，由国家教育部公派出国留学，作为访问学者到澳大利亚悉尼大学法学院进修家庭法一年。她回国后于2005年1月向学校提出了建立“西南政法大学外国家庭法及妇女理论研究中心”的书面申请。2005年4月1日，西南政法大学校长办公会议批准同意该研究中心成立。

本“研究中心”的工作宗旨是：通过整合本校婚姻家庭法及妇女理论方面的科研与教学资源，联合校内外其他单位与部门的相关人员，以西南政法大学为依托，开展中外学术交流，着力研究现阶段中外婚姻家庭继承法及妇女领域的重大理论和实践课题，为我国婚姻家庭继承法的完善及妇女理论的发展提供有益的借鉴经验，为我国立法机关提出相关建议，为司法部门提供法律咨询服务，争取多出科研成果，出精品科研成果，为创建国内一流、国际知名的西南政法大学而努力。

本“研究中心”的主要任务包括：1. 开展中外学术交流；2. 提供专业咨询服务；3. 进行学术前沿理论和司法实务问题研究；4. 培养婚姻家庭继承法及妇女理论的学术人才；5. 组织开展学术讲座等，以期造就一批在本学科领域有一定影响的学术骨干和后备学术带头人。

本“研究中心”的学术研究平台，为促进学术研究和学术交流，研究中心主任陈苇教授自2005年起先后创办、主编出版《家事法研究》学术论文集刊和《家事法研究学术文库》丛书，到2018年年底为止的14年期间，已出版《家事法研究》（2005年卷至2010年卷）学术论文集刊6卷和《家事法研究学术文库》丛书著作19部。这些论文集和著作，着力研究婚姻家庭继承法领域的前沿理论和司法实务的热点难点问题，在我国学术界和实务界已产生了良好的社会影响。需要说明的是，为进一步扩大《家事法研究》的学术影响，在2009年中国婚姻家庭法学研究会常务理事会上，经陈苇教授提出申请，该研究会常务理事一致同意，夏吟兰会长宣布自2010年起《家事法研究》改由学会主办。但由于2010年该学会将出版“2009年中国婚姻家庭法学研究会年会论文集”，故夏会长委托陈苇教授继续主编出版《家事法研究》（2010年卷），即从2011年起《家事法研究》改由中国婚姻家庭法学研究会主办，它成为该学会的会刊。为继续推进婚姻家庭继承法领域前沿理论和司法实务问题的研究，本“研究中心”决定打造新的学术研究和交流的平台，自2012年起陈苇教授担任主编，负责遴选出版《家事法研究学术文库》丛书，每年

计划出版2—3本，由国家级出版社出版。同时，本“研究中心”继续与杨晓林律师组建的家事法律师团队合作，在“西南政法大学外国家庭法及妇女理论研究中心”网页——学习园地之“学术前沿”栏，发表婚姻家庭继承法领域的前沿理论和司法实务热点难点问题的最新研究成果，以期实现学术研究与立法、司法的良性互动，促进中外学术研究和学术交流。

本“研究中心”的团队成员，以西南政法大学民商法学院婚姻家庭继承法和妇女理论研究所的人员为主，并聘请校内外的专家、学者担任学术顾问和特约研究员。

Appendix:

Introduction of the Research Center on Foreign Family Law and Women's Theory of Southwest University of Political Science and Law, China

Academic Consultants: WAN Xianglan, WANG Jianhua, LI Chunru, CHEN Bin, XIE Xiaoxi
Director: CHEN Wei
Deputy Director: ZHANG Huagui, ZHU Fan
Academic Secretary: SHI Ting

Introduction

Professor CHEN Wei, the doctor tutor of the Civil and Business Law School of Southwest University of Political Science and Law, China [hereinafter refers to SWUPL], studied family law in the Law School of Sydney University, Australia from Dec. 2003 to Dec. 2004 with the sustentation of "STATE SCHOLARSHIP FUND AWARD". In Jan. 2005, some days after came back to China, she presented the application for establishing "Research Center on Foreign Family Law and Women's Theory of SWUPL, China". On Apr. 1st 2005, the President's Working Office of SWUPL approved her application.

The aim of the Research Center is to develop academic exchange between China and foreign countries, put emphasis on grand important theory and practice problems of family law and women's theory by associating the researching and teaching resources of SWUPL with relevant personnel of other units and departments. All of that we have done and will do have some important meaning: first of all, we may provide the valuable experiences for the perfection of the laws of family and succession in China and the development of women's theory; the second, we may provide relevant suggestions to Chinese legislature, and may provide legal advices to judicial practice departments. We hope that SWUPL will be top ranking internally and famous internationally with our efforts.

The assignments of the Research Center including: (1) developing academic exchange between China and foreign countries in relevant fields; (2) providing professional consultation service; (3) strengthen academic research; (4) training some academic adepts of family law and women's theory; (5) giving academic lectures. We hope that some adepts and reserve academic leaders with certain influence in family law field would be brought up.

The academic research platforms of the Research Center: In order to promote the academic research and exchanges, Professor CHEN Wei, director of the Research Center, has founded and edited the publication of the Periodical of Research on Family Law and the Works of Researches on Family Law early or late since 2005. By the end of 2018, 6 volumes of the Periodical of Research on Family Law (Volumes 2005 to 2010) and 19 Works of Researches on Family Law have been published during the fourteen years. These papers and books, focusing on the frontier theory research on Marriage, Family and Inheritance Law and the judicial practice issues, have had good social affluence in the academic circle and practice circle of China. It is noteworthy that, in order to further expand the academic influence of the Periodical, in the Executive Council of Society of Marriage and Family Law of China (SMFLC) in 2009, upon Professor CHEN Wei's proposal, the Executive Council agreed and President XIA Yinlan announced that the Periodical of Research on Family Law was edited by SMFLC after 2010. As SMFLC would publish the papers submitted to the Annual Meeting of SMFLC in 2009, President XIA Yinlan authorized Professor CHEN Wei to edit the publication of the Periodical of Research on Family Law (Volume 2010) in 2010. The Periodical was edited by SMFLC and became its Society Journal from 2011. In order to continue to advance the theoretical research and judicial practice in the field of Marriage, Family and Inheritance Law, the "Research Center" decided to build a new platform for academic research. 2-3 of the Works of Researches on Family Law which will be selected and edited by Professor CHEN Wei for publication each year by the national publishing press since 2012. At the same time, the "Research Center" continues to cooperate with the Family Law Lawyer Team built by Lawyer YANG Xiaolin. On the webpage of "Foreign Family Law and Women's Theory Research Center of SWUPL"——"Academic Frontier" of Study Column, the latest research achievements on the frontier theory of Marriage, Family and Inheritance Law and judicial practice issues are published to realize the benign interaction between academic research, legislation and justice and promote the academic research and exchanges between China and foreign countries.

The personnel of the Research Center is mainly composed of scholars from the Marriage, Family and Succession Law and Women's Theory Research Institute of the Civil and Business Law School of SWUPL, China. We also invite some famous experts and scholars around the whole country to be the consultants and special research fellows. They are the members of the Research Center too.

西南政法大学外国家庭法及妇女理论研究中心
2006—2012 年已出版书目

《外国婚姻家庭法比较研究》（2006 年出版）

《中国大陆与港、澳、台继承法比较研究》（2007 年出版）

《当代中国民众继承习惯调查实证研究》（2008 年出版）

《改革开放三十年（1978~2008）中国婚姻家庭继承法研究之回顾与展望》（2010 年出版）

《中国婚姻家庭法立法研究（第二版）》（2010 年出版）

《外国继承法比较与中国民法典继承编制定研究》（2011 年出版）

《当代中国内地与港、澳、台婚姻家庭法比较研究》（2012 年出版）

《加拿大家庭法汇编》（2006 年出版）

《澳大利亚家庭法（2008 年修正）》（2009 年出版）

《美国家庭法精要（第五版）》（2010 年出版）

《澳大利亚法律的传统与发展（第三版）》（2011 年出版）

《家事法研究》2005 年卷（2006 年出版）

《家事法研究》2006 年卷（2007 年出版）

《家事法研究》2007 年卷（2008 年出版）

《家事法研究》2008 年卷（2009 年出版）

《家事法研究》2009 年卷（2010 年出版）

《家事法研究》2010 年卷（2011 年出版）

图书在版编目（CIP）数据

中国遗产处理制度系统化构建研究 / 陈苇主编．—北京：中国人民公安大学出版社，2019. 5

（家事法研究学术文库）

ISBN 978-7-5653-3591-4

Ⅰ.①中…　Ⅱ.①陈…　Ⅲ.①继承法—研究—中国　Ⅳ.①D923.54

中国版本图书馆 CIP 数据核字（2019）第 062281 号

中国遗产处理制度系统化构建研究

主编　陈苇（课题负责人）

出版发行：中国人民公安大学出版社
地　　址：北京市西城区木樨地南里
邮政编码：100038
经　　销：新华书店
印　　刷：北京市泰锐印刷有限责任公司

版　　次：2019 年 5 月第 1 版
印　　次：2019 年 5 月第 1 次
印　　张：39
开　　本：787 毫米×1092 毫米　1/16
字　　数：950 千字

书　　号：ISBN 978-7-5653-3591-4
定　　价：120. 00 元

网　　址：www. cppsup. com. cn　www. porclub. com. cn
电子邮箱：zbs@ cppsup. com　zbs@ cppsu. edu. cn

营销中心电话：010-83903254
读者服务部电话（门市）：010-83903257
警官读者俱乐部电话（网购、邮购）：010-83903253
法律分社电话：010-83905745